**Lokbharti**

# Dictionary of Official Language

(English-Hindi)

---

**लोकभारती**

# राजभाषा शब्दकोश

(अंग्रेज़ी-हिन्दी)

लोकभारती

# राजभाषा शब्दकोश

(अंग्रेज़ी-हिन्दी)

डॉ. हरदेव बाहरी

एम.ए., एम.ओ.एल., पी-एच.डी., डी.लिट्., शास्त्री

लोकभारती प्रकाशन

**Lokbharti**

# Dictionary of Official Language

(English-Hindi)

**Dr. Hardev Bahri**

M.A., M.O.L., Ph.D., D.Litt, Shastri

Lokbharti Prakashan

**Lokbharti Prakashan**
First floor, Darbari Building
Mahatma Gandhi Marg, Prayagraj-1
website : www.lokbhartiprakashan.com
email : info@lokbhartiprakashan.com
**Branches** : 1-B, Netaji Subhash Marg
New Delhi-110 002
Ashok Rajpath, Near Science College,
Patna-800 006

**Ninth Edition :** 2022

**Printed by :** B.K. Offset
Naveen Shahdara, Delhi-110 032

DICTIONARY OF OFFICIAL LANGUAGE
*by* Dr. Hardev Bahri

ISBN : 978-81-8031-035-5

**Price :** 995

# About this Dictionary of administrative Language

Hindi was accepted as the official language of the Union of India on September 14, 1949 in Article 343 of the Indian Constitution effective from the 26th January, 1950. However, for a period of fifteen years from the commencement of the Constitution, English language was to continue in use for all official purposes. But before the expiry of that lease, due to the zeal of Pt. Jawahar Lal Nehru and his love for English, an Act was passed by the parliament in 1963, duly confirmed and elucidated in 1967, providing that English would also continue in addition to Hindi. The central government framed rules in 1976 which would extend to whole of India, excepting Tamil Nadu. Accordingly Hindi (as main and first language) and English (as associate language) are both being used for communication between different ministries, departments, directorates, offices, and corporations, companies, banks, and institutions of the government. All laws, rules and regulations, general orders, resolutions, notices, notifications, official circulars, appointment letters, administrative and other reports, advertisements, press communiques, contracts, bonds, agreements, tenders, permits, registers, manuals, codes, forms, letter heads, sign boards, name plates, rubber stamps, etc. in government offices have to be first in Hindi and then in English.

For the purpose of effective implementation of the use of Hindi, states are classified into three categories—

**A.** Those states where Hindi is accepted as the official language, viz. Delhi, Haryana, Himachal Pradesh, Rajasthan, Madhya Pradesh, Bihar and Union territories of Andaman and Nicobar islands, communication to and from any government office or any person of the state has to be in Hindi, and if, in exceptional circumstances, any communication is made in English, it must be accompanied by a Hindi translation thereof. Communication between central government offices situated in these states has to be in Hindi.

**B.** States which have their own regional language as official language, but for which Hindi is deemed to be a second or adopted language, namely Gujrat, Maharashtra, Panjab and Union Territory of Chandigarh. Such states communicate with the Central Government or state governments of A or B categories in Hindi. Replies to communications in Hindi from any government body in India or any person must always be in Hindi.

C. Andhra Pradesh, Arunachal, Assam, Goa, Jammu & Kashmir, Karnataka, Kerala, Manipur, Meghalaya, Mizoram, Nagaland, Orissa, Sikkim, Tripura, West Bengal and Union territories of Lakshadveep, Minicoy and Pondichery. Such states use their regional languages or English for internal official work. With the central Government and other state governments, communication may be in English with Hindi translation or in Hindi with English translation. Any person can make representation, appeal or application in Hindi. Such communication must be replied in Hindi. It is clear that two kinds of glossaries are needed—

1. Hindi into English and 2. English into Hindi.

Roughly, the population in these categories of states is estimated as below—

A Category — 44.5 crores

B Category — 15.5 crores

C Category — 36.5 crores

96.5 crores, as in August, 1997.

Of these, there are at least 15 crore persons who have to deal in Hindi with government offices. Besides the government servants for whom working knowledge of Hindi is compulsory, there are lakhs of persons, both literate and illiterate, who receive communication in Hindi from police, law courts, education offices or many other departmental offices. They go about requesting graduates and others to translate it for them. But these Babus fail to decipher this Hindi or even this English. Official language is a specialized language and it has to be learnt, especially.

There are lawyers and their clients, Munshis, contractors, tenderers, shopkeepers and merchants, industrialists and other kinds of licence holders, and tax payers who need to learn many a specialized word.

All such people need these dictionaries—English into Hindi and Hindi into English.

These dictionaries will also help those seeking government jobs and also probationers in various offices.

**Salient features of this Volume**

1. This volume of vocables rendered into Hindi is a compact and composite glossary comprehending all ministries, departments, corporations, companies, banks and other offices. Some departmental glossaries are, indeed, available. But no department is watertight so far language is concerned. Hundreds of words are interdepartmental. This dictionary serves all.

dearth of such terms in Hindi, when we have Sanskrit as the richest and most scientific language to derive from.

(c) In the selection of meanings (i.e. Hindi equivalents) of English words, simplicity, precision and easy intelligibility should be borne in mind.

(d) The aim should be to achieve maximum possible identity in all Indian languages. In this respect this dictionary will serve as a guide to compilers of official language glossaries particularly in Panjabi, Gujrati, Marathi, Bengali, Oriya and Assamese and generally the South Indian languages.

(e) Complex forms of *Sandhi* in Sanskrit words may be avoided; and in compound words or *Samasas* hyphen may be placed between the two elements of such words to ensure easier and quicker grasp of words.

(f) Where essential *halant* should, as a rule, be used; thus महान्, पश्चात्, संसद्, परिषद्.

(g) Anuswar should be preferred to पंचमाक्षर, i.e. ङ् ञ् ण् न् म्, as the first element in a conjunct consonant. Thus अंग, अंचल, दंड, परंतु, संपत्ति.

But in words in which पंचमाक्षर has its pronounced identity, it is unavoidable, as लेन्स, सन्मार्ग.

ण् should never be used in transcribing English words with nasal cerebral consonants, i.e. टवर्ग. Thus पेटंट or पेटन्ट (not पेटण्ट), कैलंडर or कैलन्डर (not कैलण्डर ).

**8.** We have avoided the use of abbreviations, because there is botheration in referring again and again to the list of abbreviations generally given in the beginning of a dictionary.

10, Darbhanga Colony,
Allahabad-211002

**Hardev Bahri**
30.10.97

2. The official subjects covered in this book are given below in alphabetical order—

**accounts, administration, architecture, auditing, banking, broadcasting and television, civil supplies, commerce, co-operation, culture, defence, economics, education, finance, foreign affairs, health, industry, insurance, labour and employment, law, office work, parliamentary affairs, planning, police, political science, ports, telecommunication, printing, railway, social welfare, transport.**

3. These are the subjects under which vocabularies of almost all ministries, departments, corporations, etc. are covered.

4. Of course, scientific terms with which some ministries are chiefly concerned, such as aviation, industry, science and technology, have not been included. There are separate dictionaries for such subjects.

5. As it is a specialized dictionary, very simple, general and popular words, such as table, chair, ink, pen, paper; join, work, leave, dispatch, receive; fine, poor, particular; badly, generally; but, although; and many such nouns, adjectives, verbs, adverbs, etc. are not in the purview of such technical dictionaries.

6. The present volume contains about sixteen thousand main words which are printed in bold type and an equal number of collocations, combinations and expressions given within the same main entries. For example, see absolute, abuse, academic, accident, accomodation.

7. We have made proper use of the vocabularies published by the following—

(a) Central Secretarial Hindi Parishad;

(b) Commission of Scientific and Technical Terminology;

(c) Ministry of Law, Justice and Company Affairs;

(d) Some other ministries including Commerce and Defence, banks, and insurance companies which have brought out selected glossaries,

Of course, we have drawn on our own resources and dictionaries.

8. The users of vocables in their day-to-day work in official language are advised to follow the principles approved by the Commission for Scientific and Technical Terminology, and which have been our guide in preparing this dictionary.

(a) International terms should be adopted in their current English forms, as far as possible, such as ticket टिकट, signal सिगनल, station स्टेशन, railway रेलवे, telephone टेलीफ़ोन, de luxe डी लक्स, tariff टैरिफ़, permit परमिट, licence लाइसन्स, pension पेन्शन or पेंशन, police पुलिस, bureau ब्यूरो, royalty रायल्टी, etc., etc.

(b) Conceptual terms should generally be translated, and there is no

# Administrative Dictionary

## A a

**ab absurdo** असंगति से

**abaction** पशुहरण, पशुचौर्य

**abactor** पशुहर्ता, पशुचोर

**ab aeterno** अनादि काल से

**abalienate** अन्यसंक्रमण करना, (जायदाद) सौंपना

**abalienation** अन्यसंक्रमण

**abandon** परित्याग करना, छोड़ देना; स्वत्वत्याग करना

**abandoned** परित्यक्त; ~ child ≈ शिशु; ~ claim ≈ दावा; ~ holding ≈ जोत; ~ tenement ≈ वासगृह

**abandonee** परित्यक्ती

**abandoner** परित्यागी, परित्यक्ता

**abandonment** 1. परित्याग; ~ clause ≈ धारा; ~ of claim दावे का ≈; ~ of domicile अधिवास का ≈; ~ of easement सुखाचार का ≈; ~ of voyage समुद्रयात्रा का ≈; 2. असंयम

**ab ante** पूर्वमेव, पहले ही

**ab antiquo** पुरा, प्राचीन काल से

**abatable** 1. उपशाम्य, उपशमनीय; 2. अवसेय, समाप्य, अंतकरणीय; 3. कम करने योग्य

**abate** I. *v.t.* 1. उपशमन करना, अवसान/ अंत करना, समाप्त करना; 2. कम करना. II. *v.i.* उपशमन/ अवसान/ अंत/ समाप्त करना; कम होना

**abated** उपशांत, अवसित, समाप्त

**abatement** 1. उपशमन, अवसान, अंत; ~ by reason of death मृत्यु के कारण ≈; ~ of action कार्यवाही का ≈; ~ of legacy वसीयत सम्पदा में कमी; ~ of legal proceedings कानूनी कार्यवाहियों का ≈; ~ of nuisance उपताप/ अपदूषण का ≈; ~ of suit वाद-≈; ~ of water pollution जल प्रदूषण का ≈; 2. कमी; ~ of purchase money क्रय-धन में ≈; ~ of rent भाटक/ किराये में ≈

**abater** उपशमन की अभ्युक्ति

**abator** उपशामक, अंतकर्ता

**abbreviate** संक्षेप करना, संक्षिप्त करना

**abbreviated** संक्षिप्त; ~ address ≈ पता; ~ entry ≈ प्रविष्टि; ~ form ≈ रूप

**abbreviation** 1. संक्षेप; 2. संक्षेपाक्षर

**abbreviative** संक्षेपक; ~ definition ≈ परिभाषा

**abbreviatory** संक्षेपी; ~ provision ≈ उपबन्ध

**abbreviature** 1. संक्षेप; 2. संक्षिप्त आलेख

**A.B.C.** क ख ग; ~ Book प्रवेशिका, प्रथम पुस्तक; ~ countries अर्जेन्टीना, ब्राज़ील, चिली देश; ~ method अक्षर प्रणाली; ~ weapons परमाणु, जीवाणु तथा रासायनिक शस्त्रास्त्र (ए.बी.सी. शस्त्रास्त्र)

**abdicable** अधित्याज्य

**abdicant** अधित्यक्ता

**abdicate** अधित्याग करना; ~ the throne

सिंहासन/ गद्दी छोड़ना; ~ an office पदत्याग करना

**abdication** अधित्याग

**abdicator** अधित्यक्ता

**ab dictio** पदत्याग करके

**abdomen** उदर, पेट

**abdominal** उदरीय, पेट का; ~ cavity उदर-गुहिका; ~ region उदर-प्रदेश; ~ surgery उदरीय शल्यकर्म, पेट की चीरफाड़

**abduct** अपहरण करना, भगा ले जाना

**abducted** अपहृत, भगाया हुआ; ~ woman अपहृत/ भगायी हुई स्त्री

**abduction** अपहरण, भगा ले जाना

**abductor** अपहर्ता, भगा ले जानेवाला

**abearance** आचरण

**abere** नृशंस; ~ murder ≈ हत्या

**aberant** विपथी, विपथगामी, अपगामी; ~ behaviour ≈ व्यवहार; ~ person ≈ व्यक्ति; ~ personality ≈ व्यक्तित्व

**aberation** विपथन, विपथगमन; mental ~ मानसिक ≈, बुद्धिभ्रम; ~ of false returns मिथ्या विवरणियों का दुष्प्रेरण; sexual ~ यौन ≈

**abet** दुष्प्रेरित करना, दुरुत्साहित करना, तरग़ीब देना; ~ a wrong किसी दोष के लिए ≈

**abetment, abettal** दुष्प्रेरण, दुरुत्साहन, तरग़ीब; ~ of offences अपराध करने के लिए ≈, अयानत जुर्म

**abetter, abettor** दुष्प्रेरक, दुरुत्साहक; ~ of offence अपराध का ≈

**abetting escape** 1. दुरुत्साहपूर्ण पलायन; 2. भाग निकलने के लिए दुष्प्रेरण

**ab extra** बाह्यत:, बाहर से

**abeyance** प्रास्थगन; in ~ प्रास्थगित; hold in ~ प्रास्थगित करना

**abeyant** प्रास्थगित

**abhor** घृणा/ बीभत्सा करना

**abhorred** घृणित, बीभत्स

**abhorrence** बीभत्सा, घृणा; ~ of crime अपराध से ≈; ~ of excess अति से ≈

**abhorring** बीभत्स, घृणास्पद

**abide by** 1. दृढ़ रहना; ~ one's word अपने वचन पर ≈; 2. पालन करना; ~ the decision 1. निश्चय को मानना; 2. निर्णय पर स्थिर रहना; ~ the rules नियमों का ≈; 3. पर पाबंद रहना; 4. सहन करना; ~ a crisis संकट ≈

**abiding** I. *a.* दृढ़; ~ conviction ≈ धारणा. II. *n.* पालन

**ability** 1. योग्यता; ~ distribution ≈ वितरण; ~ grouping ≈नुसार समूहन; ~ rent ≈ अधिशेष; ~ test ≈ परीक्षण; 2. सामर्थ्य; ~ to invest निवेष-≈; ~ to pay भुगतान करने का ≈

**ab imopectore** अन्तःकरण से

**ab incunabulis** बाल्यावस्था से

**ab initio** आदित:, आरम्भ/ शुरू से

**ab initio mundi** सृष्टि के आदि से

**ab intestato** निर्वसीयत, इच्छापत्र-रहित

**ab intra** भीतर से

**ab invito** अनिच्छित

**ab irato** क्रोध से

**abject** नीच, अधम, निकृष्ट; ~ act ≈ कर्म; ~ person ≈ व्यक्ति; ~ state ≈ दशा

**abjection** उत्साहहीनता

**ab judicatio** न्यायालय से

**abjuration** संत्याग, सशपथ त्याग

**abjure** संत्याग करना, सशपथ त्याग करना

**abjurer** संत्यक्ता, सशपथ त्यागी

**able** 1. योग्य; 2. समर्थ

**able-bodied** समर्थांग; ~ labourer ≈ श्रमिक; ~ unemployed ≈ बेरोज़गार; ~ seaman ≈ नाविक; ~ worker ≈ कामगार

**ably** योग्यता से, योग्यतापूर्वक

**abnegate** अस्वीकार करना, निषेध करना

**abnegation** अस्वीकृति, निषेध; of duty कर्तव्य की/ का ≈

**abnegator** अस्वीकर्ता, निषेधक

**abnormal** 1. अपसामान्य; ~ circumstances ≈ परिस्थितियाँ; ~ conduct ≈ आचरण; ~ demand ≈ माँग; ~ price ≈ क़ीमत; ~ profit ≈ लाभ; 2. ~ time विषम काल

**abnormality** अपसामान्यता; ~ of mind चित्त की ≈

**abode** निवास (-स्थान), वास (-स्थान)

**abolish** उत्सादित करना; उन्मूलन करना, अन्त करना; ~ custom रूढ़ि का उन्मूलन/ अन्त करना; ~ a post पद को उत्सादित करना

**abolished** उत्सादित; ~ institution ≈ संस्था; ~ post ≈ पद

**abolition** 1. उत्सादन; ~ of post पदोत्सादन; 2. उन्मूलन, अंत; ~ of riba सूदख़ोरी का ≈; ~ of slavery दासप्रथा का ≈; ~ of untouchability अस्पृश्यता का ≈; zamindari ~ ज़मींदारी का ≈

**abolitionism** उन्मूलनवाद

**abolitionist** उन्मूलनवादी; ~ movement ≈ आन्दोलन

**aboriginal** आदिवासी; ~ tribes ≈ कबीले/ जनजातियाँ; ~ welfare officer ≈ कल्याण अधिकारी

**ab origine** मूलतः

**aboriginese** आदिवासी जातियाँ

**abortion** 1. गर्भपात; criminal ~ आपराधिक ≈; illegal ~ अवैध ≈; spontaneous ~ स्वतः ≈; 2. वृद्धिरोध

**abortive** 1. गर्भपाती; ~ medicine ≈ औषधि; 2. अकालप्रसूत; ~ child ≈ शिशु; 3. विफल; ~ attempt ≈ प्रयास; ~ negotiations ≈ वार्ता; ~ trial ≈ विचारण/ परीक्षण

**abortus** पतित गर्भ

**abound** प्रचुर/ भरपूर होना

**about** 1. लगभग; 2. आसपास; 3. ~ to do करने वाला

**above** ऊपर; ~ average औसत से ≈; ~ cited/ quoted उपरि-उद्धृत; ~ given 1. उपरिलिखित, 2. ऊपर दिया हुआ; ~ ground level भूतल से ऊपर; ~ mentioned उपरि-उल्लिखित; ~ par अधिमूल्य पर; ~ par exchange अधिमूल्य पर विनिमय; ~ said उपर्युक्त; ~ all सर्वोपरि; ~ board छलरहित; ~ party दलनिरक्षेप; ~ quoted उपर्युद्धृत

**ab ovo** आदि से

**ab ovo usque ad mala** आदि से अन्त तक

**abrade** अपघर्षण करना, घिसाना

**abrasion** 1. अपघर्षण, घिसाई; 2. (चमड़ी पर) खरोंच; ~ mark ≈ का चिह्न

**abrasive** अपघर्षी; ~ material ≈ सामग्री

**abridge** 1. संक्षेप करना; ~ a statement कथन का ≈; 2. न्यून/ कम करना, घटाना; ~ the right अधिकार ≈

**abridged** 1. संक्षिप्त; ~ clause ≈ खंड; ~ edition ≈ संस्करण; 2. न्यूनित, घटाया हुआ; ~ title ≈ हक़

**abridgement** 1. संक्षेप; 2. संक्षेपण; 3. न्यूनन

**abrogable** निराकरणीय; ~ custom ≈ रूढ़ि; ~ law ≈ विधि

**abrogate** निराकरण करना, रद्द करना

**abrogated** निराकृत; ~ rules ≈ नियम

**abrogation** निराकरण/ रद्द करना; ~ of agreement क़रार का ≈; ~ of guarantee गारंटी का ≈; ~ of marriage विवाह का ≈; ~ of order आदेश का ≈

**abrogative** निराकारी; ~ decision ≈ विनिश्चय; ~ power ≈ शक्ति

**abrogator** निराकर्ता

**abrupt** **1.** सहसा, एकदम; ~ fall in prices ≈ मूल्यपात; ~ change ≈ परिवर्तन; **2.** विच्छिन्न; ~ style ≈ शैली

**abruptly** सहसा, एकदम

**abscess** विद्रधि, फोड़ा

**abscise** उत्पाटन करना, उखाड़ना

**abscission** उत्पाटन, उखाड़ना

**abscond** फ़रार होना, भाग जाना; ~ from detention निरोध/ हिरासत से ≈

**absconded** फ़रार, फ़रारी

**abscondence** फ़रार

**absconder** फ़रार, भगोड़ा, मफ़रूर

**absconding** फ़रार; ~ debtor ≈ ऋणी; ~ offender ≈ अपराधी

**absence** **1.** अनुपस्थिति, ग़ैरहाज़िरी; ~ on duty कर्तव्यार्थ ≈; ~ record ≈ अभिलेख; **2.** अभाव; ~ of authority प्राधिकार का ≈; ~ of proof प्रमाण का ≈; ~ of defect दोषाभाव; **3.** शून्यता; ~ of mind शून्य-मनस्कता

**absent** **I.** *a.* **1.** अनुपस्थित, ग़ैरहाज़िर; ~ on tour यात्रा/दौरे के कारण ≈; ~ voter ≈ मतदाता; ~ without leave बिना छुट्टी ≈; **2.** ~ mark अनुपस्थिति-चिह्न; ~-minded अन्यमनस्क; ~-mindedness अन्यमनस्कता; ~ voting परोक्ष मतदान. **II.** *v.t.* to ~ oneself स्वयं अनुपस्थित रहना

**absentee** **1.** अनुपस्थित, ग़ैरहाज़िर; ~ interview अनुपस्थितों की पेशी; list of ~s अनुपस्थितों की सूची; ~ voting ≈ मतदान; **2.** अनुपस्थिति-; ~ allowance ≈ भत्ता; ~ statement ≈ विवरण; **3.** अन्यत्रवासी, दूरवासी; ~ capitalist ≈ पूँजीपति; ~ landlord ≈ भूमिपति; ~ landlordism ≈ ज़मींदारी प्रथा; ~ owner ≈ स्वामी; ~ ownership ≈ स्वामित्व

**absentereo** अनुपस्थिति के कारण

**absit invidia** दुर्भावना को दूर रखकर

**absolute** **1.** पूर्ण; ~ agreement ≈ समझौता; ~ assignment ≈ समानुदेशन; ~ contraband निषिद्ध; ~ conveyance ≈ हस्तान्तरण; ~ conviction ≈ धारणा; ~ deafness ≈ बधिरता; ~ divorce ≈ विवाह-विच्छेद; ~ justice ≈ न्याय; ~ majority ≈ बहुमत; ~ monopoly ≈ एकाधिकार; ~ neutrality ≈ तटस्थता; ~ occupancy ≈ अधिभोग; ~ owner ≈ स्वामी; ~ proof ≈ प्रमाण; ~ right ≈ अधिकार; ~ security ≈ सुरक्षा; ~ unanimity ≈ मतैक्य; ~ veto ≈ निषेधाधिकार; **2.** परम; ~ discharge पूर्णतः/ आत्यंतिक उन्मोचन; ~ discretion ≈ विवेक; ~ equality ≈ समानता, निरपेक्ष समानता; ~ priority ≈ पूर्वता; ~ right ≈ अधिकार; ~ zero ≈ शून्य; **3.** निरपेक्ष; ~ advantage ≈ सुलाभ; ~ authority ≈ प्राधिकारी; ~ contract ≈ संविदा; ~ conveyance ≈ अंतरण; ~ error ≈ त्रुटि; ~ privilege ≈ विशेषाधिकार; ~ rent ≈ भाटक; ~ scale ≈ अनुमाप; ~ society ≈ समाज; ~ value ≈ मूल्य; **4.** निर्बाध, अबाधित; ~ conveyance ≈ हस्तांतरण; ~ estate ≈ संपदा; ~ property ≈ सम्पत्ति; **5.** निरंकुश; ~ government ≈ सरकार; ~ monarchy ≈ राज; ~ power ≈ शक्ति; **6.** ~ alcohol परिशुद्ध मद्यसार; ~ necessities आवश्यक वस्तुएँ, अनिवार्य वस्तुएँ; ~ order अनिवार्य आदेश; ~ rule निरपवाद नियम

**absolutely** **1.** पूर्ण रूप से, बिलकुल, आत्यंतिक रूप से; ~ forbidden ≈ निषिद्ध; ~ wrong ≈ ग़लत; **2.** परम; ~ necessary ≈ आवश्यक

**absolution** निर्मुक्ति, दोषमोचन, दोषमुक्ति

**absolutism** निरंकुशता, निरंकुशतावाद

**absolve** निर्मुक्त/ दोषमुक्त करना

**absolver** निर्मोचक, दोषमोचक

**absolvitur** दोषमुक्ति, अभियोगमुक्ति

**absorb** **1.** आमेलित करना; ~ employees कर्मचारियों को ≈; ~ a post पद ≈; **2.** अवशोषित करना, सोखना; ~ water पानी ≈; **3.** अंतर्भूत/ अंतर्लीन/ आत्मसात् करना; colour ~s light रंग प्रकाश को ≈ कर लेता है

**absorbed** आमेलित, अवशोषित, अंतर्भूत, अंतर्लीन [दे0 absorb]; ~ shares ≈ शेयर; ~ capital ≈ पूँजी; ~ labour नियोजित श्रमिक

**absorbent** अवशोषक; ~ cotton ≈ रूई; ~ ground ≈ भूमि; ~ paper ≈ काग़ज़

**absorbing** **1.** अवशोषी; ~ well ≈ कूप; **2.** अंतर्लयी; ~ company ≈ कंपनी; ~ state ≈ राज्य

**absorption** **1.** अवशोषण; shock ~ प्रघात ≈; ~ current ≈ धारा; ~ of food खाद्य का ≈; ~ of moisture नमी का ≈; **2.** अंतर्लयन, आत्मसात्करण; ~ of currency मुद्रा का ≈; ~ of a company कंपनी का अंतर्लयन या संविलयन; ~ of power शक्ति का ≈

**absorptive** **1.** अवशोषी; ~ property ≈ गुण; **2.** अंतर्लयी; ~ power ≈ क्षमता

**absque** बिना; ~ injuria (किसी के स्वत्व में) हस्तक्षेप किये बिना

**abstain** प्रविरत/ दूर/ अलग रहना; ~ from drink मदिरा से ≈, शराब न पीना; ~ from voting मतदान न करना

**abstention** प्रविरति, न करना

**abstinence** उपरति, भोग-त्याग, परहेज़; total ~ पूर्ण ≈; partial ~ आंशिक ≈; ~ theory of interest ब्याज का उपभोग स्थगन सिद्धान्त

**abstract** **I.** *n.* सार, संक्षेप, सारांश, निचोड़; ~ book ≈ पुस्तिका; ~ of account लेखा ≈; ~ of goods माल का ≈ विवरण; ~ of indictment अभ्यारोप का ≈; ~ of pleas अभ्युक्ति का ≈; ~ of money-orders issued जारी मनीआर्डरों का ≈; ~ of teller's receipt गणक की रसीद का ≈; ~ of tender निविदा का ≈; ~ of way bill यात्रा विवरणी का ≈. **II.** *a.* **1.** संक्षिप्त; ~ budget ≈ आय-व्ययक; ~ statement ≈ विवरण; ~ time table ≈ समय सारणी; **2.** अमूर्त; ~ argument ≈ तर्क; ~ art ≈ कला; ~ right ≈ अधिकार

**abstraction** **1.** विमनस्कता; **2.** अमूर्तकरण

**absurd** विसंगत; बेहूदा; अयुक्त, बेतुका; ~ argument ≈ तर्क/ युक्ति; ~ statement ≈ कथन

**absurdity** विसंगति, बेतुकापन, बेहूदापन; gross ~ घोर ≈; moral ~ नैतिक ≈; palpable ~ सुस्पष्ट ≈

**abundance** प्रचुरता, बाहुल्य

**abundant** प्रचुर; ~ evidence ≈ साक्ष्य; ~ proof ≈ प्रमाण; ~ supply ≈ संभरण

**abusable** दुरुपयोज्य; ~ authority ≈ प्राधिकार

**abuse** **I.** *n.* **1.** दुरुपयोग; ~ of discretion स्वविवेक का ≈; ~ of law विधि का ≈; ~ of official position सरकारी पद का ≈; ~ of power शक्ति का ≈; ~ of process आदेशिका का ≈; ~ of right अधिकार का ≈; **2.** अपशब्द, गाली. **II.** *v.t.* **1.** दुरुपयोग करना; **2.** गाली देना

**abuser** दुरुपयोक्ता, दुरुपयोग करने वाला

**abusive** **1.** दुरुपयुक्त; ~ document ≈ दस्तावेज़; **2.** गालीभरा; ~ language गालीभरी भाषा, गालियाँ ; ~ song ≈ गीत

**abut** सीमास्पर्श करना, साथ लगना; abutting on a street गली से लगा हुआ

**abutment** सीमास्पर्श, साथ लगना

**abuttals** सीमास्पर्शी/ संसक्त/ साथ लगी हुई सीमाएँ

**abutter** सीमास्पर्शी स्वामी, प्रतिवेशी स्वामी [also abutting owner]

**academic** 1. शैक्षिक, शैक्षणिक; ~ ability ≈ योग्यता; ~ achievement ≈ उपलब्धि; ~ building ≈ भवन; ~ course ≈ पाठ्यक्रम; ~ degree ≈ उपाधि; ~ department ≈ विभाग; ~ freedom ≈ स्वतंत्रता; ~ guidance ≈ निर्देशन; ~ institution शिक्षा-संस्था; ~ progress ≈ प्रगति; ~ qualification ≈ योग्यता; ~ regalia ≈ परिधान; ~ session ≈ सत्र; ~ tenure ≈ सेवावधि; ~ year ≈ वर्ष; 2. विद्या-, विद्या-संबंधी; ~ committee ≈-समिति; ~ council ≈-परिषद्; 3. शास्त्रीय; ~ discussion ≈ चर्चा; ~ work ≈ कार्य

**academy** अकादमी, विद्यापीठ; ~ of art/ science कला/ विज्ञान ≈

**accede** 1. मानना, स्वीकार करना; ~ to request प्रार्थना ≈; 2. आरूढ़ होना; ~ to the throne राजसिंहासन पर ≈; 3. अधिमिलित होना; the state ~d to the federation संघ में अधिमिलित हुआ राज्य

**acceeding** अधिमेली; ~ government ≈ सरकार; ~ state ≈ राज्य

**accelerate** त्वरित करना, गति/ वेग बढ़ाना

**accelerated** त्वरित; ~ child ≈ बालक; ~ depreciation ≈ मूल्यह्रास; ~ meeting ≈ बैठक; ~ premium 1 त्वरण बढ़ौती, 2 त्वरण प्रीमियम; ~ promotion ≈ पदोन्नति

**accelerating** त्वरक; ~ force ≈ बल; ~ bonus त्वरण बोनस

**acceleration** त्वरण, गतिवर्धन, त्वरा

**accelerative endowment policy** पोषित बन्दोबस्त बीमा

**accelerator** त्वरक, गतिवर्धक, वेगवर्धक

**accent** 1. लहज़ा; 2. बल; ~ mark ≈ चिह्न

**accentuate** 1. बल देना; 2. बढ़ाना

**accept** प्रतिगृहीत करना, स्वीकार करना; ~ a bill हुंडी ≈; ~ the plea अभिवाक् ≈; ~ an office पद ग्रहण करना

**acceptability** प्रतिग्राह्यता, स्वीकार्यता

**acceptable** प्रतिग्राह्य, स्वीकार्य; ~ proposal ≈ प्रस्थापना; ~ standard ≈ स्तर/ मानदंड

**acceptance** प्रतिग्रहण, स्वीकृति; absolute ~ पूर्ण ≈; ~ book ≈ पुस्तिका; conditional ~ सशर्त ≈; ~ credit ≈ साख; ~ for honour 1 मानार्थ सकार, 2 मानार्थ ≈; ~ letter ≈-पत्र; ~ provision ≈ उपबंध; ~ of bill हुंडी सकारना; ~ of money and deposits निक्षेप या जमा राशि स्वीकार करना; ~ of office पद ≈; ~ of proposal प्रस्थापना ≈; ~ of tender निविदा ≈; clean ~ पूर्ण सकार

**acceptant** स्वीकारी, प्रतिग्राहक; ~ parents ≈ माता-पिता

**acceptation** स्वीकृत अर्थ; ~ of a term किसी शब्द का ≈

**accepted** प्रतिगृहीत, स्वीकृत; ~ bill ≈ विनिमयपत्र; ~ business ≈ बीमे; ~ conditionally सशर्त ≈; ~ stock ≈ माल; ~ tender ≈ निविदा; ~ as correct सही माना गया

**accepter** स्वीकर्ता, प्रतिगृहीता

**accepting** स्वीकारी, सकारी; ~ house ≈ घर; ~ institution ≈ संस्था

**acceptor** प्रतिगृहीता; ~ for honour आदरार्थ ≈; ~ ledger ≈ खाता; ~ supra protest अनादर प्रमाणे ≈

**access** पहुँच, अभिगमन

**accessary** = accessory

**accessibility** अभिगम्यता, पहुँच

**accessible** 1. अभिगम्य, पहुँच में; ~ place सुगम स्थान; 2. सुलभ

**accession** 1. सिंहासनारोहण, राज्यारोहण, पदारोहण; 2. अनुवृद्धि; ~ of property संपत्ति की ≈; 3. परिग्रहण; ~ date ≈ तिथि; ~ number ≈ संख्या/ क्रमांक; ~ register ≈ पंजी; 4. ~ clause अधिमिलन खंड; ~ rate नियुक्ति दर

**accessorial** उपसाधक, सहायक; ~ service ≈ सेवा

**accessories** उपसाधन, सहायक उपकरण, उपांग, सामान

**accessory** I. *n.* see accessories. II. *a.* 1. सहायक; ~ equipment ≈ उपस्कर; ~ product ≈ उत्पाद; ~ word ≈ शब्द; ~ to में ≈; 2. अतिरिक्त; ~ licence ≈ अनुज्ञप्ति; ~ right ≈ अधिकार; 3. समानुषंगिक; ~ factor ≈ घटक; ~ obligation ≈ बाध्यता, गौण आभार

**a.c. chair car** वातानुकूल कुर्सी यान

**accident** 1. दुर्घटना; ~ causation ≈ कारणता; ~ claim ≈ दावा; fatal ~ प्राणांतक ≈; ~ insurance ≈ बीमा; ~ investigation ≈ अन्वेषण/ तफ़तीश; inevitable ~ अपरिहार्य ≈; ~ liability ≈ दायित्व; major ~ बड़ी ≈; minor ~ छोटी-सी ≈; ~ policy ≈ पॉलिसी; ~ proneness ≈-प्रवणता; ~ rate ≈ दर; ~ record ≈ अभिलेख; ~ relief train ≈ सहायता गाड़ी; ~ report ≈ सूचना; ~ risk ≈ जोखिम; 2. संयोग, दैवयोग; by ~ ≈ से

**accidental** 1. आकस्मिक; ~ cause ≈ हेतुक; ~ death ≈ मृत्यु; ~ error ≈ त्रुटि; ~ obstruction ≈ बाधा; ~ profit ≈ लाभ; ~ resemblance ≈ साम्य; 2. सांयोगिक; ~ criminal ≈ अपराधी;

**accidentally** 1. अकस्मात्; 2. दैवयोग से, संयोग से

**acclamation** 1. मौखिक मतदान; 2. हर्ष-अभिनन्दन, शाबासी

**acclimate** दशानुकूलित/ परिस्थिति-अनुकूलित होना/ करना

**acclimatisation** दशानुकूलन, परिस्थिति-अनुकूलन, जलवायु के अनुकूल बनाना

**acclimatised** दशानुकूलित, परिस्थिति-अनुकूलित, जलवायु-अनुकूलित

**accomodate** 1. समंजित करना, निबटारा/ निभाव करना; 2. वास/ स्थान देना, बसाना

**accomodating** समंजक, समंजनकारी

**accomodation** 1. वास, स्थान, जगह; ~ charges ≈ प्रभार; house ~ गृहवास-सुविधा; housing ~ आवास; ~ charge स्थान-भाड़ा; 2. समंजन, सौकर्य; ~ bill ≈ विपत्र; ~ note ≈ पत्र, सिफ़ारिशी नोट; as an ~ सौकर्य के लिए; 3. ~ endorsement 1 निभाव पृष्ठांकन, 2 निभाव बेचान; ~ insurance निभाव बीमा; ~ party निभाव पक्ष; ~ month वेतन मास

**accomodative** समंजनकारी

**accomodatum** प्रतिदेयक

**accompanied (by)** के सहित, के संग/ साथ; shall be ~ by के साथ होंगे; संलग्न होंगे

**accompaniment** संगति, साथ

**accompany** साथ देना, संग में जाना

**accompanying** अनुषंगी, साथ का; ~ circumstances ≈ परिस्थितियाँ; ~ letter 1 संलग्न पत्र, 2 साथ का पत्र

**accomplice** सह-अपराधी, शरीक़-जुर्म

**accomplicity** सहअपराधिता

**accomplish** निष्पन्न/ सम्पन्न करना, पूरा करना

**accomplished** निष्पन्न, सम्पन्न, सिद्ध; ~ fact ≈ तथ्य; be ~ पूरा हो जाना

**accomplisher** निष्पादक

**accomplishment** 1. निष्पादन, निष्पत्ति; ~ age ≈ आयु; ~ of purpose प्रयोजन की ≈, प्रयोजन पूरा होना; 2. उपलब्धि; 3. कौशल

**accord** I. *n.* 1. ऐकमत्य; with one ~ एकमत होकर; 2. संगति, मेल. II. *v.t.* 1. देना, प्रदान करना; ~ approval अनुमोदन ≈; ~ priority प्राथमिकता ≈; ~ sanction मंज़ूरी ≈; 2. संगति बैठना, मेल खाना, अनुकूल होना

**accordance** अनुरूपता; in ~ with के अनुसार

**accordant** समनुकूल, मेल में

**according** ~ to के अनुसार; ~ to law विध्यनुसार; ~ to merit योग्यतानुसार; ~ to order आदेशानुसार; क्रमानुसार; ~ to one's desire स्वेच्छानुसार; ~ to one's power यथाशक्ति; ~ to rule नियमानुसार; ~ to seniority वरीयतानुसार

**accordingly** तदनुसार

**account** 1. लेखा, हिसाब, खाता; ~ book ≈-बही; capital ~ पूँजी ≈; ~ clerk ≈ लिपिक; close ~ ≈ बंद करना; commercial ~ वाणिज्यिक ≈; credit ~ जमा ≈; current ~ चालू ≈; dead ~ निष्क्रिय ≈/ खाते, बंद ≈; debit ~ नामे ≈; ~ heads लेखाशीर्ष; ~ holder लेखाधारी; ~ in operation सक्रिय खाता; ~ keeping लेखापालन; non-resident ~ अनिवासी ≈; ~ of issue निर्गम का ≈; open ~ ≈ खोलना; operative ~ प्रवर्ती ≈; ~ payee लेने वाले के ≈ में; public remittance ~ सरकारी/ सार्वजनिक/ लोक लेखा/ खाता; render ~ ≈ प्रेषण, लेखा/ खाता देना; savings ~ बचत ≈; stated ~ विवर्णित लेखा/ हिसाब; suspense ~ समायोजनाधीन/ उचंत लेखा/ ≈; to clear ~ ≈ बराबर करना; to cook an ~ झूठा हिसाब बनाना; 2. विवरण, वृत्तांत; brief ~ संक्षिप्त ≈; exaggerated ~ अतिरंजित ≈; lengthy ~ लंबा ≈; true ~ सच्चा ≈; ~ of sales विक्रय-विवरण; 3. ~ day निपटारे का दिन; 4. call to ~ 1 स्पष्टीकरण माँगना, 2 जवाब तलब करना; ~ for लेखा-जोखा देना; कारण बताना; of no ~ महत्वहीन; on ~ के मद्धे, के कारण; on no ~ किसी तरह नहीं; on this ~ इस कारण, इस लेखे; take into ~ ध्यान देना, हिसाब में गिनना

**accountable** 1. उत्तरदायी, जवाबदेह; ~ person ≈ व्यक्ति; 2. लेखादेय; ~ article ≈ वस्तु; ~ receipt ≈ पावती/ रसीद

**accountancy** लेखाशास्त्र, लेखा-विधि, लेखा-कर्म

**accountant** लेखाकार, लेखापाल; chartered ~ चार्टरित ≈; ~ general महा ≈

**accounting** I. *n.* लेखाकरण, लेखाकर्म; ~ of cash रोकड़ का हिसाब करना; ~ expenses लेखाव्यय, लेखाकरण व्यय; ~ system ≈ प्रणाली. II. *a.* लेखा संबंधी; ~ period लेखा-कालावधि; ~ staff ≈ कर्मचारी वर्ग; ~ year ≈ वर्ष

**accounts** लेखा; ~ clerk ≈ लिपिक; ~ committee ≈ समिति; ~ department ≈ विभाग; ~ officer ≈ अधिकारी; ~ of works निर्माण कार्यों का ≈; ~ payable देनदारी लेखे; ~ receivable लेनदारी लेखे; ~ stated विवर्णित ≈; ~ structure ≈ संरचना; ~ system ≈ प्रणाली

**accoutrement** साज-सज्जा

**accredit** प्रत्यायित करना

**accreditation** प्रत्यायन

**accredited** प्रत्यायित, विश्वस्त; ~ agent ≈ अभिकर्ता; ~ diplomat ≈ राजदूत/ राजनय; ~ representative ≈ प्रतिनिधि; ~ institution ≈ संस्था

**accreditee** उधार पात्र/ प्रत्यायिती

**accrediting** प्रत्यायिक; ~ agency ≈ अभिकरण

**accretion** अभिवृद्धि; ~ of live stock भेड़-बकरियों की ≈

**accretive** अभिवर्धी; ~ growth ≈ वृद्धि

**accrimination** दोषारोपण

**accrual** प्रोद्‌भवन, उपचय; ~ basis ≈ आधार; ~ of income आय का ≈; ~ of interest ब्याज का उपचय/ प्रोद्‌भवन, संभृत ब्याज; ~ of property संपत्ति का ≈; ~ of right अधिकार का ≈

**accruals** प्रोद्‌भूत/ उपचित सामग्री

**accrue** प्रोद्‌भूत/ पैदा होना, उपचित होना

**accrued** प्रोद्‌भूत, उपचित, प्राप्त; ~ bonus ≈ बोनस; ~ clue ≈ संकेत; ~ income ≈ आय; ~ interest ≈ ब्याज

**accruer** प्रोद्‌भवन, उपचय

**accruing** I. *n.* प्रोद्‌भवन, उपचय; ~ beneficial interest प्रोद्‌भवमान लाभप्रद हित; ~ of cause हेतुक का ≈. II. *a.* प्रोद्‌भूत, उपचित; ~ costs ≈ ख़र्चे; ~ debt ≈ ऋण; ~ from से उद्‌भूत; ~ from day to day दिन-प्रतिदिन (प्रोद्‌भूत) होनेवाला

**accumulable** संचेय, जमा करने योग्य

**accumulate** I. *v.t.* संचित/ जमा/ इकट्ठा करना. II. *v.i.* संचित/ जमा/ इकट्ठा होना

**accumulated** संचित; ~ balance ≈ शेष; ~ dividend ≈ लाभांश; ~ surplus ≈ अतिरेक धनराशि; ~ profit ≈ लाभ; ~ stock ≈ स्टाक

**accumulation** संचय, संचयन; ~ of bonus बोनस का ≈; ~ of capital पूँजी का ≈; ~ of surplus अधिशेष का ≈; ~ of wealth धन-≈

**accumulative** संचयी, इकट्ठा; ~ error ≈ त्रुटि; ~ judgment ≈ निर्णय; ~ sentence ≈ दण्डादेश

**accuracy** परिशुद्धता, यथार्थता; ~ of forecast पूर्वानुमान का ठीक होना; ~ of the copy/ statement पाण्डुलिपि/ कथन की ≈; to verify the ~ ≈ को सत्यापित करना

**accurate** सही, ठीक, परिशुद्ध, यथार्थ; ~ estimate ≈ प्राक्कलन

**accurately** परिशुद्धरूपेण, ठीक-ठीक; ~ obeying ≈ पालन करते हुए

**accusable** अभियोज्य, दोषारोप्य

**accusation** अभियोजन, दोषारोपण, अभियोग, इलज़ाम; to prefer ~ अभियोग लगाना, दोषारोपण करना

**accuse** पर अभियोग/ इलज़ाम लगाना, अभियोजन/ दोषारोपण करना

**accused** अभियुक्त, मुलज़िम; ~ of the same offence एक ही अपराध के ≈

**accuser** अभियोक्ता, दोषारोपक

**accustom** अभ्यस्त होना

**accustomed** अभ्यस्त; ~ to work काम में ≈

**ac etium** और भी

**achievable** उपलभ्य, साध्य; ~ purpose ≈ प्रयोजन; ~ status ≈ प्रस्थिति

**achieve** उपलब्ध/ साधित करना, पा लेना

**achieved** साधित; ~ role ≈ भूमिका

**achievement** 1. उपलब्धि; ~ age ≈ आयु; ~ record ≈ वृत्त; ~ test ≈ परीक्षण; 2. निष्पादन; ~ of purpose प्रयोजन का ≈

**acid** अम्ल, तेज़ाब, एसिड; ~ proof ≈ सह; ~ test अग्नि-परीक्षा, कठिन परीक्षा; ~ works ≈ शाला

**acidic** अम्लकर

**acidity** अम्लता; total ~ पूर्ण ≈

**acknowledge** 1. अभिस्वीकार करना; ~ the wrong दोष ≈; 2. प्राप्ति स्वीकार करना, पावती देना; (also ~ receipt)

**acknowledged** अभिस्वीकृत, माना हुआ; ~ as debt ऋण के रूप में ≈; ~ expert ≈ विशेषज्ञ; ~ right ≈ अधिकार

**acknowledgement** 1. अभिस्वीकृति; ~ form प्राप्ति सूचना फ़ार्म; ~ of debt ऋण की ≈; ~ of liability दायित्व की ≈; ~ receipt प्राप्ति की सूचना; 2. प्राप्ति, पावती; ~ due पावती सहित, रसीदी

**acme** पराकाष्ठा

**acoustics** ध्वनिगुण; ~ of a room कमरे का ≈

**acquaint** अवगत कराना, परिचय कराना

**acquaintance** 1. परिचय; 2. परिचित व्यक्ति

**acquainted** परिचित; ~ with handwriting हस्तलेख से ≈

**acquiesce** उपमत होना, मौन सम्मति देना

**acquiesced** उपमत

**acquiescence** उपमति, मौन सम्मति

**acquire** अर्जित/ अवाप्त करना; ~ title हक़ ≈

**acquired** अर्जित, अवाप्त; ~ advantage उपार्जित लाभ; ~ immunity ≈ उन्मुक्ति; ~ nationality ≈ राष्ट्रिकता; ~ property ≈ संपत्ति; ~ right ≈ अधिकार; ~ surplus ≈ अधिशेष; ~ tendency ≈ प्रवृत्ति

**acquirement** अर्जन, अवाप्ति

**acquisition** 1. अर्जन, अवाप्ति; ~ cost ≈ लागत; ~ of citizenship नागरिकता का ≈; ~ of gain अभिलाभ का ≈; ~ of land भूमि का ≈; ~ of nationality राष्ट्रिकता का ≈; 2. अधिग्रहण; ~ of assets परिसंपत्तियों/ आस्तियों का ≈; ~ of a territory राज्य-क्षेत्र का ≈

**acquisitive** अर्जनशील, परिग्रहशील; ~ class ≈ वर्ग

**acquit** 1. दोषमुक्त करना; ~ of robbery चोरी से ≈; 2. बरी करना; ~ an accused अभियुक्त को ≈; 3. कार्य सम्पादन करना; he ~ed himself well उसने अच्छी तरह कार्य सम्पादित किया

**acquittal** 1. दोषमुक्ति; 2. रिहाई

**acquittance** 1. निस्तारण, भुगतान; ~ register ≈ पंजी; ~ roll नामावली/ चिट्ठा; 2. ऋणमुक्ति

**acquitted** दोषमुक्त, बरी; ~ honourably ससम्मान ≈

**acre** एकड़, प्रहल

**acreage** एकड़ क्षेत्रफल, प्रहल क्षेत्र; ~ allotment एकड़वार आवंटन; ~ rate प्रति एकड़ दर

**act** I. *n.* कार्य; ~ of bad faith दुर्भावना पूर्ण ≈; ~ of belligerency युद्धात्मक ≈; ~ of espionage गुप्तचर ≈; ~ of faith श्रद्धा का ≈; ~ of hostility शत्रुतापूर्ण ≈; ~ of indecency अशिष्ट ≈; ~ of insubordination अवधीनता का ≈; ~ of justice न्याय ≈; ~ of trespass अतिचार; ~ of violence हिंसा; private ~ असार्वजनिक ≈; public ~ सार्वजनिक ≈; ~ of God दैवी संकट; ~ of grace अनुग्रह; ~ of honour मानार्थ सकार, मानार्थ स्वीकृति; ~ of misconduct अवचार, कदाचार, अनाचार; ~ of providence दैवी घटना; ~ of riddance निष्कृति; ~ of war युद्धात्मक ≈. II. *v.t.* कार्य करना; ~ on one's own अपने दायित्व पर ≈; ~ illegally अवैध रूप से ≈; ~ traitorously गद्दारी से ≈; ~ in good faith सद्भावनापूर्वक ≈; ~ in ordinary course of business कारबार के सामान्य अनुक्रम में ≈; ~ in pais न्यायालय के बाहर ≈; ~ in smb's behalf किसी की ओर से ≈; ~ in uter droit दूसरे के अधिकार से ≈

**Act** अधिनियम; ~ of attainder अपकीर्ति ≈; ~ of legislature विधान मण्डल का ≈; ~ of parliament संसद का ≈; ~ of settlement राज्य व्यवस्था का ≈

**acte d'acceptation** स्वीकरण-लेखपत्र

**acte de government** सरकारी नीति

**acting** **I.** *a.* कार्यकारी; ~ allowance ≈ भत्ता; ~ appointment ≈ नियुक्ति; ~ incumbent ≈ पदधारी; ~ judge ≈ न्यायाधीश; ~ service ≈ सेवा; ~ manager रंगभवन प्रबंधक. **II.** *adv.* कार्य करते हुए; ~ as agent अभिकर्ता के रूप में ≈; ~ in concert सहचारी के रूप में ≈; ~ in combination मिलकर ≈; ~ together एकसाथ ≈; ~ in execution निष्पादनार्थ कार्य करना; ~ in good faith सद्भावनापूर्वक ≈; ~ in his discretion स्वविवेक से ≈; ~ in official capacity पदीय हैसीयत से ≈; ~ judicially न्यायिकत: ≈; ~ justly न्याय्यत: ≈

**actio bonae fidei** सद्भावनापूर्ण कर्म/निर्णय

**action** **1.** कार्य, कर्म; ~ and word करनी/कर्म और कथनी; bad ~ बुरा ≈; daring ~ साहसपूर्ण ≈; generous ~ उदारतापूर्ण ≈; good ~ अच्छा ≈; **2.** क्रिया; ~ of the heart हृदय की ≈; **3.** कार्यवाही, कार्रवाई; course of ~ ≈ का क्रम; ≈ की दिशा; line of ~ ≈ की दिशा; ≈ का रूप; कार्य-दिशा; ~ proposed प्रस्तावित ≈; ~ taken की गई ≈; to take ~ ≈ करना; legal ~ विधिक ≈; remedial ~ उपचार ≈; **4.** अनुयोग, वाद; cause of ~ ≈ का हेतुक; civil ~ व्यवहार ≈; ~ copy ≈ (मूल) प्रतिलिपि; criminal ~ आपराधिक ≈; crowd ~ आक्रामक भीड़ या जनसंकुल ≈; penal ~ दण्ड ≈;

**action in rem** बंधक अनुयोग

**actionable** अनुयोज्य, वादयोग्य; ~ claim ≈ दावा; ~ per se स्वत: ≈; ~ wrong ≈ दोष

**actiones perpatana** किसी समय लाये जाने वाले वाद

**actiones temporalis** निश्चित समय के भीतर लाये जाने वाले वाद

**activated** सक्रियित

**activation** सक्रियन

**active** **1.** सक्रिय; ~ capital ≈ पूँजी; ~ circulation ≈ परिचलन; ~ concealment ≈ छिपाव; ~ confidence ≈ विश्वास; ~ help ≈ सहायता; ~ life ≈ जीवन; ~ market ≈ बाज़ार; ~ operation ≈ संक्रिया; ~ partner ≈ भागीदार; ~ propaganda ≈ प्रचार; **2.** तीव्र; ~ competition ≈ प्रतियोगिता; ~ demand ≈ माँग; ~ growth ≈ वृद्धि; **3.** ~ service रणसेवा

**activities** कार्यकलाप

**activity** **1.** सक्रियता, दौड़धूप; **2.** (pl.) activities क्रियाकलाप; ~ centre ≈ केन्द्र; ~ list ≈ सूची; ~ questionnaire ≈ प्रश्नावली; co-operative ~ सहकारी क्रिया; creative ~ सर्जनात्मक क्रिया

**actor** **1.** कर्ता; ~ dominae स्वामिभू ≈; ~ in rem suam स्वप्रबंधक; **2.** अभिनेता, ऐक्टर

**actress** अभिनेत्री

**actual** वास्तविक, असली; ~ cash value ≈ नगद मूल्य; ~ collections ≈ वसूली; ~ cost ≈ लागत; ~ criminal ≈ अपराधी; ~ damages ≈ क्षतिमूल्य; ~ delivery ≈ सुपुर्दगी; ~ diagnosis ≈ निदान; ~ fraud ≈ कपट; ~ hours 1 ≈ घंटे, 2 ≈ कार्य समय; ~ loss ≈ हानि; ~ money ≈ चालू द्रव्य; ~ notice ≈

सूचना; ~ occupancy ≈ अधिभोग; ~ occupier ≈ अधिभोगी; ~ possession ≈ कब्ज़ा; ~ price ≈ मूल्य/ क़ीमत; ~ receipts ≈ प्राप्तियाँ; ~ rent ≈ किराया, असली लगान; ~ sale ≈ विक्रय; ~ seizure ≈ अभिग्रहण; ~ travelling expenses ≈ यात्रा व्यय

**actuality** वास्तविकता

**actually** वस्तुत:, वास्तव में; ~ due ≈ शोध्य; ~ issued ≈ अंतरित/ विक्रीत

**actuals** वास्तविक आँकड़े और तथ्य

**actuarial** बीमांकिक, जीवनांकिक; ~ approach ≈ उपागम; ~ calculation ≈ गणना; ~ equivalent ≈ तुल्य राशि; ~ investigation ≈ अन्वेषण; ~ method ≈ रीति; ~ reserve ≈ आरक्षित; ~ review ≈ पुनरीक्षण; ~ valuation ≈ मूल्यांकन

**actuary** बीमांकक, जीवनांकक

**actuate** प्रवृत्त करना, चालू करना

**acture** क्रिया

**actus contra actum** पारस्परिक सहमति से

**actus purus** विशुद्ध कर्म

**actus reus** आपराधिक कार्य

**actuity** तीक्ष्णता

**acute** 1. तीव्र; ~ mania ≈ उन्माद; ~ symptom ≈ लक्षण; 2. संवेगी; ~ offender ≈ अपराधी; ~ shortage अत्यधिक कमी

**acuteness** तीव्रता; ~ of vision दृष्टि की ≈

**A.D.** (acknowledgement due) पावती प्राप्य, रसीदी

**ad alium diem** किसी दूसरे दिन

**Adam's apple** कण्ठमणि

**adapt** अनुकूलित करना/ बनाना, अनुकूल बनाना

**adaptable** अनुकूलनक्षम, अनुकूलनीय

**adaptation** 1. अनुकूलन, अनुकूलीकरण; ~ order ≈ आदेश; ~ to circumstances परिस्थिति-≈; ~ to climate जलवायु-≈; 2. अवस्थानुकूल परिवर्तन

**adapted** अनुकूलित; best ~ उपयुक्ततम ≈

**adapter** अनुकूलक

**adaptive** अनुकूली; ~ behaviour ≈ व्यवहार; ~ delinquency ≈ अपचार; ~ procedure व्यनुकूली प्रक्रिया

**ad arbitrium** इच्छानुसार

**ad audiendum** सुनवाई के लिए

**ad centrum diem** किसी दिन

**ad communum legem** सामान्य विधान में

**ad curiam** न्यायालय में

**add** 1. योग करना, जोड़ना; 2. परिवर्धन करना, बढ़ाना, जोड़ना; ~ to the rules नियमों में ≈; ~ parties पक्षकारों का नाम जोड़ना; 3. I have to ~ मुझे यह भी कहना है

**add damnum** क्षति होने तक

**added** अतिरिक्त; ~ entry ≈ प्रविष्टि

**add defendendum** प्रतिरक्षा की रक्षा

**addendum** युक्तिका, अनुशेष (pl. addenda)

**addict** I. *v.i.* व्यसन लगना, लत पड़ना; II. *a.* व्यसनी

**addicted** व्यसनी; ~ to wine मदिरा का ≈

**ad diem** एक दिन, अमुक दिन

**adding** जोड़ने वाला; ~ machine ≈ यन्त्र

**addition** 1. योग, जोड़; 2. परिवर्धन, वृद्धि; ~ of parties पक्षकारों में ≈

**additional** अतिरिक्त, अपर; ~ Act ≈ अधिनियम; ~ article ≈ अनुच्छेद; ~ assessment ≈ कर निर्धारण; ~ banking facilities ≈ बैंकिंग सुविधाएँ;

~ charge ≈ प्रभार; ~ commissioner अपर आयुक्त; ~ copy ≈ प्रति, इतर प्रति; ~ demand ≈ माँग; ~ evidence ≈ साक्ष्य; ~ facility ≈ सुविधा; ~ fact ≈ तथ्य; ~ funds ≈ निधि; ~ grant ≈ अनुदान; ~ income ≈ आय; ~ insurance ≈ बीमा; ~ issue ≈ विवाद्यक; ~ judge ≈ न्यायाधीश; ~ district magistrate ≈ अपर ज़िला मजिस्ट्रेट; ~ payment ≈ भुगतान; ~ premium ≈ प्रीमियम; ~ provision 1 ≈ प्रबंध, 2 ≈ उपबंध, 3 ≈ शर्तें; ~ pay ≈ वेतन; ~ qualifications ≈ अर्हताएँ; ~ remarks ≈ अभ्युक्ति; ~ surcharge ≈ अधिभार

**additions and alterations** परिवर्धन-परिवर्तन

**additive** योगज, योगात्मक; ~ clause ≈ खंड

**address** I. *n.* 1. अभिभाषण; governor's ~ राज्यपाल का ≈; 2. मानपत्र, अभिनंदनपत्र [also address of welcome]; 3. पता; ~ for service तामील के लिए ≈; ~ an officer अधिकारी को लिखना. II. *v.t.* 1. सम्बोधित करना; ~ a meeting सभा को ≈; ~ the chair अध्यक्ष को सम्बोधित करें; ~ the court अदालत को ≈; 2. पत्र लिखना

**addressed** 1. ~ to के पते पर; 2. को सम्बोधित

**addressee** प्रेषिती, पाने वाला

**addressograph** पता लेखित्र, पता लेखी मशीन

**adduce** प्रस्तुत करना, पेश करना, देना; ~ evidence साक्ष्य ≈

**adduced** 1. प्रस्तुत; 2. उद्धृत; 3. उल्लिखित

**ademption** विखंडन; ~ of legacy रिक्थ का ≈

**adequacy** 1. पर्याप्तता; ~ of data आधार सामग्री की ≈; 2. यथायोग्यता; ~ of an incumbent पदधारी की ≈

**adequate** 1. पर्याप्त; ~ consideration ≈ प्रतिफल; ~ reason ≈ कारण; ~ relief ≈ राहत/ अनुतोष; ~ safeguards ≈ पूर्वोपाय; ~ wage ≈ मज़दूरी; 2. यथायोग्य; ~ person ≈ व्यक्ति; ~ protection यथोचित संरक्षा

**adequately** पर्याप्त रूप से; ~ banked ≈ बैंकिंग सेवाओं से युक्त

**ad exitum** वादपद के अन्त में

**ad fidem** निष्ठाकाल में

**ad finem** अंत तक

**adhere** 1. दृढ़ रहना; 2. अनुपालन करना, अनुवर्तन करना; 3. संसक्त करना/ होना

**adherence** 1. अनुपालन, अनुवर्तन; 2. संसक्ति, लगाव; 3. दृढ़ रहना

**adhesion** आसंजन, चिपकाव; संसक्त होने का क़रार

**adhesive** आसंजक, चिपकनेवाला; ~ stamp आसंजी/ चिपकनेवाला स्टाम्प

**ad hoc** तदर्थ; ~ appointment ≈ नियुक्ति; ~ association ≈ संघ; ~ attempt ≈ यत्न; ~ benefit ≈ हितलाभ; ~ board ≈ मंडल; ~ committee ≈ समिति; ~ delegation ≈ प्रतिनिधिमंडल/ शिष्टमंडल; ~ indent ≈ माँगपत्र; ~ judge ≈ न्यायाधीश; ~ offer ≈ प्रास्थापना; ~ payment ≈ भुगतान; ~ requirement ≈ आवश्यकता/ अपेक्षण

**ad infinitem** निरवधि, अनंत काल तक

**ad interim** इस बीच में; ~ injunction अंतरिम व्यादेश

**adit** प्रवेश-मुख

**adjacent** सन्निकट; ~ to पार्श्वस्थ, पार्श्व/ पास का, सटा हुआ

**adjective** प्रक्रिया-संबंधी; ~ law ≈ विधि

**adjoin** लगा होना, पार्श्ववर्ती होना

**adjoining** पार्श्ववर्ती, आसन्न, लगा हुआ; - territory ≈ क्षेत्र

**adjourn** स्थगित करना, उठा देना; - sine die अनिश्चित काल के लिए ≈

**adjourned** स्थगित; - sitting ≈ बैठक; - hearing ≈ सुनवाई

**adjournment** स्थगन; - motion (कार्य) ≈ प्रस्ताव; - application स्थगनार्थ आवेदन; - of hearing सुनवाई का ≈; - of sale बिक्री का ≈; - of the house सदन का स्थगन; - to view अवलोकन के लिए ≈

**adjudge** न्यायनिर्णीत करना

**adjudged** न्यायनिर्णीत

**adjudicable** न्यायनिर्णेय

**adjudicate** न्यायनिर्णीत करना; - insolvent दिवालिया ≈

**adjudicating** न्यायनिर्णायक; - authority ≈ प्राधिकरण; - body अधिनिर्णायक निकाय

**adjudication** न्यायनिर्णय; अधिनिर्णयन, न्यायनिर्णयन; - board अधिनिर्णायक मंडल; - machinery ≈ तंत्र; - of claim दावे का ≈; - of dispute विवाद का ≈; - order ≈ आदेश

**adjudicator** अधिनिर्णायक, न्यायनिर्णेता

**adjunct** अनुबंध; - programme अनुलग्न कार्यक्रम

**adjuration** अभिशपथ

**adjure** शपथ दिलाना, कसम खिलाना

**adjust** 1. समायोजित करना, समायोजन करना; 2. अभ्यस्त करना; to - progressively धीरे-धीरे ≈

**adjustable** समायोज्य; - currency ≈ मुद्रा, ≈ करेंसी; - list ≈ सूची

**adjusted** समायोजित; - compensation ≈ मुआवज़ा, ≈ क्षतिपूर्ति; - fare ≈ किराया; - income ≈ आय; - provisionally ≈ अंतिम रूप से ≈

**adjuster** 1. समायोजक; 2. क्षति समायोजक; 3. दावा समायोजक

**adjusting** I. *n.* समायोजन; - operation ≈ संक्रिया; - the account लेखे का ≈. II. *a.* समायोजक; - entry ≈ प्रविष्टि/ इंदराज

**adjustment** समायोजन; eventual - अंतिम ≈; - bond ≈ बंधपत्र, ≈ बांड; - memo ≈ ज्ञापन; - of accounts हिसाब का ≈; - of suits दावों का ≈; - of transaction लेन-देन का ≈

**adjutant** एडजुटेंट; - general ≈ जनरल

**ad libitum** यथेच्छ

**ad litem** वादार्थ; - guardian ≈ अभिभावक

**ad literam** अक्षरशः

**admeasure** माप

**administer** 1. प्रशासन करना; - a territory किसी क्षेत्र का ≈; 2. देना, दिलाना; - interrogatories परिप्रश्न करना; - justice न्याय दिलाना; - oath शपथ दिलाना; - poison विष देना; - to interrogatories परिप्रश्नों का उत्तर माँगना; 3. ग्रहण करना

**administered** प्रशासित; - price निर्देशित क़ीमत

**administering** प्रशासी; - authority ≈ प्राधिकारी; - power ≈ शक्ति; - state ≈ राज्य

**administration** 1. प्रशासन; - bond ≈ बंधपत्र; - branch ≈ शाखा; clean - स्वच्छ ≈; corrupt - भ्रष्ट ≈; office - कार्यालय ≈; - of justice न्याय-≈; police - आरक्षिक ≈; - section ≈ अनुभाग; state - राज्य ≈; - suit ≈ दावा; 2. प्रबन्ध; - of property संपत्ति का ≈

**administrative** प्रशासनिक; - ability

≈ योग्यता; ~ action ≈ कार्रवाई; ~ adjudication ≈ न्याय निर्णय, ≈ अधिनिर्णय; ~ advice ≈ सलाह; ~ appraisal ≈ मूल्यांकन; ~ approval ≈ अनुमोदन; ~ authority ≈ प्राधिकारी; ~ behaviour ≈ व्यवहार; ~ cadre ≈ संवर्ग; ~ charge ≈ प्रभार; ~ committee ≈ समिति; ~ control ≈ नियन्त्रण; ~ convenience ≈ सुविधा/ सुकरता; ~ court ≈ न्यायालय; ~ decision ≈ निर्णय; ~ division ≈ प्रभाग; ~ employer ≈ नियोक्ता; ~ functions ≈ कृत्य; ~ head ≈ अध्यक्ष/ प्रधान या प्रमुख; ~ implication ≈ निहितार्थ; ~ integrity ≈ अखण्डता; ~ law ≈ विधि; ~ machinery ≈ तन्त्र; ~ office ≈ कार्यालय; ~ officer ≈ अधिकारी; ~ planning ≈ योजना/ नियोजन; ~ policy ≈ नीति; ~ power ≈ शक्ति; ~ process ≈ प्रक्रिया/ प्रक्रम; ~ reform ≈ सुधार; ~ regulations ≈ विनियम; ~ review ≈ पुनरीक्षण; ~ sanction ≈ संस्वीकृति; ~ set up ≈ व्यवस्था; ~ staff ≈ कर्मचारी वर्ग; ~ system ≈ पद्धति; ~ transaction ≈ कार्य-व्यापार/ व्यवहार; ~ unit ≈ एकक/ इकाई

**administratively** प्रशासनिक दृष्टि से

**administrator** प्रशासक; ~ general महा ≈

**administratorship** प्रशासकत्व

**admiral** ऐडमिरल

**admirality** I. *n.* नावाधिकरण. II. *a.* नावाधिकरणी, सामुद्रिक; ~ court ≈ न्यायालय; ~ jurisdiction ≈ अधिकार क्षेत्र; ~ law ≈ विधि; ~ powers समुद्री शक्तियाँ; नावाधिपति शक्तियाँ

**admissibility** ग्राह्यता; ~ of allowance भत्ते की स्वीकार्यता; ~ of evidence साक्ष्य की ≈; ~ of questions प्रश्नों की ≈

**admissible** ग्राह्य, अनुज्ञेय; ~ in proof प्रमाण/ सबूत के लिए ≈; ~ motion ≈ प्रस्ताव; ~ under the rules नियमानुसार ग्राह्य; ~ value ≈ मूल्य

**admission** 1. ग्रहण, स्वीकृति; ~ of appeal अपील का ≈; ~ of instruments लिखतों का ≈; **2.** स्वीकारोक्ति; ~ by an accused अभियुक्त द्वारा ≈; ~ of liability/ claim देयता/ दावा स्वीकरण, दावा मान लेना; **3.** प्रवेश; ~ age ≈ आयु; ~ examination ≈ परीक्षा; ~ fee ≈ शुल्क; ~ form ≈ फ़ार्म; no ~ ≈ निषिद्ध, अन्दर आना मना है; ~ of train गाड़ी लेना; ~ pass ≈ पत्र; ~ register ≈ पंजी; ~ with permission अनुज्ञा द्वारा ≈

**admit** 1. ग्रहण करना, स्वीकार करना, तसलीम करना; ~ a plaint वादपत्र ≈; ~ as advocate अधिवक्ता के रूप में स्वीकृत करना या भर्ती करना; ~ to bail ज़मानत ले लेना; **2.** प्रविष्ट/ दाख़िल करना, प्रवेश करने देना; **3.** सम्मिलित करना; ~ as a minor अप्राप्तवय/ नाबालिग़ के तौर पर ≈; ~ to benefits लाभों में ≈

**admittance** प्रवेश

**admitted** 1. गृहीत, स्वीकृत; ~ by pleading अभिवचनों द्वारा स्वीकार कर लिया गया; ~ claim ≈ दावा; ~ debt ≈ ऋण; ~ entries ≈ प्रविष्टियाँ; ~ documents ≈ दस्तावेज़; ~ in evidence साक्ष्य में ≈; ~ to bail ज़मानत के लिए ≈; ~ to registration पंजीकरण के लिए ≈; **2.** प्रविष्ट, भर्ती किया हुआ

**admixture** अधिमिश्रण

**admonish** भर्त्सना करना, फटकारना

**admonition** भर्त्सना

**ad nauseum** यावद्ग्लानि

**adolescence** किशोरावस्था, कैशोर्य

**adolescent** किशोर, कुमार; ~ behaviour ≈ व्यवहार; ~ court ≈ न्यायालय; ~ labour ≈ श्रमिक

**adopt** 1. अंगीकार करना, अंगीकृत करना; ~ smb's opinion किसी की राय ≈; 2. अपनाना; ~ a procedure प्रक्रिया ≈; 3. दत्तक ग्रहण करना, गोद लेना; ~ a daughter बेटी ≈; ~ a son बेटा ≈

**adopted** 1. दत्तक, गोद लिया हुआ; ~ son ≈ पुत्र; 2. अंगीकृत; ~ citizen ≈ नागरिक

**adoptee** दत्तक

**adopter** दत्तकग्राही; अंगीकर्ता

**adoption** 1. दत्तक-ग्रहण, गोद लेना; ~ agency ≈ अभिकरण; ~ deed ≈ पत्र/ विलेख; 2. अंगीकरण, स्वीकरण, अपनाना; ~ of text पाठ का ≈

**adoptive** दत्तक, गोदलेवा; ~ father ≈ पिता; ~ marriage घरजमाई प्रथा; ~ mother ≈ माता

**ad opus** की ओर से

**adornment** अलंकरण; personal ~ शारीरिक ≈

**ad promiser** अधिप्रतिगृहीता

**ad punctuam temposis** ठीक समय पर

**ad referendum** विचारार्थ

**ad rem** मुख्य विषय के संबंध में

**ad script** संलग्न लेख/ प्रति

**adult** 1. प्रौढ़; ~ education ≈ शिक्षा; ~ guidance ≈ मार्ग दर्शन; 2. बालिग़; ~ crime ≈ अपराध; ~ franchise ≈ मताधिकार; ~ male member ≈ पुरुष सदस्य; ~ suffrage ≈ मताधिकार

**adulterant** अपमिश्रक

**adulterate** अपमिश्रित करना, अपमिश्रण करना, मिलावट करना

**adulterated** अपमिश्रित, मिलावटी; ~ food ≈ अन्न/ खाद्य

**adulteration** अपमिश्रण, मिलावट; ~ of drugs औषधियों में ≈

**adulterer** जार, परस्त्रीगामी, जारकर्मी, ज़ानी

**adultress** जारिणी, परपुरुषगामिनी

**adulterine** I. *a.* 1. व्यभिचार सम्बन्धी, जार-; 2. अवैध; 3. कूट. II. *n.* जारज, वेश्यापुत्र

**adulterous** जार, व्यभिचारी; ~ connection ≈ सम्बन्ध

**adultery** जारकर्म, परस्त्रीगमन, परपुरुषगमन, ज़िना

**adultness** प्रौढ़ता, व्यस्कता

**adumbration** 1. छाया, झलक; 2. प्रतिचित्रण

**ad valorem** यथामूल्य, मूल्यानुसार; ~ duty ≈ शुल्क; ~ tax ≈ कर

**advance** I. *n.* 1. अग्रिम धन, पेशगी; ~ adjustable समायोज्य अग्रिम/ पेशगी; ~ on consignment परेषण पर ≈; ~ on wages मज़दूरी पर ≈, वेतन पर ≈; 2. उधार; future ~ भविष्यवर्ती ≈; irrecoverable ~ अशोध्य ऋण; ~ repayable प्रतिदेय अग्रिम/ ऋण. 3. उन्नति; ~ in skill कौशल में ≈; II. *a.* अग्रिम, पेशगी; ~ bill लदानपूर्व बिल; ~ booking ≈ बुकिंग, ≈ बुक करना; ~ charge ≈ प्रभार; ~ deposit ≈ जमा/ निक्षेप; ~ income tax ≈ आयकर; ~ increment ≈ वेतन-वृद्धि; ~ issue of tickets टिकट की ≈ बिक्री; ~ loan ≈ उधार; ~ notice ≈ सूचना; ~ payment ≈ भुगतान; ~ pay order ≈ अदायगी आदेश; ~ premium ≈ प्रीमियम; ~ reservation ≈ आरक्षण; ~ starter signal अगला प्रस्थान सिगनल. III. *v.t.* 1. अग्रिम देना; ~ money रुपया ≈; रुपया उधार देना; 2. प्रस्तुत करना, देना; ~ loan ऋण ≈; ~

opinion राय/ मत ≈; **3.** (आगे) बढ़ाना; ~ knowledge ज्ञान को ≈; ~ the price क़ीमत बढ़ाना. **IV.** *v.i.* (आगे) बढ़ना; ~ into a territory किसी क्षेत्र में ≈

**advanced** **1.** अग्रिम, अगाऊ; ~ deposit ≈ निक्षेप/ जमा; ~ guard ≈ रक्षी गारद; ~ portfolio ≈ संविभाग; **2.** उन्नत; ~ community ≈ समुदाय; ~ economy ≈ अर्थव्यवस्था; ~ grade ≈ श्रेणी/ वर्ग; **3.** उच्च; ~ course ≈ पाठ्यक्रम; ~ position ≈ स्थिति; ~ standing ≈ प्रस्थिति; ~ training ≈ प्रशिक्षण; **4.** प्रवृद्ध; ~ rate ≈ दर

**advancement** **1.** उन्नति, प्रवृद्धि; ~ in life जीवन में ≈; **2.** अग्रसरण; ~ of justice न्याय का ≈; ~ of trial विचारण का ≈; **3.** अभिवर्धन; ~ of learning विद्या का ≈

**advancing of money** रुपया उधार देना

**advantage** **1.** फ़ायदा, प्रलाभ; ~ obtained प्राप्त लाभ; take ~ of ≈ उठाना; **2.** भलाई; **3.** सहूलियत, सुविधा

**advantageous** प्रलाभप्रद

**advent** आगमन, आना

**adventitious** आगंतुक; ~ reinforcement ≈ पुनर्बलन

**adventure** प्रोद्यम, साहस; ~ in company संयुक्त जोखिम

**adventurer** प्रोद्यमी, साहसिक

**adventurous** **1.** साहसी; ~ person ≈ व्यक्ति; **2.** साहसिक; ~ step ≈ क़दम

**ad verbum** मुख से; शब्दों में

**adversary** विपक्षी, प्रतिपक्षी, शत्रु

**adverse** प्रतिकूल, विपरीत, मुख़ालिफ़; ~ balance of payments ≈ भुगतान शेष; ~ claimant ≈ दावेदार; ~ comments ≈ टीका/ टिप्पणी; ~ effect ≈ परिणाम; ~ entry ≈ प्रविष्टि/ इंदराज; ~ enjoyment ≈ उपभोग; ~ finding ≈ निर्णय/ उपपत्ति; ~ motion ≈ प्रस्ताव; ~ party ≈ पक्ष; ~ possession ≈ कब्ज़ा; ~ remark ≈ अभियुक्ति/ टिप्पणी; ~ report ≈ रिपोर्ट; ~ to the title हक़ के ≈; ~ vote ≈ मत; ~ witness ≈ साक्षी/ गवाह

**adversely** प्रतिकूलतया, के प्रतिकूल; ~ affect प्रतिकूल प्रभाव डालना

**adversus** विरुद्ध, प्रतिकूल

**advert** ध्यान देना

**advertise** विज्ञापित करना, विज्ञापन देना

**advertised** विज्ञापित; ~ post ≈ पद; ~ tender ≈ निविदा; ~ for sale बिक्री के लिए ≈

**advertisement** विज्ञापन; ~ manager ≈ प्रबन्धक; ~ of assignment समनुदेशन ≈

**advertiser** विज्ञापनदाता

**advertising** विज्ञापन-; ~ allowance ≈ भत्ता; ~ consultant ≈ परामर्शी; ~ cost ≈ लागत; ~ profession ≈ व्यवसाय

**advice** **1.** सलाह, मंत्रणा; legal ~ विधिक ≈; medical ~ डाक्टरी ≈; ~ of the court न्यायालय की ≈; **2.** सूचना; ~ is expected or awaited सूचना की प्रतीक्षा है; letter of ~ ≈ पत्र; ~ note ≈ पत्र; ~ of delivery वितरण ≈; ~ of despatch प्रेषण की ≈; भेजने की ≈; ~ of payment भुगतान की ≈; ~ of transfer बदली की ≈; अंतरण ≈; **3.** उपदेश

**advisability** औचित्य

**advisable** उचित, वाजिब

**advise** **1.** सलाह/ मंत्रणा देना; **2.** सूचना देना, सूचित करना; ~ position कृपया स्थिति बताएँ

**adviser** सलाहकार, मंत्रणादाता; house ~ आवास ≈; legal ~ कानूनी ≈

**advisory** सलाहकार, परामर्श; ~ board ≈ मंडल/ बोर्ड; ~ committee ≈ समिति; ~ commission ≈ आयोग; ~ council ≈ परिषद्; ~ jurisdiction सलाहकारी क्षेत्राधिकार; ~ opinion ≈ मत/ राय; ~ procedure ≈ कार्यविधि

**ad vitam out culpam** जीवन भर के लिए अथवा कदाचार-पर्यन्त

**advocacy** वकालत; पक्षसमर्थन

**advocate** I. *n.* 1. अधिवक्ता, एडवोकेट; ~ general महाधिवक्ता; government ~ सरकारी ≈; ~ on record अभिलेख ≈; 2. पक्षसमर्थक. II. *v.t.* पक्षपोषण करना

**advowson** संरक्षाधिकार

**aequitas** = equity साम्या

**aerated** वातित; ~ water ≈ जल

**aerial** I. *n.* आकाशी (तार), एरियल. II. *a.* 1. आकाशी, हवाई; ~ bombardment ≈ बमबारी; ~ domain हवाई अधिकार क्षेत्र, आकाशी अधिकार क्षेत्र; ~ inspection ≈ निरीक्षण; ~ line ≈ तार; ~ navigation विमान संचालन; ~ reconnaissance ≈ वीक्षण; ~ ropeway ≈ रज्जुमार्ग; ~ survey ≈ सर्वेक्षण; ~ warfare ≈ युद्ध, हवाई लड़ाई; 2. वैमानिक

**aerodrome** विमानक्षेत्र, हवाई अड्डा

**aeroengine** वायव इंजन

**aerogram** हवाई पत्र

**aero-insurance** उड्डयन बीमा

**aeronaut** वैमानिक

**aeronautical** वैमानिक; ~ engineer ≈ अभियन्ता

**aeronautics** वैमानिकी

**aeroplane** विमान, वायुयान, हवाई जहाज़

**aesthetic** सौन्दर्यात्मक; ~ expression सौन्दर्याभिव्यंजना; ~ sense सौन्दर्य-बोध; ~ taste ≈ रुचि; ~ value सौन्दर्य की दृष्टि से महत्व

**aesthetics** सौन्दर्यशास्त्र

**affair** कार्य, काम

**affairs** 1. कार्यकलाप, कामकाज; ~ of state राज्य के ≈; political ~ राजनैतिक ≈; 2. बातें, मामले; ~ of family कुटुम्ब की बातें; ~ of management प्राबंधिक मामले; domestic ~ घरेलू ≈

**affect** प्रभाव डालना, प्रभावित करना; ~ prejudicially प्रतिकूल प्रभाव डालना

**affectation** आडम्बर, बनावट

**affected** 1. प्रभावित; ~ by circumstances परिस्थितियों से ≈; 2. ग्रस्त; ~ train दुर्घटनाग्रस्त गाड़ी; ~ with disease रोग-≈; 3. आडम्बरपूर्ण, बनावटी; ~ statement ≈ कथन

**affecting** प्रभावी, प्रभाव डालने वाला; ~ males पुरुषों पर ≈; ~ human body मानव शरीर पर ≈; offence ~ life संकटकारी अपराध

**affection** स्नेह, अनुराग

**affective** प्रभावात्मक; ~ judgment ≈ निर्णय

**affiance** विवाह-प्रतिज्ञा, वाग्दान

**affidavit** शपथपत्र, हलफ़नामा; ~ of valuation मूल्यांकन का ≈

**affiliate** 1. सम्बद्ध करना, सम्बन्ध जोड़ना; 2. पितृनिश्चय करना, पितृसम्बन्ध जोड़ना

**affiliated** सम्बद्ध; ~ college ≈ महाविद्यालय या कालेज; ~ organization ≈ संगठन

**affiliating** सम्बन्धन; ~ university ≈ विश्वविद्यालय

**affiliation** 1. सम्बन्धन; सम्बद्धता; 2. पितृनिश्चय, पितृसम्बन्ध

**affinity** 1. बन्धुता, नातेदारी, सम्बन्ध; 2. विवाह-सम्बन्ध; direct ~ सीधा ≈; 3. (वंश) सादृश्य

**affirm** 1. अभिपुष्ट करना, पक्का करना; ~ the decision निश्चय की अभिपुष्टि करना; 2. प्रतिज्ञात करना, प्रकथन करना; ~ on one's honour वचन देकर ≈

**affirmance, affirmation** 1. अभिपुष्टि; 2. प्रतिज्ञान, प्रकथन; solemn ~ सच्चे दिल से ≈; 3. प्रतिज्ञापत्र

**affirmative** 1. स्वीकारात्मक, अस्तिवाचक; ~ reply हाँ, सकारात्मक उत्तर; ~ resolution ≈ संकल्प; 2. विध्यात्मक, समर्थनात्मक; ~ easement ≈ सुखाचार; ~ order ≈ आदेश; ~ vote ≈ मत

**affirmed** 1. अभिपुष्ट; 2. प्रतिज्ञात

**affix** 1. चिपकाना, लगाना; ~ a copy प्रतिलिपि संलग्न करना; ~ a seal मोहर लगाना; ~ stamp टिकट ≈; 2. (पीछे) जोड़ना; ~ leave अवकाश ≈; ~ signature हस्ताक्षर करना

**afflict** दुःखी करना, सताना; ~ pain पीड़ा देना

**affliction** व्याधि

**affluent** सुसम्पन्न; ~ class ≈ वर्ग; ~ society ≈ समाज, सुसमृद्ध समाज

**afforcement** विवर्धन

**afford** 1. समर्थ होना, कर सकना; ~ to purchase ख़रीदने में समर्थ होना, ख़रीद सकना; 2. देना, दे सकना; ~ opportunity अवसर ≈; ~ shelter शरण ≈

**afforestation** वनरोपण, वन लगाना

**affranchise** मताधिकार देना

**affray** दंगा

**affreight** भाड़े पर देना

**affraightment** भाड़े पर पोत तय करना

**affront** 1. सामना करना; ~ death मौत का ≈; 2. मुँह पर अपमान करना; ~ a person किसी व्यक्ति का ≈; to take as an ~ अपमान समझना

**affloat** जल पर, प्लावी

**aforementioned** पूर्वोल्लिखित

**aforesaid** पूर्वोक्त, उपर्युक्त; ~ rule ≈ नियम; ~ terms ≈ शर्तें

**aforethought** पूर्वविचारित

**a fortiori** सुतरां, बढ़कर

**after** के पश्चात, के पीछे; ~ adequate consideration समुचित विचार के बाद; ~ consultation परामर्श ≈; ~ deduction कटौती करने के बाद; ~ making allowance मौक़ा देने ≈, गुंजाइश निकालने ≈

**after-** उत्तर; पश्चात्वर्ती; ~ birth अपराकला, नाल; ~ born ≈ जात; ~ care ≈ परिचर्या, बाद की देखरेख; ~-care organisation ≈-सेवा संगठन; ~ date तिथ्यन्तर; ~ effect ≈ प्रभाव; ~-life मरणोत्तर जीवन; ~ sight दर्शनोपरांत, दर्शनांतर; ~ thought पश्चात् चिन्तन

**afternoon** अपराह्न, तीसरा पहर; ~ shift ≈ पारी

**afterwards** तत्पश्चात, इसके बाद

**again revive** पुनः प्रवर्तित करना

**against** 1. के विरुद्ध, के ख़िलाफ़; ~ public interest लोकहित ≈; ~ the defendant प्रतिवादी ≈; 2. के विपरीत, प्रतिकूल; ~ advice सलाह ≈; 3. के अनुसार; ~ allocation बटवारे ≈; 4. के सामने; ~ the house मकान ≈

**age** आयु, अवस्था, उम्र, वयः; ~ certificate ≈ प्रमाणपत्र; ~ difference वयोभेद; ~ distribution ≈ श्रेणीकरण; ~ entry ≈ प्रविष्टि; ~ exemption वय मुक्ति; ~ factor वय-घटक; ~ group ≈ वर्ग; ~ limit ≈ वयःसीमा; ~ mate समवयस्क; mature ~ परिपक्व ≈; marriageable ~ विवाहयोग्य ≈; ~ norm ≈-मानक; ~ of consent सम्मति की ≈; ~ of discretion विवेक का वय; of (full) ~ वयस्क, बालिग़; ~ of majority वयस्कता की ≈; ~ of manhood वयमानवता; ~ of puberty तारुण्य की ≈; ~ of superannuation अधिवर्षिता की ≈; ~ of retirement सेवा निवृत्ति की ≈; ~ record ≈-अभिलेख/ रिकार्ड; under ~ वय से पहले, अल्पवय, कमउम्र

**aged** 1. उम्र/ अवस्था का; a man ~ forty चालीस वर्ष की ≈ आदमी; 2. वृद्ध; ~ person ≈ व्यक्ति

**ageing** 1. वयोवृद्धि; 2. वयोवृद्ध हो रहा

**agency** 1. अभिकरण, एजेंसी; business of ~ ≈ का कारबार; ~ charges ≈ प्रभार; ~ ledger ≈ खाता; ~ tariff ≈ प्रशुल्क, ≈ टैरिफ़; 2. अभिकरण क्षेत्र; 3. माध्यम

**agenda** कार्यसूची; item on the ~ कार्यावली का विषय-क्रम

**agent** अभिकर्ता, एजेंट, गुमाश्ता, मुख़्तार; exporting ~ निर्यात ≈; general ~ महाभिकर्ता, मुख़्तार आम; ~ in a particular case विशेष ≈, मुख़्तार ख़ास; pretending ~ अपदेशक ≈; ~ provocateur प्रोत्तेजक ≈; sole ~ एकमात्र ≈; substituted ~ प्रतिस्थापित ≈; undisclosed ~ अप्रकटित ≈

**agglomeration** समूह

**aggrandise** बड़ा करना, बढ़ाना

**aggravate** 1. गुरुतर/ संगीन बनाना; ~ a situation स्थिति को ≈; 2. अपवर्धन करना, बढ़ाना; ~ disease रोग को ≈

**aggravated** अपवर्धित; ~ assault उत्तेजित हमला; ~ injury ≈ क्षति; ~ loss ≈ हानि

**aggravating** अपवर्धक; ~ circumstances ≈ परिस्थितियाँ

**aggravation** 1. अपवृद्धि; ~ of risk जोख़िम की ≈; 2. गुरुतर/ संगीन बनाना

**aggregate** I. *n.* 1. योग, कुल जोड़; 2. समाहार, समुच्चय. II. *a.* कुल, संकलित, समस्त; ~ area ≈ क्षेत्रफल; ~ demand ≈ माँग; ~ income ≈ आय; ~ money income ≈ मुद्रा आय; ~ mortality table समाहृत मृत्यु संख्या सारणी; ~ operations liability ≈ व्यापार क्षति दायित्व; ~ pay ≈ वेतन; ~ protective liability ≈ संरक्षण दायित्व; ~ punishment ≈ दण्ड; ~ supply ≈ पूर्ति; ~ value ≈ मूल्य

**aggregation** समूहन, संकलन, समाहार; ~ of prices क़ीमतों का ≈; ~ of property संपत्ति का ≈

**aggregative** समुच्चयी; ~ index number समाहृत सूचकांक; ~ statistics ≈ आँकड़े

**aggress** अभ्याक्रमण करना

**aggression** अभ्याक्रमण

**aggressive** अभ्याक्रामक; ~ behaviour ≈ व्यवहार; ~ intention ≈ आशय; ~ measure ≈ कार्यवाही; ~ militarism ≈ सैन्यवाद; ~ mob ≈ भीड़; ~ movement ≈ गतिविधियाँ; ~ policy ≈ नीति; ~ tendency ≈ प्रवृत्ति; ~ war ≈ युद्ध; ~ weapons ≈ आयुध

**aggressiveness** अभ्याक्रामकता

**aggressor** अभ्याक्रामक; ~ nation ≈ राष्ट्र

**aggrieve** व्यथित करना, दुःख पहुँचाना

**aggrieved** व्यथित, क्षुब्ध; ~ party ≈ पक्षकार; ~ person ≈ व्यक्ति

**agio** बट्टा, व्यंतर; बढ़ौती; ~ theory of interest ब्याज का उपभोग स्थगन सिद्धांत

**agiotage** बट्टा/ व्यन्तर व्यापार

**agistment** चराई, चारण-शुल्क

**agitate** आंदोलन करना; हलचल मचाना; ~ a question प्रश्न छेड़ देना

**agitation** आंदोलन; हलचल

**agitator** आंदोलनकर्ता, आंदोलक

**agnate** पितृबन्धु, गोत्रज, गोती

**agnatic** पैतृक, सगोत्र; ~ descent ≈ वंशानुक्रम; ~ kinship ≈ बन्धुता; ~ succession ≈ उत्तराधिकार

**agonising** तीव्र पीड़ाकारी; ~ death ≈ मृत्यु

**agony** यन्त्रणा, तीव्र पीड़ा

**agrarian** (कृषि) भूमि-सम्बन्धी; ~ law ≈ विधि; ~ policy कृषि भूमि नीति; ~ reform कृषि भूमि सुधार

**agrarianism** भूमि सुधारवाद

**a gratia** अनुग्रहरूपेण

**agree** 1. सहमत होना; we ~ हम सहमत हैं; 2. स्वीकार करना; ~ to a proposal प्रास्थापना ≈; 3. क़रार करना; it was ~d यह क़रार पाया; ~ to subscribe capital पूँजी लगाने का ≈; 4. अनुकूल होना; climate did not ~ जलवायु अनुकूल नहीं थी

**agreeable** रुचिकर; ~ alteration सम्मत या स्वीकार्य फेर-बदल; ~ proposal मानने योग्य प्रस्ताव

**agreed** 1. सहमत, सम्मत; ~ amount ≈ राशि; ~ period ≈ कालावधि; ~ valuation ≈ मूल्यांकन; 2. तै पाया, क़रार पाया हुआ; as ~ upon जैसा क़रार पाया; ~ to be referred निर्देशित करने को ≈

**agreement** 1. समझौता, क़रार; ~ coverage ≈ व्याप्ति; ~ duration ≈ अवधि; ~ enforcement ≈ प्रवर्तन; express ~ स्पष्ट ≈; ~ form/ bond/ deed क़रारनामा; implied ~ विवक्षित ≈; ~ in writing लिखित ≈; ~ of arbitration विवाचन का ≈; ~ of indemnity क्षतिपूर्ति का ≈; to enter into ~ ≈ करना; ~ to lease पट्टे पर देने का ≈; ~ to sell बेचने का ≈; void ~ शून्य ≈; voidable शून्यकरणीय ≈; 2. क़रारनामा; to sign an ~ ≈ पर हस्ताक्षर करना; 3. सहमति

**agricultural** कृषि-, खेती का; ~ area ≈ क्षेत्र; ~ assistant ≈ सहायक; ~ bank ≈ बैंक; ~ clerk ≈ लिपिक; ~ class कृषिजीवी वर्ग, कृषक; ~ community ≈ समुदाय; ~ credit ≈ उधार; ~ finance ≈ वित्त; ~ holding ≈ जोत; ~ implements ≈ उपकरण; ~ input ≈ आगत; ~ income ≈ आय; ~ labour ≈ श्रम; ~ land ≈ भूमि; ~ marketing ≈ विपणन; ~ operations ≈ कार्य; ~ produce ≈ उपज; ~ production ≈ उत्पादन; ~ region ≈ प्रदेश; ~ rent ≈ लगान; ~ research ≈ अन्वेषण; ~ sector ≈ क्षेत्रक; ~ statistics ≈ सांख्यिकी, ≈ सम्बन्धी आँकड़े; ~ strategy ≈ कार्य योजना; ~ training ≈ प्रशिक्षण

**agriculture** कृषि, खेती (बाड़ी), काश्तकारी

**agriculturist** 1. कृषिजीवी, कृषक, किसान 2. कृषि विज्ञानी

**agriculture minister** कृषि मंत्री

**agroclimatic** कृषि-जलवायु

**agro-industries** कृषि-उद्योग

**agro-based** कृषि-आधारित

**agronomist** सस्य विज्ञानी

**agronomy** सस्यविज्ञान

**agrostology** घास-विज्ञान

**aid** I. *n.* सहायता, इमदाद; first ~ प्रथमोपचार; steps in ~ सहायक क़दम; in ~ of की ≈ के लिए. II. *v.t.* मदद करना; ~ one to escape किसी को निकल भागने में ≈

**aid de camp** ए डी सी, परिसहायक

**aided** सहायता-प्राप्त; ~ institution ≈ संस्था

**aide memoire** स्मारक-पत्र

**aids** साधन, साहाय्य

**aim** I. *n.* लक्ष्य; aims and objects लक्ष्य और उद्देश्य; inhibited - प्रावरुद्ध ≈. II. *v.i.* लक्ष्य रखना/ बनाना

**aimless** लक्ष्यहीन

**air** I. *n.* वायु, हवा. II. *a.* 1. हवाई; - attack ≈ आक्रमण; - base ≈ केन्द्र; - bombardment ≈ बमबारी; - borne operations ≈ संक्रियाएँ; - break switch ≈ वियोजन स्विच; - cargo ≈ माल; - conveyance charge ≈ वाहन प्रभार, ≈ चार्ज; - crew ≈ कर्मीदल; - defence ≈ प्रतिरक्षा; - force वायुसेना; - freight ≈ माल भाड़ा; - gun ≈ तोप; - gunner ≈ तोपची; - jurisdiction ≈ अधिकार-क्षेत्र; - law ≈ क्षेत्र-विधि; - line ≈ मार्ग/ परिवहन; - mail ≈ डाक; - mail service ≈ डाक सेवा; - mail stamp ≈ डाक टिकट; - man ≈ सैनिक; - marshal ≈ सेनापति; - navigation विमान चालन, जहाज़रानी; - operation ≈ संक्रिया; - plane ≈ विमान; - raid ≈ हमला; - raid shelter ≈ हमला आश्रय; - route ≈ मार्ग; - ship ≈ पोत; - traffic ≈ यातायात; - way ≈ पथ; 2. विमान-वैमानिक; - field ≈ क्षेत्र; - navigation ≈ चालन; - passage ≈ भाड़ा/ मार्ग; - port ≈ पत्तन; - transport ≈ परिवहन; - travel ≈ यात्रा; 3. आकाशी; - space ≈ क्षेत्र; - supremacy ≈ श्रेष्ठता; - warfare ≈ युद्ध

**air-conditioned** वातानुकूलित; - class ≈/ वातानुकूल दर्जा, ≈ श्रेणी; - room ≈ कमरा

**air-conditioning** वातानुकूलन; - plant ≈ संयंत्र/ प्लांट

**aircraft** विमान; - armaments वैमानिक आयुध; - carrier ≈ वाहक पोत; - warning ≈ चेतावनी

**airlines** विमान-परिवहन

**airmen** वैमानिक

**airtight** वायुरोधी

**airworthiness** उड्डयन-योग्यता

**alacrity** 1. तत्परता, 2. क्षिप्रता

**alarm** 1. एलार्म, ख़तरे का संकेत; 2. ख़तरा; - bell आपात घंटी, एलार्म घंटी; - chain ख़तरे की ज़ंजीर; - signal ख़तरे का संकेत

**alarming** 1. भयावह, 2. भयोत्पादक

**alarmist** 1. भय प्रसारक, 2. भयोत्पादक

**a latere** पार्श्वतः

**album** अलबम

**alcohol** एल्कोहल, मद्यसार

**alcoholic** 1. मद्यसारी; - disease मद्यजन्य रोग; - drink ≈ पेय; 2. मद्यव्यसनी; - ancestry ≈ पूर्वजता; - criminal ≈ अपराधी; - parents मद्यप माता-पिता

**alcoholism** अतिपानता

**alderman** पौरमुख्य, विशिष्ट पौर

**ale** यवसुरा; - -house ≈ गृह

**aleatory** दैवायत्त; - contract ≈ संविदा

**alert** सतर्क, सचेत

**alertness** सतर्कता, सचेतता; - test ≈ परीक्षण, जागरूकता परीक्षण

**alethal** अघातक, अप्राणहर

**alias** उपनाम, उर्फ़

**alibi** अन्यत्र स्थिति, अन्यत्रता; plea of - अन्यत्र होने की अभ्युक्ति, उज्र अदम मौजूदगी; fake - जाली ≈

**alien** अन्यदेशीय, विदेशी; - colonialism ≈ उपनिवेशवाद; - enemy ≈ शत्रु; - friend ≈ मित्र; - infringement ≈ अतिलंघन/ उल्लंघन; - labour ≈ श्रमिक

**alienability** अन्य संक्राम्यता

**alienable** अन्यसंक्राम्य; - land ≈ भूमि

**alienage** अन्यदेशिता

**alienate** अन्यसंक्रमण करना, स्वत्व-अंतरण करना, अन्यसंक्रांत करना; - land भूमि को ≈

**alienated** अन्यसंक्रांत; - possession ≈ कब्ज़ा

**alienation** अन्यसंक्रमण, स्वत्व-अंतरण; - by gift दान द्वारा ≈; - of property सम्पत्ति का ≈

**alienee** अन्यसंक्रामिती

**alieni juris** अन्याधीन, पराधीन

**alieni solo** किसी की भूमि पर

**alienism** अन्यदेशीयता

**alienist** अदालती मनश्चिकित्सक; न्यायालीय मनश्चिकित्सक; न्यायालय सम्मत मनश्चिकित्सक

**align** संरेखित करना, एक रेखा में करना/लगाना

**alignment** संरेखण, एक रेखा में लगाना

**alike** समान

**aliment** 1. पोषण; 2. पोषण/ संधारण व्यय

**alimentary** पोषण; - canal ≈ नाल; - salt भोज्य नमक

**alimony** संभृति, निर्वाहिका, निर्वाह धन

**alio intuitu** दृश्यमान आशय से भिन्न

**a liter** अन्यथा

**aliunde** अन्यतः, अन्य स्रोत से

**alive** जीवित

**all** 1. सब (a) अखिल; - concerned सब सम्बन्धित (व्यक्ति); - -India ≈ भारतीय; (b) सर्व; - embracing सर्व समावेशक; - -inclusive सर्वसमावेशी; - loss insurance सर्व जोखिम बीमा; - right signal "सब ठीक है" का सिगनल/ संकेत; - rights सर्वाधिकार; - round सर्वतोमुखी; - round improvement सर्वतोमुखी सुधार; - weather सर्वऋतु; 2. पूर्ण; - clear ≈ निर्बाधता; - -up ≈ निष्पादित; - or none ≈ या शून्य; 3. - India Radio आकाशवाणी; - out effort भरसक प्रयत्न; - over चारों ओर

**allay** शान्त करना, दूर करना

**allegation** अभिकथन, आरोप; - made on oath सशपथ मिथ्यारोप अभिकथन; - of fact तथ्य का ≈; - of misconduct अवचार का ≈

**allege** अभिकथन करना, आरोप लगाना, अभिकथित करना

**alleged** अभिकथित, आरोपित; - breach ≈ भंग; - inability ≈ असमर्थता; - misconduct ≈ दुर्व्यवहार; - offender ≈ अपराधी; - right ≈ अधिकार

**allegiance** 1. निष्ठा; oath of - ≈ की शपथ; to swear - ≈ की शपथ लेना; 2. राजनिष्ठा

**alleviate** हलका/ कम करना; - pain पीड़ा ≈; - suffering यातना ≈

**alley** तंग गली; - dwelling ≈ आवास

**alliance** 1. मैत्री; 2. सहबन्ध

**allied** 1. मित्र; - activities सहबद्ध क्रियाकलाप; - council ≈ राष्ट्र परिषद्; - nations ≈ राष्ट्र; - powers ≈ राष्ट्र/ शक्तियाँ; 2. समवर्ती, सहबद्ध; - products ≈ उत्पाद; - subjects सम्बद्ध विषय; - trade ≈ व्यापार/ व्यवसाय

**allies** मित्र राष्ट्र

**allocable** आवंटनीय; - surplus ≈ अधिशेष

**allocate** विनिहित करना; बाँटना, बँटवारा करना

**allocation** विनिधान, आवंटन, बँटवारा; - of armaments शस्त्र-≈; - of business कार्य विभाजन; - of expenses खर्च का विनिधान या बँटवारा;

~ of funds निधियों का ≈; ~ of taxes करों का ≈; ~ of time समय का विनिधान या बंटवारा

**allocatur** व्यय-स्वीकृति-पत्र

**allocution** अभिभाषण

**allodium** करमुक्त भूमि

**allograph** परलिखित्र

**allonge** बेचान पर्ची, पृष्ठांकन पर्ची

**allot** आवंटन करना, नियत करना

**allotable** आवंट्य; ~ surplus ≈ अधिशेष

**allotment** आवंटन, बाँट; ~ letter ≈ पत्र; ~ money ≈ राशि; ~ officer ≈ अधिकारी; ~ of fund निधि का ≈; ~ of revenue राजस्व का ≈; ~ of shares हिस्सों का ≈; ~ of tasks निर्धारित कार्य का ≈; ~ order ≈ आदेश

**allotted** 1. आवंटित; ~ land ≈ भूमि; 2. नियत; ~ day ≈ दिन

**allottee** आवंटिती, बाँट पानेवाला

**allow** 1. अनुज्ञात करना, मंज़ूर करना; ~ an appeal अपील ≈; ~ the objection आक्षेप को ≈; 2. देना; ~ rebate छूट ≈; ~ time समय ≈; ~ to enter घुसने ≈, प्रवेश करने ≈; ~ in account लेखांकित करना; ~ to work काम करने ≈

**allowable** 1. अनुज्ञेय; 2. अनुमत

**allowance** 1. भत्ता; acting ~ कार्यकारी ≈; admissible ~ अनुज्ञेय ≈; compensatory ~ प्रतिपूरक ≈; conveyance ~ सवारी ≈; daily ~ दैनिक ≈; dearness ~ महँगाई ≈; deputation ~ प्रतिनियुक्ति ≈; leave ~ अवकाश ≈; maintenance ~ अनुरक्षण ≈; overtime ~ अतिरिक्त समय ≈; personal ~ वैयक्तिक ≈; travelling ~ यात्रा ≈; 2. मोक, छूट; make ~ ≈ देना

**allowancer** भत्ता-दाता

**allowed** अनुज्ञात; ~ by law विधि द्वारा ≈; ~ time ≈ समय

**allowing for** गुंजाइश रखते हुए

**alloy** मिश्रधातु

**allude** निर्देश/ उल्लेख करना

**allure** प्रलोभित करना, प्रलोभन देना

**allurement** प्रलोभन

**allurer** प्रलोभक

**allusion** 1. निर्देश, उल्लेख; 2. संकेतित प्रसंग

**allusive** निर्देशगर्भित, सांकेतिक

**alluvial** जलोढ, कछारी; ~ areas ≈ क्षेत्र

**alluvion** 1. कछार, जलोढ; 2. आवृद्धि

**alluvium** जलोढ भूमि, कछार

**ally** मित्र; मित्र राष्ट्र

**alma mater** मातृसंस्था

**almanac** पंचांग, पत्रा

**almoner** दानाध्यक्ष

**almonry** दानशाला

**alms** भिक्षा, भीख; ~-house भिक्षुगृह, दानशाला; ~ man भिक्षुक, भिखारी

**along** साथ-साथ; ~ side साथ में, बगल में, पार्श्व में; ~ with के साथ

**alphabet** वर्णमाला

**alphabetical** आनुवर्णिक; ~ list वर्णक्रमसूची; ~ index वर्णानुक्रमणिका; ~ order वर्णक्रम

**alphabetically** वर्णक्रमानुसार, वर्णक्रम से

**already** पहले से, तत्पूर्व; ~ acquired ≈ अर्जित

**altar** वेदी, वेदिका

**alter** परिवर्तन करना, बदलना; ~ judgment निर्णय में परिवर्तन करना

**alterable** परिवर्त्य, बदलने योग्य

**alteration** परिवर्तन, हेर-फेर, रद्दोबदल; ~ in policy पॉलिसी में फेर-बदल; ~ of meaning अर्थ-परिवर्तन; ~ of rights अधिकारों में ≈

**altercation** कहा-सुनी, तक़रार

**altered** परिवर्तित, बदला हुआ; ~ designation ≈ पदनाम

**alternate** 1. अनुकल्पी, आनुकल्पिक, एवज़ी; ~ clause ≈ खण्ड; ~ officer ≈ अधिकारी; ~ routing वैकल्पिक मार्गनिर्धारण; 2. प्रत्यावर्ती; ~ jurisdiction ≈ क्षेत्राधिकार; on ~ days एकांतर दिन पर; ~ transmission एकांतर संचारण या पारगमन

**alternating** प्रत्यावर्ती; ~ current ≈ धारा; ~ vision विकल्प दृष्टि

**alternation** 1. एकांतरण; 2. प्रत्यावर्तन; 3. क्रमांतरण

**alternative** I. *n.* विकल्प, अनुकल्प; as an ~ ≈ रूप में. II. *a.* वैकल्पिक, आनुकल्पिक, अनुकल्पी; ~ of studies पठन या अध्ययन क्रमांतरण; ~ accomodation दूसरा स्थान, दूसरा वास-स्थान; ~ benefit ≈ हितलाभ; ~ claim ≈ दावा; ~ demand ≈ माँग; ~ prayer ≈ प्रार्थना; ~ promise ≈ वचन; ~ provisions ≈ उपबंध; ~ punishment ≈ दंड; ~ remedy ≈ उपाय; ~ route ≈ मार्ग; ~ vote ≈ मत

**alternatively** विकल्पतः, अनुकल्पतः

**alternator** प्रत्यावर्तित्र

**although** यद्यपि

**altitude** (समुद्रतल से) ऊँचाई

**altogether false** पूर्णतः झूठ

**altruism** परार्थपरता, परहित साधना

**altruist** परार्थसाधक, परहितवादी

**altruistic suicide** परार्थ आत्महत्या

**alumni** पूर्वछात्र; ~ association ≈ संगम/ सभा

**alumnus** पूर्वछात्र (pl. alumni)

**a.m.** पूर्वाह्न

**amalgamate** समामेलित करना, एक में मिलाना

**amalgamated** समामेलित; ~ banking company ≈ बैंकिंग कम्पनी; ~ office ≈ कार्यालय; ~ union ≈ संघ

**amalgamating** समामेली; ~ company ≈ कम्पनी

**amalgamation** समामेलन, एकीकरण

**amanuensis** श्रुतलेखक, अनुलेखक

**amass** इकट्ठा करना

**amateur** अव्यवसायी, शौक़िया; ~ criminal नौसिखिया अपराधी

**ambassador** राजदूत; ~ designate नामोद्दिष्ट ≈; ~ extraordinary असाधारण ≈; ~ plenipotentiary पूर्णाधिकारी ≈

**ambassadorial** राजदूतीय; ~ committee ≈ समिति; ~ precincts राजदूतावास-क्षेत्र; ~ status ≈ पद

**ambassadress** महिला राजदूत

**ambidexter** सव्यसाची, उभ्यहस्त

**ambidexterity** उभ्यहस्त कौशल

**ambiguitas latens** अव्यक्त संदिग्धता

**ambiguitas patens** व्यक्त संदिग्धता

**ambiguity** संदिग्धार्थता, अस्पष्टता; latent ~ अन्तर्हित ≈; patent ~ प्रत्यक्ष/ स्पष्ट ≈

**ambiguous** संदिग्धार्थ; ~ instrument ≈ लिखत; ~ suggestion गोल-मोल या अस्पष्ट सुझाव; ~ title संदिग्ध हक़

**ambiguously** संदिग्ध रूप से

**ambilateral** उभयपार्श्व

**ambit** परिधि, सीमा, क्षेत्र, हद

**ambition** महत्त्वाकांक्षा

**ambitious** महत्त्वाकांक्षी; ~ plan भव्य/ विशाल योजना; ~ scheme ≈ योजना, लम्बी-चौड़ी योजना

**ambivalent parents** उभयभावी माता-पिता

**ambulance** रोगी-वाहन, अस्पताली गाड़ी;

~ corps अस्पताली दल; ~ room रोगी कक्ष
**ambulation** 1. सचलन, 2. चलन
**ambulatory** सचल; ~ court ≈ न्यायालय; ~ service ≈ सेवा; ~ staff ≈ कर्मचारी वर्ग
**ambush** छिपे रहना [also lie in ~]
**ameliorate** सुधारना, बेहतर बनाना
**amelioration** सुधार, बेहतरी; ~ of social conditions सामाजिक दशा का ≈
**amenable** अध्यधीन; ~ to authority प्राधिकार के ≈; ~ to law विधि के ≈, विधि के प्रति उत्तरदायी
**amend** संशोधन करना, तरमीम करना; ~ a law किसी विधि का ≈
**amended** संशोधित; ~ document ≈ दस्तावेज़; ~ draft ≈ प्रारूप
**amending** संशोधी, संशोधन-; ~ Act ≈ अधिनियम; ~ bill ≈ विधेयन; ~ notification ≈ विज्ञप्ति/ अधिसूचना; ~ power संशोधनाधिकार
**amendment** संशोधन; formal ~ औपचारिक ≈; optional ~ ऐच्छिक ≈; ~ process ≈ प्रक्रिया
**amends** अभितुष्टि, भरपाई, तावान
**amenity** सुख-सुविधा; ~ for services कर्मचारी ≈; ~ fund ≈ निधि
**amercement** सदय दण्ड
**amicable** मित्रतापूर्ण, मैत्रीपूर्ण, सौहार्दपूर्ण; ~ settlement ≈ समझौता
**amicus curiae** न्यायमित्र; न्यायपरामर्शदाता
**amity** मैत्री, मित्रता
**ammunition** गोला-बारूद; ~ of war युद्ध सामग्री
**amnesia** स्मृतिलोप, स्मृतिभ्रंश
**amnesty** सर्वक्षमा
**amoristic** कामसम्बन्धी; ~ sentiment कामभावना
**amorous disposition** प्रणयी वृत्ति
**amorphous** 1. अनियतरूप, बेढब; 2. गठनहीन; ~ settlement ≈ बस्ती
**amortization** क्रमिक अपाकरण, परिशोधन; ~ fund ≈ निधि; ~ payments ≈ अदायगियाँ; ~ of debt ऋण का ≈
**amortize** परिशोधन करना
**amortized** परिशोधित; ~ debt ≈ ऋण; ~ mortgage ≈ बंधक
**amortizement** (ऋण) परिशोधन
**amount** I. *n.* 1. धनराशि, रक़म; assessed ~ निर्धारित ≈; authorized ~ प्राधिकृत ≈; claimed ~ दावाकृत ≈; ~ considered bad/ irrecoverable अशोध्य समझी गयी राशि; deposited ~ जमा ≈; ~ designated अभिहित मूल्य; ~ due देय ≈; ~ in dispute विवादग्रस्त ≈; ~ outstanding परादेय ≈; ~ overdue कालातीत ≈; ~ undrawn अनाहरित राशि; 2. परिमाण, मात्रा; ~ of punishment दंड की मात्रा. II. *v.* it ~s to murder यह हत्या की कोटि में आता है
**amounting to murder** हत्या की कोटि में आना
**amountwise** राशि के अनुसार
**amphitheatre** अखाड़ा
**ample** व्यापक, प्रचुर; ~ proof ≈ सबूत/ प्रमाण
**amplification** प्रवर्धन, विस्तारण
**amplificative** विस्तारक, प्रवर्धक
**amplifier** प्रवर्धक, एम्प्लीफ़ायर
**amplitude** आयाम
**amputate** अंगच्छेदन करना, अंग काटना
**amputation** विच्छेदन, अंगच्छेदन, अंग काटना
**amputator** अंगच्छेदक

**amputee** छिन्नांग
**amuck** 1. उन्मत्त, 2. सिंहोन्मत्त
**amulet** तावीज़
**amulto fortiori** सुतरां
**amuse** मनोरंजन/ मनोविनोद करना, बहलाना
**amusement** मनोरंजन, विनोद, मनबहलाव; for ~ आमोदार्थ
**anachronism** कालदोष
**anaemia** अल्परक्तता, अरक्तता
**anaesthesia** संवेदनाहरण, संज्ञाहरण, असंवेदिता
**analism** गुदामैथुन
**analogical** सादृश्यमूलक; ~ hypothesis ≈ प्राक्कल्पना; ~ inference सादृश्यानुमान
**analogous** सदृश्य; ~ case सजातीय या एक-सा मामला; ~ post ≈ पद; ~ product ≈ उत्पाद
**analogy** सादृश्य, अनुरूपता
**analyse** विश्लेषण करना
**analysed** विश्लेषित, विश्लिष्ट
**analysis** विश्लेषण; ~ of arrears बकायों का ≈; ~ of balance sheet तुलना-पत्रों का ≈; ~ of charges प्रभार का ≈; ~ of rates दरों का ≈; ~ of surplus अधिशेष का ≈
**analyst** विश्लेषक
**analytic** विश्लेषी, विश्लेषक; ~ interview ≈ साक्षात्कार
**analytical** विश्लेषणात्मक, वैश्लेषिक; ~ argument ≈ युक्ति; ~ jurisprudence ≈ विधिशास्त्र; ~ method ≈ प्रणाली; ~ study ≈ अध्ययन; ~ test विश्लेषी परीक्षण; ~ tools ≈ साधन
**anarchic, anarchical** अराजक; ~ leadership ≈ नेतृत्व
**anarchical tendencies** अराजक प्रवृत्तियाँ
**anarchism** अराजकतावाद
**anarchist** अराजकतावादी
**anarchy** अराजकता
**a nativitate** जन्म से
**anatomist** शरीर-रचना विज्ञानी
**anatomize** व्यवच्छेदन करना
**anatomy** शरीर रचना (विज्ञान)
**ancestor** पूर्वज, पुरखा; common ~ एक ही ≈
**ancestorship** पूर्वज परम्परा, पैतृक परम्परा
**ancestral** पैतृक, आबाई; ~ business ≈ कारोबार; ~ estate ≈ सम्पदा; ~ debt ≈ ऋण; ~ home ≈ निवासस्थान; ~ property ≈ सम्पत्ति; ~ trade ≈ व्यापार
**ancestry** वंशक्रम, कुल/ पूर्वज परम्परा, वंशावली
**anchor** लंगर, लांगल
**anchorage** 1. लंगरगाह, लांगलस्थान; 2. लंगर-शुल्क [also ~ duties]
**ancient** प्राचीन; ~ custom ≈ रूढ़ि; ~ document ≈ दस्तावेज़; ~ legacy ≈ रिक्थ; ~ lights ≈ प्रकाशमार्ग; ~ monument ≈ स्मारक; ~ writing ≈ लेख
**ancillary** अनुषंगी, आनुषंगिक, सहायक, ज़िमनी; ~ activity ≈ क्रियाकलाप; ~ administration गौण प्रशासन; ~ industry ≈ उद्योग; ~ instrument ≈ लिखत; ~ motion ≈ प्रस्ताव; ~ powers ≈ शक्तियाँ; ~ stores ≈ सामान, छोटा-मोटा सामान; ~ subject ≈ विषय; (pl.) सहायक उपकरण
**andocracy** पुरुष-तन्त्र
**anecdotal record** वृत्तांत अभिलेख
**anecdote** उपाख्यान
**anemia** = anaemia (q.v.)
**anesthesia** = anaesthesia (q.v.)

**anew** नये सिरे से

**angary** युद्ध संकटाधिकार

**angle** कोण; ~ of operating प्रचालन-≈; ~ of vision दृष्टि-≈

**anglo-** आंग्ल-; ~-Indian ≈-भारतीय, ऐंग्लो-इण्डियन

**anguish** मनस्ताप, परिवेदना, संताप

**angular sign** कोण-चिह्न

**animal** पशु, जीव-जन्तु; ~ genesis ≈ प्रजनन; ~ geneticist प्राणी आनुवंशिकी विज्ञानी; ~ husbandry पशुपालन; ~ oil जांतव तेल; ~ products ≈ उत्पाद; ~ transport ≈ परिवहन; ~ wealth पशुधन

**animate** 1. प्राण-संचार करना; 2. अनुप्राणित करना

**animation** 1. प्राण-संचारण; 2. अनुप्राणन; 3. जीवंतता, सप्राणता

**animosity** वैरभाव

**animus** 1. प्राण, जीवनी शक्ति; 2. आशय; ~ dedicandi समर्पण का ≈; ~ possessendi कब्ज़े का ≈; ~ revertendi प्रत्यागमन का ≈ [pl. anima]

**annalist** आख्यान-लेखक, आख्यानकार

**annals** आख्यान, इतिवृत्त, कालवृत्त

**annex** 1. अनुबद्ध करना, जोड़ना, नत्थी करना; ~ to document दस्तावेज़ के साथ ≈; 2. राज्य में मिला लेना, अधिनद्ध करना

**annexation** अनुबधन, अधिनहन; ~ crisis ≈-संकट

**annexationist** अधिनहनवादी

**annexe** अनुबद्ध भवन, उपभवन

**annexed** अनुबद्ध, अधिनद्ध; ~ easements उपबद्ध सुखाचार; ~ schedule ≈ अनुसूची; ~ territory ≈ भूभाग/ क्षेत्र

**annexer** अधिनहनकर्ता

**annexure** 1. अनुबन्ध, उपाबन्ध; 2. नत्थी

**annihilate** समुच्छेदन/ सर्वनाश करना

**annihilation** उच्छेदन

**anniversary** जयन्ती, वर्षगाँठ, आब्दिकी

**annotate** टीका/ टिप्पणी करना

**annotated** सटिप्पण, सटीक; ~ edition ≈ संस्करण; ~ record ≈ अभिलेख

**annotation** टिप्पण, टीका

**annotator** टिप्पणकार, टीकाकार

**announce** आख्यान/ आख्यापित/ ऐलान/ घोषणा करना; ~ by beat of drum डोंडी/ ढिंढोरा पीटना

**announced** आख्यापित, अभिज्ञापित, घोषित; ~ bonus ≈ बोनस

**announcement** आख्यापन, ऐलान, घोषणा

**announcer** आख्यापक, उद्घोषक

**annoy** क्षुब्ध/ परेशान करना, खिझाना

**annoyance** क्षोभ, परेशानी, खीझ

**annual** वार्षिक; ~ accounts ≈ लेखे; ~ accretion ≈ उपचय/ वृद्धि; ~ audit ≈ लेखा-परीक्षा; ~ budget ≈ बजट; ~ closing ≈ संवरण; ~ dividend ≈ लाभांश; ~ earnings ≈ आय/ कमाई; ~ establishment returns ≈ स्थापना विवरणी; ~ estimate ≈ अनुमान या प्राकलन; ~ financial statement ≈ वित्त विवरण; ~ income ≈ आय; ~ increment ≈ वेतन वृद्धि; ~ index ≈ अनुक्रमणिका; ~ lease ≈ पट्टा; ~ letting ≈ भाड़ा; ~ net profit ≈ शुद्ध लाभ; ~ return ≈ विवरणी; ~ stock-taking ≈ स्टाक-पड़ताल; ~ target ≈ लक्ष्य; ~ valuation ≈ मूल्यांकन; ~ value ≈ मूल्य; ~ verification ≈ सत्यापन; ~ yield ≈ उत्पादन/ उपज

**annually** प्रति वर्ष

**annuals** एकवर्षी (जीवादि)

**annuary** वर्ष-वृत्त, वार्षिक वृत्तांत

**annuitant** वार्षिकी-ग्राही, वार्षिकीदार

**annuity** वार्षिकी, सालियाना; ~ agreement ≈ क़रार; ~ bond ≈ बन्धपत्र; ~ deposit ≈ निक्षेप; ~ fund ≈ निधि; ~ system ≈ प्रणाली

**annul** रद्द/ बातिल करना, निष्प्रभावित करना

**annulment** रद्द/ बातिल करना, निष्प्रभावन; ~ of adjudication न्याय-निर्णयन का अभिशून्यन; ~ of lease पट्टे का ≈; ~ of marriage विवाहोच्छेद

**annum** वर्ष; per ~ प्रति ≈, वार्षिक

**anomalous** विषम, विलक्षण, असंगत; ~ marriage ≈ विवाह; ~ mortgage ≈ बन्धक; ~ position ≈ स्थिति

**anomaly** विषमता, विलक्षणता, असंगति

**anomic suicide** अप्रतिमानित आत्महत्या

**anonymous** अनाम, गुमनाम; ~ communication ≈ संसूचना; ~ complaint ≈ शिक़ायत; ~ petition ≈ याचिका; ~ letter ≈ पत्र

**another** अन्य; ~ party ≈ पक्षकार

**answer** I. *n.* उत्तर; II. *v.i.* उत्तर देना; ~ to a description वर्णन के अनुरूप होना; ~ to a question प्रश्न का ≈; ~ the charge आरोप का ≈; ~ the claim दावे का ≈; ~ the debt ऋण चुकाना

**answerable** उत्तरदायी, जवाबदार; ~ in damages नुक़सानी का ≈

**answering** जवाबी

**antagonism** 1. विरोध, 2. प्रतिद्वंद्विता

**antagonist** विरोधी, प्रतिद्वंद्वी

**antagonistic** विरोधी; ~ coalition ≈ संघट्ट; ~ co-operation ≈ सहयोग; ~ effort ≈ प्रयत्न; ~ movement ≈ आन्दोलन; ~ tendencies ≈ प्रवृत्तियाँ; ~ symbiosis ≈ सहजीवन

**antecedent** I. *n.* पूर्ववृत्त; ~ of an offender अपराधी का ≈. II. *a.* पूर्वगामी; ~ debt ≈ ऋण; ~ negotiations ≈ बातचीत/ वार्ता

**antedate** I. *n.* पूर्व दिनांक. II. *v.t.* पूर्व-दिनांकित करना, पूर्व-तिथि डालना

**antedated** पूर्वदिनांकित; ~ cheque ≈ चेक

**antedating** पूर्व दिनांकन

**ante litem contestatam** प्रतिवाद से पूर्व

**ante litem motam** मुक़दमा चलाने से पूर्व

**antenatal** जन्मपूर्व

**antenna** शृंगिका, एन्टेना, आकाशी तार

**antenuptial** विवाहपूर्व; ~ negotiations ≈ बातचीत; ~ settlement ≈ परिनिर्धारण

**anterior** पूर्ववर्ती, पहले का; ~ position पूर्वस्थान; ~ to the debt ऋण से ≈

**anthropological** नृवैज्ञानिक

**anthropologist** नृविज्ञानी

**anthropomorphism** मानवत्वारोपण

**anthropophagus** नरभक्षी

**anti** विरोधी, रोधक, निवारक

**anti-adultration laws** अपमिश्रण-निवारक कानून

**anti-aircraft** विमानभेदी

**anti-capitalism** पूँजी विरोधवाद

**anticipate** प्रत्याशा/ पेशबंदी करना, पूर्वाभास होना

**anticipated** प्रत्याशित, पूर्वानुमानित; ~ demand ≈ माँग; ~ endowment insurance ≈ बंदोबस्ती बीमा; ~ expenditure ≈ व्यय; ~ policy ≈ नीति; ~ revenue ≈ राजस्व; ~ sanction ≈ मंजूरी; ~ saving ≈ बचत; ~ war ≈ युद्ध

**anticipation** प्रत्याशा, पूर्वानुमान; ~ rate पूर्वभुगतानी बट्टा

**anticipatory** प्रत्याशी; ~ bail ≈ ज़मानत; ~ gratuity ≈/ पूर्वपेक्षित उपदान; ~

pension ≈ पेंशन; ~ purchase ≈ क्रय/ खरीद

**anti-clockwise** वामावर्त

**anti-colonial** उपनिवेश-विरोधी

**anti-constitutional** संविधान-विरुद्ध

**anti-corruption** भ्रष्टाचार-निरोध; ~ committee ≈ समिति

**anti-discrimination law** भेदभावरोधी कानून

**antidote** प्रतिविष

**anti-federalist** संघवाद विरोधी

**anti-feudalism** सामंतवाद विरोधी

**anti-fraud inspector** छद्मविरोधी निरीक्षक

**anti-government** सरकार-विरोधी

**anti-human weapons** जनसंहारक शस्त्र

**anti-imperialism** साम्राज्यवाद विरोध

**anti-inflation** प्रतिस्फीति

**anti-inflationary measures** (मुद्रा) स्फीति निवारक उपाय

**anti-labour** श्रमिक विरोधी

**anti-militarism** सैन्यतंत्र-विरोध, प्रति सैन्य तंत्र

**anti-missile** प्रति-प्रक्षेपास्त्र

**anti-monopolist** एकाधिकार विरोधी

**anti-national** राष्ट्रविरोधी

**anti-nationalism** राष्ट्र-विरोध

**antimony** विप्रतिषेध; ~ of value मूल्य ≈

**'anti-party' group** "स्वदल विरोधी" समूह

**antipathy** विद्वेष

**anti-plague measures** महामारी-निवारण उपाय

**anti-power politics** शक्ति-विरोधी राजनीति

**antiquarian** पुरातनिक; ~ society ≈ समाज; ~ value ≈ मूल्य

**antiquary** पुराविद

**antiquated** पुरातन, लुप्तप्रयोग

**antique** पुरातन

**antiquity** 1. पुरातनता; 2. पुरावस्तु, पुरावशेष

**anti-revolutionary** क्रांति-विरोधी

**antiseptic** प्रतिपूय, प्रतिपूयिक

**anti-smuggling** तस्करी निरोध; ~ force अवैध व्यापार निरोधक दल, तस्करी विरोधी दल

**antisocial** समाज-विरोधी; ~ action ≈ कार्य; ~ behaviour ≈ व्यवहार

**anti-sterility** प्रतिवन्ध्यता

**anti-tank** टैंकतोड़; टैंकभेदी ~ gun ≈ तोप; ~ firearms टैंकभेदी अग्नयायुध

**antithesis** प्रतिपक्ष

**anti-trust laws** न्यास विरोधी कानून

**anti-waterlogging** जमाव-निवारण

**antonym** विलोम, विपर्याय

**anvil** निघाति, निहाई; on the ~ विचाराधीन

**anxiety** दुश्चिन्ता

**anxious** 1. उत्कंठित; 2. दुश्चिन्तायुक्त; ~ mania ≈ उन्माद

**apart** पृथक्, अलग, अलहदा; ~ from this इसके अलावा/ अतिरिक्त

**a parte ante** तत्पूर्व (काल)

**a parte post** तदुत्तर (काल)

**apartheid** रंगभेद

**apartment** कमरे, फ़्लैट; खंड

**apathia, apathy** उदासीनता, विरक्ति

**aperiodic** अकालिक

**aperture** छिद्र, रंध्र

**apex** शीर्ष, शिखर; ~ bank ≈ बैंक

**apex juris** विधिसूक्ष्मता

**aphagia** भक्षण-अक्षमता

**aphasia** वाचाघात

**aphonia** वाक्स्तंभ

**aphorism** सूत्र, सूक्ति

**apiarist** मधुमक्षिकापाल

**apologize** क्षमायाचना करना, माफ़ी माँगना

**apology** क्षमायाचना; make ~ = apologize

**apoplexy** रक्ताघात

**apostacy** धर्मत्याग, पक्षत्याग

**apostate** धर्मत्यागी, पक्षत्यागी; पतित

**a posteriori** अनुभवसापेक्ष, अनुभवाश्रित; ~ reasoning ≈ तर्क

**apothecary** औषध-विक्रेता, दवा-फ़रोश

**appal** भयभीत करना

**appanage** राजदेय, गुज़ारा

**apparatus** उपकरण, साधित्र, यन्त्र

**apparel** **1.** परिधान, पहरावा; **2.** सज्जा; ~ of a ship पोत की ≈

**apparent** प्रकट, आभासी, दृश्यमान; ~ authority ≈ प्राधिकार; ~ cause ≈ कारण; ~ easement ≈ सुखाचार; ~ good ≈/ ज़ाहिरा/ बाहरी ठीक हालत; ~ order ≈ आदेश; ~ heir ≈ उत्तराधिकारी; ~ owner ≈ स्वामी; ~ reason ≈ कारण; ~ tenor ≈ अर्थ

**apparently** प्रकट रूप से

**appeal** **I.** *n.* **1.** अपील; ~ admit ≈ ग्रहण; ~ allowed ≈ मंज़ूर; cross ~ प्रति ≈; ~ division ≈ प्रभाग; filing of ~ ≈ दायर करना; first ~ पहली ≈; ~ from judgment निर्णय की ≈; ~ lies ≈ होती है; prefer an ~ ≈ (प्रस्तुत) करना; present ~ ≈ उपस्थित करना; ~ procedure ≈ प्रक्रिया; special ~ विशेष ≈; **2.** दुहाई. **II.** *v.t.* & *v.i.* अपील करना; ~ to the court न्यायालय में ≈; ~ to smb किसी से ≈

**appealable** अपीलनीय; ~ cases ≈ मामले; ~ order ≈ आदेश

**appear** **1.** [person] उपस्थित/ पेश होना; ~ at an interview साक्षात्कार के लिए ≈; ~ by a pleader वकील की मार्फ़त ≈; ~ in person स्वयं ≈; ~ in public लोक के समक्ष ≈; ~ for interview साक्ष्य परीक्षा के लिए ≈; ~ under protest अभ्यापत्ति-पूर्वक ≈; **2.** [thing] प्रकट/ उपसंजात होना; **3.** [general] प्रतीत होना, लगना; it ~s to me मुझे लगता है; he ~ed to be truthful वह सच्चा लगा

**appearance** **1.** उपस्थिति, हाज़िरी; ~ before an authority किसी प्राधिकारी के सामने ≈; **2.** उपसंजाति; **3.** आकृति, हुलिया; **4.** रूप; ~ of a coin सिक्के का ≈

**appearing** प्रकट होने वाला; ~ in evidence गवाही में ≈

**appease** अपतुष्ट करना; शान्त करना

**appeasement** अपतुष्टि; शमन, प्रसादन

**appel** = appeal

**appellant** अपीलार्थी

**appellate** अपीलीय; ~ assistant commissioner ≈ सहायक आयुक्त; ~ authority ≈ प्राधिकारी; ~ court ≈ न्यायालय; ~ decree ≈ डिक्री; ~ jurisdiction ≈ अधिकारक्षेत्र/ अधिकारिता; ~ power ≈ शक्ति; ~ tribunal ≈ अधिकरण

**appellation** अभिधान, नाम; false ~ झूठा ≈

**append** **1.** संलग्न करना, नत्थी करना, जोड़ना; **2.** उपांग बनाना

**appendage** उपांग; संलग्नक

**appendant** उपाबद्ध (अधिकार)

**appended** संलग्न; ~ schedule ≈ अनुसूची; ~ table ≈ सारणी

**appendix** परिशिष्ट, तितम्मा

**appertain** अनुलग्न/ सम्बद्ध होना; ~ing thereto तद्विषयक; ~ing to the estate सम्पदा से सम्बंधित

**appetitive force** आन्तरिक बल

**applaud** प्रशंसाघोष करना, ताली बजाना, वाह-वाह करना

**applause** प्रशंसाघोष, वाह-वाह, ताली

**appliance** साधन, साधित्र, उपकरण; sorting ~ छँटाई का ≈

**applicability** प्रयोज्यता

**applicable** प्रयोज्य, लागू; ~ law ≈ विधि; ~ rate ≈ दर; ~ rules ≈ नियम

**applicant** आवेदक, सायल, प्रार्थी; ~ petitioner ≈ याची

**application** 1. आवेदन (पत्र), दरख़ास्त; ~ blank ≈ फ़ार्म; by ~ ≈ द्वारा; ~ fee ≈ शुल्क; ~ for amendment संशोधन के लिए ≈; ~ for compensation प्रतिकर के लिए ≈; ~ for execution निष्पादन के लिए ≈; ~ for maintenance भरण पोषण के लिए ≈; ~ for restoration प्रत्यास्थापन के लिए ≈; ~ for review पुनर्विलोकन के लिए ≈; ~ for revision पुनरीक्षण के लिए ≈; 2. उपयोजन; ~ of effort प्रयास का ≈; ~ of order आदेश का ≈; ~ of proceeds आय का ≈; ~ of rules नियमों का ≈; ~ of treaty सन्धि का लागू होना

**applied** अनुप्रयुक्त, अनुप्रायोगिक; ~ ethics ≈ नीतिशास्त्र; ~ politics ≈ राजनीति; ~ research ≈ अनुसन्धान

**apply** 1. आवेदन-पत्र देना, आवेदन करना; ~ in writing लिखित ≈; 2. उपयोजित करना/ होना, लागू करना/ होना

**appoint** 1. [person] नियुक्त/ तैनात करना; 2. [time or place] नियत करना, ठहराना; 3. स्थापित करना, निश्चित करना

**appointed** 1. नियुक्त, तैनात; ~ guardian ≈ संरक्षक; 2. नियत, मुकर्रर; ~ day or place ≈ दिन या स्थान

**appointee** नियुक्ती, नियुक्त व्यक्ति

**appointer** नियोक्ता

**appointing** नियुक्ति करने वाला; ~ authority ≈ प्राधिकारी

**appointment** 1. नियोजन; नियुक्ति; officiating ~ स्थानापन्न ≈; permanent ~ स्थायी ≈; substantive ~ मूलपद ≈; temporary ~ अस्थायी ≈; 2. नियत किया जाना

**apportion** प्रभाजित करना, हिस्से बाँटना; ~ damages हरजाने के हिस्से बाँटना

**apportionable** प्रभाज्य; ~ annuity ≈ वार्षिकी

**apportioned** प्रभाजित; ~ tax ≈ कर

**apportioning** प्रभाजन

**apportionment** प्रभाजन, हिस्सा-बाँट; ~ of charges प्रभारों का ≈; ~ of power शक्ति का ≈; ~ of profit लाभ का ≈

**apposite** 1. समुपयुक्त; 2. प्रासंगिक

**apposition** सन्निधान, अभिस्थापन

**appraisal** मूल्यांकन, मूल्य-निरूपण; ~ memorandum ≈ ज्ञापन

**appraise** मूल्यांकन करना, आँकना, कूतना; ~ movable property जंगम (चल) संपत्ति का आकलन करना

**appraised** निरूपित

**appraisement** मूल्यांकन, निरूपण, आँकना, कूतना; ~ of property संपत्ति का ≈

**appraiser** अंकक, मूल्यांकक, निरूपक, कूतने वाला

**appreciable** काफ़ी

**appreciate** 1. सराहना करना; 2. अधिमूल्यित करना/ होना

**appreciated** अधिमूल्यित

**appreciation** 1. सराहना; 2. अधिमूल्यन, मूल्यवृद्धि; ~ of cost लागत वृद्धि; ~ of money मुद्रा ≈; ~ of stock स्टॉक की ≈; ~ surplus मूल्यवृद्धिजन्य अधिशेष

**apprehend** 1. आशंका करना; 2. बंदी

बनाना, पकड़ना, गिरफ़्तार करना; ~ without warrant वारंट के बिना ≈

**apprehended** आशंकित; ~ loss ≈ हानि

**apprehension** **1.** आशंका, अंदेशा; ~ of danger संकट की ≈; ~ of disorder शांति भंग की ≈; **2.** गिरफ़्तारी, पकड़ा जाना; ~ of the offender अपराधी की गिरफ़्तारी

**apprentice** शिक्षु; ~ mechanic ≈ यांत्रिक/ मेकैनिक; ~ at law विधि ≈; trade ~ व्यवसाय ≈

**apprenticeship** शिक्षुता; ~ adviser ≈ सलाहकार; ~ deed ≈ विलेख

**apprise** **1.** अवगत कराना, विदित कराना; **2.** क़ीमत लगाना

**approach** **1.** पहुँच, उपागम; ~ road ≈ मार्ग, उप सड़क; ~ to a person किसी व्यक्ति तक ≈; psychological ~ मनोवैज्ञानिक ≈; scientific ~ वैज्ञानिक ≈; **2.** पहुँच का मार्ग

**approachable** उपागम्य

**approaching** उपागामी, आसन्न; ~ calamity ≈ विपत्ति; ~ war ≈ युद्ध

**approbate** अनुमोदन करना

**approbation** अनुमोदन; ~ of marriage विवाह का ≈

**appropriable** विनियोज्य; ~ goods ≈ माल

**appropriate** I. *a.* समुचित, उपयुक्त, माकूल; ~ action ≈ कार्रवाई; ~ authority ≈ प्राधिकारी; ~ head ≈ शीर्ष; ~ modification ≈ उपांतरण; ~ precedent ≈ पूर्वदृष्टान्त/ नज़ीर; ~ relief ≈ अनुतोष. **II.** *v.t.* विनियोजन करना

**appropriated** विनियोजित; ~ goods ≈ वस्तुएँ; ~ surplus ≈ अधिशेष; ~ to contract निविदा के लिए ≈

**appropriateness** समुचितता

**appropriation** विनियोजन, विनियोग; ~ account ≈ लेखा/ खाता; ~ Act ≈ अधिनियम; ~ Bill ≈ विधेयक; ~ of funds निधियों का ≈; ~ of grant अनुदान का ≈; ~ of labour श्रम का ≈

**appropriator** विनियोजक

**approval** अनुमोदन; for/ on ~ अनुमोदनार्थ

**approve** अनुमोदन करना

**approved** अनुमोदित; ~ as proposed यथा प्रस्ताव ≈; ~ currency ≈ मुद्रा/ करेंसी; ~ contractor ≈ संविदाकार/ ठेकेदार; ~ fund ≈ निधि; ~ plan ≈ योजना; ~ service ≈ सेवा; ~ surety ≈ प्रतिभू या ज़ामिन; ~ system ≈ पद्धति; ~ tariff charges ≈ प्रशुल्क प्रभार; ~ union ≈ संघ

**approver** सरकारी गवाह, इक़बाली साक्षी

**approving** अनुमोदन करने वाला; ~ authority ≈ प्राधिकारी; ~ order ≈ आदेश

**approximate** **I.** *a.* सन्निकट, लगभग; ~ cost ≈ लागत; ~ data ≈ दत्त सामग्री; ~ figures ≈ आँकड़े; ~ number ≈ संख्या; ~ stock account अनुमानित स्टाक लेखा; ~ value ≈ मूल्य. **II.** *v.t.* सन्निकट होना

**approximately** लगभग, क़रीब-क़रीब

**approximation** सन्निकटन

**appurtenance** उपांग, अनुलग्नक

**appurtenant** उपांगभूत, अनुलग्न

**a prendre** अधिकारपूर्वक

**a priori** अनुभव-निरपेक्ष; ~ knowledge ≈ ज्ञान; ~ politics ≈ राजनीति

**apropos** विषय में

**apt** उपयुक्त

**aptitude** अभिक्षमता, अभियोग्यता

**aquarium** जलजीवशाला; मत्स्यालय;

~ -keeper ≈ पाल

**aquatic** जलीय, जल का; ~ creature ≈ प्राणी; ~ right जलभोगाधिकार

**aqueduct** जलसेतु; जल-प्रणाल, कुल्या, मोरी

**aqueous** जलीय

**a quo** जिससे

**arable** कृष्य, काश्त योग्य; ~ land ≈ भूमि

**arbiter** विवाचक, पंच

**arbitrable** विवाच्य, पंचनिर्णय-योग्य

**arbitrage** **1.** अंतःपणन; ~ in securities प्रतिभूति में ≈; **2.** विवाचन

**arbitral** मध्यस्थ, विवाचक; ~ award ≈ पंचाट; ~ awards विवाचन निर्णय; ~ procedure ≈ प्रक्रिया; ~ settlement ≈ समझौता; ~ tribunal ≈ अधिकरण

**arbitrament** विवाचन, पंचनिर्णय; ~ of public opinion जनमत/ लोकमत-निर्णय

**arbitrarily** स्वच्छन्दतः, मनमाने ढंग से

**arbitrariness** स्वच्छन्दता, मनमानी

**arbitrary** यदृच्छ, मनमाना, स्वच्छन्द; ~ action ≈ या मनमानी कार्रवाई; ~ powers ≈ शक्तियाँ; ~ price ≈ क़ीमत; ~ settlement ≈ समझौता

**arbitrate** विवाचन करना, मध्यस्थता करना

**arbitration** विवाचन; ~ Act ≈ अधिनियम; ~ agreement ≈ क़रार; ~ award ≈ पंचाट; ~ board ≈ बोर्ड/ मंडल; ~ bond पंचनामा; ~ clause ≈ खंड; ~ commission ≈ आयोग; ~ negotiations ≈ वार्ता

**arbitrator** विवाचक, मध्यस्थ, सालिस, पंच

**arbitratorship** विवाचकता, मध्यस्थता

**arboriculture** वृक्ष-सम्वर्धन

**arbour** कुंज

**arch** तोरण, महराब; ~ way तोरणपथ

**archaeological** पुरातत्त्वीय; ~ deposit ≈ निक्षेप; ~ engineer पुरातत्त्व अभियन्ता; ~ museum ≈ संग्रहालय; ~ officer ≈ अधिकारी; ~ remains पुरावशेष; ~ site पुरावशेष स्थल; ~ survey पुरातत्त्व सर्वेक्षण

**archaeologist** **1.** पुरातत्त्वज्ञ, **2.** पुरातत्त्वविद्

**archaeology** पुरातत्त्व

**archaic** पुरातन, पुरातनिक; ~ record ≈ अभिलेख

**arched** चापरूप, महराबदार

**archery** धनुर्विद्या

**architect** वास्तुक, स्थपति, वास्तुविद्

**architectural** वास्तु; ~ work of art ≈ कलाकृति

**architecture** वास्तुकला, स्थापत्य-कला

**archives** पुरालेखागार, अभिलेखागार

**archivist** अभिलेखागारिक

**ardent** उत्कट; ~ spirit ≈ भावना

**arduous** कठिन, श्रमसाध्य; ~ work ≈ कार्य

**area** क्षेत्र; ~ administration ≈ प्रशासन; ~ agreement क्षेत्रीय क़रार; ~ Commander एरिया कमांडर; ~ headquarters ≈ मुख्यालय; ~ map ≈ मानचित्र; ~ of concentration संकेन्द्रण का ≈; ~ of management प्रबन्ध-क्षेत्र; ~ of operation कार्य-क्षेत्र; ~ of studies अध्ययन- ≈; ~ under cultivation जोत-≈; ~ wide bargaining ≈ व्यापी सौदाकारी

**argent** चाँदी, रजत

**argentum album** रजतमुद्रा, चाँदी का सिक्का

**argue** युक्ति देना, तर्क-वितर्क करना, बहस करना

**argument** **1.** युक्ति, तर्क, दलील; sound ~ सुस्थ/ साधार ≈; **2.** बहस

**argumentation** तर्क-वितर्क, दलीलबाज़ी, बहस

**argumentative** तर्कयुक्त, युक्तिपूर्ण,

तार्किक; ~ faculty तार्किक क्षमता; ~ matter तार्किक बातें

**argumentum** युक्ति; ~ ad hominum लांछन-≈; ~ ad invidium क्षुद्रभावोत्तेजक ≈; ~ ex silentio प्रमाणाभाव ≈; ~ unitatio सर्वैक्य ≈

**argus-eyed** तीक्ष्ण-दृष्टि

**arid** नीरस, शुष्क

**arise** उत्पन्न/ पैदा होना, उद्‌भूत होना, उठना; disputes ~ विवाद उठते हैं; question does not ~ प्रश्न नहीं उठता

**arising** उद्‌भूत, पैदा होनेवाला, उठनेवाला; ~ in the course of के दौरान उत्पन्न होने वाला; ~ on a guarantee प्रतिभूति से ≈; ~ out of confidence विश्वास से ≈; ~ therefrom उससे उठने या उत्पन्न होने वाला

**aristocracy** 1. अभिजात तंत्र; 2. अभिजात वर्ग

**aristocrat** अभिजात

**aristocratic** अभिजातीय; ~ snobbery ≈ दंभ

**arithmetic** (अंक)गणित; ~ mean समांतर माध्य

**arithmetical** (अंक)गणितीय, गणित-सम्बन्धी; ~ mistake ≈ भूल; ~ progression समान्तर श्रेढ़ी

**arm** 1. बाहु, भुजा; 2. अंग; 3. आयुध

**armament** 1. आयुधादि, शस्त्रास्त्र हथियार; ~ control ≈ नियंत्रण; ~ industry ≈ उद्योग; ~ practice ≈ का अभ्यास; ~ race ≈ प्रतियोगिता/ स्पर्धा, शस्त्रीकरण की होड़; 2. शस्त्रीकरण, हथियारबंदी

**armed** सशस्त्र, सायुध; ~ action ≈ कार्रवाई; ~ aggression ≈ आक्रमण/ हमला; ~ attack ≈ आक्रमण; ~ clash ≈ टक्कर/ मुठभेड़; ~ coercion ≈ बलप्रयोग; ~ conflict ≈ संघर्ष; ~ forces ≈ सेना; ~ gang ≈ गिरोह; ~ insurrection ≈ विप्लव; ~ intervention ≈ हस्तक्षेप; ~ merchantman ≈ व्यापारी जहाज़/ वाणिज्य पोत; ~ mutineers ≈ सैन्य विद्रोही; ~ neutrality ≈ तटस्थता; ~ police ≈ पुलिस; ~ rebellion ≈ विद्रोह

**armistice** युद्धविराम, विराम-संधि; general ~ सामान्य ≈; local ~ स्थानिक ≈; partial ~ आंशिक ≈; total ~ पूर्ण ≈; ~ treaty ≈ संधि

**armlet** भुजबन्ध

**armour** कवच

**armoured** कवचित, हथियारबंद; ~ cable ≈ केबल/ तार; ~ car ≈ गाड़ी

**armourer** आयुधिक

**armoury** शस्त्रागार, आयुधागार; ~ officer ≈ अधिकारी

**arms** आयुध, शस्त्रास्त्र, हथियार; ~ chest ≈ पेटी; ~ control ≈ नियंत्रण; ~ embargo ≈ प्रतिषेध; ~ race ≈ स्पर्धा, हथियारों की दौड़; ~ traffic ≈ व्यापार; in ~ सशस्त्र तैयार

**army** थलसेना, सेना; ~ commander ≈ अध्यक्ष, आर्मी कमांडर; ~ followers ≈ अनुचर; ~ headquarters सैनिक मुख्यालय; irregular ~ अनियमित ≈; ~ of liberation विमुक्ति ≈; regular ~ स्थायी ≈; ~ service ≈ सेवा; standing ~ स्थायी ≈; territorial ~ प्रादेशिक ≈

**aromatic** सुरभियुक्त, सौरभिक

**arouse** उठाना, जगाना; भड़काना

**arraign** दोषारोपण करना, दोष लगाना

**arraignment** दोषारोपण

**arrange** 1. विन्यस्त करना, क्रमांकित करना, क्रम से लगाना; ~ in order of merit गुणानुक्रम से ≈; 2. व्यवस्था/ प्रबंध करना; ~ payment भुगतान/ अदायगी का प्रबंध करें

**arrangement** 1. क्रम, विन्यास; ~ of files फ़ाइलों का ≈; ~ of business कार्यक्रम; 2. प्रबंध, व्यवस्था, इंतज़ाम, बंदोबस्त; to make ~ ≈ करना; 3. ठहराव; ~ with creditors लेनदारों से ≈; 4. समझौता; family ~ कौटुम्बिक ≈

**array** I. *n.* अनुविन्यास. II. *v.t.* अनुविन्यास करना

**arrayed** अनुविन्यस्त

**arrear** बकाया, अवशेष; amount of ~s ≈ धनराशि; ~ claim ≈ दावा; ~ demand ≈ माँग; ~ statement ≈ विवरण; ~s of land revenue भूराजस्व का ≈

**arrest** I. *v.t.* 1. बंदी बनाना, गिरफ़्तार करना; ~ by legal process विधि प्रक्रिया द्वारा ≈; 2. रुद्ध करना; ~ progress प्रगति को ≈. II. *n.* बंदीकरण, गिरफ़्तारी; ~ before judgment निर्णयपूर्व ≈

**arrested** 1. बंदीकृत, गिरफ़्तार; ~ person ≈ व्यक्ति; ~ vessel ≈ पोत; 2. रुद्ध; ~ development ≈ विकास

**arrester** निरोधक

**arresting vessel** बंदीकर्ता पोत

**arrival** आगमन, पहुँच; ~ notice ≈ सूचना

**arrivals** आमद, आई वस्तुएँ

**arrive** पहुँचना, आना; ~ at by agreement क़रार द्वारा तय करना; no compromise is arrived at कोई समझौता नहीं हुआ

**arrogance** दर्प, औद्धत्य, गुस्ताख़ी

**arrogant** दर्पित, उद्धत, गुस्ताख़

**arrogation** अपग्रहण, अनधिकार ग्रहण

**arsenal** आयुधशाला, आयुधागार, शस्त्रागार; ~ of democracy लोकतंत्र का गढ़

**arson** आगज़नी, आग लगाना

**art** 1. कला; ~ critic ≈ समीक्षक; ~ exhibition ≈ प्रदर्शनी; ~ gallery ≈ दीर्घा (चित्रशाला); ~ objects ≈ वस्तुएँ; ~ of diplomacy राजनय कौशल; ~ of negotiation वार्ता-कला; ~ of propaganda प्रचार-कला; 2. कारीगरी

**artful** चतुर, छली; ~ device छलपूर्ण युक्ति; ~ minister ≈ राजदूत या मंत्री

**article** 1. अनुच्छेद; 2. चीज़, वस्तु, पदार्थ; ~ of value मूल्यवान् ≈; ~s in finished form परिसाधित वस्तुएँ; 3. लेख

**articled** आबद्ध; ~ clerk ≈ लिपिक

**articles** नियमावली; ~ of agreement क़रार की ≈; ~ of association संगम/संस्था की ≈; ~ of partnership भागीदारी की ≈; ~ of peace शांति की ≈; ~ of war युद्ध की शर्तों की ≈

**articulate** I. *v.t.* 1. संधित करना, जोड़ना; 2. उच्चारण करना. II. *a.* 1. यौगिक, जुड़वाँ; ~ vehicle ≈ वाहन/ गाड़ी; 2. उच्चारित; ~ language ≈ भाषा; 3. मुखर; ~ unrest ≈ अशान्ति

**artifice** गूढ़ोपाय, कूटोपाय, कूटयुक्ति

**artificer** परिशिल्पी, कारीगर

**artificial** 1. कृत्रिम, बनावटी, नक़ली; ~ boundary ≈ सीमा; ~ capital ≈ पूँजी; ~ discharge ≈ विसर्जन; ~ humidification ≈ नमीकरण; ~ insemination ≈ वीर्यसंचन; ~ judicial person अप्राकृतिक/ विधिक व्यक्ति; ~ manure ≈ खाद; ~ reproduction ≈ पुनरुत्पादन; ~ silk ≈ रेशम; ~ transaction दिखावटी सौदा; 2. विधिकृत; ~ person ≈ व्यक्ति; ~ presumption ≈ उपधारणा

**artillery** तोपें, तोपख़ाना; ~ practice गोलाबारी का अभ्यास, तोप दाग़ने का अभ्यास; ~ rocket तोप राकेट

**artisan** शिल्पी, शिल्पकार, कारीगर

**artist** कलाकार

**artistic** कलात्मक; ~ character ≈

स्वरूप; ~ quality ≈ गुण; ~ skill कला-कौशल; ~ work कलाकृति

**arts** कला; ~ faculty ≈ संकाय

**as** **1.** -तया; -त:; ~ a general rule सामान्यतया, सामान्यत:; ~ a last resort अन्तिम उपाय के रूप में; ~ a matter of course स्वभावतया, स्वभावत:; ~ a matter of fact यथार्थत:; ~ a rule नियमत:; ~ an alternative विकल्पत:; ~ a whole सम्पूर्णतया, कुल मिलाकर; **2.** जैसा, यथा, जैसे; ~ aforesaid पूर्वोक्त; ~ against के विपरीत; ~ and when जैसा और जहाँ है; ~ above उपर्युक्त; ~ before यथापूर्व, पहले जैसा; ~ by law established यथाविधि स्थापित; ~ deemed fit जैसा ठीक समझा जाये; ~ defined यथा परिभाषित; ~ determined यथा अवधारित; ~ early as possible यथासम्भव शीघ्र; ~ enacted यथा अधिनियमित; ~ enjoined यथादिष्ट/ जैसा कि आदेश दिया गया; ~ evidenced यथासाक्ष्यित; ~ far as possible यथासम्भव; ~ far as practicable यथासाध्य; ~ herein after provided जैसा कि इसके पश्चात् उपबंधित है; ~ in force यथाप्रवृत; ~ laid down यथानिर्धारित, जैसा कि विनिहित है; ~ may be considered expedient जैसा इष्टकर प्रतीत हो/ जैसा वांछनीय समझा जाय; ~ mentioned यथोल्लिखित; ~ modified यथाशोधित/ तरमीम; ~ nearly as may be यथाशक्य निकटतम; ~ occasion arises यथाअवसर, जैसा अवसर आ पड़े; ~ often as may be कितनी ही बार; ~ prescribed यथाविहित; ~ presented यथा उपस्थापित; ~ soon as possible यथाशक्य, शीघ्र; ~ specified यथाविनिर्दिष्ट; ~ the case may be यथास्थिति; **3.** के तौर पर, के रूप में; ~ arrears बक़ाया ≈; ~ a result of के फलस्वरूप; ~ evidence साक्ष्य ≈; ~ incidental to आनुषंगिक रूपी; ~ part of transaction संव्यवहार के भाग-रूप; ~ special case विशेष स्थिति ≈; **4.** के नाते, की हैसियत से; ~ auditor संपरीक्षक ≈; ~ director निदेशक ≈; ~ of right अधिकार ≈; **5.** के अनुसार; ~ customary रूढ़ि ≈; ~ per के अनुसार; ~ per advice परामर्शानुसार; **6.** [misc. meanings] ~ if, ~ though मानो; ~ against के विरुद्ध, की अपेक्षा; ~ for his qualifications जहाँ तक उसकी योग्यता का सम्बन्ध है; ~ regards के विषय में ; ~ respects के सम्बन्ध में; ~ to के बारे में; ~ to compensation प्रतिकर के बारे में; ~ to delivery परिदान के बारे/ विषय में; ~ from this day इस दिन से ही; ~ many as जितने हो सकें; ~ far as जहाँ तक; ~ yet अभी तक

**ascend** आरोहण करना, चढ़ना

**ascendance** **1.** आरोह, चढ़ाव; **2.** उत्कर्ष; ~ submission प्रभाविता-अधीनता

**ascendant** **1.** आरोही; **2.** पूर्वपुरुष; lineal ~ पारम्परिक ≈

**ascendant behaviour** प्रभावी व्यवहार

**ascending** आरोही; ~ generation ≈ पीढ़ी; ~ degree ऊपरवाली डिग्री; ~ line ऊपरवाली वंश-परम्परा; ~ order ≈ क्रम

**ascent** **1.** चढ़ाव; **2.** पूर्वज-परम्परा

**ascertain** अभिनिश्चित करना, अभिनिश्चय करना; ~ the accuracy यथार्थता ≈

**ascertainable** अभिनिश्चेय; ~ facts ≈ तथ्य

**ascertained** अभिनिश्चित; ~ goods ≈ माल; ~ sum of money ≈ धनराशि

**ascertainment** विनिश्चयन, विनिश्चय; ~ of prices क़ीमतों का ≈

**ascribe** आरोपित करना; देना

**ascribed** आरोपित, प्रदत्त; ~ role ≈ भूमिका

**aspect** 1. पक्ष, पहलू; 2. स्वरूप, आकृति

**aspersion** निन्दा; ~ on smb's conduct किसी के आचरण की ≈

**asphyxia** श्वासवरोध

**aspiration** स्पृहा, आकांक्षा

**aspire** आकांक्षा/ स्पृहा रखना

**asportation** सापराध स्थानांतरण

**assail** अभ्याक्रमण करना, हमला करना

**assailant** अभ्याक्रामक, हमलावर

**assasin** हत्यारा

**assassination** हत्या

**assault** I. *n.* प्रहार, हमला. II. *v.t.* प्रहार करना, हमला करना

**assay** परख, आमापन; ~ department ≈ विभाग; ~ master अधि-पारखी; ~ office ≈ कार्यालय

**aasayer** पारखी, आमापक

**assemblage** 1. संयोजन, जोड़ना; ~ of a machine मशीन का ≈; ~ of train गाड़ी का ≈; 2. समुच्चय

**assemble** 1. संयोजित करना, जोड़ना; 2. समुच्चय करना, जुड़ना, इकट्ठा होना

**assembler** 1. संयोजनकर्ता; 2. समुच्चयकर्ता

**assembling** समंजन, संयोजन; ~ agent ≈ अभिकर्ता; ~ of parts पुर्ज़ों का ≈; ~ of court न्यायालय का समवेत होना

**assembly** 1. जमाव, जनसमूह, मजमा; ~ of people लोगों का ≈; unlawful ~ विधि-विरुद्ध ≈; 2. (विधान) सभा; ~ building ≈ भवन; ~ chamber ≈ कक्ष; ~ hall ≈ भवन; ~ programme ≈ कार्यक्रम; ~ secretariat ≈ सचिवालय

**assent** I. *n.* अनुमति, रज़ामंदी. II. *v.i.* अनुमति/ रज़ामंदी देना

**assented** अनुमत

**assert** प्राख्यान करना, दृढ़ता से कहना; ~ a right अधिकार पर बल देना

**asserted** प्राख्यात, दृढ़ोक्त

**assertion** प्राख्यान, दृढ़ोक्ति; ~ of right अधिकार का ≈

**assertive** आग्रही

**assess** निर्धारण करना, निर्धारित करना

**assessability** निर्धार्यता

**assessable** निर्धार्य; ~ income ≈ आय, कर-योग्य आय; ~ profit कर-निर्धार्य लाभ; ~ unit कर-निर्धार्य इकाई

**assessed** निर्धारित; ~ rent ≈ किराया; ~ tax ≈ कर; ~ value ≈ मूल्य

**assessee** निर्धारिति, कर-निर्धारिति; ~ in default व्यतिक्रमी ≈

**assessing** निर्धारण; ~ authority ≈ प्राधिकारी

**assessment** 1. निर्धारण; ~ assurance ≈ पद्धति बीमा; ~ memo मूल्यांकन ज्ञापन; ~ of damages नुक़सानी का ≈; ~ of disability अशक्तता का ≈; ~ of loss हानि का ≈; ~ of policies पॉलिसियों का मूल्यांकन; ~ of rent किराये का ≈; ~ of revenue राजस्व का ≈; ~ officer कर-≈ अधिकारी; ~ programme मूल्य-≈; कार्यक्रम; ~ rate मूल्य ≈ दर; ~ rolls ≈ सूचियाँ; ~ year ≈ वर्ष; 2. कर-निर्धारण, जमाबंदी

**assessor** निर्धारक, असेसर; कर-निर्धारक

**assets** परिसम्पत्ति, आस्तियाँ, लेनदारियाँ; current ~ चालू ≈; depreciable ~ अवक्षयी ≈; enter mains ~ सद्यः शोधनक्षम ≈; frozen ~ अवरुद्ध ≈; liquid ~ तरल/ चल ≈; permanent ~ स्थायी ≈; quick ~ विक्रय-सुलभ ≈; ~ structure ≈ संरचना; tangible ~

गोचर ≈

**asseverate** दृढ़ता से कहना, सशपथ कहना

**asseveration** दृढ़ कथन, शपथोक्ति

**assign** I. *v.t.* 1. समनुदेशित करना, बताना, नियत करना; ~ interest हित ≈; 2. देना, सौंपना. II. *n.* समनुदेशिती

**assignability** समनुदेश्यता

**assignable** समनुदेश्य, नियोज्य; ~ part ≈ भाग; ~ place ≈ स्थान; ~ duty ≈ कर्तव्य

**assigned** 1. समनुदेशित, समनुदिष्ट, सौंपी हुई, अभ्यर्पित; ~ property ≈ सम्पत्ति; 2. नियत; ~ area ≈ क्षेत्र; ~ work ≈ कार्य

**assignee** समनुदेशिती, समादाता; ~ in insolvency दिवाले की दशा में ≈

**assigner** समनुदेशक

**assigning authority** समनुदेशन प्राधिकारी

**assignment** 1. समनुदेशन, नाम करना; ~ account ≈ लेखा; ~ book ≈ पुस्तक; ~ clause ≈ धारा; ~ deed ≈ विलेख; ~ of interest हित का ≈; ~ of office पद का ≈; ~ of policy पालिसी का ≈; 2. नियत कार्य; कर्तव्यभार; 3. सुपुर्दगी; ~ booklet दत्तकार्य पुस्तिका; ~ officer ≈ अधिकारी; ~ sheet दत्तकार्य पत्रक

**assimilable** आत्मसात्करणीय

**assimilate** 1. आत्मसात् करना, पचाना; 2. एकरूप कर देना

**assimilated** आत्मसात्कृत

**assimilation** आत्मसात्करण

**assist** सहायता/ मदद करना, हाथ बँटाना

**assistance** सहायता, मदद; ~ in kind जिंस रूप में ≈; ~ pact ≈ समझौता

**assistant** सहायक; ~ auditor ≈ लेखा परीक्षक; ~ board ≈ बोर्ड; ~ cashier ≈ रोकड़िया; ~ commissioner ≈ आयुक्त; ~ controller ≈ नियंत्रक; ~ director ≈ निदेशक; ~ divisional engineer ≈ मंडल अभियंता; ~ in-charge प्रभारी ≈; ~ postmaster ≈ पोस्ट मास्टर; ~ superintendent of police ≈ पुलिस अधीक्षक

**assisted** सहायता-प्राप्त; ~ emigration ≈ उत्प्रवास; ~ scheme ≈ योजना; ~ siding ≈ पार्श्व/ साइडिंग

**assize** 1. अभिसत्र; 2. अभिसत्राधिनियम

**associate** I. *v.t.* सहयुक्त करना, सहमेलित करना. II. *a.* सहयुक्त, सह-, सहमेलित; ~ member ≈ सदस्य; ~ planner ≈ योजनाकार; ~ operation ≈ संक्रिया. III. *n.* संगी, साथी, सहयोगी; ~ nation ≈ राष्ट्र

**associated** सह-, सहयुक्त, सम्बद्ध, सहभारी; ~ factors संबद्ध कारक; ~ powers सह (राष्ट्र) शक्तियाँ; ~ trade mark सहयुक्त व्यापार-चिह्न

**association** 1. संगम, संघ, सभा; ~ agreement संघ क़रार या समझौता; dissolved ~ विघटित संस्था; ~ of employers नियोजक संगम; ~ of states राज्य संघ; 2. साहचर्य, संग; ~ of ideas विचार-≈; 3. सहयोजन

**associational** साहचर्यजन्य; ~ offender ≈ अपराधी/ दोषी

**associative** सहचारी; ~ life ≈ जीवन; ~ law ≈ विधि; ~ operation ≈-संक्रिया

**assort** छाँटना, वर्गीकृत करना

**assorted** 1. मिश्रित; 2. वर्गीकृत; ~ security market ≈ प्रतिभूति बाज़ार

**assortment** 1. मिश्रण; 2. छँटाई, वर्गीकरण

**assuage** अभिशमन करना, हलका करना

**assume** 1. ग्रहण करना; ~ charge प्रभार ≈; ~ superintendence अधीक्षण सँभालना; 2. कल्पना करना, मान लेना; ~ that he is dead ≈ कि वह मर गया है

**assumed** 1. गृहीत; ~ office ≈ पद; 2. कल्पित; ~ character ≈ रूप, धरा हुआ रूप; ~ name ≈ नाम

**assuming** 1. यह मानकर; 2. सँभालकर

**assumpsit** क्षतिपूर्ति का वाद

**assumption** 1. ग्रहण, धारण; ~ of charge कार्यभार-ग्रहण; ~ of office पद-ग्रहण; ~ of risk जोखिम लेना; 2. धारणा, कल्पना; on this ~ इस ≈ के आधार पर

**assurance** 1. आश्वासन; to give ~ ≈ देना; 2. बीमा; ~ amount बीमे की रक़म; ~ on life जीवन बीमा; 3. हस्तान्तरण-पत्र; ~ of property सम्पत्ति का ≈

**assure** 1. आश्वस्त करना, भरोसा दिलाना; 2. बीमा करना

**assured** 1. आश्वासित; ~ programme आश्वासन प्राप्त कार्यक्रम; ~ supply ≈ आपूर्ति; 2. बीमाकृत; sum ~ ≈ राशि

**assurer** 1. बीमाकर्ता; 2. आश्वासक

**asterisk** तारा; ~ mark तारांक, तारा चिह्न (*)

**astern** पीछे से

**astounding** विस्मयकारक; ~ statement ≈ कथन

**astray** पथभ्रष्ट, भटका हुआ; to go ~ पथभ्रष्ट होना, भटक जाना; ~ freight भटका माल

**astringent** कठोर

**astrologer** ज्योतिषी

**astronomical observatory** वेधशाला

**astute diplomacy** विदग्ध राजनय

**asylum** शरण; शरणालय; lunatic ~ पागलख़ाना; ~ right of ~ शरणाधिकार

**asymmetrical** असममित; ~ distribution ≈ वितरण

**asymmetry** असममिति

**at** पर, में, से; ~ a discount बट्टे पर, कम क़ीमत पर; ~ a time एक बार में; ~ an early date शीघ्र; ~ all times सभी समय; ~ any time किसी समय; ~ bar न्यायालय के समक्ष; ~ call माँगने पर; ~ first आरम्भ में, पहले; ~ home घर पर; at-home जलपान; ~ improper length अनुचित विस्तार से; ~ intervals समय-समय पर; ~ large मुक्त; ~ last अन्ततोगत्वा; ~ least कम से कम; ~ length सविस्तार, विस्तार से; ~ liberty स्वतंत्र, आज़ाद; ~ once तत्काल, तुरन्त; ~ one's discretion स्वविवेकानुसार; ~ one's own instance अपनी इच्छा से; ~ one stroke एकदम; ~ owner's risk स्वामी के जोखिम पर; ~ par सम मूल्य पर; ~ premium अधिमूल्य पर, बढ़े हुए मूल्य पर; ~ random यदृच्छ; ~ sight दर्शनी, देखते ही; ~ smb's instigation किसी की उकसाहट पर; ~ the bar न्यायालय में; ~ the bar of public opinion जनता के न्याय के सामने/ जनता के न्यायालय में; ~ the commencement of के प्रारम्भ में; ~ the cost of के ख़र्चे पर, की हानि करके; ~ the discretion of के विवेक पर/ के विवेकानुसार; ~ the disposal of के अधीन; ~ the end of के अंत में; ~ the instance of की प्रेरणा से; ~ the option of के विकल्प पर; ~ the pleasure of के प्रसाद से; ~ the rate of की दर से; ~ the request of के अनुरोध पर; ~ the same time साथ ही साथ; ~ variance with से भिन्न, से विसंवादी; ~ war with के साथ युद्धरत; ~ will यथेच्छया

**atavistic** पूर्वज, प्रत्यावर्ती

**atheist** नास्तिक

**athlete** मल्ल, व्यायामी

**athletic** खेलकूद-सम्बन्धी

**athletism** मल्लवृत्ति

**atlas** मानचित्रावली, एटलस

**atmosphere** वातावरण, वायुमंडल; ~ effect ≈ प्रभाव

**atmospheric** वायुमंडलीय; ~ pressure ≈ दाब

**atom** परमाणु; ~ bomb ≈ बम

**atomic** परमाण्विक, परमाणु-; ~ age ≈ युग; ~ armament ≈ आयुध; ~ bomb ≈ बम; ~ co-operation ≈ सहयोग; ~ disarmament ≈ निरस्त्रीकरण; ~ energy ≈ ऊर्जा; ~ espionage ≈ जासूसी; ~ power ≈ शक्ति; ~ war ≈ युद्ध; ~ weapons ≈ शस्त्र

**atomistic crowd** अव्यवस्थित जनसमूह

**atone** 1. प्रायश्चित करना; 2. कमी/ क्षति पूरी करना

**atonement** प्रायश्चित

**atrocious** नृशंस, क्रूर

**atrocity** नृशंसता, क्रूरता

**attach** 1. संलग्न/ नत्थी करना; ~ papers कागज़ात ≈; 2. कुर्क करना; ~ by seizure अभिग्रहण द्वारा ≈; ~ property सम्पत्ति ≈; 3. लगाना; ~ a label लेबल ≈

**attachable** कुर्की योग्य; ~ proportion ≈ अनुपात

**attache** 1. सहचारी, अताशे; 2. अटैची केस

**attached** 1. संलग्न; ~ herewith इसके साथ संलग्न; ~ office ≈ कार्यालय; ~ to the earth भूबद्ध; 2. नत्थी; ~ papers ≈ कागज़ात; 3. कुर्क; ~ estate ≈ संपदा; ~ property ≈ सम्पत्ति

**attaching** कुर्की करनेवाला; ~ creditor ≈ ऋणदाता; ~ officer ≈ अधिकारी

**attachment** 1. कुर्की; ~ by seizure अभिग्रहण द्वारा ≈; ~ before judgment निर्णय से पहले ≈; ~ of pay वेतन की ≈; ~ order ≈ आदेश; 2. आसक्ति; ~ with a place किसी स्थान से ≈; 3. संलग्नक

**attack** I. *n.* 1. आक्रमण, हमला; 2. दौरा. II. *v.t.* पर आक्रमण/ हमला करना

**attacker** आक्रामक

**attain** प्राप्त करना; ~ full age वयः प्राप्त होना; ~ majority वयः प्राप्त/ व्यस्क हो जाना; ~ the age of की आयु ≈

**attainable** प्राप्य

**attainder** अधिकार-हानि

**attainment** प्राप्ति; ~ of object उद्देश्य की ≈; ~ of qualification अर्हता प्राप्त करना

**attempt** I. *n.* प्रयत्न; ~ to ravish बलात्संग का ≈. II. *v.t.* प्रयत्न करना; ~ to murder हत्या करने का ≈

**attempted** प्रयतित; ~ murder ≈ वध; ~ suicide ≈ आत्मघात; ~ rape ≈ बलात्कार; ~ sale ≈ बिक्री

**attempter** प्रयत्नकर्ता

**attemptible** प्रयत्नीय

**attend** 1. उपस्थित/ हाज़िर होना; ~ in person स्वयं ≈; 2. ध्यान देना; ~ diligently तत्परता से ≈; 3. ~ on परिचर्या/ देखभाल करना, सेवा करना; 4. ~ to में लग जाना; ~ to one's duty कर्तव्य का पालन करना

**attendance** 1. परिचर्या, सेवा, देखभाल; 2. उपस्थिति, हाज़िरी; ~ bonus ≈ बोनस; ~ register ≈ पंजी; ~ wage ≈ मज़दूरी; in ~ हाज़िर

**attendant** I. *n.* परिचारक, परिचर, सेवक; ~ ticket ≈ टिकट. II. *a.* सहवर्ती; ~ circumstances ≈ परिस्थितियाँ

**attention** अवधान, ध्यान; draw ~ ध्यान दिलाना; invite ~ ध्यान आकृष्ट करना

**attentive** सावधान, सचेत

**attenuate** कम/ हलका करना

**attenuation** 1. क्षीणन, 2. क्षीणता

**attenuator** क्षीणकारी

**attermine** ऋण-शोधनार्थ अवकाश देना

**attest** अनुप्रमाणित करना, तसदीक़ करना, साक्ष्यांकित करना

**attestation** अनुप्रमाणन, साक्ष्यांकन, तसदीक़; ~ clause ≈ धारा; ~ of deed विलेख का अनुप्रमाणन

**attested** अनुप्रमाणित, साक्ष्यांकित; ~ copy ≈ प्रति; ~ document ≈ दस्तावेज़

**attesting** अनुप्रमाणक; ~ officer ≈ अधिकारी; ~ witness ≈ साक्षी

**attire** I. *n.* परिधान, पोशाक. II. *v.t.* पोशाक पहनाना, सजाना

**attitude** अभिवृत्ति, रुख़

**attorn** (स्वामी) मान लेना, अंगीकार करना; अपने को अभिधारी मान लेना

**attornment** अभिधारी मानना

**attorney** न्यायवादी, अटर्नी, मुख़्तार; ~ at law विध्यनुरूप ≈; ~ general महान्यायवादी; ~ in fact वैयक्तिक ≈; power of ~ मुख़्तारनामा

**attract** आकर्षित/ आकृष्ट करना

**attraction** आकर्षण

**attributable** उपरोप्य; ~ to neglect उपेक्षा के कारण माना जा सकता है

**attribute** I. *n.* गुण, विशेषता. II. *v.i.* उपरोपित करना

**attribution** गुणारोपण

**atypical behaviour** अप्ररूपी व्यवहार

**au contaire** इसके प्रतिकूल

**auction** नीलाम, घोषविक्रय; ~ sale ≈ द्वारा बिक्री; ~ purchaser ≈ क्रेता; ~ platform नीलामी मंच; ~ on one's account किसी के लेखे नीलाम करना

**auctioneer** नीलामकर्ता

**auctioneering agent** नीलाम अभिकर्ता/ एजेन्ट

**audi alteram partem** दूसरे पक्ष की भी सुनो

**audibility** श्रव्यता

**audible** श्रव्य, श्रवणीय; ~ range श्रवणता परास

**audience** 1. श्रोतृगण, श्रोता; 2. श्रवण, सुनाई; right of ~ श्रवणाधिकार

**audiology** श्रवण विज्ञान

**audio-visual** श्रव्य-दृश्य; ~ aid ≈ साधन; ~ education ≈ शिक्षा; ~ material ≈ सामग्री

**audit** I. *n.* संपरीक्षा, लेखा-परीक्षा; ~ chart ≈ सारणी; ~ check ≈ जाँच; ~ clerk ≈ लिपिक; ~ lapses ≈ की चूकें; ~ note ≈ टिप्पणी; ~ observation ≈ अभ्युक्ति; ~ objection ≈ आपत्ति; ~ officer ≈ अधिकारी; ~ procedure ≈ कार्यविधि/ प्रक्रिया; ~ report ≈ प्रतिवेदन. II. *v.t.* लेखा-परीक्षा करना, हिसाब जाँचना, संपरीक्षा करना

**audited** (लेखा) संपरीक्षित; ~ account ≈ लेखा; ~ balance sheet ≈ तुलनापत्र; ~ figures ≈ लेखा/ आँकड़े

**auditing** लेखा- परीक्षण, संपरीक्षण

**audition** श्रवण

**auditor** लेखा-परीक्षक, संपरीक्षक, ऑडिटर; ~ general महालेखापरीक्षक

**auditorium** प्रेक्षागृह, सभाभवन

**auditory** श्रवण-; ~ aid ≈-साधन; ~ defect ≈ दोष; ~ efficiency ≈ दक्षता; ~ sense ≈ इन्द्रिय

**augment** संवर्धन करना, बढ़ाना

**augmentation** संवर्धन

**augmentative** संवर्धी

**augmented** संवर्धित

**augmenting** आवृद्धि, संवर्धन

**augury** 1. शकुन; 2. भविष्य-कथन

**augusta legibus soluta non est** राजरानी भी विधि के अधीन होती है

**auspices** तत्त्वावधान

**austerity** मितोपभोग, संयम; ~

measures ≈ उपाय

**autarchy** आत्मनिर्भर शासन, निरंकुश शासन

**authentic** अधिप्रमाणित; ~ act ≈ कार्य; ~ version ≈ रूपांतर

**authenticate** अधिप्रमाणित करना; ~ documents दस्तावेज़ों का ≈

**authenticated** अधिप्रमाणित; ; ~ copy ≈ प्रति; ~ list ≈ सूची; ~ by signature हस्ताक्षर करके ≈

**authentication** अधिप्रमाणीकरण; ~ of documents दस्तावेज़ों का ≈; ~ of orders आदेशों का ≈

**authenticity** अधिप्रामाणिकता

**author** **1.** लेखक; ~ of a book पुस्तक का ≈; **2.** रचयिता; ~ of a remark टिप्पणी का ≈; ~ of the trust न्यासकर्ता

**authorisation** प्राधिकरण, प्राधिकार देना; ~ card प्राधिकार कार्ड; ~ of expenditure व्यय का ≈

**authorise** प्राधिकृत करना, प्राधिकार देना

**authorised** प्राधिकृत; ~ agent ≈ अभिकर्ता; ~ balance ≈ अधिशेष; ~ capital ≈ पूँजी; ~ dealer ≈ व्यापारी; ~ depositor ≈ निक्षेपकारी; ~ leave ≈ छुट्टी; ~ porterage ≈ मज़दूरी; ~ rate ≈ दर; ~ to do करने के लिए ≈

**authorised by forbiddance** प्राधिकारेण निषिद्ध

**authoritarian** सत्तावादी, प्राधिकारवादी; ~ control साधिकार नियंत्रण; ~ rule ≈ शासन; ~ society ≈ समाज; ~ state ≈ राज्य

**authoritative** प्राधिकृत, प्रामाणिक; ~ decision ≈ विनिश्चय; ~ interpretation ≈ निर्वचन; ~ pronouncement ≈ उद्घोषणा/ निर्णय; ~ text ≈ पाठ

**authoritativeness** प्राधिकारिता

**authority** **1.** प्राधिकारी; attesting ~ अनुप्रमाणक ≈; licensing ~ अनुज्ञापक ≈; **2.** प्राधिकार, इख़्तियार; ~ card ≈ कार्ड; expressed ~ व्यक्त ≈; implied ~ अव्यक्त/ निहित ≈; ~ to adopt दत्तक ≈; ~ to negotiate पराक्रमण ≈; ~ in writing लिखित ≈; **3.** नज़ीर

**authorization** = authorisation

**auto** **I.** *a.* **1.** स्वचालित; **2.** स्व-. **II.** *n.* मोटर रिक्शा

**autobiography** आत्मकथा, आत्मचरित

**auto competition** आत्म प्रतियोगिता

**autocracy** स्वैरतंत्र, स्वेच्छाचारी शासन

**autocrat** स्वेच्छाचारी शासक

**autocratic** स्वैरतंत्रीय, एकतन्त्रीय; स्वेच्छाचारी, निरंकुश; ~ role ≈ भूमिका

**autograph** स्वाक्षर, हस्तलेख; ~ note स्वलिखित टिप्पणी

**automaster telephone system** स्वयं चालक टेलीफ़ोन पद्धति

**automatic** स्वचालित, स्वचल; ~ credit guarantee scheme स्वतः ऋण गारंटी योजना; ~ device ≈ युक्ति; ~ movement ≈ गति; ~ non-forfeiture ≈ ज़ब्ती सुरक्षा; ~ renewal ≈ नवीकरण; ~ telephone centre ≈ टेलीफ़ोन केन्द्र; ~ wage progression स्वतः मज़दूरी वृद्धि

**automation** **1.** स्वचलन; **2.** स्वचालन; **3.** स्वचलीकरण; **4.** स्वचालित

**automobile** **I.** *n.* मोटर-गाड़ी; ~ ancillaries ≈ का आनुषंगिक सामान; ~ insurance मोटर बीमा. **II.** *a.* स्वयंचल

**automotive** मोटर-; ~ mechanic ≈ यान्त्रिक

**autonomic** स्वायत्त, स्वतंत्र; ~ disorder ≈ विकार

**autonomous** स्वायत्त, स्वशासी; ~ administration ≈ प्रशासन; ~ area ≈ क्षेत्र; ~ borrowing ≈ उधार या ऋणदान; ~ community ≈ समुदाय; ~ development ≈ विकास; ~ institution ≈ संस्था; ~ republic ≈ गणतन्त्र; ~ state ≈ राज्य; ~ tariff system ≈ प्रशुल्क पद्धति; ~ unit ≈ इकाई

**autonomy** स्वायत्त शासन, स्वायत्तता

**autopsy** शवपरीक्षा; ~ department ≈ विभाग

**auto-sexual perversion** आत्मकामुक विपर्यास

**auto-sexuality** आत्मकामुकता

**auto transmission** स्वप्रेषण, स्वचरण

**auto-transmitter** 1. स्वप्रेषित्र; 2. स्वप्रेषी

**autre droit** अन्य व्यक्ति के अधिकार से

**autre fois** पूर्वतः, प्राक्; ~ acquittal ≈ दोषमुक्ति; ~ convict पहले सिद्धदोषी

**autre vie** अन्य के जीवन से

**autumn** शरद्; ~ harvest ख़रीफ़; ~ session शरदीय सत्र

**auxiliary** सहायक, सहायी; ~ body ≈ निकाय; ~ force ≈ बल; ~ jurisdiction ≈ क्षेत्राधिकार; ~ legislation ≈ विधान; ~ organization ≈ संगठन; ~ route ≈/ अतिरिक्त मार्ग; ~ schedule उपतालिका, अतिरिक्त अनुसूची

**avail** I. *v.t.* उपयोग करना, उपभोग करना; ~ of leave छुट्टी का ≈; ~ of opportunity अवसर से लाभ उठाना, अवसर हाथ से न जाने देना. II. *n.* उपयोग, लाभ

**availability** प्राप्यता, उपलभ्यता; ~ of funds निधियों की ≈

**available** प्राप्य, उपलभ्य; ~ assets ≈ परिसंपत्तियाँ; ~ capital ≈ पूँजी; ~ sources ≈ सूत्र/ स्रोत; ~ surplus ≈ अधिशेष

**avalanche** हिमानी

**avenge** प्रतिशोध/ बदला लेना, वैर निकालना

**avenger** प्रतिशोधी

**aventure** आकस्मिक मृत्यु

**aver** प्रकथन करना, साग्रह कहना

**average** औसत; ~ circulation ≈ बिक्री; ~ cost ≈ लागत; ~ earning ≈ उपार्जन; ~ emoluments ≈ परिलब्धियाँ; ~ holding ≈ जोत; ~ income ≈ आय; ~ leave ≈ छुट्टी; ~ out-turn ≈ आवर्त; ~ product ≈ उत्पाद; ~ revenue ≈ राजस्व; ~ turnover ≈ उत्पादन; ~ value ≈ मूल्य; ~ variable cost ≈ परिवर्ती लागत

**averment** प्रकथन, साग्रह कथन; ~ of performance पालन का ≈

**averse** विमुख

**aversion** विमुखता, विरुचि, विरक्ति

**avert** निवारण करना; टालना; ~ an accident दुर्घटना का ≈, दुर्घटना से बचाव करना

**averted** निवारित; ~ accident ≈ दुर्घटना; ~ collision ≈ टक्कर

**averting** निवारण; ~ a loss हानि ≈

**aviation** विमानन, विमान-चालन; ~ adviser ≈ सलाहकार; ~ hazard ≈ परिसंकट/ ख़तरा; ~ insurance वायुवहन बीमा

**avocation** उपव्यवसाय

**avoid** 1. परिहार करना, दूर रहना, से बचना; ~ any process आदेशिका से बचना; ~ the risk of जोखिम से बचना; 2. परिवर्जन करना, टाल-मटोल करना; ~ service तामील न करने देना

**avoidable** 1. परिहार्य; ~ cause ≈ हेतुक; ~ delay ≈ विलम्ब; 2. परिवर्जनीय; ~ tax ≈ कर

**avoidance** परिहार; परिवर्जन, बचना; ~ of doubt शंका का दूर करना; ~ of loss हानि से बचना; ~ of tax कर ≈; ~ of war युद्ध ≈

**avouch** अंगीकार करना; निश्चय से कहना

**avouchment** अंगीकरण, निश्चयोक्ति

**avow** अंगीकार करना; खुले आम कहना/ घोषित करना

**avowal** अंगीकार; खुली घोषणा

**avowed** अंगीकृत, घोषित; ~ age ≈ आयु

**avuncular** मामा का, मातुल; ~ authority ≈ अधिकार या प्राधिकार; ~ marriage भागिनेयी विवाह

**avunculate** मातुल सम्बन्धी

**avunculocal** मातुल, स्थानीय; ~ family स्थानीय परिवार

**await** प्रतीक्षा करना

**awaiting** प्रतीक्षा होना; ~ consent सम्मति की प्रतीक्षा की जा रही है; ~ decision विनिश्चय की प्रतीक्षा है

**award** I. *n.* 1. पंचाट, पंचनिर्णय, अधिनिर्णय; make an ~ ≈ देना; 2. पुरस्कार. II. *v.t.* 1. अधिनिर्णीत करना; 2. प्रदान करना, देना; ~ costs ख़र्चा दिलवाना; ~ punishment दण्ड देना

**awarding authority** पंचाट-प्राधिकारी

**aware** अवगत; be ~ of अवगत होना, जानकारी रखना

**awareness** अभिज्ञता, चेतनता, जानकारी

**awkward age** औघड़ वय

**awnings** सायबान

**axiom** स्वयंसिद्ध (नियम), स्वसिद्ध; ~ law ≈ विधि; ~ method ≈ प्रणाली

**axis power** धुरी राष्ट्र

**axle** धुरी, अक्ष; धुरा; ~ guard धुरी रक्षी; rear ~ पिछली धुरी

**ayes** हाँ-पक्ष; ~ have it ≈ जीत गया

# B b

**bachelor** 1. कुँवारा; 2. स्नातक; ~'s degree ≈ की उपाधि; ~ of arts (B.A.) कला स्नातक; ~ of commerce (B.Com.) वाणिज्य स्नातक; ~ of law (B.L., LL.B.) विधि स्नातक; ~ of science (B.Sc.) विज्ञान स्नातक; ~ of teaching (B.T.) शिक्षण स्नातक

**back** I. *n.* 1. पीठ; ~ of a horse घोड़े की पीठ; 2. पिछला भाग, पिछवाड़ा; ~ of a house मकान का ≈. II. *a.* 1. पिछला, पूर्व; ~ bencher ईषद्भाषी सदस्य, पश्चासीन (सदस्य); ~ data पिछले/ पूर्व आँकड़े; ~-dated ticket पिछली तारीख़ का टिकट; ~ fly leaf ≈ ख़ाली पन्ना; ~ margin ≈ हाशिया, पश्च उपान्त; ~ number ≈ अंक; ~ page ≈ पृष्ठ, पूर्वपृष्ठ; ~ pay ≈ वेतन; ~ reference पूर्व निर्देश, ≈ हवाला; 2. पीछे का; ~ lane पीछे की गली. III. *adv.* वापस; come ~ ≈ आना, लौटना; give ~ ≈ देना, लौटाना. IV. *v.i.* पीछे हटना; ~ out मुकरना. V. *v.t.* 1. पक्ष लेना; ~ a person किसी व्यक्ति का ≈; ~ up पक्षपोषण करना; 2. पृष्ठांकन करना, पृष्ठांकित करना; to ~ a bill हुंडी ≈; ~ a warrant वारण्ट का ≈; 3. स्वीकृत करना, सकारना; to ~ a warrant वारण्ट ≈; ~ out मुकर जाना, हट जाना, पीछे हट जाना

**backbiting** चुग़लख़ोरी, पैशुन्य

**back bond** क्षतिपूर्ति-बंध

**backbone** 1. रीढ़, मेरु, पृष्ठवंश; 2. *fig.* आधार-स्तम्भ, मुख्य आश्रय

**back-door** 1. पिछवाड़ा, पृष्ठभाग, 2. कूटमार्ग; ~ financing प्रच्छन्न राजवित्तीयन, उपचारमुक्त वित्तीयन; ~ method वातायनी पद्धति

**background** पृष्ठभूमि

**backing** 1. पृष्ठपोषण, समर्थन, सहारा; 2. पृष्ठांकन

**backslide** स्वधर्मत्याग करना

**backward** I. *a.* 1. पिछड़ा; ~ child मंद बालक, ≈ बच्चा; ~ classes पिछड़े वर्ग; ~ tribes पिछड़ी जनजातियाँ; 2. उलटा; ~ feed ≈ लगाना; 3. पृष्ठ, पिछला. II. *adv.* पीछे, पिछली ओर; ~ linkage पश्चानुबंधन; ~ and forward आगे और पीछे

**backwardation** विधृति, विलम्ब धृति, मंदी बदला

**backwardness** पिछड़ापन

**backwoods** वनप्रांत

**bacteria** जीवाणु

**bacteriological** जीवाण्विक; ~ warfare ≈ युद्ध; ~ weapons ≈ आयुध/ हथियार

**bacteriologist** जीवाणु विज्ञानी

**bad** 1. बुरा, ख़राब, निकृष्ट; ~ character ≈ शील; ~ money ≈ पैसा/ मुद्रा; ~ order freight ≈ हालत वाला माल; ~ security ≈ प्रतिभूति/ ज़मानत; 2. कु-, दुर-, असद्; ~ behaviour दुर्व्यवहार; ~ conduct दुराचरण; ~ faith कदाशयता, दुर्भाव, असद्भाव; act of ~ faith असद्भावपूर्ण कार्य; in ~ faith असद्भावपूर्वक; ~ management कुप्रबंध; 3. [misc.] ~ blood कटुता; ~ debt अशोध्य/ डूबा ऋण; ~ law अमान्य विधि; ~ in law विधि की दृष्टि से दोषपूर्ण; ~ title सदोष हक़/ स्वत्व; to be in one's ~ book (किसी पर) किसी की अवकृपा होना

**badge** बैज, बिल्ला; ~ pay ≈ वेतन

**baffle** I. *v.t.* व्यर्थ करना. II. *n.* व्यायेध

**bag** I. *n.* थैला, बोरा; ~ advice card ≈ सूचना कार्ड; ~ and baggage बोरिया-बिस्तर; ~ memo ≈ ज्ञापन/ मीमो. II. *v.t.* 1. थैले/ बोरी में भरना; 2. मारना; ~ a game शिकार ≈; 3. हस्तगत करना

**baggage** यात्री सामान; ~ allowance ≈ भत्ता; ~ car सामान यान; ~ check सामान का जाँच-पत्र; ~ policy ≈ बीमा पालिसी

**bail** I. *n.* ज़मानत; pecuniary ~ आर्थिक ≈; to admit ~ ≈ ले लेना; ~ bond ज़मानत, बंधपत्र, ज़मानतनामा; to stand ~ ≈ करना, ज़ामिन होना. II. *v.t.* 1. ज़मानत पर छोड़ना; 2. उपनिहित करना

**bailable** ज़मानती, क़ाबिल ज़मानत; ~ action ≈ अभियोग; ~ offence ≈ अपराध; ~ process ≈ आदेशिका; ~ warrant ≈ वारंट

**bailee** ज़मानतदार, उपनिहिती; to become ~ ज़मानतदार बनना; ~'s lien ≈ का धारणाधिकार

**bailiff** बेलिफ़, कुर्क अमीन

**bailment** उपनिधान, सुपुर्दगी; ~ for hire भाड़े के लिए ≈; ~ of pledges गिरवी के रूप में ≈

**bailor** 1. उपनिधाता; 2. ज़ामिन

**bait** 1. चारा; 2. प्रलोभन

**baiting** 1. पशु को सताना; 2. चारा लगाना

**baker's dozen** दर्जन में तेरह

**balance** I. *n.* 1. बाक़ी, शेष; ~ available प्राप्य ≈; ~ book शेष बही/ तुलन बही; ~ brought forward पिछला शेष, अग्रनीत शेष; ~ due ≈ पावना/ बक़ाया;

~ in hand रोकड़ बाक़ी; ~ of accounts लेखाओं की बाक़ी, बक़ाया; ~ of payment भुगतान ≈; ~ of trade व्यापार संतुलन, ≈ समग्र व्यापार; ~ sheet तुलन-पत्र, वासिल बाक़ी; debit ~ नामे ≈; opening ~ आदि शेष, श्रीरोकड़ जमा; ~ outstanding बाक़ी/ बक़ाया जमा; trial ~ परीक्षण तुलन; **2.** आधिक्य; ~ of evidence साक्ष्य का ≈; ~ of indebtedness ऋण का ≈; ~ of payment शोधनाधिक्य; ~ of trade व्यापाराधिक्य, निर्यात और आयात का अन्तर; to strike ~ आय व्यय का हिसाब कर देना; **3.** संतुलन; ~ of power शक्ति-≈. **II.** *v.t.* संतुलन करना; ~ the accounts लेखाओं को संतुलित करना; ~ books खाता ड्योढ़ा करना

**balanced** सन्तुलित; ~ accounts ≈ लेखे; ~ budget ≈ बजट; ~ deployment ≈ परिनियोजन; ~ government ≈ सरकार या शासन

**balancing** बाक़ी निकालना, खाता ड्योढ़ा करना

**bale** गाँठ (कपड़े आदि क़ी); baled गाँठबन्द

**baler** गाँठ बाँधने वाला

**balkanization** **1.** बाल्कनीकरण; **2.** विभाजन द्वारा फूट डालना

**ballast train** गिट्टी गाड़ी

**ballot** मतपत्र, पर्ची; ~ box मतपेटी; ~ paper मतपत्र; secret ~ गुप्त मतदान; ~ system मत या श्लाका प्रणाली

**ballotage** द्वितीय मतदान

**ban** **I.** *n.* प्रतिबंध, पाबंदी, रोक; ~ on emigration उत्प्रवास पर ≈. **II.** *v.t.* प्रतिबंध/ पाबंदी/ रोक लगाना

**banal assertions** तुच्छ अभिकथन

**banality** अन्वयता; तुच्छता

**band** **1.** पट्टी; ~ chart ≈ आरेख, बैंड चार्ट; **2.** मंडली, गिरोह; ~ of dacoits डाकुओं का गिरोह; **3.** ~ change switch बैंड बदल स्विच

**bandit** (विधिबाह्य) डाकू

**banish** निर्वासित करना

**banished** निर्वासित; ~ person ≈ व्यक्ति, देश निष्कासित व्यक्ति

**banishment** निर्वासन, देशनिकाला

**bank** **I.** *n.* बैंक; ~ acceptance ≈ स्वीकृति/ सकार; ~ account ≈ का खाता/ हिसाब; ~ advance ≈ उधार; ~ balance ≈ अधिशेष; ~ bill ≈ की हुण्डी; ~ borrowings ≈ उधार; ~ call rate शीघ्रावधि (माँग) दर; ~ charges ≈ प्रभार; ~ clearing ≈ समाशोधन; ~ credit ≈ उधार; ~ currency ≈ करेंसी, नोट; ~ debit ≈ नामे; ~ discount ≈ का बट्टा; ~ draft ≈ ड्राफ़्ट, बैंक निकासी पत्र; ~ endorsement ≈ पृष्ठांकन; ~ guarantee ≈ प्रत्याभूति; ~ investment ≈ का निवेश; ~ memo ≈ मीमो; ~ mortgage ≈ बंधक; ~ note ≈ नोट; ~ of issue नोट प्रचालक ≈; ~ of standing प्रतिष्ठित ≈; ~ rate ≈ दर; ~ reconciliation statement ≈ समाधान/ समंजन विवरण; ~ reference ≈ हवाला; ~ reserve ≈ का सुरक्षित कोष; ~ return ≈ विवरणी; ~ stock ≈ स्कंध/ पूँजी; ~ treasury ≈ खज़ाना; apex ~ शिखर ≈; commercial ~ वाणिज्य ≈; industrial ~ औद्योगिक ≈; joint stock ~ मिश्रित स्कंध/ पूँजी ≈; saving ~ बचत ≈. **II.** *v.i.* खाता रखना, बैंक से लेन-देन करना, महाजनी करना; ~ on के भरोसे रहना

**bankable** बैंक द्वारा ग्राह्य; ~ bill अपहार्य बिल, सुविनिमेय हुण्डी

**banker** बैंकर, महाजन; ~'s advance बैंक उधार; ~'s books ≈ की बहियाँ; ~'s lien बैंक पुनग्रहणाधिकार

**banking** बैंककारी, महाजनी; ~ accommodation ≈ निभाव; ~ account बैंक खाता/ हिसाब; ~ business ≈ कार्य/ धंधा; ~ capital बैंकिंग पूँजी; ~ crisis बैंक संकट; ~ development बैंक विकास; ~ facilities ≈ सुविधाएँ; ~ firm ≈ फ़र्म; ~ hours बैंक का कार्य-समय; ~ institution ≈ संस्था; ~ operation ≈ कार्य; ~ transaction ≈ संव्यवहार, महाजनी सौदा; ~ treasury बैंकिंग खज़ाना

**bankrupt** दिवालिया; discharged ~ विमुक्त ≈; to declare ~ ≈ घोषित करना, दिवाला निकालना

**bankruptcy** दिवाला, शोधन-अक्षमता; ~ laws ≈ क़ानून; ~ proceedings ≈ कार्यवाही; involuntary ~ अनैच्छिक ≈; voluntary ~ ऐच्छिक ≈

**banned** प्रतिषिद्ध

**banns** विवाह-घोषणा

**bar** I. *n.* 1. रोध, रोक; efficiency ~ दक्षता ≈; 2. वारण; ~ of limitation अवधि-रोध, परिसीमा का ≈; ~ to the suit वाद का ≈; 3. वर्जन; ~ against का ≈; ~ of jurisdiction अधिकारिता का ≈; 4. न्यायालय; at the ~ ≈ में; to be called to the ~ न्यायालय में दीक्षित होना; 5. विधिज्ञ-वर्ग; ~ association ≈ संगम; ~-at-law बैरिस्टर; B~ Council ≈ परिषद; 6. मधुशाला; 7. शलाका, छड़; ~ of silver चाँदी की ≈. II. *v.t.* बाधित करना, रोकना; ~ a suit वाद का वर्जन करना

**barbarian** बर्बर; ~ code बर्बर आचरण संहिता

**barbarous** क्रूर, नृशंस

**barbed wire** कँटीला तार

**barber surgeon** जर्राह

**bare** 1. नंगा; ~ wire ≈ तार; 2. केवल, मात्र; ~ Act ≈ अधिनियम; ~ title ≈ स्वत्व; 3. कोरा; ~ denial ≈ इंकार/ प्रत्याख्यान; ~ pact प्रतिफलहीन क़रार; ~ subsistence निर्वाह मात्र

**barefaced** निर्लज्ज

**bargain** I. *n.* 1. सौदा; ~ appeal रियायती ≈ आकर्षण; ~ basement रियायती ≈ तलघर; 2. मोलभाव; ~ money बयाना, साई; ~ rate रियायती दर. II. *v.i.* मोलभाव करना, सौदा पटाना (also to strike a ~)

**bargainee** सौदा लेने वाला, क्रेता

**bargainer** सौदा करने वाला, विक्रेता

**bargaining** सौदाकारी; ~ agency ≈ अभिकरण/ एजेंसी; ~ agent ≈ अभिकर्ता या एजेंट; ~ process ≈ प्रक्रिया; ~ right ≈ अधिकार; ~ unit ≈ एकक/ यूनिट

**barge** बार्ज, डोंगी, बजरा

**barn** कोठार, धान्यागार

**barometer stock** प्रतीक स्टाक

**barrack** बारक, सेनावास

**barred** 1. वर्जित; ~ by Article अनुच्छेद द्वारा ≈; ~ by law विधि द्वारा ≈; ~ by limitation परिसीमा से ≈; 2. बाधित; ~ by time कालबाधित, मियाद बाहर; ~ debt अवधि-बाधित ऋण

**barratry** नाविक कर्तव्य-भंग

**barren** 1. ऊसर, बंजर; ~ land ≈ भूमि; 2. बाँझ, वन्ध्या

**barrenness** 1. बाँझपन, वंध्यता; 2. ऊसरपन

**barretor** वादोत्तेजक

**barretry** वादोत्तेजन

**barricade** मोर्चाबंदी

**barrier** 1. रोध, रोक; 2. नाका, टोल चौकी; ~ clerk ≈ मुंशी

**barrister** बैरिस्टर [also ~-at-law, Bar-at-law]

**barter** वस्तु-विनिमय; ~ economy ≈ अर्थ-व्यवस्था; ~ system ≈ पद्धति; ~ trade ≈ व्यापार

**barterer** वस्तुविनिमेता, वस्तुविनिमय-कर्ता

**base** I. *n.* 1. आधार; ~ of fare किराये का ≈; ~ post office बेस या आधार डाकघर; ~ period ≈ अवधि; ~ rate ≈ दर; ~ station ≈ स्टेशन; ~ year ≈ वर्ष; 2. अड्डा. II. *a.* 1. खोटा; ~ coin ≈ सिक्का; 2. हीन; ~ metal ≈ धातु; 3. निम्न; ~ level ≈ तल; ~ relief ≈ उद्भृति/ उभार

**based** आधारित; ~ on facts तथ्यों पर ≈

**baseless** निराधार

**basement** 1. तलघर, तहखाना; 2. पाया

**basic** 1. मूल; ~ book ≈ पुस्तक; ~ classification ≈ वर्गीकरण; ~ cost ≈ लागत; ~ crops ≈ सस्य, ≈ फ़सलें; ~ fare ≈ क़िराया; ~ industry ≈ उद्योग; ~ motive ≈ अभिप्रेरक; ~ pay ≈ वेतन; ~ period ≈ अवधि; ~ rate ≈ दर; ~ rights ≈ अधिकार; ~ scale of pay ≈ वेतनमान; 2. बुनियादी, आधारभूत; ~ education ≈ शिक्षा; ~ necessities/ needs ≈ आवश्यकताएँ; ~ training ≈ प्रशिक्षण; 3. आधारिक; ~ alternant ≈ विकल्प; ~ level ≈ स्तर; ~ proposition ≈ प्रतिपत्ति; ~ wages ≈ मज़दूरी; ~ yield ≈ पैदावार/ आय

**basin** 1. द्रोणी; 2. (of a river) पाट

**basis** आधार; ~ of charge प्रभार या आरोप का ≈; ~ provided उपबंधित ≈

**bastard** जारज, हरामी

**bastardy** जारजता, हरामीपन

**batch** 1. गण, टोली; 2. खेप; ~ costing खेप-लागत लगाना

**baton** डंडा

**battalion** दस्ता, बटालियन

**batter** 1. बार-बार प्रहार करना; 2. तोड़-फोड़ देना, पीट डालना

**battery** 1. बैटरी; ~ inspection ≈ निरीक्षण; ~ lead ≈ चालक तार; ~ testing galvanometer ≈ परीक्षण धारामापी; 2. अवैध प्रहार

**battle** रण, युद्ध, लड़ाई; ~ of arguments तर्क-युद्ध; ~ zone रण प्रदेश, युद्ध क्षेत्र

**bawdy** अश्लील; ~ house वेश्यालय

**bay** खाड़ी

**bayonet** संगीन, बेनट, किर्च

**B.C.** ईसा पूर्व, ई. पू.

**be** होना; ~ in addition to के अतिरिक्त ≈; ~ in existence अस्तित्व ≈; ~ in force लागू/ प्रवृत्त ≈; ~ overcome अभिभूत होना; ~ that it may चाहे जैसी भी स्थिति हो; ~ void शून्य ≈

**beach** रेतीला किनारा; ~ heads तटमोर्चाबन्दी

**beam** 1. धरन, शहतीर; 2. तुलादंड; 3. रश्मिमाला; ~ circuit बीम परिपथ; ~ transmission बीम संचरण/ प्रेषण; ~ wireless station बीम बेतार स्टेशन

**bear** I. *v.t.* 1. वहन करना, उठाना; ~ arms हथियार उठाना; ~ expenses ख़र्च ≈; 2. सहना, बरदाश्त करना [also ~ with]; 3. ~ attestation अनुप्रमाणित करना; ~ testimony साक्ष्य देना; ~ in view ध्यान में रखना; ~ true faith सच्ची श्रद्धा रखना; ~ to के साथ होना; ~ out समर्थन करना. II. *n.* मंदड़िया; ~ raid बाज़ार गिराना; ~ squeezed गिरा ≈; ~ transaction ≈ सौदा

**bearer** वाहक, धारक; ~ bond ≈ बंधपत्र, धनी जोग बांड; ~ cheque ≈ चेक, धनी जोग चेक; ~ security ≈ प्रतिभूति

**bearing** I. *n.* अनुसंग, सम्बन्ध. II. *a.* 1. सम्बद्ध; ~ up/on से सम्बन्धित; having ~ on से सम्बन्धित; 2. धारक, बैरंग; ~ a stamp जिस पर स्टाम्प लगा हो; ~ charges ≈ प्रभार; ~ message ≈ संदेश; ~ telegram ≈ तार; **3.** ~ date दिनांकित; ~ signature हस्ताक्षरित

**bearish** मंदी का रुख

**beat** **I.** *n.* **1.** धड़कन; **2.** हलका, गश्त; ~ frequency ≈ बारंबारता; ~ list ≈ सूची; **3.** पिटाई; ~ of drum डुगडुगी, डोंडी. **II.** *v.t.* **1.** पीटना; **2.** पराजित करना, पिटवाना, हराना; **3.** ~ about the bush इधर-उधर की बातें करना; ~ up क्षतिपूर्ति करना

**beat-guard** फेरा-प्रहरी

**beatman** गश्तवाला

**because** क्योंकि; ~ of के कारण

**beckon** संकेत से बुलाना

**become** होना, हो जाना; ~ enforceable प्रवर्तनीय ≈; ~ inoperative निष्क्रिय या अपवर्ती ≈

**bed** **1.** बिस्तर, शय्या; ~-ridden शय्याग्रस्त; **2.** (नदी का) तल, पाट; ~ level तलीय स्तर; **3.** क्यारी; flower ~ फूलों की ≈; to ~ in क्यारी में लगाना

**bedding** बिछौना, बिस्तर

**bedstead** खाट, चारपाई

**before** **1.** के सामने; ~ her house उसके मकान ≈; **2.** के सामने/ समक्ष; ~ the magistrate मजिस्ट्रेट ≈; **3.** के पूर्व/ पहले; ~-cited पूर्वकथित; ~ the end of के समाप्त होने से पूर्व; ~ the expiration of the term अवधि समाप्ति से पूर्व; ~ Monday सोमवार से पहले; ~ or after पहले या पीछे

**beforehand** पहले से

**beg** **1.** भीख माँगना; **2.** माँगना; I ~ leave आज्ञा चाहता हूँ; I ~ to say मैं यह विनती करता हूँ

**beggar** भिखारी

**beggary** भिक्षावृत्ति, भिखारीपन

**beginning wage** प्रारंभिक मज़दूरी, प्रारंभिक वेतन

**begotten** गर्भाहित; जनित, पैदा

**beguile** ठगना, धोखा देना

**behalf** **1.** ओर; on ~ of की ≈ से; on my ~ मेरी ≈ से; **2.** लिए; in that ~ उसके लिए, तदर्थ; in this ~ इसके लिए, एतदर्थ

**behave** आचरण/ व्यवहार करना; ~ with contempt अवमानपूर्वक ≈

**behaviour** आचरण, व्यवहार; good ~ सदाचार, सद्व्यवहार; ~ adjustment ≈ समायोजन; ~ of goods माल की प्रतिक्रिया; ~ of the accused अभियुक्त का ≈

**behavioural** व्यवहारगत, व्यवहारात्मक; ~ contagion ≈ संसर्ग; ~ system ≈ पद्धति

**behead** शिरच्छेद करना, सिर काटना

**beheading bargain** सिर का सौदा

**behest** आदेश

**beholden** अनुगृहीत, आभारी

**behove** उचित होना, शोभा देना; it does not ~ you यह आपको शोभा नहीं देता; यह आपके लिए उचित नहीं है

**being** **I.** *v.i.* हो रहा; होते हुए; होने पर; ~ cognizant संज्ञान रखते हुए; ~ in command समादेशन करते हुए. **II.** *n.* **1.** सत्व, जीव; **2.** अस्तित्व

**belabour** मारना-पीटना

**belated** विलम्बित; ~ message ≈ संदेश

**beleaguer** घेरा डालना

**belie** झुठलाना

**belief** विश्वास, यक़ीन; ~ in good faith सद्भावपूर्ण ≈; reasonable ~ समुचित ≈

**believe** विश्वास करना; reason to ~ विश्वास करने का कारण; ~ in good faith सद्भाव से ≈

**bell** घंटी; ~ card ≈ कार्ड; ~ cord ≈ डोरी

**bellicose** युद्धप्रिय, लड़ाकू

**bellicosity** युद्धप्रियता, लड़ाकूपन

**belligerency** युद्धस्थिति, युद्धावस्था

**belligerent** युद्धरत, युद्धकारी, लड़ाकू; ~ attitude लड़ाकू अभिवृत्ति; ~ rights युद्धकारी अधिकार; ~ state युद्धरत राज्य

**belong** का होना; ~ to service सेवा का होना; it ~s to them in common यह उनके साझे की है; the land ~s to him भूमि उसकी है

**belongings** माल-असबाब, सामान; ~ in common साझे की सम्पत्ति

**below** I. *a.* अवर, अधीनस्थ; court ~ ≈ न्यायालय. II. *prep.* के/ से नीचे; ~ ground भूमि ≈; ~ high water mark उच्चतम ज्वार-चिह्न ≈; ~ par अवमूल्य पर, बट्टे पर; ~ standard स्तर से नीचे

**belt** 1. पेटी; 2. पट्टा; 3. कटिबन्ध

**belting** पट्टा

**bench** न्यायपीठ, बेंच, इजलास; division ~ खण्डपीठ; full ~ पूर्णपीठ, पूरा इजलास

**bend** मोड़, मोड़ना, मुड़ना, झुकना

**benefaction** उपकृति

**benefactor** 1. धर्मोपकारी; 2. हितकारी

**benefication** सज्जीकरण

**benefice** धर्मादा, धार्मिक न्यास

**beneficial** हितकारी, फ़ायदेमंद; ~ effect ≈ प्रभाव; ~ enjoyment ≈ उपभोग; ~ interest लाभप्रद हित; ~ owner ≈ स्वामी; ~ ownership लाभप्रद स्वामित्व; ~ rates ≈ शुल्क; ~ trust ≈ न्यास; ~ winding up लाभप्रद परिसमापन

**beneficially** हितकारी रूप में; ~ entitled लाभ/ फ़ायदा पाने का हक़दार

**beneficiary** हितग्राही, हिताधिकारी; ~ student ≈ विद्यार्थी

**beneficent expenditure** हितार्थ/ हितकारी व्यय

**benefit** I. *n.* 1. हित, लाभ, फ़ायदा; ~ fund हित/ लाभ निधि; ~ of doubt संदेह लाभ; ~ of exception अपवाद का लाभ; ~ of selection बीमा चयन ≈; ~ of survivorship उत्तरजीविता का ≈; ~ period लाभावधि; ~ provision सुविधा उपबंध; ~ society हितकारी समिति; ~ year हितलाभ वर्ष; disablement ~ निःशक्तता ≈; mutual ~ पारस्परिक ≈; public ~ सार्वजनिक ≈; substantial ~ सारवान् ≈; 2. प्रसुविधा; ~ ceiling सुविधा की उच्चतम सीमा; ~ formula सुविधा सूत्र; ~ fund ≈ निधि; maternity ~ प्रसूति ≈. II. *v.i.* & *v.t.* लाभ उठाना; लाभ पहुँचाना

**benefitted** लाभप्राप्त, लाभान्वित

**benevolence** परोपकारिता, हितैषिता

**benevolent** परोपकारी, हितैषी; ~ despot प्रजा-हितकारी निरंकुश शासक; ~ intention ≈ आशय; ~ neutrality सद्भावनापूर्ण तटस्थता; ~ society ≈ समिति; ~ fund दातव्य निधि

**benign** 1. सुसाध्य, 2. मृद, 3. सौम्य

**bent on** उद्यत, आमादा

**bequeath** वसीयत करना, उत्तरदान करना

**bequest** वसीयत, उत्तरदान, रिक्थदाय; conditional ~ सप्रतिबंध ≈; contingent ~ समाश्रित ≈; onerous ~ दुर्भर ≈

**berm** प्रतितट

**berserk** जुझारू

**berth** शायिका, बर्थ

**berthing accommodation** घाट पर नाव लगाने का स्थान

**beseech** अनुनय/ विनती करना

**beseige** घेरा डालना
**besmirch** कलंकित/ कलुषित करना
**best** 1. सर्वोत्तम, सर्वश्रेष्ठ; ~ evidence ≈ साक्ष्य; ~ judgment ≈ निर्णय/ विवेकबुद्धि; 2. सर्वाधिक; ~ endeavour ≈ प्रयास; ~ fitted ≈ उपयुक्त; ~ rent ≈ भाटक; 3. ~ belief पूर्ण विश्वास; ~ interest परम हित; at ~ अधिक से अधिक; ~ of ability पूरा सामर्थ्य; to the ~ of my knowledge जहाँ तक मुझे ज्ञात है; ~ seller उठंत माल, बहुविक्रीत
**bestial** पाशविक
**bestiality** 1. पशुगमन, पशुमैथुन; ~ by a person किसी व्यक्ति द्वारा ≈; 2. पशुता
**bestow** प्रदान करना, देना; ~ a designation पदनाम ≈
**bet** I. *n.* पण, बाज़ी. II. *v.i.* पण/ बाज़ी लगाना, शर्त बदना
**betray** विश्वासघात करना, धोखा देना
**betrayal** विश्वासघात
**betroth** वाग्दान/ सगाई करना
**betrothal** वाग्दान, सगाई, मँगनी
**better** I. *a.* अधिक अच्छा, बेहतर; ~ offer ≈ प्रस्थापना; ~ security ≈ ज़मानत; ~ title ≈ हक़. II. *v.t.* & *v.i.* सुधारना, सुधरना
**betterment** 1. आसुधार; ~ charge ≈ प्रभार; ~ fund सुधार निधि, समुन्नति निधि; ~ tax ≈ कर; 2. अच्छाई, बेहतरी
**betting** पण/ बाज़ी लगाना, शर्त बदना; दाँव लगाना; ~ of any form किसी प्रकार का दाँव
**beverage** पेय
**beware** I. *v.i.* चौकन्ना/ चौकस/ सतर्क रहना. II. *v.t.* चौकन्ना/ चौकस/ सतर्क करना
**bewildered** किंकर्तव्यविमूढ, हक्का-बक्का
**beyond** 1. से परे, के बाहर; ~ a certain period एक विशेष कालावधि से परे; ~ doubt संदेह से परे; ~ his reach उसकी पहुँच से परे; ~ the scope of his authority उसके प्राधिकार के परे; 2. के पश्चात/ बाद; ~ midnight आधी रात ≈; ~ the said period उक्त अवधि ≈
**bias** 1. झुकाव, अभिनति; 2. पक्षपात, तरफ़दारी
**biased** 1. पक्षपातपूर्ण; ~ opinion ≈ मत; 2. अभिनत; ~ sampling ≈ नमूना चयन, प्रतिदर्श चयन
**bibliography** ग्रंथसूची, पुस्तक-तालिका
**bicameral** द्विसदनी; ~ legislature ≈ विधान मंडल
**bicameralism** द्विसदन पद्धति
**bicultural experience** द्विसांस्कृतिक अनुभव
**bid** I. *n.* (नीलाम की) बोली. II. *v.i.* 1. बोली लगाना; 2. कहना
**bidder** बोली लगाने वाला; pretending ~ झूठा ≈
**bidding** 1. बोली लगाना, बोली देना; ~ sheet बोली पत्रक; 2. नौकरी अधिसूचना
**biennial** द्विवर्षीय, द्विवार्षिक; ~ increment ≈ वृद्धि
**bifurcate** दो शाखाओं में विभाजित करना
**bigamist** द्विपत्नीक; द्विपतिका
**bigamous** द्विविवाह-सम्बन्धी
**bigamy** द्विपत्नीत्व; ~ with adultery जारकर्म सहित ≈
**bigot** कट्टर, धर्मांध, कठमुल्ला
**bigotry** कट्टरता, धर्मांधता, कठमुल्लापन
**bilateral** द्विपक्षीय, द्विपार्श्विक; ~ agreement ≈ समझौता/ क़रार; ~ contract ≈ संविदा; ~ family system ≈ परिवार प्रथा, ≈ कुटुंब प्रथा; ~ instrument ≈ लिखत; ~ interstate relations ≈ अन्तर्राज्य सम्बन्ध; ~

negotiations ≈ बातचीत; ~ pact ≈ समझौता; ~ trade ≈ व्यापार; ~ transference ≈ संक्रमण

**bilineal descent** उभय-पक्षी वंशानुक्रम

**bilinear** 1. द्विरेखीय, 2. उभयवंशीय; ~ kin ≈ स्वजन या बंधु

**bilingual** द्विभाषी, द्वैभाषिक

**bilinguist** द्विभाषी

**bill** 1. हुंडी, विनिमय-पत्र, विपत्र; ~ broker ≈ दलाल; ~ cashed भुनाया गया बिल; ~ counter बिल काउंटर/ पटल; ~ diary बिल डायरी, हुंडी दैनिकी; ~ discharged चुकायी गयी ≈, चुकाया गया बिल; ~ discount ≈ का बट्टा; ~ drafting बिल प्रारूप; ~ drawn आहरित हुंडी/ बिल; ~ for collection उगाही के लिए बिल/ हुंडी; ~ lodged निक्षेपित बिल; ~ of exchange हुंडी; ~ pay order बिल अदायगी आदेश, बिल भुगतान आदेश; ~ payable देय ≈; ~ (payable) after date मुद्दती हुंडी; ~ payable at sight दर्शनी ≈; ~ payable on demand माँगदेय ≈; ~ transit register बिल संचलन रजिस्टर; blank ~ सादी हुंडी; clean ~ खुली/ सामान्य ≈; dishonour a ~ ≈ नकारना; ≈ निरादृत करना; documentary ~ प्रलेखी ≈, बिल्टी सहित ≈; discounting ~ हुंडी/ बिल भुनाना; duplicate ~ पैठ; honour a ~ ≈ सकारना; honoured ~ सकारी ≈; long ~ मियादी ≈; non-mercantile ~ अव्यापारिक ≈; retirement of ~ ≈ का पूर्व भुगतान; to renew a ~ ≈ का नवीकरण करना; 2. पत्र; ~ of credit साख-पत्र; ~ of demand माँग-पत्र; ~ of exchange विनिमय-पत्र; ~ of lading लदान-पत्र; ~ of rights अधिकार-पत्र; ~ of payment भुगतान-पत्र; ~ of sale विक्रय-पत्र; 3. विधेयक, बिल; ~ about reforms सुधार-सम्बन्धी ≈; 4. देयक, बिल; ~ of costs लागत/ ख़र्च का ≈; to pay a ~ ≈ भुगतान करना

**billed** बिल में निर्दिष्ट; ~ order आदेशिती-देयमाल; ~ weight ≈ भार

**billeting** आवासादेश देना

**billing** बिल बनाना

**bimonthly** द्वैमासिक

**binary question** द्विआधारी प्रश्न

**bind** 1. बाँधना; 2. आबद्ध करना; ~ over मुचलका लेना; 3. बाध्य/ मजबूर करना; 4. जिल्द बाँधना

**binder** 1. बाध्यक; 2. बंधक, बाँधने वाला; 3. जिल्दसाज़

**binding** I. *a.* बंधनकारी, आबद्धकर, बाध्यकारी; ~ on/ upon के लिए ≈; ~ adjudication ≈ अधिनिर्णय; ~ agreement ≈ क़रार; ~ clause ≈ खंड; ~ folder ≈ फ़ोल्डर; ~ force ≈ शक्ति. II. *n.* जिल्दसाज़ी

**biochemical aberrations** जीव रासायनिक विकृति

**biochemist** जीव रसायनज्ञ

**biography** जीवनी, जीवन-चरित

**biological** जैव, जैविक; ~ adjustment ≈ समायोजन; ~ behaviour ≈ व्यवहार

**bipartisan** द्विदलीय, द्विपक्षीय; ~ foreign policy ≈ विदेश नीति

**bipartite** उभयपक्षी, द्विपक्षीय, द्विदलीय, द्विभागी; ~ arrangements द्विदलीय व्यवस्था; द्विपक्षीय क़रार; ~ relations द्विपक्षी सम्बन्ध

**biparty system** द्विदल पद्धति

**birth** जन्म, पैदाइश; ~ certificate जन्म-तिथि-प्रमाणपत्र; ~ control संतति-निग्रह; ~ day जन्मदिन; ~ mark जन्मचिह्न; ~ order ≈ क्रम; ~ place

जन्म-स्थान; ~ right जन्मसिद्ध अधिकार; ~ rites ≈ संस्कार; live ~ जीवित जन्म; still ~ मृत जन्म

**bisect** अर्धित (टिकट)

**bisexual** उभय लिंगी, द्विलिंगी; ~ libido ≈ काम

**bisexuality** उभयलिंगता, द्विलिंगता

**biweekly** 1. अर्धसाप्ताहिक; ~ statement ≈ या पाक्षिक विवरण; **2.** द्वि-साप्ताहिक, अर्धमासिक

**B.L.** = Bachelor of Law (q.v.)

**black** 1. काला; ~ art ≈ जादू, अभिचार; ~ board श्यामपट; ~ list काली सूची; ~ money ≈ धन; **2.** ~ book काली करतूतों की पुस्तक; ~ change rates चोर विनिमय दरें; ~ deed कुकृत्य; in ~ and white लिखित; ~ leg हड़ताल तोड़क, हड़ताल द्रोही, हड़ताल भेदी; ~ mail भयादोहन, धमकी से धन वसूलना; ~ market चोर बाज़ार; ~ marketeer चोर-बाज़ारिया

**blame** **I.** *n.* दोष. **II.** *v.t.* दोष लगाना

**blameworthy** दोषार्ह, दूष्य

**blank** **1.** निरंक, कोरा; ~ acceptance निरंक स्वीकृति; ~ bill ≈ बिल, अनामी हुंडी; ~ cheque ≈ चेक; ~ credit कोरी साख; ~ draftform ≈ ड्राफ़्ट फ़ार्म; ~ endorsement ≈ बेचान/ पृष्ठांकन; ~ form ≈ फ़ार्म; ~ key-board वर्णहीन कुंजी पटल; ~ leaf ≈ पन्ना; ~ stock ≈ स्टाक; **2.** ~ bar प्रतिवादी की आपत्ति; ~ cover खाली आवरण; ~ space रिक्त स्थान; ~ transfer अनामी अन्तरण

**blanket** निर्बंध, व्यापक; ~ agreement ≈ क़रार; ~ bond ≈ बंधपत्र/ बांड; ~ injunction सर्वाच्छादी व्यादेश; ~ insurance बहुव्यापी बीमा; ~ mortgage ≈ बंधक; ~ permit निर्बंध परिमित; ~ price इकमुश्त क़ीमत; ~ rate बहुव्यापी दर; ~ waybill ≈ यात्रा विवरणी

**blanks** रिक्त स्थान, ख़ाली जगह

**blasphemy** ईश्वर निन्दा

**blasting** विस्फोटन; ~ powder स्फोटक बारूद

**bleach** विरंचित करना, रंग उड़ाना

**blend** मिलाना; ~ property सम्पत्ति को मिला देना

**blended** मिश्रित; ~ fund ≈ निधि

**blind** अंधा; ~ check अप्रलेखी जाँच; ~ sale ≈ सौदा

**blister** फफोला, छाला

**bloc voting** गुट मतदान

**block** **I.** *n.* **1.** खण्ड, ब्लाक; ~ development officer ≈ विकास अधिकारी; ~ inspector ≈ निरीक्षक; ~ maintainer ≈ अनुरक्षक; ~ of minerals खनिज ≈; ~ placement प्रखंड स्थापन; ~ shift खंडपारी; **2.** समूह; ~ grant ≈ अनुदान; ~ policy सामूहिक पॉलिसी; **3.** ब्लाक, ठप्पा; ~-making ≈ निर्माण; **4.** ~ letters बड़े अक्षर; gold ~ सोने की ईंट. **II.** *a.* **1.** थोक, इकट्ठा; ~ capital संघटित पूंजी, थोक पूँजी; ~ loading ≈ लदान; ~ policy इकट्ठी पॉलिसी. **III.** *v.t.* निरुद्ध करना; ~ the road सड़क को निरुद्ध करना

**blockade** नाकेबन्दी, संरोध

**blocked** निरुद्ध; ~ account ≈ खाता; ~ asset ≈ परिसम्पत्ति; ~ capital ≈ पूँजी; ~ currency ≈ करेंसी; ~ line अवरुद्ध लाइन

**blocker** अवरोधक

**blocking** अवरोधन; ~ minority अवरोधक अल्पसंख्यक; ~ of accounts

लेखों का निरोधन/ अवरोधन

**blood** रक्त, रुधिर, ख़ून; ~ bank रक्त बैंक, ब्लड बैंक; ~ descendants रक्त-वंशज, सगे; ~ consanguine समरक्त; ~ feud कुलवैर; ~ fine रक्त दंड; ~ money हत्या-धन; ~ purge हिंसात्मक दलशोधन; ~ relationship रक्त सम्बन्ध, ख़ून का रिश्ता; royal ~ शाही ख़ानदान; ~ sacrifice रक्त बलि; ~ shed रक्तपात; ~-stained रक्त-रंजित; ~-thirsty रक्त-पिपासु, ख़ून का प्यासा; ~ tie रक्त-सम्बन्ध; ~ transfusion officer रुधिर आदान अधिकारी

**bloody** रक्ताक्त, ख़ूनी

**blot** I. *n.* कलंक, दाग़. II. *v.t.* कलंक/ दाग़ लगाना; ~ out सोखना, मिटाना

**blow** I. *n.* प्रहार, वार. II. *v.t.* & *v.i.* 1. फूँकना; 2. (हवा का) बहना; ~ hot and cold विरोधी बातें करना; ~ out बुझाना; ~ over थम जाना; ~ up फुलाना

**blue** नीला; ~ book सरकारी रिपोर्ट; ~ moon दुर्लभ; ~ pencilling संशोधन; ~ print नीला नक़्शा, रूपरेखा, ब्लू प्रिंट; ~ sky bargaining हवाई सौदाकारी

**bluff** I. *n.* झाँसा. II. *v.t.* झाँसा देना

**blunt** कुंद, कुंठ

**blunting** कुंठन; ~ effect ≈ प्रभाव

**blurred** अस्पष्ट, धुँधला; ~ outline अस्पष्ट/ धुँधली रूपरेखा

**board** 1. बोर्ड, परिषद्, मण्डल; advisory ~ परामर्श ≈; ~ of arbitration मध्यस्थ ≈; ~ of censors सेंसर मंडली; ~ of conciliation सुलह ≈, सुलहकारी ≈; ~ of control नियंत्रण ≈; ~ of directors संचालक ≈; ~ of education शिक्षा मल/ बोर्ड; ~ of governors शासक ≈; ~ of referees निर्णेता मंडल/ बोर्ड; ~ of revenue राजस्व परिषद्; ~ of trade व्यापार मंडल; selection ~ चयन ≈; 2. फलक, फट्टा; wooden ~ लकड़ी का ≈; 3. दफ़्ती, गत्ता; ~ binding गत्ते की जिल्द; 4. भोजन; ~ and lodging ≈ और आवास

**boarder** आवासी

**boarding** भोजन-व्यवस्था; ~ care आवासी देखभाल; ~ house छात्रावास

**boat** 1. नाव, 2. पोत, जहाज़; ~ train जहाज़ी गाड़ी

**boatman** केवट; नाव-चालक

**bodily** शारीरिक, दैहिक; ~ distress ≈ कष्ट; ~ feeling ≈ संवेदन; ~ infirmity ≈ दौर्बल्य; ~ injury ≈ क्षति/ चोट; ~ weakness ≈ दुर्बलता

**body** 1. शरीर; ~ guard शरीर-रक्षक, अंग-रक्षक; ~ protector ≈ रक्षक; 2. कलेवर; ~ of a deed विलेख का ≈; ~ of a letter पत्र का ≈ या प्रधान अंग; ~ of an instrument लिखत का ≈; ~ of the Act अधिनियम का ≈; 3. निकाय; ~ corporate निगम-निकाय; ~ of individuals व्यक्ति-≈; 4. समूह; ~ of rules नियम-≈; ~ of voters मतदाता-वर्ग; 5. ~ politic राष्ट्र, राज्य; in a ~ सब मिलाकर; dead ~ शव, लाश

**bogey** हौआ

**bogie** बोगी, डब्बा; ~ frame ≈ ढाँचा; mail van ~ मेल वैन ≈

**bogus** झूठा, मिथ्या, फ़र्ज़ी, जाली; ~ stamp ≈ टिकट; ~ transaction ≈ संव्यवहार

**bold** 1. दिलेर; 2. मोटा; ~ letters ≈ अक्षर

**boldness** प्रगल्भता, दिलेरी

**bolt** I. *n.* बोल्ट, काबला; ~ from the blue अनभ्र वज्रपात; 2. सिटकिनी; 3. कल्पित वाद पर बहस. II. *v.i.* ~ away चम्पत/ रफूचक्कर हो जाना

**bolted together** साथ कसे हुए

**bomb** बम

**bombardment** बमवर्षा, गोलाबारी
**bombast** शब्दाडम्बर
**bombastic** शब्दाडम्बर-युक्त
**bona** (चल तथा अचल) सम्पत्ति
**bona fide** 1. सद्भावी, वास्तविक; ~ mistake ≈ ग़लती; ~ interest ≈ हित; ~ occupation ≈ अधिभोग; ~ owner ≈ स्वामी; ~ resident ≈ निवासी; 2. सद्भावपूर्ण; ~ dispute ≈ विवाद; ~ comment ≈ टीका-टिप्पणी; ~ payment ≈ भुगतान; 3. ~ passenger वास्तविक यात्री
**bonafides** सद्भाव; to prove the ~ ≈ का प्रमाण देना; ~ exigit ut quod convenit fiat ≈ प्रेरित करता है कि संविदा पूरी की जाये; ~ non patitur ut bis idem exigatur ≈ एक ही वस्तु की दो बार न्यायालयीय कार्यवाही नहीं करने देता
**bona gestura** सद्व्यवहार
**bona vacantia** स्वामिहीनता, स्वामिहीन सम्पत्ति
**bona vacaus** अस्वामिक वस्तु
**bonanza** अतुल समृद्धि
**bond** बंध, बंधपत्र, मुचलका, बांड; ~ certificate ≈ प्रमाणपत्र; ~ creditor ≈धारी लेनदार; ~ debtor ≈धारी देनदार; ~ financing ≈ वित्तीयन; ~ holder ≈धारी; ~ note बंधपत्र; ~ tenant ऋणबन्ध काश्तकार; ~ washing ≈ की फ़र्ज़ी बिक्री; ~ yield ≈ आय; ~ for good behaviour सदाचार के लिए ≈; ~ for keeping peace शांति बनाये रखने के लिए ≈; ~ of obligation आभार ≈; conditional ~ सप्रतिबन्ध ≈; deferred ~ आस्थगित बांड/ बंधपत्र; indemnity ~ क्षतिपूरक ≈; instalment ~ किस्त ≈; personal ~ मुचलका; war ~ युद्ध ≈; ~ to keep peace शांति बनाये रखने का ≈
**bondage** बंध; परतन्त्रता
**bonded** अनुबद्ध, बंधक; ~ deal ≈ सौदा; ~ debt ≈ ऋण; ~ goods ≈ माल; ~ value कर रहित मूल्य; ~ warehouse ≈ माल गोदाम
**bondman** क्रीत दास
**bondsman** ज़ामिन, प्रतिभू
**bone** हड्डी, अस्थि; ~ work अस्थि-शिल्प, हड्डी का काम; ~ of contention विवादमूल, विवादास्पद विषय
**bonus** बोनस; contingent ~ प्रासंगिक ≈; deferred ~ आस्थगित ≈; ~ quantum ≈ प्रमात्रा
**book** 1. पुस्तक, किताब; ~ catalogue ≈ सूची; ~ cover ≈ का आवरण; ~ of accounts लेखा-पुस्तक; ~ of reference संदर्भ-पुस्तक; ~ of intimation सूचना पुस्तिका; ~ post पुस्त प्रेष; 2. खाता, बही; ~ adjustment ≈ समायोजन; ~ balance ≈ शेष; ~ credit ≈ उधार; ~ debts ≈ ऋण; ~ debit खाते नाम; ~ deposit खाता जमा; ~ rate निर्धारित दर; ~ transactions ≈ लेनदेन; ~ value अंकित मूल्य, बही मूल्य; ~s of the firm फ़र्म की बहियाँ; account ~ बहीखाता; cash ~ रोकड़ ≈; invoice ~ बीजक ≈; petty cash ~ खुदरा रोकड़ ≈; sales ~ बिक्री ≈; warehouse ~ मालगोदाम ≈
**booked** निर्धारित, बुक किया गया; ~ arrival time पहुँचने का निर्धारित समय; ~ at railway risk रेल जोखिम पर बुक; ~ route निर्धारित मार्ग
**booking** 1. बुक करना; ~ clerk टिकट बाबू, बुकिंग क्लर्क; ~ of call कॉल बुक करना; 2. टिकट देना; ~ of passengers यात्रियों को टिकट देना; ~ of telegram तार बुक करना; ~ of seat सीट बुक करना

**book-keeper** बही-लेखक, मुनीम

**book-keeping** बहीखाता, बहीखाता-पद्धति, मुनीमी

**booklet** पुस्तिका

**boom** (व्यापार में) तेज़ी, गरमबाज़ारी; ~ town सहसा उत्स्फीत नगर, अधिवृद्धि नगर

**booster** वर्धक, बूस्टर

**boosting** वर्धन

**boot** 1. लुभाव; **2.** बिक्री उपहार

**booth** कोष्ठ, कक्षिका, बूथ; polling ~ मतदान ≈

**bootlegger** मद्यतस्कर

**bootlegging** मद्यतस्करी

**booty** लूट का माल; ~ of war जंगी ≈

**border** सीमा; ~ land ≈ प्रदेश; ~ police ≈ पुलिस; ~ security force ≈ सुरक्षा-बल; ~ state सीमांत राज्य; ~ station ≈ केन्द्र; ≈ थाना; ~ trade ≈वर्ती व्यापार; ~ war सीमा युद्ध

**borderline** I. *n.* सीमारेखा. II. *a.* सीमावर्ती; ~ case ≈ केस/ मामला; ~ job सीमागत कार्य; ~ risk ≈ जोखिम

**bore** 1. बोर करना; 2. वेधना

**borer** वेधक; रंध्रक (मशीन)

**boring** वेधन, छेदना

**born** जात, उत्पन्न, पैदा; ~ criminal जन्मजात अपराधी

**borne** धारित; ~ on the books बहियों पर चढ़ा हुआ

**borrow** उधार लेना, मँगनी पर लेना

**borrowed** उधार लिया हुआ; ~ capital उधार ली हुई पूँजी; ~ funds उधार ली हुई निधियाँ; ~ note ज़मानती रुक्का

**borrower** उधार लेने वाला, अधमर्ण, ऋणी; ~ country उधारी देश, ऋणी देश

**borrowing** उधार लेना, ऋणादान; ~ power उधार लेने की शक्ति, ऋणादान शक्ति; ~ rates उधार की दरें

**Borstal** किशोर सुधार केंद्र/ संस्था/ कारागार; ~ institution बोर्स्टल संस्था; ~ school बोर्स्टल स्कूल

**botanist** वनस्पति विज्ञानी

**botheration** झमेला, दिक़्क़त

**bottleneck** अवरोध, अड़चन

**bottom** I. *n.* तल, तह. II. *a.* निचला, निम्न; ~ margin ≈ हाशिया; ~ note पादटिप्पणी; ~ price निम्नतम क़ीमत; get to the ~ तह तक पहुँचना

**bottomry** पोतबंधक ऋण; ~ bond पोतबन्धपत्र

**bought** क्रीत, ख़रीदा हुआ; ~ book ख़रीद बही; ~ ledger ख़रीद खाता

**boulevard woman** गणिका

**bound** I. *n.* ~s सीमाएँ. II. *v.t.* 1. सीमाबद्ध होना, घिरा होना; ~ for को जाने वाला; 2. आबद्ध, बाध्य, पाबंद; ~ by law विधि द्वारा ≈; ~ to furnish देने के लिए ≈; ~ to prove साबित करने के लिए ≈; 3. जिल्दबंध, सजिल्द; ~ volume ≈ खण्ड/ भाग

**boundary** सीमा, हद्द; ~ adjustment ≈ समायोजन; ~ controversy ≈ विवाद; ~ demarcation ≈ निर्धारण; ~ dispute ≈ विवाद; ~ line ≈ रेखा; ~ marks ≈ चिह्न; ~ pillar ≈ स्तम्भ, सरहदी खम्भा; ~ treaty ≈ संधि

**bounty** उदारदान, अधिदान

**bourgeois** बुर्जुआ, मध्यवर्गीय; ~ democracy ≈ जनतंत्र; ~ society ≈ समाज

**bourgeoisie** बुर्जुआ, मध्यवर्ग

**bourse** सराफ़ा, बुर्स

**box** 1. बक्स, पेटी; **2.** घूँसा; **3.** चौखटा; ~ news चौखटी समाचार; **4.** ~ days दीर्घावकाश में आवेदन-पत्र लेने के दिन; ~ balance पेटी शेष; ~ room गोदाम

**boxing** मुक्केबाज़ी, बॉक्सिंग

**boy** लड़का, बालक; ~ orderly बाल अरदली; ~ peon बाल चपरासी; ~ scout बालचर

**boycott** I. *n.* बहिष्कार, बॉयकॉट. II. *v.t.* बहिष्कार/ बॉयकॉट करना

**bracket** I. *n.* 1. कोष्ठक, ब्रैकेट; 2. दीवारगीर. II. *v.t.* 1. कोष्ठक में रखना; 2. बराबर रखना

**braided** वेणीदार, वेणित; ~ cable ≈ केबिल

**brain** मस्तिष्क, दिमाग़; ~ drain बुद्धिजीवी अपवाह; ~ storming विचारावेश; ~ washing बलात् मतप्रवर्तन; ~ wave आकस्मिक प्रेरणा

**brake** I. *n.* ब्रेक; ~ van ≈ यान; II. *v.t.* ब्रेक लगाना

**brakesman** ब्रेकमैन

**branch** शाखा; ~ ledger ≈ खाता; ~ line ≈ लाइन, ब्रांच लाइन; ~ office ≈ कार्यालय; ~ post office ≈ डाक-घर; ~ store ≈ भंडार, ≈ स्टोर

**branching** प्रशाखी; ~ jack ≈ जैक; ~ paths ≈ पथ

**brand** I. *n.* 1. छाप; monkey ~ बन्दर ≈; 2. दाग़. II. *v.t.* 1. छाप लगाना; 2. दाग़ लगाना, दाग़ना

**branding** दाग़ना

**brassage** ढलाई

**brawl** तू-तू मैं-मैं, झगड़ा

**brazen law** निर्वाह सिद्धान्त

**brazing** पीतल का टाँका लगाना

**breach** भंग, तोड़ना; ~ of agreement क़रार ≈; ~ of contract संविदा ≈; ~ of covenant प्रसंविदा ≈; ~ of discipline अनुशासन ≈; ~ of faith विश्वास ≈; ~ of law विधि ≈; ~ of orders आदेश भंग, आदेश का उल्लंघन; ~ of peace शांति ≈; ~ of privilege विशेषाधिकार ≈; ~ of promise वचन ≈; ~ of rule नियम-≈; ~ of treaty संधि ≈; ~ of trust न्यास ≈, अमानत में ख़यानत; 2. उल्लंघन; ~ conditions शर्तों का ≈; ~ of duty कर्तव्य का ≈

**bread** रोज़ी-रोटी; ~ and butter जीविका, रोज़ी; ~ earner/ winner कमाने वाला; ~ work अन्नदायी कार्य, रोटी-रोज़ी

**breadth** चौड़ाई, विस्तार; ~ of data आधार सामग्री की व्यापकता

**break** I. *n.* 1. विच्छेद, व्यवधान, भंग; ~ fault ≈ दोष; ~ in service सेवा ≈; 2. विराम; ~ for meals खाने के लिए ≈; ~ of journey यात्रा ≈. II. *v.t.* 1. भंग करना, तोड़ना; ~ prison जेल ≈; ~ promise वचन ≈; 2. ~ ground (खुदाई) आरम्भ करना; ~ in सिधाना; ~ into घुसना; ~ into a house सेंध लगाना; ~ off टूटना; सम्बन्ध तोड़ना; ~ open ताला तोड़ना; ~ out छिड़ जाना, निकल जाना; ~ up तोड़ना, तितर-बितर करना

**breakage** टूट-फूट; ~ in transit मार्ग में ≈

**breakdown** भंग, ठप्प; ~ of machinery मशीनें ठप्प; ~ of the job कार्य व्यवधान; ~-train सहायता गाड़ी

**breaking bulk** माल में से निकाल लेना

**breaking point** 1. सहनसीमा; 2. टूटने की सीमा; 3. विमुक्ति बिंदु

**breakneck speed** गर्दनतोड़/ अंधाधुंध गति

**break-through** प्रस्फोट

**break-up** विश्लेपित/ अलग-अलग विवरण; ~ clause सुधारोपरांत मूलधारा; ~ value अवशिष्ट मूल्य, विश्लेपित मूल्य

**break-water** तरंगरोध

**breast bar** आगल, अगला

**breathing** श्वसन, साँस लेना

**breed** I. *n.* प्रजाति, नस्ल. II. *v.t.* प्रजनन करना

**breeder** अभिजनक

**breeding** अभिजनन; ~ farm ≈ प्रक्षेत्र; ~ place ≈ केन्द्र; ~ season ≈ ऋतु; ~ stud ≈ के लिए साँड़; for ~ purposes ≈ के प्रयोजन के लिए

**breviate** सारांश, संक्षेप

**brevity** संक्षिप्तता

**bribe** I. *n.* घूस, रिश्वत, उत्कोच. II. *v.t.* घूस/ रिश्वत/ उत्कोच देना

**bribery** घूसखोरी, रिश्वतखोरी, उत्कोच-ग्रहण

**brickbat** रोड़ा

**bridegroom** वर, दूल्हा; ~ price ≈ दक्षिणा

**bridge** पुल, सेतु; ~ control system ≈ नियंत्रण पद्धति; ~ inspector ≈ निरीक्षक

**bridging loan** पूरक ऋण

**brief** I. *n.* 1. पक्षपत्र, वादसार; 2. विषयसार, सारांश; hold a ~ प्रतिनिधित्व करना; take a ~ वकालत करना. II. *a.* संक्षिप्त; ~ memorandum ≈ ज्ञापन; ~ resume संक्षेप, सारांश

**briefless** वाद-विहीन; कार्यहीन

**briefly** संक्षेप में

**brigade** ब्रिगेड, वाहिनी

**brigadier** ब्रिगेडियर

**brigand** बटमार, राहज़न

**bring** लाना; ~ an action अनुयोग लाना; ~ forward प्रस्तुत करना; ~ home to हृदयंगम कराना; ~ into action शुरू करना, कार्यान्वित करना; ~ into commission प्रवर्तन करना; ~ into effect कार्यान्वित करना; ~ out प्रकट करना; ~ over मिला लेना; ~ round मना लेना; ~ to a close/ end समाप्त करना; ~ to book जवाब तलब करना; दण्ड देना; ~ to hammer नीलाम पर चढ़ाना; ~ to life जीवित करना; ~ to notice ध्यान में लाना; ~ under वश में करना; ~ up पालन-पोषण करना

**brisk** त्वरित, तेज़; ~ market ≈ बाज़ार; ~ trade ≈ व्यापार

**broad** 1. चौड़ा; 2. स्थूल; ~ distinction ≈ अंतर; ~ head ≈ शीर्ष; ~ outline मोटी रूपरेखा; ~ pattern ≈ प्रतिरूप; ~ policy ≈ नीति; 3. ~ guage बड़ी लाइन; ~ sheet बड़ा चिट्ठा; 4. सामान्य; ~ principles ≈ सिद्धांत; 5. व्यापक; ~ effect ≈ प्रभाव; ~ field ≈ क्षेत्र

**broadcast** I. *n.* 1. प्रसारण; ~ lesson ≈ पाठ; 2. छिटका; ~ crop ≈ बोनी. II. *v.t.* प्रसारण करना

**broadcasting** प्रसारण; ~ station ≈ केन्द्र

**broadly** मोटे तौर पर, स्थूल रूप से

**brochure** विवरणिका, पुस्तिका

**broken** 1. भग्न; ~ account ≈ लेखा; ~ family ≈ परिवार; 2. खण्डित; ~ cheque प्रेमरहित चेक; ~ order ≈ क्रम; ~ period ≈ अवधि

**broker** दलाल; bill ~ हुंडी ≈; pawn ~ गिरवी ≈

**brokerage** दलाली; ~ account ≈ खाता/ लेखा

**brothel** चकला, वेश्यागृह, वेश्यालय; ~ keeping ≈ चलाना

**brother** भाई; ~ by full blood सहोदर, सगा भाई; ~ by half blood भिन्नोदर, सौतेला भाई; consanguine ~ विमातृज भाई; elder ~ अग्रज, बड़ा भाई; ~'s son भतीजा; ~'s wife भाभी; ~-in-law साला; बहनोई; step ~ सौतेला भाई; uterine ~ सयोनिज भाई; younger ~ अनुज, छोटा भाई

**brotherhood** 1. बंधुत्व, 2. भ्रातृत्व

**brought** आनीत, लाया गया; ~ forward अग्रानीत, आगे लाया गया; ~ before the court अदालत में तलब किया गया; ~ under सम्मिलित किया गया

**bruise** हलकी चोट, ख़रोंच

**brush up** ताज़ा करना

**brutal** पाशविक, नृशंस

**brute** पशु; ~ force ≈ बल

**buck** ~ shots छर्रे; ~ up धैर्य/ साहस रखना/ दिलाना; ~ wheat कुटकी

**budget** बजट, आय-व्ययक; balanced ~ संतुलित ≈; ~ leakage ≈ का समयपूर्व प्रकटन; ~ proposals ≈ प्रस्ताव; ~ provision ≈ व्यवस्था; ≈ प्रावधान; revised ~ संशोधित ≈; ~ session ≈ अधिवेशन या सत्र; supplementary ~ पूरक ≈; surplus ~ बेशी ≈

**budgetary** बजट का, आयव्ययक-सम्बन्धी; ~ allotment बजट द्वारा निर्धारित नियतन; ~ balance ≈ संतुलन; ~ control आयव्ययक-नियंत्रण; ~ deficit बजटीय घाटा; ~ figures ≈ आँकड़े; ~ procedure ≈ प्रक्रिया; ~ surplus ≈ अधिशेष

**budgeting** बजट बनाना

**buff sheet** पांडु पत्र

**buffer state** अंतःस्थ या अंतरोंधी राज्य

**buffer stock** समीकरण भंडार, सुरक्षित भंडार

**buffet car** भोजन-यान, बुफ़े कार

**buggery** अप्राकृतिक मैथुन

**build** I. *n.* शरीर-रचना. II. *v.t.* बनाना, निर्माण करना

**builder** निर्माणकर्ता; ~'s risk insurance निर्माण जोखिम बीमा

**building** 1. निर्माण; ~ clerk ≈ क्लर्क; ~ division ≈ प्रभाग; ~ supervisor ≈ पर्यवेक्षक; ~ operations ≈ संक्रियाएँ; 2. भवन-निर्माण; ~ code ≈ संहिता; ~ material ≈ सामग्री; ~ scheme ≈ योजना; ~ society ≈ समिति; 3. भवन, इमारत; ~ material इमारती सामान; ~ regulations ≈ विनियम; ~ stone इमारती पत्थर; ~ structure इमारत

**built-in insurance** सन्निहित आश्वासन

**bulk** I. *n.* परिमाण, स्थूलता. II. *a.* 1. थोक, इकट्ठा; ~ entry system इकट्ठी इंदराज व्यवस्था; ~ indent ≈ माँगपत्र; ~ inspection सामूहिक निरीक्षण; ~ expenditure व्यय का अधिकांश; ~ posting system थोक पोस्टिंग व्यवस्था; ~ purchase ≈ ख़रीद; ~ supplies ≈ प्रदाय; 2. खुला, छुट्टा; ~ cargo ≈ खेप/ माल; ~ freight ≈ माल; ~ head दीवाल

**bulky** स्थूल, भारी; ~ article स्थूल वस्तु, भारी सामान

**bull** I. *n.* तेजड़िया, तेज़ी पैदा करने वाला; ~ account ≈ का ज़ोर; ~ campaign बाज़ार चढ़ाना; ~ liquidation ≈ पटान; ~ transaction ≈ सौदा. II. *v.t.* तेज़ी पैदा करना; ~ the market बाज़ार चढ़ाना

**bulldoze** बाध्य करना

**bullet** गोली

**bulletin** बुलेटिन, वृत्तपत्र; ~ board ≈ बोर्ड, वृत्त फलक

**bullion** 1. सोना-चाँदी; ~ exchange/ market सराफ़ा (बाज़ार); 2. सोने या चाँदी का धात खण्ड

**bullish** तेज़ी वाला; ~ trend तेज़ी की ओर झुकाव/ रुख़

**bully** I. *n.* शूरमानी, धौंसमार, गुंडा. II. *v.t.* भयाभिभूत करना

**bulwark** प्राचीर

**bumper** I. *n.* धक्का. II. ज़ोरदार, प्रभूत; ~

crop ≈ फ़सल; ~ strike क्रमशः विस्तृत हड़ताल

**bunco crime** धूर्त अपराध

**bundle** गट्ठा, गठरी, पोटली, बंडल

**bung** **I.** *n.* [of a cask] मुँह. **II.** *v.t.* ~ down औंधा करना

**bungle** **I.** *n.* घपला, गड़बड़. **II.** *v.i.* & *v.t.* घपला/ गड़बड़ करना

**bungler** **1.** घपलेबाज़, गड़बड़िया; **2.** अनाड़ी

**bungling** गोलमाल

**bunker** बंकर

**buoy** बोया

**burden** भार, बोझ, दायित्व; ~ cost उपरि लागत; ~ of obligation बाध्यता का बोझ; ~ of proof सबूत (साबित करने) का ≈, प्रमाण भार; ~ of taxation कर-भार

**burdened** भारयुक्त; ~ by an obligation आभारयुक्त

**bureau** ब्यूरो, कार्यालय; intelligence ~ आसूचन/ गुप्तचर ≈; ~ of documents प्रलेख ≈; ~ of public enterprises लोक-उद्यमों का ≈

**bureaucracy** अधिकारी-तंत्र, नौकरशाही, दफ़्तरशाही; ~ of labour श्रमिक नौकरशाही

**bureaucrat** नौकरशाह

**bureaucratic** दफ़्तरशाही, नौकरशाही; ~ management ≈ प्रबंध; ~ organisation ≈ संगठन

**burglar** सेंधमार, सेंधचोर

**burglary** सेंधमारी, सेंधचोरी

**burial** दफ़न, शवाधान; ~ custom ≈ की प्रथा; ~ ground/ place शवाधान-भूमि, क़ब्रिस्तान; ~ rites ≈ संस्कार, दफ़न करने की रस्में

**burlesque show** हास्यजनक प्रदर्शन

**burning** दहन; ~ ground/ place ≈ भूमि, शमशान; ~ one's finger हस्तक्षेप

**bursar** **1.** बर्सर; **2.** कोषाधीक्षक

**bursary** छात्रवृत्ति, वजीफ़ा

**bury** दफ़नाना, गाड़ना

**business** कारबार, कारोबार, व्यवसाय, व्यापार; ~ activity व्यापारिक गतिविधि; ~ acumen व्यवसाय चातुर्य; ~ administration ≈ प्रबंध; ~ affairs कारबारी क्रियाकलाप; ~ agent व्यवसाय-अभिकर्ता; ~ barometer ≈ मापी; ~ community व्यवसायी समुदाय; ~ connection व्यवसाय-सम्बन्ध; ~ cycle ≈ का चक्र; ~ documents कारोबारी दस्तावेज़; ~ establishment ≈ प्रतिष्ठान; ~ ethics ≈ नीति; ~ hours कार्य-समय; ~ insurance ≈ बीमा; ~ list कार्यसूची; ~ man व्यापारी, व्यवसायी, कारोबारी; ~ management ≈ प्रबंध; ~ manager ≈ प्रबंधक; ~ meetings व्यवसायी संगम; ~ of brokers दलालों का ≈; ~ of government शासन कार्य, सरकारी काम; ~ organization ≈ संगठन; ~ premises ≈ परिसर, व्यवसाय-स्थल; ~ revenue व्यवसायिक आय; ~ tycoon शक्तिशाली सेठ, थैली शाह; ~ undertaking ≈ उपक्रम; ~ year ≈ वर्ष; in the course of ~ काम काज के दौरान; man of ~ कारबारी, व्यवसायी; place of ~ ≈ का स्थान

**bust** आवक्ष चित्र/ प्रतिमा

**busy** व्यस्त; ~ hours ≈ समय; ~ season ≈ अवधि, तेज़ी के दिन

**butter paper** मखनिया काग़ज़

**buttress** पुश्ता

**butty system** उप-ठेकेदारी प्रणाली

**buy** क्रय करना, ख़रीदना; ~ back क्रय द्वारा वापस लेना; ~ in अन्तः क्रय करना; ~ out ख़रीद लेना

**buyer** क्रेता, ख़रीदार; ~ market ≈ बाज़ार; ~ monopoly ≈ एकाधिकार; ~s strike ≈ हड़ताल; ~'s risk ≈ जोख़िम

**buying** क्रयण, ख़रीदारी; ~ activity ≈ कार्य, ख़रीदारी; ~ and selling क्रय-विक्रय, ख़रीद फ़रोख़्त; ~ agent क्रय अभिकर्ता, ख़रीद एजेंट; ~ in margin गुंजाइश पर ख़रीद; ~ information क्रय सूचना, ख़रीद जानकारी

**by** 1. द्वारा, से, ज़रिए; ~ agency of के द्वारा; ~ air-mail हवाई डाक से; ~ authority प्राधिकार से; ~ beat of drum डुगडुगी बजाकर; ~ conciliation समझौते के द्वारा; ~ express delivery तुरन्त डाक द्वारा; ~ force बल द्वारा, बलात्, बलपूर्वक, ज़बरदस्ती; ~ hand दस्ती; ~ instalments किस्तों द्वारा; ~ issue of cheque चेक काटकर; ~ land भू-मार्ग से; ~ law विधि द्वारा; ~ majority बहुमत से; ~ means of के द्वारा, ज़रिए; ~ measurement माप द्वारा; ~ necessary implication आवश्यक विवक्षा द्वारा/ से; ~ oneself स्वयं, खुद-ब-खुद; ~ operation of law विधि की संक्रिया द्वारा; ~ order आदेश से/ के द्वारा; ~ parol मौखिक रूप से; ~ post डाक द्वारा; ~ reason of के कारण, के होने से; ~ return of post वापसी/ लौटती डाक से; ~ road सड़क से; ~ rotation बारी-बारी से; ~ sea समुद्री मार्ग से; ~ telegram तार द्वारा; ~ the action of की क्रिया से; ~ these presents इस विलेख द्वारा; ~ virtue of के आधार पर; ~ way of amendment संशोधन के रूप में; ~ word of mouth वाचिक; ~ word or action वचन या कार्य द्वारा; ~ writing under his hand स्वयं के हस्ताक्षरित लेख द्वारा; 2. ~ a certain date किसी नियत समय तक; ~ and by धीरे-धीरे, शनैः-शनैः; ~ end of के अन्त तक; ~ God ईश्वर को साक्षी करके; ~ no means कभी नहीं; ~ subjecting अध्यधीन करके; ~ suppression दबाकर; ~ this Act इस अधिनियम के अनुसार; ~ virtue of के आधार पर; के प्राधिकार से; ~ virtue of office पदेन; ~ way of के रूप में, के तौर पर; ~ way of damages हरजाने के तौर पर; ~ way of defence बचाव के तौर पर; ~ way of penalty शास्ति स्वरूप; ~ whatever name called चाहे किसी भी नाम से पुकारा जाये

**by-election** उप-चुनाव

**by-gone** अतीत, बीता हुआ; ~ age गत युग

**by-law** उपविधि-निर्माण

**by-legislation** उपविधि, उपनियम

**by-name** उपनाम

**by-pass** I. *n.* उपमार्ग. II. *v.t.* से कतरा कर निकल जाना

**by-product** उपोत्पाद

**by-stander** दर्शक; निष्पक्ष व्यक्ति

**by-work** उपजीविका

# C c

**cabin** केबिन, कोष्ठिका; ~ man केबिनवाला

**cabinet** 1. मंत्रिमंडल; ~ affairs ≈ कार्य; ~ council मन्त्रि-परिषद्; ~ crisis मंत्रिमंडलीय संकट; कैबिनेट संकट; ~ responsibility ≈ का उत्तरदायित्व; ~ secretariat मंत्रिमंडल सचिवालय; 2. पेटिका; ~ area (केबिल) पेटिका क्षेत्र; ~ edition पुस्तकालय संस्करण; ~ size केबिनेट साइज़, आधा आकार

**cable** समुद्री तार, केबल; ~ authority ≈ भेजने का प्राधिकार; ~ circuit ≈ परिपथ;

~ distribution ≈ वितरण; ~ distribution point ≈ वितरण स्थल; ~ entry ≈ प्रवेश स्थान; ~ guard ≈ का रक्षक; ~ jointer ≈ योजक; ~ mains मुख्य ≈; ~ mileage ≈ मील दूरी; ~ runway ≈ धावन पथ; ~ supervisor ≈ पर्यवेक्षक; ~ wiring ≈ लगाना

**cablegram** समुद्री तार

**cabotage** तटव्यापार

**cachet** मुद्रा, काशे मोहर

**cacanny strike** कार्यह्रास हड़ताल

**cacopathia** अत्युग्र विकार

**cacothymia** मनोविकारी कामवासना

**cadaster** भू-कर-पंजी, रजिस्टर लगान

**cadastral** भू-कर-सम्बन्धी; ~ supervisor/ surveyor भू-कर-सर्वेक्षक

**cadastration** भू-कराधान

**cadastre** अधिकृत जायदाद पंजी

**cadence** 1. श्रवण संकेत; 2. कैडेन्स

**cadet** कैडेट, सेनाछात्र; ~ corps कैडेट कोर, छात्र सेना; ~ training ≈ प्रशिक्षण

**cadre** संवर्ग, काडर; ~ authority संवर्ग/ काडर प्राधिकारी; emergency ~ आपातिक ≈; ~ register संवर्गपंजी, काडर रजिस्टर; ~ strength ≈ सदस्य संख्या

**caducial clause** उलटाऊ उपखण्ड

**caduciary right** नज़ूल हक़

**cafeteria** कैफ़ेटेरिया; अल्पाहार गृह

**cage** 1. पिंजरा; 2. बन्दीकोष्ठ

**cairn** टीला, शिलाकूट, स्तूप

**caisse de compensation** सामान्य क्षति-पूर्ति निधि

**cajolery** चापलूसी

**cake** 1. केक; पिण्ड; funeral ~ पिण्ड; ~ offering पिण्डदान; 2. ~ of custom प्रथा पटल; प्रथा की परत; ~ of cowdung कण्डा; 3. ~ of soap साबुन की बट्टी

**calamity** विपत्ति, मुसीबत, आफ़त

**calculable** परिकलनीय, गणनीय

**calculate** परिकलन करना, गणना करना, हिसाब लगाना, विचार करना

**calculated** 1. आकलित, परिगणित; 2. सुविचारित, प्राकल्पित; ~ to deceive धोखा देने के लिए ≈; ~ to embarrass relations सम्बन्धों में उलझन पैदा करने के लिए ≈

**calculating** 1. परिकलन; ~ machine ≈ यन्त्र; 2. हिसाबी; ~ person ≈ आदमी

**calculation** 1. परिकलन, गणना; ~ of means साधनों की गणना; ~ of surrender value अभ्यर्पण मूल्य का परिकलन; ~ of tax कर ≈; rough ~ स्थूल गणना, मोटा हिसाब; 2. प्राकल्पना, सुविचार; done without ~ ≈ के बिना किया गया

**calculator** गणक, कल्कुलेटर

**calculograph** 1. परिकलित्र; 2. कैलकुलोग्राफ़

**calendar** कैलेंडर, तिथिपत्र, पंचांग; ~ day पंचांग दिवस; ~ month ≈ मास; ~ year ≈ वर्ष; ~ of returns विवरण डायरी; ~ variations मितीजन्य परिवर्तन; तिथिजन्य परिवर्तन

**calender** चिकनाना

**calendered** चिकनाया हुआ; ~ paper ≈ काग़ज़

**calibration chart** शोधन चार्ट/ अंशांकन चार्ट

**calibre** चरित्रबल; man of ~ ≈ वाला पुरुष

**call** I. *n.* 1. माँग; ~ book ≈ बही; ~ deposit ≈ जमा; ~ for the file पत्रावली मँगाना; heavy ~s भारी ≈; ~ letter ≈ पत्र; ~ loans शीघ्रावधि ऋण, माँग कर्ज़; ~ money ≈ धन/ द्रव्य; ~

notice ≈ सूचना; **2.** आह्वान, बुलावा; ~ bell बुलाने की घंटी; ~ signal ≈ संकेत; **3.** (टेलीफ़ोन) कॉल. **II.** *v.t.* बुलाना, पुकारना; ~ a meeting बैठक बुलाना; ~ attention ध्यान दिलाना; ~ evidence साक्ष्य पेश कराना, गवाही तलब करना; ~ for माँगना; ~ (for) explanation जवाब-तलबी करना, सफ़ाई माँगना; ~ for information (arrears, records) जानकारी (बक़ाया, अभिलेख) माँगना या तलब करना; ~ in वापस लाना; ~ in objection आपत्ति करना; ~ in question आपत्ति उठाना; ~ off रद्द करना; ~ on a person किसी से भेंट करने आना; ~ on duty डयूटी पर आना; ~ out ललकारना, बुलाना; ~ out for service सेवा के लिए बुलाना; ~ over names हाज़िरी लेना; ~ to account हिसाब चाहना; ~ to mind स्मरण/याद करना; ~ up बुलाना, तलब करना, याद करना; ~ upon माँग/तलब करना; ~ upon to show cause कारण बताने के लिए आदेश देना; ~ names गाली देना

**callable bond** प्रतिदेय बांड/बंध पत्र

**called** **1.** आहूत, बुलाया गया; ~ party ≈ पक्षकार; ~ to the bar वकील बनाया गया; **2.** पुकारा; he/it is ~ so and so उसका ऐसा नाम है, उसे यों पुकारते/बुलाते हैं; ~ as such इस नाम से ज्ञात; may be ~ कहा जा सकेगा; **3.** माँगा हुआ; ~ up capital माँगी हुई पूँजी

**calligrapher** क़ातिब, ख़ुशनवीस, सुलेखकार

**calligraphy** सुलेख

**calling** धन्धा, व्यवसाय, आजीविका; ~s tax आजीविका-कर, व्यवसाय-कर; ancestral ~ खानदानी धन्धा [also see call]; ~ attention ध्यान दिलाना; ~ on signal आह्वान सिगनल; बुलावा सिगनल; ~ over इंदराज मिलान, प्रविष्टि मिलान; ~ party आवाहक

**calorific intake** कैलोरी अन्तर्ग्रहण

**calumniate** मिथ्याभियोग चलाना, झूठा आरोप लगाना, लांछित करना

**calumniator** मिथ्याभियोग-कर्ता

**calumny** मिथ्याभियोग, झूठा आरोप

**cambist** विदेशी विनिमय व्यापारी, कैंबिस्ट

**camera** **1.** कैमरा; ~ accessories ≈ की सहायक वस्तुएँ; ~man कैमरामैन; **2.** बंद कमरा; in ~ गुप्त, बंद कमरे में; in ~ meeting गुप्त बैठक

**camouflage** **I.** *n.* छद्मावरण; ~ organization छद्म संगठन. **II.** *v.t.* छद्मावृत्त करना, छिपाना

**camp** शिविर, कैम्प; ~ bag ≈ (डाक) थैला; ~ commandant ≈ कमांडेंट; ~ equipment ≈ सज्जा; ~ follower ≈ अनुचर; ~ office ≈ कार्यालय

**campaign** **I.** *n.* **1.** अभियान; ~ activities ≈ क्रिया-कलाप; ~ for prohibition मद्यनिषेध-≈; ~ officer अभियान अधिकारी; विशेष प्रचार अधिकारी; ~ planning विशेष प्रचार योजना; ~ strategy अभियान व्यूह रचना; **2.** आन्दोलन; political ~ राजनीतिक ≈. **II.** *v.i.* अभियान चलाना, आंदोलन करना

**camper** शिविरक

**campestral** क्षेत्र-सम्बन्धी, खेत का

**camping** शिविर लगाना; ~ coach शिविर यान; ~ education शिविर शिक्षा; ~ ground शिविर-स्थल

**campus** विश्वविद्यालय का परिसर, कैम्पस; ~ activities विश्वविद्यालय परिसर के कार्यकलाप

**canal** नहर; ~ Act ≈ अधिनियम; ~ telecommunication system नहरी दूर संचार प्रणाली; ~ officer ≈ अधिकारी; ~ toll ≈ शुल्क; alimentary ~ पोषण-नाल

**canalise** व्यवस्थित करना

**cancel** निरस्त करना, रद्द करना; ~ a charge आरोप ≈

**cancellation** निरसन, रद्द करना; ~ clause निरसन उपखण्ड; ~ deed निरसन विलेख; ~ notice ≈ सूचना; ~ of allotment आवंटन रद्द करना; ~ of indent माँगपत्र या इनडेन्ट रद्द करना; ~ of instruments लिखतों का ≈

**cancelled** निरस्त, रद्द (किया हुआ); ~ accounts ≈/कालातीत/अवधिपूर्ण लेखे; ~ cheque ≈ चेक; ~ draft ≈ ड्राफ़्ट; ~ note ≈ नोट; ~ stamp ≈ स्टाम्प

**cancelling date** निरसन दिनांक

**candid** निष्कपट, साफ़, खरा

**candidacy** अभ्यर्थिता, प्रत्याशिता, उम्मीदवारी

**candidate** अभ्यर्थी, प्रत्याशी; उम्मीदवार; ~ returned निर्वाचित ≈

**candidature** अभ्यर्थिता, प्रत्याशिता, उम्मीदवारी

**candy** मिसरी

**cane** I. *n.* 1. बेंत; 2. गन्ना, इक्षु; ~ commissioner ≈ आयुक्त; ~ development officer ≈ विकास अधिकारी. II. *v.t.* बेंत लगाना

**canned** डिब्बाबन्द; ~ food ≈ खाद्य

**cannibal** नरभक्षी

**canning** डिब्बाबंदी

**canoe** डोंगी

**canon** 1. धर्मसूत्र; ~ law (ईसाई) धर्मविधि, चर्च-क़ानून; 2. अभिनियम; ~ of actuality वास्तविकता ≈; ~ of ascertainability निर्धार्यता ≈; ~ of consistency संगति ≈; ~ of convenience सुविधा ≈; ~ of distinctiveness सुस्पष्टता ≈; ~ of elasticity प्रत्यास्थता ≈; ~ of equality समता नियम; ~ of inheritance दाय ≈; ~ of interpretation निर्वचन ≈; ~ of relativity सापेक्षता ≈; ~ of relevance प्रासंगिकता ≈; ~ of taxation कराधान ≈; ~ of uniformity एकरूपता ≈

**canonical court** चर्च न्यायालय

**canonist** धर्माचार्य

**canonical ordinance** चर्च अध्यादेश

**cant** वर्गभाषा

**canteen** कैंटीन, अल्पहार-गृह

**cantonment** छावनी; ~ authorities ≈ के प्राधिकारी (गण); ~ board ≈ परिषद्; ~ executive officer ≈ कार्यपाल/अधिशासी अधिकारी

**canvas** किरमिच

**canvass** 1. संयाचना करना; ~ for any customers ग्राहकों की याचना करना; 2. मत/वोट माँगना; 3. पक्ष-प्रचार करना

**canvassing** 1. संयाचना; 2. मतार्थना, वोट माँगना; ~ leaf-let प्रचार-पर्चा

**capability** क्षमता, समर्थता

**capable** सक्षम, समर्थ; ~ by law विधिना समर्थ; ~ of being abrogated निराकरणीय; ~ of being answered उत्तरणीय; ~ of being perceived बोधगम्य; ~ of correction शुद्धिशक्य; ~ of doing करने योग्य; ~ of execution निष्पादन-योग्य; ~ of making defence प्रतिरक्षा करने में समर्थ

**capacitor** धारित्र/धारक; ~ box संधारित्र बक्स

**capacity** 1. धारिता; ~ of a box बक्स की ≈; 2. क्षमता; ~ creating process ≈ सर्जक प्रक्रिया; ~ factor ≈ अनुपात, सामर्थ्य अनुपात; ~ for work कार्य सामर्थ्य; ~ growth ≈ संवृद्धि; ~ output उत्पादन ≈; ~ to pay wages मज़दूरी देने की ≈; ~ utilization rate ≈ उपयोग दर; 3. नाता, हैसियत; official ~ पदीय ≈; in the ~ of की हैसियत से, के नाते

**capias** निरोधाज्ञा, वारण्ट-गिरफ़्तारी

**capita** व्यक्ति; per ~ प्रति व्यक्ति

**capital** 1. पूँजी; ~ account पूँजी (गत) लेखा; ~ accumulation ≈ संचयन; appropriation ≈ विनियोजन; ~ assets ≈ परिसंपत्ति; authorized ~ प्राधिकृत ≈; called up ~ आहूत ≈; circulating ~ परिचल ≈; ~ charge ≈ प्रभार; ~ cost पूँजीगत लागत; ~ deposit ratio ≈ जमा अनुपात; eligible ~ उपयुक्त ≈; ~ employed लगी हुई ≈; ~ expenditure पूँजीगत व्यय/ ख़र्च; fixed ~ स्थिर ≈; floating ~ चल ≈; ~ formation ≈ संचय; ~ gains पूँजीगत अभिलाभ; ~ goods पूँजीगत माल; ~ improvement पूँजीगत सुधार; ~ levy ≈ कर; ~ liability पूँजीगत दायित्व; ~ loss ≈-हानि; issued ~ निर्गत ≈; ~ outflow ≈ बहिर्गमन; ~ outlay ≈ परिव्यय/ लागत; paid up ~ प्रदत्त ≈; ~ payment पूँजीगत अदायगी; ~ profit पूँजीगत लाभ; ~ redemption ≈ मोचन; reserved ~ संरक्षित ≈; ~ resources ≈ के संसाधन; ~ structure ≈ संरचना; ~ sum ≈ राशि; subscribed ~ प्रार्थित ≈; ~ transfer पूँजीगत अन्तरण; unpaid ~ अदत्त ≈; ~ value पूँजीगत मूल्य; working ~ कार्यशील ≈; 2. राजधानी; 3. प्राणदंड; ~ crime/offence ≈-योग्य अपराध; ~ punishment प्राणदंड, मृत्युदंड

**capitalised expenses** पूँजीकृत व्यय

**capitalism** पूँजीवाद

**capitalist** 1. पूँजीवादी; ~ democracy पूँजीवादी जनतंत्र; 2. पूँजीपति

**capitalistic** पूँजीवादी; ~ property ≈ सम्पत्ति; ~ society ≈ समाज

**capitalization** पूँजीकरण; ~ of income आय का ≈; ~ of profit लाभ का ≈; ~ of reserve आरक्षित निधि का ≈; ~ of tax कर का ≈

**capitalize** पूँजी बनाना, नक़दी करना

**capitalized** पूँजीकृत; ~ interest ≈ ब्याज; ~ value ≈ मूल्य

**capitation** प्रतिव्यक्ति; ~ fee प्रतिव्यक्ति शुल्क; ~ tax प्रतिव्यक्ति कर

**capitulary** अध्यादेश संहिता

**capitulate** आत्मसमर्पण करना

**capitulation** 1. (सशर्त) आत्मसमर्पण; 2. समर्पण-पत्र

**capitulator** आत्मसमर्पयिता, शरणागत

**capitulatory** आत्मसमर्पण-सम्बन्धी; ~ right आत्मसमर्पण अधिकार; ~ system आत्मसमर्पण पद्धति

**capricious** चंचल, अस्थिरमन; ~ partiality अनुचित पक्षपात

**captain** 1. कप्तान; 2. अग्रणी; ~ of industry उद्योग-अग्रणी

**caption** 1. शीर्षक; 2. बंदीकरण

**captivate** 1. मुग्ध करना, मोह लेना; 2. बंदी बनाना, गिरफ़्तार करना

**captive** बंदी, क़ैदी; ~ animal बँधुआ पशु; ~ audience मुग्ध श्रोतागण/ श्रोतृ वृंद; ~ shop आबद्ध प्रतिष्ठान, वशवर्ती कर्मशाला

**captivity** बंदी-स्थिति, बन्दिता

**captor** बंदीकर्ता, प्रगृहीता, पकड़नेवाला

**capture** बंदीकरण, पकड़ना, प्रग्रहण

**caput** वैध स्थिति

**carbon** कार्बन; ~ copy ≈ प्रति; ~ economy कार्बन की किफ़ायत; ~ manifolding ≈ कापियाँ निकालना; ~ paper ≈ काग़ज़

**card** I. *n.* कार्ड, पत्रक; index ~ सूचक ≈; ~ pass ≈ पास. II. *v.t.* धुनना

**card-board** गत्ता, दफ़्ती

**cardinal** मूल; ~ issue ≈ वाद; ~

point ≈ विषय; ~ principle ≈ सिद्धान्त

**carding machine** धुनाई-यंत्र, धुनाई मशीन

**cardiograph** हत्स्पंदलेखित्र

**cardiotomy** हृदय छेदन

**cardio-vascular test** हृद्वाहिका परीक्षण

**care** I. *n.* **1.** सावधानी; ~ and caution सावधानी और सतर्कता; **2.** चिन्ता; ~ free चिन्ता से मुक्त; **3.** देखरेख; entrusted to smb's ~ किसी को ≈ के लिए सौंपा गया; ~ of के द्वारा, मार्फ़त. **II.** *v.i.* चिन्ता करना; don't ~ चिन्ता मत करो; ~ for ध्यान देना

**career** **1.** जीवनक्रम, प्रगतिक्रम; **2.** वृत्ति; ~ book व्यवसाय विवरण पत्रिका; ~ chart व्यवसाय चार्ट; ~ consul वृत्तिक कांसुल; वृत्तिक वाणिज्यदूत; ~ management ≈ प्रबन्ध; ~ master व्यवसायिक परामर्शदाता; ~ service वृत्तिक सेवा

**careful** **1.** सावधान; ~ person ≈ व्यक्ति; **2.** सावधानीपूर्ण; ~ comparision ≈ तुलना; ~ observance ≈ अनुपालन; ~ study ≈ अध्ययन

**careless** असावधान, लापरवाह

**carelessness** असावधानी, लापरवाही

**caretaker** अभिरक्षक, रखवाला, अवधाता; ~ government कामचलाऊ सरकार

**cargo** नौभार, जहाज़ी माल; ~ boat ≈ नौका; ~ carrying capacity मालवहन क्षमता; ~ rate माल दर; ~ steamer माल जलयान

**cargoworthiness** माल वहन योग्यता

**caricature** विरूप चित्र

**carlot** पूरा गड्डा, गाड़ी भर; ~ purchase गड्डा ख़रीद; पूरी गाड़ी की ख़रीद; ~ rate ≈ दर

**carnage** हत्याकांड, संहार

**carnal** **1.** दैहिक, शारीरिक; **2.** कामुक, वैषयिक; ~ conjunction इन्द्रिय-संयोग; ~ desire काम, विषयवासना; ~ intercourse इन्द्रिय-संभोग, मैथुन; ~ touch वैषयिक स्पर्श

**carnivorous** मांसभक्षी

**carp** छिद्रान्वेषण करना, दोष निकालना

**carriage** **1.** वाहन, गाड़ी; ~ band कैरिज पट्टी; ~ bill वाहन बिल; ~ charges वाहन-व्यय, ढुलाई; ~ examining गाड़ी परीक्षण; ~ foreman सवारी डिब्बा फ़ोरमैन; ~ release कैरिज मोचक; **2.** ढुलाई, गाड़ी-भाड़ा; ~ of goods माल-वहन; **3.** चाल, ढंग

**carried** नीत, ले जाया गया; ~ down अधोनीत; ~ forward अग्रेनीत; ~ over शेष, बकाया

**carrier** **1.** वाहक, वाहन; ~ apparatus ≈ उपकरण; ~ channel ≈ सरणि; ~ equipment ≈ उपकरण; ~'s risk ≈ जोखिम; common ~ सामान्य ≈; private ~ निजी ≈; public ~ लोक/सार्वजनिक ≈; **2.** हरकारा

**carry** वहन करना, ढोना, लेकर जाना; ~ a point बाज़ी ले जाना; ~ back पीछे डालना; ~ forward अग्रेनयन, आगे ले जाना; ~-home pack हल्का पैकेट/बंडल; ~ into effect निष्पादन करना, कार्यान्वित करना; ~ off ले भागना; ~ on जारी रखना, करते जाना; ~ on business कारोबार चलाना; ~ out कार्यान्वित करना, पालन करना, निभाना; ~ out obligations बाध्यता निभाना; ~ out orders आदेशों का पालन करना; ~ over आगे ले जाना, बाक़ी निकालना; ~ weight बल रखना, का प्रभाव पड़ना

**carrying** **1.** ढुलाई; ~ agent वहन एजेंट; ≈ अभिकर्ता; ~ capacity भारक्षमता; ~ charge आवर्ती प्रभार; ~ cost रखाव लागत; **2.** ले जाना; ~ forward आगे ले जाना; ~ into execution निष्पादन

करना; ~ out कार्यान्वयन; ~ interest ब्याजू

**cart** छकड़ा, गाड़ी; ~ hire गाड़ी भाड़ा; ~ load गाड़ी भार; ~ stand बैलगाड़ी का अड्डा

**cartage** गाड़ी भाड़ा, ढुलाई; ~ note ढुलाई विवरण

**carte blanche** पूर्णाधिकार-पत्र, कोरा काग़ज़

**cartel** **1.** उत्पादक संघ; **2.** बंदी-विनिमय क़रार; **3.** लिखित चुनौती

**cartographer** नक़्शानवीस, मानचित्रकार

**carton box** गत्ते का डिब्बा

**cartoon** व्यंगचित्र, कार्टून

**cartoonist** व्यंगचित्रकार, कार्टूनकार

**cartouche** कार्तूश

**cartridge** कार्तूस; संपुटिका

**carved** उत्कीर्ण; ~ figure ≈ आकृति; ~ out परिकल्पित

**carving** नक़्क़ाशी

**case** **1.** वाद, मुक़द्दमा, नालिश, केस; civil ~ दीवानी ≈; ~ diary अभियोग दैनिकी; leading ~ मुख्य ≈; ~ fee वाद-शुल्क; ≈ की फ़ीस; ~ for trial विवीक्षा के लिए ≈; ~ law निर्णय-जनित/ निर्णयज्ञ विधि; ~ stated संकथित ≈; ~ summary ≈ का सार-संक्षेप; decide a ~ ≈ निर्णीत करना; make out a ~ ≈ साबित/ सिद्ध करना; **2.** विषय, संगीन मामला; ~ be remanded ≈ प्रति प्रेषित किया जाय; in ~ of की स्थिति में; की दशा में; ऐसा होने पर; in this ~ इस विषय/ मामले में; ~ referred निर्दिष्ट ≈; ~ under investigation जाँच के अधीन मामला; **3.** रोगी; ~ book ≈ पंजी; **4.** प्रसंग, प्रकरण; as the ~ may be यथाप्रसंग; in ~ यदि; in any ~ कुछ भी हो, किसी भी दशा/ स्थिति में; **5.** डिब्बा, बक्सा

**cash** **I.** *n.* नक़दी, रोकड़; ~ accounts ≈ लेखा; ~ balance ≈ शेष/ बाक़ी; ~ book रोकड़ बही; ~ box ≈ पेटी; ~ clerk ≈ क्लर्क; ~ counter रोकड़ पटल; ~ discount ≈ बट्टा; ~ flow ≈ प्रवाह; ~ order ≈ आदेश; ~ register ≈ पंजी; ~ remittances ≈ प्रेषण; ~ sheet ≈ पत्र; ~ in hand हथ-≈. **II.** *a.* नक़द, रोकड़; ~ charges ≈ ख़र्च; ~ credit ≈ उधार; ~ crop ≈ फ़सल; ~ deposit ≈ जमा; ~ money ≈ रुपया; ~ price ≈ क़ीमत; ~ purchase ≈ ख़रीद; ~ rent ≈ किराया; ~ reserve ≈ रिज़र्व; ~ sale security ≈ बिक्री प्रतिभूति; ~ scroll ≈ सूची; ~ subsidy नक़द उपदान/ आर्थिक सहायता; ~ transaction ≈ सौदा/ लेनदेन; ~ value ≈ मूल्य. **III.** *v.t.* (नक़दी) भुनाना; ~ a cheque चेक ≈; ~ money रुपया ≈; ~ and carry नक़द दो और माल उठाओ

**cashier** **I.** *n.* रोकड़िया, ख़ज़ांची. **II.** *v.t.* बरख़ास्त करना, नौकरी से हटा देना

**casing** आवरण, आवेष्टन

**casket** मंजूषा, डब्बा, संदूकची

**cast** **I.** *v.t.* **1.** फेंकना; ~ aside ख़ारिज करना; ~ away/ off संत्यक्त करना, हटा देना; **2.** डालना; ~ into prison कारागार में ≈; ~ vote मत/ वोट ≈; **3.** ढालना; ~ a statue मूर्ति ≈. **II.** *a.* ढलवाँ; ~ iron ≈ लोहा

**caste** जाति; ~ autonomy ≈ स्वायत्तता; ~ bureaucracy ≈ आमात्य/ अधिकारी तंत्र; ~ disabilities ≈ निर्योग्यताएँ; ~ laxities ≈ शैथिल्य; ~ obligation ≈ दायित्व; ~ system ≈ प्रथा; out of ~ ≈ बाहर

**casteism** **1.** जातिवाद; **2.** जाति पक्षपात

**caster** ढलाईगीर; ~ assistant ढलाई सहायक

**castigate** **1.** दंड देना; **2.** ताड़ना देना, डाँटना-डपटना

**casting** I. *n.* ढलाई. II. *a.* निर्णायक; ~ vote ≈ मत

**castration** बन्ध्यीकरण, बधिया करना; ~ complex शिश्न लोप मनोग्रंथि

**casual** 1. आकस्मिक; ~ advertisement ≈ विज्ञापन; ~ crowd सांयोगिक जनसंकुल/ भीड़; ~ demand ≈ माँग; ~ factor ≈ कारक; ~ leave ≈ छुट्टी; ~ vacancy ≈ रिक्ति; 2. अनियत, नैमित्तिक; ~ connection ≈ संयोजन; ~ employee ≈ कर्मचारी; ~ employment ≈ नियुक्ति; ~ labour ≈ मज़दूर; ~ service ≈ सेवा; ~ telephone नैमित्तिक टेलीफ़ोन

**casually** आकस्मिक रूप से, यों ही, संयोग से

**casualties** हताहत (व्यक्ति)

**casualty** अपघटना, दुर्घटना, आपत्; ~ insurance ≈ बीमा; ~ officer ≈ अधिकारी, कैजुअल्टी अफ़सर; ~ ward हताहत कक्ष

**casus belli** युद्ध का कारण

**casus faederis** पक्षकारों का निमित्त

**casus major** असाधारण घटना

**casus omissus** अनुपबन्धित विषय

**catabolism** अपचय

**catachresis** दुष्प्रयोग, अपप्रयोग

**cataclysm** महाक्रांति; महाप्रलय

**catalogue** सूची, सूचीपत्र

**cataloguer** सूचीकार

**catalogueing** सूचीकरण, सूचीपत्रण

**cataplexy** भयजन्य निश्चलता

**cataract** मोतियाबिंद

**catastrophe** महासंकट, महाविपत्ति; ~ policy ≈ बीमा पॉलिसी; ~ reinsurance ≈ पुनर्बीमा

**catastrophic** संकटपरक, विपाती; ~ change ≈ परिवर्तन

**catch** I. *n.* ग्रहण, पकड़; ~ handle दाब हत्था; ~ siding ग्राही पार्श्विका, ग्राही साइडिंग. II. *v.t.* ग्रहण करना, पकड़ना; ~ eye दृष्टि आकर्षित करना

**catch crop** अन्तर्वर्ती/ बीच की फ़सल

**catchment** जलग्रह; ~ area ≈ क्षेत्र

**catchword** सूचक शब्द, सूत्र शब्द

**catechism** प्रश्नोत्तरी

**categorical** 1. निरुपाधिक, निरपेक्ष; ~ judgment ≈ निर्णय; ~ knowledge ≈ ज्ञान; 2. सुनिश्चित; in ~ terms ≈ शब्दों में

**category** प्रवर्ग, श्रेणी, कोटि; ~ of staff कर्मचारियों का प्रवर्ग

**cater** खाने का प्रबंध करना

**catering** भोजन-प्रबंध; ~ advisory committee खानपान सलाहकार समिति; ~ contract खानपान का ठेका; ~ establishment खानपान संस्थापन; ~ inspector खानपान निरीक्षक; ~ unit खानपान एकक, खानपान यूनिट

**cattle** ढोर, पशु, मवेशी; ~-breeding पशु-प्रजनन; ~ census ढोर गणना, पशु गणना; ~ feed पशु-खाद्य; ~ insurance पशुबीमा; ~-lifter पशुचोर; ~ -lifting पशुचोरी, ≈ की चोरी; ~ pen ≈ का बाड़ा; ~ pound कांजी हाउस, पशु अवरोधशाला; ~-raising पशुपालन; ~ show पशु-प्रदर्शनी; ~ Tresspass Act पशु-अतिचार अधिनियम; ~ wagon मवेशी डिब्बा

**caucus** कॉकस, गुट, चंडाल-चौकड़ी

**causa** कारण; ~ causans तात्कालिक ≈; ~ cosanguinitatis रक्त-सम्बन्धी ≈; ~ ficta कल्पित ≈; ~ mortis मृत्यु का ≈; ~ proxima निकटतम ≈; ~ rei सहायक ≈; ~ remota दूरवर्ती ≈; ~ sine qua non अनिवार्य ≈; ~ sui स्वयं ≈; ~ turpis अवैध ≈/ प्रयोजन; ~

vague et incerta अस्पष्ट और अनिश्चित ≈

**causal** कारणात्मक; ~ comparative method कारणान्वेषी तुलनात्मक प्रणाली; ~ condition ≈ उपाधि; ~ method कारण प्रधान प्रणाली; ~ relation कारण-सम्बन्ध

**causare** वाद करना/ चलाना

**causation** कारण, कार्यकारण-भाव

**causative** प्रेरणार्थक; ~ agent ≈ कारक; ~ competition हेतुक प्रतिस्पर्धा

**cause** I. *n.* 1. मामला; ~ of salvage उद्धार का ≈; ~ of towage अनुकर्षण का ≈; 2. वाद; ~ list ≈ सूची; 3. कारण, हेतुक; ~ and effect कार्य-कारण; ~ of action वाद का ≈; ~ of detention अवरोध का ≈; espouse a ~ तरफ़दारी करना; show ~ ≈ बताना; ~ of Hindi हिन्दी का हित. II. *v.t.* 1. कराना; ~ miscarriage गर्भपात कराना; ~ to be done करवाना; ~ to be laid रखवाना; ~ to be produced पेश करवाना; ~ to move प्रस्ताव कराना; 2. कारण बनना; ~ death मृत्यु का ≈

**caused by** के कारण हुआ, से उत्पन्न

**causeway** सेतुमार्ग

**causewise statement** कारणवार विवरण पत्र

**causing** कराना; ~ loss हानि ≈; ~ mortgage to be merged बन्धक (रेहन) का विलयन कराना; ~ fear डराना; ~ notice to be served नोटिस की तामील कराना

**cautio** प्रतिभूति, ज़मानत; ~ fide jussoria प्रतिभू की दी गई ≈; ~ pigno ratitio आधि या निक्षेप के रूप में दी गई ≈; ~ pro expensis ख़र्चे के लिए दी गयी ≈

**caution** 1. सावधानी; ~ indicator ≈ सूचक; ~ label ≈ पर्चा, ≈ लेबल; ~ order सतर्कता/ सावधानता का आदेश; 2. प्रतिभूति, ज़मानत; ~ money प्रतिभूति धन, ज़मानत का रुपया; 3. चेतावनी; ~ pillar (क्रेन का) पिछला खंभ

**cautioner** प्रतिभू, ज़ामिन

**cautious** सावधान, सतर्क

**cavalry** घुड़सवार फ़ौज, रसाला

**caveat** चेतावनी, आपत्ति-सूचना; ~ emptor क्रेता/ ख़रीदार सावधान रहे; ~ venditor विक्रेता सावधान रहे; ~ viator यात्री सावधान रहे

**caveator** आपत्ति-सूचना देने वाला

**cavil** व्यर्थ दोष निकालना; वितंडा करना

**cavity** विवर, गुहिका

**cease** बन्द हो जाना, समाप्त होना, न रहना; ~ to be a partner साझेदार न रहना; ~ to exist न रह जाना; ~ on marriage विवाह होने पर ≈; ~ to exercise jurisdiction अधिकारिता का प्रयोग ≈; ~ to have effect प्रभावहीन हो जाना; ~ to hold office पद पर बने न रहना; ~ to operate प्रवृत्त न रह जाना; ~ to reside निवास करना छोड़ देना

**ceased** समाप्त, बंद, विरत; ~ publication ≈ प्रकाशन

**cease-fire** युद्धविराम

**ceaselessly** निरंतर, लगातार

**cede** अर्पण करना, दे देना, सौंप देना

**ceiling** 1. छत, अन्तश्छद; 2. उच्चतम सीमा; ~ area ≈ क्षेत्रफल; ~ price ≈ क़ीमत; ~ rate ≈ दर; ~ on guarantee cover गारंटी रक्षा की उच्चमत सीमा

**celebrate** (उत्सव) मनाना, समारोह करना

**celebration** समारोह; ~ of ceremonies रस्में अदा करना

**celebrity** प्रसिद्ध व्यक्ति

**celerity** त्वरण

**celibacy** ब्रह्मचर्य

**celibate** ब्रह्मचारी, कुँवारी

**cell** कोठरी, कक्षिका; ~ house कारा; ~ mates कारा सहवासी

**cellar** 1. तलकक्ष, तहख़ाना; ~ confinement तलकक्ष में क़ैद; 2. सुरागार; ~ wine जीर्णसुरा

**cellular** कोठरी का; ~ confinement कोठरी प्रतिरोध

**cemetery** क़ब्रिस्तान, समाधिक्षेत्र

**censor** I. *n.* अभिवेचक, सेंसर; ~ board सेंसर बोर्ड, अभिवेचन मंडल. II. *v.t.* अभिवेचन/ सेंसर करना

**censorious** अवरोधक; ~ tolerance ≈ सहिष्णुता

**censorial** अभिवेचक; ~ powers ≈ अधिकार

**censorship** अभिवेचन, सेंसर-कार्य; ~ bureau सेंसर कार्यालय, अभिवेचन कार्यालय

**censure** I. *n.* परिनिन्दा, निन्दा, मज़म्मत; ~ motion ≈ प्रस्ताव. II. *v.t.* निन्दा करना

**census** 1. जनगणना [also ~ of population]; ~ age ≈ योग्य वय, ≈ आयु; ~ commissioner ≈ आयुक्त; ~ figures ≈ के आँकड़े; ~ organization ≈ संगठन; ~ return ≈ विवरणी; ~ schedule ≈ अनुसूची; 2. गणना; ~ of cattle (fire-arms) पशुओं (अग्नयस्त्रों) की ≈

**cent** सौ, शत; ~ per cent शत-प्रतिशत

**center** = centre

**centile** शतांश; ~ intelligence score ≈ बुद्धि प्राप्तांक; ~ score ≈ प्राप्तांक

**central** 1. केन्द्रीय; ~ accounts office ≈ लेखा कार्यालय; ~ accounts section ≈ लेखा अनुभाग; ~ Acts ≈ अधिनियम; ~ adjustment register ≈ समायोजन रजिस्टर; ~ administration ≈ प्रशासन; ~ bank ≈ बैंक; ~ banking ≈ बैंकिंग/ अधिकोषण; ~ board of revenue ≈ राजस्व परिषद्; ~ bureau of investigation (C.B.I.) ≈ अन्वेषण ब्यूरो; ~ control commission ≈ नियंत्रण आयोग/ नियंत्रण कमीशन; ~ excise tariff ≈ उत्पाद शुल्क टैरिफ़; ~ forensic institute ≈ न्यायालिक संस्थान; ~ government ≈ सरकार; ~ intelligence agency (C.I.A.) सेन्ट्रल इंटेलीजेन्स एजेन्सी; ~ intelligence bureau ≈ आसूचना कार्यालय; ~ jail ≈ कारागार; ~ legislature ≈ विधान मण्डल; ~ monetary institutions ≈ मुद्रागत/ मौद्रिक संस्थाएँ; ~ planning ≈ आयोजना; ~ secretariat ≈ सचिवालय; ~ service ≈ सेवा; ~ spot market ≈ हाज़िर बाज़ार; ~ telegraph office ≈ तार घर; ~ treasury ≈ खज़ाना; 2. मध्य; ~ powers मध्ययूरोपीय शक्तियाँ; ~ railway ≈ रेलवे; ~ vein ≈ नाड़ी

**centralization** केन्द्रीकरण; ~ of administration प्रशासन का ≈

**centralize** केन्द्रित करना

**centralized** केन्द्रित, केन्द्रीकृत; ~ direction ≈ निदेशन; ~ executive agency ≈ अधिशासी अभिकरण; ~ law enforcement ≈ विधि प्रवर्तन; ~ legal system ≈ विधि-पद्धति; ~ arrangement ≈ व्यवस्था

**centre** 1. केन्द्र; ~ of interest अभिरुचि केन्द्र; 2. मध्य; ~ line केन्द्रीय रेखा, मध्य रेखा; ~ note ≈ टिप्पणी

**centring** केन्द्रण; ~ scale ≈ पैमाना

**century** शताब्दी, शती, सदी

**cepi corpus** सशरीर पकड़ा गया

**ceramics** मृद्‌भाण्डशिल्प

**cereal** अनाज, धान्य; ~ crop धान्य सस्य, अनाज की फ़सलें

**cerealist** धान्यविद्

**cerebellum** अनुमस्तिष्क

**cerebral** प्रमस्तिष्कीय; ~ nerve प्रमस्तिष्क तन्त्रिका; ~ palsy ≈ अंगघात

**cerebrology** प्रमस्तिष्क-विज्ञान

**cerebrum** प्रमस्तिष्क

**ceremonial** **I.** *n.* **1.** समारोह, रीति, विधि-विधान; धर्मानुष्ठान; **2.** ~s औपचारिकताएँ. **II.** *a.* **1.** समारोह-सम्बन्धी; ~ matter ≈ कार्य, रस्मी मामले; ~ parade समारोह परेड; ~ terrace ≈ मंच; **2.** औपचारिक; ~ function ≈ समारोह; ~ honour ≈ सत्कार; ~ use ≈ प्रयोग; **3.** आनुष्ठानिक; ~ religion ≈ धर्म

**ceremony** **1.** संस्कार; marriage ~ विवाह ≈; **2.** अनुष्ठान; religious ~ धार्मिक ≈; **3.** औपचारिकता; **4.** (pl.) गृहकर्म; **5.** समारोह; master of ~ ≈ अधिकारी; swearing in ~ शपथ ≈

**certain** **1.** निश्चित, नियत; ~ day ≈ दिन; ~ rent ≈ भाड़ा; to make ~ निश्चित करना; **2.** कुछ, कतिपय; in ~ cases ≈ दशाओं में; ~ classes ≈ वर्ग; **3.** कोई; on a ~ date किसी तारीख़ को

**certainty** निश्चय, निश्चितता; with ~ ≈ पूर्वक

**certificate** प्रमाणपत्र, सर्टिफ़िकेट; ~ as to fitness स्वस्थता/ औचित्य का ≈; ~ issued ≈ दिया गया; ~ mark प्रमाण चिह्न; ~ of age उम्र का ≈; ~ of appeal अपील करने का ≈; ~ of attendance उपस्थिति का ≈; ~ of authorization प्राधिकार ≈; ~ of balance शेष राशियों का ≈; ~ of character सच्चरित्रता का ≈; ~ of charge प्रभार ≈; ~ of competence सक्षमता का ≈; ~ of costs ख़र्चे का ≈; ~ of damage क्षति ≈; ~ of deposit जमा ≈; ~ of entry प्रवेश ≈; ~ of fitness आरोग्य ≈; ~ of identity पहचान ≈, अभिज्ञान पत्र; ~ of insurance बीमा ≈; ~ of naturalization देशीकरण ≈; ~ of non-satisfaction पूरा भुगतान न होने का ≈; ~ of origin उद्‌गम ≈, मूल स्रोत का ≈; ~ of posting डाक-≈; ~ of registration पंजीयन ≈, रजिस्ट्री ≈; ~ of sale नीलाम-पत्र; ~ of transfer अन्तरण का ≈; ~ to the effect इस आशय का ≈; character ~ चरित्र ≈; medical ~ डाक्टरी ≈; provisional ~ अनंतिम ≈

**certificated teacher** प्रमाणपत्रित अध्यापक

**certificating office** प्रमाणन कार्यालय, प्रमाणन दफ़्तर

**certification** प्रमाणन, प्रमाणीकरण; ~ by subjects विषयवार ≈; ~ of shares अंशों का ≈; ~ of transfer अन्तरण ≈

**certified** प्रमाणित; ~ copy ≈ प्रति; ~ document ≈ प्रलेख/ दस्तावेज़; ~ purchaser ≈ क्रेता/ ख़रीदार; ~ that ≈ किया जाता है कि

**certifier** प्रमाणकर्ता

**certify** प्रमाणित करना, तसदीक़ करना

**certifying** प्रमाणक; ~ endorsement ≈ बेचान/ पृष्ठांकन

**certiorari** [also writ of ~] उत्प्रेषण लेख, रेकार्ड भेजने का आज्ञापत्र

**cess** **1.** उपकर; ~ on road मार्ग ≈; **2.** ~ pool मल-कुण्ड, चहबच्चा

**cessation** परिविरति, विराम, समाप्ति; ~ of business व्यापार का ठहराव; ~ of membership संदस्यता की ≈; ~ of motion गतिहीन होना; ~ with compensation सप्रतिकर ≈, मुआवज़े के साथ ख़त्म

**cession** अध्यर्पण, दे देना, सुपुर्दगी; ~ of territory भूभाग दे देना

**cestui** भोगाधिकारी; ~ que trust न्यास में ≈, न्यासलाभी; ~ que use परभूति ≈; ~ que vie जीवन भर ≈

**cetris paribus** यदि अन्य बातें पूर्ववत् रहें

**c.g.x.** (can not get exchange) सी. जी. यक्स., टेलीफ़ोन केन्द्र नहीं मिलता

**chain** I. *n.* 1. शृंखला, ज़ंजीर; ~ banking ≈ बैंकिंग; ~ gang शृंखलित दल, बंदी दल; ~ marketing शृंखलाबद्ध विपणन; ~ of circumstances परिस्थिति ≈; ~ of gold सोने की ≈; 2. शृंखला, सिलसिला; ~ argument शृंखला-युक्ति; ~ of causation कार्यकारण की शृंखला/ का सिलसिला; ~ reaction शृंखलित/ सिलसिलेवार प्रतिक्रिया; 3. जरीब; ~ for measuring नापने की ≈; ~-man जरीबी; ~ survey जरीबी सर्वेक्षण. II. *v.t.* 1. ज़ंजीर से बाँधना; 2. जरीब से नापना

**chair** 1. कुर्सी; 2. (in a university) आचार्यपद

**chairman** सभापति, अध्यक्ष, सदर; ~ of a meeting सभापति, सभाध्यक्ष

**chairmanship** सभापतित्व, अध्यक्ष-पद

**challenge** I. *n.* 1. चुनौती; ललकार; 2. आपत्ति, एतराज़. II. *v.t.* 1. चुनौती देना, ललकारना; 2. आपत्ति/ एतराज़ करना

**chamber** 1. कक्ष; bed ~ शयनागार; 2. सदन, मण्डल; ~ of commerce वाणिज्य/ व्यापार मण्डल

**champertor** वाद-व्यवसायी, वादक्रेता

**champerty** वाद-व्यवसाय, वादक्रय

**champion** 1. वीर; 2. समर्थक, प्रतिरक्षक

**chance** 1. अवसर, मौक़ा; 2. संयोग, दैवयोग; ~ profit दैवलाभ. *(attrib.)* आकस्मिक, सांयोगिक; ~ discovery ≈ खोज; ~ quality ≈ गुण; ~ witness संयोगी साक्षी; 3. सम्भावना

**chancellor** 1. महान्यायाध्यक्ष, चांसलर; 2. (in a university) कुलाधिपति; vice-~ उपकुलपति; pro-vice-~ प्रतिकुलपति

**chancellory** 1. चांसलरपद; 2. चांसलर न्यायालय; 3. चांसलर कार्यालय; 4. दूतावास

**change** I. *n.* 1. परिवर्तन, तब्दीली; ~ in constitution गठन में ≈; ~ of domicile अधिवास-≈; ~ of precedence अग्रता-≈; ~ of sex लिंग-≈; ~ of shifts पारियों की तबदीली; ~ of venue स्थान ≈; ~-over contact प्रतिवर्ती संपर्क; ~-over period संक्रमण अवधि; ~ slip ≈ पर्ची; ~ to the opposite प्रतिपरिवर्तन; 2. रेज़गारी. II. *v.t.* परिवर्तित करना, बदलना

**changeable hour plate** परिवर्तनीय समय प्लेट

**changed** परिवर्तित

**channel** 1. जल-सरणी, नहर; 2. सरणी, मार्ग; ~ of communication संचार का मार्ग (की सरणी); ~ of correspondence पत्र व्यवहार की सरणी; ~ of distribution वितरण सरणी, वितरण मार्ग; ~ of trade व्यापार सरणी, व्यापार मार्ग; 3. माध्यम; through proper ~ उचित ≈ से

**chaos** अव्यवस्था

**chaotic** अव्यवस्थित, अस्त-व्यस्त; ~ condition ≈ दशा/ अवस्था

**chaplain** पुरोहित

**chapter** 1. अध्याय; 2. पादरी-मण्डल

**character** 1. चरित्र; चाल-चलन; ~ analysis ≈ विश्लेषण; ~ assassination ≈ हनन; ~ certificate ≈ प्रमाण-पत्र; ~ development ≈ विकास; ~ disorder ≈ विकार; ~ disturbance ≈ व्याघात; ~ roll ≈ पुस्तिका; ~ structure ≈ संरचना; ~

training ≈ प्रशिक्षण; ~ trait ≈ विशेषक; **2.** स्वरूप; ~ of law विधि का ≈; ~ of investments निवेशों का ≈; official ~ पदीय ≈; **3.** वर्ण, लिपि-चिह्न; in Devnagari ~s देवनागरी अक्षरों में; **4.** पात्र; **5.** हैसियत; **6.** शील

**characteristic** **I.** *a.* विशिष्ट. **II.** *n.* (pl.) विशेषता, लक्षण; ~ of equity साम्य के लक्षण

**characterize** चरित्र-चित्रण करना/ वर्णन करना

**characterological illness** चारित्रिक रोग

**charge** **I.** *n.* **1.** आरोप, इलज़ाम; ~ and counter-charge आरोप-प्रत्यारोप; ~-sheet ≈ पत्र, फ़रद जुर्म; erroneous ~ ग़लत ≈; false ~ मिथ्या/ झूठा ≈; imperfect ~ अपूर्ण ≈; ~ in the alternative अनुकल्पत: ≈; answer to ~ ≈ का उत्तर देना/ स्पष्टीकरण करना; to draw up ~ ≈ पत्र तैयार करना; **2.** कार्यभार; assumption of ~ ≈ ग्रहण करना; ~ certificate ≈ प्रमाण-पत्र; ~ hand कार्यविक्षक, चार्जहैंड; ~ of office पदभार; ~ pay ≈ वेतन; ~ of tax कर का भार; ~ report ≈ सँभालने की रिपोर्ट; to assume ~ ≈ लेना, ≈ ग्रहण करना; to hand over ~ ≈ सौंपना; to take ~ ≈ ग्रहण करना; **3.** प्रभार, व्यय, ख़र्च; ~ for service सेवार्थ ≈; free of ~ मुफ़्त में; forward ~ आवक माल प्रभार; overhead ~ सामान्य फुटकर व्यय. **II.** *v.t.* **1.** आरोप लगाना; ~ in the alternative अनुकल्पत: ≈; ~ with notice सूचना आरोपित करना; **2.** भार सौंपना, भारित करना; ~ a property सम्पत्ति को भारित करना; ~ the jury जूरी को भार सौंपना; ~ with liability दायित्व का भार सौंपना; **3.** धावा बोलना; ~ the enemy शत्रु पर ≈; **4.** के नाम डालना; ~ to capital पूँजी खाते में डालना

**chargeable** **1.** प्रभार्य, आदेय; ~ accounting period ≈ लेखा अवधि; ~ distance ≈ दूरी; ~ duration ≈ अवधि, चार्ज की मियाद; ~ income ≈ आय; ~ postage ≈ डाक-ख़र्च; ~ profit ≈ लाभ; ~ to tax कर से प्रभार्य; **2.** आरोपणीय

**charged** **1.** प्रभारित; ~ appropriation ≈ विनियोजन; ~ expenditure ≈ व्यय; ~ rate ≈ दर; ~ with liability दायित्व से ≈; ~ to works निर्माण कार्य प्रभारित; **2.** लगाया गया, आरोपित; ~ with crime अपराध ≈

**charge d' affairs** कार्यदूत

**charge holder** भारक

**charging** **1.** प्रभारण; ~ on personal names व्यक्तिगत नामों पर प्रभार लेना; **2.** प्रभारी; ~ section ≈ अनुभाग; **3.** (बिजली) आवेशन; ~ board आवेशन बोर्ड

**charisma** **1.** चमत्कार, करिश्मा; **2.** दिव्यदान

**charismatic authority** **1.** करिश्माई प्रभुत्व, चमत्कारी प्रभुत्व; **2.** करिश्माई सत्ता चमत्कारी सत्ता

**charitable** **1.** धर्मार्थ, पुण्यार्थ, ख़ैराती; ~ donation ≈ दान; ~ endowment पूर्त विन्यास, धर्मादा; ~ fund ≈ निधि; ~ grant ≈ अनुदान; ~ institution ≈ संस्था; ~ purpose ≈ प्रयोजन; ~ trust पूर्त न्यास; **2.** दीनवत्सल, उदार; ~ view ≈ दृष्टि

**charity** दान, पुण्य, ख़ैरात; ~ education धर्मार्थ शिक्षा; ~ show दानार्थ प्रदर्शन; ~ stamp धर्मार्थ टिकट

**chart** रेखाचित्र, नक़्शा, चार्ट

**charter** **I.** *n.* अधिकार-पत्र, चार्टर; ~ of human rights मानव अधिकार घोषणा पत्र; ~ of incorporation निगमन ≈; ~ of labour श्रमिक ≈; royal ~ राजाज्ञा. **II.** *v.t.* भाड़े पर लेना, चार्टर करना

**chartered** **1.** शासनपत्रित, अधिकारपत्र-

प्राप्त, चार्टर-प्राप्त, चार्टरित; ~ accountant ≈ लेखापाल; ~ bank शासनपत्रित/ चार्टरित बैंक; ~ company ≈ कम्पनी; ~ court ≈ न्यायालय; 2. भाटकित, भाड़े पर लिया हुआ; ~ ship ≈ पोत/ जहाज़

**charterer** भाड़े पर लेने वाला

**chaser** अनुवीक्षक, चेज़र

**chasing assistant** अनुवीक्षण सहायक

**chasis** न्याधार, चौकी, चैसिस

**chaste** 1. सती, साध्वी; ~ woman ≈ स्त्री; 2. विशुद्ध; ~ character ≈ चरित्र

**chasten** अनुशासित करना

**chastise** ताड़ना देना

**chastisement** ताड़ना, दंड

**chastity** 1. सतीत्व; ~ test ≈ की परीक्षा; 2. शुचिता, विशुद्धता

**chattel** जंगम संपत्ति; ~ mortgage ≈ का बंधक; ~ security मूल्यवान प्रतिभूति/ ज़मानत

**chaud medley** आवेश-हत्या

**chauvinism** उग्र राष्ट्रीयता

**chauvinist** उग्र राष्ट्रवादी

**cheap** 1. सस्ता; ~ rate सस्ती दर; ~ money सस्ती मुद्रा, अल्पब्याज का पैसा; 2. घटिया, घासलेटी; ~ literature ≈ साहित्य

**cheat** I. *n.* छली, छलिया. II. *v.t.* छल करना; ~ by personation प्रतिरूप बनाकर छलना

**cheater** छली, ठग, धोखेबाज़

**cheating** छल, धोखा, कपट; ~ by personation प्रतिरूपण द्वारा ≈

**check** I. *n.* 1. जाँच, पड़ताल; ~ clerk ≈ क्लर्क; ~ interviewer ≈ साक्षात्कर्ता; ~ list ≈ सूची; ~ of valuation मूल्यांकन की ≈; ~ post ≈ चौकी; ~ register पड़ताल रजिस्टर; 2. रोकथाम, निरोध; ~ against fraud धोखे की रोकथाम; ~ on population आबादी की रोकथाम; ~ rail रोक पटरी; 3. नियंत्रण; 4. परीक्षण; ~ weigher भार परीक्षक; ~ weighment परीक्षार्थ तौलाई; ~-off चंदा-कटौती; ~-out पटल अदायगी, काउन्टर अदायगी. II. *v.t.* 1. जाँच-पड़ताल करना; ~ the entries प्रविष्टियों की ≈; 2. रोकना; ~ the progress विकास को ≈

**checker** पड़तालकर्ता

**checking** जाँच, पड़ताल; ~ copy ≈ प्रति; ~ officer ≈ अधिकारी; ~ of voters मतदाताओं की ≈

**cheer** I. *n.* 1. प्रसन्नता, ख़ुशी; 2. जयकार. II. *v.i.* ताली बजाना. *v.t.* धैर्य बँधाना

**chemical** I. *a.* रासायनिक; ~ analysis ≈ विश्लेषण; ~ examination ≈ परीक्षण; ~ method ≈ विधि. II. *n.* रसायन-; ~ examiner ≈ परीक्षक; ~ industry ≈ उद्योग

**chemicalize** रसायनित करना

**chemist** 1. रसायन-विज्ञानी, रासायनिक, रसायनज्ञ; 2. भैषजिक, दवासाज़, केमिस्ट

**chemotherapy** रसायन-चिकित्सा

**cheque** चेक; ante-dated ~ पूर्वदिनांकित ≈; bearer ~ धनीजोग ≈; blank ~ निरंक ≈; ~ book ≈ बुक; ~ cashed भुनाया गया ≈; certified ~ प्रमाणित ≈; ~ clearance ≈ समाशोधन; crossed ~ शाहजोग ≈; ~ currency ≈ करेंसी, ≈ मुद्रा; endorsed ~ बेचान ≈; issued ~ निर्गत/ काटा हुआ ≈; limited ~ सीमित ≈; mutilated ~ विकृत ≈; open ~ अरेखित ≈; order ~ नाम-जोग ≈; outstation ~ बाहरी/ बाह्य स्थानीय ≈; post-dated ~ उत्तरदिनांकित ≈; ~ rate ≈ दर; दर्शनी हुंडी की दर; realized ~ भुनाया गया ≈; received ~ प्राप्त ≈; ~ returned लौटाया गया/ प्रत्यावर्तित ≈; ~ system ≈ पद्धति

**chequelets** चेक पर्चियाँ

**chest** 1. तिजोरी; ~ facilities ≈ सुविधाएँ; ~ money ≈ रोकड़; 2. वक्ष, छाती; ~ height छाती भर ऊँचाई; ~ institute वक्ष-रोग संस्थान

**chicane** 1. धोखा देना; 2. बाल की खाल निकालना, कुतर्क करना

**chicanery** 1. धोखा, झाँसापट्टी; 2. वाक्छल, कुतर्क

**chief** I. *n.* सरदार, मुखिया, अध्यक्ष; ~ of army staff थलसेनाध्यक्ष. II. *a.* मुख्य; ~ auditor ≈ लेखापरीक्षक; ~ commissioner ≈ आयुक्त; ~ controller ≈ नियन्त्रक; ~ executive officer ≈ अधिशासी/ कार्यपालक अधिकारी; ~ inspector ≈ निरीक्षक; ~ judge ≈ न्यायाधीश; ~ justice ≈ न्यायमूर्ति; ~ legal advisor ≈ विधि सलाहकार; ~ minister ≈ मंत्री; ~ of mission मिशन प्रमुख; ~ of protocol नयाचार प्रमुख, प्रोतोकोल प्रमुख; ~ proctor ≈ कुलानुशासक; ~ secretary ≈ सचिव; ~ whip ≈ सचेतक

**chiefly** मुख्यतः, मुख्य रूप से

**child** 1. शिशु, बाल, बच्चा; ~ adjustment शिशु समायोजन; ~ bearing प्रसव, बच्चा जनन; ~ birth शिशु-जन्म; ~ employee बाल नौकर; ~ guidance बाल निर्देशन, बाल मार्गदर्शन; ~ hygiene bureau बाल स्वास्थ्य ब्यूरो; ~ labour बाल श्रम, बाल श्रमिक; ~ marriage बाल-विवाह; ~ mortality बाल मृत्यु-दर; ~ welfare बाल कल्याण; 2. सन्तान; natural born ~ अकृत्रिम ≈

**childhood** बालपन, बचपन, शैशव

**childish** बालिश, बचकाना; ~ fancies ≈ कल्पनाएँ

**childless** निस्सन्तान

**child-like** बाल-सदृश

**children** बाल, बच्चा; ~'s court बाल-न्यायालय; ~'s emergency fund बाल आपात निधि; ~'s endowment policy बाल बन्दोबस्ती पॉलिसी; ~'s museum बाल संग्रहालय; ~'s room बाल कक्ष

**china clay** चीनी मिट्टी

**chirology** हस्तरेखा-विज्ञान

**chivalric education** शौर्य शिक्षा

**chivalry** शौर्य, वीरता

**choice** 1. चुनाव, वरण; ~ of articles वस्तुओं का ≈; 2. पसंद; his ~ उसकी ≈

**choke** I. *n.* 1. श्वासरोध, गला घुटना; 2. चोक. II. *v.t.* गला घोंटना

**cholera** हैज़ा, विसूचिका

**choose** 1. चुनना, वरण करना; 2. पसंद करना

**choreography** नृत्य-रचना

**chose** 1. वस्तु; ~ in action वादवस्तु; ~ in possession भोगवस्तु; 2. जंगम सम्पत्ति

**choultry** चावड़ी

**Christian** ईसाई

**chronic** 1. दीर्घकालिक; ~ alcohol offender ≈ मद्य दोषी; ~ alcoholic ≈ मद्यपी; ~ migrant सतत प्रवासी; ~ struggle ≈ संघर्ष; ~ unemployment ≈ बेरोज़गारी; 2. जीर्ण; ~ disease ≈ रोग

**chronicity** पुरातनता, चिरकालिकता

**chronological** कालानुक्रमिक; ~ account ≈ विवरण; ~ order/ sequence कालानुक्रम; ~ index कालानुक्रमणिका; ~ organization ≈ संगठन

**chronology** कालानुक्रम; ~ of events घटनाओं का ≈

**church** गिरजा, गिरजाघर, चर्च

**CID** (criminal investigation department) गुप्तचर विभाग

**cinema** चलंचित्र, सिनेमा; ~ house चलचित्र गृह, सिनेमा घर; ~ operator ≈ प्रचालक; ~ theatre ≈ भवन

**cinematography** चलचित्रकी

**cinotaph** स्मारक

**cipher** बीजलेख, गूढ़लेख, गूढ़ लिपि; ~ code ≈ संहिता, बीजांक कूट; ~ despatch ≈ प्रेषण; ~ language बीज लिपि; ~ officer ≈ अधिकारी; ~ procedure ≈ क्रियाविधि; ~ telegram ≈ तार

**circle** **1.** वृत्त, दायरा, घेरा; ~ of fire अग्नि-वृत्त, आग का ≈; **2.** मण्डल, हलक़ा; ~ index letter सर्किल सूचक अक्षर; ~ inspector ≈ निरीक्षक; ~ of account लेखा मण्डल

**circuit** **1.** परिपथ; ~ breaker ≈ वियोजक; ~ capacity ≈ धारिता; ~ fuse ≈ फ़्यूज़; ~ working ≈ संचालन; **2.** चक्कर, दौरा; ~ court दौरा अदालत; ~ house सर्किट हाउस, विश्राम भवन

**circular** **I.** *n.* परिपत्र, गश्ती चिट्ठी. **II.** *a.* **1.** वर्तुल, गोल, वृत्ताकार; ~ date stamp गोल तारीख़ मोहर; ~ face ≈ चेहरा; ~ flow वर्तुल प्रवाह; ~ integration वर्तुल एकीकरण; ~ movement ≈ गति; ~ reaction चक्रीय प्रतिक्रिया; ~ tour ≈ यात्रा; **2.** गश्ती; ~ letter ≈ पत्र; ~ note ≈ नोट; ~ order ≈ आदेश/ हुक्म

**circulate** परिचालित करना, घुमाना; ~ in draft प्रारूप ≈

**circulating** प्रचालन, प्रचल; ~ assets ≈ सम्पत्ति; ~ capital ≈ पूँजी; ~ medium संचलनशील माध्यम

**circulation** **1.** परिचालन; ~ of traffic यातायात ≈; **2.** संचलन; ~ of currency मुद्रा ≈; **3.** प्रकाशन; ~ of a paper (समाचार) पत्र का ≈

**circumambulation** परिक्रमा, प्रदक्षिणा

**circumcise** ख़तना करना, मुसलमानी/ सुन्नत करना

**circumcision** ख़तना, सुन्नत

**circumlocution** शब्दचक्र, वाग्विस्तार

**circumscribe** सीमा बाँधना, परिसीमित करना

**circumscribing limits** परिसीमा

**circumspection** चौकसी, सतर्कता

**circumstances** परिस्थितियाँ, हालात; ~ attending the death वे ≈ जिनमें मृत्यु हुई; ~ of the case मामले की ≈; ~ prevailing विद्यमान ≈

**circumstantial** पारिस्थितिक; ~ evidence ≈ साक्ष्य/ प्रमाण

**circumvent** परिवंचित करना, धोखा देना

**circumvention** परिवंचना, कपट

**cist** ताबूत

**citation** **1.** प्रशस्ति; **2.** प्रोद्धरण, उद्धरण; ~ of enactment अधिनियम का ≈/ संदर्भ/ उल्लेख/ हवाला; ~ clause ≈ सूचक धारा

**citator** प्रोद्धरणिक

**cite** प्रोद्धृत करना, हवाला पेश करना, उल्लेख करना

**cited** प्रोद्धृत; ~ above उपरि ≈, ऊपर दिया हुआ

**citizen** **I.** *n.* नागरिक. **II.** *a.* पौर

**citizenship** नागरिकता; loss of ~ ≈ का लोप; naturalized ~ अंगीकृत ≈

**city** नगर, शहर; ~ allowance ≈ भत्ता; ~ area ≈ क्षेत्र; ~ corporation ≈ महापालिका; ~ council ≈ परिषद्; ~ father ≈ पिता/ पार्षद; ~ government ≈ शासन; ~ magistrate ≈ मैजिस्ट्रेट/ दंडाधिकारी; ~ municipality ≈ पालिका; ~ planning ≈ आयोजना; ~ reporter ≈ संवाददाता

**civic** नागरिक; ~ address ≈ अभिनंदन-

पत्र; ~ behaviour ≈ व्यवहार; ~ centre नगर केन्द्र; ~ duties ≈ कर्त्तव्य; ~ harmony ≈ सुमेल; ~ interest ≈ हित; ~ life ≈ जीवन; ~ responsibility ≈ उत्तरदायित्व; ~ right ≈ अधिकार; ~ poll नगर-निर्वाचन; ~ sense ≈ भावना

**civics** नागरिक शास्त्र, नागरिक विज्ञान

**civil** 1. नागरिक; ~ commotion ≈ अशान्ति; ~ condition ≈ स्थिति; ~ defence ≈ रक्षा; ~ disability ≈ निर्योग्यता; ~ disturbance ≈ उपद्रव; ~ equality ≈ समता, सिविल समता; ~ legislation ≈ विधान/ विधि निर्माण; ~ liberty ≈ स्वतन्त्रता; ~ life ≈ जीवन; ~ supply ≈ पूर्ति, सिविल रसद; ~ right ≈ अधिकार; ~ wealth ≈ सम्पत्ति; 2. सिविल, असैनिक; ~ administration ≈ प्रशासन; ~ affairs ≈ कार्य; ~ aircraft ≈ वायुयान; ~ authority ≈ प्राधिकारी; ~ aviation ≈ विमानन; ~ embargo ≈ अवरोध; ~ force ≈ बल; ~ office ≈ पद; ~ police ≈ पुलिस; ~ power ≈ शक्ति; ~ service ≈ सेवा; 3. सिविल, व्यवहार-सम्बन्धी, दीवानी; ~ action/ case ≈ मुक़दमा; ~ appeal दीवानी अपील; ~ arbitration सिविल विवाचन; ~ code व्यवहार संहिता, ≈ संहिता; ~ court दीवानी अदालत, व्यवहार-न्यायालय; ~ judge सिविल जज; दीवानी न्यायाधीश; ~ jurisdiction सिविल अधिकारिता; ~ law दीवानी क़ानून, व्यवहार-विधि; ~ matter व्यवहार विषय, दीवानी मामला; ~ obligation वैध दायित्व; ~ procedure code व्यवहार प्रक्रिया संहिता; ~ proceedings ≈ कार्यवाही; ~ suit दीवानी दावा; ~ wrong व्यवहार-विषयक अपकर्म/ दोष; 4. [*misc. meanings*] ~ death नागरिकता से संयास; ~ disobedience सविनय अवज्ञा, सत्याग्रह; ~ list सिविल लिस्ट, अधिकारियों की सूची; ~ marriage सिविल/ अदालती विवाह; ~ society शिष्ट समाज; ~ state राजनीतिक अवस्था; ~ strife गृहकलह; ~ war गृहयुद्ध

**civilian** असैनिक; ~ in defence service रक्षा सेवा में ≈; ~ population ≈ जनसंख्या

**civility** शिष्टता

**civilization** सभ्यता

**civilize** सभ्य बनाना

**civilized** सभ्य; ~ people ≈ जन; ~ society ≈ समाज

**civitas** राज्यविधि

**claim** I. *n.* दावा; admission of ~ ≈ मान लेना; ~ agent दावा भुगतान अभिकर्ता/ एजेंट; ~ by death मृत्युजन्य दावा; denial of ~ दावे से इनकार करना; entire ~ कुल ≈; prefer ~ ≈ करना; ~ outstanding अनिर्णीत दावा; ~ paid भुगतान/ चुकाया दावा; support the ~ दावे का समर्थन करना; ~ for compensation मुआवज़े का ≈; ~ for refund वापसी के लिए ≈; ~ in common सम्मिलित रूप से ≈; ~ in suit वाद में किया गया ≈; ~ of privilege विशेषाधिकार का ≈; ~ upon instrument लिखत पर आधारित दावा. II. *v.t.* दावा करना; ~ adversly प्रतिकूल ≈; ~ damages हर्जाने का ≈; ~ under smb किसी से व्युत्पन्न अधिकार से ≈

**claimable** दावा करने योग्य

**claimant** दावेदार

**claimed** अधियाचित; ~ wage ≈ वेतन, ≈ मज़दूरी

**clan** गोत्र; ~ brother ≈ बन्धु; ~ endogamy अन्तर्गोत्र विवाह; ~ exogamy गोत्रबाह्य विवाह

**clandestine** गुप्त, गुपचुप, प्रच्छन्न; ~ impulse ≈ आवेग; ~ marriage ≈ विवाह

**clandestinely** चोरी छिपे, प्रच्छन्न रूप से; ~ organized ≈ संगठित; ~ stipulate छुपे तौर से अनुबन्ध करना

**clansman** गोत्रबन्धु

**clarification** स्पष्टीकरण, सफ़ाई; ~ of pleadings अभिवचनों का स्पष्टीकरण (की सफ़ाई); ~ sought ≈ माँगा गया

**clarify** स्पष्ट करना

**clash** मुठभेड़

**class** 1. वर्ग; ~ antagonism ≈ विरोध/ संघर्ष; ~ awareness ≈ बोध; ~ cleavage ≈ भेद; ~ conflict ≈ संघर्ष, वर्ग द्वन्द्व; ~ co-ordination ≈ समन्वय; ~ difference ≈ भेद; ~ division ≈ विभाजन; ~ feeling ≈ भावना; ~ heirarchy ≈ अधिक्रम; ~ interest ≈ हित; ~ identification ≈ तादात्म्य; ~ mind ≈ मन; ~ mobility ≈गतिशीलता; ~ of income आय ≈; ~ of post पद≈; ~ of public जनता का ≈; ~ prejudice ≈ पूर्वाग्रह; ~ representation ≈ प्रतिनिधित्व; ~ solidarity ≈ एकबद्धता; ~ structure ≈ संचरना; ~ struggle ≈ संघर्ष; 2. कक्षा; ~ fellow/ mate सहपाठी; ~ room कक्षा; ~ sectioning ≈ विभाजन

**classed** वर्गित, वर्गीकृत

**classical** 1. प्रतिष्ठित, श्रेन्य; ~ edition ≈ संस्करण; ~ literature ≈ साहित्य; ~ morality ≈ नीति; 2. शास्त्रीय; ~ drama ≈ नाटक; ~ music ≈ संगीत; ~ tradition ≈ परम्परा

**classification** वर्गीकरण; ~ clause ≈ धारा; ~ of goods माल का ≈; ~ of posts पदों का ≈; ~ of rating वर्गानुसार दर-निर्धारण; ~ of recoveries वसूलियों का ≈; ~ of transactions लेनदेन का ≈

**classified** वर्गीकृत; ~ abstract ≈ सार; ~ account ≈ लेखा; ~ documents ≈ प्रलेख/ दस्तावेज़; ~ list ≈ सूची; ~ subjects ≈ विषय; ~ tax ≈ कर

**classify** वर्गीकरण करना

**clause** खण्ड, उपधारा; ~ by ~ खण्डशः; ~ of accession अधिमिलन धारा; ~ of denunciation प्रत्याख्यान धारा

**clausula** [pl. clausulae] = clause

**clay** (चिकनी) मिट्टी; ~ -ware मिट्टी के बर्तन

**clean** 1. स्वच्छ, साफ़; ~ copy ≈ प्रति; ~ proof ≈ प्रूफ़; 2. [misc. meanings] ~ acceptance पूर्ण स्वीकृति; ~ advance प्रतिभूति-रहित उधार, बेज़मानती उधार; ~ bill अप्रलेखी/ निर्बन्ध हुंडी; ~ caste शुद्ध जाति; ~ hands शुद्ध अंतःकरण; to make ~ breast अपराध सकारना

**cleaner** क्लीनर

**cleaning** I. *n.* सफ़ाई, शोधन. II. *a.* शोधक

**cleanliness** सफ़ाई

**cleansing** सफ़ाई करना, मार्जन

**clear** I. *a.* 1. स्पष्ट, साफ़; ~ evidence ≈ प्रमाण, प्रत्यक्ष प्रमाण; ~ line ≈ लाइन संकेत; ~ majority ≈ बहुमत; ~ specification ≈ विनिर्देश; ~ vacancy ≈ रिक्ति; ~ visibility ≈ दृश्यता; 2. शुद्ध; ~ annuity ≈ वार्षिकी; ~ income ≈ आय; 3. [misc. meanings] ~ days पूरे दिन; ~ notice पूरी सूचना; ~ receipt निर्बाध रसीद; ~ signal निर्बाधता संकेत; ~ title निर्बंध स्वत्व. II. *v.t.* 1. [also ~ up] स्पष्ट करना, साफ़ करना; 2. ख़ाली करना; ~ the bar बार ख़ाली करो; 3. चुकाना; ~ debt ऋण ≈; ~ up (शंका) दूर करना

**clearance** 1. निकासी; ~ memo ≈ ज्ञापन; ~ of goods माल की ≈; ~ of traffic यातायात ≈; 2. निपटारा,

समाशोधन; ~ certificate ≈ प्रमाणपत्र; ~ drive निपटान अभियान; inwards ~ आवक ≈; ~ of cheques चेकों का ≈; ~ of freight outstanding बक़ाया भाड़े का निपटारा; outwards ~ जावक ≈

**clearing** 1. निकासी; ~ agent ≈ एजेंट; 2. समाशोधन; ~ a bill हुण्डी का ≈; ~ accounts office ≈ लेखा कार्यालय; ~ agreement ≈ क़रार; ~ bank ≈ बैंक; ~ cheque ≈ चेक; ~ house ≈ गृह; inward ~ आवक/ आगत ≈; 3. ~ signal अव्यस्त संकेत; ~ the market/ sale पल्लाझाड़ बिक्री; ~ the track रेल पथ को साफ़ करना

**clearly** स्पष्टतया, साफ़-साफ़; ~ expressed स्पष्ट रूप से व्यक्त; ~ worded स्पष्ट शब्दों में लिखित

**cleat** गुटका, क्लीट

**cleave** विदारित करना, फाड़ना

**cleft** फटा, विदारित; ~ palate ≈ तालू, खण्ड तालू

**clemency** क्षमा, दया

**clerical** लिपिक, लिपिकीय; ~ employee ≈ कर्मचारी; ~ error लिखाई की भूल; ~ staff ≈ वर्ग; 2. पादरी का; ~ council पादरी परिषद्

**clerk** 1. लिपिक, क्लर्क; ~ of the house सदन-≈; ~ of the state राज्य-≈; 2. ~ of the court न्यायालय प्राधीक्षक

**clerkage** लिखाई, लेखन शुल्क

**client** 1. मुवक्किल, कक्षीकार; 2. सेवार्थी; ~ citizen ≈ नागरिक; ~ participation ≈ सहभागिता

**clientage** सेवार्थित्व

**clientele** 1. कक्षीकार जन, मुवक्किल लोग; 2. सेवार्थीगण

**climacteric** 1. संकट-काल; 2. (स्त्रियों का) ऋतु-स्नान

**climactic** चरम; ~ stage ≈ अवस्था

**climate** जलवायु, आब-हवा; ~ index वातावरण सूचकांक

**climatic** जलवायु-सम्बन्धी; ~ condition ≈ दशा; ~ risk ≈ जोखिम

**climatologist** जलवायु-विज्ञानी

**climax** पराकाष्ठा, चरम स्थिति

**clinical** नैदानिक; ~ method ≈ प्रणाली; 2. क्लिनिक का, निदान-शास्त्रीय; ~ diagnosis क्लिनिकल निदान; ~ medicine ≈ औषधि; ~ thermometer ≈ तापमापी

**clip** I. *n.* क्लिप. II. *v.t.* कतरना, काटना

**clipped** कटा, छिन्न; ~ word ≈ शब्द

**clipping** कतरन; ~ file ≈ की मिसिल/ फ़ाइल; ~ s of paper काग़ज़ की कतरनें

**clique** गुट

**cliquism** गुटबंदी

**clitoris** (स्त्रियों का) भगशिश्न

**cloakroom** अमानती सामान-घर

**clock-wise** दक्षिणावर्त

**clog** I. *n.* उपरोध, अटकाव. II. *v.t.* उपरुद्ध करना, अटकाना, बन्द करना

**close** I. *a.* 1. घनिष्ठ; ~ by निकट; ~ control निकट नियंत्रण; ~ cooperation प्रगाढ़ सहयोग; ~ friend ≈ मित्र; ~ connection ≈ सम्बन्ध; 2. निकट, नज़दीकी; ~ analogy ≈ सादृश्य; ~ relative ≈ सम्बन्धी/ रिश्तेदार; ~ supervision ≈ पर्यवेक्षण; 3. घना, सघन; ~ crops घनी/ सघन फ़सलें; 4. बन्द; ~ confinement ≈ परिरोध; ~ day ≈ दिन; ~ lips ≈ होंठ; ~ room ≈ कमरा; 5. सूक्ष्म; ~ classification ≈ वर्गीकरण; ~ scrutiny ≈ जाँच; ~ work कार्य; 6. कठोर, कड़ा; ~ custody कड़ी निगरानी; ~ prisoner कड़े पहरे का क़ैदी; ~ seige दृढ़ घेरा; ~ supervision कड़ी निगरानी; ~ watch ≈ पहरा. II. *v.i.* & *v.t.* बंद होना; बंद करना; ~ a file

मिसिल/ फ़ाइल बंद करना; ~ an account लेखा/ खाता बंद करना; ~ a bargain सौदा तय करना; ~ a case मामला/ मुक़दमा बंद करना. **III.** *a.* अंत, समाप्ति; ~ of month महीने का अंत; ~ of year वर्षांन्त

**closed** **1.** बन्द; ~ account ≈ लेखा; ~ bag ≈ थैला; ~ circuit ≈ परिपथ; ~ commercial state संवृत वाणिज्यिक राज्य; ~ community संवृत समुदाय; ~ corporation meeting निगम की ≈ बैठक; ~ economy ≈ अर्थव्यवस्था; ~ form questionnaire संवृत प्रश्नावली; ~ fund ≈ निधि; ~ group संवृत समूह; ~ receptacle ≈ पात्र; ~ session ≈ अधिवेशन; **2.** ~ sea निषिद्ध सागर; ~ trade संपूरित कारोबार

**closely** निकट से, ध्यानपूर्वक; ~ held company एकाधिकारवत् कंपनी

**closet** आलमारी; शौचालय; ~ philospher अव्यावहारिक दार्शनिक; ~ politician अव्यावहारिक राजनीतिज्ञ

**closing** **I.** *n.* समापन; ~ abstract संवरण सार; ~ advice note ≈ सूचना नोट; ~ balance इतिशेष; ~ entry ≈ प्रविष्टि; ~ invoice ≈ बीजक; ~ session ≈ सत्र; ~ speech ≈ भाषण. **II.** *a.* **1.** बंद; half day ~ आधा दिन ≈; ~ price ≈ भाव; **2.** अन्तिम; ~ date ≈ तिथि; ~ day ≈ दिन; ~ number इति संख्या, अन्तिम संख्या; ~ stock ≈ माल

**closure** समाप्ति, समापन, अन्त, बंद होना; ~ motion समापन प्रस्ताव, विवादांत प्रस्ताव; ~ of business व्यवसाय की समाप्ति, धंधाबंदी

**clot** थक्का

**clothing** कपड़े; ~ allowance वस्त्र भत्ता

**cloud** **1.** मेघ, बादल; **2.** दोष; ~ on the title स्वत्व दोष

**clown** विदूषक

**club** **1.** क्लब; **2.** गदा, मुग्दर; **3.** डंडा, लट्ठ; ~ law डंडाशाही

**clubbed** संयोजित

**clue** संकेत, सुराग़

**clumsy** भद्दा; ~ style भद्दी शैली

**cluster sampling** समूह प्रतिदर्श ग्रहण, समूह प्रतिचयन

**clutch** जकड़; in the ~es of के शिकंजे में, की ≈ में

**co-accused** सहाभियुक्त, मुलज़िम शरीक़

**coach** **1.** शिक्षक; **2.** सवारी डिब्बा

**coaching** अनुशिक्षण; ~ class ≈ कक्षा

**co-action** सहकार्य

**co-active** **1.** सहकारी; **2.** सहकार्यात्मक; ~ element सहकार्यशील तत्व; ~ force ≈ शक्ति; ~ jurisdiction ≈ अधिकारक्षेत्र, ≈ क्षेत्राधिकार

**co-adaptation** सह व्यनुकूलन

**co-adjuster** सहकारी, सहयोगी

**co-agent** सहाभिकर्ता

**coal** कोयला; ~ bunker कोयलाघर; ~ mines ≈ खान

**coalesce** संलीन/ एक हो जाना

**coalescence** सम्मिलन, संलयन, एकीभाव

**coalition** सहमिलन, संघट्ट; ~ cabinet मिला-जुला मंत्रिमंडल, बहुदलीय मंत्रिमंडल; ~ government मिली-जुली सरकार; ~ of aggressors आक्रामकों का गठबंधन; ~ of parties पक्षकारों/ दलों का ≈/ गठबंधन

**co-alternate** सहविकल्प

**coamings** जहाज़ की मेड़

**coarse** **1.** मोटा, स्थूल; ~ adjustment ≈ समायोजन; ~ cloth ≈ वस्त्र/ कपड़ा; ~ food ≈ अन्न; **2.** अपरिष्कृत

**co-assigner** सहसमनुदेशक

**coastal** तटीय; ~ defence ≈ रक्षा; ~ goods ≈ माल; ~ line तट-रेखा; ~

region तटभूमि, वेलाभूमि; ~ sea तटवर्ती समुद्र; ~ shipping ≈ नौपरिवहन; ~ trade ≈ व्यापार; ~ vessel तटपोत

**coat** I. *n.* 1. कोट; ~ of arms राजचिह्न; 2. लेप. II. *v.t.* लेप करना, पोतना

**coated** विलेपित

**coating** 1. कोट का कपड़ा; 2. विलेपन; 3. परत

**co-author** सहलेखक

**co-belligerent** सह-युद्धकारी, सह-युयुत्सु

**co-creditors** सह-लेनदार

**co-curricular** पाठ्यक्रमेतर/ पाठ्यक्रम के साथ की; ~ activity ≈ गतिविधि

**C.O.D.** (Collect on delivery service) प्राप्ति पर भुगतान

**code** 1. संहिता, कोड; ~ of conduct आचार ≈; ~ book कूट पुस्तिका; ~ of honour शिष्टाचार ≈; ~ of human rights मानव अधिकार ≈; ~ of law विधि ≈; ~ of procedure प्रक्रिया ≈; 2. कूट-संकेत, संकेतकी; ~ language कोड भाषा, संकेत भाषा; ~ number ≈ संख्या; ~ of signals संकेत सूची; ~ telegram ≈ तार; ~ word ≈ शब्द; 3. कूटलिपि, संकेतलिपि, बीजलिपि

**co-debtor** सह-ऋणी

**co-defendants** सह-प्रतिवादी

**coder** कूट संकेतक

**co-determination** श्रमिक साझेदारी

**codicil** कोडपत्र, (वसीयत का) अनुपत्र

**codification** संहिताकरण; ~ of law विधि का ≈

**codified** संहिताबद्ध; ~ law ≈ विधि

**codifier** संहिताकार

**codify** संहिताबद्ध करना

**coding** कूटसंकेतन; ~ guide ≈ निर्देशिका; ~ table ≈ सारणी

**co-dominance** सहप्रभाविता

**co-dominant** सहप्रभावी

**co-education** सहशिक्षा

**co-efficient** गुणांक; ~ of contingency प्रासंगिकता ≈; ~ of determination निर्धारण ≈

**coemptio** क्रय विवाह

**co-equal** समान; ~ authority ≈ प्राधिकार

**coerce** प्रपीड़ित करना, ज़ोर ज़बर्दस्ती करना

**coerced** प्रपीड़ित, ज़बर्दस्ती; ~ co-operation ≈ सहयोग

**coercible** प्रपीड्य

**coercion** प्रपीड़न, जब्र, ज़ोर ज़बर्दस्ती; ~ of war युद्ध बाध्यकारिता

**coercive** प्रपीड़क, ज़बर्दस्ती, जबरी; ~ action ≈ कार्यवाही; ~ authority अवपीड़क सत्ता; ~ force निग्रही बल, अवपीड़क बल; ~ measures ≈ उपाय

**co-examiner** सह-परीक्षक

**co-executant** सह-निष्पादक

**co-executor** सह-निष्पादक

**co-existence** सह-अस्तित्व, सहभाव

**co-existent** सहभावी

**co-existing** सहवर्ती

**co-extensive** सहविस्तृत, समविस्तीर्ण, सहव्यापक

**coffin** शवपेटिका, ताबूत

**cogent** सशक्त, अकाट्य; ~ argument ≈ युक्ति; ~ evidence ≈ साक्ष्य; ~ reason ≈ कारण

**cogitate** चिन्तन/ विचार करना

**cogitation** चिन्तन, विचारण

**cogitationis poenam nemo maretur/ petitur** कोई व्यक्ति केवल विचारों के लिए दण्डनीय नहीं हो सकता

**cognate** I. *n.* (मातृ) बंधु. II. *a.* सजातीय; ~ expression ≈ पद; ~ offences ≈ अपराध; ~ subjects एक जैसा विषय

**cognation** बंधुत्व

**cognition** संज्ञान

**cognitive** संज्ञानात्मक; ~ sentence ≈ वाक्य

**cognizable** संज्ञेय, क़ाबिल दस्तंदाज़ी; ~ offence ≈ अपराध/ जुर्म

**cognizance** संज्ञान; ~ of offence अपराध का ≈; ~ of court न्यायालय का ≈

**cognizant** संज्ञाता; being ~ of fraud कपट का संज्ञान रखते हुए

**cognomen** कुलनाम, उपनाम

**cognovit actionem** वाद-स्वीकृति, इक़बाल दावा

**cohaerentia** संसक्ति

**cohabit** मैथुन/ संभोग/ सहवास करना

**cohabitant** 1. सहवासी; 2. देशवासी

**cohabitation** सहवास, संभोग, मैथुन; matrimonial ~ पति-पत्नी का ≈

**co-heir** सह-उत्तराधिकारी, हमवारिस

**coherence** संगति, संबद्धता

**coherent** 1. सुसंगत, सुसंबद्ध; 2. समनुगत; ~ group ≈ समूह; ~ law ≈ विधि

**cohesion** संसक्ति, संसजन

**cohesive** संसक्तिशील, संसजक

**cohesiveness** संसजकता, संसक्तिशीलता

**coil** I. *n.* कुण्डली; ~-loaded cable कुण्डली-भारित केबिल. II. *v.i.* कुण्डल मारना

**coiled** कुण्डलित

**coin** I. *n.* सिक्का; base ~ हीनमूल्य ≈; counterfeit ~ जाली ≈; current ~ चालू ≈; defaced ~ विकृत ≈; false ~ खोटा ≈; genuine ~ खरा ≈; standard ~ मानक ≈; ~ box ≈ बक्स; ~ hoard सिक्कों का संचय. II. *v.t.* 1. (सिक्का) ढालना; 2. गढ़ना; ~ a word शब्द ≈

**coinage** सिक्का ढलाई; ~ account ≈ लेखा

**coincide** 1. एक ही साथ होना/ पड़ना; 2. मेल खाना

**coincidence** संयोग, मेल, संपात; as a ~ ≈ से; ~ of occurrences घटनाओं का ≈

**coincident** संपाती, संयोगी; ~ indicator ≈ सूचक

**coincidental** आकस्मिक

**coiner** मुद्राकार, सिक्काकार

**co-insurance** सहबीमा; ~ clause ≈ धारा

**co-insurer** सहबीमाकर्ता

**coir** जटा; ~ fibre जटा के रेशे

**coition** मैथुन, संभोग, रतिक्रिया

**coitus** मैथुन; ~ interruptus बाधित ≈; ~ reservatus स्तम्भित ≈

**cold** I. *a.* 1. ठंडा, शीत, सर्द; ~ peace शीत शांति; ~ point शीतांक; ~ storage शीत भंडार, शीतागार; ~ war शीत युद्ध; ~ wave शीत तरंग; 2. भावशून्य, उदासीन; ~ emotion ≈ संवेग; ~ reasoning ≈ तर्क; ~ reception ≈ स्वागत. II. *n.* 1. ज़ुकाम; 2. सर्दी, ठण्ड

**cold-blooded** निष्ठुर, नृशंस; ~ murder ≈ हत्या/ वध

**cold-hearted** हृदयहीन, पत्थरदिल

**co-legatee** सह-रिक्थग्राही

**colic** उदरशूल

**collaborate** सहयोग देना

**collaboration** सहयोग, सहभाग

**collaborator** सहयोगी, सहभागी, सहकर्ता

**collapse** I. *n.* निपात, शक्तिपात. II. *v.i.* ढह जाना, ढेर हो जाना

**collapsible** भंज्य, टूटवाला; ~ corporation ≈ निगम

**collar** 1. कॉलर; ~-bone हँसली; 2. पट्टा

**collate** परितुलन करना, मिलान करना

**collated** परितुलित, मिलान किया हुआ; ~ document ≈ प्रलेख/ दस्तावेज़; ~ telegram ≈ तार

**collateral** 1. समान्तर, संपार्श्विक, ज़िमनी; ~ action ≈ कार्रवाई; ~ agreement ≈ क़रार; ~ evidence ≈ साक्ष्य; ~ issues ≈ विवाद्यक; ~ loan ≈ कर्ज़; ~ proof ≈ प्रमाण; ~ security ≈ प्रतिभूति; ~ transaction ≈ व्यवहार; 2. भिन्नशाखीय; ~ affinity ≈ विवाह सम्बन्ध; ~ ancestors ≈ पूर्वज; ~ consanguinity ≈ समरूपता; ~ descent ≈ वंशानुक्रम; ~ heirs ≈ उत्तराधिकारी; ~ kin ≈ स्वजन; ~ line ≈ वंश; ~ sources ≈ स्रोत; 3. प्रासंगिक, गौण; ~ clause ≈ खंड; 4. ~ book सहायक पुस्तक

**collaterality** भिन्नशाखीयता, समपार्श्विकता

**collaterally** प्रसंगत:

**collation** परितुलन, समाकलन, मिलान

**colleague** सहयोगी, सहकर्मी, साथी

**collect** 1. समाहरण करना, संग्रह करना, इकट्ठा करना; 2. उगाहना, वसूल करना; ~ call मूल्यदेय कॉल

**collected** संगृहीत, एकत्रित; ~ documents ≈ दस्तावेज़

**collecting** I. *a.* संग्राही; ~ agency ≈ अभिकरण. II. *n.* संग्रहण, उगाही, वसूली; ~ of cheques चेकों का संग्रहण; ~ stage ≈ अवस्था

**collection** 1. संग्रहण, समाहरण, वसूली, उगाही; ~ charges ≈ प्रभार/ ख़र्च; ~ of arrears बक़ाया वसूली; ~ of dues प्राप्य रक़मों की वसूली; ~ of revenue राजस्व/ लगान की वसूली; ~ on realization ≈ पर उगाही; ~ register ≈ पंजी/ रजिस्टर; 2. संग्रह, संकलन; ~ of data आधार-सामग्री का ≈

**collective** सामूहिक; ~ action ≈ कार्रवाई; ~ agreement ≈ क़रार; ~ assistance ≈ सहायता; ~ bargaining ≈ सौदाकारी; ~ burial ≈ शवाधान; ~ contract ≈ संविदा; ~ culpability ≈ सदोषता/ अभियोज्यता; ~ experience ≈ अनुभव; ~ expression of opinion ≈ मताभिव्यक्ति; ~ fine ≈ जुर्माना; ~ intervention ≈ अंत:क्षेप; ~ investment ≈ निवेश; ~ leadership ≈ नेतृत्व; ~ military action ≈ सैनिक कार्यवाही; ~ ownership ≈ स्वामित्व; ~ property ≈ संपत्ति; ~ responsibility ≈ उत्तरदायित्व; ~ punishment ≈ दण्ड; ~ security ≈ सुरक्षा; ~ will ≈ इच्छा

**collectively** सामूहिक रूप से; ~ responsible ≈ उत्तरदायी

**collector** समाहर्ता, कलक्टर; ~ of revenue राजस्व ≈; ~ of customs सीमाशुल्क ≈

**collectorate** समाहर्ता कार्यालय, कलक्टरी

**college** 1. महाविद्यालय, कॉलेज; 2. समूह

**collegiate** कॉलेज का; ~ status महाविद्यालयीय स्तर

**collegium** अधिशासी मण्डल, अधिशासी समिति

**colliery** कोयला खान

**colligation** अनुबंधन; ~ of facts तथ्यानुबन्धन

**colligative** अनुबंधित; ~ property ≈ सम्पत्ति

**collision** टक्कर; ~ insurance ≈ बीमा

**colloquial** बोलचाल का

**colloquialism** बोलचाल का प्रयोग

**collude** दुरभिसंधि करना, कुचक्र रचना, साँठ-गाँठ करना

**collusion** दुरभिसंधि, साँठ-गाँठ

**collusive** दुरभिसंधिपूर्ण, कपटमय

**colon** बृहदान्त्र, कोलन

**colonial** औपनिवेशिक; ~ area उपनिवेश क्षेत्र; ~ community ≈ समुदाय; ~ legislation ≈ विधायन; ~ policy ≈ नीति; ~ powers ≈ शक्तियाँ/ राष्ट्र

**colonist** उपनिवेशिक

**colonization** उपनिवेशन, बस्ती बसाना

**colony** 1. कॉलोनी, उपनगर; 2. उपनिवेश

**colossal** विशाल, बृहद्काय

**colour** I. *n.* 1. रंग, वर्ण; ~ bar रंगभेद; ~ contrast वर्ण-वैषम्य; ~ discrimination ≈-विभेद; 2. आभास; ~ of authority प्राधिकार ≈; ~ of office पदाभास; ~ of trust न्यासाभास; 3. (pl.) ध्वज; 4. under ~ of process उचित कार्रवाई के नाम पर. II. *a.* रंगीन; ~ light signal ≈ प्रकाश सिगनल; ~ photography ≈ फ़ोटोग्राफ़ी; ~ printing ≈ छपाई; ~ work ≈ काम

**colourable** आभासी, कूट; ~ imitation ≈ अनुकृति, मिलती-जुलती नक़ल

**coloured** 1. रंगीन; ~ cloth ≈ कपड़ा; 2. अश्वेत; ~ races ≈ जातियाँ; 3. रंजित; ~ emotion ≈ संवेग; ~ shadow ≈ छाया

**colouring** रंजक; ~ agent रंगकारक; ~ matter ≈ द्रव्य

**colt** बछेड़ा

**column** स्तम्भ, कॉलम, ख़ाना

**columnal** ख़ानेदार; ~ day book ≈ रोज़नामचा

**columnist** स्तम्भ-लेखक

**coma** अतिमूर्च्छा

**co-mate** संगी

**combat** I. *n.* लड़ाई, मुठभेड़, युद्ध; ~ troops संयोधी सेना, लड़ाकू सेना; ~ zone रणक्षेत्र. II. *v.t.* भिड़ना; ~ disease रोग की रोक-थाम करना

**combatant** I. *n.* लड़ाकू, संयोधी. II. *a.* सामरिक

**combination** 1. समुच्चय; ~ of injuries क्षतियों का ≈; 2. सम्मिलन; ~ of appointments नियुक्तियों का ≈; ~ of posts पदों का ≈; 3. संयोजन, जोड़; 4. गुटबन्दी; 5. समूहित, संमिश्र; ~ rates ≈ दरें

**combine** I. *n.* गुट. II. *v.i.* जुड़ना, मिलना. III. *v.t.* जोड़ना, मिलाना, संयुक्त करना; ~ punishments दण्डों को मिला देना

**combined** संयुक्त, संयोजित; ~ benefits ≈ प्रसुविधाएँ; ~ fare ≈ किराया; ~ hand उभय कर्मी; ~ mail bag ≈ डाक थैला; ~ ticket ≈ टिकट; ~ sub office उप डाक-तार घर; ~ total कुल योग/ जोड़

**combustible** दहनशील, ज्वलनशील

**combustion** दहन

**come** आना; ~ about घटित होना; ~ across मिलना; ~ back लौटना; ~ between अलग-अलग कर देना; ~ by प्राप्त करना; ~ by the father पिता से प्राप्त; ~ by the mother माता से प्राप्त; ~ down उतरना, गिरना; ~ forth प्रकट हो जाना; ~ forward आगे बढ़ना; ~ in प्रवेश करना; ~ in the way of smb. किसी के मार्ग में बाधक होना; ~ into contact सम्पर्क में आना; ~ into effect प्रभावी होना; ~ into force प्रवृत्त/ लागू होना; ~ into operation चालू होना; ~ of age वयस्क होना; ~ out प्रकट हो जाना; ~ round अनुकूल/ स्वस्थ हो जाना; ~ to nothing व्यर्थ जाना; ~ to terms समझौता करना; ~ under के अधीन/ अंतर्गत होना; ~ upon पा जाना

**comedy** सुखांतक, कामदी

**comfort** सुख, आराम

**comfortable** सुखद, आरामदेह; ~

condition ≈ दशा, ≈ हालत

**comics** मनोरंजक चित्रपुस्तक

**coming** आगामी, आनेवाला; ~ year ≈ वर्ष

**co-mingled** सम्मिश्रित

**comity** सौहार्द, सौजन्य; ~ of nations राष्ट्रों का ≈

**command** 1. समादेश; ~ of the sovereign प्रभु का ≈; ~ paper ≈ पत्र; being in ~ समादेशन करते हुए; 2. *(milit.)* कमान, कमाण्ड; 3. प्रभुत्व; 4. प्रभाव; ~ area ≈ क्षेत्र

**commandant** कमाण्डेन्ट, समादेष्टा

**commander** सेनापति, कमाण्डर; ~-in-chief महासेनापति

**commanding officer** कमान अफ़सर

**commemorate** स्मरणोत्सव मनाना; स्मृति में अभिनन्दन करना

**commemoration** स्मरणोत्सव; ~ volume अभिनन्दन-ग्रन्थ

**commemorative** स्मारक; ~ medal ≈ पदक; ~ stamp ≈ टिकट

**commence** प्रारम्भ करना/ होना

**commenced** आरब्ध

**commencement** प्रारम्भ, शुरुआत; ~ of proceedings कार्यवाही का प्रारम्भ/ आरम्भ; ~ of risk जोखिम का प्रारम्भ; ~ of service सेवारम्भ

**commencing on** से आरम्भ होने वाला

**commend** 1. सराहना/ प्रशंसा करना; 2. सौंपना; 3. सिफ़ारिश/ संस्तुति करना

**commendable** सराहनीय, संस्ताव्य

**commendation** 1. सराहना, प्रशंसा; 2. संस्तुति, सिफ़ारिश; 3. सुपुर्दगी

**commendatory** प्रशंसात्मक, संस्तावी, सिफ़ारशी; ~ letter ≈ पत्र/ चिट्ठी

**commensal** सहभोजी; ~ relation ≈ सम्बन्ध

**commensurable** सम्मेय; आनुपातिक; ~ values ≈ मूल्य

**commensurate** अनुरूप

**comment** I. *n.* टीका-टिप्पणी. II. *v.i.* टीका-टिप्पणी करना

**commentary** 1. वृत्त वर्णन; 2. टीका, शरह; 3. समीक्षा

**commentator** 1. वृत्तकार; 2. टिप्पणीकार, भाष्यकार; 3. समीक्षक

**commerce** वाणिज्य; ~ faculty ≈ संकाय

**commercial** वाणिज्यिक; ~ accounts ≈ लेखे; ~ association वाणिज्य-संघ; ~ bank ≈ बैंक, व्यावसायिक बैंक; ~ blockade ≈ नाकेबदी; ~ code ≈ संहिता; ~ concern ≈ प्रतिष्ठान; ~ consul ≈ कांसुल, ≈ दूत; ~ crisis ≈ संकट; ~ dealings ≈ व्यवहार; ~ development ≈ विकास; ~ employees ≈ कर्मचारी; ~ exchange ≈ विनिमय; ~ house ≈ गृह; ~ insurance व्यापारिक कर्मचारी बीमा; ~ law ≈ विधि; ~ management ≈ प्रबन्ध; ~ obligations ≈ दायित्व; ~ organisation ≈ संगठन; ~ operations ≈ संकार्य; ~ tax ≈ कर; ~ transaction ≈ लेन-देन; ~ traveller ≈ यात्री

**commercialism** वाणिज्यता

**commercialization** वाणिज्यन

**commissariat** [*milit.*] रसद विभाग

**commission** 1. आयोग, कमीशन; ~ in army सेना में कमीशन; ~ of conciliation समाधान ≈; ~ of enquiry जाँच ≈; ~ on human rights मानव अधिकार ≈; ~ to examine witnesses साक्षियों की परीक्षा करने के लिए ≈; 2. आढ़त, दस्तूरी, कमीशन; ~ agent ≈ एजेंट/ अभिकर्ता, आढ़तिया; ~ broker कमीशन दलाल; ~

business ≈ का काम, आढ़त; ~ house आढ़ती कोठी, कमीशन घर; **3.** करनी; ~ and ommission कृताकृत; ~ of offence अपराध करना

**commissionaire** द्वारपाल

**commissioned** राजादिष्ट, कमीशन प्राप्त; ~ officer ≈ अधिकारी

**commissioner** आयुक्त; ~ general महा आयुक्त; ~ of excise आबकारी ≈; ~ of income tax आयकर ≈; ~ of police पुलिस ≈

**commit** **I.** *v.t.* **1.** करना; ~ an offence अपराध ≈; ~ breach of peace शांति भंग ≈; ~ forgery जालसाज़ी ≈; ~ to memory कंठस्थ/ याद ≈; ~ to writing लेखबद्ध ≈; **2.** भेजना, सुपुर्द करना; ~ for trial विचारणार्थ ≈; ~ to charge प्रभारसाधन में ≈; ~ to custody हिरासत में ≈; ~ to jail कारागार को ≈; ~ to sessions सेशन को ≈. **II.** *v.i.* वचनबद्ध होना

**commitment** **1.** वचनबद्धता, प्रतिबद्धता; **2.** सुपुर्दगी; ~ order ≈ आदेश; **3.** अभिबन्धन

**committal** = commitment; ~ of case मामला सुपुर्द करना

**committed** **1.** वचनबद्ध; ~ nations ≈ राष्ट्र; ~ party ≈ पक्षकार; **2.** सुपुर्द किया गया; ~ for trial विचारार्थ अभिप्रेत; ~ without premediation पूर्वचिन्तन बिना ≈

**committee** समिति, कमेटी; action ~ संघर्ष ≈; ad hoc ~ तद्‌र्थ ≈; ~ of inquiry जाँच ≈; ~ of inspection निरीक्षण की ≈; ~ of privileges विशेषाधिकार की ≈; ~ of whole house संपूर्ण सदन की ≈; ~ on arbitration विवाचन ≈; ~ on co-ordination समन्वय ≈; ~ national income राष्ट्रीय आय ≈; ~ on ways and means उपाय और साधन ≈; select ~ प्रवर ≈; standing ~ स्थायी ≈

**committing** सुपुर्दगी; ~ authority ≈ प्राधिकारी

**commodatum** मँगनी

**commodious** खुला; ~ use of land भूमि का सुखमय उपयोग

**commodity** पण्य, जिन्स, वाणिज्या, माल; ~ agreement ≈ क़रार; ~ capital ≈ पूँजी; ~ flow जिन्स प्रवाह, पण्य प्रवाह; ~ goods व्यापारी वस्तुएँ/ जिन्स; ~ loan ≈ उधार/ ऋण; ~ market वस्तु बाज़ार/ मंडी; ~ production जिन्स उत्पादन; ~ tax ≈ कर

**commodore** उपनौपति, कमोडोर

**commodum ex injuria sua nemo habere debet** कोई भी व्यक्ति अपनी भूल का लाभ नहीं उठा सकता

**common** **1.** सामान्य, साझा, एक ही; ~ allegiance सहभक्ति, सहनिष्ठा; ~ ancestor ≈ पूर्वज/ पुरखा; ~ carelessness ≈ असावधानी; ~ cause ≈ हित; ~ course ≈ अनुक्रम/ सिलसिला; ~ defence ≈ रक्षा; ~ good ≈ हित; ~ grounds ≈ आधार; ~ intention सम्मिलित आशय, साझा इरादा; ~ interest सामान्य हित, समान रुचि; ~ irregularity ≈ अनियमितता; ~ object ≈ उद्देश्य; ~ origin ≈ मूल; ~ pasture ≈ चरागाह; ~ practice ≈ व्यवहार; ~ sense ≈ बुद्धि; ~ services ≈ सेवाएँ; ~ source स्रोत; **2.** साधारण, आम; ~ law ≈ विधि/ क़ानून; ~ nationality ≈ राष्ट्रिकता; ~ occurrence ≈ घटना; ~ people ≈ जन/ लोग; ~ to all सर्व साधारण के लिए; **3.** लोक-, सार्वजनिक; ~ carrier ≈ वाहन; ~ good ≈ हित; in ~ साझे में;

~ law ≈ विधि; ~ pasture शामलाती चरागाह; 4. ~ consent सर्व सम्मति; ~ point जंक्शन, अड्डा; ~ room विनोद कक्ष; ~ weal सर्वहित; ~ will सर्वजन इच्छा; ~ woman वेश्या

**commonly** सामान्यतः; ~ intelligible ≈ बुद्धिगम्य

**commons** चरागाह, गोचर-भूमि

**commonwealth** राष्ट्रमण्डल [also ~ of nations]; ~ countries ≈ देश, मण्डलीय देश

**commotion** संक्षोभ, हुल्लड़, हलचल

**communal** 1. साम्प्रदायिक; ~ disturbance ≈ उपद्रव/ गड़बड़; ~ electorate ≈ निर्वाचक वर्ग, ≈ निर्वाचन क्षेत्र; ~ frenzy ≈ उन्माद; ~ representation ≈ प्रतिनिधित्व; ~ riot ≈ दंगा; 2. सामुदायिक; ~ code ≈ संहिता; ~ land ≈ भूमि; ~ ownership ≈ स्वामित्व; ~ property ≈ संपत्ति

**communalist** साम्प्रदायिकतावादी, साम्प्रदायिक

**commune** I. *a.* सामान्य, साधारण, आम; ~ consilium regni राज्य की ≈ परिषद. II. *n.* 1. आम सभा; 2. मैत्रीपूर्ण बात-चीत; ~ placitum व्यवहार की ≈; ~ vinculum पारस्परिक ≈

**communia** साधारण/ सामान्य वस्तुएँ

**communibus annis** साधारण वर्षों में

**communicable** 1. संप्रेषणीय; ~ disease संचारी/ संचरणीय रोग; 2. संचारी, संचार्य; ~ form ≈ रूप

**communicate** 1. संसूचित करना, बताना; ~ to all सब को ≈; 2. संचार करना, पहुँचाना; ~ intelligence खबर ≈; ~ order आदेश पहुँचाना; 3. सम्पर्क करना; ~ with press प्रेस से ≈; 4. बातचीत करना

**communicated** 1. सूचित; 2. संचारित

**communicating** संचारी; ~ apparatus संचार-यंत्र

**communication** 1. संचार; means of ~ ≈ के साधन; ~ media ≈ माध्यम; ~ minister ≈-मंत्री; ~ officer ≈ अधिकारी; 2. संसूचना; ~ of acceptance स्वीकृति की ≈; ~ of proposal प्रस्थापना की ≈; 3. पत्र-व्यवहार; official ~ सरकारी ≈/ संसूचना; ~ with the government सरकार/ शासन के साथ ≈

**communique** विज्ञप्ति

**communis** सामान्य, साधारण, आम; ~ error facit jus ≈ विभ्रम विधि द्वारा बनता है; ~ juris ≈ विधि; ~ rixatrix ≈ झिड़की; ~ strata ≈ मार्ग

**communism** साम्यवाद, कम्युनिज़्म

**communist** साम्यवादी; ~ party ≈ दल

**community** 1. समुदाय; ~ activities सामुदायिक क्रियाकलाप; ~ centre सामुदायिक केन्द्र; ~ chest सामुदायिक संगठित निधि, सामुदायिक निधि संगठन; ~ ethos ≈ आचार; ~ development सामुदायिक विकास; ~ life सामुदायिक जीवन; ~ of nations राष्ट्र समुदाय; ~ ownership ≈ स्वामित्व; ~ project ≈ परियोजना; ~ resources सामुदायिक संसाधन, सामाजिक संसाधन; ~ service ≈ सेवा; ~ spirit ≈ भावना; village ~ ग्राम समाज; 2. सामान्यता, पारस्परिकता; ~ of interests हितों की ≈

**commutable** परिवर्तनीय, रूपान्तरणीय

**commutation** 1. परिवर्तन, रूपान्तरण; ~ of pension पेंशन का ≈; ~ rules ≈ नियम; 2. न्यूनीकरण, लघूकरण; ~ of a sentence दंडादेश का ≈; ~ fare रियायती किराया; ~ ticket रियायती टिकट; 3. ~ traffic उपनगरीय यातायात

**commutative** योग्यतानुसार, योग्यतानुपाती; ~ justice ≈ न्याय

**commutator** दिक् परिवर्तक, कम्यूटेटर

**commute** 1. परिवर्तित/ रूपान्तरित करना; 2. कम करना

**commuted** परिवर्तित, रूपान्तरित; ~ bonus ≈ बोनस; ~ leave ≈ छुट्टी; ~ pension ≈ पेंशन; ~ punishment लघूकृत दण्ड; ~ value ≈ मूल्य

**commuter** अन्यत्रवासी कर्मचारी, अन्यत्रवासी यात्री

**co-mortgager** सहबन्धककर्ता

**compact** I. *a.* संहत; ~ area ≈ क्षेत्र; ~ holding ≈ जोत; ~ village ≈ ग्राम. II. *n.* संविदा, समझौता

**compactness** संहति

**companion** साथी; ~ treaty सह-संधि

**companionate** संयुक्त, सहचारी; ~ crime ≈ अपराध; ~ marriage साहचर्य-विवाह

**company** 1. कम्पनी; ~ account ≈ लेखा; holding ~ नियंत्रक ≈; incorporated ~ सम्मेलित ≈; ~ law ≈ विधि/ क़ानून; limited ~ सीमित ≈; ~ ownership ≈ स्वामित्व; private ~ निजी ≈; public ~ सार्वजनिक ≈; registered ~ पंजीकृत ≈; ~ in liquidation समापनाधीन ≈; 2. [*milit.*] गुल्म, मण्डली; ~ commander गुल्मपति

**comparability** तुलनीयता

**comparable** तुलनीय, सदृश; ~ employment ≈ नियोजन/ नौकरी; ~ form ≈ रूप

**comparative** तुलनात्मक; ~ cost ≈ लागत; ~ figures ≈ आँकड़े; ~ jurisprudence ≈ विधिशास्त्र; ~ law ≈ विधि; ~ statement ≈ विवरण

**comparatively** अपेक्षाकृत, तुलनात्मक दृष्टि से

**compare** तुलना/ मुक़ाबला करना, मिलान करना

**comparison** तुलना, मिलान

**compartment** खाना, डिब्बा, कम्पार्टमेन्ट

**compassion** अनुकम्पा, दया, तरस

**compassionate** 1. दयालु, दयाशील; 2. अनुकम्प्य, दयापात्र; ~ allowance अनुकम्पा-भत्ता; ~ fund ≈ निधि; ~ gratuity ≈ उपदान; on ~ grounds दया के कारण, दयावश

**compatibility** संगति, अनुरूपता

**compatible** संगत, अनुरूप

**compatriot** देशवासी; ~ communities ≈ समुदाय

**compel** विवश/ बाध्य/ मजबूर करना; ~ attendance हाज़िर होने के लिए ≈

**compellable** विवश्य

**compelled** विवश किया गया; ~ by accident दुर्घटना के कारण विवश हो गया

**compelling** अप्रतिरोध्य, बाध्य; ~ circumstances ≈ परिस्थितियाँ

**compendium** सार, सार-संग्रह, संक्षेप

**compensate** मुआवज़ा देना, क्षतिपूर्ति करना, घाटा भरना

**compensable injury** क्षतिपूर्ति योग्य चोट, मुआवज़ी चोट

**compensated** क्षतिपूरित, प्रतिपूरित

**compensating** क्षतिपूरक, प्रतिपूरक; ~ balance प्रतिपूरक संतुलन; ~ expenditure प्रतिपूरक ख़र्च; ~ payment ≈ भुगतान

**compensation** क्षतिपूर्ति, मुआवज़ा, प्रतिकर, प्रतिपूर्ति; ~ award प्रतिपूर्ति पंचाट; ~ for loss हानि का प्रतिकर/ मुआवज़ा; ~ for wrong दोष का प्रतिकर; ~ in lieu of notice नोटिस के बदले में ≈; ~ payable देय ≈; claim for ~ ≈ का दावा

**compensator** प्रतिपूरक, क्षतिपूरक

**compensatory** क्षतिपूरक, प्रतिपूरक, प्रतिकारात्मक; ~ allowance ≈ भत्ता; ~ borrowing प्रतिपूरक उधार; ~ damages प्रतिपूरक क्षतिपूर्ति; ~ holiday प्रतिपूरक अवकाश, एवज़ी छुट्टी; ~ leave प्रतिपूरक छुट्टी

**compete** स्पर्धा/ मुक़ाबला करना

**competence** क्षमता, सामर्थ्य, समर्थता; ~ certificate सक्षमता-पत्र, समर्थता प्रमाण-पत्र

**competency** = competence

**competent** सक्षम, समर्थ; ~ authority ≈ प्राधिकारी; ~ court ≈ न्यायालय; ~ jurisdiction ≈ अधिकार-क्षेत्र; ~ to contract संविदा करने के लिए ≈; ~ to try विचारण करने के लिए ≈; ~ witness ≈ साक्षी

**competing** स्पर्धी, प्रतियोगी; ~ bill प्रतिद्वंद्वी विधेयक, प्रतियोगी विधेयक; ~ business ≈ व्यापार; ~ nationalities प्रतिस्पर्धी राष्ट्र जातियाँ; ~ parties ≈ दल/ पक्षकार

**competition** प्रतियोगिता, स्पर्धा, होड़

**competitive** 1. प्रतियोगी, प्रतिस्पर्धी; ~ armament ≈ शस्त्रीकरण; ~ demand ≈ माँग; ~ goods ≈ माल; ~ industry ≈ उद्योग; ~ investment ≈ निवेश; ~ rate ≈ दर; ~ supply ≈ पूर्ति; 2. प्रतियोगितात्मक; ~ co-operation ≈ सहयोग; ~ examination प्रतियोगिता परीक्षा

**competitor** प्रतियोगी, प्रतिस्पर्धी

**compilation** संकलन; ~ of data आधार-सामग्री का ≈; ~ of documents दस्तावेज़ों का ≈; ~ of statistics सांख्यिकी ≈

**compilator** संकलनकर्ता

**compile** संकलित करना

**compiled** संकलित; ~ accounts ≈ लेखे

**compiler** संकलनकर्ता

**complacency** आत्मतोष

**complacent** आत्मतुष्ट

**complain** शिकायत/ परिवाद करना

**complainant** परिवादी, शिकायतकर्ता

**complaint** शिकायत, परिवाद; ~ book ≈ पुस्तक; ~ report ≈ रिपोर्ट; ~s officer ≈ अधिकारी; ground of ~ ≈ का आधार; to make ~ ≈ करना

**complement** पूरक

**complementary** पूरक; ~ agreement ≈ क़रार; ~ demand ≈ माँग; ~ document ≈ दस्तावेज़/ प्रलेख; ~ interest ≈ हित; ~ job ≈ काम; ~ to each other एक दूसरे के ≈; ~ work ≈ कार्य

**complete** I. *a.* पूर्ण, पूरा, समाप्त, ख़त्म; ~ copy पूरी कापी; ~ information पूरी जानकारी, पूरी सूचना; ~ inspection संपूर्ण निरीक्षण; ~ loss ≈ हानि, ~ satisfaction ≈ तुष्टि. II. *v.t.* पूरा करना

**completed** संपूरित, पूरा किया हुआ, समाप्त; ~ period संपूरित/ पूरी अवधि

**completely** पूर्णतः, पूर्णतया, पूरी तरह

**completing** पूरण, पूरा करना; ~ the sale बिक्री का ≈

**completion** पूरा होना, समाप्ति, संपूर्ति, समापन; ~ certificate समापन प्रमाण पत्र; ~ of election चुनाव का पूरा हो जाना; ~ of work काम का पूरा हो जाना; ~ report समापन रिपोर्ट

**complex** I. *a.* 1. जटिल, पेचीदा; ~ data ≈ आधार-सामग्री; ~ group ≈ समूह; ~ tale ≈ कथा; 2. सम्मिश्र; ~ class ≈ वर्ग; ~ form ≈ रूप II. *n.* 1. प्रक्षेत्र; 2. मनोग्रंथि

**complexity** जटिलता, पेचीदगी

**compliance** 1. अनुपालन, पालन, तामील;

2. अनुरूप होना; ~ with judgment निर्णय के ≈

**Complicate** जटिल बनाना

**complicated** जटिल; ~ problem ≈ समस्या

**complication** जटिलता, उलझाव

**complicity** (in crime) सहअपराधिता

**compliment** अभिवादन, सम्मान, नमस्कार

**complimentary** मानार्थ; ~ copy ≈ प्रति; ~ pass ≈ पास; ~ ticket ≈ टिकट; ~ remark प्रशंसात्मक उक्ति/ उल्लेख

**comply** अनुपालन करना; ~ with orders आदेश का ≈; ~ with requirements अपेक्षाओं या आवश्यकताओं की पूर्ति करना

**component** *n. & a.* घटक; ~ parts ≈ अंग/ पुर्ज़े; ~ society ≈ समाज; ~s of body शरीर के ≈; ~ of water पानी के ≈; ~ of earning आय के ≈

**compose** 1. रचना करना, बनाना; 2. अक्षर जोड़ना; 3. सुस्थिर/ शांत होना

**composed** 1. मिल कर बना हुआ, रचित; 2. सुस्थिर

**composer** संगीतकार

**composing** अक्षरयोजन, कम्पोज़िंग

**composite** सामासिक, मिलाजुला, सम्मिश्र; ~ advance ≈ अग्रिम; ~ article ≈ वस्तुएँ; ~ bogie ≈ बोगी; ~ culture ≈ संस्कृति; ~ family ≈ कुटुम्ब; ~ inspection सर्वांग निरीक्षण; ~ programme ≈ कार्यक्रम; ~ property सम्मिश्र/ मिली-जुली सम्पत्ति; ~ scheme ≈ कार्यक्रम, ≈ योजना; ~ state ≈ राज्य; ~ supply ≈ पूर्ति; ~ telegraph circuit मिला-जुला तार परिपथ

**composition** 1. रचना; 2. संघटन; ~ of court न्यायालय-≈; ~ of trade व्यापार-≈; 3. प्रशमन, समझौता, निबटारा; ~ deed प्रशमन विलेख; ~ fee प्रशमन शुल्क; ~ of debt ऋण का ≈; ~ of offences अपराधों का ≈

**compositor** अक्षरयोजक, कम्पोज़ीटर

**compound** I. *n.* 1. मिश्रण; 2. हाता, प्रांगण; 3. [*gramm.*] समास. II. *a.* 1. संयुक्त; ~ family ≈ परिवार; ~ name ≈ नाम; 2. यौगिक; ~ duty ≈ प्रशुल्क; ~ group ≈ समूह; 3. विकृत, अनेक; ~ answer अनेकांश उत्तर; ~ fracture विकृत/ विवृत अस्थिभंग; ~ interest चक्रवृद्धि ब्याज. III. *v.t.* प्रशमन करना, राज़ीनामा/ समझौता करना; ~ any such offence किसी ऐसे अपराध का प्रशमन करना; ~ with creditors लेनदारों से राज़ीनामा/ समझौता करना

**compoundable** 1. समाद्येय, प्रशमनीय, क़ाबिल राज़ीनामा; ~ offence ≈ अपराध; 2. संयोज्य

**compounded** 1. प्रशमित; 2. संयुक्त

**compounding** प्रशमन; ~ crime अपराध शमन; ~ fee ≈ शुल्क; ~ officer ≈ अधिकारी

**comprehend** समझना

**comprehension** समझ, बोध

**comprehensive** व्यापक; ~ coverage ≈ बीमा; ~ data ≈ आधार-सामग्री; ~ insurance ≈ बीमा; ~ programme ≈ कार्यक्रम; ~ test ≈ परीक्षण; ~ view ≈ मत

**comprehensiveness** व्यापकता

**compressed** संपीड़ित, ~ air ≈ वायु

**compression** संपीड़न, दाब

**comprise** समाविष्ट/ शामिल होना; it ~s of two parts इसके दो भाग होते हैं

**comprised** समाविष्ट; ~ in में ≈; ~ territory ≈ प्रदेश

**comprising** मिलकर बनने वाला

**compromise** 1. *n.* समझौता; ~ clause

≈ खण्ड; ~ deed ≈ विलेख; ~ petition ≈ की याचिका; ~ settlement साम-समझौता. **II.** *v.t.* समझौता करना; ~ a suit वाद में ≈

**comptroller** नियंत्रक; ~ general महा ≈

**compulsion** बाध्यता, मज़बूरी, ज़बरदस्ती

**compulsive** बाध्यकारी; ~ measures ≈ उपाय; ~ settlement (of disputes) (विवादों का) ≈ समाधान, बाध्य समझौता

**compulsorily** अनिवार्यतः, लाज़मी तौर पर; ~ retired ≈ निवृत्त कर दिया गया

**compulsory** अनिवार्य, लाज़मी; ~ acquisition ≈ अर्जन; ~ adjudication ≈ न्याय-निर्णय; ~ appearance ≈ उपस्थिति/ पेशी; ~ arbitration ≈ विवाचन; ~ attendance ≈ उपस्थिति; ~ disarmament ≈ निरस्त्रीकरण; ~ dissolution ≈ विघटन; ~ employment ≈ रोज़गार; ~ insurance ≈ बीमा, विधिक बीमा; ~ investigation ≈ जाँच-पड़ताल; ~ labour ≈ श्रम; ~ liquidation ≈ परिसमापन; ~ military training ≈ सैनिक प्रशिक्षण; ~ registration ≈ निबन्धन; ~ retirement ≈ (सेवा) निवृत्ति; ~ saving ≈ बचत; ~ transfer ≈ स्थानान्तरण; ~ voting ≈ मतदान; ~ winding up ≈ समापन

**compunction** आत्मग्लानि, कचोट

**computable** अभिकलनीय, संगण्य

**computation** अभिकलन, संगणना; ~ of freight भाड़े का ≈; ~ of income आय का ≈; ~ of period अवधि का ≈; ~ of mileage मील की गणना करना

**compute** अभिकलन/ संगणना करना, गिनना; ~ profits लाभों का अभिकलन करना

**computor** अभिकलक, संगणक, कम्प्यूटर

**conceal** छिपाना, संगुप्त रखना, दुराव करना; ~ a design परिकल्पना को ≈

**concealed** प्रच्छन्न, संगुप्त, अप्रकट; ~ pension plan अप्रकट पेंशन योजना

**concealment** छिपाव, दुराव, संगोपन; fraud by ~ ≈ द्वारा कपट; ~ of crime अपराध का ≈; ~ of income आय का ≈; ~ of material facts तात्विक तथ्यों का ≈; ~ of risk जोखिम छिपाना

**concede** **1.** मान लेना, स्वीकार करना; **2.** छूट देना

**conceited** दम्भी

**conceivable** अनुमेय, चिन्त्य, संकल्प्य

**conceive** **1.** चिन्तन करना, सोचना; **2.** गर्भधारण करना

**conceived** **1.** गर्भायित; **2.** कल्पित; **3.** विचारित

**concentrate** **I.** *v.t.* **1.** संकेन्द्रित करना; **2.** (मन) एकाग्र करना. **II.** *a.* सराकृत, सान्द्र

**concentrated** संकेन्द्रित, सान्द्र

**concentration** **1.** संकेन्द्रण; ~ of authority प्राधिकार ≈; ~ of capital पूँजी का केन्द्रीकरण, पूँजी ≈; ~ of industry उद्योग का ≈; ~ of power शक्ति-संकेन्द्रण; **2.** एकाग्रता; ~ of mind मन की ≈; **3.** ~ camp बंदी-शिविर

**concept** संकल्पना, धारणा, संप्रत्यय; ~ of duties कर्तव्यों की धारणा

**conception** **1.** संकल्पना, चिन्तना; **2.** गर्भ-धारण

**conceptual development** संप्रत्यात्मक विकास

**concern** **1.** सम्बन्ध, वास्ता, सरोकार; **2.** व्यापार, धन्धा; **3.** प्रतिष्ठान; business ~ व्यापार-≈; **4.** समुत्थान; industrial ~ औद्योगिक ≈; **5.** चिन्ता

**concerned** **1.** सम्बद्ध, सम्बन्धित; the officer ~ ≈ अधिकारी; ~ section ≈

अनुभाग; 2. चिन्तित

**concerning** के सम्बन्ध/ विषय में

**concert** I. *n.* 1. संगीत सभा; 2. समवेत संगीत; 3. सहमति, मेल; acting in ~ एकमत होकर कार्य करते हुए, मिलकर. II. *v.t.* सम्मिलित/ संगठित करना

**concerted** संयुक्त; सम्मिलित; ~ action ≈ कार्यवाही; ~ activities ≈ कार्यकलाप; ~ refusal सम्मिलित रूप से इन्कार

**concession** रियायत, छूट

**concessional** रियायती; ~ passage ≈ यात्रा-व्यय; ~ rate ≈ दर; ~ ticket ≈ टिकट

**concessionee** रियायत पाने वाला

**conciliate** मना लेना, मनाना

**conciliation** 1. सुलह, समझौता; ~ board ≈ बोर्ड; ~ officer ≈ अधिकारी; ~ proceedings ≈ कार्यवाही; 2. समाधान; ~ commission ≈ आयोग

**conciliator** सुलह कराने वाला

**conciliatory** शामक, सुलहकारी; ~ methods सामिकी उपाय; ~ negotiations ≈ बातचीत; ~ policy ≈ नीति; ~ proposal सामिकी प्रस्ताव, तुष्टीकारी प्रस्ताव

**concise** संक्षिप्त; ~ edition ≈ संस्करण; ~ statement ≈ कथन

**concisely** संक्षेप में

**conclude** 1. उपसंहार करना, निष्कर्ष निकालना; 2. समाप्त/ ख़त्म करना; 3. ~ a treaty सन्धि करना

**concluding** अन्तिम; ~ para ≈ पैरा

**conclusion** 1. उपसंहार, निष्कर्ष; 2. अन्त, समाप्ति; 3. ~ of peace शान्ति स्थापना

**conclusive** निश्चयात्मक, क़तई; ~ evidence ≈ साक्ष्य/ शहादत; ~ proof ≈ प्रमाण/ सबूत

**conclusively** निश्चित/ अन्तिम रूप से; ~ determined ≈ अवधारित; ~ proved ≈ प्रमाणित

**concoct** गढ़ना, झूठमूठ बना लेना

**concocted** मनगढ़न्त; ~ story ≈ कहानी

**concoction** कूटरचना, मनगढ़न

**concomitant** सहवर्ती, सहगामी; ~ relation ≈ सम्बन्ध

**concord** 1. सुसंगति; 2. मतैक्य, एकमत होना

**concrete** I. *a.* मूर्त, ठोस; ~ capital ≈ पूँजी; ~ example ≈ उदाहरण; ~ quantity ≈ राशि. II. *n.* रोड़ी

**concubinage** 1. उपपत्नीत्व, रखैलपन; 2. उपपत्नी-प्रथा

**concubine** उपपत्नी, रखैल

**concupiscence** भोगैषणा; विषयवासना

**concupiscent** कामुक

**concur** सहमत होना, एकमत होना

**concurrence** सहमति, मतैक्य; ~ of majority बहुमत की सहमति; ~ resolution ≈ संकल्प

**concurrent** 1. समवर्ती; ~ action ≈ कार्यवाही; ~ audit ≈ लेखा-संपरीक्षा; ~ jurisdiction ≈ क्षेत्राधिकार; ~ legislation ≈ विधान; ~ list ≈ सूची; ~ power ≈ शक्ति; 2. संगामी, एकसाथ; ~ evaluation ≈ मूल्यांकन; ~ finding ≈ निष्कर्ष; ~ insurance ≈ बीमा; ~ resolution ≈ संकल्प; ~ review ≈ समीक्षा

**concurrently** समवर्ती रूप में, साथ-साथ

**concurring vote** सहमति मत, सहमति वोट

**concussion** संघट्टन; स्तम्भन; थक्का

**condemn** 1. निन्दा करना; 2. दण्डनीय घोषित करना; ~ a culprit दोषी को ≈; 3. बेकार ठहराना, अनुपयोगी घोषित करना; ~ stock माल को ≈

**condemned** 1. सिद्धदोष; ~ prisoner ≈

बन्दी; ~ to death मृत्यु दण्ड-प्राप्त; **2.** अनुपयोगी घोषित; ~ articles ≈ वस्तुएँ; ~ stock ≈ स्टॉक

**condensable** संघन्य, संघनीय

**condensate** **I.** *a.* संघनित, गाढ़ा. **II.** *v.t.* संघनित करना

**condensed** **1.** संघनित, गाढ़ा; ~ milk ≈ दूध; **2.** संक्षिप्त; ~ article ≈ लेख

**condenser** संघनन-यंत्र, संघनित्र

**condensing** संघनन

**condiment** बघार, वासक, छौंक

**condition** **1.** दशा, स्थिति, हालत; in this ~ इस ≈ में; prevailing ~ विद्यमान ≈; **2.** शर्त, प्रतिबन्ध; ~ of bailment उपनिधान ≈; ~ of work कार्य की ≈; ~ for approval अनुमोदन की ≈; ~s of contract संविदा/ ठेके की शर्तें; ~ precedent पूर्व ≈; service ~s सेवा/ नौकरी की शर्तें; ~ subsequent बाद की ≈

**conditional** **1.** सशर्त, शर्त सहित, सप्रतिबन्ध; ~ acceptance ≈ स्वीकृति; ~ attachment ≈ कुर्की; ~ discharge ≈ रिहाई; ~ endorsement शर्ती बेचान, शर्ती पृष्ठांकन, सशर्त पृष्ठांकन; ~ grant ≈ अनुदान; ~ order ≈ आदेश; ~ pardon ≈ क्षमा; ~ payment ≈ भुगतान; ~ recognition ≈ मान्यता; ~ sale ≈ बिक्री; ~ surrender ≈ अभ्यर्पण; **2.** सोपाधिक, आश्रित; ~ morality ≈ नीति; ~ promotion ≈ पदोन्नति

**conditionally** सशर्त, शर्त पर

**conditioned** **1.** प्रतिबन्धित, सशर्त; ~ obedience ≈ आज्ञापालन/ आज्ञाकारिता; ~ participation ≈ भागीदारी; **2.** अनुकूलित; ~ inhibition ≈ अवरोध; ~ stimulus ≈ उद्दीपन

**conditioning** **1.** अनुकूलन; ~ house ≈ गृह; ~ process ≈ प्रक्रम; **2.** प्रतिबन्धन

**condolence** संवेदना, शोक; ~ meeting शोक-सभा

**condominium** द्वैराज्य, सहराज्य

**condonation** क्षमादान, माफ़ी, उपमर्षण; ~ of delay विलम्ब की माफ़ी

**condone** **1.** क्षमा/ माफ़/ उपमर्षित करना; **2.** ~ the delay विलम्ब की माफ़ी देना, अनदेखी करना

**condoned** उपमर्षित, माफ़ किया गया

**conduce** (to) का कारण/ साधन बनना

**conducive** साधक; ~ to the public good लोकहित का ≈

**conduct** **I.** *n.* **1.** आचरण, आचार; ~ report ≈ विवरण, ≈ रिपोर्ट; ~ rules ≈ नियम; **2.** संचालन; ~ of business कार्य-≈; ~ of hostilities युद्ध का ≈; ~ of suit वाद का ≈. **II.** *v.t.* संचालन करना, चलाना; ~ a case मुक़दमा संचालित करना; ~ election meeting चुनाव सभा का संचालन करना; ~ examination परीक्षा ≈; ~ search तलाशी लेना

**conducted tour** संचालित यात्रा

**conducting** संचालक, चलाने वाला; one ~ prosecution अभियोजन चलाने वाला; ~ wiring चालन वायरिंग

**conduction** **1.** संवहन; ~ current ≈ धारा; **2.** चालन

**conductivity** संवाहकता

**conductor** **1.** चालक, कंडक्टर; **2.** [electr.] संवाहक

**conduit** नाली, नालिका; ~ pipe वाहक नली

**cone** शंकु; ~-shaped शंक्वाकार

**confabulation** मिथ्यारचना, कूटरचना

**confection** मिठाई, मिष्टान्न

**confectioner** हलवाई

**confectionery** **1.** मिठाई, मिष्टान्न; **2.** मिठाई/ हलवाई की दूकान

**confederacy** 1. राज्यमण्डल; 2. प्रसंघ

**confederal** प्रसंघीय

**confederate** 1. प्रसंघ बनाना; 2. संघ में सम्मिलित होना

**confederated** मंडलित, संघित; ~ states ≈ राज्य

**confederation** राज्यमण्डल, महासंघ

**confer** 1. प्रदान करना; ~ a degree डिग्री/ उपाधि ≈; ~ jurisdiction अधिकारिता ≈; 2. विचार-विमर्श करना

**conference** 1. सम्मेलन; ~ procedure ≈ प्रक्रिया; 2. परामर्श

**conferment** प्रदान; ~ of rights अधिकार-≈

**conferred** प्रदत्त; ~ by charter चार्टर द्वारा ≈

**confess** स्वीकार करना, अंगीकार करना, क़बूल करना; ~ a crime अपराध ≈; ~ judgment निर्णय ≈

**confession** 1. संस्वीकृति, इक़बाल; to retract ~ ≈ करके मुकर जाना; to extort ~ ≈ करवाना; 2. प्रायश्चित, पाप-स्वीकृति

**confidant** विश्वासपात्र

**confide** 1. विश्वास/ भरोसा करना; 2. विश्वासपूर्वक सौंपना

**confidence** विश्वास, भरोसा; active ~ सक्रिय ≈; want of ~ विश्वास का अभाव

**confident** असंदिग्ध, विश्वस्त, निश्चयी

**confidential** 1. गोपनीय, गुप्त; ~ communication ≈ संसूचना; ~ document ≈ प्रलेख/ दस्तावेज़; ~ file ≈ फ़ाइल; ~ negotiations ≈ वार्ता; ~ report ≈ रिपोर्ट/ विवरण; 2. अंतरंग; ~ assistant ≈ सहायक; ~ clerk ≈ लिपिक

**configural** गोपनीय; ~ record ≈ अभिलेख

**confine** 1. परिरुद्ध/ बन्द कर देना; ~ the body of a person किसी व्यक्ति के शरीर को ≈; 2. सीमित करना

**confined** 1. बन्द, परिरुद्ध; ~ place ≈ स्थान; 2. सीमित; ~ to discussion चर्चा तक संसीमित; 3. to be ~ प्रसूतिगृह में होना

**confinement** 1. परिरोध; ~ to the camp कैम्प में ≈; wrongful ~ सदोष ≈; 2. कारावास, क़ैद; solitary ~ एकान्त≈, कालकोठरी में ≈; 3. प्रसवावस्था

**confines** सीमाएँ

**confirm** 1. पुष्टि करना; ~ transfer अन्तरण की ≈; 2. स्थायी/ पक्का करना; ~ on a post पद पर ≈

**confirmable** पुष्टि योग्य

**confirmation** 1. पुष्टि; ~ letter ≈ पत्र; ~ of sale विक्रय/ बिक्री की ≈; 2. स्थायीकरण, पुष्टीकरण; ~ in the grade पदक्रम में ≈

**confirmatory** पुष्टि-; ~ copy ≈ प्रतिलिपि; ~ order ≈ आदेश; ~ test ≈ परीक्षण

**confirmed** 1. पुष्ट, पुष्टीकृत; ~ endorsement ≈ पृष्ठांकन; 2. पक्का; ~ criminal ≈ अपराधी; 3. स्थायीकृत; ~ credit अविकल्पी उधार; ~ letter of credit अविकल्पी उधार पत्र/ साख पत्र

**confiscable, confiscatable** अधिहरणीय

**confiscate** अधिहरण/ ज़ब्त करना

**confiscated** अधिहृत, ज़ब्त; ~ goods ≈ माल

**confiscation** अधिहरण, ज़ब्ती; ~ of conveyances अभिहस्तांतरणों का ≈; ~ of property संपत्ति का ≈

**confiscatory** अधिहरण-सम्बन्धी; ~ legislation अधिहरण विधि, ज़ब्ती का कानून, राज्य सात्करण विधि

**conflagration** अग्निकाण्ड, आग; ~ hazard ध्वंसक अग्नि विस्तार-ख़तरा, अग्नि फैलाव ख़तरा

**conflated** समेकित; ~ document ≈ दस्तावेज़

**conflict** संघर्ष, अंतर्विरोध, टक्कर; ~ of interests हितों का ≈; ~ of laws विधि-संघर्ष, विधि-वैषम्य; ~ of opinions मतों/ रायों का ≈

**conflicting** अंतर्विरोधी, परस्पर विरोधी; ~ reports ≈ प्रतिवेदन; ~ views ≈ विचार

**confluence** संगम

**conform** समानुरूप होना/ बनाना

**conformable** अनुरूप; ~ to the judgment निर्णय के ≈

**conformably** के समानुरूप

**conformance** समानुरूपता

**conformation** समानुरूपण

**conforming** समानुरूप; ~ to discipline अनुशासन के ≈

**conformity** समानुरूपता, अनुरूपता, अनुसारिता; in ~ with के समानुरूप, के अनुसार

**confounded** विस्मित, भौचक्का

**confront** समक्ष आना, सामना करना

**confrontation** सामना, मुक़ाबला

**confuse** 1. विभ्रान्त करना, चकरा देना; 2. मिला देना

**confusing** विभ्रमोत्पादक, चक्कर में डालने वाला

**confusion** 1. विभ्रान्ति, भ्रम, संभ्रान्ति; 2. घपला; ~ of rights अधिकारों का ≈/ संविलयन

**confute** प्रत्याख्यान/ खंडन करना

**cogener** सम्बन्धी, सजातीय

**congenial** 1. उपयुक्त, अनुकूल; ~ atmosphere ≈ वातावरण; 2. एकजातीय

**congenital** जन्मजात; ~ deafness ≈ बधिरता; ~ defect ≈ दोष; ~ idiocy ≈ जड़ता

**congested** संकुल, घना; ~ area ≈ क्षेत्र

**congestion** संकुलता, भीड़भाड़

**conglomeration** संघात, जमघट

**congregate** इकट्ठा/ जमा होना; ~ confinement सामूहिक परिरोध

**congregation** 1. इकट्ठ, जमाव. 2. धर्म-सभा; ~ hall ≈ कक्ष

**congregational** सामूहिक, समवेत; ~ polity समवेतता तंत्र

**congruence** सर्वांगसमता

**congruent** समांग, सर्वांगसम

**conjecturable** अनुमेय

**conjecture** I. *n.* अनुमान, अंदाज़, अटकल. II. *v.i.* अनुमान करना, अंदाज़/ अटकल लगाना

**conjoining rule** संयोजी नियम

**conjoint** संयुक्त; ~ account ≈ खाता

**conjointly** संयुक्त रूप से

**conjugal** दाम्पत्य (मूलक); ~ family दाम्पत्यमूलक परिवार; ~ relations ≈ दाम्पत्य सम्बन्ध; ~ rights ≈ दाम्पत्य अधिकार

**conjugate** I. *a.* संयुग्मी, जुड़वाँ; II. *v.t.* क्रियारूप बनाना

**conjugation** संयोग, संयुग्मन, जुड़ना

**conjunct** संयुक्तक

**conjunction** संयोजन, संयोग; ~ of causes कारण-संयोग

**conjuncture** संयोग

**connect** 1. जोड़ना; 2. सम्बन्ध करना

**connected** 1. संयोजित; ~ series ≈ माला; 2. सम्बद्ध; ~ register ≈ पंजी

**connecting** संयोजी, जोड़ने वाला; ~ factor ≈ तत्त्व; ~ pipe ≈ नल; ~ principle ≈ सिद्धांत; ~ rod ≈ दंड/

छड़; ~ section ≈ अनुभाग

**connection** 1. संयोजन, जोड़. 2. सम्बन्ध; ~ of trains गाड़ियों का मेल; in ~ with के ≈/ बारे में

**connective** संयोजक

**connector** संयोजक

**connivance** मौन सहमति, मौनानुकूलता; with the ~ of की ≈ से

**connive** मौनानुकूल रहना, मौन सहमति देना

**connoisseur** गुणज्ञ, पारखी

**connotation** लक्ष्यार्थ

**connubial** वैवाहिक; ~ relation ≈ सम्बन्ध; ~ responsibility ≈ उत्तरदायित्व; ~ restriction ≈ प्रतिबन्ध

**connubium** 1. वैध विवाह. 2. विवाहित अवस्था

**conquered** विजित; ~ territory ≈ क्षेत्र

**conquerer** विजेता

**conquest** विजय, जीत

**consanguine** समरक्त; ~ brother ≈ भाई; ~ family ≈ परिवार/ कुटुम्ब; ~ group ≈ समूह

**consanguinity** समरक्तता, रक्त-सम्बन्ध

**conscience** अन्तःकरण, अन्तर्विवेक; ~ experience ≈ अनुभव; ~ money विवेक-धन, ईमानी रुपया

**conscientious** 1. अन्तर्विवेकशील; ~ person ≈ व्यक्ति. 2. विवेकानुकूल; ~ objection ≈ आपत्ति

**conscientiously** अन्तःकरण से

**conscionable** अन्तःसम्मत

**conscious** चेतन, सचेत; ~ intention ≈ अभिप्राय

**consciousness** चेतना

**conscribe** जबरी भरती करना

**conscription** अनिवार्य/ जबरी (सैनिक) भरती

**consecutive** 1. आनुक्रमिक, क्रमागत; ~ number अनुक्रमांक. 2. निरन्तर, लगातार; ~ days ≈ दिन; ~ meetings ≈ बैठकें

**consecutively** 1. क्रमशः; ~ numbered ≈ संख्यांकित. 2. लगातार, निरन्तर

**consensus** मतैक्य, एक राय; ~ ad idem एक ही बात पर ≈ आवश्यक; ~ facit jus ≈ से विधि बनती है; ~ tollit errorem ≈ विभ्रम को दूर करता है

**consent** I. *n.* सम्मति, सहमति; ~ decree सम्मत डिक्री; ~ in writing लिखित ≈; ~ slip ≈ पर्ची. II. *v.i.* सम्मति देना, सहमत होना; ~ by conduct आचरण द्वारा ≈

**consequence** परिणाम, फल; in ~ of ≈-स्वरूप; of no ~ अमहत्त्वपूर्ण

**consequent** परिणामी, फलस्वरूप, अनुवर्ती; ~ change ≈ परिवर्तन; ~ legislation ≈ विधान

**consequentia** परिणाम; ~ mirabilis अद्‌भुत ≈; consequentiae non est ~ परिणाम का ≈ नहीं होता

**consequential** पारिणामिक, परिणामी; ~ act ≈ कार्य; ~ amendment ≈ संशोधन; ~ damages ≈ क्षतिपूर्ति; ~ loss ≈ हानि; ~ order ≈ आदेश; ~ relief ≈ राहत

**consequently** परिणामतः, फलस्वरूप

**conservancy** सफ़ाई; ~ rules ≈ सम्बन्धी नियम; ~ staff ≈ कर्मचारी वर्ग; ~ supervision ≈ पर्यवेक्षण; ~ tax ≈ कर/ टैक्स

**conservation** संरक्षण; ~ of business व्यवसाय का ≈; ~ of documents प्रलेखों का ≈; ~ of records अभिलेखों का ≈; ~ of value मूल्य-≈

**conservative** रूढ़िवादी, अनुदार; ~ force ≈ बल

**conservator** संरक्षक; ~ of forests वनपाल, वन ≈

**conservatory** वनस्पति रक्षागृह

**conserve** संरक्षण करना, बनाये रखना

**consider** 1. विचार करना; ~ the issues विवाद्यकों पर ≈; 2. ध्यान देना; 3. मानना, समझना

**considerable** 1. काफ़ी, प्रचुर; ~ part ≈ भाग/ हिस्सा; 2. विचारणीय

**considerate** विचारशील, समझदार

**consideration** 1. अनुचिन्तन, विचार; mature ~ प्रौढ़ ≈; under ~ विचाराधीन; 2. ध्यान; it shall be the paramount ~ उसका सर्वोपरि ≈ रखा जायगा; 3. सम्मान, लिहाज़; 4. प्रतिफल, बदला; adequate ~ पर्याप्त ≈; immoral ~ अनैतिक ≈; in ~ of के ≈ में; lack of ~ प्रतिफलाभाव; ~ money बयाना; real ~ वास्तविक ≈; valuable ~ मूल्यवान ≈

**consign** 1. भेजना (माल) 2. सुपुर्द करना

**consigned** परेषित, भेजा हुआ; ~ goods ≈ माल

**consignee** परेषिती, (माल) पाने वाला

**consigner** परेषक, (माल) भेजने वाला

**consignment** 1. परेषण, चलान; ~ inward आवक ≈; ~ ledger ≈ खाता; ~ outward जावक ≈; ~ received प्राप्त ≈; 2. भेजा हुआ माल

**consignor** = consigner

**consilium** राजपरिषद्

**consist** (of) से बनना, में होना

**consistency** संगति, अनुरूपता

**consistent** संगत, अनुरूप

**console** सान्त्वना देना

**consolidate** समेकन करना, समेकित करना

**consolidated** समेकित, संहत; ~ area ≈ क्षेत्र; ~ annual accounts ≈ वार्षिक लेखे; ~ bond ≈ बन्धपत्र; ~ commission ≈ आयोग; ~ entry ≈ प्रविष्टि; ~ fund ≈ निधि; ~ mortgage ≈ बंधक; ~ pay ≈ वेतन; ~ report ≈ विवरण/ रिपोर्ट; ~ school ≈ विद्यालय; ~ statement ≈ विवरण; ~ stock ≈ स्टॉक

**consols** समेकित स्कन्ध

**consort** पति; पत्नी

**consortium** 1. सहजीवन; 2. सहायता संघ

**conspectus** 1. दिग्दर्शन; 2. संक्षिप्त विवरण

**conspicuous** सुस्पष्ट, सहज दृश्य, सहज-गोचर; ~ consumption ≈ उपभोग; ~ part ≈ भाग; ~ site ≈ स्थल

**conspiracy** षड्यन्त्र, साज़िश

**conspiratory** षड्यन्त्रकारी; ~ activities ≈ कार्यकलाप; ~ organization ≈ संगठन

**conspire** षड्यन्त्र रचना, साज़िश करना

**constabulary** कांस्टेबल लोग, आरक्षी वर्ग

**constancy** स्थिरता

**costant** 1. स्थिर, अविचल; ~ capital ≈ पूँजी; ~ cost ≈ लागत; ~ demand ≈ माँग 2. संतत, अविरत; ~ adjustment ≈ समायोजन; ~ error ≈ त्रुटि; ~ fault ≈ दोष; ~ rivalry ≈ प्रतिद्वंद्विता

**constituency** निर्वाचन क्षेत्र

**constituent** I. *n.* 1. घटक, अवयव, अंग. II. *a.* 1. संघटक; ~ elements ≈ तत्त्व; ~ functions ≈ कार्य; ~ society ≈ समाज; 2. संविधायी; ~ assembly संविधान सभा; ~ instrument ≈ लेखपत्र; ~ power ≈ शक्ति

**constitute** 1. संघटित करना, बनाना; twelve members ~ a jury बारह सदस्यों से जूरी बनती है; 2. नियत करना

**constituted** 1. संघटित, निर्मित; ~ authority ≈ प्राधिकारी; 2. नियत; ~ attorney ≈ अटर्नी

**constitution** 1. संविधान; ~ of India भारत का ≈; 2. संगठन; ~ of board बोर्ड का ≈; ~ of property सम्पत्ति-≈

**constitutional** सांविधानिक, संवैधानिक; ~ amendment ≈ संशोधन; ~ anamolies ≈ असंगतियाँ; ~ crisis ≈ संकट; ~ deadlock ≈ गतिरोध; ~ equality ≈ समता; ~ government ≈ सरकार/ शासन; ~ import ≈ अर्थ; ~ law ≈ विधि; ~ liberty ≈ स्वतन्त्रता; ~ machinery ≈ तन्त्र; ~ order ≈ व्यवस्था; ~ power ≈ शक्ति; ~ provisions ≈ उपबन्ध; ~ relations ≈ सम्बन्ध; ~ remedies ≈ उपचार; ~ rights ≈ अधिकार; ~ rules ≈ नियम; ~ status ≈ प्रस्थिति; ~ validity ≈ मान्यता

**constitutionality** सांविधानिकता

**constrain** बाध्य/ मजबूर करना

**constraint** बाध्यता, मजबूरी

**constriction** संकोचन

**constrictive** संकोची

**constrictor** संकीर्णक

**construct** 1. निर्माण/ रचना करना, बनाना; 2. अर्थान्वय करना, अर्थ लगाना

**construction** 1. निर्माण; ~ of streets गलियों का ≈; 2. अर्थान्वय, अर्थ लगाना; ~ of orders आदेशों का ≈; ~ of pleadings अभिवचनों का ≈

**constructive** 1. रचनात्मक; ~ ability ≈ योग्यता; ~ conflict ≈ द्वंद्व; ~ discipline ≈ अनुशासन; ~ method ≈ पद्धति; ~ supervision ≈ पर्यवेक्षण; ~ thinking ≈ चिन्तन; ~ work ≈ कार्य; 2. प्रलक्षित; ~ allowance ≈ भत्ता; ~ assent ≈ अनुमति; ~ delivery ≈ परिदान; ~ fraud ≈ कपट; ~ loss ≈ हानि; ~ mileage ≈ मीलदूरी; ~ receipt ≈ प्राप्ति; 3. अर्थान्वयी, आन्वयिक; ~ liability ≈ दायित्व; ~ notice ≈ सूचना; ~ possession ≈ स्वत्वाधिकार; ~ trust ≈ न्यास

**construe** अर्थ लगाना, अन्वय करना

**construing** अन्वयन

**consul** वाणिज्य-दूत

**consular** 1. वाणिज्यिक; ~ agent ≈ अभिकर्ता; 2. वाणिज्यदूतीय; ~ functions ≈ कार्य; ~ immunities ≈ उन्मुक्तियाँ; ~ privileges ≈ विशेषाधिकार; ~ relations ≈ सम्बन्ध; ~ treaties ≈ संधियाँ

**consulate** 1. वाणिज्य-दूतावास; 2. वाणिज्य-दूत का अधिकार-क्षेत्र

**consult** परामर्श करना, सलाह लेना

**consultant** परामर्शदाता

**consultation** परामर्श, मशविरा; in ~ with के ≈ से; ~ service ≈ सेवा

**consultative** परामर्शी; ~ committee ≈/ परामर्शदात्री समिति; ~ machinery ≈ तन्त्र

**consulting** परामर्श-; ~ room ≈ कक्ष

**consumable** उपभोज्य, खपने वाला; ~ stores ≈ सामान

**consume** 1. उपभोग करना; 2. व्यय करना

**consumed** उपभुक्त, खपाया हुआ

**consumer** उपभोक्ता; ~ cooperation ≈ सहकारिता; ~ credit ≈ उधार; ~ goods ≈ वस्तुएँ; ~ group ≈ समूह; ~ movement ≈ आन्दोलन; ~ needs ≈ आवश्यकताएँ; ~ price ≈ क़ीमत; ~ protection ≈ संरक्षण; ~'s ledger ≈ की बही; ~'s surplus ≈ का अधिशेष; ~'s utility ≈ की उपयोगिता

**consummate** I. *a.* पूर्ण, परम; ~ skill ≈ कौशल. II. *v.t.* पूरा/ समाप्त करना

**consummation** निष्पत्ति, संसिद्धि; ~ of marriage विवाह की ≈/ पूर्णता

**consumption** 1. उपभोग, खपत; ~ capital ≈ पूँजी; ~ expenditure ≈ व्यय; ~ fund ≈ निधि; ~ goods ≈

वस्तुएँ; ~ motive ≈ अभिप्रेरक; ~ tax ≈ कर; **2.** क्षय (रोग)

**consumptive** **1.** क्षयशील; **2.** क्षयरोगग्रस्त

**contact** **1.** संपर्क; in ~ with के ≈ में; ~ material ≈ सामग्री; ~ sensation ≈ संवेदन; to come into ~ ≈ होना; ~ vernacular ≈ भाषा; **2.** संस्पर्श; ~ action ≈ क्रिया; ~ clause ≈ धारा

**contactual** संपर्कात्मक; ~ behaviour ≈ व्यवहार

**contagion** संसर्ग, छूत

**contagious** सांसर्गिक, छूत का; ~ disease ≈ रोग

**contain** **1.** समाविष्ट करना, शामिल करना; it ~s two इसमें दो (समाविष्ट) हैं; **2.** नियन्त्रित करना

**container** आधान, पात्र, डिब्बा

**containment** परिरोधन

**contaminate** दूषित करना

**contamination** दूषण

**contemplate** विचार करना, मनन करना

**contemplated** विचारित, चिंतित

**contemplation** ध्यान, मनन; in ~ of का ध्यान करते हुए

**contemporaniety** समकालिकता

**contemporaneous** समकालिक, समकालीन; ~ agreement ≈ क़रार

**contemporary** समसामयिक, समकालीन

**contempt** अवमान, अवज्ञा, तौहीन; ~ of court न्यायालय का अवमान, तौहीन-अदालत

**contend** तर्क/ विवाद/ बहस करना

**content(s)** अन्तर्वस्तु, विषयवस्तु; ~ of a document दस्तावेज़ की ≈

**contention** **1.** तर्क, प्रतिविरोध; **2.** विवाद, झगड़ा; bone of ~ विवाद-विषय, झगड़े की जड़; ~ cases विवादात्मक वाद

**contentious** विवादास्पद, विवादग्रस्त; ~ suit ≈ वाद

**contentment** संतोष

**contest** **I.** *n.* **1.** प्रतियोगिता; ~ award ≈ पुरस्कार; **2.** प्रतिवाद; **3.** विरोध. **II.** *v.t.* प्रतिवाद/ विरोध करना; लड़ना; ~ the election चुनाव लड़ना; ~ the petition याचिका का विरोध करना

**contestable** प्रतिवाद-योग्य, विवाद्य; ~ clause ≈ खण्ड

**contestant** (चुनाव) लड़ने वाला, प्रतिद्वंद्वी

**contested** सविरोध; विवादास्पद

**contesting** विवादी; ~ candidate प्रतिद्वंद्वी उम्मीदवार

**context** प्रसंग, प्रकरण, संदर्भ

**contiguity** समीपता, अव्यवधान, सन्निधि

**contiguous** समीपस्थ, सन्निहित, लगा हुआ; ~ territory ≈ भूभाग; ~ waters ≈ समुद्र, ≈ जलक्षेत्र; ~ zone ≈ अंचल/ क्षेत्र

**continence** संयम

**continental** **1.** महाद्वीपीय; ~ law ≈ विधि; ~ shelf ≈ जलसीमा; **2.** यूरोपीय; ~ powers ≈ शक्तियाँ; ~ state ≈ राज्य

**contingency** आकस्मिकता, आनुषंगिकता; ~ fund ≈ निधि

**contingent** **I.** *n.* *(milit.)* टुकड़ी. **II.** *a.* **1.** आकस्मिक, आनुषंगिक; ~ bill ≈ बिल; ~ charges ≈ व्यय; ~ claim ≈ दावा; ~ liability ≈ दायित्व; **2.** आपातिक, समाश्रित; ~ contract ≈ संविदा; ~ expenses ≈ ख़र्चे; ~ on events घटनाओं पर ≈; ~ ownership ≈ स्वामित्व

**continual** लगातार, सतत

**continuance** चालू/ जारी रहना; ~ of contract संविदा का ≈

**continuation** **1.** वर्तमानता, जारी रहना; **2.** क्रम; **3.** *(attrib.)* ~ file अनुवर्ती फ़ाइल; ~ record अनुवर्ती रिकार्ड; ~ sheet अनुवर्ती पत्र

**continue** चलता/ चालू/ होता रहना; ~ in possession क़ब्ज़ा बनाये रखना; ~ in service नौकरी पर बने रहना

**contiued** 1. अनवरत, सतत; ~ operation ≈ प्रवर्तन; ~ service ≈ सेवा; 2. जारी; ~ from से आगे (जारी); ~ on next page शेष अगले पृष्ठ पर (जारी)

**continuing** निरन्तर, अविरत, लगातार, सतत; ~ breach ≈ भंग; ~ contravention ≈ उल्लंघन; ~ offence ≈ अपराध; ~ partner ≈ भागीदार; ~ tort ≈ अपकृति

**continuity** निरन्तरता, अविच्छिन्नता

**continuous** निरन्तर, अविच्छिन्न, लगातार, सतत, अविराम, अटूट; ~ annuity ≈ वार्षिकी; ~ data ≈ दत्त सामग्री; ~ duty ≈ कर्तव्य; ~ easement ≈ सुखाचार; ~ employment ≈ नियोजन; ~ industry ≈ उद्योग; ~ market ≈ बाज़ार; ~ process ≈ प्रक्रिया; ~ progress ≈ प्रगति; ~ service ≈ सेवा; ~ warfare ≈ युद्ध; ~ work ≈ कार्य

**continuously** निरन्तर, सतत, लगातार

**contour** समोच्च रेखा; ~ cultivation समोच्च खेती

**contra** प्रति-, के विरुद्ध; ~ bonos mores नैतिकता के विरुद्ध; ~-entry प्रतिप्रविष्टि; ~-factual प्रतितथ्य, तथ्य के विरुद्ध; ~ jus/ legem विधि-विरुद्ध

**contraband** I. *a.* विनिषिद्ध; ~ articles ≈ वस्तुएँ; ~ trade ≈ व्यापार. II. *n.* विनिषिद्ध व्यापार; absolute ~ निरपेक्ष ≈; conditional ~ सापेक्ष ≈

**contraception** गर्भनिरोध

**contraceptive** गर्भनिरोधक

**contract** I. *v.i.* आकुंचित होना, सिकुड़ना. II. *v.t.* ~ disease रोग लग जाना; ~ marriage विवाह करना. III. *n.* संविदा, ठेका; ~ Act ≈ अधिनियम; bilateral ~ द्विपक्षीय ≈; ~ clause ≈ खण्ड; collateral ~ सांपार्श्विक ≈; ~ cost ≈ लागत; ~ deed ≈ विलेख; executed ~ निष्पादित ≈; ~ for sale बिक्री का ठेका; ~ grant ≈ अनुदान; ~ marriage ≈ विवाह; ~ of guarantee प्रत्याभूति ≈; ~ of indemnity क्षतिपूर्ति की ≈; partnership ~ साझेदारी की ≈; ~ period ≈ की अवधि; ~ price संविदागत क़ीमत; ~ rent संविदागत किराया; ~ system ≈ पद्धति; void ~ शून्य ≈; voidable ~ शून्यकरणीय ≈

**contracted** 1. संविदाकृत; ~ marriage ≈ विवाह; 2. संकुचित; ~ word ≈ शब्द

**contractee** संविदा-दाता

**contracting** I. *a.* संविदाकारी; ~ party ≈ पक्षकार. II. *n.* ~ out संविदा छोड़ना

**contraction** संकुचन, सिकुड़ना; ~ of currency मुद्रा का ≈

**contractions** संक्षेप

**contractor** ठेकेदार, संविदाकार

**contractus** संविदा; ~ ad mentem partium verbis notatum intelligendus ≈ पक्षकारों के शब्दों में अभिव्यक्त अभिप्राय के अनुसार समझी जानी चाहिए; ~ est quasi actus contra actum ≈ मानो कृत्य के विरुद्ध कृत्य है; ~ ex turpi causa est nullus नीच विमर्श से उद्भूत ≈ शून्य होती है

**contractual** संविदागत, सांविदिक; ~ act ≈ कार्य; ~ agreement ≈ क़रार; ~ capacity ≈ क्षमता; ~ documents ≈ दस्तावेज़; ~ obligations ≈ दायित्व; ~ wage ≈ मज़दूरी; ~ work ≈ कार्य

**contradict** खण्डन/ प्रतिवाद करना

**contradiction** 1. खण्डन, प्रतिवाद; 2. व्याघात, परस्पर-विरोध; 3. प्रतिकूलोक्ति

**contradictory** परस्पर-विरोधी, व्याघाती; ~ evidence ≈ साक्ष्य

**contradistinction** विरोध, व्यतिरेक

**contrariety** विपरीतता, वैषम्य, विरोध

**contrary** विपरीत, प्रतिकूल; ~ to law विधि के ≈; on the ~ प्रत्युत, उलटे

**contrast** व्यतिरेक, वैषम्य; ~ effect ≈ प्रभाव; ~ lead ≈ कथामुख

**contrasting** वैषम्यात्मक, व्यतिरेकात्मक; ~ stress ≈ बलाघात

**contrastive** व्यतिरेकी; ~ method ≈ प्रणाली

**contravene** उल्लंघन करना, तोड़ना

**contravention** उल्लंघन, तोड़ना; ~ of provisions उपबन्धों का ≈; ~ of rules नियमों का ≈

**contribute** 1. अंशदान करना; 2. (चन्दा) देना, अभिदान करना; 3. योग देना

**contributed** अभिदत्त

**contributing** अभिदायी; ~ institution ≈ संस्था

**contribution** 1. अंशदान. 2. अभिदान; ~ certificate ≈ प्रमाणपत्र. 3. योगदान

**contributor** अंशदाता

**contributory** 1. अंशदायी; ~ copartnership ≈ सहभागीदारी; ~ provident fund ≈ भविष्यनिधि. 2. योगदायी, सहायक; ~ negligence ≈ उपेक्षा

**contrition** परिशोक, अनुताप

**contrivance** 1. उपाय; 2. प्रकल्पना

**contrive** 1. उपाय निकालना; 2. प्रकल्पना करना, बना डालना

**control** I. *v.t.* नियन्त्रित करना, (पर) नियन्त्रण रखना. II. *n.* 1. नियन्त्रण; birth ~ संतति-निग्रह; ~ commission ≈ आयोग; ~ of employment रोज़गार-≈; ~ of goods माल का ≈; ~ of manpower जनबल का ≈; ~ over expenditure खर्च पर ≈; ~ order ≈ आदेश; ~ room ≈ कक्ष; ~ treaty ≈ सन्धि; 2. अधिकार

**controlled** नियन्त्रित; ~ association ≈ साहचर्य; ~ credit ≈ उधार; ~ democracy ≈ लोकतन्त्र; ~ disarmament ≈ निरस्त्रीकरण; ~ economy ≈ अर्थव्यवस्था; ~ expenditure ≈ व्यय; ~ industry ≈ उद्योग; ~ price ≈ क़ीमत; ~ rate ≈ दर

**controller** नियन्त्रक; ~ general महा-≈; ~ of stores भंडार-≈

**controlling** नियन्त्रक; ~ authority ≈ प्राधिकारी; ~ influence ≈ प्रभाव; ~ power ≈ शक्ति; ~ state ≈ राज्य

**controversial** विवादास्पद, संविवादात्मक

**controversy** संविवाद, वाद-प्रतिवाद

**controvert** विवाद/ बहस करना

**controvertible** विवादास्पद, विवाद्य

**contumacious** अक्खड़, उद्धत, धृष्टतापूर्ण; ~ witness ≈ साक्षी

**contumacy** ढिठाई, धृष्टता, अक्खड़पन

**contumely** 1. अवज्ञा, तिरस्कार. 2. कलंक

**contused wound** पिच्चित व्रण, कुचलने का घाव

**convalescence** स्वास्थ्य-लाभ

**convalescent** स्वास्थ्योन्मुख

**convene** संयोजित करना, बुलाना; ~ a meeting बैठक ≈

**convener** संयोजक

**convenience** संविधा, सहूलत; at your ~ अपनी सुविधानुसार; ~ of situation स्थिति की ≈

**convenient** 1. सुविधाजनक; ~ place ≈ स्थान; 2. सुविधानुसार; ~ despatch/ speed ≈ त्वरा/ शीघ्रता; ~ transaction ≈ संव्यवहार

**conveniently** सुविधा से, सुविधानुसार

**convening** संयोजक; ~ officer ≈ अधिकारी

**convention** 1. रूढ़ि, परिपाटी, दस्तूर; 2. समागम

**conventional** 1. रूढ़िगत, परम्परागत; ~ crime ≈ अपराध; ~ crowd ≈ जनसंकुल/ भीड़; ~ family ≈ परिवार/ कुटुम्ब; ~ nuetrality ≈ तटस्थता; ~ offender ≈ दोषी; ~ restrictions ≈ प्रतिबन्ध; ~ sign ≈ चिह्न; 2. रूढ़; ~ armament ≈ आयुध; ~ currency ≈ मुद्रा; ~ law ≈ विधि

**conventio vincit legem** रूढ़ि विधि को अभिभूत करती है

**converge** 1. अभिमुख होना/ करना; 2. अभिसरण करना

**convergence** अभिसरण

**convergent, converging** अभिसारी; ~ thinking ≈ चिन्तन

**conversant** सुपरिचित; ~ with से ≈

**conversation** वार्तालाप, बातचीत

**converse** I. *a.* उलटा, प्रतिलोम. II. *v.i.* बातचीत करना

**conversely** उलटे क्रम से, प्रतिलोमत:

**conversion** 1. संपरिवर्तन; ~ of debt ऋण का ≈; ~ of partnership भागीदारी का ≈; 2. धर्म-परिवर्तन

**convert** I. *v.t.* 1. संपरिवर्तित करना; ~ to one's use अपने प्रयोग में लाना; 2. धर्म-परिवर्तन करना. II. *n.* धर्म-परिवर्तित व्यक्ति, नवधर्मी

**converted** संपरिवर्तित; ~ leave ≈ छुट्टी

**convertibility** परिवर्तनीयता; ~ crisis मुद्रा-परिवर्तन संकट

**convertible** संपरिवर्त्य, परिवर्तनीय; ~ currency ≈ मुद्रा; ~ money ≈ मुद्रा; ~ securities ≈ प्रतिभूतियाँ; ~ stock ≈ स्टॉक

**convey** 1. उठाना, ले जाना; 2. पहुँचाना; ~ a message संदेश ≈; 3. अभिहस्तान्तरित करना; ~ property सम्पत्ति ≈

**conveyance** 1. वाहन, सवारी; ~ allowance ≈ भत्ता; 2. अभिहस्तान्तरण; 3. हस्तान्तर-पत्र

**conveyancer** हस्तान्तर-पत्र-लेखन, अभि-हस्तान्तरक

**conveyancing** हस्तान्तर-पत्र-लेखन

**conveyor** वाहक

**convict** I. *n.* 1. सिद्धदोष, मुजरिम; ~ prisoner ≈ बन्दी/ क़ैदी; 2. बन्दी, क़ैदी; ~ labour ≈ मज़दूर. II. *v.t.* दोषी ठहराना (सिद्ध करना)

**convicted** सिद्धदोष; ~ offender ≈ अपराधी

**convicting** दोषसाधक; ~ court ≈ न्यायालय

**conviction** 1. दोषसिद्धि, दोषी ठहराना; ~ sentence दण्डादेश; 2. विश्वास

**convince** विश्वास दिलाना

**convincing** विश्वासप्रद, प्रत्यायक; ~ proof ≈ प्रमाण, पक्का सबूत

**convocation** दीक्षांत समारोह; ~ address दीक्षांत भाषण

**convoy** सार्थवाह, कन्वॉय

**convulsion** आक्षेप

**convulsive** आक्षेपी; ~ disorder ≈ विकार

**co-occupant** सह-अधिभोक्ता

**co-occurrence** सहगामिता

**co-offender** सह-अपराधी

**co-operate** सहयोग देना, सहकार्य करना

**co-operation** सहयोग, सहकारिता

**co-operative** 1. सहयोगी; ~ action ≈ कार्रवाई; ~ approach ≈ उपागम/ पहुँच; 2. सहकारी; ~ bank ≈ बैंक; ~ council ≈ परिषद्; ~ course ≈ पाठ्यक्रम; ~ credit ≈ उधार; ~

enterprise ≈ उद्यम; ~ farming ≈ खेती; ~ insurance ≈ बीमा; ~ marketing ≈ क्रय-विक्रय/ विपणन; ~ movement ≈ आन्दोलन; ~ production ≈ उत्पादन; ~ research ≈ अनुसंधान; ~ society ≈ समिति; ~ state ≈ राज्य; ~ supervision ≈ पर्यवेक्षण; ~ union ≈ संघ

**co-operator** सहयोगी, सहकारी

**co-opponent** सहविपक्षी

**co-opt** सहयोजित/ अनुमेलित करना

**co-opted** सहयोजित; ~ member ≈ सदस्य

**co-option** सहयोजन, अनुमेलन

**co-ordinate** I. *a.* समकक्ष, समान कोटि का; ~ agencies ≈ अभिकरण; ~ jurisdiction ≈ क्षेत्राधिकार. II. *v.t.* समन्वित करना, तालमेल बिठाना

**co-ordinated** समन्वित; ~ movement ≈ गति; ~ programme ≈ कार्यक्रम; ~ service ≈ सेवा; ~ view ≈ दृष्टिकोण; ~ writing ≈ लेखन

**co-ordinating** समन्वयी, समन्वयकारी; ~ agency ≈ अभिकरण; ~ body ≈ निकाय

**co-ordination** समन्वय, तालमेल; ~ committee ≈ समिति; ~ of policies नीतियों में ≈

**co-ordinator** समन्वयक

**co-owner** सहस्वामी

**co-parcenary** सहदायिकी; ~ interest ≈ हित; ~ tenure ≈ पट्टेदारी

**co-parcener** सह-दायभागी, शरीक शिकमी

**co-partner** सह-साझेदार, सहभागीदार

**co-partnership** सहभागीदारी, साझा

**cope with** पूरा करना

**copied** प्रतिलिपित

**copious** प्रचुर, बहुत

**co-plaintiff** सहवादी

**copper** ताँबा, ताम्र; ~ alloyed ताम्र-मिश्रित; ~ mining ताम्र-खनन; ~-smith ताम्रकार; ~-ware ताँबे के बर्तन

**co-products** सहोत्पाद

**co-promiser** सह-वचनकर्ता

**co-proprietor** सहाधिस्वामी

**copulate** मैथुन/ संभोग/ सहवास करना

**copulation** मैथुन, संभोग, सहवास

**copy** I. *n.* 1. प्रति; enclosed ~ संलग्न ≈; true ~ शुद्ध ≈; 2. प्रतिलिपि, नक़ल; ~ of document दस्तावेज़ की ≈. II. *v.t.* अनुकरण/ नक़ल करना

**copyhold** पट्टे पर मिली भूमि; ~ tenant पट्टभूमिधारी; ~ tenure पट्टेदारी

**copyholder** पाण्डुलिपि-धारक; मूल वाचक

**copying machine** प्रतिलिपि-यंत्र

**copyist** प्रतिलिपिकार, नक़लनवीस

**copyright** स्वत्वाधिकार, कॉपीराइट, प्रतिलिप्याधिकार; ~ document ≈ प्रलेख; ~ fee ≈ शुल्क; ~ notice ≈ सूचना

**copy-writer** 1. वृत्त-लेखक; 2. विज्ञापन-लेखक; 3. लिपि-लेखक

**coquetishly** हावभाव से

**coquette** चपला (स्त्री)

**cord** डोरी, रज्जु

**cordial** सौहार्दपूर्ण, मैत्रीपूर्ण; ~ relations ≈ सम्बन्ध; ~ understanding ≈ मतैक्य

**cordon** घेरा डालना

**core** 1. क्रोड; ~ area ≈ क्षेत्र; ~ project ≈ परियोजना; 2. आन्तरिक; ~ value ≈ मूल्य

**co-religionist** सहधर्मानुयायी

**co-remainder** सहशेष

**co-respondent** सह-प्रत्यर्थी, सह-उत्तरदाता

**cornering** (बाज़ार) समेटना, अपनी मुट्ठी में करना

**corollary** उपप्रमेय, उपसिद्धांत

**coronation** राज्याभिषेक

**coroner** मृत्यु-समीक्षक

**corporal** I. *a.* 1. शारीरिक; ~ punishment ≈ दण्ड; 2. मूर्त; ~ property ≈ सम्पत्ति. II. *n.* कार्पोरल, दफ़ादार

**corporate** 1. निगमित; ~ body ≈ निकाय; ~ property ≈ सम्पत्ति; ~ state ≈ राज्य; ~ surety कम्पनी-प्रतिभू; 2. समष्टि-; ~ group ≈ समूह; ~ judgment ≈ निर्णय; ~ life ≈ जीवन; ~ name ≈ नाम; ~ personality ≈ व्यक्तित्व

**corporation** 1. निगम; aggregate ~ समष्टि ≈; ~ finance ≈ वित्त; ~ law ≈ विधि; sole ~ एकल ≈; ~ tax ≈ कर; 2. नगरमहापालिका

**corporator** 1. निगम-सदस्य; 2. नगरमहा-पालिका-सदस्य

**corporeal** 1. दैहिक, शारीरिक; 2. मूर्त, भौतिक, माली; ~ hereditament ≈ दायाप्ति; ~ ownership ≈ स्वामित्व; ~ property ≈ सम्पत्ति

**corps** कोर, (सैनिक) दल; ~ of volunteers स्वयंसेवक दल

**corpse** शव, लाश, मुर्दा

**corpus** 1. काय, शरीर; 2. निकाय; ~ corporatum निगमित ≈; ~ corporatum ex uno potest consistere एक व्यक्ति से निगम बन सकता है; ~ delicti अपराध-तत्त्व ≈; ~ juris विधिसार-संग्रह

**correct** I. *v.t.* सही/ ठीक करना, संशोधन करना. II. *a.* सही, ठीक, शुद्ध; ~ conclusion ≈ निष्कर्ष; ~ copy ≈ प्रति

**corrected** संशोधित; ~ copy ≈ प्रति; ~ edition ≈ संस्करण; ~ up to date आज तक ≈

**correctible** संशोध्य; ~ error ≈ त्रुटि

**correcting** शोधन, शोधक; ~ entry ≈ प्रविष्टि

**correction** संशोधन, शुद्धि, दुरुस्ती; ~ list ≈ सूची; ~ of document दस्तावेज़ का ≈

**correctional** सुधारक; ~ education ≈ शिक्षा; ~ institution ≈ संस्था; ~ jurisdiction ≈ क्षेत्राधिकार

**corrective** सुधारक; ~ discipline ≈ अनुशासन; ~ justice ≈ न्याय; ~ measures ≈ उपाय

**correctly** सही ढंग से, ठीक तरह से; ~ maintain ≈ रख-रखाव करना

**correlate** सहसम्बद्ध करना, सम्बन्ध जोड़ना

**correlated** अन्योऽन्य सम्बद्ध, सह-सम्बद्ध; ~ form ≈ आकार

**correlation** सहसम्बन्ध

**correlative** सहसम्बन्धी; ~ right ≈ अधिकार

**correspond** 1. पत्र-व्यवहार करना; 2. अनुरूप होना, मेल खाना, समान होना

**correspondence** पत्र-व्यवहार, पत्राचार; ~ clerk ≈ लिपिक/ क्लर्क; ~ course पत्राचार पाठ्यक्रम

**correspondent** I. *n.* संवाददाता. II. *a.* संवादी, तदनुरूप, तत्समान

**corresponding** संवादी, तत्समान, तदनुरूप; ~ duty ≈ कर्तव्य; ~ entry ≈ प्रविष्टि; ~ functionary ≈ कृत्यकारी; ~ jurisdiction ≈ क्षेत्राधिकार/ अधिकार-क्षेत्र; ~ law ≈ विधि; ~ provision ≈ उपबन्ध; ~ rank ≈ पद

**corrigenda** शुद्धिपत्र

**corroborate** संपुष्ट करना

**corroboration** संपुष्टि, संपोषण

**corroborative** संपोषक; ~ evidence ≈ साक्ष्य; ~ witness ≈ साक्षी

**corrosion** संक्षारण, क्षय

**corrosive** संक्षारक, क्षयी; ~ action ≈ क्रिया; ~ substance ≈ पदार्थ

**corrugated** नालीदार

**corrupt** I. *a.* भ्रष्ट; ~ inducement ≈ उत्प्रेरणा; ~ means ≈ साधन; ~ practice भ्रष्टाचार. II. *v.t.* भ्रष्ट करना

**corrupted** भ्रष्ट

**corruption** भ्रष्टाचार, भ्रष्टता

**co-sharer** सह-अंशधारी, हिस्सेदार

**co-signatory** सह-हस्ताक्षरकर्ता

**cosmetics** प्रसाधन-सामग्री, अंगराग

**cosmopolitan** I. *a.* विश्वजनीन; ~ city ≈ नगरी; ~ society ≈ समाज. II. *n.* विश्वनागरिक

**cost** 1. लागत; ~ account ≈ लेखा; ~ accountant ≈ लेखापाल; ~ appreciation ≈ वृद्धि; ~ classification ≈ वर्गीकरण; ~ control ≈ नियन्त्रण; ~ efficiency ≈ कुशलता; ~ ledger ≈ बही-खाता; ~ of collection वसूली ≈; ~ of production उत्पादन ≈; ~ price ≈ क़ीमत; ~ sheet ≈ पत्रक; ~ statement ≈ विवरण; 2. ख़र्चा, व्यय; at any ~ किसी भी ≈/ मूल्य पर; at the ~ of के ख़र्च पर; ~ of improvement सुधार का ≈; ~ of living जीवन-निर्वाह का ≈; ~ of realization वसूली का ≈

**costing** लागत निर्धारण

**costly** 1. बहुमूल्य, मूल्यवान्; 2. महँगा

**co-surety** सह-प्रतिभू

**co-tenureholder** सह-खातेदार

**coterie** अंतर्गुट, अंतरंग मंडली

**co-trustee** सह-न्यासधारी, सह-न्यासी

**cottage** कुटीर; ~ industry ≈ उद्योग

**cotton** I. *n.* कपास, रूई; ~ breeder ≈ सुधारक; ~ cake बिनौले की खली; ~ ginning ≈ ओटना; ~ seed बिनौला; ~ weaver ≈ बुनने वाला; ~ wool रूई. II. *a.* सूती; ~ cloth ≈ कपड़ा; ~ rope ≈ रस्सी; ~ sheet ≈ चादर

**council** परिषद्; ~ board ≈ मंडल; ~ of advisers सलाहकार-≈; ~ of ministers मंत्रि-≈; ~ of states राज्य-≈; ~ of war युद्ध-≈

**councillor** पार्षद

**counsel** 1. परामर्शी. 2. विधिवक्ता, वक़ील

**counselling** परामर्श

**counsellor** परामर्शदाता, सलाहकार

**count** I. *v.i.* & *v.t.* गणना करना, गिनती करना, गिनना. II. *n.* 1. सूत्रपात; 2. गिनती, गणना

**countable** संख्येय

**countenance** I. *n.* मुखाकृति, शक्ल. II. *v.t.* समुत्साहित करना

**counter** I. *n.* गणना-फलक; गणना-यन्त्र. II. *v.t.* प्रतिकार करना. III. *pref.* प्रति-, उलटा; ~ alliance प्रति-सहबन्ध; ~ attack प्रत्याक्रमण; ~ espionage प्रतिगुप्तचर्या; ~ force प्रतिबल; ~ insurgency प्रति-उपप्लवता; ~ invasion प्रत्याक्रमण; ~ propaganda प्रति प्रचार; ~ revolution प्रतिक्रांति; ~ value प्रतिमूल्य

**counteract** प्रतिकार करना, रोकना

**counter-action** प्रतिकार, जवाबी/ प्रतिकूल कार्रवाई, प्रत्यभियोग

**counter-affidavit** प्रतिशपथपत्र

**counter-charge** प्रति-दोषारोपण

**countercheck** प्रतिरोध

**counter-claim** प्रतिदावा, जवाबी दावा

**counter-clockwise** वामावर्त

**counterfeit** I. *a.* जाली, कूट; ~ coin ≈ सिक्का; ~ role ≈ भूमिका. II. *v.t.* जाली बनाना

**counterfeiter** जालिया, जाली सिक्के बनाने वाला

**counterfeiting** कूटकरण, जालसाज़ी

**counterfoil** प्रतिपर्ण, अधपन्ना

**counter-killing** प्रतिहत्या

**countermand** I. *n.* प्रत्यादेश; ~ of payment अदायगी ≈. II. *v.t.* प्रत्यादिष्ट करना, हुक्म बदलना

**counter-mark** प्रतिचिह्न

**counter-measure** प्रत्युपाय

**counter-motion** प्रतिकूल प्रस्ताव

**counter-part** प्रतिलेख, प्रतिरूप

**counter-plea** प्रत्यभ्युक्ति, जवाब-दावा

**counter-poise** प्रतितुलित करना

**counter-proposal** प्रति-प्रस्ताव

**counter-reference** प्रति-निर्देश

**counter-reply** प्रत्युत्तर

**countersign** प्रतिहस्ताक्षर करना

**countersigned** प्रतिहस्ताक्षरित

**counterstatement** प्रत्यावेदन, प्रतिकथन

**counter-thesis** प्रतिस्थापना

**countervailing** प्रतिकारी; ~ duty ≈ शुल्क/ कर; ~ power ≈ शक्ति; ~ principle ≈ सिद्धान्त

**counterweight** प्रतिभार, धड़ा

**counting** गणना, गिनती, हिसाब; ~ agent ≈ अभिकर्ता/ एजेंट; ~ house ≈ घर; ~ of votes मत-गणना

**country** I. *n.* 1. देश; 2. देहात. II. *a.* देशी; ~ liquor ≈ मदिरा; 2. देहाती; ~ club ≈ क्लब; ~-side देहात

**coup** घात, सहसा कृत्य; ~ de main सेना का ≈; ~ de maitre बढ़िया ≈; ~ d'etat सहसा राज्य-परिवर्तन

**couple** I. *n.* 1. जोड़ा, युग्म; 2. दम्पति. II. *v.t.* जोड़ना, युग्मित करना

**coupled** युग्मित, जुड़ा हुआ; ~ with interest हितयुक्त, हित से ≈

**coupon** कूपन; ~ book ≈ पुस्तिका; ~ ticket ≈ टिकट

**courage** साहस, हिम्मत

**courageous** साहसपूर्ण, साहसी, हिम्मती

**courageously** साहसपूर्वक

**courier** संदेशवाहक, हरकारा

**course** 1. चर्या, क्रम; ~ of business व्यापार ≈; ~ of dealing व्यवहार ≈; ~ of justice न्यायक्रम; ~ of studies पाठ्यचर्या, पाठ्यक्रम; 2. विधि, रीति; ~ of action कार्रवाई की ≈; 3. in the ~ of के दौरान

**court** I. *n.* 1. न्यायालय, अदालत; appellate ~ अपीली ≈; civil ~ व्यवहार-≈; division ~ खण्ड ≈; high ~ उच्च ≈; ~ fee ≈ फ़ीस; ~ house ≈ सदन; inferior ~ अवर ≈; ~ inspector ≈ निरीक्षक; lower ~ निचला/ अधीनस्थ ≈; ~ martial सेना-≈; ~ of appeal अपीली ≈; ~ of arbitration विवाचन ≈; ~ of enquiry जाँच ≈; ~ of first instance प्रथम बार का ≈; ~ of investigation अन्वेषण ≈; ~ of justice न्यायालय; ~ of law न्यायालय; ~ of reference निर्देश ≈; ~ of revision पुनरीक्षण ≈; ~ of session सत्र ≈; open ~ खुला ≈; revenue ~ राजस्व ≈; subordinate ~ अधीनस्थ ≈; supreme ~ उच्चतम ≈; 2. अधिकरण; ~ of wards प्रतिपाल्य ≈; 3. दरबार; ~ etiquette दरबारी शिष्टाचार. II. *v.t.* 1. चाहना; ~ imprisonment जानबूझ कर जेल जाना; 2. प्रेम-निवेदन करना

**courteous** शिष्ट, विनम्र

**courtesan** रूपाजीवा, गणिका

**courtesy** शिष्टता, विनम्रता; ~ call शिष्टाचारिक भेंट

**courtship** प्रणय-लीला, प्रणय-याचना

**courtyard** आँगन, प्रांगण

**covariation** सहपरिवर्तन

**covenant** प्रसंविदा, संश्रुति, शर्त

**covenanted** प्रसंविदाबद्ध, संश्रुत; ~ service ≈ सेवा

**covenantee** संश्रुती

**cover** I. *n.* 1. आवरण; ~ note ≈ लेख; ~ paper ≈ काग़ज़; 2. ढक्कन; 3. लिफ़ाफ़ा; 4. आड़; 5. सुरक्षा-राशि; II. *v.t.* 1. ढकना; 2. छिपाना; 3. बचाव करना; 4. सम्मिलित करना

**covered** 1. आच्छादित, ढँका हुआ; ~ wagon ≈ मालडिब्बा; be ~ by की परिधि में आना; 2. अन्तर्गत; ~ by the permit अनुज्ञापत्र के ≈

**covering** आवरण, प्रावरण; ~ letter आवरक पत्र; ~ note प्रावरण पत्र

**covert** I. *n.* प्रत्याश्रिता. II. *a.* 1. संश्रिता; 2. अप्रकट, प्रच्छन्न; ~ behaviour ≈ व्यवहार; ~ conflict ≈ द्वंद्व; ~ defiance ≈ अवज्ञा

**coverture** प्रत्याश्रय, भर्ताधीनता

**covin** दुश्चक्र, साज़िश

**cow** गौ, गाय; ~ catcher इंजन का छाज; ~-dung गोबर; ~-herd ग्वाला; ~-hide गो-चर्म; ~-in-calf गाभिन ≈; ~-in-milk दूधवाली ≈; ~ pox गोचेचक; ~-slaughter गोवध

**coward** कायर, कापुरुष, बुज़दिल

**cowardice** कायरता, बुज़दिली

**co-worker** सहकर्मी

**craft** 1. शिल्प, दस्तकारी; ~ guild शिल्पी श्रेणी; 2. यान, जहाज़; 3. चालाकी, कपट

**craftsman** शिल्पी, शिल्पकार, दस्तकार

**crafty** कपटी, चालबाज़; ~ device कूट युक्ति

**cramming** रटना

**crash** 1. ध्वंस; 2. सहसा गिरावट; 3. तड़ाका; ~ programme तड़ाके का कार्यक्रम, पुरज़ोर कार्यक्रम

**crassa ignorantia** घोर अज्ञान

**crassa negligentia** घोर उपेक्षा/ प्रमाद

**craving** ललक, लालसा

**craze** ख़ब्त, सनक

**crazy** ख़ब्ती, सनकी

**cream** मलाई, क्रीम; ~-laid (paper) मक्खनी (काग़ज़)

**create** उत्पन्न/ पैदा करना, रचना, बनाना; ~ alarm आतंक फैलाना; ~ partnership भगीदारी सृष्ट करना

**creation** 1. सृजन; ~ of interests हितों का ≈; ~ of posts पदों का ≈; 2. सृष्टि

**creative** सर्जनात्मक; ~ ability ≈ योग्यता; ~ activities ≈ कार्यकलाप; ~ behaviour ≈ व्यवहार; ~ criticism ≈ समालोचना; ~ education ≈ शिक्षा; ~ intelligence ≈ बुद्धि; ~ morality ≈ नीति; ~ power ≈ शक्ति; ~ thinking ≈ चिन्तन; ~ writing ≈ लेखन

**creativeness** सर्जनशीलता

**creche** शिशुगृह

**credence** प्रत्यय, विश्वास, साख

**credentials** प्रत्यय-पत्र, साखनामा

**credibility** विश्वसनीयता

**credit** I. *n.* 1. प्रत्यय, साख; ~ bill ≈ हुण्डी; ~ certificate ≈ प्रमाणपत्र; ~ insurance ≈ बीमा; letter of ~ ≈-पत्र; to impeach ~ of smb किसी की साख पर आक्षेप करना; to lose ~ ≈ खो देना; 2. उधार; ~ account ≈ खाता; ~ control ≈ नियंत्रण ~ dues ≈ पावना; ~ facilities ≈ सुविधाएँ; ~ instrument ≈ पत्र; ~ purchase ≈ ख़रीद; on ~ ≈ पर; ~ sale ≈ बिक्री; ~ society ≈/ ऋण समिति; ~ system ≈ पद्धति; ~ transaction ≈ लेन-देन; 3. जमा; ~ balance ≈ अतिशेष/ बाक़ी; ~ entry ≈ प्रविष्टि; ~ slip ≈ पर्ची. II. *v.t.* जमा करना

**creditable** 1. विश्वसनीय; ~ witness ≈ साक्षी; 2. प्रशंसनीय

**credited** 1. आकलित; 2. जमा; ~ by transfer अंतरण द्वारा ≈; ~ to के जमा

**creditor** ऋणदाता, लेनदार, उत्तमर्ण, साहूकार; ~'s ledger ≈ खाता; judgment ~ डिग्रीदार ≈

**creed** मत, पंथ

**creeping** रेंगती; ~ inflation ≈/ मंद स्फीति

**cremation** शवदाह, दाह-संस्कार; ~ ground श्मशान-भूमि

**crematorium** दाहगृह, शवदाहशाला

**crematory** श्मशान

**crescent** अर्धचन्द्र, बालचन्द्र; ~-shaped बालचन्द्राकार

**crest** चूड़ा, शिखर, शिखा, कलग़ी

**crew** 1. कर्मीदल, ख़लासी; 2. समूह

**crib** शब्दानुवाद

**crier** पुकार करने वाला; मुनादी करने वाला

**crime** अपराध, जुर्म; ~ against humanity मानवता-विरोधी ≈; ~ against nature अप्राकृतिक (यौन) ≈; ~ chart ≈ सारणी; ~ index ≈ सूचकांक; ~ rate ≈ दर; ~ wave ≈ लहर

**crimen** अपराध; ~ falsi मिथ्या कार्यापराध; ~ incendi दाह ≈; ~ leasae majestatis घोर राजद्रोह का ≈; ~ ex post facto non diluitur ≈ का प्रायश्चित्त बाद के कृत्यों से नहीं हो जाता; ~ omnia ex se nata vitiat ≈ तत्संभूत सब कार्यवाहियों को दूषित कर देता है; ~ reptus बलात्कार

**criminal** I. *n.* अपराधी; ~ ancestry ≈ वंश-परम्परा; ~ investigation ≈ अनुसंधान; ~ organization ≈ संगठन. II. *a.* 1. अपराधी; ~ gang ≈ दल; ~ nomads ≈ यायावर; ~ psychology ≈ मनोविज्ञान; ~ tribes ≈ जातियाँ; 2. अपराध-सम्बन्धी, आपराधिक; ~ act ≈ कृत्य; ~ breach of trust ≈ न्यास-भंग; ~ case ≈ मामला (मुक़द्दमा फ़ौजदारी); ~ charge ≈ आरोप; ~ conspiracy ≈ षड्यन्त्र; ~ experience ≈ अनुभव; ~ force ≈ बल; ~ homicide ≈ मानवहत्या; ~ instincts ≈ सहजवृत्ति; ~ intent ≈ आशय; ~ intimacy ≈ सम्बन्ध; ~ intimidation ≈ अभित्रास/ धमकी; ~ knowledge ≈ ज्ञान; ~ malpractice ≈ कदाचार; ~ matter ≈ मामला; ~ misappropriation ≈ दुर्विनियोग; ~ negligence ≈ उपेक्षा; ~ prisoner ≈ बन्दी; ~ purpose ≈ प्रयोजन; ~ responsibility ≈ उत्तरदायित्व; ~ trespass ≈ अतिचार; 3. दंड-, दांडिक, फ़ौजदारी; ~ administration ≈ प्रशासन; ~ appeal ≈ अपील; ~ complaint ≈ अभियोग/ इस्तग़ासा; ~ court ≈ न्यायालय; ~ jurisdiction ≈ अधिकारिता; ~ justice ≈-न्याय; ~ law ≈ विधि; ~ policy ≈ नीति; ~ procedure ≈ प्रक्रिया; ~ proceedings ≈ कार्यवाही; ~ prosecution ≈ अभियोजन; ~ trial ≈ विचारण

**criminality** अपराधिता

**criminally** आपराधिक रूप से; ~ liable ≈ उत्तरदायी/ ज़िम्मेदार

**criminate** अपराध लगाना, जुर्म में फँसाना

**crimination** अपराधरोपण, अभिशंसन

**criminologist** अपराधविज्ञानी

**criminology** अपराध-विज्ञान, आपराधिकी

**crippled** अपंग, लूला-लँगड़ा; ~ child ≈ बालक/ बच्चा

**crisis** संकट; ~ situation ≈ स्थिति

**criteria** [pl. of criterion]

**criterion** कसौटी, निकष

**critic** आलोचक, समालोचक

**critical** 1. आलोचनात्मक; ~ appraisement ≈ मूल्यांकन; ~ comments ≈ टिप्पणियाँ; ~ judgment ≈ निर्णय; ~ maxim ≈ सूक्ति; ~ relativity ≈ सापेक्षता; ~ thinking ≈ चिन्तन; ~ writing ≈ लेखन; 2. छिद्रान्वेषी; to be ~ ≈ होना; 3. संकट-, क्रांतिक, नाज़ुक; ~ period ≈ अवधि/ वक़्त; ~ point ≈ बिन्दु; ~ population ≈ जनसंख्या; ~ situation (state of affairs) ≈ स्थिति

**criticise** आलोचना/ समीक्षा करना

**criticism** आलोचना, समालोचना, समीक्षा

**critique** समालोचना; मीमांसा

**crook** धूर्त, कुटिल व्यक्ति

**crooked** कुटिल, टेढ़ा, वक्र

**crop** I. *n.* फ़सल, सस्य; ~ area सस्य क्षेत्र; ~ failure ≈ विफलता; ~ sharing फ़सल बटाई; ~ year सस्य वर्ष. II. *v.t.* काट-छाँट करना, छाँटना

**cross** I. *a.* 1. तिर्यक्, आड़ा; ~ bar ≈ डंडा; ~ bar fetters ≈ डंडा बेड़ी; ~ bones ≈ हड्डियाँ; ~-cut ≈ काटना; ~ section आड़ी काट; ~ total ≈ योग; ~ wall आड़ी दीवार; 2. प्रतीप, प्रतिकूल, प्रति-; ~ action प्रतिकार्य, ख़िलाफ़ कार्रवाई; ~ appeal ≈ अपील; ~ checking ≈ परीक्षण, दुतरफ़ी पड़ताल; ~ claim ≈ दावा; ~ correspondence ≈ पत्राचार; ~ decree ≈ डिक्री; ~ examination ≈ परीक्षा (जिरह); ~ objection ≈ आक्षेप; ~ question ≈ प्रश्न; ~ reference ≈ निर्देश; ~ suit ≈ वाद; 3. *[misc. meanings]* ~ breed वर्णसंकर, दोग़ला; ~ communication खंड संचार; ~ cousins ममेरे फुफेरे भाई बहन; ~ eye भेंगी आँख; ~ implication अन्योऽन्य प्रभाव; ~ list अनुत्तीर्ण सूची; ~ mark काटे का निशान, काटा; ~ road चौराहा, चतुष्पथ; ~ sex sibling विलिंग सहोदर; ~ traffic पारगामी यातायात; ~ uncle मामा, फूफा; ~ windows आमने-सामने की खिड़कियाँ; ~ word puzzle शब्द-पहेली II. *n.* 1. काटा; 2. क्रूस. III. *v.t.* 1. पार जाना; ~ the road सड़क के ≈; 2. काटना, काटा लगाना; ~ the sentence वाक्य काटना (पर काटा लगाना); 3. रेखांकित करना; ~ a cheque चेक ≈

**crossed cheque** रेखित/ शाहजोग चेक

**crossing** 1. चौराहा; 2. संगम; 3. संकरण; 4. रेखन; general ~ सामान्य ≈; non negotiable ~ अपरक्राम्य ≈; special ~ विशेष ≈

**crow-bar** सब्बल, रम्मा

**crowd** भीड़, जनसंकुल; ~ behaviour ≈ व्यवहार; ~ intoxication ≈ मद; ~ mentality ≈ की मनोवृत्ति; ~ mind ≈ मन

**crowded, crowding** घिचपिच

**crown** 1. मुकुट, ताज; 2. शीर्ष, शिखर; 3. राजा, रानी; 4. राजपद, सरकार, राज्य; ~ debts सरकारी ऋण; ~ prince युवराज; ~ representative राज्य प्रतिनिधि

**crucial** निर्णायक; ~ experiment ≈ प्रयोग; ~ meeting ≈ बैठक; ~ negotiations ≈ वार्ता; ~ period ≈ काल; ~ test ≈ परीक्षा

**crude** अपरिष्कृत, कच्चा

**cruel** क्रूर, बेरहम

**cruelty** क्रूरता, बेरहमी

**crusader** धर्मयुद्धकर्ता, मुजाहिद

**crush** 1. कुचलना, दलन करना, पीस डालना; 2. पेरना

**crushing** दलन; ~ mill दलनी; पेरने की चक्की; ~ season गन्ना पेरने का मौसम

**crust** पपड़ी, पर्पटी

**cryer** मुनादी करने वाला = crier

**crypt** तहख़ाना, तलघर

**cryptogram** कूटलेख, कूट संदेश

**cryptography** कूटलेखन, कूटलिपि

**crystal** I. *n.* 1. स्फटिक; 2. रवा, क्रिस्टल; II. *a.* 1. स्फटिकवत्, स्फट; ~ glass ≈ काँच; ~ sand ≈ बालू; 2. रवेदार, दानेदार; ~ sugar ≈ चीनी

**crystalline** = crystal II

**crystalization** स्फटन

**crystalized** 1. स्फटित; 2. ~ thinking प्रतीकात्मक चिन्तन

**cub** शावक; ~ reporter नव समाचारदाता

**cube** घन; ~-root ≈-मूल; ~-shaped घनाकार

**cubical form** घनाकार

**cubicle** लघु कक्ष

**cue** I. *n.* संकेत, संकेतशब्द; ~ list संकेत-सूची. II. *v.t.* संकेतित करना

**cul de sac** अन्ध गली

**culpa** प्रमाद; दोष, अपराध

**culpability** अभियोज्यता, सदोषता

**culpable** अभियोज्य, सदोष, दंड्य; ~ homicide ≈ नर/ मानव हत्या, आपराधिक मानव वध; ~ homicide not amounting to murder हत्या की कोटि में न आने वाला ≈ मानव वध

**culpae poena par esto** अपराधानुसार दण्ड होना चाहिए

**culpa lata magna** अत्यन्त/ घोर उपेक्षा

**culpa levis** स्वल्प उपेक्षा

**culpa tenet suos auctores** अपराध अपने ही कर्ता को बाँधता है

**culprit** अपराधी, दोषी

**cult** पंथ, सम्प्रदाय; ~ deity ≈ देवता

**cultivable** कृष्य, कृषि-योग्य; ~ area ≈ क्षेत्र; ~ land ≈ भूमि

**cultivate** खेती करना, (खेत) जोतना

**cultivated** 1. कृष्ट, जोता हुआ; ~ land कृष्ट/ जोती हुई भूमि; 2. शिष्ट; ~ speech ≈ भाषा

**cultivating** खेतिहर; ~ labourer ≈ मज़दूर; ~ tribe ≈ जनजाति

**cultivation** कृषि, खेती, जोतना; ~ and tillage जोतना और बोना; ~ implements कृषि/ खेती औज़ार

**cultivator** खेतिहर, किसान, कृषक

**cultivatory** कृषकीय; ~ possession ≈ कब्ज़ा

**cultural** सांस्कृतिक; ~ activities ≈ क्रियाकलाप; ~ agreement ≈ समझौता; ~ association ≈ साहचर्य; ~ attache ≈ सहायक; ~ behaviour ≈ व्यवहार; ~ conflict ≈ द्वंद्व; ~ delegation ≈ शिष्टमंडल; ~ development ≈ विकास; ~ education ≈ शिक्षा; ~ environment ≈ परिवेश; ~ evolution ≈ विकास; ~ feature ≈ लक्षण; ~ force ≈ शक्ति; ~ growth ≈ संवृद्धि; ~ heritage ≈ दाय; ~ history ≈ इतिहास; ~ infuence ≈ प्रभाव; ~ isolation ≈ विलगन; ~ level ≈ स्तर; ~ norm ≈ प्रतिमान; ~ programme ≈ कार्यक्रम; ~ property ≈ सम्पत्ति; ~ scholarship ≈ छात्रवृत्ति; ~ stability ≈ स्थायित्व; ~ stage ≈ प्रावस्था; ~ stigma ≈ लांछन; ~ trend ≈ प्रवृत्ति; ~ universality ≈ सार्वभौमता; ~ value ≈ मूल्य; ~ wealth ≈ संपदा

**culture** संस्कृति

**cultured** शिष्ट, सुसंस्कृत

**cum** साथ, सहित; तथा, और; ~ duty शुल्क-सहित; ~ privilego अनुमति सहित; Director ~ chairman निदेशक तथा अध्यक्ष

**cumbersome** भाररूप, बोझिल; ~ style ≈ शैली; ~ task ≈ कार्य

**cum onere** भार/ प्रभार के साथ

**cum testamento annexo** अनुलग्न इच्छापत्र के साथ

**cumulative** संचयी, संचित; ~ benefits

≈ लाभ; ~ claims ≈ दावे; ~ dividend ≈ लाभांश; ~ effect/ impact ≈ प्रभाव; ~ evolution ≈ विकास; ~ liability ≈ दायित्व; ~ loss ≈ हानि; ~ method ≈ प्रणाली; ~ punishment ≈ दण्ड; ~ record ≈ वृत्त; ~ remedy ≈ उपचार; ~ rise ≈ वृद्धि; ~ sentence ≈ दण्ड; ~ time deposit ≈ सावधि जमा खाता; ~ vote ≈ मत

**curative** रोगशामक, रोगहारी

**curator** संग्रहाध्यक्ष

**cure** I. *n.* उपचार. II. *v.t.* नीरोग करना, ठीक करना

**curfew** कर्फ़्यू, प्रतिरोध-आदेश

**curia advisari vult** न्यायालय मन्त्रणा (तर्क-वितर्क) चाहता है

**curia regis** राजा का न्यायालय

**curio** कौतुक-वस्तु, कला-वस्तु

**curiosa** अश्लील साहित्य

**curiosity** कुतूहल, जिज्ञासा

**curious** 1. उत्सुक; 2. विलक्षण, विचित्र

**currency** 1. करेंसी, मुद्रा; ~ bond ≈ बंधपत्र; ~ deflation ≈ अवस्फीति; ~ depreciation ≈ मूल्यह्रास; ~ inflation ≈ स्फीति; ~ note करेंसी नोट; 2. प्रचलन

**current** I. *n.* धारा. II. *a.* 1. चालू; ~ account ≈ लेखा/ हिसाब/ खाता; ~ arrears ≈ बकाया; ~ asset ≈ परिसम्पत्ति; ~ coin ≈ सिक्का; ~ deposit ≈ जमा; ~ expenditure ≈ व्यय; ~ liability ≈ दायित्व; ~ price ≈/ वर्तमान क़ीमत; ~ session ≈ सत्र; ~ year ≈ वर्ष; 2. वर्तमान; ~ duty ≈ कर्त्तव्यभार; ~ rate ≈ दर; ~ revenue ≈ राजस्व; ~ value ≈ मूल्य; ~ yield ≈ आय/ प्राप्ति; 3. सामयिक; ~ affairs ≈ विषय; ~ number ≈ अंक

**curriculum** पाठ्यक्रम, पाठ्यचर्या

**curse** I. *n.* शाप, अभिशाप. II. *v.t.* शाप देना, अभिशप्त करना

**cursive** प्रवाही; ~ writing ≈ लेखन

**cursory** सरसरी; ~ glance ≈ दृष्टि

**cursus curiae lex curiae** न्यायालय की प्रणाली ही न्यायालय की विधि है

**curtail** कम करना, छँटाई करना

**curtailment** छँटाई, कम करना; ~ of rights अधिकार कम करना

**curtilege** प्रांगण

**curvature** वक्रता, मोड़

**curved** वक्र, टेढ़ा; ~ motion वक्र/ टेढ़ी गति; ~ surface ≈ तल

**cusion stock** समयोपयोगी भंडार/ स्टॉक

**custodia legis** न्याय की अभिरक्षा

**custodian** अभिरक्षक, सुपुर्ददार; ~ of property संपत्ति-≈

**custody** अभिरक्षा, हिरासत, सुपुर्दगी; ~ of law विध्यनुसार ≈; ~ of police पुलिस की ≈; to keep in ~ ≈ में रखना

**custom** 1. प्रथा, रूढ़ि, रिवाज़; ~ of service सेवा-≈; family ~ कुलाचार; 2. सीमाशुल्क; ~ house ≈ चौकी

**customary** प्रथागत, रूढ़िगत, रिवाज़; ~ concession ≈ रियायत; ~ dower ≈ दहेज; ~ law ≈ विधि; ~ rights ≈ अधिकार

**customer** ग्राहक, गाहक

**custome serra prise stricte** रूढ़ि को कड़ाई से लेना चाहिए

**customs** सीमाशुल्क; ~ appraiser ≈ निरूपक; ~ clearance ≈ निकासी; ~ declaration ≈ घोषणा; ~ duty सीमाशुल्क; ~ frontier शुल्क सीमान्त/ नाका; ~ inspector ≈ निरीक्षक; ~ receipts ≈ प्राप्तियाँ; ~ revenue ≈ आय; ~ tariff ≈ सूची; ~ territory ≈ प्रदेश; ~ warrant ≈ अधिपत्र

**cut** I. *n.* 1. कटाव; 2 कटौती; ~ in pay

वेतन में ≈; ~ motion ≈ प्रस्ताव; 3. क्षत, व्रण. II. *a.* घटा हुआ; ~ rate घटी दर. III. *v.t.* काटना

**cut-back** श्रमिक-छँटनी

**cut-purse** जेबकतरा

**cut-throat competition** गहन प्रतियोगिता, गर्दनतोड़ होड़

**cutter** कर्तक

**cutting** 1. कटाई, काटना; 2. कतरन; 3. क़लम

**cycle** 1. चक्र; ~ of seasons ऋतुचक्र; 2. साइकिल

**cyclic, -al** चक्रीय; ~ change ≈ परिवर्तन; ~ price ≈ क़ीमत; ~ order चक्र-क्रम

**cyclostyle** I. *v.t.* साइक्लोस्टाइल करना. II. *n.* चक्रलेखन

**cylinder** बेलन, सिलण्डर

**cylindrical** बेलनाकार, गोल

**cynical** मानवद्वेषी

**cypher** 1. शून्य; 2. गूढ़ लेख, बीज लेख, गुप्त लिपि; ~ telegram बीज लेख तार

**cypres** तद्वत्, तत्सदृश, लगभग वही

**cytology** कोशिका विज्ञान

# D d

**dacoit** डकैत, डाकू

**dacoity** डकैती, डाका; to commit ~ ≈ डालना

**dagger** छुरा, कटार; to plunge ~ ≈ घोंपना

**daily** I. *a.* दैनिक; ~ allowance ≈ भत्ता; ~ balance ≈ अतिशेष; ~ balancing ≈ मिलान, ≈ शेष निकालना; ~ collection ≈ वसूली; ~ counter payments ≈ पटल अदायगी बही; ~ hours ≈ कार्य-घण्टे; ~ labour ≈ श्रम; ~ newspaper ≈ समाचारपत्र; ~ pay ≈ वेतन; ~ programme ≈ कार्यक्रम; ~ rated worker ≈ मज़दूरी वाला कर्मकार, दिहाड़ी कर्मकार; ~ register ≈ पंजी, रोज़नामचा; ~ routine ≈ कार्य; ~ scroll ≈ सूची; ~ totals ≈ योग; ~ wages ≈ मजदूरी. II. *n.* दैनिक पत्र

**dairy** डेरी, दुग्धशाला; ~ development officer ≈ विकास अधिकारी; ~ farm ≈ प्रक्षेत्र; ~ farming ≈ दुग्ध-उद्योग; ~-maid ग्वालिन; ~-man ग्वाला

**dairying** दुग्ध-व्यवसाय

**dak** डाक; ~ runner ≈ हरकारा

**dam** I. *n.* बाँध. II. *v.t.* बाँध बाँधना

**damage** I. *n.* 1. क्षति, हानि, टूटफूट, नुक़सान; ~ report ≈ की रिपोर्ट; ~ unavoidably occasioned अपरिवर्तनीय रुप से हुआ ≈; 2. [usu. pl.] नुक़सानी, हरजाना; ~ claim ≈ का दावा [see damages]. II. *v.t.* बिगड़ना, नुक़सान पहुँचाना

**damageable** टूटने-फूटने वाला, बिगड़ने वाला

**damaged** बिगड़ा हुआ, क्षतिग्रस्त; ~ article बिगड़ी हुई वस्तु; ~ document ≈/कटा-फटा दस्तावेज़

**damages** नुक़सानी, हरजाना, तावान; ~ for defamation मानभंग का तावान/हरजाना; ~ for non-delivery अपरिदान का ≈; ~ for suit मुक़दमे का ≈; actual ~ वास्तविक ≈; compensatory ~ क्षतिपूरक ≈; consequential ~ प्ररिणामिक ≈; exemplary ~ उदाहरणात्मक ≈; liquidated ~ परिनिर्धारित ≈; mitigated ~ न्यूनीकृत

≈; nominal ~ नाममात्र ≈; pecuniary ~ धनीय ≈; penal ~ दण्डात्मक ≈; punitive ~ शास्तिक ≈; substantial ~ सारवान्/पर्याप्त ≈; ~ unmitigated अन्यूनीकृत

**damn** भर्त्सना करना; दोषी ठहराना

**damnable** भर्त्सनीय; निन्द्य

**damnification** क्षति/नुक़सान पहुँचाना

**damnify** क्षति/नुक़सान पहुँचाना

**damnum** क्षति, हानि, हर्जा; ~ absque injuria स्वत्व की अवहेलना किये बिना ≈; ~ facio हानिकारक; ~ sine injuria अवहेलना के बिना ≈

**damnosa haereditas** लाभप्रद उत्तराधिकार

**damp** आर्द्र, सीला

**damping** आर्द्रीकरण, सीलन

**dampness** आर्द्रता, सीलन

**damp-proof** आर्द्रता-रोधक, सीलन-रोक

**damsel** कुमारी

**dance** I. *n.* नृत्य, नाच. II. *v.i.* नाचना; ~ attendance चापलूसी करना

**danger** संकट, ख़तरा; immediate ~ आसन्न संकट; ~ money जोखिम मज़दूरी; ~ signal ख़तरे का संकेत, ख़तरे का सिगनल, ≈ सिगनल; ~ zone संकट क्षेत्र, ख़तरे का इलाका

**dangerous** ख़तरनाक, भयानक; ~ disease ≈ बीमारी; ~ drugs clause ≈ औषध धारा; ~ goods माल; ~ instrument ≈ उपकरण; ~ isolation ≈ निःसंगता; ~ situation ≈ स्थिति; ~ trade ≈ व्यापार

**dare** साहस करना; I ~ say मैं कहने का साहस करता हूँ

**daring** I. *n.* अतिसाहस. II. *a.* अतिसाहसी

**dark** I. *n.* अंधेरा. II. *a.* 1. अंधेरा; ~ room ≈ कमरा; 2. गहरा; ~ blue ≈ नीला; 3. साँवला, काला; ~ colour ≈ रंग; 4. ~ horse अज्ञात अभ्यर्थी

**dash** I. *n.* डैश, रेख; 2. टक्कर. II. *v.i.* टक्कर खाना

**dastard** डरपोक

**data** आधार-सामग्री; ~ analysis ≈ विश्लेषण; 2. तथ्य और आँकड़े; ~ collection ≈ संग्रह; ~ processing ≈ प्रक्रमण/अभिसंस्करण

**date** I. *n.* तारीख़, तिथि, मिति, दिनांक; ~ irrelevent असंबद्ध आँकड़े; ~ line ≈ रेखा; ~ of arrival पहुँचने की ≈; ~ of application आवेदन की ≈; ~ of communication of notice संसूचित करने की तारीख़; ~ of departure प्रस्थान-≈; ~ of hearing सुनवाई की तिथि; ~ of issue निर्गम ≈, निर्गम दिनांक, जारी करने की तारीख़; ~ of maturity परिपक्वता की ≈; ~ of presentation दाख़िल करने की तारीख़; ~ of relief पदावमुक्ति की ≈; ~ of seal मोहर की ≈; out of ~ अप्रचलित, पुराना; ~ specified निर्दिष्ट दिनांक; ~ stamp ≈ की मोहर; to ~ अब तक; upto ~ अद्यावधिक; II. *v.t.* तारीख़ डालना

**dated** दिनांकित; ~ signature ≈ हस्ताक्षर; ~ stamp दिनांकित मोहर

**dateless** दिनांक-रहित, बिना तारीख़

**dating** दिनांकन, डेटिंग; ~ back पूर्व तिथि अंकन, तिथि पीछे हटाना; ~ terms तारीख़ संबंधी शर्तें

**datum** [sing. of data]; आधार; ~ figure ≈ अंक; ~ line ≈ रेखा; ~ point ≈ बिन्दु

**daughter** पुत्री, बेटी; ~-in-law पुत्र-वधू, पुतोहू

**day** दिन, दिवस, रोज़; ~ after date तिथ्यनन्तर ≈; ~ after to-morrow कल; ~ before yesterday कल; ~

book दैनिक बही/पंजी, तह ≈ ; ~ by ~ दिन-प्रतिदिन; ~ camp दिवा शिविर; ~ dream दिवास्वप्न; ~ duty दिन की ड्यूटी; ~ labourer दैनिक श्रमिक, रोज़ीदार मज़दूर; ~ light booking केवल ≈ में टिकट देना; ~ light hours ≈ के घंटे; ~s of grace अनुग्रह-दिवस, रियायती दिन ; ~ scholar दिवा छात्र ; ~ shift ≈ की पारी; ~-to-day दैनदिन; ~-to-day business, loan दैनंदिन कारोबार, ऋण; following ~ अगले दिन; working ~ कार्य दिवस

**de acquite** साम्या के विषय में

**dead** 1. मृत; ~ article ≈ वस्तु; ~ body ≈ शरीर (शव); ~ law ≈ विधि; ~ letter ≈ पत्र; ~ person ≈ व्यक्ति; 2. निष्क्रिय, बेकाम; ~ account, ≈ लेखा/बंद खाता; ~ card बेकार कार्ड; ~ engine ≈ इंजन; ~ freight निरर्थक भाड़ा, विफल भाड़ा; ~ key निष्क्रिय कुंजी; ~ register ≈ पंजी; 3. [misc. meanings]; ~ centre स्थिर केन्द्र; ~ drunk नशे में चूर; ~ end ठोकर/बंद सिरा; ~ end siding बंद साइडिंग; ~ head निष्क्रिय वेतन भोगी; ~ load रिक्त स्थान भार, जड़ भार; ~ letter office पुनःप्रेषण-केन्द्र; ~ loan अशोध्य ऋण; ~ loss पूर्ण हानि, कोरा घाटा; ~ space अप्रयुक्त स्थान, अवरुद्ध स्थान; ~ rent अनिवार्य/बँधा लगान; ~ security बंद ज़मानत; ~ slow बिलकुल धीरे; ~ stock जड़ माल; ~ time अकारथ समय, सवेतन निष्क्रियता अवधि; ~ work अवेतन कार्य, बेगार; ~ weight कुल भार

**deadline** 1. सीमा; 2. अन्तिम तिथि

**deadlock** गत्यावरोध, गतिरोध

**deadly** घातक; ~ combat ≈ लड़ाई; ~ enemy ≈ शत्रु; ~ poison ≈ विष; ~ weapon ≈ अस्त्र

**deaf mute** बधिर मूक

**deal** I. *n.* 1. लेनदेन, संव्यवहार; 2. सौदा. II. *v.i.* 1. लेनदेन करना; ~ in property जायदाद का ≈; 2. ~ in व्यापार करना; ~ with निपटाना, कार्यवाही करना; ~ with a person किसी से व्यवहार करना या बरतना; ~ with (in a report) चर्चा करना; ~ with a situation स्थित का मुकाबला/सामना करना; ~ blow प्रहार करना

**dealer** 1. लेनदेन करने वाला, व्यौहारी; 2. दुकानदार, व्यापारी; 3. विक्रेता

**dealing** I. *n.* लेनदेन, व्यवहार; ~s between the parties पक्षकारों के बीच व्यवहार; ~ in future भविष्य का ≈. II. *a.* ~ clerk संबंधित क्लर्क; ~ person व्यवहार करने वाला व्यक्ति; ~ staff संबद्ध कर्मचारी; double ~ मक्कारी; fair ~ सच्चा व्यवहार

**dean** अधिष्ठाता, संकायाध्यक्ष (~ of Faculty)

**dear** 1. प्रिय, प्यारा; ~ madam प्रिय महोदया; ~ sir प्रिय महोदय; 2. महँगा; ~ money महँगी मुद्रा (ऊँचे ब्याज पर)

**dearness** महँगाई; ~ allowance ≈ भत्ता

**death** मृत्यु, मौत; ~ anniversary पुण्य तिथि, मृत्यु-दिवस, बरसी; ~ bed मृत्युशैया; ~-bed gift मृत्युशय्या पर किया गया दान; ~ benefit मरणोत्तर देय राशि; ~ by presumption प्रकल्पित मृत्यु; ~ duty मृत्यु-शुल्क; ~ rate मृत्यु-दर; ~ penalty/sentence मृत्युदंड; ~ tax मृत्युकर

**debacle** 1. पराभव, पराजय; 2. भगदड़

**debar** विवर्जित करना, रोकना

**debark** उतरना; उतारना

**debarment** विवर्जन, रोक

**debarred** विवर्जित, वारित, रोका गया; ~ from right अधिकार से ≈; ~ from service सेवावारित

**debarring** विवर्जी

**debase** दूषित/खोटा करना

**debasement** ह्रासन

**debatable** विवाद्य, विवादयोग्य; ~ matter ≈ विषय

**debate** I. *n.* वादविवाद, बहस. II. *v.t.* & *v.i.* वादविवाद/बहस करना

**debauch** I. *n.* लंपट, व्याभिचारी. II. *v.t.* भ्रष्ट करना

**debauched currency** भ्रष्ट करेन्सी, भ्रष्ट मुद्रा

**debauchery** लंपटता, व्यभिचारिता

**debellatio** पूर्ण पराजय

**de bene esee** सप्रतिबन्ध, शर्त

**de bene memorie** स्वस्थ चित्त

**debenture** ऋणपत्र; ~ bearer ≈ वाहक; ~ bond ऋण बंधपत्र, डिबेंचर बांड; ~ call book डिबेंचर माँग बही; ~ floating अस्थायी/चल डिबेंचर; ~-holder ≈ धारी; ~ irredeemable अपतिदेय डिबेंचर; ~ redeemable प्रतिदेय डिबेंचर; registered ~ पंजीकृत ≈; ~ transfer register ≈ अंतरण रजिस्टर; ~ terminable सावधि डिबेंचर; naked ~ असुरक्षित ≈

**debility** अशक्तता, दुर्बलता, कमज़ोरी

**debit** I. *n.* विकलन; ~ scroll ≈ सूची; 2. नामे; ~ account ≈ खाता; ~ advice ≈ डालने की सूचना; ~ allotment ≈ आवंटन; ~ balance ≈ बाक़ी/शेष; ~ entry ≈ प्रविष्टि; ~ note ≈ नोट; ~ side ≈ पक्ष. II. *v.t.* नामे डालना, के नाम लिखना

**debitable** विकलनीय, नामे डालने योग्य

**debita** ऋण; ~ non praesumitur donre ≈ दाता होने का अनुमान नहीं किया जाता; ~ squanter personum debitoris ऋण ऋणी के व्यक्तित्व के अनुरुप चलता है

**debited (to, against)** के नामे में लिखा गया

**debitris** अधमर्णा, ऋणी महिला

**debris** मलबा; removal of ~ मलबे की सफ़ाई

**debt** ऋण; accruing ~ प्रोद्‌भावी/चढ़ता ≈; ancestral ~ पैतृक ≈; bad ~ अशोध्य ≈; bonded ~ बंध ≈; capital ~ पूँजीगत ≈; ~ capital ≈ पूँजी; ~ charge ≈ प्रभार; ~ conciliation board ≈ समझौता बोर्ड, ≈ सुलह बोर्ड; disputed ~ विवादग्रस्त ≈; floating ~ अस्थायी ≈; funded ~ निधिक ≈; good ~ शोध्य; ~ limit ≈ सीमा; ~ management ≈ प्रबंधन; ~ not wiped off असमाप्त ≈; ~ of honour मान ≈, मानाश्रित ≈; out-standing ~ बक़ाया ≈; ~ preexisting, पूर्ववर्ती ≈; ~ preferential तरजीही या अधिमान्य ≈; ~ redemption ≈ प्रतिदान; ~ relief ≈ राहत; ~ repudiation ≈ स्वीकरण, ≈ नकारना; ~ secured प्रतिभूत ≈; ~ service ≈ सेवा, ≈ संबंधी व्यय; ~ settlement ≈ का निबटारा

**debtor** ऋणी, देनदार, कर्ज़दार, अधमर्ण; ~ is discharge ≈ का उन्मोचन; judgment ~ निर्णीत ≈; ~ on open account चालू खाते वाला ≈

**debutter property** देवसंपत्ति

**decade** दशक, दशाब्दी

**decadent** ह्रासोन्मुख, क्षयशील

**decapitation** शिरच्छेदन, सिर काटना

**decasualization** आकस्मिक नियोजक की समाप्ति

**decay** 1. क्षय; subject to ~ क्षयशील; 2. सड़ना-गलना; 3. पतन

**decease** देहान्त, देहावसान, मरण

**deceased** मृतक, मृत, स्वर्गवासी; ~

provable प्रमाण्य ≈; ~ ancestor, coparcener, partner ≈ पूर्वज/पुरखा, सहदायभागी, भागीदार

**decendent** मृत व्यक्ति, स्वर्गवासी

**deceit** छल, धोखा

**deceive** छल/धोखा करना, ठगना, प्रवंचन करना

**deceiver** छलिया, धोखेबाज़, ठग

**decency** शिष्टता, शालीनता

**deceased account** मृतक खाता

**deceleration** मंदन, अत्वरण

**decennial** दशवर्षीय

**decennium** दशाब्दी

**decent** शिष्ट, शालीन

**decentralization** विकेन्द्रीकरण; ~ of industries उद्योगों के ≈

**decentralized** विकेन्द्रित; ~ group work ≈ समूह कार्य; ~ item ≈ मद/मुद्दा; ~ market ≈ बाज़ार; ~ measures ≈ उपाय

**deception** प्रवंचना, छल, धोखा

**deceptive** कपटपूर्ण, भ्रान्तिजनक; ~ practices प्रवंचक व्यवहार

**decertification** विप्रमाणन

**decide** 1. निर्णय/फ़ैसला करना; ~ on merit गुण दोष के आधार पर निर्णय करना; 2. विनिश्चय/तय करना

**decided** निर्णीत, विनिश्चित

**decidedly** निश्चित रुप से

**deciding vote** निर्णायक मत/वोट

**decimal** दशमलव; ~ system ≈ प्रणाली

**decipher** उद्वाचन, गूढ़ार्थ निकालना

**decipherer** उद्वाचक

**decision** विनिश्चय, निर्णय; ~ by unanimity एकमत ≈, मतैक्य ≈; ~ contrary to law विधि-विरुद्ध ≈; ~ on a point of law विधि प्रश्न पर विनिश्चय; pending the ~ ≈ होने तक; ~ of doubts शंकाओं का ≈

**decisional responsibility** निर्णय दायित्व

**decisive** 1. निर्णायक, निश्चायक; ~ proof ≈ प्रमाण; ~ role ≈ भाग, भूमिका; ~ victory ≈ विजय; 2. क़तई, अन्तिम

**deck** डेक, नौतल; ~ passenger ≈ यात्री

**declaimer** त्याग-घोषणा

**declaration** 1. घोषणा, प्रख्यापन; dying ~ मृत्युकालिक ≈, मृत्युकालीन ≈; ~ of allegiance निष्ठा-≈; ~ of blockade संरोध घोषणा, नाकाबंदी घोषणा; ~ of fidelity विवशता की ≈; ~ of reciprocity अन्योन्यता की ≈, परस्परता की ≈; ~ of result फल कर ≈; ~ of right अधिकार की ≈; ~ of secrecy गोपनीयता की घोषणा; ~ of solvency शोधन क्षमता की ≈; ~ of war युद्ध-≈; 2. कथन; dying ~

**declaratory** घोषणात्मक, प्रख्यानात्मक; ~ action ≈ कार्यवाही; ~ decree ≈ डिक्री; ~ judgment ≈ निर्णय; ~ law प्रख्यानात्मक विधि; ~ resolution ≈ संकल्प; ~ suit ≈ वाद

**declare** घोषणा करना, घोषित करना, प्रख्यापित करना; ~ a dividend लाभांश घोषित करना; ~ on oath शपथपूर्वक ≈

**declared** घोषित, प्रख्यापित; ~ null and void निष्प्रभाव घोषित/आकृत और शून्य ≈; ~ policy ≈ नीति; ~ rate ≈ दर; ~ value ≈ मूल्य

**declass** वर्ग भ्रष्ट होना/करना, जातिच्युत होना/करना

**decline** I. *n.* ह्रास, पतन. II. *v.i.* 1. गिरना; 2. इन्कार करना; ~ to interfere हस्तक्षेप करने से ≈

**declining** ह्रासमान, गिरता हुआ; ~ market ≈ बाजार; ~ price ≈ कीमतें

**declivity** उतार/अवरोह, ढाल

**decoction** काढ़ा, क्वाथ

**decode** संकेत बाँचना, संकेतार्थ समझना

**decompose** अपघटित होना, गलना, सड़ना

**decomposed manure** सड़ी खाद

**decomposition** अपघटन, गलन, सड़न

**deconcentration** विसंकेन्द्रण

**deconfirm** पुष्टि रद्द करना

**de consilio curiae** न्यायालय के निदेश से

**decontrol** नियन्त्रण/कंट्रोल हटाना

**decorate** अलंकृत करना, सजाना

**decorated** अलंकृत, सजाया हुआ, सुसज्जित

**decoration** अलंकरण, सजावट, सज्जा

**decorative lettering** आलंकारिक अक्षरांकन, सजावटी अक्षरांकन

**decorous** शिष्ट, सभ्य; ~ behaviour ≈ व्यवहार

**de corpore** शरीर का, शरीर से

**decorticate** छीलना

**decortication** छिलाई

**decorum** शिष्टता, सभ्यता, मर्यादा

**de coste** पार्श्व में

**decovert mail** बंद डाक

**decoy** फँसाना, फुसलाना

**decrease** **I.** *n.* कमी, न्यूनता, घटी. **II.** *v.t.* घटाना, कम करना

**decreased amount** घटी हुई राशि

**decreasing** ह्रासमान, घटता; ~ cost ह्रासमान/घटती लागत; ~ debt plan कटौती पद्धति; ~ demand ≈ माँग; ~ policy ≈ पालिसी; ~ returns ≈ प्रतिफल; ~ term ≈ मियादी; ~ utility ≈ उपयोगिता

**decree** डिक्री, प्रादेश; ~ absolvitor प्रतिवादी के लिए ≈; ~ condemnator वादी के लिए ≈; ~ holder ≈दार; absolute ~ निरपेक्ष ≈; cross ~ विरुद्ध ≈; ex parte ~ एकपक्षीय ≈; final ~ अंतिम ≈; ~ for damages नुक़सानी की ≈; ~ for ejectment बेदख़ली की ≈; ~ for foreclosure परोबंध डिक्री; ~ for maintenance भरण-पोषण की ≈; ~ for rendition of account लेखे दिये जाने की ≈; ~ in appeal अपील में की ≈; ~ nisi अपेक्षात्मक/शर्तिया ≈; ~ of nullity अकृतता की ≈; to execute a ~ ≈ निष्पादित करना

**decrement** अपक्षय, ह्रास, घटी

**decrepit** जराजीर्ण, जीर्ण

**decrepitude** जराजीर्णता, जीर्णता

**decretal money** डिक्री का धन

**de cry an avant** अब से आगे

**dedicate** समर्पण करना; धर्मार्थ दान देना, वक्फ़ करना

**dedicated** समर्पित; ~ life ≈ जीवन

**dedication** समर्पण

**dedicator** समर्पक, समर्पयिता

**de die claro** दिन के प्रकाश में

**de die in diem** दिन-प्रतिदिन

**de dolo molo** कपट के संबंध में

**de dolo reparanda** मरम्मत करने के लिए बाध्य करने के सम्बन्ध में

**de donis conditionalibus** सप्रतिबन्ध दान का

**deduce** निगमन करना, उपकलन करना

**deduct** काटना, कटौती करना, घटाना; ~ entries घटाने के इंदराज, व्यवकलनीय प्रविष्टियाँ

**deducted** घटाया हुआ, काटा गया; ~ money ≈ पैसा

**deductible** कटौती योग्य; ~ liability insurance अंश वहन बीमा

**deduction** **1.** कटौती, घटाव, व्यवकलन; ~ at source स्रोत पर कटौती; **2.** निगमन, अनुमान

**deductive** निगमनात्मक; ~ ability ≈

योग्यता; ~ definition ≈ परिभाषा; ~ method प्रणाली; ~ reasoning ≈ तर्क; ~ thinking ≈ चिन्तन

**deed** विलेख; ~ in blank निरंक ≈; ~ of aquittance चुकता ≈, फ़ारख़ती; ~ of adoption दत्तक ≈; ~ of agreement क़रारनामा; ~ of assignment समनुदेशन ≈, सुपुर्दगीनामा; ~ of composition प्रशमन ≈; ~ of contract संविदा ≈; ~ of gift दानपत्र, वक्फ़नामा; ~ of lease पट्टा; ~ of mortgage बन्धक-पत्र, रेहननामा; ~ partnership भागीदारी ≈; ~ of sale विक्रय-पत्र; ~ of surrender अभ्यर्पण ≈; ~ of title हक़ ≈; ~ of trust न्यास-पत्र; ~ poll एकपक्षीय ≈

**deemed** गृहीत, समझा गया; ~ income समझी गई आय; ~ to affect प्रभाव डालने वाला समझा गया; ~ to be समझा जाए; ~ to be vested निहित समझा गया

**deeming clause** धारणा-खंड

**deep** गहरा; ~ cultivation गहरी खेती; ~ stream गहरी धारा

**deface** बिगाड़ना, विरुपित/विकृत करना

**defaced** विरुपित, विकृति; ~ coin ≈ सिक्का; ~ stamp ≈ टिकट/स्टांप

**defacement** विरुपण, विकृति

**de facto** वस्तुतः, वास्तविक, तथ्यतः ~ guardian ≈ संरक्षक; ~ possession ≈ क़ब्जा; ~ recognition ≈ मान्यता; ~ reversal वस्तुतः उत्क्रमण

**defaecation** मलत्याग, शौच

**defalcate** हड़पाना, व्यापहरण करना, खा जाना

**defalcation** ग़बन, हड़पना, व्यपहरण, ख़यानत, खा जाना; ~ of public money सार्वजनिक धन में ख़यानत

**defamation** मानहानि, हतक इज़्ज़त; ~ suit ≈ का दावा

**defamatory** मानहानिकारक, अवमानजनक; ~ speech ≈ भाषण; ~ statement ≈ कथन; ~ libel अपमान लेख

**defame** मानहानि/हतक-इज़्ज़त करना

**default** I. 1. *n.* चूक, दोष, व्यतिक्रम; in ~ of के अभाव में, न करने पर, चूक होने पर; ~ in payment भुगतान में ≈; ~ of lease पट्टेदारी का ≈; **2.** अभाव; ~ in appearance अनुपस्थिति; ~ in issue संतान का ≈; in ~ of के ≈ में; **3.** बक़ाया, बाक़ी. **II.** *v.i.* व्यतिक्रम करना, चूकना; to suffer a ~ अनुपस्थिति में मुक़दमा पेश होने देना

**defaulter** व्यतिक्रमी, चूक करने वाला

**defaulting** व्यतिक्रमी; ~ country ≈ देश; ~ office चूककर्ता कार्यालय; ~ parents ≈ जवक; ~ purchaser ≈ क्रेता/ख़रीदार

**defaute de droit** अधिकार की विफलता के लिए

**defeasance** शून्यकरण, विफलीकरण, रद्द करना; ~ clause ≈ खण्ड

**defeasible** विफलनीय, निरसनयोग्य; ~ interest ≈ हित; ~ title ≈ हक़

**defeat** I. *n.* पराजय, हार. **II.** *v.i.* **1.** पराजित करना, हराना; **2.** विफल करना; ~ the ends of justice न्याय के उद्देश्य को ≈; ~ the intention of law विधि का अभिप्राय विफल करना; ~ the purpose प्रयोजन को निष्फल करना

**defect** त्रुटि, दोष, ख़ामी; ~ of jurisdiction अधिकारिता की ≈; ~ of personality व्यक्तित्व की ≈; ~ title हक़ की ≈; latent ~ अप्रकट ≈; patent ~ प्रकट ≈

**defection** पक्षत्याग, दलबदल

**defective** त्रुटिपूर्ण, दोषपूर्ण, त्रुटियुक्त; ~ budgeting ≈ बजट व्यवस्था; ~ child सदोष बालक; ~ control ≈ नियंत्रण; ~

delinquent सदोष अपचारी; ~ deliver ≈ परिदान; ~ light ख़राब बत्ती, ख़राब रोशनी; ~ plan ≈ योजना; ~ signal ≈ संकेत/सिगनल; ~ title ≈ हक़; ~ writing ≈ लिखावट

**defector** पक्षत्यागी, दलबदलू

**defectus sanguins** निस्संतान

**defence** **1.** प्रतिरक्षा, बचाव; ~ budget ≈ बजट; ~ ≈ आय व्ययक; ~ communication system ≈ संचार प्रणाली; ~ equipment ≈ उपस्कर; ~ forces ≈ बल/सेना; ~ line ≈ रेखा; ~ production ≈ उत्पादन; ~ services ≈ सेवाएँ; ~ specifications ≈ (मंत्रालय की) विशिष्टियाँ; ~ warfare रक्षात्मक युद्ध; ~ on the merits गुणावगुण के आधार पर ≈; ~ to a suit वाद में ≈; **2.** प्रतिवाद, सफ़ाई; ~ arguments, ≈ के तर्क; ~ counsel वकील ≈; ~ pleas अभिवाक ≈; ~ witness गवाह सफ़ाई

**defend** **1.** प्रतिरक्षा/बचाव करना; **2.** सफ़ाई देना, प्रतिवाद करना; ~ a suit मुक़दमे का ≈

**defendant** प्रतिवादी, मुद्दालह; ~'s statement ≈ का बयान

**defender** प्रतिरक्षक

**defensible** प्रतिरक्ष्य, प्रतिवाद्य

**defensive** प्रतिरक्षात्मक; ~ alliance रक्षात्मक संधि; ~ fortification रक्षात्मक किलाबन्दी; ~ hostility ≈ शत्रुता; ~ registration ≈ रजिस्ट्रीकरण; ~ isolation ≈ निःसंगता; ~ war ≈ अलगाव

**defer** आस्थगित करना, आगे के लिए टाल देना; ~ payment भुगतान ≈

**deference** आदर

**deferment** आस्थगन; ~ of motion प्रस्ताव का; ~ period आस्थगन अवधि

**deferred** आस्थगित; ~ aim ≈ लक्ष्य; ~ annuity ≈ वार्षिकी; ~ bond ≈ बंधपत्र; ~ bonus ≈ बोनस; ~ consummation ≈ (विवाह) संपूर्णता, (विपाह) संसिद्धि; ~ demand ≈ माँग; ~ enhancement ≈ वृद्धि; ~ payment ≈ भुगतान/संदान; ~ rebate ≈ छूट; ~ receivables ≈ प्राप्य राशि; ~ revenue ≈ राजस्व, ≈ संचालन ख़र्च

**defiance** अवज्ञा, तिरस्कार, उद्धतता; ~ of law विधि की अवज्ञा

**defiant** अवज्ञापूर्ण, उद्धत

**deficiency** ऊनता, न्यूनता, कमी, घटती; ~ account ≈ लेखा; ~ appropriation ≈ पूरक विनियोजन; ~ bill ≈ पूरक बिल; ~ loss ≈ से हानि; ~ of capital पूँजी की ≈; ~ of service सेवा-कमी; ~ of payment पूरक अदायगी की ≈; ~ profit लाभ की ≈

**deficient** न्यून, कम, अपर्याप्त; ~ evidence ≈ साक्ष्य; ~ good ≈ माल; ~ in value कम मूल्य का

**deficit** **1.** घाटा; ~ financing घाटे का वित्तीयन; **2.** कमी; ~ area कमी वाला क्षेत्र; ~ budget घाटे का बजट; ~ district कमी वाला जिला; ~ duty, fee शुल्क, फ़ीस में कमी

**defile** अपवित्र/दूषित/भ्रष्ट करना; ~ a virgin कुमारी कन्या को ≈

**defilement** अपवित्रता, दूषण, भ्रष्ट करना

**define** **1.** परिनिश्चित करना; ~ the scope, to प्रविषय परिनिश्चित करना; **2.** परिभाषित करना, परिभाषा बताना

**defined** **1.** परिनिश्चित; ~ the scope प्रविषय ≈; **2.** परिभाषित; as ~ यथा ≈

**de fini force** शुद्ध आवश्यकता से

**definite** निश्चित; ~ answer ≈ उत्तर; ~ demand ≈ माँग; ~ period ≈ काल/अवधि

**definitely** निश्चित रूप से

**definition** परिभाषा; ~ in use प्रयोगनिष्ठ ≈

**definitive** नियत, अंतिम, क़तई; ~ bond पक्का बंधपत्र; ~ judgment ≈ निर्णय; ~ sentence स्थिर/पक्की दण्डाज्ञा; ~ treaty निश्यचयात्मक संधि

**deflate** अवस्फीत करना

**deflation** अवस्फीति; ~ of currency मुद्रा ≈; ~ of labour श्रमिक अपदोहन

**deflationary tendency** अवस्फीति प्रवृत्ति

**defloration** कौमार्य-भंग, योनि-क्षति

**deflower** कौमार्य भंग करना

**deforce** बलात् धारण करना

**deforcement** बलात् धारण

**deforestation** वनोन्मूलन, निर्वनीकरण

**deform** विरूपित विकृत करना, बिगाड़ना

**deformation** विरूपण, विकृति

**deformed** विरूपित, विकृत

**deformity** विरूपता, अंगविकृति, अंगविकार

**defraud** कपट-वंचित करना, प्रतारणा करना; ~ creditors लेनदारों को ≈

**defrauding** कपट-वंचन

**defray expenses** व्यय चुकाना, ख़र्च देना/अदा करना

**defrayable** किया जाने वाला, अदा करने योग्य

**defreeze** विनिश्चालन/विकीलन करना

**defunct** मृत, निष्क्रिय; ~ bank निष्क्रिय बैंक; ~ company निश्चेष्ट/बंद कम्पनी; ~ institution ≈ संस्था

**de furto** चोरी का

**de futuro** भविष्य के लिए

**defy** अवज्ञा करना; ~ law, order क़ानून, आदेश की ≈; ~ it defies solution इसका समाधान नहीं हो सकता

**degeneracy** अधःपतन, ह्रास

**degenerate** पतित, गिरा हुआ (आदमी)

**degeneration** अधःपतन, पतन; अपक्षय, ह्रास

**degradation** 1. ग्रेड/दर्जा घटाना; 2. परिभ्रष्ट करना

**degraded** हानि

**degrading** तिरस्कारपूर्ण

**de gratia** अनुग्रह से

**degree** 1. उपाधि, डिग्री; 2. मात्रा; ~ of discretion विवेक की ≈; ~ of formality औपचारिकता की ≈; ~ of involvement ≈ अंतर्ग्रस्तता की; ~ of risk ≈ जोखिममात्रा; ~ of utility उपयोगिता की ≈; 3. कोटि, स्थिति; ~ of relationship नातेदारी की ≈; 4. पीढ़ी; ~ of ascent ऊपर की ≈; ~ of descent नीचे की ≈

**degressive** ह्रासमान, घटता; ~ taxation ≈ कराधान

**de haut en bas** उच्च और नीच का

**de hors** बाहर

**dehumanization** अपमानवीकरण

**de incremento** वृद्धि से

**de infirmitate** दौर्बल्य से

**de injuria** अपने ही अपकृत्य से

**de integro** पूर्ववत्

**de intrusione** घुसपैठवाला

**deity** 1. देवता; 2. देवत्व

**de jure** विधिपूर्वक; ~ commune सामान्य विधि से; ~ guardian ≈ संरक्षक; ~ officer ≈ नियुक्त अधिकारी; ~ recognition विधितः मान्यता

**de latere** पार्श्वतः

**delay** I. *n.* विलम्ब, देरी; ~ due to error ग़लती के कारण ≈, विलंब करना; ~ in transit मार्गगत ≈; ~ is regretted बिलंब के लिए खेद है. II. विलंबित करना, देर कराना; ~ the execution निष्पादन विलंबित करना; ~ the plaintiff वादी को ≈

**delayed** विलंबित; ~ conditioning ≈ अनुकूलन; ~ proposal विलंबित प्रस्ताव; ~ tender ≈ निविदा; ~ wages ≈ मज़दूरी

**delaying** विलंबकारी; ~ tactics ≈ चातुरी; ~ the execution निष्पादन में विलंब करना

**del credere** 1. प्रत्यायक, आश्वासी; ~ agent ≈ अभिकर्ता; 2. आश्वासनार्थ; ~ agreement ≈ क़रार; ~ commission ≈ कमीशन

**delegacy** पुरवासी छात्र केन्द्र

**delegate** I. *n.* प्रत्यायुक्त, प्रतिनिधि. II. *v.t.* प्रतिनिहित करना, प्रत्यायोजित करना, सौंपना; ~ one's office अपने/पद को प्रत्यायोजित करना; ~ power ≈ शक्ति

**delegated** प्रत्यायुक्त, प्रत्याधिकृत; ~ authority ≈ प्राधिकार; ~ legislation ≈ विधान, ≈ विधि निर्माण; ~ powers ≈ अधिकार, ≈ शक्तियाँ; ~ responsibility ≈ दायित्व

**delegatio** (देनदारों का) प्रत्यायोजन

**delegation** 1. प्रत्यायोजन; ~ of powers शक्तियों का ≈; 2. प्रतिनिधि-मण्डल, शिष्ट मण्डल

**delegator** प्रत्यायोजक

**delegatory** प्रत्यायोगी

**delete** हटाना, निकाल/काट देना; ~ these lines इन पंक्तियों को निकाल दें

**deleterious** हानिकारक; ~ effect ≈ प्रभाव; ~ gas ≈ गैस

**deletion** विलोपन, निकालना; ~ order ≈ आदेश

**deliberate** 1. *a.* सोद्देश्य, विमर्शित; 2. *v.* विमर्श करना

**deliberately** विमर्शपूर्वक, सोच-समझ कर, जान-बूझ कर

**deliberation** विचार-विमर्श; under ~ विचाराधीन

**deliberative** विमर्शी; ~ body ≈ विचारण मंडल, ≈ मंडल; ~ functions ≈ कार्य; ~ organ ≈ अंग

**delicate** नाज़ुक; ~ question सवाल; ~ situation ≈ स्थिति/हालत

**delict** नियमोल्लंघन, दुष्कृति; ~ complex मिश्र अपराध; public ~ लोक ≈

**delimit** सीमा निर्धारित करना, परिसीमित करना, हदबन्दी करना

**delimitation** परिसीमन, सीमानिर्धारण, हदबन्दी; ~ commission परिसीमन आयोग; ~ of constituencies निर्वाचन क्षेत्रों का ≈; ~ of frontiers सीमांत परिसीमन, सरहद ≈; ~ of study अध्ययन परिसीमन

**delineate** चित्रित/अंकित करना

**delineation** चित्रण, निरूपण

**delinquency** अपचार, कोताही

**delinquent** अपचारी; ~ child ≈ बालक; ~ state ≈ राज्य; ~ tax बक़ाया कर

**delirious** विभ्रान्तिचित्त, प्रलापी, विपर्यस्तचित्त

**delirium** चित्तविभ्रम, प्रलाप

**deliver** 1. देना; ~ a child बच्चा देना/जनना; ~ judgment निर्णय ≈; 2. सुपुर्द/हवाले करना; ~ arms हथियार ≈; ~ up समर्पित करना

**deliverable** परिदेय; in a ~ state ≈ दशा में

**deliverance** 1. मुक्ति, छुटकारा; 2. अर्पण, परिदान

**delivered** 1. परिदत्त, दिया गया; ~ judgment ≈ निर्णय; ~ price सुपुर्दगी क़ीमत, घर-पहुँच क़ीमत; 2. प्रसूत; ~ child ≈ शिशु

**delivery** 1. परिदान, देना, सुपुर्दगी; ~ of goods माल का परिदान; ~ of possession क़ब्ज़ा देना; ~ on weighment तोलकर ≈; ~ order ≈

आदेश; ~ forward वायदा ≈; **2.** [डाक] वितरण; ~ area ≈ क्षेत्र; ~ beat list ≈ गश्त सूची; ~ bill ≈ बिल; ~ cover ≈ आवरण; ~ packet ≈ लिफ़ाफ़ा, ≈ पाकेट; ~ instructions ≈ अनुदेश, ≈ हिदायतें; ~ of articles वस्तु- ≈; ~ of stamps टिकटों का वितरण; ~ point ≈ स्थान; ~ service ≈ सेवा; ~ staff ≈ कर्मचारी; ~ van ≈ यान; ~ zone ≈ क्षेत्र; express ~ तुरन्त ≈; prompt ~ तुरत ≈; **3.** प्रस्तुति; ~ of lecture व्याख्यान देना, व्याख्यान की ≈; **4.** प्रसव, बच्चा जनना

**delude** भ्रम में डालना, बहकाना

**delusion** भ्रम, भ्रांति

**delusive** आभासी, भ्रांतिकारी

**demagogue** जनोत्तेजक

**demagoguery** जनोत्तेजन कार्य

**demand** **I.** *n.* माँग; ~ bill ≈ बिल, ≈ हुंडी; ~ call ≈ पर कॉल, तत्काल कॉल; constant ~ एक-सी/स्थिर माँग; ~ creation ≈ सर्जन; ~ deposit ≈ जमा; ~ draft माँगदेय/दर्शनी ड्राफ़्ट; ~ letter ≈ पत्र; ~ for grant अनुदान की ≈; ~ for payment भुगतान की ≈; ~ liability ≈ देयता; ~ note माँगपत्र; ~ notice ≈ नोटिस, माँग की सूचना; ~ rate माँगानुसार दर; it is in ~ इसकी ≈ है; on ~ माँगने पर; payable on ~ माँगदेय, दर्शनी. **II.** माँग करना

**demandant** अभियाचक, माँग करनेवाला

**demanding market** अतृप्त बाज़ार

**demarcate** सीमांकित करना, अभ्यंकन करना, सीमा/हद बाँधना

**demarcation** सीमांकन, अभ्यंकन, हदबंदी; ~ dispute कार्य निर्धारण वाद; ~ line ≈ रेखा; ~ of boundaries सीमा का ≈

**demarcator** सीमांकक, अभ्यंकक

**demean** तिरस्कृत करना

**demeanour** **1.** आचरण, व्यवहार, तौर-तरीक़ा; **2.** भावभंगी, मुद्रा; ~ of witness साक्षी की ≈

**demented** मूढ़मना, पागल

**dementia** मनोभ्रंश; ~ paralytica अंग-घाती ≈

**demerit** अवगुण, दोष

**demi-** अर्ध-; ~ official letter अर्ध-सरकारी पत्र; official register अर्ध-सरकारी-पंजी

**demilitarization** विसैन्यीकरण

**demilitarized zone** विसैन्यीकृत क्षेत्र

**demise** **I.** *n.* **1.** निधन, मृत्यु, स्वर्गवास; **2.** पट्टान्तरण; **3.** समाप्ति. **II.** *v.t.* वसीयत करना; पट्टा करना; पट्टे पर देना

**demised** पट्टे पर दिया गया

**demobilization** सैन्य-विनियोजन, सेना-भंग, सेना तोड़ना

**democracy** लोकतन्त्र, जनतन्त्र

**democrat** लोकतन्त्रवादी, जनतन्त्रवादी

**democratic** लोकतन्त्रीय, जनतान्त्रिक; ~ administration ≈ प्रशासन; ~ centralism ≈ केन्द्रवाद; ~ diplomacy ≈ राजनय; ~ government ≈ सरकार; ~ principles ≈ सिद्धान्त; ~ republic जनतान्त्रिक गणराज्य; ~ self determination ≈ आत्म निर्धारण; ~ state ≈ राज्य; ~ system ≈ पद्धति; ~ way of life जीवन की ≈ पद्धति

**democratization** लोकतंत्रीकरण, जनतंत्रीकरण

**demographer** जनसांख्यिक

**demographic** जनसांख्यिकीय; characteristics जनांकिकीय विशेषताएँ; ~ training ≈ प्रशिक्षण; ~ data जनांकिकीय आँकड़े; ~ factor जनांकिकीय कारक

**demography** जनसांख्यिकी

**demolish** **1.** गिरा देना, तोड़ डालना; **2.**

ध्वस्त कर देना

**demolition** 1. गिरा देना; 2. ध्वंस

**demonetization** विमुद्रीकरण, सिक्के का चलन बन्द करना

**demonetized** विमुद्रीकृत

**demonstrate** 1. प्रदर्शित करना, प्रदर्शन करना; 2. निरूपित करना

**demonstrate** 1. प्रदर्शन; ~ effect ≈ प्रभाव; 2. निरूपण, निदर्शन; ~ sale ≈ बिक्री, ≈ विक्रय

**demonstrative** 1. निश्चायक; ~ evidence ≈ साख्य; 2. निर्दिष्ट; ~ legacy ≈ रिक्थ

**demonstrator** निदर्शक; प्रदर्शक

**demoralization** नैतिक पतन, मनोबल का ह्रास

**demoralize** हतोत्साहित करना, नैतिक पतन करना

**demoralized** नीतिभ्रष्ट

**demote** पद घटाना, पदावनत करना

**demoted** पदावनत व्यक्ति

**demotic composition** जन संबंधी रचना

**demotion** पदावनति

**demur** 1. पूर्वापत्ति/विध्यापति करना; 2. रोक देना

**demurrage** विलम्ब-शुल्क, डेमरेज

**demurrer** पूर्वापत्ति-कर्ता

**denationalization** विराष्ट्रीकरण

**denaturalization** विनागरिकीकरण

**denatured** विकृत, विप्रकृत; ~ form ≈ रूप

**denaturing** विकृतिकरण

**denial** प्रत्याख्यान, अस्वीकार, इन्कार; ~ of allegation आरोप का ≈; ~ of execution निष्पादन का प्रत्याख्यान; निष्पादन से इन्कार; ~ of justice न्याय वचन का प्रत्याख्यान/न्याय वचन; ~ of legality वैधता का ≈

**denied** 1. प्रत्याख्यात, अस्वीकृत; 2. वंचित

**denizen** नागरिकताप्राप्त वासी

**denomination** 1. अभिधान, नाम; 2. सम्प्रदाय, पंथ; 3. अंकित मूल्य

**denominational** साम्प्रदायिक; ~ affiliation ≈ सम्बन्ध; ~ autonomy ≈ स्वायत्ता; ~ institution ≈ संस्था; ~ value अंकित मूल्य

**denominator** 1. अभिधायक; ~ of value मूल्याभिधायक; 2. (गणित) हर

**de non sane memorie** विकृतमनस्क

**denote** द्योतित करना, अभिहित करना, द्योतक होना

**denotify** अधिसूचना रद्द करना

**denoting** द्योतक; ~ number ≈ संख्या

**denounce** 1. भर्त्सना/निन्दा करना, धिक्कारना; 2. प्रत्याख्यान करना

**de novo** नये सिरे से; ~ trial पुनर्विचारण

**dense** घना, सघन; ~ population घनी आबादी

**densely populated area** सघन बसा क्षेत्र, घना आबाद क्षेत्र

**densify** घना करना/होना

**density** सघनता, घनत्व; ~ of communication संचार- ≈; ~ of population जनसघनता, जनसंख्या का घनत्व; ~ of traffic यातायात का घनत्व

**dental** दंत्य; ~ council दंतचिकित्सा परिषद्

**dentition** दंतविन्यास

**denudation** अनाच्छादन, नग्नीकरण

**denude** निरावृत करना, नंगा करना

**denunciation** 1. भर्त्सना, निन्दा; 2. प्रत्याख्यान

**deny** अस्वीकार करना, इन्कार करना, नकारना; वंचित करना

**de pace et legalitate tuenda** शांति और सदाचरण के लिए

**de pace infracta** शांतिभंग-सम्बन्धी

**depart** 1. प्रस्थान करना, चले जाना; 2. अलग होना, हटना; ~ from a place किसी स्थान से चला जाना; ~ from one's way पथभ्रष्ट होना

**departed from** अनुसरण नहीं किया

**department** विभाग

**departmental** विभागीय; ~ budget ≈ बजट; ~ call ≈ काल; ~ charges ≈ प्रभार; ~ cost ≈ लागत; ~ enquiry ≈ जाँच; ~ follow-up ≈ अनुवर्तन; ~ head विभागाध्यक्ष; ~ management ≈ प्रबन्धन; ~ order ≈ आदेश; ~ permission ≈ अनुमति; ~ promotion ≈ पदोन्नति, ≈ तरक्की; ~ regulations ≈ विनियम

**departmentalization** विभागीकरण

**departure** 1. प्रस्थान; ~ by sea समुद्र के रास्ते ≈; ~ line ≈ रेखा; ~ of train गाड़ी का ≈; ~ signal ≈ सिगनल; 2. विचलन; 3. भेद, अन्तर

**depend** 1. अवलम्बित/ आश्रित/ निर्भर होना; 2. भरोसा रखना

**dependability** विश्वसनीयता

**dependable** 1. विश्वसनीय, भरोसे योग्य; ~ member ≈ सदस्य; 2. सोपाधि; ~ contract ≈ संविदा

**dependence** 1. आश्रय, सहारा; 2. अधीनता, आश्रितता; ~ effect निर्भरता प्रभाव

**dependency** 1. आश्रित देश; 2. पराश्रितता; ~ allowance आश्रितता भत्ता

**dependent** 1. आश्रित; ~ motion ≈ प्रस्ताव; ~ child ≈ बालक; ~ clause ≈ खण्ड; ~ telephone exchange ≈ टेलीफोन केन्द्र; 2. पराश्रित, पराधीन, परतन्त्र; ~ attitude पराश्रयी अभिवृत्ति; ~ mind ≈ मन

**depict** चित्रण करना

**de placito** आपत्ति का, अभियोग में;

**de plano** संक्षेपतः, स्पष्टतया

**deplete** ख़ाली/रिक्त करना, निःशेष करना/होना

**depletion** ख़ाली करना; ह्रास, अवक्षय; निःशेषण; ~ allowance आवासी छूट, अवक्षय भत्ता; ~ of oil तेल का निःशेषण

**deplorable** खेदजनक, शोचनीय

**deplore** खेद प्रकट करना

**deploy** अभिनियोजित करना; फैलाना

**deployment** अभिनियोजन; फैलाव

**depone** सशपथ कहना

**deponent** अभिसाक्षी

**deport** निर्वासन करना, देश निकाला देना

**deportation** विवासन, देश निकालना

**depose** 1. अभिसाक्ष्य देना; ~ to the facts तथ्यों के बारे में ≈; 2. गद्दी से उतारना; 3. बयान देना

**deposit** I. *n.* जमा, निक्षेप; ~ account ≈ लेखा; ~ banking ≈ बैंकिंग; ~ book ≈ बही; cash ~ नक़द ≈; current ~ चालू ≈; fixed ~ नियत ≈; ~ ledger ≈ खाता; potential ~ संभाव्य ≈; संभाव्य राशि; ~ rate ≈ दर; recurring ~ आवर्ती ≈; ~ register ≈ रजिस्टर, ≈ पंजी; ~ stamp मोहर; time ~ मुद्दती ≈; ~ turn over ≈ आवर्त. II. *v.t.* निक्षिप्त/जमा करना, अमानत रखना; ~ a sum of money धनराशि ≈

**depositary** निक्षेपधारी, अमानतदार

**deposited** निक्षिप्त, जमा; ~ amount ≈ राशि, ≈ रकम; ~ currency ≈ मुद्रा, ≈ करेन्सी; ~ refuse ≈ कचरा

**deposition** 1. अभिसाक्ष्य, शपथपूर्वक बयान/साक्ष्य; ~ of witness साक्षी का ≈; 2. गद्दी से उतारना, निक्षेपण

**depositor** निक्षेपकर्ता, जमाकरने वाला; ~'s insurance benefit scheme जमाकर्ता बीमा हितलाभ योजना

**depository** निक्षेप-स्थान, भण्डार, मालख़ाना

**depot** डिपो, भण्डार; ~ clerk ≈ क्लर्क; ~

manager ≈ प्रबन्धक; ~ transfer ≈ अन्तरण

**deprave** दुराचारी

**depraved child** भ्रष्ट बालक

**depravity** दुराचारिता, भ्रष्टता, बदचलनी

**deprecate** निन्दा करना

**depreciable** अवक्षयी, घटने वाली; ~ assets ≈ आस्तियाँ

**depreciate** अवक्षय होना, मूल्य घटना, भाव घटाना; ~ in value मूल्य में गिरावट होना

**depreciated** ह्रासित; ~ cost ≈ मूल्य; ~ value ≈ मूल्य

**depreciation** अवक्षय, मूल्यह्रास, गिरावट; ~ account ≈ लेखा; ~ allowance ≈ छूट, टूट-फूट की छूट; ~ charges ≈ प्रभार, अपक्षय प्रभार; ~ cost ≈ लागत; ~ fund ≈ निधि; ~ insurance ≈ बीमा; ~ in value मूल्य में ह्रास/घटी; ~ of money रुपये का ≈; ~ reserve आरक्षित ≈ निधि

**depredation** लूट-पाट

**depressant** अवसादक

**depressed** **1.** उदास, अवसन्न; **2.** अवनत; ~ area ≈ क्षेत्र; **3.** दलित; ~ classes ≈ वर्ग; **4.** ~ market मंदा बाज़ार

**depressing** अवसादकारी

**depression** **1.** अवसाद, उदासी, मंदी; ~ of trade व्यापार में ≈; **2.** गड्ढा

**deprevation** वंचन, वंचित होना; ~ of citizenship नागरिकता से ≈; wrongful ~ सदोष ≈

**deprive** वंचित करना; ~ smb of property किसी को संपत्ति से ≈

**deprived of/from** से वंचित

**depth** गहनता, गहराई; ~ analysis गहन विश्लेषण; ~ interview ≈ साक्षात्कार

**deputation** **1.** प्रतिनियुक्ति; ~ allowance ≈ भत्ता; ~ pay ≈ वेतन; **2.** शिष्टमंडल

**deputationist** प्रतिनियुक्त

**depute** प्रतिनियुक्त करना (किसी को); प्रतिनियोजित करना (शक्तियाँ)

**deputed** प्रतिनियुक्त

**deputize** प्रतिनियुक्त होना, प्रतिनिधित्व करना

**deputy** उप-; ~ chairman ≈ सभापति; ~ chief whip उपमुख्य सचेतक; ~ collector ≈ समाहर्ता; ~ commissioner उपायुक्त; ~ director ≈ निदेशक; ~ director general उपमहा निदेशक; ~ minister ≈ मंत्री; ~ secretary ≈ सचिव; ~ suprintendent ≈ अधीक्षक

**de ques en ca** जिस समय से अब तक

**de quodam ignota** किसी अज्ञात व्यक्ति से

**de quoy** जिसका, जिससे

**deraign** दोष देना

**derailment** पटरी से उतरना, अवपथन

**deranged** भ्रान्त विक्षिप्त

**derangement** मतिविभ्रम, विक्षिप्तता

**derating** स्थानीय कर से मुक्ति

**de recto deficere** अधिकार से वंचित होना

**derelict** **1.** उत्यक्त, परित्यक्त; **2.** कर्तव्य-विमुख

**dereliction** (of duty) कर्तव्यविमुखता, अवहेलना

**derequisition** अधिग्रहण से छुड़ाना

**deride** उपहास करना, हँसी उड़ाना

**de rien culpable** बेकार का अपराधी

**de riegore juris** निष्ठुर विधि से

**derision** उपहास, हँसी

**derivation** व्युत्पत्ति

**derivative** **1.** व्युत्पन्न; ~ conveyance ≈ अन्तरण; ~ deposit ≈ जमा; ~ evidence ≈ साक्ष्य; ~ mortage ≈ बन्धक; ~ right ≈ अधिकार; ~ title ≈ हक़; **2.** व्युत्पन्न शब्द

**derive** 1. व्युत्पन्न करना; 2. प्राप्त करना, पाना; ~ interest हित; ~ profit ≈ लाभ; ~ title हक ≈; 3. परिणाम निकालना

**derived** व्युत्पन्न; ~ demand ≈ माँग; ~ meaning ≈ अर्थ; ~ title हक़; ~ value ≈ मूल्य

**deriving** पाना; ~ benefit फ़ायदा उठाना

**derogate** 1. अनादर/अपमान करना; 2. कम करना, अल्पीकृत करना; ~ provisions उपबंधों का ≈

**derogation** 1. अनादर, अपमान; in ~ of ≈ करने वाला; 2. अल्पीकरण, कम करना; ~ of interests हितों का ≈; ~ from the powers अधिकारों का अल्पीकरण

**derogatory** अनादरसूचक, अपमानजनक, अप्रतिष्ठात्मक; ~ clause ≈ खंड

**de sa vie** जीवनपर्यन्त, आजीवन

**descend** 1. उतरना; 2. वंशज होना

**descendant** वंशज; lineal ~ परंपरा से ≈

**descending** अवरोही, घटना; ~ line निचली परम्परा; ~ order ≈ क्रम

**descent** 1. उद्‌भव, पैदाइश; 2. वंशक्रम; by ~ ≈ से, विरासत से; collateral, lineal ~ सगोत्रीय, पैतृक ≈; 3. अवरोह, उतराई

**describe** वर्णन करना

**described** वर्णित

**description** 1. वर्णन, तफ़सील; answering the ~ ≈ के अनुरूप; sale by ~ वर्णनानुसार बिक्री; 2. प्रकार; every ~ of vessel हर ≈ का जलयान; ~ of a person किसी व्यक्ति का हुलिया

**descriptive** वर्णनात्मक; ~ count ≈ गणना; ~ function ≈ कार्य; ~ judgment ≈ निर्णय; ~ law ≈ विधि; ~ roll ≈ नियमावली; ~ statistics ≈ सांख्यिकी

**de se bene gerendo** उसके सदाचरण के लिए

**desecrate** अपवित्र/भ्रष्ट करना

**desecration** अपवित्रीकरण, दूषण

**desegregation** विपृथक्करण

**desert** I. *n.* मरुभूमि, रेगिस्तान. II. *v.t.* अभित्याग करना, छोड़ जाना; ~ post चौकी ≈; ~ to the enemy शत्रु से जा मिलना

**deserted** 1. अभित्यक्त, छोड़ा हुआ; 2. उजाड़

**deserter** अभित्यागी, भगोड़ा

**desertion** अभित्यजन, छोड़ना; ~ of a service सेवा ≈

**deserved** पात्र; he ~ punishment वह दण्डयोग्य था

**deservedly** न्यायत:, इंसाफ़ से;

**deserving** योग्य

**de servito regis** राजसेवा के लिए

**desexualize** विकामन

**desiccate** I. *a.* शुष्क, सूखा. II. *v.t.* सुखाना

**desiccated** शुष्क, शोषित, सूखा

**desideratum** अभीष्ट, अभीप्सित

**design** I. *n.* 1. अभिकल्प, रूपांकन, डिज़ाइन; 2. अभिकल्पना, प्ररचना; 3. कुचक्र, अभिसंधि. II. *v.t.* योजना बनाना, मन्सूबा बाँधना

**designate** I. *a.* अभिहित, मनोनीत; judge ~ ≈ न्यायाधीश. II. *v.t.* अभिहित करना, नामोदिष्ट करना

**designated** नामोदिष्ट, अभिहित; ~ purchaser ≈ क्रेता; ~ trade ≈ व्यवसाय

**designation** पदनाम, पद, नाम

**designed** अभिकल्पित, रूपांकित

**designedly** साभिप्राय, सोच-विचार कर

**designing** छली, कपटी

**designor** रूपांककार, अभिकल्पक

**desirability** वांछनीयता

**desirable** वांछनीय, अभीष्ट

**desire** I. *n.* वांछा, इच्छा. II. *v.t.* वांछा/इच्छा करना, चाहना; ~s to be heard चाहता है कि उसे सुना जाए

**desired** वांछित, अभीष्ट

**desirous** इच्छुक

**desist** प्रतिविरत/विमुख होना, बाज़ आना

**desolation** बरबादी, नाश

**de son done** उसके दान से

**de son gree** उसकी अपनी इच्छा से

**de son tort demense tiel causa** उसके अकारण दुष्कृत्य से

**despair** नैराश्य

**despatch** I. *n.* 1. प्रेषण, रवानगी; ~ book पंजी; ~ clerk ≈ क्लर्क; ~ memo ≈ ज्ञापन; ~ note ≈ पत्र; ~ of mail डाक भेजना; ~ register ≈ रजिस्टर/पंजी; 2. त्वरा, शीघ्रता; convenient ≈ सुविधापूर्ण; ~ practicable ~ साध्य ≈; ~ rider सवार हरकारा. II. *v.t.* प्रेषित करना, भेजना, रवाना करना

**despatched** प्रेषित

**despatcher** प्रेषक

**despatching** प्रेषण; ~ function ≈ कार्य; ~ point ≈ स्थल

**desperado** दु:साहसी

**desperate** 1. असाध्य, घोर; 2. दु:साहसिक; 3. हताश

**desperation** नैराश्य; दु:साहस; ~ strike भयोत्पादी हड़ताल

**despise** उपेक्षा करना, तुच्छ समझना

**despite** के बावजूद, के होते हुए भी

**despoil** लूटना-पाटना

**despondency** निराशा, नैराश्य, अवसाद

**despot** निरंकुश शासक, तानाशाह

**despotic** निरंकुश, स्वेच्छाचारी

**despotism** निरंकुशता, स्वेच्छाचारिता

**destination** गंतव्य, लक्ष्य; ~ board ≈ पट्ट; ~ of interests हितों का ≈; ~ of exports निर्यात का गंतव्य स्थान; ~ railway ≈ रेलवे

**destined** नियत, बदा, भाग्य में लिखा

**destiny** नियति, भवितव्यता

**destitute** 1. दीन-हीन; ~ circumstances ≈ परिस्थितियाँ; 2. अकिंचन, निराश्रय; ~s homes निराश्रित गृह; ~ person ≈ व्यक्ति; 3. ~ of से रहित/हीन; ~ of meaning अर्थहीन

**destroy** नष्ट करना; ~ evidence साक्ष्य ≈

**destroyer** नाशक, ध्वंसक

**destruction** विनाश, ध्वंस, बरबादी; ~ certificate नाशन प्रमाणपत्र

**destructive** घातक, नाशक, विनाशकारी; ~ competition ≈ प्रतियोगिता; ~ conflict ≈ द्वंद्व; ~ to crops फ़सलों के लिए ≈

**desuetude** अप्रचलन, अप्रयोगावस्था

**desultory** 1. अनियमित; 2. असम्बद्ध

**detach** अलग करना, काटना, वियोजित करना

**detachable** वियोज्य; ~ fitting ≈ जुड़तार

**detached** 1. वियुक्त, वियोजित, असंलग्न; ~ service ≈ सेवा; 2. अनासक्त, निर्लिप्त; ~ view तटस्थ दृष्टि/तटस्थ विचार; 3. विलग्न; ~ village ≈ गाँव

**detachment** 1. अनासक्ति, विराग; 2. अलगाव, असंलग्नता; 3. टुकड़ी

**detail** I. *n.* ब्योरा, तफ़सील; in ~ ब्यौरेवार, तफ़सीलवार. II. *v.t.* ब्योरा देना; ~ for duty ड्यूटी पर भेजना

**detailed** ब्योरेवार, विस्तृत; ~ account लेखा; ~ audit ≈ लेखा परीक्षा; ~ contingent bill ≈ आकस्मिक बिल; ~ heads ≈ शीर्षक; ~ instructions ≈ अनुदेश; ~ report ≈ रिपोर्ट; ~ statement ≈ कथन/विवरण; ~ survey ≈ सर्वेक्षण

**detain** प्रतिधृत करना, निरुद्ध करना, रोक

रखना; ~ in custody हिरासत में ≈; ~ money पैसा ≈

**detained** निरुद्ध; ~ in custody हिरासत; ~ late-fee-unpaid (stamp) ≈ विलम्बशुल्क अदत्त (मोहर); ~ in prison जेल में ≈

**detainer** **1.** निरोधक; ~ possession ≈ क़ब्जा; **2.** माल रोकना

**detect** खोज करना, पता लगाना; ~ error भूल/ग़लती पकड़ना

**detection** खोज, पता, पकड़

**detective** **I.** *n.* गुप्तचर, जासूस; ~ police ≈ पुलिस. **II.** *a.* जासूसी; ~ story ≈ कहानी

**detector** संसूचक, विमाडुलक; ~ wire अन्वेषक तार, संसूचक तार

**de temps dont memorise ne court** स्मरणातीत काल से

**detent spring** कुत्ताकमानी

**detente** उपशमन, तनाव की कमी

**detention** **1.** निरोध, हब्स, रोक रखना; ~ allowance निरोध भत्ता; ~ camp निरोध शिविर; ~ cell निरोध कोठरी; ~ charge रुकौनी, रुकाई प्रभार; ~ in prison कारागार में ≈; ~ institution ≈ संस्था; ~ memo ≈ ज्ञापन; ~ of goods माल का ≈; ~ order ≈ आदेश; preventive ~ निवारक निरोध; **2.** क़ैद, कारावास; **3.** नज़रबन्दी

**detenue** नज़रबन्द, बन्दी

**deter** अपभीत करना, डराकर करने वाला

**detergent** अपमार्जक, साफ़ करने वाला

**deteriorate** बिगड़ना, ख़राब होना, क्षीण होना

**deteriorating** ह्रासशील, क्षयशील; ~ industry ≈ उद्योग

**deterioration** क्षय, ह्रास, बिगाड़; ~ index ह्रास सूचकांक; ~ of industry उद्योग ≈; ~ money मुद्रा ≈; ~ property ≈ संपत्ति का ह्रास; ~ of relations संबंधों का बिगड़ना

**determinable** अवधार्य, पर्यवसेय, निश्चेय; ~ interest ≈ हित

**determent** निवारण

**determinant** निर्धारक; ~ score ≈ प्राप्तांक; ~s of prices कीमत-निर्धारक तत्व

**determination** **1.** अवधारण, निश्चयन; points for ~≈ प्रश्न; ~ of attachment कुर्की का अवसान; ~ of conditions of services सेवा शर्तों का ≈; ~ of benefit सुविधा ≈; ~ of interest, lease, priorities हित, पट्टे, अग्रता या पूर्वता का ≈; ~ of rights अधिकारों; of route मार्ग; ≈ ~ suit वाद; ≈ ~ value मूल्य का ≈; **2.** संकल्प, निश्चय; **3.** पर्यवसान, समाप्ति; ~ of tenancy अभिधृति का ≈

**determinative** अवधारक, निश्चायक

**determine** **1.** अवधारित करना, निश्चय करना, तय करना; ~ the boundary सीमा निश्चित करना; **2.** समाप्त करना

**determined** **1.** अवधारित; ~ value ≈ मूल्य; **2.** कृतसंकल्प, दृढ़संकल्प (व्यक्ति); **3.** समाप्त

**determining** नियामक, अवधारक; ~ factor ≈ कारक; ~ the jurisdiction अधिकारिकता का अवधारण

**de terra sancta** पवित्र स्थान का

**deterrence** **1.** निवारण; **2.** भय दिखा कर रोकना

**deterrent** निवारक; ~ punishment ≈ दण्ड

**detest** घृणा करना, तिरस्कृत करना

**detestable** घृणित, घृणास्पद

**dethrone** सिंहासन/गद्दी से उतारना

**detonate** अधिस्फोटित करना

**detonating fuse** अधिस्फोटी फ़्यूज़

**detonating signal** पटाखा, सिगनल
**detonator** विस्फोट-प्रेरक
**detract** 1. घटाना, कम करना; 2. निकालना; 3. मानहानि करना
**detraction** 1. घटी, कमी; 2. मानहानि
**detrain** गाड़ी से उतरना, गाड़ी से उतारना
**detriment** अपाय, अहित; ~ to public जनता का ≈
**detrimental** अहितकर, अपायकारक, हानिकर; ~ to smb's interest किसी के हित के लिए हानिकर
**de ultra mare** समुद्र पार का
**de una parte** एकपक्षीय लेख
**deuterogamy** द्वितीय विवाह
**devaluation** अवमूल्यन; ~ of currency मुद्रा ≈, करेंसी ≈
**devastate** विनाश करना, तबाह करना
**devastating** विनाशक, विनाशकारी
**devastation** विध्वंस, विनाश, सर्वनाश
**develop** विकसित करना/ होना; ~ symptoms लक्षण ≈; ~ market बाज़ार में माल पैदा करना
**developed** विकसित
**developing** विकासशील, विकासोन्मुख; ~ country ≈ देश; ~ economy ≈ अर्थव्यवस्था
**development** विकास; ~ aid ≈ सहायता; ~ block ≈ खंड; ~ charge ≈ प्रभार; ~ council ≈ परिषद्; ~ finance ≈ वित्त; ~ fund ≈ निधि; ~ officer ≈ अधिकारी; ~ planning ≈ आयोजन; ~ programming ≈ प्रोग्रामन; ~ project ≈ परियोजना; ~ rebate विकासार्थ छूट
**developmental** विकासी, विकासपरक, विकासात्मक; ~ activities ≈ कार्यकलाप; ~ anomalies ≈ असंगतियाँ; ~ data ≈ आधार सामग्री; ~ growth ≈ संवृद्धि; ~ phase ≈ प्रावस्था; ~ scale ≈ मापनी; ~ task ≈ कार्य
**de verbo, in verbum** शब्दश:
**deviate** पथभ्रष्ट होना, विचलित होना
**deviation** पथभ्रष्टता, विचलन; ~ line पथान्तर लाइन; ~ of route मार्ग का बदलाव; ~ policy मानकेतर पालिसी
**device** साधन, उपकरण, युक्ति
**de vicineto** पड़ोस से
**devisable** 1. अभिकल्पनीय; ~ project ≈ परियोजना; 2. उत्तरदेय; ~ property ≈ सम्पत्ति
**devise** 1. अभिकल्पित करना; ~ means उपाय निकालना; 2. उत्तरदान करना, वसीयत द्वारा देना; ~ estate संपदा ≈
**devisee** उत्तरदानग्राही, वसीयतदार
**deviser** अभिकल्पक
**devisor** उत्तरदानकर्ता
**devoid of** से रहित
**devolution** न्यागमन, अवक्रमण, उलटा जाना; ~ of liability ≈ दायित्व; ~ property ≈ सम्पत्ति; ~ rights अधिकारों का ≈; ~ of interest हित का ≈; ~ of law विधि के अनुसार ≈
**devolve** 1. न्यागत होना, मिलना; 2. आना, पड़ना
**devote** निरत होना/ रहना, अर्पित करना, देना
**devotee** भक्त
**devotion** निष्ठा, भक्ति; ~ to duty कर्तव्यनिष्ठा
**dexterity** निपुणता, दक्षता; ~ test ≈ परीक्षण
**dexterous** निपुण, दक्ष
**diabolic** पैशाचिक, शैतानी; ~ device आसुरी युक्ति, आसुरी विधा
**diagnosis** निदान
**diagnostic** निदानकारी, नैदानिक; ~ appointment निदानार्थ नियोजन; ~

evaluation ≈ मूल्यांकन; ~ interview ≈ साक्षात्कार; ~ inventory नैदानिक सूची, नैदानिक तालिका; ~ skill नैदानिक कौशल

**diagram** आरेख, रेखाचित्र, रेखाकृति

**diagrammatical** आरेखी; representation ≈ निरूपण

**dial** डायल; ~ adjustment ≈ समायोजन; ~ telephone ≈ टेलीफ़ोन; ~ tone ≈ स्वरक, ≈ टोन

**dialectical** द्वन्द्वात्मक; ~ process द्वन्द्वात्मक प्रक्रम; ~ reasoning ≈ तर्क

**dialectics** 1. द्वन्द्व न्याय; 2. द्वन्द्वात्मक तर्क; 3. द्वन्द्वात्मक पद्धति

**dialogue** संवाद, कथोपकथन

**dialling** डायल करना; ~ in भीतर डायल करना; ~ out बाहर डायल करना

**diametrically opposite** व्यासतः सम्मुख, आमने-सामने

**diamond** हीरा; ~ jubilee हीरक जयन्ती

**diarchy** द्वितन्त्र, द्वैध शासन

**diarise** डायरी भरना, दैनिकी में चढ़ाना

**diarist** डायरी/दैनंदिनी लेखक

**diary** डायरी, दैनंदिनी, रोज़नामचा; general ~ आम ≈; ~ police पुलिस ≈

**diatribe** दोषारोपण

**dichotomous question** द्विभक्त प्रश्न

**dichotomy** दो में विभाजन; ~ of power शक्ति का ≈

**dictate** 1. लिखवाना; 2. मनमानी करवाना, अधिदिष्ट करना

**dictated** अधिदिष्ट, आरोपित; ~ opinion ≈ अभिमत, ≈ राय; ~ peace ≈ सन्धि, ≈ शान्ति

**dictation** 1. श्रुतलेखन, बोलकर लिखाना; 2. अधिदेश

**dictator** अधिनायक, डिक्टेटर, तानाशाह

**diction** भाषा-शैली; पदरचना

**dictum** उक्ति, अभ्युक्ति, सिद्धान्त-वचन

**didactic analysis** प्रबोध विश्लेषण

**didactive group** प्रबोधात्मक समूह

**die** I. *n.* डाई, ठप्पा, साँचा. II. *v.i.* मरना

**diehard** घोर अपरिवर्तनवादी, दुष्परिवर्तनीय

**dies** दिन, दिवस; ~ a quen जिस दिन तक; ~ a quo जिस दिन से; ~ fasti कार्य-≈; ~ feriati छुट्टियों के दिन; ~ gratiae अनुग्रह ≈; ~ juridicus न्यायिक कार्यवाही के दिन; ~ legitimus विधिसंगत ≈; ~ non juridicus न्यायिक कार्यवाही की छुट्टी के दिन; ~ solaris सौर ≈; ~ solis रविवार; ~ utiles उपलभ्य ≈

**diet** 1. आहार; ~ money भोजन व्यय/भत्ता; 2. [रोम की] विधान-सभा

**dietician** आहारविद्, आहारज्ञानी

**dietics** आहारशास्त्र

**dieu son acte** दैव कृत्य

**differ** भिन्न होना; papers ~ काग़ज़ात भिन्न हैं; ~ in opinion मतभेद होना

**difference** भेद, अन्तर; ~ bill कमी बेशी का बिल; ~ of opinion मतभेद; ~ of procedure प्रक्रिया/विधि का ≈

**different** भिन्न, भिन्न-भिन्न, विभिन्न; ~ in degree भिन्न कोटि के

**differential** 1. विभेदक, भेदात्मक; ~ cost ≈ लागत; ~ duty ≈ शुल्क; ~ mobility ≈ गतिशीलता; ~ rates ≈ दरें; ~ schedule भेददर्शक अनुसूची; ~ shift ≈ पारी; 2. भिन्न; ~ salary ≈ वेतन

**differentiate** भेद करना

**differentiated** विभेदित; ~ assignment ≈ दत्तकार्य

**differentiation** विभेदीकरण, विभेदन; अन्तर

**difficult** कठिन, दुष्कर

**difficulty** कठिनाई

**diffidence** आत्मसंशय
**diffident** आत्मसंशयी
**diffuse** I. *a.* विसरित, फैला हुआ; II. *v.t.* विसरित करना, फैलाना
**diffusion** विसरण, प्रसार, फैलाव; ~ theory of taxation कराधान का विसरण सिद्धान्त; ~ of ownership स्वामित्व ≈
**digamy** द्वितीय विवाह
**digest** I. *n.* सार-संग्रह. II. *v.t.* पचाना
**dignified** गरिमासम्पन्न, प्रतिष्ठित
**dignitary** 1. प्रतिष्ठित व्यक्ति; 2. उच्चपदधारी
**dignity** गरिमा, प्रतिष्ठा, मर्यादा; office of ~ प्रतिष्ठा-पद
**digress** विषयान्तर करना, (विषय से) दूर जाना
**digression** उत्क्रम, विषयान्तर
**dilapidate** तोड़-फोड़ देना
**dilapidated** जीर्ण, टूटा-फूटा
**dilapidation** जीर्णावस्था, जीर्णता; ~ assurance ≈ बीमा
**dilatoriness** विलम्बकारिता, दीर्घसूत्रता
**dilatory** विलम्बकारी; ~ defence ≈ प्रतिवाद; ~ motion ≈ प्रस्ताव; ~ plea ≈ अभ्युक्ति; ~ policy ≈ नीति; ~ reply ≈ उत्तर; ~ tactics ≈ युक्ति
**dilemma** दुविधा, उभयापत्ति
**diligence** अध्यवसाय, उद्यम, परिश्रम, तत्परता
**diligent** अध्यवसायी, उद्योगी, परिश्रमी
**diligently** अध्यवसायपूर्वक, तत्परतापूर्वक; perform duty ~ ≈ कर्तव्य निभाना
**dilute** पतला/मन्द करना, हल्का करना
**diluted military zone** आंशिक विसैन्यीकृत क्षेत्र
**dilutent** घुलनशील
**dilution** 1. मन्दन, तनूकरण; ~ of labour श्रम अवकुशलन; 2. फीकापन, पतलापन; 3. पतला घोल
**dim** I. *a.* मन्द, धुँधला, फीका. II. *v.t.* मन्द करना/होना
**dimension** विमा, आयाम, विस्तार, लम्बाई-चौड़ाई; ~ of luggage सामान की लम्बाई-चौड़ाई
**dimensional** विमात्मक
**diminish** कम करना/होना, घटना, घटाना; ~ value मूल्य ≈
**diminished** ह्रासित, घटाया हुआ
**diminishing** ह्रासमान, घटता; ~ cost ≈ लागत; ~ productivity ≈ उत्पादिता; ~ return ≈ प्रतिफल, ≈ प्रतिलाभ; ~ utility उपयोगिता
**diminution** ह्रास, ह्रासन, घटती, कमी; ~ in value मूल्य में ≈; ~ of liability दायित्व में कमी; ~ of profit लाभ में घटती/कमी
**dimple** गुल, गड्ढा
**din** कोलाहल
**dining** भोजन करना; ~ car भोजन यान; ~ room भोजन कक्ष
**diploma** डिप्लोमा, उपाधिपत्र; ~ holder ≈ प्राप्त; ~ in sanitation स्वच्छता विज्ञान का ≈; ~ project प्रायोजना
**diplomacy** राजनय, कूटनीति; ~ of reconciliation समाधान ≈
**diplomat** राजनयज्ञ, कूटनीतिज्ञ
**diplomatic** 1. राजनयिक; ~ affairs ≈ कार्य, ≈ मामले, ≈ विषय; ~ agent ≈ अभिकर्ता; ~ asylum ≈ शरण; ~ bag ≈ डाक थैला; ~ bargaining ≈ सौदेबाज़ी; ~ bungling ≈ घपला; ~ business ≈ कार्य; ~ clearance ≈ अनुमति; ~ contacts ≈ संपर्क; ~ immunities ≈ उन्मुक्तियाँ; ~ negotiations ≈ वार्ता; ~ privileges ≈ विशेषाधिकार; ~ protection संरक्षण; ~ usage ≈ प्रचलन, ≈ प्रयोग, ≈ आचार; 2. कूटनीतिक; ~ bluff ≈ झाँसा; ~ move ≈ चाल

**diplomatics** राजनय

**diplomatist** राजनयी, राजनयज्ञ; कूटनीतिज्ञ

**dire** भयंकर; ~ consequences ≈ परिणाम; ~ necessity घोर आवश्यकता/नितांत आवश्यकता

**direct** I. *a.* प्रत्यक्ष, सीधा/सीधी; ~ action ≈ कार्यवाही; ~ affinity ≈ सम्बन्ध/नाता; ~ approach ≈ पहुँच; ~ burden of taxation ≈ कर-भार; ~ cause ≈ हेतुक; ~ charge ≈ प्रभार; ~ consequences परिणाम; ~ contact ≈ संपर्क; ~ damage ≈ क्षति; ~ demand ≈ माँग; ~ democracy ≈ लोकतन्त्र; ~ dialling ≈ डायलिंग, ≈ डायकारी; ~ election ≈ चुनाव; ~ exchange line ≈ केन्द्र लाइन; ~ financing ≈ वित्तीयन; ~ grant ≈ अनुदान; ~ income ≈ आय; ~ loss हानि; ~ nomination ≈ नामन; ~ purchase ≈ क्रय/ख़रीद; ~ receipts ≈ प्राप्तियाँ; ~ recruitment ≈ भर्ती; ~ relief ≈ सहायता; ~ report ≈ रिपोर्ट; ~ representation ≈ प्रतिनिधित्व; ~ service सेवा; ~ tax ≈ कर; ~ testimony ≈ परिसाक्ष्य; ~ treatment ≈ उपचार; ~ trust ≈ न्यास; ~ utility उपयोगिता; ~ current दिष्टधारा. II. *v.t.* संचालन करना, निदेश देना, निदिष्ट करना; account लेखा निदिष्ट करना

**directed** निदेशित, निदिष्ट; ~ discussion ≈ परिचर्चा; ~ economy ≈ अर्थव्यवस्था

**direction** 1. निदेश; ~ for accumulation संचय का ≈; 2. संचालन, निर्देशन; 3. दिशा

**directive** I. *n.* निदेश. II. *a.* निदेशात्मक; ~ counselling ≈ परामर्श; ~ committee ≈ समिति; ~ principles ≈ सिद्धान्त

**directly** प्रत्यक्षत:, सीधे; ~ attached ≈ समबद्ध; ~ produced ≈ उत्पादित

**director** 1. निदेशक; ~ in charge प्रभारी ≈; ~ of estates सम्पदा ≈; ~ general महा ≈; 2. (कम्पनी का) संचालक, डायरेक्टर

**directorate** निदेशालय; ~ general महा ≈

**directorship** निदेशक-पद

**directory** निर्देशिका; ~ in nature निर्देशात्मक प्रकृति वाला

**disability** निर्योग्यता, अशक्तता, असमर्थता, अपंगता; ~ fund ≈ निधि; ~ insurance ≈ बीमा, अपंगता बीमा; ~ of trustee न्यासी की ≈; ~ benefit हितलाभ; ~ leave ≈ अवकाश

**disable** निर्योग्य/अशक्त अपंग बनाना

**disabled** निर्योग्य, अशक्त, अपंग; ~ vehicle ≈ गाड़ी; ~ worker ≈ कामगार

**disablement** अपंगता, अंगविकलता; partial ~ आंशिक ≈; permanent ~ स्थायी ≈; temporary ~ अस्थायी ≈; total ~ पूर्ण ≈

**disabling injury** अशक्तकारी क्षति, अशक्तकारी चोट, अपंगकारी क्षति

**disabuse** भ्रांति दूर करना, भ्रम निवारण करना

**disaccreditation** अमान्यकरण

**disadjustment** विसमायोजन

**disadvantage** अलाभ, अहित; ~ of an employee कर्मचारी का ≈

**disadvantageous** अलाभकर, अहितकर; ~ treatment प्रतिकूल बर्ताव

**disaffected** अपरक्त, अतुष्ट, अप्रीतिपूर्ण

**disaffection** अपराग, अप्रीति, अतुष्टि, मनमुटाव

**disaffirm** निराकृत करना, रद्द करना

**disaffirmance** निराकृति

**disagree** असहमत होना
**disagreeable** अनभिमत, अप्रिय
**disagreeableness** अनभिति, अप्रियता, अरुचि
**disagreement** असहमति
**disallow** अस्वीकार करना, नामंज़ूर करना, अनुज्ञा न देना; ~ a question प्रश्न करने की अनुज्ञा न देना; ~ claim दावा नामंज़ूर करना; ~ objection आक्षेप अस्वीकार कर देना
**disallowance** अस्वीकृति, निषेध
**disallowed** अस्वीकृत, अनुज्ञात, निषिद्ध
**disappearance** लोप, अदर्शन, ग़ायब हो जाना, अभाव; ~ of evidence साक्ष्य का अभाव हो जाना
**disappointed** निराश
**disappointing** निराशाजनक
**disappointment** निराशा; ~ money आशाभंग राशि
**disapprobation** अननुमोदन, नापसन्दी
**disapproval** अननुमोदन, निरनुमोदन
**disapprove** अनुमोदन न करना
**disarm** निःशस्त्र करना
**disarmament** निःशस्त्रीकरण, निरस्त्रीकरण; ~ negotiation ≈ वार्ता
**disarrange** अस्त-व्यस्त कर देना
**disarranged** अव्यवस्थित
**disassociate** वियोजित करना
**disaster** घोर विपत्ति, अनर्थ; ~ relief ≈ सहायता
**disavow** नकारना, अस्वीकार करना, मुकरना
**disavowal** अस्वीकृति, मुकरना
**disband** भंग करना, तोड़ देना
**disbandment** भंग, विघटन
**disbar** विवर्जित करना, वक़ालत करने से रोक देना
**disbelief** अविश्वास
**disbench** पीठच्युत करना, न्यायालय से हटाना
**disburse** संवितरित करना
**disbursed** संवितरित
**disbursement** संवितरण, भुगतान
**disburser** संवितरक
**disbursing** संवितरण; ~ authority, officer ≈ प्राधिकारी, अधिकारी
**discard** परे करना, हटा देना, अमान्य करना
**discerning** विवेकपूर्ण; ~ judgment ≈ निर्णय
**discharge** **I.** *n.* उन्मुक्ति, उन्मोचन, छुट्टी; ~ by payment भुगतान द्वारा दायित्व मुक्ति; ~ of bill ≈ हुण्डी; ~ contract ≈ संविदा; ~ debtor ≈ ऋणी; ~ encumbrance भार का उन्मोचन; ~ of judgement debtor ≈ निर्णीत ऋणी का ≈ करना; ~ of liability ≈; ~ of loan ऋण; ~ property सम्पत्ति का उन्मोचन; ~ of decree डिक्री का उन्मोचन; **2.** पालन, निर्वहन; ~ of duty कर्तव्य ≈; ~ functions कृत्यों का ≈; ~ liability दायित्वों का ≈; ~ petition ≈ याचिका; ~ rate चुकौती दर; ~ slip ≈ की पर्ची. **II.** *v.t.* **1.** उन्मुक्त करना, उन्मोचन करना; ~ a decree, a person डिक्री, व्यक्ति को उन्मुक्त करना (का उन्मोचन करना); ~ a missile प्रक्षेपास्त्र फेंकना; **2.** ~ a debt ऋण चुकाना; ~ a duty कर्तव्य का पालन करना; ~ form obligation बाध्यता चुकाना; ~ from a ship जहाज़ से उतारना; ~ from service सेवा मुक्त करना
**discharged** उन्मुक्त, बरी; ~ bankrupt ≈ दिवालिया; ~ bill चुकाया बिल, चुकाई हुंडी; ~ prisoners ≈ बन्दी; ~ from service सेवामुक्त; ~ from obligation बाध्यता से ≈
**discharging** उन्मोचन

**disciple** शिष्य, चेला
**disciplinarian** अनुशास्ता
**disciplinary** अनुशासनिक; ~ action ≈ कार्यवाही; ~ court ≈ न्यायालय; ~ laws ≈ विधियाँ; ~ lay-off ≈ जबरी छुट्टी; ~ measures ≈ उपाय; ~ offence ≈ अपराध; ~ powers ≈ शक्तियाँ; ~ proceedings ≈ कार्यवाही; ~ sanction ≈ शास्ति
**discipline** अनुशासन; ~ committee ≈ समिति
**disciplined** अनुशासित
**disclaim** अनंगीकरण, दावा छोड़ देना, दस्तबरदार हो जाना; ~ property संपत्ति का दावा छोड़ देना
**disclaimer** 1. अनंगीकार, इन्कार; 2. स्वत्व-त्याग; ~ by beneficiary हिताधिकारी द्वारा त्याग; 3. अनंगीकर्ता
**disclose** प्रकट/ज़ाहिर करना, खोलना; bound to ~ प्रकट करने को बाध्य; ~ facts तथ्य ≈
**disclosed** प्रकट; ~ principal ≈ मालिक
**disclosure** प्रकटन, ज़ाहिर करना; ~ of information जानकारी का ≈; ~ of official secrets शासकीय गुप्त बात का ≈
**discoloration** विवर्णता, रंग-परिवर्तन
**discomfiture** पराजय, हार
**discomfort** असुविधा, बेचैनी
**disconnect** सम्बन्ध तोड़ना, काटना
**disconnection** वियोजन, विसंबंधन
**discontent** असंतोष
**discontinuation** विच्छेदन, असांतत्य
**discontinue** बन्द कर देना, रोक देना; ~ the public use सार्वजनिक उपयोग ≈
**discontinuous** विच्छिन्न, असंतत; ~ easement ≈ सुखाचार
**discord** विसंगति, विरोध
**discordance** 1. विसंगति; 2. विस्वरता
**discordant** विसंगत, विरोधी; ~ note ≈ मत
**discount** I. *n.* बट्टा, छूट, मिती-काटा; ~ account ≈ लेखा; ~ allowed दत्त ≈; ~ ledger ≈ बही; ~ rate ≈ दर; ~ on purchase क्रय पर ≈; ~ register ≈ रजिस्टर, ≈ पंजी; ~ sale विक्रय पर ≈. II. *v.t.* बट्टा काटना; ~ a bill हुण्डी से ≈
**discounted** बट्टे का; ~ bills बट्टागत हुंडिया; ~ bonus बट्टाकटा बोनस; ~ value बट्टागत मूल्य
**discounting** मिती काटे पर भुगतान करना; ~ bills हुंडी का ≈
**discountenance** निरुत्साहित करना; लज्जित करना
**discourage** निरुत्साह/हतोत्साह करना
**discouragement** निरुत्साह
**discourse** प्रवचन; कथन
**discourteous** अविनीत, अशिष्ट, रूखा
**discourtesy** अविनय, अशिष्टता
**discover** 1. आविष्कार करना, खोज निकालना; 2. पता लगाना; 3. प्रकट करना
**discoverable** ज्ञेय; ~ motive ≈ अभिप्राय
**discoverer** आविष्कर्ता
**discovert** अनाश्रिता (स्त्री)
**discovery** 1. आविष्कार, खोज; ~ of error ग़लती का पता लगाना; 2. प्रकटन; ~ by interrogatories परिप्रश्नों द्वारा प्रकटीकरण; ~ of documents दस्तावेज़ों का ≈
**discredit** अपविश्वसनीय मानना, साख गिराना, बदनामी लगाना
**discredited** अपविश्वस्त, बदनाम
**discreet** विवेकशील
**discrepancy** विसंगति, विरोध; अन्तर, फ़र्क; ~ memo विसंगति ज्ञापन; ~ may be reconciled ≈ का समाधान कर लिया

जाए; ~ statement ≈ विवरण

**discrepant** विसंगत, भिन्न

**discrete** वि च्छन्न, अलग; ~ items ≈ मदें; ~ data विविक्त दत्त सामग्री, विवेचित दत्त सामग्री

**discretion** 1. विवेक, स्वविवेक; judicial ~ न्यायिक ≈; in his ~ ≈ अनुसार; ~ of the court न्यायालय का ≈; 2. विवेकाधिकार

**discretionary** (स्व) विवेकाधीन, विवेकी; ~ grant ≈ अनुदान; ~ income स्वनिर्णयत आय, निबल प्रयोज्य आय; ~ instructions ≈ अनुदेश; ~ power स्वविवेक निर्णय अधिकार

**discriminant** विभेदक, विभेदी

**discriminate** विभेद करना

**discriminating** विभेदक, भेदमूलक; ~ duty ≈ शुल्क; ~ market गुणज्ञ बाज़ार; ~ monopoly ≈ एकाधिकार

**discrimination** विभेद, भेदभाव; racial ~ प्रजाति ≈

**discriminatory** विभेदक, विभेदकारी, भेदमूलक; ~ measures ≈ उपाय practices भेदकारी व्यवहार/भेद पूर्ण व्यवहार; ~ taxation ≈ कराधान

**discuss** चर्चा/विचार-विमर्श करना, बहस करना

**discussion** चर्चा, विचार-विमर्श, बहस

**disdainful** अवज्ञापूर्ण, घृणित

**disease** रोग, बीमारी; ~ investigation ≈ अनुसन्धान

**diseconomies of production** उत्पादन अलाभ

**diseconomy** अलाभ

**disembargo** अधिरोध/घाटबन्दी हटाना

**disencumber** भारमुक्त करना, बोझ उतारना

**disengage** विलग/वियुक्त करना, छुड़ाना

**disengagement** विलगाव, वियोजन

**disentangle** सुलझाना

**disentitle** स्वत्व से वंचित करना, हक़ न देना, हक़ से वंचित करना

**disestablish** उखाड़ना

**disequilibrium** 1. विसंतुलन, असंतुलन; 2. वैषम्य, वैषम्यावस्था

**disfavour** अननुग्रह, अकृपा

**disfiguration** विरूपण, बदसूरत करना

**disfigure** विद्रूपित/कुरूप करना, रूप बिगाड़ना

**disfigurement** विद्रूपता; ~ of face चेहरे की ≈

**disforestation** निर्वनीकरण, वन का वन काट डालना

**disfranchise** मताधिकार से वंचित करना

**disfranchisement** मत-वंचन, मताधिकारवंचन

**disgrace** I. *n.* कलंक, अपमान. II. *v.t.* कलंक लगाना, अपमानित करना

**disgraceful** अकीर्तिकर, कलंकास्पद; ~ conduct ≈ आचरण

**disguise** I. *n.* कपटवेश, छद्मवेश. II. *v.t.* कपटवेश/छद्मवेश बनाना, भेस बदलना

**disguised** प्रच्छन्न

**disgust** विरुचि, घृणा

**disgusting** अरुचिकर, घृणित

**dishoarding** विसंग्रह, विसंग्रहण

**dishonest** बेईमान; ~ concealment बेईमानी से छिपाना; ~ misappropriation बेईमानी से दुर्विनियोग; ~ removal बेईमानी से हटा लेना

**dishonestly** बेईमानी से; ~ breaking open ≈ तोड़कर खोलना; ~ received ≈ प्राप्त

**dishonesty** बेईमानी

**dishonour** I. *n.* अनादर, नकार; ~ by non-acceptance ≈ अप्रतिग्रहण; ~ non-payment असंदाय द्वारा ≈. II. *v.t.* अनादृत करना, नकारना; ~ a bill हुँडी ≈

**dishonoured** अनादृत; ~ cheque ≈ चेक; ~ by non-payment असंदाय द्वारा ≈

**disinclination** अनभिरुचि; अप्रवृत्ति, अनिच्छा

**disinclined** अनिच्छुक, अप्रवृत्त

**disinfectant** रोगाणु-नाशक, विसंक्रामक

**disinfection** रोगाणुनाशन, विसंक्रामण

**disinfective** रोगाणुनाशी, विसंक्रामक

**disinflation** विस्फीति

**disingenuous** कपटी; अकुलीन

**disinherit** उत्तराधिकार से वंचित करना

**disinheritance** उत्तराधिकार-वंचन, दायविहीनता

**disinhibition** निरवरोध

**disintegrate** विघटित करना

**disintegrating** विघटनकारी तत्व

**disintegration** विघटन

**disinter** शव को क़ब्र से बाहर निकालना

**disinterested** अनासक्त, पक्षपात-रहित; ~ action ≈ कार्यवाही; ~ witness ≈ साक्षी

**disinvestment** विनिवेश

**disjoin** अलग करना/होना

**disjoined stroke** वियुक्त रेखा, पृथक रेखा

**disjunction** वियोजन

**disjunctively** पृथक, अलग करके

**disjunctive task** वियोजक कृत्यक

**dislocate** विस्थापित करना, (हड्डी) हटना

**dislocation** विस्थापित; (हड्डी) हटना; ~ of business कार्य/व्यवसाय ≈ होना

**dislodge** विस्थापित करना

**disloyal** निष्ठाहीन, देशद्रोही, अराजभक्त

**disloyalty** अनिष्ठा, अभक्ति; देशद्रोह

**dismantle** खण्डित करना, गिराना, खोल डालना

**dismember** अंग-विच्छेद करना, विघटित करना

**dismembered** विच्छिन्न, विघटित

**dismemberment** विच्छेदन, विघटन

**dismiss** 1. सेवामुक्त करना, पदच्युत करना, बरखास्त करना; 2. अपास्त करना, ख़ारिज करना; ~ an appeal अपील ≈; ~ with cost ख़र्च सहित ख़ारिज करना

**dismissal** 1. सेवामुक्ति, पदच्युति, बरख़ास्तगी; ~ compensation ≈ क्षतिपूर्ति, ≈ मुआवज़ा; 2. ख़ारिजी; ~ for default व्यतिक्रम के कारण ≈; ~ report ≈ विवरण, ≈ रिपोर्ट

**dismissed** 1. सेवामुक्त, पदच्युत, बरख़ास्त; 2. अपास्त, ख़ारिज; ~ for default व्यतिक्रम/अनुपस्थिति के कारण ≈

**dismortgage** बन्धक/गिरवी छुड़ाना

**disobedience** अवज्ञा; ~ of order आदेश की ≈

**disobey** अवज्ञा करना, आज्ञा न मानना

**disorder** 1. अव्यवस्था, गड़बड़ी; 2. शान्तिभंग, अशान्ति, उपद्रव; 3. विकार

**disorderly** 1. अव्यवस्थित, गड़बड़, अस्तव्यस्त; ~ house ≈ मकान; 2. विश्रृंखला; ~ conduct ≈ आचरण; ~ person ≈ व्यक्ति

**disorganization** विघटन, अव्यवस्था

**disorganize** विघटित करना/ होना; अस्तव्यस्त होना

**disown** अनंगीकार करना, मुकरना

**disowned** अनंगीकृत

**disparage** अवमानित करना, तिरस्कार करना

**disparagement** अवमान, तिरस्कार

**disparata non debent jungi** असमान वस्तुओं को जोड़ नहीं देना चाहिये

**disparate** असमान, विसदृश

**disparity** असमानता, विषमता

**dispassionate** 1. निःसंग, उदासीन, विरक्त; 2. निरपेक्ष; ~ point view ≈ दृष्टिकोण

**dispatch** = despatch; diplomatic ~ राजनयिक शासनपत्र

**dispauper** निरकिंचित करना, दरिद्रता हटाना

**dispaupered** निरकिंचित

**dispel** दूर करना

**dispensary** औषधालय, दवाख़ाना

**dispensable** अनावश्यक

**dispensation** 1. वितरण; 2. दंडोन्मुक्ति, रिहाई; 3. व्यवस्था; ~ of justice न्याय-≈

**dispense** 1. देना; ~ justice न्याय करना; 2. हटाना, अलग करना; ~ with service नौकरी से ≈; 3. मुक्त करना; ~ with presence उपस्थिति से ≈; 4. वितरित करना

**dispenser** औषधदाता, औषधवितरक

**dispensing** नुस्ख़ा बनाना; ~ of drugs औषधयोजन

**dispeople** जनशून्य करना, उजाड़ना

**dispersal** विसर्जन

**disperse** 1. विसर्जन करना, तितर-बितर करना; 2. विसर्जित/तितर-बितर होना, बिखर जाना

**dispersion** 1. विसर्जन; 2. बिखराव, प्रकीर्णन

**dispirit** हतोत्साह करना

**displace** विस्थापित करना, स्थान से हटाना

**displaced** विस्थापित; ~ aggression ≈ आक्रमण; ~ person ≈ व्यक्ति

**displacement** विस्थापन

**display** I. *n.* 1. प्रदर्शन; 2. सज्जा, सजावट; ~ advertisement ≈ विज्ञापन, सजावटी विज्ञापन. II. *v.t.* प्रदर्शित करना; ~ cowardice कायरता ≈

**displease** अप्रसन्न/नाराज़ करना

**displeasing** अरुचिकर

**displeasure** अप्रसाद, अकृपा, नाराज़गी

**disponer** व्यस्क

**disposable** प्रयोज्य, अवशिष्टियाँ; deposits ≈ जमाराशियाँ

**disposal** निपटान, निपटारा, व्ययन; ~ by confiscation ≈ अधिहरण/ज़ब्ती; ~ delivery ≈ परिदान; ~ destruction विनाश द्वारा व्ययन; ~ income ≈ आय, अवशिष्ट आय, निबल आय; ~ list ≈ सूची; ~ of a case मामले का निपटारा/प्रकरण का निस्तारण; ~ of business ≈ काम; ~ property सम्पत्ति का निपटान; at your ~ आपके हाथ में; ~ of the dead मृतकों की अन्त्येष्टि

**dispose** व्ययन करना, निपटाना; ~ off an appeal अपील निपटाना

**disposing power** व्ययन/निपटान करने की शक्ति

**disposition** 1. निपटारा, व्ययन; ~ of property सम्पत्ति का ≈; ~ for value मूल्यार्थ≈; general ≈ साधारण; ~ prior ≈ पूर्वतर; ~ ulterior परतर ≈; 2. स्वभाव, स्ववृत्ति; natural ~ स्वाभाविक स्ववृत्ति

**dispossession** बेदख़ली, बेक़ब्ज़ा करना

**disproof** नासाबित करना

**disproportion** अननुपात, वैषम्य

**disproportionate** अनुपातहीन, बे-अंदाज़ा

**disprove** असिद्ध/नासाबित करना, खंडन करना; ~ charges आरोपों को ≈

**disputable** विवादग्रस्त; ~ claims ≈ दावे; ~ items ≈ मुद्दे

**disputant** विवादी, झगड़ा करने वाला

**disputation** विवाद, शास्त्रार्थ

**dispute** I. *n.* विवाद, झगड़ा, तनाज़ा; matter in ~ विवादग्रस्त विषय. II. *v.i.* & *v.t.* विवाद करना; ~ the claim दावे का विरोध करना

**disputed** विवादग्रस्त; ~ debt ≈ ऋण; ~ land ≈ भूमि; ~ settlement ≈ निपटारा; ~ territory विवादग्रस्त क्षेत्र

**disputing** विवादी; ~ parties ≈ पक्षकार

**disqualification** अनर्हता, अयोग्यता; to

suffer ~ निरर्हता ग्रस्त होना

**disqualified** अनर्हित, अयोग्य; ~ heir ≈ उत्तराधिकारी

**disqualify** अनर्ह करना/होना, अयोग्य ठहराना

**disrating** पदावनत करना, पद घटाना

**disregard** **I.** *n.* अवहेलना, उपेक्षा. **II.** *v.t.* अवहेलना/उपेक्षा करना; छोड़ देना

**disregarding the facts** तथ्यों की अवहेलना करते हुए

**disrepair** बेमरम्मती

**disreputable** कुख्यात, बदनाम

**disrepute** कुख्याति, बदनामी; bring into ~ ≈ करना

**disrespect** अनादर

**disrupt** विच्छिन्न करना, तोड़-फोड़ देना

**disruption** विच्छेद, विघटन, तोड़-फोड़

**disruptive activities** **1.** विध्वंसकारी कार्य; **2.** विघटनकारी कार्यकलाप

**dissatisfaction** असन्तोष

**dissatisfied** असंतुष्ट

**dissection** **1.** विच्छेदन, चीर-फाड़; **2.** सूक्ष्म परीक्षण

**disseize** बेदख़ल करना

**dissemble** कपट करना, पाखंड करना

**disseminate** प्रसार करना; ~ information जानकारी का ≈

**dissemination** प्रसार, फैलाना, प्रसारण; ~ of knowledge ज्ञान का ≈; ~ of information सूचना का ≈; ~ of market information बाज़ार सूचना का ≈; ~ of rumours अफवाहों का ≈

**disseminator** प्रसारक

**dissension** मतभेद, वैमत्य, विसम्मति, फूट

**dissent** **I.** *n.* विमति, विसम्मति. **II.** *v.i.* असहमत होना; note of ~ असहमति-लेख

**dissenter** भिन्नमतधारी, मतविरोधी

**dissentient** असहमत, भिन्नमत; ~ member भिन्न मत रखने वाला सदस्य

**dissenting** विसम्मत, भिन्नमत; ~ judgment ≈ निर्णय; ~ nation ≈ राष्ट्र, असहमत राष्ट्र; ~ opinion भिन्न मत; ~ person ≈ व्यक्ति

**dissident** असहमत, असंतुष्ट; ~ minorities ≈ अल्प संख्या वर्ग; ~ nation विसम्मत राष्ट्र, ≈ राष्ट्र

**dissimilar** असमान, असदृश, असमरूप

**dissimilarity** असमरूपता, असमानता

**dissimulation** कपटाचार, ढोंग

**dissipate** **1.** (धन) उड़ाना, (पैसा) बरबाद करना; **2.** भोगविलास/दुराचार करना

**dissipation** **1.** दुर्व्यसन, बदचलनी; **2.** अपव्यय; ~ of assets आस्तियों का ≈

**dissociate** अलग करना, अलग होना

**dissociated** विच्छिन्न, वियोजित

**dissociation of personality** व्यक्तित्व विच्छेदन

**dissociative interest** विसंबंधकारी हित

**dissolute** दुर्व्यसनी, लम्पट

**dissolution** विघटन, भंग; ~ by court न्यायालय द्वारा ≈; ~ of marriage विवाह-विच्छेद; ~ of partnership साझेदारी का ≈

**dissolve** **1.** भंग करना, तोड़ देना, विसर्जित करना; ~ association सहयोजन ≈; ~ injunction व्यादेश को समाप्त करना; **2.** घुलना, घोलना

**dissolved** विघटित, भंग; ~ partnership ≈ साझेदारी

**dissuade** मना करना, (मनाकर) रोकना; ~ from disclosing facts तथ्य प्रकट करने से ≈

**dissuasion** मना करना; ~ from enlistment नाम लिखाने के लिए ≈

**dissymmetry** विसममिति, वैषम्य

**distal to** से दूर, दूरवर्ती

**distance** दूरी, फ़ासला, अन्तर; ~ signal ≈ सिगनल; ~ tariff ≈ टैरिफ़, ≈ प्रशुल्क

**distant** दूर, दूरवर्ती; ~ future सुदूर भविष्य; ~ signal दूरस्थ संकेत/सिगनल

**distillate** आसव निकालना, अर्क खींचना

**distillation** आसवन, अर्क खींचना; ~ product ≈ उत्पाद

**distillery** आसवनी, मद्य निर्माणशाला, शराब की भट्ठी; ~ inspector ≈ निरीक्षक

**distilling** आसवन, चुवाना, अर्क़ खींचना

**distinct** 1. सुभिन्न, अलग; ~ claim ≈ दावा; ~ ground ≈ आधार; ~ interest ≈ हित; ~ offence ≈ अपराध; 2. सुस्पष्ट, साफ; ~ sound सुव्यक्त ध्वनि; ~ voice ≈ आवाज़

**distinction** 1. विभेद; ~ of creed ≈ मत; ~ of sex लिंग-विभेद; 2. विशेष योग्यता; 3. सम्मान

**distinctive** 1. सुभेदक, सुभिन्न; ~ mark ≈ चिह्न; ~ function ≈ कार्य; 2. विशिष्ट; ~ character ≈ लक्षण; ~ device ≈ युक्ति; ~ emblem ≈ चिह्न; ~ post ≈ पद

**distinctiveness** सुभिन्नता

**distinctly** 1. सुभिन्न रूप में; 2. स्पष्टतः, स्पष्टतया

**distinguish** भेद करना/बताना

**distinguished** 1. सुभिन्न; ~ mark ≈ चिह्न; 2. विशिष्ट; ~ service ≈ सेवा; 3. विख्यात, नामवर; ~ person ≈ व्यक्ति

**distinguishing** 1. सुभेदक, विशिष्ट; ~ features ≈ अभिलक्षण; 2. अलग दिखाते हुए; ~ the items हर मद को ≈; ~ sign पहचान चिह्न

**distort** विकृत करना, तोड़ना-मरोड़ना

**distorted** विकृत

**distortion** विरूपण, विकृति, तोड़-मरोड़

**distracted** अस्थिरचित्त, विमनस्क

**distracter** विकर्षक

**distraction** 1. अस्थिरचित्तता, विमनस्कता; 2. विकर्षण, उचाटपन

**distrain** आसेध/कुर्क करना; ~ the vessel जलयान को करस्थ करना

**distrained** कुर्क, करस्थ; ~ property ≈ संपत्ति

**distrainee** आसिद्ध

**distrainer** आसेधक, कुर्की करने वाला

**distraint** आसेध, कुर्की, निग्रहण

**distress** 1. आसेध, कुर्की, निग्रहण; ~ of property सम्पत्ति की कुर्की; 2. कष्ट, विपत्ति; ~ call सहायता की पुकार; ~ communication ≈ संदेश; ~ sale आपात बिक्री

**distressed** व्यथित, विपदग्रस्त; ~ area आपदाग्रस्त क्षेत्र, संकटग्रस्त क्षेत्र; ~ circumstances दीन दशा

**distributable** वितरण-योग्य, विभाज्य; ~ income ≈ आय

**distributary** उपशाखा (नदी की)

**distribute** वितरण करना; विभाजित करना; बाँटना

**distributed** वितरित, विभाजित, बँटा

**distributing** वितरक; ~ licensee अनुज्ञप्तिधारी ≈; ~ trade वितरण व्यापार

**distribution** वितरण, वंटन, बाँटना; ~ of assets आस्तियों का ≈; ~ of dividend लाभांश का ≈; ~ of functions कार्य ≈

**distributive** वितरक; ~ cost ≈ लागत; ~ effect ≈ प्रभाव; ~ justice ≈ न्याय; ~ market ≈ बाज़ार; ~ share वितरणीय अंश; ~ use व्यक्तिगत उपयोग

**distributor** वितरक, बाँटने वाला

**district** ज़िला; ~ board ≈ परिषद; ~ committee ≈ समिति; ~ fund ≈ निधि; ~ jail ≈ कारागार; ~ judge ≈

जज; ~ officer ≈ अधिकारी; ~ treasury ≈ ख़ज़ाना

**distrust** I. *n.* अविश्वास; II. *v.t.* विश्वास न करना

**distrustful** अविश्वस्त

**disturb** विक्षुब्ध करना, गड़बड़ाना, विघ्न/बाधा डालना; ~ public tranquility जनशांति को विक्षुब्ध करना (गड़बड़ाना)

**disturbance** 1. विक्षोभ; 2. विघ्न, बाधा; ~ of peace and order शांति और व्यवस्था में ≈, शान्ति-व्यवस्था-भंग, बदअमनी; 3. उपद्रव, फ़साद; steer up ~ ≈ पैदा करना

**disturbed** उपद्रवग्रस्त; ~ area ≈ क्षेत्र

**disunity** अनैक्य

**disuse** काम में न लाना

**disutility** अनुपयोगिता

**diswelfare** अकल्याण

**ditto** यथोपरि, तदेव, यथेक्त, वही

**diurnal** दैनिक, प्रतिदिन का

**divergence** 1. विविधता, विभिन्नता; ~ of opinion मतभेद; 2. विचलन, अपसरण

**divergent** 1. भिन्न; ~ opinions ≈ मत; 2. अपसारी; ~ evolution ≈ विकास; diverging विगमन, अपसारी; ~ lines विगमन पटरियाँ/ रेलपथ/ अपसारी पटरियाँ; ~ route ≈ मार्ग

**diverse** नाना, विविध, विभिन्न; ~ enactments ≈ अधिनियमितियाँ

**diversification** विविधीकरण, विशाखन; ~ of functions कार्यों का ≈

**diversified** बहुविध, बहुशाखी; ~ occupation ≈ व्यवसाय

**diversion** 1. दिक्परिवर्तन, मोड़; ~ charge विपथन प्रभार; ~ of traffic यातायात विपथन; ~ of way पथान्तरण; 2. उपयोजन; ~ of fund निधि का ≈; 3. पार्श्व पथ; ~ of wagon माल डिब्बे का मार्ग परिवर्तन

**diversity** विविधता, विभिन्नता; ~ of interests हितों की ≈

**divert** बदलना, मोड़ना, दूसरे मार्ग पर ले जाना

**divest** वंचित करना, छीन लेना

**divide** विभाजित/विभक्त करना

**divided** विभाजित, विभक्त; ~ coverage ≈ बीमा; ~ family ≈ कुटुम्ब; ~ property ≈ संपत्ति; ~ in opinion राय में बँटे हुए

**dividend** लाभांश; ~ addition ≈ योजन; ~ earnings ≈ अर्जन; ~ equalization fund ≈ समकारी निधि; ~ rate ≈ दर; ~ unclaimed ≈ अदावी; ~ warrant अधिपत्र; preference ~ अधिमानी≈

**divider, dividing** विभाजक

**divine** दैवी; ~ ancestry ≈ पूर्वज; ~ displeasure ≈ अप्रसाद; ~ law ≈ विधि; ~ right ≈ अधिकार

**divisibility** विभाज्यता

**divisible** विभाज्य; ~ contract clause ≈ संविदा धारा; ~ expenditure ≈ व्यय; ~ profits ≈ लाभ; ~ receipts ≈ प्राप्तियां; ~ surplus ≈ अधिशेष

**division** 1. विभाजन; ~ of fare भाड़ा≈; ~ of labour, power श्रम-शक्ति- ≈. 2. प्रभाग; ~ head प्रभागाध्यक्ष; ~ of time समय का अन्तराल; 3. खण्ड; ~ bench ≈ पीठ; ~ court ≈ न्यायालय; 4. मण्डल; 5. ~ commander डिवीज़न कमांडर; ~ of opinion मतभेद

**divisional** 1. प्रभागीय; ~ accountant ≈ लेखपाल; 2. खंड, मंडलीय; ~ head-quarters खण्ड/मण्डल मुख्यालय; ~ judge ≈ न्यायाधीश; ~ superintendent ≈ अधीक्षक; ~ traffic manager ≈ यातायात प्रबंधक

**divorce** I. *n.* विवाह-विच्छेद, तलाक़;

judicial ~ ≈ न्यायिक; reversible ~ निवर्तनीय ≈; formal ~ औपचारिक ≈. **II.** *v.* तलाक़ देना, छोड़ देना

**divorce a menna et torso** सहवास-विच्छेद

**divorced** **1.** विच्छिन्नविवाह, तलाक़शुदा; ~ wife तलाक़शुदा बीवी; **2.** परित्यक्त

**divorcee** विच्छिन्नविवाह पुरुष या स्त्री

**divulge** प्रकट/ ज़ाहिर करना, (रहस्य) खोलना; ~ contents विषयवस्तु ≈

**do** करना; ~ away with हटा देना; ~ equity साम्या बरतना; ~ injury क्षति पहुंचाना

**docility** विनयता

**dock** गोदी, डॉक; ~ warrant ≈ वारण्ट/ अधिपत्र; ~ worker ≈ कर्मकार

**dockage** गोदी भाड़ा

**docker** गोदी मज़दूर

**docket** प्रलेखसार, संक्षेपसूची

**docketing** प्रलेखसार लिखना

**docking** दंड कटौती

**doctor** **1.** डॉक्टर, चिकित्सक; **2.** वाचस्पति; ~ of education, hygiene, of law(s), literature, of medicine, of philosophy, science शिक्षा, स्वास्थ्यविज्ञान, विधि वारिधि, साहित्य, आयुर्विज्ञान, विद्या, विज्ञान वाचस्पति; ~ know-all लाल बुझक्कड़

**doctorate** डॉक्टर की उपाधि

**doctrine** सिद्धान्त, मत; ~ of eclipse तिरोहित/ग्रस्त होने का ≈; ~ of external relations बाह्य संबंध का ≈; ~ of jurisdictional immunity क्षेत्राधिकारिक उन्मुक्ति का ≈; ~ of lapse राज्य लय नीति; ~ of severability पृथक्करणीयता का ≈; ~ of state immunity राज्य उन्मुक्ति का ≈; ~ of utility उपयोगिता ≈

**document** प्रलेख, दस्तावेज़; ~ of title हक़दारी का ≈; ~ register ≈ पंजी; false ~ झूठा ≈; forged ~ ≈ जाली ≈; genuine ~ सच्चा ≈; ~s against payment अदायगी पर ≈ सुपुर्दगी, भुगतान पर ≈ सुपुर्दगी; executed ~ निष्पादित ≈

**documentary** **1.** प्रलेखी, दस्तावेज़ी; ~ bill ≈ बिल, ≈ हुंडी; ~ evidence ≈ साक्ष्य; ~ proof ≈ प्रमाण/ सबूत; **2.** ~ film वृत्तचित्र

**documentation** प्रलेखीकरण, प्रलेखन; ~ centre ≈ केन्द्र

**D.O.** = demi-official अर्धशासकीय

**dogma** हठमत, हठधर्म, कट्टर सिद्धान्त

**dogmatic** हठधर्मी, कट्टर; ~ approach ≈ दृष्टिकोण

**dogmatise** मताग्रह करना

**dolego** मैं (इच्छापत्र द्वारा) देता हूँ

**dole** निर्वाह दान, पूर्तदान

**dole incapax** असमर्थ

**domain** **1.** भूसम्पत्ति; **2.** प्रभावक्षेत्र, अधिकार-क्षेत्र

**domestic** **1.** घरेलू; ~ adjudication गृह अधिनिर्णयन, गृह न्याय, निर्णयन, आपसी लबाद (गुजराती); ~ consumption ≈ खपत; ~ problem ≈ समस्या; ~ electrical appliance ≈ विद्युत साधन; ~ radio licence ≈ रेडियो लाइसेंस; ~ servant ≈ नौकर; ~ service पारिवारिक सेवा, गृह सेवा; ~ slavery ≈ दासता; ~ peace ≈ शांति, गृहशांति, आंतरिक शांति **2.** आन्तरिक; ~ affairs ≈ मामले; ~ enquiry ≈ जाँच; ~ safety ≈ सुरक्षा; ~ slump ≈ मंदी; ~ unemployment ≈ बेरोज़गारी; **3.** देशीय; ~ constitution ≈ संविधान; ~ finance ≈ वित्त; ~ industry ≈ उद्योग; ~ judicial system ≈ न्यायिक पद्धति; ~ jurisdiction ≈ अधिकार क्षेत्र; ~

product ≈ उत्पाद, घरेलू उत्पाद; ~ trade ≈ व्यापार; **4.** पालतू; ~ animal ≈ पशु

**domestication of fire** अग्नि गृहीकरण

**domicile** **1.** अधिवास; ~ of birth जन्माधिवास; ~ of choice इच्छाधिवास; ~ of origin मूल≈; **2.** ~ of a bill हुण्डी का शोधन-स्थान

**domiciled** अधिवासित, अधिवासी; ~ bill निर्दिष्ट स्थान की हुण्डी; ~ certificate अधिवास प्रमाणपत्र; ~ in India भारत में ≈

**dominance** प्रमुखता, प्रभुत्व, प्रधानता

**dominant** **1.** प्रमुख, प्रधान; **2.** अधिभावी; ~ balance of power ≈ शक्ति संतुलन; ~ behaviour प्रभावी व्यवहार; ~ community प्रबल समुदाय; ~ ledger प्रभावी नेता; ~ heritage दाय; ~ owner ≈ स्वामी; ~ power प्रभावी देश, प्रभावी शक्ति; ~ trait प्रभावी लक्षण, प्रभावी गुण

**dominate** अधिभावी होना, प्रभुत्व/ सत्ता जमाना; ~ the will इच्छा को अधिशासित करना

**dominated** प्रभावित, अभिभूत

**dominating place** प्रमुख स्थान

**domination** अधिभाविता, प्रभुत्व, सत्ता

**domineering propensities** प्रभावी प्रवृत्तियाँ

**dominion** **1.** अधिराज्य, डोमिनियन; **2.** आधिपत्य, इख़्तियार; ~ over property सम्पत्ति पर ≈; **3.** अधिक्षेत्र; the king's ~ राजा का ≈

**dominium** **1.** स्वामित्व; **2.** सम्पत्ति-अधिकार

**don** शिक्षक

**donate** दान देना/करना

**donated** अनुदत्त; ~ stock अभ्यर्पित स्टाक; ~ surplus ≈ अधिशेष

**donatio** दान; ~ causa mortis, ~ mortis causa मृत्युकालिक ≈; ~ propter nuptias विवाह के प्रतिफल में दान; ~ vilata गुप्तदान

**donation** दान, संदान; ~ to a fund किसी निधि में ≈

**donative** दानसम्बन्धी; ~ inscription ≈ लेख

**donator** दाता

**donee** आदानी, दानगृहीता

**done or omitted** कृताकृत

**donor** दाता, देने वाला; ~ of power अधिकार-दाता; इख़्तियार देने वाला

**door** द्वार; ~ to door canvassing घर-घर जाकर मत माँगना; ~ to door service द्वार-द्वार सेवा

**dope** अग्रिम सूचना

**dormant** निष्क्रिय, प्रसुप्त; ~ capital ≈ पूँजी; ~ case ≈ मामला; ~ partner ≈ भागीदार

**dormitory** आवासशाला, रैन बसेरा; ~ suburb ≈ उपनगर

**dose** मात्रा; ख़ुराक

**dotation** स्त्रीधन

**dotted** बिन्दुकित; ~ line ≈ रेखा/पंक्ति; ~ matter ≈ विषय

**double** **1.** डबल, दोहरा; ~ accident benefit ≈ दुर्घटना हित लाभ; ~ budget ≈ बजट; ~ claims ≈ दावे; ~ crossing ≈ रेखन; ~ entry ≈ प्रविष्टि; ~ financing ≈ वित्त पोषण; ~ government ≈ शासन; ~ impression ≈ छाप; ~ indemnity ≈ क्षतिपूर्ति; ~ jeopardy ≈ संकट/ख़तरा; ~ offence ≈ अपराध; ~ standard ≈ मानक; ~ tax ≈ कर; ~ action ≈ दोहरी कार्रवाही; ~ crop ≈ फसल; ~ lines ≈ रेखाएँ; ~ shift ≈ पारी; **2.** द्वि-; ~ account system द्विलेखा पद्धति; ~

employment द्विस्थानी रोज़गार; ~ faced ≈ मुखी; ~ nationality ≈ राष्ट्रिकता; ~ promotion ≈ पदोन्नति; ~ talk ≈ अर्थक वार्ता; ~ threaded ≈ सूत्रित; ~ track द्विमार्ग, द्विशाखा; **3.** द्विगुण, दुगुना; ~ fare ≈ किराया; ~ stress ≈ बल; **4.** द्विविध; ~ account ≈ लेखा; ~ descent ≈ वंशानुक्रम; **5.** ~ axe दुधारा कुठार; ~ payment दुबारा अदायगी, दुबारा भुगतान; ~ sided carbon दुतरफ़ा कार्बन

**doubling** दुगुना करने का चकमा; ~ a bank बैंक को चकमा देना; ~ notes नोट दुगुना करने का चकमा

**doubt** संदेह, शक; benefit of ~ संदेहलाभ

**doubtful** संदिग्ध, संदेहपूर्ण; ~ debts ≈ ऋण; ~ ownership ≈ स्वामित्व; ~ rights ≈ अधिकार; ~ title ≈ हक़; ~ word ≈ शब्द

**doubtless** निःसंदेह

**dower** स्त्रीधन, यौतुक, महर; customary ~ रिवाजी≈; deferred ~ आस्थागित ≈, तलाक़ के बाद दिया जाने वाला ≈; prompt ~ तात्कालिक ≈

**down** **1.** डाउन; ~ train ≈ गाड़ी; **2.** नीचे, अधः; ~ ward अधोमुखी; ~ ward phase अधोमुखी अवस्था; ~ward trend अधोमुखी रुख़; ~-ward नीचे की ओर; **3.** ~ payment तत्काल भुगतान; ~ time रुका काम समय

**dowry** दहेज

**doyen** वरिष्ठ, वर्षिष्ठ

**draconian regime** ड्रैकन शासन, क्रूर शासन

**draft** **1.** प्रारूप, मसौदा; ~ as amended यथा संशोधित प्रालेख/ प्रारूप/ मसौदा; ~ as directed निदेशानुसार प्रालेख प्रस्तुत करना; ~ amendment संशोधन ≈; ~ constitution संविधान का मसौदा, संविधान का प्रारूप; ~ for approval अनुमोदनार्थ ≈; ~ bye-laws ≈ उपविधियाँ; ~ reply उत्तर का ≈; ~ scheme स्कीम का ≈; **2.** (बैंक का) ड्राफ़्ट; **3.** जलमग्न करना

**drafter** प्रारूपक, मसौदा तैयार करने वाला

**drafting** प्रारूपण, प्रारूप बनाना, मसौदा तैयार करना; ~ defect प्रारूपीय त्रुटियाँ; ~ agreement क़रार का ≈

**draftsman** **1.** प्रारूपकार; **2.** नक्शानवीस

**dragging** घसीटना

**drain** **I.** *n.* नाली. **II.** *v.t.* बहा निकालना

**drainage** जल-निकास; अपवाह; ~ outlet ≈ मोरी; ~ works ≈ संकर्म

**dramatic** नाटकीय; ~ art नाट्यकला; ~ expression ≈ अभिव्यक्ति; ~ presentation ≈ प्रस्तुति; ~ performance अभिनय

**dramatics, dramaturgy** नाट्यकला, नाट्यशास्त्र

**dramaturgic** नाटकीय विश्लेषण संबंधी

**drapery** वस्त्र, वस्त्रविन्यास, वस्त्रसज्जा

**drastic** कठोर, कड़ा; ~ action कड़ी कार्रवाई; ~ measure कठोर/कड़ी कार्यवाही, कठोर उपाय

**draught** **1.** आरेखण, आरेख; **2.** ढोना, भारवाहन; ~ animal/ cattle भारवाही/लद्दू पशु; **3.** डुबाव; **4.** = draft

**draw** **I.** *n.* आहरण; निकास; ~ -wire कर्षण तार; **II.** *v.t.* **1.** खींचना; ~ a map नक्शा≈; ~ water पानी ≈; **2.** निकालना, पाना, लेना; ~ money रुपया ≈; ~ inference अनुमान ≈; ~ wages मज़दूरी ≈; ~ weapon हथियार ≈; ~ off spirit आसव निकालना; **3.** ~ a bill हुंडी ≈; ~ deed विलेख लिखना; ~ attention ध्यान आकर्षित करना; ~ lots गोली डालना; ~ up लेखबद्ध करना, प्रारूप बनाना; ~ upon लेखीवाल होना

**drawback** **1.** न्यूनता, त्रुटि, कमी; **2.** वापसी,

फिरौती; ~ bill चुंगी-वापसी बिल; ~ claim वापसी का दावा; ~ of duty शुल्क की ≈

**drawee** 1. भुगतानकर्ता; 2. उपरवाल (also ~ in case of need); 3. (चेक का पैसा) पाने वाला

**drawer** 1. लेखीवाल; 2. हुण्डीवाल; 3. चेक काटने वाला

**drawing** 1. ड्राइंग, आरेखन; रेखाचित्र, चित्रांकन; ~ paper आरेखन-काग़ज़; 2. आहरण; ~ account ≈ लेखा; ~ limit ≈ सीमा; ~ officer ≈ अधिकारी; ~ rights ≈ अधिकार; 3. निकालना, लेना, पाना; 4. ~ up लेखाबद्ध करना

**drawn** 1. आहृत; 2. ~ out निकाला गया; ~ up तैयार किया गया; 3. लेखबद्ध; 4. आरेखित; 5. ~ match बराबर का मैच; 6. ~ bond लाटरी बांड या बंधपत्र

**dreadful** भयानक; घोर

**dredging** निकर्षण, झमाई

**dress** I. *n.* 1. वेश, पोशाक; 2. सज्जा. II. *v.t.* & *v.i.* 1. मरहम-पट्टी करना; 2. प्रसाधन, बनना-सँवरना; 3. ड्रेसी करना

**dresser** 1. मरहम-पट्टी करने वाला; 2. प्रसाधक

**dressing room** मरहम-पट्टी कक्ष

**driage** सूखा, शोष

**drier** शोषक, सोख़्ता

**drift** I. *n.* 1. प्रवाह; बहाव; 2. प्रवृत्ति; 3. च्युति. II. *v.i.* 1. बह जाना; 2. प्रवृत्त होना; 3. बेमतलब घूमना-फिरना

**drifter** घुमक्कड़

**drill** I. *n.* 1. ड्रिल, क़वायद; ~ instructor कवायद शिक्षक. 2. अभ्यास; 3. बरमा; II. *v.t.* बेधना, छेद करना; ~ system of sowing पंक्ति-रोपण

**driller** छेदक, ड्रिलर

**drilling** बेधना, बरमाना

**drink** I. *n.* पेय, मदिरा, शराब. II. *v.t.* 1. पीना; 2. शराब पीना

**drinking** पीने का; ~ water ≈ पानी; ~ shed प्याऊ

**drip** टपकना, टपकाना

**drive** I. *n.* 1. चालन; 2. अभियान; small savings ~ अल्प बचत≈; 3. प्रेरणा, अन्तर्नोद. II. *v.t.* चलाना; हाँकना

**driver** चालक, ड्राइवर

**driving** 1. चालन; ~ axle ≈ धुरी; ~ belt ≈ पट्टा/पट्टी; 2. प्रेरक; ~ force ≈ बल; 3. चालक; ~ allowance ≈ भत्ता; ~ wheel ≈ पहिया, चलाने वाला पहिया, चालन चक्र

**droit** 1. अधिकार, स्वत्व; 2. न्याय; ~ administratif प्रशासी विधि

**drooping signal** झुका सिगनल, नत सिगनल

**drop** I. *n.* 1. बूँद; 2. पात, गिरावट; ~ in prices मूल्यपात; ~ delivery घर सुपुर्दगी, गंतव्य सुपुर्दगी. II. *v.i.* & *v.t.* 1. गिरना, गिराना; 2. छोड़ देना, बन्द करना; ~ proceedings कार्यवाही ≈

**droppings** छीजन

**dross** चूरा

**drought** सूखा, अनावृष्टि, ख़ुश्कसाली; ~ relief fund ≈ राहत निधि

**drove** 1. झुण्ड, भीड़; 2. छेनी

**drover** चरवाहा; पशु-व्यापारी

**drug** दवा, औषध; ~ addict ≈ का लतिया/व्यसनी; ~ addiction ≈ की लत; ~s control ≈ नियंत्रण; ~ therapy भेषज चिकित्सा, औषध चिकित्सा

**drugging** (संज्ञाहीनकारी) औषध का प्रयोग

**druggist** औषध-विक्रेता

**drum** ढोल; beat of ~ ढिंढोरा/ डौंडी पिटवाना

**drummer** ढोलिया, ढिंढोरची, ढोलची

**drunk** मत्त, धुत्त, नशे में

**drunkard** पियक्कड़, मद्यप, नशेबाज़

**drunken** मदोन्मत, धुत्त; ~ brawl ≈ प्रकलह; ~ person शराबी

**drunkenness** मदोन्मत्तता, नशा

**dry** 1. शुष्क, सूखो; ~ battery ≈ बैटरी; ~ climate ≈ आब-हवा; ~ core cable ≈ क्रोड केबिल; ~ dock निर्जल गोदी, सूखा डॉक; ~ farming ≈ खेती; 2. रूखा, नीरस; ~ lecture ≈ भाषण; 3. ~ wall गारे के बिना दीवार; 4. मद्यनिषिद्ध; ~ zone ≈ अंचल; 5. ~ joint कच्चा जोड़; ~ promotion निर्लाभ पदोन्नति, सूखी तरक्की

**dryage** सूखा

**dryer** शोषक = drier

**drying** सुखाना, शुष्कन; ~ oil सुखाने वाला तेल

**dryness** शुष्कता

**dual** दोहरा, द्वैध; ~ government ≈ शासन, दोहरी सरकार; ~ mandate ≈ अधिदेश, द्वैत अधिदेश; ~ opposition ≈ विरोध; ~ pay system द्विविध वेतन पद्धति; ~ responsibility ≈ उत्तरदायित्व; ~ role ≈ भूमिका, द्विपात्रत्व; ~ supervision ≈ पर्यवेक्षण; ~ transmitter ≈ प्रेपित्र; ~ use ≈ उपयोग; ~ vauation द्विविध मूल्यन, दोहरा मूल्यांकन

**duality of management** प्रबंध का दोहरापन, प्रबंध द्वित्व

**dubbing** आरोपण, डब करना

**dubious** संदिग्ध, अनिश्चित

**duct** वाहिनी, प्रणाली, नली; ~ insulation ≈ रोधन

**due** I. *n.* & *a.* प्राप्य, देय; ~ debt ≈ ऋण; falls ~ देय होता है; ~ from him उससे प्राप्य. II. *a.* 1. नियत; ~ date ≈ तिथि; 2. देय; ~ bill ≈ बिल; ~ debt ≈ ऋण; ~ document ≈ प्रलेख; 3. सम्यक, यथोचित; ~ admonition ≈ भर्त्सना; ~ authority ≈ प्राधिकार; ~ care ≈ सतर्कता; ~ consideration ≈ ध्यान/विचार; in ~ course यथासमय; ~ course of law विधि का ≈ अनुक्रम; ~ custody ≈ अभिरक्षा; ~ diligence ≈ तत्परता; ~ observance ≈ अनुपालन; ~ process of law ≈ विधि प्रक्रिया; ~ reparation ≈ प्रतिपूर्ति; ~ service ≈ तामील; ~ signature उचित हस्ताक्षर; ~ weight यथोचित महत्व

**duel** द्वन्द्व युद्ध

**dull** 1. मंद; ~ business ≈ व्यापार; ~ child ≈ बालक; ~ market ≈ बाज़ार; 2. कुण्ठित; ~ knife ≈ छुरी/चाकू

**dullard** मूढ़, मंदबुद्धि

**dullness** मंदता, मंदी

**duly** सम्यक् रूप से, विधिवत, यथाविधि; ~ account ≈ लेखा देना; ~ act ≈ कार्य करना; ~ applied ≈ उपायोजित; ~ authorized ≈ प्राधिकृत; ~ called upon ≈ अपेक्षित; ~ complied ≈ पालन किया गया; ~ convicted ≈ सिद्धदोष; ~ elected ≈ निर्वाचित; ~ executed ≈ निष्पादित; ~ instituted ≈ संस्थित; ~ presented ≈ प्रस्तुत; ~ published ≈ प्रकाशित; ~ quaified ≈ योग्यता प्राप्त, ≈ अर्हता प्राप्त; ~ recorded ≈ अभिलिखित; ~ verified ≈ सत्यापित

**dumb** मूक, गूँगा; ~ show ≈ प्रदर्शन; ~ witness ≈ गवाह

**dumbness** मूकता, गूँगापन

**dummy** I. *a.* नकली, कूट, प्रतिरूपी; ~ candidate प्रतिरूपी अभ्यर्थी. II. *n.* डमी, खाका

**dump** I. *n.* घूरा. II. *v.t.* ढेर करना; (बाज़ार) पाटना

**dumping** ढेर करना; ~ of goods माल का ढेर कर देना; ~ market बाज़ार पाटना, मूल्य गिराना

**dunce** मूढ़मति

**dune** बालुकूट, रेत का टिब्बा/टीला

**dungeon** काल कोठरी, अंधकूप

**dunnage** निभार

**duolocal marriage** द्विस्थानिक विवाह

**duopoly** द्विअधिकार

**duopsony** द्वि-क्रेताधिकार

**dupe** I. *v.t.* ठगना. II. *n.* = duplicate

**duplex** दोहरा; ~ centra battery द्विपथी केन्द्रीय बैटरी; ~ working डुप्लेक्स कार्य-प्रणाली, द्विक प्रणाली

**duplicate** I. *n.* अनुलिपि, दूसरी प्रति [also ~ copy]; in ~ दो प्रतियों में; ~ policy पॉलिसी की ≈. II. *a.* 1. दूसरा, द्विपतिक, प्रतिरूप; ~ bill ≈ बिल; ~ key board ≈ कुंजी पटल; ~ number ≈ नंबर; ~ section ≈ अनुभाग; ~ title ≈ हक़; 2. द्विगुणित, दोहरा; ~ account ≈ लेखा

**duplicating** अनुलिपिकरण; ~ machine अनुलिपित्र; ~ of records अभिलेखों का ≈; ~ ink अनुलिपि स्याही; ~ technique द्विप्रतिक प्रविधि

**duplication** 1. अनुलिपिकरण; 2. द्विगुणन; ~ of effort दोहरा प्रयत्न; ~ of organization संगठन का ≈; 3. द्विरापत्ति; 4. ~ of charge आरोप का दो बार लगाना

**duplicity** 1. दुरंगी (चाल); 2. द्विभाव, दोहरापन

**durability** टिकाऊपन; स्थायित्व; ~ of labour श्रमिक चिर क्षमता

**durable** टिकाऊ, स्थायी; ~ document ≈ दस्तावेज़; ~ goods ≈ माल; ~ peace ≈ शांति

**durante absentia** अनुपस्थिति काल में

**durante minore oetate** अवयस्कता काल में

**duration** अवधि, कालावधि; ~ of call कॉल की ≈; ~ of lease पट्टा-≈; ~ of life जीवन-≈; ~ of speech भाषण- ≈

**duress** दबाव, अवपीड़न, बलप्रयोग, विवाध्यता

**during** के दौरान, पर्यन्त, की अवधि तक; ~ coverture पति-आश्रय ≈; ~ good behaviour सदाचार≈; ~ life जीवन-पर्यन्त, यावज्जीवन; ~ the course/term of की अवधि में; ~ the pendency of लंबित रहने के दौरान; ~ the interim period अंतरिम अवधि में; ~ the pleasure of के प्रसाद पर्यन्त; ~ the term of office पदावलि में/पद की अवधि में; ~ this period इस अवधि में; ~ usual hours आम घण्टों के दौरान

**duster** झाड़न

**dusting** झाड़ना

**Dutch duction** अवरोही नीलाम

**dutiable** शुल्कदेय, शुल्कयोग्य; ~ goods ≈ माल

**dutiful** कर्तव्यपरायण, कर्तव्यनिष्ठ

**duty** 1. कर्तव्य, ड्यूटी; ~ allowance ≈ भत्ता; ~ enjoined by law विधि द्वारा व्यादिष्ट ≈; to perform one's ~ अपना कर्तव्य पूरा करना, अपनी ड्यूटी करना; off ~ कार्य समय के बाद; on ~ ≈ पर; ~ leave कार्यार्थ छुट्टी; ~ pay ड्यूटी वेतन; official ~ सरकारी काम; sense of ~ कर्तव्य-ज्ञान/कर्तव्य भावना; 2. शुल्क; ~ free ≈ मुक्त; ~ schedule ≈-अनुसूची; ad valorem ~ मूल्यानुसार ≈; customs ~ सीमा-≈; death ~ उत्तराधिकार/मरणोत्तर ≈; estate ~ सम्पदा-≈; excise ~ उत्पाद ≈; export ~ निर्यात ≈; import ~ आयात ≈; octroi ~ चुंगी; specific ~ विनिर्दिष्ट ≈; stamp ~ स्टाम्प ≈; succession ~ उत्तराधिकार ≈

**dwarf** वामन, बौना; ~ signal ≈/छोटा सिगनल

**dwell** रहना, वास करना

**dweller** वासी, रहने वाला

**dwelling** निवास, घर, वासगृह; ~ place वास-स्थान

**dye** रंग, रंजक; ~ stuff रंजक द्रव्य

**dyeing** रँगाई

**dying** I. *a.* मरते-मरते; ~ declaration मरणकालिक घोषणा. II. *n.* मरण, मरना; ~ issueless निस्सन्तान ≈

**dyke** तट-बंध

**dynamic** 1. गतिशील; ~ economy ≈ अर्थव्यवस्था; ~ market ≈ बाज़ार; ~ society ≈ समाज. 2. गत्यात्मक; ~ stability ≈ स्थिरता

**dynastic** वंशगत; ~ incest ≈ अगम्यगमन; ~ legitimacy ≈ वैधता

**dynasty** वंश, (राज) घराना

**dysentery** आमातिसार, पेचिश

**dysfunction** अपक्रिया

**dysmnesia** स्मृति-वैकल्य

# E e

**each** प्रति, प्रत्येक, हर, हर एक; ~ and every प्रत्येक, हर एक; ~ day प्रतिदिन; ~ item प्रत्येक मद; ~ night प्रतिरात्रि/ हर रात; ~ other एक दूसरे; ~ person प्रतिव्यक्ति;

**eager** उत्सुक, उत्कंठित

**eagerly** उत्सुकतापूर्वक, उत्कंठा से

**earlier** पूर्ववर्ती, पूर्वतर, पिछला; ~ assessment ≈ निर्धारण; ~ law ≈ विधि/ क़ानून; ~ transferee ≈ अन्तरिती

**earliest** 1. पूर्वतम; 2. शीघ्रतम; ~ opportunity ≈ अवसर; ~ possible यथासंभव ≈

**early** 1. पूर्व, प्रारंभिक, पहले का; ~ stages ≈ प्रक्रम; 2. शीघ्र; ~ day motion यथाशीघ्र प्रस्ताव; ~ orders solicited शीघ्र आदेश प्रार्थित हैं; ~ recovery ≈ वसूली; 3. सवेरे; ~ morning सुबह सवेरे

**earmark** I. *n.* छाप; निशान. II. *v.t.* उद्दिष्ट करना, विशेषांकित करना, अलग से रखना

**earmarked** उद्दिष्ट, विशेषांकित; ~ forces ≈ सेनाएँ, विशिष्ट सेनाएँ; ~ fund ≈ निधि; ~ gold ≈ स्वर्ण; ~ revenues ≈ राजस्व; ~ sum राशि/ रक़म

**earmarking of taxes** कर विनियुक्ति

**earn** उपाजित करना, उपार्जन करना, कमाना

**earned** उपार्जित, कमाई हुई; ~ income ≈ आय, अर्जित आय; ~ leave ≈ छुट्टी; ~ premium ≈ प्रीमियम; ~ relief ≈ अनुतोष; ~ surplus ≈ अधिशेष; ~ wage ≈ मज़दूरी

**earner** उपार्जक, कमाईदार

**earnest** 1. अग्रिम धन, बयाना, साई [also ~ money]; 2. ~ effort यथाशक्ति प्रयत्न

**earnestly** तत्परतापूर्वक

**earning** अर्जन, उपार्जन, कमाई, आमदनी, आय; ~ asset ≈ परिसंपत्ति; ~ dependents कमाऊ आश्रित, उपार्जक आश्रित; ~ power ≈ क्षमता; ~ rate अर्जनदर, उपार्जनदर; ~ register ≈ रजिस्टर; gross ~ सकल ≈/ कमाई; net ~ शुद्ध ≈/ कमाई

**earnings** उपार्जन, कमाई

**earth** I. *n.* 1. पृथ्वी; ~ quake भूकम्प, भूचाल; ~ quake insurance भूकम्प बीमा; ~ tester भू-परीक्षित्र; 2. मिट्टी; ~

moving machine ≈ हटाने की मशीन; ~ work मिट्टी का काम; ~-worm केचुआ. **II.** *v.* भूयोजित करना, (तार) अर्थ करना, (बिजली) अर्थ होना

**earthen** मिट्टी का; ~ dam ≈ बाँध; ~ ware मिट्टी के बर्तन, मृद्‌भांड

**ease** **I.** *n.* **1.** सुगमता, आसानी; **2.** सुख, आराम. **II.** *v.i.* **1.** आसान करना; **2.** ढीला करना; **3.** सुधारना; **4.** ~ oneself शौच हो आना

**easement** सुखाचार, भोगाधिकार; accessory ~ आनुषंगिक ≈; acquisition of ~ ≈ का अर्जन; ~ Act ≈ अधिनियम; apparent ~ प्रत्यक्ष ≈; continuous ~ सतत ≈; customary ~ रूढ़िगत/ रिवाज़ ≈; extinction of ~ ≈ का अवसान; negative ~ नकारात्मक ≈; ~ of light प्रकाश का ≈; ~ of necessity आवश्यकता का ≈; permanent ~ स्थायी ≈; prescriptive ~ चिरकालिक ≈; right of ~ ≈ का अधिकार; suspension of ~ ≈ का निलम्बन; transfer of ~ ≈ का अन्तरण

**easily** सुगमता/ सरलता/ आसानी से; ~ obtainable ≈ अभिप्राप्य

**eastern** पूर्वी; ~ command ≈ कमान; ~ range ≈ क्षेत्र

**easy** सुगम, सुकर, आसान; ~ book सुबोध पुस्तक; ~ circumstances सम्पन्नता; ~ market सुलभ मुद्रा बाज़ार; ~ reference सुगम निर्देश; ~ section ≈ खण्ड; ~ terms सुकर शर्तें, आसान शर्तें

**easygoing** मौजी, मस्त-मौला

**eatable** खाद्य, खाद्य वस्तु

**eating** भोजन करना, खाना; ~ disturbance ≈ व्याघात; ~ house भोजनालय

**eaves** ओलती, छज्जा

**eavesdropper** प्रच्छन्न श्रोता, आड़ से सुनने वाला

**eavesdropping** प्रच्छन्न-श्रवण, आड़ से सुनना, कनसुई करना

**ebriety** मद्यमत्तता, मद, नशा

**eccentric** **1.** विलक्षण; **2.** झक्की, सनकी; **3.** विपथगामी

**eccentricity** **1.** विलक्षणता; **2.** सनक, झक्क; **3.** विपथगामिता

**ecclesiastic** **I.** *n.* पादरी. **II.** *a.* चर्च-सम्बन्धी, धार्मिक

**ecclesiastical** चर्च-सम्बन्धी, धार्मिक; ~ authority ≈ प्राधिकार; ~ court ≈ न्यायालय; ~ estate चर्च-सम्पदा; ~ law ≈ विधि; ~ property चर्च-सम्पत्ति; ~ regulation धार्मिक विनियम

**echo** प्रतिध्वनि, गूँज

**eclecticism** **1.** संकलनवृत्ति; **2.** संकलनवाद

**eclipse** **1.** ग्रहण; **2.** श्रीहीनता

**ecological** पारिस्थितिक; ~ cooperation ≈ सहयोग; ~ equilibrium ≈ संतुलन

**ecologist** परिस्थिति-विज्ञानी

**ecology** परिस्थिति विज्ञान

**econometric analysis** अर्थमितिपरक विश्लेषण

**economic** आर्थिक; ~ activity ≈ कार्यकलाप/ गतिविधि; ~ advantage ≈ सुलाभ; ~ adviser ≈ सलाहकार; ~ affairs ≈ मामले, ≈ विषय, ≈ कार्य; ~ appraisal ≈ मूल्यांकन; ~ bias ≈ झुकाव; ~ blockade ≈ नाकाबन्दी; ~ boycott ≈ बहिष्कार; ~ breakdown अर्थव्यवस्था भंग; ~ campaign मितव्ययिता अभियान; ~ change ≈ परिवर्तन; ~ collaboration ≈ सहयोग; ~ conflict ≈ संघर्ष; ~ co-operation ≈ सहयोग; ~ crisis ≈ संकट; ~ data ≈ आधार-सामग्री; ~ decisions ≈ निर्णय; ~ depression ≈ मन्दी; ~ development ≈ विकास; ~ dimensions ≈ आयाम, ≈ विस्तार;

~ discrimination ≈ भेदभाव; ~ dispute ≈ विवाद; ~ domination ≈ प्रभुत्व; ~ efficiency ≈ दक्षता, ≈ कुशलता; ~ ends ≈ उद्देश्य; ~ environment ≈ पर्यावरण; ~ equality ≈ समता; ~ equation ≈ समीकरण; ~ expansion ≈ प्रसार; ~ exploitation ≈ शोषण; ~ factors ≈ कारक; ~ feasibility ≈ उपयुक्तता/ सम्भाव्यता; ~ forces ≈ शक्तियाँ; ~ freedom ≈ स्वाधीनता; ~ friction ≈ घर्षण; ~ growth ≈ संवृद्धि; ~ harmony ≈ सामंजस्य, ≈ सामरस्य, ≈ सुमेल; ~ incentive ≈ प्रोत्साहन; ~ independence ≈ स्वतन्त्रता; ~ insecurity ≈ असुरक्षा; ~ institutions ≈ संस्थाएँ; ~ integration ≈ एकीकरण, ≈ संघटन; ~ intelligence ≈ आसूचना; ~ interest ≈ हित; ~ justice ≈ न्याय; ~ laws ≈ क़ानून/ नियम; ~ liberty ≈ स्वतन्त्रता; ~ life उपयोगिता काल; ~ management मितव्यय प्रबन्ध; ~ maturity ≈ परिपक्वता; ~ mobilization ≈ जुटाव, ≈ संघटन; ~ motive ≈ मंतव्य; ~ norms ≈ मानदण्ड; ~ objectives ≈ उद्देश्य; ~ ostracism ≈ निर्वासन, ≈ बहिष्कार; ~ paradox ≈ विरोधाभास; ~ plan ≈ योजना; ~ planning ≈ आयोजन; ~ point lock किफ़ायती काँटा ताला; ~ policy ≈ नीति, अर्थ नीति; ~ preponderance ≈ प्राधान्य; ~ pressure ≈ दबाव; ~ progress ≈ प्रगति; ~ qualification ≈ योग्यता; ~ sabotage ≈ तोड़-फोड़; ~ sanctions ≈ शास्तियाँ; ~ security ≈ सुरक्षा; self-sufficiency ≈ दृष्टि से सशक्त/ स्वस्थ, ≈ आत्मनिर्भरता; ~ servitudes ≈ भोगाधिकार, सुविधा-अधिकार; ~ structure ≈ ढाँचा/ संरचना; ~ survey ≈ सर्वेक्षण; ~ system ≈ प्रणाली; ~ trends ≈ प्रवृत्तियाँ; ~ unemployment ≈ बेरोज़गारी; ~ value ≈ मूल्य; ~ viability ≈ व्यवहार्यता; ~ warfare ≈ युद्ध; ~ waste ≈ छीज, ≈ अपव्यय; ~ wealth ≈ सम्पत्ति, ≈ धन; ~ welfare ≈ कल्याण; ~ yield ≈ उत्पत्ति/ उपज

**economical** 1. आर्थिक; 2. किफ़ायती, सस्ता

**economically** मितव्ययितापूर्वक

**economics** 1. अर्थशास्त्र; 2. अर्थतन्त्र; ~ of the scheme योजना का वित्तीय पहलू

**economies** किफ़ायतें, सुलाभ; ~ of production उत्पादन सुलाभ, उत्पादन किफ़ायतें

**economise** किफ़ायत/ बचत करना, मितव्यय करना

**economist** अर्थशास्त्री

**economy** 1. अर्थव्यवस्था; ~ of abundance प्राचुर्य ≈, सुलभता ≈; ~ of scarcity दुर्लभता ≈; planned ~ योजनाबद्ध ≈; mixed ~ मिश्रित ≈; 2. मितव्ययिता, किफ़ायत; ~ measure मितव्यय-उपाय; ~ of high wages उच्चवेतनीय सुलाभ, ऊँची मज़दूरी की किफ़ायतें; ~ slip ≈ पर्ची

**ecstasy** भावातिरेक, हर्षातिरेक

**edible** खाद्य, भोज्य

**edict** राजादेश, धर्मादेश

**edictal citation** अन्य प्रकार से तामील

**edictum** राजाज्ञा, आज्ञापत्र; ~ novum नवीन ≈; ~ perpetium स्थायी ≈; ~ tralatinium अंतरित ≈

**edifice** भवन

**edit** सम्पादन करना

**editing** सम्पादन

**edition** संस्करण; abridged ~ संक्षिप्त ≈

**editor** सम्पादक

**editorial** सम्पादकीय; ~ criticism ≈

आलोचना; ~ page ≈ पृष्ठ; ~ work ≈ कार्य

**educability** शिक्षणीयता

**educable** शिक्षणीय

**educated** शिक्षित; ~ class ≈ वर्ग; ~ unemployment ≈ बेरोज़गारी

**education** शिक्षा; basic ~ बुनियादी ≈; ~ committee ≈ समिति; compulsory ~ अनिवार्य ≈; ~ department ≈ विभाग; ~ expansion officer ≈ प्रसार अधिकारी; higher ~ उच्चतर ≈; ~ minister ≈ मन्त्री; technical ~ तकनीकी शिक्षा vocational ~ व्यावसायिक शिक्षा

**educational** शिक्षक-, शैक्षिक; ~ ability ≈ योग्यता; ~ Administration ≈ प्रशासन; ~ Administrator ≈ प्रशासक; ~ adviser ≈ सलाहकार; ~ aid शिक्षा-सहायता; ~ background ≈ पृष्ठभूमि; ~ career ≈ जीवन; ~ consultant ≈ परामर्शदाता; ~ counselling ≈ उपबोधन; ~ endowment ≈ दाननिधि; ~ experience ≈ अनुभव; ~ growth ≈ संवृद्धि; ~ guidance ≈ निर्देशन; ~ institute ≈ संस्थान; ~ institution ≈ संस्था; ~ objective ≈ उद्देश्य; ~ plan ≈ योजना; ~ policy ≈ नीति; ~ publicity ≈ प्रसार; ~ qualifications ≈ अर्हताएँ; ~ records ≈ अभिलेख; ~ research ≈ अनुसंधान; ~ retardation शैक्षिक मंदन; ~ service शिक्षा सेवा

**educationally** शिक्षा की दृष्टि से; ~ unqualified ≈ अनर्ह

**educationist** शिक्षाविद्

**educative** 1. शिक्षार्थ, शिक्षाप्रद; 2. शैक्षणिक

**educator** शिक्षक

**educe** निष्कर्ष निकालना

**efface** मिटाना, अपमार्जित करना; ~ marks निशान ≈

**effacement** अपमार्जन, मिटाना

**effect** I. *n.* 1. प्रभाव; shall have ~ लागू/ प्रभावी होगा; take ~ प्रभावी होना; with immediate ~ तुरन्त (प्रभावी होकर); with ~ from this date इस तारीख से; 2. कार्य; carry into ~ कार्यान्वित करना; to give ~ कार्यान्वित करना; 3. परिणाम, फल; having the ~ जिसके ≈-स्वरूप; of no ~ निष्फल; 4. अभिप्राय, प्रयोजन; in ~ वास्तव में; to that ~ उस ≈ से; to this ~ इस ≈ से. II. *v.t.* प्रभावी होना, कार्यान्वित करना, करना; to ~ changes परिवर्तन करना; ~ alteration परिवर्तन करना; ~ escape निकल भागना

**effective** प्रभावी, प्रभावकारी; ~ action ≈ कार्यवाही; ~ arrangements ≈ कारबार/ प्रबन्ध; ~ blockade ≈ नाकाबन्दी; ~ call ≈ कॉल; ~ check ≈ रोक; ~ control ≈ नियन्त्रण; ~ implementation ≈ कार्यान्वयन; ~ occupation ≈ अधिभोग; ~ sanctions ≈ शास्तियाँ; ~ size of population जनसंख्या का ≈ आकार; ~ strength वास्तविक संख्या

**effectively** प्रभावी रूप में

**effectiveness** प्रभाविता, प्रभावकारिता, क्षमता

**effects** मालमत्ता, चीज़-वस्तु; ~ not cleared वसूली नहीं हुई

**effectual** प्रभावी, कारगर, प्रभावपूर्ण; ~ demand ≈ माँग; ~ in law विधि में प्रभावशील; ~ proceedings ≈ कार्यवाही

**effectually** प्रभावकारी रीति से

**effectuate** प्रभावकारी होना, प्रभाव डालना

**effeminacy** स्त्रैणता

**effeminate** स्त्रैण; ~ behaviour ≈ व्यवहार

**efficacious** प्रभावकारी; ~ relief ≈ राहत

**efficacy** प्रभावकारिता

**efficiency** दक्षता, कुशलता; ~ bar ≈ रोध/ रोक; ~-cum-propriety audit दक्षता एवं औचित्य लेखा परीक्षा; ~ expert ≈ विशेषज्ञ; ~ of administration प्रशासन की ≈; ~ of labour श्रमिक का कार्य, श्रमिक कार्य ≈; ~ rating ≈ निर्धारण; ~ record ≈ वृत्त

**efficient** 1. दक्ष, कुशल; ~ administration ≈ प्रशासन; ~ book keeping दक्ष बही खाता; ~ discharge/ performance of duty कर्तव्य का ≈ सम्पादन/ पालन; ~ means of communication संचार के ≈ साधन; 2. ~ cause निमित्त कारण; ~ lighting पर्याप्त प्रकाश

**efficiently** दक्षतापूर्वक, कुशलतापूर्वक

**effigy** प्रतिकृति, पुतला

**efflorescence** उत्फुलन, खिल उठना

**effluent** I. *a.* बहि-स्रावी. II. *n.* बहिःस्राव

**effluvia** 1. दुर्गन्ध; 2. सूक्ष्म शरीर

**efflux** प्रवाह; ~ of time समय का ≈

**effort** प्रयत्न, प्रयास

**effortlessly** बिना प्रयास के

**e.g.** (exempli gratia) उदाहरण-स्वरूप

**egalitarian** समतावादी; ~ relationship ≈ सम्बन्ध

**ego** अहम्, दंभ; ~-complex अहंमनोग्रंथि; ~-enhancement अहंवर्धन; ~-instinct अहंप्रवृत्ति

**egocentric** अहंकेन्द्रित

**egoism** 1. अहंवाद; 2. स्वार्थवाद, स्वहितवाद

**egoist** 1. अहंवादी; 2. स्वहितवादी, स्वार्थवादी

**egotistic** अहंमन्यवादिक

**egress** निकास, बाहर जाना

**eight-wheeled locomotive** अठपहिया इंजन

**either** 1. (दो में से) कोई; ~ of the terms दो शर्तों में से कोई; ~ party दोनों में से कोई पक्षकार; 2. चाहे, या; ~ by name or by designation नाम से या पदनाम से; ~ generally or specifically चाहे सामान्यतः चाहे विनिर्दिष्टतः; ~ this or that चाहे यह चाहे वह

**eject** निकालना, बेदखल करना

**ejectment, ejection** निष्कासन, बेदखली; ~ proceedings ≈ की कार्यवाही

**ejector** निष्कासित्र

**ejusdem generis** उसी प्रकार, उसी जाति का

**ejusdem negotii** एक ही कार्य का

**elaborate** विस्तृत (करना); ~ ritual ≈ कल्प

**elapse** व्यतीत होना, बीत जाना

**elastic** लचीली, लोचदार; ~ currency ≈ करेन्सी, ≈ मुद्रा, समायोज्य मुद्रा; ~ demand ≈ माँग

**elasticity** लचीलापन, लोच, लचक; ~ of demand माँग की ≈; ~ of supply पूर्ति की ≈

**elbow** कोहनी

**elderman** नगर-वृद्ध

**elect** चुनाव करना, निर्वाचन करना

**elected** निर्वाचित; ~ auditor ≈ लेखापरीक्षक; ~ officer ≈ अधिकारी; ~ representative ≈ प्रतिनिधि

**election** निर्वाचन, चुनाव; ~ agent ≈ अभिकर्ता/ एजेंट; ~ by lot लाटरी द्वारा ≈; ~ campaign ≈ अभियान; ~ commission ≈ आयोग; ~ commissioner ≈ आयुक्त; direct ~ प्रत्यक्ष ≈; ~ dispute ≈ विवाद; ~ expenses ≈ व्यय/ खर्च; ~ fray ≈

दंगा, ≈ फ़साद; ~ meeting ≈ सभा; ~ officer ≈ अधिकारी; ~ petition ≈ याचिका; ~ propaganda ≈ प्रचार; ~ prospects ≈ संभावनाएँ; ~ returns ≈ विवरणी; ~ tactics ≈ के दाँवपेंच; ~ tribunal ≈ अधिकरण; valid ~ वैध ≈

**electioneering** चुनाव अभियान; ~ dodge चुनाव सम्बन्धी झाँसा

**elective** 1. निर्वाच्य; ~ assembly ≈ सभा; ~ monarchy ≈ राजतन्त्र; ~ office ≈ पद; 2. निर्वाचित; ~ benefits ≈ लाभ; ~ consul ≈ वाणिज्य दूत, ≈ कांसुल; ~ franchise ≈ अधिकार; ~ government ≈ सरकार; ~ office निर्वाचन पद; ~ subjects वैकल्पिक/ऐच्छिक विषय; ~ subject system वैकल्पिक विषय पद्धति, ऐच्छिक विषय पद्धति

**elector** निर्वाचक

**electoral** 1. निर्वाचन, निर्वाचन सम्बन्धी; ~ adjustment ≈ समायोजन; ~ assembly ≈ सभा; ~ duty ≈ कर्तव्य; ~ participation ≈ में भाग लेना; ~ right ≈ अधिकार; ~ supervision ≈ पर्यवेक्षण; ~ system ≈ पद्धति; ~ truce ≈ समझौता, ≈ सन्धि; ~ understanding ≈ समझौता; 2. निर्वाचक; ~ college ≈ मंडल; ~ constituency ≈ क्षेत्र; ~ roll ≈ सूची/नामावली

**electorate** 1. निर्वाचक वर्ग/ मण्डल; 2. निर्वाचन क्षेत्र

**electric** बिजली की, विद्युत-; ~ batten ≈ बत्ता; ~ battery ≈ बैटरी; ~ bell ≈ घंटी; ~ bulb ≈ का बल्ब; ~ current ≈ धारा; ~ energy ≈ ऊर्जा; ~ fan ≈ का पंखा; ~ fittings ≈ फ़िटिंग; ~ inspector ≈ निरीक्षक; ~ lamp ≈ का लैंप; ~ light ≈ रोशनी; ~ locomotive ≈ का रेलइंजन; ~ meter ≈ का मीटर; ~ motor ≈ की मोटर; ~ power ≈ शक्ति; ~ railway train ≈ रेलगाड़ी; ~ spark ≈ चिनगारी; ~ traction ≈ संकषर्ण; ~ transmitter ≈ प्रेषित्र; ~ wire ≈ तार

**electrical** विद्युत्-; ~ appliance ≈ साधन, ≈ उपकरण; ~ conductor ≈ चालक; ~ energy ≈ ऊर्जा; ~ engineer ≈ अभियन्ता; ~ load ≈ अधिभार; ~ quantity ≈ की मात्रा

**electrician** बिजली मिस्त्री

**electricity** बिजली, विद्युत; ~ duty ≈ शुल्क; ~ undertaking ≈ उपक्रम

**electrification** विद्युतीकरण, बिजली लगाना; ~ project ≈ परियोजना

**electrify** बिजली लगाना

**electrocardiogram** विद्युत हृदलेख

**electrocardiograph** विद्युत हृदस्पंदलेखी

**electrocution** बिजली से मौत

**electro-diagnosis** वैद्युत निदान

**electronic book keeper** इलेक्ट्रॉनिक बही खाता मशीन

**electronic typewriter** इलेक्ट्रॉनिक टाइप मशीन

**electrostimulator** विद्युत उद्दीपक

**electrotherapeutics** विद्युत् चिकित्सा

**elegance** चारुता, प्रांजलता

**elegant** चारु, प्रांजल

**elegy** शोकगीत

**element** 1. तत्व; ~ of cost लागत अवयव, लागत तत्व; ~ of law विधि ≈; 2. अंशक

**elementary** 1. प्रारम्भिक; ~ course ≈ पाठ्यक्रम; ~ education ≈ शिक्षा; 2. मूल; ~ family ≈ परिवार; ~ grade ≈ श्रेणी, ≈ वर्ग; ~ property ≈ गुण; ~ stage ≈ अवस्था, आरंभ

**elevate** उठाना

**elevated** उन्नत, उत्थित

**elevation** 1. ऊँचाई, उठान; 2. खड़ा नक़्शा

**elicit** निकालना, प्राप्त करना; ~ information जानकारी ≈

**eligibility** पात्रता, योग्यता; ~ certificate ≈ प्रमाणपत्र; ~ list ≈ सूची; ~ to office पद के लिए ≈

**eligible** पात्र, पात्रताप्राप्त; ~ bank ≈ बैंक; ~ institution ≈ संस्था; ~ voter ≈ मतदाता

**eliminate** निरस्त करना, दूर/ अलग करना, हटाना

**eliminated** निरस्त, विलुप्त

**elimination** निरसन, विलोपन, दूर करना; ~ period अदेयता अवधि

**elite** संभ्रान्त वर्ग

**elope** सहपलायन करना, भगा ले जाना

**elopement** सहपलायन

**eloquence** वाक्पटुता

**eloquent** वाक्पटु

**else** अन्यथा, वरना; ~ where और कहीं

**elucidate** विशद करना, व्याख्या करना

**elucidation** विशदीकरण

**elude** बच निकलना; has eluded pursuit पीछा किये जाने से बच निकला है

**elusion** बचाव

**elusive** भ्रांतिजनक, भ्रामक

**emanate** निर्गत होना, निकलना

**emanation** निर्गमन, निस्सरण

**emancipate** मुक्त करना, उद्धार करना

**emancipation** मुक्ति; ~ of women नारी-≈

**emasculate** नपुंसक बनाना, पुंसत्व समाप्त करना

**emasculation** पुंस्त्वहरण, नपुंसीकरण

**embankment** बाँध, तटबन्ध

**embargo** I. *n.* व्यापार-प्रतिषेध, घाटबन्दी. II. *v.i.* घाटबन्दी करना

**embark** 1. (जहाज़ पर) चढ़ना/ चढ़ाना. 2. आरम्भ करना

**embarkation** 1. पोतारोहण; 2. आरम्भ

**embarrass** उलझन में डालना, व्याकुल/ परेशान करना; become ~ed संकट/ उलझन में पड़ना

**embarrassment** व्याकुलता, परेशानी; उलझन, संकट

**embassy** राजदूतावास, दूतावास

**embedding process** आधान प्रक्रिया

**embellish** समलंकृत करना, सजाना

**embellishment** समलंकरण, सजावट

**embezzle** ग़बन करना

**embezzlement** ग़बन; ~ insurance policy ≈ बीमा पॉलिसी; ~ of money धन का ≈

**embezzler** ग़बन करने वाला

**embitter** कटुता उत्पन्न करना

**embitterment** कटुता

**emblem** चिह्न, प्रतीक; national ~ राष्ट्रीय ≈

**embodied** सन्निविष्ट, अंगीभूत; ~ in the document दस्तावेज़ में ≈

**embodiment** मूर्ति, साकार रूप

**embody** सन्निविष्ट/ अंगीभूत करना; ~ in the document दस्तावेज़ में ≈

**embolden** दिलेर करना, निर्भीक बनाना

**embossed** समुद्भृत; ~ envelope ठप्पेदार लिफ़ाफ़ा; ~ paper ≈ काग़ज़

**embossing** समुद्भरण, समुद्भृत छपाई

**embrace** 1. आलिंगन, आलिंगन करना; 2. अन्तर्निहित करना

**embroil** झगड़े में फँसाना

**embroilment** झगड़ा

**embryo** 1. भ्रूण, गर्भ; 2. कच्चा, अविकसित

**embryonic stage** भ्रूणावस्था, कच्ची अवस्था

**emend** संशोधन करना

**emendation** संशोधन

**emended** संशोधित; ~ document ≈ प्रलेख

**emendment** संशोधन

**emerge** प्रकट होना, निकलना

**emergence** उद्गमन, उद्भव

**emergency** I. *n.* **1.** आपात-स्थिति; **2.** आपात; ~ budget ≈ बजट; ~ cadre ≈ संवर्ग, ≈ काडर; ~ call ≈ कॉल; ~ case ≈ रोगी; ~ duty ≈ कर्तव्य; ~ position ≈ स्थल; ~ provision ≈ उपबन्ध; ~ relief ≈ सहायता; ~ requisition आपात अध्यपेक्षा. **II.** *a.* आपाती, आपातकालीन; ~ Act ≈ अधिनियम, ≈ कार्य; ~ commission ≈ कमीशन, ≈ आयोग; ~ credit ≈ उधार; ~ law ≈ विधि; ~ measures ≈ उपाय; ~ powers ≈ अधिकार; ~ stop ≈ रोक

**emergent** आपाती, आपातिक; ~ group session ≈ समूह अधिवेशन; ~ matters ≈ मामले; ~ meeting ≈ बैठक; ~ situation ≈ स्थिति

**emeritus** प्रतिष्ठित; ~ professor ≈ आचार्य

**emigrant** उत्प्रवासी; ~ person ≈ व्यक्ति; ~ population ≈ जनसंख्या; ~ ship ≈ पोत

**emigrate** उत्प्रवासी होना, देश छोड़ना

**emigration** उत्प्रवास, उत्प्रवासन; ~ agent ≈ अभिकर्ता, ≈ एजेन्ट; ~ commissioner ≈ आयुक्त

**emigre government** प्रवासी सरकार

**eminence** उत्कर्ष; प्रसिद्धि

**eminent** उत्कृष्ट, प्रमुख; ~ domain सर्वोपरि अधिकार; ~ man श्रेष्ठ व्यक्ति

**eminently qualified person** उत्कृष्ट रूप से अर्हित व्यक्ति

**emissary** दूत, प्रणिधि, चर

**emission** उत्सर्जन

**emit** उत्सृष्ट करना, निकालना

**emoluments** परिलब्धियाँ, उपलब्धियाँ, पारिश्रमिक

**emotion** संवेग

**emotional** संवेगात्मक; ~ adequacy ≈ पर्याप्ति; ~ adjustment ≈ समायोजन; ~ behaviour ≈ व्यवहार; ~ conflict ≈ द्वंद्व; ~ distress ≈ व्यथा; ~ growth ≈ संवृद्धि; ~ instability ≈ अस्थिरता; ~ maturity ≈ परिपक्वता; ~ need ≈ आवश्यकता; ~ suppression ≈ निरोध; ~ tension ≈ तनाव

**emotionally** संवेगतः; ~ disturbed child ≈ क्षुब्ध बालक; ~ unstable ≈ अस्थिर

**empanel** सूची में सम्मिलित करना

**empannelled** पेनल में सम्मिलित

**emperor** सम्राट्

**emphasis** अवधारणा, बल, ज़ोर

**emphasize** बल देना

**emphatic** अवधारक, ज़ोरदार

**emphatically** ज़ोर से

**empire** साम्राज्य

**empiric(al)** आनुभविक, अनुभवाश्रित; ~ considerations ≈ विचार; ~ investigation ≈ अन्वेषण; ~ law ≈ नियम; ~ reality ≈ यथार्थ; ~ test ≈ परीक्षण

**empirically** अनुभव से

**employ** **1.** नियोजित करना, रोज़गार देना, नियुक्त करना; **2.** प्रयोग करना, काम में लाना

**employability** रोज़गार-योग्यता, नियोजनीयता

**employable** नियोजनीय, रोज़गार-योग्य

**employed** नियोजित

**employee** कर्मचारी, नौकर; ~ manual ≈ नियम पुस्तिका; ~ participation ≈ भागग्रहण; ~ rating ≈ दक्षता अंकन, ≈ योग्यता मूल्यांकन; ~'s compensation

≈ की क्षतिपूर्ति; ~'s contribution ≈ का अंशदान; ~'s credit soceity ≈ उधार समिति; ~'s liability ≈ का दायित्व; ~ State Insurance Corporation ≈ राज्य बीमा निगम; ~ turnover ≈ आवर्त

**employer** नियोजक, नियोक्ता; ~ appraisal ≈ कार्य निरूपण; ~ organization ≈ संगठन; ~'s contribution ≈ का अंशदान; ~'s liability ≈ का दायित्व

**employment** 1. रोज़गार; ~ agency ≈ अभिकरण, ≈ एजेंसी; ~ bureau ≈ ब्यूरो, नियोजन केन्द्र; ~ control ≈ नियन्त्रण; ~ exchange ≈ कार्यालय; ~ generating aid ≈ जनक सहायता ; ~ guarantee ≈ गारंटी; ~ liaison officer ≈ संपर्क अधिकारी; ~ market information scheme ≈ अवसर सूचना योजना; ~ oriented ≈ उन्मुख; ~ placement ≈ स्थानन; ~ regularization ≈ नियमितीकरण; ~ security ≈ सुरक्षा. 2. नियोजन, नौकरी (पर लगाना); ~ interview ≈ इंटरव्यू, ≈ साक्षात्कार; ~ interviewer ≈ साक्षात्कर्ता; ~ prospects ≈ की संभावनाएँ; ~ stabilization नियोजन स्थिरीकरण; ~ tax ≈ कर; 3. प्रयोग; ~ of method प्रणाली/ पद्धति का ≈

**emporium** विक्रय-केन्द्र, एम्पोरियम

**empower** शक्ति/ अधिकार देना, सशक्त करना

**empowered** अधिकृत, सशक्त; ~ by law विधि द्वारा ≈; ~ in that behalf इस सम्बन्ध में अधिकृत; specially ~ विशेष रूप से ≈

**empress** साम्राज्ञी

**empties** ख़ाली डिब्बे

**emptor** क्रेता, ख़रीदार

**empty** रिक्त, ख़ाली, थोथा; ~ handed ख़ाली हाथ; ~ haulage ख़ाली डिब्बे की ढुलाई; ~ headed मूर्ख

**emulation** स्पर्धा, समानुकरण

**enable** योग्य/ समर्थ बनाना

**enabling** समर्थकारी, योग्यकारी; ~ statute ≈ संविधि

**enact** अधिनियम बनाना, अधिनियमित करना

**enacted** अधिनियमित

**enacting formula** अधिनियमन सूत्र

**enactment** अधिनियमन, अधिनियमिति, विधायन

**en bloc** एक साथ, सामूहिक रूप से; ~ transfer ≈ स्थानान्तरण

**encadred** संवर्गित

**encadrement** संवर्गीकरण, काडर बनाना

**encamp** शिविर/ डेरा डालना

**encamping ground** शिविर भूमि

**encampment** छावनी, शिविर, डेरा

**encase** केस/ डिब्बे में रखना, आवेष्टित करना

**encash** भुनाना, तुड़ाना

**encashable** भुनाने योग्य; ~ value ≈ मूल्य

**encashing of cheque** चेक तुड़ाना/ भुनाना

**encashment** भुनाना, भुनाई; pre mature ~ समयपूर्व ≈

**encircle** घेरना, परिवेष्टित करना

**encirclement** घेराबन्दी, परिवेष्टन

**enclair** शब्दबद्ध; ~ telegram ≈ तार

**enclave** अन्तः क्षेत्र

**enclose** बन्द करना; साथ रखना; परिवेष्टित करना, घेरना

**enclosed** 1. बन्द; 2. नत्थी, अनुलग्न; ~ document ≈ दस्तावेज़; ~ herewith साथ में ≈; 3. परिवेष्टित, घिरा हुआ

**enclosure** 1. अहाता, बाड़ा; 2. अनुलग्न/ नत्थी पत्र, संलग्नक

**encode** कूटलेखबद्ध करना

**encompass** घेरना, परिवेष्टित करना

**encounter** I. *n.* मुठभेड़, भिड़न्त. II. *v.i.* मुठभेड़ होना, भिड़ जाना

**encourage** प्रोत्साहन देना, प्रोत्साहित करना

**encouragement** प्रोत्साहन

**encouraging** उत्साहवर्धक

**encroach** अधिक्रमण/ मदाख़लत करना

**encroachment** अधिक्रमण, मदाख़लत; ~ inspector ≈ निरीक्षक

**enculturation** संस्कृतिकरण, संस्कृतिग्रहण

**encumber** भारग्रस्त करना

**encumbered** भारग्रस्त, भारित; ~ estate ≈ संपदा; ~ policy ≈ पॉलिसी

**encumbrance** 1. अभिभार, ऋणभार; 2. भारग्रस्तता; without ~ पारिवारिक भार से रहित

**encumbrancer** भारग्रस्त-कर्ता

**encyclopedia** विश्वकोश

**encypher** बीजलेखन

**end** I. *n.* 1. अन्त; ~ money अंतोपयोगी द्रव्य; ~ notes ≈ टिप्पणी; ~ of smth किसी बात का ≈; ~ product अन्तिम उत्पाद; ~ use अन्तिम उपयोग; come to an ~ समाप्त होना; 2. उद्देश्य; ~s of justice न्याय के ≈; with this ~ इस ≈ से; 3. सिरा. II. *v.t.* अन्त/ समाप्त करना

**endanger** संकटापन्न करना, जोखिम/ ख़तरे में डालना; ~ human life मानवीय जीवन को ≈

**endeavour** I. *n.* प्रयास. II. *v.i.* प्रयास करना; ~ to tempt प्रलोभित करने का ≈

**ending** 1. अन्त, समाप्ति; 2. फलागम

**endless** अन्तहीन, अनन्त

**endogamous** अन्तर्विवाही

**endogenic criminal** सहज अपराधी

**endorse** 1. पृष्ठांकित/ बेचान करना; 2. समर्थन करना

**endorsed** पृष्ठांकित, बेचान; ~ cheque ≈ चेक; ~ consignee ≈ परेषिती; ~ warrant ≈ वारण्ट

**endorsee** पृष्ठांकिती, बेचानवाला

**endorsement** पृष्ठांकन, बेचान; certified ~ प्रमाणित ≈; ~ in blank कोरा/ निरंक ≈; ~ in full पूर्ण ≈; ~ of an instrument लिखत का ≈; restricted ~ प्रतिबन्धयुक्त ≈

**endorser** पृष्ठांकक, पृष्ठांकन-कर्ता, बेचानी

**endow** प्रदान करना, वक्फ़ करना

**endowed institution** दाननिधि संस्था, धर्मस्वभृत संस्था

**endowment** 1. धर्मस्व, धर्मदाय, वक्फ़; ~ fund ≈ निधि; ~ commissioner अक्षय निधि आयुक्त; complete ~ पूर्ण ≈; partial ~ आंशिक ≈; valid ~ वैध ≈; 2. विन्यास, बन्दोबस्त; ~ annuity insurance ≈ वार्षिकी बीमा; ~ insurance बन्दोबस्ती/ सावधि बीमा

**endurance** सहनशक्ति, तितिक्षा, धैर्य; ~ test ≈ परीक्षा

**endure** 1. सहन करना, सहना, झेलना; 2. टिकना, ठहरना

**enduring** 1. स्थायी, टिकनेवाला; ~ peace ≈ शान्ति; 2. सहना

**enemy** शत्रु, दुश्मन; ~ superiority ≈ श्रेष्ठता; ~ territory ≈ का राज्यक्षेत्र

**energetic** ऊर्जस्वी, ओजस्वी

**energy** ऊर्जा

**enface** मुखांकित करना

**enfaced paper** मुखांकित पत्र

**enfacement** मुखांकन

**enfeeble** दुर्बल करना

**enfoeff** जागीर देना

**enforce** प्रवर्तित करना, (ज़बरदस्ती) कराना; ~ attendance हाज़िरी ≈; ~ claim दावा ≈; ~ direction निदेश का प्रवर्तन कराना; ~ disability निर्योग्यता लागू कराना; ~ discipline अनुशासन का

पालन कराना; ~ partition विभाजन/ बँटवारा ≈

**enforceability** प्रवर्तनीयता

**enforceable** प्रवर्तनीय, लागू करने योग्य

**enforced** बाधित, ज़बरदस्ती; ~ absence मजबूरी ग़ैरहाज़िरी; ~ halt मजबूरी से रुकना, विवश विराम, बाध्यतामूलक विराम; ~ labour बेगार; ~ partition ≈ विभाजन/ बँटवारा

**enforcement** प्रवर्तन, अमल; ~ agency ≈ अभिकरण; ~ mechanism ≈ तन्त्र; ~ of decree डिक्री का ≈; ~ officer ≈ अधिकारी; ~ of restriction प्रतिबन्ध का ≈; ~ of right अधिकार का ≈; ~ strike लागूकारी हड़ताल

**enfranchise** 1. मताधिकार देना; 2. मुक्त करना, छोड़ना

**enfranchisement** 1. मताधिकार-दान; 2. विमुक्ति, छुटकारा

**engage** 1. नियुक्त करना, लगाना, रखना; ~ a lawyer वकील नियुक्त करना; ~ as apprentice शिक्षु के रूप में रखना; 2. वचनबद्ध करना; 3. सगाई करना

**engaged** 1. प्रयुक्त, लगा हुआ; ~ capital ≈ पूँजी; ~ in business कारबार में ≈; ~ tone व्यस्तता स्वरक; 2. वचनबद्ध; 3. वाग्दत्त

**engagement** 1. काम में लगना; ~ diary कार्य डायरी; 2. वचनबद्धता; 3. सगाई, वाग्दान; 4. मुठभेड़

**engine** इंजन; ~ cleaner ≈ क्लीनर; ~ crew ≈ का क्रू (कर्मीदल); ~ driver ≈ ड्राइवर, ≈ चालक; ~ shed ≈ शेड, ≈ शाला; ~ turner ≈ टर्नर

**engineer** इंजीनियर, अभियन्ता; chief ~ प्रमुख ≈; divisional ~ मण्डलीय ≈; executive ~ अधिशासी ≈; superintending ~ अधीक्षण ≈

**engineering** इंजीनियरी, अभियान्त्रिकी

**engrave** खोदना, उत्कीर्ण करना, उकेरना

**engraved** उत्कीर्ण, उकेरी हुई; ~ seal ≈ मोहर

**engraver** उत्कीर्णक, उकेरने वाला

**engraving** उत्कीर्णन, नक्क़ाशी, खुदाई

**engross** 1. सुलेखन करना; 2. हथियाना; 3. तन्मय/ लीन करना

**engrossed** 1. सुलिखित; ~ document ≈ दस्तावेज़; 2. मग्न, तन्मय, लीन

**engrossment** 1. सुलेखन, सुलिपिकरण; 2. हस्ताक्षर प्रति

**enhance** बढ़ाना, वृद्धि करना; ~ the sentence दण्डादेश में वृद्धि करना

**enhanced** बर्धित, बढ़ा हुआ; ~ assessment ≈ करनिर्धारण; ~ punishment ≈ दण्ड; ~ rate ≈ दर

**enhancement** बढ़ती, वर्धन, वृद्धि; ~ of rent भाड़े में ≈

**enjoin** 1. आदेश देना, व्यादिष्ट करना; 2. विहित करना

**enjoy** उपभोग करना, रस/ आनन्द लेना

**enjoyment** 1. उपभोग; ~ of rights अधिकारों का ≈; 2. आनन्द, रस

**enlarge** परिवर्धित करना, बढ़ाना; बड़ा करना; ~ the time समय बढ़ाना

**enlargement** 1. परिवर्धन, विस्तार, फैलाव; ~ of territory क्षेत्र-विस्तार; 2. मुक्ति, छुटकारा

**enlarger** विस्तारक, चित्रवर्धक

**enlightened** प्रबुद्ध; ~ despotism ≈ स्वेच्छाचारिता, ≈ स्वेच्छाचारी

**enlightenment** प्रबोध

**enlist** 1. भर्ती करना/ होना; 2. नाम लिखना/ लिखाना; 3. सूची में चढ़ाना

**enlistment** भर्ती; नामलेखन

**en mass** सामूहिक रूप में; ~ uprising ≈ विद्रोह

**enmity** शत्रुता, वैर, अदावत

**enormous** अपरिमित, बहुत

**enquire** पूछताछ करना, दरियाफ़्त करना

**enquiry** जाँच, पूछताछ, पृच्छा, तहक़ीक़ात; ~ into a charge किसी दोषारोपण की ≈; judicial ~ न्यायिक ≈; ~ office ≈ कार्यालय; ~ officer ≈ अधिकारी; preliminary ~ प्रारम्भिक ≈; ~ proceedings ≈ कार्यवाही; secret ~ गुप्त ≈

**enriched** संवर्धित

**enrichment** 1. समृद्धि; 2. अलंकरण

**enroll** नामांकन करना/ कराना, नाम लिखना/ लिखाना

**enrolled** अभ्यावेशित; नामांकित

**enrolment** नामांकन, भर्ती, अभ्यावेशन; ~ number ≈ संख्या; ~ paper ≈ पत्र

**en route** मार्ग में, रास्ते में

**ensign** पताका, झंडा, निशान

**enslave** 1. दास बनाना; 2. वशीभूत करना

**enslavement** 1. दासता; 2. वशीकरण

**ensue** 1. आना; 2. घटित होना

**ensuing** आगामी; ~ session ≈ सत्र; ~ year ≈ वर्ष

**ensure** सुनिश्चित/ पक्का करना; ~ public safety लोक सुरक्षा ≈

**entail** होना, करना

**entailed** किया हुआ; ~ expense ≈ ख़र्चा

**entailing disqualification** निर्हता लाने वाला

**entangle** उलझाना, फँसाना

**entangled** उलझा हुआ; to become ~ उलझन में फँसना

**entanglement** उलझन, उलझाव, फँसाव

**enter** 1. प्रवेश करना; घुसना, भीतर जाना/ आना; 2. दर्ज करना; ~ an appeal अपील दाख़िल करना; ~ into register पंजी में चढ़ाना/ दर्ज करना; ~ into a bond बांड लिख देना; 3. ~ an office पद ग्रहण करना; ~ appearance हाज़िर होना; ~ into agreement क़रार करना; ~ into business कारबार करने लगना; ~ into contract संविदा/ ठेका करना; ~ into treaty सन्धि करना; ~ on defence प्रतिरक्षा आरम्भ करना; ~ upon a duty कर्तव्य करना

**entering point** प्रवेश-स्थल

**enterprise** उद्यम; public ~ लोक ≈

**enterpriser** उद्यमी

**enterprising** उद्यमी

**entertain** 1. ग्रहण करना; ~ an appeal अपील ≈; ~ an application आवेदनपत्र ≈; ~ a question प्रश्न ≈; ~ the claim दावा ≈; 2. सत्कार करना; 3. मनोरंजन करना

**entertaining** मनोरंजक, रोचक

**entertainment** 1. सत्कार; ~ allowance ≈ भत्ता; 2. मनोरंजन; ~ duty ≈ कर; ~ officer ≈ अधिकारी; ~ tax ≈ कर

**enthusiasm** उत्साह, जोश

**entice** परिलोभित करना, बहकाना, फुसलाना; ~ away a woman किसी औरत को बहका ले जाना

**enticement** परिलोभन, बहकावा, फुसलाहट

**enticer** परिलोभक; बहकाने/ फुसलाने वाला

**entire** पूर्ण, समस्त, कुल; ~ contract संपूर्ण संविदा; ~ leave ≈ छुट्टी

**entirely** पूर्णतया, बिलकुल; ~ closed ≈ बन्द; ~ optional सर्वथा ऐच्छिक/ सर्वथा वैकल्पिक

**entirety** संपूर्णता

**entitle** हक़दार बनाना/ होना

**entitled** 1. हक़दार, अधिकारी; ~ as of right साधिकार हक़दार; ~ to a share अंशभागी, भोगभागी, लाभभागी; ~ to possess कब्ज़े का ≈; ~ to profit लाभ का ≈; ~ to retain प्रतिधारणा का ≈; 2. शीर्षक से

**entitlement** अधिकार, पात्रता, हक़दारी

**entity** अस्तित्व, सत्ता

**entomological** कीट विज्ञान-सम्बन्धी
**entomology** कीटविज्ञान
**entourage** परिचारक गण, नौकर-चाकर
**entrain** गाड़ी में चढ़ना, गाड़ी में चढ़ाना
**entrance** 1. प्रवेश; ~ age ≈ आयु; ~ examination ≈ परीक्षा; ~ fee ≈ शुल्क; ~ gate ≈ द्वार; ~ passage ≈ मार्ग; ~ rate आरंभिक वेतन दर; 2. प्रवेश द्वार
**entrant** प्रवेशी
**entreat** अनुरोध/ अनुनय करना
**entreaty** अनुनय, अनुरोध
**entrenched clause** दुस्संशोध्य खण्ड
**entrenchment** 1. खाई; 2. मोर्चाबन्दी
**entrepot** पुनर्निर्यात; ~ bond ≈ पत्र; ~ trade ≈ व्यापार
**entrepreneur** उद्यमी, उद्यमकर्ता, उपकर्मी
**entrepreneurial investment** उद्यमकर्ता निवेश
**entrepreneurship** उद्यमवृत्ति
**entrust** न्यस्त करना, सौंपना, सुपुर्द करना; ~ with duty कर्तव्य ≈
**entrusted** न्यस्त, सुपुर्द; ~ to care देखरेख के लिए ≈; ~ with the functions कृत्यों से न्यस्त
**entrustment** सौंपा जाना, सुपुर्दगी
**entry** 1. प्रवेश; ~ notice ≈ सूचना पत्र; ~ permit ≈ पत्र; 2. प्रविष्टि, इंदराज; adjusted ~ समायोजित ≈; adjusting ~ समायोजक ≈; adverse ~ प्रतिकूल ≈; closing ~ अंतिम ≈; credit जमा ≈; debit ~ नामे ≈; opening ~ प्रारम्भिक ≈; ~ system ≈ पद्धति; transfer ~ अंतरण ≈; ~ visa ≈ वीज़ा
**enumerate** परिगणना/ गिनती करना
**enumeration** परिगणना, गणना, गिनती; ~ device ≈ युक्ति; ~ return ≈ विवरणी
**enumerative** गणनात्मक; ~ classification परिगणित वर्गीकरण
**enumerator** परिगणक, गणनाकार
**enunciate** प्रख्यापित/ प्रतिज्ञापित करना
**enunciation** प्रतिज्ञापन, प्रख्यापन
**enure** प्रवृत्त
**envelope** 1. आवरण, वेष्टन. 2. लिफ़ाफ़ा
**en ventre sa mere** गर्भस्थ (बालक)
**environment** परिवेश, पास-पड़ोस, पर्यावरण
**environmental** पर्यावरणीय; ~ change ≈ परिवर्तन; ~ influences ≈ प्रभाव; ~ modification ≈ आशोधन; ~ opportunities ≈ अवसर; ~ pressure ≈ दबाव
**envisage** परिकल्पित/ अनुचिंतन करना
**envoy** (मित्रार्थ) दूत; ~ extraordinary असाधारण ≈; ~ plenipotentiary पूर्णाधिकारी ≈
**envy** I. *n.* असूया, ईर्ष्या. II. *v.t.* ईर्ष्या करना
**ephemeral** अल्पकालिक; ~ file ≈ फ़ाइल; ~ group ≈ समूह; ~ roll ≈ सूची/ नामावली
**ephemerides, ephemeris** पत्रा, पंचांग
**epidemic** महामारी
**epidemologist** महामारीविद
**epidemology** महामारी-विज्ञान
**epidermal** अधिचर्मीय
**epigraph** पुरालेख
**epigraphist** पुरालेखवेत्ता
**epigraphy** पुरालेख विद्या
**epilepsy** अपस्मार, मिरगी
**epileptic** अपस्मारी; ~ criminal ≈ अपराधी; ~ furor ≈ प्रकोप; ~ personality ≈ व्यक्तित्व
**episode** घटना, प्रासंगिक वृत्त, उपाख्यान; ~s test ≈ परीक्षण
**episodic criminal** सांयोगिक अपराधी
**epitaph** समाधि लेख, स्मृति लेख

**epithet** विशेष नाम, उपाधि

**epitome** सार, संक्षेप, निष्कर्ष

**epitomise** संक्षेप करना

**epoch** युग; युगारम्भ

**equal** समान, बराबर; ~ appearing intervals तुल्याभासी अन्तराल; ~ in all respects सर्वांग सम; ~ distribution ≈ वितरण; ~ intervals ≈ अन्तराल; ~ jurisdiction ≈ अधिकारिता; ~ protection ≈ संरक्षण

**equalitarian family** समतावादी परिवार

**equality** समता, समानता; ~ before law विधि के समक्ष ≈; ~ of opportunity अवसर की ≈; ~ of possessions सम्पत्ति की ≈; ~ of representation प्रतिनिधित्व की ≈; ~ of status स्थिति/ पद की ≈; ~ of taxation कराधान की ≈; ~ of treatment व्यवहार की ≈; ~ of votes मत बराबर होना

**equalization** समीकरण; ~ fee समकारी शुल्क, समकारी फ़ीस; ~ grant समकारी अनुदान; ~ of assessment कराधान ≈

**equalize** समान बनाना, बराबर करना

**equalizer** समकार

**equalizing** समकरण; समकारी; ~ charge समकारी आवेश, ≈ चार्ज; ~ fund ≈ निधि; ~ rate ≈ दर

**equally** समान रूप से, बराबर-बराबर; ~ divided ≈ विभक्त; ~ entitled ≈ हक़दार, ≈ अधिकारी/ अधिकृत; ~ efficacious ≈ प्रभावकारी

**equanimity** समचित्तता

**equated** समीकृत; ~ payment ≈ भुगतान

**equation** समीकरण; ~ of exchange विनिमय ≈

**equational** समीकरणात्मक; ~ reasoning ≈ तर्क

**equi-** सम-, समान; ~ distant समदूर; ~ potent समशक्त

**equilibrium** संतुलन; ~ interest rate संतुलनकारी ब्याजदर; ~ of demand & supply माँग और पूर्ति का ≈; ~ of exchange विनिमय ≈; ~ point ≈ बिन्दु; ~ price ≈ क़ीमत

**equimarginal** समसीमांत; ~ return ≈ प्रतिफल; ~ utility ≈ उपयोगिता

**equip** सज्जित करना

**equipment** उपस्कर, साज़-सामान, साज-सज्जा; ~ control ≈ नियन्त्रण

**equipped** सज्जित, लैस

**equitable** न्यायानुकूल, साम्यापूर्ण; ~ assets ≈ आस्तियाँ; ~ distribution ≈ वितरण; ~ estate ≈ संपदा; ~ justice साम्य न्याय; ~ mortgage ≈ बन्धक

**equitably** न्यायपूर्वक, साम्यापूर्वक

**equity** साम्या, समन्याय; ~ annuity ≈ वार्षिकी; ~ court साम्या न्यायालय; ~ of redemption बंधकमोचन की साम्या; ~ share सामान्य शेयर, साम्य अंश; to do ~ ≈ बरतना; ~ capital साधारण पूँजी

**equivalence** तुल्यता, समकक्षता; ~ of groups समूह-तुल्यता

**equivalent** समतुल्य, समकक्ष; ~ class ≈ कक्षा; ~ currency ≈ मुद्रा; ~ form तुल्य आकार; ~ rank बराबरी का पद/ समान पद; ~ to के समान

**equivalents** पर्याय, समानार्थी शब्द

**equivocal** अनेकार्थक, संदिग्धार्थक

**equivocate** वाक्छल करना, गोलमोल कहना

**equivocation** वाक्छल, संदिग्धार्थकता

**era** संवत, युग

**eradicate** उन्मूलन/ मूलोच्छेदन करना

**eradication** उन्मूलन, मूलोच्छेदन

**erase** अपमार्जित करना, मिटाना

**eraser** (मिटाने वाला) रबड़

**erasure** उद्घर्षण, रगड़ना, मिटाना

**erect** I. *v.t.* निर्माण करना, खड़ा करना. II. *a.* खड़ा, सीधा

**erection** निर्माण, खड़ा होना

**erosion** 1. अपरदन, कटाव; ~ of land भूमि का ≈; 2. ह्रास; ~ in value of assets परिसंपत्तियों के मूल्य में ह्रास/ कमी

**erotic** कामुक, कामोद्दीपक, शृंगारिक; ~ sentiment रतिभाव, प्रेम, शृंगार रस

**erotomania** कामोन्माद

**err** भूल करना

**errata** शुद्धिपत्र

**erratic** अनियमित, अस्थिर; ~ flow of work ≈ कार्य-प्रवाह

**erratum** शुद्धिपत्र

**erroneous** ग़लत, भूल से; ~ opinion ≈ राय; ~ payment ≈ भुगतान; ~ views भ्रममूलक अशुद्धि या ग़लत विचार

**erroneously** भूल से, ग़लती से; ~ to believe ग़लत विश्वास करना

**error** ग़लती, त्रुटि, भूल; ~ detection ≈ पकड़ना; ~ is regretted त्रुटि के लिए खेद है; ~ of estimate आकलन त्रुटि; ~ of fact तथ्य की ≈; ~ of judgment निर्णय विभ्रम; ~ of law क़ानूनी ≈; ~ of service विभागीय ग़लती; ~ and omission excepted भूलचूक लेनी-देनी

**escalation** तीव्र वृद्धि

**escapable cost** परिहार्य लागत

**escape** I. *n.* बचाव; ~ clause ≈ धारा; ~ way ≈ मार्ग; ~ mechanism पलायन युक्ति. II. *v.i.* निकल भागना; बचना; ~ assessment कर-निर्धारण से ≈; ~ from confinement परिरोध में से ≈

**escaped** 1. पलायी, भागा हुआ; ~ convict ≈ दोषी; ~ internee ≈ नज़रबन्द; 2. ~ assessment बचा/ छूटा हुआ कर-निर्धारण

**escapee** पलायित, निकल भागा व्यक्ति

**escapement** मोचन

**escaper** पलायी

**escheat** I. *n.* राजसात्करण; राजगामी संपत्ति, लावारिस माल. II. *v.i.* राजसात्/ ज़ब्त होना

**escort** I. *n.* अनुरक्षक; ~ car ≈ गाड़ी. II. *v.t.* अनुरक्षण करना

**escorted** अनुरक्षित

**escrow** निलम्ब सम्पत्ति-पत्र

**espacement** अन्तरण, जगह छोड़ना

**especial** विशिष्ट, असाधारण

**espionage** जासूसी, चारकर्म, गुप्तचरी; ~ department ≈ विभाग, गुप्तचर विभाग

**espouse** 1. से विवाह करना; 2. पक्ष लेना

**espy** ताकना, ताड़ना

**essence** तत्त्व, सार, सत्त; ~ of a contract संविदा का तत्त्व/ मर्म

**essential** 1. तात्त्विक, सारभूत, मर्मभूत; ~ to the agreement क़रार के लिए ≈; ~ attribute ≈ गुण; ~ judgment ≈ निर्णय; 2. अत्यावश्यक; ~ commodities ≈ वस्तुएँ; ~ conditions ≈ शर्तें; ~ employment ≈ रोज़गार या नियोजन; ~ qualification ≈ योग्यता, ≈ अर्हता; ~ occupation ≈ व्यवसाय; ~ services ≈ सेवाएँ; ~ terms ≈ शर्तें

**essentiality certificate** अनिवार्यता प्रमाणपत्र

**essentially** तत्त्वतः, आवश्यक रूप से

**establish** सुस्थापित/ प्रतिष्ठित/ सिद्ध/ क़ायम करना; ~ title स्वत्व/ हक़ ≈

**established** सुस्थापित, प्रतिष्ठित, क़ायम, सिद्ध; ~ by law विधि द्वारा स्थापित; ~ market ≈ बाज़ार; ~ practice ≈ प्रथा; ~ procedure ≈ प्रक्रिया

**establishment** 1. स्थापना; ~ clerk ≈ लिपिक; ~ of right अधिकार की ≈; 2. स्थापन; ~ officer ≈ अधिकारी; ~ section ≈ अनुभाग; ~ usage सुस्थापित प्रचलन; 3. प्रतिष्ठान, अधिष्ठान; private ~ निजी ≈; public ~ सार्वजनिक ≈; 4. बस्ती

**estate** संपदा, जागीर, जायदाद; ~ devolves ≈ न्यायगत होती है; ~ duty ≈ शुल्क; equitable ~ साम्यायुक्त ≈; ~ officer ≈ अधिकारी; personal ~ जंगम ≈; real ~ स्थावर ≈; ~ supervision ≈ पर्यवेक्षण; ~ tax ≈ कर; testate ~ वसीयती ≈

**estimate** I. *n.* प्राक्कलन, अनुमान; ~ committee आकलन समिति, ≈ समिति; ~ of expenditure व्यय-प्राक्कलन; proposed ~ प्रस्तावित ≈; revised ~ पुनरीक्षित ≈; sanctioned ~ सम्मोदित ≈; supplementary ~ अनुपूरक ≈. II. *v.t.* प्राक्कलन करना, अनुमान लगाना

**estimated** प्राक्कलित, अनुमानित; ~ cost ≈ लागत; ~ income ≈ आय; ~ premium ≈ प्रीमियम; ~ value ≈ मूल्य

**estimating officer** प्राक्कलन अधिकारी

**estimation** 1. प्राक्कलन, अनुमान; 2. आदर

**estimator** प्राक्कलक

**estop** निषेध/ विबन्ध/ मना करना

**estoppel** विबन्धन, निषेध; ~ by acquiescence उपमति द्वारा ≈; ~ by conduct आचरण द्वारा ≈; ~ by deed विलेख द्वारा ≈; ~ by negligence प्रमाद से ≈

**estopper** विबन्धक

**estrangement** मनमुटाव

**estuary** नदीमुख, मुहाना

**etc.** = et cetra इत्यादि

**etching** विरेखण

**eternal** शाश्वत, सनातन; ~ law ≈ विधि

**ethical** नैतिक; ~ behaviour ≈ व्यवहार; ~ consciousness ≈ चेतना; ~ justice ≈ न्याय; ~ obligations ≈ आबंध

**ethics** नीति, शीलाचार; नीतिशास्त्र

**ethnic** नृजाति विषयक, संजाति विषयक, नृजातीय, संजातीय; ~ background संजातीय पृष्ठभूमि; ~ community ≈ समुदाय, जातीय समुदाय; ~ factor ≈ कारक; ~ intolerance ≈ असहनशीलता; ~ minorities ≈ अल्प संख्यक

**ethnography** नृजाति वर्णन, संजाति वृत्त

**ethnological** नृजातीय; ~ jurisprudence ≈ विधिशास्त्र

**ethnologist** मानवजाति-विज्ञानी, नृजाति-विज्ञानी

**ethos** लोकाचार, लोकस्वभाव, ईथॉस

**etiology** हेतु-विज्ञान; ~ of crime अपराध ≈

**etiquette** शिष्टाचार

**eugenics** जननविज्ञान, सृजनविज्ञान

**eunuch** क्लीव, नपुंसक, हिजड़ा

**evacuate** निष्क्रमण करना, ख़ाली कर जाना

**evacuation** निष्क्रमण, रिक्तिकरण

**evacuee** 1. निष्क्रांत; ~ interest ≈ हित; ~ property ≈ सम्पत्ति; 2. निष्क्रमार्थी, निष्क्राम्य व्यक्ति

**evade** अपवंचन करना, टालना; ~ apprehension पकड़े जाने से बचना; ~ justice न्याय से बचना; ~ payment संदाय/ भुगतान का अपवंचन करना, देने से टालमटोल करना

**evaluate** मूल्यांकन करना, क़ीमत लगाना

**evaluation** मूल्यांकन, मूल्य-निर्धारण; ~ of work काम का ≈

**evaluative criterion** मूल्यांकन कसौटी, निकष

**evaporate** (भाप बनकर) उड़ना, वाष्पित होना

**evaporation** उद्‌वाष्पन

**evaporator** उद्‌वाष्पित्र

**evasion** अपवंचन, टालमटोल; in ~ of का ≈ करके; ~ of tax कर-अपवंचन

**evasive** अपवंचक, कपटपूर्ण, वाक्छलपूर्ण; ~ denial ≈ प्रत्याख्यान; ~ reply टालू उत्तर

**evasively** टालते हुए

**even** **I.** *a.* **1.** सम; ~ aged ≈ वयस्क; ~ distribution समान वितरण, ≈ वितरण; ~ number ≈ संख्या; ~ tempered हममिज़ाज; **2.** सम, समतल; ~ ground ≈ भूमि. **3.** सम, पक्षपातरहित; ~ justice ≈ न्याय. **II.** *adv.* भी; ~ if यद्यपि; ~ then फिर भी

**evening shift** सायंपारी

**evenly balanced** समतुलित

**event** **1.** घटना; uncertain ~ अनिश्चित ≈; **2.** दशा; at all ~s हर दशा में; in the ~ of उस ≈ में जब कि; **3.** परिणाम; abiding by the ~ ≈ के अनुसार

**eventful** घटनाबहुल, घटनापूर्ण

**eventual** **1.** अन्तिम; ~ adjustment ≈ समायोजन; **2.** अनुवर्ती, परिणामी; ~ remedy पारिणामिक उपचार

**eventually** अन्ततः, परिणामतः

**everlasting** चिरस्थायी

**every** प्रत्येक, हर; ~ body/ one प्रत्येक व्यक्ति, हर कोई; ~ description of vessel हर प्रकार का जलयान; ~ now and then बार-बार; ~ thing सब कुछ; ~ where हर जगह, सर्वत्र

**evict** निष्कासित/ बेदख़ल करना

**eviction** बेदख़ली, निष्कासन; ~ order ≈ आदेश

**evidence** साक्ष्य, शहादत, गवाही; ~ by commission आयोग द्वारा ≈; circumstantial ~ पारिस्थितिक ≈; cogent ~ युक्तिसंगत ≈; conclusive ~ निश्चायक ≈; contradictory ~ परस्पर विरोधी ≈; derivative ~ व्युत्पन्न ≈; documentary ~ दस्तावेज़ी ≈; hearsay ~ अनुश्रुत ≈; immediate ~ तत्कालिक ≈; incontestible ~ अकाट्य ≈; material ~ सारवान् ≈; medical ~ चिकित्सकीय ≈; oral ~ मौखिक ≈; primary ~ प्राथमिक ≈; secondary ~ द्वितीयक ≈; ~ substantial ~ सारभूत ≈

**evidenced** साक्ष्यित

**evidenciary** साक्ष्यित; ~ fact ≈ तथ्य

**evident** सुव्यक्त, सुस्पष्ट; ~ advantage ≈ सुलाभ

**evidential** साक्ष्य-; ~ law ≈ विधि; ~ value ≈ मूल्य

**evidently** स्पष्टतः

**evil** **I.** *n.* बुराई. **II.** *a.* बुरा, दुर, कु; ~ deed कुकर्म; ~ eye कुदृष्टि; of ~ repute कुख्यात

**evince** प्रकट/ स्पष्ट करना, दिखाना

**eviscerate** दुर्बल/ निस्तेज कर देना

**evitable** परिहार्य

**evocation** आह्वान, उद्बोधन

**evocative** उद्बोधक

**evoke** आह्वान करना; प्रोत्साहित करना; मँगा लेना

**evolution** उद्विकास, उद्भव

**evolutionary** उद्विकासी; ~ tendency ≈ प्रवृत्ति

**evolve** उद्विकसित करना/ होना

**ex-** भूतपूर्व; ~ criminal ≈ अपराधी; ~ director ≈ निदेशक; ~ employee ≈ कर्मचारी; ~ serviceman ≈ सैनिक

**exact** **I.** *a.* यथातथ्य, वास्तविक, सही; ~ interest दिनगत ब्याज; ~ period ≈ अवधि; ~ position ≈ स्थिति. **II.** *v.t.* ऐंठना, ज़बरदस्ती लेना

**exaction** आहरण, बलादग्रहण, ऐंठना; ~ of rent भाड़े का ≈

**exactitude** यथातथ्य; यथार्थता

**exactly** यथावत्, ठीक

**exactness** यथातथ्य

**ex aequoet bono** साम्या तथा सदभाव के अनुकूल, साम्यायुक्त एवं उचित

**exaggerate** अतिरंजित करना, बढ़ा-चढ़ा कर कहना

**exaggerated** अतिरंजित, अतिशयोक्तिपूर्ण

**exaggeration** अतिरंजना, अत्युक्ति, अतिशयोक्ति

**ex-all** सर्वाधिकार-रहित

**exalt** उन्नत करना

**exaltation** 1. उत्कर्ष, समुन्नति; ~ of democracy लोकतन्त्र का ≈; 2. अत्युल्लास

**exalted** उत्कृष्ट, समुन्नत

**examination** 1. परीक्षा; ~ committee ≈ समिति; ~ fee ≈ शुल्क; ~-in-chief मुख्य ≈; ~ paper ≈ पत्र; ~ report ≈ रिपोर्ट/ प्रतिवेदन; oral ~ मौखिक ≈; written ~ लिखित ≈; 2. जाँच; ~ of certification प्रमाणन परीक्षा; ~ of contents वस्तुओं की ≈; ~ of tickets टिकटों की ≈

**examine** 1. परीक्षा लेना, जाँच करना; ~ the proposals प्रस्तावों की परीक्षा कीजिए; ~ the witness साक्षी की ≈; 2. बयान लेना; 3. देखना

**examinee** परीक्षार्थी

**examiner** परीक्षक

**examining body** परीक्षा-निकाय

**example** उदाहरण, मिसाल; to set an ~ अच्छा ≈/ आदर्श रखना

**examplified** उदाहरणस्वरूप दर्शित

**ex-ante** प्रत्याशित; ~ investment ≈ निवेश; ~ savings ≈ बचत

**exasperation** कोप, क्रोध

**ex-cadre** संवर्गबाह्य; ~ post ≈ पद

**excavate** खोदना, उत्खनन करना, खुदाई करना

**excavation** उत्खनन, खुदाई; horioantal ~ पड़ी खुदाई; vertical ~ खड़ी खुदाई

**exceed** 1. से अधिक होना, से बढ़ जाना; 2. उल्लंघन करना; ~ one's power अपनी शक्ति का ≈

**exceeding** से अधिक, से बढ़कर

**exceedingly** अत्यधिक

**excellence** प्रकर्ष, महिमा

**excellency** महामहिम

**excellent** उत्कृष्ट, अत्युत्तम, बढ़िया

**excelling** से बढ़-चढ़ कर

**except** I. *v.t.* वर्जित करना, छोड़ना. II. *prep.* को छोड़ कर, के बिना/ सिवाय; ~ as otherwise provided अन्यथा उपबन्धित न हो तो; ~ as provided यथाउपबन्धित ≈; ~ for special reasons विशेष कारणों ≈; ~ in the case of इस ≈; ~ with the consent of की सम्मति ≈

**excepted** अपवादित, छोड़ कर

**exception** 1. अपवाद, छूट; ~ clause अपवाद-खंड; ~ to a rule नियम का अपवाद; 2. आपत्ति, एतराज़

**exceptionable** आपत्तिजनक

**exceptional** अपवादात्मक, असामान्य, असाधारण; ~ circumstances ≈ परिस्थितियाँ; ~ depravity ≈ दुराचारिता; ~ hardship ≈ कष्ट; ~ law ≈ कानून, अपवादात्मक विधि; ~ measures विशेष/ असाधारण उपाय; ~ powers ≈ शक्तियाँ

**exceptionally** असाधारणतया

**exceptio quoque regulam declarat** अपवाद नियम की घोषणा करता है

**excerpt** उद्धरण, उद्धृत अंश

**excess** I. *n.* 1. अतिरेक, अधिकता, ज़्यादती; 2. अतिलंघन. II. *a.* अतिरिक्त; ~ amount ≈ राशि; ~ baggage ≈ असबाब, ≈ सामान; ~ capacity अधिक्षमता; ~ credit अतिउधार; ~ demand अतिमाँग, अधिमाँग; ~ fare ticket ≈ किराया टिकट; ~ freight ≈ भाड़ा; ~ grant ≈ अनुदान; ~ insurance उपरिराशि बीमा; ~ liquidity अधितरलता; ~ luggage ≈ सामान; ~ profit ≈ लाभ; ~

remittance अतिरिक्त प्रेषणा, भेजी गई अतिरिक्त रक़म; - reserve बेशी रिज़र्व; - supply अधिपूर्ति

**excessive** अत्यधिक, अतिमात्र; - distress ≈ निग्रहण; - relief ≈ राहत; - drinking अतिपान, बेहद शराब पीना

**exchange** I. *n.* 1. विनिमय; - above par अधिमूल्य पर ≈; - at par सममूल्य पर ≈; - at a discount बट्टे पर ≈; - at a premium बढ़ौती पर ≈; - ban ≈ निषेध; - bank ≈ बैंक; - below par अवमूल्य पर ≈; - calculator ≈ गणक; - centre ≈ केन्द्र; - clearing ≈ समाशोधन, विदेशी मुद्रा समाशोधन; - control ≈ नियंत्रण; - conversion बदलती विदेशी मुद्रा, ≈ परिवर्तन; - duty ≈ शुल्क; - management ≈ प्रबन्धन, विदेशी मुद्रा प्रबन्धन; - market ≈ बाज़ार; - of cash certificates नक़दी प्रमाण पत्रों का विनिमय; - of currency मुद्रा का ≈; - of information सूचना का ≈/ आदान-प्रदान; - of notes ज्ञाप्तिपत्र ≈, माहिती पत्र ≈; - of population आबादी की अदला-बदली, जन-विनिमय; - of prisoners of war युद्धबन्दियों का आदान-प्रदान, युद्धबन्दियों की अदला-बदली; - of territory प्रदेश ≈; - of views विचार-विनिमय; - privilege ≈ सुविधा; - rate ≈ दर; - restrictions मुद्रा-विषयक निर्बन्ध; stock - शेयर बाज़ार; - value ≈ मूल्य; 2. केन्द्र; employment - रोज़गार ≈; - inspector ≈ निरीक्षक; telephone - टेलीफ़ोन ≈. II. *v.t.* विनिमय करना, आदान-प्रदान करना, अदला-बदली करना

**exchangeability** विनिमेयता, विनिमय-योग्यता

**exchangeable** विनिमेय; - value ≈ मूल्य

**exchequer** राजकोष; - bill ≈ बिल; - bond राज्य ऋण-पत्र

**excise** उत्पाद शुल्क, आबकारी [also - duty]; - inspector ≈ निरीक्षक; - laws ≈ विधियाँ; - officer ≈ अधिकारी; - stamp ≈ टिकट; - tax ≈ कर

**excised** काटा गया, कर्तित

**excision** अपच्छेद, काट-छाँट

**excitability** उत्तेजनीयता

**excitable** उत्तेजनीय

**excitant** उत्तेजक

**excitation** उत्तेजन, उकसावा

**excitatory** उत्तेजक

**excite** उत्तेजित करना, भड़काना, उकसाना; - disaffection अप्रीति भड़काना

**excitement** उत्तेजना, उकसाहट, उद्दीपन

**exciting** उत्तेजक; - cause ≈ कारण

**exclude** अपवर्जित करना, छोड़ देना, बाहर रखना, ख़ारिज करना; - from operation प्रवर्तन से ≈

**excluded** अपवर्जित; - debt ≈ ऋण

**excluding** को छोड़कर, के बिना

**exclusion** अपवर्जन, छोड़ देना; - of cattle पशुओं का रोका जाना

**exclusive** अनन्य, एकमात्र; - authority ≈ प्राधिकारी; - dealer ≈ विक्रेता; - jurisdiction ≈ क्षेत्राधिकार; - numbers ≈ वस्तुएँ; - of को छोड़कर; - ownership अनन्य स्वामित्व; - possession ≈ क़ब्ज़ा; - power ≈ शक्ति; - rights ≈ अधिकार

**exclusively** अनन्यत:, केवल

**excommunicate** जाति बाहर करना

**excommunicated** जातिबहिष्कृत, जाति बाहर

**excommunication** जाति-बहिष्कार, जाति से बाहर निकालना

**ex contractu** संविदात्मक (अभियोग)

**excrement** मलमूत्र

**ex-criminal tribes** भूतपूर्व अपराधजीवी जनजातियाँ

**exculpate** निर्दोष सिद्ध करना

**exculpation** अनभिशंसन, निर्दोष ठहराना

**exculpatory** अनभिशंसी

**excursion** विहार, सैर-सपाटा; ~ special train विशेष सैरगाड़ी

**excusable** क्षम्य, माफ़ी-लायक़

**excuse** I. *n.* व्यपदेश, बहाना. II. *v.t.* क्षमा/ माफ़ करना

**excused absence** क्षम्य गैर हाज़िरी, क्षम्य अनुपस्थिति

**ex delicto** (संविदा-भंग के अतिरिक्त) अपराध से

**ex debito justitiae** न्याय्य अधिकार से

**executable** निष्पाद्य; ~ decree ≈ डिक्री

**executant** निष्पादक, कार्यपालक

**execute** 1. निष्पादित करना; ~ work कार्य ≈; ~ judicial process न्यायिक आदेशिका ≈; 2. प्राणदण्ड देना, फाँसी देना; 3. लिख देना

**executed** निष्पादित; ~ contract ≈ संविदा; ~ document ≈ प्रलेख

**execution** 1. निष्पादन, कार्यान्वयन, तामील; ~ of contract ठेका-निष्पादन, संविदा-निष्पादन; ~ of documents प्रलेखों का ≈; ~ of judgment न्यायादेश/ निर्णय का ≈; ~ of process आदेशिका का ≈; ~ of sanction अनुशास्ति का ≈; ~ of sentences दण्डादेश का ≈; ~ proceedings ≈ कार्यवाही; ~ sale ≈ विक्रय; to take out ~ डिक्री का निष्पादन करना; 2. प्राणदण्ड, फाँसी

**executioner** जल्लाद, वधिक

**executive** I. *n.* कार्यपालिका. II. *a.* 1. अधिशासी, कार्यपालक; ~ accountability ≈ दायित्व; ~ agent ≈ अभिकर्ता; ~ authority ≈ प्राधिकार; ~ budget ≈ आयव्ययक/ बजट; ~ chairman ≈ अध्यक्ष; ~ discretion ≈ विवेक; ~ engineer ≈ अभियन्ता; ~ function ≈ प्रकार्य; ~ head ≈ अध्यक्ष; ~ management ≈ प्रबन्ध; ~ order ≈ आदेश; ~ power ≈ शक्ति; ~ role ≈ भूमिका; ~ secretary ≈ सचिव; ~ session ≈ अधिवेशन; ~ trustee ≈ न्यासी; 2. कार्यकारी; ~ committee कार्यकारिणी समिति; ~ council ≈ परिषद्; ~ creditor डिग्री प्राप्त लेनदार ~ staff ≈ कर्मचारी

**executor** 1. निष्पादक; ~ of will इच्छापत्र का ≈; 2. कार्यपालक

**executory** निष्पाद्य; ~ contract ≈ संविदा; ~ trust ≈ न्यास

**executrix** निष्पादिका

**exemplary** उदाहरणात्मक, दृष्टान्तरूप; ~ manner ≈ रीति; ~ punishment ≈ दण्ड

**exemplification** निदर्शन, दृष्टान्तीकरण

**exempt** I. *a.* छूटप्राप्त, मुक्त. II. *v.t.* छूट देना, माफ़ करना

**exempted** छूटप्राप्त; ~ business ≈ कार्य; ~ commodity ≈ वस्तु; ~ employee ≈ कर्मचारी; ~ from attachment कुर्की से ≈

**exempting order** छूट देने का आदेश

**exemption** छूट, माफ़ी; ~ certificate ≈ प्रमाणपत्र; ~ from duty शुल्क मुक्ति, शुल्क से छूट; ~ from jurisdiction अधिकारिता से ≈; ~ from payment अदायगी से ≈; ~ from restriction पाबंदी से ≈; ~ from tax कर से ≈

**exequature** मान्यता-पत्र

**exequies** अन्त्येष्टि क्रिया

**exercisable** प्रयोज्य, प्रयोक्तव्य; ~ from time to time समय-समय पर ≈

**exercise** I. *n.* 1. व्यायाम; 2. अभ्यास; 3. प्रयोग; ~ of authority अधिकार का ≈;

~ of franchise मताधिकार का ≈; ~ of powers शक्तियों का ≈; ~ of rights अधिकारों का ≈. **II.** *v.t.* प्रयोग करना, बरतना; ~ absolute discretion आत्यंतिक विशेषाधिकार/ विवेक का प्रयोग करना; ~ due diligence सम्यक् तत्परता बरतना; ~ option विकल्प का प्रयोग करना

**exercising jurisdiction** अधिकारिता का प्रयोग करने वाला

**exertion** प्रयास, परिश्रम

**ex facie** प्रत्यक्षतः, सहज रूप से

**ex-factory price** फ़ैक्टरी क़ीमत

**ex-grant** अनुग्रह अनुदान

**ex gratia** अनुग्रहपूर्वक; ~ payment अनुग्रह भुगतान/ संदाय

**exhaust** **I.** *v.t.* **1.** निःशेष/ ख़त्म करना; **2.** थकना; थकाना. **II.** *a.* निष्कासक; ~ appliance ≈ साधित्र; ~ fan ≈ पंखा, निकास पंखा; ~ price ख़लास क़ीमत

**exhausting** निःशेष करना; ~ trust न्यास का ≈; ~ property संपत्ति का ≈

**exhaustion** **1.** निःशेषण, समाप्ति; **2.** परिश्रांति, थकावट

**exhaustive** **1.** परिपूर्ण, निःशेष; ~ expenditure ≈ व्यय; ~ report ≈ प्रतिवेदन, विशद प्रतिवेदन; **2.** विस्तृत; ~ judgment ≈ निर्णय; ~ list ≈ सूची

**exhibit** **I.** *n.* **1.** प्रदर्श, प्रदर्शित वस्तु; **2.** प्रदर्शन. **II.** *v.t.* प्रदर्शित करना, दिखलाना

**exhibited** प्रदर्शित

**exhibition** **1.** प्रदर्शनी; **2.** प्रदर्शन; ~ case ≈ केस; **3.** छात्र सहायतावृत्ति

**exhibitor** प्रदर्शक

**exhibitory** प्रदर्शनात्मक; ~ act ≈ क्रिया

**exhort** प्रबोधित करना

**exhortation** प्रबोधन

**exhumation** शवोत्खनन, लाश को खोदकर निकालना

**exhume** लाश को खोद निकालना

**exigency** अत्यावश्यकता; ~ of public service लोक सेवा की आवश्यकताएँ; ~ of situation स्थिति की अपेक्षाएँ/ आवश्यकताएँ

**exigent** अत्यावश्यक

**exile** **I.** *n.* निर्वासन, देशनिकाला. **II.** *v.t.* निर्वासित करना, देशनिकाला देना

**exiled** निर्वासित

**ex India** भारत से बाहर; ~ leave ≈ अवकाश

**ex integro** नये सिरे से

**ex-interest** बिना ब्याज

**exist** (अस्तित्व) होना, सत्ता रखना, विद्यमान होना

**existence** अस्तित्व, सत्ता; ~ of a custom रूढ़ि/ रिवाज का अस्तित्व; ~ of vacancy स्थान ख़ाली होना, रिक्ति का विद्यमान होना

**existent** विद्यमान, मौजूदा

**existing** विद्यमान, वर्तमान; ~ company ≈ कंपनी; ~ facts ≈ तथ्य; ~ law ≈ विधि; ~ legal order वर्तमान/ विद्यमान विधि व्यवस्था

**exit** **1.** निकास; ~ gate ≈ द्वार, बाहर जाने का रास्ता; ~ gate checker ≈ द्वार पड़तालकर्ता; ~ visa निष्क्रमण वीज़ा/ प्रवेशपत्र; **2.** निकास द्वार; **3.** प्रस्थान, बाहर जाना

**ex maleficio** = ex delicto

**ex mero motu** स्वेच्छा से

**ex necessitate legis** विधिक आवश्यकता के कारण

**ex new** नवाधिकार बिना

**exodus** निष्क्रमण, कूच

**ex officio** पदेन; ~ member ≈ सदस्य

**exogamous marriage** बहिर्विवाह

**exogenic** विगोत्रीय; ~ criminal कारणवश अपराधी

**exogenous** बहिर्जात; ~ change ≈ परिवर्तन

**exonerate** 1. दोषमुक्त करना. 2. माफ़ करना; ~ absence ग़ैरहाज़िरी ≈

**exoneration** दोषमुक्ति, माफ़ी, भारमुक्ति

**exorbitant** अत्यधिक, अपरिमित, बेहद

**exorcise** झाड़फूँक करना, भूत भगाना

**exorcism** भूत भगाना, झाड़ फूँक

**exorcist** झाड़फूँक करने वाला, ओझा

**exotic** इतर, विजातीय, अजनबी; ~ people अन्यदेशीय लोग; ~ food विलासी खाद्य पदार्थ

**expand** प्रसार/ विस्तार करना, फैलना, फैलाना

**expanded personality** विस्तारित व्यक्तित्व

**expanding** प्रसारी, विस्तारशील; ~ market ≈ बाज़ार

**expanse** विस्तार, फैलाव

**expansion** विस्तार, प्रसार; ~ of cabinet मन्त्रिमण्डल का ≈; ~ of credit उधार का ≈; ~ of currency मुद्रा का ≈; ~ of demand माँग का ≈; ~ of education शिक्षा का ≈

**expansionary impact** मुद्रा प्रसारण प्रभाव

**expansive** विस्तारी, प्रसारी

**ex parte** एकपक्षीय, एकतरफ़ा; ~ decree ≈ डिक्री; ~ evidence ≈ साक्ष्य/ गवाही; ~ injunction ≈ निषेधाज्ञा; ~ judgment ≈ निर्णय; ~ materna मातृपक्षीय; ~ paterna पितृपक्षीय

**expatriate** I. *n.* देशनिष्कासिती. II. *v.t.* देश-निकाला देना, देश छोड़ना/ छुड़ाना

**expatriation** 1. देश-निष्कासन, देश निकाला; 2. देश-त्याग; ~ permit ≈ अनुज्ञापत्र

**expect** प्रत्याशा करना, प्रतीक्षा करना

**expectancy** प्रत्याशा; ~ of death मृत्यु की ≈/ प्रत्याशंका; ~ table ≈ सारणी

**expectant** प्रत्याशी; ~ heir ≈ उत्तराधिकारी; ~ mother गर्भवती माता

**expectation** प्रत्याशा, अपेक्षा; ~ of life प्रत्याशित आयु; ~ of death मृत्यु की ≈ ®ελ⌡εεΜεβκε≤ε

**expected** प्रत्याशित, अपेक्षित; ~ mortality ≈ मृत्युसंख्या; ~ return ≈ प्रतिफल; ~ time अपेक्षित समय

**expediency** कालौचित्य, समीचीनता; ~ of costs ख़र्चे का ≈

**expedient** I. *n.* साधन, उपाय. II. *a.* कालोचित, समीचीन; ~ for the ends of justice न्याय के उद्देश्य की पूर्ति के लिए ≈

**expedite** शीघ्र निबटाना, शीघ्र कार्यवाही करना; ~ action कार्यवाही शीघ्र करें

**expediter** पूर्ति व्यवस्थापक

**expediting charge** शीघ्रता-प्रभार

**expedition** 1. अभियान; 2. अभियान दल; 3. शीघ्रता; ~ fee ≈ शुल्क

**expeditionary force** अभियान सेना

**expeditious** अतिशीघ्र, अविलम्ब; ~ disposal ≈ निपटान; ~ recovery ≈ वसूली

**expel** निष्कासित करना, निकाल देना

**expelled** निष्कासित; ~ partner ≈ भागीदार

**expelling** निष्कासी; ~ state ≈ राज्य

**expend** व्यय/ ख़र्च करना; ~ property संपत्ति का ≈

**expendable** व्ययनीय; ~ store ≈ भंडार

**expenditure** व्यय, ख़र्च; ~ control ≈ नियन्त्रण; ~ of capital पूँजी का ≈; ~ head व्यय शीर्ष; ~ estimate व्यय प्राक्कलन; ~ statement व्यय-विवरण; progressive ~ वर्धमान/ प्रगामी व्यय; recurring ~ अनावर्ती ≈

**expense** व्यय; ~ account ≈ लेखा; ~ entailed उठाया गया व्यय/ ख़र्चा; ~ of administration प्रशासन के ख़र्चे; ~ of investigation जाँच ≈; ~ of management प्रबन्ध ≈; ~ of production उत्पादन ≈; ~ ratio ≈ अनुपात

**expensive** बहुमूल्य, क़ीमती, महँगा

**experience** **I.** *n.* अनुभव, तजुरबा; ~ in का ≈; ~ rating ≈ दर-निर्धारण. **II.** *v.t.* अनुभव करना

**experienced** अनुभवी, तजुरबेकार; ~ hand ≈ व्यक्ति

**experiment** **I.** *n.* प्रयोग. **II.** *v.t.* प्रयोग करना

**experimental** **1.** प्रायोगिक; ~ data प्रयोगाश्रित दत्तसामग्री; ~ evidence ≈ साक्ष्य; ~ measures प्रयोगात्मक उपाय; ~ observation ≈ प्रेक्षण; ~ post office ≈ डाकघर; **2.** प्रयोगात्मक; ~ farm ≈ प्रक्षेत्र; ~ method ≈ विधि; ~ studies ≈ अध्ययन

**expert** विशेषज्ञ; ~ committee ≈ समिति; ~ character विशेषज्ञीय स्वरूप; ~ evidence ≈ साक्ष्य; ~ in sericulture रेशम उत्पादन ≈; ~ opinion ≈ राय, ≈ अभिमत

**expertise** **1.** विशेषज्ञमत; **2.** विशेषज्ञता, निपुणता

**expiate** प्रायश्चित करना

**expiation** प्रायश्चित, पापशोधन

**expiration** **1.** अवसान, समाप्ति; ~ date समापन तारीख़/ अवधि, ≈ तारीख़; ~ notice समापन सूचना; ~ of sentence दण्डादेश का अवसान; ~ of the term of office पदावधि की ≈; ~ of treaty सन्धि ≈; **2.** निःश्वसन, निःश्वास, साँस बाहर निकालना

**expire** **1.** समाप्त होना; **2.** मर जाना; **3.** बीत जाना

**expired** समाप्त, बीता हुआ; ~ date बीती (हुई) तारीख़; ~ loans कालातीत ऋण

**expiring** समाप्तप्राय; ~ law ≈ विधि

**expiry** अवसान, समाप्ति

**explain** **1.** स्पष्ट करना, समझाना; **2.** स्पष्टीकरण देना; ~ transactions संव्यवहारों का ≈

**explained** स्पष्टीकृत, व्याख्यायित

**explanandum** व्याख्येय; ~ statement ≈ कथन

**explanation** व्याख्या, तशरीह, स्पष्टीकरण

**explanatory** व्याख्यात्मक; ~ instructions ≈ अनुदेश; ~ memorandum ≈ ज्ञापन, ≈ स्मारक पत्र; ~ note ≈ टिप्पणी; ~ statement ≈ विवरण/ कथन; **2.** स्पष्ट करने वाला; ~ of conduct आचरण को ≈

**explicit** **1.** स्पष्ट, सुव्यक्त; ~ belief ≈ विश्वास; ~ legal terms ≈ वैध शर्तें; ~ renewal (सन्धियों का) ≈ नवीकरण; **2.** सुनिश्चित; ~ agreement ≈ क़रार; ~ interest ≈ अभिहित; ~ powers ≈ शक्तियाँ; ~ rent ≈ क़िराया

**explode** **I.** *v.i.* विस्फोट होना, फटना. **II.** *v.t.* विस्फोट करना, फोड़ना

**exploit** **1.** शोषण करना. **2.** समुपयोग करना

**exploitation** **1.** विदोहन, शोषण; ~ of consumers उपभोक्ता ≈; ~ of labour श्रमिकों का ≈; **2.** समुपयोजन; ~ of resources साधनों का समुपयोग

**exploited countries** शोषित देश

**exploiter** शोषक

**exploration** खोज, समन्वेषण; ~ activities खोज-संबंधी क्रिया-कलाप

**exploratory** समन्वेषी; ~ examination ≈ परीक्षण; ~ method ≈ प्रणाली; ~ work जाँच पड़ताल का काम

**explore** खोज/ समन्वेषण करना

**explosion** विस्फोट, विस्फोटन; ~ insurance ≈ बीमा

**explosive** विस्फोटक; ~ growth ≈

संवृद्धि; ~ substance ≈ पदार्थ

**exponent** आख्याता

**export** I. *n.* 1. निर्यात; ~ cargo ≈ नौभार, ≈ माल; ~ certificate ≈ प्रमाणपत्र; ~ duty ≈ शुल्क; ~ earnings ≈ अर्जन/ क़माई; ~ invoice ≈ बीजक; ~ market ≈ बाज़ार/ मंडी; ~ merchant ≈ व्यापारी; ~ oriented निर्यातोन्मुख; ~ permit ≈ अनुज्ञा; ~ priorities ≈ अग्रताएँ; ~ promotion ≈ संवर्धन; ~ risks insurance ≈ जोखिम बीमा; ~ subsidy ≈ इमदाद; ~ tariff ≈ टैरिफ़/ प्रशुल्क; ~ tax ≈ कर; ~ trade ≈ व्यापार; ~ worthy ≈ योग्य; 2. निर्यात वस्तु. II. *v.t.* निर्यात करना

**exportable** निर्यात-योग्य; ~ surplus ≈ बेशी

**exportation** निर्यात

**exported** निर्यात, निर्यातित; ~ goods ≈ माल

**exporter** निर्यातकर्ता

**exporting agent** निर्यात अभिकर्ता, निर्यात एजेन्ट

**expose** 1. प्रकाश में लाना; 2. प्रदर्शित करना, दिखाना; 3. खोलना; 4. अरक्षित छोड़ देना; ~ to danger भय में डालना; ~ to risk जोखिम में डालना; 5. अनावृत्त करना

**exposition** प्रतिपादन, स्पष्टीकरण

**expository** प्रतिपादक; ~ jurisprudence ≈/ व्यष्टिहेतुक न्यायशास्त्र

**ex post facto** कार्योत्तर, भूतलक्षी; ~ law ≈ विधि, ≈ कानून; ~ sanction ≈ मंज़ूरी; ~ investment यथार्थ निवेश; ~ savings यथार्थ बचत

**exposure** अनावरण, उद्घाटन, खुलाव; ~ of children बच्चों को खुला छोड़ना

**expound** व्याख्या करना, आशय समझाना

**express** I. *a.* 1. अभिव्यक्त, स्पष्ट; ~ acceptance ≈ सकार, ≈ स्वीकृति; ~ agreement ≈ क़रार; ~ authority ≈ प्राधिकार; ~ condition ≈ शर्त; ~ consent ≈ सहमति; ~ proposal ≈ प्रस्ताव; ~ terms स्पष्ट निबंधन, ≈ शब्दों में; ~ understanding ≈ समझौता, स्पष्ट समझ; 2. द्रुत, तुरंत; ~ delivery ≈ वितरण; ~ goods train एक्सप्रेस मालगाड़ी; ~ letter ≈ पत्र; ~ mail bag ≈ डाक थैला; ~ telegram ≈ तार; ~ train ≈/ एक्सप्रेस गाड़ी. II. *v.t.* अभिव्यक्त करना, प्रकट करना, इज़हार करना

**expressed** अभिव्यक्त; ~ interest ≈ हित; ~ in figures अंकों में ≈

**expression** 1. अभिव्यक्ति; medium of ~ ≈ का माध्यम; 2. उक्ति; 3. शब्दावली; 4. शब्द-प्रयोग

**expresis verbis** स्पष्ट शब्दों में

**expressive** अभिव्यंजक, भावव्यंजक; ~ crowd ≈ भीड़; ~ meaning ≈ अर्थ; ~ movements ≈ हाव-भाव; ~ therapy अभिव्यक्ति चिकित्सा

**expressly** अभिव्यक्त/ स्पष्ट रूप से, साफ़-साफ़; ~ authorized ≈ प्राधिकृत; ~ provided ≈ उपबन्धित; ~ repealed ≈ निरसित

**expropriate** स्वत्व/ स्वामित्व हरण करना

**expropriation** स्वत्व-हरण, स्वामित्व-हरण; ~ of property सम्पत्ति-हरण

**expropriietary** गतस्वामित्व, स्वत्वहीन; ~ tenant ≈ कृषक/ किसान

**expulsion** निष्कासन, बहिष्कार

**expunge** निकाल देना; ~ a proof सबूत≈

**expurgate** परिष्कार करना, साफ़ करना

**expurgation** परिष्करण

**ex-quay delivery** घाट पर सुपुर्दगी

**ex rights** अधिकार रहित

**ex ship delivery** पोत पर सुपुर्दगी

**ex silentio** मौन द्वारा

**ex-student** पूर्व छात्र

**extant** प्रचलित, विद्यमान

**extempore** आशु, तात्कालिक

**extend** I. *v.t.* बढ़ाना, विस्तार करना; ~ date तारीख़ ≈. II. *v.i.* 1. बढ़ना, विस्तृत होना; 2. लागू होना; 3. ~ assistance सहायता देना

**extended** विस्तारित; ~ benefit ≈ हितलाभ; ~ bond अवधि-वर्धित बांड/बन्धपत्र; ~ coverage ≈ संरक्षण; ~ definition ≈ परिभाषा; ~ disability benefit ≈ अशक्तता हितलाभ; ~ family ≈ परिवार, ≈ कुटुम्ब; ~ service ≈ सेवा; ~ terms insurance ≈ अवधि बीमा

**extensible** वितान्य, खिचनेवाला

**extension** 1. विस्तार; ~ course ≈ पाठ्यक्रम; ~ education ≈ शिक्षा; ~ delivery date सुपुर्दगी की तारीख़ का ≈; ~ of journey यात्रा ≈, यात्रा बढ़ाना; ~ leave छुट्टी बढ़ाना; ~ of post पद का ≈; ~ of service सेवा का ≈, सेवा की अवधि बढ़ाना; ~ ~ of time समय ≈; ~ of train services गाड़ी सेवा ≈; ~ of work कार्य ≈; 2. व्याप्ति; ~ connection उप-संयोजन; telephone ~ उपटेलीफ़ोन

**extensive** 1. विस्तृत; ~ cultivation ≈ खेती; 2. व्यापक; ~ investigation ≈ जाँच-पड़ताल; ~ sampling ≈ प्रतिचयन; ~ study ≈ अध्ययन

**extensor muscle** प्रसारक पेशी

**extent** 1. विस्तार, बढ़ाव; ~ of an order आदेश का विस्तार; 2. परिमाण, मात्रा; ~ of liability दायित्व की मात्रा; 3. सीमा, हद; to the ~ of उस ≈ तक; to this ~ इस ≈ तक

**extenuate** परिशमन करना, कम करना, घटाना

**extenuating** परिशमनकारी, कम करने वाली; ~ circumstances ≈ परिस्थितियाँ

**extenuation** परिशमन

**exterior** बाहरी, बाह्य

**exterminate** निर्मूल करना, मिटा देना

**extermination** निर्मूलन, संहार; ~ camp ≈ शिविर

**external** 1. बाह्य, बाहरी; ~ aggression ≈ अभ्याक्रमण; ~ cause ≈ कारण; ~ control ≈ नियन्त्रण; ~ co-ordination ≈ समन्वय; ~ environment ≈ पर्यावरण; ~ depreciation ≈ मूल्य ह्रास; ~ evidence ≈ साक्ष्य; ~ force ≈ शक्ति; ~ influence ≈ प्रभाव; ~ needs बहिर्गत आवश्यकताएँ; ~ resources ≈ संसाधन; ~ restraint ≈ निग्रह; ~ stimulus ≈ उद्दीपन; ~ stress बाहरी दबाव; 2. वैदेशिक; ~ account विदेशीय लेखा; ~ affairs ≈ मामले; ~ assistance ≈ सहायता; ~ credit ≈ उधार; ~ debt ≈ ऋण; ~ deficit ≈ घाटे का भुगतान-शेष; ~ market ≈ बाज़ार/ मंडी; ~ publicity ≈ प्रचार; ~ services विदेश (प्रसारण) सेवा; ~ surplus ≈ बेशी का भुगतान शेष

**externally** बाह्यतः

**exterritorial** अतिदेशीय; ~ jurisdiction ≈ अधिकारक्षेत्र

**ex testamento** वसीयत के अनुसार

**extinct** 1. लुप्त, विलुप्त; 2. परिशान्त

**extinction** 1. लोप, विलोप; ~ of state राज्य-विलोप; 2. परिशमन, निर्वापन; ~ of right अधिकार का ≈; ~ of trust न्यास का ≈

**extinguish** 1. बुझाना; 2. परिशमन/ निर्वापन करना, समाप्त करना; ~ mortgage बन्धक ≈

**extinguished** 1. बुझा हुआ; 2. परिशामित, निर्वाप्त

**extinguishment** परिशमन, निर्वापन, समाप्ति; ~ of rights अधिकारों का ≈

**extirpate** मूलोच्छेदन करना

**extirpation** विच्छेदन, उच्छेदन, मूलोच्छेदन

**extort** ऐंठना, बलपूर्वक लेना, बलात्ग्रहण करना; ~ confession ज़बरदस्ती कबूलवाना

**extortion** बलादग्रहण, ज़बरदस्ती लेना

**extra** 1. अतिरिक्त; ~ cost ≈ लागत; ~ despatch of mails ≈ डाक प्रेषण; ~ duty allowance ≈ ड्यूटी भत्ता; ~ fare ≈ किराया; ~ guard ≈ पहरा; ~ judge ≈ न्यायाधीश; ~ leave ≈ छुट्टी; ~ remedies ≈ उपाय; ~ risk ≈ जोखिम; ~ work ≈ कार्य; 2. इतर, परे, बाह्य; ~ curricular पाठ्येतर, पाठ्यबाह्य; ~ family relationship परिवार ≈ सम्बन्ध; ~ judicum न्यायालय ≈; ~ legem विधिबाह्य; ~ legal विधिबाह्य, विधीतर; ~ marital coitus विवाहेतर मैथुन; ~ matrimonial विवाहेतर, विवाहबाह्य; ~ mural निवेशबाह्य, बहिर्वर्ती; ~ mural functions बाहरी कार्य (कारखाने के बाहर); ~ mural jurisdiction (नगरपालिकाओं का) नगर बाह्य अधिकार-क्षेत्र; ~ national राष्ट्र बाह्य; ~ personal व्यक्तिबाह्य; ~ praesentiam mariti पति की सक्षमता से परे; ~ social समाज बाह्य; ~ territorial राज्यक्षेत्रबाह्य, बहिर्देशीय, अपरदेशीय; ~ viam सड़क के बाहर; ~ vires अधिकारबाह्य, शक्ति से परे

**extra-ordinary** असाधारण; ~ adjournment ≈ स्थगन; ~ expense ≈ व्यय; ~ gazette ≈ राजपत्र, ≈ गजट; ~ jurisdiction ≈ क्षेत्राधिकार; ~ leave ≈ छुट्टी; ~ meeting ≈ बैठक; ~ session विशेष अधिवेशन; ~ tribunal ≈ प्राधिकरण; ~ value असाधारण मूल्य

**extract** I. *n.* 1. उद्धरण; ~ to be taken ≈ लिया जाए; 2. सार, निचोड़. II. *v.t.* 1. उद्धरण देना; 2. ऐंठना, ज़बरदस्ती निकालना; ~ money धन ऐंठना; 3. सार निकालना

**extraction** निष्कासन, निस्सारण, निकालना; ~ of oil तेल निकालना; ~ of token टोकन निकालना

**extractive** निस्सारक; ~ industry ≈ उद्योग

**extraditable** प्रत्यर्पणीय; ~ crime ≈ अपराध

**extradite** प्रत्यर्पण/ प्रत्यर्पित करना, लौटाना

**extradition** प्रत्यर्पण, लौटाना; ~ officer ≈ अधिकारी; ~ treaty ≈ सन्धि

**extraneous** बाह्य, बहिरंग, अन्य; ~ factors ≈ कारक; ~ matter ≈ पदार्थ; ~ motivation ≈ अभिप्रेरण

**extravagance** अपव्यय, फ़ज़ूलख़र्ची; ~ in living रहन-सहन में ≈

**extravagant** 1. अत्यधिक, अपरिमित. 2. असंयत. 3. अपव्ययी, फ़ज़ूलख़र्च

**extreme** I. *n.* अति, चरम, सीमा. II. *a.* 1. अत्यन्त; ~ old age ≈ वृद्धावस्था; 2. ~ leftist उग्र वामपंथी

**extremely** अत्यन्त; ~ difficult ≈ कठिन

**extremism** अतिवाद, उग्रवाद

**extremist** उग्रपंथी, उग्रवादी

**extricate** छुड़ाना

**extrinsic** बाह्य, बाहरी; ~ cause ≈ कारण; ~ evidence ≈ साक्ष्य

**extrovert** बहिर्मुखी, बहिर्मुख

**extrusion** बहिर्वेधन

**ex-warehouse** मालगोदाम पर/ से

**eye** आँख, नेत्र, अक्षि; ~ defect चाक्षुष दोष; ~ estimates देखकर किये हुए अनुमान; ~-glasses चश्मा, ऐनक; ~ let अंखुआ, अक्षिका; ~ piece नेत्रिका; ~ relief camp नेत्र चिकित्सा केन्द्र; ~ sight दृष्टि; ~ specialist नेत्र-विशेषज्ञ; ~-witness प्रत्यक्ष साक्षी, चश्मदीद गवाह; ~-witness account प्रत्यक्ष विवरण, आँखों देखा हाल

camp नेत्र चिकित्सा केन्द्र; ~ sight दृष्टि; ~ specialist नेत्र-विशेषज्ञ; ~-witness प्रत्यक्ष साक्षी, चश्मदीद गवाह; ~-witness account प्रत्यक्ष विवरण, आँखों देखा हाल

# F f

**fabric** 1. ढाँचा; 2. बनावट; 3. वस्त्र, कपड़ा

**fabricate** बनाना, गढ़ना, विरचना/ कूटरचना करना; ~ false evidence मिथ्या साक्ष्य ≈

**fabricated** 1. जाली, कूट, गढ़ा हुआ; ~ evidence ≈ साक्ष्य; 2. विरचित, बुना हुआ; ~ goods ≈ माल; ~ material विरचित माल

**fabrication** 1. विरचना; ~ indsutry ≈ उद्योग; 2. छलरचना, गढ़न्त; ~ of documents दस्तावेज़ों की ≈

**fabricator** छलरचयिता, जालसाज़

**face** I. *n.* 1. चेहरा; ~ sheet अभिज्ञान पृष्ठ, मुख पत्रक; ~-to-face relation मुखोन्मुख संबंध, मुखाभिमुख संबंध; 2. सामना; on the ~ of it प्रत्यक्षतः; set the ~ against मुँह फेर लेना; ~ amount अंकित राशि; ~ value अंकित मूल्य. II. *v.t.* सामना करना

**facet** पहलू, पक्ष

**facial** चेहरे पर की; ~ expression ≈ अभिव्यक्ति; ~ disfigurement ≈ विद्रूपता

**facilitate** सरल/ सुकर बनाना, आसान करना

**facilitation** सुविधा सेवा

**facility** सुविधा; आसानी; medical ~ चिकित्सा ≈; ~ of payment अदायगी की ≈

**facing point** सम्मुख काँटा

**facsimile** अनुलिपि, यथार्थ प्रतिकृति; ~ impression प्रतिकृति छाप; ~ signature प्रतिपुरुप/ ≈ हस्ताक्षर

**fact** 1. तथ्य; as a matter of ~ वस्तुतः; collateral ~ संपार्श्विक ≈; evidentiary ~ साक्ष्यिक ≈; ~ in issue विवाद्यक ≈, वादवस्तु; ~ of minority अप्राप्तवयता का ≈; principal ~ मुख्य ≈; question of ~ तथ्य का प्रश्न; relative ~ सापेक्ष ≈; relevant ~ सुसंगत ≈; 2. [अपराध की] घटना; before or after a ~ ≈ से पहले या पीछे

**facta** तथ्य; ~ probanda विवाद्य ≈; ~ probantia साक्ष्यिक ≈

**fact finding** तथ्यान्वेषण; ~ committee तथ्य-जाँच समिति, तथ्यान्वेषी समिति; ~ enquiry तथ्यान्वेषी जाँच; ~ study तथ्यान्वेषी-अध्ययन

**faction** गुट, दल

**factional conflict** गुटद्वंद्व, गुट संघर्ष

**facto** वस्तुतः

**factor** 1. घटक, कारक; ~s of production उत्पादन के कारक; 2. गुमाश्ता, आढ़तिया

**factorage** आढ़त, दलाली

**Factories Act** कारख़ाना अधिनियम

**factoring** लेनदारी लेखाक्रम

**factory** कारख़ाना, फ़ैक्टरी; ~ cost ≈ लागत; ~ inspector ≈ निरीक्षक; ~ legislation ≈ विधान; ~ overhead expenses ≈ उपरिव्यय; ~ worker ≈ कामगार

**factual** तथ्यात्मक; ~ correlation ≈ सहसम्बन्ध; ~ data वास्तविक वस्तु सामग्री; ~ report ≈ रिपोर्ट/ प्रतिवेदन

**factum** तथ्य; कृत्य; ~ a judice जज का

कृत्य; ~ valet रूढ़िसिद्ध तथ्य

**facultative** वैकल्पिक, ऐच्छिक; ~ clause ≈ खण्ड; ~ endorsement ≈ पृष्ठांकन/ बेचान; ~ reinsurance ≈ पुनर्बीमा

**faculty** 1. शक्ति, क्षमता; ~ of hearing श्रवण ≈; 2. संकाय; ~ director ≈ निदेशक; ~ of arts कला ≈; ~ office ≈ कार्यालय; ~ of science विज्ञान ≈; ~ of law विधि ≈

**fad** मन की मौज

**fade** 1. मद्धिम पड़ना; 2. मुरझाना

**fag-end** अंतिम छोर/ सिरा

**faggot voter** कृत्रिम मतदाता

**fail** असफल होना; न कर सकना; ~ to comply अनुपालन करने में असफल होना; interest ~s हित निष्फल हो जाता है

**failing** न कर सकने पर; ~ this ऐसा न होने पर

**failure** असफलता; ~ of consideration प्रतिफल की ≈; ~ of crops फ़सल नष्ट होना, फ़सल न होना; ~ of justice न्याय की निष्फलता; ~ of proof सबूत न होना; ~ to give surety ज़मानत न दे सकना; ~ of quorum कोरम पूरा न हो सकना

**faint** मंद, मद्धिम; ~ speech ≈ वाक्

**fair** 1. न्यायपूर्ण; ~ election निष्पक्ष निर्वाचन/ चुनाव; ~ hearing ≈ सुनवाई; ~ dealing ≈ व्यवहार; ~ play ≈ व्यवहार; ~ trial ≈ विचारण; 2. उचित; ~ competition ≈ प्रतियोगिता; ~ deal ≈ व्यवहार, निष्कपट व्यवहार; ~ margin ≈ पड़ता; ~ price ≈ क़ीमत; ~ rate ≈ दर; ~ rent ≈ किराया; ~ treatment ≈ बरताव; ~ wage ≈ मज़दूरी; 3. स्वच्छ, साफ़; ~ copy ≈ प्रति; ~ day ≈ दिन; 4. ~ trade सद्व्यापार; ~ knowledge अच्छा ज्ञान, पर्याप्त ज्ञान, साधार ज्ञान

**faire mon devoir** अपना कर्तव्य करने के लिए

**fairly** यथान्याय, उचित रूप से

**fairness** न्याय, औचित्य; in ~ न्याय की दृष्टि से

**fait accompli** सम्पन्न घटना; सिद्ध वस्तु

**faith** 1. धर्म, ईमान; 2. विश्वास, निष्ठा; ~ healer आस्था-चिकित्सक; breach of ~ विश्वासघात, वचनभंग; in bad ~ असद्भाव से; in good ~ सद्भावपूर्वक

**faithful** वफ़ादार, विश्वासी, निष्ठावान्; ~ service निष्ठापूर्ण सेवा; ~ wife पतिव्रता पत्नी; ~ description यथातथ्य वर्णन; ~ performance ≈ पालन

**faithfully** निष्ठापूर्वक; to observe/ perform ~ ≈ पालन करना; ~ yours भवदीय

**faithfulness** वफ़ादारी, निष्ठापूर्णता

**faithless** निष्ठाहीन, बेवफ़ा; ~ wife असती पत्नी

**fait justitia ruat eaelum** न्याय होना चाहिये चाहे प्रलय आ जाय

**fake** नक़ली, झूठा; ~ news जाली समाचार; ~ ticket जाली टिकट

**fall** I. *n.* 1. पतन; ~ of regime शासन का ≈; 2. ढाल, उतार; 3. (जल) प्रपात; 4. पतझड़; 5. ~ of hammer घनपात, नीलामी का अन्त. II. *v.i.* 1. गिरना; 2. झड़ना; 3. पड़ना; ~ due देय होना; ~ in arrears अवशिष्ट रहना/ बाकी पड़ना; ~ in line with के अनुसार कार्य करना; ~ into arrears बकाया इकट्ठा हो जाना; ~ into clutches of के चंगुल में ≈; ~ into possession कब्ज़े में पड़ना/ आना; ~ short of कम ≈; ~ short of expectations प्रत्याशा से कम होना; 4. ~ back पीछे हटना; ~-back pay उपस्थिति वेतन, हाज़िरी मज़दूरी; ~ back on पर निर्भर होना; ~ out झगड़ा करना; ~ through निष्फल/ असफल होना

**fallacious** भ्रामक; सदोष; ~ argument ≈ तर्क

**fallacy** भ्रांति, दोष, तर्कदोष

**fallow** ऊसर, परती, बंजर; ~ field ≈ ज़मीन

**false** 1. मिथ्या; झूठा; ~ account ≈ लेखा/ हिसाब; ~ accusation ≈ अभियोग; ~ billing ≈ बिल बनाना; ~ charge ≈ आरोप; ~ defence ≈ प्रतिवाद; ~ document ≈ दस्तावेज़; ~ evidence झूठी गवाही; ~ entry झूठी प्रविष्टि; ~ imprisonment अवैध क़ैद; ~ information ≈ जानकारी; ~ light ≈ प्रकाश; ~ preference ≈ अधिमान; ~ return ≈ विवरणी; ~ statement ≈ विवरण/ कथन, ≈ बयान; ~ testimony ≈ साक्ष्य; 2. नक़ली; ~ bride ≈ दुल्हिन; ~ instrument ≈ उपकरण/ लिखत; ~ sample ≈ नमूना; 3. खोटा; ~ measure ≈ माप; ~ weight ≈ बाट; 4. छद्म; ~ personation ≈ प्रतिरूपण

**falsely** झूठे; ~ personate मिथ्या प्रतिरूपण करना; ~ swear झूठी शपथ लेना

**falsification** मिथ्याकरण; ~ of account झूठा हिसाब बनाना

**falsify** 1. झूठा करना, झूठा/ मिथ्या सिद्ध करना; 2. जाल बनाना, गोलमाल करना

**familial** कौटुम्बिक, पारिवारिक; ~ charisma ≈ करिश्मा; ~ relationship ≈ सम्बन्ध

**familiar** सुपरिचित; ~ quotation ≈ उद्धरण

**familiarity** सुपरिचय

**familiarize** सुपरिचित होना

**familism** परिवारवाद

**family** I. *n.* 1. कुटुम्ब, परिवार; ~ allowance ≈ भत्ता; ~ antagonism ≈ विरोध; ~ budget ≈ बजट; ~ circle ≈ वृत्त; ~ dependency पराश्रिता; ~ deserter ≈ पलायक; ~ disorganization ≈ विघटन; disrupted ~ छिन्नभिन्न ≈; ~ environment ≈ पर्यावरण; ~ history ≈ वृत्त; joint ~ संयुक्त ≈; ~ member ≈ सदस्य, कुटुंबी; ~ organization ≈ संगठन, कौटुंबिक संगठन; ~ pedigree वंशावली; ~ planning ≈ नियोजन; ~ relations ≈ सम्बन्ध; ~ system ≈ प्रथा; ~ welfare ≈ कल्याण; 2. कुल; ~ custom कुलाचार; ~ feast कुलभोज; ~ head कर्ता; ~ property ≈ संपत्ति; ~ tree वंशवृक्ष; in the ~ way गर्भिणी. II. *a.* कौटुम्बिक, पारिवारिक; ~ adjustment ≈ समायोजन; ~ arrangement ≈ समझौता; ~ debt ≈ ऋण; ~ feud ≈ कलह; ~ inadequacy ≈ अपर्याप्ति

**famine** अकाल, दुर्भिक्ष; ~ relief ≈ सहायता/ राहत

**fanatic** 1. धर्मान्ध, कट्टरपंथी, कठमुल्ला; 2. मतांध, दुराग्रही

**fanaticism** 1. धर्मांधता, कट्टरता; 2. मतांधता, दुराग्रह, मूढ़ाग्रह

**fancy** I. *n.* 1. ललित कल्पना, कल्पना-विलास; 2. तरंग, सनक; 3. आसक्ति. II. *a.* 1. मनोहारी; ~ fair ≈ मेला; ~ goods ≈ वस्तुएँ; ~ shop मनोहारी वस्तु भण्डार; 2. काल्पनिक; ~ price ≈ मूल्य

**fantastic** अतिकाल्पनिक, विलक्षण; ~ argument ≈ तर्क; ~ mind ≈ मन

**fantasy** कल्पना-प्रवाह; अतिकल्पना

**far** दूर; ~ reaching effect दूर व्यापी प्रभाव; ~-fetched imagination क्लिष्ट कल्पना, दूरारूढ़ कल्पना

**farce** प्रहसन, ढोंग-विडम्बना

**farcical** उपहासास्पद

**fare** 1. किराया, भाड़ा; ~ table ≈ सारणी; 2. भोजन

**farewell** विदाई; ~ address ≈ भाषण; ~ ceremony ≈ समारोह; ~ function ≈ समारोह; ~ party ≈ भोज

**far-fetched** क्लिष्ट; ~ idea ≈ कल्पना

**farm** I. *n.* 1. फ़ार्म, प्रक्षेत्र; ~ management ≈ प्रबन्ध; ~ operating cost ≈ संचालन लागत; ~ price ≈ मूल्य; ~ rental ≈ लगान; ~ tenancy ≈ पट्टेदारी; 2. कृषि, खेती; ~ cooperative ≈ सहकारी समिति; ~ income ≈ आय; ~ labour ≈ मज़दूर; ~ ownership ≈ स्वामित्व; ~ subsidy ≈ अर्थसहायता; ~ surplus उपजबेशी. II. *v.t.* पट्टे पर लेना

**farmer** कृषक, किसान

**farming** 1. कृषि, खेती; ~ inspection ≈ निरीक्षण; ~ of taxes कर वसूली का ठेका; ~ stock कृषिधन

**farrier** अश्वचिकित्सक, नालबंद

**farsighted** दूरदर्शी

**farsightedness** दूरदर्शिता

**fascinated** मुग्ध, मोहित

**fascinating** विमोहक, मुग्धकारी

**fascination** विमोह, सम्मोहन

**fashion** 1. फ़ैशन; ~ goods ≈ की वस्तुएँ; ~ show ≈ शो, नई चीज़ का प्रदर्शन; 2. रीति, चलन

**fast** I. *n.* उपवास, रोज़ा. II. *a.* 1. पक्का; ~ colour ≈ रंग; 2. तेज़, द्रुत; ~ motion तीव्र गति; ~ movement ≈ गति; ~ mover द्रुत विक्रेय वस्तु; ~ speed ≈ रफ़्तार

**fasten** जकड़ना

**fastenings** जकड़न, बन्धन

**fastness** 1. क़िला, दुर्ग; 2. तेज़ी

**fatal** घातक, प्राणांतक; ~ blow ≈ चोट; ~ accident ≈ दुर्घटना

**fatalism** नियतिवाद, भाग्यवाद

**fatalist** नियतिवादी, भाग्यवादी

**fatality** मृत्यु (संख्या), मौतें

**fataur facinus qui judicium fugit** जो न्याय से भागता है वह अपना दोष स्वीकार करता है

**fate** भाग्य, क़िस्मत

**father** पिता, वालिद, बाप; ~ fixation पितृस्थिरीकरण; ~-in-law ससुर; ~-land पितृभूमि; ~ of the house सदन का सबसे पुराना सदस्य, सदन पिता; ~'s father दादा, पितामह

**fatigue** I. 1. *n.* थकान, श्रान्ति; 2. फ़टीक; ~ duty ≈ ड्यूटी. II. *v.t.* थकाना

**fatten** मोटा करना/ होना

**fault** 1. दोष, क़सूर; ~ control ≈ नियन्त्रण; ~ finding दोषान्वेषण, दोष निकालना; ~ inspection ≈ निरीक्षण; ~ inspector ≈ निरीक्षक; ~ localisation ≈ निर्धारण; 2. चूक, त्रुटि

**faulting of message** संदेश में दोष, संदेश में गड़बड़ी

**faultless** दोषरहित, बे-क़सूर

**faulty** दोषपूर्ण, सदोष; ~ action ≈ कार्रवाई; ~ shifting ≈ कुंजी बदली

**fauna** जीवजन्तु, जन्तुजगत्

**favour** I. *n.* 1. अनुग्रह, कृपा; 2. पक्ष, पक्षपात; in ~ of के पक्ष में. II. *v.t.* अनुग्रह करना, पक्ष लेना; ~ with your views कृपया अपने विचार व्यक्त करें

**favourable** अनुकूल; ~ action ≈ कार्यवाही; ~ atmosphere ≈ वातावरण; ~ balance of trade ≈ व्यापार शेष; ~ circumstances ≈ परिस्थितियाँ; ~ rate ≈ दर; ~ recommendation ≈ सिफ़ारिश

**favoured** इष्ट; अनुगृहीत

**favourite** I. *n.* कृपापात्र. II. *a.* 1. इष्ट, प्रिय; ~ deity ≈ देवता; 2. बहुप्रचलित; ~ form ≈ रूप

**favouritism** पक्षपात

**F.C.S.** (free of capture & seizure)

प्रग्रहण और अभिग्रहण (ज़ब्ती) से मुक्त

**fealty** निष्ठा, स्वामिभक्ति

**fear** I. *n.* भय, डर. II. *v.i.* & *v.t.* डरना

**fearful** भयानक, डरावना

**fearless** निर्भय, निर्भीक, निडर

**fearlessness** अभय, निर्भीकता, निडरता

**fearsome** भयंकर, भयानक, डरावना

**feasance** कृति, करनी

**feasibility** साध्यता, शक्यता; ~ report ≈ रिपोर्ट

**feasible** साध्य, शक्य

**feast** I. *n.* भोज, दावत; ~ for the dead मृतक ≈. II. *v.i.* & *v.t.* पर्व मनाना; भोज देना; तृप्त होना/ करना

**feather** पंख; ~-weight हलका

**feature** I. *n.* आकृति, रूप; 2. लक्षण, विशेषता; ~ characteristic ≈ विशिष्टता; essential ~ मुख्य विशेषताएँ; 3. रूपक; ~ writer ≈ लेखक. II. *v.t.* चित्रित करना, प्रस्तुत करना

**fecund** 1. प्रजननक्षम; 2. उर्वर, उपजाऊ

**fecundity** 1. प्रजननक्षमता; 2. उर्वरता, उपजाऊपन

**fedei commissum** उत्तराधिकारी के विश्वास पर

**federal** संघीय; ~ authority ≈ सत्ता, ≈ प्राधिकार; ~ courts ≈ न्यायालय; ~ constitution ≈ संविधान; ~ government ≈ शासन, ≈ सरकार; ~ grant ≈ अनुदान; ~ legislation ≈ विधान, संघीय विधि निर्माण; ~ loan ≈ ऋण/ कर्ज़; ~ parliament ≈ संसद; ~ personnel ≈ कार्मिक; ~ republic ≈ गणतन्त्र; ~ state ≈ राज्य; ~ territory ≈ क्षेत्र; ~ tribunal ≈ अधिकरण; ~ union ≈ राज्य, संघ-राज्य

**federation** संघ, महासंघ

**fee** 1. फ़ीस, शुल्क; admission ~ प्रवेश ≈; court ~ कोर्ट/ न्यायालय ≈; withdrawal ~ निकासी ≈; 2. दाय, भूसंपत्ति; ~ simple उत्तराधिकारयुक्त ≈

**feeble-minded** दुर्बलमना, दुर्बलमनस्क

**feeblemindedness** दुर्बलमनस्कता

**feed** I. *n.* 1. भरण, पोषण; ~-back प्रत्यावर्तन/ प्रतिनियोग, प्रतिसूचना; ~ back परिशोध, परिष्करण, प्रतिपुष्टि; ~ end संभरण छोर, पोषक छोर; 2. चारा; 3. मात्रा. II. *v.t.* खिलाना

**feeder** 1. संभरक, पोषक; ~ industry परिपूरक उद्योग; ~ line ≈ लाइन, संभरण लाइन; ~ service प्रदायन सेवा; 2. ~ road शाखापथ

**feel** 1. टटोलना, छूना; 2. अनुभव करना

**feeler** टटोल, शोशा

**feeling** 1. भाव, भावना; ~ of cohesion संसक्ति की ≈; ~ of efficacy प्रभाविता की ≈; ~ of helplessness असहाय होने की भावना; ~ of enmity शत्रुता की भावना; ~ of ill will वैमनस्य की ≈; ~ of inadequacy अपर्याप्ति की ≈; 2. संवेदना, अनुभूति; bodily ~ शारीरिक ≈; 3. टटोल; ~ the way थाह लेना, रास्ता टटोलना

**feign** ढोंग करना, स्वांग रचना; ~ disease रोग का ≈

**feigned issue** कल्पित विद्याक/ वादपद

**feint** 1. छल, कपट; 2. कूटाघात

**felicific** सुखावह, सुखद

**felicitate** अभिनन्दन करना

**felicitation** अभिनन्दन

**fell** I. *v.t.* गिराना. II. *a.* दारुण; ~ disease ≈ रोग

**fellow** 1. व्यक्ति, आदमी; 2. साथी, संगी; ~ countryman सहदेशवासी, समदेशवासी; ~ national सह-राष्ट्रिक; ~ passenger सहयात्री; 3. अधिछात्र; research ~ शोध ≈; 4. अधिसदस्य, रत्न सदस्य

**fellowship** 1. अधिछात्रवृत्ति; 2.

अधिसदस्यता

**felo de se** आत्मघाती

**felon** घोर अपराधी, महापराधी

**felonia** = felony

**felonious** घोर; आपराधिक; ~ crime ≈ अपराध; ~ homicide महापराधिक मानवहत्या; ~ offence महापराधिक दोष; ~ tort आपराधिक अपकृत्य

**felony** घोर अपराध, महापराध

**female** स्त्री, नारी, महिला; ~ apartment अन्तःपुर; ~ attendant अनुचरी; ~ child बालिका; ~ education ≈ शिक्षा; ~ franchise ≈ मताधिकार; ~ friend सखी, सहेली; ~ gauge भीतरी गेज; ~ heir उत्तराधिकारिणी; ~ infanticide बालिका हत्या; ~ labour मज़दूरिन; ~ line ≈ परम्परा; ~ mortality ≈ मृत्युसंख्या, ≈ मृत्युदर; ~ nurse उपचारिका; ~ sex ≈ जाति; ~ suffrage ≈ मताधिकार

**feme covert** आश्रित स्त्री, परिणीता

**feme sole** अपरिणीता, अविवाहिता

**feme tader** परित्यक्ता

**feminine** **1.** स्त्री-, नारी-; **2.** स्त्रैण, स्त्रीवत्

**feminism** नारी अधिकारवाद

**feminist** नारी अधिकारवादी

**fence** **I.** *n.* **1.** बाड़ा, घेरा; **2.** बाड़. **II.** *v.t.* बाड़ लगाना, [also fencing] घेराबन्दी करना

**fenced** बाड़युक्त; ~ enclosure बाड़ा

**fend** निवारण करना, रोकना

**fender wall** रक्षा-भित्ति

**feoffee** भूदानप्राप्तकर्ता

**ferae nature** ख़तरनाक

**feral** वन्य, जंगली; ~ animal ≈ पशु

**ferment** **I.** *n.* किण्व, खमीर. **II.** *v.t.* & *v.i.* खमीर उठना/ उठाना, सड़ना, सड़ाना

**fermentable** किण्वीय; ~ sugar ≈ चीनी

**fermentation** किण्वीकरण, सड़ाना

**ferocious** हिंस्र, ख़ूँखार

**ferocity** क्रूरता

**ferriage** उतराई; घाटशुल्क

**ferro-alloy** लौहमिश्र धातु

**ferrous** लोहे का, लौह; ~ castings लोहे की ढली वस्तुएँ

**ferruginous** लौहमय; ~ gravel ≈ बजरी

**ferry** **I.** *n.* घाट, नौघाट; ~ barge बजरा; ~ boat ≈ नौका; ~ man ≈-वाल; ~ service ≈ नाव व्यवस्था; ~ toll ≈ शुल्क. **II.** *v.t.* पार उतारना

**fertile** उर्वर, उपजाऊ; ~ land ≈ भूमि

**fertility** उर्वरता, उपजाऊपन; प्रजनन शक्ति; ~ rate प्रजनन दर

**fertilization** निषेचन, गर्भाधान

**fertilizer** उर्वरक; ~ corporation ≈ निगम

**fervent** प्रचण्ड, उत्कट, उत्साही

**festival** त्यौहार, पर्व; ~ advance ≈ पेशगी उत्सव अग्रिम; ~ holidays ≈ की छुट्टियाँ

**festive** उत्सव-; आनन्दमय

**festivity** आनन्द-मंगल; उत्सव

**fete** मेला, पर्व

**fetish** **1.** जड़पूजा; **2.** तावीज़

**fetters** निगड़, बेड़ी-हथकड़ी

**feud** **1.** झगड़ा, कलह; **2.** कुलवैर

**feudal** सामन्ती; ~ chieftain ≈ सरदार; ~ law ≈ विधि; ~ order ≈ व्यवस्था; ~ overlordship ≈ अधिपतित्व; ~ privileged class विशेषाधिकार-प्राप्त सामंत वर्ग; ~ system ≈ प्रथा/ प्रणाली; ~ tenure ≈ कार्यकाल

**feudalism** सामन्तवाद, सामन्तशाही

**feudatory** **I.** *n.* सामन्त, नवाब. **II.** *a.* सामन्तीय

**F.I.A.** (full interest admitted) पूर्ण हित

स्वीकृत

**fiance** वाग्दत्त

**fiancee** वाग्दत्ता

**fiasco** विफलता, फ़ज़ीती

**fiat** अधिशेष; ~ jus ruat justicia विधि अभिभावी हो चाहे न्याय न हो; ~ of government राजाज्ञा; ~ money अधिदिष्ट मुद्रा

**fibre** 1. तंतु, रेशा; ~ glass ≈ काँच; synthetic ~ कृत्रिम ≈; 2. लपेटन

**fibrous** तंतुयुक्त, तंतुमय

**fickle** अस्थिर, चंचल; ~-minded अस्थिरचित्त

**fiction** 1. परिकल्पना, कल्पितार्थ; ~ of law विधिक ≈; 2. गल्प, कथा

**fictitious** कल्पित, परिकाल्पनिक, बनावटी, फ़र्ज़ी; ~ account ≈ हिसाब, जाली लेखा; ~ address ≈ पता, जाली पता; ~ assets अवास्तविक/ काल्पनिक परिसम्पत्तियाँ; ~ bill ≈ हुण्डी; ~ claim ≈ दावा; ~ name ≈ नाम ; ~ payee ≈ आदाता; ~ person ≈ व्यक्ति; ~ stamp जाली स्टाम्प

**fidelity** 1. निष्ठा, वफ़ादारी; ~ bond ≈ का बन्धपत्र; 2. प्रत्यय, विश्वस्तता; ~ guarantee policy ≈-गारन्टी पॉलिसी; ~ insurance policy ≈ बीमा पॉलिसी

**fiducia** लौटाई जाने वाली सम्पत्ति

**fiducial** विश्वास्य; ~ argument ≈ युक्ति

**fiduciarius** न्यासी, न्यासरक्षक

**fiduciary** 1. प्रत्ययी, वैश्वासिक; ~ character ≈ स्वरूप; ~ loan ≈ ऋण; ~ money ≈ मुद्रा; ~ notes ≈ नोट; ~ right ≈ अधिकार; 2. न्यासीय; ~ accountability ≈ दायित्व; ~ capacity ≈ हैसियत; ~ obligation ≈ दायित्व; ~ relation ≈ सम्बन्ध; ~ reserve ≈ आरक्षित राशि

**fief** जागीर

**field** 1. क्षेत्र; खेत; ~ administration ≈ प्रशासन; ~ book ≈ पंजी/ ख़सरा; ~ interview method ≈ साक्षात्कार प्रणाली; ~ method ≈ प्रणाली; ~ observation ≈ प्रेक्षण; ~ observer ≈ प्रेक्षक; ~ officer ≈ अधिकारी; ~ of interest विशेष अभिरुचित क्षेत्र; ~ of selection चयन-क्षेत्र; ~ of study अध्ययन-क्षेत्र; ~ organization ≈ संगठन; ~ personnel क्षेत्रस्थ कार्मिक; 2. रणक्षेत्र; ~ day क्रीड़ा दिवस, क़वायद का दिन; ~ allowance जंगी भत्ता, बहि:क्षेत्रीयभत्ता; ~ piece युद्धक्षेत्रीय तोप; ~ telegraph office क्षेत्रीय तारघर; to win the ~ युद्ध जीतना

**fierce** घनघोर, प्रचण्ड

**fierceness** प्रचण्डता, उग्रता

**fier facias** ऋण की वसूली के लिए आज्ञापत्र

**fifth columnist** पंचमांगी, देशद्रोही

**fight** I. *n.* युद्ध, लड़ाई. II. *v.t.* & *v.i.* लड़ना; ~ a case मुकदमा ≈

**fighter** लड़ाकू; ~ plane ≈ विमान

**fighting** युद्ध

**fighting season** योधनकाल, योधन ऋतु

**figurative** आलंकारिक, लाक्षणिक

**figure** I. *n.* अंक; 2. चित्र, आकृति; 3. आँकड़ा; 4. अलंकार. II. *v.i.* 1. गणना में आना; 2. सामने आना. III. *v.t.* चित्रित करना

**figurehead** नाममात्र का अध्यक्ष

**figurette** मूर्तिका, लघु मूर्ति

**figuring** अंक-लेखन

**filament** तन्तु, तन्तुक

**filature** सूत्रण

**file** I. *n.* 1. फ़ाइल, मिसिल; ~ cover ≈ आवरण; put up the ~ पत्रावली प्रस्तुत करना; ~ index ≈ अनुक्रमणी; 2. रेती. II. *v.t.* 1. फ़ाइल करना, दाख़िल करना; ~ a document लेख्य निवेशित करना; ~ an appeal अपील दाख़िल करना; ~ an application अर्ज़ी/ आवेदन पत्र देना; ~ appearance हाज़िरी लिखवाना; ~ a suit मुकदमा दाख़िल करना/ दायर करना; **2.** रेती करना, रेतना

**filed** दाख़िल, मिसिल में रखा

**filial** पुत्रीय, संतानीय; ~ love ≈ प्रेम; ~ piety पितृ भक्ति; ~ responsibility ≈ उत्तरदायित्व

**filiation** वंशानुक्रमण, वंशक्रम

**filibuster** **I.** *n.* लुटेरा. **II.** *v.t.* लूटमार करना. **III.** *a.* [also ~ ing] विघ्नकारी; ~ device ≈ युक्ति

**filing** फ़ाइल करना; ~ of documents दस्तावेज़ ≈

**filius nullias** जारज, दोग़ला

**fill** भरना; ~ a form फ़ार्म ≈; ~ in the blanks ख़ाली जगह ≈

**filled** पूरित, भरा हुआ

**filleting** खण्डन, टुकड़े करना

**filling** पूरण, भरत, भराई; ~ a vacancy रिक्तिपूर्ति

**fillip** प्रोत्साहन

**film** **1.** परत; **2.** फ़िल्म; चलचित्र; ~ censor ≈ सेंसर

**filth** कचरा; मैल, गन्दगी

**filthy** गन्दा, मैला; अश्लील

**filtrate** छानना, फ़िल्टर करना

**filtration** निस्यन्दन

**final** **1.** अंतिम, आख़िरी; ~ account ≈ लेखे; ~ adjustment ≈ समायोजन; ~ assessment ≈ निर्धारण; ~ audit ≈ लेखा परीक्षा; ~ boundary ≈ सीमा; ~ clause ≈ खण्ड; ~ decision ≈ निश्चय/ निर्णय; ~ decree ≈ डिक्री; ~ disposal ≈ निपटारा; ~ dividend ≈ लाभांश; ~ evidence ≈ साक्ष्य; ~ examination ≈ परीक्षा; ~ form ≈ रूप; ~ judgment ≈ निर्णय; ~ meeting ≈ बैठक; ~ offensive ≈ समाक्रमण, ≈ आघात; ~ order ≈ आदेश; ~ payment ≈ अदायगी; ~ report ≈ प्रतिवेदन; ~ settlement ≈ निपटारा; ~ total ≈ योग, ≈ जोड़; ~ vote ≈ मत; **2.** अन्त्य

**finalise** अंतिम रूप देना

**finality** अंतिमता, अंतिम रूप; परिसमाप्ति

**finally** अंतिम रूप से, अंततः; ~ decided ≈ विनिश्चित; ~ exempt ≈ छूट प्राप्त; ~ passed ≈ पारित; ~ disposing of the matter विषय को अन्तिम रूप से निपटाना/ विषय का अन्तिम रूप से निस्तारण

**finance** **I.** *n.* वित्त; ~ Act ≈ अधिनियम; ~ administration ≈ प्रशासन; ~ bill ≈ बिल/ विधेयक; ~ committee ≈ समिति; ~ minister ≈ मन्त्री; ~ officer ≈ अधिकारी. **II.** *v.t.* रुपया लगाना, वित्तपोषण करना

**financed** वित्त-पोषित

**financial** **1.** वित्त-, वित्तीय; ~ accomodation ≈ निभाव, ≈ सौकर्य या सहायता; ~ administration ≈ प्रशासन; ~ adviser ≈ परामर्शदाता; ~ affairs ≈ कार्य, ≈ मामले; ~ aid वित्तीय सहायता; ~ audit ≈ लेखा परीक्षा; ~ capacity ≈ क्षमता; ~ certificate ≈ प्रमाणपत्र; ~ commitment ≈ वचनबद्धता; ~ complication ≈ जटिलता; ~ concurrence ≈ सहमति; ~ control ≈ नियन्त्रण; ~ controller ≈ नियन्त्रक; ~ handbook ≈ नियमावली; ~ implication विवक्षा/ निहितार्थ; ~ integrity ≈ ईमानदारी; ~ intervention ≈ अंतःक्षेप; ~ irregularity ≈ अनियमितता; ~ legislation ≈ विधान; ~ obligation ≈ दायित्व; ~ outlay ≈ परिव्यय; ~ penalty अर्थदण्ड; ~ planning ≈

आयोजना; ~ powers वित्तीय शक्तियाँ; ~ proceedings ≈ कार्यवाही; ~ procedure ≈ प्रक्रिया; ~ propriety ≈ औचित्य; ~ relief ≈ राहत; ~ resources ≈ संसाधन; ~ responsibility ≈ उत्तरदायित्व; ~ risk ≈ जोखिम; ~ sanction ≈ संस्वीकृति; ~ settlement ≈ निपटान; ~ stability ≈ स्थायित्व; ~ standing ≈ हैसियत, ≈ स्थिति; ~ statement ≈ विवरण; ~ stringency ≈ कड़ाई; ~ year ≈ वर्ष; **2.** आर्थिक; ~ condition आर्थिक दशा; ~ crisis ≈ संकट

**financier** वित्तकार, वित्तपोषक, अर्थदाता, साहूकार

**financing** अर्थव्यवस्था करना, वित्तपोषण, पूँजी लगाना; ~ bank वित्तदाता बैंक; ~ expenditure of capital nature पूँजीगत व्यय का वित्तपोषण; ~ partner वित्तदाता भागीदार

**find** **I.** *n.* प्राप्त वस्तु, लब्धि. **II.** *v.t.* **1.** पाना, मिलना; **2.** पता लगाना; **3.** निष्कर्ष निकालना; ~ guilty अपराधी पाना/ ठहराना; ~ surety प्रतिभू देना

**finder** खोज निकालनेवाला, ढूँढ़नेवाला; ~ of goods माल पड़ा पानेवाला

**finding** **1.** निष्कर्ष, परिणाम; arrive at ~ ≈ पर पहुँचना; ~ in the affirmative सकारात्मक ≈; ~ in the negative नकारात्मक ≈; **2.** उपलब्धि; **3.** निर्णय

**fine** **I.** *n.* जुर्माना, अर्थदण्ड. **II.** *a.* **1.** उत्तम, बढ़िया; **2.** महीन, पतला, सूक्ष्म; ~ art ललित कला; ~ paper प्रवर हुंडी; ~ rate मूल दर; ~ silver परिष्कृत चाँदी. **III.** *v.t.* जुर्माना करना

**finely** सूक्ष्म रूप से; ~ divided ≈ विभाजित

**fineness** **1.** उत्तमता; **2.** सूक्ष्मता; **3.** विशुद्धता, खरापन; ~ of coin सिक्के की ≈

**finger** अँगुलि, उँगली; ~ impression ≈ चिह्न; ~ print ≈ छाप; ~ print expert छाप विशेषज्ञ; ~ printing ≈ छाप

**finis** अन्त, समाप्ति

**finish** **I.** *n.* **1.** अन्त, समाप्ति; **2.** परिष्कार. **II.** *v.t.* पूर्ण करना, समाप्त करना

**finished** **1.** समाप्त; **2.** तैयार; ~ goods ≈ माल; ~ products ≈ उत्पाद/ माल; **3.** परिष्कृत, परिसाधित; ~ form ≈ रूप

**finishing** **I.** *n.* परिष्करण, परिसाधन. **II.** *a.* **1.** अंतिम; ~ coat ≈ लेप; **2.** परिष्कारी; ~ tools ≈ उपकरण

**finite** परिमित, ससीम

**fire** **I.** *n.* **1.** अग्नि, आग; ~ arms अग्न्यस्त्र, आग्नेय अस्त्र; ~ brigade अग्निशामक दल; ~ clay अग्निसह मिट्टी; ~ engine आग बुझाने का इंजन; ~ extinguisher अग्निशामक, दमकल; ~ fighting ≈ शामन; ~ insurance अग्निबीमा; ~ man आगवाला, फ़ायरमैन; ~ policy ≈ बीमा पॉलिसी; ~ proof अग्निसह, अदाह्य; ~ risk ≈ जोखिम; ~ service ≈ शमन सेवा; ~ station दमकल केन्द्र; ~ wood ईंधन की लकड़ी; ~ works आतिशबाज़ी; **2.** गोलाबारी. **II.** *v.t.* **1.** गोली चलाना/ मारना, फ़ायर करना; **2.** नौकरी से निकालना

**firing** **1.** गोली मारना; **2.** नौकरी से निकालना

**firm** **I.** *n.* व्यवसाय प्रतिष्ठान, फ़र्म. **II.** *a.* दृढ़, पक्का, स्थिर; ~ action ≈ कार्यवाही; ~ market ≈ बाज़ार; ~ offer ≈ प्रस्ताव

**firmly** दृढ़तापूर्वक, पक्की तरह

**first** प्रथम, पहला; ~ aid ≈ सहायता/ उपचार, प्राथमिक चिकित्सा; ~ assistant ≈ सहायक; ~ born ≈ जात; ~ charge ≈ प्रभार; ~ citizen ≈ नागरिक; ~ class ≈ श्रेणी; ~ consul ≈ कांसुल/ वाणिज्यदूत; ~ copy ≈ प्रति; ~

cousin चचेरा भाई; ~ day cover ≈ दिवस आवरण; ~ hearing ≈ सुनवाई; ~ information ≈ सूचना; ~ information report (F.I.R.) ≈ सूचना रिपोर्ट, रपट इब्तदाई; ~ instance ≈ बार; ~ lien bond प्रथमाधिकार बन्धपत्र; ~ offender ≈ बार अपराधी; ~ quarter ≈ तिमाही; ~ person उत्तम पुरुष; ~ round ≈ दौर; ~ schedule ≈ अनुसूची; ~ secretary ≈ सचिव; ~ settlers ≈ बसने वाले; ~ weighment ≈ तोल; ~ wife ज्येष्ठ पत्नी

**fisc** राजकोष

**fiscal** राजकोषीय, राजस्व-सम्बन्धी; ~ agent ≈ अभिकर्ता; ~ commission ≈ आयोग; ~ immunity ≈ उन्मुक्ति; ~ incentives ≈ प्रोत्साहन; ~ measure ≈ उपाय; ~ motive ≈ अभिप्रेरणा; ~ offence ≈ अपराध; ~ operations ≈ क्रियाकलाप; ~ policy ≈ नीति; ~ right ≈ अधिकार; ~ service राजवित्तीय सेवाएँ; ~ year ≈ वर्ष, राजस्व वर्ष

**fish** I. *n.* मछली, मत्स्य, मीन; ~ culture ≈ पालन; ~ farm ≈ प्रक्षेत्र; ~ marketing ≈ विपणन/ विक्रय; ~ plate जोड़ पट्टी. II. *v.i.* मछली पकड़ना

**fisherman** मछुआ

**fisheries** 1. मीन उद्योग; 2. मीन क्षेत्र, मछली घाट

**fishery** [see fisheries] ~ development मीनक्षेत्र विकास; ~ regulation मीन उद्योग विनियमन

**fishing** मछली पकड़ना; ~ agreement मछली पकड़ने का क़रार; ~ right मछली पकड़ने का अधिकार; ~ biology मत्स्य जीवविज्ञान

**fission** विखण्डन

**fissionable** विखण्डनीय; ~ material ≈ सामग्री

**fissure** विदर, दरार

**fist** मुष्टि, मुक्का; ~ law मुष्टि विधि, जंगल का नियम

**fit** I. *n.* दौरा, मूर्च्छा. II. *a.* 1. उचित, उपयुक्त, ठीक; ~ case ≈ मामला; ~ person ≈ व्यक्ति; ~ for discharge उन्मोचन के योग्य; ~ for use उपयोग के लिए ≈; 2. दुरुस्त, फ़िट; ~ certificate दुरुस्ती प्रमाणपत्र, आरोग्य प्रमाणपत्र; ~ memo ≈ पत्र. III. *v.t.* फ़िट करना, जमाना, बैठाना, लगाना

**fitness** 1. योग्यता; certificate of ~ ≈ का प्रमाणपत्र; 2. उपयुक्तता; ~ of surety प्रतिभू की ≈

**fitted** 1. लगा हुआ; 2. उपयुक्त

**fitter** फ़िटर, मिस्त्री

**fitting** 1. फ़िटिंग; ~ shop ≈ शाला; electric ~ बिजली की ≈; 2. सामान; 3. लगाना, जमाना

**five year plan** पंचवर्षीय योजना

**fix** I. *n.* कठिनाई; in a ~ ≈ में. II. *v.t.* 1. गाड़ना, चिपकाना, लगाना; 2. निश्चित/ पक्का करना; 3. नियत करना

**fixation** नियतन, स्थिरीकरण; ~ of ceiling उच्चतम सीमा ≈; ~ of credit limits ऋण सीमा का निर्धारण; ~ of pay वेतन का ≈; ~ point स्थिरण बिन्दु

**fixed** 1. स्थिर, स्थायी; ~ assets ≈ आस्तियाँ; ~ base ≈ आधार; ~ capital ≈ पूँजी; ~ point ≈ बिन्दु; 2. निश्चित, नियत; ~ beat ≈ गश्त; ~ charges ≈ प्रभार; ~ collections ≈ वसूलियाँ; ~ contingent allowance ≈ आकस्मिक भत्ता; ~ cost बंधी लागत, नियत लागत; ~ date ≈ तिथि; ~ day ≈ दिन; ~ exchange rate ≈ विनिमय दर; ~ fiduciary ≈ प्रत्ययी; ~ income ≈ आय; ~ input ≈ निविष्टि/

आगत; ~ instalment ≈ किस्त; ~ interval ≈ अंतराल; ~ liability ≈ दायित्व; ~ monthly allowance ≈ मासिक भत्ता; ~ pay ≈ वेतन; ~ point ≈ स्थल; ~ price ≈ क़ीमत; ~ rate ≈ दर; ~ reserve ≈ आरक्षित राशि; sum ≈ राशि; ~ term policy ≈ अवधि पॉलिसी; ~ time ≈ समय; **3.** जुड़ा/ लगा हुआ; ~ thereto उससे ≈; **4.** ~ deposit सावधि जमा, आवधिक निक्षेप, मियादी जमा; ~ deposit account सावधि जमा लेखा/ खाता; ~ shift बंधी पारी

**fixer** **1.** बन्धान; **2.** बिचौलिया

**fixity** स्थायित्व, स्थिरता; ~ of supply पूर्ति ≈; ~ of tenure पट्टा ≈

**fixture** स्थावर वस्तु; जुड़वार, संलग्नक

**flabbergast** भौचक्का करना, विस्मित करना

**flabby** थुलथुल, स्थूल

**flag** **1.** ध्वज, झंडा; ~ bearer ≈ वाहक; ~ hoisting ≈ फहराना, ध्वजोत्तोलन; ~ indicator पताका सूचक; ~ of truce युद्ध विराम-ध्वज; ~ staff ध्वज-दण्ड; national ~ राष्ट्रीय ≈; **2.** झंडी; ~ man झण्डीवाला; ~ station झंडी स्टेशन

**flagging** **1.** पत्थर लगाना; **2.** चिह्नित/ अंकित करना

**flagrancy** जघन्यता, घोरता

**flagrant** घोर, जघन्य; ~ breach of rules नियमों का ≈ उल्लंघन; ~ offence ≈ अपराध

**flagrante delicto** रंगे हाथ

**flagrantly** घोर रूप से; ~ abused ≈ दुरुपयोग किया गया

**flair** रुझान

**flame** ज्वाला, लपट; ~ height ≈ तक की ऊँचाई; ~-proof ज्वालासह; ~-proof jumper wire ज्वालासह झंपक तार

**flammable** ज्वलनशील

**flank** पार्श्व, बाजू; ~ wall ≈ भित्ति

**flap** फ़्लैप, पट्टी; आवरक

**flare** **I.** *n.* उत्तेजन, भड़काव. **II.** *v.i.* भड़क उठना

**flash** चमक, कौंध

**flashing** कौंध, प्रज्वलन; ~ point प्रज्वलन तापांक

**flat** **I.** *n.* फ़्लैट, वासखण्ड. **II.** *a.* **1.** समतल, चौरस; ~ back ≈ पीठ; "~" organization structure समस्थ संगठनात्मक संरचना; **2.** चपटा; ~ base ≈ आधार; **3.** सपाट; ~ character ≈ चरित्र; ~ structure ≈ ढाँचा; **4.** ~ cancellation सामान्य निरसन; ~ colour सादा रंग; ~ commission एक दर कमीशन; ~ cost मूल लागत; ~ money संचययोग्य धन; ~ rate समान दर; ~ yield अप्रतिदेय प्रतिभूति आय

**flation** सामान्य मूल्य स्थिति

**flatten** समतल/ चपटा करना

**flattery** चापलूसी, ख़ुशामद, चाटुकारिता

**flavour** सुवास, सुरस, सुगन्ध

**flavoured** सुवासित, सुरसित

**flavouring** संवासकारक, सुरसकारी, स्वादवर्धक

**flaw** दोष, ऐब

**flawless** बे-ऐब, दोषरहित

**flay** खाल खींचना, चमड़ी उधेड़ना; ~ alive ज़िन्दा ≈

**flee** पलायन करना, भाग जाना; ~ from justice न्याय से बचने के लिए ≈

**fleet** **I.** *n.* जहाज़ी बेड़ा. **II.** *a.* द्रुतगामी, तेज़

**fleeting** क्षणिक, अनित्य

**flesh-monger** क़साब, क़साई

**flexibility** नम्यता, लचीलापन

**flexible** नम्य, लचीला; ~ adaptation ≈ अनुकूलन; ~ budget ≈ बजट; ~ constitution ≈ संविधान; ~

exchange rate ≈ विनिमय दर; ~ schedule ≈ अनुसूची; ~ tariff ≈ प्रशुल्क; ~ wire ≈ तार

**flicker** I. *n.* टिमटिमाहट. II. *v.i.* टिमटिमाना

**flight** 1. उड़ान; 2. सीढ़ी, ज़ीना; ~ of capital पूँजी का पलायन

**flimsy** दुर्बल, निस्सार; ~ argument ≈ तर्क; ~ grounds सारहीन आधार

**flirt** नाज़ नख़रा करना

**float** 1. चालू करना; ~ a company कम्पनी ≈; 2. तैरना, बहना

**floatation** प्रवर्तन; ~ of loan ऋण जारी करना; ~ of shares शेयर प्रवर्तन, शेयर जारी करना

**floater** अस्थायी ख़रीदार, आवारा; ~ policy ≈ पॉलिसी

**floated** चालू किया गया; ~ business ≈ व्यापार

**floating** 1. अस्थायी, चल; ~ asset ≈ परिसंपत्ति; ~ capital ≈ पूँजी; ~ charge ≈ प्रभार; ~ debt ≈ ऋण; ~ liability ≈ देयता; ~ population ≈ जनसंख्या/ आबादी; ~ security चल/ अस्थायी प्रतिभूति; ~ vote ≈ मत; 2. तैरता, बहता; ~ bridge प्लवमानसेतु; ~ coat पतला लेप; ~ currency मुक्त मुद्रा; ~ dollar तिरता डॉलर; ~ money अनिविष्ट धन, अनिविष्ट द्रव्य; ~ of loan ऋण का जारी करना; ~ (exchange) rate तिरती (विनिमय) दर

**flog** कोड़े लगाना

**flogging** कोड़े लगाना, कोड़ों की मार

**flood** बाढ़, पूर; ~-affected बाढ़पीड़ित; ~ light पूरप्रकाश; ~ protection ≈ रक्षा

**floor** 1. फ़र्श; ~ area फ़र्शी क्षेत्र; 2. तल, मंज़िल; 3. सभाकक्ष; ~ leader सदन-नेता; 4. रंगभूमि; 5. ~ crossing पक्ष-परिवर्तन, पक्षांतरण; ~ price निम्नतम निर्धारित क़ीमत; ~ trader पटरी व्यापारी

**flora** पेड़-पौधे, वनस्पति-जगत्

**floriculture** पुष्पकृषि, फूलों की खेती

**floriculturist** पुष्प विज्ञानी

**florist** पुष्प विक्रेता

**flotsam** बहता माल

**flotilla** नौबेड़ा

**flour** आटा; ~ mill ≈ मिल; ~ milling ≈ पिसाई

**flourish** I. *n.* लहर. II. *v.i.* समृद्ध होना, फलना-फूलना

**flourishing** समृद्ध, फलता-फूलता

**flout** अवज्ञा/ तिरस्कार करना

**flow** प्रवाह, बहाव; ~ of funds द्रव्य प्रवाह, धन प्राप्ति; ~ of people लोगों की गति; ~ of traffic यातायात ≈; ~ conditions ≈ की दशाएँ; ~ process ≈ प्रक्रम; ~ tide ज्वार

**fluctuate** घटना-बढ़ना, उतरना-चढ़ना

**fluctuating** घटता-बढ़ता, उतरता-चढ़ता; ~ charges घटते-बढ़ते व्यय या प्रभार; ~ exchange rate उतरती-चढ़ती दर, चल विनिमय दर; ~ of attention अवधान घट-बढ़

**fluctuation** घटी-बढ़ी, उतार-चढ़ाव; ~ in prices क़ीमतों में ≈

**flue** 1. धुँआ निकास चिमनी; 2. फ़्लू

**fluency** धाराप्रवाहिता

**fluent** धाराप्रवाह

**fluff** रोयाँ

**fluid** तरल, अस्थिर, चल; ~ assets ≈ परिसम्पत्ति; ~ resources सुपरिवर्ती संसाधन, चल/ तरल संसाधन; ~ savings ≈ बचत; ~ society ≈ समाज

**fluidity of labour** श्रमिक गतिशीलता

**fluke** आकस्मिक लाभ

**fluorescent tube** प्रतिदीप्ति नलिका

**flush** I. *n.* 1. प्रवाह, बहाव; 2. स्वक्षालन; ~ system ≈ प्रणाली. II. *v.t.* & *v.i.* बहाना,

बहना, धोकर बहाना, स्वक्षालित करना

**fluvial** नदीय; ~ action नदी का कार्य

**fly** I. *n.* मक्खी, मक्षिका; ~ paper मक्खीमार काग़ज़; ~ proof ≈ रोक. II. *v.i.* उड़ना. III. *a.* ~ leaf कोरा पन्ना; ~ bridge आकाशी पुल

**flying squad** उड़ाका दल, उड़नदस्ता, द्रुतगामी दल

**F.O.B.** (free on board) जहाज़ तक निःशुल्क

**focal point** नाभिक बिन्दु, केन्द्र बिन्दु

**focus** I. *n.* फ़ोकस, केन्द्र; ~ of consciousness चेतना केन्द्र. II. *v.t.* केन्द्रित करना

**fodder** चारा, पशु खाद्य; ~ crop चरी; ~ stock चारे का ढेर

**foe** शत्रु, बैरी

**foetal** भ्रूण, गर्भ-; ~ death ≈ मृत्यु

**foeticide** भ्रूण-हत्या

**foetus** भ्रूण, गर्भ

**fog** I. *n.* कुहरा, कुहासा; ~ index धूमिलता सूचकांक; ~ signal ≈ संकेत. II. *v.t.* & *v.i.* धूमिल करना/ होना

**foggy** धूमिल; कुहासे वाला; ~ weather ≈ मौसम

**foible** दुर्बलता, कमज़ोरी

**foil** I. *n.* पर्ण; counter- ~ प्रतिपर्ण. II. *v.t.* विफल करना

**foist** थोपना

**fold** I. *n.* तह; 2. भाँज, मोड़; 3. बाड़ा. II. *v.t.* तह करना, भाँजना, मोड़ना

**folded** 1. मुड़ा हुआ; ~ leaf ≈ पन्ना; 2. जोड़ा हुआ; ~ arms strike बाहुबद्ध हड़ताल; with ~ hand हाथ जोड़कर

**folder** फ़ोल्डर, चौपन्ना

**folding** मुड़वाँ; ~ chair ≈/ टूट कुर्सी

**foliage** बेल-बूटे, पत्तियाँ

**foliation** बेल-बूटे बनाना

**folio** 1. पन्ना, पर्ण, फ़ोलियो; 2. भाँज

**folioing** पन्ना इंदराज, पर्ण प्रविष्टि

**folk** लोक; ~ art ≈ कला; ~ belief ≈ विश्वास; ~ dance ≈ नृत्य; ~ religion ≈ धर्म; ~ society ≈ समाज; ~ song ≈ गीत; ~ tradition ≈ परम्परा

**follow** 1. अनुसरण करना, पीछे चलना; 2. का पालन करना, पर चलना; ~ a tradition परम्परा ≈; ~ the law क़ानून ≈; 3. ~ the assets आस्तियों का पीछा करना; 4. ~ a trade व्यापार करना; 5. अनुवर्ती; ~-up अनुवर्तन; ~-up action ≈ कार्यवाही; ~ up behaviour ≈ व्यवहार; ~ up negotiations ≈ बातचीत; ~ up service ≈ कार्य; ~ up work ≈ कार्य; ~ up step ≈ पद

**follower** अनुयायी, अनुचारी

**following** I. *a.* 1. निम्नलिखित, हस्ब ज़ैल; ~ documents ≈ दस्तावेज़; ~ facts ≈ तथ्य; 2. अगला; ~ day ≈ दिन; ~ assessment year ≈ निर्धारण वर्ष; ~ paragraph ≈ पैरा, अनुवर्ती पैरा; ~ trains system एक के पीछे एक गाड़ी चलाने की पद्धति; ~ year ≈ वर्ष. II. *n.* अनुसरण; blind ~ अन्धानुसरण

**folly** मूर्खता, बेवकूफ़ी

**foment** 1. सेंकना, सेंक करना; 2. उकसाना, भड़काना; ~ trouble उपद्रव ≈

**fomentation** 1. सिंकाई, सेंक; 2. उत्तेजन, उकसाव

**fondling** दुलारा, लाड़ला

**fondness** अनुराग, ममता, चाव

**food** खाद्य; ~ concession खाद्यसम्बन्धी रियायत; ~ corporation ≈ निगम; ~ crop ≈ फ़सल; ~ grains अनाज, खाद्यान्न; ~ minister ≈ मन्त्री; ~ officer ≈ अधिकारी; ~ position ≈ स्थिति; ~ rationing ≈ राशन, ≈

न्यायावंटन; ~ stuff ≈ पदार्थ/ सामग्री; ~ statistics ≈ आँकड़े; ~ supplies ≈ प्रदाय/ पूर्ति

**fool** मूर्ख

**foolish** **1.** मूर्ख; ~ person ≈ व्यक्ति; **2.** मूर्खतापूर्ण; ~ transaction ≈ संव्यवहार

**foolscap** फुलस्केप काग़ज़

**foot** **1.** फुट = 12"; **2.** पैर, पाँव; ~ bridge पैदल पुल; ~ board पावदान; ~ hold पाँव रखने की जगह; ~ man प्यादा; ~ way पैदल मार्ग; ~ note पादटिप्पणी; ~ path पगडण्डी; ~ print पदछाप, पदचिह्न; **3.** आधार, नीचा भाग; ~ hill निचली पहाड़ी

**footwear** जूते

**for** **1.** के लिए; ~ approval अनुमोदनार्थ; ~ being member सदस्य होने ≈; ~ consideration विचारार्थ; ~ carrying out कार्यान्वित करने ≈; ~ disposal निपटारे ≈; ~ ever सदा ≈; ~ example उदाहरण ≈; ~ expression of opinion मत प्रकट करने ≈; ~ consideration प्रतिफल के निमित्त; ~ favourable action अनुकूल कार्यवाही ≈; ~ favour of orders आदेशार्थ; ~ further action आगे की कार्यवाही ≈; ~ good सदा के लिए; ~ guidance मार्गदर्शन ≈; ~ instance उदाहरणार्थ; ~ official use only केवल सरकारी उपयोग ≈; ~ perusal अवलोकनार्थ; ~ preserving peace शान्ति की रक्षा ≈; ~ public use जनता ≈; ~ ready reference सुगम निर्देश ≈; ~ signature हस्ताक्षरार्थ, हस्ताक्षर ≈; ~ sympathetic consideration सहानुभूतिपूर्वक विचार ≈; ~ the purpose of इस प्रयोजनार्थ; **2.** [*misc. meanings*] ~ all that तथापि, फिर भी; ~ life जीवन पर्यन्त; ~ the present फ़िलहाल; ~ the time being तत्समय, सरे दस्त; ~ value मूल्य देकर, क़ीमत के बदले; ~ want of के अभाव में

**F.O.R.** = free on rail रेल भाड़ा युक्त

**forage** चारा, चरी

**forbear** **1.** प्रविरत रहना, बाज़ रहना; **2.** सहन करना

**forbearance** **1.** प्रविरति; **2.** सहनशीलता

**forbid** निषेध/ मना करना; God ~ ईश्वर न करे

**forbiddance** निषेध, वर्जन, मनाही

**forbidden** निषिद्ध, वर्जित, मना; ~ by law विधि द्वारा ≈; ~ food ≈ खाद्य; ~ zone ≈ क्षेत्र

**force** **I.** *n.* **1.** बल; ~ and effect ≈ और प्रभाव; ~ of decree डिक्री का ≈; ~ of law विधि का ≈; criminal ~ आपराधिक बल-प्रयोग; **2.** सैन्यबल, सेना; **3.** in ~ प्रवृत्त, लागू. **II.** *v.t.* **1.** बल प्रयोग करना; **2.** बाध्य करना, विवश करना; **3.** बलपूर्वक कराना; **4.** थोपना, लादना

**forced** बलात्, जबरी; ~ frugality बाध्यबचत; ~ labour बेगार; ~ loan कर्ज़; ~ sale ≈ बिक्री; ~ saving ≈ बचत

**forceful** प्रभावयुक्त, ज़ोरदार

**force majeure** दैवकृत, दैवी, अपरिहार्य (घटना)

**forces** सेना

**forcible** बलात्, ज़बरदस्ती; ~ capture ≈ गिरफ़्तारी; ~ entry ≈ प्रवेश; ~ possession ≈ कब्ज़ा

**forcibly** बलात्, बलपूर्वक, ज़बरदस्ती से; ~ resist ≈ प्रतिरोध करना

**ford** घाट

**fore** आगे; सामने

**forebear** पूर्वज, पुरखा

**forecast** **I.** *n.* पूर्वानुमान, भविष्यवाणी. **II.** *v.t.* पूर्वानुमान/ भविष्यवाणी करना

**forecaster** पूर्वानुमानकर्ता
**forecasting** पूर्वानुमान लगाना
**foreclose** पुरोबंधित/ पूर्वनिषिद्ध करना
**foreclosure** पुरोबन्ध, पूर्वनिषेध, मोचन-निषेध; ~ of mortgage बन्धक का ≈; ~ of suit वाद का ≈
**forefather** पूर्वज, पुरखा
**forefinger** तर्जनी (उँगली)
**forefront** सम्मुख भाग, सामना
**forego** छोड़ देना, जाने देना
**foregoing** पूर्ववर्ती, पूर्वगामी; ~ debt ≈ ऋण; ~ provision ≈ उपबन्ध; ~ section ≈ धारा
**foregone** पूर्वनियत; ~ conclusion ≈ निष्कर्ष
**foreign** 1. विदेश-; ~ allowance ≈ भत्ता; ~ country विदेश; ~ income ≈ आय; ~ letter ≈ पत्र; ~ mail ≈ डाक; ~ message ≈ संदेश; ~ minister ≈ मंत्री; ~ news ≈ समाचार; ~ parcel post ≈ पार्सल डाक; ~ post ≈ डाक; ~ policy ≈ नीति; ~ relations ≈ सम्बन्ध; ~ secretary ≈ सचिव, ≈ मंत्री (अमेरिका, ब्रिटेन); ~ service ≈ सेवा; ~ trade ≈ व्यापार; 2. विदेशी; ~ affairs ≈ विषय; ~ aid ≈ सहायता; ~ aircraft ≈ वायुयान; ~ air mail ≈ हवाई डाक; ~ articles ≈ वस्तुएँ; ~ authority ≈ सत्ता; ~ bank note ≈ बैंक नोट; ~ borrowing ≈ ऋण; ~ collaboration ≈ सहयोग; ~ community ≈ समुदाय; ~ control ≈ नियन्त्रण; ~ court ≈ न्यायालय; ~ domocile ≈ अधिवास; ~ domination ≈ अधिपत्य; ~ employer ≈ नियोजक; ~ exchange ≈ मुद्रा; ~ interests ≈ हित; ~ investment ≈ निक्षेप; ~ law ≈ विधि; ~ legion ≈ सेना; ~ loan ≈ ऋण; ~ mercenaries ≈ भृतिक; ~ national ≈ राष्ट्रिक; ~ potentate ≈ सत्ताधारी; ~ resident ≈ निवासी; ~ transactions ≈ लेनदेन; 3. ~ railway इतर रेलवे; ~ traffic इतर यातायात
**foreigner** विदेशी
**forejudge** पूर्वनिर्णय करना
**foreknowledge** पूर्वज्ञान
**foreman** फ़ोरमैन; अग्रणी
**foremanship plan** फ़ोरमैनी योजना
**forename** प्रथम नाम, मुख्य नाम
**forenoon** पूर्वाह्न
**forensic** न्यायालयिक, अदालती; ~ method ≈ प्रणाली; ~ science ≈ विज्ञान
**forerunner** पूर्वगामी
**foresaid** पूर्वोक्त
**foresee** पूर्वकल्पना/ पेशबीनी करना
**foreseeable** पूर्वानुमेय
**foreseer** दूरदर्शी, पूर्वदर्शी
**foresight** दूरदर्शिता, पूर्वदृष्टि
**forest** वन; ~ fire दावानल; ~ guard ≈ रक्षक; ~ land ≈ भूमि; ~ officer वनाधिकारी; ~ product ≈ उत्पाद; ~ ranger ≈ श्रेणीपाल; ~ tract ≈ खंड
**forestall** पेशबन्दी करना, अगवाई करना
**forestation** वन-संवर्धन
**forester** 1. वनवासी; 2. वनपाल
**forestry** वनविज्ञान, वानिकी; ~ development वन-विकास
**forewarn** सावधान करना, चेताना
**foreword** प्राक्कथन
**forfeit** समपहृत/ ज़ब्त करना, खो देना
**forfeited** समपहृत, ज़ब्त; ~ mortgage ≈ बन्धक; ~ property ≈ सम्पत्ति; ~ share ≈ शेयर; ~ to government सरकार को ≈
**forfeiture** समपहरण, ज़ब्ती; ~ of bond

बन्धपत्र की ज़ब्ती; ~ of lease पट्टे की ज़ब्ती; ~ of policy पॉलिसी की ज़ब्ती; ~ of security प्रतिभूति की ज़ब्ती

**forge** कूट रचना करना, जाली बनाना

**forged** कूटरचित, जाली; ~ acceptance ≈ सकार/ स्वीकृति; ~ certificate ≈ प्रमाणपत्र; ~ coin ≈ सिक्का; ~ document ≈ दस्तावेज़; ~ notes ≈ नोट; ~ signature ≈ हस्ताक्षर

**forger** कूटरचयिता, जालिया

**forgery** कूटरचना, जालसाज़ी; ~ insurance ≈ बीमा; ~ of document जाली दस्तावेज़ बनाना

**forgetful** विस्मरणशील, भुलक्कड़; ~ of the fact इस तथ्य को भूलकर

**forgings** पिटाई का माल

**forgive** क्षमा/ माफ़ करना

**forgiveness** क्षमा, माफ़ी

**forgo** 1. छोड़ देना, जाने देना; 2. सहना

**forisfaniliate** पैतृक अधिकार छोड़ देना

**form** I. *n.* 1. रूप; ~ of charge प्रभार का ≈; ~ of questions प्रश्नों का ≈; ~ of procedure प्रक्रिया का ≈; ~ of security प्रतिभूति का ≈; 2. फ़ार्म, प्रपत्र; ~ for deposit निक्षेप का ≈; ~ of assignment समनुदेशन फ़ार्म; ~ of declaration घोषणापत्र; ~ of warrant वारंट का प्रारूप; 3. आकृति, आकार; 4. ~ master कक्षा अध्यापक. II. *v.t.* बनाना, गठित करना, गढ़ना; ~ conjecture अनुमान लगाना; ~ a quorum गणपूर्ति होना/ करना; ~ part of का भाग होना

**formal** 1. औपचारिक, रस्मी; ~ act ≈ कार्य; ~ apology ≈ क्षमा याचना; ~ approval ≈ अनुमोदन; ~ call ≈ भेंट; ~ character ≈ चरित्र; ~ document ≈ प्रलेख; ~ education ≈ शिक्षा; ~ inquiry ≈ जाँच; ~ instrument ≈ लेखपत्र; ~ law ≈ विधि; ~ lease ≈ पट्टा; ~ notice ≈ सूचना; ~ notification ≈ अधिसूचना; ~ opportunity ≈ अवसर; ~ sanction ≈ मंज़ूरी; ~ test ≈ परीक्षण; ~ trial ≈ विचारण; 2. आकारिक प्ररूपगत; ~ defect ≈ त्रुटि; ~ ground ≈ आधार; ~ item ≈ मद; ~ structure ≈ संरचना; 3. नियमानुसार, विधिवत, बाज़ाब्ता; ~ agreement ≈ क़रार; ~ examination ≈ परीक्षा; ~ investigation ≈ जाँच; ~ motion ≈ प्रस्ताव; ~ warning ≈ चेतावनी

**formality** 1. औपचारिकता; ~ of ratification अनुसमर्थन की ≈; 2. प्ररूपिता

**formalized** रीतिबद्ध; ~ behaviour ≈ व्यवहार; ~ status ≈ प्रस्थिति

**formally** औपचारिक रूप से; नियमानुसार, बाज़ाब्ता

**forma pauperis** अकिंचन के रूप में

**formation** विरचना, निर्माण, बनावट; ~ of forest वन-रोपण

**formative** निर्माणात्मक; ~ period ≈ काल

**formed** विरचित, निर्मित

**former** 1. पूर्ववर्ती; ~ court ≈ न्यायालय; ~ law ≈ विधि; ~ suit ≈ वाद; 2. पूर्व, भूतपूर्व; ~ director ≈ निदेशक; ~ occupancies ≈ अधिभोग; ~ state ≈ राज्य

**formerly** पहले; पूर्वतः

**forming part of** का भाग रूप

**formlessness** रूपहीनता

**formula** सूत्र; सूत्रोक्ति

**formulary** सूत्र-संहिता

**formulate** रूप देना, बनाना; ~ plan योजना बनाना, सूत्रित करना

**formulation** सूत्रण; निरूपण; निर्माण; ~ of law विधि-निर्माण

**fornicate** कुमारी से व्यभिचार करना
**fornication** कुमारीगमन, अनूढ़ागमन
**fornicator** अनूढ़ागामी
**forsake** त्याग/ छोड़ देना
**forswear** शपथपूर्वक छोड़ना
**forthcoming** आगामी
**forthwith** तत्काल, तुरन्त, फ़ौरन
**fortification** 1. क़िलाबन्दी; 2. दृढ़ीकरण
**fortnight** पक्ष, पखवारा
**fortnightly** पाक्षिक; ~ progess ≈ प्रगति; ~ report ≈ प्रतिवेदन
**fortress** गढ़ी, कोटला
**fortuitous** अप्रत्याशित, दैवी, आकस्मिक; ~ circumstance ≈ परिस्थिति; ~ event ≈ घटना
**fortuity** दुर्घटना
**fortune** 1. भाग्य; ~ telling ≈ बताना; good ~ सौभाग्य; 2. धन-सम्पत्ति
**forum** 1. मंच; ~ of negotiations वार्तामंच; 2. (वाद) स्थल; ~ actus घटना-स्थल; ~ area अग्रस्थल; ~ originis मूल वाद-स्थल
**forward** I. *a.* 1. अग्रिम, अगाऊ; ~ business ≈ व्यापार; ≈ कारबार; ~ defence ≈ रक्षा; ~ exchange ≈ विनिमय; ~ mail ≈ डाक; ~ message ≈ संदेश; ~ position ≈ स्थिति या मोर्चा; 2. वायदा; ~ buying ≈ ख़रीद; ~ contract ≈ संविदा; ~ dealing ≈ का सौदा; ~ exchange ≈ विनिमय; ~ transactions ≈ लेनदेन; ~ market ≈ बाज़ार; ~ price ≈ क़ीमत; ~ purchase ≈ ख़रीद; ~ sales ≈ बिक्री; ~ trading ≈ व्यापार; ~ transaction ≈ लेनदेन, अगाऊ लेनदेन. II. *v.t.* अग्रसरित/ अग्रेषित करना, आगे भेजना. III. *adv.* आगे
**forwarded** अग्रसरित, अग्रेषित; ~ basis ≈ आधार; ~ traffic ≈ यातायात
**forwarding** अग्रेषण; ~ agent ≈ अभिकर्ता; ~ letter ≈ पत्र; ~ note ≈ टिप्पणी; ~ of mails डाक ≈; ~ station प्रेषक/ अग्रेषक स्टेशन
**fossilized** जीवाश्मित; अप्रचलित, पुरातन
**foster** I. *a.* 1. पालक; ~ care प्रतिपालक देखभाल; ~ family ≈ परिवार; ~ father ≈ पिता; ~ home ≈ गृह, ≈ परिवार; ~ mother ≈ माता; 2. सहपालित; ~ brother, sister, son ≈ भाई, दूध भाई; ~ sister ≈ बहन, दूध बहन; ~ son ≈ बेटा, दूध पुत्र; II. *v.t.* पोषण/ पालन करना; ~ culture संस्कृति का संवर्धन करना
**fosterage** धात्रेय पालन, धाय का काम
**fostering** पालन
**foul** गन्दा, दूषित; ~ bill ≈ बिल; ~ water ≈ पानी; ~ smell दुर्गन्ध
**fouled** कलुषित
**fouling** 1. दूषण, कलुषित करना, गन्दा करना; 2. उल्लंघन; ~ bar उल्लंघन पट्टी; ~ mark ≈ चिह्न
**found** 1. पाया गया; ~ guilty दोषी ≈; 2. नींव डालना; 3. ढलाई करना
**foundation** 1. नींव, आधार; ~ grant संस्थापन अनुदान; ~ stone आधारशिला; 2. प्रतिष्ठान; religious ~ धार्मिक ≈
**founded** 1. संस्थापित; 2. आधारित; ~ on/ upon facts तथ्यों पर ≈
**founder** प्रतिष्ठापक, संस्थापक, प्रवर्तक; ~ member ≈ सदस्य
**foundling** त्यक्त शिशु, लावारिस बच्चा; ~ home ≈ गृह
**foundry** ढलाई घर; ~ mould ढलाई साँचा
**fountain** झरना, फ़ौवारा; ~ head मूलस्रोत
**four** चार, चौ-; ~ berth compartment चारशायिका डिब्बा; ~-colour चौरंगा; ~-fold चारगुना; ~-footed चतुष्पद, चौपैरा; ~-sided चौपहलू; ~-wheeled

चौपहिया; ~ -year चार वर्ष का, चतुर्वर्षीय

**fourth** चौथा, चतुर्थ; ~ class चतुर्थ श्रेणी; ~ estate प्रेस, पत्रकार वर्ग

**F.P.** (floating policy) अनिर्दिष्ट पॉलिसी

**fracas** दंगा, मारपीट, उत्पात

**fraction** 1. खण्ड; अंश, भाग; ~ of leave छुट्टी का ≈; 2. भिन्न

**fractional** 1. खंड; ~ certificate ≈ प्रमाणपत्र; ~ currency ≈ मुद्रा; 2. आंशिक; ~ premium ≈ प्रीमियम; ~ currency/ money रेज़गारी

**fracture** अस्थि-भंग, हड्डी का टूटना

**fragile** भंगुर, टुटहा; ~ goods ≈ माल

**fragment** खण्ड, टुकड़ा

**fragmentary** 1. खण्डमय; 2. खंडित

**fragmentation** खंडीकरण, विखंडन; ~ of holdings जोतों का ≈

**frail** 1. भंगुर, नश्वर; 2. सुकुमार; 3. कमज़ोर

**frailty** 1. भंगुरता, नश्वरता; 2. अस्थिरता

**frame** I. *n.* फ्रेम, चौखटा; ढाँचा; विरचना; ~ of suit वाद की ≈. II. *v.t.* विरचित करना, बनाना; ~ charges आरोप ≈; ~ issues वादपद ≈; ~ rules नियम बनाना/ निर्धारित करना

**framed** 1. विरचित; 2. चौखट वाला; ~ building काष्ठनिर्मित गृह

**framework** ढाँचा, विरचना

**framing of charge** आरोप की विरचना

**franchise** मताधिकार; ~ de l'hotel आवासाधिकार, आवासोन्मुक्ति; ~ du quartier शरण देने का अधिकार; adult ~ वयस्क ≈

**frank** 1. निष्कपट, निष्छल; 2. स्पष्टभाषी; 3. प्रभार मुक्ति

**franked article** प्रभारमुक्त वस्तु

**fraternal** भ्रातृक, बरादराना; ~ insurance सहसदस्य बीमा; ~ joint family ≈ संयुक्त परिवार; ~ polyandry ≈ बहुपतिप्रथा

**fraternity** भातृत्व, भाईचारा, बन्धुत्व

**fraternization** भाईचारा बनाना

**fratricide** 1. भ्रातृहत्या; 2. भ्रातृहंता

**fraud** कपट, छल, धोखा; फ़रेब; ~ by concealment छिपाव द्वारा ≈; ~ in law विधि की दृष्टि में ≈; ~ upon law विधि के प्रति ≈

**fraudulent** 1. कपटपूर्ण; ~ concealment ≈ छिपाव; ~ claim ≈ दावा; ~ conveyance ≈ अन्तरण; ~ enrolment ≈ अभ्यावेशन/ भर्ती; ~ insolvency ≈ दिवालियापन; ~ intention ≈ आशय; ~ possession ≈ कब्ज़ा; ~ statement ≈ कथन; ~ travelling ≈ यात्रा; 2. कपटी, छली; ~ purchaser ≈ क्रेता/ ख़रीदार

**fraudulently** कपटपूर्वक, धोखा देकर; ~ represent ≈ व्यपदेशन करना

**fraught with** से युक्त

**fray** कलह, झगड़ा

**freak** तरंग; ~ of nature प्रकृति का अपवाद, लीला

**free** 1. अबाध, मुक्त; ~ access ≈ पहुँच/ प्रवेश; ~ association ≈ साहचर्य; ~ banking ≈ बैंकिंग; ~ capital ≈ पूँजी; ~ coinage ≈ सिक्का ढलाई; ~ competition ≈ प्रतियोगिता, निर्बाध प्रतियोगिता; ~ convertibility ≈ परिवर्तनीयता; ~ currency market ≈ करेंसी/ मुद्रा बाजार; ~ deal ≈ सौदा; ~ enterprise ≈ उद्यम; ~ entry ≈ प्रवेश; ~ exchange rate ≈ विनिमय दर; ~ from defect दोषरहित; ~ from encumbrance भारमुक्त; ~ from restriction अबाध; ~ hand ≈ हस्त; ~ imports ≈ आयात; ~ ingress ≈ प्रवेश; ~ labour ≈ श्रम; ~ limit ≈ सीमा; ~ market खुला बाज़ार; ~

navigation ≈ नौचालन; ~ of cost मुफ़्त; ~ of tax कर-मुक्त; ~ sale खुले बाज़ार में बिक्री; ~ territory ≈ प्रदेश; ~ trade ≈ व्यापार; ~ zone ≈ क्षेत्र; **2.** शुल्कमुक्त; ~ articles ≈ वस्तुएँ; ~ list ≈ सूची; ~ port ≈ पत्तन; **3.** स्वतन्त्र; ~ citizen ≈ नागरिक; ~ expression ≈ अभिव्यक्ति; ~ press ≈ प्रेस; ~ ship ≈ पोत; ~ vote ≈ मत; ~ will ≈ इच्छा; **4.** निःशुल्क, मुफ़्त; ~ delivery ≈ परिदान; ~ education ≈ शिक्षा; ~ goods ≈ माल, करमुक्त माल; नैसर्गिक वस्तुएँ, नैसर्गिक पदार्थ; ~ on harbour बन्दरगारह तक ≈; ~ on board पोतपर्यंत ≈; ~ on rail (f.o.r.) रेल पर्यन्त ≈; ~ pass ≈ पास; ~ quarters ≈ आवास; ~ school ≈ विद्यालय; ~ service ≈ सेवा; ~ show ≈ शो/ प्रदर्शन; ~ student ≈ विद्यार्थी; ~ studentship निःशुल्कता; **5.** ~ allowance छूट; ~ love स्वच्छन्द प्रेम, स्वैर प्रणय; ~ period ख़ाली घण्टा; ~ translation भावानुवाद

**freebooter** लुटेरा, बटमार

**freedom** स्वतन्त्रता; ~ from arrest बन्धन से उन्मुक्ति; ~ movement स्वातन्त्र्य/ स्वतन्त्रता आन्दोलन; ~ of action कार्य-स्वतन्त्रता; ~ of association संघ-निर्माण की ≈; ~ of choice चयन की ≈; ~ of communication संचार की ≈; ~ of conscience अंतःकरण की ≈; ~ of contract अनुबन्ध की ≈, संविदा स्वातन्त्र्य; ~ of expatriation देश त्याग की ≈; ~ of expression अभिव्यक्ति की ≈; ~ of information सूचना स्वातन्त्र्य, सूचना की ≈; ~ of migration प्रवास की ≈; ~ of passage गमन की ≈, मार्ग की ≈; ~ of petition आवेदन-स्वातन्त्र्य, आवेदन की ≈; ~ of religion धर्म-स्वातन्त्र्य; ~ of speech वाक्-स्वातन्त्र्य; ~ of thought विचार की ≈; ~ of transit पारगमन-स्वातन्त्र्य; ~ of worship उपासना स्वातन्त्र्य, उपासना की ≈; ~ of trade व्यापार की ≈

**freehold** उन्मुक्त भूम्यधिकार, माफ़ी ज़मीन

**freeholder** उन्मुक्त भूमिधर, माफ़ीदार

**freelance** स्वच्छन्द; ~ journalist ≈ पत्रकार

**freely** स्वतन्त्र/ अबाध रूप से; ~ transferable ≈ अन्तरणीय

**freeship** फ़ीस माफ़ी

**freeze** **1.** जमना, जमाना; **2.** [पैसा] निश्चालित करना, कीलित करना, अवरुद्ध करना

**freight** मालभाड़ा, ढुलाई [also ~ charges]; ~ bill मालपत्र; ~ brokerage भाड़ा दलाली; ~ car भाड़े की गाड़ी, माल डिब्बा; ~ contract माल संविदा, भाड़ा संविदा; ~ deposit माल जमा; ~ forwarder माल अग्रेषक; ~ on hand हस्तगत भाड़ा, हस्तगत माल; ~ rate ≈ दर; ~ terminal माल अन्तस्थल, ≈ टर्मिनल; ~ paid ≈ दिया; ~ to pay ≈ देना है

**freighter** मालवाही पोत

**frequency** बारम्बारता, आवृत्ति; ~ distribution ≈ वितरण; ~ list ≈ सूची; ~ of delivery वितरण ≈; ~ of such services ऐसी सेवाओं की ≈

**frequent** बारम्बार, बहुवार; ~ occurence ≈ होना

**frequenting** बार-बार आना-जाना

**frequently** बहुधा, बारम्बार

**fresh** **1.** ताज़ा; ~ air ताज़ी हवा; ~ water मीठा पानी; **2.** नया, नई; ~ application ≈ प्रार्थनापत्र ; ~ evidence ≈ साक्ष्य; ~ notification ≈ अधिसूचना; ~ receipt ≈ पावती; ~ security ≈ प्रतिभूति; ~ sentence ≈

दण्डादेश; ~ suit ≈ वाद; ~ assessment नये सिरे से निर्धारण; ~ trial नये सिरे से विचारण

**fresher** नौसिखिया

**freshman course** प्रथमवर्षीय पाठ्यक्रम

**friction** 1. घर्षण, रगड़; 2. मनमुटाव

**friend** मित्र; next ~ वादमित्र

**friendly** मैत्रीपूर्ण; ~ cooperation ≈ सहयोग; ~ country ≈ देश; ~ relations ≈ सम्बन्ध; ~ society मित्रता/ हितकारी समिति; ~ tribe बंधुभावी जनजाति

**friendship** मित्रता, मैत्री; ~ societies ≈ समितियाँ; ~ treaty ≈ सन्धि

**fright** भीति, भय

**frighten** डराना, भयभीत करना

**fringe benefit** अनुषंगी हितलाभ

**frivolous** तुच्छ, पोच, निस्सार; ~ argument ≈ युक्ति; ~ suit ≈ वाद

**from** से; ~ and out of में से; ~ the beginning आरम्भ से; ~ time to time समय-समय पर; ~ without बाहर से; ~ year to year वर्ष प्रति वर्ष

**front** I. *n.* सामना, अग्र भाग; 2. मोर्चा. II. *a.* सामने का, आगे का; ~ office पत्र कार्यालय; प्रकाशनालय; प्रबन्ध कार्यालय

**frontage** अग्रभाग, मुखभाग, सामना

**frontal** सामने का; ~ attack ≈ आक्रमण; ~ law सम्मुखता नियम

**frontier** I. *n.* सीमान्त प्रदेश. II. *a.* सीमान्त; ~ crossing सीमा पारण; ~ guards ≈ रक्षक; ~ police ≈ पुलिस; ~ zone ≈ क्षेत्र

**frost** I. *n.* पाला, तुषार. II. *v.t.* पाला मारना

**frost-bite** हिमदंश

**frosted** तुषारित, पाले से ढँका/ मारा हुआ

**frozen** 1. हिमशीतित, जमा हुआ; 2. निश्चालित, अवरुद्ध, कीलित; ~ account ≈ लेखा; ~ asset ≈ परिसंपत्ति

**fructification** फलन, फल लाना

**fructum conceptum** चोरी का माल लेने का परिणाम

**fructuous** फलदायक, सफल

**fructus** फल; ~ nuturales प्रकृतिजन्य ≈; ~ rei alienae दूसरों की सम्पत्ति का ≈; ~ sundi भूमि का ≈

**frugal** मितव्ययी

**frugality** मितव्यय

**fruit** फल; ~ development ≈ विकास; ~ preservation ≈ संरक्षण; ~ crop फलवाली फ़सलें

**fruition** कार्यविपाक

**frustrate** विफल करना, कुंठित करना

**frustrated** विफल, हताश, कुंठित

**frustration** विफलता, कुंठा, हताशा; ~ clause ≈ स्थिति धारा; ~ tolerance कुंठा सहिष्णुता

**frustrative** विफलकारी; हताशाजनक

**fuel** I. *n.* ईंधन. II. *a.* ईंधन डालना

**fuelling** ईंधन डालना

**fugitive** पलायक, भगोड़ा, फ़रार; ~ criminal ≈ अपराधी, ~ offender ≈ अपराधी, भगोड़ा अपराधी; ~ soldier ≈ सैनिक

**fulfil** पूरा करना; ~ conditions शर्तें ≈; ~ promise वचन ≈

**fulfilment** पालन; पूर्ति; सिद्धि; ~ of contract संविदा का ≈; ~ of obligation बाध्यता का पूरा करना

**full** 1. पूर्ण, कुल, पूरा; ~ account ≈ वृत्तान्त; ~ assortment ≈ मिश्रण; ~ autonomy ≈ स्वायत्तता; ~ bench ≈ पीठ; ~ capacity savings ≈ क्षमता बचत; ~ carrying capacity ≈ वहन-क्षमता; ~ cost pricing ≈ लागत पर क़ीमत निर्धारण; ~ coverage ≈ बीमा संरक्षण; ~ discharge ≈ दायित्व मुक्ति, ≈ भुगतान; ~ dress ≈ वेश; ~ dress debate सविस्तार/ विस्तृत वाद विवाद/ परिबहस; ~ employment ≈ सेवायोजन; ~ endorsement ≈ पृष्ठांकन; ~ fee ≈ शुल्क; ~ membership ≈ सदस्यता; ~ parcel rate ≈ पार्सल दर; ~ power ≈ शक्ति; ~ rate telegram ≈ दर तार; ~ right ≈ अधिकार; **2.** भरा हुआ; tank ~ of water पानी से ≈ तालाब; **3.** ~ age वयस्कता, बालिग़पन; ~ blood सगापन; ~ brother सगा भाई; ~ sister सगी बहन; ~-time earnings पूर्णकालिक उपार्जन; ~-time assistant पूर्णकालिक सहायक; ~ time job पूर्णकालिक काम; ~ time worker पूर्णकालिक मज़दूर

**full fledged** पूर्ण, पूर्णांग; ~ member ≈ सदस्य

**fully** पूर्णतया; ~ discharged ≈ विसर्जित; ~ paid पूरा चुकता; ~ secured ≈ संरक्षित

**fulmination** स्फोट, स्फूर्जन

**fume** धुआँ, धूम

**fumigate** धुआँना, धूमित करना

**fumigation** धूमन, धुआँना

**fumigatorium** धूमन कक्ष

**function** **I.** *n.* **1.** क्रिया, कार्य; ~ of money मुद्रा के ≈; ~ of the human body मानव शरीर का ≈; ~s of the state राज्य प्रकार्य, राज्य कृत्य; ~ of management प्राबंधिक ≈; **2.** समारोह. **II.** *v.i.* काम करना

**functional** प्रकार्यात्मक, कार्यपरक; ~ administration ≈ प्रशासन; ~ authority कार्य प्राधिकारी, कार्यकर शक्ति, प्रकार्य शक्ति; ~ autonomy ≈ स्वायत्तता; ~ classification ≈ वर्गीकरण; ~ coordination ≈ सहसम्बन्ध; ~ demand कार्यमूलक माँग; ~ disturbance ≈ व्याघात; ~ experience ≈ अनुभव; ~ finance ≈ राजस्व; ~ information ≈ जानकारी/ सूचना; ~ interpretation ≈ व्याख्या; ~ isolation प्रकार्य एकाकीकरण; ~ management क्रियाशील प्रबन्ध; ~ relationship ≈ सम्बन्ध; ~ standardization ≈ मानकीकरण; ~ supervision ≈ पर्यवेक्षण, ≈ अधीक्षण; ~ survey ≈ सर्वेक्षण

**functionary** कार्यकर्ता, कर्मचारी, अधिकारी

**functionaries project** परियोजना के संचालक

**functus officio** प्राधिकारहीन; सरकारी काम से निवृत्त

**fund** निधि, फ़ण्ड; benevolent ~ हितकारी ≈; consolidated ~ समेकित ≈; endowment ~ बन्दोबस्ती ≈; liquidation of ~ निधि-परिसमापन; sinking ~ निक्षेप ≈; raising ~ ≈ संग्रह, ≈ निर्माण; small savings ~ अल्प बचत ≈

**fundamental** मूल, मूलभूत; ~ change ≈ परिवर्तन; ~ duties ≈ कर्तव्य; ~ freedom ≈ स्वतन्त्रता; ~ principle ≈ सिद्धान्त; ~ rights ≈ अधिकार; ~ rules ≈ नियम; ~ research ≈ अनुसंधान

**fundamentalism** कट्टरपंथ

**fundamentals** मूलतत्त्व, आधार-तत्त्व

**funded** निधिक; ~ income ≈ आय; ~ property ≈ संपत्ति; ~ debt ≈ ऋण

**funding** निधियन; ~ loan ≈ कर्ज़

**funeral** अन्त्येष्टि; ~ ceremony अन्त्येष्टि; ~ pyre चिता; ~ rite ≈ संस्कार

**funerary** = funeral

**funnel** वातायन, रोशनदान; चोंगा; कीप

**furious** उग्र; ~ riot ≈ दंगा

**furlough** प्रावकाश

**furnace** भट्ठी; ~ man भट्ठीवाला

**furnish** 1. सजाना, सज्जित करना; 2. प्रस्तुत करना, देना; ~ return विवरणी ≈; ~ security प्रतिभूति देना/ दिलाना

**furniture** फ़र्नीचर

**furrow** खांचा, खातिका

**further** I. *v.t.* आगे बढ़ाना. II. *a.* 1. आगे की; ~ action ≈ कार्यवाही; ~ hearing ≈ सुनवाई; ~ litigation ≈ मुकदमेबाज़ी; ~ progress ≈ प्रगति; 2. अतिरिक्त; ~ claim ≈ दावा; ~ consideration और विचार; ~ cross-examination ≈ जिरह; ~ detention ≈ निरोध; ~ proof ≈ प्रमाण; ~ relief ≈ राहत

**furtherance** आगे बढ़ाना, अग्रसर करना, अग्रसरण; in ~ of आगे बढ़ाने के लिए

**furtive** गुप्त, गुपचुप

**fury** प्रकोप

**fuse** फ़्यूज, संगलन; ~ wire ≈ तार

**fused** 1. फ़्यूज़; 2. संगलित; 3. संलीन

**fusion** संलयन, सम्मिश्रण, एकीकरण; ~ plan संयोजन योजना

**futile** व्यर्थ, बेकार; ~ efforts ≈ प्रयत्न

**future** I. *n.* भविष्य. II. *a.* 1. भावी; ~ event ≈ घटना; ~ goods अगाऊ माल, ≈ वस्तुएँ/ माल; ~ liability ≈ दायित्व; ~ position ≈ स्थिति; ~ property ≈ संपत्ति; ~ transaction ≈ संव्यवहार; 2. वायदा; ~ market ≈ बाज़ार; ~ trading ≈ व्यापार; 3. भविष्यवर्ती; ~ advance ≈ उधार; ~ day ≈ दिन

**futures** सट्टा

**futuri** होने वाला व्यक्ति

**futurity** भविष्य

# G g

**gable** तिकोना; ~ roof तिकोनी छत

**gag** I. *n.* मुखबन्दी. II. *v.t.* मुँह बंद करना

**gain** I. *n.* 1. अभिलाभ, मुनाफ़ा; ~ and loss ≈ और हानि; 2. वृद्धि; ~ of weight वज़न में ≈. II. *v.t.* प्राप्त करना; कमाना; ~ wrongfully अनुचित/ अवैध रूप से प्राप्त करना

**gainful** 1. लाभप्रद, लाभदायक; ~ occupation उपकारी धंधा; 2. अर्जक, कमाने वाला; ~ worker ≈ कामगार

**gain-sharing** I. *n.* मुनाफ़ा सहभाजन. II. *a.* अतिलाभ सहभाज्य

**galaxy** 1. आकाशगंगा; 2. विशिष्ट वर्ग

**gallantry** शौर्य; ~ award ≈ पुरस्कार

**gallery** गैलरी, दीर्घा; press ~ पत्रकार ≈

**gallop poll** जन विचार संग्रह

**galloping** द्रुत, तेज़; ~ inflation ≈ स्फीति; ~ prices तेज़ी से बढ़ते मूल्य

**gallows** फाँसी का तख़्ता; फाँसी

**gamble** जुआ खेलना, दाँव पर लगाना

**gambler** जुआरी

**gambling** जुआ, द्यूत; ~ contract ≈ संविदा/ ठेका; ~ house ≈ घर/ अड्डा

**game** 1. खेल; ~ of chance संयोगप्रधान ≈; ~ of skill कौशलप्रधान ≈; 2. आखेट, शिकार; ~ law ≈ कानून; ~ license ≈ अनुज्ञप्ति; ~ master ≈ शिक्षक

**games** खेलकूद, क्रीड़ा; ~ fee ≈ की फ़ीस; ~ material ≈ की सामग्री

**gaming** जुआ खेलना; ~ house जुआख़ाना

**gang** गिरोह; ~ of dacoits डाकुओं का ≈
**gangster** डाकू
**gangesterism** अपराधी गिरोहवृत्ति
**ganging** टोलीबंदी; ~ tendency ≈ प्रवृत्ति
**gangway** सीढ़ी, मार्गिका
**gaol** जेल, कारागार
**gaoler** जेलर
**gap** 1. अंतराल; 2. लुप्तांश
**garage** मोटरख़ाना, गाड़ीख़ाना
**garb** पोशाक, पहनावा
**garbage** कूड़ा-कचरा; ~ dump घूरा; ~ truck कूड़ा-गाड़ी
**garbled coin** घिसापिटा सिक्का
**garnish** 1. चमकाना, सजाना; 2. कुर्क करना
**garnishee** अनुऋणी, ऋणी, गारनिशी; ~ order ≈ आदेश
**garnishment** अनुऋणीकरण
**garrison** दुर्ग सेना; ~ state सैनिक राज्य
**gas** गैस; cooking ~ खाना पकाने की ≈; ~ chamber मारण कक्ष; ~ warfare ≈ युद्ध, वाति युद्ध
**gastric** जठर-
**gate** द्वार, फाटक; ~ keeper द्वारपाल, दरबान; ~ pass द्वारपत्र; ~ way प्रवेश द्वार; ~ lodge गुमटी
**gather** 1. एकत्र करना/ होना; 2. बटोरना, चुनना
**gathering** 1. जनसमूह, जमाव; 2. संग्रहण, एकत्रीकरण
**gauge** आमान, प्रमाप
**gazette** गज़ट, राजपत्र; extraordinary ~ असाधारण ≈; official ~ शासकीय ≈
**gazetted** राजपत्रित; ~ audit department ≈ लेखा विभाग; ~ holiday ≈ छुट्टी/ अवकाश; ~ officer ≈ अधिकारी; ~ post ≈ पद; ~ service ≈ सेवा
**gazetteer** गज़ेटियर, राजविवरणिका
**gear** I. *n.* गियर; ~ box गरार पट्टी. II. *v.t.* ~ up साज़ कसना; तैयार करना
**geld** बधिया/ ख़स्सी करना
**gelded** बधिया/ ख़स्सी किया हुआ
**gelding** ख़स्सी पशु
**gender** लिंग; feminine ~ स्त्रीलिंग; masculine ~ पुल्लिग
**genealogical** वंशावली-; ~ relationship ≈ संबंध; ~ table/ tree वंशवृक्ष
**genealogy** वंशावली, वंशवृक्ष
**general** I. *n.* जनरल. II. *a.* 1. महा-; ~ assembly (U.N.O.) महासभा; Director ~ ≈ निदेशक; Inspector ~ ≈ निरीक्षक; Secretary ~ ≈ सचिव; 2. प्रधान; ~ manager ≈ प्रबंधक; ~ post office बड़ा डाकघर; 3. साधारण, सामान्य, आम; ~ ability ≈ योग्यता; ~ acceptance ≈ स्वीकृति; ~ accounts ≈ लेखे; ~ Act ≈ अधिनियम, ≈ संनियम; ~ administration ≈ प्रशासन; ~ application ≈ प्रयोग; ~ assistance ≈ सहायता; ~ balance sheet ≈ तुलनपत्र, ≈ बैलेंसशीट; ~ body ≈ निकाय/ सभा; ~ cash balance ≈ रोकड़ शेष; ~ character ≈ प्रकृति; ~ charges ≈ प्रभार/ ख़र्च; ~ conditions ≈ शर्तें; ~ conscription ≈ अनिवार्य सैनिक भर्ती; ~ diary ≈ दैनंदिनी; ~ disposition ≈ प्रवृत्ति; ~ election ≈ निर्वाचन/ चुनाव; ~ good ≈ हित; ~ growth rate ≈ संवृद्धि दर; ~ intent ≈ आशय; ~ issue ≈ वादपद; ~ law ≈ विधि/ कानून; ~ layout ≈ अभिन्यास; ~ ledger ≈ खाता बही; ~ liability ≈ दायित्व; ~ meeting ≈ बैठक; ~ partnership ≈ भागीदारी; ~ power ≈ शक्ति; ~ practice ≈ चलन; ~

procedure ≈ कार्यविधि, ≈ प्रक्रिया; ~ property ≈ संपत्ति; ~ provisions ≈ उपबंध; ~ reputation ≈ ख्याति; ~ rule ≈ नियम; ~ set up ≈ व्यवस्था; ~ statement ≈ कथन; ~ strike ≈ हड़ताल; ~ tradition ≈ परंपरा, आम रवायत; ~ transaction ≈ संव्यवहार; ~ verdict ≈ अधिमत; (in a) ~ way ≈ रीति से/ सामान्यता; ~ welfare ≈ कल्याण; ~ will ≈ इच्छा; **4.** व्यापक; ~ armistice ≈ युद्ध विराम; ~ devastation ≈ विध्वंस, ≈ विनाश

**generality** **1.** सामान्यता; ~ of opinion मत-सामान्यता; **2.** व्यापकता; ~ of foregoing powers पूर्वगामी शक्तियों की ≈

**generalization** सामान्यीकरण

**generalize** सामान्य (नियम) बनाना, सामान्यीकरण करना, सब पर लागू करना

**generalised conditional** सामान्यीकृत सोपाधिक

**generally** सामान्यतः, साधारणतया; ~ accepted ≈ स्वीकृत; ~ offered ≈ प्रस्थापित

**generate** उत्पन्न/ पैदा करना, जनना

**generating** उत्पादक; ~ plant ≈ संयंत्र; ~ station बिजली घर

**generation** **1.** उत्पादन; ~ of electricity बिजली का ≈; **2.** जनन; **3.** पीढ़ी; ~ of persons व्यक्तियों की ≈; ~ to generation ≈ दर पीढ़ी

**generative** उत्पादक; ~ organ जननेन्द्रिय

**generator** जनित्र

**generic** **1.** जातिगत, वर्गीय; ~ category ≈ कोटि; ~ relation ≈ सम्बन्ध; **2.** सामान्य; ~ attributes ≈ गुण; ~ principles ≈ सिद्धान्त

**generosity** उदारता, दानशीलता

**generous** उदार, दानशील

**genesis** उत्पत्ति

**genetic** आनुवंशिक; ~ change जननिक परिवर्तन, ≈ परिवर्तन; ~ disturbance ≈ विक्षोभ, जननिक विक्षोभ; ~ group ≈ समूह; ~ relatives ≈ सम्बन्धी

**geneticist** आनुवंशिकीविद्

**genetics** **1.** आनुवंशिकी; **2.** जनन-विज्ञान

**genital** **I.** *n.* जननेन्द्रिय. **II.** *a.* जनन

**genitor** जनक

**genius** **I.** *n.* **1.** प्रतिभा; **2.** प्रकृति, स्वभाव. **II.** *a.* प्रतिभावान्

**genocide** जनसंहार, जाति-संहार

**genre** विधा, शैली, प्रकार

**gens** गोत्र

**gentile** **1.** सामान्य जन; **2.** मूर्तिपूजक

**gentle** **1.** दयालु एवं विनम्र; **2.** कुलीन

**gentleman's agreement** भद्र क़रार

**gentlemanly education** संभ्रांत शिक्षा

**gentry** भद्र जन, संभ्रांत लोग

**genuine** **1.** प्रामाणिक; ~ text ≈ पाठ; **2.** यथार्थ, वास्तविक, सच्चा; ~ account ≈ वर्णन; ~ hardship वास्तविक कठिनाई/ कष्ट; ~ signature वास्तविक हस्ताक्षर; ~ statement ≈ कथन; **3.** विशुद्ध, असली; ~ evidence ≈ साक्ष्य; ~ production ≈ उत्पादन; ~ parts ≈ पुर्ज़े

**genuineness** **1.** प्रामाणिकता; **2.** वास्तविकता, असलीपन

**genus** जाति

**geochemist** भू-रसायनज्ञ

**geographical** भौगोलिक; ~ division ≈ प्रभाग; ~ environment ≈ परिवेश; ~ location ≈ अवस्थिति; ~ mobility ≈ गतिशीलता; ~ propinquity ≈ सामीप्य; ~ representation ≈ प्रतिनिधित्व/ प्रतिनिधान

**geographically** भौगोलिक रूप/ दृष्टि से;

~ compact area ≈ संहत क्षेत्र

**geological** भूवैज्ञानिक; ~ survey ≈ सर्वेक्षण

**geologist** भूविज्ञानी

**geometrical** ज्यामितीय; ~ construction ≈ रचना; ~ progression गुणोत्तर वृद्धि

**geophysics** भूभौतिकी

**geriatric group** जरा चिकित्सा समूह

**germ** 1. रोगाणु. 2. अंकुर

**germane** अंग; ~ to the business कारबार का ≈

**germicide** रोगाणुनाशक

**germinate** अंकुर निकलना, उगना

**germination** अंकुरण, उगना

**gestation** गर्भ, गर्भावस्था; period of ~ गर्भावधि

**gestetner machine operator** गेस्टेटनर मशीन प्रचालक

**gesticulation** भंगिमा, अंगचालन

**gesture** 1. भंगिमा, अंगविक्षेप, मुद्रा, हावभाव. 2. संकेत

**get** 1. पाना; मिलना; ~ an opportunity अवसर ≈; ~ over विजय प्राप्त करना; ~ rid of छुटकारा ≈; 2. पकड़ना; ~ a thief चोर ≈; 3. कराना; ~ smb ready किसी को तैयार कराना. 4. जाना, पहुँचना; ~ to a place किसी जगह तक ≈; ~ at पहुँचना; ~ away चले जाना; ~ back लौट जाना; ~ down नीचे उतरना; ~ off भाग जाना; ~ in भीतर आना. 4. होना, हो जाना; ~ hot गरम ≈; ~ together इकट्ठे ≈; 5. ~ up उठना; ~-up सज्जा

**ghastly** भयंकर, विकट, दारुण

**ghost circuit** दोषज परिपथ

**ghost marriage** अन्यार्थ विवाह

**gibbet** I. *n.* फाँसी की टिकटी. II. *v.t.* फाँसी देना

**gift** 1. दान; ~ deed ≈ पत्र; ~ tax ≈ कर; ~ for consideration प्रतिफल के विचार से ≈; ~ of life interest आजीवन हित का ≈; ~ of movable property चल सम्पत्ति का ≈; contingent ~ घटनापेक्ष ≈; void ~ शून्य ≈; 2. उपहार; ~ cheque ≈ चेक; ~ coupon ≈ कूपन; ~ parcel ≈ पार्सल; ~ ware ≈ वस्तुएँ

**gifted** 1. प्रतिभाशाली; ~ child ≈ बालक. 2. सम्पन्न; ~ with wisdom बुद्धि-≈

**gigantic** भीमकाय

**gild** सोना चढ़ाना

**gilt-edged** श्रेष्ठ; ~ bill ≈ हुण्डी; ~ market ≈ बाज़ार; ~ security ≈ प्रतिभूति

**gin** I. *n.* ओटनी. II. *v.t.* ओटना

**ginned** ओटी हुई; ~ cotton ≈ रुई

**ginning** ओटना, ओटाई

**girdle** I. *n.* कटिबन्ध, मेखला. II. *v.t.* 1. पेटी बाँधना; 2. घेरना, घिराव करना

**girl guide** बालचारिका, वीरबाला

**girlhood** बालिकापन

**girth** 1. परिमण्डल, परिधि; 2. तंग (घोड़े का)

**gist** भावार्थ, सार

**give** देना, प्रदान करना; ~ and take आदान-प्रदान; ~ effect to प्रभावी/कार्यान्वित करना; ~ in हार मानना; ~ in adoption दत्तक देना; ~ in marriage कन्यादान करना; ~ over सौंपना; ~ rise to से पैदा होना; ~ up छोड़ देना; ~ way पराजित होना, समर्पण करना

**given** दिया हुआ, प्रदत्त; ~ name ≈ नाम

**giver** दाता

**glance** दृष्टिपात; at a ~ एक दृष्टि में

**gland** ग्रंथि

**glare** (चका) चौंध

**glaring** अतिस्पष्ट; ~ disparity ≈ असमानता

**glass** काँच; ~ blower ≈ धमनक

**glazed** 1. चमकदार; ~ board ≈ गत्ता; ~ paper ≈ काग़ज़; 2. काचित; ~ ware ≈ बर्तन

**glazer** ओपकार, काचक

**global** भूमंडलीय, विश्वव्यापी, सार्वभौमिक; ~ law ≈ विधि; ~ arms race ≈ आयुध स्पर्धा; ~ national income ≈ राष्ट्रीय आय; ~ quota विश्वकोटा; ~ tender ≈ निविदा

**gloss, glossa** पार्श्वटिप्पणी, टीका

**glossary** शब्दावली, शब्दसंग्रह; ~ of terms पारिभाषिक ≈

**glossy** चमकदार, चिकना; ~ paper काग़ज़

**glued** (सरेश से) चिपकाया/ जोड़ा हुआ

**glut** भरमार; ~ of capital पूँजी की ≈

**gnarled** ग्रंथिल, गाँठदार, गँठीला

**gnomic couplet** नीति-दोहा, सूक्ति

**go** जाना; ~ behind the decree डिक्री की पृष्ठभूमि में विचार करना; ~-slow strike धीरे काम की हड़ताल; ~-slow-tactics धीरे चलो युक्तियाँ, कार्यमंदन युक्तियाँ

**goal** 1. ध्येय, लक्ष्य; ~ attainment ≈ प्राप्ति; 2. (फुटबाल) गोल

**goalless** लक्ष्यहीन; ~ evolution ≈ विकास

**goal-oriented** लक्ष्य प्रवण

**god-daughter** धर्मपुत्री

**god-father** धर्मपिता

**godliness** ईश्वरपरायणता

**god-mother** धर्ममाता

**godown** गोदाम, कोठार, भण्डार

**godson** धर्मपुत्र

**going** चालू; ~ concern ≈ कारबार; ~ price ≈ क़ीमत; ~ wage ≈ मज़दूरी

**gold** स्वर्ण, सोना; ~ bloc ≈ गुट; ~ bond स्वर्ण बन्ध (पत्र); ~ bullion standard ≈ बुलियन मान; ~ coin ≈ सिक्का; ~ control ≈ नियन्त्रण; ~ currency system ≈ मुद्रा पद्धति; ~ exchange ≈ विनिमय; ~ reserve ≈ रिज़र्व, ≈ आरक्षण; ~ standard स्वर्णमान

**golden jubilee** स्वर्ण जयन्ती

**goldplate** सोना मढ़ना

**goldplated** स्वर्ण-पत्रित, सोना मढ़ा हुआ

**goldsmith** स्वर्णकार, सुनार

**golpe** बलात् राज-परिवर्तन

**good** 1. अच्छा, सु, सत्; ~ behaviour सदाचार; ~ breeding सत्पालन-पोषण; ~ cause ≈ हेतुक; ~ character ≈ शील; ~ conduct सदाचरण; ~ credit अच्छी साख; ~ faith नेकनियती, सद्‌भाव; ~ government सुशासन; ~ offices सत्प्रयत्न, मध्यस्थता; ~ order सुव्यवस्था, अच्छी स्थिति; ~ reputation अच्छी ख्याति; ~ sense सद्‌बुद्धि; ~ service उचित तामील; ~ signature मान्य हस्ताक्षर; ~ will सदिच्छा, साख; ~ will mission सद्‌भावना मिशन; 2. पर्याप्त समुचित; ~ consideration ≈ प्रतिफल, ~ reason ≈ कारण; ~ service ≈ सेवा/ तामील; ~ title ≈ हक़; 3. ~ conscience शुद्ध अन्तःकरण; ~ debt खरा ऋण; ~ law मान्य विधि; ~ time ठीक समय; to make ~ पूरा करना

**goods** 1. माल; ~ abstract ≈ का सार विवरण; ~ account ≈ लेखा/ खाता; ~ clerk ≈ बाबू; ~ identified परिलक्षित ≈; ~ on consignment परेषणमाल; ordered ~ आदिष्ट ≈; rejected ~ अस्वीकृत ≈; ~ return ≈ विवरणी; ~ tariff ≈ भाड़ा दर सूची; ~ in transit मार्गस्थ/ रवानगी में ≈; ~ on approval अनुमोदनार्थ ≈; 2. वस्तु, पदार्थ

**gorge** तंग घाटी

**go-slow strike** मंदकार्य हड़ताल

**gospel** शुभ संदेश; सुसमाचार; ~ of

insurance बीमा ≈

**gossip** गपशप; ~-monger गप्पी

**gouge** अधिक मुनाफ़ाखोरी

**gout** सन्धिवात, गठिया

**govern** 1. शासन करना; 2. नियंत्रित करना, वश में लाना; 3. प्रभावी होना; 4. नियमन करना; 5. निर्धारित करना

**governance** अभिशासन

**governed** 1. शासित; 2. नियंत्रित; ~ economy अधिचालित अर्थव्यवस्था; 3. निर्धारित

**governing** शासी; ~ body ≈ निकाय

**government** I. *n.* शासन, सरकार. II. *a.* 1. राजकीय, सरकारी; ~ accounts ≈ लेखे; ~ advocate ≈ वकील; ~ affairs ≈ मामले (राजकाज); ~ aid ≈ सहायता; ~ annuity ≈ वार्षिकी; ~ counsel ≈ वकील; ~ dues ≈ पावना; ~ finances ≈ वित्त; ~ funds ≈ निधियाँ, ≈ धन; ~ gazette ≈ राजपत्र; ~ notification ≈ अधिसूचना; ~ office ≈ कार्यालय; ~ order ≈ आदेश; ~ promisory note ≈ वचनपत्र; ~ regulation ≈ विनिमय; ~ revenue ≈ राजस्व; ~ school ≈ स्कूल/ विद्यालय; ~ security ≈ प्रतिभूति; ~ servant ≈ नौकर; ~ surplus ≈ अतिरिक्त; ~ treasury ≈ ख़ज़ाना; 2. शासकीय; ~ bill ≈ विधेयक; ~ order ≈ आदेश; ~ publication ≈ प्रकाशन

**governmental** सरकारी, राजकीय, शासकीय; ~ machinery शासन-तंत्र

**governor** 1. राज्यपाल; ~ general महा-≈; 2. शासक; ~ of Reserve Bank रिज़र्व बैंक का ≈

**gown** गाउन, चोगा

**G.P.F.** सामान्य भविष्य निधि

**grace** 1. प्रसाद, कृपा, अनुग्रह; 2. शोभा; 3. रियायत; ~ marks रियायती अंक; days of ~ रियायती दिन

**gracious** कृपालु, अनुग्रहशील

**gradate** श्रेणीबद्ध करना, अनुक्रमित करना

**gradation** श्रेणीकरण, क्रमनिर्धारण; क्रम

**grade** I. *n.* 1. श्रेणी; ~ two द्वितीय ≈; 2. पदक्रम; inferior/ junior ~ अवर ≈; ~ placement पदक्रम/ श्रेणी स्थानन; senior ~ वरिष्ठ ≈. II. *v.t.* श्रेणीबद्ध/ क्रमबद्ध करना

**graded** 1. श्रेणीकृत; ~ pay scale ≈ वेतनमान; ~ premium श्रेणीशः प्रीमियम; ~ life-insurance ≈ जीवन बीमा; ~ tax ≈ कर; 2. क्रमिक; ~ study ≈ अध्ययन

**gradient** 1. प्रवणता, ढाल; 2. उतार-चढ़ाव

**grading** 1. श्रेणीकरण, क्रमस्थापन, दर्जाबंदी; ~ of goods माल का ≈; 2. पदक्रम; ~ list ≈ सूची

**gradual** उत्तरोत्तर, क्रमिक

**gradually** क्रमशः, धीरे-धीरे

**graduate** स्नातक, ग्रैजुएट; post-~ स्नातकोत्तर; registered ~ पंजीकृत ≈

**graduated** 1. अंशांकित; ~ glass ≈ गिलास; 2. क्रमवर्धी; ~ tax ≈ कर; ~ wage ≈ मज़दूरी; ~ life table समानीत जीवन सारणी

**graduation** 1. स्नातकता; 2. अंशांकन; 3. क्रमस्थापना

**graft** I. *n.* 1. घूस, रिश्वत, उत्कोच; 2. क़लम. II. *v.t.* क़लम लगाना

**grafting** 1. संशोधन; 2. घूसख़ोरी, रिश्वतख़ोरी; 3. रोपना

**grain** 1. कण, दाना; 2. अनाज; ~ market ≈ मंडी

**grammatical** व्याकरणिक; ~ accuracy ≈ शुद्धता; ~ order ≈ क्रम; ~ variation ≈ भेद

**granary** धान्यागार, अन्नभण्डार, कोठार

**grand** 1. भव्य; 2. महान्; 3. ~ children नाती-पोते; ~ daughter दोहती, पोती/ पौत्री; ~ father पितामह/ दादा, मातामह/ नाना; ~ mother दादी/ पितामही, नानी/ मातामही; ~ parents दादा-दादी, नाना-नानी; ~ design महान् योजना, महान् अभिकल्प; ~ prize बड़ा इनाम; ~ total कुल योग/ जोड़

**grandeur** भव्यता, श्रेष्ठता

**grant** I. *n.* अनुदान; ~ giving agency ≈ प्रदायी अभिकरण; ~-in-aid सहायता ≈; ~ of lease पट्टा ≈; extra ~ अतिरिक्त ≈; fixed ~ नियत ≈; interim ~ अन्तरिम ≈; non-recurring ~ अनावर्ती ≈; ~ on account पूर्वानुदान, अग्रिम ≈; maintenance ~ अनुरक्षण/ रख-रखाव ≈. II. *v.t.* 1. देना; ~ exemption छूट ≈; ~ injunction व्यादेश ≈; ~ pardon माफ़ी ≈; ~ relief राहत ≈; ~ permission अनुज्ञा देना; 2. स्वीकृत/ मंज़ूर करना; ~ bail ज़मानत ≈; ~ leave छुट्टी ≈; ~ safe conduct सुरक्षित यात्रा का अश्वासन देना

**granted** 1. अनुदत्त, दिया गया; 2. स्वीकृत, मंज़ूर; discharge ~ उन्मोचन ≈

**grantee** अनुदान-ग्राही, अनुदान-भोगी

**granter, grantor** अनुदाता

**granting** देनेवाला; ~ an injunction व्यादेश देना

**granular, granulated** कणात्मक, रवेदार, दानेदार

**graph** ग्राफ़, रेखाचित्र

**graphic** 1. रेखाचित्रीय; 2. विशद; ~ description ≈ वर्णन

**grapple** 1. हाथापाई करना; 2. जकड़ना

**grasp** I. *n.* पकड़, अधिकार. II. *v.t.* पकड़ना, समझना

**grass** घास; ~-cutter घसियारा; ~ land घास-भूमि

**grass-root** आधार; ~ plan आधारभूत/ क्षेत्रस्तरीय योजना; ~ leadership आधारिक नेतृत्व; ~ level ≈ स्तर; ~ plan ≈ योजना, क्षेत्रस्तरीय योजना

**grateful** कृतज्ञ

**gratification** परितोषण; illegal ~ अवैध ≈; pecuniary ~ धनीय ≈ (रिश्वत); ~ of unnatural lust कामतृष्णा की अप्राकृतिक तृप्ति

**gratify** परितुष्ट करना, मन रखना

**grating** जंगला, झँझरी, जाली

**gratis** निःशुल्क, मुफ़्त, सेंत-मेंत

**gratuitous** 1. निष्प्रतिफल; ~ bailment ≈ उपनिधान; ~ transferee ≈ अन्तरिती; 2. अहेतु; 3. मुफ़्त, निःशुल्क; ~ coinage ≈ सिक्का-ढलाई; ~ goods ≈ माल; ~ instruction ≈ शिक्षण; ~ relief ≈ राहत

**gratuitously** बिना प्रतिफल के; मुफ़्त

**gratuity** उपदान, अनुग्रह-धन

**gravamen** महत्त्वशाली हेतु, मुख्य आरोप

**grave** I. *n.* क़ब्र, शवाधि, समाधि. II. *a.* गम्भीर, संगीन, भारी; ~ disorder ≈ अव्यवस्था; ~ emergency ≈ आपात-स्थिति; ~ offence ≈ अपराध; ~ provocation ≈ उत्तेजन

**graveyard** क़ब्रिस्तान; ~ shift मारक पारी, उत्तर रात्रिपारी

**gravel** बजरी

**graven** उत्कीर्ण; ~ image ≈ मूर्ति

**gravitate** अभ्याकृष्ट होना, खिंच जाना

**gravitation** अभ्याकर्षण, खिंचाव, गुरुत्व

**gravity** 1. अभ्याकर्षण; 2. गम्भीरता; ~ of situation स्थिति की ≈; 3. गुरुत्व

**grazier** चरवाहा

**grazing** चराई; ~ ground पशुचर-भूमि; ~ licence चराई का लाइसेंस

**greasy** स्निग्ध, चिकना

**great** 1. महान्, बड़ा, बहुत, अधिक, भारी; ~ depression महा/ व्यापक मन्दी; ~ man महापुरुष; ~ powers बड़े राष्ट्र, महान शक्तियाँ; ~ seal राज मुद्रा, ग्रेट सील; 2. ~ grand aunt दादा-दादी या नाना-नानी की बहन; ~ grand child परपोता-परपोती, परनाती-परनातिन; ~ grand daughter प्रपौत्री; ~ grand father परदादा/ प्रपितामह, परनाना/ प्रमातामह; ~ grand mother प्रपितामही/ परदादी, परनानी/ प्रमातामही; ~ grand nephew भाई अथवा बहन का पोता; ~ grand niece भाई अथवा बहन की पोती; ~ grandson प्रपौत्र; ~ grand uncle दादा-दादी या नाना-नानी का भाई

**greater** और अधिक; ~ regularity ≈ नियमितता

**greatest** सबसे बड़ा; ~ advantage ≈ सुलाभ; ~ value महत्तम मूल्य

**green** हरा, हरित; ~ front हरित मोर्चा, कृषिमोर्चा; ~ hand अनाड़ी, नौसिखिया

**greeting** 1. अभिवादन; 2. शुभ कामना; ~ telegram बधाई तार

**gregarious** यूथचारी, यूथी; ~ instinct ≈ मूलवृत्ति

**grenade** हथगोला

**grey** 1. धूसर; 2. कोरा

**grief** दु:ख, शोक

**grievance** परिवेदना, शिकायत; ~ redressal procedure ≈ निवारण पद्धति; redress of ~ ≈ दूर करना

**grievous** गम्भीर, दारुण, घोर; ~ disease ≈ रोग; ~ hurt ≈ चोट; ~ infirmity ≈ दुर्बलता

**grim** 1. निष्ठुर, कठोर; 2. कराल, भयंकर

**grinding** पीसना; ~ mill पेषणी, चक्की; ~ teeth दाँत पीसना

**grip** पकड़

**groove** खाँचा, नाली, खतिका

**gross** 1. कुल, सकल; ~ amount ≈ राशि; ~ assets ≈ परिसम्पत्ति; ~ earning ≈ कमाई; ~ expenditure ≈ व्यय/ ख़र्च; ~ income ≈ आय; ~ loss ≈ हानि; ~ margin ≈ पड़ता; ~ premium ≈ प्रीमियम; ~ proceeds ≈ प्राप्तियाँ; ~ produce ≈ पैदावार; ~ profit ≈ लाभ; ~ rent ≈ किराया; ~ revenue ≈ राजस्व; ~ sales ≈ बिक्री; ~ sum ≈ राशि; ~ tonnage ≈ टनभार; ~ total ≈ योग; ~ value ≈ मूल्य; ~ yield ≈ उपज; 2. घोर, भारी; ~ abuse ≈ दुरुपयोग; ~ dereliction of duty ≈ कर्तव्यविमुखता; ~ error ≈ त्रुटि/ भूल; ~ interference ≈ हस्तक्षेप; ~ misconduct ≈ दुराचरण; ~ moral turpitude ≈ नैतिक पतन; ~ neglect ≈ उपेक्षा; ~ negligence ≈ प्रमाद; 3. स्थूल

**ground** 1. भू, भूमि; ~ engineer ≈ अभियन्ता; ~ lease ≈ पट्टा; ~ level ≈ तल; ~ tax ≈ कर; ~-nut मूँगफली; ~ rent ≈ का किराया; ~ floor सब से निचला तल; ~ to air missile स्थल से वायु प्रक्षेपास्त्र; ~ to ~ missile स्थल से स्थल प्रक्षेपास्त्र; ~ track lock पटरी ताला, भूमि रेलपथ ताला; ~ traffic controller ≈ यातायात नियंत्रक; 2. आधार; ~ of appeal अपील का ≈; ~ of claim दावे का ≈; ~ of objection आपत्ति/ आक्षेप का ≈; ~ of refusal इन्कारी का ≈; 3. gain ~ आगे बढ़ना; hold ~ डटे रहना; lose ~ पीछे हटना

**groundless** निराधार; ~ threats ≈ धमकियाँ

**group** समूह, ग्रुप, दल; ~ accounts समूहित लेखे, सामूहिक लेखे; ~ action ≈ क्रिया; ~ activity ≈ कार्यकलाप; ~ characteristics ≈ लक्षण; ~ cohesiveness ≈ संसक्ति; ~ conflict ≈ द्वन्द्व; ~ differences ≈ भेद; ~

discount ≈ बट्टा, ≈ छूट; ~ feeling ≈ भावना; ~ insurance ≈ बीमा; ~ interest वर्गहित, ≈ अभिरुचि; ~ housing सामूहिक आवास; ~ participation ≈ सहभागिता

**grouped** समूहित

**grouping** समूहन, ग्रुप/ दल बनाना, दलबन्दी; ~ error ≈ त्रुटि; ~ of risks जोखिम ≈

**groupism** गुटबन्दी, दलबन्दी

**grove** वाटिका, बगिया; ~-land ≈ की भूमि

**grow** उगना, उगाना; बढ़ना, बढ़ाना

**grower** उगानेवाला; ~s' market फल-सब्ज़ी की मंडी

**growing** 1. उगता हुआ; ~ crop उगती फ़सल; 2. बढ़ता हुआ; ~ age बढ़ती हुई उम्र

**growth** 1. वृद्धि, बढ़ती; potential ~ संभाव्य संवृद्धि; 2. उपज

**grub** खोदना, खोजना, छान मारना

**grudge** I. *n.* वैमनस्य, दुर्भाव, मैल. II. *v.t.* 1. अनिच्छा से देना. 2. ईर्ष्या करना

**grudgingly** अनिच्छा से

**guarantee** I. *n.* प्रत्याभूति, गारण्टी; ~ bond ≈ बंधपत्र; ~ broker ≈ दलाल; ~ fund ≈ निधि. II. *v.t.* गारण्टी करना, ज़िम्मा लेना

**guaranteed** प्रत्याभूत, गारण्टीकृत; ~ base rate गारन्टित मूलदर; ~ bonus ≈ बोनस; ~ employment ≈ रोज़गार; ~ wage ≈ मज़दूरी

**guaranteeing** गारंटी देनेवाला; ~ association ≈ संघ; ~ state ≈ राज्य

**guarantor** प्रत्याभू, प्रत्याभूति-दाता, गारण्टीकर्ता

**guard** I. *n.* रक्षक, गारद, गार्ड; ~ circuit ≈ परिपथ; ~ of honour सम्मान गार्ड; ~ rail रक्षी छड़, रक्षी पटरी, रक्षक पटरी; ~ wagon रक्षी माल-डिब्बा, डमी माल डिब्बा; ~ wire रक्षीतार, रक्षक तार; 2. सावधानी. II. *v.t.* & *i.* पहरेदारी/ रखवाली करना; पहरे में रखना; चौकस रहना; बचना, बचाना

**guardian** संरक्षक, अभिभावक, सरपरस्त; ~ ad litem (for suit) वादार्थ ≈; de facto ~ तथ्यत: ≈; natural ~ नैसर्गिक ≈; testamentary ~ वसीयती ≈; ~ in marriage विवाहार्थ ≈

**guardianship** संरक्षता, अभिभावकता

**gubernatorial** राज्यपाल का

**guerilla** गुरिल्ला, छापामार; ~ warfare छापामार युद्ध

**guess estimate** मोटा अंदाज़

**guidance** पथप्रदर्शन, मार्गदर्शन; ~ checking clerk ≈ पड़ताल क्लर्क; ~ of package माल-ब्यौरा पत्र; ~ project निर्देशन प्रयोजना

**guide** I. *n.* 1. पथप्रदर्शक, मार्गदर्शक; ~ card निर्देशक कार्ड; 2. (book) मार्गदर्शिका. II. *v.t.* मार्गप्रदर्शन करना, रहनुमाई करना

**guided** मार्गदर्शित; ~ by principles सिद्धान्तों द्वारा ≈

**guidelines** मार्गदर्शन, मार्गदर्शन सिद्धान्त/ निर्देश

**guiding principles** निर्देशक सिद्धान्त

**guild** श्रेणी, गिल्ड

**guile** छलकपट; विश्वासघात

**guillotine** I. *n.* कटाई मशीन, गिलोटिन. II. *v.t.* गला काटना

**guilt** दोष, अपराध, जुर्म

**guiltless** निरपराध

**guilty** I. दोषी, अपराधी, मुजरिम; ~ knowledge दूषित ज्ञान; ~ of delay विलम्ब करने का ≈; ~ of fraud कपट करने का ≈; ~ of offence अपराध का दोषी; to plead ~ जुर्म का इक़बाल करना,

अपराध मान लेना; 2. दूषित; ~ intention ≈ आशय; ~ mind ≈ मन; ~ nature ≈ वृत्ति

**guise** 1. छद्मवेष; 2. बहाना

**gullet** गला

**gully** जलमार्ग; खड्ड; ~ trap कुंजी पाश

**gummed** गोंद लगा हुआ

**gum-shoe campaign** गुप्त अभियान

**gun** बन्दूक़; तोप; ~-carriage तोपगाड़ी; ~ fire गोलाबारी; ~ man सशस्त्र डाकू; ~-powder बारूद; ~ shot ≈ का परास

**gunner** तोपची, बन्दूक़ची

**gunnery** तोपख़ाना

**gunny** (bag) बोरी, बोरा

**Gunter's chain** जरीब

**gustation, gustatory sensation** स्वाद-संवेदन

**gutter** 1. गन्दी नाली; ~ flags ≈ के पत्थर; ~ journalism गन्दी पत्रकारिता; 2. गुटका

**gymnasium** व्यायामशाला

**gymnastic** कसरती; ~ game ≈ खेल

**gymnastics** व्यायाम, व्यायाम-विद्या

**gynaecologist** स्त्रीरोग विज्ञानी

**gynaecology** स्त्रीरोग विद्या

**gynarchy** स्त्री-तन्त्र, महिलातंत्र

**gypsy** जिप्सी, यायावर

# Hh

**habeas corpus** बन्दी-प्रत्यक्षीकरण; writ of ~ ≈ याचिका

**haberdashery goods** बिसातख़ाना, बिसाती का माल

**habilitate** तैयार करना; बसाना

**habilitation** 1. तैयारी; 2. पुनर्वास

**habit** आदत, स्वभाव; अभ्यास; ~ of action क्रियामूलक ≈

**habitability** निवास्यता, वासयोग्यता

**habitable** निवास्य, वासयोग्य

**habitant** निवासी

**habitat** आवास

**habitation** वासस्थान, घर; ~ area वासक्षेत्र

**habitual** 1. आदी, अभ्यासी; ~ criminal ≈ अपराधी; ~ defaulter ≈ व्यतिक्रमी; ~ offender ≈ अपराधी; 2. आभ्यासिक; ~ indebtedness ≈ ऋणग्रस्तता; ~ response ≈ अनुक्रिया

**habitually** अभ्यासतः, आदतन; ~ drunk ≈ मदमत्त; ~ negligent ≈ बेपरवाह

**habituate** अभ्यस्त करना/होना, आदी होना, आदत डालना

**habituation** अभ्यसन, अभ्यस्तता, अभ्यस्तीभवन

**hackney** भाड़े की; ~ carriage ≈ गाड़ी

**hackneyed** बहुत साधारण; घिसा-पिटा

**haemal** रक्त-, रुधिर-सम्बन्धी

**haemorrhage** रक्तस्राव

**haereditas** दाय, वंशागत सम्पत्ति; ~ ab intestato इच्छापत्र-रहित ≈; ~ jacens निलम्बित ≈

**haeres** =heir दायाद; ~ ex asse एकमात्र ≈; ~ extraneous बाह्य ≈; ~ factus इच्छापत्र द्वारा बना ≈

**haggling** मोलभाव (करना); भाव-ताव

**hail, hailstone** करका, ओला

**hair** बाल; ~-breadth बाल-बाल; ~-do केशविन्यास; ~-dye वसमा; ~ less केशहीन, मुंडा; ~-raising रोमांचकारी; ~

splitting वितंडावाद, नुक्ताचीनी

**half** आधा, अर्ध; ~ average आधी औसत; ~-blood सौतेला; ~ breed वर्णसंकर, दोग़ला; ~ brother सौतेला भाई; ~ fare आधा किराया; ~-hearted निरुत्साह; ~-monthly अर्धमासिक; ~ pay ≈ वेतन; ~ sister सौतेली बहन; ~ stock अर्धमूल्य स्टाक; ~-time अर्धकालिक; ~-tone बिन्दुचित्र; ~-way बीचों बीच; ~-witted बुद्धू; ~-yearly अर्धवार्षिक

**hallage** हॉल कमरे का शुल्क

**hall-mark** प्रमाणांक, प्रामाणिकता का चिह्न

**hallow** पवित्र करना

**hallucinate** विभ्रांत करना, भ्रम में डालना

**hallucination** विभ्रांति, विभ्रम, माया

**halo** 1. प्रभामण्डल; 2. परिवेश; ~ cluster ≈ पुंज

**halt** I. *n.* विराम; पड़ाव. II. *v.t.* ठहरना

**halter** 1. गल-फाँसी; 2. (घोड़े की) अगाड़ी

**halting** विराम; ~ allowance ≈ भत्ता; ~ charge ≈ प्रभार/व्यय; ~ place ≈ स्थान

**halved** अर्धीकृत, अधकटा

**halving** अर्धन; ~ principle ≈ सिद्धान्त

**ham** 1. पुट्ठा; 2. सुअर का (सूखा) मांस; 3. नगर, बस्ती

**hamlet** पल्ली, खेड़ा

**hammer** हथौड़ा; bring to the ~ नीलाम करना; upto the ~ श्रेष्ठ

**hamper** बाधा/विघ्न डालना, अड़ंगा लगाना; ~ growth वृद्धि में ≈

**hand** I. *n.* 1. हाथ, हस्त-; ~ bill हथपत्र, परचा; ~-book पुस्तिका; ~- cuff हथकड़ी (लगाना); ~ drill दस्ती वेधनी; ~-grenade हथगोला; ~ labour हस्तशिल्प श्रमिक; ~-loom हथकरघा; ~ manufacture ≈ उद्योग; ~ money बयाना; ~ rails डंडहरे, रेलिंग; ~ saw दस्ती आरी; ~ signal हथ सिगनल; ~-writing हस्तलेख; ~ composed हाथ से कम्पोज़ किया हुआ; ~ made हाथ से बना हुआ; ~ spun हाथ से बुना हुआ; ~ written हस्त-लिखित, हाथ से लिखा हुआ; at ~ पास में; ~ in ~ हाथ में हाथ डाले, साथ-साथ; ~ to hand fighting हाथापाई; ~ to mouth निर्वाह मात्र ; to ask the ~ of विवाह का प्रस्ताव करना; to be ~ in glove गहरी दोस्ती होना; to gain upper ~ हावी होना; to have a ~ in हिस्सा बँटाना; to lay ~ on गिरफ़्तार करना; with a heavy ~ सख़्ती से; 2. हस्तलेख, लेख; under my ~ मेरे हस्ताक्षर से; 3. मज़दूर कामगार; 4. (घड़ी की) सुई. II. *v.t.* देना, सौंपना; ~ in/over सौंपना

**handicap** बाधा, असुविधा, कठिनाई

**handicapped** 1. असुविधाग्रस्त, सुविधाहीन; ~ dependant ≈ आश्रित; 2. विकलांग; ~ child ≈ बालक; ~ worker ≈ कर्मी

**handicraft** हस्तशिल्प, दस्तकारी

**handicraftsman** हस्तशिल्पी, दस्तकार

**handing over certificate** हस्तांतरण प्रमाण पत्र

**handiwork** हस्तकार्य

**handle** I. *n.* मूठ, दस्ता, हत्था. II. *v.t.* चलाना, निभाना, उठाना-धरना; नियन्त्रण करना, प्रबन्ध करना

**handling** उठाना धरना, सम्हलाई; ~ charges उठाने-रखने का ख़र्चा; ~ of mail डाक पर कार्यवाही करना

**handsel** बयाना, साई

**handsome** 1. सुन्दर; 2. यथेष्ट, अधिक

**handwriting** हस्तलेख; ~ expert ≈ विशेषज्ञ

**handy** 1. सुबाह्य; 2. छोटा-सा

**hang** 1. लटकाना; 2. फाँसी पर लटकाना; ~ by the neck गर्दन से लटका कर फाँसी देना

**hangman** जल्लाद, फाँसी देने वाला

**hanging** I. *n.* 1. लटकन, पर्दा; 2. फाँसी. II. *a.* लटकता

**haphazard** अव्यवस्थित, ऊल-जलूल

**happen** (घटित) होना; must ~ अवश्यंभावी

**happening** घटना; घटित होना

**happily** 1. सुखपूर्वक; 2. सुयोग से

**happiness** सुख, प्रसन्नता

**harangue** ज़ोरदार भाषण (देना)

**harass** तंग/परेशान करना

**harassing** कष्टदायक

**harassment** संताप, परेशानी

**harbour** I. *n.* बन्दरगाह, पत्तन. II. *v.t.* 1. संश्रय/शरण देना; ~ an offender अपराधी को ≈; 2. मन में रखना; ~ illwill दुर्भाव ≈

**harbourage** आश्रय-स्थल, शरण स्थल

**hard** 1. कठोर, कड़ा; ~ labour ≈ श्रम; ~ packing ≈ अस्तर; ~ punishment ≈ दण्ड; ~ word ≈ शब्द; 2. ~ and fast rules पक्के नियम; ~ cash रोकड़, नक़दी; ~ currency दुर्लभ मुद्रा; ~ goods टिकाऊ माल; ~ loan दुर्वह कर्ज़; ~ money दुर्लभ सिक्के, दुर्लभ मुद्रा; ~ work दुर्लभ/ कड़ा परिश्रम

**harden** कड़ा करना

**hardened** कड़ा किया हुआ; ~ case दुस्साध्य केस; ~ criminal पक्का अपराधी

**hardiness** 1. साहस; 2. हृष्टपुष्टता

**hardness** कठोरता, कड़ापन; ~ test ≈ परीक्षण

**hardship** कष्ट, कठिनाई

**hardware** लोहे का सामान

**hardy** साहसी, हृष्टपुष्ट

**harlot** वेश्या, रंडी

**harm** I. *n.* 1. अपहानि, हर्ज; 2. बुराई. II. *v.t.* हानि करना; ~ reputation बदनामी करना

**harmful** अपहानिकर; ~ to business कारोबार के लिए ≈

**harmless** अहानिकर

**harmonious** समरस, सामंजस्यपूर्ण; ~ adjustment ≈ समायोजन

**harmonization** समरूपण

**harmonize** समरूप करना, एकीभूत करना

**harmony** 1. समरूपता, ताल-मेल, सामंजस्य, अनुरूपता; ~ of interests हितों का सुमेल या सामंजस्य; 2. समस्वरता

**harness** I. *n.* (घोड़े का) साज़. II. *v.t.* 1. तैयार करना. 2. नियन्त्रित करना

**harrow** बखर (करना)

**harsh** परुष, कर्कश

**harvest** I. *n.* सस्य, फ़सल, कटनी. II. *v.t.* फ़सल काटना, कटाई करना

**hashish** चरस

**haste** शीघ्रता, जल्दी

**hasten** शीघ्रता/जल्दी करना

**hasty** आशु, जल्दबाज़ी का; ~ generalization ≈ सामान्यीकरण; ~ judgment ≈ निर्णय

**hat in the ring** उम्मीदवारी की घोषणा, अभ्यर्थना की घोषणा

**hatch** डेकद्वार, हैच

**hatchet** कुल्हाड़ी

**hatching** तृण-छादन, सरपत की छानी

**haul** I. *n.* 1. प्राप्ति, लाभ; 2. फँसाव; II. *v.t.* 1. खींचना; 2. ढोना, वहन करना, लाद ले जाना; 3. ठहराना; 4. उतारना

**haulage** 1. ढुलाई; 2. खिंचाई, कर्षण; ~ charges ≈ खर्च, ≈ प्रभार, वहन प्रभार; ~ road ≈ मार्ग

**hauling** खिंचाई

**have** I. *v.t.* 1. रखना; 2. पाना, लेना; 3. करना; 4. ~ a bearing upon संबद्ध

होना; ~ effect प्रभावी होना, लागू होना; ~ it out निपटाना; ~ recourse to का सहारा लेना; ~ regard to ध्यान रखना; ~ the force of law विधि के समान प्रभावी होना; ~ to do करना पड़ेगा. **II.** *n.* haves and haves-not धनी और निर्धन

**haven** आश्रय

**having** रखनेवाला; ~ the effect प्रभाव रखने वाला; ~ the force of law विधि का बल रखनेवाला

**havoc** विनाश, ध्वंस, तबाही

**hawk** फेरी लगाना, फेरी लगाकर बेचना; ~ articles फेरी लगाकर वस्तुएँ बेचना

**hazard** **I.** *n.* जोखिम, ख़तरा, परिसंकट. **II.** *v.t.* जोखिम/परिसंकट में डालना

**hazardous** परिसंकटमय, ख़तरनाक, जोखिम भरा; ~ act ख़तरे वाला काम; ~ employment ≈ रोज़गार; ~ operation ≈ संक्रिया; ~ to the community समाज के लिए ≈

**hazy** धूमिल; ~ recollection ≈ स्मरण

**head** **I.** *n.* **1.** सिर; **2.** शीर्ष, मद; ~ of account लेखा-शीर्ष; ~ of income आय-शीर्ष **3.** प्रमुख, अध्यक्ष; ~ of delegation शिष्टमंडल का ≈; ~ of department विभाग का ≈; ~ of family कर्ता; ~ of the government शासनाध्यक्ष; ~ of the house-hold गृहपति; ~ of the post चौकी अध्यक्ष; ~ of state राज्य का प्रधान; ~ of village गाँव का मुखिया. **II.** *a.* शीर्ष-; ~ band ≈ पट्टी; ~ dress ≈ परिधान; ~ gear ≈ सज्जा; ~ line ≈ पंक्ति; ~ note ≈ टिप्पण; ~ phone (ear cap) ≈ फ़ोन; **2.** मुख्य, प्रधान; ~ assistant ≈ सहायक; ~ clerk ≈ लिपिक; ~ constable ≈ आरक्षी; ~ estimator ≈ आगणक; ~ linesman ≈ लाइनमैन; ~ master ≈ अध्यापक; ~ mistress ≈ अध्यापिका; ~ office ≈ कार्यालय; ~ post-office ≈ डाक घर; ~ quarters मुख्यालय; ~ sorter ≈ छँटाईकार, ≈ सार्टर; ~ storekeeper ≈ भंडारी; ~ supervisor ≈ पर्यवेक्षक; ~ time-keeper ≈ समयपाल; ~ translator ≈ अनुवादक; ~ lamp सामने की बत्ती; ~ light अगली बड़ी बत्ती; ~ on collision आमने सामने की टक्कर; per ~ land प्रति व्यक्ति भूमि; per ~ tax प्रति व्यक्ति कर

**headache** सिर दर्द, शिरःपीड़ा

**heading** शीर्षक

**headman** मुखिया, ग्रामणी

**headstrong** हठी, ज़िद्दी

**headway** प्रगति; to make ~ ≈ करना

**headwear** शीर्ष परिधान

**health** स्वास्थ्य; ~ certificate ≈ प्रमाणपत्र; ~ department ≈ विभाग; ~ guidance ≈ परामर्श; ~ insurance ≈ बीमा; ~ officer ≈ अधिकारी; ~ resort आरोग्य धाम

**healthy** **1.** स्वस्थ, निरोग; ~ influence ≈ प्रभाव; ~ recreation ≈ मनोरंजन; **2.** स्वास्थ्यप्रद, आरोग्यकारी; ~ climate ≈ जलवायु

**heard** श्रुत, सुना गया; ~ event श्रुत घटना; to be ~ in person स्वंय सुना जाए

**hearing** **1.** सुनवाई, समाअत, पेशी; ~ of evidence साक्ष्य की ≈; ~ of case मुक़दमे की ≈; ~ of suit वाद की ≈; **2.** श्रवणगोचरता; ~ distance श्रवणगोचर दूरी; **3.** ~ aid ≈ साधन

**hearsay** अनुश्रुति, किंवदंति; ~ evidence सुनी-सुनाई गवाही; ~ matters अनुश्रुत बातें

**heart** दिल, हृदय; ~-breaking हृदय विदारक; ~ burning ईर्ष्या, अन्तर्दाह; ~ disease हृद्रोग; ~ failure हृदयगति बन्द होना; ~-sick विषण्ण, उदास

**hearten** ढाढ़स बँधाना, बढ़ावा देना
**hearty** 1. हार्दिक; 2. स्वस्थ
**hearth** 1. चूल्हा; 2. घर-परिवार
**heat** ताप, गर्मी; ~-proof तापसह; ~ stroke तापाघात; ~ of passion भावावेश
**heated** तप्त
**heath** बंजर/ अजोत भूमि
**heavenly** 1. खगोलीय, आकाशीय; ~ body ≈ पिण्ड; 2. स्वर्गीय
**heavy** भारी; ~ artillery ≈ तोपखाना; ~ equipment ≈ उपस्कर; ~ industry ≈ उद्योग; ~ punishment ≈ दण्ड; ~ traffic ≈ यातायात; ~ market पटान बाज़ार
**heckle** प्रश्नों की झड़ी लगाना
**hectare** हेक्टेयर
**hedonia** उत्साहातिरेक
**heed** परवाह; to pay ~ ध्यान देना
**heedlessness** असावधानी, लापरवाही
**hegemonial** प्रधान; ~ powers ≈ शक्तियाँ
**hegemony** प्राधान्य
**heimatrecht** मातृभूमि अधिकार
**heinous** जघन्य, घृणित; ~ crime ≈ अपराध; ~ offender ≈ अपराधी
**heir** उत्तराधिकारी, वारिस, दायाद; ~ apparent प्रत्यक्ष/मान्य ≈; ~ at-law वैध ≈; ~ designate मनोनीत ≈, नामोदिष्ट उत्तराधिकारी; ~ presumptive प्रकल्पित/ संभावित ≈
**heiress** उत्तराधिकारिणी
**heirless** दायादहीन, लावारिस
**heirloom** कुलागत सम्पत्ति, दायस्व
**heirship** दायादता, उत्तराधिकारिता
**held** धारित, धृत, रखा हुआ; ~ in abeyance रोक रखा गया; ~ in trust न्यास के रूप में धृत/रखा गया; ~ over रोका हुआ
**heliport** हेलीकाप्टर-पत्तन
**helmsman** कर्णधार
**helper** सहायक, मददगार
**helpless** निस्सहाय, असहाय, बेचारा
**helter-skelter** I. *n.* हड़बड़ी. II. *a.* अस्तव्यस्त
**hematophobia** रुधिरभीति
**hemisphere** गोलार्ध
**hemispheric(al)** अर्धगोल; ~ security गोलार्ध सुरक्षा
**hemorrhage** नस फटना, रक्त स्राव
**hemp** भाँग
**hence** 1. अतः, अतएव, इसलिए; 2. इस स्थान/ समय से
**henceforth** अब से, आगे से
**henceforward** आगे से, इसके बाद
**henchman** पिछलगा, अनुचर
**henpecked husband** जोरू का गुलाम
**herald** I. *n.* अग्रदूत. II. *v.t.* उद्घोषणा करना
**herbage** हरियाली, घासपात
**herd** 1. यूथ, गल्ला; 2. भीड़, झुण्ड
**here** यहाँ; ~ and there यत्रतत्र, जहाँ-तहाँ; ~ about यहीं-कहीं; ~ after एतत् पश्चात्, इसके बाद; ~ at इस पर; ~ by एतद्द्वारा, इसके ज़रिए; ~ from यहाँ से; ~ in इसमें, यहाँ; ~ in above ऊपर; ~-in-after इसमें इसके पश्चात्; ~ in-after following इसमें इसके पश्चात् आने वाला; ~ in-after provided इसमें इसके पश्चात् उपबन्धित; ~ in before अत्रपूर्व, इसमें पहले; ~ in contained इसमें अन्तर्विष्ट; ~ in provided इसमें उपबन्धित; ~ to इससे; ~ to annexed इससे उपबद्ध/ लगा हुआ; ~ to fore इससे पूर्व; ~ under इसके अधीन; ~ upon इस पर इसके बाद; ~with इसके साथ
**hereditable** दाययोग्य, उत्तराधिकारयोग्य

**hereditament** दायाप्ति, आनुवंशिक सम्पत्ति

**hereditary** आनुवंशिक, पैतृक, मौरूसी, पुश्तैनी; ~ allowance ≈ भत्ता; ~ charisma ≈ करिश्मा; ~ cultivator ≈ कृषक/किसान; ~ government ≈ सरकार; ~ interest ≈ हित; ~ kingship ≈ राजपद; ~ office ≈ पद; ~ profession ≈ व्यवसाय; ~ right ≈ अधिकार

**hereditas** दाय

**heredity** आनुवंशिकता, कुल-परम्परा

**heresy** अपधर्मिता, विधर्म

**heretic** अपधर्मी, विधर्मी, काफ़िर

**heritable** दाय-योग्य; ~ interest दायहित; ~ right दायाधिकार; ~ security ≈ प्रतिभूति

**heritage** दाय, पैतृकी, विरासत, बपौती; dominant ~ अधिष्ठायी ≈; servient ~ अनुसेवी ≈; void ~ प्रभावहीन ≈

**Her Majesty** महामहिम साम्राज्ञी

**hero** 1. वीर; ~ cult ≈ पूजा मत; ~ worship ≈ पूजा; 2. नायक

**heroine** नायिका

**hesitate** संकोच/ आगा-पीछा करना, हिचकिचाना

**hesitation** संकोच, हिचकिचाहट

**hessian** बोरा

**heterodex** अपधर्मी; धर्मविरोधी; ~ doctrine धर्म विरुद्ध सिद्धान्त, अपधर्मी सिद्धान्त

**heterogamy** विषमविवाह

**heterogeneity** विजातीयता

**heterogeneous** 1. विजातीय, भिन्नगोत्रीय; ~ people ≈ लोग; ~ society ≈ समाज; 2. पँचमेल; ~ manufacture ≈ विनिर्माण

**heterosexual relationship** विषमलिंगी सम्बन्ध

**heterosexuality** विषमलिंगरति

**heuristic method** अन्वेषण प्रणाली

**hexagonal** छहकोनी, षट्कोण

**hibernation** शीत निष्क्रियता

**hidden** प्रच्छन्न, गुप्त, छिपा हुआ; ~ hand अदृश्य शक्ति; ~ offer ≈ प्रस्ताव; ~ property ≈ संपत्ति; ~ tax ≈ कर; ~ treasure ≈ कोष; ~ subsidy ≈ आर्थिक सहायता

**hide** I. *n.* 1. खाल, पशुचर्म; ~-flaying चमड़ा उतराई; 2. जोत. II. *v.t.* छिपाना

**hierarchical** सौपानिक; ~ layering पद-≈ संकेतन; ~ structure ≈ संरचना

**hierarchy** सोपान, अधिक्रम; administrative ~ प्रशासनिक ≈; social ~ सामाजिक ≈

**higgling** भाव-ताव/ मोलभाव करना

**high** 1. ऊँचा, उच्च; ~ birth rate ≈ जन्म दर, ऊँची जन्म दर; ~ born उच्चवंशीय, कुलीन; ~ command ≈ कमान; ~ commissioner उच्चायुक्त; ~ court उच्च न्यायालय; ~ death rate ≈ मृत्यु दर; ~ flood level ≈ बाढ़ स्तर; ~ income group ≈ आय वर्ग; ~ office ≈ पद; ~ priority ≈ प्राथमिकता; ~ standard ≈ स्तर; ~-power committee उच्चाधिकार समिति; ~ rated ≈ दरीय; ~ velocity ≈ वेग; ~ water mark ≈ जल स्तरांक; 2. ~ crime महापराध; ~handedness अनाचार; ~lights विशेषताएँ; ~ sea खुला समुद्र; ~ street राजमार्ग; ~ treason घोर राजद्रोह; ~way राजपथ; ~wayman बटमार; ~way robbery बटमारी

**higher** उच्चतर; ~ authority ≈ प्राधिकारी; ~ education ≈ शिक्षा; ~ excess charge ≈ अतिरिक्त प्रभार

**highest** सर्वोच्च, उच्चतम, सबसे ऊँचा; ~

bid ≈ बोली; ~ character ≈ चरित्र; ~ court ≈ न्यायालय; ~ level ≈ स्तर; ~ discussion ≈ विचार विमर्श; ~ rank ≈ पंक्ति/पद

**highly** अत्यन्त, अत्यधिक; ~ objectionable ≈ आपत्तिजनक; ~ paid ≈ वेतनप्राप्त; ~ probable अधिसंभाव्य; ~ skilled अतिकुशल; ~ technical ≈ तकनीकी

**hijacking** बलान्नयन

**hiking** पैदल सैर

**hill** पहाड़ी; ~ allowance पहाड़ भत्ता; ~ station पहाड़ी स्थान; ~ ridges ≈ श्रेणियाँ

**hillock** टीला

**hinder** प्रतिबाधित करना, अड़चन डालना

**hindrance** प्रतिबाधा, अड़चन, रोक-टोक

**hinge** I. *n.* चूल, क़ब्ज़ा. II. *v.i* किसी पर निर्भर रहना

**hint** संकेत, इशारा

**hinted** संकेतित

**hinterland** पृष्ठ प्रदेश, पश्च भूमि

**hire** I. *n.* भाड़ा, किराया; ~-purchase अवक्रय; ~ purchase ledger किराया ख़रीदखाता; ~ purchaser अवक्रेता; to let on ~ किराये पर देना. II. *v.t.* भाड़े/किराये पर लेना

**hired** भाड़े का; ~ labourer ≈ मज़दूर

**hireling** भाड़े का टट्टू

**hirer** भाड़ेदार, अवक्रेता

**hiring** काम पर रखना, नियोजन; ~ age नियुक्ति आयु, नियोजन आयु; ~ agreement भाड़ा-सम्बन्धी क़रार

**His Exalted Highness** परम महामान्य

**His Excellency** परमश्रेष्ठ, महामहिम

**His Grace** कृपामूर्ति

**His Highness** महामान्य

**His Holiness** परम पावन

**His Honour** माननीय

**His Lordship** माननीय न्यायमूर्ति महोदय

**His Majesty** महामहिम सम्राट्

**historian** इतिहासविज्ञ, इतिहासकार

**historic** ऐतिहासिक; ~ era ≈ युग; ~ entity ≈ सत्ता

**historical** ऐतिहासिक; ~ development ≈ विकास; ~ explanation ≈ व्याख्या; ~ tense ≈ काल

**historicity** ऐतिहासिकता

**history** इतिहास, इतिवृत्ति; ~ of service सेवावृत्त; ~ sheet इतिवृत्ति-पत्रक; ~ sheeter पूर्वापराधी

**historionic** नाट्य; ~ art ≈ कला

**hit and run** मार दौड़

**hoard** I. *n.* अपसंचय. II. *v.t.* अपसंचय/जमा करना

**hoarded** अपसंचित, जमा; ~ wealth ≈ धन

**hoarding** 1. अपसंचय, संग्रह; 2. जमाख़ोरी; 3. विज्ञापन पटल

**hoax** प्रवंचना, झाँसा; to play a ~ धोखे में रखना

**hock end** पिछला सिरा

**hoeing** कुदाल से खुदाई

**hogged rail** अवतमित पटरी

**hoist** 1. (ऊपर) उठाना; ~ a flag झण्डा फहराना; 2. उत्तोलक

**hoisting machine** उत्तोलन मशीन

**hold** I. *n.* पकड़, अधिकार. II. *v.t.* धारण करना, रखना, थामना; ~ a brief वक़ालत करना; ~ correspondence पत्राचार करना; ~ a meeting बैठक/सभा करना; ~ election निर्वाचन करना; ~ office पद धारण करना; ~ property संपत्ति धारण करना; ~ seat स्थान धारण करना; ~ a trial विचारण करना; ~ good उचित ठहराना; ~ in abeyance आस्थगित करना; ~ in trust न्यासतः

धारण करना; ~-off निवारण; ~ out व्यपदेशन करना, प्रकट करना, देना; ~ over रोक रखना; ~ to bail ज़मानत लेना; ~ up रोकना

**holder** धारक, रखने वाला; ~ in due course हक़दार; ~ of a bill हुण्डीधारी; ~ of a decree डिक्रीधारक, डिक्रीदार; ~ of land भूमिधर

**holding** I. *n.* 1. धारण, धृति, नियन्त्रण; ~ over अतिधारण; ~ coil धारक कुंडली; 2. दख़ल, क़ब्ज़ा; 3. जोत. II. धारक, रखने वाला [see 'hold']; ~ company keâcheveer

**holiday** अवकाश-दिन, छुट्टी (का दिन); ~ home अवकाश गृह; ~ pay अवकाश वेतन; gazetted ~ राजपत्रित ≈; public ~ सार्वजनिक ≈; weekly ~ साप्ताहिक ≈

**hollow** खोखला, पोला; ~ out ≈ करना; ~ wall खोखली/पोली दीवार

**holograph** स्वलेख

**holographed** स्वलिखित; ~ document ≈ प्रलेख; ~ will ≈ इच्छापत्र

**holy** पवित्र; ~ alliance धर्म संधि, धर्मसम्बन्ध; ~ order संन्यास; ~ war धर्मयुद्ध, जिहाद; ~ writ धर्मग्रन्थ, इंजील

**homage** श्रद्धांजलि, अभिवादन

**home** 1. घर, गृह; ~ craft ≈ शिल्प; ~ delivery service ≈ सुपुर्दगी सेवा, ≈ पहुँचाई सेवा; ~ department ≈ विभाग; ~ government ≈ शासन; ~ industry ≈ उद्योग; ~ minister ≈ मन्त्री; ~ ministry मन्त्रालय; ~ science ≈ विज्ञान; ~ secretary ≈ सचिव; ~ site ≈ स्थल; ~ visit ≈ वीक्षा; ~ work ≈ कार्य; aftercare ~ परिचर्यागृह; 2. स्वदेश; ~ authority स्वदेश सत्ता; ~ based industries देशी खपत-प्रधान उद्योग; ~ company ≈ कम्पनी; ~ goods ≈ माल, ≈ वस्तुएँ; ~ made ≈ निर्मित; ~ market ≈ बाज़ार; 3. ~ consumption स्वोपभोग, निजी खपत, आंतरिक उपभोग, आंतरिक खपत; ~ guard होमगार्ड, नगर सैनिक; ~ land स्वदेश; ~ line अपनी लाइन; ~ rule स्वशासन; ~ signal निकटवर्ती सिगनल; ~ state अपना देश, स्वदेश, अपना राज्य; ~ territory अपना भू-भाग; ~ trade आंतरिक व्यापार

**homeless** गृहहीन, बेघर

**homestead** वास-भूमि; ~ tax ≈ कर

**homeward** वापसी

**homicidal** मानवघातक, ख़ूनी; ~ mania मानवहत्योन्माद

**homicide** मानवहत्या, नरवध; culpable ~ आपराधिक ≈; ~ in self-defence आत्मरक्षार्थ ≈

**homogeneity** समजातीयता, सजातीयता

**homogeneous** सजातीय, समजातीय; ~ commodity ≈ पण्य

**homologous** समरूप, एकरूप

**hon'ble** = honourable माननीय

**honest** ईमानदार; ~ mistake ईमानदारी से हुई भूल; ~ use सद्‌भावपूर्ण उपयोग

**honey moon** मधुयामिनी, सुहागरात

**honorarium** मानदेय

**honorary** 1. अवैतनिक; in ~ capacity ≈ रूप से; ~ magistrate ≈ दण्डाधिकारी; ~ secretary ≈ सचिव; 2. सम्मानार्थ, मानद; ~ degree ≈ उपाधि

**honorific** I. *n.* आदरपद. II. *a.* आदरार्थक; ~ term ≈ पद

**honoris causa** सम्मानार्थ

**honour** I. *n.* आदर, मान; for ~ आदरार्थ; payment for ~ आदरार्थ संदाय. II. *v.t.* 1. आदर करना, मान देना; 2. सकारना; ~ a bill हुण्डी ≈; ~ a cheque चेक ≈

**honourable** 1. माननीय; ~ Justice ≈ न्यायमूर्ति; ~ member ≈ सदस्य; 2.

आदरपूर्ण, सम्मानपूर्ण; ~ settlement ≈ निपटारा

**honourably** सम्मानपूर्वक, सम्मानसहित; ~ acquitted ≈ बरी

**honoured** आदृत, सम्मानित

**honours** 1. सम्मान; 2. प्रावीण्य; ~ course प्रवीण पाठ्यक्रम

**hook wire** आँकड़ातार, संधि तार

**hooligan** गुंडा

**hooliganism** गुंडई, गुंडागर्दी

**hopeless** 1. निराश; 2. निराशाजनक

**horizon** क्षितिज

**horizontal** क्षैतिज; समस्तरीय; ~ bars ≈ डंडे; ~ competition ≈ प्रतियोगिता; ~ correlation ≈ सहसंबंध; ~ integration ≈ एकीकरण; ~ mobility ≈ गतिशीता; ~ promotion ≈ पदोन्नति; ~ strip ≈ पट्टी

**horoscope** जन्मकुंडली, जन्मपत्री, टेवा

**horrible** भयावह, डरावना

**horrifying** डरावना

**horripilation** रोमांच

**horror** संत्रास; ~ stricken ≈ संत्रस्त

**horse** घोड़ा, अश्व; ~ power अश्वशक्ति; ~ racing घुड़दौड़

**horticultural** उद्यान-; ~ development ≈ विकास; ~ supervisor ≈ पर्यवेक्षक

**horticulture** उद्यान-कृषि, बाग़बानी; ~ produce ≈ उपज

**horticulturist** उद्यान-कृषि विशेषज्ञ

**hosiery** होज़री, मोज़ा-बनियान

**hospitable** सत्कारशील; सत्कारयुक्त

**hospital** अस्पताल, चिकित्सालय; ~ benefits ≈ हितलाभ; ~ leave अस्पताली छुट्टी

**hospitality** अतिथि-सत्कार, आतिथ्य, मेहमानदारी; ~ grant ≈ अनुदान

**host** आतिथेय, मेज़बान

**hostage** ओल, बन्धक व्यक्ति

**hostel** छात्रावास; ~ superintendent ≈ अधीक्षक; ~ warden छात्रावासपाल, छात्रपाल

**hostess** सत्कारिणी; परिचारिका

**hostile** 1. शत्रुतापूर्ण; ~ act ≈ कार्य; ~ embargo ≈ अधिरोध; ~ land शत्रु प्रदेश; ~ propaganda ≈ प्रचार; 2. विरोधी, प्रतिकूल; ~ amendment ≈ संशोधन; ~ discrimination ≈ विभेद; ~ majority विरोधी मत; ~ possession ≈ क़ब्ज़ा; ~ witness ≈ साक्षी

**hostilities** संघर्ष, झगड़े

**hostility** शत्रुता, वैर, विरोधभाव; युद्ध स्थिति

**hot** गरम; ~ case ≈ पेटी; ~ discussion गरमागरम बहस; ~ pursuit सरगर्मी से पीछा करना

**hotch-potch** 1. खिचड़ी, घालमेल; 2. अविभक्त संपत्ति

**hour** 1. घण्टा; ~-rate ≈ दर; ~s of business कारबार के घण्टे; daily ~s दैनिक घंटे; weekly ~ साप्ताहिक घण्टे; so many ~s इतने घण्टे 2. [pl.] समय; ~s of polling मतदान का ≈; ~s of study अध्ययन का ≈; ~s of work काम का ≈

**hourly** घंटेवार; ~ earning ≈ उपार्जन; ~ worker घंटादर श्रमिक

**house** 1. मकान, घर, गृह; ~ accommodation गृह-वाससुविधा; ~ building ≈ निर्माण; ~ site ≈ स्थल; ~ tax ≈ कर; ~ trespass ≈ अतिचार; ~-keeper गृहपाल; ~-keeping गृहव्यवस्था, घरदारी; ~-breaker सेंधमार; ~ drain नाली; ~ gully सफ़ाई गली; ~-hold गृहस्थी; ~ holder गृहस्थ; ~ of correction सुधारगृह; ~ of ill fame चकला, वेश्यालय; ~ of refuge शरणालय; ~ patient ≈ अंतेवासी रोगी;

~ property ≈ संपत्ति; ~ surgeon अंतेवासी चिकित्सक; ~ search ख़ाना तलाशी; ~ trespass गृह-अतिचार; ~ wife गृहिणी; **2.** सदन; lower ~ अवर ≈; upper ~ उच्च ≈; ~ of people लोकसभा

**houseware** घरेलू बर्तन

**housing** **1.** गृहनिर्माण; ~ boom ≈ की धूम, ≈ में तेज़ी; ~ loan ≈ ऋण; ~ society ≈ समिति; ~ subsidy ≈ अर्थ-सहायता; **2.** आवास, आवासन; ~ facilities ≈ सुविधाएँ; ~ inspector ≈ निरीक्षक; ~ scheme ≈ योजना; ~ site ≈ स्थल

**however** तथापि, तो भी

**howler** हास्यास्पद भूल

**huckster** फेरीवाला

**hull** **I.** *n.* **1.** आवरण, खोल; **2.** छिलका. **II.** *v.t.* **1.** छीलना; **2.** भूसा निकालना

**human** मानवीय, मानव-; ~ being मानव; ~ activity मानवीय क्रियाकलाप; ~ conduct मानवीय आचरण; ~ consumption मानवीय उपभोग; ~ body मानव शरीर; ~ fraternity ≈मानव भ्रातृत्व; ~ liberty मानव स्वातन्त्र्य; ~ nature मानव स्वभाव, ≈ प्रकृति; ~ relations मानव संबंध; ~ resources मानव संसाधन; ~ rights मानव अधिकार; ~ soul मानव आत्मा; ~ welfare मानव कल्याण

**humanism** मानववाद, मानवतावाद

**humanist** मानवतावादी

**humanitarian** **1.** लोकोपकारी; ~ activities ≈ कार्यकलाप; **2.** मानवतावादी; ~ ground ≈ आधार

**humanitarianism** मानवतावाद, लोकोपकारवाद

**humanities** मानविकी

**humanity** मानवता, मानव जाति; law of ~ मानवीय विधि

**humanization of warfare** युद्ध का मानवीकरण

**humble** **I.** *a.* **1.** साधारण, निम्न; 2. नम्र, विनीत. **II.** *v.t.* नीचा दिखाना

**humbly** नम्रतापूर्वक

**humidification** आक्लेदन, सीला करना

**humid** आर्द्र

**humidity** सीलन, आर्द्रता, नमी

**humiliate** मान-मर्दन करना, नीचा दिखाना

**humiliating** अपमानजनक

**humiliation** मानभंग, अपमान

**humility** नम्रता, विनय

**humour** **1.** विनोद, हास्य; **2.** स्वभाव; **3.** कायरस

**hump shunting** ठोकर ढाल शंटिंग

**hunting** आखेट, शिकार; ~ facility मार्गण सुविधा, खोज सुविधा; ~ group शिकारी समूह; ~ people शिकारी, आखेटजीवी; ~ stage ≈ अवस्था

**hurricane** तूफ़ान, प्रभंजन

**hurt** आघात/ चोट (पहुँचाना); ~ feelings भावनाओं को ≈; grievous ~ गहरी चोट, घोर आघात

**husbandman** कृषक, किसान

**husbandry** कृषिकर्म, किसानी; animal ~ पशुपालन; implements of ~ खेती के उपकरण

**hush money** मौनार्थ उत्कोच, मुँहभराई

**husk** भूसी (निकालना)

**hutment** अस्थायी मकान

**hybrid** संकर; ~ bill ≈ विधेयक, मिश्रित विधेयक; ~ race ≈ प्रजाति

**hybridization** संकरण; ~ of seeds बीजों का ≈

**hydel** जलविद्युत्

**hydrant** नल

**hydraulic** जल-, जलचालित; ~ research ≈ अनुसन्धान

**hydrocele** अण्डकोषवृद्धि

**hydro-electric** जलविद्युत्-; ~ power ≈ शक्ति

**hydro-electricity** जलविद्युत, पनबिजली

**hydrographic survey** जलराशि-सर्वेक्षण

**hydro-mechanics** द्रव्यान्त्रिकी

**hydropower** जलशक्ति

**hydropathy** जलचिकित्सा

**hydrophobia** जलभीति, जलार्क

**hygiene** 1. स्वास्थ्य रक्षा; 2. स्वास्थ्यशास्त्र; 3. सफ़ाई

**hygienic** स्वास्थ्यकर; ~ condition स्वास्थ्यकारी अवस्था

**hymen** 1. योनि की झिल्ली; 2. विवाह; 3. विवाह-गीत

**hymn** स्तोत्र, मन्त्र

**hyper-** अति, अतिशय; ~ accountability ≈ उत्तरदायित्व; ~ criticism ≈ आलोचना; ~ employment ≈ रोज़गार; ~ genesis ≈ वृद्धि; ~ inflation ≈ स्फीति; ~ nationalism ≈ राष्ट्रवाद; ~ somnia ≈ निद्रालुता; ~ tension ≈ तनाव; ~ urbanism ≈ नागरता

**hypnotic** सम्मोहात्मक; ~ suggestion ≈ व्यंजना

**hypnotism** सम्मोहन (विद्या)

**hypocrisy** पाखंड, ढोंग

**hypocrite** पाखंडी, ढोंगी

**hypotheca** बन्धक, गिरवी

**hypothecate** (माल) बन्धक/गिरवी रखना

**hypothecation** बन्धक, गिरवी, रेहन (रखना); ~ of assets आस्तियों का आडमान

**hypothecation of goods** माल दृष्टिबंधक रखना, माल रेहन रखना

**hypothecator** बन्धक-कर्ता, गिरवी रखने वाला

**hypothecatory** बन्धकीय

**hypothesis** प्राक्कल्पना

**hypothetical** 1. प्राक्कल्पनात्मक; ~ proposition ≈ प्रस्थापना; ~ question काल्पनिक प्रश्न; 2. हेत्वाश्रित; ~ judgment ≈ निर्णय

**hysteria** हिस्टीरिया, उन्माद

**hysterical** उन्मत्त

# I i

**I am directed** मुझे निर्देश हुआ है; I am to add मुझे यह भी कहना है; I beg leave मैं अनुमति/आज्ञा चाहता हूँ; I beg to report मैं सविनय प्रतिवेदन करता हूँ; I have the honour to सादर

**ibid, ibidem** तदैव, वही, पूर्वोक्त

**ice** हिम, बर्फ़; ~-bound हिमबद्ध; ~-cold हिमशीत

**icon** प्रतिमा, मूर्ति

**iconism** प्रतिमापूजन, प्रतिमाकल्प

**iconoclast** प्रतिमाभंजक, मूर्तिभंजक

**iconolatry** प्रतिमापूजन, मूर्तिपूजा

**idea** विचार, खयाल; प्रत्यय

**ideal** आदर्श; ~ aristocracy ≈ अभिजाततंत्र; ~ foreign policy ≈ विदेश नीति; ~ inventory ≈ आलेखसूची; ~ output ≈ उत्पादन, ≈ निर्गत; ~ production ≈ उत्पादन; ~ state ≈ राज्य

**idealism** आदर्शवाद

**idealist** आदर्शवादी

**idem** वही, यथोक्त

**identical** समरूप, तद्रूप, एक-सा; ~ cost ≈ लागत; ~ interest ≈ हित; ~ scale of pay ≈ वेतन-मान, समान वेतनमान

**identically** समरूपतः, तादात्मतः; ~ false ≈ मिथ्या; ~ true ≈ सत्य

**identifiable** अभिज्ञेय

**identification** 1. पहचान, अभिज्ञान, शिनाख़्त; ~ card ≈ पत्रक/कार्ड; ~ data ≈ आधार-सामग्री; ~ marks ≈ चिह्न/निशान; ~ of credit gap ऋण अन्तराल की पहचान; ~ parade ≈ परेड; ~ test ≈ परीक्षण; **2.** तादात्म्य

**identified** अभिज्ञात, पहचाना हुआ; ~ goods ≈ माल

**identifier** अभिज्ञाता, पहचानने वाला

**identify** **1.** पहचानना, पहचान/ शिनाख़्त करना; ~ the person व्यक्ति को ≈; **2.** ~ oneself तादात्म्य स्थापित करना

**identity** **1.** अभिज्ञान, पहचान; ~ card ≈ पत्रक; ~ certificate ≈ प्रमाणपत्र; ~ slip ≈ पर्ची; ~ of handwriting हस्तलेख की पहचान/ शिनाख़्त; ~ of property संपत्ति की पहचान/ शिनाख़्त; **2.** अभेद; **3.** तादात्म्य, अनन्यता

**ideological** **1.** सैद्धान्तिक; ~ alliance ≈ सहसंबंध; **2.** विचारधारा का; ~ propaganda ≈ प्रचार

**ideology** **1.** विचारधारा; **2.** सिद्धांतवाद

**id est (i.e.)** वही, अर्थात्

**id idem** वही

**idiocy** जड़बुद्धिता, जड़ता

**idiom** मुहावरा, सिद्धप्रयोग

**idiomatic** मुहावरेदार, सिद्धप्रयुक्त

**idiosyncrasy** **1.** सनक; सनकीपन; **2.** (स्वभाव की) विलक्षणता

**idiot** जड़बुद्धि, जड़

**idle** **1.** आलसी [आदमी]; **2.** निष्क्रिय; ~ capacity ≈ क्षमता, अनुपयुक्त क्षमता; ~ deposit ≈ जमा; ~ money ≈ द्रव्य; ~ resources ≈ संसाधन, अनुपयुक्त संसाधन; ~ signal कार्यहीन संकेत; **3.** ~ time निष्कार्य समय, खाली वक़्त

**idol** देवमूर्ति

**idolater** मूर्तिपूजक

**idolatry** मूर्तिपूजा

**i.e.** अर्थात्

**if** यदि, अगर; ~ and whenever ≈ और जब कभी; ~ any ≈ कोई; ~ necessary ≈ आवश्यक हो; ~ possible ≈ सम्भव हो; ~ required ≈ अपेक्षित हो

**igneous** आग्नेय

**ignis factuus** मिथ्याभास

**ignite** ज्वलित करना, आग लगाना

**ignition** ज्वलन

**ignoble** नीच, कमीना

**ignominious** अशोभनीय, कलंकित, बदनाम

**ignominy** अपकीर्ति, बदनामी, कलंक

**ignoramus** मालूम नहीं

**ignorance** अनभिज्ञता; ~ is presumed ≈ मान ली जाती है; ~ of law is no excuse विधि की ≈ क्षम्य/बहाना नहीं है; plead ~ ≈ बताना

**ignorant** अनभिज्ञ, अनजान

**ignorantia** अनभिज्ञता; ~ facti excusat तथ्यों की ≈ क्षम्य है; ~ judicis न्यायाधीश की ≈; ~ juris non excusat विधि की ≈ क्षम्य नहीं है; ~ legis विधि की ≈

**ignore** अवहेलना/उपेक्षा करना

**ila** आत्मसंयम की प्रतिज्ञा

**ill-** दुर्, दुस्; ~-arranged दुर्व्यवस्थित; ~-bred दुर्वृत्त; ~-fated दुर्दैवग्रस्त, अभागा; ~- gotten अनुचित ढंग से कमाया हुआ; ~ health दुःस्वास्थ्य; ~-judged दुर्निर्णीत, निर्विवेक; ~-luck दुर्भाग्य; ~-managed दुर्व्यवस्थित; ~-mannered अशिष्ट; ~-natured

दुषकृति; ~-starred हतभाग्य; ~-treatment दुर्व्यवहार; ~-use दुष्प्रयोग, दुरुपयोग; ~-will दुर्भावना, वैमनस्य

**illegal** अवैध, ग़ैर-कानूनी; ~ action ≈ कार्य/कार्यवाही; ~ connection ≈ सम्बन्ध; ~ consideration ≈ प्रतिफल; ~ contract ≈ संविदा; ~ distraint ≈ कुर्की; ~ emigration ≈ उत्प्रवास; ~ gratification ≈ परितोषण (घूस); ~ means ≈ साधन; ~ obligation ≈ दायित्व; ~ obstruction ≈ बाधा; ~ omission ≈ अकृत; ~ payment ≈ संदाय/ भुगतान; ~ practice ≈ आचरण; ~ purpose ≈ प्रयोजन; ~ strike ≈ हड़ताल; ~ traffic ≈ व्यापार; ~ transfer ≈ अन्तरण

**illegality** अवैधता; ~ of the strike हड़ताल की ≈

**illegally** अवैध रूप से, अविधितः

**illegibility** अपाठ्यता

**illegible** अपाठ्य, दुर्वाच्य; ~ writing ≈ लेखन

**illegitimacy** अधर्मजता, जारजता

**illegitimate** 1. अधर्मज, जारज, दोग़ला; ~ blood relation ≈ रक्त-सम्बन्धी; ~ child ≈ बच्चा; 2. अविधिक; ~ war ≈ युद्ध

**illiberal** अनुदार

**illicit** अयुक्त, अवैध; ~ cohabitation ≈ संभोग; ~ connection ≈ सम्बन्ध; ~ intercourse ≈ संभोग; ~ trade ≈ व्यापार

**illicitum collegium** अवैध निगम

**illiteracy** निरक्षरता

**illiterate** निरक्षर, अनपढ़; ~ voter ≈ मतदाता

**illness** रुग्णता, रुग्णावस्था, बीमारी

**illogical** तर्कविरुद्ध

**illuminant** उद्दीपक

**illuminated** दीप्तियुक्त, प्रकाशयुक्त; ~ manuscript अलंकृत पांडुलिपि

**illumination** प्रदीप्ति; प्रकाश-व्यवस्था

**illusion** भ्रम; optical ~ दृष्टि-≈

**illusive, illusory** भ्रामक, भ्रमात्मक; ~ appointment ≈ नियोजन; ~ promise ≈ प्रतिज्ञा

**illustrate** 1. दृष्टान्त/ उदाहरण देना, निदर्शित करना; 2. सचित्र बनाना

**illustrated** 1. निदर्शित, सोदाहरण; 2. सचित्र

**illustration** 1. उदाहरण, दृष्टान्त; 2. चित्र

**illustrative** 1. दृष्टान्त-स्वरूप; 2. निदर्शी; ~ election ≈ निर्वाचन

**illustrator** 1. निदर्शक; 2. चित्रक

**illustrious** सुविख्यात, यशस्वी

**image** 1. प्रकृति, बिम्ब; 2. मूर्ति, प्रतिमा

**imagery** कल्पना-सृष्टि

**imaginary** कल्पित, काल्पनिक

**imagination** कल्पना; artistic ~ कलात्मक ≈; original ~ मौलिक ≈

**imaginative child** कल्पनाशील बालक

**imbalance** असन्तुलन

**imbargo** =embargo

**imbecile** 1. हीनबुद्धि, मूढ़; 2. दुर्बल

**imbecility** 1. हीनबुद्धिता, मूढ़ता; 2. दुर्बलता

**imbedded** निविष्ट, गड़ा हुआ; ~ in the earth धरती में ≈

**imbroglio** उलझन, क्लिष्ट स्थिति

**imbru** रक्तरंजित करना, दूषित करना

**imitate** अनुकरण/ नक़ल करना

**imitation** अनुकृति, नक़ल; ~ parchment नक़ली चर्मपत्र; ~ firearms ≈ अग्नेयायुध

**imitative** अनुकरणात्मक, अनुकारी

**imitator** अनुकारक, अनुकरण-कर्ता

**immaterial** 1. तत्वहीन, सारहीन, निस्सार; ~ allegation ≈ अभिकथन; ~ averment ≈ प्रकथन; ~ fact ≈ तथ्य; ~ issue ≈ विवाद्यक; 2. अभौतिक

**immature** अपरिपक्व; ~ understanding ≈/अप्रौढ़ समझ; ~ bird ≈ पक्षी

**immaturity** अपरिपक्वता, अप्रौढ़ता

**immeasurable** अपरिमेय, अमित, अपार

**immediate** 1. तत्काल, तुरन्त, फ़ौरन; ~ action ≈ कार्यवाही; ~ call ≈ कॉल; ~ compliance ≈ पालन; ~ delivery ≈ परिदान; ~ despatch ≈ प्रेषण; ~ execution ≈ निष्पादन; ~ gain ≈ लाभ; ~ measures ≈ उपाय; ~ memory ≈ स्मृति; ~ objective ≈ उद्देश्य; ~ payment ≈ संदाय/ अदायगी; ~ prevention ≈ निवारण; ~ solution ≈ समाधान/हल; ~ telegram ≈ तार; with ~ effect तत्काल; 2. आसन्न, अव्यवहित, निकटतम; ~ cause ≈ कारण; ~ danger ख़तरा; ~ heir ≈ उत्तराधिकारी; ~ employer ≈ नियोजक; ~ officer ≈ अधिकारी; in ~ vicinity ठीक निकट; 3. सीधा, अव्यवहित; ~ possession ≈ क़ब्ज़ा; 4. ~ presence साक्षात् उपस्थिति

**immediately** 1. तत्काल, तुरन्त; execute ~ ≈ निष्पादित करना; ~ on passing पारित होते ही; 2. ठीक; ~ after ≈ बाद; ~ before ≈ पहले; ~ below ≈ नीचे; ~ following ≈ पश्चात्; ~ proceeding the previous year पूर्ववर्ष के ठीक पहले

**immemorial** स्मरणातीत; ~ antiquity ≈ प्राचीनता; ~ usage ≈ प्रथा/रिवाज

**immense** अपरिमित, अत्यधिक

**immersed** निमग्न, डूबा हुआ

**immigrant** आप्रवासी; ~ population ≈ जनसंख्या

**immigrate** आप्रवास करना

**immigration** आप्रवासन, आप्रवास; ~ authority ≈ प्राधिकारी

**imminent** आसन्न, सन्निकट; ~ danger ≈ भय

**immiscible** अमिश्रणीय

**immobile** अगतिशील, अचल

**immobility** अगतिशीलता, गतिहीनता; ~ of labour श्रमिक ≈

**immodest** अशालीन, ढीठ, बेहया

**immoral** अनैतिक; ~ contract ≈ संविदा; ~ purpose ≈ प्रयोजन; ~ traffic ≈ व्यापार; of ~ character अभिचारी

**immorality** अनैतिकता, अनीति, दुराचार

**immortality** अमरता, अमरत्व

**immovable** अचल, स्थावर; ~ property ≈ सम्पत्ति, जायदाद ग़ैर-मन्कूला

**immovables** अचल सम्पत्ति

**immune** 1. उन्मुक्त, बरी; 2. प्रतिरक्षित; ~ to poison विष से ≈; ~ from prosecution अभियोजन से ≈

**immunity** 1. उन्मुक्ति, छूट; ~ from jurisdiction क्षेत्राधिकार से ≈; 2. प्रतिरक्षा

**immure** बन्द/ क़ैद करना

**immutable** अपरिवर्त्य, अविकार्य

**impact** 1. समाघात; ~ of tax कर का ≈; 2. प्रभाव

**impair** 1. परिक्षीण/ कम करना, ह्रास करना; 2. क्षति पहुँचाना

**impaired** 1. ह्रासित; ~ function ≈ क्रिया; 2. ~ worker असमर्थ कामगार

**impairing** ह्रासन

**impairment** ह्रास, क्षीणता; क्षति, हानि

**impale** सूली पर चढ़ाना

**impanel** सूची में चढ़ाना

**impart** देना; ~ instruction शिक्षा ≈

**impartial** निष्पक्ष; ~ inquiry ≈ जाँच; ~ trial ≈ विचारण

**impartiality** निष्पक्षता

**impartible** अविभाज्य; ~ estate ≈ संपदा

**impassable** अलंघ्य

**impasse** गतिरोध

**impatient consumer** आतुर उपभोक्ता

**impeach** महाभियोग लगाना; अधिक्षिप्त करना; ~ the credit विश्वसनीयता को ≈

**impeachment** महाभियोग; अधिक्षेप; ~ of credit साख का अधिक्षेपण

**impeccable** निर्दोष; ~ security ≈ प्रतिभूति

**impedance** प्रतिबाधा, अड़चन

**impede** प्रतिबाधा पहुँचाना, अड़चन डालना

**impediment** अड़चन, बाधा; ~ in law वैध ≈; legal ~ वैध ≈

**impending** आसन्न, समुपस्थित

**impenetrability** अवेध्यता

**impenetrable** अवेध्य, अभेद्य, अप्रवेश्य

**impenitence** अपश्चात्ताप

**impenitent** अपश्चात्तापी

**imperative** I. *n.* आदेश, नियोग. II. *a.* 1. आदेशक; 2. अलंघनीय, अनिवार्य, लाज़िमी

**imperceptible** अदृश्य, अतीन्द्रिय

**imperceptibly** अलक्षित रूप से

**imperfect** अपूर्ण, अधूरा; ~ competition ≈ प्रतियोगिता; ~ law ≈ विधि; ~ market ≈ बाज़ार; ~ partition ≈ विभाजन; ~ title ≈ हक़

**imperfection** अपूर्णता, अधूरापन

**imperial** साम्राज्यिक; ~ authority ≈ सत्ता

**imperialism** साम्राज्यवाद

**imperialist** साम्राज्यवादी

**imperil** संकट में डलना

**imperishable** अनश्वर, क्षयहीन

**imperium-in-imperio** एक राज्य सत्ता में दूसरी राजसत्ता

**impermeable** दुर्भेद्य, निबिड़

**impersonal** अवैयक्तिक, निर्वैयक्तिक; ~ ledger ≈ खाता; ~ relation ≈ सम्बन्ध

**impersonate** रूपारोप करना, पररूप धारण करना

**impersonation** रूपारोप, प्रतिरूपण, पररूप धारण

**impersonator** पररूपधारक

**impertinence** अविनय, धृष्टता, ढिठाई

**impertinent** अविनीत, धृष्ट, ढीठ

**imperturbability** शांतचित्तता

**impervious** अप्रवेश्य, अभेद्य

**impetuous** कठोर, सख़्त

**impetus** प्रोत्साहन; बल, आवेग

**impinge** 1. टकराना; 2. तोड़ना

**impious** अधर्मी, अधार्मिक

**implacable** अपरितोषणीय, अप्रशाम्य; ~ enemy ≈ शत्रु

**implead** (वाद में) सम्मिलित करना, पक्षकार बनाना

**implement** I. *n.* उपकरण, औज़ार; ~s of house-breaking सेंधमारी के ≈; ~ of war युद्ध-साधन, समर-उपकरण. II. *v.t.* कार्यान्वित करना, अमल में लाना; ~ agreement क़रार को ≈

**implementation** कार्यान्वयन, अमल में लाना; ~ agreement समझौता ≈

**implemented** कार्यान्वित, परिपालित

**implicate** आलिप्त करना, लपेटना, फँसाना

**implication** 1. आलिप्ति, फँसाव; 2. विवक्षा, निहितार्थ; by ~ विवक्षित अर्थ में

**implicit** निहित, अव्यक्त; ~ authority ≈ प्राधिकार; ~ faith ≈ आस्था; ~ powers ≈ शक्तियाँ; ~ rent ≈ किराया

**implied** विवक्षित, निहित; ~ authority

विवक्षित/ अन्तर्निहित प्राधिकारी; ~ condition अन्तर्निहित प्राधिकार, ≈ शर्त; ~ consent ≈ सहमति; ~ contract ≈ संविदा; ~ malice ≈ द्वेषभाव; ~ powers ≈ शक्तियाँ; ~ promise ≈ वचन; ~ proposal ≈ प्रस्ताव; ~ warranty ≈ वारंटी

**impliedly** विवक्षित रूप से; ~ authorised ≈ प्राधिकृत

**imply** विवक्षित होना, निहित होना

**import** **I.** *n.* **1.** आयात; ~ duty ≈ शुल्क; ~ merchant ≈ सौदागर, ≈ व्यापारी; ~ surplus ≈ अधिशेष; ~ tax ≈ कर; **2.** आशय. **II.** *v.t.* **1.** आयात करना; **2.** आशय होना, द्योतित करना; ~ a reference निर्देश दिलाना

**importance** महत्त्व

**important** महत्त्वपूर्ण; ~ call ≈ कॉल; ~ matter ≈ बात

**importation** आयात; ~ of live-stock पशुधन का ≈

**imported** आयातित; ~ goods ≈ माल

**importer** आयातक, आयातकर्ता

**importing** आयातक; ~ agent ≈ अभिकर्ता, ≈ एजेन्ट; ~ country ≈ देश

**importunate** अतियाचक

**importune** हठ करके माँगना

**importunity** अतियाचना, तक़ाज़ा

**imposable** अधिरोपणीय; ~ penalties ≈ शास्तियाँ

**impose** **1.** अधिरोपित करना, लगाना; ~ fine जुर्माना ≈; ~ tax कर ≈; **2.** ~ upon धोखा देना

**imposition** अधिरोपण; ~ of duties शुल्क का ≈; ~ of easement सुखाचार का ≈; ~ of penalty शास्ति-अधिरोपण, जुर्माना लगाना

**impossibillium nulla obligatio est** असम्भव कार्य का उत्तरदायित्व नहीं होता

**impossibility** असम्भवता; ~ of event घटना की ≈

**impossible** असम्भव; ~ contract ≈ संविदा

**impost** महसूल, चुंगी

**impostor** प्रतारक, झूठा दावेदार; ढोंगी

**impotence,-cy** क्लीवता, नपुंसकता, नामर्दी

**impotent** क्लीव, नपुंसक

**impound** परिबद्ध करना; ~ cattle ढोरों को ≈; ~ goods माल को ≈; ~ a document दस्तावेज़ को ≈,

**impounding** परिबन्धन

**impoverish** **1.** परिक्षीण करना; **2.** दरिद्र बनाना

**impoverishment** परीक्षीणता; कंगाली

**impracticable** **1.** अव्यावहारिक; **2.** असाध्य, दुष्कर

**imprecation** अभिशाप, बद्दुआ

**impregnability** अभेद्यता

**impregnable** अभेद्य

**impregnate** **1.** अन्तर्विष्ट करना; **2.** छेद भरना; **3.** गर्भाधान करना; **4.** संसिक्त करना

**impregnation** **1.** अन्तर्वेशन; **2.** संसेचन; गर्भाधान; **3.** छेद-भराई

**imprescriptible** अहार्य, अहस्तरणीय; ~ rights ≈ अधिकार

**impressed** विमुद्रित, छपा; ~ stamp ≈ स्टाम्प

**impression** **1.** प्रभाव, संस्कार; false ~ भ्रान्त धारणा; **2.** छाप, दाब; **3.** आवृत्ति, संस्करण

**impressive** प्रभावशाली, प्रभावोत्पादक

**impressment** **1.** प्राधिग्रहण, जबरी भर्ती; ~ of vessels जलयानों को अधिकार में लेना; **2.** बेगार

**imprest** अग्रदाय; ~ account ≈ खाता/ लेखा; ~ fund ≈ निधि; ~ holder ≈ धारी; ~ money पेशगी धन

**imprimis** प्रथमत:

**imprison** बन्दी करना, क़ैद में डालना

**imprisoned** कारावासित

**imprisonment** कारावास, क़ैद; ~ for life आजीवन ≈; false ~ अवैध ≈; rigorous ~ कठोर ≈; simple ~ सादा/ साधारण ≈; solitary ~ एकान्त ≈

**improbability** अप्रसंभाव्यता, अनधिसंभाव्यता

**improbable** अप्रसंभाव्य, अनाधसंभाव्य; highly ~ अति ≈

**improbity** असाधुता, बदमाशी

**impromptu** आशु, बिना तैयारी का

**improper** अनुचित, बेजा; ~ acceptance ≈ स्वीकरण; ~ admission ≈ ग्रहण; ~ discharge ≈ उन्मोचन; ~ employment ≈ नियोजन

**improperly** अनुचित रूप से; ~ joined ≈ संयुक्त

**impropriety** अनौचित्य

**improvable offender** सुधार योग्य दोषी

**improve** 1. सुधार करना, सुधारना; 2. अभिवृद्ध/ उन्नत करना, उठाना; ~ standard स्तर ≈

**improved** समुन्नत; ~ production ≈ उत्पादन

**improvement** 1. सुधार; ~ of livestock पशु-धन ≈; ~of trust न्यास ≈; 2. अभिवृद्धि, उन्नति

**improvidence** 1. अदूरदर्शिता. 2. असावधानी; 3. अपव्यय

**improvident** 1. अदूरदर्शी; ~ sale अदूरदर्शितापूर्ण बिक्री; 2. असावधान; 3. अपव्ययी

**improvisation** कामचलाऊ व्यवस्था

**improvise** कामचलाऊ (चीज़) बनाना

**improvised** कामचलाऊ

**imprudence** अविवेक, प्रज्ञाहीनता

**imprudent** अविवेकी, प्रज्ञाहीन

**impudent** धृष्ट, ढीठ

**impugn** विरोध/ प्रतिवाद करना

**impulse** आवेग; ~ circuit ≈ परिपथ; ~ goods ≈ वस्तुएँ; ~ purchase ≈ क्रय

**impulsive** आवेगी; ~ force ≈ बल

**impunitas** निर्भयता

**impunity** दण्डमुक्ति, माफ़ी; ~ law दंड-मुक्ति विधि

**impurity** 1. अशुद्धता, संकरता; 2. अपद्रव्य

**imputation** अभ्यारोप, लांछन

**impute** अभ्यारोपित करना, लगाना, मढ़ना; ~ unchastity असतीत्व का लांछन लगाना

**imputed** अभ्यारोपित, लगा; ~ income ≈ आय; ~ interest ≈ ब्याज; ~ value ≈ मूल्य

**in-** [various uses—idioms and phrases] ~ abeyance आस्थगित; ~ a body सब मिलकर; ~ accordance with के अनुसार; ~ addition to के अतिरिक्त; ~ advance अग्रिम, पेशगी, पहले; ~ adversum पक्ष के विरुद्ध; ~ acquali jure अधिकार समान होने पर; ~ alieno solo अन्य की भूमि पर; ~ alternativis electio est debitorio विकल्प का चुनाव ऋणी का अधिकार है; ~ an existing vacancy वर्तमान रिक्त पद पर; ~ anticipation प्रत्याशा में; ~ any case हर स्थिति में, बहरहाल; ~ any manner किसी रीति से; ~ any respect किसी बारे में; ~ arbitris mortis मरते समय; ~ association with के साथ मिलकर; ~ as much as इस कारण से कि; ~ attendance हाज़िर; ~ bad faith असद्भावपूर्वक; ~ between बीचों-बीच; ~ bond सम्बद्ध, बन्धनयुक्त; ~ bonis defuncti मृत व्यक्ति की वस्तुओं में से; ~

breach of contract संविदा भंग करके; ~ broad outline मोटे तौर पर/ स्थूल रूप में; ~ calf गाभिन; ~ camera बन्द कमरे में, एकान्त में; ~ capita प्रति व्यक्ति; ~ capite विशेषतया; ~ case it appears यदि यह प्रतीत हो; ~ case of doubt सन्देह होने पर; ~ case of need आवश्यकता पड़े तो; ~ case of urgency अत्यावश्यक होने पर; ~ cash धन के रूप में; ~ -charge प्रभारी; ~ comminda निगरानी में; ~ common सामान्य; ~ compliance with का अनुपालन करते हुए/ के अनुपालन में/ का पालन करते हुए; ~ conformity with के अनुरूप; ~ conjunction with से संसक्त; ~ connection with के सम्बन्ध में; ~ consequence of के परिणाम-स्वरूप; ~ consonance with के अनुकूल; ~ consultation with से परामर्श करके, के परामर्श से; ~ contemplation of ग़ौर करते हुए; ~ continuation of के आगे, के क्रम में; ~ contravention of उल्लंघन करके, के प्रतिकूल; ~ corpore सारांश में; ~ course of के दौरान; ~ course of time यथासमय; ~ cujos rei testimonium जिसके साक्ष्य-स्वरूप; ~ custodia legis न्यायालय के नियन्त्रण में; ~ damno क्षति होने पर; ~ default of न होने पर, बाक़ीदार; ~ delicto अनुपस्थिति/ अभाव में; ~ derogation of अल्पीकरण करते हुए; ~ detail विस्तारपूर्वक, ब्योरेवार; ~ diem दिन भर के लिए; ~ discharge of duty कर्तव्य के पालन में, कर्तव्य का पालन करते हुए; ~ dispute विवादास्पद; ~ dubio संदेह रहते; ~ due course यथाक्रम, यथासमय; ~ due course of law विधि के सम्यक् अनुक्रम में; ~ due form विधिवत्; ~ effect प्रवृत्त, वस्तुत:; ~ esse वस्तुत:; ~ evasion अपवंचन करके; ~ every respect हर हालत में, हर दृष्टि से; ~ excess of के बाहर, से अधिक; ~ exercise of का प्रयोग करते हुए; ~ extenso विस्तार से; ~ extremis मरणासन्न; ~ fact, facto वस्तुत:, यथार्थत:, सचमुच; ~ favour of के पक्ष में; ~ fiduciary capacity वैश्वासिक रूप में; ~ force प्रवृत्त, लागू; ~ forma pauperis अकिंचन के रूप में; ~ full पूर्ण, पूरा; ~ furtherance of को अग्रसर करते हुए; ~ general सामान्यत:; ~ good faith सद्भावपूर्वक; ~ good order सुव्यवस्थित; ~ good repairs अच्छी हालत में; ~ gross आबद्ध, कुल; ~ hand हस्तगत; ~ his discretion स्वविवेकानुसार; ~ his view उसकी दृष्टि में; ~ hoc इसमें; ~ hunc modum इस रीति से; ~ infinitem अनन्तकाल तक; ~ initio प्रारम्भ से; ~ integrum नये सिरे से; ~ issue वाद ग्रस्त; ~ jure proprio अपने ही अधिकार से; ~ keeping with के अनुरूप; ~ kind वस्तु के रूप में; ~ law विधि द्वारा आबद्ध; ~ lieu of के स्थान पर, बदले में; ~ like manner उसी रीति से, उसी प्रकार; ~ limine आरम्भ से; ~ liquidation परिनिर्धारित; ~ loco के स्थान पर; ~ lump sum एक मुश्त; ~ maleficiis voluntas spectatur non existus अपराधों में अभिप्राय पर ध्यान दिया जाता है न कि घटना पर; ~ modification of का उपान्तरण करने के लिए; ~ money धन के रूप में; ~ motion गतिमान्; ~ nullis bonis अस्वाभाविक वस्तुओं में; ~ obedience to आज्ञापालन करते हुए; ~ official capacity सरकारी हैसियत से; ~ operation लागू, प्रवृत्त; ~ order व्यवस्थित; ~ order of के क्रमानुसार, क्रम से; ~ order of merit योग्यता क्रम में; ~ order of preference अधिमान क्रम से, वरीयता के अनुसार; ~ order that इसलिए कि; ~ order to के लिए, के निमित्त; ~ other respects अन्य बातों में; ~ pais न्यायालय के बाहर; ~ pari causa सदृश मामले में; ~ pari delicto समान दोष में; ~ pari delicto potior est conditio defendentis जब पक्षों का दोष समान हो तो लाभ प्रतिवादी को होता है; ~ pari materia उसी विषय पर; ~ pari passu समान आधार होने पर; ~ part अंशतः; ~ particular विशेषतः; ~ pay वेतनभोगी; ~ pendente निलम्बित; ~ perpetuity, prepetuum सदा के लिए; ~ person स्वयं; ~ personal capacity वैयक्तिक हैसियत से; ~ personam व्यक्तिगत, व्यक्तिलक्षी; ~ place of के स्थान में, के स्थान पर; ~ pleno lumine दिन दहाड़े; ~ posse यथासाध्य; ~ posterum भविष्य में; ~ practice व्यवहार में; ~ presence of के समक्ष/ सामने; ~ preference to की अपेक्षा; ~ prosecution of के चलाने में, की पूर्ति करने में; ~ public सरेआम; ~ public interest लोकहित की दृष्टि से; ~ pursuance of का अनुसरण करते हुए; ~ question प्रश्नास्पद, प्रश्नगत; ~ reality वास्तव में, दरअसल; ~ regard to के विषय/ बारे में; ~ regular order नियमित क्रम से; ~ relation to के सम्बन्ध में; ~ rem सार्वभौमिक; ~ replacement of के स्थान पर; ~ respect of के बारे में; ~ restraint अवरोधी; ~ satisfaction of चुकाने के लिए; ~ sequence लगातार; ~ so far as जहाँ तक; ~ spirit तत्त्वतः; ~ spite of के होते हुए भी, के बावजूद; ~ stead of के स्थान में; ~ stripes मूलानुसार; ~ stricto jure निष्ठुर विधि से; ~ substitution for के स्थान पर; ~ subversion of का उल्लंघन करते हुए; ~ succession लगातार; ~ suit वादान्तर्गत; ~ supersession उल्लंघन करते हुए; ~ terms of के रूप में; ~ support of की पुष्टि में, के समर्थन में; ~ that क्योंकि; ~ that behalf एतदर्थ, इसके लिए, उसके विषय में; ~ that respect तद्विषयक, उस बारे में; ~ the absence of के अभाव में; ~ the aggregate कुल मिलाकर; ~ the alternative विकल्पतः; ~ the course of के दौरान; ~ the ends of justice न्याय के उद्देश्य से; ~ the event of के होने पर, ऐसी स्थिति में; ~ the exercise of power अधिकारों के प्रयोग में, अधिकारों का प्रयोग करते हुए; ~ the first instance प्रथमतः, पहले तो; ~ the least कम से कम; ~ the manner provided उपबन्धित रीति से; ~ the light of को ध्यान में रखते हुए; ~ the matter of के विषय में; ~ the meantime इस दौरान, इस बीच; ~ the name of के नाम से; ~ the nature of debt ऋण स्वरूप; ~ the presence of के समक्ष, के सामने, की उपस्थिति में; ~ the power of शत्यधीन; ~ the prescribed manner विहित रीति से; ~ the same way उसी भाँति/ तरह; ~ theory सिद्धान्त रूप में; ~ this behalf इस निमित्त, इस बारे में; ~ time समय पर; ~ token of के प्रमाणस्वरूप; ~ toto पूर्णतः; ~ transit मार्गस्थ; ~ trust न्यास के रूप में; ~ utero matris माता के गर्भ में; ~ view of को देखते हुए, को दृष्टि में रखते हुए; ~ violation of का अतिक्रमण करके; ~ virtue of के आधार पर; ~ vogue प्रचलित; ~ witness whereof जिसके साक्ष्य में, जिसके साक्षी स्वरूप; ~ writing लिखित

**inability** असमर्थता

**inaccessibility** अगम्यता, पहुँच के बाहर होना

**inaccuracy** अयथार्थता, अपरिशुद्धता

**inaccurate** अयथार्थ, अपरिशुद्ध, ग़लत; ~ particulars ≈ विशिष्टियाँ

**inactive** 1. निष्क्रिय; ~ balance ≈ शेष; ~ market ≈ बाज़ार; ~ money ≈

द्रव्य; ~ stock ≈ स्टाक; 2. अकर्मण्य; ~ partner ≈ भागीदार

**inadequacy** अपर्याप्तता, न्यूनता; ~ of consideration प्रतिफल की ≈

**inadequate** अपर्याप्त, नाकाफ़ी; ~ consideration ≈ प्रतिफल

**inadmissibility** अग्राह्यता; ~ of documents दस्तावेज़ों की ≈

**inadmissible** अग्राह्य, अस्वीकार्य; ~ evidence ≈ साक्ष्य; ~ question ≈ प्रश्न

**inadvertence** अनवधानता, ग़फ़लत

**inadvertent** अनवधान, अनवधानतापूर्ण; ~ slip ≈ चूक

**inadvertently** अनवधानता से, अनजाने में; ~ received ≈ लिया गया; ~ overlooked भूल से छूट गया, अवधान से छूट गया

**inalienability** अनन्य संक्राम्यता, अहार्यता, अदेयता

**inalienable** अन्यसंक्राम्य, अहस्तान्तरणीय; ~ rights अदेय अधिकार

**inanimate** निर्जीव, बेजान

**inapplicable** अप्रयोज्य, लागू न होने वाला

**inappreciable** नगण्य

**inappropriate** अनुपयुक्त

**inarticulate** अव्यक्त, मूक; ~ client ≈ सेवार्थी; ~ unrest ≈ अशांति

**inattention** अनवधान, असावधानी

**inaugural** उद्घाटन-

**inaugurate** उद्घाटित करना

**inauguration** उद्घाटन

**inborn** सहज, जन्मजात; ~ difference ≈ भेद; ~ qualities ≈ गुण; ~ tendency ≈ प्रवृत्ति

**incapable** असमर्थ, अक्षम; ~ of acting कार्य करने में ≈

**incapacitate** अक्षम/ अपाहिज बनाना

**incapacitated** अशक्त, असमर्थ, अपाहिज

**incapacitation** (अपराधियों का) अक्षमीकरण, असमर्थीकरण

**incapacity** असमर्थता, अक्षमता; absolute ~ पूर्ण ≈; relative ~ सापेक्ष ≈

**incarnate** मूर्तिमान्, अवतार

**incendiarism** 1. दहनवृत्ति; 2. आगज़नी

**incendiary** दाहक, दाही

**incentive** **I.** *n.* प्रोत्साहन, प्रेरणा. **II.** *a.* प्रेरणामूलक, प्रेरक; ~ bonus ≈ बोनस; ~ plan ≈ योजना; ~ premium ≈ इनाम; ~ scheme ≈ योजना; ~ taxation ≈ कराधान; ~ wages ≈ मज़दूरी

**inception** प्रारम्भ, सूत्रपात

**incessant** अनवरत, लगातार

**incest** अगम्यगमन, सगोत्राभिगमन

**incestuous** अगम्यगमनात्मक; ~ adultery सगोत्रीय व्यभिचार

**incharge** प्रभारी; officer ~ ≈ अधिकारी

**inchoate** 1. अपूर्ण, अधूरा; ~ instrument अधूरी लिखत; ~ title ≈ स्वत्व; 2. अपरिपक्व, अविकसित

**incidence** आपतन, भार; ~ of duty शुल्क का आपतन; ~ of leave salary छुट्टी वेतन ≈; ~ of pension पेंशन-भार; ~ of sickness बीमारी का होना; ~ of tax करापात, करभार; ~ rules व्ययभार-नियमावली

**incident** घटना; अनुषंग; ~ to आनुषंगिक; ~ of easement सुखाचार की प्रासंगति

**incidental** प्रासंगिक, आनुषंगिक; ~ charges ≈ ख़र्च/ प्रभार; ~ expenditure ≈ व्यय; ~ loss ≈ हानि; ~ observation ≈ अभिमत; ~ order ≈ आदेश

**incidentally** प्रसंगतः, प्रसंगवश

**incineration** भस्मीकरण, दहन

**incipient group** प्रारंभी समूह

**incise** छेदना, तराशना, चीरना

**incised** छिन्न, चीरा हुआ; ~ wound चीरा घाव

**incision** 1. चीरा, उत्कर्तन; 2. ख़तना

**incite** उकसाना, भड़काना, उत्तेजित करना

**incitement** उत्तेजन, भड़काव, उकसाव

**inciter** उत्तेजक, भड़काने/ उकसाने वाला

**incivility** असौजन्य, अशिष्टता

**inclination** प्रवृत्ति, झुकाव, आनति

**inclined** प्रवृत्त, झुका, आनत; ~ plane ≈ समपथ

**include** अन्तर्गत होना, सम्मिलित होना/ करना

**included** अन्तर्गत, सम्मिलित; ~ in the total income कुल आय में ≈

**includible** सम्मिलित किये जाने योग्य

**including** जिसके अन्तर्गत ...है, सहित, समेत

**inclusion** सम्मिलन, समावेशन, अन्तर्भाव

**inclusive of** के समेत/ सहित; ~ cost लागत सहित

**inclusiveness** समापेशिता

**in cognito** अज्ञात, गुप्त, छद्म वेष में

**incognizable** अपरिज्ञेय

**incoherence** असम्बद्धता, असंसक्तता

**incoherent** असम्बद्ध, असंसक्त; ~ speech असंसक्त वाक्

**income** आमदनी, आय; elasticity of ~ की सापेक्षता ≈; per capita ~ प्रतिव्यक्ति ≈; ~ return ≈ विवरणी; ~-tax ≈ कर; ~-tax chargeable प्रभारणीय आयकर; ~-tax clearance ≈ कर-शोधन; funded ~ निधिक ≈; gross ~ सकल ≈

**incoming** 1. आगंता; ~ partner ≈ साझेदार; 2. आवक, आमद; ~ call ≈ कॉल; ~ telegram ≈ तार

**incommutable** अपरिवर्तनीय

**incomparable** अतुलनीय, अनुपम

**incompatibility** असंगति, अननुरूपता

**incompatible** विसंगत, बेमेल; ~ events ≈ घटनाएँ; ~ marriage ≈ विवाह

**incompetency** अक्षमता

**incompetent** अक्षम

**incomplete** अपूर्ण, अधूरा

**incomprehensible** दुर्बोध, अनबोध्य

**incomputable** अगण्य

**inconceivable** अचिंत्य, अबुद्धिगम्य

**inconclusive** अनिर्णीत, अपूर्ण; ~ debate ≈ बहस, अधूरी बहस; ~ proof ≈ प्रमाण

**incongruity** विसंगति, बेतुकापन

**incongruous** विसंगत, बेतुका

**inconsistency** असंगति, अननुरूपता

**inconsistent** असंगत, अननुरूप; ~ statement ≈ कथन; ~ clauses ≈ खण्ड; ~ right ≈ अधिकार; ~ with से ≈

**inconsistently** असंगत रूप से

**inconstancy** अस्थिरता

**inconstant** अस्थिर, चंचल

**incontestable** अविवाद्य, अकाट्य

**incontiguous** व्यवहित, अलग-अलग

**incontinence, -cy** असंयम

**incontinent** असंयमी

**incontrovertible** अकाट्य

**inconvenience** असुविधा

**inconvenient** असुविधाजनक

**inconversant** अनभिज्ञ

**inconvertible** अपरिवर्त्य, अपरिवर्तनीय; ~ money ≈ मुद्रा; ~ paper money ≈ काग़ज़ी मुद्रा

**incoordination** असमन्वय

**incorporate** निगमित करना, मिला लेना

**incorporated** 1. निगमित; ~ body ≈ संकाय; 2. समामेलित; ~ area ≈ क्षेत्र

**incorporation** 1. निगमन; ~ of

company कम्पनी का ≈; 2. समामेलन; ~ of territory प्रदेश का ≈; ~ of papers काग़ज़ों का सम्मिलित किया जाना

**incorporeal** अशरीरी, अमूर्त; ~ possession ≈ क़ब्ज़ा; ~ property ≈ संपत्ति; ~ right ≈ अधिकार

**incorrect** अशुद्ध, ग़लत; ~ allocation ≈ विभाजन/ बटवारा; ~ ownership ≈ स्वामित्व; ~ recording ≈ टीप, ≈ इंदराज़; ~ view ≈ मत

**incorrectly** ग़लती से; ~ granted ≈ अनुदत्त

**incorrigibility** असुधार्यता, असाध्यता

**incorrigible** दुर्दान्त, असुधार्य

**increase** I. *n.* वृद्धि, बढ़ती; ~ of supply प्रदाय की ≈. II. *v.t.* बढ़ना, बढ़ाना

**increased** वर्धित

**increasing** वर्धमान, बढ़ता; ~ cost बढ़ती लागत; ~ demand बढ़ती माँग; ~ return ≈ प्रतिलाभ; ~ utility बढ़ती उपयोगिता

**incredibility** अविश्वसनीयता

**incredible** अविश्वसनीय, आश्चर्यजनक

**increment** वृद्धि; वेतनवृद्धि; advance ~s अग्रिम वेतनवृद्धियाँ

**incremental** वृद्धि; ~ credit ≈शील ऋण; ~ rate वेतन ≈ दर

**incriminate** अपराध में फँसाना; अभिशस्त करना

**incriminating** अभिशंसी, फँसाऊ

**incrimination** अभिशंसन, अपराध में फँसाना

**incriminatory** अपराध में फँसाने वाला

**incubation** उद्‌भवन; ~ period ≈ काल

**inculcate** अन्तर्निविष्ट करना, घुसेड़ना

**inculcation** अन्तर्निवेशन

**inculpable** निर्दोष, निरपराध

**inculpate** अभिशस्त करना, दोष लगाना

**incumbency** 1. पदभार, कार्य-भार; 2. पदावधि, कार्यकाल

**incumbent** 1. पदधारी; original ~ मूल ≈; 2. आश्रित; 3. ~ upon बाध्य

**incumbrance** अधिभार

**incumbrancer** अधिभारधारी

**incur** (उपागत) करना, उठाना; ~ debt ऋण उठाना; ~ expenses ख़र्च उठाना; ~ loss हानि उठाना

**incurable** असाध्य, ला-इलाज

**incursion** अचानक आक्रमण, धावा

**indebitum** देय नहीं

**indebted** 1. ऋणी, ऋणग्रस्त; ~ to the company कम्पनी का ऋणी; 2. आभारी, उपकृत

**indebtedness** ऋणग्रस्तता, ऋणभार

**indecency** अभद्रता, अश्लीलता

**indecent** अभद्र, अश्लील; ~ assault ≈ बलात् क्रिया

**indecision** अनिर्णय, असमंजस, दुविधा

**indecisive** अनिर्णीत, अनिश्चित

**indecorous** अमर्यादित, अभद्र

**indefeasible** 1. अलोप्य; 2. अजेय; ~ right ≈ अधिकार

**indefensus** अप्रतिरक्षित

**indefinite** अनिश्चित; ~ expression अनिश्चितार्थ पद; ~ payment ≈ संदाय; ~ period ≈ काल

**indefinitely** अनिश्चित काल के लिए

**indelible** अलोप्य, अमिट; ~ ink ≈ स्याही

**indemnification** क्षतिपूरण, क्षतिपूर्ति

**indemnify** क्षति से बचने की ज़मानत देना, क्षति पूर्ति करना; ~ the person व्यक्ति की क्षतिपूर्ति करना

**indemnitee** क्षतिपूर्तिग्राही

**indemnity** क्षतिपूर्ति; ~ bond ≈ बंधपत्र; ~ guarantee ≈ प्रत्याभूति/ गारन्टी; ~ measure ≈ का परिमाण; right of ~

≈ अधिकार

**indemnity-holder** क्षतिपूर्तिधारी

**indent** 1. माँगपत्र; ~ assistant ≈ सहायक; ~ register ≈ रजिस्टर; 2. दाँता

**indentation** 1. अंतः हाशिया; 2. दँतीकरण

**indented** 1. माँग किया हुआ; 2. दाँतेदार

**indentor** माँगकर्ता

**indenture** 1. अनुबंध, क़रार; ~ witness अनुबद्ध साक्षी; 2. तालिका

**indentured** अनुबद्ध, क़रारबद्ध; ~ labour ≈ श्रमिक

**independence** स्वाधीनता; ~ day स्वतंत्रता दिवस; ~ of judiciary न्यायपालिका की ≈

**independent** स्वाधीन, स्वतन्त्र, ख़ुदमुख़्तार; ~ banking ≈ बैंकिंग; ~ charge ≈ प्रभार; ~ evidence ≈ साक्ष्य; ~ member निर्दलीय सदस्य; ~ mind ≈ मन; ~ voters association (IVA) ≈ मतदाता संघ

**independently** स्वतंत्रतापूर्वक, स्वतंत्र रूप से

**indescribable** अवर्णनीय, अकथनीय

**indeterminable** अनिर्धारणीय, अनवधार्य

**indeterminate** अनवधारित, अनियत; ~ appropriation ≈ विनियोजन; ~ duty ≈ कर्तव्य; ~ sentence अनियतकाल दण्ड

**indetermination** अनिश्चयता

**index** 1. सूचक; ~ card ≈ पत्रक; ~ slip ≈ पर्ची; ~ number ≈ सूचकांक; ~ of earnings अर्जन सूचकांक; 2. अनुक्रमणिका; ~ of places स्थानानुक्रमणिका

**indexer** अनुक्रमणिकाकार

**indexing** अनुक्रमणिका बनाना

**Indian** भारतीय; ~ administrative service (I.A.S.) ≈ प्रशासनिक सेवा; ~ external relations भारत के वैदेशिक सम्बन्ध; ~ Foreign Service (I.F.S.) ≈ विदेश सेवा; ~ government भारत सरकार; ~ law ≈ विधि; ~ penal code ≈ दण्ड संहिता; ~ postal service ≈ डाक सेवा; ~ standards institution (ISI) ≈ मानक संस्था; ~ states देशी राज्य; ~ waters ≈ जलक्षेत्र; non-resident ~ अनिवासी ≈

**indicate** संकेत/ निर्देश करना, दिखाना

**indicated** निर्दिष्ट, उपदर्शित

**indication** निर्देश, संकेत; लक्षण; ~ lock पाश, निदर्शन ताला; ~ of origin उद्गम का उपदर्शन

**indicative** अनुसूचक, संकेतक; ~ evidence ≈ साक्ष्य

**indicator** संकेतक, अनुसूचक

**indices** [pl. of] index q.v.

**indict** अभ्यारोपित करना, अभ्यारोप लगाना

**indictable** अभ्यारोपणीय; ~ offence ≈ अपराध

**indictment** अभ्यारोपण; अभ्यारोप

**indifference** उदासीनता, तटस्थता

**indifferent** उदासीन, तटस्थ; ~ attitude ≈ रुख़, ≈ अभिवृत्ति; ~ classes ≈ वर्ग

**indigence** विपन्नता, निर्धनता

**indigenous** देशज, देशी; ~ bank ≈ बैंक; ~ capital ≈ पूँजी; ~ employer ≈ नियोजक; ~ production ≈ उत्पादन; ~ worker देशी कामगार

**indigent** विपन्न, निर्धन; ~ circumstances ≈ परिस्थिति/ अवस्था

**indignant** रुष्ट, क्रुद्ध

**indignation** रोष

**indignity** अपमान, अनादर

**indirect** परोक्ष, अप्रत्यक्ष; ~ accusation ≈ दोषारोपण; ~ charges ≈ प्रभार, ≈ ख़र्च; ~ communication ≈ संसूचन, ≈ संपर्क; ~ election ≈ निर्वाचन/ चुनाव; ~ evidence ≈ साक्ष्य;

~ intention ≈ अभिप्राय; ~ locking ≈ पाशन/अंतर्गथन; ~ marketing ≈ विपणन, आढ़त विपणन; ~ objective ≈ उद्देश्य; ~ proof ≈ प्रमाण; ~ receipts ≈ प्राप्तियाँ; ~ representation ≈ प्रतिनिधित्व; ~ response ≈ अनुक्रिया; ~ suggestion ≈ संकेतन; ~ tax ≈ कर; ~ treatment ≈ उपचार; ~ utility ≈ उपयोगिता

**indirectly** परोक्षतः

**indiscipline** अनुशासनहीनता

**indisciplined** अनुशासनहीन

**indiscreet** अविवेकी, विवेकहीन

**indiscretion** अविवेक, विवेकहीनता

**indiscrimination** अविवेकपूर्ण; ~ firing अन्धाधुन्ध गोली का चलना; ~ slaughter ≈ वध

**indispensable** अपरिहार्य, अनिवार्य

**indisposed** 1. अनिच्छुक, 2. अस्वस्थ

**indisputable** अविवाद्य, निर्विवाद

**indissoluble** चिरस्थायी; ~ fraternity ≈ भ्रातृत्व

**indistinct** अस्पष्ट; ~ writing ≈ लिखावट, अव्यक्त लिखावट

**indistinctive** अविशिष्ट

**individual** I. *n.* व्यक्ति. II. *a.* व्यक्तिगत; ~ agreement ≈ समझौता; ~ business ≈ कारबार; ~ contract ≈ क़रार, ≈ संविदा; ~ counselling ≈ उपबोधन; ~ freedom ≈ स्वतन्त्रता; ~ good ≈ श्रेय, ≈ हित; ~ interview ≈ साक्षात्कार; ~ liberty ≈ स्वतन्त्रता; ~ progress plan ≈ प्रगति योजना; ~ representation ≈ प्रतिनिधान; ~ rights ≈ अधिकार; 2. पृथक्, अलग; ~ inspection ≈ निरीक्षण; ~ return एकल विवरणी

**individualised** व्यक्तिमूलक; ~ leadership ≈ प्रधान नेतृत्व; ~ service ≈ सेवाएँ

**individualist** व्यक्तिवादी, व्यष्टिवादी

**individualistic** व्यष्टिपरक, व्यक्तिवादी

**individuality** व्यष्टित्व, वैयक्तिकता

**individually** व्यष्टितः, एक-एक करके, व्यक्तिगत रूप से

**indivisible** अविभाज्य, अभाज्य

**indolence** आलस्य, अकर्मण्यता

**indology** भारतीय विद्या

**indoor** 1. आभ्यन्तर; ~ games ≈ खेल; 2. अन्तर्वासी; ~ patient ≈/अंतरंग रोगी

**indorse** = endorse q.v.

**indorsed bond** पृष्ठांकित बंधपत्र, गारन्टित बांड

**indubitable** असंदिग्ध

**induce** उत्प्रेरित करना, प्रलोभन देना; ~ disclosure प्रकट कर देने के लिए ≈

**induced** उत्प्रेरित; ~ consumption ≈ उपभोग; ~ imports ≈ आयात; ~ investment ≈ निवेश

**inducement** उत्प्रेरण, प्रलोभन

**induct** 1. प्रेरित करना; 2. प्रवर्तन करना; 3. (पद पर) प्रतिष्ठित करना

**induction** 1. प्रेरण; ~ coil ≈ कुंडली, 2. प्रवर्तन, 3. प्रतिष्ठापन; 4. *(logic)* आगमन

**inductive** 1. आगमनात्मक; ~ ability ≈ योग्यता; ~ enquiry ≈ अन्वेषण; ~ inference ≈ निष्कर्ष; 2. आगमन-; ~ method ≈ प्रणाली; 3. प्रेरक

**inductor** प्रेरक; ~ coil ≈ कुंडली

**indulge** मन रखना; ~ in में आसक्त होना, भोग करना

**indulgence** 1. भोग, आसक्ति; 2. अनुग्रह

**indulgent** आसक्त, लाड़-प्यार में फँसा

**indurated** दृढ़ीकृत, कठोरीकृत

**industrial** 1. औद्योगिक; ~ adjudication ≈ अधिनिर्णय, ≈ न्याय निर्णयन; ~ appeal ≈ अपील; ~ bank ≈ बैंक;

~ conflict ≈ संघर्ष; ~ court ≈ न्यायालय; ~ crisis ≈ संकट; ~ depression ≈ मंदी; ~ disharmony ≈ असंगति; ~ dispute ≈ विवाद; ~ employment ≈ नियोजन; ~ enterprise ≈ उद्यम; ~ establishment ≈ प्रतिष्ठान; ~ fluctuation ≈ उतार-चढ़ाव; ~ jurisprudence ≈ न्याय शास्त्र; ~ labour ≈ श्रम, ≈ श्रमिक; ~ law ≈ विधि; ~ market ≈ मंडी; ~ mobility ≈ गतिशीलता; ~ monopoly ≈ एकाधिकार; ~ planner ≈ योजनाकार, ~ production ≈ उत्पादन; ~ pursuit ≈ धंधा; ~ safety ≈ सुरक्षा; ~ securities ≈ प्रतिभूतियाँ; ~ tribunal ≈ अधिकरण, उद्योग न्यायाधिकरण; ~ truce ≈ विरामसंधि; ~ undertaking ≈ उपक्रम; ~ unrest ≈ अशान्ति; ~ welfare ≈ कल्याणकार्य; **2.** उद्योग- (सम्बन्धी); ~ concern ≈ प्रतिष्ठान; ~ insurance ≈ बीमा; ~ society ≈ समिति; ~ town ≈ नगर

**industrialist** उद्योगपति

**industrialization** औद्योगीकरण

**industrially** उद्योग में

**industry** उद्योग; key ~ मूल ≈

**inebriant, inebrious** मादक

**inebriate** **I.** *n.* मदमस्त, मतवाला. **II.** *a.* मदोन्मत्त. **III.** *v.t.* मदोन्मत्त करना

**inebriety** मादकता, मतवालापन

**inedible** अखाद्य, अभक्ष्य

**inaffable** वर्णनातीत, अकथनीय

**ineffaceable** अमिट, अलोप्य; ~ mark ≈ चिह्न

**ineffective** अप्रभावी, अप्रवर्ती; ~ call ≈ कॉल

**ineffectual** निष्प्रभावी

**inefficiency** अदक्षता; ~ of labour श्रम की ≈; of ~ production उत्पादन की ≈/ अकुशलता

**inefficient** अदक्ष, अकुशल; ~ hands ≈ कर्मचारी

**inelastic** बेलोच; ~ demand ≈ माँग; ~ supply ≈ प्रदाय/ पूर्ति

**inelasticity** लोचहीनता; मूल्यनिरपेक्षता

**ineligibility** अपात्रता

**ineligible** अपात्र

**inequality** असमता, असमानता; ~ of incomes आय की ≈

**inequitable** असाम्यापूर्ण, असाम्यिक; ~ demand ≈ माँग

**inequity** असमता, असाम्या

**inerrancy** त्रुटिहीनता, दोषहीनता

**inerrant** त्रुटिहीन, दोषहीन

**inert** अक्रिय, जड़

**inertia** जड़त्व, अक्रियता

**inescapable** अपरिहार्य, अनिवार्य

**inevitability** अपरिहार्यता; ~ of conflict संघर्ष की ≈

**inevitable** अपरिहार्य; ~ accident ≈ दुर्घटना; ~ loss ≈ हानि

**inevitably** अनिवार्यत:

**inexactitude** अतथ्यता, अयथार्थता

**inexcusable** अक्षम्य

**inexpedient** असमीचीन, नीतिविरुद्ध

**inextinguishable** **1.** अनश्वर; **2.** अनिर्वाप्य

**infamia** निन्दा-दण्ड

**infamous** गर्हित, कुत्सित, कुख्यात; ~ conduct ≈ आचरण; ~ life ≈ जीवन; ~ punishment कुख्यात दण्ड

**infamy** अपयश, कुख्याति

**infancy** बचपन, बाल्यावस्था

**infant** शिशु; ~ welfare ≈ कल्याण

**infanticide** शिशुहत्या

**infantile** शैशव (कालीन); ~ mortality शिशु मृत्यु दर; ~ neurosis शिशु तंत्रिकाताप

**infantry** पैदल सेना; ~ drill ≈ की क़वायद

**infatuated** मुग्ध, मोहित

**infected** संक्रामित

**infection** (रोग का) संक्रमण

**infectious** संक्रामक; ~ disease ≈ रोग

**infecundity** **1.** अजनिष्णुता; **2.** बंध्यता

**infer** अनुमान करना

**inference** अनुमान; draw ~ ≈ करना; ~ suggested इंगित ≈; ~ of corruption भ्रष्टाचार का ≈

**inferential** आनुमानिक

**inferior** **1.** छोटा, अवर, निम्नतर; ~ class ≈ श्रेणी; ~ court ≈ न्यायालय; ~ jurisdiction ≈ अधिकारिता; ~ officer ≈ अधिकारी; ~ pre-emptor ≈ अवक्रयाधिकार; ~ quality घटिया क़िस्म; ~ scale अवर मान; ~ servant निचला कर्मचारी; ~ to से घटिया; **2.** हीन, घटिया; ~ goods ≈ माल

**inferiority** अवरता, निम्नता, हीनता; ~ complex हीनता मनोग्रंथि, हीनम्मन्यता; ~ feeling हीनता का भाव

**inferred** अनुमानित

**infertile** अनुपजाऊ, अनुर्वर, बंजर

**infested** **1.** दूषित; **2.** पर्याक्रान्त

**infeudation** भूप्रदान

**infidel** **1.** बेदीन, काफ़िर; **2.** अविश्वासी

**infidelity** **1.** बेवफ़ाई; **2.** विश्वासघात

**infilling** बीच-बीच में भरना

**infiltrate** घुसपैठ करना

**infiltration** घुसपैठ

**infiltrator** घुसपैठिया

**infinite** अपरिमित, अनन्त

**infinitesmal** अत्यणु, अत्यल्प

**infinity** अनन्तता, अनन्त

**infirm** अशक्त, दुर्बल, शिथिलांग; ~ person ≈ व्यक्ति

**infirmary** जीर्णरोगी-शाला, रुग्णावास

**infirmity** अशक्तता, दुर्बलता, अंगशैथिल्य; mental ~ मानसिक दुर्बलता; ~ of mind or body मानसिक या शारीरिक अशक्तता/ शैथिल्य

**inflamed** उत्तेजित; ~ public opinion ≈ जनमत

**inflammable** ज्वलनशील; ~ gas ≈ गैस; ~ material ≈ वस्तु, ≈ सामान

**inflammatory** उत्तेजक, भड़काऊ

**inflated** स्फीत; ~ distance ≈ दूरी

**inflation** स्फीति; ~ of currency मुद्रा स्फीति

**inflationary** स्फीतिकारी; ~ pressure स्फीति-दबाव; ~ tendency ≈ प्रवृत्ति

**inflexibility** अनमनीयता; दृढ़ता

**inflexible** अनम्य, दृढ़; ~ law ≈ विधि

**inflict** लगाना, पहुँचाना; ~ injury चोट पहुँचाना; ~ punishment दण्ड देना

**infliction** लगाना, देना; ~ of penalty शास्ति ≈; ~ of death penalty मृत्युदण्ड देना

**inflow of funds** निधियों का आगमन

**influence** **I.** *n.* प्रभाव, असर; undue ~ अयुक्त ≈. **II.** *v.i.* प्रभावित करना, प्रभाव/ असर डालना

**influential** प्रभावशाली

**influx** अन्तर्वाह, भीतर बहना

**inform** जानकारी देना, सूचित करना

**informal** अनौपचारिक; ~ approach ≈ उपागम; ~ communication ≈ पत्र; ~ discussion ≈ चर्चा; ~ document ≈ प्रलेख; ~ test ≈ परीक्षण

**informality** अनौपचारिकता; अप्ररूपिता

**informant** सूचक, मुख़बिर

**in forma pauperis** दरिद्र रूप में

**information** जानकारी; सूचना; first ~ report प्रथम सूचना रिपोर्ट; ~ agent भेदी, सूचना-प्रेषक; ~ call सूचना कॉल; ~ entry सूचना प्रविष्टि; ~ officer सूचनाधिकारी

**informed** 1. अवगत, सुविज्ञ; 2. सूचित; ~ of से ≈

**informer** सूचनादाता, मुख़बिर, भेदिया

**infra** 1. अधः, नीचे; ~ dig गरिमा से नीचे; ~ dignitatem curiae न्यायालय की गरिमा से नीचे; 2. अधोलिखित

**infract** व्यतिक्रम/ उल्लंघन करना

**infraction** व्यतिक्रम, व्यतिक्रमण, उल्लंघन; ~ of law विधि का ≈

**infra-human** अवमानवीय

**infrastructure** आधारिक/ मूलभूत संरचना

**infringe** अतिलंघन करना, तोड़ना

**infringement** अतिलंघन, उल्लंघन; ~ charges ≈ प्रभार; ~ of copyright प्रतिलिप्याधिकार का ≈; ~ of law विधि का ≈; ~ of rules नियम-अतिलंघन

**infringing material** अतिलंघन सामग्री

**infructuous** निष्फल; ~ expenditure व्यर्थ/ निष्फल ख़र्च; ~ proceedings ≈ कार्यवाही

**infuriated** रोषित, क्रुद्ध

**ingenious** पटु, चतुर, विदग्ध; ~ argument ≈ तर्क; ~ hypothesis ≈ प्राक्कल्पना

**ingenuity** पटुता, विदग्धता

**ingenuous** निष्कपट, सीधा

**ingot** पिण्डक, ईंट, सिल्ली

**ingratiation** अनुग्रह-प्राप्ति

**ingredient** संघटक (अंग); ~s of offence अपराध के ≈; ~s of ammunition गोला-बारूद के ≈

**ingress** प्रवेश; free ~ अबाध ≈

**inhabit** बसना, निवास करना, रहना

**inhabitance** निवास, रिहाइश

**inhabitant** निवासी, बाशिंदा; respectable ~ प्रतिष्ठित ≈

**inhabited** बसा हुआ; ~ area ≈ क्षेत्र

**inhalation** अन्तःश्वसन, प्रश्वास

**inhale** अन्तःश्वास लेना

**inherent** अन्तर्भूत, अन्तर्निहित; ~ defect आदि दोष; ~ lacuna ≈ त्रुटि; ~ power ≈ शक्ति; ~ quality ≈ गुण; ~ right ≈ अधिकार

**inherently** अन्तर्निहितत:; ~ distinctive ≈ सुभिन्न

**inherit** दाय पाना, विरासत में पाना

**inheritable** दायाई

**inheritance** दाय, उत्तराधिकार रिक्थ, विरासत; ~ of criminality अपराधिता-वंशागति

**inherited** वंशागत, दायागत; ~ character ≈ लक्षण; ~ property ≈ सम्पत्ति

**inhibit** प्रावरुद्ध करना, मनाही

**inhibitor** प्रावरोधक

**inhuman** अमानुषिक, अमानवीय

**inhumation** शवाधान, दफ़नाना, गाड़ना

**inimical** वैरपूर्ण, विद्वेषपूर्ण

**iniquitous** अन्याय्य; असाम्यापूर्ण

**iniquity** अन्याय, असाम्या

**initial** I. *n.* आद्यक्षर. II. *n.* प्रारम्भिक, आद्य; ~ depreciation ≈ अवक्षय; ~ investment ≈ विनिधान; ~ pay ≈ वेतन; ~ spurt ≈ तेज़ी

**initialled** आद्याक्षरित

**initiate** 1. प्रारम्भ करना; ~ action कार्यवाही आरम्भ करना; 2. पहल करना; प्रवर्तन करना; ~ proceedings कार्यवाही का ≈; 3. दीक्षित करना

**initiating department** प्रारम्भिक विभाग

**initiation** 1. सूत्रपात, प्रारम्भ करना; ~ of proceedings कार्यवाही का ≈; 2. दीक्षा

**initiative** सूत्रपात, पहल; on one's ~ अपने उद्यम से; to take ~ सूत्रपात करना/ पहल करना

**injection** अन्तःक्षेपण, सूई (लगाना)

**injudicious** विवेकहीन; ~ purchase ≈ ख़रीद

**injunction** व्यादेश, निषेधाज्ञा; ~ suit ≈ वाद; interim ~ अन्तरिम ≈; mandatory ~ आज्ञापक ≈; preventive ~ निवारक ≈; prohibitory ~ प्रतिषेधी ≈; provisional ~ अनन्तिम ≈; ~ pendente lite वादकालीन ≈

**injure** 1. चोट/ क्षति पहुँचाना; ~ one's character चरित्र पर दोष लगाना; 2. अपकार करना

**injured** आहत; ~ person ≈ व्यक्ति; ~ party अपकृत पक्ष

**injuries (grave)** घोर अपकृत

**injuria** अपकृति; ~ cum damno हानि के साथ ≈; ~ sine damno बिना हानि के ≈

**injurious** क्षतिकारक, हानिकारक; ~ effect ≈ प्रभाव; ~ to health स्वास्थ्य के लिए ≈

**injury** 1. क्षति; ~ to records अभिलेखों की ≈; ~ to limb अंग की ≈; 2. चोट, आघात; simple ~ सादा ≈; 3. अपकृति

**injustice** अन्याय

**inlaid** खचित, जड़ाऊ

**inland** अन्तर्देशीय; ~ air-mail ≈ हवाई-डाक; ~ instrument ≈ लिखत; ~ letter ≈ पत्र; ~ waterways ≈ जलमार्ग

**inlay** I. *n.* जड़ाई, जड़त. II. *v.i.* खचित करना, जड़ाई करना

**inlet** प्रवेश

**inmate** अन्तःवासी, निवासी; ~ of a widows' home विधवाश्रम की ≈

**innate** सहज, अन्तर्जात

**inner** आन्तरिक, भीतरी; ~ control ≈ नियन्त्रण; ~ motive ≈ अभिप्राय

**innocent** 1. निर्दोष, निरपराध, बेगुनाह; अनभिज्ञ; ~ purchaser ≈ क्रेता; 2. भोला-भाला

**inoculation** टीका

**innocuous** हानिरहित, अनपकारी; ~ resolution ≈ संकल्प, ≈ प्रस्ताव; ~ substance ≈ पदार्थ

**innovation** नवाचार, नवप्रवर्तन

**innuendo** वक्रोक्ति, व्यंग्य

**inoculate** 1. टीका लगाना; 2. संचारित करना

**inoculation** 1. टीका; 2. संचारण

**inoculator** सुई लगानेवाला

**inoffensive** अनाक्रामक; ~ navigation ≈ नौपरिवहन

**inofficious** अप्रकृत; अनैतिक; ~ will ≈ वसीयत

**inoperative** अप्रवर्तनशील, निष्क्रिय, निष्प्रभावी; ~ accounts ≈ लेखे; ~ alliance ≈ सहबंध

**inopportune** 1. असामयिक; 2. अनुचित

**inordinate** 1. अस्वाभाविक; 2. अत्यधिक

**input** निविष्टि, आगत; ~-output analysis ≈-उत्पादन विश्लेषण

**inquest** 1. अन्वीक्षण; 2. मृत्यु-समीक्षा

**inquire** 1. पूछताछ करना; 2. जाँच करना

**inquiring** जाँच करने वाला; ~ authority जाँच प्राधिकारी; ~ officer ≈ अधिकारी

**inquiry** 1. पूछताछ; 2. जाँच, तफ़तीश; ~ on oath सशपथ जाँच; ~ inspector ≈ निरीक्षक; local ~ स्थानीय ≈; preliminary ~ प्रारम्भिक ≈; in-camera ~ बन्द कमरे में ≈

**inquisition** न्यायिक जाँच; (मृत्यु) समीक्षण

**insane** विक्षिप्त, पागल, उन्मत्त

**insanitary** अस्वास्थ्यकर; ~ dwelling ≈ आवास; ~ use ≈ उपयोग

**insanity** विक्षिप्तता, पागलपन

**insatiable** अतृप्य; ~ want ≈ आवश्यकता

**inscribe** अन्तर्लिखित करना

**inscribed** अन्तर्लिखित; ~ note ≈ टिप्पणी/ नोट; ~ security ≈ प्रतिभूति

**inscription** 1. अन्तर्लेख, उत्कीर्ण लेख; 2. शिलालेख

**inscrutable** अनवेक्षणीय

**insecticide** कीटनाशी; ~ paper ≈ कागज़

**insecure** असुरक्षित

**insecurely** असुरक्षित रूप से

**insecurity** असुरक्षा

**insemination** शुक्रसेचन, वीर्याधान

**insensible** 1. संज्ञाहीन, अचेतन, जड़; 2. इन्द्रियातीत; 3. विवेकहीन

**insensitive** असंवेदनशील

**inseparable** अपृथक्करणीय

**insert** निविष्ट करना, भीतर स्थापित करना, डालना; जोड़ना

**inserted** अन्तःस्थापित, निवेषित

**insertion** 1. निवेशन; 2. जोड़ना; ~ in document दस्तावेज़ में ≈

**in-service** सेवाकालीन; ~ education ≈ शिक्षा; ~ training ≈ प्रशिक्षण

**inset** खचित, अन्तर्विष्ट; ~ transmitter अन्तर्विष्ट प्रेषित्र

**inside** I. *adv.* भीतर. II. *n.* भीतरी, आन्तरिक; ~ address ≈ पता; ~ cover ≈ आवरण; ~ guage अंतः प्रमापी, अंतर्गेज

**insidious** विश्वासघाती, कपटी, ऐयार, छली

**insight** अन्तर्दृष्टि

**insignia** अधिचिह्न, राजचिह्न

**insignificant** नगण्य, अमहत्त्वपूर्ण; ~ amount तुच्छ/ नगण्य राशि

**insinuation** आक्षेप, कटाक्ष, दोष मढ़ना

**insipid** नीरस, स्वादहीन, फीका

**insist** ज़ोर देना, आग्रह करना

**insistence** आग्रह, अनुरोध

**insobriety** असंयम

**insolence** धृष्टता, गुस्ताख़ी

**insolent** उद्धत, अक्खड़, गुस्ताख़

**insolvency** दिवाला, दिवालियापन; ~ jurisdiction दिवाला विषयक अधिकारिता

**insolvent** दिवालिया; ~ circumstances दिवाले की परिस्थितियाँ; ~ debtor ≈ ऋणी

**insomnia** अनिद्रा

**inspect** निरीक्षण करना

**inspectable** निरीक्ष्य

**inspected** निरीक्षित

**inspecting** निरीक्षण; ~ officer निरीक्षणाधिकारी; ~ overseer निरीक्षण परिदर्शन

**inspection** निरीक्षण, मुआयना; ~ certificate ≈ प्रमाणपत्र; ~ charges ≈ प्रभार; ~ fee ≈ फ़ीस; ~ at site मौके पर ≈

**inspector** निरीक्षक; ~ general महा≈; ~ general of prisons कारागार महा≈; ~ of registration निबन्धन ≈; ~ of schools विद्यालय ≈

**inspectorate** निरीक्षणालय; ~ general महा≈

**inspectorship** निरीक्षकत्व, निरीक्षक का पद

**inspectress** निरीक्षिका

**inspiration** अन्तःप्रेरणा, अन्तःस्फूर्ति

**inspired** प्रेरित, स्फूर्तित

**instability** अस्थिरता

**install** 1. संस्थापित करना, लगाना; 2. पदारूढ़ करना, प्रतिष्ठापित करना

**installation** 1. संस्थापन, लगाना; ~ engineer ≈ इंजीनयर, संस्थापन अभियंता; 2. प्रतिष्ठापन, अधिष्ठापन; ~ of machinery मशीनों का ≈

**installed capacity** संस्थापित क्षमता

**instalment** क़िस्त, देयांश; by ~s क़िस्तों में; ~ credit ≈ उधार; ~ payment ≈ अदायगी; ~ life premium ≈ प्रीमियम, ≈ जीवन बीमा पॉलिसी

**instance** 1. दृष्टान्त; 2. अनुरोध; at his ~ उसके ≈ पर; 3. in the first ~ प्रथमतः, पहले तो; court of first ~ प्रथम न्यायालय

**instant** 1. इस मास का; 2. क्षण, तत्काल; ~ death तत्कालीन मृत्यु

**instantaneous** तात्कालिक, तात्क्षणिक

**instantiation** दृष्टान्त देना

**instantly** तुरन्त, तत्क्षण

**instead of** के स्थान पर, के बजाय

**instigate** उपोत्साहित करना, उकसाना, तरग़ीब देना

**instigation** उपोत्साहन, उकसावा, तरग़ीब

**instigator** उकसानेवाला; ~ of war युद्ध-उत्तेजक

**instinct** (सहज) प्रवृत्ति; ~ gratification मूल ≈ परितुष्टि; sex ~ काम-वृत्ति

**instinctive** मूल प्रवृत्तिक, नैसर्गिक, सहज; ~ action ≈ क्रिया; ~ behaviour ≈ व्यवहार

**institute** I. *n.* संस्थान. II. *v.t.* संस्थित/संस्थापित करना, चलाना; ~ an inquiry जाँच ≈; ~ a prosecution अभियोग ≈

**instituted** संस्थित; ~ law संस्थापित विधि, ≈ विधि

**institution** 1. संस्थापन, दायर; ~ of fellowships अध्येतावृत्तियाँ स्थापित/संस्थित करना; ~ of suits वादों का ≈; 2. संस्था; educational ~ शैक्षणिक ≈; ~ of marriage विवाह ≈

**institutional** संस्थागत; ~ Administrator ≈ प्रशासक; ~ arbitration ≈ विवाचन; ~ care ≈ देखभाल; ~ function ≈ प्रकार्य; ~ norms ≈ प्रतिमान; ~ process ≈ प्रक्रम; ~ rent ≈ अधिशेष; ~ training ≈ प्रशिक्षण

**institutor** संस्थापक

**instruct** अनुदिष्ट करना, हिदायत देना, शिक्षण देना

**instruction** अनुदेश, हिदायत; शिक्षा

**instructional** अनुदेशी, अनुदेशात्मक; ~ aid ≈-साधन; ~ planning ≈ योजना; ~ test ≈ परीक्षण

**instructive** शिक्षाप्रद

**instructor** 1. अनुदेशक; 2. शिक्षक

**instrument** 1. उपकरण, औज़ार; cutting ~ काटने का ≈; shooting ~ गोली; मारने का ≈; wieghing ~ तौलने का ≈. 2. लिखत, प्रपत्र; ~ of acceptance स्वीकृति-प्रपत्र; ~ of accession अधिमिलन ≈; ~ of approval अनुमोदन ≈; ~ of divorce तलाक़ ≈; ~ of exchange विनिमय ≈; ~ of government राजप्रपत्र, राज-विलेख; ~ of instruction निर्देश ≈; ~ of mortgage बन्धक ≈; ~ of negotiations वार्ता ≈; ~ of transfer अन्तरण ≈; ~ under seal मुद्रांकित ≈; 3. ~ of public opinion जनमत/लोकमत के साधन

**instrumental** साधक, नैमित्तिक; ~ assets ≈ परिसम्पत्ति; ~ capital ≈ पूँजी; ~ goods ≈ वस्तुएँ; ~ service ≈ सेवा

**instrumentalist** यंत्र-वादक

**instrumentality** माध्यम

**insubordinate** अवज्ञापूर्ण, अवज्ञाकारी, अधीनतासूचक; ~ language ≈ भाषा

**insubordination** अवधीनता, अवज्ञा
**insufficiency** अपर्याप्तता
**insufficient** अपर्याप्त; ~ address ≈ पता; ~ grounds ≈ आधार
**insufficiently paid article** कम टिकट लगी वस्तु, अपर्याप्त दत्तशुल्क वस्तु
**insulating** विद्युत-रोधी; ~ tape ≈ फ़ीता; ~ test ≈ परीक्षण
**insulation** विद्युत रोधन/विसंवाहन
**insulator** विद्युत रोधक
**insult** **I.** *n.* अपमान. **II.** *v.t.* अपमान करना
**insulting** अपमानजनक; ~ language ≈ भाषा, गाली-गलौज
**insuperable** अलंघ्य, दुस्तर
**insurable** बीमायोग्य; ~ interest बीमा हित; ~ risk ≈ जोखिम
**insurance** बीमा; ~ agent बीमाकर्ता, ≈ एजेन्ट; ~ broker ≈ दलाल; ~ policy ≈ पॉलिसी, ~ premium ≈ किस्त/ प्रीमियम; propsal ≈ प्रस्ताव; ~ service ≈ व्यवस्था; ~ general विविध ≈; life ~ जीवन ≈
**insure** बीमा करना/ कराना; क्षतिपूर्ति का वादा करना
**insured** बीमाकृत; ~ amount ≈ राशि, ≈ रक़म; ~ article ≈ वस्तु; ~ deposit ≈ निक्षेप; ~ letter ≈ पत्र; ~ parcel ≈ पार्सल
**insurer** बीमाकर्ता
**insurgence,-cy** उपप्लव, राज्यद्रोह
**insurgent** उपप्लवी, राज्यद्रोही, विप्लवकारी
**insurmountable** दुरतिक्रम्य, अलंघ्य
**insurrection** विप्लव, राज्यद्रोह, बग़ावत
**intact** अक्षुण्ण, अविकल; ~ seals ≈ मुहर
**intake** **1.** प्रवेश; ~ interview ≈ साक्षात्कार; **2.** अन्तर्ग्रहण; ~ of power शक्ति का ≈
**intangible** अमूर्त; ~ assets ≈ परिसम्पत्ति; ~ property ≈ सम्पत्ति
**integral** अविभाज्य, पूर्णांका, अभिन्न; ~ part ≈ अंग
**integrate** एकीकरण करना, समाकलन करना
**integrated** एकीकृत, समाकलित, समग्र; ~ approach ≈ दृष्टिकोण; ~ courses ≈ पाठ्यक्रम; ~ credit ≈ साख; ~ development ≈ विकास; ~ industries सुबद्ध उद्योग; ~ market ≈ बाज़ार; ~ plan ≈ योजना; ~ service समाकलित सेवा
**integration** एकीकरण, समाकलन; ~ course ≈ पाठ्यक्रम; emotional ~ भावात्मक एकता
**integrative process** समाकलनात्मक प्रक्रम
**integrity** **1.** अखण्डता, अविकलता; ~ of states राज्यों की ≈; **2.** सत्यनिष्ठा, ईमानदारी
**intellect** प्रज्ञा, बुद्धि
**intellectual** **I.** *a.* प्रज्ञात्मक, बौद्धिक; ~ leadership ≈ नेतृत्व. **II.** *n.* बुद्धिजीवी
**intelligence** **1.** बुद्धि; ~ capacity ≈ क्षमता; ~ quotient ≈ लब्धि; ~ test ≈ परीक्षण; **2.** गुप्तवार्ता; ~ bureau खुफ़िया ब्यूरो; ~ department गुप्तचर विभाग; ~ staff ≈ कर्मचारी; **3.** आसूचना; ~ communication ≈ देना
**intelligent** प्रज्ञावान्, बुद्धिमान्, समझदार; ~ preference बुद्धिमत्तापूर्ण अधिमान
**intelligentsia** प्रबुद्ध वर्ग, बुद्धिजीवी वर्ग
**intelligently** बुद्धिमत्ता से, समझदारी से
**intelligible** बुद्धिगम्य
**intemperance** अमिताचार/ असंयम
**intend** **1.** इरादा/ विचार करना; **2.** अभिप्राय/ मतलब होना
**intended** आशयित, अभिप्रेत; ~ bailee ≈ उपनिहिती; ~ leave ≈ छुट्टी; ~ meaning ≈ अर्थ

**intending** आशयी, इच्छुक; ~ bidder ≈ बोलीदार; ~ purchaser ≈ क्रेता

**intendment** अर्थान्वय, अभिप्राय

**intense** तीव्र

**intensify** 1. तीव्र करना; 2. गहन करना

**intensity** तीव्रता

**intensive** 1. तीव्र; ~ drive ≈ अभियान; 2. गहन, सघन; ~ check ≈ जाँच; ~ course ≈ पाठयक्रम; ~ cultivation ≈ कृषि/ खेती; ~ study ≈ अध्ययन; ~ training ≈ प्रशिक्षण

**intent** आशय, अभिप्राय; ~ to deceive धोखा देने का ≈; criminal ~ आपराधिक ≈; to all ~ सर्वथा

**intention** आशय, अभिप्राय, नीयत; bad ~ कुत्सित ≈; common ~ सामान्य ≈; conscious सचेत ≈

**intentional** आशययुक्त, साभिप्राय; ~ audience ≈ श्रोतागण; ~ insult साशय अपमान

**intentionally** साभिप्राय, जानबूझकर, साशय; ~ omit ≈ लोप करना

**inter** बीच, में; ~ alia अन्य वस्तुओं में; ~ arma leges silent युद्धकाल में विधि मौन रहती है; ~ nos हम में; ~ partes पक्षकारों के बीच; ~ se आपस में, परस्पर; ~ vivos जीवित व्यक्तियों के बीच

**inter-** अन्तर्-, अन्तः

**interaction** अंतःक्रिया

**inter-agency agreement** अन्तः एजेंसी समझौता, अन्तः अभिकरण समझौता

**inter-branch transactions** अन्तःशाखा लेनदेन/व्यवहार

**inter-caste** अन्तर्जातीय; ~ marriage ≈ विवाह

**intercede** बीच में पड़ना, मध्यस्थता करना

**intercept** अन्तरोंध करना, बीच में पड़ना

**interception** अन्तरोंध, बीच में रोकना

**intercession** अन्तःस्थता, बीच-बचाव

**interchange** I. *n.* अन्तर्विनिमय; ~ point अन्तर्ग्रहण स्थल, अदला-बदली स्थिति. II. *v.t.* अन्तर्विनिमय करना

**interchangeable bond** विनिमय बांड

**interclass** अंतःवर्ग

**intercollegiate** अन्तर्महाविद्यालयी

**intercommunication** अंतःसंचार

**interconnected** अन्योन्यसम्बद्ध, अंतःसंबद्ध

**intercontinental** अन्तर्महाद्वीपीय; ~ ballastic missile ≈ प्रेक्षपास्त्र

**intercorporate** अन्तर्निगमीय; ~ dividend ≈ लाभांश; ~ investments अन्तर कंपनी निवेश

**intercourse** समागम, संभोग; carnal ~ इन्द्रिय ≈; illicit ~ अवैध ≈; marital ~ वैवाहिक ≈; sexual ~ मैथुन

**intercrop** एकसाथ दो फ़सलें

**intercultural understanding** अंतःसांस्कृतिक बोध

**interdepartmental** अन्तर्विभागी; ~ transactions ≈ लेनदेन; ~ transfer ≈ अन्तरण

**interdependence** अन्योन्याश्रय, परस्पर निर्भरता

**interdependent** अन्योन्याश्रित, परस्पर निर्भर

**interdict** 1. प्रत्याख्यान करना; 2. निषेधाज्ञा देना

**interdiction** 1. प्रत्याख्यान; 2. निषेधाज्ञा

**interdining** सहभोज

**interdisciplinary** अन्तर्विषयक; ~ project ≈ परियोजना

**inter-divisional transfer** अंतर्मण्डलीय अंतरण

**interest** 1. सूद, ब्याज; ~ accrued प्राप्य ≈; ~ bearing ब्याजी; ~ bearing account सब्याज लेखा; ~ bond

ब्याजार्थ बंधपत्र, बांड; ~ on call माँग राशि पर ≈; ~ free बिना ≈; ~ on capital पूँजी पर ≈; ~ on loan कर्ज़ पर ≈; ~ payable देय ≈; ~ suspense account ≈ उचंत लेखा; compound ~ चक्रवृद्धि ≈; gross ~ कुल ≈; simple ~ सादा ≈; **2.** हित; contingent ~ समाश्रित ≈; national ~ राष्ट्रीय ≈; personal ~ व्यक्तिगत ≈; ~ in estate संपदा में ≈; **3.** स्वार्थ; vested ~ निहित ≈; **4.** अभिरुचि; area of ~ ≈ क्षेत्र; diverse ~ विभिन्न ≈; literary ~ साहित्यिक ≈; ~ test ≈ परीक्षण

**interested** **1.** हितार्थी, बद्धहित; ~ party ≈ पक्षकार; **2.** अभिरुचियुक्त

**interesting** रोचक

**inter-faculty** अन्तर्संकाय

**interfamilial** अंतःकौटुंबिक; ~ tension ≈ तनाव

**interfere** हस्तक्षेप करना, दख़ल देना; ~ with में बाधा डालना

**interference** हस्तक्षेप, दस्तंदाज़ी; undue ~ अनुचित ≈

**intergovernmental** अन्तःशासकीय; ~ debt ≈ ऋण; ~ investment ≈ अंतःसरकारी निवेश

**inter-group antagonism** अंतःसमूह विरोध

**interim** अन्तरिम, अन्तःकालीन; ~ agreement ≈ अनुबन्ध, ≈क़रार; ~ arrangement ≈ प्रबंध; ~ award ≈ पंचाट ~ bonus ≈ बोनस; ~ budget ≈ बजट; ~ custody ≈ अभिरक्षा; ~ government ≈ सरकार; ~ injunction ≈ व्यादेश; ~ order ≈ आदेश; ~ period ≈ अवधि; ~ relief ≈ सहायता/ राहत

**interior** आभ्यंतर, अंतरंग, भीतरी

**interlacing** अन्तर्ग्रथन

**interlinear** अन्तःपंक्तिक

**interlineation** अन्तरालेखन

**interlink** अन्तःसम्बद्ध

**inter-local** अंतःस्थानिक

**interlocked** अन्तर्ग्रथित, अन्तःपाशित

**interlocking** अन्तःपाशी; ~ layouts अन्तरपाशन विन्यास, अन्तर्ग्रथित विन्यास

**interlocutory** अन्तर्वादीय; ~ application ≈ आवेदन; ~ order ≈ आदेश

**interloper** अन्तःप्रवेष्टा, दख़लकार

**interlude** अन्तरालिका

**intermarriage** अन्तर्विवाह

**intermeddle** हस्तक्षेप/ दख़लंदाज़ी करना

**intermeddling** हस्तक्षेप, दख़लंदाज़ी

**intermediary** **I.** *n.* बिचौलिया, मध्यस्थ. **II.** *a.* अन्तर्वर्ती, मध्यवर्ती, मध्यस्थ

**intermediate** **1.** मध्यवर्ती; ~ commodity ≈ पण्य; ~ encumbrance ≈ भार; ~ examination इन्टर परीक्षा, माध्यमिक परीक्षा; ~ fact मध्यान्तरिक तथ्य; ~ goods ≈ माल; ~ landing बीच में उतरना; ~ period ≈ काल; ~ proceedings ≈ कार्यवाही; ~ station मध्यवर्ती स्टेशन; **2.** मध्यकालिक; ~ credit ≈ उधार; ~ loan ≈ ऋण; **3.** माध्यमिक; ~ department ≈ विभाग; ~ service ≈ सेवा; **4.** अन्तःकालीन; ~ custody ≈ अभिरक्षण; ~ payment ≈ अदायगी

**interminable** अनन्त, असीम

**intermingle** आपस में मिल जाना

**intermit** विराम करना, रुकना

**intermittent** **1.** सविराम; ~ group ≈ समूह; **2.** आन्तरालिक; ~ period ≈ कालावधि; **3.** ~ worker यदाकदिक श्रमिक

**intermix** अन्तर्मिश्रित करना, मिलाना

**intern** स्थानबद्ध/ नज़रबन्द करना

**internal** आन्तरिक; ~ audit ≈ लेखा परीक्षा; ~ communication ≈ संचारण; ~ consumption ≈ खपत, ≈ उपभोग; ~ disturbance ≈ अशांति; ~ reserve ≈ आरक्षित निधि; ~ security ≈ सुरक्षा; ~ subsidy ≈ अर्थसहायता; ~ trade ≈ व्यापार; ~ evidence अंतःसाक्ष्य; ~ organization आभ्यंतर संगठन, अन्तः संगठन

**international** अन्तर्राष्ट्रीय; ~ adjudication ≈ न्यायिक निर्णय; ~ affairs ≈ विषय, ≈ मामले; ~ alignments ≈ गुटबन्धन; ~ boundary commission ≈ सीमा आयोग; ~ credit card ≈ प्रत्यय पत्र; ~ currency ≈ मुद्रा; ~ delegation ≈ शिष्टमण्डल; ~ extradition ≈ प्रत्यर्पण; ~ law ≈ विधि; ~ Monetary Fund ≈ मुद्रा कोष; ~ post ≈ डाक; ~ protection ≈ संरक्षण; ~ postal communication ≈ डाक संचार; ~ servitude ≈ भोगाधिकार; ~ treaty ≈ संधि; ~ tribunal ≈ अधिकरण; ~ understanding ≈ सद्‌भावना; ~ usage ≈ प्रचलन

**internecine** परस्पर घातक

**internee** नज़रबन्द, स्थानबद्ध

**internment** स्थानबन्धन, नज़रबन्दी

**inter-office** अन्तःकार्यालय

**Inter-Parliamentary** अंतः संसदीय

**interpellate** प्रश्न पूछना

**interpellation** प्रश्न, विप्रश्न

**interpersonal** अन्तर्वैयक्तिक; ~ relations ≈ सम्बन्ध

**interplead** अन्तरभिवचन करना

**interpleader** अन्तरभिवाची; ~ suit ≈ वाद

**interpolate** अन्तर्विष्ट करना, ठूँसना; प्रक्षिप्त करना

**interpolation** अन्तर्वेशन, प्रक्षेप, क्षेपण

**interpolator** क्षेपक

**interpose** अन्तःक्षेप करना, बीच में आना, टोकना

**interposition circuit** अंतर्वेशन परिपथ

**interpret** निर्वचन/ भाषान्तर करना

**interpretation** निर्वचन, अर्थ-निरूपण; भाषान्तर; ~ clause ≈ खण्ड; narrow ~ संकुचित ≈; ~ of rules नियम अर्थनिर्णय, नियम निर्वचन

**interpretative** निर्वचनात्मक; ~ comments व्याख्यात्मक टिप्पण; ~ declaration ≈ घोषणा; ~ guidance ≈ निर्देशन; ~ rule ≈ नियम

**interpreter** दुभाषिया, भाषांतरकार

**interprovincial** अन्तःप्रान्तीय

**interred** भूमिगर्भित, दफ़नाया/ गाड़ा हुआ

**interregnum** अन्तःकाल, अन्तःकालीन

**inter-regional** अंतःप्रादेशिक

**interrelated** परस्पर सम्बद्ध; ~ programme ≈ कार्यक्रम

**inter-relation** अंतःसंबंध, परस्परसंबंध

**interrogable** परिप्रश्न/ पूछताछ योग्य

**interrogate** परिप्रश्न/ पूछताछ करना, पूछना

**interrogation** परिप्रश्न, पूछताछ; ~ sign प्रश्नचिह्न (?)

**interrogative** प्रश्नवाचक

**interrogatories** परिप्रश्न, प्रश्नावली; deliver ~ ≈ परिदत्त करना

**interrogator** परिप्रश्नक, प्रश्नकर्ता

**interrupt** 1. बाधा/ विघ्न डालना, टोकना; 2. अन्तरायित करना

**interrupted** विच्छिन्न, बाधित, व्यवहित; ~ service ≈ सेवा

**interruption** 1. बाधा, विघ्न, व्यवधान, खलल; ~ in service सेवा में ≈; 2.

अन्तरायण

**inter se** आपस में/ परस्पर

**intersect** प्रतिच्छेदन करना, काटना

**inter-sectional** अन्तरनुभागीय; ~ correspondence ≈ पत्राचार; ~ movement register अन्तर्राज्य संचलन पंजी

**inter-sector** अंतःक्षेत्रक

**interspace** अन्तराल

**interspacing** अन्तरालन

**inter-state** अन्तर्राज्यीय; ~ citizenship ≈ नागरिकता; ~ communication ≈ संचार/ पत्रादिव्यवहार; ~ movement ≈ गमनागमन; ~ trade barrier ≈ व्यापार रोध; ~ transport ≈ परिवहन

**interstice** अन्तराल

**inter-union** अन्तःसंघीय; ~ coordination ≈ समन्वय; ~ dispute ≈ विवाद

**inter-urban** अंतर्नगरीय

**interval** मध्यान्तर, अन्तराल; ~ of time कालान्तर; ~ for rest विश्राम-≈

**intervaluation** अन्तर्मूल्यांकन; ~ period ≈ कालावधि

**intervene** हस्तक्षेप करना, बीच में पड़ना

**intervening** मध्यवर्ती; ~ period ≈ काल

**intervention** हस्तक्षेप, मदाख़लत; ~ by right साधिकार ≈; ~ currency मध्यवर्ती मुद्रा; illegal ~ अवैध ≈; justified ~ न्यायोचित ≈; punitive ~ दण्डात्मक ≈

**interview** साक्षात्कार, इंटरव्यू

**interviewee** इन्टरव्यू देनेवाला

**interviewer** इन्टरव्यू लेनेवाला, साक्षात्कर्ता

**inter vivos** मनुष्यों के बीच, जीवाभ्यन्तर

**intestacy** निर्वसीयतता, बिना वसीयत मरना

**intestate** 1. निर्वसीयत; ~ succession बिना वसीयत उत्तराधिकार; 2. निर्वसीयती (व्यक्ति)

**intimacy** 1. घनिष्ठता; 2. अवैध सम्बन्ध, आशनाई

**intimate** I. *a.* घनिष्ठ, गहरा; ~ acquiantance ≈ परिचय; ~ contact ≈ सम्पर्क; ~ friend ≈ मित्र. II. *v.t.* सूचित/ प्रज्ञापित करना, आगाह करना

**intimation** प्रज्ञापन, सूचना; ~ letter ≈-पत्र; ~ of acceptance स्वीकृति की ≈; ~ of loss हानि की सूचना; under ~ to us हमें सूचना देते हुए

**intimidate** अभित्रस्त करना, डराना-धमकाना

**intimidation** अभित्रास, डराना-धमकाना; criminal ~ आपराधिक ≈

**intolerable** असह्य, असहनीय

**intolerance** असहिष्णुता

**intolerant** असहिष्णु

**intoxicant** I. *a.* मादक, नशीला. II. *n.* मादक द्रव्य, नशीली चीज़

**intoxicate** मदमत्त करना/ होना

**intoxicating** मादक; ~ beverage ≈ पेय; ~ drink ≈ पेय

**intoxication** मत्तता, नशा, मदहोशी; state of ~ मत्तावस्था

**intra** भीतर, आभ्यन्तर, आन्तर्

**intractable** अदम्य, हठीला

**intrafamilial** अंतर-कौटुंबिक, अंतर-पारिवारिक

**intra national** अंतःराष्ट्रीय, राष्ट्रान्तर्गत

**intransigent** दुराग्रही, हठी

**intrpersonal relationship** अंतर्वैयक्तिक संबंध

**intra-regional** प्रदेशांतर्गत; ~ trade ≈ व्यापार

**intra-state** राज्य के भीतर

**intra vires** शक्तयधीन, शक्ति के भीतर

**intra vitam** जीवन-काल में

**intricacy** जटिलता, विषमता

**intricate** जटिल, विषम

**intrigant** षड्यन्त्रकारी

**intrigue** I. *n.* कुचक्र, षड्यन्त्र. II. *v.t.* षड्यन्त्र रचना/ करना

**intriguer** षड्यन्त्रकारी

**intriguery** षड्यन्त्र-रचना

**intrinsic** 1. आंतरिक, अंतर्भूत; ~ motivation ≈ अभिप्रेरण; ~ value ≈ मूल्य; 2. तात्त्विक

**in-trip** आवक फेरा

**introduce** 1. प्रस्तुत/ पेश करना, पुरःस्थापित करना; ~ a fact तथ्य ≈; 2. समाविष्ट करना, जोड़ देना; 3. चलाना, प्रवर्तन करना, प्रारम्भ करना; 4. परिचय करना; ~ into partnership भागीदारी में प्रविष्ट करना

**introduced business** प्रस्तावित बीमे

**introducer** परिचायक

**introduction** 1. पुरःस्थापन; 2. समावेश; 3. प्रस्तावना, भूमिका; 4. परिचय, मुलाक़ात; ~ into a country किसी देश में प्रवेश

**introductory** 1. आरम्भिक; ~ course प्रवेश-पाठ्यक्रम; 2. प्रस्तावनात्मक; ~ remarks ≈ टिप्पणियाँ; 3. परिचयात्मक

**introspection** अन्तर्निरीक्षण

**introspective** अन्तर्निरीक्षणात्मक

**introvert** अन्तर्मुखी

**intrude (upon)** अतिक्रमण/ दस्तंदाज़ी करना

**intruder** बलात् घुसनेवाला, घुसपैठिया

**intrusion** बलात् प्रवेश, दस्तंदाज़ी, घुसपैठ

**intrust** अन्तर्न्यस्त करना

**intuition** अन्तःप्रज्ञा, सहज बोध

**intuitive** अन्तःप्रज्ञ, अन्तःप्रज्ञात्मक; ~ pricing आनुमानिक क़ीमत निर्धारण

**inundation** बाढ़, आप्लावन; ~ canal बरसाती नहर

**inure** 1. प्रयोग/ काम में आना; 2. लागू होना, लगना

**inured** अभ्यस्त

**invade** आक्रमण/ चढ़ाई करना

**invalid** 1. अविधिमान्य, अमान्य; ~ adoption ≈ दत्तकग्रहण; ~ ballot ≈ मतपत्र; ~ vote ≈ मत; 2. अशक्त; ~ passenger ≈ यात्री; ~ pension अशक्तता-पेंशन

**invalidate** अविधिमान्य ठहराना, अमान्य/ रद्द कर देना

**invalidation** अमान्यकरण; ~ of proceeding कार्यवाही का ≈

**invalidity** 1. अशक्तता; 2. अविधिमान्यता

**invaluable** बहुमूल्य

**invariable** अपरिवर्तनीय, नियत; ~ rule ≈ नियम

**invariably** निरन्तर, बराबर, सदा

**invasion** आक्रमण, चढ़ाई; ~ of privacy निजता पर ≈

**invective** अधिक्षेप, फटकार, भर्त्सना

**inveigle** लुभाना, फुसलाना, बहकाना

**invented** आविष्कृत

**invention** आविष्कार

**inventive** आविष्कारशील

**inventor** आविष्कारक

**inventory** तालिका, सूची; ~ of records अभिलेख ≈; ~ of the property सम्पत्ति ≈

**inverse** विपरिवर्तित, प्रतिलोम, उलटा; ~ inference ≈ अनुमान; ~ order ≈ क्रम; ~ ratio ≈ अनुपात

**inversion** विपरिवर्तन, प्रतिलोम क्रम, विपर्यास

**invert** विपरिवर्तित/ विपर्यस्त/ उलटा करना

**invest** 1. (पूँजी) लगाना, विनिहित/ निविष्ट करना; 2. (राष्ट्रिकता) प्रदान करना

**invested** विनिहित

**investigate** खोज-बीन/ जाँच-पड़ताल/

तफ़्तीश करना, अन्वेषण करना

**investigating** अन्वेषण; ~ officer ≈ अधिकारी

**investigation** खोज-बीन, जाँच पड़ताल, तफ़्तीश, अन्वेषण; ~ of claim दावे का ≈

**investigator** अभीक्षक, अन्वेषक

**investigatory** अन्वेषी

**investing power** निवेशी अधिकार

**investiture** 1. प्रतिष्ठापन, मान-प्रदान; ~ ceremony मानप्रदान समारोह; 2. राज्याभिषेक

**investment** विनिधान, लगा धन, निवेश; ~ allowance ≈ छूट; ~ ledger ≈ खाता; ~ of funds निधि ≈; ~ return ≈ प्रतिफल; ~ policy ≈ नीति; ~ spurt ≈ प्रवेग; ~ turnover ≈ आवर्त

**investor** निवेशक, विनिधान-कर्ता

**invigilate** अधिवीक्षण करना

**invigilation** अधिवीक्षण

**invigilator** अधिवीक्षक, अभीक्षक

**invincible** दुर्जेय, अपराजेय

**inviolability** अनुलंघनीयता, अनतिक्रमणीयता

**inviolable** अनतिक्रमणीय, अनुल्लंघनीय; ~ right ≈ अधिभार

**invisible** अदृश्य; ~ import ≈ आयात; ~ receipts ≈ प्राप्तियाँ

**invitation** आमन्त्रण

**invite** आमन्त्रित करना, न्यौता देना; ~ tender निविदा माँगना; ~ attention ध्यान आकर्षित करना

**invocation** 1. आह्वान, तलबी; 2. झाड़/फूँक

**invoice** बीजक; ~ book ≈ बही; ~ value ≈ मूल्य; ~ of receipts आवती ≈

**invoke** आह्वान करना (सहायता) माँगना

**involuntary** अनैच्छिक, अस्वैच्छिक; ~ act ≈ कार्य; ~ homicide ≈ मानववध; ~ investment ≈ निवेश; ~ loss ≈ हानि

**involve** 1. अन्तर्ग्रस्त करना/ होना, फँसना, फँसाना; ~ a risk जोखिम मे पड़ना; 2. अन्तर्भूत करना/ होना

**involved** 1. अन्तर्ग्रस्त, फँसा हुआ; ~ in debt ऋणग्रस्त; 2. अन्तर्भूत

**involving** में होने वाला; ~ expenditure में व्यय होने वाला; ~ question प्रश्न हो सकता है; ~ question of policy जिसमें नीति का प्रश्न (निहित हो)

**inward** 1. आनेवाला; ~ bound आनेवाला; ~ check ≈ पड़ताल; ~ clearing ≈ समाशोधन; ~/outward earning आवक/जावक आय; ~ foreign parcel ≈ विदेश पार्सल; ~ freight ≈ भाड़ा; ~ invoice ≈ बीजक; ~ mail ≈ डाक; ~ register आवक पंजी; ~ return आवक विवरणी; ~ ticket ≈ टिकट; ~ traffic ≈ यातायात; ~ way-bill आवक माल रवन्ना; 2. आंतरिक, अंतर्मुखी

**ipse** वह स्वयं; ~ dixit उसका अपना कथन

**ipsissima verba** ठीक उन्ही शब्दों में

**ipso facto** कार्य से ही, यथातथ्यतः

**ipso jure** विधि से ही, विधितः एव

**irksome** उबा/ उकता देने वाला

**iron** लोहा; pig ~ कच्चा लोहा; ~ curtain कठोर सेंसर व्यवस्था; ~ law of wages मज़दूरी का लौह नियम; ~ rule लौह नियम

**ironical** व्यंग्यात्मक

**ironically** व्यंग्य के रूप में

**irony** विडम्बना, व्यंग्य

**irrational** अविवेकशील, अयुक्त

**irrebuttable** अखण्डनीय, अकाट्य

**irreconcilable** असमाधेय; अनमेल

**irrecoverable** 1. अशोध्य, बट्टे खाते का;

~ arrears ≈ बक़ाया; ~ loss ≈ हानि; ~ loan ≈ कर्ज़; **2.** अपूरणीय

**irredeemable** **1.** अप्रतिदेय; ~ bond ≈ बंधपत्र; ~ currency ≈ करेंसी या मुद्रा; ~ debt ≈ ऋण; ~ preference share ≈ अधिमान शेयर; **2.** अमोचनीय; ~ mortgage ≈ बन्धक

**irrefragable** अखण्डनीय, अकाट्य, लाजवाब; ~ canon ≈ धनराशि

**irrefutable** =irrefragable

**irregular** अनियमित; बेज़ाब्ता; ~ army ≈ सेना; ~ employment ≈ रोज़गार; ~ endorsement ≈ बेचान, ≈ पृष्ठांकन; ~ inflation ≈ स्फीति; ~ proceedings ≈ कार्यवाही; ~ troops ≈ सैन्यदल

**irregularity** अनियमितता; ~ of procedure प्रक्रिया की ≈

**irregularly** अनियमित रूप से, बेक़ायदा

**irrelevance, cy** विसंगति, असंबद्धता

**irrelevant** विसंगत, असंबद्ध; ~ fact असंगत/ अप्रासंगिक तथ्य; ~ matter ≈ बात; ~ question ≈ प्रश्न; ~ to the issue विषय से असंबद्ध

**irreligious** अधार्मिक, बेधर्म

**irremediable** **1.** असाध्य; **2.** निरुपाय

**irreparable** अपूरणीय, अप्रतिकार्य

**irrepressible** अदम्य, अदमनीय

**irresistable** अप्रतिरोध्य; ~ force ≈ बल

**irrespective of** को विचार में लाये बिना; ~ of the value मूल्य ≈

**irresponsible** अनुत्तरदायी, ग़ैर-ज़िम्मेदार

**irretrievable** असुधार्य; अपूर्य

**irreversible** अप्रतिवर्त्य

**irrevocable** अखण्ड, अप्रतिसंहरणीय, अटल; ~ alliance ≈ सहबंध, ≈ मैत्री; ~ authority ≈ प्राधिकार; ~ beneficiary ≈ हिताधिकारी; ~ credit अविकल्प साख; ~ decision ≈ निर्णय; ~ transfer ≈ अन्तरण

**irrigate** सिंचाई करना, सींचना

**irrigated** सिंचित, सींची हुई (भूमि)

**irrigation** सिंचन, सिंचाई; ~ works ≈ संकर्म

**irritable** चिड़चिड़ा, उत्तेज्य

**irritant** उत्तेजक, दाहोत्पादक

**irritate** **1.** चिढ़ाना; **2.** उत्तेजित करना; **3.** दाह/ जलन उत्पन्न करना

**irritating** **1.** चिढ़ाने वाला; **2.** संतापकारी, जलन पैदा करने वाला

**irritation** **1.** चिढ़; **2.** उत्तेजन; **3.** संताप, जलन

**island platform** द्वीप प्लेटफ़ार्म

**isolate** **I.** *v.t.* अलग/ पृथक् करना. **II.** *a.* पृथक्, इक्का-दुक्का, एकाकी, वियुक्त, निःसंग

**isolated** =isolate II ~ group पृथक्कृत समूह; ~ document ≈ दस्तावेज़

**isolating situation** पृथक्कारी स्थिति

**isolation** **1.** पृथक्करण, अलग करना; **2.** बिलगाव, पार्थक्य, निःसंगता

**issue** **I.** *n.* वादपद, वादविषय, विवाद्यक; ~ of fact तथ्य सम्बन्धी ≈; ~ of law विधि सम्बंधी ≈; in ~ विवाद्य; to join ~ विवाद/ बहस करना; **2.** निर्गम, निकासी; ~ branch ≈ शाखा; ~ clerk ≈ क्लर्क/ लिपिक; ~ diary ≈ दैनिकी; ~ number ≈ संख्या; ~ price ≈ मूल्य; ~ rates ≈ दरें; ~ register ≈ पंजी; ~ voucher ≈ वाउचर; ~ of money धन की निकासी **3.** (of a magazine) अंक; **4.** संतति, संतान, औलाद, **5.** material ~ महत्त्वपूर्ण प्रश्न. **II.** *v.t.* जारी करना, निकालना; ~ a precept आज्ञापत्र ≈; ~ commission आयोग ≈; ~ order आदेश ≈; ~ cheque चेक काटना

**issued** निर्गमित, जारी की गई; ~ articles ≈ वस्तुएँ; ~ capital ≈ पूँजी

**issueless** निस्सन्तान, लावल्द

**issuing** निर्गमी; ~ authority ≈ प्राधिकारी; ~ banker ≈ बैंकर; ~ letter ≈ पत्र; ~ date निर्गम तिथि, जारी होने की तारीख़; ~ concern निर्गमन करने वाला प्रतिष्ठान

**it** यह; ~ is conceded ≈ मान लिया गया है; ~ is hereby enacted निम्नलिखित अधिनियम बनाया जाता है; ~ is hereby agreed इसके द्वारा ≈ अनुबन्ध/ इक़रार किया जाता है; ~ is noticed that देखा गया है कि; ~ is requested निवेदन/ प्रार्थना है; ~ is suggested सुझाव दिया जाता है; ~ may further be added ≈ भी बताया जाता है, ≈. भी बता दिया जाए

**itchiness** खुजलाहट

**item** मद, मुद्दा; grant by ~ मदवार अनुदान; ~ in suspense उचंत मद; ~-wise एक-एक ≈ करके; ~ on agenda कार्यावली के विषय

**itemized** 1. मदवार; ~ appropriation ≈ विनियोग; 2. एकांशीकृत; ~ rating ≈ निर्धारण

**iterate** पुनःकथन करना, दोहराना

**iteration** पुनःकथन, पुनरावृत्ति

**itinerant** 1. फेरी लगाकर बेचने वाला, घुमंतू; ~ merchant ≈ सौदागर; ~ worker ≈ कामगार; 2. ~ judge दौरा जज

**itinerary** 1. यात्रा-कार्यक्रम; 2. मार्गनिर्देशिका

**I/V (increased value)** वर्धित मूल्य

# J j

**jactitation** 1. डींग, झूठी आत्मश्लाधा; 2. झूठा दावा

**jack plugger** जबड़ा ढक्कन

**jactus** फेंका हुआ, तिरस्कृत

**jaggery** गुड़

**jail** जेल, बन्दीगृह; ~-bird आदी बंदी; ~-delivery कारामुक्ति; ~ labour बंदी/ क़ैदी मज़दूर; ~ superintendent कारावास अधीक्षक

**jailor** जेलर, कारापाल

**jam** 1. जाम होना/ करना, घुसड़ना, घुसेड़ना; 2. भीड़ मचाना; 3. फँसना, अटकना

**jammed** रुद्ध

**jamming** जाम होना; फँसाव, अटकाव

**janitor** 1. द्वारपाल; 2. भवनपाल

**jargon** 1. जल्पना, शब्दजाल; 2. पेशेवर भाषा

**jarring** कर्कश, कर्णकटु

**jealous** डाही, ईर्ष्यालु

**jealously** डाह, ईर्ष्या, जलन

**jeopardy** जोखिम, संकट

**jerk** I. *n.* झटका. II. *v.t.* झटका देना

**jetsam, jettison** फेंका/ तिरस्कृत माल

**jetty** जेटी, घाट

**jewel** 1. रत्न, मणि; 2. आभूषण ज़ेवर

**jewelled** जड़ाऊ

**jeweller** जौहरी

**jewellery, jewelry** रत्नाभूषण, ज़ेवरात

**jingo** युद्ध-प्रिय, युयुत्सु; उद्धत राष्ट्रवादी

**jingoism** युद्धप्रियता; उद्धत राष्ट्रवादिता

**job** कार्य, काम, नौकरी; ~ assignment काम की सुपुर्दगी; ~ breakdown ≈

विभाजन, ≈ भंग; ~ consciousness ≈ चेतना; ~ grading ≈ श्रेणी-निर्धारण; ~ load कार्यभार; ~ ranking ≈ श्रेणीकरण; ~ rating कार्य-मूल्यन; ~ title कार्यनाम; ~ turnover rate श्रमिक गमनागमन दर; ~ work फुटकर काम; full time ~ पूर्णकालिक ≈, पूरे समय वाला ≈

**jobber** 1. आढ़तिया; 2. फुटकर काम करने वाला; 3. मुक़द्दम, सरदार दलाल

**jobbery** क्षुद्रकर्म, स्वार्थाचार; तिकड़म

**jobbing** 1. आढ़त, दलाली; ~ market आढ़त मण्डी; 2. फुटकर काम

**join** 1. जोड़ना, संयुक्त करना; 2. (कार्य) ग्रहण करना, सँभालना; to ~ duty कार्यभार ग्रहण करना; 3. सम्मिलित होना

**joinder** संयोजन, मिलाव; ~ of causes हेतुकों का ≈; ~ of charges आरोपों का ≈; ~ of parties पक्षकारों का ≈; ~ of plaintiffs वादियों का ≈

**joined** संयोजित; ~ hand ≈ हस्तलेख; ~ improperly अनुचित रूप से ≈

**joining** 1. कार्यग्रहण; ~ report ≈ प्रतिवेदन; ~ time ≈ काल; 2. संयोजन

**joint** I. *n.* संधि; flush ~ सपाट ≈, समतल ≈. II. *a.* संयुक्त, सम्मिलित, मुश्तरका; ~ account ≈ लेखा/ खाता; ~ action ≈ कार्यवाही; ~ address ≈ अभिभाषण; ~ agreement ≈ क़रार; ~ annuity ≈ वार्षिकी; ~ auditor ≈ लेखापरीक्षक; ~ author ≈ लेखक; ~ bank account ≈ बैंक लेखा; ~ cadre ≈ संवर्ग; ~ capital ≈ पूँजी; ~ code ≈ संहिता; ~ command ≈ कमान; ~ committee ≈ समिति; ~ communique ≈ विज्ञप्ति; ~ concurrence ≈ सहमति; ~ consultation ≈ परामर्श; ~ controller ≈ नियंत्रक; ~ decree-holder ≈ डिक्रीदार; ~ demand ≈ माँग; ~ director ≈ निदेशक; ~ electorate ≈ निर्वाचक-मंडल; ~ family ≈ परिवार/ कुटुम्ब; ~ fund ≈ निधि; ~ holding ≈ जोत; ~ household ≈ गृहस्थी; ~ interest ≈ हित; ~ liability ≈ देयता; ~ life annuity ≈ जीवन वार्षिकी; ~ life policy ≈ जीवन बीमा पॉलिसी; ~ meeting ≈ अधिवेशन; ~ obligation ≈ दायित्व; ~ occupancy ≈ अधिभोग; ~ ownership ≈ स्वामित्व; ~ possession ≈ क़ब्ज़ा; ~ product ≈ उत्पाद; ~ property ≈ सम्पत्ति; ~ representation ≈ अभिवेदन; ~ return ≈ विवरणी; ~ statement ≈ वक्तव्य; ~ tenancy ≈ किरायेदारी/ आभोग; ~ tort-feasor ≈ अपकृत्यकारी दुष्टकृति; ~ venture सह-उद्यम, संयुक्त उद्यम; ~ work ≈ कार्य

**jointly** संयुक्त रूप से, मिलकर, संयुक्ततः; ~ concerned ≈ संबंधित; ~ interested ≈ हितबद्ध; ~ tried ≈ विचारित; ~ owe ≈ देनदार होना

**jointress** विधवा धनवती

**jointure** विधवा-धन

**journal** 1. रोज़नामचा, दैनिक पंजी; ~ entry जर्नल प्रविष्टि; 2. नक़ल बही; 3. पत्रिका

**journalese** अख़बारी भाषा, पत्रकार शैली

**journalise** नक़ल बही भरना

**journalism** पत्रकारिता

**journalist** पत्रकार

**journalistic** पत्रकारी; ~ ethics ≈ सदाचार; ~ writing ≈ लेखन

**journey** यात्रा; ~ on transfer स्थानान्तरण यात्रा, तबादले पर यात्रा

**journeyman** कारीगर, कमेरा

**joy ride** आमोदार्थ सैर

**jubilee** जयंती; silver ~ रजत ≈; golden ~ स्वर्ण ≈; diamond ~ हीरक ≈

**judex** जज, न्यायाधीश; ~ ad quem ≈ जिसके पास अपील हो; ~ aequitatem sempler spectare debet ≈ को सदा साम्या का ध्यान रखना चाहिये; ~ a quo ≈ जिसके विरुद्ध अपील हो

**judge** जज, न्यायाधीश; additional ~ अपर ≈; assistant ~ सहायक ≈; civil ~ दीवानी ≈; dissenting ~ विसम्मत ≈; ~-made law ≈-निर्णीत विधि

**judgment** 1. निर्णय; ~ creditor निर्णीत/ डिक्रीप्राप्त ऋणदाता/ लेनदार; ~ debt ≈ निर्णीत/ डिक्रीप्राप्त ऋण; ~ debtor निर्णीत/ डिक्रीप्राप्त देनदार/ ऋणी; ~ delivered दिया/ सुनाया गया ≈; ~ in alternative विकल्पी ≈; ~ in personam व्यक्तिलक्षी ≈; ~ in rem लोकलक्षी ≈; ~ of fact तथ्य-≈; ~ of the public लोक ≈; dissenting ~ विसम्मत ≈; **2.** विवेक-बुद्धि; to my ~ मेरी ≈ के अनुसार

**judgeship** न्यायाधीश-पद

**judicable** न्याय-विवेचन योग्य

**judicate** न्याय-विवेचन करना

**judicative** न्यायिक

**judicature** 1. न्यायपालिका; **2.** न्यायालय

**judicial** 1. अदालती, न्यायिक; ~ act ≈ कार्य; ~ agent ≈ अभिकर्ता; ~ assistance ≈ सहायता, ~ certificate ≈ प्रमाणपत्र; ~ character ≈ हैसियत; ~ commissioner ≈ आयुक्त; ~ decision ≈ विनिश्चय/ फ़ैसला; ~ declaration ≈ घोषणा; ~ determination ≈ अवधारणा; ~ discretion ≈ विवेक; ~ disputes ≈ विवाद; ~ duty ≈ कर्तव्य; ~ inquiry ≈ जाँच; ~ law ≈ विधि; ~ limitation ≈ परिसीमन; ~ lock-up ≈ हवालात; ~ machinery ≈ तंत्र; ~ magistrate ≈ मजिस्ट्रेट; ~ notice ≈ अवेक्षा; ~ oath ≈ शपथ; ~ outlook ≈ दृष्टिकोण; ~ personality ≈ व्यक्तित्व; ~ power ≈ अधिकार; ~ proceedings ≈ कार्यवाही; ~ process ≈ आदेशिका; ~ pronouncement ≈ अधिकथन; ~ rights ≈ अधिकार; ~ record ≈ अभिलेख; ~ reference ≈ निर्देशन; ~ regulations ≈ विनियम; ~ report ≈ प्रतिवेदन; ~ separation ≈ विच्छेदन; ~ service ≈ सेवा; ~ stamp ≈ स्टाम्प; ~ tribunal ≈ अधिकरण; **2.** न्याय-; ~ magistrate ≈ दंडधारी; ~ committee ≈ समिति

**judicially** न्यायिकतः; acting ~ ≈ कार्य करते हुए

**judiciary** न्यायपालिका, न्यायांग

**judicious** विवेकसम्मत, सविवेक; ~ taxation ≈ कराधान

**judiciously** विवेकानुसार, सविवेक

**judicium** निर्णय; ~ capitale मृत्युदंड का ≈

**jugglery** इन्द्रजाल; ~ of words शब्दजाल

**jumbled** मिला-जुला, व्यामिश्रित

**junction** 1. सन्धि; **2.** संगम, जंक्शन; ~ box ≈ पेटी; ~ line ≈ लाइन; ~ point ≈ स्थल, जंक्शन

**juncture** (संकट) बेला, घड़ी

**junior** अवर, कनिष्ठ; ~ accountant ≈ लेखापाल; ~ court ≈ न्यायालय; ~ officer ≈ अधिकारी; ~ staff ≈ कर्मचारी

**jura** अधिकार; ~ fiscalia राजकोषीय ≈; ~ in personam व्यक्तिलक्षी ≈; ~ in rem लोकलक्षी; ~ personarum पुरुषों के लिए ≈; ~ publica सार्वजनिक ≈; ~ regia राज्याधिकार

**jural** विधिगत, वैधिक; ~ ethics ≈

सदाचार; ~ postulates ≈ मान्यताएँ; ~ state ≈ राज्य

**juridical** न्यायिक, विधिक; ~ custom ≈ रूढ़ि; ~ person ≈ व्यक्ति

**juris** न्याय का, विधि-; ~ consultus ≈ परामर्शदाता; ~ et de jure न्याय का और न्याय से

**jurisdiction** **1.** अधिकार क्षेत्र; ~ of an officer किसी अधिकारी का ≈; **2.** क्षेत्राधिकार, अधिकारिता; appellate ~ अपीली ≈; barred ~ वर्जित ≈; concurrent ~ समवर्ती ≈; coordinate ~ समकक्ष ≈; equal ~ समान ≈; exclusive ~ अनन्य ≈; inferior ~ अवर ≈; limited ~ सीमित ≈; pecuniary ~ धनसम्बन्धी ≈; revisional ~ पुनरीक्षण-≈; superior ~ वरिष्ठ ≈; territorial ~ प्रादेशिक ≈

**jurisdictional** क्षेत्राधिकारिक; ~ immunity ≈ उन्मुक्ति; ~ limit ≈ सीमा; ~ purpose अधिकारिता का प्रयोजन

**jurisprudence** न्यायशास्त्र, विधिशास्त्र; analytical ~ विश्लेषक ≈; ethical ~ नैतिक ≈; medical ~ चिकित्सा ≈

**jurisprudent** न्यायशास्त्री, विधिशास्त्री

**jurisprudential** विधिशास्त्र सम्बन्धी

**jurist** विधिवेत्ता

**juristic** विधिशास्त्रीय; ~ development ≈ विकास; ~ theory ≈ सिद्धान्त

**juror** जूरी सदस्य

**jury** जूरी; ~ box ≈ कक्ष; ~ man = juror

**jus** **1.** विधि; ~ belli युद्ध ≈; ~ cogens अवश्य-पालनीय ≈; ~ domicilii स्थानीय ≈; ~ gentium राष्ट्रों की ≈; ~ privatum वैयक्तिक ≈; ~ publicum सार्वजनिक ≈; ~ sacrum धर्म ≈; ~ soli भूमि-सम्बन्धी ≈; ~ sanguinis रक्त संबंधी नियम; ~ scriptum लिखित ≈; ~ voluntarium ऐच्छिक विधि; **2.** अधिकार; ~ accrescendi उत्तर-जीविता का ≈; ~ ad rem वस्तुलक्षी ≈; ~ civatas नागरिकता ≈; ~ legationis राजदूत प्रेषण अधिकार; ~ ligitimum क़ानूनी ≈; ~ possessionis धारणाधिकार; ~ proprietatis स्वत्वाधिकार; ~ quarteriorum शरणदान-अधिकार

**just** **1.** न्यायसंगत, न्याय्य; ~ cause ≈ कारण/ हेतुक; ~ decision ≈ विनिश्चय; ~ excuse ≈ प्रतिहेतु; ~ ground ≈ आधार; ~ war ≈ युद्ध; **2.** उचित; ~ price उचित क़ीमत; **3.** ठीक; ~ below ≈ नीचे; ~ now अभी/ तुरन्त

**justice** **1.** न्याय; administration of ~ ≈-प्रशासन; ~ is blind ≈ निष्पक्ष होता है; **2.** न्यायमूर्ति; ~ of peace शान्ति न्यायाधीश

**justiciable** वादयोग्य, न्याययोग्य

**justifiable** **1.** न्यायोचित, न्याय्य; ~ cause ≈ हेतुक; ~ homicide ≈ मानवहत्या; **2.** उचित

**justification** औचित्य; न्यायसंगति

**justified** औचित्यपूर्ण, न्यायानुमत; ~ by law विधि द्वारा ≈

**justify** न्यायोचित ठहराना, सही/ उचित ठहराना

**justly** न्यायत:

**jute goods** पटसन की वस्तुएँ

**juvenile** किशोर; ~ addicts बाल व्यसनी; ~ convict ≈ सिद्धदोष; ~ court ≈ न्यायालय; ~ delinquency ≈ अपचार; ~ delinquent बालापचारी, किशोरापचारी; ~ jail ≈ बाल-कारा; ~ prisoner ≈ बन्दी

**juxtapose** सन्निहित करना, पास पास रखना

**juxtaposition** संस्थिति; सान्निध्य

# K k

**kakistocracy** अयोग्यतम तंत्र

**keen** 1. तीक्ष्ण, पैना, तेज़; 2. उत्सुक

**keep** I. *v.t.* 1. रखना; ~ in abeyance आस्थगित ≈; ~ in confinement/custody हिरासत में ≈; ~ in mind ध्यान में ≈; ~ in force प्रवृत्त रखना; ~ on (काम) बनाये ≈; ~ out of वंचित/बाहर रखना/रहना; ~ out of way बचते रहना, सामने आने से बचना; ~ peace शांति बनाये ≈; ~ pending कार्यवाही के लिए रोक ≈; ~ under अधीन ≈; ~ up जारी ≈; 2. ~ abreast of times समय के साथ-साथ चलना; ~ a house घर चलाना. II. *n.* 1. देख-भाल; 2. रखैल

**keeper** रक्षक, रखवाला; ~ of records अभिलेखपाल; ~ of premises परिसर का ≈

**kept woman** रखैल

**key** 1. चाबी, कुंजी; 2. प्रधान, आधार; ~ buyer ≈ या प्रमुख क्रेता; ~ industry ≈ उद्योग; ~ job ≈ कार्य; ~ post ≈ पद; ~ word ≈ शब्द (बीजशब्द); ~ board कुंजीपटल, की बोर्ड; ~ note नीतिसूचक

**kick** ठोकर मारना, ठुकराना; ~ back पृष्ठवेतनांश आय

**kidnap** व्यपहरण करना, भगा (अग़वा करके) ले जाना

**kidnapped** व्यपहृत, अग़वा किया हुआ

**kidnapper** व्यपहर्ता, भगा ले जानेवाला

**kidnapping** व्यपहरण, अग़वा; ~ from lawful guardianship विधिपूर्ण संरक्षता से ≈

**kill** मार डालना

**killed and wounded** हताहत

**killing** वध, हत्या

**kin** 1. रक्तसंबंध; nearness of ~ ≈ की निकटता; 2. कुल, ख़ानदान; 3. रक्तसंबंधी, सगोत्री, सगे; ~ grouping ≈ समूहन

**kind** I. *n.* 1. प्रकार; ~ of leave छुट्टी का ≈; 2. जिन्स, वस्तु; in ~ ≈ के रूप में. II. *a.* कृपालु

**kindergarten** किण्डरगार्टेन, बालविहार, बालोद्यान

**kindred** I. *n.* रक्त-संबंधी, बन्धु. II. 1. जाति/बिरादरी संबंधी; ~ group जाति समूह; 2. समान; ~ attribute ≈ लक्षण; ~ purposes ≈ प्रयोजन

**kinship** सगोत्रता, बन्धुता, नाता

**kinsman** बन्धु, सम्बन्धी, नातेदार

**kit bag** किट थैला

**kitchen cabinet** गुप्त सलाहंकार, किचन कैबिनेट

**kite** I. *n.* सिफ़ारिशी हुण्डी. II. *v.t.* सिफ़ारिशी हुण्डी लिखना/करना

**kith** मित्र; ~ and kin बंधु-बांधव

**knave** बदमाश, शठ, लुच्चा

**knavery** शठता, बदमाशी, लुच्चापन

**kneel** घुटना टेकना.

**knit goods** बुनी हुई वस्तुएँ

**knob** घुंडी; मूठ; ~ handle घुंडीदार मूठ

**knock** 1. खटखटाना; 2. ~ down गिरा देना; बोली ख़त्म करना; ~ down price नीलामी क़ीमत; ~ out चित/ पराभूत करना

**knotted** ग्रन्थिल, गाँठदार, गँठीला

**knotty** 1. ग्रन्थिल, गँठीला; 2. जटिल; ~ problem ≈ समस्या

**knowable** ज्ञेय, जानने योग्य

**knowingly** जानते हुए, जानबूझ कर

**know-nothing** अज्ञानी

**knowledge** जानकारी, ज्ञान; ~ by acquaintance परिचय-ज्ञान; ~ by description वर्णन-ज्ञान; ~ by perception प्रत्यक्ष ≈; to the best of my ~ अपनी पूरी जानकारी से

**knowlegeable** जानकार

**known** ज्ञात, जाना हुआ; ~ as नाम से ≈; ~ loss ≈ हानि

**kraft paper** बाँसी काग़ज़

# L l

**label** I. *n.* लेबल, नामपत्र, नाम पर्ची. II. *v.t.* 1. लेबल लगाना; 2. नाम रखना

**labelled** नामपत्रित; ~ file फ़ाइल

**laboratory** प्रयोगशाला; ~ demonstration ≈ निदर्शन; ~ observation ≈ प्रेक्षण; ~ room ≈ कक्ष

**laborious** 1. परिश्रमी, मेहनती; 2. श्रमसाध्य

**labour** I. *n.* 1. श्रम; ~ bureau ≈ ब्यूरो; ~ code ≈ संहिता; ~ commissioner ≈ आयुक्त; ~ contract ≈ ठेका; ~ cost ≈ लागत; ~ court ≈ न्यायालय; ~ department ≈ विभाग; ~ dispute ≈ विवाद; ~ input ≈ निवेश, ≈ आगत; ~ law ≈ विधि; ~ legislation ≈ विधान; ~ machinery ≈ तंत्र; ~ maintenance ≈ अनुरक्षण; ~ management ≈ प्रबन्धन; ~ mobility ≈/ श्रमिक गतिशीलता; ~ officer ≈ अधिकारी; ~ productivity ≈ उत्पादिता; ~ reformer ≈ सुधारक; ~ reserve ≈ रिज़र्व, ≈ आरक्षण; ~ saving device ≈-बचत युक्ति/ साधन; ~ tribunal ≈ अधिकरण; ~ welfare ≈ कल्याण; hard ~ कठोर ≈; productive ~ उत्पादक ≈; skilled ~ कुशल ≈; 2. श्रमिक; ~ agreement ≈ क़रार, ≈ इक़रारनामा; ~ arbitration ≈ विवाचन; ~ class ≈ वर्ग; ~ colony ≈ बस्ती; ~ convention ≈ अभिसम, ≈ सम्मेलन; ~ copartnership ≈ सहसाझेदारी; ~ exchange रोज़गार दफ़्तर, रोज़गार कार्यालय; ~ motivation ≈ अभिप्रेरण; ~ party मज़दूर दल, ≈ दल, लेबर पार्टी (इंग्लैण्ड), ~ solidarity ≈ एकात्मता; ~ supply प्राप्य ≈ संख्या, ≈ पूर्ति; ~ turnover ≈ आवर्त; ~ union ≈ संघ; ~ unrest ≈ अशान्ति; casual ~ नैमित्तिक/ आकस्मिक मज़दूर; unskilled ~ अकुशल ≈; 3. प्रसव; ~ pains ≈-वेदना. II. *v.t.* श्रम/ मेहनत करना; ~ under disorder विकार से ग्रस्त ≈

**labourer** श्रमिक, मज़दूर

**lacerate** चीर-फाड़ करना

**lacerated** चिरा-फटा; ~ wound ≈ घाव

**laches** अवहेलना, बेपरवाही, प्रमाद, अति-विलम्ब

**lacing** फ़ीताबन्दी

**lack** अभाव; ~ of consideration प्रतिफल का ≈; ~ of integrity ईमानदारी की कमी

**lacking** रहित

**laconic** संक्षिप्त, छोटा, सूत्ररूप

**laconism** सूत्र शैली

**lactation** 1. दुग्धस्रवण; 2. दुग्धपायन, दूध पिलाना

**lacuna** रिक्ति; कमी, अभाव

**laden weight** लदान सहित वज़न

**lading** लदान, (जहाज़ का) माल; bill of ~ लदान पत्र, बिलटी

**lady** महिला; ~ attendant परिचारिका; ~

doctor ≈ डाक्टर; ~ officer ≈ अधिकारी; ~ principal प्राचार्या

**lag** दूरी; पश्चता; ~ and lead ≈ और अग्रता

**lagging current** पश्चगामी धारा

**laid** रखा हुआ; ~ down अधिकथित, विहित; ~ down arms हथियार डाल दिये; ~ off कामबन्दी है; ~ up बन्द पड़ा हुआ; शय्याग्रस्त; ~ out उपगत; ~ out expenditure उपगत व्यय

**laissez faire** हस्तक्षेप रहित, अबंध

**laissez passer** पास

**laity** गृहस्थ लोग

**la legalite** विधि-शासन

**lame** लंगड़ा, पंगु; ~ duck असमर्थ दिवालिया; ~ duck session निर्गामी सदस्यों का सत्र

**lamp** लैम्प, बत्ती; ~ burner बत्तीवाला ≈/ बर्नर; ~ post रोशनी का खम्भा

**lampoon** निन्दात्मक लेख

**land** I. *n.* 1. भू, भूमि; ~ acquisition ≈ अर्जन; ~ appurtenant ≈ संलग्नक; ~ cess ≈ उपकर; ~ development ≈ विकास; ~ erosion ≈ क्षरण; ~ holder ≈ धारी; ~ holding जोत; ~ impro-vement ≈ सुधार; ~ jobber ≈ दलाल; ~ law ≈ विधि; ~ locked ≈ सीमित; ~ lord/owner ≈ स्वामी; ~ mortgage ≈ बंधक; ~ reclamation ≈ उद्धार; ~ record ≈ अभिलेख; ~ reforms ≈ सुधार; ~ rent ≈ लगान; ~ revenue ≈ राजस्व; ~ settlement ≈ बन्दोबस्त; ~ survey ≈ सर्वेक्षण; ~ tax भूमि कर; ~ tenure ≈ धृति; ~ use ≈ उपयोग; arable ~ कृष्य ≈; boggy ~ दलदली ≈; fallow ~ परती ≈; fertile ~ उर्वर ≈; hereditory ~ वंशागत ≈; ~ station स्थल केन्द्र; 2. स्थल; ~ forces ≈ सेना; ~ warfare ≈ युद्ध. II. *v.i.* (भूमि पर) उतरना

**landed** 1. भू-; ~ estate ≈ संपदा; ~ gentry भूस्वामी वर्ग, ज़मींदार वर्ग; ~ interest ≈ हित; ~ property ≈ सम्पत्ति; ~ security ≈ प्रतिभूति; ~ servitude ≈ सुविधा-भार; 2. ~ cost उतरने तक की लागत

**landing** (जहाज़ से) उतारना/ उतरना; ~ force अवतरण सेना; ~ of goods माल की उतराई

**landlady** भूस्वामिनी; मकान-मालकिन

**landless** भूमिहीन

**landlord** भूस्वामी; मकान-मालिक

**landmark** 1. सीमाचिह्न, मेड़; 2. युगप्रवर्तक घटना/बिन्दु

**language** भाषा; ~ ability ≈ योग्यता; ~ expert ≈ विशेषज्ञ; insubordinate ~ अवज्ञापूर्ण ≈; insulting ~ अपमानसूचक ≈; obscene ~ अश्लील ≈

**lapidation** पथराव से हत्या

**lapse** I. *n.* 1. स्खलन, व्यपगमन; ~ of deposit जमा का ≈; ~ of grant अनुदान का ≈; ~ of *** right अधिकार का ≈; 2. चूक; 3. समाप्ति; ~ of time समय की ≈. II. *v.i.* 1. स्खलित/व्यपगत होना; 2. बीतना; ~ of government सरकार का चला जाना

**lapsed** व्यपगत; ~ deposit ≈ जमा/निक्षेप; ~ legacy ≈ रिक्थ; ~ policy ≈ पॉलिसी; ~ registration ≈ रजिस्ट्री

**larcenous** चोरी का; ~ intent ≈ अभिप्राय

**larceny** चोरी, चौर्य, उठाईगीरी

**large** 1. विस्तीर्ण, लम्बा-चौड़ा; ~ plain ≈ मैदान; 2. बड़ा; ~ paper ≈ कागज़; on a ~ scale बड़े पैमाने पर; ~ scale industry बड़े पैमाने का उद्योग, वृहत

उद्योग; ~ sum बड़ी रक़म; 3. ~-hearted विशालहृदय

**lascivious** 1. लम्पट, कामुक; ~ behaviour ≈ व्यवहार; ~ cohabitation ≈ संभोग; 2. कामोत्तेजक

**lash** कशाघात करना, कोड़े मारना

**lassitude** शिथिलता, तन्द्रा

**last** 1. पिछला; ~ pay ≈ वेतन; ~ year ≈ वर्ष; 2. अन्तिम; ~ but one उपान्तिम; ~ heir ≈ उत्तराधिकारी; ~ mentioned अन्तोक्त, अन्त में उल्लिखित; ~ preceding पूर्ववर्ती; ~ resort ≈ उपाय; ~ survivor ≈ उत्तरजीवी

**lata** घोर; ~ culpa ≈ उपेक्षा

**late** 1. स्वर्गीय; 2. विलम्ब-, देर का; ~-coming देर से आना; ~ fee विलम्ब-शुल्क; ~ payment देर से अदायगी, विलंबित अदायगी; ~ start विलंब से छूटना

**latent** अप्रकट, प्रच्छन्न; ~ ambiguity ≈ संदिग्धार्थता; ~ capital अन्तर्निहित पूँजी; ~ defect ≈ दोष; ~ potential अव्यक्त संभाव्यता

**later** पश्चात्वर्ती, बाद का; ~ Act ≈ अधिनियम; ~ right ≈ अधिकार

**lateral** पार्श्विक; ~ area ≈ क्षेत्र; ~ support ≈ आधार; ~ view ≈ दृश्य

**latest** 1. सबसे बाद की, अन्तिम; ~ date ≈ तारीख़; ~ hour of clearance निकासी का अन्तिम समय; 2. नवीनतम; ~ figures ≈ आँकड़े

**latitude** 1. अक्षांश; 2. छूट, ढील, ढिलाई; 3. विस्तीर्णता, फैलाव

**latter** उत्तरवर्ती, परवर्ती, बाद का

**laudable** स्तुत्य, प्रशंसनीय; ~ action ≈ कार्य; ~ motive ≈ प्रयोजन

**launch** 1. (जल में) उतारना; 2. प्रवर्तन करना, चलाना

**lavatory** शौचालय

**lavish** I. *a.* मुक्तहस्त, उदार; जड़ाऊ. II. *v.t.* ख़ूब ख़र्च करना, उड़ाना

**lavishly** खुले हाथों

**law** 1. विधि, क़ानून; ~-abiding विधिभीरु; ~-breaker ≈ भंजक; ~ charges ≈ प्रभार; ~ code ≈ संहिता; ~ commission ≈ आयोग; ~ courts न्यायालय; ~ enforcement ≈ प्रवर्तन; ~ faculty ≈ संकाय; ~ graduate ≈ स्नातक; ~ in force प्रवृत्त ≈; ~ journal ≈ पत्रिका; ~ maker ≈ निर्माता; ~ of evidence साक्ष्य ≈; ~ of insolvency दिवालिया ≈; ~ of limitation परिसीमा ≈; ~ of negligence उपेक्षा ≈; ~ of repression निग्रह विधि; ~ officer ≈ अधिकारी; ~-suit मुक़दमा; ~ terms ≈ शब्दावली; ~ of the land देश विधि, देश का क़ानून; ~ violators ≈ अधिक्रामक; administrative ~ प्रशासनिक ≈; constitutional ~ संवैधानिक ≈; criminal ~ दण्ड-≈; customary ~ प्रथागत ≈; heir at ~ विधिना वारिस; municipal ~ नगरपालिका ≈; national ~ राष्ट्रीय ≈; outmoded ~ गत प्रयुक्त विधि; permissive ~ अनुज्ञात्मक ≈; retrospective ~ अतीतलक्षी ≈; 2. नियम, सिद्धान्त; ~ of belonging संबंधिता ≈; ~ of co-existence सहअस्तित्व का ≈; ~ of concentration of wealth संपत्ति-संकेन्द्रण ≈; ~ of contradiction प्रतिवाद का ≈; ~ of criminal saturation अपराध संतृप्ति का ≈; ~ of demand माँग का ≈; ~ of frequency आवृत्ति ≈; ~ of generalization सामान्यीकरण का ≈; ~ of indifference अनधिमान का ≈; ~ of maximum production अधिकतम उत्पादन का ≈; ~ of minimum returns न्यूनतम प्रतिफलन का ≈; ~ of nature प्रकृति का ≈; ~ of priority प्राथमिकता का ≈; ~ of supply and demand प्रदाय और माँग का ≈; ~ of the jungle जंगल का ≈, मत्स्य न्याय, जिसकी लाठी उसकी भैंस; ~ of the road मार्ग ≈

**lawful** विधिपूर्ण, वैध, विधि-सम्मत; ~ act ≈ कार्य; ~ adventure ≈ प्रोद्यम; ~ authority ≈ प्राधिकार; ~ command ≈ समादेश; ~ custody ≈ अभिरक्षा; ~ excuse ≈ प्रतिहेतु; ~ guardian ≈ संरक्षक; ~ heir ≈ उत्तराधिकारी; ~ impediment ≈ अड़चन; ~ manner ≈ रीति; ~ money ≈ मुद्रा; ~ possession क़ब्ज़ा; ~ purpose ≈ प्रयोजन; ~ wife धर्मपत्नी

**lawfully** विधिपूर्वक, वैध रूप से; ~ constituted विधिवत गठित/ निर्मित; ~ employed ≈ नियोजित; ~ obtained ≈ अभिप्राप्त

**Lawgiver** 1. विधि निर्माता; 2. स्मृतिकार

**lawless** विधिविरुद्ध; अराजक

**lawlessness** अव्यवस्था, अराजकता

**lawyer** वक़ील

**lax** ढीला, शिथिल

**laxity** शैथिल्य

**lay** I. *v.t.* 1. रखना, डालना; ~ arms हथियार डाल देना, आत्मसमर्पण करना; ~ before समक्ष/ सामने रखना; ~ claim to पर दावा रखना; ~ foundation नींव ≈; ~ off pay जबरी छुट्टी वेतन; ~ on the table पटल पर रखना; ~ out बिछाना; ~ stress ज़ोर/ दबाव डालना; 2. ~ aside टालना; ~ down त्यागना, छोड़ देना; निर्धारित करना; ~ down a policy नीति निर्धारित करना; ~ eggs अण्डे देना; ~ hand on पकड़ना, पाना; ~ off बचा रखना; ~-off कामबन्दी; ~ open उद्‌घाटित करना; ~-out अभिन्यास, ख़ाका; नक़्शा; ~out ख़ाका/ नक़्शा बनाना; ~out planning अभिविन्यास आयोजना; ~-up refund खड़ाव वापसी; ~-up warranty खड़ाव आश्वस्ति. **II.** *a.* ~ courts सामान्य जन न्यायालय; ~ days विलम्ब-दिवस; ~ readers सामान्य पाठक; ~ underwriter अविज्ञ बीमाकर्ता; ~ world गृहस्थ समाज

**layer** परत, स्तर

**laying of cable** केबल बिछाना, केबल डालना

**layman** 1. सामान्य जन; 2. अनाड़ी

**lead** I. *n.* 1. नेतृत्व, पथप्रदर्शन; 2. अग्रता, आगे बढ़ना/ होना; ~ bank अग्रणी बैंक; ~ in wire अंतर्वाहीतार; ~ rail मध्यांश पटरी; ~ responsibilities ≈ दायित्व. **II.** *v.t.* 1. नेतृत्व/ पथ प्रदर्शन करना; 2. ~ good life अच्छा जीवन बिताना; ~ astray बहकाना; ~ a witness साक्षी को संकेतक प्रश्न करना

**leader** 1. नेता; ~ of the house सदन का ≈; ~ of opposition विरोधी दल का ≈; 2. अग्रलेख, सम्पादकीय; ~-writer ≈ लेखक

**leadership** नेतृत्व

**leading** 1. प्रमुख, प्रधान; ~ case ≈ वाद; ~ counsel ≈ वक़ील; ~ current क्षरण धारा; ~ motive ≈ अभिप्राय; 2. ~ article अग्रलेख; ~ decision अग्र विनिश्चय; ~ question संकेतक प्रश्न

**leaflet** पर्णिका, पत्रक

**league** संघ; ~ of nations राष्ट्रसंघ

**leak** टपकना, रिसना

**leakage** 1. टपकन, रिसन; 2. चू जाने की छूट

**leak-proof** रिसनसह; ~ treatment ≈ उपचार

**lean** I. *n.* दुबला-पतला; ~ year मन्दा वर्ष. **II.** *v.i.* की ओर झुकना

**leap year** अधिवर्ष, लौद का वर्ष

**learn** 1. सीखना; 2. याद कर लेना; 3. जानना, विदित होना

**learned** विद्वान्, पंडित; ~ behaviour अधिगत व्यवहार; ~ profession विद्वत् वृत्ति; ~ body विद्वन्निकाय; ~ society ≈ विद्वत् समाज

**learner** शिक्षार्थी, नौसिखिया

**learning** 1. विद्वता, पांडित्य; 2. सीखना; ~ periods अधिगम घंटे, ≈ कालांश; ~ skill सीखने का कौशल

**leasable** पट्टादेय

**lease** I. *n.* पट्टा; ~ deed पट्टानामा; ~ for life आजीवन ≈; ~ of land भूमि का ≈; on ~ पट्टे पर; mortage ~ बन्धक ≈; permanent ~ पक्का ≈. II. *v.t.* पट्टे पर देना

**leasehold** पट्टेदारी; ~ system ≈ पद्धति

**leaseholder** पट्टेदार, पट्टाधारी

**least** कम से कम; ~ possible यथासम्भव न्यूनतम

**leave** I. *n.* 1. छुट्टी, अवकाश; ~ account ≈ का हिसाब; ~ allowance ≈ भत्ता; ~ application छुट्टी की अर्ज़ी; ~ due प्राप्य ≈; ~ earned अर्जित ≈; ~ granted अनुदत्त ≈; ~ not due अदेय ≈; ~ not earned अनर्जित ≈; ~ on average pay औसत वेतन पर ≈; ~ on private affairs व्यक्तिगत कार्य के लिए ≈; ~ preparatory to retirement निवृत्ति-पूर्व-≈; ~ reserve ≈ रिज़र्व; ~ vacancy ≈ रिक्ति; ~ with allowances भत्ते सहित ≈; ~ with pay सवेतन ≈; ~ without pay अवेतन ≈, बिना वेतन ≈; casual ~ आकस्मिक ≈; compensatory ~ प्रतिपूरक ≈; medical ~ चिकित्सार्थ ≈; study ~ अध्ययनार्थ ≈; 2. अनुमति; ~ of absence अनुपस्थिति की ≈; ~ of the court न्यायालय की ≈; ~ of the house सदन की ≈; ~ to appeal अपील के लिए ≈. II. *v.t.* छोड़ना, त्यागना

**le bonheur commun** सार्वजनिक कल्याण

**lecture** I. *n.* व्याख्यान. II. *v.i.* व्याख्यान देना

**lecturer** व्याख्याता, प्राध्यापक

**lecturership** प्राध्यापक पद

**ledger** खाता (-बही); ~ accounts बही लेखे; ~ balance खाता शेष; ~ entry ≈ प्राविष्टि/ इंदराज; ~ folio ≈ पन्ना; ~ keeper खातानवीस

**left** 1. बायाँ, वाम; ~ hand ≈ हाथ/हस्त; ~ handedness वामहस्त-प्राधान्य; ~ wing ≈ कक्ष; 2. छोड़ा हुआ; ~ luggage office अमानती सामान घर

**leftist** वामपंथी

**legacy** रिक्थ, बपौती, वसीयती संपदा; demonstrative ~ विनिर्दिष्ट ≈; specific ~ विशिष्ट ≈; vested ~ निहित ≈

**legal** 1. विधिक, क़ानूनी; ~ adjudication ≈ न्यायनिर्णय; ~ affairs ≈ मामले; ~ aid ≈ सहायता; ~ character ≈ स्वरूप; ~ disability ≈ निर्योग्यता; ~ entity ≈ सत्ता; ~ equality ≈ समता; ~ execution ≈ निष्पादन; ~ fees ≈ शुल्क; ~ immunity ≈ उन्मुक्ति; ~ justice ≈ न्याय; ~ liability ≈ दायित्व; ~ machinery विधि-तंत्र; ~ offence ≈ अपराध; ~ proceedings ≈ कार्यवाही; ~ process ≈ आदेशिका; ~ protection ≈ संरक्षण; ~ recognition ≈ मान्यता; ~ remedy ≈ उपाय; ~ remembrancer ≈ सलाहकार; ~ requirements ≈ अपेक्षाएँ; ~ restraint ≈ नियन्त्रण; ~ right or liability ≈ अधिकार या दायित्व; ~ safeguards संरक्षण; ~

sanction ≈ शास्ति; ~ validity ≈ मान्यता; **2.** वैध; ~ claim ≈ दावा; ~ government ≈ सरकार; ~ heir ≈ उत्तराधिकारी; ~ keeper ≈ रक्षक; ~ relationship ≈ सम्बन्ध; ~ tender विधिमान्य मुद्रा

**legality** वैधता; ~ of contract संविदा की ≈

**legalization** वैधीकरण

**legalize** वैध बनाना

**legally** विधि द्वारा, विधितः, वैध रूप से; ~ acquired ≈ अर्जित; ~ binding ≈ बाध्य; ~ bound ≈ आबद्ध; ~ competent ≈ सक्षम; ~ evicted ≈ बेदख़ल किया गया; ~ married ≈ विवाहित; ~ qualified ≈ अर्हित; ~ recoverable ≈ आदेय/ वसूलीय

**legate** **I.** *n.* दूत, प्रणिधि. **II.** *v.i.* वसीयत करना, दानपत्र लिखना

**legatee** रिक्थभागी, वसीयतदार; residuary ~ अवशिष्ट ≈; universal ~ सर्वस्व ≈

**legation** प्रणिधि-आवास; ~ asylum दूतावास-शरण

**legator** रिक्थदाता, वसीयतदार

**legatus** **1.** दूत; **2.** रिक्थग्राही

**legem facere** विधि का निर्माण करना

**leges naturae** प्राकृतिक नियम

**leges non scriptae** अलिखित विधि

**leges scriptae** लिखित विधि

**legibility** सुपाठ्यता, सुवाच्यता

**legible** सुपाठ्य, सुवाच्य; ~ inscription ≈ अन्तरालेखन

**legion of honour** लीजन ऑफ़ ऑनर, प्रतिष्ठा पद, मर्यादा पद

**legislate** विधि बनाना

**legislation** विधान; penal ~ दण्ड ≈

**legislative** विधायी; ~ assembly विधान सभा; ~ business ≈ कार्य; ~ competence विधान निर्माण क्षमता, ≈ क्षमता; ~ council विधान परिषद; ~ capacity ≈ हैसियत; ~ intent ≈ आशय; ~ measure वैधानिक उपाय; ~ power विधायिनी शक्ति; ~ prerogatives ≈ परमाधिकार

**legislator** विधायक, विधिकार

**legislature** विधान-मण्डल

**legitimacy** औरसता, धर्मजत्व; वैधता

**legitima potestas** वैध शक्ति

**legitimate** **1.** धर्मज, औरस; ~ birth ≈ जन्म; ~ blood relationship ≈ रक्तसंबंध; ~ business समुचित कारबार; ~ child ≈ सन्तान; ~ son ≈ पुत्र; ~ wife धर्मपत्नी; **2.** वैध; ~ claim ≈ दावा; ~ heir विधिसम्मत उत्तराधिकारी; ~ origin ≈ उद्गम; ~ purpose ≈ प्रयोजन; ~ right ≈ अधिकार

**legitimatio, legitimation** औरसता, वैधीकरण

**legitimization** वैधीकरण

**legitimize** औरस/ वैध बनाना

**lend** (उधार) देना, मँगनी में देना; ~ at interest ब्याज पर ≈

**lender** उधार देने वाला; ~ country उधारदाता देश, ऋणदाता देश; money- ~ धन ≈, महाजन; ~ of the last resort अंतिम ऋणदाता

**lending** उधार देना; ~ company उधारदाता कम्पनी; ~ institutions ऋणदायी संस्थाएँ

**length** लम्बाई; ~ of time कालावधि; ~ of service सेवाकाल

**lengthen** बढ़ाना, लम्बा करना

**leniency** नरमी, उदारता

**lenient** नरम, उदार; ~ assessment ≈ निर्धारण; ~ punishment हल्का दण्ड

**leper** कोढ़ी, कुष्ठी; ~ asylum/ home ≈ आश्रम

**leprosy** कोढ़, कुष्ठ; ~ hospital ≈

चिकित्सालय

**lese majestic/ meeste** राजद्रोह

**lessee** पट्टेदार, पट्टाधारी; permanent ~ स्थायी ≈; ~ of an estate संपदा का ≈

**lessen** कम करना

**lesser** लघु

**lessor** पट्टादाता

**let** (करने) देना; ~ (on hire) किराये पर उठाना/ चढ़ाना/ देना; ~ off छोड़ देना, आज़ाद कर देना

**lethal** घातक; ~ blow ≈ वार; ~ weapon ≈ अस्त्र/ शस्त्र

**lethargy** आलसता, सुस्ती

**letter** **1.** वर्ण; **2.** पत्र; ~ book डाक बही; ~ box ≈ पेटी; ~ head ≈ शीर्ष; ~ of acceptance स्वीकृति ≈; ~ of advice सूचना ≈; ~ of allotment आवंटन ≈; ~ of assurance आश्वासन ≈; ~ of attorney अटर्नी ≈; ~ of authority प्राधिकार ≈; ~ of cover जोखिम ≈; ~ of credence प्रत्यय ≈; ~ of credit साख ≈; ~ of exchange विनिमय ≈; ~ of guarantee गारण्टी ≈; ~ of hypothecation दृष्टिबन्धक ≈; ~ of indemnity क्षतिपूर्ति ≈; ~ of intent आशय ≈; ~ of lien पुनग्रहणाधिकार ≈; ~ of memorandum ज्ञापन ≈; ~ of regret खेद ≈; ~ of requisition अनुरोध ≈; ~ pad ≈ बंध, ≈ पैड; ~ postage ≈ डाक शुल्क

**letters patent** अधिकार-पत्र

**letting** किराये पर देना; ~ value भाटक मूल्य

**lettre de credance** प्रत्यय पत्र

**lettre de provision** नियुक्ति-पत्र

**levee** **1.** झरोखा; **2.** तटबन्ध, बाँध

**level** **I.** *n.* **1.** तल; ~ of land भूमि का ≈; ~ of prices मूल्य का ≈; **2.** स्तर; ~ of comprehension समझ का ≈; ~ of administration प्रशासन का ≈; ~ of credit ऋण स्तर. **II.** *a.* समतल; ~ crossing समपार; ~ road ≈ सड़क. **III.** *v.t.* समतल करना

**leveller** समतलकारी

**levelling** समतलन, समतल करना; ~ instrument ≈ उपकरण

**leviable** उद्ग्रहणीय, (कर) लगाने योग्य; ~ by weight तौल के अनुसार ≈

**levied** उद्गृहीत, लगाया हुआ; ~ by attachment कुर्की द्वारा ≈

**levis culpa** स्वल्प उपेक्षा

**levitical degree** अगम्य सम्बन्धी

**levity** छिछोरापन

**levy** **I.** *n.* **1.** लेवी, चन्दा; **2.** उद्ग्रहण, उगाही; ~ system ≈ पद्धति; **3.** अनिवार्य सैन्य भर्ती; ~ en masse आम ≈/ लामबन्दी. **II.** *v.t.* लगाना, उगाहना; ~ fine अर्थदण्ड ≈; ~ tax कर ≈; ~ by attachment कुर्की करके वसूली करना

**lewd** लंपट, कामुक, विषयी

**lex** विधि, क़ानून; ~ animated सजीव ≈; ~ comitatus देश ≈; ~ communis सामान्य ≈; ~ delicti अपराध-स्थान की ≈; ~ domicilii अधिवास ≈; ~ eterna नित्य ≈; ~ fori न्यायालय के स्थान की ≈; ~ loci स्थानीय ≈; ~ mercatoria वाणिज्य ≈; ~ non scripta अलिखित ≈; ~ ordinadi= ~ fori; ~ regia राज-≈; ~ scripta लिखित ≈; ~ terrae देशाचार [Also see leges = lex]

**lexical** **1.** शाब्दिक, शब्दगत; **2.** कोशगत

**lexicographer** कोशकार

**lexicon** शब्दकोश

**liability** देयता, देनदारी, दायित्व; ~ insuarnce ≈ बीमा; ~ limits ≈ की सीमाएँ; penal ~ दण्डात्मक ≈; statutory ~ सांविधिक ≈; vicarious

~ प्रतिनिधिक ≈; ~ of property सम्पत्ति की ≈

**liable** 1. दायी, देनदार; ~ for debt ऋण का ≈; ~ to account लेखा देने का ज़िम्मेदार; ~ to income-tax आयकर का ≈; 2. भागी; ~ to disciplinary action आनुशासनिक कार्यवाही का ≈; ~ to forfeiture समपहरणीय; ~ to punishment दण्ड का ≈; ~ to penalty शास्ति का ≈; ~ to recission विखंडनीय

**liaise** सम्पर्क करना

**liaison** सम्पर्क; ~ officer ≈ अधिकारी

**libation** तर्पण

**libel** अपलेख, अपमान-लेख; malicious ~ विद्वेषपूर्ण ≈

**libellous** अपमानकारी; अपमानलेखीय; ~ matter ≈ सामग्री/विषय

**liberal** उदार; ~ credit ≈ उधार; ~ construction ≈ संरचना

**liberalist** उदारतावादी

**liberality** उदारता, औदार्य

**liberalize** उदार बनाना

**liberlized** उदारीकृत; ~ rules ≈ नियम

**liberate** परिमुक्त करना

**liberation** परिमोचन, (परि) मुक्ति; ~ writ छोड़ने के लिए रिट

**liberator** परिमोचक, मुक्तिदाता

**libertine** व्यभिचारी, विषयी, लंपट

**liberty** स्वतन्त्रता, आज़ादी; at ~ स्वतन्त्र; ~ of speech भाषण-स्वातन्त्र्य

**liberum tenementum** स्वाधीन भूसम्पत्ति

**libido** कामवृत्ति

**librarian** पुस्तकाध्यक्ष

**librum Veto** स्वतंत्र निषेधाधिकार

**licence** लाइसेंस, अनुज्ञप्ति; ~-holder ≈ धारी; ~ renewal ≈ का नवीकरण

**licensed** अनुज्ञप्तिप्राप्त, अनुज्ञप्त; ~ capacity लाइसेंस प्राप्त क्षमता; ~ dealer ≈ ब्यौहारी

**licensee** =licence-holder

**licensing** अनुज्ञापन, लाइसेंस देना; ~ on appointment नियुक्ति पर ≈

**licensor** अनुज्ञापक

**licentiate** लाइसेंसप्राप्त, अनुज्ञप्तिपत्रधारी

**licentious** असंयमी, उच्छृंखल, लंपट

**licit, licitum** वैध, विधिसंगत

**lien** धारणाधिकार, पुनर्ग्रहणाधिकार [also right of ~]; ~ on appointment नियुक्ति (पद) पर गहन ≈; banker's ~ महाजन का ≈; seller's ~ विक्रेता का ≈; general ~ सामान्य ≈; particular ~ विशिष्ट ≈

**lieu** स्थान; in ~ thereof उसके बदले में

**lieutenant governor** उपराज्यपाल

**life** जान, जीवन; ~ and property जानमाल; ~ annuity आजीवन वार्षिकी; ~ contract आजीवन संविदा; ~ estate आजीवन संपदा; ~ expectancy ≈ संभाविता; ~ fund आजीवन निधि; ~ imprisonment आजीवन कारावास; ~ convict आजीवन सिद्धदोष; ~ interest आजीवन हित; ~ insurance जीवन बीमा; ~ time जीवन काल; ~ boat रक्षा नौका; ~ saving प्राणरक्षा; ~ termer आजीवन बन्दी, उम्र क़ैदी; for ~ जीवनपर्यन्त; flower of ~ यौवन; on my ~ जान की क़सम

**lifeless** निर्जीव, बेजान

**lifelike** सजीव, जीता-जागता, यथावत्

**lifting** उठाना; ~ barrier उठान फाटक; ~ machine उद्वाहन यन्त्र

**light** I. *n.* 1. प्रकाश; ~ amplifier ≈ प्रवर्धक; ~ house ≈ स्तम्भ/ गृह; ~ ship ≈ पोत; 2. बत्ती, दीप. II. *a.* 1. हलका; ~ arms हलके हथियार; ~

industries हलके उद्योग; **2.** सुगम; ~ music ≈ संगीत

**lighten** हलका करना

**lighter** **1.** लाइटर; **2.** नौका

**lighting** प्रकाश (करना); ~ arrangements ≈ व्यवस्था

**lightning** तड़ित्, बिजली; ~ arrester ≈ निवर्तक/ शोधक; ~ conductor ≈ चालक; ~ strike तत्काल हड़ताल

**like** **I.** *v.t.* चाहना, पसन्द करना. **II.** *a.* वैसा; ~ duty वैसा ही शुल्क; in ~ manner समान रीति से, उसी प्रकार; ~ powers वैसी शक्तियाँ

**likelihood** संभाव्यता

**likely** संभाव्य; ~ benefit ≈ लाभ; ~ to fall गिरने वाला; is ~ to abscond फ़रार हो जाने की सम्भावना है; is ~ to arise उठना/ उत्पन्न होना सम्भव है

**likewise** वैसे ही, उसी प्रकार

**limbo** उपेक्षित स्थल; नरक

**limine** आरम्भ; in ~ ≈ में ही

**limit** **I.** *n.* सीमा; age ~ वय/ उम्र ≈; time ~ काल की ≈. **II.** *v.t.* सीमित करना; ~ liability दायित्व को ≈

**limitation** **1.** परिसीमन; ~ of liability दायित्व की परिसीमा; ~ of rights अधिकारों का ≈; of suits वादों का ≈; ~ period ≈ अवधि; **2.** परिसीमा; ~ Act ≈ अधिनियम; ~ law ≈ विधि; ~ of suits वादों की ≈; **3.** मर्यादा; **4.** अवधि, मीयाद; barred by ~ गतावधि

**limited** परिसीमित; ~ company ≈ कम्पनी; ~ concern ≈ प्रतिष्ठान; ~ franchise ≈ मताधिकार; ~ liability ≈ दायित्व; ~ ownership ≈ स्वामित्व; ~ payments policy ≈ प्रीमियम पॉलिसी; ~ period ≈ अवधि; ~ supply ≈ प्रदाय

**limping standard** पंगु मान

**line** **I.** *n.* **1.** वंशक्रम [~ of descent भी]; female ~ नारी ≈; **2.** व्यवसाय, धंधा; **3.** पंक्ति; **4.** रेखा; लाइन; **5.** पथ; **6.** दिशा; ~ clear निर्बाध पटरी; ~ closed बंद/ अवरुद्ध पटरी/ रेलपथ; ~ engaged ≈ व्यस्त; ~ fault लाइन/ पटरी दोष; ~ of action कार्यवाही की दिशा; ~ of approach दृष्टिकोण; ~ of communication संचार-मार्ग; ~ leads लाइनतार

**lineage** वंश

**lineal** वंशागत, पारंपरिक; ~ ascendant ≈ पूर्वपुरुष; ~ consanguity ≈ सगोत्रता; ~ descendants ≈ संतति; ~ heir ≈ दायाद

**linear** रेखीय, रैखिक; रेखाकार

**lingua** जीभ, भाषा; ~ franca संपर्क भाषा

**linguist** भाषाविज्ञानी, भाषाविद्

**linguistic** भाषावैज्ञानिक; ~ minorities भाषायी अल्पसंख्यक वर्ग

**linguistics** भाषा विज्ञान

**liner** बाहरी परत

**link** **I.** *n.* कड़ी, जोड़; ~ agreement सहबद्धता क़रार, संबद्ध क़रार; ~ language संपर्क भाषा. **II.** *v.t. & i.* जोड़ देना, जुड़ जाना

**linkage** सहलग्नता, अनुबन्धन

**linked** संलग्न, ग्रथित; ~ file ≈ फ़ाइल

**linking factor** शृंखलन घटक/ तत्त्व

**liquefied** तरलित

**liquefy** तरलित करना, पिघलाना

**liquid** **1.** तरल, नक़द; ~ assets ≈ आस्तियाँ; ~ capital ≈ पूँजी; ~ reserve ≈ आरक्षित, ≈ रिज़र्व; ~ resources नक़दी स्रोत; **2.** द्रव; ~ substance ≈ पदार्थ

**liquidate** परिसमाप्त/ अपाकृत/ परिनिर्धारित करना

**liquidated** परिनिर्धारित; ~ account

परिसमापन खाता; ~ damage ≈ नुक़सानी; ~ sum ≈ राशि

**liquidation** अपाकरण, परिसमापन, भुगतान, परिनिर्धारण; ~ of corporation निगम का परिसमापन; ~ of damages क्षतिपूर्ति का ≈; ~ of debt ऋण का ≈; voluntary ~ ऐच्छिक ≈

**liquidator** अपाकर्ता, परिसमापक

**liquidity** तरलता; ~ premium नक़दी प्रीमियम

**liquor** मदिरा, सुरा; country ~ देसी शराब

**lis** वाद, अभियोग; ~ pendens लम्बित ≈

**list** I. *n.* सूची, फ़हरिस्त; concurrent ~ समवर्ती ≈; state ~ राज्य ≈; union ~ संघ ≈; ~ of payment अदायगी ≈; ~ of voters मतदाताओं की सूची; ~ price ≈ मूल्य. II. *v.t.* सूची बनाना

**listed** सूचीबद्ध; ~ customers सूचीगत ग्राहक; ~ stock ≈ स्टाक

**listing** सूचीबद्ध करना

**listless** निर्जीव, निरुत्साह

**litera** पत्र; ~ acquietantiae विमुक्ति ≈; ~ cambil विनिमय ≈; ~ scripta लिखित ≈

**literacy** साक्षरता

**literae** [pl. of litera]; ~ patentes regis non erunt vacuae राजा के आज्ञापत्र शून्य नहीं होते

**literal** शाब्दिक; ~ interpretation ≈ निर्वचन; ~ meaning ≈ अर्थ; ~ sense अभिधेयार्थ/ वाच्यार्थ, ≈ अर्थ; ~ translation ≈ अनुवाद

**literary** साहित्यिक; ~ work ≈ कृति

**literate** साक्षर, पढ़ा-लिखा, शिक्षित

**literature** साहित्य

**lithograph** शिलामुद्रण; ~ engraving लिथोग्राफ़ उत्कीर्ण

**lithographed** शिलामुद्रित

**lithographer** शिलामुद्रक

**lithography** शिलामुद्रण

**litho-polisher** लिथो पालिशगर

**litigant** वादकारी, मुक़दमेबाज़

**litigate** वाद करना/ लाना, मुक़दमेबाज़ी करना

**litigation** वादकरण, मुक़दमेबाज़ी

**litigious** 1. वादप्रिय; 2. वादकृत

**litis contestation** वाद का विवाद

**litre** लीटर

**littoral** तटवर्ती; ~ state ≈ राज्य

**live** I. *a.* 1. जीवित; ~ account जीवंत खाता/ चालू खाता; ~ animal ≈ प्राणी; 2. जलता हुआ, बिजली वाला, सविद्युत; ~ circuit विद्युत्मय परिपथ; ~ wire विद्युत्मय तार. II. *v.i.* 1. जीना; 2. रहना

**livelihood** जीविका, रोज़ी-रोटी

**livery** 1. वरदी, पोशाक; 2. अर्पण

**live-stock** जीवधन, पशुधन; ~ breeding ≈ प्रजनन; ~ farm पशु प्रक्षेत्र; ~ officer ≈ अधिकारी

**living** I. *a.* जीवित; ~ being जीव; ~ experience प्रत्यक्ष अनुभव; ~ on smb's earning किसी की कमाई पर जीना. II. *n.* 1. जीवन-निर्वाह; ~ cost निर्वाह ख़र्च; ~ expense ≈ व्यय; ~ index ≈ सूचक; ~ wage ≈ भृति/ मज़दूरी; 2. रहना; ~ in adultery जारकर्म में ≈

**load** I. *n.* भार, बोझा; ~ limit लदान सीमा; ~ line भार-रेखा. II. *v.t.* भरना; लादना

**loadability** लदान क्षमता

**loaded** 1. भरा; ~ gun भरी बन्दूक; 2. लदा; ~ cable भारित केबल

**loading** 1. भरण, भराई; 2. लदान, लदाई; ~ charges ≈ ख़र्च; ~ space ≈ लदान स्थान/ गुंजाइश

**loafing group** स्वैरचारी समूह

**loam** मटियार

**loan** I. *n.* ऋण, उधार; ~ agreement ≈

क़रार; ~ at call तत्काल-देय ≈; ~ balance ≈ शेष; ~ on mortgage बन्धक-ऋण; ~ capital ≈ पूँजी; clean ~ निर्बाध ≈; discharged ~ चुकाया ≈; expired ~ समाप्त ≈; floating चालू ≈; issued ~ निर्गमित ≈; long-term ~ दीर्घकालीन ≈; medium-term ~ मध्यकालीन ≈; ~ portfolio ≈ संविभाग; short-term ~ अल्पकालीन ≈; tied ~ सशर्त ≈. **II.** *v.t.* उधार/ ऋण देना

**loanable fund** उधारार्थ निधि

**loanee** उधारगृहीता; ~ company ≈ कम्पनी

**loathsome** घृणित; ~ disorder ≈ अव्यवस्था

**lobby** **1.** गोष्ठीकक्ष; **2.** समर्थक वर्ग

**lobbying** गोष्ठीकक्ष-प्रचार, लॉबी प्रचार

**lobster shift** निशीथ पारी

**local** स्थानिक, स्थानीय, मुक़ामी; ~ acceptance ≈ सकार, ≈ स्वीकृति; ~ administration ≈ शासन; ~ allegiance ≈ निष्ठा; ~ audit ≈ लेखा परीक्षा; ~ authority ≈ प्राधिकारी; ~ autonomy ≈ स्वायत्तता; ~ body ≈ निकाय; ~ call charge ≈ कॉल प्रभार; ~ cartage ≈ दुलाई; ~ community ≈ समुदाय; ~ connection ≈ संयोजन; ~ custom रूढ़ि; ~ delivery ≈ सुपुर्दगी, ≈ वितरण; ~ expression ≈ शब्द-प्रयोग; ~ friction ≈ भेदभाव; ~ fund ≈ निधि; ~ government ≈ शासन; ~ investigation ≈ जाँच; ~ jurisdiction ≈ क्षेत्राधिकार; ~ law ≈ विधि; ~ limits ≈ सीमाएँ; ~ market ≈ बाज़ार; ~ rates ≈ दरें; ~ self-government ≈ स्वायत्त शासन; ~ taxation ≈ कराधान; ~ train ≈ रेलगाड़ी; ~ usage ≈ प्रथा

**localism** स्थानीय भावना

**locality** इलाक़ा, स्थल, स्थान

**localization** स्थानीकरण, स्थानसीमन

**localize** स्थानबद्ध करना, स्थानीय बनाना

**locate** अवस्थित करना, पता बताना

**located** अवस्थित

**location** अवस्थिति, अवस्थान; ~ of the management प्रबन्ध का अवस्थान

**lock** बन्द रखना

**locker** लॉकर; ~ facility ≈ सुविधा; ~ room वेषागार, वस्त्र परिधान कक्ष

**lock-out** तालाबन्दी

**lock-up** हवालात; police ~ पुलिस ≈

**loco, locomotive** रेल-इंजन

**locum tenens** स्थानापन्न

**locus of agreement** सहमति-क्षेत्र

**locus penitentiae** अपराध से विमुखता

**locus standi** अधिकारिता, न्यायाधिकार

**lodge** **I.** *n.* वासा, उपगृह. **II.** *v.t.* **1.** ठहराना, टिकाना; **2.** दाखिल करना; ~ an account लेखा ≈; ~ a complaint अभियोग ≈/ दायर करना; ~ protest प्रतिवाद ≈; ~ report रिपोर्ट ≈; ~ with the gaoler जेलर को सौंप देना

**lodger** आवासी

**lodging** वासा, आवास; ~ allowance वास भत्ता; ~ charges ≈ प्रभार/ ख़र्च; ~ house ≈ गृह

**lodgings** वास, वासगृह

**lodgment schedule** जमा-अनुसूची

**log book** कार्यपंजी

**logging** लट्ठे बनाना

**logic** तर्कशास्त्र, तर्क

**logical** तर्कमूलक, तर्कसम्मत, तार्किक; ~ division ≈ विभाजन; ~ equation ≈ समीकरण

**logician** तर्कशास्त्री, तार्किक

**lone** एकाकी, अकेला

**long** **1.** लम्बा, दीर्घ; ~ distance लम्बी

दूरी; ~ term दीर्घकाल; ~ term borrowing दीर्घकालिक उधार; ~ term loan दीर्घावधि कर्ज़; ~ term measures दीर्घकालीन उपाय; for a ~ time दीर्घकाल तक; **2.** [also long-term] दीर्घकालीन; ~ bill ≈ विधेयक; ~ plan ≈ योजना; ~ policy ≈ नीति; ~ programme ≈ कार्यक्रम; ~ range policy दीर्घकालिक नीति; ~ rate ≈ दर, अवधिपूर्व दर

**longa possessio** दीर्घकालीन क़ब्ज़ा

**longevity** दीर्घ आयु; ~ pay दीर्घसेवा वेतन

**longitude** देशांतर (रेखा)

**look** **I.** *n.* **1.** निगाह; **2.** रूप. **II.** *v.i.* देखना; ~ after देखभाल करना; ~ down तिरस्कार करना; ~ for खोजना, प्रतीक्षा करना; ~ forward to उत्सुकता से प्रतीक्षा करना; ~ into जाँच-पड़ताल करना; ~ out सतर्क रहना; ~ over निरीक्षण करना; ~ through आरपार देखना; ~ up खोजना, पता लगाना

**looker** वीक्षक

**loop** फंदा, छल्ला; ~ hole बचाव, गुंजाइश; ~ line लूप लाइन

**loose** शिथिल, ढीला; मुक्त; भ्रष्ट; खुला, छुट्टा; ~ consignment खुला माल; ~ goods खुला माल; ~ shunting धक्का शंट, खुली शंटिंग

**lord** श्रीमान्; स्वामी, मालिक

**lose** **1.** खोना, गँवाना; ~ customer गाहकी की हानि होना; **2.** हारना; **3.** छोड़ना

**losing time** समय से पिछड़ना

**loss** हानि; ~ claim क्षति दावा, अप्राप्ति दावा; ~ incurred भुक्त ≈; ~ in transit मार्ग में ≈; ~ of business कारबार की ≈; ~ of office पद की ≈; ~ of weight भार/वज़न की ≈; ~ sustained हुई ≈; ~ on resale पुनर्विक्रय में ≈

**lost** **1.** खोया; ~ in transit मार्ग में खो गया; ~ property ≈ सामान; **2.** लुप्त, नष्ट; ~ bill ≈ हुण्डी

**lot** **1.** भाग्य; **2.** ढेर; ~ is knocked down बोली समाप्त; ~ money नीलाम कमीशन

**lottery** लाटरी

**lounge** विश्रान्तिका, उपवेशिका

**low** **1.** नीच, अधम; **2.** निम्न, निचला; ~ birth rate ≈ जन्मदर; ~ frequency system ≈ आवृत्ति प्रणाली; ~ income group ≈ आय वर्ग; ~ paid work अल्पार्जन कार्य; ~ profit अल्पलाभ; ~ resistance ≈ प्रतिरोध; ~ tension ≈ विभव

**lower** **I.** *a.* **1.** निम्न (तर); ~ age limit ≈ आयु सीमा; ~ berth निचली शयिका; ~ chamber निचला/ निम्न सदन; ~ division/ grade ≈ श्रेणी; ~ divisional clerk ≈ श्रेणी लिपिक; **2.** अवर; ~ court ≈ न्यायालय; ~ house ≈ सदन. **II.** *v.t.* नीचे करना

**lowest** **1.** निम्नतम; ~ grade ≈ श्रेणी; ~ price ≈ क़ीमत; ~ rate ≈ दर; **2.** कम-से-कम; ~ bidder ≈ बोली देने वाला

**loyal** राजभक्त; स्वामिभक्त; निष्ठावान्

**loyalty** राजभक्ति, स्वामिभक्ति, निष्ठा; ~ oath ≈ शपथ; ~ of a person व्यक्ति की ≈; ~ to state राजभक्ति

**lubricant** स्नेहक, चिकनाई करने वाला

**lubricate** स्नेहन करना, तेल देना, ओंगना

**lubricating oil** स्नेहक तेल

**lubrication** स्नेहन, ओंगन; ~ of rail points पटरी जोड़ों में तेल देना

**lucid** **1.** विशद, साफ़ **2.** स्वस्थ; ~ interval बीच का स्वस्थ काल

**lucrative** प्रलाभी, अर्थप्रद; ~ office लाभ का पद, लाभदायक पद; ~ practice ≈ व्यवसाय-वृत्ति

**ludicrous** बेतुका, हास्यास्पद
**luftwaffe** वायुसेना
**lug eye** 1. लटकी आँख; 2. लटका हुआ सुराख़
**luggage** सामान; ~ compartment ≈ कक्ष; ~ office ≈ घर; ~ room attendant ≈ घर परिचर; ~ van ≈ यान
**lukewarm** 1. कुनकुना, कोष्ण; 2. मन्दोत्साह
**lump** पिंड; ~ credit एकमुश्त जमा; ~ freight एकमुश्त भाड़ा, सम्पूर्णयान भाड़ा; ~ provision एकमुश्त व्यवस्था; ~ sum एकमुश्त धन/राशि
**lunacy** पागलपन, विक्षिप्तता, उन्माद
**lunatic** विक्षिप्त, पागल; ~ asylum पागलख़ाना; ~ prisoner ≈ क़ैदी
**lurking** I. *n.* घात में बैठना, छिपा रहना. II. *a.* प्रच्छन्न, घात लगाकर छिपने का; ~ place ≈ स्थान; ~ doubt मामूली सन्देह; ~ house trespass ≈ गृह-अतिचार
**lust** काम-तृष्णा; gratification of ~ ≈ की तृप्ति; ~ murder कामांध हत्या
**lustful** कामातुर; विषयासक्त
**lustre** चमक, द्युति
**luxuries** विलास वस्तुएँ
**luxury** विलास; ~ goods ≈ वस्तुएँ; ~ tax ≈ कर
**lying** 1. पड़ा हुआ; ~ about इधर-उधर पड़े; ~-in प्रसवाश्रय पड़ी; ~-in woman प्रसूता, जच्चा; 2. मिथ्याभाषण, झूठ बोलना
**lynch law** स्वतःदण्ड विधि
**lynching** अपहनन; ~ mob ≈ हिंसक भावाविष्ट भीड़

# Mm

**mace bearer** राजदंड-ग्राही
**machination** 1. युक्ति; 2. कूटप्रबन्ध, धोखा-धड़ी, षड्यन्त्र
**machinate** कूटप्रबन्ध करना
**machinator** कूटप्रबन्धक, चालबाज़
**machine** मशीन, यन्त्र; ~ analysis ≈ कार्य विश्लेषण, यन्त्रकार्य विश्लेषण; ~ calculating ~ गणन ≈; copying ~ प्रतिलिपि ≈; perforating ~ छिद्रक ≈; recording ~ अभिलेखी ≈; transcribing ~ प्रतिलेखी ≈; ~ coated ≈ विलेपित; ~ finished ≈ मार्जित; ~ made ≈ निर्मित
**machineman** मशीन मैन, यंत्रचालक, मिस्त्री
**machinery** 1. मशीनें, कल-पुर्ज़े; 2. तन्त्र; government ~ शासन-तन्त्र
**macht politik** सत्तार्थनीति, शक्ति नीति
**made** निर्मित, बना; ~ in that behalf तद्विषयक ≈ ; ~ known विदित कराया गया; ~ to order आदेशानुसार ≈; ~ over हवाले कर दिया गया; ~ work रोज़गारार्थ कार्य
**mafia** विधि विरोधी/क़ानून विरोधी बदमाशों का दल
**magazine** 1. आयुधागार, बारूदघर; 2. गोदाम; 3. पत्रिका
**magic** जादू; ~ wand जादुई छड़ी; ~ remedies चमत्कारिक उपचार
**magical** जादुई; ~ practice जादू-टोना
**magician** जादूगर
**magisterial** मजिस्ट्रेट का; ~ enquiry ≈ की जाँच; ~ functions ≈ के प्रकार्य; ~ powers ≈ की शक्तियाँ
**magistracy** मजिस्ट्रेट वर्ग

**magistrate** मजिस्ट्रेट, दण्डाधिकारी; ~ in session सत्रासीन ≈; additional ~ अपर ≈; city ~ नगर ≈; district ~ ज़िला ≈; subdivisonal ~ उपखण्ड ≈

**magna** महा-; ~ carta ≈ अधिकारपत्र; ~ culpa घोर अपराध; ~ negligentia घोर उपेक्षा

**magnetic** चुम्बकीय; ~ materials ≈ पदार्थ; ~ pole ≈ ध्रुव; ~ tape ≈ फीता

**magneto-system** चुंबक प्रणाली, मैगनेटो प्रणाली

**magnification** आवर्धन

**magnificence** भव्यता, वैभव

**magnificent** भव्यता

**magnified** आवर्धित

**magnifier** आवर्धक

**magnify** आवर्धन करना, बढ़ा कर दिखाना

**magniloquence** वक्रोक्ति, वागाडंबर

**magniloquent** वागाडंबरपूर्ण

**magnitude** 1. महत्ता; 2. विशालता, विस्तार

**maid** 1. कुमारी, कन्या; 2. दासी

**maiden** I. *n.* कुमारी; ~ name विवाह-पूर्व नाम. II. *a.* प्रथम; ~ speech ≈ भाषण

**maidenhood** कौमार्य

**mail** 1. डाक; ~ abstract ≈ तार; ~ agent ≈ एजेन्ट, रेल-डाक क्लर्क; ~ bags ≈ थैले; ~ carrier ≈ वाहक; ~ clerk ≈ क्लर्क, ≈ बाबू; ~ department ≈ विभाग; ~ guard ≈ रक्षक; ~ van ≈ डिब्बा, मेलवैन; 2. [~ train] डाक-गाड़ी

**mailing** डाक-प्रेषण; ~ list ≈ सूची

**maim** विकलांग करना, लंगड़ा-लूला करना

**main** मुख्य; ~ contact ≈ संपर्क; ~ book ≈ बही; ~ connection ≈ संयोजन; ~ department ≈ विभाग; ~ feature ≈ लक्षण; ~land महाद्वीप, ≈ भूभाग; ~ line ≈ लाइन; ~ purpose ≈ प्रयोजन; ~stay ≈ आधार; ~stream ≈ धारा; ~s ≈ लाइन; ~s inspector ≈ तार निरीक्षक

**mainly** मुख्यत:, मुख्यतया

**maintain** 1. भरण-पोषण करना; ~ family परिवार का ≈; 2. बनाये रखना; ~ an action कार्यवाही चलाना, अनुयोजन करना; ~ good behaviour सदाचार ≈; ~ order व्यवस्था ≈; ~ suit वाद चलाये रखना; 3. निश्चयपूर्वक कहना, धारणा रखना; I ~ that मैं धारणा रखता हूँ कि...; 4. रखना; ~ account हिसाब ≈

**maintainable** 1. पोषणीय; 2. ~ suit चलाने योग्य वाद

**maintained** 1. पोषित, अनुरक्षित; ~ by the state राज्य द्वारा ≈; 2. बनाये रखा; ~ control नियन्त्रण ≈, सुस्थापित नियन्त्रण

**maintenance** 1. पोषण, भरण-पोषण, निर्वाह; ~ allowance ≈ भत्ता; ~ grant ≈ अनुदान; ~ of prisoners बन्दियों का ≈; ~ of wife पत्नी का ≈; ~ orders अनुरक्षण आदेश, भरण-पोषण आदेश; ~ remittance ≈ राशि-प्रेषण; 2. अनुरक्षण, रख-रखाव; ~ charges ≈ प्रभार/ ख़र्च; ~ cost ≈ लागत; ~ of road सड़क का ≈; ~ officer ≈ अधिकारी; ~ of works संकर्मों का ≈; ~ reserve अनुरक्षणार्थ आरक्षित निधि; 3. बनाये रखना; ~ of discipline अनुशासन ≈; ~ of order व्यवस्था ≈; 4. ~ of account हिसाब रखना ≈; ~ of records अभिलेख रखना

**majestic** तेजस्वी, प्रतापी

**majesty** 1. तेजस्विता, प्रताप; 2. राजसत्ता; 3. सम्राट्

**major** I. *n.* मेजर. II. *a.* 1. प्राप्तवय, वयस्क, बालिग़; 2. प्रधान, प्रमुख, बड़ा; ~ estimate मुख्य अनुमान; ~ head ≈ शीर्ष; ~ industry ≈ उद्योग; ~ port ≈ पत्तन/ बन्दरगाह; ~ role मुख्य भूमिका, मुख्य कार्य; ~ works बड़े निर्माण-कार्य; 3.

~ misbehaviour भारी कदाचार; ~ offence गुरुतर अपराध

**majority** 1. वयस्कता [age of ~ भी]; 2. बहुमत; ~ government ≈ सरकार; ~ vote बहुमत; absolute ~ पूर्ण ≈; 3. बहुसंख्या, बहुसंख्यक; ~ representation ≈ प्रतिनिधित्व; ~ rule ≈ शासन

**make** 1. बनाना; ~ laws क़ानून ≈; ~ money रुपया ≈/ कमाना; 2. करना; ~ amends परिहार/ तलाफ़ी ≈; ~ contact सम्पर्क ≈; ~ default व्यतिक्रम/चूक ≈; ~ defence प्रतिरक्षा/ बचाव ≈; ~ good पूरा ≈; ~ good the loss हानि की पूर्ति करना, नुक़सान भर देना; ~ an affirmation प्रतिज्ञान करना; ~ interim arrangements अन्तरिम प्रबन्ध करना; ~ use of का उपयोग करना; ~ void प्रवर्तनशून्य करना; 3. ~ after पीछा करना; ~ allowance छूट देना; ~ award पंचाट देना; ~ away नष्ट करना; ~ away with लेकर भाग जाना; ~ both ends meet आमदनी के अन्दर ख़र्च करना; ~ little of तुच्छ समझना; ~ off भाग जाना; ~ out तैयार करना, समझना; ~ over सौंपना, सुपुर्द करना; ~ public लोकविदित करना; ~-up सजावट; ~-up wage पूरक मज़दूरी; ~ up पूरा करना; ~ up the cash रोकड़ मिलाना

**make-believe** कृतक विश्वास

**maker** बनाने वाला, निर्माता

**malaccomodation** कुसमंजन

**maladaptive delinquency** अपानुकूलक अपचार

**maladjusted child** कुसमायोजित बालक

**maladjustment** कुसमायोजन

**maladministration** कुप्रशासन

**malady** रोग, व्याधि

**malafide** असद्‌भावपूर्ण, कदाशय

**malafides** असद्‌भाव, कदाशयता

**mala in se** स्वतः कुकृत्य

**malaise** मांद्य

**mala prohibitor** विधि द्वारा वर्जित कार्य

**malbehaviour** अपव्यवहार

**malconduct** कदाचार, दुराचरण

**malcontent** असन्तुष्ट

**maldistribution** कुवितरण

**male** पुरुष, नर; ~ heir नर वारिस; ~ line ≈ परम्परा; ~ member ≈ सदस्य; ~ progenitor ≈ पूर्वज; ~ organ शिश्न

**malefaction** दुष्कर्म, दोष

**malefactor** दुष्कर्मी, दोषी

**malevolence** दुराशय, दुर्भावना

**malevolent** दुराशयपूर्ण, दुर्भावपूर्ण

**malfeasance** दुष्कर्म, बदकारी

**malfeasant** दुष्कर्ता, बदकार

**malformation** अपरचना

**malformed** अपरचित, विकृत

**malice** दुर्भाव; विद्वेष; ~ in law (legal) विधिक ≈; ~ in fact (actual) तथ्यात्मक ≈; express ~ स्पष्ट ≈; implied ~ विवक्षित ≈

**malicious** दुर्भावपूर्ण, विद्वेषपूर्ण; ~ arrest ≈ बन्दीकरण; ~ intent ≈ अभिप्राय; ~ intention ≈ आशय; ~ prosecution ≈ अभियोजन; ~ search ≈ तलाशी

**maliciously** दुर्भाव से, विद्वेषतः

**malign** I. *a.* 1. दुःसाध्य, उग्र; 2. द्वेषी. II. *v.t.* निन्दा करना, द्वेष से देखना

**malignancy** 1. विद्वेष, द्वेषिता; 2. दुर्दयता

**malignant** 1. विद्वेषपूर्ण; 2. दुर्दय, घातक; ~ magic हानिकारक जादू, अभिचार जादू

**malignantly** विद्वेषपूर्वक

**malignity** = malignancy

**malinger** रोग का बहाना करना

**malingering** रोग का बहाना

**malleable** वर्धनीय

**malnutrition** कुपोषण

**malobservation** भ्रांतावलोकन

**malpractice** कदाचार, अनाचार, दुराचरण

**malpractitioner** अनाचारी, दुराचारी

**maltreat** दुर्व्यवहार करना, बुरा बर्ताव करना

**maltreatment** दुर्व्यवहार, बुरा बर्ताव

**malum prohibitum** निषेधतया दुष्ट

**man** 1. मनुष्य; ~ of ordinary prudence साधारण प्रज्ञावाला ≈; 2. पुरुष; ~ of letters विद्वान् ≈; 3. ~ days श्रम के दिन; ~ hour श्रमघंटा; ~ hunt अपराधी की खोज; ~ and wife पति-पत्नी; ~ at arms सशस्त्र सैनिक; ~ power जनशक्ति; ~ power control श्रमशक्ति नियंत्रण; ~ power mobilization श्रमशक्ति/ जनशक्ति जुटाव

**manacles** हथकड़ी

**manage** प्रबन्ध/ व्यवस्था करना; ~ oneself अपनी देखभाल करना

**manageable** प्रबन्ध्य

**managed** प्रबन्धित; ~ money ≈ मुद्रा/द्रव्य; ~ company ≈ कम्पनी; ~ system ≈ पद्धति

**management** 1. प्रबन्ध; ~ cost ≈ लागत; ~ executive ≈ अधिशासी; ~ personnel ≈ कार्मिक; ~ technique ≈ तकनीक; 2. व्यवस्था; 3. प्रबंधक वर्ग

**manager** प्रबन्धक, व्यवस्थापक; divisional ~ प्रभागीय ≈

**managerial** प्रबन्धकीय; ~ clique प्रबंधक गुटबाज़ी, ≈ गुट; ~ function ≈ कार्य; ~ capacity ≈ हैसियत; ~ personnel प्रबंधकार वर्ग; ~ remuneration ≈ पारिश्रमिक; ~ship मैनेजरी; ~ talent ≈ प्रतिभा

**managing** प्रबन्ध-; ~ agent ≈ अभिकर्ता; ~ committee ≈ समिति; ~ director ≈ निदेशक; ~ officer ≈ अधिकारी; ~ partner ≈ साझेदार

**mandamus** परमाधिदेश, परमादेश; writ of ~ ≈ याचिका

**mandate** I. *n.* अधिदेश; ~ authority ≈ प्राधिकार, ≈ सत्ता; ~ commission ≈ आयोग. II. *v.t.* अधिदेश देना

**mandated** अधिदिष्ट; आदेशाधीन; ~ state ≈ राज्य; ~ territory ≈ राज्यक्षेत्र

**mandatory** अधिदेशात्मक, आज्ञापक; ~ appropriation ≈ विनियोजन; ~ injunction ≈ व्यादेश, अनिवार्य निषेधाज्ञा; ~ penalty ≈ दण्ड; ~ power ≈ शक्ति; ~ provision आज्ञापक/ अनिवार्य/ समादिष्ट उपबन्ध; ~ rule ≈ नियम; ~ scale of pay समादिष्ट वेतनमान

**manes** पितर

**mangle** क्षतांग/ छिन्न-विछिन्न करना

**manhood suffrage** पुरुषमताधिकार

**mania** उन्माद, सनक

**maniac** उन्मादी, सनकी, पगला

**manifest** I. *n.* ~ (of goods भां) माल-सूची. II. *a.* अभिव्यक्त, प्रकट, साफ़; ~ function प्रकट प्रकार्य; ~ violation ≈ अतिक्रम. III. *v.t.* प्रकट/ साफ़ करना

**manifestation** 1. प्रकटीकरण; 2. आविर्भाव

**manifestly** प्रकट रूप से, प्रत्यक्षत:

**manifesto** घोषणापत्र

**manifold** विविध, बहुविध; ~ classification ≈ वर्गीकरण

**manipulate** 1. (हाथ से) चलाना; 2. कुशलता/ बुद्धिबल से काम निकालना; 3. कारस्तानी/ जोड़-तोड़ करना; हेराफेरी करना; ~ prices क़ीमतों में ≈

**manipulating votes** मतप्राप्ति के लिए जोड़-तोड़

**manipulation** 1. हस्त-कौशल; 2. कार्यसाधन, जोड़-तोड़, छल-योजना; ~ of accounts लेखों में हेरफेर करना; ~ of election चुनाव में हेरफेर, निर्वाचन में जोड़-तोड़

**manipulative skill** छल कौशल

**manipulator** छल साधक

**manit** श्रम-मिनट

**mankind** मानव जाति

**manliness** पौरुष

**manly** पुरुषोचित

**manner** रीति; ~ of enrolment भर्ती की ≈; prescribed ~ विहित ≈

**mannerless** अशिष्ट

**mannerly** शिष्ट

**manners** शिष्टाचार

**manoeuvre** **I.** *n.* **1.** युक्ति-चालन, चालबाज़ी, दाँव-पेंच; **2.** युद्धाभ्यास, सैन्य-व्यूहन; ~ office ≈ कार्यालय. **II.** *v.t.* चाल चलना, चालबाज़ी से काम निकालना

**manorial system** महलवारी प्रणाली, जागीरदारी प्रथा

**manpower** नरशक्ति

**manslaugher** नरवध, नरहत्या

**mansion** हवेली

**manslayer** नरघातक, नरहत्यारा

**manswear** झूठी शपथ लेना

**manual** **I.** *n.* नियम-पुस्तिका; ~ of instructions अनुदेश पुस्तिका; ~ of law विधि-पुस्तिका; ~ of orders आदेश पुस्तिका. **II.** *a.* **1.** हस्त-, हाथ का; ~ arts ≈ कलाएँ; ~ dexterity ≈ निपुणता; ~ skill ≈ कौशल; ~ tabulation हस्तकृत सारणीयन; **2.** शारीरिक; ~ labour ≈ श्रम; ~ work ≈ काम

**manually operated** हस्तचालित

**manufactory** विनिर्माण-शाला

**manufacture** विनिर्माण (करना), बनाना

**manufactured** विनिर्मित; ~ drugs ≈ मादक द्रव्य; ~ food ≈ खाद्य

**manufacturer** विनिर्माता

**manufacturing** विनिर्माण; ~ account ≈ लेखा; ~ cost ≈ लागत; ~ industry ≈ उद्योग; ~ operation ≈ परिचालन; ~ process ≈ प्रक्रिया; ~ purpose ≈ प्रयोजन

**manure** **I.** *n.* खाद. **II.** *v.t.* खाद डालना

**manuscript** पांडुलिपि, हस्तलेख; ~ writing अलंकृत लेखन

**map** मानचित्र, नक़्शा

**mapper** मानचित्रकार

**mapping** मानचित्रण

**maraud** लूटपाट करना

**marauder** लुटेरा, प्रलुण्ठक

**marchland** सीमान्त भूमि

**margin** **1.** गुंजाइश, पड़ता; ~ of profit लाभ की ≈; ~ trading मार्जिन जमा व्यापार; **2.** हाशिया, उपान्त; ~ of indifference अनधिमान सीमा

**marginal** **1.** उपान्त; ~ land ≈ भूमि; ~ note ≈ टिप्पण; **2.** उपांतिक; ~ adjustment ≈ समायोजन; ~ area ≈ क्षेत्र; **3.** सीमांत; ~ buyer ≈ क्रेता; ~ case ≈ मामला; ~ cost ≈ लागत; ~ cultivation ≈ खेती; ~ demand ≈ माँग; ~ efficiency of capital ≈ उत्पादिकता/उत्पादन कुशलता; ~ income ≈ आय; ~ pair ≈ क्रेता-विक्रेता; ~ price ≈ क़ीमत; ~ profit ≈ लाभ; ~ return ≈ प्रतिफल; ~ revenue ≈ आय; ~ utility ≈ उपयोगिता; ~ yield ≈ उपज; **4.** ~ entry पार्श्व की प्रविष्टि

**marginally noted** उपांत लिखित, हाशिये पर लिखा हुआ

**marine** समुद्री, पोत-; ~ court ≈ न्यायालय; ~ engineer नौ-इंजीनियर; ~ insurance ≈ बीमा; ~ law ≈ विधि; ~ officer ≈ अधिकारी; ~ risk नौवाहन जोखिम, समुद्री जोखिम; ~

survey repcrt ≈ सर्वेक्षण रिपोर्ट

**mariner** नाविक, जहाज़ी

**marital** वैवाहिक, दाम्पत्य; ~ adjustment ≈ समायोजन; ~ friction ≈ मनमुटाव; ~ infidelity ≈ व्रतभंग, ≈ व्यभिचार; ~ intercourse ≈ संभोग; ~ rights ≈ अधिकार; ~ status ≈ स्थिति

**maritime** समुद्री; ~ belt तटवर्ती प्रदेश, ≈ प्रदेश, तटवर्ती क्षेत्र, ≈ क्षेत्र; ~ court नौन्यायालय; ~ honours नाविक सम्मान; ~ jurisdiction ≈ अधिकारिता; ~ law ≈ विधि; ~ rights ≈ अधिकार; ~ shipping ≈ पोत-परिवहन; ~ sovereignty ≈ सत्ता; ~ territory ≈ भूभाग, तटवर्ती भूभाग; ~ traffic ≈ यातायात, नौयातायात

**mark** I. *n.* **1.** चिह्न; ~ of identification पहचान का ≈, अभिज्ञान ≈; ~ of injury क्षति का ≈; ~ of honour सम्मान प्रतीक; **2.** अंक; ~ list/ sheet ≈ सूची/ पत्र; **3.** लक्ष्य. **II.** *v.t.* चिह्न लगाना; ~ down मूल्य घटाना; ~ out चुनना, निर्दिष्ट करना; ~ up मूल्य बढ़ाना

**marked** ≈ चिह्नित; ~ capcity अंकित क्षमता; ~ cheque ≈ चेक; ~ deterioration स्पष्ट ह्रास; ~ feature अभिहित लक्षण; ~ offender चिह्नांकित अपराधी

**market** बाज़ार, हाट, मण्डी [also ~ place]; active ~ तेज़ ≈; ~ activity ≈ गतिविधि, ≈ कारोबार; advancing ~ बढ़ता ≈; ~ anticipation ≈ पूर्वानुमान; ~ charges ≈ प्रभार, मंडी के ख़र्च; ~ competition ≈ प्रतिस्पर्धा; ~ data ≈ संबंधी आँकड़े; dull ~ मन्द ≈; ~ information ≈ संबंधी जानकारी; ~ management ≈ प्रबन्ध; monopolistic ~ एकाधिकार ≈; overt ~ खुला ≈; ~ trend ≈ प्रवृत्ति; established ~ ≈ सुस्थापित/ प्रतिष्ठित ≈; forward ~ वायदा ≈; narrow ~ सीमित ≈, संकुचित ≈; primary ~ मूल ≈; speculative ~ सट्टा ≈; quiet ~ शांत ≈; ~ price ≈ क़ीमत; अनुकूल क़ीमत; ~ purchasing ≈ क्रय; ~ quotations ≈ निर्ख़, ≈ दर; ~ rates ≈ भाव; ~ report ≈ रिपोर्ट; ~ review ≈ समीक्षा; ~ tendency ≈ रुझान; ~ value ≈ मूल्य

**marketability** पण्यता, बिक्री-योग्यता, विक्रेयता

**marketable** पण्य, विक्रेय; ~ goods ≈ माल; ~ security ≈ प्रतिभूति; ~ surplus ≈ अधिशेष, फ़ालतू माल

**marketing** विपणन, क्रय, प्रतिभूति; ~ agreement ≈ समझौता, ≈ क़रार; ~ channel ≈ माध्यम/ सरणि; ~ cooperative ≈ सहकारी समिति; ~ inspector ≈ निरीक्षक; ~ margin ≈ पड़ता; ~ system ≈ प्रणाली

**marking** अंकन

**marksman** अंगूठाटेक

**marriage** विवाह, शादी, (M) निकाह; ~ by capture अपहरण ≈; ~ by elopement सहपलायन ≈; ~ by force बलपूर्वक ≈; ~ ceremonies ≈ कर्म; ~ clinic ≈ निदानशाला; ~ contract ≈ संविदा; ~ counselling ≈ परामर्श; ~ dissolution ≈ विच्छेद; ~ guidance ≈ मार्गदर्शन; ~ of convenience सुविधा ≈; ~ relationship ≈ सम्बन्ध; ~ ritual ≈ संस्कार; ~ tie ≈ बन्धन; ~ deed महरनामा; ~ gift दहेज, ≈ उपहार; endogamous ~ अन्तर/ अन्तर्जातीय ≈; invalid ~ अमान्य ≈; monogamous ~ एकपत्नीत्व ≈; void ~ शून्य विवाह; temporary ~ मुताह

**marriageable** विवाह-योग्य, शादी लायक़

**married** विवाहित; ~ executor ≈ निष्पादक

**marry** विवाह/ शादी करना

**marshal** **I.** *v.t.* विन्यास करना, क्रमबद्ध/ विन्यस्त करना. **II.** *n.* मार्शल

**marshalling** **1.** विन्यास, क्रमबन्धन; ~ yard ≈ यार्ड; **2.** प्राथमिकता

**martial** **1.** सैनिक; ~ law ≈ शासन; ~ rights ≈ अधिकार; **2.** लड़ाकू; ~ race ≈ प्रजाति

**martyr** शहीद; ~'s day ≈ दिवस

**martyrdom** प्राणाहुति, शहादत, प्राणोत्सर्ग, हुतात्मा

**marvellous** चमत्कारी

**masculine** पुरुष-, पुरुषोचित; ~ gender पुल्लिंग

**masculinity feminity test** पुंसत्व-स्त्रीत्व परीक्षण

**mason** राज मिस्तरी, राजगीर

**masonry** पक्की चिनाई; ~ building पक्का मकान

**masquerade** स्वांग

**mass** **1.** पुंज, ढेर; **2.** मात्रा; **3.** जनता; ~ activity व्यापक/ सामूहिक क्रियाकलाप; ~ awakening जन-जागृति, जन-जागरण; ~ contact जनसम्पर्क; ~ consumption सामूहिक उपभोग; ~ distribution व्यापक वितरण; ~ hysteria सामूहिक उन्माद; ~ media जनसंपर्क साधन; ~ minded जनसमूह मनस्क, ≈ प्रवृत्त; ~ movement जन-आन्दोलन; ~ picketing सामूहिक धरना; ~ production व्यापक उत्पादन

**massacre** जनसंहार

**masses** जनता, जनसाधारण

**massive** भारी, भारी-भरकम; ~ demonstration विराट् प्रदर्शन

**massy** ढेर, भारी

**mast** मस्तूल

**master** **1.** अध्यापक; **2.** पति; **3.** स्वामी; ~ of mine टंकपाल; **4.** ~ agreement मानक अनुबन्ध, प्रतिमान क़रार; ~ card मूल पत्र; ~ clock मानक घड़ी; ~ piece उत्कृष्ट नमूना; ~ plan महायोजना; ~ stroke श्रेष्ठ कृति

**mastery** अधिकार, प्रभुत्व; प्रवीणता

**match** **I.** *n.* **1.** मैच; **2.** जोड़, मेल; **3.** जोड़ीदार. **II.** *v.i.* & *t.* मेल मिलाना, मेल खाना

**matched samples** सुमेल नमूने

**matching** समरूप, समान; ~ grant ≈ अनुदान; ~ in भरना, जमाना; ~ up बिठाना

**matchless** अद्वितीय, अप्रतिम

**mate** **I.** *n.* **1.** मेट; **2.** साथी, संगी. **II.** *v.t.* जोड़ा मिलाना; मैथुन करना/ कराना

**material** **I.** *n.* सामान, माल; पदार्थ, सामग्री; ~ collection ≈ संकलन; ~ credit note माल जमा पत्र; ~ requisition ≈ माँग, ≈ माँगपर्ची; raw ~ कच्चामाल. **II.** *a.* **1.** तात्त्विक, सारवान्, सारभूत, अहम; ~ alteration ≈ परिवर्तन; ~ circumstances ≈ परिस्थितियाँ; ~ defect ≈ त्रुटि; ~ evidence ≈ साक्ष्य; ~ fact ≈ तथ्य; ~ ingredient ≈ अंश; ~ irregularity ≈ अनियमितता; ~ issue ≈ विवाद्यक; ~ particulars ≈ विशिष्टियाँ; ~ proposition ≈ प्रस्थापना; ~ question ≈ प्रश्न; ~ truth वास्तविक सत्यता; ~ wrong वास्तविक अपकार, तात्त्विक अपकार; **2.** भौतिक; ~ cause उपादान कारण, ≈ कारण; ~ existence ≈ अस्तित्व; ~ object ≈ पदार्थ; ~ prosperity ≈ वैभव; ~ resources ≈ साधन; ~ well-being/ welfare ≈ कल्याण; **3.** ~ damage अनल्प/ भारी क्षति; ~ part महत्त्वपूर्ण भाग; ~ party आवश्यक पक्षकार; ~ statement महत्त्वूर्ण विवरण

**materialise** मूर्त रूप देना/ पाना

**materialism** भौतिकवाद, भौतिकता

**materialist** भौतिकवादी

**materially** तत्त्वत:, सार रूप से; ~ affect तात्त्विक रूप से प्रभावित करना; ~ defective ≈ त्रुटियुक्त; ~ increases ≈ वृद्धि होती है; ~ interfere ≈ विघ्न डालना

**maternal** मातृ-, मातृक; ~ care मातृसंरक्षण; ~ aunt मौसी; ~ grandfather नाना; ~ grandmother नानी; ~ uncle मामा; ~ deprivation मातृत्व वंचन; ~ inheritance ≈ आगत, वंशागति; ~ mortality ≈-मृत्यु (संख्या); ~ welfare ≈-कल्याण

**maternity** प्रसूति; ~ benefit ≈ हितलाभ; ~ home ≈ गृह; ~ leave ≈ छुट्टी; ~ welfare ≈ कल्याण

**mathematical** गणितीय

**matinee** मैटिनी

**mating** मैथुन, संगम, समागम; ~ relation ≈ सम्बन्ध

**matriarchal** मातृतंत्रीय; ~ family ≈ परिवार; ~ system ≈ पद्धति; ~ society मातृप्रधान समाज

**matricide** 1. मातृहत्या; 2. मातृहन्ता

**matriculate** मैट्रिक पास

**matri-filiation** मातृवंशानुक्रमण

**matrilateral** मातृवंशीय

**matrilineal descent** मातृवंशीय वंशानुक्रम; ~ kinship ≈ बंधुत्व

**matrilinear** मातृवंशीय

**matrimonial** विवाह-, वैवाहिक; ~ alliance ≈ सम्बन्ध; ~ jurisdiction विवाह-सम्बन्धी अधिकारिता; ~ right ≈ अधिकार

**matrimony** विवाह, परिणय

**matter** 1. विषय, बात, मामला; ~ connected therewith तत्सम्बद्ध विषय; ~ in controversy/ dispute विवादग्रस्त ≈; ~ in difference मतभेदग्रस्त मामला; ~ in hand प्रस्तुत ≈; ~ in issue विवाद्यक ≈; ~ in question प्रश्नगत ≈; ~ in suit वाद ≈; as a ~ of fact वस्तुत:; ~ is under consideration विषय विचाराधीन है, मामला विचाराधीन है; ~ of chance संयोग की बात; ~ of fact तथ्य की बात, तथ्य का ≈; ~ of general interest साधारण हित का ≈; ~ of law विधिगत ≈; ~ of policy नीति विषयक मामला; as a ~ of policy नीति के रूप में, नीति की दृष्टि से; ~ of privilege विशेषाधिकार विषय; ~ of procedure प्रक्रियागत ≈; ~ of public interest लोकहित का ≈; as a ~ of right अधिकार के रूप में; ~s of routine nature नैत्यिक ≈; ~ of technical nature प्राविधिक प्रकार का ≈; ~ under reference निर्देशाधीन/ प्रसंगगत ≈; for that ~ जहाँ तक सम्बन्ध है; 2. वस्तु, सामग्री; postal ~ डाक की ≈

**maturation** परिपक्वन

**mature** 1. परिपक्व, पका; ~ bill पकी हुण्डी; ~ economy ≈ अर्थ व्यवस्था; ~ for payment भुगतान के लिए ≈; 2. प्रौढ़; ~ age ≈ अवस्था

**matured** परिपक्व; ~ claim ≈ दावा

**maturing loans** अवधिपूर्ण होने वाले ऋण

**maturity** 1. परिपक्वता; ~ of understanding समझ की ≈; ~ process ≈ संक्रिया; 2. प्रौढ़ता; ~ date अवधि समाप्ति की तारीख़

**maxim** सूत्र; ~ in law विधि ≈

**maximum** 1. अधिकतम; ~ average pay ≈ औसत वेतन; ~ benefit ≈ लाभ; ~ consumption ≈ उपभोग; ~ pay ≈ वेतन; ~ price ≈ क़ीमत; ~ quantity ≈ मात्रा; ~ rate ≈ दर; ~ term ≈ अवधि; ~ weight ≈ भार; 2. ~ marks पूर्णांक

**may** सकेगा; करे; ~ be संभवतः, हो सकता है; ~ be admitted to bail की जमानत की जाय; ~ be considered विचार किया जाय; ~ be dealt with बरता जा सकता है; ~ be excused क्षमा किया जाय; ~ be permitted अनुमति दी जाय, अनुमति दें; ~ be prescribed विहित किया जा सकेगा; ~ be recovered वसूल किया जा सकेगा; ~ be regretted खेद प्रकट किया जाय; ~ by law determine विधि द्वारा निर्धारण; ~ call for माँग सकता है; ~ bind over मुचलका लें; ~ consider proper उचित समझें; ~ order आदेश दे ≈; आदेश दें; ~ presume उपधारणा कर ≈; ~ specify विनिर्दिष्ट करें; ~ take steps कार्यवाही कर सकेगा

**mayhem** अंगभंग

**mayor** मेयर, महापौर

**meagre** स्वल्प, अपर्याप्त

**mean** I. *n.* औसत, माध्य; ~ sea level माध्य समुद्र तल. II. *a.* 1. नीच, कमीना; 2. दीन-हीन. III. *v.t.* & *i.* अभिप्रेत होना, चाहना, अर्थ होना

**meaning** अर्थ, मानी; within the ~ of ≈ के अन्तर्गत

**meaningful** अर्थपूर्ण

**meaningless** निरर्थक, बेमानी

**meanness** नीचता

**means** साधन, वसीला; ~ of communication संचार/गमनागमन के ≈; ~ of escape बचाव के ≈; ~ of living जीविका के ≈; ~ of production उत्पादन के ≈, उत्पादन के उपकरण; ~ of subsistence निर्वाह के ≈; by all ~ अवश्य; by any ~ किसी भी प्रकार से; by no ~ कदापि/ कभी नहीं; ~ of access पहुँच का ≈

**meantime, meanwhile** इस बीच

**measurable load** मेय भार

**measure** I. *n.* 1. परिमाण; ~ of compensation मुआवज़े का ≈; 2. उपाय; ~s adopted किये गये ≈; effective ~ कारगर ≈; immediate ~ तुरन्त ≈; precautionary ~ पूर्वोपाय/ एहितायाती कार्यवाही; preventive ~ निवारक ≈; 3. माप; ~ of reliability विश्वसनीयता की ≈; ~ of value मूल्य मान

**measurement** माप, नाप; take ~s नाप जोख करना

**measuring** मापन; ~ instrument ≈ यन्त्र; ~ rod मापदंड

**mechanic** I. *n.* मेकैनिक, मिस्तरी. II. *a.* यान्त्रिक, यन्त्र-सम्बन्धी

**mechanical** 1. यांत्रिक; ~ ability ≈ योग्यता; ~ arts ≈ कलाएँ; ~ engineering ≈ इंजीनियरी; ~ process ≈ प्रक्रिया; ~ sorting ≈ चयन, यन्त्रवत् चयन; 2. ~ inspector यंत्रनिरीक्षण; ~ power यन्त्रचालित शक्ति

**mechanically** यन्त्रवत्, यन्त्र द्वारा; ~ propelled यन्त्रचालित

**mechanised** यन्त्रसज्जित, यन्त्रीकृत; ~ farming ≈ कृषि; ~ warfare ≈ युद्ध

**mechanism** 1. यांत्रिकता; 2. युक्ति, क्रियाविधि, तन्त्र; ~ of compensation क्षतिपूर्ति/ प्रतिपूर्ति तन्त्र

**mechanist** यांत्रिक

**mechanization** यन्त्रीकरण, मशीनरीकरण

**medalist** पदकधारी, पदकप्राप्त

**meddle** हस्तक्षेप/ दख़लंदाज़ी करना

**media** माध्यम [pl. of medium]

**mediate** I. *a.* व्यवहित; ~ possession ≈ क़ब्ज़ा. II. *v.i.* मध्यस्थता/ बीच-बचाव करना

**mediation** मध्यस्थता, बीचबचाव; ~ board ≈ मण्डल, ≈ बोर्ड

**mediator** मध्यस्थ

**medical** 1. चिकित्सा-; ~ appliances

चिकित्सीय साधन; ~ arrangement ≈ व्यवस्था; ~ attendant ≈ परिचर; ~ benefit ≈ हितलाभ/ सुविधा; ~ care ≈ देखभाल; ~ certificate ≈ प्रमाणपत्र; ~ expenses ≈ व्यय; ~ expense insurance ≈ व्यय बीमा; ~ expert ≈ विशेषज्ञ; ~ formulary औषधि सूची; ~ leave ≈ अवकाश, ≈ छुट्टी; ~ officer ≈ अधिकारी; ~ practice ≈ व्यवसाय; ~ report ≈ प्रतिवेदन; ~ science ≈ विज्ञान; **2.** डाक्टरी; ~ certificate ≈ प्रमाणपत्र; ~ examination ≈ परीक्षा; ~ practice ≈ पेशा; **3.** ~ attendance/ treatment चिकित्सा

**medicate** दवा/ इलाज/ चिकित्सा करना

**medicinal** औषधीय; ~ purpose ≈ प्रयोजन

**medicine** **1.** दवा, औषधि; ~ chest ≈ पेटी; **2.** वैद्यक, चिकित्सा-शास्त्र

**medico-legal** चिकित्सा-विधिक; ~ examination ≈ परीक्षा

**medico-social aids** चिकित्सा सामाजिक साधन

**mediocre** मध्यकोटिक, साधारण

**meditation** ध्यान

**medium** **I.** *n.* माध्यम; ~ of exchange विनिमय ≈; ~ of instruction शिक्षा का ≈. **II.** *a.* **1.** मध्यम, मध्यवर्ती; ~ financing ≈ वित्तपोषण; ~ level ≈ स्तर; ~ size ≈ आकार; **2.** मध्यावधि; ~ bond ≈ बंधपत्र; ~ credit ≈ उधारी; ~ term loan मध्यकालिक कर्ज़; मध्यम अवधि का ऋण/ उधार; ~ custody सामान्य अभिरक्षा

**meet** **I.** *v.t.* & *i.* **1.** मिलना; सामना करना; पूर्ति करना; ~ the end of justice न्याय का उद्देश्य पूरा होना; ~ the requirements आवश्यकतायें पूरी करना; **2.** सभा/ बैठक करना. **II.** *a.* समीचीन

**meeting** अधिवेशन, बैठक, सभा; ~ in camera बन्द ≈, गुप्त ≈; public ~ सार्वजनिक सभा; ~ liability दायित्व का निर्वहण

**megalomania** महत्त्वोन्माद

**megalomaniac** महत्त्वोन्मादी

**melancholia** विषण्णता, वातोन्माद

**melancholy** विषादपूर्ण

**meliorate** सुधारना

**meliorism** सुधारवाद, उन्नयनवाद

**mellow** मृदु, सुकोमल

**melt** द्रवित करना/ होना, पिघलना, पिघलाना

**melting point** गलनांक

**member** सदस्य; ~ of legislative assembly विधानसभा ≈; ~ of legislative council विधान परिषद् ≈; ~ of parliament संसद्-सदस्य; ~ state ≈ राज्य; corresponding ~ संवादी ≈; founder ~ संस्थापक ≈; ~ in charge प्रभारी ≈

**membership** **1.** सदस्यता; **2.** सदस्य-संख्या

**memo** = memorandum

**memoir** संस्मरण

**memorandum** (pl. -randa) ज्ञापन, स्मरण-पत्र; ~ book ≈ पुस्तक/पंजी; ~ of appeal अपील का ≈; ~ of appearance पेशी का ≈; ~ of association संगम का ≈; ~ of cross-examination प्रति-परीक्षा (जिरह) का ≈; ~ of cross-objection प्रत्याक्षेप का ≈; ~ of deposit जमा ≈-पत्र; ~ of objections आपत्ति ≈; ~ of reconciliation समाधान ज्ञापन पत्र; ~ of remittance प्रेषितरकम का ≈, प्रेषण का ≈; ~ buying उचंती ख़रीद, कच्चा लेखा ख़रीद

**memorial** **1.** अभ्यावेदन; **2.** स्मारक; ~ trophy ≈ वैजयंती

**memorialist** अभ्यावेदक

**memorise** कण्ठस्थ करना, याद कर लेना

**memory** 1. स्मरणशक्ति, याददाश्त; refresh one's ~ अपनी याद ताज़ा करना; 2. स्मृति, यादगार

**menace** I. *n.* भय, ख़तरा. II. *v.t.* ख़तरे में डालना

**menacing** भयप्रद, ख़तरनाक

**mend** मरम्मत करना, सुधारना

**mendacious** मिथ्यावादी, झूठा

**menial** I. *n.* नौकर, चाकर. II. *a.* निम्न; ~ establishment चतुर्थ श्रेणी स्थापना; ~ servant घरेलू नौकर; ~ staff चतुर्थ श्रेणी कर्मचारी वर्ग

**meningitis** मस्तिष्क-शोथ, तानिका-शोथ

**menopause** रजोनिवृत्ति

**mens rea** अपराधी मन, कुत्सित मनोवृत्ति

**menstrual flow** ऋतुस्राव

**menstruate** मासिकधर्म से होना

**menstruation** मासिकधर्म, रजोधर्म

**mental** मानसिक; ~ ability ≈ योग्यता; ~ abnormality अपसामान्यता; ~ activity ≈ क्रिया; ~ age ≈ आयु; ~ ailment ≈ व्याधि, ≈ रोग; ~ capacity ≈ सामर्थ्य; ~ condition ≈ दशा; ~ conflict ≈ द्वन्द्व, अन्तर्द्वन्द्व; ~ defect ≈ दोष; ~ deficiency ≈ हीनता; ~ derangement ≈ विकृति/ विक्षेप; ~ disease ≈ व्याधि/ रोग; ~ disorder मनोविकार; ~ distress ≈ कष्ट; ~ faculty मनःशक्ति; ~ growth ≈ संवृधि, ≈ विकास; ~ hospital ≈ चिकित्सालय, पागलख़ाना; ~ hygiene ≈ स्वास्थ्य, ≈ विज्ञान; ~ infirmity ≈ दुर्बलता; ~ make-up मनोरचना; ~ patient मनोरोगी; ~ reservation मनःसंवृत्ति; ~ retardation ≈ मंदन

**mentality** मनोवृत्ति, मानसिकता

**mentally** मन से, मनसा; ~ gifted प्रखरबुद्धि; ~ handicapped ≈ बाधाग्रस्त; ~ incapacitated मानसिक रूप से अशक्त; ~ retarded मंदितमना

**mention** I. *n.* उल्लेख. II. *v.t.* उल्लेख करना, कहना

**mentionable** उल्लेखनीय; क़ाबिल ज़िक्र

**mentioned** उल्लिखित; ~ above उपर्युक्त, उपरिलिखित; ~ below नीचे ≈

**mentor** सलाहकार

**menu** आहार-सूची

**mercantile** वाणिज्यिक, व्यापारी; ~ agent ≈ अभिकर्ता; ~ custom ≈ रूढ़ि; ~ law ≈ विधि; ~ marine ≈ बेड़ा

**mercenary** भृत्तिक, भाड़े का; ~ army भृत्तक सेना, भाड़े की सेना; ~ service भृत्तिक सेवा, भाड़े की सेवा; ~ soldier भृत्तक सैनिक, भाड़े का सिपाही

**merchandise** वाणिज्य-वस्तु, माल; ~ goods व्यापारिक माल, तिजारती माल; ~ mark व्यापार-चिह्न

**merchant** वणिक, व्यापारी; ~ fleet ≈ बेड़ा; ~ house ≈ कोठी; ~ man ≈ जहाज़; ~ shipping ≈ नौपरिवहन; ~ vessel ≈ जलयान

**merchantable** व्यापार-योग्य; विक्रेय, बिकाऊ

**merchanting business** वाणिज्यिक धंधा

**merciful** दयालु

**merciless** निर्दयी

**mercilessly** निर्दयता पूर्वक

**mercy** दया; ~ appeal दयार्थ पुनर्विचार प्रार्थना, ≈ की अपील; ~ petition ≈ की याचिका

**mere, merely** केवल, मात्र; merely contingent केवल समाश्रित

**merge** विलीन होना/करना

**merged** विलीन; ~ territory ≈ प्रदेश

**merger** विलयन, विलय; ~ of powers शक्तियों का ≈

**merging** विलयन

**merit** 1. गुण; ~ rating गुणांकन; 2.

योग्यता; ~ increment योग्यतानुसार वेतनवृद्धि; ~ list ≈ क्रमसूची; 3. पण्य

**meritorious** सराहनीय; ~ service ≈ सेवा

**merits** गुणागुण, गुणदोष; ~ of application आवेदन के ≈; ~ of case मामले के ≈; ~ of claim दावे के ≈

**mesh** I. *n.* जाल, फंदा. II. *v.t.* & *i.* फँसना, फँसाना

**mesne** मध्यवर्ती, अन्तःकालीन; ~ mortgagee ≈ बन्धकदार; ~ profit ≈ लाभ

**mess** भोजनालय

**message** संदेश; ~ in code कूट भाषा में ≈; ~ transmission ≈ प्रेषण

**messenger** संदेशवाहक; दूत; ~ service facility ≈ सेवा सुविधा

**messing charges** भोजन व्यय/प्रभार

**metal** धातु; ~ casing ≈ आवरण; ~craft ≈शिल्प; ~s trading corporation ≈ व्यापार निगम; ~ image ≈ प्रतिमा; ~ token ≈ टोकन; ~ work ≈ कर्म

**metalled road** पक्की/पत्थर-कुटी सड़क

**metallic** धातु-; ~ measure ≈ माप; ~ money ≈ मुद्रा; ~ reserve प्रारक्षित ≈

**metalliferous** धातुमय

**metallurgical** धातुकर्म-; ~ industry ≈ उद्योग

**metallurgist** धातुकर्मी

**metallurgy** धातुकर्म

**metamorphism** कायांतरण

**metamorphosis** कायारूपांतरण; ~ of commodities वस्तुओं का कायान्तरण

**metaphorical** लाक्षणिक

**metaphrase** शब्दशः रूपान्तर

**metastatis** स्थानान्तरण

**meteor** उल्का

**meteorological** मौसम-सम्बन्धी; ~ department मौसम विज्ञान विभाग; ~ organization मौसम विज्ञान संगठन; ~ telegram मौसम तार

**meteorologist** मौसम विज्ञानी

**meteorology** मौसम-विज्ञान

**meter** मीटर, मापी; ~ reading ≈ पठन

**metes and bounds** माप तथा सीमा

**method** रीति, प्रणाली, तरीक़ा; ~ of analysis विश्लेषण की ≈; ~ of disposal निस्तारण की ≈; ~s of operation परिचालन प्रणालियाँ; ~ of transport परिवहन ≈; ~ study कार्यविधि अध्ययन

**methodical** यथारीति, व्यवस्थित

**methodology** कार्यप्रणाली, कार्यविधि

**meticulous** अतिसावधान, अतिसतर्क

**meticulously** अतिसावधानी पूर्वक

**metre** मीटर; ~ gauge छोटी लाइन

**metric** मीटरी; ~ system ≈ पद्धति

**metropolis** 1. महानगरी; 2. राजधानी

**metropolitan** महानगरीय; ~ area ≈ क्षेत्र; ~ authority ≈ सत्ता, केन्द्रीय/ ≈ प्राधिकार; ~ community ≈ समुदाय; ~ council ≈ परिषद्; ~ magistrate ≈ मजिस्ट्रेट

**metropolitics** महानगर राजनीति

**mica mines** अभ्रक की खानें

**micro-** सूक्ष्म, लघु; ~ computer छोटा कम्प्यूटर; ~ copy ≈ प्रति; ~ electronics ≈ इलेक्ट्रानिकी; ~ film ≈ फ़िल्म; ~graph ≈ लेखी; ~ linguistics ≈ भाषा विज्ञान; ~ test ≈ परीक्षण; ~ wave ≈ तरंग; ~ vision ≈ दृष्टि

**micro-economics** व्यष्टि अर्थशास्त्र

**micrometer** सूक्ष्ममापी

**microphone** ध्वनिग्राही, माइक्रोफ़ोन

**microscope** सूक्ष्मदर्शी (यंत्र)

**mid** मध्य; ~ air आन्तरिक्ष, आकाश; ~ channel ≈ धारा; ~ day मध्याह्न, दोपहर; ~ girth ≈ परिधि; ~ land ≈ देश; ~ night ≈ रात्रि; ~ stream मझधार; ~ summer ≈ ग्रीष्म; ~ term मध्यावधि; ~ term election मध्यावधि चुनाव

**middle** I. *n.* मध्य, बीच; ~ east ≈ पूर्व; ~ examination मिडिल परीक्षा; in the ~ ≈ में. **II.** *a.* **1.** माध्यमिक; ~ school ≈ विद्यालय; **2.** मध्य, बीच का; ~ class मध्यवर्ग; ~ income group मध्यम आय वर्ग; ~ man बिचौलिया, दलाल; ~ -sized मझौला

**midwife** धात्री, दाई

**midwifery** धात्री विद्या/ कर्म, दाईगीरी

**might** बल; ~ is right धर्मोनुर्क्तते; जिसकी लाठी उसकी भैंस

**migrant** प्रवासी

**migrate** प्रवास करना/ जाना

**migration** प्रवास; प्रवसन, देशान्तरण; ~ certificate ≈ प्रमाणपत्र; ~ of capital पूँजी का देशांतरण/ स्थानांतरण; ~ of labour श्रमिकों का ≈

**migratory** प्रवासी; ~ character प्रवसन वृत्ति, स्थानांतरण वृत्ति; ~ tendency प्रवसन प्रवृत्ति, देशान्तरण प्रवृत्ति; ~ worker ≈ कामगार

**milch** दुधारू; ~ cattle ≈ मवेशी; ~ cow गाय

**mild** नरम; ~ punishment ≈ सज़ा

**mileage** **1.** मील-दूरी; **2.** ~ allowance मील-भत्ता

**milieu** परिवेश, वातावरण

**militancy** युद्ध प्रियता

**militant** युद्ध प्रिय, लड़ाकू

**militaristic regime** सैन्यवादी शासन

**militarization** सैन्यीकरण

**military** I. *n.* सेना, फ़ौज. **II.** *a.* **1.** सैनिक; ~ man सैनिक, सिपाही; ~ academy ≈ अकादमी; ~ aid ≈ सहायता; ~ alliance ≈ मैत्री; ~ area ≈ क्षेत्र; ~ armaments ≈ आयुध; ~ attache ≈ सहचारी/ अताशे; ~ authority ≈ प्राधिकारी; ~ base ≈ अड्डा; ~ court ≈ न्यायालय; ~ custody ≈ अभिरक्षा; ~ decoration ≈ विभूषण; ~ dictatorship ≈ अधिनायकत्व, ≈ तानाशाही; ~ establishment ≈ स्थापना; ~ force ≈ बल; ~ formations ≈ टुकड़ियाँ; ~ government ≈ शासन; ~ installations ≈ संस्थापन; ~ jurisdiction ≈ अधिकारिता; ~ law ≈ विधि; ~ manoeuvers ≈ युद्धाभ्यास; ~ offences ≈ अपराध; ~ operations ≈ कार्रवाई; ~ powers ≈ शक्तियाँ; ~ service ≈ सेवा; ~ supply ≈ रसद; **2.** सामरिक; ~ necessity ≈ आवश्यकता

**militia** नागरिक सेना, मिलिशिया

**milk supply** दुग्धपूर्ति

**milky** दूधिया

**mill** I. *n.* **1.** मिल, कारख़ाना; **2.** चक्की. **II.** *v.t.* **1.** पीसना, दलना; **2.** निर्माण करना, बनाना

**millenium** **1.** सहस्र वर्ष; **2.** दिव्य युग

**miller** चक्की वाला, पीसने वाला

**milling** पेषण, पीसना; pulse ~ दाल दलाई; ~ stone पेषणी

**million** दस लाख

**mind** I. *n.* **1.** मन, चित्त; sound ~ स्वस्थ ≈; unsound ~ विकृत ≈; **2.** ध्यान; bear in ~ ≈ में रखना. **II.** *v.t.* & *i.* ध्यान देना, चिन्ता करना

**mindful** सावधान, ख़बरदार

**mine** **1.** खान; ~ worker ≈ मज़दूर, खनक; **2.** ~ field सुरंग; ~ sweeper सुरंगमार्जक; ~ sweeping सुरंगमार्जन

**miner** खनक, खदानी

**mineral** खनिज; ~ oil ≈ तेल; ~ ore ≈ धातुक; ~ output ≈ उत्पाद; ~ resources ≈ साधन, ≈ संपत्ति

**mineralogist** खनिज-विज्ञानी

**mingle** मिलना, मिलाना; मिलना-जुलना

**miniature** 1. लघुचित्र; 2. लघुरूप; ~ light छोटी बत्ती; ~ sheet लघुपत्रक

**minimal** न्यूनतम, अल्पतम

**minimize** कम/कम-से-कम करना, घटाना

**minimum** न्यूनतम, अल्पतम, कम-से-कम; ~ benefit ≈ हितलाभ; ~ charge ≈ प्रभार; ~ custody ≈ अभिरक्षा; ~ living wage ≈ निर्वाह मज़दूरी; ~ marks न्यूनतमांक; ~ of the time scale ≈ काल-मान/ समय मान; ~ pay ≈ वेतन; ~ rate ≈ दर; ~ sacrifice ≈ त्याग; ~ subscription ≈ अभिदान; ~ support price ≈ समर्थन मूल्य; ~ wage ≈ मज़दूरी; ~ weight ≈ भार, अल्पतम भार

**mining** खनन; ~ equipment ≈ उपस्कर; ~ industry ≈ उद्योग; ~ lease ≈ पट्टा; ~ operations ≈ संक्रिया; ~ settlement खनि/खान बस्ती

**minister** I. *n.* 1. मंत्री; ~-in-charge प्रभारी ≈; ~ of state राज्य ≈; ~ without portfolio निर्विभाग ≈; chief ~ मुख्य ≈; deputy ~ उप-≈; prime ~ प्रधान ≈; union ~ संघीय/केन्द्रीय ≈; 2. पुरोहित. II. *v.t.* पूर्ति करना

**ministerial** 1. मंत्रि-; ~ party ≈ पक्ष; 2. मंत्रालय; ~ records ≈ अभिलेख; 3. कार्यालय-, अनुसचिवीय, लिपिकीय; ~ act ≈ कार्य; ~ establishment ≈ स्थापन; ~ servant ≈ कर्मचारी; ~ staff ≈ कर्मचारी वर्ग; ~ duties ≈ कर्तव्य

**ministry** 1. मंत्रालय; ~ of defence रक्षा ≈; ~ of home affairs गृह ≈; ~ of information and broadcasting सूचना-प्रसारण ≈; ~ of law विधि; I ≈;. 2. पुरोहिती

**minor** 1. अप्राप्तवय, अवयस्क; ~ account नाबालिग़ खाता; ~ jurare non potest ≈ शपथ नहीं ले सकता; ~ offender ≈ अपराधी; ~ plaintiff ≈ वादी; 2. लघु, छोटा, गौण; ~ crop ≈ फ़सल; ~ estimate ≈ आकलन; ~ head ≈ शीर्ष; ~ offence ≈ अपराध; ~ works ≈ निर्माण-कार्य

**minority** 1. अवयस्कता, नाबालिग; 2. अल्पमत; अल्पसंख्यक; ~ commission अल्पसंख्यक आयोग; ~ government ≈ सरकार, अल्पसंख्यक सरकार; ~ opinion अल्पसंख्यक मत; ~ representation ≈ प्रतिनिधित्व, अल्पसंख्यक प्रतिनिधित्व; 3. अल्पसंख्यव. वर्ग; ~ interests ≈ के हित

**mint** I. *n.* टकसाल, टंकशाला; ~ master टंकपति; ~ par ≈ दर; ~ superintendant ≈ अधीक्षक. II. *v.t.* सिक्का ढालना

**mintage** 1. सिक्का-ढलाई; 2. ढलाई दर

**minus** I. *a.* ऋण; ~ amendments ≈ संशोधन; ~ balance ≈ शेष; ~ debit ≈ विकलन; ~ item ≈ ऋणात्मक मद. II. *v.t.* कम करना, घटाना

**minute** I. *n.* 1. मिनट; 2. [pl.] कार्यवृत्त, विवरण; ~ book ≈ पुस्तक; ~s of dissent विसम्मत-टिप्पणी, असहमति ≈; ~s of the meeting बैठक का कार्यवृत्त. II. *a.* सूक्ष्म

**minutely** सूक्ष्मतया

**miracle** चमत्कार

**miraculous** चमत्कारी, अद्भुत

**mirthful** उल्लासपूर्ण; ~ attitude ≈ अभिवृत्ति

**mis** *[prefix]* अप-, दुर-

**misadventure** 1. अपघात; 2. दुर्दैव, अनिष्ट

**misadvised** कुमंत्रित; भ्रमित, गुमराह

**misallegation** मिथ्यारोप
**misallocation of resources** संसाधन कुनियतन
**misanthropy** मानवद्वेष
**misapplication** दुष्प्रयोग; ~ of money धन का ≈
**misapply** दुरुपयोग करना
**misapprehension** मिथ्याबोध, बोधभ्रम
**misappropriate** दुर्विनियोजन करना, ग़बन करना
**misappropriated** दुर्विनियुक्त; ~ amount ≈ राशि
**misappropriation** दुर्विनियोग, दुर्विनियोजन, ग़बन; criminal ~ आपराधिक ≈; ~ of cash रोकड़ का ≈; ~ of funds राशि का ≈; ~ of property सम्पत्ति का ≈
**misbehave** दुर्व्यहार करना
**misbehaviour** कदाचार, दुर्व्यवहार
**misbelief** मिथ्या विश्वास
**misbranded** मिथ्या छाप वाला
**miscalculation** ग़लत गिनती
**miscarriage** 1. गर्भपात; crminal ~ दण्डनीय ≈; 2. विफलता; 3. अपवहन; ~ of money order मनी आर्डर का ≈; ~ of justice न्याय की हत्या, अन्याय
**miscarried** अपवाहित, दुर्वाहित
**miscarry** 1. अपवाहित करना/होना; 2. विफल होना; 3. गर्भपात होना
**miscegenation** प्रजाति-संकरण
**miscellaneous** प्रकीर्ण, विविध, फुटकर; ~ account ≈ खाता; ~ clerk ≈ लिपिक; ~ demands ≈ माँगें; ~ deposits ≈ जमा; ~ expenditure ≈ ख़र्च/व्यय; ~ offences ≈ अपराध; ~ subjects ≈ विषय
**mischance** दुर्दैव, दुस्संयोग
**mischief** अरिष्टि, शरारत, बुरी हरक़त; ~ maker उत्पाती; ~ rule अनिष्ट नियम
**mischievous** उत्पाती, शरारती
**misclassification** ग़लत वर्गीकरण
**misconceive** भ्रांत धारणा होना
**misconception** भ्रम, मिथ्या/ भ्रान्त धारणा; ~ of fact तथ्य के बारे में ≈; ~ of law विधि के बारे में ≈
**misconduct** अवचार, दुराचरण, बदचलनी; gross ~ घोर दुराचरण
**misconnected mail** विमेलित डाक
**misconnection** विमेलन
**misconstruction** अशुद्ध अन्वय/संरचना
**misconstrue** ग़लत मतलब लगाना
**miscount** अशुद्ध गणना करना
**miscreant** ऊधमी, फ़सादी, दुर्वृत्त
**misdeed** कुकर्म
**misdelivery** ग़लत परिदान/सुपुर्दगी
**misdemeanant** कदाचारी
**misdemeanour** उपापराध; कुचाल
**misdespatch** ग़लत रवानगी, ग़लत प्रेषण
**misdirect** अपनिदेशन करना, बहकाना
**misdirection** ग़लत निर्देश
**misdoing** अपराध, भूल
**misemployed** दुरुपयोजित
**miser** कृपण, कंजूस
**miserable** विपन्न, दयनीय
**misery** विपत्ति, ग़रीबी
**misfeasance** अपकृत्य, अवैध कार्य
**misfire** सफल न होना
**misfit** बेमेल
**misfortune** दुर्भाग्य, बदक़िस्मती
**misgiving** आशंका, भय
**misgovern** कुशासन करना, कुप्रबन्ध करना
**misgovernment** कुशासन
**misguide** बहकाना
**misguided** भ्रांत, कुपथगामी

**mishandle** ग़लत ढंग से चलाना

**mishap** दुर्घटना

**misinform** मिथ्या सूचना देना

**misinterpretation** अपनिर्वचन, भ्रांत व्याख्या

**misjoinder** कुसंयोजन; ~ of causes हेतुकों का ≈; ~ of charges आरोपों का ≈; ~ of parties पक्षकारों का ≈

**misjudge** ग़लत निर्णय देना, ग़लत समझना

**mis-labelled article** ग़लत लेबल वाली वस्तु

**mislay** इधर-उधर रख देना, खो देना

**mislead** मार्गभ्रष्ट करना, गुमराह करना, भुलावा देना

**misleading** भ्रामक, गुमराह करने वाला; ~ image ≈ रूप; ~ information ≈ जानकारी

**mismanagement** कुप्रबन्ध

**mismatch** बेमेल होना

**misnomer** ग़लत नाम, अपसंज्ञा

**misogamic** विवाहद्वेषी

**misogyny** नारीद्वेष

**mispaid money order** ग़लत अदा किया गया मनीआर्डर

**misplaced** अपनिहित; ~ confidence ≈ विश्वास

**mispleading** अशुद्ध अभिवचन

**misposting** ग़लत/ अशुद्ध खतियान

**misprint** छपाई की भूल/ मुद्रण-त्रुटि

**misprision** संगोपन; ~ of felony महापराध ≈

**misquote** ग़लत हवाला देना

**misread** ग़लत पढ़ना, ग़लत समझना

**misrepresentation** 1. अन्यथा कथन, दुर्व्यपदेशन, ग़लतबयानी; ~ of facts तथ्यों का ≈; 2. मिथ्या निरूपण

**misrouted** अपमार्गित; ~ telegram ≈ तार

**misrule** कुशासन

**miss** चूकना, असफल होना

**misshapen** विकृत, टेढ़ा-मेढ़ा

**missile** अस्त्र, प्रक्षेपास्त्र

**missing** खोया हुआ; ~ credit चूकी जमा; ~ goods ≈ माल

**mission** 1. दूतमंडल; 2. प्रचारक मंडल; 3. लक्ष्य; ~ of life जीवन ≈

**misspell** अशुद्ध वर्तनी करना

**misstate** मिथ्याकथन करना

**misstatement** मिथ्या कथन, ग़लतबयानी

**mistake** ग़लती, भूल; ~ as to law विधि के बारे में ≈; ~ in fact or law तथ्य या विधि की ≈; under a ~ भूल से

**mistaken** भ्रांतिपूर्ण, ग़लत

**mister** श्री, श्रीमान्, महोदय

**mistreat** दुर्व्यवहार करना

**mistress** 1. स्वामिनी; 2. गृहस्वामिनी; 3. रखैल; 4. अध्यापिका

**mistrial** अपविचारणा

**mistrust** अविश्वास/ सन्देह करना

**misunderstanding** अन्यथा ग्रहण, भ्रांति, ग़लतफ़हमी; ~ of law विधि का ≈

**misuse** दुरुपयोग (करना)

**misused** ग़लती से उपयोग किया गया

**mitigate** प्रशमित करना; कम/ हलका करना; ~ punishment दण्ड/सज़ा ≈

**mitigation** प्रशामन; कमी करना; ~ of punishment दण्ड में कमी करना

**mittimus** कारावास का आदेश

**mix** मिश्रित होना/ करना, मिलना, मिलाना

**mixed** मिश्रित, मिली-जुली; ~ banking मिश्र बैंकिंग; ~ committee ≈ समिति; ~ crop ≈ फ़सल; currency ≈ मुद्रा; ~ economy ≈ अर्थव्यवस्था; ~ farming ≈ खेती; ~ goods ≈ माल; ~ income ≈ आय; ~ policy ≈ नीति; ~ train ≈/मिली-जुली गाड़ी

**mixing** मिश्रण

**mixture** मिश्रण; घोल

**mob** भावाविष्ट भीड़, उत्तेजित भीड़; ~ behaviour ≈ व्यवहार; ~ hysteria भीड़ उन्माद; ~ mind भीड़ मन

**mobile** चल, चलता-फिरता; ~ checks and massive checks ≈ जाँच एवं व्यापक जाँच; ~ communication ≈ संचार; ~ family चलिष्णु परिवार; ~ hospital ≈ चिकित्सालय; ~ library ≈ पुस्तकालय; ~ line ≈ लाइन; ~ post office चल डाकघर; ~ squad ≈ दस्ता; ~ warfare चलयुद्ध

**mobility** सचलता, गतिशीलता; ~ of capital पूँजी की ≈; ~ of labour श्रमिक ≈; ~ of manpower जनबल गतिशीलता; occupational ~ व्यावसायिक ≈

**mobilization** **1.** संघटन, संग्रह, जुटाव; ~ of capital पूँजी जुटाना; ~ of deposits जमाराशियों का संग्रहण; ~ of manpower श्रम शक्ति संग्रह; ~ of resources संसाधनों का ≈; **2.** [army] लामबन्दी, सैन्य-संचालन

**mobilize** 1. संघटित करना, जुटाना; **2.** चालू करना; सैन्य संचालन करना, (सेना) संघटित करना

**mobocracy** भीड़तन्त्र, भीड़शाही

**mock** **I.** *a.* कूट, नक़ली; ~ auction ≈ नीलाम; ~ fights ≈ युद्ध; ~ marriage ≈ शादी; ~ parliament संसद अभिनय. **II.** *v.i.* उपहास करना, हँसी उड़ाना

**mockery** उपहास, स्वाँग

**mode** रीति, ढंग; ~ of adaptation अनुकूलन विधि; ~ of address संबोधन का ढंग; ~ of despatch प्रेषण का ढंग; ~ of life जीवन का ढंग; ~ of production उत्पादन का ढंग; ~ of representing रूपण का ढंग

**model** **I.** *n.* **1.** मॉडल, प्रतिरूप; **2.** प्रतिमान, नमूना; **3.** आदर्श. **II.** *a.* आदर्श; ~ agreement ≈ क़रार; ~ order ≈ आदेश. **III.** *v.t.* प्रतिरूपण करना

**modelling** प्रतिरूपण; ~ effect प्रतिरूप-प्रभाव; ~ teacher ≈ शिक्षक

**moderate** **I.** *n.* **1.** संयत, मर्यादित; ~ behaviour ≈ व्यवहार; ~ language ≈ भाषा; ~ means सीमित साधन; ~ speed सामान्य गति/सामान्य चाल; ~ view संयत दृष्टिकोण; **2.** नरम; ~ demand ≈ माँग. **II.** *v.t.* अनुसीमन करना

**moderation** **1.** संयम, मिताचार; **2.** अनुसीमन; **3.** परिनियमन, परिमार्जन

**moderator** परिनियामक, परिमार्जक

**modern** आधुनिक; ~ age ≈ युग; ~ warfare ≈ युद्ध

**modernization** आधुनिकीकरण

**modernized** आधुनिकीकृत

**modest** **1.** शालीन, विनम्र; **2.** संकोची; **3.** साधारण, सीधा-सादा

**modesty** **1.** शालीनता, विनम्रता; **2.** सतीत्व, अस्मत; outrage ~ ≈ भंग करना

**modification** उपान्तरण, आशोधन; ~ order ≈ आदेश

**modified** उपान्तरित, आशोधित

**modify** उपान्तरित करना

**modulation** अधिमिश्रण

**modulator** मॉडुलक, वर्णप्रभावी

**module programme** लघुमात्रा का कार्यक्रम, मॉड्यूल प्रोग्राम

**modus** प्रणाली, रीति; ~ operandi कार्य-≈; ~ vivendi अस्थायी व्यवस्था

**moiety** अर्धांश, आधा; ~ fees आधी फ़ीस

**moisten** आर्द्र करना

**moisture** आर्द्रता, सील, नमी

**molasses** राब, शीरा

**molest** छेड़छाड़ करना, उत्पीड़ित करना

**molestation** छेड़छाड़, उत्पीड़न

**mollify** शान्त करना, नरमाना

**moment** क्षण

**momentarily** क्षण मात्र, पल भर

**momentary** क्षणिक मात्र, पल भर के लिए

**momentous** महत्त्वपूर्ण

**momentum** गति, वेग

**monandry** एकपतित्व, एकपति प्रथा

**monarch** एकराट्, नरपति

**monarchical** राजतन्त्रीय; ~ state ≈ राज्य

**monarchy** राजतन्त्र, एकराट्तन्त्र

**monastery** मठ, विहार

**monetary** **1.** मुद्रा-; ~ adjustment मौद्रिक समायोजन; ~ area ≈ क्षेत्र; ~ authority ≈ प्राधिकारी; ~ contraction ≈ संकुचन; ~ crisis ≈ संकट; ~ factors ≈ कारक/ तत्त्व; ~ policy ≈ नीति; ~ problems ≈ समस्याएँ; ~ reserve प्रारक्षित ≈ निधि; ~ stability ≈ स्थिरता; ~ standard मुद्रामान, द्रव्यमान; ~ system ≈ पद्धति; ~ unit ≈ इकाई; **2.** आर्थिक; ~ grant ≈ अनुदान; ~ incentive ≈ प्रेरणा; ~ limit ≈ सीमा; **3.** धनीय; ~ pressure द्रव्य की भारी माँग

**monetization of debt** ऋण का मुद्रीकरण

**money** **1.** धन; ~ bill ≈ विधेयक; ~ circulation ≈ परिचालन; ~ making ≈ उपार्जन; ~ overpaid अतिदत्त ≈; ~ suit ≈ का वाद; **2.** द्रव्य; ~ capital ≈ पूँजी; ~ cost ≈ लागत; ~ flow ≈ प्रवाह; cheap ~ अल्प ब्याज ≈; **3.** मुद्रा; ~ changer ≈ परिवर्तक; ~ earning ≈ रूप/ नक़द कमाई; ~ in circulation संचलनगत ≈; ~ income ≈ आय; ~ panic ≈ संत्रास; ~ supply ≈ पूर्ति; ~ tester ≈ परीक्षक; ~ value ≈ मूल्य; **4.** ~ lender साहूकार, महाजन; ~ lending साहूकारी; ~ market सर्राफ़ा; ~ order मनी-आर्डर; ~ order commission मनी-आर्डर कमीशन; ~ paid receipt भुगतान की रसीद, अदायगी की रसीद

**moneyed** धनवान्

**monition** चेतावनी, प्रबोधन

**monitor** **1.** *n.* मॉनीटर; परिवीक्षक; **2.** *v.t.* अनुश्रवण करना

**monitoring** संचार निगरानी; ~ circuit मानीतर परिपथ, अनुश्रवण परिपथ; ~ of critical accounts संकटपूर्ण खातों का अनुप्रवर्तन; ~ programme अनुवर्तन कार्यक्रम

**monocracy** एकतंत्र, तानाशाही

**monogamous** एकविवाही

**monogamy** एकविवाह (प्रथा)

**monogenetic** एकवंशीय

**monogram** नामचिह्न, गुंफाक्षर, मोनोग्राम

**monograph** विनिबन्ध

**monogyny** एकपत्नीत्व

**monolingual** एकभाषी

**monolith** एकाश्मक

**monologue** एकालाप, स्वगत (कथन)

**monopolise** एकाधिकार करना/ जमाना

**monopolist** एकाधिकारी

**monopolistic** एकाधिकारी; ~ competition ≈ स्पर्धा; ~ organization ≈ संगठन; ~ tendency ≈ प्रवृत्ति

**monopoly** एकाधिकार; ~ purchase ≈ क्रय; absolute ~ पूर्ण ≈

**mono-rail** एक पटरी की लाइन, एक पटरी लाइन

**monosemantic word** एकार्थ शब्द

**monosyllabic** एकाक्षरीय

**monotonous** एकरूप; ~ phonation एकरूप स्वनन

**monotony** एकरसता; नीरसता

**monstrosity** **1.** विकटता; **2.** दुष्टता; **2.**

भद्दी भूल

**monstrous** 1. विकट, डरावना; 2. दुष्ट; 3. नितान्त असंगत, भद्दा

**montane** पर्वतीय, पहाड़ी

**month to month** मास-प्रतिमास

**monthly** माहवारी, मासिक; ~ abstract ≈ सार; ~ allowance ≈ भत्ता; ~ arrear statement बक़ाया काम का ≈ विवरण; ~ instalment ≈ क़िस्त; ~ report ≈ रिपोर्ट; ~ statement ≈ विवरण; ~ tour ≈ दौरा; ~ trial balances ≈ शेष परीक्षण

**monument** स्मारक

**monumental** 1. स्मारकीय; 2. चिरस्मरणीय; 3. महान्, विशाल

**moored** रस्सी से बँधा हुआ

**moot** I. *a.* 1. विवाद्य; 2. संदिग्ध. II. *v.t.* (बहस के लिए) प्रस्तुत करना

**moral** नैतिक; ~ abandonment दुराचार; ~ code ≈ संहिता; ~ conduct ≈ आचरण; ~ courage ≈ बल; ~ education ≈ शिक्षा; ~ factor ≈ कारक; ~ faith ≈ आस्था; ~ ideals ≈ आदर्श; ~ maturity ≈ परिपक्वता; ~ obligation ≈ दायित्व; ~ restraint ≈ संयम; ~ right ≈ अधिकार; ~ sanction ≈ अनुशास्ति; ~ standard ≈ मानक; ~ strength ≈ बल; ~ turpitude ≈ अधमता/ पतन; ~ value ≈ मूल्य

**morale** मनोबल, चरित्रबल, हौसला

**morality** नैतिकता; शील, सदाचार

**morally** नैतिक रूप से; ~ bound ≈ बद्ध

**morals** नैतिक आधार; शील, सदाचार

**moratorium** अधिस्थगन, ऋण स्थगन

**morbid** अस्वस्थ, असुस्थ, बिगड़ा हुआ

**more to follow** और भी है

**mores** लोकरीति, लोकाचार

**morganatic marriage** असमवर्ग विवाह

**morgue** 1. शवागार, मुर्दाघर; 2. मृत्युलेख

**moribund** मृतप्राय, मरियल

**mors** मृत्यु; ~ dicitur ultimum supplicium मृत्यु दण्ड की चरम सीमा है

**mortal** 1. नश्वर; 2. मृत्युकारक, प्राणान्तक; ~ wound ≈ घाव

**mortality** मृत्युसंख्या; मृत्युदर

**mortally** घातक रूप से

**mortgage** I. *n.* बन्धक, रेहन; ~ by deposit निक्षेप द्वारा ≈; ~ bond ≈ बन्धपत्र; ~ debt ≈ ऋण; ~ deed ≈ विलेख; ~ lease ≈ पट्टा; ~ holder ≈ धारी; ~ money ≈ धन; anomalous ~ विलक्षण ≈; collateral ~ संपार्श्विक ≈; conditional सशर्त ≈; contributory ~ अंशदायी ≈; equitable ~ साम्यिक ≈; intermediate ~ मध्यवर्ती ≈; possessory ~ साधिकार ≈; redeemable ~ मोचनीय ≈; simple ~ सादा ≈; statutory ~ वैधानिक ≈; usufructuary ~ भोग ≈. II. *v.t.* बंधक करना

**mortgaged** बंधकित; ~ lease ≈ पट्टा; ~ property ≈ सम्पत्ति

**mortgagee** बन्धकदार, बन्धकधारी; ~ in possession कब्ज़ा रखनेवाला ≈; mense ~ मध्यवर्ती ≈; prior ~ पूर्व ≈; successive ~ आनुक्रमिक ≈; ~ subsequent पाश्चिक ≈

**mortgager, -gor** बन्धककर्ता, रेहनदार; ~ in possession क़ब्जा रखनेवाला ≈

**mortis causa** आसन्नमरण, मृत्युकालिक; ~ donantion ≈ दान

**mortmain** असंक्राम्यता

**mortuary** शवागार, मुर्दाघर

**mos** रूढ़ि

**most** 1. अधिकतम, सबसे अधिक; 2. परम; ~ holy ≈ पवित्र; ~ honorable ≈

माननीय; ~ secret ≈ गुप्त; ~ urgent ≈ आवश्यक; **3.** ~ general सामान्यतम; ~ immediate अति तात्कालिक/तुरन्त

**mostly** बहुधा, प्राय:; सामान्यत:

**mother** माँ, माता; ~ country मातृ-भूमि; ~ fixation मातृ-स्थिरण; ~ land मातृभूमि; ~ tongue मातृ भाषा

**motility** गतिशीलता

**motion** **1.** गति, चाल; ~ of rotation क्रमावर्ती ≈; ~ picture चलचित्र; **2.** प्रस्ताव; ~ for consideration विचारार्थ ≈; ~ of confidence विश्वास-प्रस्ताव; ~ in court समावेदन; ~ of adjournment स्थगन ≈; ~ of closure समापन ≈; ~ of no confidence अविश्वास-≈; ~ of thanks धन्यवाद ≈; **3.** समावेदन; ~ hearing ≈ की सुनवाई

**motivated** अभिप्रेरित

**motivation** अभिप्रेरणा

**motive** **1.** अभिप्रेरक; ~ power ≈ शक्ति; **2.** प्रेरणा; of his own ~ स्वप्रेरणा से; **3.** अभिप्राय, मक़सद; **4.** हेतुक

**motor** **1.** मोटर; ~ transport ≈ परिवहन; ~ trolly ≈ ट्रॉली; ~ vehicle ≈ गाड़ी; **2.** प्रेरक, गतिक; ~ activity ≈ क्रियाकलाप; ~ impulse ≈ आवेग; ~ nerve ≈ तन्त्रिका

**mould** **I.** *n.* साँचा. **II.** *v.t.* (साँचे में) ढालना

**moulder** साँचागर; गढ़नेवाला

**moulding** साँचा ढालना; ~ sand साँचे वाली बालू

**mountaineer** पर्वतारोही

**mountainous region** पहाड़ी प्रदेश

**mountebank** कठवेद, नीम हक़ीम

**mounted** घुड़सवार; ~ police ≈ पुलिस

**mounting** **1.** चढ़ना, आरोहण; **2.** चौखटा चढ़ाना

**mourning** शोक, मातम

**mouthpiece** **1.** मुखपत्र; **2.** मुखिका

**movable** जंगम, चल; ~ article ≈ वस्तु; ~ estate ≈ संपदा; ~ property चल संपत्ति, जायदाद मन्कूला; ~ seating equipment चल आसन उपस्कर

**movables** चल/ जंगम द्रव्य, माल मन्कूला

**move** **I.** *n.* गति, चाल. **II.** *v.i.* & *t.* **1.** हिलना, हिलाना; चलना, चलाना; **2.** प्रस्तावित करना, प्रस्ताव रखना; **3.** ~ the court न्यायालय में अभ्यावेदन करना

**movement** **1.** गति; **2.** संचलन, गमनागमन; ~ in prices क़ीमतों में उतार-चढ़ाव; ~ of currency मुद्रा निस्सरण; ~ of goods माल का ≈; ~ of population जनसंख्या का ≈; ~ of trains गाड़ियों का ≈; ~ of troops सेना का ≈; **3.** आन्दोलन

**mover** प्रस्तावक, प्रस्तुत करने वाला

**movie** चलचित्र

**moving** **1.** गतिमान्, चल, चलता-फिरता; ~ edge घटता-बढ़ता किनारा; ~ hospital ≈ हस्पताल; ~ staircase चलती सीढ़ी; ~ stock ≈ स्टॉक; **2.** प्रेरक; ~ force ≈ शक्ति

**mowing** कटाई

**Mr.** श्रीमान्, श्री; Mr. Justice न्यायमूर्ति महोदय

**muckraker** कीचड़ उछालने वाला

**mud** कीचड़; गारा; ~ brick कच्ची ईट; ~ house कच्चा मकान

**muffled** अवरुद्ध, दबा

**mulct** **1.** अर्थदण्ड (देना); **2.** अपकीर्तन (करना)

**mull** घालमेल

**multa fidem promissa levant** बहुत सारी प्रतिज्ञाएँ विश्वास को कम कर देती हैं

**multi-caste** बहुजातीय

**multicentered societies** बहुकेन्द्रीय समाज

**multichannel circuit** बहुसरणी परिपथ

**multicoloured** बहुरंगी, पँचरंगा

**multidiscipline approach** बहुविज्ञानीय उपागम

**multi-employer unit** बहुमालिक एकक

**multifamily** बहुकुटुम्ब; ~ dwelling ≈ वासगृह

**multifarious** बहुविध, नाना, अनेक; ~ causes ≈ वादहेतुक; ~ suits ≈ वाद

**multifariousness** बहुविधता, अनेकता

**multi-journey visa** बहुयात्रा वीज़ा

**multilateral** बहुपक्षीय, बहुपार्श्वीय; ~ agreement ≈ समझौता; ~ clearing ≈ समाशोधन, ≈ भुगतान; ~ convertibility ≈ विनिमेयता; ~ negotiation ≈ वार्ता; ~ trade ≈ व्यापार; ~ treaty ≈ सन्धि

**multilingual** बहुभाषी; ~ population ≈ जनसंख्या

**multimember** बहुसदस्य; ~ constituency ≈ निर्वाचन क्षेत्र, ≈ मण्डल

**multinational** बहुराष्ट्रीय; ~ organisation ≈ संगठन; ~ state ≈ राज्य

**multi-party system** बहुदल पद्धति, बहुदलीय पद्धति

**multiple** 1. बहु; ~ addressed telegram ≈ पता तार; ~ choice ≈ विकल्प; ~ counselling ≈ व्यक्ति उपबोधन; ~ exchange rate एकाधिक विनिमय दर, ≈ विनिमय दर; ~ injuries ≈ क्षतियाँ; ~ line बहुल/बहुरी लाइन/पटरी; ~ meaning ≈ अर्थ; ~ nature ≈ स्वरूप; ~ party system बहुदल पद्धति; ~ production firm ≈ उत्पाद फ़र्म; ~ shift system बहुपारी प्रणाली; 2. बहुविधि; ~ bargaining ≈ सौदाकारी; ~ budget ≈ विभागी बजट; ~ cost ≈ लागत; ~ currency ≈ मुद्रा; ~ indem-nity ≈ क्षतिपूर्ति; ~ loading ≈ लदान; ~ prices ≈ क़ीमतें, एकाधिक कीमतें; ~ society ≈ समाज; ~ switch board आवर्ती स्विच बोर्ड; ~ use ≈ उपयोग momentarily क्षणिक; 3. बहुपक्षीय; ~ election ≈ चुनाव; ~ tax ≈ कर

**multiplication** गुणन; ~ of product उत्पाद बहुलीकरण

**multiplicity** बहुत्व, बाहुल्य; ~ of proceedings कार्यवाहियों का ≈; ~ of suits वाद-≈

**multiplied strike** सहानुभूति हड़ताल

**multiplier** गुणक

**multiply** 1. गुणा करना; 2. संख्यावृद्धि करना

**multi-point tax** बहुस्तरीय कर

**multipurpose** बहु-उद्देशीय; ~ co-operative soceity ≈ सहकारी समिति; ~ plan ≈ योजना; ~ project ≈ परियोजना

**multiracial society** बहुजातीय समाज

**multishift system** बहुपारी प्रणाली

**multi-tax** बहुकर

**multitude** भीड़, जनसमूह

**multizonal** बहुक्षेत्रीय

**mundane** सांसारिक

**municipal** 1. नगर-; ~ area ≈ क्षेत्र; ~ board ≈ परिषद्; ~ commissioner ≈ आयुक्त; ~ committee ≈ पालिका; ~ corporation ≈ निगम; ~ council ≈ परिषद्; ~ engineer ≈ अभियंता; ~ limits ≈ सीमाएँ; ~ states ≈ -राज्य; 2. नगरपालिका संबंधी; ~ body नगरपालिका निकाय; ~ library नगरपालिका पुस्तकालय; ~ office नगरपालिका कार्यालय; ~ tax ≈ कर

**municipality** नगरपालिका

**muniment** पुष्टि-पत्र, प्रलेख

**munitions** गोला-बारूद; ~ of war युद्ध

सामग्री

**mural art** भित्ति-कला

**murder** **I.** *n.* हत्या, ख़ून, क़त्ल. **II.** *v.t.* हत्या/ ख़ून/ क़त्ल करना; ~ will out ख़ून छिपा नहीं रहता

**murderer** हत्यारा, ख़ूनी

**murmur** बड़बड़ाना

**muscular** पेशी-, पेशीय; ~ movement ≈ गति; ~ sensation ≈ संवेदन; ~ system ≈ तन्त्र

**museum** संग्रहालय, अजायबघर; ~ keeper संग्रहपाल

**mushroom growth** अतिवृद्धि

**musical** संगीत-; ~ ability ≈ योग्यता; ~ feature ≈ रूपक; ~ instrument वाद्ययन्त्र

**musician** संगीतकार

**musket** छोटी बन्दूक, तुपक

**musketry** चाँदमारी

**muster** **I.** *n.* उपस्थिति, हाज़िरी; ~ clerk ≈ क्लर्क; roll ≈ पंजी/ नामावली. **II.** *v.t.* & *i.* **1.** एकत्र करना/ होना, जुटना, जुटाना; **2.** हाज़िरी भरना

**mutable** अंतरण-योग्य; उत्परिवर्तनीय

**mutation** **1.** उत्परिवर्तन, फेर-फार; **2.** नामांतरण, दाख़िल ख़ारिज [also ~ of names]; ~ case ≈ का वाद

**mutatis mutandis** यथावश्यक/ यथोचित परिवर्तनसहित

**mute** **1.** गूँगा, मूक; **2.** मौन

**mutilate** विकृत/ खंडित करना, अंग-भंग करना

**mutilated** **1.** भग्नांग; **2.** विकृत; ~ message ≈ संदेश; **3.** खंडित, कटा-फटा; ~ bill कटी-फटी हुंडी, कटा-फटा बिल; ~ cheque ≈ चेक; ~ ticket ≈ टिकट

**mutilation** **1.** अंगभंग, अंगविच्छेदन; **2.** विकृतिकरण; **3.** विखंडन; ~ of telegram तार विकृतीकरण

**mutineer** सैन्य-विद्रोही

**mutinous crew** विद्रोही पोतकर्मी

**mutiny** ग़दर, सैन्य-विद्रोह

**mutual** **1.** परस्पर, आपस में; ~ benefit society ≈ हितलाभ समिति; ~ confidence ≈ विश्वास; ~ co-operation ≈ सहयोग; ~ life insurance company ≈ जीवन बीमा कम्पनी, सहसदस्य जीवन बीमा कम्पनी; ~ rating ≈ मान निर्धारण; ~ undertaking ≈ समझौता; **2.** पारस्परिक, आपसी, आपस का; ~ aggrandizement ≈ विवर्धन; ~ agreement ≈ क़रार; ~ frontiers ≈ सीमान्त; ~ intelligibility ≈ बोधगम्यता; ~ obligation ≈ आभार; ~ relations ≈ सम्बन्ध; ~ rights ≈ अधिकार; ~ security ≈ सुरक्षा; ~ compay सहभागी कंपनी; ~ insurance सहसदस्य बीमा

**mutuality** पारस्परिकता

**mutually** परस्पर; ~ accepted terms ≈ स्वीकार्य निबंधन

**my dear** प्रिय; ~ madam ≈ महोदया; ~ sir ≈ महोदय

**mycological assistant** कवकीय सहायक

**mycologist** कवक विज्ञानी

**mysterious** रहस्यमय, रहस्यपूर्ण, गूढ़

**mysteriousness** रहस्यमयता, रहस्यपूर्णता

**mystery** रहस्य, मर्म

**mystic(al)** **1.** रहस्यमय; ~ being ≈ प्राणी; **3.** गुप्त; ~ will ≈ इच्छापत्र; **3.** रहस्यवादी; ~ speculation ≈ परिकल्पना; ~ union ≈ सम्बन्ध

**myth** **1.** पुराणकथा; **2.** कल्पना

**mythical** **1.** पौराणिक; **2.** काल्पनिक

**mythology** पुराण, पुराणविद्या

**mystic(al)** 1. रहस्यमय; ~ being ≈ प्राणी; 2. गुप्त; ~ will ≈ इच्छापत्र; 3. रहस्यवादी; ~ speculation ≈ परिकल्पना; ~ union ≈ सम्बन्ध

**myth** 1. पुराणकथा; 2. कल्पना

**mythical** 1. पौराणिक; 2. काल्पनिक

**mythology** पुराण, पुराणविद्या

# N n

**naked** नंगा; ~ eye नंगी आँख; ~ light खुली बत्ती; ~ debenture साधारण ऋणपत्र; ~ contract प्रतिफलहीन संविदा; ~ power पशु/ अनियंत्रित शक्ति

**name** I. *n.* नाम; ~ board ≈पट्ट; ~ card ≈ कार्ड; ~ list ≈ सूची; ~ plate ≈ पट्ट; ~ seal ≈ मुहर; ~ stamp ≈ मोहर; in ~ बराय नाम, नाममात्र. II. *v.t.* नाम लेना/ देना, अभिहित करना

**named** नामक, नामांकित, नामित, उल्लिखित

**nameless** अनाम, नामरहित

**namely** यथा; अर्थात, यानी

**namesake** नामकरण; नाम से बुलाना

**narcotic** स्वापक; ~ addict ≈ व्यसनी; ~ addiction ≈ व्यसन; ~ drug ≈ औषधि

**narcotics** स्वापक (पदार्थ)

**narrate** वृत्तान्त सुनाना, वर्णन करना

**narration** वर्णन, कथन, विवरण

**narrative** आख्या, कथा, वृत्तान्त; ~ of the case प्रकरण का तथ्य वर्णन; ~ record वर्णनात्मक अभिलेख; ~ sentence ≈ विवरणात्मक वाक्य

**narrator** वर्णनकर्ता, वाचक

**narrow** 1. तंग; ~-minded तंगदिल, संकीर्णहृदय; 2. संकुचित; ~ sense ≈ अर्थ; 3. सीमित; ~ area of demand ≈ माँग क्षेत्र; ~ market ≈ बाज़ार; 4. ~ escape बाल-बाल बचना; ~ guage छोटी लाइन; ~ majority अल्प बहुमत

**nascent** जायमान, नवजात; ~ industry ≈ उद्योग

**nasty** गन्दा, अश्लील; नीच

**natal** जन्म-सम्बन्धी

**nation** राष्ट्र; ~ in arms युद्धोद्यत राष्ट्र; ~-wide राष्ट्रव्यापी

**national** राष्ट्रीय; ~ academy ≈ अकादमी; ~ agreement ≈ समझौता, ≈ क़रार; ~ agricultural fund ≈ कृषि ऋण निधि; ~ anthem राष्ट्रगान; ~ armament programme ≈ शस्त्रीकरण कार्यक्रम; ~ armed forces ≈ सशस्त्र सेनाएँ, ≈ सशस्त्र बल; ~ army राष्ट्र-सेना, ≈ सेना; ~ assembly ≈ सभा; ~ brand ≈ ब्रांड, देशव्यापी ब्रांड; ~ budget ≈ बजट; ~ cadet corps ≈ छात्रसेना; ~ calendar ≈ कलेण्डर; ~ capital ≈ पूँजी/ राजधानी; ~ character ≈ चरित्र; ~ colours ≈ ध्वज, ≈ पताका, ≈ झंडा; ~ committee ≈ समिति; ~ consciousness ≈ चेतना; ~ convention ≈ समागम, ≈ परिपाटी; ~ currency ≈ मुद्रा; ~ debt ≈ ऋण; ~ defence ≈ रक्षा, राष्ट्र रक्षा; ~ demand ≈ माँग; ~ democracy ≈ लोकतन्त्र; ~ economy ≈ अर्थव्यवस्था; ~ education ≈ शिक्षा; ~ emblem ≈ चिह्न; ~ federation ≈ महासंघ; ~ finance commission ≈ वित्त आयोग; ~ flag ≈ ध्वज/ झण्डा; ~ front ≈ मोर्चा; ~ frontier ≈ सीमा/ सरहद; ~ fund ≈ निधि; ~ growth rate ≈ सहज संवृद्धि दर/ विकास दर; ~ health service ≈ स्वास्थ्य सेवा; ~ guild ≈ शिल्पी संघ; ~ highway ≈ राजमार्ग; ~ income ≈ आय; ~ integration ≈ एकता; ~ interest ≈ हित; ~ isolation ≈ निःसंगता, ≈ पार्थक्य; ~ judicature ≈ न्यायपालिका; ~ language राष्ट्रभाषा, ≈ भाषा; ~ law ≈ विधि; ~ legislation ≈ विधिनिर्माण, ≈ विधान; ~ life ≈ जीवन; ~ monument ≈ स्मारक; ~ museum ≈ संग्रहालय; ~ origin ≈ मूल; ~ output ≈ उत्पादन; ~ park ≈ उद्यान; ~ policy ≈ नीति; ~ prejudice ≈ पूर्वाग्रह; ~ prestige ≈ प्रतिष्ठा; ~ product ≈ उत्पाद; ~ prosperity ≈ समृद्धि; ~ representation ≈ प्रतिनिधित्व; ~ requirement ≈ आवश्यकता; ~ resistance ≈ प्रतिरोध; ~ resources ≈ संसाधन; ~ saving ≈ बचत; ~ saving certificate ≈ बचत प्रमाणपत्र; ~ savings scheme ≈ बचत योजना; ~ security ≈ सुरक्षा; ~ service ≈ सेवा; ~ solidarity ≈ समेकता; ~ territory ≈ क्षेत्र; ~ tribunal ≈ न्यायाधिकरण; ~ trust ≈ न्यास; ~ union ≈ संघ; ~ unity ≈ एकता; ~ waterways ≈ जलपथ; ~ wealth ≈ धन/सम्पत्ति

**nationalisation** राष्ट्रीयकरण; ~ of banks बैंक ≈; ~ of industries उद्योग ≈

**nationalise** राष्ट्रीयकरण करना

**nationalised** राष्ट्रीयकृत; ~ bank ≈ बैंक; ~ insurance ≈ बीमा

**nationalism** राष्ट्रीयता, राष्ट्रवाद

**nationalist** राष्ट्रवादी

**nationalistic** राष्ट्रीय; राष्ट्रवादी; ~ identification ≈ अभिज्ञान; ~ regime राष्ट्रमूलक शासन

**nationality** राष्ट्रिकता, राष्ट्रीयता; ~ law ≈ विधि; ~ of claimant दावेदार की ≈

**nationhood** राष्ट्रत्व

**native** I. *n.* मूलनिवासी, देशवासी; ~ of India भारत का निवासी. **II.** *a.* **1.** देशीय, देशज; ~ civilization ≈ सभ्यता; ~ court ≈ न्यायालय; ~ labour ≈ श्रमिक; ~ language ≈ भाषा; ~ population ≈ जनता; ~ state ≈ राज्य; ~ tribe ≈ जनजाति; **2.** प्रकृत, नैसर्गिक, सहज; ~ behaviour जन्मजात व्यवहार; ~ country जन्मभूमि; ~ endowment ≈ प्रदाय; ~ intelligence सहज बुद्धि

**nativity** जन्म

**natural** **1.** प्राकृतिक; ~ advantage ≈ सुलाभ; ~ boundary ≈ सीमा; ~ condition ≈ स्थिति या दशा; ~ decomposition ≈ विघटन; ~ difference ≈ अन्तर; ~ environment ≈ पर्यावरण; ~ events ≈ घटनाएँ; ~ form ≈ रूप; ~ goods ≈ वस्तुएँ; ~ resources ≈ संसाधन; ~ soil ≈ मिट्टी; ~ state ≈ अवस्था; ~ thoroughfare जनमार्ग; **2.** नैसर्गिक; ~ guardian ≈ संरक्षक; ~ (population) increase ≈ (जनसंख्या) वृद्धि; ~ justice ≈ न्याय; ~ punishment ≈ दण्ड; ~ right ≈ अधिकार; ~ wastage नैसर्गिक छीजन; **3.** सहज, स्वाभाविक; ~ affection ≈ अनुराग; ~ allies ≈ मित्रराष्ट्र; ~ consequences ≈ परिणाम; ~ death ≈ मृत्यु; ~ enemy ≈ शत्रु; ~ leader सहज-नेता; ~ order ≈ क्रम; ~ love सहज/ स्वाभाविक प्रेम; ~ presumptions सहज धारणा; ~ born subject देशजात प्रजा; ~ citizen जन्मना नागरिक

**naturalisation** देशीयकरण, नागरिकता देना; ~ of aliens विदेशियों का

नागरिकीकरण

**naturalised** देशीयकृत; ~ citizen ≈ नागरिक

**naturally** स्वभावत:, निसर्गत:

**nature** 1. प्रकृति; ~ study ≈ अध्ययन; ~ worship ≈ पूजा; 2. प्रकृति, स्वभाव; 3. स्वरूप, प्रकृति; ~ of agency अभिकरण का ≈; ~ of allegations आरोपों का ≈; ~ of case मामले का ≈; ~ of impairment असमर्थता का ≈; ~ of interest हित का ≈; ~ of partnership साझेदारी का ≈; ~ of vacancy रिक्ति का ≈; ~ of work कार्य का ≈

**naught** शून्य

**nautical** नौ-, नाविक; ~ education नौशिक्षा, मानवीय शिक्षा; ~ mile समुदी मील; ~ surveyor नौसर्वेक्षक

**naval** नौसैनिक, नौसेना-संबंधी; ~ adviser ≈ सलाहकार; ~ armament ≈ शस्त्रीकरण; ~ attache ≈ अताशे, ≈ सहचारी; ~ base ≈ अड्डा; ~ blockade समुद्री संरोध, ≈ नाकाबंदी; ~ court ≈ न्यायालय; ~ demonstration ≈ प्रदर्शन, नाव्य प्रदर्शन; ~ disarmament नौसेना निरस्त्रीकरण; ~ forces ≈ बल; ~ law ≈ विधि; ~ mail ≈ डाक; ~ personnel ≈ कर्मचारी; ~ power ≈ शक्ति; ~ strength ≈ शक्ति, नौ-शक्ति; ~ warfare ≈ युद्ध, समुद्री युद्ध

**navicert** नौपत्र, युद्धपोतीय प्रमाणपत्र

**navigability** नौगम्यता, नाव्यता

**navigable** नौगम्य, नाव्य; ~ channel ≈ जलसरणी; ~ course ≈ धारा; ~ river ≈ नदी; ~ waterways ≈ जलमार्ग, नाव्य जलमार्ग

**navigate** जहाज़ चलाना; ~ a vessel जलयान चलाना

**navigating officer** नौपरिवहन अधिकारी

**navigation** नौपरिवहन, जहाज़रानी

**navigator** नौचालक

**navy** नौसेना, जलसेना

**N.B.** = nota bene ध्यान दें

**near** 1. निकट, समीप; ~ east ≈ पूर्व; ~ relative ≈ संबंधी; ~ cosharer ≈ सहांशी; ~ at hand पास ही; 2. ~ criminal लगभग अपराधी; ~ delinquent कदाचारी कल्प; ~ delivery शीघ्र सुपुर्दगी; ~ full employment पूर्णवत् रोज़गार; ~ group समूह कल्प ; ~ nature प्राकृतिवत्

**nearby** आसपास ही, निकट ही

**nearer** निकटतर, समीपतर

**nearest** निकटतम; ~ heir ≈ उत्तराधिकारी; ~ in blood ≈ रक्तसंबंधी; ~ of kin ≈ बंधु/ संबंधी

**nearly** लगभग

**neat** स्वच्छ; ~ copy ≈ प्रति

**nearness** निकटता, समीपता; ~ of kin संबंध की ≈

**neatness** स्वच्छता

**nebulous** धुँधला

**necessaries** आवश्यक वस्तुएँ; ~ of life जीवन के लिए ≈

**necessarily** आवश्यक रीति से, अवश्य

**necessary** आवश्यक, ज़रूरी; ~ action ≈ कार्यवाही; ~ destruction ≈ विनाश; ~ evil ≈ बुराई या अनिष्ट, अनिवार्य आपद; ~ expenses ≈ व्यय; ~ implication ≈ विवक्षा; ~ party ≈ पक्षकार; ~ powers ≈ शक्तियाँ; ~ precaution ≈ पूर्वोपाय; ~ step ≈ क़दम

**necessitas** आवश्यकता

**necessitate** आवश्यक बनाना

**necessitous** आवश्यकता-ग्रस्त, ज़रूरतमन्द

**necessity** आवश्यकता, ज़रूरत; legal ~

वैध ≈; ~ of discipline अनुशासनिक ≈

**necroscopy** शव-परीक्षण

**need** आवश्यकता; ~ based approach ≈ आधारित दृष्टिकोण; ~ for affection स्नेह की ≈, स्नेहाकांक्षा; ~ for security सुरक्षा ≈, सुरक्षा आकांक्षा; ~s no comment टिप्पणी की ≈ नहीं है

**needful** आवश्यक कार्यवाही; do the ~ ≈ करें; ~ done ≈ की जा चुकी है, अपेक्षित कार्यवाही की जा चुकी है

**needless** अनावश्यक, व्यर्थ

**needlessly** अनावश्यक रूप से; ~ interfere ≈ हस्तक्षेप करना

**needy** ज़रूरतमन्द, दरिद्र

**nefarious** अतिदुष्ट, जघन्य

**negate** अर्थहीन बनाना; ~ an opinion राय को ≈

**negation** नकार, अस्वीकार, खण्डन

**negative** 1. ऋणात्मक; ~ feeder ≈ प्रभरक; ~ income ≈ आय; ~ investment ≈ निवेश; ~ posting ≈ खतियान; ~ rent ≈ लगान; ~ reserve ≈ आरक्षण; ~ tax ≈ कर; ~ utility ≈ उपयोगिता; 2. नकारात्मक; ~ agreement ≈ क़रार; ~ approach ≈ दृष्टिकोण; ~ aspect ≈ पक्ष, विपक्ष, नास्ति पक्ष; ~ condition ≈ शर्त; ~ conditioning ≈ अनुबन्धन; ~ discrimination ≈ विवेचन; ~ easement ≈ सुखाचार; ~ evidence ≈ साक्ष्य; ~ liberty ≈ स्वतन्त्रता; ~ policy ≈ नीति; ~ sanction ≈ अनुशास्ति; ~ testimony ≈ साक्ष्य; ~ vote ≈ मत; 3. निषेधात्मक; ~ attack ≈ अभिक्रम; ~ character trail ≈ चरित्र विशेषक; ~ definition ≈ परिभाषा; ~ duty ≈ कर्तव्य; ~ guidance ≈ निर्देशन; ~ proof ≈ प्रमाण; ~ strike ≈ हड़ताल; ~ question अस्वीकृत प्रश्न; 4. निषेध करना

**negatory** नकारात्मक, निषेधी

**neglect** I. *n.* उपेक्षा; ~ of duty कर्त्तव्य की ≈. II. *v.t.* उपेक्षा करना

**neglected** उपेक्षित; ~ children ≈ बच्चे

**negligence** उपेक्षा, प्रमाद; actionable ~ वादयोग्य ≈; contributory ~ योगदायी ≈; gross ~ घोर उपेक्षा/प्रमाद; ~ per se स्वयंसिद्ध ≈

**negligent** 1. उपेक्षावान्, प्रमादी; habitually ~ अभ्यासत: ≈; 2. ~ act उपेक्षापूर्ण कार्य; ~ driving उपेक्षापूर्वक गाड़ी चलाना

**negligently** उपेक्षापूर्वक, प्रमादपूर्वक

**negligible** उपेक्षणीय, नगण्य; ~ quantity नगण्य मात्रा

**negotiability** परक्राम्यता, बेचनीयता; ~ by statute सांविधिक परक्राम्यता या बेचनीयता

**negotiable** 1. परक्राम्य, बेचनीय; ~ instrument ≈ लिखत; 2. समझौता योग्य

**negotiate** 1. वार्ता/ बातचीत से तय करना; 2. परक्रामण/ बेचान करना; ~ a bill बिल का बेचान करना

**negotiated price** वार्तातय क़ीमत

**negotiating** वार्ताकारी; ~ conference वार्ता सम्मेलन; ~ state ≈ राज्य

**negotiation** 1. बातचीत, वार्ता; ~ of claims दावा वार्ता; ~ of peace शांति-वार्ता; 2. परक्रामण; ~ by delivery सुपुर्दगी द्वारा परक्रामण/बेचान

**negotiator** संधिवार्ताकार

**neighbour** पड़ोसी

**neighbourhood** प्रतिवेश, पड़ोस; ~ house ≈ केन्द्र

**neighbouring** पड़ोसी, प्रतिवेशी; ~ country ≈ देश, प्रतिवेशी देश

**neighbourliness** प्रतिवेशिता

**neo-classical** नव-क्लासिकी, नव-शास्त्रीय

**neo-humanism** नव्यमानवतावाद

**neo-liberalism** नव-उदारतावाद

**neo-literate** नवसाक्षर

**neo-local** नवस्थानिक

**neology** नव्यप्रयोग

**neo-mercantilism** नव वाणिज्यवाद, नव वणिकवाद

**neon** निऑन; ~ lamp ≈ बत्ती

**neo-orthodoxy** नव्य अनुपंथिता

**nepotism** भाई-भतीजावाद, स्वजन-पक्षपात

**nerve** तंत्रिका; ~ impulse ≈ आवेग

**nervous** 1. अधीर; ~ child ≈ बालक. 2. तंत्रिकीय; ~ disease तंत्रिका रोग; ~ excitement ≈ उत्तेजन, चित्तोत्तेजन; ~ shock ≈ आघात

**nervousness** अधीरता, धैर्यहीनता

**net** निबल, शुद्ध; ~ adjustment ≈ समायोजन; ~ advantage ≈ सुलाभ; ~ amount ≈ राशि; ~ assets ≈ परिसम्पत्ति; ~ capital formation ≈ पूँजी निर्माण; ~ cash flow ≈ नक़दी प्रवाह; ~ cost ≈ लागत; ~ difference ≈ अन्तर; ~ earnings ≈ कमाई; ~ enrolment ≈ नामांकन; ~ income ≈ आय; ~ interest ≈ ब्याज; ~ investment ≈ निवेश; ~ liquidity ratio ≈ नक़दी अनुपात; ~ load ≈ भार; ~ loss ≈ हानि/ घाटा; ~ operating income ≈ परिचालन आय; ~ premium ≈ प्रीमियम; ~ price ≈ क़ीमत, शुद्ध क़ीमत; ~ proceeds ≈ प्राप्तियाँ/वसूली; ~ produce ≈ पैदावार; ~ profit ≈ लाभ, शुद्ध लाभ; ~ rent ≈ लगान; ≈ किराया; ~ result अन्तिम परिणाम; ~ return ≈ प्रतिफल; ~ revenue ≈ राजस्व, ≈ आय; ~ total ≈ जोड़; ~ value ≈ मूल्य; ~ weight ≈ भार, शुद्ध भार, ≈ वज़न, ≈ तोल; ~ yield ≈ उपज

**network** जाल; जाली का काम

**neural** तंत्रिका-; ~ tube ≈ नलिका

**neuralgia** तंत्रिकाशूल

**neurosis** तंत्रिका-ताप

**neurotic criminal** तंत्रिकातापी अपराधी

**neutral** 1. तटस्थ; ~ aircraft ≈ वायुयान; ~ area ≈ क्षेत्र; ~ duties ≈ के कर्त्तव्य; ~ goods ≈ राज्य पण्य; ~ link ≈ (न्यूट्रल) लिंक; ~ market ≈ बाज़ार; ~ nations repatriation commission ≈ राष्ट्र प्रत्यावर्तन आयोग; ~ right ≈ अधिकार; ~ sphere ≈ क्षेत्र; ~ state ≈ राज्य; ~ status ≈ स्थिति; ~ waters ≈ जल क्षेत्र; ~ zone ≈ क्षेत्र, ≈ ज़ोन; 2. निष्प्रभावी; ~ change ≈ परिवर्तन; ~ money ≈ मुद्रा

**neutralist** तटस्थतावादी

**neutrality** तटस्थता; ~ agreement ≈ समझौता; voluntary ~ ऐच्छिक ≈

**neutralization** 1. तटस्थकरण; 2. निष्प्रभावीकरण

**neutralize** 1. तटस्थ करना; 2. निष्प्रभावी बनाना

**neutralized** 1. तटस्थीकृत; ~ state ≈ राज्य; 2. निष्प्रभावित

**nevertheless** तथापित, तो भी, ऐसा होने पर भी

**new** नया; ~ arrangement ≈ व्यवस्था; ~ deal न्यू डील; ~ entrant नवागत; ~ order नयी/नवीन व्यवस्था; ~ township ≈ नगर; ~ trial ≈ विचारण; ~ world नूतन विश्व, नई दुनिया, ≈ संसार, ≈ विश्व

**newly** नया-नया; ~ set up ≈ स्थापित

**news** समाचार; ~ agency ≈ एजेंसी/समिति; ~ bulletin ≈ बुलेटिन; ~ column ≈ स्तम्भ; ~ editor ≈ सम्पादक; ~ correspondent/ hawk/

reporter संवाददाता, समाचारदाता; ~ reader ≈ वाचक

**newspaper** समाचारपत्र; अख़बार

**newsprint** समाचारी/ अख़बारी काग़ज़

**next** 1. आगामी, अगला; ~ day afterwards ठीक ≈ दिन; ~ election ≈ चुनाव; ~ hearing ≈ सुनवाई; 2. निकटतम; ~ heir दायाद; ~ legal representative ≈ वैध प्रतिनिधि; ~ of kin ≈ बन्धु; 3. ठीक-नीचे; ~ following ≈ लिखित; ~ in seniority ज्येष्ठता में ≈; ~ succeeding ≈ आने वाला; 4. ~ friend वादमित्र

**nexus** अभिबन्ध; ~ finalis प्रयोजन-≈

**nibbing** 1. कतरना; 2. दर घटाना

**niceties** सूक्ष्मताएँ, बारीकियाँ

**nickname** मुँहबोला नाम, उपनाम

**niggardly** कृपण, कंजूस

**night** रात्रि, रात; ~ alarm circuit ≈ अलार्म परिपथ; ~ blindness निशांधता, रतौंधी; ~ duty रात की ड्यूटी; ~ guard ≈ रक्षक, ≈ गारद; ~ post office ≈ डाकघर; ~ shift ≈ पारी; ~ travelling रात की यात्रा, ≈ यात्रा; ~-walker निशाचारी, नींद में चलने वाला; ~ soil मैला, विष्ठा

**nightmare** दुःस्वप्न

**nihilism** 1. नास्तिवाद, शून्यवाद; 2. विनाशवाद, विध्वंसवाद

**nihilist** 1. नास्तिवादी, शून्यवादी; 2. विनाशवादी, विध्वंसवादी

**nikolo wagon** अखंड मुहर माल डिब्बा, अखंडित मुहरों के साथ माल डिब्बा

**nil** कुछ नहीं, शून्य

**nip** काट/दबा देना; ~ in the bud प्रारम्भ में ≈

**nipping of tickets** टिकटों का कुतरना

**nisi** प्रारम्भिक; ~ decree ≈ डिक्री; ~ judgment ≈ निर्णय; ~ order ≈ आदेश; ~ rule ≈ नियम

**no** न, नहीं; ~ admission प्रवेश बन्द, भीतर आना मना है; ~ bar कोई रोक नहीं; ~ confidence अविश्वास; ~ count नगण्य; ~ delay call अविलंब कॉल; ~ delivery अवितरण, वितरण नहीं; ~ demand certificate बेबाकी का प्रमाणपत्र; ~ effects रुपया नहीं है; ~ further action is necessary आगे कोई कार्यवाही आवश्यक नहीं; ~ man's land अस्वामिक भूमि; ~ objection certificate अनापत्ति प्रमाणपत्र; ~ profit ~ loss न लाभ न हानि; '~ rent' land बेलगान भूमि, अधिशेषरहित भूमि; ~ signal कोई संकेत नहीं; ~ strike clause हड़ताल निषेध खंड; ~ suit shall be maintained कोई वाद संघृत नहीं रखा जायेगा; '~ trust' motion अविश्वास प्रस्ताव; '~ war' pact युद्धवर्जन-समझौता; '~ work' strike कामबन्दी हड़ताल

**noble** अभिजात, अमीर

**nobody** कोई भी नहीं, नगण्य (व्यक्ति)

**nochanger** अपरिवर्तनवादी

**noes** "नहीं" मत वाले

**noisome** हानिकर;, अप्रिय

**noisy exchange** कोलाहलपूर्ण वाग्युद्ध

**nolle prosequi** इस्तग़ासा नहीं करना चाहिये

**nomad, nomadic** ख़ानाबदोश, यायावर

**nom de plume** छद्मनाम

**nomenclature** नाम, नामपद्धति, नामावली; ~ of loan ≈ का अभिधान

**nominal** 1. नाममात्र, बराय नाम; ~ check ≈ जाँच; ~ cost ≈ लागत; ~ criminal ≈ अपराधी; ~ difference ≈ अन्तर; ~ expenditure ≈ व्यय; ~ inspection ≈ निरीक्षण; ~ member ≈ का सदस्य; ~ penalty ≈ का दण्ड; ~ plaintiff ≈

का वादी; ~ rent ≈ का भाड़ा; **2.** ~ account आमद-ख़र्च लेखा, आय-व्यय लेखा; ~ audit वैयक्तिक लेखापरीक्षा; ~ capital प्राधिकृत पूँजी; ~ consideration सांकेतिक प्रतिफल; ~ definition शाब्दिक परिभाषा; ~ earning मुद्रारूप क़माई, नक़दी क़माई; ~ horsepower आकलित अश्वशक्ति; ~ hours निर्दिष्ट घंटे, नियत घंटे; ~ legder आय-व्यय खाता; ~ partner नाममात्र भागीदार; ~ price अंकित क़ीमत; ~ scale नामित मापनी; ~ share नामांकित शेयर; ~ value अंकित मूल्य, खाता मूल्य; ~ wage नक़द मज़दूरी

**nominalist** नाममात्रवादी, मुद्रांकनवादी

**nominalization** नामिकीकरण

**nominate** नामित/ मनोनीत करना, नामज़द करना

**nominated** नामनिर्दिष्ट, नामित; ~ officer ≈ अधिकारी

**nomination** नामन, नामांकन, मनोनयन; ~ of a candidate उम्मीदवार का ≈; ~ paper ≈ पत्र, नामांकन पत्र

**nominee** नामिती, नामित/ मनोनीत व्यक्ति

**non-** अ-, अन्-, -इतर, ना-, ग़ैर-; ~-acceptance अस्वीकृति; ~-access अनुपगम; ~-administrative अप्रशासनिक; ~ advertised अविज्ञापित; ~-age अवयस्कता; ~-aggression pact अनाक्रमण समझौता; ~-agricultural कृषीतर; ~-alligned गुटनिरपेक्ष; ~ amicable अमैत्रीपूर्ण; ~-ancestral अपैतृक; ~-apparent अप्रत्यक्ष, परोक्ष; ~-appearance अनुपस्थिति; ~-assessable अनिर्धार्य; ~ attachable अ-कुर्कीय; ~-attendance अनुपस्थिति; ~-bailable अज़मानतीय, ग़ैर-ज़मानती; ~ bank treasury अबैंक खज़ाना; ~ belligerent अयुद्धकारी; ~ budgeted बजट-बाह्य; ~-business अव्यापार; ~-cancellable अनिरसनीय; ~-career अवृत्तिक; ~-civil ग़ैर-सिविल; ~-clearing house अनाशोधन गृह; ~-cognizable असंज्ञेय, नाक़ाबिल दस्तंदाज़ी; ~-commercial अवाणिज्यिक; ~-commissioned अनायुक्त; ~-committal अवचनबद्ध, अनिर्णीत; ~-committed अप्रतिबद्ध, अनिबद्ध; ~-competitive अस्पर्धी; ~-compliance अपालन; ~-compoundable अशमनीय, नाक़ाबिल राज़ीनामा; ~-concurrent असमवर्ती; ~-confidential अगोपनीय; ~-consumption उपभोगेतर; ~-continuous अविच्छिन्न, असतत; ~-contracting असंविदाकारी; ~-controversial निर्विवाद; ~-convicted असिद्धदोष; ~-cooperation असहयोग; ~-cooperative असहयोगी; ~-credit बेजमा, जमा न किया; ~-credit societies ऋणेतर समितियाँ; ~ criminal अनपराधी; ~-cumulative असंचयी; ~-cumulative preferred stock असंचयी अधिमान्य स्टाक; ~-dangerous निरापद; ~-delinquent अनपचारी; ~ delivery अवितरण ~-departmental telegraphist अविभागीय तार संकेतक; ~-designated अनभिहित; ~-directed अनिदेशित; ~-disabling अनशक्तकारी; ~-disclosure प्रकट न किया जाना; ~-discriminatory अभेदपूर्वक; ~-distinctive जो सुभिन्नकारी स्वरूप का नहीं है; ~-earning अनर्जक, बेकार; ~-effective अप्रभावी; ~-emigrant अनुत्प्रवासी मूल; ~-entity अपदार्थ; नगण्य व्यक्ति; ~-essential अनावश्यक, असारभूत; ~-ethical अनैतिक; ~-exchange telephone केन्द्र इतर टेलीफ़ोन; ~-exempted छूट-रहित; ~ existence

अनस्तित्व; ~-existent अस्तित्वरहित; ~-extradition अप्रत्यर्पण; ~-feasance अकृति, कृत्याकरण; ~-final अनंतिम; ~-fatal accident अघातक दुर्घटना; ~ -financial अवित्तीय; ~-forfeiture अनधिहरण, ग़ैरज़ब्ती; ~-fortuitous अनाकस्मिक; ~-fraternal अभ्रातृक; ~-fulfilment अपालन, पूरा न कराना; ~-gazetted अराजपत्रित; ~-government ग़ैर-सरकारी; ~-grata अनभिमत; ~-gratuitous सशुल्क, अनानुग्रहिक; ~-hostile अशत्रुतापूर्ण; ~-industrial उद्योगेतर; ~ infectious असंक्रामक ~-inflationary अस्फीतिकारी; ~-interest bearing अब्याजी; ~-interference अहस्तक्षेप; ~-interlocked ग़ैर अंतर्ग्रथित; अनंतर्ग्रथित; ~-intervention अहस्तक्षेप, तटस्थता; ~-involvement अलग रहना, विलग्नता; ~-issued ticket ग़ैरजारी टिकट, बिना जारी टिकट; ~-joinder असंयोजन; ~-judicial न्यायिकेतर; ~-legal विधि बाह्य; ~-liability अदेयता; ~-life insurance ज़ीवनेतर बीमा; ~-linear relationship अरैखिक सम्बन्ध; ~-living अजीव, निर्जीव; ~-marketable अविक्रेय; ~-material अभौतिक; ~-medical ग़ैर डाक्टरी; ~-mercantile अव्यापारिक; ~-ministerial अलिपिक-वर्गीय; ~-monetary मुद्रेतर; ~-monetary gold मुद्रेतर स्वर्ण; ~-national अराष्ट्रीय, राष्ट्रेतर; ~-negotiable अपरक्राम्य; ~-objective अवस्तुनिष्ठ; ~-observance अपालन; ~-observation अप्रेक्षण; ~-occupancy ग़ैर-दख़लकारी, अनभिधारिता; ~-occupational व्यवसायेतर; ~-offender अनपराधी; ~-official अशासकीय, ग़ैरसरकारी; ~-participant भाग न लेने वाला, असहभागी; ~-partisan निर्दलीय, पक्ष-निरपेक्ष; ~-partisanship निर्दलीयता, पक्ष-निरपेक्षता; ~-party निर्दलीय; ~-payment ग़ैर-अदायगी; ~-pensionable ग़ैरपेंशनी, अपेंशनी; ~-perceptible अप्रत्यक्ष; ~-performance अपालन; ~-plan ग़ैर-योजना; ~-preferential ग़ैर-तरजीही, अनधिमानी; ~-presentment अप्रस्तुतीकरण; ~-production पेश न करना; ~-productive अनुत्पादी; ~-professional ग़ैर-पेशेवर; ~-proliferation परमाणु प्रसार निरोध; ~-qualifying service ग़ैर-अर्हक सेवा, अनर्हक सेवा; ~-recognition अमान्यता; ~-recoverable वसूली के अयोग्य; ~-recovery ग़ैर-वसूली; ~-recurring अनावर्ती; ~-refundable अप्रतिदेय; ~-renewal अनवीयन; ~-resident अनिवासी; ~-resident rupee-account अनिवासी रुपया लेखा/खाता; ~-residential अनावासिक; ~-resistant अप्रतिरोधी; ~-revenue राजस्वेतर; ~-saleable अविक्रेय; ~-satisfaction अतुष्टि; ~-scheduled अननुसूचित; ~-seasonal बारहमासी; ~-sectarian संप्रदाय निरपेक्ष; ~-selection post प्रवरण पद; ~-sense निरर्थक, बेहूदा; ~-service तामील न होना; ~-social सामाजिकेतर; ~-specific अविशिष्ट; ~-standard मानकेतर, अमानक; ~-statutory असांविधिक; ~-stipendiary अवृत्तिक; ~-stop अविराम; ~-suit वादावसान, वादसमाप्ति; ~-technical अप्राविधिक, ग़ैर-तकनीकी; ~-terminable अनवसेय; ~-testamentary अवसीयत्ती; ~-transferable अनंतरणीय; ~-user अप्रयोग; ~-valued अनिर्णीत मूल्य; ~-vegetarian सामिष, मांसाहारी; ~-viable अक्षम्य; ~-violence अहिंसा; ~-violent अहिंसात्मक; ~-votable अमतदेय; ~-vote अदत्त मत; ~-voter अमतदाता; ~-voting अमतदान; ~-wedlock विवाहेतर; ~-wilful defaulter अनिच्छुक चूककर्ता; ~-working day छुट्टी का दिन

**non compos menti** विकृतमना, विक्षिप्तचित्त, भ्रष्टचित्त

**non constat** यह स्पष्ट नहीं है

**non sui juris** विधि की दृष्टि में अक्षम

**norm** मानक, आदर्श, प्रतिमान

**normal** प्रसामान्य, साधारण; ~-acceleration सामान्य त्वरण; ~-action सामान्य क्रिया; ~-behaviour ≈ व्यवहार; ~ child ≈ बालक; ~ course ≈ क्रम; ~ delivery ≈ वितरण; ~ demand ≈ माँग; ~ position ≈ स्थिति; ~ price ≈ क़ीमत; ~ production ≈ उत्पादन; ~ profit ≈ लाभ; ~ progress ≈ प्रगति; ~ school ≈ स्कूल; ~ unemployment ≈ बेरोज़गारी; ~ value ≈ मूल्य; ~ work ≈ कार्य

**normally** सामान्यतः

**normative** मानकीय, आदर्शक; ~-behaviour ≈ व्यवहार; ~ currency ≈ चलार्थ; ~ law ≈ विधि; ~ need ≈ आवश्यकता; ~ rule ≈ नियम; ~ study ≈ अध्ययन

**normless** मानकहीन, प्रतिमानहीन

**northern railway** उत्तर रेलवे

**nostalgia** गृहातुरता

**not** नहीं, अ-, अन्, ग़ैर; ~ at all एकदम नहीं; ~ available अप्राप्य; ~ bearing interest ब्याजरहित; ~ commonly used सामान्यतः अप्रयुक्त; ~ competent अक्षम; ~ exceeding अनधिक, से अधिक नहीं; ~ expressly required स्पष्टतः अपेक्षित नहीं है; ~ guilty निरपराध; ~ in the least ज़रा भी नहीं; ~ inconsistent with से असंगत नहीं/अनुअसंगत; ~ negotiable अपरक्राम्य; ~ payble before के पूर्व देय नहीं; ~ proved असिद्ध; ~ provided for जमा नहीं; ~ withstanding होने पर भी, तथापि

**notarial** लेख-प्रमाण्य, नोटरी; ~ Act ≈ अधिनियम, ≈ कार्य; ~ function लेख्य प्रमाण्य कार्य

**notary public** लोकलेख-प्रमाणक, नोटरी पब्लिक

**notch** खाँचा; ~ planting खाँचे में रोपना

**note** **1.** टिप्पण, टीप, नोट; ~ book ≈-बुक; ~ of dissent विमति ≈; ~ taking ≈ लेना; **2.** नोट; ~ refund ≈ बदली; soiled ~ विकृत ≈; **3.** पत्र, रुक्क़ा; ~ of authority प्राधिकार पत्र; ~ of protest विरोध पत्र, प्रतिवाद पत्र; promissory ~ वचन-पत्र

**noted** **1.** टीप किया, अंकित; ~ below निम्नांकित; **2.** प्रख्यात, प्रसिद्ध

**noter** टिप्पणी-लेखक

**nothing** कोई बात नहीं, कुछ नहीं

**notice** सूचना, नोटिस; ~ board ≈ पट्ट, ≈ बोर्ड; ~ in writing लिखित ≈; ~ of abandonment परित्याग की सूचना; ~ of assessment निर्धारण की ≈; ~ of demand माँग की ≈; ~ of discharge निक्षेप, उन्मोचन की ≈; ~ of dishonour नकार की सूचना; नकार-प्रमाण सूचना; ~ of motion प्रस्ताव की ≈; ~ of protest नकार प्रमाण की ≈; ~ of rejection नामंज़ूरी की ≈; ~ of revocation प्रतिसंहरण की ≈; ~ paper सूचनापत्र; ~ to quit छोड़ देने की ≈; actual ~ वास्तविक ≈; constructive ~ प्रलक्षित ≈; express

~ स्पष्ट ≈; judicial ~ न्यायिक ≈

**noticeable** सुस्पष्ट, दर्शनीय

**notifiable** अधिसूचनीय

**notification** अधिसूचना; ~ of occupation अधिभोग की ≈; obligatory ~ अनिवार्य ≈; voluntary ~ ऐच्छिक ≈

**notified** अधिसूचित; ~ amount ≈ राशि; ~ area ≈ क्षेत्र; ~ bank ≈ बैंक; ~ by proclamation उद्घोषणा द्वारा ≈; ~ for general information जन साधारण की जानकारी के लिए ≈

**notify** अधिसूचित करना; ~ by proclamation उद्घोषणा करना

**noting** टिप्पणी-लेखन; ~ charges निकराई प्रभार, नोटिंग ख़र्च

**notion** अभिप्राय, मत, विचार

**notoriety** कुख्याति, बदनामी

**notorious** कुख्यात, बदनाम

**nought** कुछ नहीं, शून्य

**nourish** 1. खिलाना, पोषित करना; 2. प्रोत्साहित करना, बढ़ावा देना

**nourishment** पोषाहार, पोषण

**novation** नवीकरण, नवीयन, नया करना; ~ of contract संविदा का ≈

**novelty** 1. अनूठापन, नवीनता; 2. (novelty goods) अनूठी वस्तुएँ

**novice** नौसिखिया, नवशिक्षु

**now** अब; ~ and again कभी कभी, समय समय पर

**noxal** हानिपूर्ति की; ~ action ≈ कार्रवाई

**noxious** अपकारक, हानिकारक; ~ group अनिष्टकारी समूह, अपकारक समूह; ~ manufacture ≈ विनिर्माण; ~ matter ≈ पदार्थ

**nuclear** परमाणवीय, आणविक; ~ disarmament ≈ निरस्त्रीकरण; ~ energy परमाणु ऊर्जा; ~ group मूलपरिवार, मूल कुटुंब; ~ test ≈ परीक्षण; ~ weapons ≈ हथियार

**nucleus** केन्द्र, नाभि

**nude** 1. नग्न, नंगा; 2. प्रतिफलहीन; ~ contract ≈ संविदा; ~ pact ≈ समझौता

**nudity** 1. नग्नता, नंगापन; 2. प्रतिफलहीनता

**nudum pactum** = nude pact

**nugatory** निष्फल, निरर्थक; ~ expenditure ≈ व्यय

**nuisance** कंटक, उपताप, अपदूषण; private ~ वैयक्तिक ≈; public ~ लोक ≈; recurrent ~ आवर्ती ≈

**null** अकृत, बातिल; ~ and void ≈ तथा शून्य

**nullification** अकृतीकरण, बातिल करना

**nullify** अकृत/ बातिल करना

**nullis filius** जारज

**nullity** अकृतता; decree of ~ ≈ की डिक्री; ~ of jurisdiction क्षेत्राधिकार की ≈; ~ of marriage विवाह की ≈

**number** अंक; संख्यांक; ~ of circumstances कई परिस्थितियाँ

**numbered** संख्यांकित

**numbering** संख्यांकन, नम्बर लगाना/ डालना; ~ stamp ≈ मोहर, नंबर मोहर

**numeraire** मूल्यमान

**numeral** I. *n.* अंक, संख्या. II. *a.* संख्यावाचक, सांख्यिक; ~ ability ≈ योग्यता

**numerator** अंश

**numerical** संख्यात्मक; ~ account ≈ लेखा; ~ association ≈ साहचर्य; ~ data आँकड़े; ~ order संख्या-क्रम; ~ majority ≈ बहुमत; ~ selection ≈ वरण; ~ value ≈ मूल्य

**numerically** संख्यानुसार

**numerology** अंक-विद्या

**numerous** अनेक, बहुत

**numismatic** सिक्कों का, मुद्रा-सम्बन्धी

**nuncupative** मौखिक, अलिखित; ~ will ≈ इच्छापत्र

**nuptial** विवाह-; ~ ceremony ≈ संस्कार; ~ knot गठजोड़

**nurse** I. *n.* नर्स, परिचारिका, दाई. II. *v.t.* परिचर्या करना, पालन-पोषण करना

**nursery** 1. शिशु-सदन; ~ school नर्सरी स्कूल; 2. पौध-घर

**nursing** परिचर्या; पोषण, पोसना; ~ break पोषणार्थ विराम; ~ mother दूध पिलाने वाली माता; ~ home उपचर्या-गृह; ~ account डूबन्त खाता

**nurture** I. *n.* पालन-पोषण. II. *v.t.* 1. पालन-पोषण करना; 2. बढ़ाना

**nutrient** पुष्टिकारक/पौष्टिक (द्रव्य)

**nutrification** पोषण

**nutriment** आहार, पोषाहार, आहारपुष्टि

**nutrition** पोषाहार; ~ officer पोषण अधिकारी

**nutritional deficiency** पोषाहार कमी

**nutritious** पोषक, पौष्टिक

# O o

**oath** शपथ, हलफ़; ~ commissioner ≈ आयुक्त; ~ of allegiance, of faith/fidelity, निष्ठा-≈, निष्ठा की ≈; ~ of office पद-≈; ~ of secrecy गोपनीयता-≈; administer ~ ≈ on ~ ≈ खाकर; take ~ ≈ लेना/उठाना; extra-judicial ~ न्यायातिरिक्त ≈; judicial ~ न्यायिक ≈

**obdurate** दुराग्रही, ज़िद्दी

**obedience** आज्ञापालन, आज्ञाकारिता; ~ to law विधि-पालन; ~ to the notice सूचना का आज्ञानुवर्तन

**obedient** आज्ञापालक, आज्ञाकारी

**obedientia est legis essentia** आज्ञा-पालन विधि का सार है

**obeisance** प्रणाम, अभिवादन

**obesity** स्थूलता, मोटापा

**obey** आज्ञापालन करना, आज्ञा मानना; ~ the summons समन का अनुवर्तन करना

**obiter dictum** आनुषंगिक उक्ति, प्रसंगोक्ति

**obituary** निधन-सूचना [~ notice भी]

**object** I. *n.* 1. उद्देश्य, प्रयोजन; lawful ~ वैध ≈; ~ of avoidance परिवर्जन करने का ≈; ~ of public utility लोक उपयोगी ≈; 2. लक्ष्य; ~ of pray शिकार का ≈; ~ of divine displeasure दैवी अप्रसाद का भाजन; 3. वस्तु, पदार्थ; ~ lesson वस्तुनिष्ठ पाठ. II. *v.i.* (~ to) आपत्ति उठाना/ करना

**objected** आपत्तिगत, आपत्तिकृत, आपत्ति की गई

**objection** आपत्ति, एतराज़, आक्षेप; ~ book ≈ पुस्तक; ~ is allowed आक्षेप मंज़ूर किया जाता है, ≈ स्वीकार की जाती है; ~ is waived ≈ को अधित्यजित किया जाता है; ~ note ≈ टिप्पणी; ~ statement ≈ विवरण; technical ~ तकनीकी ≈; to dispose off ~ ≈ निपटाना

**objectionable** आपत्तिजनक; ~ act ≈ कार्य; ~ resolution ≈ प्रस्ताव; it is highly ~ यह बहुत ही ≈ है

**objective** I. *n.* उद्देश्य, लक्ष्य. II. *a.* वस्तुनिष्ठ, विषयनिष्ठ; ~ aid ≈ शिक्षण

साधन, वस्तुप्रतीकात्मक शिक्षण साधन; ~ approach उद्देश्यपरक उपागम; ~ criterion ≈ कसौटी; ~ data वस्तुपरक सामग्री/ आँकड़े; ~ method ≈ प्रणाली; ~ sampling ≈ प्रतिचयन या नमूना चयन; ~ test ≈ परीक्षण; ~ type test वस्तुपरक परीक्षा; ~ value वस्तुपरक मूल्य

**objectivity** 1. वस्तुपरकता; 2. यथार्थता

**objector** आपत्तिकर्ता, आक्षेपकर्ता

**objuration** शपथ दिलाकर पाबन्द करना

**oblation** (to the dead) पिंडदान, तर्पण

**obligate** 1. वचनबद्ध करना; 2. अनुगृहीत करना

**obligation** 1. बाध्यता, दायित्व; ~ of contract संविदा-≈; 2. आभार; under ~ आभारी

**obligatory** बाध्यकर, आबद्धकर, अनिवार्य; ~ arbitration ≈ विवाचन; ~ examination ≈ परीक्षा; ~ expenses ≈ व्यय; ~ functions ≈ कार्य; ~ notification ≈ अधिसूचना; ~ reinsurance ≈ पुनर्बीमा

**oblige** 1. अनुगृहीत करना; 2. बाध्य करना

**obligee** बाध्यताकारी

**obliger** बाध्यताधारी

**oblique** 1. तिर्यक, तिरछा; 2. परोक्ष; ~ solution ≈ समाधान

**obliquely** तिरछे, तिर्यक् दृष्टि से

**obliterate** मिटाना, अपमार्जन करना

**obliterated** मिटाया हुआ, अपमार्जित

**obliteration** अपमार्जन, विरूपण, मिटाना

**obliterator** विरूपक

**oblivion, obliviscence** विस्मृति, विस्मरण

**oblivious** भूलने वाला

**oblong** आयत; ~ delivery stamp ≈ वितरण मोहर; ~ stamp ≈ टिकट

**obloquy** निन्दा, अपवाद, बदनामी

**obnoxious** 1. घृणित, घृणास्पद; ~ law ≈ विधि; ~ trade घृणाजनक व्यापार; 2. हानिकर; 3. आपत्तिजनक; ~ call ≈ कॉल

**obscene** अश्लील; ~ language ≈ भाषा; ~ matter ≈ सामग्री

**obscenity** अश्लीलता

**obscure** 1. दुर्बोध, अस्पष्ट; 2. गूढ़, दुरूह

**obscurity** 1. दुर्बोधता, अस्पष्टता; 2. गूढ़ता

**obsequies** अन्त्येष्टि, क्रियाकर्म

**obsequious** जी हुज़ूरिया

**observable** 1. पालनीय; 2. संप्रेक्षणीय

**observance** 1. पालन; ~ of punctuality समय ≈; ~ of rule नियम का ≈; 2. रीति; ~ of festival त्योहार मनाना

**observation** 1. संप्रेक्षण, अवलोकन; ~ home ≈ गृह; 2. समुक्ति, टीका-टिप्पणी

**observational data** प्रेक्षणमूलक दत्तसामग्री

**observations** 1. संप्रेक्षण; 2. आलोचना; 3. टिप्पणी; ~ made above ऊपर कही हुई बातें, उपर्युक्त विचार

**observatory** वेधशाला

**observe** 1. संप्रेक्षण करना, देखना; 2. अनुपालन करना; ~ punctuatity समय का पालन करना; ~ the contract संविदा का ≈. 3. मनाना

**observer** संप्रेक्षण, प्रेक्षक; ~ delegate ≈ प्रतिनिधि

**obsession** मनोग्रस्ति

**obsessional behaviour** मनोग्रस्तिज व्यवहार

**obsolescence** अप्रचलन

**obsolescent** लुप्तप्राय, लोपोन्मुख

**obsolete** लुप्त, अप्रचलित, अव्यवहृत, लुप्तप्रयोग; ~ machinery ≈ मशीन; ~ pattern ≈ प्रकार; ~ ticket ≈ टिकट

**obstacle** अवरोध, बाधा, रुकावट

**obstetrician** प्रसूति विज्ञानी

**obstetrics** प्रसूति-विज्ञान
**obstinacy** हठ, ज़िद
**obstinate** हठी, ज़िद्दी
**obstruct** बाधित करना, बाधा डालना; ~ justice न्याय में बाधा डालना
**obstructed** बाधित, सप्रतिबन्धित; ~ heritage ≈ दाय
**obstruction** बाधा, अवरोध, रुकावट; ~ box ≈ पेटी
**obstructionist** अवरोधी, अड़ंगेबाज़
**obtain** अभिप्राप्त करना, पा लेना; ~ formal sanction औपचारिक संस्वीकृति प्राप्त करें
**obtainable** अभिप्राप्य
**obtained** अभिप्राप्त; ~ by fraud कपट द्वारा ≈
**obtrusion** बलपूर्वक प्रवेश
**obverse** सिक्के का मूर्तिवाला पक्ष
**obviate** दूर करना, हटाना
**obvious** स्पष्ट; प्रकट; ~ error ≈ ग़लती; ~ meaning ≈ अर्थ
**obviously** स्पष्टत:, प्रकट
**occasion** **I.** *n.* **1.** अवसर; **2.** हेतु, घटना. **II.** *v.t.* & *i.* घटित होना, उत्पन्न होना/ करना; ~ a breach भंग होना; ~ loss हानि होने देना
**occasional** **1.** यदा-कदा, कदाचनिक; ~ check ≈ पड़ताल; ~ criminal ≈ अपराधी; ~ market ≈ बाज़ार; ~ sale ≈ विक्रय; **2.** प्रासंगिक, आवसरिक; ~ bill ≈ विधेयक; ~ order ≈ क्रम
**occasionally** यदा-कदा, कभी-कभी
**occasioned** घटित, उत्पन्न; ~ by wrongful act सदोष कार्य से ≈; ~ by negligence उपेक्षा/प्रमाद से ≈/हुआ
**occident** पश्चिम
**occupancy** दख़ल, दख़लदारी, अधिभोग; ~ holding ≈ जोत; ~ land ≈ भूमि; ~ right ≈ अधिकार; ~ tenant ≈ काश्तकार; ~ tenure ≈ धृति; ~ time ≈ समय
**occupant** अधिभोगी, अध्यासी, दख़ील
**occupation** **1.** उपजीविका, धन्धा, पेशा; ~ tax व्यवसाय कर; **2.** अध्यासन, दख़ल, अधिभोग, क़ब्ज़ा; ~ force अभिग्रहण सेना, क़ब्ज़ा करने वाली सेना; ~ money आधिपत्य मुद्रा; ~ power अध्यासी शक्ति, अभिग्राही शक्ति; ~ troops अध्यासी सेना, क़ब्ज़ा करने वाली सेना; ~ zone अधिकृत क्षेत्र, अध्यासित क्षेत्र, अभिग्रहीत क्षेत्र; fictitious ~ फ़र्ज़ी ≈; real ~ वास्तविक ≈; regional ~ क्षेत्रीय ≈; in ~ अधिभोगी
**occupational** व्यावसायिक; उपजीविकीय; ~ danger व्यापृतिक ख़तरा; ~ disease ≈ रोग; ~ education व्यापृतिक शिक्षा; ~ group ≈ समूह; ~ hazard ≈ ख़तरा, व्यापृतिक संकट; ~ hierarchy ≈ अधिक्रम; ~ immobility ≈ गतिहीनता; ~ milieu व्यापृतिक पर्यावरण; ~ participation ≈ सहभागिता; ~ rating ≈ दर निर्धारण; ~ risk ≈ जोख़िम; ~ role ≈ भूमिका; ~ shift ≈ पाली; ~ status ≈ स्थिति; ~ structure ≈ संरचना; ~ union ≈ संघ
**occupied** अध्यासित, अधिकृत
**occupier** अध्यासी, अधिभोगी, दख़लकार; ~ of land भूमि का ≈
**occupy** दख़ल करना, अधिकार में लेना, स्थान घेरना, क़ब्ज़ा करना
**occupying power** अध्यासी राष्ट्र, अध्यासी शक्ति
**occur** **1.** घटित होना, होना; **2.** स्फुरित होना
**occurrence** घटना; ~ of vacancy रिक्ति होना; of rare ~ विरला
**octroi** चुंगी, नगर-शुल्क; ~ barrier चुंगी चौकी; ~ duty ≈ शुल्क; ~ inspector ≈ निरीक्षक

**odd** 1. अयुग्म, विषम; ~ number ≈ संख्या; ~s and ends बचा-खुचा; to set at ~s झगड़ा करा देना; 2. विलक्षण; ~ trader न्यून-खेप-व्यापारी; ~ lot न्यून-खेप

**odious** 1. घृणास्पद; 2. कलंकास्पद

**odium** 1. घृणा; 2. कलंक, लांछन

**odourless** गंधहीन

**of** 1. का; ~ a political character राजनीतिक प्रकृति का; ~ any description किसी प्रकार का; ~ a routine nature नैत्यिक प्रकार का, नैत्यक; ~ public character सार्वजनिक प्रकार का, सार्वजनिक; ~ one opinion एक राय के; ~ the kind mentioned in में वर्णित प्रकार का; 2. के बारे/ सम्बन्ध में; ~ and from the same उसी के बारे में और उसी से; ~ performance of contracts संविदा के पालन ≈; 3. ~ no avail व्यर्थ, निष्फल; ~ no effect प्रभावहीन; ~ one's own accord/ motion स्वप्रेरणा से, स्वयं; ~ unsound mind विक्षिप्त

**off broadcast** प्रसारकालिक, प्रसार के समय

**off centred** अकेन्द्रित

**off-duty** कार्यमुक्त, ख़ाली

**offence** अपराध, जुर्म; ~ of mischief रिष्टि का ≈; to take ~ बुरा मानना; bailable ~ क़ाबिल ज़मानत जुर्म; cognizable ~ क़ाबिल दस्तन्दाज़ी जुर्म; indictable ~ अभ्यारोपणीय ≈

**offend** 1. अपराध करना; 2. उल्लंघन करना, तोड़ना; 3. ठेस पहुँचाना, नाराज़ करना; ~ against अतिवर्तन करना

**offender** अपराधी; ~'s history अपराधी-इतिवृत्ति; born ~ जन्मजात ≈; proclaimed ~ घोषित ≈; professional ~ पेशेवर ≈

**offensive** I. *n.* आक्रमण. II. *a.* 1. आक्रामक; ~ alliance ≈ सन्धि; ~ war ≈ युद्ध; ~ weapon ≈ शस्त्र; 2. अप्रिय, कटु; ~ expression ≈वचन; ~ language ≈ भाषा; 3. बदबूदार; ~ goods ≈ माल; 4. घृणोत्पादक

**offer** I. *n.* प्रस्थापना, प्रस्ताव; ~ of appointment नियुक्ति ≈; ~ to perform पालन करने की ≈. II. *v.t.* पेश/ प्रस्थापना/ प्रस्ताव करना; ~ a bribe घूस पेश करना; ~ violence हिंसा करना

**offered** प्रस्तुत, पेश किया गया, प्रस्थापित; ~ for sale बिक्री के लिए ≈

**offeree** प्रस्तावगृहीता

**offerer** प्रस्तावक, प्रस्थापक

**offering** 1. बलि; भेंट, चढ़ावा; 2. अर्पण; ~ prayers प्रार्थना करना; ~ price माँगी क़ीमत

**off-hand** तुरन्त, तत्काल

**office** 1. पद; ~-bearer पदाधिकारी; ~ of dignity प्रतिष्ठा-≈; ~ of profit लाभ-पद; ~ of distinction विशिष्ट पद; duties of ~ पद के कर्त्तव्य; 2. कार्यालय, दफ़्तर; ~ accommodation ≈ स्थान; ~ account ≈ व्यय लेखा; ~ copy ≈ प्रति; ~ equipment ≈ सामग्री; ~ hours ≈ समय; ~ management ≈ प्रबन्ध; ~ manual ≈ नियम-पुस्तक; ~ memorandum ≈ ज्ञापन; ~ note ≈ टिप्पणी; ~ of booking बुकिंग कार्यालय; ~ of destination गंतव्य ≈; ~ of issue निर्गम ≈; ~ of origin उद्गम ≈; ~ of payment भुगतान ≈; ~ of posting प्रेषक डाकघर; ~ of registration रजिस्ट्री दफ़्तर, पंजीकरण ≈; ~ order ≈ आदेश; ~ practice ≈ पद्धति; ~ premises ≈ परिसर; ~ procedure ≈ प्रक्रिया, ≈ क्रियाविधि; ~ record ≈ अभिलेख; ~ staff ≈ कर्मचारी वर्ग; ~ superintendent ≈ अधीक्षक; use good ~ सद् प्रयत्न करना

**officer** अधिकारी, ऑफ़िसर; ~ in charge

प्रभारी ≈; ~ on special duty विशेष कार्य ≈; commissioned ~ कमीशन प्राप्त ≈; अधिकृत ≈; gazetted ~ राजपत्रित ≈; subordinate ~ अधीनस्थ ≈; superior ~ वरिष्ठ ≈

**official** I. *n.* पदधारी, कर्मचारी, अहलकार; government ~ सरकारी ≈. II. *a.* 1. पदीय; ~ act ≈ कार्य; ~ capacity/character ≈ हैसियत; ~ duty ≈ कर्तव्य; ~ function ≈ कृत्य; ~ misconduct ≈ अवचार/ दुराचार; ~ signature ≈ हस्ताक्षर; 2. सरकारी; ~ announcement ≈ घोषणा; ~ bench ≈ पक्ष/पीठ; ~ bulletin ≈ बुलेटिन; ~ communique ≈ विज्ञप्ति; ~ conduct ≈ आचरण; ~ correspondence ≈ पत्रव्यवहार; ~ document ≈ दस्तावेज़; ~ functions ≈ कार्य; ~ gallery ≈ दीर्घा; ~ gazette ≈ गज़ट; ~ liquidator ≈ परिसमापक; ~ policy ≈ नीति, ≈ रीति; ~ protestation ≈ विरोध; ~ purpose ≈ काम, ≈ प्रयोजन; ~ receiver ≈ गृहीता, ≈ रिसीवर; ~ reception राजकीय स्वागत समारोह; ~ recognition ≈ मान्यता; ~ record ≈ अभिलेख; ~ reply ≈ उत्तर; ~ report ≈ रिपोर्ट; ~ representation ≈ प्रतिनिधित्व; ~ residence ≈ निवास; ~ secret ≈ भेद; 3. शासकीय; ~ assignee ≈ समनुदेशिती; ~ body ≈ निकाय; ~ communication ≈ सूचना; ~ decorum ≈ शिष्टाचार; ~ sanction मंज़ूरी; 4. आधिकारिक; ~ amortisation ≈ परिशोधन; ~ list ≈ सूची; ~ rate ≈ दर; ~ translation ≈ अनुवाद; ~ version ≈ विवरण; ~ visit ≈ आगमन, ≈ यात्रा; 5. ~ language राजभाषा; ~ organ मुखपत्र

**officially** पदेन; ~ subordinate ≈ अधीनस्थ; 2. सरकारी तौर पर, शासकीय दृष्टि से; ~ recognized सरकार/राज्य द्वारा मान्य

**officiate** स्थानापन्न होना, स्थानापन्न रूप में काम करना

**officiating** स्थानापन्न; ~ allowance ≈ भत्ता; ~ appointment ≈ नियुक्ति; ~ pay ≈ वेतन; ~ post ≈ पद; ~ promotion ≈ पदोन्नति; ~ service ≈ सेवा

**officious** अनौपचारिक

**off-setting** प्रतिकारक; ~ contract मुजराई संविदा; ~ force ≈ शक्ति

**off-spring** 1. सन्तान; 2. परिणाम, फल

**oil** तेल; ~-cake खली; ~-field तेलक्षेत्र; ~-mill कोल्हू; ~-seeds तिलहन; ~ tank wagon ≈ टंकी डिब्बा; ~ well तेलकूप

**okay** सब ठीक

**old** 1. बूढ़ा, बुड्ढा, वृद्ध; ~ age बुढ़ापा, वृद्धावस्था; 2. पुराना; ~ bachelor चिरकुमार; ~ dispensation प्राचीन व्यवस्था; ~ fallow पुरानी परती; ~ in crime पुराना अपराधी; ~ record पुराना रिकार्ड/ अभिलेख

**oligarchy** अल्पतन्त्र

**omen** शकुन

**ominous** अनिष्ट-सूचक

**omissibility** लोप्यता

**omission** लोप, चूक, छूट; accidental ~ आकस्मिक ≈; illegal ~ अवैध ≈

**omit** छोड़ना; चूक जाना, लोप करना; ~ from list सूची में ≈

**omne** प्रत्येक; ~ testamentum morte consummatum est ≈ इच्छापत्र मृत्यु पर निष्पन्न होता है

**omnibenevolence** सर्वहितेच्छा

**omnibus** I. *n.* बस. II. *a.* सर्वपक्षीय, बहुप्रयोजनीय; ~ circuit बहुस्थानीय परिपथ; ~ clause ≈ उपधारा; ~ credit ≈ उधार; ~ personality संग्राही

व्यक्तित्व; ~ risk ≈ जोख़िम; ~ test ≈ परीक्षण

**omnicompetent** 1. सर्वकार्यक्षम; 2. सर्वकार्याधिकृत

**omnifarious** बहुविध; ~ services ≈ सेवाएँ

**omnipotence** सर्वशक्तिमत्ता

**omnipotent** सर्वशक्तिमान्

**omnipresent** सर्वव्यापक

**omniscient power** सर्वज्ञ शक्ति

**on** 1. पर; ~ account of के कारण; ~ active service सक्रिय सेवा पर; ~ ceasing to hold office पद न रहने पर; ~ charge प्रभार पर; ~ compassionate grounds दया के नाम पर; ~ conviction दोषसिद्धि पर; ~ demand माँगने पर; ~ deputation प्रतिनियुक्ति पर; ~ duty ड्यूटी पर; ~ India Government Service (O.I.G.S.) भारत सरकार के सेवार्थ; ~ lien धारणाधिकार/ लियन पर; ~ merits गुणाव-गुण पर; ~ payment पैसे देकर; ~ presentation पेश करने पर; ~ probation परिवीक्षा पर; ~ the spot घटना-स्थल पर; ~ receipt of के मिलने पर; ~ show of hands हाथ उठाकर; ~ special duty विशेष ड्यूटी पर; 2. ~-account payment लेखागत अदायगी; ~ cost उपरि लागत; ~ his account उसके हिसाब में; ~ his behalf/part उसकी ओर से; ~ no account किसी भी अवस्था में नहीं; ~ or after the day उस दिन या उसके पश्चात्; ~ payment indent भुगतान माँग पत्र; ~ sale बिक्री के लिए; '~'-side सक्रिय पार्श्व; ~ the contrary इसके विपरीत, इसके प्रतिकूल; ~ the face of it प्रत्यक्षतः; ~ the part of की ओर से, के द्वारा; ~ the whole सब मिलाकर, सब बातों को ध्यान में रखते हुए, सामान्यतः

**oneman command** एक व्यक्ति कमान

**onerous** दुर्भर, भारी; ~ condition ≈ शर्त; ~ gift ≈ दान; ~ goods दुर्वह वस्तुएँ; ~ rates दुर्वह दरें

**onesided** एकतरफ़ा

**onslaught** आक्रमण

**onus** भार; ~ of proof प्रमाण-≈; ~ probandi प्रमाण/सिद्धि-≈

**onward** आगे; ~ despatch ≈ भेजना; ~ journey ≈ यात्रा; ~ transmission अग्र संचारण

**opaque** अपारदर्शी; ~ effect ≈ प्रभाव

**open** I. *a.* 1. खुला; ~ account ≈ हिसाब; ~ arrest खुली गिरफ़्तारी; ~ call खुली कॉल; ~ circuit ≈ परिपथ; ~ contract खुली संविदा; ~ court ≈ न्यायालय; ~ delivery ≈ परिदान, खुली सुपुर्दगी; ~ door policy मुक्तद्वार नीति; ~ forum ≈ मंच; ~ letter ≈ पत्र; ~ market ≈ बाज़ार; ~ negotiation खुली वार्ता; ~ sale खुली बिक्री; ~ sea मुक्त सागर, उन्मुक्त समुद्र; ~ session ≈ अधिवेशन; ~ stock ≈ माल, ≈ स्टॉक; ~ tender खुली निविदा; ~ tournament खुली खेल प्रतियोगिता, निष्प्रतिबंध खेल प्रतियोगिता; 2. ~ class society विकृतवर्गी समाज; ~ cheque अरेखित चेक; ~ cover व्यापक क़रारनामा; ~ end question मुक्तोत्तर प्रश्न, अपूर्णवाक्य प्रश्न; ~ line चालू लाइन; ~ meeting सार्वजनिक सभा; ~-minded उदारमना; ~ price प्रस्तावित क़ीमत; ~ question मुक्त प्रश्न, विवादास्पद प्रश्न; ~ railway चालू रेल. II. खोलना; ~ a case मामला शुरू करना

**opening** I. *n.* रन्ध, छेद, मुख. II. *a.* प्रारम्भिक; ~ balance ≈ अवशेष; ~ cash ≈ नक़द; ~ entry ≈ प्रविष्टि; ~ line ≈ पंक्ति; ~ session ≈ सत्र; ~ price खुला भाव

**operate** 1. प्रवर्तित करना/ होना; प्रभाव रखना; ~ as estoppel विबन्ध/मनाही के रूप में ≈; ~ as payment संदाय होना; 2. प्रचालन करना, चलाना; ~ road transport service सड़क परिवहन सेवा चलाना; 3. चीरफाड़ करना

**operating** प्रचालन; ~ agencies ≈ अभिकरण; ~ charges ≈ प्रभार; ~ cost ≈ लागत, ≈ व्यय; ~ data ≈ आँकड़े; ~ efficiency ≈ दक्षता; ~ profit ≈ लाभ; ~ ratio ≈ अनुपात; ~ staff ≈ कर्मचारीवर्ग

**operation** 1. प्रवर्तन; ~ of a disclaimer दावा त्याग का ≈; ~ of economic system आर्थिक व्यवस्था का चलाना; ~ of fund निधि का ≈; ~ of law विधि का ≈; ~ of scheme योजनाओं का क्रियान्वयन; to come into ~ प्रवर्तित होना; ~ on reserve stock आरक्षित स्टाक पर लेन-देन; 2. संक्रिया, कार्यवाही; 3. संचालन; ~ of account लेखा ≈; 4. शल्यक्रिया, चीरफाड़, ऑपरेशन

**operational** परिचालन-सम्बन्धी; ~ alliance प्रवर्ती सहबन्ध; ~ control परिचालन नियंत्रण; ~ cost ≈ लागत; ~ information संक्रिया की सूचना, संक्रिया के लिए सूचना; ~ planning संक्रियात्मक योजना, ≈ नियोजन; ~ procedure प्रचालन क्रियाविधि; ~ reasons कार्य चालन संबंधीकारण; ~ validity संक्रियात्मक विधिमान्यता

**operative** 1. प्रवर्ती, प्रभावी, प्रवर्तनशील; ~ clause ≈ खंड; ~ part≈ अंश, क्रियात्मक अंश; ~ provision ≈ उपबंध; 2. प्रचालक; ~ staff ≈ कर्मचारी वर्ग

**operator** प्रचालक, चलाने वाला

**ophthalmologist** नेत्रविज्ञानी

**opine** ग़ौर करना, विचारना, राय बनाना

**opinion** मत, राय; advisory ~ सलाहकारी ≈; expert ~ विशेषज्ञीय ≈; ~ formation ≈ निर्माण; private ~ निजी ≈; unanimous ~ सर्वसम्मत ≈

**opinionaire** मत-प्रश्नावली

**opponent** विरोधी, मुख़ालिफ़, प्रतिपक्षी

**opportune** अवसरोचित; ~ moment उपयुक्त समय

**opportunism** अवसरवादिता

**opportunist** अवसरवादी

**opportunity** अवसर, मौक़ा; ~ of being heard सुनवाई का ≈; at the earliest ~ यथा शीघ्र; ~ cost विकल्प लागत

**oppose** विरोध करना

**opposed** 1. विरोधित; ~ business ≈ कार्य; ~ plea ≈ अभ्युक्ति; 2. ~ to के विरुद्ध, प्रतिकूल

**opposing alliance** विरोधित सहबंध

**opposite** 1. विरोधी; ~ party ≈ पक्ष, प्रतिपक्ष; 2. सामने का; ~ house ≈ मकान; 3. विलोम, उलटा; ~ meaning ≈ अर्थ; ~ sex ≈ लिंग

**opposition** 1. विरोध, मुख़ालफ़त; 2. विरोधी (पक्ष), विपक्ष; ~ benches ≈ बेंच, ≈ पक्ष; ~ group ≈ समूह, विपक्षी समूह; ~ party ≈ दल, विपक्षी दल

**oppress** उत्पीड़ित करना, दबाना, सताना; ~ a person किसी व्यक्ति को ≈

**oppressed** उत्पीड़ित, सताया हुआ

**oppression** उत्पीड़न, दमन, अत्याचार

**oppressive** दमनकारी, अत्याचारी; ~ regime ≈ शासन

**oppressor** दमनकार, अत्याचारी

**opprobrious** अपमानजनक, अकीर्तिकर

**opprobrium** कुकीर्ति, अपमान

**opsigamy** वृद्धविवाह

**optician** चश्मासाज़

**optimal** इष्टतम; ~ allocation ≈ आवंटन; ~ investment ≈ निवेश; ~ productivity ≈ उत्पादिता

**optimism** आशावाद

**optimist** आशावादी

**optimum** अनुकूलतम, इष्टतम; ~ capacity ≈ क्षमता; ~ capitalization ≈ पूँजीकरण; ~ employment ≈ रोज़गार; ~ level ≈ स्तर; ~ load ≈ भार; ~ population ≈ जनसंख्या; ~ position ≈ स्थिति; ~ production ≈ उत्पादन; ~ utilization ≈ उपयोग; ~ work ≈ कार्य

**option** विकल्प; ~ of nationality राष्ट्रिकता का ≈; at the ~ of के ≈ पर

**optional** वैकल्पिक, ऐच्छिक; ~ benefit ≈ हितलाभ; ~ bond ≈ बन्धपत्र, ≈ बांड; ~ clause ≈ खंड, ऐच्छिक खण्ड; ~ deposit ≈ जमा; ~ ~ service ≈ सेवा; ~ subject ≈ विषय

**oral** मौखिक, ज़बानी; ~ account ≈ वृत्तान्त; ~ agreement ≈ क़रार; ~ confession ≈ संस्वीकृति/इक़बाल; ~ consultation ≈ सलाह-मशविरा; ~ cross-examination ≈ प्रतिपरीक्षा; ~ evidence ≈ साक्ष्य; ~ examination ≈ परीक्षा; ~ instruction ≈ शिक्षण, ≈ अनुदेश; ~ manifestation ≈ अभिव्यक्ति; ~ reply ≈ उत्तर; ~ vocabulary ≈ शब्दावली

**orally** मौखिक रूप से, ज़बानी; ~ examine मौखक परीक्षा लेना

**oration** वक्तृता, संभाषण

**orator** वाग्मी, पटु वक्ता

**oratory** वाग्मिता, वक्तृता

**ordain** आदेश देना, विहित करना

**ordained** आदिष्ट, विहित

**ordeal** दिव्य/ अग्नि परीक्षा

**order** **I.** *n.* **1.** आदेश, हुक्म; ~ book ≈ पुस्तक, ऑर्डर पुस्तिका; ~ communicated ≈ भेज दिया गया; ~ for maintenance भरण-पोषण के लिए ≈; ~ for security सुरक्षा के लिए ≈; ~-in-council परिषदीय राजाज्ञा, परिषद् ≈ ~ in writing लिखित ≈; ~ of adjudication न्यायनिर्णयन का ≈; ~ acquittal दोषमुक्ति का ≈; ~ of annulment अभिशून्यता का ≈, बातिलकरण ≈; ~ of attachment कुर्की का ≈; ~ of confirmation पुष्टि का ≈; ~ of eviction बेदख़ली का ≈; ~ of forfeiture समपहरण/ ज़ब्ती का ≈; ~ of suspension निलम्बन का ≈; ~ not to pay भुगतान की आज्ञा नहीं; ~ to pay संदाय करने का ≈; ~ of transfer अन्तरण का ≈; ~ paper आदिष्ट कार्यपत्र; ~ received book प्राप्त ऑर्डर बही; ~s are solicited कृपया ≈ दें; to ~ आदेशानुसार; incidental ~ आनुषंगिक ≈; standing ~ स्थायी ≈. **2.** व्यवस्था; in good ~ सुव्यवस्थित, अच्छी स्थिति में; law and ~ विधि और ≈; **3.** क्रम; ~ cost एकशः लागत, जॉब लागत; ~ of appropriation विनियोजन क्रम; ~ of business कार्य का क्रम; ~ of merit गुणानुक्रम; ~ of performance पालन का क्रम; ~ of precedence पूर्वता-क्रम; ~ of preference अधिमान क्रम; ~ of priority अग्रता क्रम; ~ of the day आदिष्ट दिवस कार्यक्रम; ~ of transmission संचारण-क्रम, प्रेषण क्रम; **4.** पंथ; religious ~ धार्मिक ≈

**ordered** आदिष्ट; क्रमित; ~ quantity ≈ मात्रा, ऑर्डर की गई मात्रा

**orderless** व्यवस्था-रहित; अक्रम

**orderliness** सुव्यवस्था

**orderly** **I.** *a.* क्रमबद्ध; व्यवस्थित; ~ government ≈ शासन. **II.** *n.* अरदली

**ordinal number** क्रमसूचक संख्या

**ordinance** अध्यादेश

**ordinarily** साधारणतया, आम तौर से; ~ resides ≈ निवास करता है

**ordinary** साधारण, मामूली; ~ avocations of life जीवन के सामान्य कार्य; ~ call ≈ कॉल; ~ charge ≈ चार्ज; ~ course ≈ अनुक्रम; ~ fare ≈ किराया; ~ jurisdiction ≈ क्षेत्राधिकार; ~ law ≈ विधि, ≈ क़ानून; ~ meeting ≈ सभा; ~ member ≈ सदस्य; ~ powers ≈ शक्तियाँ; ~ passenger ≈ यात्री; ~ pursuits ≈ कामकाज; ~ rate ≈ दर; ~ share ≈ शेयर; ~ telegram ≈ तार; ~ working expenses ≈ कार्यचालन व्यय

**ordnance** आयुध, अस्त्र-शस्त्र

**ore** अयस्क, कच्ची धातु

**organ** 1. अंग; ~s of state राज्य के ≈; 2. इन्द्रिय; 3. मुखपत्र; 4. साधन

**organic** 1. आंगिक, ऐन्द्रिय; ~ inferiority ≈ हीनता; ~ need ≈ आवश्यकता; 2. जैविक, जीव-सम्बन्धी; ~ diversity ≈ विविधता; ~ solidarity जैव समेकता; ~ welfare जैविक कल्याण

**organise** संगठित करना, आयोजित करना

**organism** 1. जीव; 2. अंगी, अवयवी

**organization** संगठन; grade ~ श्रेणी व्यवस्था; ~ of accounts लेखाओं का ≈; business ~ व्यावसायिक ≈

**organizational** संगठनजन्य; ~ changes व्यवस्था सम्बन्धी परिवर्तन; ~ communication संगठनात्मक संचार

**organized** संगठित; ~ crime ≈ अपराध; ~ force ≈ शक्ति; ~ government ≈ सरकार, व्यवस्थित सरकार; ~ labour ≈ श्रम, ≈ श्रमिक; ~ opposition ≈ विरोध या विपक्ष

**orgiastic crowd** भावोन्मत्त भीड़

**orgy** विलासोत्सव, मदनोत्सव

**orient** I. *n.* प्राच्य/पूर्वी देश. II. *v.t.* अनुस्थापित करना

**oriental** प्राच्य; ~ mission ≈ मिशन, ≈ दूतमण्डल; ~ society ≈ समाज

**orientation** 1. अनुस्थापन, अभिसंस्करण, अभिविन्यास; ~ course अभिस्थापन/अभिविन्यास पाठ्यक्रम; 2. दिशा-निर्देशन, मोड़

**origin** मूल, उत्पत्ति, उद्‌गम; ~ of capital पूंजी का उद्‌गम; legitimate ~ विधि-सम्मत ≈; local ~ स्थानीय ≈

**original** 1. मूल; ~ agent ≈ अभिकर्ता; ~ buyer ≈ क्रेता; ~ contract ≈ संविदा; ~ copy ≈ प्रति; ~ document ≈ प्रलेख; ~ estimate ≈ अनुमान; ~ expenditure ≈ व्यय, प्रारंभिक व्यय; ~ member संस्थापक सदस्य, ≈ सदस्य; ~ nationality ≈ राष्ट्रीयता; ~ nature ≈ स्वभाव; ~ occupation ≈ अभिग्रहण/क़ब्ज़ा; ~ offence ≈ अपराध; ~ owner ≈ स्वामी; ~ plaintiff ≈ वादी; ~ responsibility ≈ उत्तरदायित्व; ~ suit ≈ वाद; ~ work ≈ कृति; ~ writ ≈ याचिका; 2. मौलिक; ~ thinking ≈ चिन्तन; 3. प्रारम्भिक; ~ capital ≈ पूँजी; ~ cost ≈ लागत; ~ enrolment ≈ नामांकन; ~ entry ≈ प्रविष्टि, ≈ इंदराज; ~ grant ≈ अनुदान; ~ jurisdiction ≈ क्षेत्राधिकार; ~ position ≈ स्थिति; ~ value आद्य मूल्य

**originality** मौलिकता

**originally** 1. मूलत:; ~ instituted ≈ संस्थित; 2. आरंभत:; ~ reserved ≈ अरक्षित

**originate** 1. आरम्भ करना/ होना; 2. उद्‌भूत होना

**originating** 1. उद्‌भावक, प्रवर्तक; ~ agency ≈ अभिकरण; ~ bank ≈ बैंक; 2. आरम्भिक; ~ accounts office प्रारंभकर्ता लेखा कार्यालय; ~ loading ≈ लदान; ~ summons ≈ समन; ~ traffic ≈ यातायात

**originator** उद्‌भावक, प्रवर्तक

**ornament** 1. अलंकार, भूषण, गहना, ज़ेवर; 2. अलंकरण, सजावट

**ornamental** अलंकरण-, सजावट का

**ornamented** अलंकृत

**ornamenting** अलंकरण, अलंकृत करना

**orphan** अनाथ, यतीम

**orphanage** अनाथालय, यतीमख़ाना

**orthodox** 1. कट्टरपंथी, रूढ़िवादी, सनातनी; 2. परम्परा-निष्ठ

**orthodoxy** कट्टरपंथिता, रूढ़िवादिता

**orthopaedics** विकलांग-शास्त्र

**oscillate** डगमगाना, डोलना

**oscillation** दोलन, डगमगाहट; ~ effect ≈ प्रभाव

**oscillator** दोलक

**ostensible** दृश्यमान, ज़ाहिरा; ~ income दृश्यमान/प्रकट आय; ~ oject ≈ वस्तु; ~ owner ≈ स्वामी; ~ partner ≈ साझेदार

**ostensibly** दृश्यतः, ज़ाहिर तौर पर; ~ sold ≈ विक्रीत

**ostentatious** आडंबरी; ~ expenditure ≈ व्यय

**ostracism** 1. बहिष्कार; social ~ सामाजिक ≈; 2. देशनिकाला

**ostracize** बहिष्कार करना

**other** अन्य, इतर; ~ directed person अन्यनिदेशित व्यक्ति; ~-mindedness अन्यमनस्कता; ~ role इतर भूमिका; ~wise अन्यथा, नहीं तो; ~wise affect अन्यथा प्रभाव डालना; ~wise than से भिन्न; ~wise transferred अन्यथा अन्तरित; ~ worldliness पारलौकिकता

**otiose** निरर्थक, बेकार

**oust** अपसारित करना, बाहर निकालना

**ouster** अपसारण, बाहर निकालना

**out** बाहर; ~ of bounds वर्जित क्षेत्र; ~ of date पुराना, अप्रचलित; ~ of order बिगड़ा हुआ; ~ law नियमबाह्य; ~ of stock अप्राप्य; ~ of turn बिना बारी के; ~ of use अप्रयुक्त; ~ of wedlock विवाह-बाह्य; ~ today आज ही भेजिए

**out agency** बाह्य अभिकरण, आउट एजेंसी

**outbid** बढ़कर बोली देना

**outbreak** छिड़ जाना, सहसा आरम्भ होना; ~ of hostilities शत्रुकार्य का ≈

**out-breeding** बहिःप्रजनन

**out-building** बहिर्भवन

**outburst** स्फोट, भड़क उठना

**outcaste** जाति-बहिष्कृत, जाति-बाहर

**outcome** परिणाम, फल; ~ of war युद्ध ≈

**outdoor** बाहर; ~ patient बहिरंग रोगी; ~ publicity बाह्य प्रचार

**outer** बाह्य, बाहरी; ~ defence बाहरी रक्षा व्यवस्था, बाहरी मोर्चाबन्दी; ~ environment बाह्य पर्यावरण; ~ form ≈ रूप; ~ rail ≈ पटरी; ~ signal ≈ सिगनल

**outfit** परिधान, वस्त्र-सज्जा; ~ allowance सज्जा-भत्ता; ~ insurance परिधान बीमा, सज्जा बीमा

**outflow** उत्प्रवाह; ~ pipe ≈ अतिप्रवाह नल

**outgoing** निर्गामी, जाने वाला; ~ feeder ≈ प्रभरक; ~ file ≈ फ़ाइल; ~ member पदावरोही/निर्गामी सदस्य; ~ partner ≈ साझेदार

**outgroup** बहिःसमूह, बाह्यसमूह

**outgrow** उद्‌वृद्धि होना, आगे बढ़ जाना

**outhouse** बहिर्गृह, उपगृह

**out-law** 1. विधिबाह्य; ~ strike ≈ हड़ताल; 2. डाकू, बटमार

**outlay** 1. परिव्यय, लागत; capital ~ पूँजी ≈; 2. ख़ाका

**outlet** निकास, निर्गम

**outline** 1. रूपरेखा; 2. बाह्यरेखा; ~ map ≈ मानचित्र

**outlive** से अधिक जीवित रहना

**outlook** दृष्टिकोण

**outlying** दूरस्थ, बहिर्वर्ती; ~ court ≈ न्यायालय

**outmoded** अप्रचलित, गतप्रयोग; ~ law ≈ विधि

**outnumber** संख्या में अधिक होना

**out-of-pocket cost** तुरत देय लागत, तुरत देय खर्च

**out-patient** बहिरंग रोगी, बाह्य रोगी

**out-post** सीमा-चौकी, नाका

**output** उपज, उत्पाद, पैदावार, उत्पादन; ~ capacity ≈ क्षमता; ~ costing इकाई लागत निर्धारण ; ~ standard ≈ मानक; ~ voltage निर्गत वोल्टता, उत्पादन वोल्टता

**outrage** I. *n.* शीलभंग, अत्याचार. II. *v.t.* भंग करना, धक्का पहुँचाना; ~ modesty शील भंग करना; ~ religious feeling धार्मिक भावना को ठेस पहुँचाना

**outrageous** अत्याचारी, उग्र

**outraging religious feelings** धार्मिक भावनाओं को आहत करना

**outright** 1. उसी दम, तत्काल; 2. पूर्ण, पूरी-पूरी; ~ sale ≈ बिक्री

**outset** आरम्भ, शुरू

**outside** I. *a.* बाहरी, बाह्य; ~ broker ≈ दलाल; ~ gauge ≈ प्रमाप, ≈ गेज; ~ source ≈ स्रोत; ~ wedlock विवाह किये बिना; ~ the normal scope सामान्य परिधि के बाहर

**outsider** बाहरी व्यक्ति

**outsize** अतिमाप; ~ document ≈ प्रलेख

**outskirts** बाहरी हिस्सा, उपान्त

**outspoken** स्पष्टवादी

**outstanding** 1. प्रमुख; ~ personality ≈ व्यक्तित्व; ~ problems ≈ समस्याएँ; ~ student प्रतिभाशाली छात्र; 2. परादेय, अप्राप्त, बकाया; ~ balance ≈ शेष, ≈ रकम; ~ claims ≈ दावा; ~ debt ≈ ऋण; ~ dues ≈ देय; ~ earnings ≈ आय; ~ liability ≈ दायित्व; ~ wages ≈ मज़दूरी

**outstation** बाहरी स्थान; ~ allowance ≈ का भत्ता; ~ cheque ≈ का चेक

**outturn** उत्पादन-मात्रा; कार्य-मात्रा; ~ account उत्पादन मात्रा लेखा

**outvote** अधिक मतों से हरा देना

**outward** 1. बाह्य, बाहरी; ~ journey बहिर्यात्रा; 2. बहिर्गामी, बाहर जानेवाला [see out]; ~ blockade निर्गमन संरोध, बहिर्गमन संरोध; 3. जावक; ~ bound जावक, जानेवाला; ~ check ≈ पड़ताल; ~ clearance ≈ निकासी; ~ freight ≈ भाड़ा; ~ mail ≈ डाक; ~ register ≈ पंजी; ~ returns ≈ वापसियाँ, ≈ विवरणिका; ~ ticket ≈ टिकट

**outwit** चकमा देना

**outworker** बाह्य कामगार

**oval** अंडाकार

**ovation** अभिनन्दन

**over** 1. ऊपर; ~ and above से अधिक; 2. अति, अधि-, अधिक; 3. समाप्त

**over-achievement** अत्युपलब्धि

**overage** अधिकायु; ~ certificate ≈ प्रमाणपत्र; ~ insurance ≈ बीमा

**over-all** कुल, समग्र, समस्त; ~ allowance ≈ भत्ता; ~ charge ≈ प्रभार; ~ deficit ≈ घाटा; ~ efficiency ≈ दक्षता; ~ plan ≈ योजना

**over-assessment** अधिनिर्धारण

**overawe** आंतकित करना, डराना-धमकाना

**overbearing** अतिमानी, घमण्डी

**overboard** जहाज़ पर से; throw ~ ≈ फेंक दिया गया; छुटकारा पाना

**over-bridge** ऊपरी पुल

**over-burden** I. *n.* अधिभार. II. *v.t.* बहुत

लाद देना

**over-buying** अधिक्रय

**over-capacity** अधिक्षमता

**over-capitalization** अतिपूँजीकरण

**over-carriage** अतिवहन

**overcharge** प्रभाराधिकार, अधिभार

**over-charging** अधिमूल्यधान, अधिप्रभारण

**overcome** 1. निष्प्रभावित करना; 2. परास्त/ अभिभूत करना

**overconfidence** अतिविश्वास

**overcrowded** अतिसंकुलित, घिचपिच

**overcrowding** भीड़-भड़क्का, घिचपिच

**overdependency** अति-निर्भरता, अति आश्रितता

**over dimension consignment** अति आयामी परेषण

**overdo** अति करना, हद से बढ़कर करना

**overdose** अतिमात्रा

**overdraft** ओवरड्राफ़्ट

**overdraw** अधिक निकालना

**overdrawal** जमा से अधिक निकालना, अध्याहरण

**overdrawn** अध्यादत्त

**overdue** अतिदेय, अत्यावधिक; पुराना बाक़ी; ~ account पुराना बाक़ी लेखा/ अतिदेय लेखा, खड़ा हिसाब; ~ bill खड़ी/ अतिशोध्य हुण्डी; ~ notice अतिकाल देय सूचना, अतिकालदेय स्मरण पत्र; ~ account खड़ा हिसाब, पुराना हिसाब

**over-employment** अधिक रोज़गार

**over-estimate** **I.** *n.* अधिप्राक्कलन, अधिक अनुमान. **II.** *v.t.* अधिक आँकना/ कूतना

**overflow** **I.** *n.* **1.** अतिरेक; **2.** आप्लव. **II.** *v.i.* पूर आना, ऊपर से बहना

**overgrown child** अतिवर्धित बालक

**overgrowth** अतिवृद्धि

**overhanging** ऊपर से लटकता हुआ

**overhaul** जीर्णोद्धार करना

**overhead** ऊपरी; ~ allignment शीर्षपथ/ शीर्षरेखन; ~ capital बंधी पूँजी; ~ cost उपरि लागत; ~ expenses ≈ ख़र्चे; ~ fault उपरिदोष; ~ line शिरोपरि लाइन; ~ protection शिरोपरि सुरक्षा, शीर्षपथ संरक्षण; ~ traffic ≈ यातायात; ~ wire ≈ तार

**overhear** प्रच्छन्न रूप से सुनना

**over-indulgence** अतिभोगिता, अत्यासक्ति

**over-inhibited** अत्यवरुद्ध

**over-insurance** अधिबीमा

**over-investment** अधिनिवेश

**overjoyed** आनन्दविभोर

**overlap** अतिव्याप्त होना/ करना

**overlapping** **I.** *a.* अतिव्यापी, अतिच्छादी; ~ shifts ≈ पारियाँ, परस्परव्यापी पारियाँ. **II.** *n.* अतिव्याप्ति; ~ of authority प्राधिकार की ≈

**overleaf** पन्ने के दूसरी ओर

**overlearning** अत्यधिगम

**overloading** अधिक लदान; ~ of wagon वैगन/ माल डिब्बे की अति-भराई

**overlook** अनवेक्षा/ अनदेखी करना

**overmaster** अभिभूत करना

**overnight** रात भर; रातों-रात; ~ traffic रात के शेष संदेश

**overpaid** अतिदत्त

**over-payment** अतिसंदाय, अधिक अदायगी

**over-peopled, -populated** घना बसा हुआ

**overpower** पराभूत करना, अभिभूत करना

**over-population** अतिजनसंख्या, संख्याधिक्य

**over-printing** अधिमुद्रण

**over-production** अत्युत्पादन, अधिक

उत्पादन

**overrate** अधिमूल्यांकन करना

**overreach** धोखा देना; असफल रहना

**override** अभिभूत करना, अधिभावी/हावी होना; रद्द करना

**overriding** अधिभावी; ~ decision अध्यारोही/अधिभावी विनिश्चय या निर्णय; ~ effect ≈ प्रभाव

**overrule** उलटना, विरुद्ध व्यवस्था देना; नामंज़ूर करना; ~ plea अभिवाक् को ≈

**over-ruling** 1. अधिप्रभावी; 2. सर्वशक्तिमान

**overrun** 1. रौंद डालना, कुचलना; 2. सीमा से आगे निकल जाना

**overseas** समुद्र-पार; ~ allowance ≈ भत्ता; ~ call ≈ कॉल; ~ communication ≈ संचार; ~ investment समुद्रपारीय निवेश; ~ market ≈ बाज़ार/मण्डी; ~ possessions समुद्रपारीय अधिकृत क्षेत्र; ~ service ≈ सेवा; ~ tourist विदेशी पर्यटक

**overseer** ओवसियर, अधिदर्शक

**overshadow** छा जाना

**oversight** चूक, प्रमाद; mistake by ~ अन्वेक्षा से भूल

**oversize** अधिमाप

**overstate** अतिरंजित करना, अत्युक्ति करना

**overstay** कुछ दिन ऊपर ठहरना; ~ leave छुट्टी के बाद अनुपस्थित रहना

**overstep** उल्लंघन करना

**overstock** I. *n.* अधिस्कंध. II. *v.t.* अधिक माल भरना

**oversubscribed** अत्यभिदत्त

**overt** खुला, प्रकट; ~ act ≈ कार्य; ~ delinquency ≈ अपचार; ~ evidence ≈ प्रमाण, ≈ साक्ष्य

**overtake** आगे निकल जाना

**overtax** अधिक कर लगाना

**over-taxation** अतिकराधान

**overtime** 1. अतिरिक्त समय; 2. अतिकाल, समयोपरि; ~ allowance ≈ भत्ता, समयोपरि भत्ता; ~ pay ≈ वेतन

**overtopped** अतिच्छादित

**overture** प्रस्ताव

**overvaluation** अधिमूल्यांकन; ~ of commodity वस्तु का अतिमूल्यांकन या ≈

**overvalued** अधिमूल्यित; currency ~ ≈ करेंसी अधिमूल्यन, मुद्रा अधिमूल्यन ; ~ currency अधिमूल्य मुद्रा

**overweening** अक्खड़; अभिमानी

**overweight** अधिभार, अधिकभार

**overwhelm** अभिभूत करना, दबा देना

**overwhelming** भारी; ~ majority ≈ बहुमत

**overwork** अतिश्रम, अधिक कार्य

**over-writing** अधिलेखन, के ऊपर लिखना

**owe** ऋणी होना; आभारी होना; देनदार होना; देय होना; ~ by के द्वारा देय होना

**owing to** के कारण

**own** I. *a.* स्व, अपना; ~ motion ≈ प्रेरणा; ~ risk ≈ जोखिम; ~ title ≈ हक़. II. *v.t.* स्वामी होना

**owned by** का स्वामी है

**owner** स्वामी; ~ of copyright प्रतिलिप्याधिकार का ≈; ~'s risk ≈ का जोखिम; absolute ~ पूरा ≈; ostensible ~ दृश्यमान ≈

**ownerless** स्वामीहीन

**ownership** स्वामित्व, मिल्कियत; ~ of a body किसी निकाय का ≈

**owning** स्वामी-, स्वामित्व रखने वाला; ~ authority ≈ प्राधिकारी; ~ company ≈ समवाय

**oyer** 1. वाद-श्रवण, मुक़दमे की सुनवाई; 2. वाद पत्र

# P p

**pace** 1. पग, गति; ~ incentive ≈ प्रेरणा; ~ setter गति निर्धारक

**pacific** शांतिपूर्ण; ~ blockade ≈ संरोध; ~ collaboration ≈ सहयोग; ~ settlement ≈ समझौता

**pacification** शांति-स्थापना

**pacified** आश्वस्त, शांतकृत

**pacifist** शांतिवादी, युद्धविरोधी

**pacify** आश्वस्त करना, शान्त करना

**pack** I. *v.t.* 1. बाँधना, पैक करना; 2. (बक्स आदि में) भरना. II. *a.* भारवाही, लद्दू; ~ animal ≈ जानवर. III. *n.* 1. गट्ठर, भार; 2. दल, झुण्ड

**package** गट्ठर, मोट, मालबन्द, पार्सल; ~ benefits एकमुश्त लाभ; ~ deal एकमुश्त सौदा; ~ programme एकमुश्त कार्यक्रम; ~ proposal एकमुश्त प्रस्ताव, संपुटित प्रस्ताव

**packed** 1. पैक किया हुआ, बँधा हुआ, संवेष्टित; ~ ordnance ≈ युद्धसामग्री; 2. भरा हुआ

**packet** पुलिंदा, पैकेट

**packing** 1. पैक करना, बाँधना; 2. संवेष्टन; ~ charges ≈ व्यय; ~ list ≈ सूची; ~ material ≈ सामग्री

**pact** समझौता, गठबन्ध (करना), ठहराव; ~ of non-intervention अहस्तक्षेप ≈

**pacta** समझौता, ठहराव; ~ tertius nec nocent nec prosunt संधिबाह्य पक्ष की अनधिकारिता

**pactum illicitum** अवैध समझौता

**pad** 1. गद्दी, पैड; 2. विस्तार

**padlock** सामान्य ताला

**paediatrician** बाल-रोग चिकित्सक

**paediatric surgery** बाल शल्य

**paediatrics** बालचिकित्सा-विज्ञान

**page** पृष्ठ; ~ teleprinter ≈ दूर मुद्रक

**pagination** पृष्ठ-संख्या डालना

**paid** संदत्त, अदा किया गया, भुगतान किया गया, दिया गया; ~ by transfer अन्तरण द्वारा भुगतान; ~ cheque प्रदत्त चैक; ~ in cash नक़द ≈; ~ employment सवेतन नियोजन; ~ freight दत्तभाड़ा; ~-in surplus प्रदत्त अधिशेष; ~ leave सवेतन छुट्टी; ~ off भुगतान कर दिया गया; ~ out of fund निधि में से ≈; ~ service सवेतन सेवा; ~ surrender vlaue भुगतान किया अभ्यर्पण मूल्य; ~ up समादत्त; ~ up capital चुकता/ समादत्त पूँजी; ~ up policy समादत्त पालिसी; ~-up value चुकता/ समादत्त मूल्य

**painful** 1. पीड़ाजनक, दुःखद; ~ situation ≈ स्थिति; 2. वेदनापूर्ण; ~ complaint ≈ शिक़ायत

**painless** पीड़ारहित

**pains** कष्ट, परिश्रम

**painstaking** परिश्रमी, उद्यमी

**paint** I. *n.* रंग, रंगलेप, पेंट. II. *v.t.* 1. पेंट/ रंग करना, रंगना; 2. चित्रित करना

**painted** 1. चित्रित; ~ decoration ≈ अलंकरण; 2. रंगलेपित

**painter** रंगसाज़; चित्रकार

**painting** 1. चित्र; 2. चित्रकला, चित्रकारी; 3. रंगसाज़ी; 4. चित्रण

**pair** युगल, जोड़ा; ~ marriage समानाधिकार विवाह

**pairing** युग्मन, जोड़े बनाना

**palaeographer** पुरालिपि-शास्त्री

**palatable** रुचिकर, सुस्वादु

**paling** घेराबन्दी, बाड़ा

**palliate** हलका/ कम करना, उपशान्त करना

**palliative** उपशामक

**palm** ताड़; ~ product industry ≈ उत्पाद उद्योग

**palm off** झाँसा देना, प्रवंचन करना

**palmistry** हस्तरेखा-शास्त्र, सामुद्रिक शास्त्र

**palpable** 1. स्पर्शगोचर; 2. सुस्पष्ट

**palpate** छूना, स्पर्श करना; टटोलना

**pamphlet** पुस्तिका

**panacea** रामबाण, सर्वरोगहर

**pandects** विधि-सारसंग्रहण, संहिता

**pandemonium** हो-हल्ला, हुल्लड़

**pandering** वेश्या-दलाली

**pane** 1. कचापट्ट, शीशा; 2. पट्टी

**panegyric** प्रशस्ति

**panel** नामिका, पैनल; ~ of arbitrators पंच-≈; ~ of members सदस्य-≈

**panic** आतंक, संत्रास, भगदड़; ~ reaction ≈ प्रतिक्रिया

**panicky** आतंकित, संत्रस्त

**pannage** सुअर चराई का अधिकार

**panophobia** सर्वभीति

**pantagamy** सार्वजनीन विवाह

**pantomime** मूक अभिनय

**pantophobia** भविष्य-भीति

**paper** 1. पत्र, काग़ज; ~ alliance ≈ सहबन्ध; ~ balance ≈ बही शेष/काग़ज़ी शेष; ~ blockade काग़ज़ी नाकाबन्दी; ~ credit काग़ज़ी साख; ~ currency काग़ज़ी मुद्रा; ~ for disposal निपटाने के लिए काग़ज़, निस्तारणार्थ पत्र; ~ manufacturer कागज़-निर्माता; ~ money करेंसी नोट, काग़ज़ी द्रव्य; ~ particulars काग़ज़ी ब्यौरा; ~ profit काग़ज़ी लाभ; ~ title काग़ज़ी हक़; 2. समाचार-पत्र, अख़बार

**papers** काग़ज़ात, काग़ज़-पत्र; simulated ~ नक़ली ≈

**par** 1. सममूल्य; at ~ ≈ पर; above ~ ≈ के ऊपर; below ~ ≈ के नीचे/कम; ~ value सममूल्य; 2. ~ avion वायु द्वारा, हवाई डाक से; ~ excellence उत्कृष्ट

**parade** परेड; identification ~ शिनाख़्त ≈

**paradox** विरोधाभास; ~ of value मूल्य ≈

**paragraph** पैरा, अनुच्छेद

**parallel** समांतर; ~ column ≈ ख़ाना; ~ cousins चचेरे-मौसेरे भाई-बहन; ~ case ≈ स्थिति/ मामला; ~ movement ≈ गति; ~ relatives चचेरे-मौसेरे सम्बन्धी

**paralysis** अंगघात

**paralyze** गतिहीन करना, ठप कर देना

**paramount** परमोच्च, सर्वोपरि; ~ commitment ≈ वचनबद्धता; ~ consideration ≈ विचार; ~ power ≈ शक्ति

**paramountcy** सर्वोपरिता

**paramour** जार, यार; जारिणी

**parapet** मुँडेर, प्राकार

**paraphernalia** साज-सज्जा, वस्त्र-भूषण

**paraphrase** भावानुवाद (करना)

**parastite** परजीवी

**parasitism** परजीविता

**parcel** 1. पार्सल; ~ booking ≈ बुकिंग; ~ date seal ≈ तारीख़ मोहर; ~ mail ≈ डाक; ~ sorting office ≈ छंटाई कार्यालय; ~ way bill ≈ रवन्ना; 2. अंश, खंड; ~ of land भूमिखंड

**parcenary** समांशिता

**parcener** समांशी

**parchment** चर्मपत्र, पार्चमेंट

**pardon** क्षमा, माफ़ी; ~ mongering पापमोचन-व्यापार

**pardonable** क्षम्य

**pardonee** क्षमाप्राप्त

**pardoner** क्षमाकर्ता

**parent** 1. माता या पिता, माता-पिता, वालदैन. 2. मूल; ~ company ≈ कम्पनी; ~ state ≈ राज्य; ~ statute ≈ संविधि

**parentage** . जनकता, वंश; 2. माता/ पिता का नाम

**parental** पितृ, पैतृक; ~ authority ≈ प्राधिकार; ~ behaviour पैतृक व्यवहार; ~ degeneracy पैतृक अपविकास; ~ estate ≈ संपदा; ~ influence ≈ प्रभाव; ~ home बालसंरक्षण गृह; ~ responsibility पितृदायित्व

**parenthesis** 1. निक्षेप; 2. निक्षेप-चिह्न, लघु कोष्ठक

**parenthood** पितृत्व, मातृपितृत्व

**pari delicto** समदोषी

**pari passu** समरूप, समभाव से

**parity** समता, समानता, बराबरी; ~ of exchange विनिमय समता; ~ price ≈ क़ीमत; ~ price formula ≈ मूल्य सूत्र; ~ rate ≈ दर

**parking** गाड़ी खड़ी करना

**parlance** I. *n.* बोली; legal ~ क़ानूनी ≈. II. *v.i.* बोली बोलना

**parley** सन्धिवार्ता, सुलह की बातचीत

**parliament** संसद्; dissolve the ~ ≈ भंग करना

**parliamentarian** सांसद, संसदज्ञ; संसद्-सदस्य

**parliamentary** संसदीय; ~ accountability संसद के प्रति उत्तरदायित्व; ~ affairs ≈ कार्य; ~ constituency ≈ निर्वाचन-क्षेत्र; ~ control ≈ नियंत्रण; ~ government ≈ शासन ~ practice ≈ पद्धति; ~ privilege ≈ विशेषाधिकार; ~ procedure ≈ प्रक्रिया

**parochial** संकीर्ण, अनुदार

**parochialism** संकीर्णता, संकीर्ण वृत्ति

**parole** 1. मौखिक प्रतिज्ञा, वचन; ~ contract मौखिक संविदा; ~ evidence मौखिक साक्ष्य; 2. परोल, सशर्त कारावकाश; release on ~ ≈ पर रिहाई; ~ service ≈ सेवा

**parry** 1. बचाव (करना), निवारण (करना); 2. टालमटोल (करना)

**parsimonious** कंजूस, कृपण

**parismony** कंजूसी, कृपणता

**part** I. *n.* 1. भाग, अंश; ~ case आंशिक मुक़दमा; ~ clearing आंशिक समाशोधन; ~ consignment आंशिक परेषण; ~ delivery आंशिक परिदान; ~ enjoyment आंशिक उपभोग; ~ file आंशिक फ़ाइल; ~ heard आंशिक सुनवाई हुई; ~ method ≈ प्रणाली, खंड प्रणाली; ~ paid अंशदत्त; ~ payment ≈ भुगतान; ~ owner अंशस्वामी; ~ performance आंशिक पालन; to play one's ~ भले निबाहना; 2. पक्ष, तरफ़; on my ~ मेरी ओर से. II. *v.i.* ~ with विलग होना

**partial** 1. पक्षपाती, तरफ़दार; 2. आंशिक; ~ acceptance ≈ स्वीकृति; ~ agreement ≈ क़रार; ~ armistice ≈ युद्धविराम; ~ audit ≈ लेखापरीक्षा; ~ colour-blindness ≈ वर्णांधता; ~ disablement ≈ अपंगता; ~ deposit method ≈ जमा प्रणाली; ~ discharge ≈ भुगतान; ~ dismemberment ≈ विघटन; ~ divorce ≈ विवाह विच्छेद; ~ endorsement ≈ पृष्ठांकन; ~ evidence ≈ साक्ष्य; ~ implementation ≈ क्रियान्वयन; ~ knowledge ≈ ज्ञान; ~ loss ≈ हानि; ~ mobilization ≈ सैन्यीकरण, ≈ लामबंदी; ~ modification ≈ संशोधन; ~ payment ≈ अदायगी, ≈ भुगतान; ~ ratification ≈ अनुसमर्थन; ~ solution ≈ हल, ≈ समाधान; ~ strike ≈ हड़ताल; ~ succession ≈

उत्तराधिकार; ~ verdict ≈ अधिमत; ~ withdrawal ≈ परावर्तन, ≈ रूप से पीछे हटना

**partiality** पक्षपात, तरफ़दारी

**partialization** आंशकीकरण

**partially** अंशतः, आंशिक रूप से, भागतः; ~ exempt ≈ छूट प्राप्त; ~ insured ≈ बीमाकृत

**partible** विभाज्य

**particeps criminis** सहापराधी

**participant** 1. भाग लेने वाला; 2. भागी, हिस्सेदार; ~ observer सहभागी प्रेक्षक

**participate** भाग लेना, सम्मिलित होना

**participating** भाग लेनेवाला; ~ insurance लाभ-सहभागी बीमा, लाभ सहित बीमा; ~ management सहभागी प्रबन्ध

**participation** भाग लेना, भागग्रहण; ~ bond सहभागी बांड; ~ loan सहभागी कर्ज़

**participator** भागी, भागी लेने वाला

**particular** विशिष्ट; ~ age ≈ आयु; ~ average ≈ बीमाक्षति; ~ class ≈ वर्ग; ~ individual ≈ व्यक्ति; ~ person ≈ व्यक्ति; ~ person (P.P.) call ≈ व्यक्ति कॉल; ~ volition ≈ प्रयोजन/संकल्प

**particularising** विशिष्टियाँ देना

**particularity** विशिष्टिता

**particularly** विशेषतः, विशिष्ट रूप से

**particulars** विशिष्टियाँ, ब्यौरे; ~ of transhipment वाहनान्तरण की ≈

**parting** अलग होना; ~ with अलग करना; ~ with interest हित को अलग करना

**partisan** 1. पक्षपाती, तरफ़दार; ~s of peace शांति के पक्षपाती; ~ witness ≈ साक्षी/ गवाह, 2. पक्षीय; ~ peace ≈ शांति

**partisanship** पक्षपात

**partition** विभाजन, बटवारा; ~ of property संपत्ति का ≈; ~ plan ≈ योजना; ~ suit ≈ वाद; ~ wall विभाजक दीवार

**partly** अंशतः, आंशिक रूप से; ~ by word of mouth ≈ मौखिक; ~ in writing ≈ लिखित

**partner** साझी, साझेदार, भागीदार; active ~ सक्रिय ≈; dormant ~ निष्क्रिय ≈; financing ~ वित्तपोषक ≈; incoming ~ आवक ≈; outgoing ~ जावक ≈; sleeping ~ गुप्त ≈, निष्क्रिय ≈; ~'s advance ≈ का कर्ज़; ~s in marriage पतिपत्नी

**partnership** साझा, साझेदारी, भागीदारी; ~ account ≈ लेखा; ~ deed ≈ पत्र, साझानामा; ~ estate ≈ संपदा; ~ policy ≈ पॉलिसी; ~ property ≈ संपत्ति; ~ at will इच्छाधीन ≈; general ~ सामान्य ≈; limited ~ सीमित ≈; particular ~ विशिष्ट ≈

**part-time** अंशकालिक; ~ alliance ≈ दल-गठनबन्धन, ≈ दल; ~ course ≈ पाठ्यचर्या; ~ employment ≈ रोज़गार, ≈ नियोजन; ~ labour ≈ श्रमिक; ~ student ≈ विद्यार्थी; ~ work ≈ कार्य

**parturition** प्रसव, प्रसूति

**party** 1. पक्ष, दल; ~ alliance ≈-गठबन्धन, ≈ सहबन्ध; ~ antagonism ≈ विरोध; ~ competition ≈ स्पर्धा; ~ finances ≈ के वित्तीय साधन, ≈ की वित्त-व्यवस्था; ~ government ≈ सरकार, ≈ शासन; ~ in power सत्तारूढ़ दल; ~ line connection पार्टी लाइन संयोजन; ~ organ दलीय मुखपत्र; ~ politics दलगत राजनीति; ~ position दल-स्थिति, ≈ स्थिति; ~ spirit ≈ भावना; ~ whip पार्टी सचेतक, दल सचेतक; 2. पक्ष, फ़रीक; first ~ पहला ≈; ~ in possession

क़ब्जा रखनेवाला पक्ष; ~ to negotiation वार्ताकारी ≈; opposite ~ प्रतिपक्ष, फ़रीक सानी; **3.** पक्षकार; aggrieved ~ व्यथित पक्षकार; ~ in fault क़सूरवार/ दोषी ≈; ~ in person स्वयं ≈; ~ to suit वाद का ≈; ~ to proceedings कार्यवाही का ≈

**pass** **I.** *n.* पास, प्रवेश-पत्र; ~ book ≈ बुक, लेखा पुस्तिका. **II.** *v.t.* & *i.* **1.** निकलना; **2.** पास/ उत्तीर्ण होना; **3.** पारित करना; ~ orders आदेश ≈/ देना; ~ sentence दण्डादेश देना; **4.** संक्रांत करना/ होना; ~ interest हित ≈; property ~es संपत्ति संक्रांत होती है; **5.** ~ judgment निर्णय देना; ~ on आगे बढ़ाना; ~ over उपेक्षा करना; ~ through में से होकर जाना, के माध्यम से जाना

**passage** **1.** पास होना, पारण; ~ of bill विधेयक का ≈; **2.** यात्रा; मार्ग; ~ advance विदेशयात्रा-व्यय पेशगी; ~ broker यात्रा दलाल; ~ concession विदेश यात्रा-व्यय रियायत; ~ money ≈ धन; ~ rebate विदेश यात्रा-व्यय छूट; **3.** आने-जाने का रास्ता; **4.** लेखांश, उद्धरण; **5.** ~ at arms झड़प, वाग्युद्ध

**passed** **1.** उत्तीर्ण; **2.** पारित; ~ for payment भुगतान/ अदायगी के लिए पास/ पारित; **3.** गुज़रा

**passenger** यात्री, सवारी; ~ booking office टिकटघर, यात्री बुकिंग कार्यालय; ~ fare ≈ किराया; ~ traffic ≈ यातायात; ~ train ≈ गाड़ी

**passing** संक्रामण; ~ of bill विधेयक-पारण, विधेयक स्वीकरण; ~ of property संपत्ति का ≈; ~ the buck दायित्व अंतरण

**passion** आवेश, भावावेश, जोश

**passive** **1.** निष्क्रिय; ~ defence policy ≈ रक्षानीति; ~ obedience मूक आज्ञापालन; ~ recipient ≈ प्राप्तकर्ता; ~ rentier ≈ किरायाजीवी; ~ resistance ≈ रोध; ~ trust ≈ न्यास; **2.** बिना ब्याज, अब्याजी; ~ bond ≈ बन्ध-पत्र; ~ debt ≈ ऋण; ~ share ≈ भाग

**passport** पासपोर्ट, पारपत्र; ~ authority ≈ अधिकारी, ≈ अधिकारी; ~ control ≈-नियन्त्रण

**pass-word** संकेत शब्द

**past** **1.** गत, पिछला; ~ due ≈ देय; ~ service पूर्वसेवा, पिछली नौकरी; ~ transaction ≈ लेनदेन; **2.** अतीत; **3.** भूतपूर्व; ~ consideration ≈ प्रतिफल; ~ mamber ≈ सदस्य; **4.** ~ cure असाध्य

**past-master** दक्ष, चतुर

**pastoral** पशुचारण-सम्बन्धी; ~ stage पशुचारण अवस्था

**pasturage** **1.** पशुचारण, चराई; **2.** चराई का अधिकार, चारणाधिकार

**pasture** चरागाह; ~ land पशुचारण भूमि

**patent** **1.** एकस्व, पेटेंट; ~ law ≈ विधि; ~ right ≈ अधिकार; **2.** स्पष्ट, प्रत्यक्ष; ~ danger ≈ ख़तरा; ~ defect ≈ त्रुटि; ~ error ≈ ग़लती

**patentee** एकस्वी

**patently** स्पष्टत:; ~ illegal ≈ अवैध

**patentor** एकस्वदाता

**pater familias** कुलपिता, कर्ता

**paternal** पैतृक; ~ authority ≈ प्राधिकार; ~ grandfather/ grandmother दादा/ दादी; ~ uncle चाचा, ताया; ~ land ≈ भूमि

**paternalistic leadership** पितृकल्पीय नेतृत्व

**paternity** पितृत्व

**pathetic** करुण

**pathogenic** रोगजनक

**pathological** विकृत; ~ criminal ≈ अपराधी; ~ family ≈ परिवार; ~ lying व्याधिकीय असत्य भाषण

**pathology** विकृति, विकार; विकृति-विज्ञान

**pathy** चिकित्सा-पद्धति

**patient** I. *n.* रोगी, बीमार. II. *a.* धैर्यवान्

**patria potestas** पितृ अधिकार

**patriarch** कुल-पिता

**patriarchal** पितृतंत्रात्मक, पितृप्रधान; ~ family ≈ परिवार; ~ regime ≈ शासन; ~ society ≈ समाज; ~ system ≈ प्रथा

**patriarchy** पितृतंत्र

**patricentric family** पितृकेंद्रित परिवार, पितृकेंद्रित कुटुंब

**patricide** 1. पितृहत्या, 2. पितृहंता

**patrilateral** पितृपक्षीय

**patrilineage** पैतृकवंश

**patrilineal** पितृवंशीय; ~ descent पैतृक वंशानुक्रम, पितृ वंशानुक्रम; ~ kinship ≈ बंधुत्व, ≈ जाति; ~ lineage ≈ पितृपक्षीय वंश

**patrilocal marriage** पतिस्थानिक विवाह

**patrimonial** पैतृक; ~ right ≈ अधिकार

**patrimony** पैतृकी, पितृदाय, बपौती

**patriot** देशभक्त

**patriotism** देशभक्ति, स्वदेश-प्रेम

**patrol** I. *n.* प्रहरी, गश्त; ~ aircraft गश्ती वायुयान. II. *v.t.* गश्त लगाना

**patrolling** गश्त लगाना

**patron** संरक्षक, सरपरस्त

**patronage** संरक्षण, सरपरस्ती

**pattern** 1. प्रतिरूप; 2. स्वरूप; ~ of demand माँग का ≈; ~ of tax कर का ≈; 3. नमूना, ढाँचा; ~ maker नमूनाकार, नमूनासाज़

**patterned** प्रतिमानित; ~ interview ≈ साक्षात्कार

**paucity** कमी; ~ of finance वित्ताभाव, वित्त की कमी; ~ of fund धन की ≈

**pauper** अकिंचन, कंगाल; ~ appeal ≈ अपील; ~ suit धनहीन वाद

**pauperism** अकिंचनता, कंगाली

**pause** विराम

**paved** पत्थर जड़ा; ~ floor ≈ फ़र्श

**pavement** पटरी, फ़र्श

**pavilion** मंडप

**pawn** 1. गिरवी (रखना); 2. गोटी (बढ़ाना)

**pawn-broker** गिरवी दलाल

**pawnee** अधिग्राही, गिरवीदार

**pawnor** अधिकर्ता, गिरवी रखने वाला

**pay** I. *n.* वेतन; ~ bill ≈ देयक; ~ certificate ≈ प्रमाणपत्र; ~ day ≈ दिन; ~ of establishment कर्मचारियों का ≈; ~ packet ≈ पैकेट; ~ roll ≈ चिट्ठा; ~ scale ≈ मान; ~ slip ≈ पर्ची, ≈ प्राधिकार-पत्र; 2. अदायगी; ~-in slip जमा पर्ची; ~ load अर्जक भार; ~ order ≈ का आदेश; ~ self स्वयं-देय. II. *v.t.* अदा करना, चुकाना, देना, भुगतान करना; ~ cash नगद भुगतान करें; to ~ heed ध्यान देना; ~ off चुकाना; ~ on demand माँगने पर अदा करें

**payable** देय, संदेय; ~ in perpetuity शाश्वत रूप में देय; ~ on demand माँग पर ≈; ~ to bearer धनी जोग; ~ to order नाम जोग; ~ to self स्वयं को ≈

**payee** अदाता, पाने वाला; ~ account ≈ खाता; ~ receipt पानेवाले की रसीद; fictitious ~ कल्पित ≈

**payer** दाता, अदा करने वाला

**paying** I. *n.* अदायगी; ~ banker अदाकर्ता बैंकर; ~ counter भुगतान काउंटर; ~ debt ऋण की ≈; ~ officer ≈ अधिकारी. II. 1. *a.* लाभप्रद. 2. शुल्कदायी; ~ apprentice ≈ शिक्षु

**pay-in-slip** जमा-पर्ची

**payment** अदायगी, संदाय, भुगतान; ~ agreement ≈ समझौता, ≈ समझौता; ~ in due course यथाविधि ≈, यथासमय ≈; ~ in kind जिंस-≈; ~ is good ≈ प्रभावी है; ~ into treasury ख़ज़ाने में ≈; ~ of wages मज़दूरी की ≈; ~ order ≈ का आदेश; ~ order account भुगतान/ अदायगी आदेश लेखा; ~ schedule ≈ अनुसूची; ~ stopped अवरुद्ध भुगतान/ अदायगी; ~ under decree डिक्री के अधीन ≈; ~ voucher ≈ वाउचर

**peace** शांति, अमन; ~ breaker ≈ भंजक; ~ by force बलात् ≈; ~ conference ≈ सम्मेलन; ~ corps ≈ सेना, ≈ दल, ≈ कोर; ~ maker सुलहकार, ≈-स्थापक; ~ mission ≈-मिशन, ≈ दूतमण्डल; ~ negotiation ≈ वार्ता; ~ plan योजना; ~ settlement ≈ समझौता; ~ time शांतिकालीन

**peaceable** शांतिप्रिय, शांतिमय

**peaceably** शांतिपूर्वक

**peaceful** शांतिपूर्ण, शांतिमय; ~ action ≈ कार्रवाई; ~ change ≈ परिवर्तन; ~ co-existence ≈ सह अस्तित्व; ~ conduct ≈ आचरण; ~ means ≈ उपाय, ≈ साधन; ~ persuation ≈ अनुनय; ~ picketing ≈ धरना; ~ settlement ≈ निपटारा; ~ transformation ≈ परिवर्तन; ~ use ≈ उपयोग

**peak** 1. चरम; ~ level ≈ स्तर; ~ load ≈ भार; ~ period ≈ काल; 2. अधिकतम; ~ demand ≈ माँग; ~ traffic ≈ यातायात

**peasant** कृषक, काश्तकार, किसान; ~ farming खेतिहर कृषि; ~ proprietor भूमिधर

**peasantry** कृषक वर्ग

**peculate** ग़बन/ दुर्विनियोग करना, हड़पना

**peculation** ग़बन/ दुर्विनियोग

**peculiar** विलक्षण, निराला, अनोखा

**peculiarity** विलक्षणता

**pecuniary** धन का, आर्थिक, धनीय; ~ advantage धन संबंधी लाभ; ~ bail ≈ ज़मानत; ~ compensation ≈ प्रतिकार; ~ gain ≈ लाभ; ~ gratification ≈ परितोषण; ~ interest ≈ हित; ~ jurisdiction ≈ क्षेत्राधिकार; ~ liability ≈ दायित्व; ~ limitations ≈ परिसीमाएँ; ~ loss ≈ हानि; ~ penalty अर्थदण्ड; ~ reparation ≈ क्षतिपूर्ति; ~ reward ≈ पुरस्कार; ~ transaction ≈ संव्यवहार

**pedagogical** शैक्षणिक

**pedagogue** शिक्षणशास्त्री

**pedagogy** शिक्षणशास्त्र, शैक्षिकी

**pedantic** पँडिताऊ, आडम्बरी

**pedantry** पांडित्य-प्रदर्शन, अतिपांडित्य

**peddle** फेरी लगाना

**peddler** फेरी वाला

**pedestal** पादपीठ, चौकी

**pedestrian** पैदल

**pediatrician** बालरोग-विशेषज्ञ

**pediatrics** बालचिकित्सा

**pedication** गुदा-मैथुन, लौंडेबाज़ी

**pedigree** वंशावली, वंशवृक्ष; family ~ कुटुम्ब ≈; 2. वंश, नस्ल

**pedlar** फेरी वाला

**ped point** आधार बिन्दु

**pegging** अधिकीलन, खूँटे से बाँधना

**pejorative** अपकर्षक; ~ change ≈ परिवर्तन

**pellets** डलियाँ

**penal** 1. दण्ड-, दाण्डिक; ~ action दण्डनीय कार्य; ~ administration ≈ प्रशासन; ~ code दण्डसंहिता, ताज़ीरात; ~ confinement दांडिक परिरोध; ~

interest ≈ स्वरूप ब्याज; ~ jurisdiction ≈ अधिकारक्षेत्र, ≈ क्षेत्राधिकार; ~ law दण्ड-विधि; ~ rent दण्डस्वरूप किराया; ~ right दंडाधिकार; ~ sanction ≈ शास्ति; ~ servitude ≈ दासता; ~ settlement अपराधी बस्ती; ~ sum दण्ड की राशि/ रक़म; **2.** शास्तिक; ~ rate ≈ दर; ~ sum ≈ राशि

**penalize** दण्डित करना

**penalty** दण्ड, शास्ति, तावान; ~ clause ≈ खण्ड; ~ proceedings ≈ कार्यवाही; ~ rate ≈ कठिन कार्य दर

**pendant** **I.** *n.* लटकन, लंबक. **II.** *a.* लटकता; ~ telephone ≈ टेलीफ़ोन

**pendency** लंबन, विचार-काल; ~ of suit वाद का ≈

**pendente lite** वादकाल में; ~ nihil innovatur ≈ कोई नयी बात नहीं लाई जा सकती

**pending** लंबित, विचाराधीन; ~ bill ≈ विधेयक; ~ suit ≈ वाद; ~ work ≈ कार्य; ~ authorization प्राधिकृत होने तक; ~ decision निर्णय होने तक; ~ negotiations वार्ता के होने तक; ~ orders शासनादेश होने तक; ~ the conclusion of inquiry जाँच समाप्त होने तक

**pendown strike** लेखनी बन्द हड़ताल; कलमरोक हड़ताल

**pendulous** निलम्बी, झूलता

**pendulum** लोलक

**penetrate** घुसना, घुसेड़ना, बींधना

**penetrating** वेधी, भेदक

**penetration** प्रवेशन, घुसना, धँसना, वेधन

**penitence** परिताप, अनुताप

**penitent** परितापी, अनुतापी

**penitentiary** सुधारागार; ~ jail सुधार कारागार

**pennant** पताका, झण्डी

**peno-correctional treatment** दंड-सुधार उपचार

**penologist** दण्डशास्त्री

**penology** दण्डशास्त्र

**pension** पेंशन; ~ clerk ≈ क्लर्क

**pensionable** पेन्शन-योग्य, पेन्शनी; ~ pay ≈ वेतन; ~ post ≈ पद; ~ service ≈ सेवा/ नौकरी

**pensionary** पेन्शनी; ~ charges ≈ प्रभार; ~ contribution ≈ अंशदान; ~ status ≈ हैसियत

**pensioner** पेन्शनर, पेन्शनभोगी

**pen-tray** कलमदान

**penultimate** उपान्त्य, अन्तिम से पहला

**peon** चपरासी; ~ book ≈ बही, पत्रवाह पंजी

**peonage** मालिक मज़दूर सम्बन्ध

**people** जनता, लोग, लोक; ~'s bank ≈ बैंक; ~'s congress जन-कांग्रेस, लोक कांग्रेस; ~'s court ≈ न्यायालय, सार्वजनिक न्यायालय; ~'s front जनमोर्चा; ~'s government ≈ की सरकार; ~'s law लोक-विधि, जन-विधि; ~'s party पीपुल्स पार्टी, लोक दल पार्टी; ~'s verdict लोक-निर्णय; ~'s war लोकयुद्ध, जनयुद्ध

**per** **1.** प्रति; ~ annum ≈ वर्ष; ~ capita ≈ व्यक्ति; ~cent ≈शत; ~ centra प्रतिपक्षी, दूसरी तरफ़; ~ diem ≈ दिन; ~ head ≈ पुरुष; ~ mensum ≈ मास; ~ mille ≈ सहस्र; ~ unit ≈ इकाई; **2.** ~ auter vie दूसरे के जीवन के लिए; ~ bearer पत्रवाहक द्वारा, पत्र वाहक के हाथ; ~ curium अदालत से; ~ incuriam असतर्कता के कारण; as ~ instructions अनुदेशानसार; ~ pro कृते, वास्ते; ~ se स्वतः; ~ stripes शाखावार

**perceive** समझना, बोध होना; ~ no

impediment कोई अड़चन जान नहीं पड़ती

**perceived** बोधगम्य, अनुभूत

**percentage** प्रतिदर्शिता, प्रतिशत दर; ~ of profit लाभ ≈; ~ recovery ≈ वसूली

**perceptible** इन्द्रियगोचर

**perception** प्रत्यक्ष ज्ञान, बोध

**percolate** रिसना

**percussion** प्रघात

**peremptory** अलंघ्य, अलंघनीय; ~ mandamus ≈ परमादेश; ~ order ≈ आदेश; ~ summons बाध्यकारी उपस्थिति-आदेश, बाध्यकारी समन

**perennial** 1. नित्य, शाश्वत; ~ nature ≈ प्रकृति; 2. बारहमासी; ~ industry ≈ उद्योग

**perfect** पूर्ण; ~ generality ≈ सामान्यता; ~ market ≈ बाज़ार; ~ monopoly ≈ एकाधिकार; ~ obligation ≈ बाध्यता; ~ partition ≈ विभाजन; ~ right ≈ अधिकार; ~ state ≈ राज्य, आदर्श राज्य

**perfection** पूर्णता

**perfectly** पूर्णतः, पूर्णतया; ~ elastic ≈ लोचदार; ~ inelastic demand ≈ बेलोच माँग

**perfidious** विश्वासघाती

**perfidy** विश्वासघात

**perforated** छिद्रित

**perforating machine** छिद्रक मशीन, छिद्रित्र

**perforation** छिद्रण, छिद्र

**perform** 1. सम्पन्न करना; ~ an act कार्य ≈; ~ marriage विवाह ≈; 2. करना; 3. पालन करना; ~ promise वचन का ≈

**performance** 1. करना; ~ of an act कार्य का ≈; 2. पालन; ~ of conditions शर्तों का ≈; ~ of duty कर्तव्य-≈; ~ of function कृत्यों का पालन; 3. निष्पादन; ~ appraisal ≈ मूल्यांकन; ~ efficiency ≈ क्षमता; ~ evaluation ≈ मूल्यांकन; ~ incentive ≈ प्रेरणा; ~ of contract संविदा का ≈; ~ report ≈ रिपोर्ट

**performed** सम्पन्न; निष्पादित, पालन किया गया

**perfumery** सुगन्धिशाला

**perfunctory** असावधान

**peril** 1. आपदा, अति संकट; 2. जोखिम; ~ of life जीवन का ≈

**perilous** आपदास्पद, संकटमय

**period** कालावधि; काल; ~ of credit उधार की ≈; ~ of currency मुद्रा संचलन की ≈; ~ of disablement अशक्तता की ≈; ~ of gestation गर्भ काल; ~ of limitation परिसीमा की ≈; ~ of serviceability सेवायोग्यता की ≈; ~ of transition संक्रांति काल

**periodic** आवधिक, नियतकालिक; ~ balance ≈ संतुलन; ~ conference ≈ सम्मेलन, सामयिक सम्मेलन; ~ evaluation ≈ मूल्यांकन; ~ settlement ≈ बन्दोबस्त; ~ variation ≈ घटबढ़

**periodical** I. *n.* सामयिकी, पत्रिका. II. *a.* नियतकालिक, आवधिक; ~ conference ≈ सम्मेलन, सामयिक सम्मेलन; ~ entries ≈ प्रविष्टियाँ; ~ inspection ≈ निरीक्षण; ~ instalment ≈ क़िस्त; ~ medical examination ≈ डॉक्टरी परीक्षा, ≈ स्वास्थ्य परीक्षा; ~ overhaul ≈ ओवरहॉल; ~ payment ≈ संदाय; ~ report ≈ रिपोर्ट; ~ return ≈ विवरणी; ~ review ≈ पुनरीक्षण; ~ stock-taking ≈ माल पड़ताल; ~ valuation ≈ मूल्यन; ~ verification ≈ सत्यापन

**periodically** नियत अवधि पर, समय-समय पर

**peripheral** परिधीय; ~ power ≈ शक्ति; ~ speed ≈ चाल; ~ state ≈ राज्य; ~ area उपान्त क्षेत्र

**perish** विनष्ट होना

**perishable** विनश्वर, बिगड़ने वाला; ~ commodity विकारीय पण्य, ख़राब होने वाली जिंस; ~ goods ≈ माल

**perjure** झूठी शपथ लेना; मिथ्या शपथ लेना

**perjurer** झूठा साक्षी; मिथ्या शपथ लेने वाला

**perjury** झूठी शपथ; मिथ्या साक्ष्य, शपथभंग

**permanence** स्थायित्व

**permanency** स्थायित्व; ~ of paper काग़ज़ का टिकाऊपन

**permanent** स्थायी; ~ account number ≈ लेखा संख्या; ~ alimony ≈ निर्वाह-व्यय; ~ ally ≈ मित्र, ≈ मित्रराष्ट्र; ~ appointment ≈ नियुक्ति; ~ consumption ≈ उपभोग; ~ debt ≈ ऋण; ~ disability ≈ निःशक्तता; ~ dwelling ≈ निवास; ~ fund ≈ निधि; ~ head-quarters ≈ मुख्यालय; ~ income ≈ आय; ~ injunction ≈ व्यादेश; ~ investment ≈ निवेश; ~ lease ≈ पट्टा; ~ lessee ≈ पट्टेदार; ~ loop ≈ लूप; ~ partition ≈ विभाजन; ~ post ≈ पद; ~ saving ≈ बचत; ~ settlement ≈ बन्दोबस्त; ~ tenure ≈ भूधृति; ~ total disability ≈ पूर्ण अशक्तता; ~ value ≈ मूल्य; ~ way ≈ रेलपथ

**permanently** स्थायी रूप से; ~ injurious ≈ हानिकारक

**permeability** पारगम्यता

**permeate** **1.** परिव्याप्त होना; **2.** आर-पार जाना

**permissible** अनुज्ञेय; ~ limit ≈ अवधि; ~ maximum ≈ अधिकतम

**permission** अनुज्ञा, अनुमति; ~ in writing लिखित ≈; ~ to prefix and suffix पहले और बाद में जोड़ने की अनुज्ञा

**permissive** अनुज्ञात्मक; ~ clause ≈ खण्ड; ~ death penalty अनुज्ञेय मृत्यु दण्ड; ~ family वर्जनाहीन परिवार; ~ law ≈ विधि, ≈ क़ानून; ~ parents अनुज्ञापक माता-पिता; ~ society वर्जनाहीन समाज

**permit** **I.** *n.* अनुज्ञा-पत्र, परमिट; ~ fee ≈ शुल्क, ≈ फ़ीस; ~ holder ≈ धारी, ≈ धारी; issue of a ~ ≈ जारी करना. **II.** *v.t.* अनुज्ञा/ अनुमति देना

**permitted** अनुज्ञात, अनुज्ञा-प्राप्त; ~ marriage अनुज्ञप्त विवाह

**permutation** **1.** क्रम-परिवर्तन; ~ of letters वर्णों का ≈; **2.** विनिमय

**pernicious** घातक, अहितकर; ~ company ≈ संगति; ~ effect ≈ प्रभाव; ~ fever ≈ ज्वर; ~ habit ≈ आदत

**pernor** लाभभागी

**perpendicular** लम्ब; ~ distance ≈ दूरी

**perpetrate** कुकृत्य/ अपराध करना

**perpetration** कुकृत्य, अपराध करना

**perpetrator** कुकर्मी, अपराधकर्त्ता

**perpetual** शाश्वत, चिरस्थायी; ~ annuity ≈ वार्षिकी; ~ affinity ≈ विवाह-संबंध, ≈ नातेदारी; ~ injunction ≈ व्यादेश; ~ debt बेमियादी ऋण; ~ insurance बेमियादी बीमा; ~ ledger खुले पन्नों का खाता; ~ rivalry ≈ प्रतिद्वंद्विता; ~ succession ≈ उत्तराधिकार

**perpetually** शाश्वत काल के लिए; ~ enjoined ≈ व्यादिष्ट

**perpetuate** बनाये रखना; ~ memory स्मृति ≈; ~ testimony गवाही ≈

**perpetuity** **1.** शाश्वतता, शाश्वत काल; **2.** दस्तूरी

**perplexed** हतबुद्धि, घबराया हुआ

**perplexity** हतबुद्धिता

**perquisite** परिलब्धि, दस्तूरी

**persecute** उत्पीड़ित करना, सताना

**persecuted** उत्पीड़ित

**persecution** उत्पीड़न, अत्याचार

**persist** अड़ना, हठ करना, डटे रहना

**persistence** आग्रह, हठ; ~ test निरति परीक्षण

**persistent** निरन्तर, सतत, लगातार; ~ error ≈ त्रुटि; ~ negligence ≈ उपेक्षा

**persistently** बार-बार; ~ make default ≈ व्यतिक्रम करना

**person** 1. व्यक्ति; accountable ~ देनदार ≈; accused ~ अभियुक्त ≈; aggrieved ~ व्यथित ≈; assured ~ बीमाकृत ≈; authorized ~ प्राधिकृत ≈; ~ competent to act in his behalf उसकी ओर से कार्य करने के लिए सक्षम ≈; ~ in authority प्राधिकारवान् ≈; ~ in charge प्रभारी ≈; ~ in duress विबाध्य ≈; ~ in occupation अधिभोगी ≈; ~ in question संबद्ध ≈; ~ of criminal tendency अपराधी मनोवृत्ति वाला ≈; ~ of ordinary prudence साधारण प्रज्ञा वाला ≈; ~ under disability निर्योग्यता के अधीन ≈; 2. शरीर; in ~ स्वयं; ~ of a minor नाबालिग़ का ≈

**persona** व्यक्ति; ~ designata नामोदिष्ट ≈; ~ ficta fictio काल्पनिक ≈; ~ grata ग्राह्य/ मान्य ≈; ~ non-grata अग्राह्य/ अमान्य ≈

**personage** महापुरुष, विशिष्ट व्यक्ति

**personal** 1. व्यक्तिगत, वैयक्तिक; ~ accident insurance वैयक्तिक दुर्घटना बीमा; ~ account ≈ लेखा; ~ advance ≈ पेशगी; ~ appearance ≈ उपस्थिति; ~ ascendency ≈ प्रभुत्व; ~ assistant ≈ सहायक; ~ claim ≈ दावा; ~ data ≈ आधार-सामग्री; ~ direction ≈ निदेशन; ~ disabilities ≈ निर्योग्यताएँ; ~ emotion ≈ संवेग ~ estate ≈ सम्पदा; ~ expenses ≈ व्यय; ~ explanation ≈ स्पष्टीकरण; ~ freedom ≈ स्वतन्त्रता; ~ goods ≈ वस्तुएँ; ~ guard ≈ रक्षी; ~ guidance ≈ निर्देशन; ~ history ≈ इतिहास; ~ hygiene ≈ स्वास्थ्य; ~ idiosyncrasy ≈ विलक्षणता; ~ immunity ≈ उन्मुक्ति; ~ injury ≈ क्षति/चोट; ~ interest ≈ हित; ~ jurisdiction ≈ क्षेत्राधिकार; ~ liberty ≈ स्वतन्त्रता; ~ maladjustment ≈ अपसमायोजन; ~ management ≈ प्रबन्ध; ~ motivation ≈ अभिप्रेरण; ~ pay ≈ वेतन; ~ predilection ≈ पूर्वाभिरुचि; ~ property ≈ सम्पत्ति; ~ security ≈ प्रतिभूति; ~ servitude ≈ अनुसेविता; ~ statement ≈ विवरण/ कथन; ~ tax ≈ कर; ~ use ≈ उपयोग; 2. निजी, स्वीय; ~ bond ≈ बंधपत्र; ~ credit ≈ छूट, ≈ साख; ~ effects ≈ सामान; ~ law ≈ विधि; ~ obedience स्वयं आज्ञापालन; 3. शारीरिक; ~ adornment ≈ अलंकरण

**personality** व्यक्तित्व; ~ adjustment ≈ समायोजन; ~ cult व्यक्ति-पूजन; ~ development ≈ विकास; ~ disorder ≈ विकार; ~ distortion ≈ विरूपण; ~ evaluation ≈ मूल्यांकन; ~ maladjustment ≈ अपसमायोजन; ~ malformation ≈ अपरंचन; ~ problem ≈ समस्या; ~ test ≈ परीक्षण

**personally** व्यक्तिगत रूप से; ~ interested ≈ हितबद्ध; ~ liable ≈ दायी

**personate** पररूप धारण करना, प्रतिरूपण करना, छद्म करना

**personation** प्रतिरूप, पररूप-धारण; cheat by ~ ≈ द्वारा धोखा देना

**personnel** कार्मिक, कर्मचारी, अमला; ~ administration ≈ प्रशासन; ~ management ≈ प्रबन्ध; ~ officer ≈ अधिकारी; ~ record ≈ अभिलेख; ~ relation ≈ संबंध

**perspective** परिप्रेक्ष्य

**perspicacity** कुशाग्रता

**perspicuity** प्रसादत्व, प्रांजलता

**perspicuous** प्रांजल, सुस्पष्ट

**perspiration** पसीना, स्वेद

**persuade** अनुनय करना, समझाना-बुझाना

**persuasion** अनुनय, समझाना-बुझाना

**persuasive** अनुनयी, प्रभावी; ~ leader ≈ नेता; ~ person ≈ व्यक्ति; ~ process ≈ प्रक्रिया

**pertain** का होना, से सम्बन्ध होना

**pertaining to** से सम्बन्धित, के सम्बन्ध में

**pertinacious** हठी, दुराग्रही, अटल

**pertinacity** हठ, दुराग्रह

**pertinence, -cy** प्रासंगिकता, प्रसंगोचितता

**pertinent** प्रासंगिक, प्रसंगोचित; ~ matter ≈ संबद्ध बातें/ मामला; ~ question ≈ प्रश्न

**perusal** अवलोकन, परिशीलन; for ~ अवलोकनार्थ

**peruse** अवलोकन/ परिशीलन करना

**pervasive** व्यापक

**perverse** 1. विपर्यस्त, उलटा; ~ mentality ≈ मनोवृत्ति; ~ verdict ≈ अधिमत; 2. विपरीत; ~ judgment ≈ निर्णय

**perversity** विपर्यस्तता

**pervert** I. *a.* विप्रतीप, विपर्यस्त. II. *v.t.* दुरुपयोग करना

**pessimism** निराशावाद

**pessimist** निराशावादी

**pest** नाशक कीट/ जीव; ~ control ≈ नियन्त्रण

**pestilence** महामारी

**pestilential** घातक; ~ abscess ≈ फोड़ा

**petit** लघु, छोटा; ~ larceny छोटी मोटी चोरी

**petition** I. *n.* याचिका, दरख़ास्त. II. *v.t.* याचना/ निवेदन करना; ~-writer अर्ज़ी-नवीस

**petitioner** याचिका-दाता

**petitioning creditor** अर्ज़ी देनेवाला देनदार

**petitio principii** अनुमान से परिणाम निकालना

**petrification** पाषाणीकरण, पत्थर कर देना

**petroleum** भू-तेल; पेट्रोलियम

**petticoat government** स्त्री प्रधान शासन, स्त्री शासन, तिरिया राज

**petties** खुदरा ख़र्च

**petty** 1. खुदरा, छोटी-छोटी; ~ cash ≈ रोकड़; ~ objection ≈ आपत्ति; ~ receipts ≈ प्राप्तियाँ, छुट-पुट प्राप्तियाँ; ~ sums ≈ राशियाँ; ~ work ≈ कार्य; 2. लघु; ~ offence ≈ अपराध

**phantom** अदृश्य; ~ circuit ≈ परिपथ; ~ line ≈ लाइन

**pharmaceutist** औषध-निर्माण-विज्ञानी

**pharmacologist** औषध-गुण-विज्ञानी

**pharmacology** भेषजगुण विज्ञान

**pharmacy** औषधालय

**phase** प्रावस्था, चरण, पर्व, कला; ~ changer ≈ परिवर्तक; ~ wire ≈ तार, फ़ेज़ तार

**phased** पर्वबद्ध, संक्रमबद्ध, क्रमिक; ~ programme चरणबद्ध/ पर्वबद्ध कार्यक्रम

**phenomenology** दृश्यघटना-विज्ञान, घटना विज्ञान

**phenomenon** घटना

**philanthropic** परोपकारी, लोकोपकारी; ~ institution ≈ संस्था; ~ purposes ≈ प्रयोजन

**philanthropist** परोपकारी

**philanthropy** परोपकार, लोकोपकार

**philatelic bureau** डाक-टिकट ब्यूरो

**philately** डाक टिकट संग्राहिकी, फ़िलेटली

**philology** भाषाविज्ञान

**philosopher** दार्शनिक

**philosophical** दार्शनिक; ~ rationalism ≈ बुद्धिवाद, तर्कबुद्धिवाद

**philosophy** दर्शन

**phobia** भीति, भय, डर

**phone** फ़ोन; ~s construction carrier ≈ निर्माण वाहक

**photo copy** फ़ोटो प्रति

**phonogram** फ़ोनोग्राम, फ़ोनतार

**phonography** स्वनलेखन

**photogram** फ़ोटोग्राम

**photograph** फ़ोटो चित्र

**photographed** फ़ोटोचित्रित

**photography** फ़ोटो-चित्रण

**photostat machine** फ़ोटोस्टैट मशीन

**photo-telegram** फ़ोटो तार

**phrase** पदबन्ध, वाक्यांश; ~ comprehension ≈ अवगाहन शक्ति

**phraseology** पद-विन्यास

**physical** 1. शारीरिक; ~ ability ≈ योग्यता; ~ affliction or disability ≈ व्याधि या निःशक्तता; ~ anomalies ≈ असंगतियाँ; ~ brutality ≈ पाशविकता; ~ capacity ≈ क्षमता; ~ comfort ≈ सुख; ~ defect ≈ त्रुटि/दोष; ~ deformity ≈ विरूपता; ~ development ≈ विकास; ~ education ≈ शिक्षा; ~ examination ≈ परीक्षा; ~ fitness ≈ स्वस्थता; ~ hazard ≈ ख़तरा; ~ instructor ≈ व्यायाम शिक्षक; ~ labour ≈ श्रम; ~ mutilation अंगच्छेद; ~ standard ≈ मान; ~ suffering ≈ पीड़न; ~ torment ≈ यातना; ~ torture ≈ यातना; ~ training ≈ व्यायाम/प्रशिक्षण; **2.** भौतिक; ~ check वस्तुगत पड़ताल; ~ custody वस्तुगत अभिरक्षा; ~ environment ≈ पर्यावरण; ~ possession ≈ क़ब्ज़ा; ~ feature ≈/प्राकृतिक विशेषता; ~ proximity प्राकृतिक सामीप्य, ≈ सान्निध्य; ~ sanction ≈ अनुशास्ति; ~ verification प्रत्यक्ष जाँच, वस्तुगत जाँच, प्रत्यक्ष सत्यापन

**physically** शरीर से; ~ handicapped विकलांग; ~ absent वस्तुतः अनुपस्थित

**physician** चिकित्सक

**physicist** भौतिकीविद्

**physics** भौतिकी

**physiological** शारीरक्रिया-सम्बन्धी, शरीर-क्रियात्मक; ~ adaptation ≈ अनुकूलन

**physiologist** शरीर क्रिया विज्ञानी

**physio-therapist** भौतिक चिकित्सक

**pickup** पिक अप; ~ apparatus टोकन उपकरण

**pickery** छोटी-मोटी चोरी

**picket** **I.** *n.* **1.** आरक्षी टुकड़ी; **2.** धरना; ~ line ≈ अनुक्रम. **II.** *v.t.* धरना देना, घेरा डालना

**picketing** धरना

**pickings** ऊपरी आमदनी, क्षुद्र आय

**pick-pocket** जेबकट, जेबकतरा

**pictograph** चित्रलेख

**pictorial** **I.** *n.* सचित्र पत्रिका. **II.** *a.* सचित्र; ~ map ≈ मानचित्र; ~ representation चित्रीकरण, सचित्र निरूपण

**picture** I. *n.* चित्र; ~ book ≈ पुस्तक. II. *v.t.* चित्र बनाना, चित्रण करना

**piece** 1. खण्ड, टुकड़ा; ~-goods कपड़ा; ~-meal टुकड़ों में; ~ meal planning खंडशः आयोजन; ~ of metal धातु-≈; ~-rate उजरती दर; ~-wage उजरत; ~-work उजरती काम; ~ worker उजरती कामगार; 2. संख्या, अदद; pieces of coin सिक्के

**pig** 1. सुअर; 2. हुण्डी; ~ on pork सिफ़ारिशी हुण्डी; 3. ~ iron ढलवाँ लोहा

**piggery** सुअर पालन

**pigmentary colours** रंजक रंग

**pigmus** बन्धक

**pigmy** लघु, छोटा; ~ implement ≈ औज़ार

**pile** भूस्तंभ, ढेर, चट्टा

**pilfer** चुराना

**pilferage** छुटपुट चोरी, उठाईगीरी

**pilferer** लघु चोर, उठाईगीर

**pilgrim** तीर्थयात्री; ~ tax ≈ कर

**piling** (अक्षर) चढ़ाना

**pill bricks** अधपकी ईंटें

**pillage** लूट

**pillared** स्तंभयुक्त; ~ letter box स्तंभ लेटर बक्स

**pillory** दंड-कटघरा

**pilot** I. *n.* 1. पाइलट, विमान-चालक; 2. कर्णधार, पथ-प्रदर्शक. II. *a.* 1. मार्गदर्शी; ~ cell ≈ सेल; ~ engine ≈ इंजन; ~ light ≈ बत्ती; 2. प्रायोगिक; ~ census ≈ गणना; ~ production ≈ उत्पादन; ~ project/ scheme ≈ परियोजना; 3. ~ studies आरंभिक अध्ययन

**pilotage** 1. विमान चालन; 2. मार्ग-दर्शन

**piloting a bill** विधेयक-संचालन

**pimp** वेश्या-दलाल

**pin** पिन; ~ cushion ≈ गद्दी, ≈ कुशन; ~ money ≈ जेब ख़र्च

**pinion** गरारी

**pinned** टाँचा हुआ

**pioneer** अग्रणी, अग्रगामी, मार्गदर्शक

**pioneering** अग्र-गमन

**pious** 1. धर्मशील; ~ person ≈ व्यक्ति; 2. पवित्र; ~ duty पावन कर्तव्य; ~ obligation ≈ दायित्व

**piped vehicle** नलगाड़ी

**piracy** दस्युता, चोरी; समुद्री डकैती

**pirate** दस्यु; जलदस्यु, समुद्री डकैत

**piscary** मत्स्य-क्षेत्र

**pisciculture** मत्स्य-पालन

**pitch** अलकतरा, कोलतार; ~ discrimination तारत्व-भेदबोध

**pithead** गर्तमुख

**pith and substance** सार

**pithy** सारगर्भित

**pittance** क्षुद्र दान

**pity** करुणा

**pivot** 1. केन्द्र-बिन्दु; 2. धुरी

**pivotal** धुरीय; ~ importance ≈ महत्त्व; ~ state निर्णायक राज्य

**placard** सूचना-पत्रक; विज्ञापन; ~ board ≈ फलक

**place** I. *n* 1. स्थान, जगह; ~ of anchorage लंगरगाह; ~ of amusement विनोद-≈; ~ of jurisdiction अधिकार ≈, अधिकारिता ≈; ~ of public entertainment सार्वजनिक मनोरंजन ≈; ~ of publication प्रकाशन-≈; ~ of residence निवास-≈; ~ of safety सुरक्षा-≈; ~ of utility ≈ मूलक उपयोगिता या तुष्टिगुण; ~ of worship पूजा- ≈; out of ~ असंगत; 2. पद; ~ of profit लाभ पद. II. *v.t.* रखना; ~ in liquidation समापनाधीन रखना; ~ limitation मर्यादा लगाना

**placement** स्थापन, नियुक्ति; ~ method अभ्यास पद्धति; ~ bureau स्थानन कार्यालय; ~ of empties ख़ाली डिब्बों में स्थानन/ रखा जाना; ~ of wagon माल डिब्बा स्थानन; ~ service ≈ सेवा

**placing** नौकरी दिलाना, नियुक्त करना; ~ of limitation मर्यादाओं का लगाया जाना

**plagiarism** साहित्यिक चोरी

**plagiarist** साहित्य-चोर

**plagiarize** साहित्यिक चोरी करना

**plain** I. *n.* मैदान. II. *a.* 1. सादा; ~ bond ≈ बंधपत्र; ~ clothes ≈ कपड़े; ~ paper ≈ काग़ज़; 2. सरल; ~ language ≈ भाषा

**plaint** वादपत्र, अर्ज़ीदावा

**plaintiff** वादी, मुद्दई; ~ decree-holder डिक्रीदार ≈; ~'s claim ≈ का दावा

**plan** 1. योजना; ~ appraisal ≈ मूल्यांकन; ~ book कार्य पुस्तिका; ~ expenditure योजनागत ख़र्च; ~ recorder ≈ अभिलेखक; 2. उपाय, व्यवस्था; 3. ख़ाका, नक़्शा, रेखांक. II. *v.t.* योजना बनाना

**plane** I. *a.* 1. तल; 2. विमान; 3. रंदा. II. *a.* समतल; ~ surface सम तल. III. *v.t.* समतल करना

**planned** 1. योजनाबद्ध; ~ armament ≈ शस्त्रीकरण; ~ change ≈ परिवर्तन; ~ development ≈ विकास; ~ economy ≈ अर्थव्यवस्था; ~ interview ≈ साक्षात्कार; 2. नियोजित; ~ family ≈ परिवार; ~ community सुनियोजित समुदाय; ~ parenthood संतति-नियोजन, ≈ परिवार

**planner** योजनाकार

**planning** 1. योजना; ~ commission ≈ आयोग; ~ officer ≈ अधिकारी; ~ period ≈ अवधि; 2. नियोजन; family ~ परिवार ≈

**plant** 1. पौधा; 2. संयंत्र/ कारख़ाना

**plantation** 1. बागान, रोपस्थली; ~ industry ≈ उद्योग; ~ worker ≈ कामगार; 2. रोपण

**planting** रोपण, पौध लगाई

**plaster** I. *n.* 1. प्लस्तर, गारा; 2. प्लस्तर, लेप. II. *v.t.* प्लस्तर या लेप लगाना

**plastic** 1. रूपविधायी; ~ scenery ≈ दृश्यावली; ~ surgery प्लास्टिक शल्यचिकित्सा; 2. सुनम्य, सुघट्य; ~ substance ≈ पदार्थ

**plasticity** सुघट्यता, सुनम्यता

**plate** I. *n.* प्लेट. II. *v.t.* पानी चढ़ाना

**platform** प्लेटफ़ार्म, मंच, मचान; ~ ticket ≈ टिकट

**platitude** घिसा-पिटा कथन

**platonic** निष्काम; ~ love ≈ प्रेम; ~ relationship ≈ सम्बन्ध

**platoon** पल्टन, गुल्म

**plausibility** सत्याभास

**plausible** सत्याभासी; ~ argument ≈ तर्क; ~ wrong answer विकर्षक उत्तर

**play** I. *n.* 1. क्रीड़ा, खेल; ~ field ≈-क्षेत्र; ~-ground ≈ स्थल, खेल का मैदान; ~ group ≈ समूह, ≈ टोली; ~ technique ≈ प्रविधि; ~ way method ≈ प्रणाली; 2. नाटक; ~-wright नाटककार. II. *v.i.* & *t.* 1. खेलना; 2. बजाना; ~ foul बेईमानी करना

**playback singer** पार्श्वगायक/ गायिका

**playing card** ताश

**plea** 1. अभ्युक्ति, अभिवाक्; dilatory ~ विलंबकारी ≈; 2. तर्क; ~ of non-discrimination भेदभावहीनता का ≈

**plead** 1. अभिवचन करना, इक़बाल करना; ~ guilty दोषी होने का ≈; ~ ignorance अनभिज्ञता का ≈; 2. वक़ालत/ समर्थन करना

**pleader** प्लीडर, अभिवक्ता, वक़ील

**pleading** 1. अभिवचन, पक्षकारों के बयान. 2. तर्क; 3. वक़ालत

**please** I. *interj.* कृपया; ~ acknowledge receipt ≈ प्राप्ति स्वीकृति भेजिये, ≈ पावती भेजिये/ भेजें, प्राप्ति सूचना दें; ~ comply ≈ पालन करें; ~ expedite compliance ≈ शीघ्र अनुवर्तन कीजिए; ~ speak ≈ बात करें/ बात कीजिए. II. *v.t.* प्रसन्न करना

**pleasure** प्रसाद, ख़ुशी; at the ~ of के ≈ पर; during the ~ of के ≈ पर्यन्त; ~ of the house सदन की सन्तुष्टि, सदन का प्रसाद

**plebeian policy** सामान्यजन नीति

**plebiscitarian** जनमत सम्बन्धी, जनमतवादी

**plebiscite** जनमत, लोकमत

**plebis scita** स्वीकृत प्रस्ताव

**pledge** I. *n.* 1. गिरवी, बन्धक; 2. वचन, प्रतिज्ञा, इक़रार. II. *v.t.* 1. वचन देना, प्रतिज्ञा करना; 2. बन्धक/ गिरवी रखना; ~ as security प्रतिभूति के रूप में ≈; ~ by person किसी के द्वारा ≈

**pledged** 1. गिरवी; 2. वचनबद्ध, प्रतिश्रुत

**pledgee** गिरवीदार

**pledger** गिरवीकर्ता

**plenary** पूर्ण, सर्वांगीण; ~ assembly ≈ सभा; ~ body ≈ निकाय; ~ cause ≈ वाद; ~ jurisdiction ≈ अधिकारिता; ~ power ≈ शक्ति; ~ session ≈ अधिवेशन/ सत्र

**plenipotentiary** पूर्णाधिकारी (दूत); ~ envoy ≈ दूत; ~ powers ≈ शक्तियाँ

**plenitude** संपूर्णता; ~ of power शक्ति की ≈

**plenum** पूर्णसभा

**pliable, pliant** आनम्य, लचीला

**plight** दशा, दुर्दशा

**plinth** पदांग, कुरसी; ~ level कुरसी की सतह

**plot** I. *n.* 1. क्षेत्रांश, भूखण्डक; 2. कथावस्तु, कथानक; 3. षड्यन्त्र, कपटबंध; II. *v.t.* षड्यन्त्र रचना

**plotter** षड्यन्त्रकारी

**ploughed** जुती हुई; ~ land ≈ भूमि

**ploughing back of profits** लाभ-विनिवेश, लाभ पुनर्निवेश

**ploughman** हलवाहा

**ploughshare** हल का फाल

**plug** प्लग; ~ bell ≈-घंटी; ~ point ≈-बिन्दु

**plum bob** साहुल

**plumber** नलसाज़, नलवाला

**plump** गुदगुदा, मोटा

**plunder** I. *n.* लूटमार. II. *v.t.* लूटमार करना

**plunderer** लूटने वाला, लुटेरा

**plunge** 1. डुबकी (लगाना); 2. छलाँग (मारना). 3. कूद पड़ना; 4. उलझ जाना

**plural** बहु-; ~ executive बहुव्यक्ति कार्यपालिका; ~ marriage ≈-विवाह; ~ nationality ≈-राष्ट्रिकता; ~ society बहुसामुदायिक समाज, बहुविध समाज; ~ taxation ≈ कर-पद्धति; ~ voting ≈ मतदान; ~ wife बहुपत्नी

**plurality** बहुविधता, अनेकत्व; ~ of causes हेतुकों की ≈; ~ of wives बहुपत्नीत्व

**plus** धन; ~ and minus entries जोड़ने और घटाने के इंदराज, ≈-ऋण इंदराज; ten ~ two दस ≈ दो

**plutocracy** कुबेरतन्त्र, धनिकतन्त्र

**ply** चलना, चलाना

**p.m.**(post meridiem) अपराह्न, बाद दोपहर

**pneumatic** वातिल; ~ tube ≈ नली; ~ tyre ≈ टायर

**poach** शिकार चुराना

**poaching** शिकार की चोरी

**pocket** I. *n.* जेब. II. *a.* 1. जेबी; ~ edition ≈ संस्करण; 2. ~ defendant वादी से मिला हुआ प्रतिवादी

**poet laureate** राजकवि

**pogrom** सामूहिक हत्या

**point** I. *n.* 1. बिन्दु; elasticity ~ लोच ≈; ~ of intersection प्रतिच्छेद ≈; at this ~ इस ≈ पर; 2. विषय, प्रश्न; ~ at issue वादग्रस्त ≈; ~ for determination अवधारणार्थ प्रश्न; ~ of dispute विवाद का ≈; ~ of fact तथ्य का ≈; ~ of law विधि का प्रश्न; ~ of order व्यवस्था का ≈; 3. बात; ~ of substance सार की बात; ~ of view दृष्टिकोण; to carry one's ~ बात मनवा लेना; to settle ~ झगड़े निपटाना; 4. सूत्र; ~ four aid चतुर्थ ≈ सहायता; 5. दिशा; ~ indicator directional type ≈ बोधक काँटा; 6. स्थल; ~ of admission प्रवेश ≈; ~ of contact संस्पर्श ≈, संपर्क-≈; ~ of convergence अभिसरण ≈; ~ of divergence अपसरण-≈; ~ of origin उद्‌गम-≈, उद्‌गम स्थान. II. v.t. निर्दिष्ट करना, बताना

**pointer** संकेतक

**pointsman** पैटमैन, काँटेवाला

**poise** संतोल

**poison** I. *n.* विष, ज़हर. II. *v.t.* विष देना

**poisonous** विषैला, ज़हरीला, विषाक्त; ~ drug ≈ औषध

**polarisation** ध्रुवण

**polarity** ध्रुवता, ध्रुवीयता

**police** पुलिस, आरक्षी; ~ action ≈ कार्रवाई; ~ custody ≈ हिरासत; ~ esscort ≈ अनुरक्षक; ~ force ≈ बल; ~ guards ≈ गारद; ~ inspector ≈ निरीक्षक; ~ investigation officer ≈ जाँच अधिकारी; ~ light अनिवार्य बत्ती; ~man ≈ वाला; ~ officer ≈ अधिकारी; ~ prosecutor ≈ अभियोक्ता; ~ regime ≈ राज; ~ station पुलिस थाना; ~ surveillance ≈ की निगरानी

**policy** 1. नीति; ~ formation ≈ निर्माण; ~ of aggression आक्रमण नीति, आक्रामक नीति; ~ of alliance सहबंध ≈, मैत्री ≈, सन्धि ≈; ~ of apartheid प्रजाति-पार्थक्य नीति, रंगभेद-नीति; ~ of appeasement तुष्टीकरण की ≈; ~ of assimilation आत्मसात्करण की ≈; ~ of containment परिरोधन की ≈; ~ of drift निरुद्देश्य ≈; ~ of entanglement उलझने की ≈; ~ of expansion विस्तारवादी ≈, प्रसारवादी ≈; ~ of expediency कालौचित्य ≈; ~ of isolation पार्थक्य ≈, अलगाव की ≈; ~ of mutual understanding परस्पर सहमति की नीति; ~ of non-alignment गुट-निरपेक्षता की ≈; ~ of non-interference अहस्तक्षेप की ≈; ~ of rapproachment पुनर्मैत्री की ≈; ~ of ring-fence घेरे की ≈; matter of ~ ≈ का विषय; question of ~ ≈ का प्रश्न; 2. (बीमा) पालिसी; ~ broker बीमा दलाल; ~ form ≈ फ़ार्म; ~ holder ≈ धारक, ≈ धारी; ~ loan ≈ क़र्ज़; ~ of survivor उत्तरजीवी ≈; ~ period ≈ अवधि; ~ year ≈ वर्ष; ~ for whole life आजीवन ≈; ~ without profit अलाभ ≈

**poling board** रोक तख़्ता

**politbureau** पॉलितब्यूरो

**politic** व्यवहार-चतुर, नीतिकुशल

**political** राजनैतिक, राजनीतिक; ~ activity ≈ सक्रियता, ≈ क्रियाकलाप; ~ adviser ≈ सलाहकार; ~ agitation ≈ आन्दोलन; ~ agitator ≈ आन्दोलनकर्ता; ~ allegiance ≈ निष्ठा, ≈ भक्ति; ~

appeasement ≈ तुष्टीकरण; ~ asylum ≈ शरण; ~ bias ≈ अभिनति; ~ blackmail ≈ भयादोहन; ~ character ≈ स्वरूप; ~ campaign ≈ अभियान; ~ consciousness ≈ चेतना; ~ consul ≈ कांसुल; ~ correspondent ≈ संवाददाता; ~ coup d'etat ≈ सत्ता-परिवर्तन; ~ crime ≈ अपराध; ~ deadlock ≈ गतिरोध; ~ delict ≈ अपराध या दुष्कृति; ~ development ≈ गतिविधि/ घटनाक्रम, ≈ प्रगति, ≈ विकास; ~ disinterestedness ≈ उदासीनता; ~ dispute ≈ विवाद; ~ dissension ≈ वैमत्य, ≈ फूट; ~ dissident ≈ असहमतिवादी ≈ असंतुष्ट; ~ envoy ≈ दूत; ~ executive ≈ कार्यपालिका; ~ extinction ≈ विलोप; ~ grievance ≈ शिक़ायत; ~ horsetrading ≈ सौदेबाज़ी; ~ isolation ≈ पार्थक्य; ≈ अलगाव; ~ justice ≈ न्याय; ~ machinery ≈ तन्त्र; ~ ostracism ≈ बहिष्कार; ~ party ≈ दल; ~ persecution ≈ उत्पीड़न; ~ pressure ≈ दबाव; ~ privilege ≈ विशेषाधिकार; ~ question ≈ प्रश्न; ~ right ≈ अधिकार; ~ stability ≈ स्थिरता; ~ sufferer ≈ पीड़ित; ~ unrest ≈ अशांति

**politician** राजनीतिज्ञ

**politics** राजनीति; राजनीतिशास्त्र

**polity** राज्य-व्यवस्था

**poll** मतदान, मतसंग्रह; ~ reverses निर्वाचन में पराजय, चुनाव में हार; ~ strategy निर्वाचन की कार्य नीति

**poll tax** प्रतिव्यक्ति कर

**polling** मतदान; ~ agent ≈ अभिकर्ता; ~ booth ≈ कक्ष; ~ centre ≈ केन्द्र; ~ officer ≈ अधिकारी; ~ station ≈ केन्द्र

**polliniferous deposit** पराग-युक्त निक्षेप

**pollute** प्रदूषित/ कलुषित करना

**polluted** दूषित, प्रदूषित; ~ water ≈ जल

**polluting** I. *a.* प्रदूषक; ~ matter ≈ पदार्थ. II. *n.* 1. अशौच, सूतक; ~ caste अपवित्रकारी जाति

**pollution** प्रदूषण; ~ of air वायुप्रदूषण

**polyandry** बहुपतित्व, बहुपतिप्रथा

**polygamy** बहुपत्नीत्व; बहुपत्नीप्रथा

**polyglot** बहुभाषी; ~ keyboard ≈ कुंजीपटल

**polymetrical table of distances** (दूरियों की) बहुमीटरी सारणी

**polypoly** बहुक्रेताधिकार

**pomology** फलकृषि (विज्ञान)

**pomp** धूमधाम, ठाठ, सजधज

**pontage charge** पुल-प्रभार

**pool** I. *n.* 1. पोखरा; 2. व्यवसाय-संघ, पूल. II. *v.t.* इकट्ठा करना

**pooled** संगृहीत, समुच्चित; ~ strength ≈ शक्ति

**pooling** एकत्रीकरण, समुच्चयन, पूलन ; ~ agreement ≈ क़रार; ~ of stock स्टॉक ≈

**poor** 1. दरिद्र, निर्धन; ~ house ≈ निकेतन; ~ relief ≈ सहायता; 2. बेचारा; 3. अल्प, थोड़ा; ~ adjustment ≈ समायोजन; 4. घटिया

**populace** जनसाधारण

**popular** 1. लोक-; ~ approval ≈-अनुमोदन; ~ aspirations ≈ आकांक्षाएँ, ≈ उच्चाकांक्षाएँ; ~ control ≈ नियन्त्रण; ~ court ≈ न्यायालय; ~ custom ≈ रीति; ~ election सार्वजनिक निर्वाचन; ~ front ≈ मोर्चा, जनमोर्चा, जनता मोर्चा; ~ initiative जन-उपक्रम; ~ movement जन-आन्दोलन; ~ participation जन सहभाजन, जन सहभागिता; ~

revolution जन क्रान्ति; ~ spirit लोकवृत्ति; ~ support ≈ समर्थन; ~ usage ≈ आचार; ~ vote जनता द्वारा मतदान, ≈ मतदान; ~ will ≈ इच्छा, जनइच्छा; **2.** लोकप्रिय; ~ government जनप्रिय सरकार, ≈ सरकार, जनता की सरकार; ~ justice ≈ न्याय; ~ literature ≈ साहित्य

**popularize** लोकप्रिय बनाना

**populated** आबाद, बसा हुआ; ~ region ≈ प्रदेश

**population** जनसंख्या, आबादी; ~ census जनगणना, मर्दुमशुमारी; ~ explosion ≈ विस्फोट; ~ growth ≈ वृद्धि; ~ mobility ≈ गतिशीलता; ~ restraint ≈ निग्रह

**populous** घना; ~ town ≈ नगर

**pornography** अश्लील-लेखन

**porous** सरन्ध्र

**port** बंदरगाह, पत्तन; ~ authority ≈ प्राधिकारी; ~ clearance ≈ निकासी; ~ commissioner ≈ आयुक्त, ≈ कमिश्नर; ~ dues ≈ देय; ~ mark ≈ चिह्न; ~ of call व्यवहार ≈, पड़ाव ≈; ~ of destination गंतव्य ≈; ~ of disembarkation उतरने का ≈; ~ of distress संकटकालीन ≈; ~ of embarkation नौ-आरोहण ≈; ~ of entry प्रवेश ≈; ~ trust पत्तन प्रबन्ध समिति, ≈ न्यास

**portability** सुवाह्यता

**portable** सुवाह्य, वहनीय; ~ electric drill ≈ बिजली ड्रिल; ~ letter box ≈ लेटरबक्स; ~ machine ≈ मशीन; ~ typewriter ≈ टाइपराइटर

**porter** भारिक, कुली

**porterage** ढुलाई; ~ charge ढुलाई

**portfolio** **1.** बस्ता; **2.** विभाग; without ~ निर्विभाग; **3.** ~ analysis निवेश सूची विश्लेषण

**portion** खण्ड, हिस्सा; ~ of claim दावे का ≈

**portioner** हिस्सा पाने वाला

**portrait** प्रतिकृति, छवि; रंग चित्र

**portraiture** चित्रण

**portray** चित्रित करना

**pose** **I.** *n.* मुद्रा. **II.** *v.i.* सामने होना; दिखावा करना

**position** **1.** स्थिति; ~ discontent ≈ असंतोष; ~ in life जीवन में ≈; ~ of confidence विश्वास की ≈; **2.** पद; ~ classification ≈-वर्गीकरण; ~ of management प्रबन्धकीय ≈; **3.** स्थान; first ~ प्रथम ≈

**positional analysis** स्थितिक विश्लेषण

**positive** **1.** निश्चयात्मक; ~ assertion ≈ प्राख्यान; ~ opinion ≈ मत; ~ planning ≈ आयोजन; **2.** निश्चित; ~ qualifications ≈ अर्हताएँ; **3.** सकारात्मक; ~ canon ≈ नियम; ~ enactment ≈ अधिनियमन; ~ evidence ≈ साक्ष्य; ~ liberty ≈ स्वतन्त्रता; ~ sanction ≈ अनुशास्ति; ~ vote ≈ मत; **4.** ~ advantage प्रत्यक्ष लाभ; ~ association अनुकूल साहचर्य; ~ behaviour विध्यात्मक व्यवहार; ~ check प्राकृतिक निरोध; ~ easement सुस्पष्ट सुखाचार; ~ inclination धनात्मक नति; ~ law यथार्थमूलक विधि; ~ morality मानवस्थापित नैतिकता; ~ rent धनात्मक लगान; ~ right विध्यात्मक अधिकार; ~ utility धनात्मक उपयोगिता

**positivist** प्रत्यक्षवादी; ~ penology ≈ दंडविज्ञान

**possess** (क़ब्ज़ा) रखना

**possessing** (क़ब्ज़ा) रखनेवाला

**possession** **1.** क़ब्ज़ा, धारण, दख़ल;

bonafide ~ वास्तविक ≈; ~ by usurpation बलपूर्वक ≈; ~ in fact वास्तविक ≈; adverse ~ विरोधी ≈; immediate ~ अव्यवहित/ सीधा ≈; symbolic ~ सांकेतिक ≈; **2.** (pl.) ~s अधीन देश

**possessor** क़ाबिज़, धारक, दख़लकार; actual ~ वास्तविक ≈; ostensible ~ दृश्यमान/ नाममात्र ≈; ~ state ≈ राज्य

**possessory** क़ब्जे का, धारण-; ~ action ≈ वाद; ~ lien धारणाधिकार; ~ remedies धारण-विषयक उपचार; ~ right ≈ अधिकार

**possibility** संभावना, संभवता; ~ of a like nature इसी प्रकृति की ≈

**possible** संभव; ~ right ≈ अधिकार

**possibly** संभवत:

**post** I. *n.* **1.** चौकी; control ~ नियन्त्रण ≈; police ~ पुलिस ≈; **2.** डाक; ~ bag ≈ थैला; ~ box ≈ बाक्स, पोस्ट बाक्स; ~card पोस्ट कार्ड; ~ free ≈ व्ययमुक्त; ~man ≈ वाला (डाकिया); ~ mark ≈ मोहर; ~ office ≈ घर; ~ office savings bank डाकघर बचत बैंक. **3.** पद; non-selection ~ वरणेत्तर; probationary ~ परिवीक्षाधीन ≈; regular ~ नियमित ≈; substantive ~ मूल ≈; supertime scale ~ अतिकाल मान पद; tenure ~ सावधिक पद; **4.** स्तम्भ, खम्भा. **II.** *v.t.* **1.** चिपकाना; **2.** जताना; **3.** नियुक्त/ तैनात करना; **4.** दर्ज करना; ~ an account लेखा खतियाना; **5.** डाक में डालना

**post-** उत्तर-, बाद का; ~ bill पश्च अदायगी बिल; to ~-date आगे की तारीख़ डालना; ~-dated उत्तर-दिनांकित; ~-dated cheque उत्तर-दिनांकित चैक; ~-employment questionnaire नियोजनोत्तर प्रश्नावली; ~-entry प्रवेशोत्तर; ~-facto कार्योत्तर; ~-graduate स्नातकोत्तर; ~-institutional work संस्थोत्तर कार्य; ~ liminium उत्तरावर्तन, पुनःस्थापन; ~ litem motam अभियोग प्रवर्तन होने के पश्चात्; ~ marriage वासोत्तर विवाह; ~ matric course मैट्रिकोत्तर पाठ्यक्रम; ~ mortem मरणोत्तर (शव-परीक्षा); ~-natal प्रसवोत्तर, जन्मोत्तर; ~-nuptial विवाहोत्तर; ~ obit मरणोत्तर (प्रभावी); ~-parole period पश्च परोल अवधि; ~ partum प्रसवोत्तर; ~ review पश्च-समीक्षा; ~ -script पुनश्च; ~-war युद्धोत्तर; ~-war service युद्धोत्तर सेवा

**postage** डाक-व्यय; ~ account डाक-शुल्क लेखा; '~ due' stamp 'डाक शुल्क देय' मुहर; ~ prepaid पूर्वदत्त डाकशुल्क, डाकशुल्क पूर्वदत्त; ~ stamp डाक टिकट

**postal** डाक- (संबंधी); ~ address डाक का पता; ~ article ≈ -वस्तु; ~ certificate ≈ प्रमाण-पत्र; ~ charges ≈ व्यय; ~ circle ≈ सर्किल; ~ communication डाक द्वारा संचार; ~ employee ≈ कर्मचारी; ~ insurance ≈ बीमा; ~ notice ≈ सूचना, ≈ नोटिस; ~ service ≈ सेवा; ~ stamp ≈ टिकट; ~ stationery ≈ स्टेशनरी; ~ traffic ≈ यातायात

**poster** पोस्टर, विज्ञापन-पत्र, इश्तहार; ~ panel ≈ का स्टैण्ड, पोस्टर पैनल; ~ war ≈ युद्ध, प्रचार युद्ध

**posterior** पश्च-, पीछे का, बाद का

**posteriora derogant prioribus** बाद के कार्य से पूर्ववर्ती कार्य निरस्त हो जाता है

**posterity** भावी पीढ़ियाँ, सन्तान

**posthumous** मरणोत्तर; ~ child ≈ सन्तान

**posting** **1.** नियुक्ति, तैनाती; ~ order ≈ आदेश; ~ procedure ≈ क्रियाविधि; **2.** डाक में डालना; **3.** दर्ज करना, खतियाना; ~ of figures अंक दर्ज करना; ~ of recoveries वसूली दर्ज करना

**postpone** स्थगित/ मुल्तवी करना; ~ further proceedings आगे की कार्रवाई ≈

**postponed** स्थगित; ~ retirement ≈ सेवानिवृत्ति

**postponement** स्थगन, मुल्तवी करना; ~ of sale बिक्री का ≈

**postulant** दीक्षार्थी

**postulate** I. *n.* अभ्युपगम, आधारतत्व. II. *v.t.* आधारतत्व निकालना; मान लेना

**postulation** अभ्युपगमन, उपधारणा

**pot sleeper** गोल स्लीपर

**potable** पेय, पीने योग्य; ~ water ≈ जल

**potency** 1. शक्ति; 2. पुरुषत्व; जननशक्ति

**potent** शक्तिशाली, वीर्यवान्, जननक्षम

**potentate** सत्तारूढ़, शक्तिशाली, महाराजा, शासक

**potential** I. *n.* संभाव्य शक्ति, सामर्थ्य; विभव. II. *a.* संभाव्य; ~ ability ≈ योग्यता; ~ buyer ≈ क्रेता; ~ competition ≈ प्रतियोगिता या स्पर्धा; ~ demand ≈ माँग; ~ difference ≈ अन्तर; ~ entrepreneur ≈ उद्यमी; ~ infringement ≈ अतिलंघन; ~ response ≈ अनुक्रिया; ~ spouse ≈ पति-पत्नी; ~ zone ≈ क्षेत्र; 2. सशक्त; ~ enemy ≈ शत्रु; 3. कार्यक्षम

**potentiality** विभवता, संभाव्यता, समर्थता

**potential propinqua** सहज घटमान संभावना

**potentia remota** दूर की संभावना

**potestas** शक्ति; ~ limitata सीमित ≈; ~ suprema सर्वोच्च ≈

**pottery** मृद्भांड, मिट्टी के बर्तन

**poultry** 1. मुर्ग़ीपालन [also ~ farming, ~ husbandry]; 2. मुर्ग़ीपालन-क्षेत्र [also ~ farm]

**pound** I. *n.* काँजी हौस, पशु-अवरोध-शाला; ~ keeper ≈ मुंशी. II. *v.t.* कूटना, मुकियाना; घेरे में बन्द करना

**poundage** 1. पौंड भार; 2. पौंड-शुल्क

**poverty** ग़रीबी, निर्धनता

**powdered** चूर्णित

**power** 1. बिजली, विद्युत्; ~ house ≈ घर; ~ loom ≈ करघा; ~ plant ≈ संयंत्र; ~ station ≈ केन्द्र; ~ supply ≈ प्रदाय; 2. शक्ति; ~ blocs ≈-गुट; ~ contest ≈ संघर्ष; ~ driver ≈ अंतर्नोद; ~ engine ≈ इंजन; ~ of legislation विधान-≈; ~ of revision पुनरीक्षण की ≈; ~ policy ≈ नीति; ~ politics ≈ की राजनीति, सत्ता की राजनीति, सत्तार्थ राजनीति; ~ test ≈ परीक्षण; ~ to legislate विधि बनाने की ≈; ~ to supercede अतितिष्ठित करने की ≈; ~ to set aside अपास्त करने की ≈; 3. अधिकार; ~ delegation अधिकार प्रतिनियोजन; ~ of attorney प्राभिकरणाधिकार, मुख्तारनामा; ~ of procuration प्राधिकार-पत्र; ~ to exempt छूट देने का ≈

**powerful** शक्तिशाली, प्रबल

**practicable** 1. साध्य; as far as ~ यथासाध्य; ~ despatch ≈ शीघ्रता; 2. व्यवहार्य; ~ name ≈ नाम

**practical** 1. व्यावहारिक; ~ ability ≈ योग्यता; ~ ends ≈ उद्देश्य; ~ experience ≈ अनुभव; ~ intelligence व्यवहार-बुद्धि; ~ person व्यवहार-कुशल व्यक्ति; ~ problem ≈ समस्या; ~ service ≈ सेवा; 2. प्रायोगिक; ~ examination ≈ परीक्षा

**practically** व्यवहारतः

**practice** 1. परिपाटी, कार्यप्रणाली; ~ of the court न्यायालय की ≈; 2. रूढ़ि, व्यवहार, चलन, प्रथा, रिवाज; ~ among

Hindus हिन्दुओं की ≈; ~ normally prevailing सामान्यतः प्रचलित प्रथा; **3.** अभ्यास; ~ period ≈ अवधि; **4.** पेशा, वृत्ति, व्यवसाय; legal ~ वक़ालत

**practise** **1.** अभ्यास करना; **2.** व्यवसाय करना; वक़ालत या डाक्टरी चलाना; ~ deception प्रवंचन करना; ~ in one's name अपने नाम से व्यवसाय करना

**practising** **1.** व्यवसाय/ वृत्ति करनेवाला; ~ lawyer ≈ वक़ील; **2.** अभ्यास

**practitioner** व्यवसायी, वृत्तिक; ~ of medicine औषध ≈

**praedial** **I.** *a.* स्थावर, पक्का. **II.** *n.* दास

**pragmatic** **1.** प्रयोजनात्मक; ~ approach ≈ उपगम; **2.** राजकाजी, प्रशासनिक; ~ sanction ≈ अनुशास्ति

**praxis** क्रियाकलाप

**pray** प्रार्थना करना

**prayer** प्रार्थना, गुज़ारिश

**preach** उपदेश देना

**preacher** धर्मोपदेशक

**preadaptation** पूर्वानुकूलन

**pre-adolescent** प्राक् किशोर

**preamble** प्रस्तावना, उद्देशिका

**prearranged** पूर्व व्यवस्थित

**prearrangement** पूर्व व्यवस्था

**pre-audience** पूर्व सुनवाई (अधिकार)

**pre-audit** पूर्व लेखापरीक्षा; ~ payment ≈ भुगतान; ~ voucher ≈ वाउचर

**pre-avis call** साधारण कॉल

**precarious** **1.** पराश्रित, परायत्त; ~ tenure ≈ भूधृति; ~ tract ≈ भूखंड; **2.** संदिग्ध, अनिश्चित; ~ conclusion ≈ निष्कर्ष; ~ condition ≈ दशा; ~ stability ≈ स्थिरता

**precative, precatory** प्रार्थनात्मक, याचनात्मक; ~ trust ≈ न्यास; ~ words ≈ शब्द

**precaution** पूर्वविधान, पूर्वोपाय, पेशबन्दी

**precautionary** पूर्वविधानात्मक, एहतियाती; ~ measures ≈ पूर्वोपाय, ≈ कार्रवाई; ~ motive ≈ पूर्वोपाय मंतव्य

**precautious** पूर्वविधायी, पहले से सावधान

**precede** पहले आना

**precedence** अग्रता, पूर्वता; order of ~ अग्रता-क्रम; warrant of ~ ≈ अधिपत्र

**precedent** **I.** *n.* पूर्वनिर्णय, पूर्वदृष्टान्त, नज़ीर; authoritative ~ प्रामाणिक ≈; original ~ मौलिक ≈. **II.** *a.* पूर्ववर्ती; ~ interest ≈ हित

**preceding** पूर्ववर्ती, पूर्वगामी; ~ notes ≈ टिप्पणियाँ; ~ rule ≈ नियम; ~ section ≈ धारा; ~ year ≈ वर्ष

**precensorship** पूर्व सेंसर

**precept** **1.** उपदेश; **2.** सूत्रवाक्य; **3.** आदेशिका, आज्ञापत्र

**preceptor** गुरु

**precinct** **1.** प्रसीमा, उपान्त; ~ of the court न्यायालय की परिसीमा; **2.** (pl.) प्रांगण, अहाता

**precious** बहुमूल्य, क़ीमती; ~ stone रत्न, जवाहर

**precipice** **1.** कगार; **2.** संकट, जोख़िम

**precipitate** सहसा लाना, जल्दबाज़ी करना; ~ crisis संकट उत्पन्न कर देना; ~ recognition सहसा मान्यता देना

**precis** संक्षेप, सार

**precise** यथार्थ, यथावत्, ठीक; ~ account ≈ वर्णन; ~ meaning ≈ अर्थ; ~ statement ≈ कथन

**precisely** यथार्थतः, ठीक-ठीक; ~ expressed यथार्थ रूप में अभिव्यक्त, ≈ अभिव्यक्त

**precision** यथार्थता, सुतथ्यता

**preclude** प्रवारित/ प्रतिबाधित करना

**preclusion** प्रवारण, प्रतिबाधा

**precocious** अकालप्रौढ़; ~ child ≈ बालक
**precocity** अकालप्रौढ़ता
**precoded question** पूर्वसंकेतीकृत प्रश्न
**pre-coding** पूर्व-संकेतीकरण
**preconceived** पूर्वकल्पित ; ~ outline ≈ रूपरेखा
**preconception** पूर्वधारणा
**precondition** पूर्व शर्त
**preconscious** पूर्वचेतन
**pre-consideration** पूर्वविचारण
**precriminal** अपराधपूर्व; ~ personality ≈ व्यक्तित्व
**precursor** पूर्वगामी, पुरोगामी
**predatory** उपद्रवी
**predeceased** पूर्वमृत
**predecessor** I. *n.* पूर्वाधिकारी; ~-in office पूर्वपदाधिकारी; ~-in-title पूर्व-स्वत्वधारी. II. *a.* पूर्ववर्ती, पूर्वगामी
**predelinquent** अपचारपूर्व
**predestination** पूर्वनियति, प्रारब्ध
**predestined** पूर्वावधारित, पूर्वनियत
**predetermination** पूर्वनिर्धारण; पूर्व-निश्चय
**predetermined** पूर्वनिर्धारित, पूर्वनिश्चित; ~ cost ≈ लागत
**predicament** दुर्दशा, दुर्गति
**predicated** प्रतिपादित, स्थापित
**predict** पूर्वकथन करना, भविष्यवाणी करना
**prediction** पूर्वकथन, भविष्यवाणी
**predilection** पूर्वाभिरुचि, झुकाव
**predisposition** पूर्वप्रवणता, पूर्ववृत्ति
**predominance** प्रधानता, प्रबलता
**predominant** प्रधान, प्रबल, प्रभावी; ~ position ≈ स्थिति
**predominate** प्रभावी/ अभिभावी/ हावी होना
**pre-education curriculum** प्राक्-शिक्षा पाठ्यचर्या
**pre-eminence** उत्कर्ष
**pre-eminent** उत्कृष्ट, श्रेष्ठ
**pre-employment** प्राक्-नियोजन, प्राक्-सेवानियोजन; ~ training रोज़गार पूर्व प्रशिक्षण, नियोजन पूर्व प्रशिक्षण
**preempt** शुफ़ा करना, अग्रक्रयाधिकार जताना
**preemption** शुफ़ा, अग्रक्रयाधिकार; ~ suit ≈ का दावा
**preemptor** अग्रक्रयाधिकारी
**preemptory norms on jus cogens** अवश्य पालनीय विधा के अनिवार्य प्रतिमान
**preexisting** पूर्ववर्ती; ~ law ≈ विधि
**prefabricated** पूर्वनिर्मित
**preface** प्रस्तावना, आमुख
**prefatory** प्रस्तावनात्मक
**prefer** 1. (प्रस्तुत) करना; ~ accusation अभियोग ≈; ~ appeal अपील ≈; 2. अधिमान्यता देना
**preferable** अधिमान्य, वरीय
**preference** अधिमान्यता, अधिमान; ~ bond ≈ बांड; ~ capital ≈ पूँजी; ~ dividend ≈ लाभांश; ~ shares ≈ शेयर; in order of ~ ≈ क्रम से
**preferential** 1. अधिमान्य; ~ claim ≈ दावा; ~ marriage ≈ विवाह; ~ right ≈ अधिकार; ~ trade agreement ≈ व्यापार क़रार; ~ treatment ≈ व्यवहार; 2. अधिमानी; ~ assessment ≈ निर्धारण, तरजीही निर्धारण; ~ duty ≈ शुल्क; ~ hiring ≈ नियुक्ति; ~ payment ≈ भुगतान; ~ treatment ≈ व्यवहार; ~ vote ≈ मत
**preferment** अधिमान
**preferred** अधिमान्य; ~ marriage ≈ विवाह; ~ risk ≈ जोख़िम
**prefix** पहले जोड़ना/ लगाना
**pregnable** भेद्य
**pregnancy** गर्भावस्था, गर्भधारण

**pregnant** 1. (woman) गर्भवती, गर्भिणी; 2. (cow) गाभिन गाय; 3. गर्भित; ~ with meaning अर्थ ≈

**pre-hearing investigation** सुनवाई पूर्व अन्वेषण

**prehistoric** प्रागैतिहासिक

**prejudge** पहले से निर्णय कर रखना

**prejudgment** पूर्वतन/ अपरिपक्व निर्णय

**prejudicate** पहले ही से विवेचन कर लेना

**prejudice** I. *n.* 1. पूर्वाग्रह; 2. प्रतिकूल प्रभाव. II. *v.t.* 1. पूर्वाग्रह रखना; 2. प्रतिकूल प्रभाव डालना

**prejudiced** पूर्वाग्रही, पक्षपातपूर्ण

**prejudicial** प्रतिकूल, हानिकर; ~ to good order सुव्यवस्था पर प्रतिकूल प्रभाव डालने वाला; ~ to interest हित के (लिए) ≈; ~ to safety सुरक्षा के (लिए) ≈

**prejudicially** 1. पक्षपातपूर्वक; 2. प्रतिकूलतः; ~ affect ≈ प्रभाव डालना

**pre-knowledge** पूर्व-ज्ञान

**prelegacy** रिक्थपूर्व, पूर्वरिक्थ

**prelegatee** पूर्वरिक्थधारी

**preliminaries** प्रारम्भिक सामग्री/ तैयारी

**preliminary** प्रारम्भिक; ~ agreement ≈ क़रार; ~ decision ≈ विनिश्चय; ~ decree ≈ डिक्री; ~ estimates ≈ अनुमान या प्राक्कलन; ~ examination ≈ परीक्षा या जाँच; ~ expenses ≈ ख़र्च; ~ grant ≈ अनुदान; ~ inquiry ≈ जाँच; ~ interview ≈ साक्षात्कार; ~ investigation ≈ अन्वेषण; ~ negotiation ≈ वार्ता; ~ notice ≈ विज्ञप्ति; ~ notification ≈ अधिसूचना; ~ proceedings ≈ कार्यवाही; ~ report ≈ प्रतिवेदन; ~ settlement ≈ समझौता; ~ sorting ≈ छँटाई; ~ understanding ≈ समझौता

**prelude** उपोद्‌धात, प्रस्तावना

**premarital** विवाहपूर्व; ~ chastity ≈ ब्रह्मचर्य, ≈ पवित्रता; ~ problem ≈ समस्या

**premature** 1. समयपूर्व; ~ birth ≈ शिशुजन्म; ~ encashment ≈ भुनाना; ~ increment ≈ वृद्धि; ~ payment ≈ भुगतान; 2. अकाल, असामयिक; ~ death ≈ मृत्यु

**premeditate** पूर्वचिन्तन करना

**premeditated** पूर्वचिन्तित; ~ design ≈ परिकल्पना; ~ malice ≈ विद्वेष; ~ murder ≈ हत्या/ वध

**premeditation** पूर्वचिन्तन

**premier** I. *n.* प्रधान मन्त्री. II. *a.* प्रधान

**premise** पूर्वकथन, आमुख, आधारिका

**premises** परिसर, अहाता

**premium** अधिशुल्क, प्रीमियम, (बीमा) क़िस्त; ~ annuity ≈ वार्षिकी; ~ income ≈ आय, बीमा किश्त आय; ~ in force चालू ≈; ~ loan ≈ कर्ज़; ~ notice ≈ नोटिस; ~ on share शेयर पर बढ़ौती; ~ rate ≈ दर; ~ rebate ≈ घटौती/ छूट

**premonition** पूर्वसूचना, चेतावनी

**premorbid** विकृतिपूर्व; ~ life, ≈ जीवन

**premptory ultimatum** अन्तिम चेतावनी

**prenatal** जन्मपूर्व; ~ confinement प्रसवावस्था; ~ development प्रसवपूर्व विकास; ~ environment प्रसवपूर्व पर्यावरण; ~ infanticide प्रसवपूर्व शिशुहत्या

**preoccupation** 1. पूर्वव्यवसाय; 2. तन्मयता, तल्लीनता

**preoccupied** तल्लीन, तन्मय, मग्न

**prepage** पिछला पृष्ठ

**prepaid** पूर्वदत्त; ~ charges ≈ प्रभार; ~ expenses पूर्वदत्त व्यय; ~ freight bill ≈ भाड़ा बिल

**preparation** 1. उपक्रम, तैयारी; ~ leave

≈ की छुट्टी; 2. तैयार वस्तु

**preparatory** 1. प्रारम्भिक; ~ form आकार; ~ work ≈ कार्य; 2. तैयारी के लिए; ~ commission ≈ कमीशन, उपक्रम आयोग; 3. ~ to commitment सुपुर्दगी के पहले किया जानेवाला; ~ to retirement निवृत्तिपूर्व

**prepare** तैयार करना

**prepared** तैयार किया हुआ; निर्मित

**pre-parole information** परोल पूर्व सूचना

**pre-partition** विभाजन से पूर्व; ~ claim ≈ का दावा

**prepayment** पूर्वसंदाय, अगाऊ भुगतान

**preplanned** पूर्वयोजित

**preponderance** बाहुल्य, आधिक्य

**preponderant** अधिक, प्रचुर

**preponderantly** अधिकांश, अधिकतर

**preposterous** असंगत, अनर्गल

**preprimary** पूर्वप्राथमिक; ~ education ≈ शिक्षा

**preprimer** प्राक्प्रवेशिका, शिशुबोधिनी

**prereceipted bill** रसीद-सहित बिल

**prerequisite** पूर्वापेक्षा

**pre-revolutionary** क्रान्ति पूर्व

**prerogative** परमाधिकार; ~ of mercy क्षमा का ≈; ~ state परमाधिकारयुक्त राज्य

**pre-school child** प्राक्विद्यालय बालक

**prescient** पूर्वज्ञानी

**prescribe** विहित/ निर्धारित करना

**prescribed** विहित, निर्धारित, नियत; ~ above उपरि ≈; ~ by law विधिविहित; ~ authority ≈ प्राधिकारी; ~ course ≈ पाठ्यक्रम; ~ form विहित/ निर्धारित फ़ार्म; ~ hours ≈ घंटे; ~ manner ≈ रीति; ~ marriage ≈ विवाह; ~ monetary limit ≈ धन सीमा; ~ period ≈ कालावधि; ~ rate ≈ दर; ~ rule ≈ नियम

**prescript** अध्यादेश

**prescriptible** चिरभोग्य

**prescription** 1. चिरभोग; 2. निर्धारण, विधान; 3. औषधनिर्देशन, नुस्खा

**prescriptive right** चिरभोगाधिकार

**presence** उपस्थिति, विद्यमानता, हाज़िरी

**present** I. *n.* 1. वर्तमान काल; 2. उपहार, भेंट. II. *a.* 1. उपस्थित, विद्यमान; ~ mark ≈ चिह्न, हाज़िरी निशान; 2. वर्तमान; ~ goods ≈ वस्तुएँ; ~ possession ≈ क़ब्ज़ा. II. *v.t.* प्रस्तुत/ पेश करना; भेंट करना/ देना; ~ an appeal अपील ≈

**presentation** 1. उपहार, भेंट; 2. उपस्थापन, प्रस्तुतीकरण; ~ of a bill विधेयक ≈; ~ of a document प्रलेख ≈; ~ of a plaint वादपत्र प्रस्तुत/ पेश करना

**pre-sentence** दंडपूर्व; ~ report ≈ रिपोर्ट

**presenter** प्रस्तुतकर्ता, पेश करने वाला

**presentiment** पूर्वबोध, पूर्वाभास

**presently** तत्काल

**presentment** उपस्थापन, प्रस्तुति; on ~ प्रस्तुत करने पर; ~ for sight दर्शनार्थ ≈

**presents** विलेख; by these ~ इस ≈ द्वारा

**preservable** परिरक्षणीय, परिरक्ष्य

**preservation** परिरक्षण; ~ of goods माल का ≈; ~ of peace शांति का ≈

**preservative** I. *n.* परिरक्षक पदार्थ. II. *a.* परिरक्षी

**preserve** परिरक्षित करना, बनाये रखना; ~ order व्यवस्था ≈

**preserved** परिरक्षित; ~ property ≈ सम्पत्ति

**preserver** परिरक्षक

**pre-service training** सेवापूर्व प्रशिक्षण

**preserving** परिरक्षण

**preset** पूर्व निर्धारित करना

**preside** अध्यक्षता/ सभापतित्व करना

**presidency** महाप्रान्त, प्रेसिडेन्सी

**president** **1.** राष्ट्रपति; ~ 's secretariat ≈ सचिवालय; **2.** सभापति, अध्यक्ष

**presidential** राष्ट्रपति-, अध्यक्षीय; ~ government ≈ शासन, ≈ सरकार; ~ lobby ≈ की लॉबी; ~ proclamation राष्ट्रपति की उद्घोषणा; ~ rule राष्ट्रपति शासन, राष्ट्रपति का शासन

**presidentship** राष्ट्रपति या सभापति का पद

**presiding** **1.** पीठासीन; ~ officer ≈ अधिकारी; **2.** प्रधान, अध्यक्ष; ~ judge ≈ न्यायाधीश; ~ member ≈ सदस्य

**presidium** अध्यक्ष मण्डल, प्रधान परिषद्

**press** **I.** *n.* **1.** प्रेस; ~ advisor ≈ सलाहकार; ~ attache ≈ सहचारी; ~ communique ≈ विज्ञप्ति; ~ conference ≈/ पत्रकार सम्मेलन; ~ correspondent ≈ संवाददाता; ~ council ≈ परिषद्; ~ hand-out ≈ पत्रक; ~ note ≈ नोट, ≈ टिप्पणी, समाचार-विज्ञप्ति; ~ packet ≈ पैकेट; **2.** पत्रकार-वर्ग; ~ gallery पत्रकार गैलरी/ वीथि; ~ correspondent संवाददाता; ~ reporter समाचारदाता; ~ information bureau पत्र सूचना ब्यूरो; ~ representative ≈ प्रतिनिधि; ~ round-up समाचार संक्षेप; **4.** printing ~ मुद्रणालय; ~ man मुद्रण कर्मचारी, पत्रकार, यंत्रपाल. **II.** *v.t.* दबाव डालना; दबाना

**pressed** दबा

**pressing** भारी/ प्रबल; ~ need आवश्यकता; ~ demand अत्यंत मांग

**pressure** **1.** दाब; ~ board ≈ बोर्ड; **2.** दबाव; ~ of demand माँग का ≈; ~ of public opinion लोकमत का ≈; monetary ~ मुद्रागत दबाव; **3.** भार, बोझ; ~ of work काम की अधिकता; ~ on land भूमि पर ≈

**prestige** प्रतिष्ठा; ~ goods प्रतिष्ठार्थ वस्तुएँ; ~ status ≈ स्थिति/पद; ~ value ≈ मूल्य

**prestigious** प्रतिष्ठापूर्ण

**presumably** संभवतः, हो सकता है

**presume** प्रकल्पना करना, उपधारण करना, मान लेना

**presumed** प्रकल्पित, माना हुआ; ~ total loss ≈ संपूर्ण हानि

**presumption** उपधारणा, प्रकल्पना; ~ as to document दस्तावेज़ की ≈; ~ of fact तथ्य की ≈; ~ of law विधि की ≈

**presumptive** **1.** प्रकल्पित, संभावी; ~ heir ≈ दायाद; ~ pay ≈ वेतन; ~ proof ≈ प्रमाण; ~ tax अनुमानिक कर, अनुमानी कर; **2.** उपधारणात्मक; ~ agreement ≈ क़रार

**presumptuous** धृष्ट, ढीठ, दंभी

**presuppose** पूर्वकल्पना करना, पहले मान बैठना

**presupposed** पूर्व-कल्पित, पूर्वमान्य

**presupposition** पूर्वकल्पना

**pretence** ढोंग, बहाना, अपदेश

**pretend** ढोंग रचना, बहाना करना

**pretended** ढोंगी, झूठा, अपदेशी; ~ bid ≈ बोली; ~ consigner ≈ परेषक; ~ right ≈ अधिकार

**pretender** झूठा दावेदार

**pretension** अपदेश, ढोंग

**pretentious** अपदेशी, ढोंगी

**pre-test** प्राक्-परीक्षण

**pretext** बहाना, मिस

**pre-trial** विचारणपूर्व

**prevail** **1.** अभिभावी/ हावी होना; **2.** प्रचलित/ चालू होना

**prevailing** 1. अभिभावी, हावी; 2. प्रचलित; ~ rate ≈ दर, चालू रेट; ~ wage ≈ मज़दूरी; 3. विद्यमान; ~ conditions ≈ दशाएँ

**prevalent** 1. प्रचलित, चालू; ~ market rate ≈ बाज़ार भाव; 2. विद्यमान

**prevaricating** कूट; ~ witness ≈ साक्षी

**prevarication** वाक्छल, अपलाप

**prevent** निवारण करना, रोकना; ~ offence अपराध ≈

**prevented** निवारित

**prevention** निवारण, रोकथाम; ~ of crime अपराध का ≈; ~ of harm अपहानि का ≈

**preventive** निवारक; ~ action ≈ कार्य या निरोधक कार्य; ~ attack निरोधक आक्रमण, ≈ हमला; ~ detention ≈ निरोध; ~ discipline ≈ अनुशासन; ~ maintenance ≈ अनुरक्षण; ~ measures ≈ उपाय; ~ medicine ≈ औषधि; ~ relief ≈ अनुतोष; ~ service ≈ सेवा, जाँच-निरोध व्यवस्था; ~ supervision ≈ पर्यवेक्षण; ~ treatment ≈ उपचार

**preview** पूर्व प्रदर्शन

**previous** 1. गत, पिछला, पूर्वतन; ~ authority ≈ प्राधिकार; ~ conduct ≈ आचरण; ~ consent ≈ सम्मति; ~ conviction ≈ दंड; ~ owner ≈ स्वामी; ~ pleading ≈ अभिवचन; ~ publication ≈ प्रकाशन; ~ reference ≈ हवाला, पूर्व सन्दर्भ; ~ service ≈ सेवा; ~ stage ≈ प्रक्रम; ~ statement ≈ कथन; ~ year ≈ वर्ष; 2. पूर्व; ~ approval ≈ अनुमोदन; ~ consent ≈ सम्मति; ~ history ≈ इतिवृत्त; ~ permission ≈ आज्ञा/अनुमति; ~ proceeding ≈ कार्रवाई; ~ sanction ≈ संस्वीकृति; ~ sentence ≈ दण्डादेश

**previously** पूर्वतः, तत्पूर्व, पहले; ~ convicted ≈ सिद्धदोष; ~ examined ≈ परीक्षित; ~ instituted ≈ संस्थित

**prevision** पूर्वदृष्टि, पूर्वज्ञान

**pre-vocational course** प्राग्व्यवसाय पाठ्यक्रम

**pre-war** युद्धपूर्व; ~ alliance ≈ सहबंध, ≈ सन्धि; ~ period ≈ काल

**price** मूल्य, क़ीमत, दाम; ~-conscious market ≈-संवेदनशील बाज़ार; ~ control ≈ नियन्त्रण; ~ cycle ≈ चक्र; ~ effect ≈ प्रभाव; ~ elasticity ≈ लोच; ~ escalation ≈ वृद्धि; ex-factory ~ फ़ैक्ट्री ≈; ~ fixation ≈ नियतन; ~ fluctuation क़ीमतों में उतार-चढ़ाव; ~ forecast ≈ पूर्वानुमान; ~ index ≈ सूचकांक; ~ inelasticity ≈ लोचहीनता; ~ level ≈ स्तर; ~ line ≈ रेखा; ~ list ≈ सूची; ~ setting ≈ लगाना; ~ stability ≈ स्थिरता; ~ stabilization ≈ स्थिरीकरण; ~ structure ≈ ढाँचा, ≈ संरचना; ~ variation ≈ में उतार-चढ़ाव, मूल्य उच्चावचन; closing ~ अंतिम ≈; floor ~ निर्धारित मूल्य; ~ gross ~ कुल ≈; net ~ शुद्ध ≈; rigid ~ अनम्य ≈

**pricing** क़ीमत लगाना

**pride of possession** क़ब्ज़ा होने का गौरव

**priest** पुजारी

**priestly** पुरोहित का; ~ class पुरोहित-वर्ग

**prima facie** प्रथमदृष्टया, प्रत्यक्ष; ~ case ≈ मामला; ~ evidence ≈ साक्ष्य; ~ proof ≈ प्रमाण

**primacy** प्राथमिकता

**primage** जहाज़ी दस्तूरी

**primal law** आदि नियम

**primarily** प्रथमतः, मुख्यतः

**primary** 1. प्राथमिक; ~ arbitration ≈ विवाचन; ~ attention ≈ अवधान; ~

beneficiary ≈ हिताधिकारी; ~ deposit ≈ जमा; ~ duty ≈ कर्त्तव्य; ~ education ≈ शिक्षा; ~ employment ≈ रोज़गार; ~ evidence ≈ साक्ष्य; ~ examination ≈ परीक्षा; ~ experience ≈ अनुभव; ~ institution ≈ संस्था; ~ interest ≈ हित; ~ marriage ≈ विवाह; ~ meeting ≈ बैठक; ~ producer ≈ उत्पादक; ~ product ≈ उत्पाद; ~ relative ≈ सम्बन्धी, सगा सम्बन्धी; ~ source ≈ स्रोत; **2.** मुख्य; ~ cause ≈ कारण; ~ document ≈ दस्तावेज़; ~ function ≈ प्रकार्य; ~ purpose ≈ प्रयोजन; ~ sense मूलार्थ; ~ union मूल संघ

**prime** **1.** मूल; ~ cost ≈ लागत; ~ entry ≈ प्रविष्टि; ~ profit ≈ लाभ; ~ rate ≈ दर; **2.** ~ bill अ-जोखमी हुंडी, उत्कृष्ट बिल; ~ minister प्रधानमंत्री; ~ quality उत्तम गुण; ~ word रूढ़ शब्द

**primeval, primitive** **1.** आदिम, पिछड़ा; ~ behaviour ≈ व्यवहार, असभ्य व्यवहार; ~ community ≈ समुदाय; ~ industry ≈ उद्योग; ~ labour ≈ श्रमिक; ~ law ≈ विधि; ~ people ≈ जन; ~ society ≈ समाज; **2.** अनगढ़

**primogenitor** पुरखा

**primogeniture** ज्येष्ठाधिकार

**primordial** आद्य, प्रथम

**primum mobile** आद्य प्रवर्तक

**primus interpares** समकक्षों में प्रथम

**prince** **1.** नरेन्द्र, राजा; **2.** राजकुमार; ~ consort राज्ञीपति, महारानी-पति

**princely state** देशी राज्य, भारतीय रियासत

**principal** **I.** *n.* **1.** मूल; ~ court ≈ न्यायालय; **2.** मूलधन; **3.** स्वामी; ~ and agent ≈ और अभिकर्ता; ~ in person स्वयं ≈; **4.** प्रिंसिपल, प्राचार्य. **II.** *a.* **1.** प्रधान; ~ appraiser प्रधान मूल्य-निरूपक; ~ auditor ≈ लेखा परीक्षक; ~ officer ≈ अधिकारी; ~ seat ≈ पीठ. **2.** मुख्य; ~ debate ≈ बहस/वितर्क; ~ debtor ≈ ऋणी; ~ obligation ≈ आभार; ~ place ≈ स्थान; ~ security ≈ प्रतिभूति; **3.** मूल; ~ debt ≈ ऋण; ~ money ≈ धन; ~ sum ≈ राशि

**principle** सिद्धान्त; ~ of confidentiality गोपनीयता ≈; ~ of interchangeability विनियमेयता-नियम; ~ of legality वैधता नियम, वैधता ≈; ~ of maximum utilization अधिकतम उपयोग ≈; ~ of selection वरण-सिद्धान्त; business ~ कारबारी ≈; judicial ~ न्यायिक ≈

**printed** मुद्रित, छपा हुआ

**printer** मुद्रक; ~'s lien ≈ का धारणाधिकार; ~'s mistake मुद्रण संबंधी भूल

**printing** मुद्रण, छपाई; ~ base मुद्रणाधार; ~ press मुद्रणालय

**prior** पूर्व, पहले का, पूर्विक; ~ approval ≈ अनुमोदन; ~ attestation ≈ साक्ष्यांकन; ~ claim ≈ दावा; ~ disposition ≈ व्ययन; ~ encumbrance ≈ अभिभार; ~ interest ≈ हित; ~ lien bond ≈ ग्रहणाधिकार बंधपत्र; ~ lien debenture ≈ ग्रहणाधिकार डिबेंचर, ≈ लियन डिबेंचर; ~ mortgagee ≈ बन्धकी; ~ sanction ≈ मंज़ूरी

**priority** प्राथमिकता, अग्रता, पूर्विकता; ~ buyer ≈ प्राप्त क्रेता; ~ call अग्रता कॉल, ≈ कॉल; ~ indication ≈ संकेत; ~ industry ≈ उद्योग; ~ list ≈ सूची; ~ question ≈ का प्रश्न

**prison** कारागार, बन्दीगृह, जेल; ~-breaking काराभेदन; ~ labour

बंदी श्रमिक, क़ैदी मज़दूर; ~ psychosis कारा मनस्ताप; ~ van क़ैदी गाड़ी; ~ warden ≈ वार्डन

**prisoner** क़ैदी, बंदी; ~ at bar कटघरे में खड़ा ≈; ~ of state राजबंदी; ~ of war युद्धबंदी

**privacy** एकान्तता

**private** 1. ग़ैर-सरकारी; ~ industry ≈ उद्योग; ~ agency ≈ अभिकरण; ~ college ≈ महाविद्यालय; ~ company ≈ कंपनी; ~ member ≈ सदस्य; 2. प्राइवेट, वैयक्तिक; ~ defence ≈ प्रतिरक्षा; ~ document ≈ दस्तावेज़; ~ law ≈ विधि; ~ nuisance ≈ अपदूषण; ~ right ≈ अधिकार; 3. निजी; ~ account ≈ लेखा; ~ affairs ≈ कार्य; ~ automatic exchange (PAX) ≈ स्वचल टेलीफ़ोन केन्द्र; ~ bill ≈ विधेयक, वैयक्तिक विधेयक; ~ brand ≈ छाप, प्राइवेट ब्रांड; ~ carrier ≈ माल वाहक; ~ cash ≈ रोकड़; ~ compromise ≈ समझौता; ~ employer ≈ मालिक, ≈ नियोजक; ~ enterprise ≈ उद्यम, असार्वजनिक व्यवसाय; ~ exchange ≈ टेलीफ़ोन केन्द्र; ~ investment ≈ विनिधान; ~ land ≈ भूमि; ~ ownership ≈ स्वामित्व; ~ property ≈ संपत्ति; ~ secretary ≈ सचिव; ~ sector ≈ क्षेत्रक; 4. आपसी; ~ arbitration ≈ विवाचन; ~ negotiation ≈ बातचीत; ~ partition ≈ विभाजन; 5. गुप्त; ~ audience एकांत भेंट या पृथक दर्शक; ~ parts ≈ इंद्रियाँ; ~ candidate स्वतन्त्र उम्मीदवार

**privately** निजी तौर पर; एकान्त में; ~ agreed ≈ तै पाया

**privation** अभाव; असुविधा, कष्ट; ~ of hearing सुनवाई का विच्छेद

**privilege** विशेषाधिकार; absolute ~ आत्यन्तिक ≈; breach of ~ ≈ भंग; ~ committee ≈ समिति; ~ leave ≈ छुट्टी; qualified ~ सीमित ≈; ~ pass सुविधा पास; ~ tax ≈ कर

**privileged** 1. विशेषाधिकार-प्राप्त; ~ class ≈ वर्ग; ~ communication ≈ संचार; ~ rate ≈ दर; ~ witness ≈ साक्षी; 2. विशेषाधिकृत; ~ publication ≈ प्रकाशन

**privity** सहसंबंध; ~ of blood रक्त-संबंध; ~ contract संविदा ≈

**privy** 1. सहसंबंधी, संसर्गी; ~ in law क़ानूनी ≈; ~ to an offence अपराध में ≈; 2. निजी; ~ purse ≈ थैली, राजवृत्ति; ~ seal ≈ राजमुद्रा; 3. शौचालय

**prize** I. *n.* 1. पारितोषिक, इनाम, पुरस्कार; ~ bond ≈ बन्धपत्र; ~ giving ≈ वितरण; 2. युद्ध-अपहार, जंगी लूट; ~ court ≈ का न्यायालय; ~ goods ≈ का माल; ~ law ≈ क़ानून; ~ money ≈ का धन. II. *v.t.* सम्मान/ क़द्र करना

**pro** 1. के लिए; ~ bono publico सब के हित ≈; ~ et contra ≈ और के विरुद्ध, पक्ष और विपक्ष; ~ canto वहाँ तक ≈; ~ hoc vice इस अवसर ≈; ~ re nata तात्कालिक आवश्यकता ≈; ~ tempore उसी समय ≈; ~ memoria स्मृति ≈; 2. के अनुसार; ~ rata आनुपातिक; अनुपात/ दर ≈

**probability** अधिसंभाव्यता, संभावनीयता, प्रायिकता; ~ distribution प्रायिकता वंटन; ~ estimate प्रायिकता आकलन; ~ sampling प्रायिकता नमूना चयन

**probable** अधिसंभाव्य; ~ cause ≈ हेतुक; ~ error ≈ त्रुटि; ~ event/ occurance ≈ घटना

**probably** प्रसंभवत:

**probate** रिक्थ-प्रमाण (पत्र), प्रोबेट; ~ court ≈ न्यायालय; ~ duty ≈ शुल्क; ~ jurisdiction ≈ अधिकारिता; ~ of will वसीयत का प्रोबेट

**probation** परिवीक्षा, परख; ~ of good conduct सदाचरण की ≈; ~ officer ≈ अधिकारी; ~ period ≈ काल/अवधि; ~ service ≈ सेवा; on ~ परिवीक्ष्यमान

**probational** परिवीक्षात्मक

**probationary** **1.** परिवीक्षाधीन; ~ employee ≈ कर्मचारी; ~ promotion ≈ पदोन्नति; ~ service ≈ सेवा; **2.** ~ perido परिवीक्षा काल

**probationer** परिवीक्षाधीन, परिवीक्षार्थी

**probative** प्रमाणक; ~ force ≈ बल

**probe** जाँच

**probing** जाँच-पड़ताल (करना)

**problem** समस्या; ~ check list ≈-चिह्नांकन सूची; ~ child ≈ बालक, समस्याजनक बालक; ~ parents समस्याजनक माता-पिता; ~ personality समस्याग्रस्त व्यक्तित्व; practical ~ व्यावहारिक ≈; ~ situation ≈ स्थिति; ~ solving method ≈ समाधान प्रणाली

**problematic(al)** समस्यापूर्ण; ~ situation ≈ स्थिति, समस्याजनक स्थिति

**procedural** कार्यविधिक, प्रक्रियात्मक; ~ clause ≈ खंड; ~ committee ≈ समिति; ~ irregularity ≈ अनियमितता; ~ matters ≈ मामले; ~ right ≈ अधिकार; ~ rules ≈ नियम; ~ safeguards ≈ रक्षोपाय

**procedure** क्रियाविधि, प्रक्रिया, ज़ाब्ता; civil ~ व्यवहार प्रक्रिया; criminal ~ दंड प्रक्रिया; ~ laid down निर्धारित ≈; ~ of settlement निपटान-कार्यविधि, समझौता कार्यविधि; ~ survey ≈-सर्वेक्षण; ~ to be adopted अपनायी जाने वाली ≈

**proceed** **1.** अग्रसर होना, आगे बढ़ना; ~ with caution सावधानी से बढ़ो; **2.** कार्यवाही करना; ~ against के विरुद्ध ≈; ~ to investigate अन्वेषण की ≈; ~ with आगे ≈

**proceeding** कार्यवाही; civil ~ सिविल ≈; judicial ~ न्यायिक ≈; penal ~ दण्डात्मक ≈; ~s in camera गुप्त ≈

**proceeds** आगम, प्राप्ति; ~ of policy पॉलिसी से ≈, पॉलिसी से प्राप्ति; ~ of property संपत्ति का आगम; ~ of sale बिक्री का आगम

**process** **1.** आदेशिका; ~ fee ≈ शुल्क, तलबाना; ~ for execution निष्पादन के लिए ≈; ~-server ≈ का तामीलकर्ता; ~-writer ≈-लेखक; **2.** प्रक्रिया; ~ cost ≈ लागत; ~ flow ≈ प्रवाह; ~ layout प्रक्रियानुसार विन्यास; ~ of counterfeiting कूटकरण की ≈; ~ of elimination निरसन की ≈; ~ of law विधि की ≈; ~ of legislation विधि-निर्माण की ≈; ~ for multiplying copies अनेक प्रतियाँ निकालने की ≈; ~ of recovery वसूली की ≈, पुनप्राप्ति की ≈; ~ shop ≈ परिष्करणशाला

**processed** प्रसंस्कृत, संसाधित

**processing** प्रसंस्करण, संसाधन; ~ industry प्रक्रमण उद्योग; ~ of data आधार-सामग्री का ≈; ~ of goods माल का प्रक्रमण; ~ tax ≈ कर

**procession** जुलूस

**processor** परिष्कर्ता, संसाधक

**prochienamy** इष्ट मित्र

**proclaim** उद्घोषित करना; ~ by beat of drum डौंडी पिटवाना; ~ to a person किसी को ≈

**proclaimed** उद्घोषित; ~ offender ≈ अपराधी

**proclamation** उद्घोषणा; ~ of emergency अपात-≈; to make a ~ ≈ करना

**pro-consul** प्रतिवाणिज्यदूत
**procrastinate** टालमटूल करना, देर लगाना
**procrastination** टालमटूल, दीर्घसूत्रता, विलंबन, देर लगाना
**procreate** जन्म देना, उत्पन्न करना
**procreation** प्रजनन, जनना
**procreator** प्रजनक
**proctor** कुलानुशासक; ~ board ≈ मंडल
**procuration** 1. प्राभिकरण, दलाली, गुमाश्तागीरी; 2. उपलब्धि, उपाप्ति
**procurator** प्राधिकर्ता, दलाल, गुमाश्ता; ~ general महाप्राधिकर्ता
**procure** उपाप्त/ उपलब्ध करना; ~ release विमोचन ≈
**procured** उपाप्त, उपलब्ध
**procurement** उपाप्ति, अधिप्राप्ति
**procurer** 1. उपाप्तकर्ता; 2. कुटना, भड़ुआ
**procuress** कुटनी
**prodigal** अपव्ययी
**prodigious** अनोखा, अपूर्व, अद्भुत
**prodigy** अद्भुत प्रतिभाशाली व्यक्ति
**produce** **I.** *n.* उत्पादन, उपज, पैदावार ~ of land भूमि की उपज. **II.** *v.t.* **1.** उत्पादन करना, उत्पन्न/ पैदा करना; **2.** प्रस्तुत/ पेश करना; ~ documents दस्तावेज़ ≈
**produced goods** उत्पादित वस्तुएँ
**producer** उत्पादक; निर्माता, प्रस्तुतकर्ता; ~ cooperative ≈ सहकारी समिति; ~ goods ≈ वस्तुएँ, ≈ माल; ~ price ≈ की क़ीमत; ~'s capital ≈ पूँजी; ~'s surplus ≈-अधिशेष, ≈ की बेशी
**producible** उत्पाद्य; पेश करने योग्य
**product** उत्पाद, पैदावार; ~ development ≈ विकास; ~ identification ≈ अभिज्ञान; ~ improvement ≈ सुधार
**production** **1.** उत्पादन; ~ bonus ≈ बोनस या अभिलाभ; ~ committee ≈ समिति; ~ control ≈ नियन्त्रण; ~ cost ≈ लागत; ~ economies ≈ सुलाभ, उत्पादन की किफ़ायतें; ~ efficiency ≈ दक्षता या कुशलता; ~ loan ≈ कर्ज़; ~ management ≈ प्रबन्धन; **2.** निर्माण; **3.** प्रस्तुतीकरण; ~ assistant प्रस्तुति सहायक; ~ of documents दस्तावेज़ों का ≈; ~ of evidence साक्ष्य का ≈
**productive** **1.** उत्पादक; ~ capacity उत्पादन क्षमता; ~ capital ≈ पूँजी; ~ consumption ≈ खपत, ≈ उपभोग; ~ employee ≈ कर्मचारी; ~ forces ≈ शक्तियाँ; ~ labour ≈ श्रम; ~ operation ≈ संक्रिया; ~ tax ≈ कर; ~ value ≈ मूल्य; **2.** उपजाऊ; ~ effort प्रभावी प्रयत्न
**productivity** उत्पादिता, उत्पादकता; ~ council ≈ परिषद्; ~ of capital पूँजी की ≈; ~ of labour श्रम की ≈
**profane** अपावन; (धर्म) भ्रष्ट, अधार्मिक
**profanity** (धर्म) भ्रष्टता; अपवित्रता
**profess** **1.** मानना; ~ a religion धर्म को ≈; **2.** दिखावा करना; ~ to transfer अन्तरण का ≈
**professed** माना हुआ; ~ gambler ≈ जुआरी
**profession** **1.** वृत्ति, पेशा, व्यवसाय; ~ of law विधि-≈; **2.** दिखावा
**professional** **1.** वृत्तिक, पेशेवर; ~ awareness वृत्तिपरक जागरूकता, व्यावसायिक जागरूकता; ~ cadre ≈ संवर्ग; ~ certificate वृत्ति प्रमाणपत्र; ~ competence ≈ सक्षमता; ~ conduct ≈ आचरण; ~ criminal ≈ अपराधी; ~ duty ≈ कर्तव्य; ~ occupation ≈ धंधा; ~ outlook ≈ दृष्टिकोण; ~ relationship ≈ सम्बन्ध, व्यावसायिक सम्बन्ध; ~ test ≈ परीक्षण; **2.** व्यावसायिक; ~ attitude ≈ अभिवृत्ति; ~ behaviour ≈ व्यवहार; ~

discipline ≈ अनुशासन; ~ knowledge ≈ ज्ञान; ~ management ≈ प्रबंधवर्ग; ~ operation ≈ संक्रिया; ~ prestige ≈ प्रतिष्ठा; ~ requirement ≈ अपेक्षा; ~ secret ≈ भेद

**professor** प्रोफ़ेसर, आचार्य

**proficiency** प्रवीणता; ~ certificate ≈ प्रमाणपत्र; ~ of labour श्रम-≈

**proficient** प्रवीण

**profile** पार्श्वचित्र

**profit** **I.** *n.* **1.** लाभ, नफ़ा; ~ allocation ratio ≈ आवंटन अनुपात; ~ and loss ≈ और हानि; ~ carried forward अग्रनीत ≈; ~ earned अर्जित ≈; ~ inflation ≈ स्फीति; ~ margin ≈ की गुंजाइश; ~ sharing ≈-सहभाजन; **2.** भोग; ~ a prendre परस्व ≈; ~ a rendre देय ≈. **II.** *v.i.* लाभ/ मुनाफ़ा उठाना

**profitability ratio** लाभप्रदत्तता अनुपात

**profitable** लाभदायक; ~ character ≈ स्वरूप; ~ contract ≈ ठेका

**profiteer** **I.** *n.* मुनाफ़ाख़ोर. **II.** *v.i.* मुनाफ़ाख़ोरी करना

**profiteering** मुनाफ़ाख़ोरी

**profligacy** लंपटता, दुर्व्यसन

**profligate** लंपट, दुर्व्यसनी

**proforma** **1.** प्रपत्र; फ़ार्म; ~ adjustment ≈ समायोजन, प्रोफ़ॉर्मा समायोजन; ~ amendment ≈ संशोधन; **2.** निदर्शन-पत्र; ~ account कच्चा/ प्रोफ़ार्मा लेख; **3.** औपचारिक; ~ defendant ≈ प्रतिवादी

**progenitor** प्रजनक, पूर्वज

**progeny** संतति, सन्तान, औलाद

**programme** कार्यक्रम, प्रोग्राम; ~ content ≈ अंतर्वस्तु; ~ planning ≈ योजना; ~ schedule ≈ अनुसूची

**programmed** कार्यक्रमबद्ध, योजनाबद्ध; ~ instruction ≈ अनुदेश

**programming** कार्यक्रमण, प्रोग्रामन

**progress** प्रगति, उन्नति; ~ chart ≈ आरेख; ~ report प्रगति विवरण/ रिपोर्ट; in ~ अग्रसर

**progression** प्रगमन, श्रेढ़ी, आरोहण

**progressive** **1.** प्रगतिशील; ~ country ≈ देश; ~ economy ≈ अर्थव्यवस्था; ~ evolution ≈ विकास; ~ party ≈ दल; ~ state ≈ राज्य; **2.** प्रगामी; ~ change ≈ परिवर्तन/ उत्तरोत्तर परिवर्तन; ~ education ≈ शिक्षा; ~ improvement ≈ उन्नति; **3.** उत्तरोत्तर, क्रमिक; ~ decline ≈ गिरावट्/ ह्रास; ~ development ≈ विकास; ~ total ≈ योग; ~ use ≈ प्रयोग; **4.** वर्धमान; ~ impairment ≈/ आरोही असमर्थता; ~ pay ≈ वेतन; ~ population ≈ जन-संख्या; ~ tax ≈ कर; ~ total आनुक्रमिक योग; ~ under-employment ≈ अल्प-रोज़गार; ~ wage ≈ मज़दूरी

**progressively** उत्तरोत्तर

**prohibit** प्रतिषेध/ मना करना, रोकना

**prohibited** प्रतिषिद्ध; ~ area ≈ क्षेत्र; ~ goods ≈ वस्तुएँ; ~ relationship ≈ सम्बन्ध; ~ risk निषिद्ध जोखिम; ~ zone निषिद्ध क्षेत्र

**prohibiting** **1.** प्रतिषेध करने वाला; **2.** प्रतिषेध करना

**prohibition** **1.** प्रतिषेध, निषेध; **2.** मद्य-निषेध, नशाबन्दी, शराबबन्दी

**prohibitive** निषेधी; ~ cost ≈ लागत; ~ duty निरोधात्मक शुल्क; ~ incapacity निषेधात्मक असमर्थता; ~ sanction निषेधात्मक अनुशास्ति

**prohibitory** निषेधात्मक; ~ order ≈ आदेश, निषेधाज्ञा

**project** I. *n.* परियोजना; ~ estimate ≈ अनुमान/ प्राक्कलन; ~ evaluation ≈ मूल्यांकन; ~ norms ≈ मानदंड; ~ profiles ≈ रूपरेखाएँ. II. *v.t.* प्रक्षेप करना

**projected picture** प्रक्षेपित चित्र

**projectile** I. *n.* प्रक्षेपास्त्र. II. *a.* प्रक्षेप्य

**projecting** प्रक्षेपी, बाहर निकला हुआ

**projection** प्रक्षेप, बाहर निकला भाग

**projector** प्रक्षेपक

**proletarian** सर्वहारा, श्रमजीवी; ~ class ≈ वर्ग

**proletariat** सर्वहारा/ श्रमजीवी वर्ग

**prolific** 1. उर्वर; 2. भरपूर

**prolix** अतिविस्तृत

**prolixity** अतिविस्तार

**prologue** प्रस्तावना, आमुख

**prolong** लंबा करना, बढ़ाना

**prolongation** विलंबन

**prolonged** दीर्घ; ~ illness ≈ रोग; ~ negotiation ≈ वार्ता; ~ default निलंबित व्यतिक्रम

**prominent** प्रमुख; ~ citizen ≈ नागरिक; ~ position ≈ स्थान

**promiscuous** अविवेकी; स्वैर; ~ intercourse ≈ मैथुन; ~ relation ≈ संबंध, अनियत संभोग

**promise** I. *n.* वचन, वायदा; ~ of indemnity क्षतिपूर्ति का ≈; alternative ~ अनुकल्पी ≈; break ~ वचन-भंग करना. II. *v.t.* वचन देना, वायदा करना

**promised assitance** प्रतिज्ञात सहायता, प्रतिश्रुत सहायता

**promisee** वचन-गृहीता, प्रतिज्ञाती

**promisor** वचनकर्ता, वचनदाता, प्रतिज्ञाकर्ता; joint ~ संयुक्त ≈; ~'s failure ≈ की असफलता

**promissory** प्रतिज्ञासंबंधी; ~ note/ bond वचनपत्र, प्रोनोट; ~ oath प्रतिज्ञा-शपथ

**promote** 1. संप्रवर्तन करना; ~ a company कंपनी का ≈; 2. पदोन्नति करना; 3. अभिवृद्धि करना, बढ़ाना, बढ़ावा देना, चढ़ाना

**promotee** पदोन्नत (व्यक्ति)

**promoter, or** 1. संप्रवर्तक; ~ of a company किसी कंपनी का ≈; ~'s share संपवर्तक-शेयर; 2. संवर्धक

**promotion** 1. पदोन्नति; accelerated ~ त्वरित ≈; 2. प्रोन्नति; ~ of tourism पर्यटन की ≈; ~ period ≈ काल; ~ post ≈ पद; 3. संप्रवर्तन; ~ expenses संवर्धन व्यय; ~ of goodwill सद्भावना का ≈; 4. संपारण, चढ़ाना; ~ examination संपारण परीक्षा. 5. संवर्धन; ~ of sale बिक्री का ≈

**promotional** संवर्धनात्मक; ~ activities ≈ क्रियाकलाप; ~ elasticity ≈ लोच

**prompt** 1. तुरन्त, शीघ्र; ~ action ≈ कार्यवाही; ~ delivery ≈ परिदान, ≈ सुपुर्दगी; ~ payment ≈ भुगतान; ~ sale ≈ बिक्री; 2. उद्यत, तत्पर, मुस्तैद

**prompter** अनुबोधक

**promptitude** तत्परता, मुस्तैदी

**promptly** तत्काल, मुस्तैदी/ तत्परता से

**promptness** तत्परता, मुस्तैदी, शीघ्रता

**promulgate** प्रख्यापित/ प्रवर्तित/ जारी करना

**promulgation** प्रख्यापन, प्रवर्तन

**promulgator** 1. प्रख्यापक; 2. प्रवर्तक

**prone** उन्मुख, झुका हुआ

**proneness** उन्मुखता, झुकाव

**pronote** वचन-पत्र, प्रोनोट

**pronounce** 1. उच्चारित करना; 2. सुनाना; ~ an order आदेश ≈; ~ judgment निर्णय ≈; ~ opinion राय ≈

**pronouncement** अधिकथन, ऐलान; (फ़ैसला) सुनाना

**pronunciation** उच्चारण; ~ exercise ≈ अभ्यास

**proof** 1. प्रमाण, सबूत; conclusive ~ निश्चायक ≈; ~ of accuracy यथार्थता ≈, शुद्धता का ≈; ~ of age आयु का ≈; ~ of death मृत्यु का ≈; ~ of despatch प्रेषण का ≈; ~ of service तामील का ≈; 2. प्रूफ़; ~ reader ≈ शोधक

**prop** टेक, सहारा

**propaganda** प्रचार; ~ war ≈ युद्ध

**propagandism** प्रचारवाद, प्रचारबाज़ी

**propagandist** प्रचारक

**propagate** 1. प्रचार/ प्रसार करना; 2. बढ़ाना

**propagation** 1. प्रचार, प्रसार; 2. प्रवर्धन

**propagator** प्रवर्तक, प्रचारक

**propelled** चालित, नोदित

**propeller** नोदक, चालक

**propensity** सहज प्रवृत्ति, झुकाव; ~ to consume उपभोगप्रवृत्ति; ~ to invest निवेश प्रवृत्ति

**proper** उचित, उपयुक्त, ठीक; ~ authority ≈ प्राधिकारी; ~ care ≈ देखरेख; ~ channel ≈ मार्ग/ माध्यम; ~ course ≈ मार्ग; ~ custody ≈ अभिरक्षा; ~ footing ≈ आधार; ~ form ≈ रूप; ~ officer ≈ अधिकारी; ~ time ≈ समय

**properly** उचित रूप से, ठीक रीति से; ~ appointed ≈ नियुक्त; ~ incurred ≈ उपगत

**property** 1. गुण (धर्म); ~ of fire आग का ≈; 2. संपत्ति, जायदाद; ~ acquisition ≈ अधिग्रहण; ~ in suit वादान्तर्गत ≈; ~ in trust न्यासान्तर्गत ≈; ~ law ≈ विधि; ~ tax ≈ कर; common ~ सामान्य ≈; immovable ~ स्थावर/ अचल ≈; movable ~ चल ≈; private ~ निजी ≈; public ~ सार्वजनिक ≈; recovered ~ प्रतिलब्ध ≈; self-acquired स्वार्जित ≈; transferred ~ अन्तरित ≈

**prophecy** भविष्यवाणी

**prophylactic** रोगरोधक

**prophetic dream** भविष्यबोधक स्वप्न

**propinquity** निकटता, निकट संबंध, सामीप्य

**proportion** अनुपात; in ~ ≈ में

**proportional** अनुपाती, समानुपातिक; ~ expenditure ≈ व्यय; ~ rate ≈ दर; ~ representation ≈ प्रतिनिधित्व; ~ tariff ≈ प्रशुल्क; ~ tax ≈ कर

**proportionate** = proportional

**proportionately** अनुपाततः, अनुपात में; ~ to the value मूल्य के अनुपात में

**proposal** प्रस्थापना, प्रस्ताव, सुझाव; ~ form ≈ पत्र

**propose** प्रस्थापना/ सुझाव रखना, प्रस्ताव करना

**proposed** प्रस्तावित; ~ amalgamation ≈ एकीकरण; ~ assessment ≈ निर्धारण; ~ company ≈ कंपनी; ~ settlement ≈ बन्दोबस्त

**proposer** प्रस्तावक

**proposition** प्रस्थापना, प्रस्थाप्य विषय, प्रतिपादन

**propositional** प्रतिज्ञप्ति-गत; ~ attitude ≈ वृत्ति

**propound** प्रतिपादित/ प्रस्तुत करना

**proprietary** 1. सांपत्तिक; ~ interest ≈ हित; 2. स्वाम्य, मालिकाना; ~ company ≈ कंपनी; ~ rights ≈ अधिकार; ~ stake स्वाम्यपण/ बाज़ी

**proprietor** स्वामी, मालिक; landed ~ भू-≈; ~ in possession स्वत्वधारी ≈

**proprietorship** स्वामित्व

**propriety** औचित्य

**proprio vigore** अपने बल से

**propulsion cl arges** चालन व्यय

**pro-rata** यथानुपात, आनुपातिक; ~ basis ≈ आधार; ~ concellation ≈ दर निरसन; ~ distribution ≈ वितरण; ~ payment ≈ अदायगी; ~ quota ≈ कोटा; ~ share ≈ हिस्सा

**prorogation** सत्रावसान, विराम

**prorogue** सत्रावसान करना

**pros and cons** पक्ष-विपक्ष, हानि-लाभ

**proscribe** अभिनिषिद्ध करना, ज़ब्त करना

**proscription** अभिनिषेध, मनाही; ~ list बाधन सूची

**proscriptive** निषेधात्मक

**prosecute 1.** अभियोजित करना, अभियोग/वाद चलाना; **2.** करना; **3.** अग्रसर करना

**prosecuting** अभियोजक; ~ government अभिनियोजक शासन; ~ inspector ≈ निरीक्षक

**prosecution 1.** अभियोजन, अभियोग, इस्तग़ासा; ~ party ≈ पक्ष; ~ witness ≈ साक्षी; the conduct of ~ का संचालन; **2.** प्रवर्तन, चलाना; ~ of proceedings कार्यवाही का ≈; ~ of war युद्ध का ≈

**prosecutive** सहसूचक कारक

**prosecutor** अभियोजक, अभियोक्ता; public ~ लोक ≈

**prosecutrix** अभियोजिका, अभियोक्त्री

**proselyte** नवदीक्षित (करना)

**prospect I.** *n.* **1.** प्रत्याशा; **2.** संभावना, भविष्य; election in भावी निर्वाचन; ~ of longevity दीर्घायुता संभावना; **3.** ग्राहक. **II.** *v.t.* खोजना

**prospecting** पूर्वेक्षण; ~ operation ≈ संक्रिया; ~ stage ≈ का प्रक्रम

**prospective 1.** भावी; ~ allies ≈ मित्रराष्ट्र; ~ candidate ≈ अभ्यर्थी; ~ demand ≈ माँग; ~ heir ≈ उत्तराधिकारी; ~ law breaker ≈ विधि-भंजक; ~ return संभावित प्रतिफल; **2.** भविष्यलक्षी; ~ prediction प्रत्याशित पूर्वकथन

**prospectively** भविष्यलक्षी दृष्टि से

**prospectus** विवरण-पत्रिका

**prosperity** समृद्धि, वैभव

**prosperous** समृद्ध, वैभवशाली

**prostitute** वेश्या, रंडी

**prostitution 1.** वेश्यावृत्ति; **2.** दुरुपयोग

**protagonist** समर्थक, हिमायती

**protect** रक्षा/ संरक्षा करना; ~ the interest हित की ≈

**protected** रक्षित, संरक्षित; ~ cable terminal ≈ केबल टर्मिनल; ~ forest ≈ वन; ~ monument ≈ संस्मारक; ~ place ≈ स्थान; ~ state ≈ राज्य; ~ trade ≈ व्यापार; ~ transaction ≈ लेनदेन; ~ worker ≈ कामगार

**protecting I.** *n.* संरक्षण. **II.** *a.* संरक्षी; ~ cover ≈ लिफ़ाफ़ा; ~ power ≈ देश, ≈ शक्ति; ~ protection ≈ संरक्षण, रक्षण बचाव

**protection** संरक्षण, रक्षण, बचाव; ~ of copyright कॉपीराइट का ≈; ~ of law विधि का ≈; ~ of minorities अल्पसंख्यकों का ≈; ~ of nationals राष्ट्रिकों का ≈; ~ of public interest सार्वजनिक हित का ≈

**protectionist** संरक्षणवादी

**protective 1.** संरक्षी; ~ clause ≈ खण्ड; ~ device ≈ युक्ति; ~ duty ≈ शुल्क; ~ food ≈ खाद्य; ~ work संरक्षा संकर्म; **2.** संरक्षात्मक; ~ custody ≈ अभिरक्षा; ~ detention ≈ निरोध; ~ functions ≈ कार्य; ~ guarantee ≈ प्रत्याभूति; ~ jurisdiction ≈ क्षेत्राधिकार; ~ labour legislation ≈ श्रम विधान; ~

measure रक्षात्मक उपाय, सुरक्षात्मक उपाय

**protector** रक्षक; ~ of emigrants उत्प्रवासी संरक्षक; ~ of immigrants आप्रवासी संरक्षक

**protectorate** संरक्षित देश/ राज्य

**protectory** संरक्षणालय

**protege** आश्रित

**pro tempore** तत्समयक, अल्पकालीन; ~ appointment ≈ नियुक्ति

**protest** I. *n.* 1. प्रसाक्ष्य; ~ for non payment असंदाय के लिए ≈; 2. विरोध, अभ्यापत्ति; ~ note ≈/ प्रतिवाद टिप्पणी; ~ strike प्रतिवाद-हड़ताल, ≈ हड़ताल. II. *v.i.* प्रसाक्ष्यित करना; विरोध करना

**protested** प्रसाक्ष्यित; ~ bills account प्रत्यापन्न बिल लेखा

**protesting** नकार-प्रमाणन, प्रोटेस्ट करना, संकट प्रमाणन; ~ state विरोधकारी राज्य, प्रत्यापत्तिकारी राज्य

**protestation** 1. प्रसाक्ष्यकरण, नकार, प्रमाणन; ~ of bill हुण्डी का ≈; 2. अभ्यापत्ति करना

**prothonotary** मुख्य न्याय-लिपिक

**protocol** 1. नयाचार; ~ officer ≈ अधिकारी; ~ of modification संशोधन ≈; 2. उपसंधि, पूर्वसंधि; ~ of amendment संशोधन ≈; ~ of extension अवधि-वृद्धि ≈; ~ of ratification अनुसमर्थन ≈

**prototype** आद्यरूप, मूलरूप; ~ production आद्य उत्पादन

**protract** लम्बा करना, बढ़ाना; देर तक बनाये रखना

**protracted** दीर्घ; ~ campaign ≈ अभियान; ~ debate ≈ वाद-विवाद; ~ negotiation ≈ वार्ता

**protracting** बढ़ाने/ लटकाने वाला

**protrude** बाहर निकालना

**provable** प्रमाणनीय, साध्य; ~ claim ≈ दावा; ~ debt ≈ ऋण

**prove** प्रमाणित/ सिद्ध/ साबित करना

**proved** प्रमाणित, सिद्ध, साबित

**provenance, provenience** प्राप्ति-स्थान

**proverb** लोकोक्ति, कहावत

**proverbial** लोकप्रसिद्ध; ~ morality ≈ नैतिकता

**pro-vice-chancellor** सम कुलपति, प्रतिकुलपति

**provide** 1. उपबन्धित करना; 2. व्यवस्था करना; 3. देना; भरण-पोषण करना

**provided** 1. उपबन्धित; as ~ यथा ≈; 2. (~ that) बशर्ते कि, परन्तु; 3. ~ further अपरंच, और भी यह कि

**providence** नियति, विधाता

**provident** 1. क्षेमदा; ~ society ≈ समिति; 2. ~ fund भविष्य निधि; ~ Fund Act भविष्य निधि अधिनियम; ~ fund investment भविष्य निधि निवेश

**providential** दैवकृत, नियति का

**provider** भरण-पोषण करनेवाला

**providing** उपबन्धन; ~ for depreciation अपक्षय के लिए ≈

**province** 1. प्रान्त; ~ in question संबद्ध ≈; 2. अधिकार-क्षेत्र; ~ of law विधि का ≈

**provincial** प्रान्तीय; ~ autonomy ≈ स्वायत्तता; ~ statute ≈ संविधि

**proving offence** प्रमाणक अपराध

**provision** 1. उपबन्ध; ~s of the bill विधेयक के ≈; ~ to the contrary प्रतिकूल ≈; 2. व्यवस्था; ~ for old age वृद्धावस्था के लिए ≈; 3. (pl.) रसद, खाद्य सामग्री; ~s store खाद्य-भण्डार

**provisional** 1. अस्थायी, अन्तःकालीन, आरज़ी; ~ arrest ≈ गिरफ़्तारी; ~ expenditure ≈ व्यय; ~ government ≈ सरकार; ~ order ≈

आदेश; ~ rental ≈ किराया; ~ status ≈ स्थिति; 2. अनंतिम; ~ agenda ≈ कार्यक्रम, ≈ कार्यसूची; ~ assessment ≈ निर्धारण; ~ estimates ≈ अनुमान, ≈ प्राक्कलन; ~ expenditure ≈ व्यय; ~ figures ≈ आँकड़े; ~ inspection ≈ निरीक्षण; ~ list ≈ सूची; ~ payment ≈ भुगतान; ~ receipt कच्ची रसीद

**provisionally** अनंतिम रूप से

**proviso** परन्तुक, शर्त

**provocation** प्रकोपन, उत्तेजन, इशतिआल

**provocative** उत्तेजनात्मक, प्रकोपी; ~ speech उत्तेजक भाषण; ~ statement ≈ कथन, ≈ वक्तव्य

**provocator** उत्तेजक, प्रकोपक

**provoke** उत्तेजित करना, गुस्सा दिलाना, भड़काना

**provost** आवासाध्यक्ष

**prowl** घात लगाते फिरना

**prowess** ओज, विक्रम

**prox** = proximo

**proximal determination** समीपस्थ निर्धारण

**proximate** सन्निकट, आसन्न, समीपस्थ; ~ cause ≈ कारण; ~ damage ≈ क्षति

**proximity** निकटता, सानिध्य, समीप्य

**proximo** आगामी; आगामी मास का

**proxy** परोक्षी, एवज़ी; ~ paper ≈ पत्र; ~ voting ≈ मतदान

**prudence** दूरदर्शिता, प्रज्ञा

**prudent** 1. दूरदर्शी, प्रज्ञावान्; 2. सविवेक, बुद्धिमत्तापूर्ण; ~ action ≈ कार्यवाही; ~ investment ≈ निवेश

**prurience** कामुकता, वासना

**prurient** कामुक

**pruning** काट-छाँट

**pry** गंध/ टोह लेना, ताक-झाँक करना

**pseudo** कूट, आभासी; ~ criminal आभासी अपराधी; ~-dispute विवादाभास; ~ environment ≈ पर्यावरण; ~ guarantee ≈ प्रत्याभूति; ~nymously छद्म नाम से; ~ parliamentary representation छद्म-संसदीय प्रतिनिधित्व, मिथ्या-संसदीय प्रतिनिधित्व; ~ pregnancy कूट गर्भ; ~nym छद्म नाम; ~ patriotism आभासी देशभक्ति; ~-religious nationalism छद्म-धार्मिक राष्ट्रवाद, धर्माभासी राष्ट्रवाद; ~-solution ≈ समाधान, मिथ्या समाधान; ~ standard ≈ मानक; ~ toughness ≈ दृढ़ता

**psychiatric** मनोरोग सम्बन्धी; ~ abnormality ≈-अपसामान्यता; ~ census ≈ गणना; ~ clinic ≈ निदानशाला; ~ interview ≈ साक्षात्कार; ~ social work ≈ समाज कार्य; ~ treatment ≈ उपचार

**psychiatrist** मनोविकार विज्ञानी

**psychiatry** मनोरोगविज्ञान

**psychic(al)** मानसिक; ~ disorder ≈ विकार; ~ phenomenon ≈ घटना; ~ tension ≈ तनाव

**psychoanalysis** मनोविश्लेषण

**psychoanalytic** मनोविश्लेषणात्मक

**psychogenetic history** मनोजननिक वृत्त

**psychologic(al)** मनोवैज्ञानिक; ~ approach ≈ उपागम; ~ control ≈ नियंत्रण; ~ difference ≈ अन्तर; ~ millieu ≈ वातावरण; ~ operation ≈ संक्रिया; ~ treatment ≈ चिकित्सा/ उपचार

**psychologist** मनोविज्ञानी

**psychology** 1. मनोविज्ञान; 2. मानसिक स्थिति

**psychoneurosis** मनस्तंत्रिकाताप

**psychoneurotic child** मनस्तंत्रिकातापी बालक

**psychopathic** मनोविकृत; ~ criminal

≈ अपराधी; ~ delinquent ≈ अपचारी

**psychopathology** मनोविकृति-विज्ञान

**psychopathy** मनोविकृति

**psychosexual** मनःकामुक; ~ disease ≈ रोग

**psychosis** मनस्ताप

**psycho-social** मनःसामाजिक; ~ history ≈ वृत्त

**psychosomatic** मनःशारीरिक; ~ disorder ≈ विकार

**puberty** यौवनारम्भ, वयःसन्धि, उठती जवानी

**public** I. *n.* लोक, जनता, जनसाधारण, अवाम. II. *a.* 1. सार्वजनिक, जन-; लोक-; ~ account ≈ लेखा; ~ act ≈ कृत्य; ~ address ≈ अभिभाषण; ~ address equipment प्रसारण उपकरण; लोक-संबोधन व्यवस्था; ~ administration ≈ प्रशासन; ~ advantage ≈ लाभ; ~ advertisement ≈ विज्ञापन; ~ affair column ≈जीवन स्तंभ; ~ amenities, ≈ सुखसुविधा; antagonism ≈ विरोध; ~ apathy ≈ उदासीनता; ~ auction आम नीलामी; ~ authorities ≈ प्राधिकारी; ~ benefit ≈ प्रसुविधा; ~ bill ≈ विधेयक; ~ body ≈ निकाय; ~ call ≈ कॉल; ~ call office ≈ टेलीफ़ोन घर; ~ capacity ≈ हैसियत; ~ carrier ≈ मालवाहक; ~ character ≈ स्वरूप; ~ charges ≈ प्रभार; charities ≈ धर्मार्थ; ~ concern ≈ संस्था; ~ consciousness ≈ चेतना; ~ consumption monopoly उपभोग-नियामक सरकारी एकाधिकार; ~ corporation ≈ निगम, पब्लिक कारपोरेशन; ~ counter ≈ पटल, ≈ काउन्टर; ~ credit ≈ साख; ~ debt ≈ ऋण; ~ decency ≈ शिष्टता; ~ demand ≈ माँग; ~ department ≈ विभाग; ~ drainage ≈ जलनिकास; ~ duty ≈ कर्तव्य; ~ emergency ≈ आपात; ~ enterprise ≈ उद्यम; ~ entertainment ≈ मनोरंजन; ~ function ≈ प्रकार्य; ~ fund ≈ निधि; ~ good ≈ उपकार; ~ health ≈ स्वास्थ्य; ~ holiday ≈ छुट्टी; ~ impeachment ≈ महाभियोग; ~ indictment ≈ अभ्यारोपण; ~ institution ≈ संस्था; ~ interest ≈ हित; ~ intoxication ≈ उन्मत्तता; ~ land ≈ भूमि; ~ land-mark ≈ भूचिह्न; ~ law ≈ विधि; ~ life ≈ जीवन; ~ man ≈ कार्यकर्ता; ~ market ≈ बाज़ार; ~ meeting ≈ सभा; ~ mess ≈ भोजनालय; ~ monopoly ≈ एकाधिकार; ~ nature ≈ प्रकृति; ~ necessity ≈ आवश्यकता; ~ notice ≈ सूचना; ~ notification ≈ अधिसूचना; ~ nuisance ≈ उपताप; ~ opinion ≈ मत; ~ order ≈ व्यवस्था; ~ ownership ≈ स्वामित्व; ~ panic ≈ आतंक; ~ peace ≈ शांति; ~ place ≈ स्थान; ~ proclamation ≈ उद्घोषणा; ~ property ≈ सम्पत्ति; ~ prosecutor लोक अभियोजक, सरकारी अभियोजक; ~ receipts सरकारी प्राप्तियाँ; ~ relations जनसम्पर्क; ~ reputation ≈ ख्याति; ~ revenue ≈ राजस्व; ~ right ≈ अधिकार; ~ safety ≈ सुरक्षा; ~ sale ≈ विक्रय; ~ savings ≈ बचत; ~ sector ≈ क्षेत्रक; ~ security ≈ सुरक्षा; ~ sentiment ≈ भावना; ~ servant ≈ सेवक; ~ service ≈ सेवा; ~ service commission ≈ सेवा आयोग; ~ social work ≈ समाज कार्य; ~ spirit ≈ सेवा-भावना; ~ taste ≈ रुचि; ~ tranquility ≈ शांति; ~ trial ≈ विचारण; ~ transport ≈ परिवहन; ~ trust ≈ न्यास; ~ utility ≈ उपयोगिता; ~ utility society लोकोपयोगी समाज;

~ vote ≈ मत; ~ weal/ welfare ≈ कल्याण, ~ will ≈ इच्छा; ~ work ≈ निर्माण-कार्य; ~ work depatment (PWD) लोक-निर्माण विभाग; **2.** सरकारी, राज-; ~ analyst ≈ विश्लेषक; ~ assistance ≈ सहायता; ~ borrowing ≈ ऋणदान; ~ business ≈ कामकाज; ~ employment ≈ नौकरी; ~ exchequer ≈ कोष; ~ finance ≈ वित्त; ~ loan ≈ ऋण; ~ money ≈ धन/ पैसा; ~ office ≈ कार्यालय; ~ policy राष्ट्र-नीति; ~ prosecutor ≈ अभियोजक; ~ record ≈ अभिलेख; ~ sector ≈ उद्योग क्षेत्र; ~ servant ≈ नौकर; ~ tariff ≈ प्रशुल्क; ~ undertaking ≈ उपक्रम; **3.** ~ house मदिरालय, शराबख़ाना, सराय; ~ inquest खुला अन्वीक्षण, खुली जाँच; ~ woman वेश्या; ~ writing आमने-सामने लिखित

**publication** प्रकाशन; ~s division ≈ प्रभाग; ~ officer ≈ अधिकारी

**publici-juris** सार्वजनिक अधिकार

**publicity** प्रचार; ~ campaign ≈ अभियान; ~ material ≈ सामग्री; ~ officer ≈ अधिकारी; staff ≈ कर्मचारी

**publicly** खुले आम, सार्वजनिक रूप से; ~ impeached ≈ अधिक्षेपित या महाभियोग लगाया गया

**publish** प्रकाशित करना

**published** प्रकाशित; ~ data ≈ आँकड़े; ~ price ≈ क़ीमत; ~ in public सार्वजनिक रूप से ≈/ प्रस्तुत

**publisher** प्रकाशक

**publishing house** प्रकाशन-गृह

**puerile** बालिश, बचगाना

**puerilism** बालिशता

**puerperium** प्रसूतावस्था, प्रसवोत्तक काल

**puff** अतिप्रशंसा

**puffer 1.** मूल्य बढ़ाने वाला; **2.** अतिप्रशंसक

**pugilistic** कलहकामी

**puisne 1.** अवर; ~ judge ≈ न्यायाधीश; **2.** उत्तरवर्ती; ~ mortgage ≈ बन्धक

**pulp** लुगदी, गूदा; ~ board ≈ का गत्ता

**pulpit** उपदेश-मंच

**pulsate** धड़कना, स्पन्दन करना

**pulsating current** स्पन्दमान धारा

**pulsation** धड़कन, स्पन्दन

**pulse 1.** नाड़ी; ~ of the market बाज़ार की नस; **2.** दाल

**pulverized** प्रकीर्णित

**punch card system** छिद्रित कार्ड पद्धति

**punching** वेधन, छेदन; ~ machine वेधनी, पंच मशीन

**punctual** समयपालक, समय का पाबन्द

**punctuality** समय-पालन, पाबन्दी

**punctually** समय पर

**punctation** सन्धिपूर्व वार्ता

**puncture** छिद्र

**punctured** छिद्रित; ~ wound ≈ घाव

**pungent** तीक्ष्ण, तीखा, तिक्त

**punish** दण्ड देना

**punishable** दण्डनीय, दण्ड्य; ~ by law विधि द्वारा ≈; ~ with fine जुर्माने से ≈

**punished** दण्डित

**punishment** दण्ड, सज़ा; corporeal ~ शारीरिक ≈; cumulative ~ संचित/ आकलित ≈; deterrent ~ निवारणार्थ ≈; enhanced ~ वर्धित ≈; reformative ~ सुधारात्मक ≈; retributive ~ प्रतिशोधात्मक ≈; rigorous ~ कड़ा ≈; simple ~ साधारण ≈; solitary ~ एकान्त ≈

**punitive** दण्डात्मक; ~ damages ताज़ीरी हर्जाना, ≈ क्षतिपूर्ति; ~ justice दण्ड-न्याय; ~ law दण्ड-विधि; ~ penalty ≈ शास्ति; ~ police ≈ पुलिस; ~ relationship ≈ संबंध; ~ tax ≈ कर

**pupil** 1. (आँख का) तारा; **2.** छात्र, शिष्य; ~ participation छात्र-भागग्रहण, ≈ सहभाजन; ~ population छात्र-संख्या; ~ record छात्र-वृत्त; ~ teacher छात्र-अध्यापक

**pupilate** शिष्यत्व

**puppet government** कठपुतली सरकार

**purchasable** क्रेय, ख़रीद योग्य

**purchase** **I.** *n.* क्रय, ख़रीद; ~ account ≈ लेखा; ~ committee ≈ समिति, ≈ कमेटी; forward ~ वायदा ≈; ~ ledger ≈ खाता, लेनदार खाता; ~ money ≈ धन; ~ order ≈ आदेश; ~ rate ≈ दर; ~ returns book ≈ वापसी बही; ~ tax ≈ कर. **II.** *v.t.* क्रय करना, ख़रीदना

**purchased** क्रीत, ख़रीदा हुआ

**purchaser** क्रेता, ख़रीदार; ~ clients ≈ ग्राहक; ~'s ledger ≈-खाता; ~'s title ≈ का हक़

**purchasing** क्रय; ~ agent ≈ अभिकर्ता; power ≈ शक्ति

**pure** शुद्ध; ~-blooded children ≈ रक्त संतति; ~ capital ≈ पूँजी; ~ competition ≈ प्रतियोगिता; ~ ethics ≈ नीतिशास्त्र; ~ line ≈ वंशक्रम; ~ premium ≈ प्रीमियम; ~ theory ≈ सिद्धान्त

**pureile** बालोचित

**purely** 1. शुद्ध रूप से; **2.** बिलकुल; ~ temporary ≈ अस्थायी

**purgatory** शोधनगृह, पापमोचन-स्थल

**purge** 1. दोषामार्जन करना; **2.** साफ़ करना

**purification** शोधन, शुद्धि; ~ rites ≈-संस्कार

**purify** निर्मल/ शोधित करना

**purist** शुद्धतावादी

**puritan** शुद्धाचारवादी

**puritanic** शुद्धाचारी

**purity** शुद्धता

**purloin** हड़पना, चोरी करना

**purport** **I.** *n.* तात्पर्य, मतलब. **II.** *v.i.* तात्पर्य होना; ~s to be signed हस्ताक्षर होना तात्पर्य है

**purported** तात्पर्यित, अभिप्रेत; ~ to be done किया जाना ≈

**purporting** तात्पर्य से; ~ to authorize प्राधिकृत करने के ≈

**purpose** प्रयोजन, उद्देश्य; ~ of justice न्याय का ≈; ~ of sale विक्रय का ≈; ~-wise credit उद्देश्यवार ऋण; on ~ प्रयोजन से

**purposeful** सोद्देश्य; ~ relationship ≈ सम्बन्ध

**purposely** सप्रयोजन, जानबूझ कर

**purse** थैली, पर्स

**pursuance** अनुसरण; in ~ of के ≈ में

**pursuant** अनुसारी; ~ thereto उसके अनुसार, तदनुसार; ~ to अनुकरण में

**pursue** 1. पीछा करना; **2.** लगा रहना, करते रहना; **3.** के अनुसार काम करना

**pursuer** 1. अनुसारक; **2.** वादी

**pursuit** 1. पीछा, खोज; to elude ~ पीछा किये जाने से बच निकलना; **2.** काम काज, धन्धा; ordinary ~ साधारण ≈

**purveyance** 1. रसद, खाद्य-सामग्री; **2.** ख़रीदारी

**purveyor** (रसद) जुटाने वाला

**purview** 1. मूल अंश; **2.** क्षेत्र, कार्यक्षेत्र, सीमाक्षेत्र; **3.** प्रयोजन, आशय

**push** **I.** *v.t.* ठेलना, ढकेलना; आगे बढ़ाना; ~ back पीछे हटाना; ~ on आगे बढ़ाना; ~ through निकाल ले जाना, पारित करना. **II.** *n.* ~ button दाब बटन; ~ trolley हाथ ठेला

**pusillanimity** भीरुता, कायरता

**pusillanimous** भीरु, कायर

**put** रखना; डालना; ~ a question प्रश्न करना/ रखना; ~ across पूरा करना; ~ an end to का अन्त करना; ~ by बचा रखना, टालना; ~ down दबा देना; ~ forward पेश करना; ~ in लगाना; ~ in mind स्मरण कराना; ~ into circulation परिचालित करना; ~ off टाल देना, स्थगित करना; ~ out बुझाना; परेशान करना; ~ over पहुँचाना; ~ the plaintiffs to their election वादियों को चुनाव के लिए कहना; ~ through पूरा करना; ~ to use प्रयुक्त किया गया; ~ up प्रस्तुत/ पेश करना; प्रदर्शित करना, दिखाना; ~ up for sale बिक्री के लिए पेश करना; ~ slip पेश-पर्ची; ~ up with सहन करना

**putative** कल्पित, मानित; ~ father ख्यात पिता; ~ marriage ≈ विवाह; ~ relative ≈ सम्बन्धी; ~ wife ≈ पत्नी

**putrefaction** सड़न

**putrid, putrefied** सड़ा हुआ, पूतिमय, गलित

**puzzle** **I.** *n.* पहेली. **II.** *v.i.* उलझान में डालना/ पड़ना

# Q q

**Q.T.S.** (quick transit service) शीघ्र पारवहन सेवा

**qua** के रूप में

**quack** नीमहकीम, कठवैद्य; ~ guidance अज्ञ-निर्देशन

**quackery** नीमहकीमी, कठवैद्यक

**quad cable** चतुष्क केबिल

**quadrangle** चतुष्कोण, चौक

**quadripartite** चतुष्पक्षीय; ~ administration ≈ प्रशासन; ~ agreement ≈ क़रार

**quadruped** चतुष्पद, चौपाया

**quadruple** चौगुना (करना); ~ alliance चतुर्राष्ट्र मैत्री सहबंध

**quadruplicate** चार प्रतियाँ; चौथी प्रति

**quaint** विलक्षण, अजीब

**quaintness** विलक्षणता

**qualification** अर्हता, योग्यता; ~ for an office किसी पद के लिए योग्यता/ अर्हता; ~ share अर्हतादायी अंश

**qualified** **1.** अर्हताप्राप्त, योग्यताप्राप्त, अर्हित; ~ candidate योग्य उम्मीदवार; ~ for naturalisation देशीयकरण के लिए ≈; ~ person ≈ व्यक्ति; **2.** सशर्त, सप्रतिबन्ध; ~ acceptance ≈ स्वीकृति; ~ certificate ≈ प्रमाणपत्र; ~ citizenship ≈ नागरिकता; ~ endorsement ≈ पृष्ठांकन; **3.** सीमित; ~ majority ≈ बहुमत, निर्धारित बहुमत; ~ ownership ≈ स्वामित्व; ~ privilege ≈ विशेषाधिकार; ~ property परिमित संपत्ति; ~ support सीमित/ सापेक्ष समर्थन; ~ unanimity ≈ सर्वसम्मति, अपूर्ण मतैक्य

**qualify** **1.** अर्हता/ योग्यता प्राप्त करना; **2.** शर्त जोड़ देना, सीमित करना

**qualifying** **1.** अर्हक, अर्हता-; ~ age ≈ आयु; ~ date ≈ तिथि, अर्हता-प्राप्ति तिथि; ~ examination ≈ परीक्षा; ~ marks ≈ अंक; ~ service ≈ सेवा; **2.** विशेषक; ~ clause ≈ खण्ड

**qualitative** गुणात्मक; ~ disarmament ≈ निरस्त्रीकरण, ≈ निःशस्त्रीकरण; ~ distribution ≈ वितरण; ~ environment ≈ पर्यावरण; ~ law ≈

नियम; ~ study ≈ अध्ययन

**quality** 1. गुण, गुणता, गुणवत्ता; ~ bonus गुणानुसार बोनस; ~ certificate ≈ प्रमाणपत्र; ~ control ≈ नियंत्रण; ~ of goods माल की गुणवत्ता; personal ~ वैयक्तिक ≈; ~ product बढ़िया माल; 2. विशेषता; 3. कोटि, प्रकार

**quandry** दुविधा, असमंजस

**quantified** परिमाणित, परिमाणीकृत; ~ data ≈ आधार-सामग्री

**quantitative** मात्रात्मक, परिमाणात्मक; ~ character मात्रिक लक्षण; ~ difference ≈ भेद; ~ progress ≈ प्रगति; ~ restrictions मात्रिक प्रतिबन्ध; ~ studies ≈ अध्ययन

**quantity** परिमाण, मात्रा, राशि; ~ accounts ≈ लेखा; ~ bonus मात्रानुसार बोनस; ~ rebate थोक-क्रय छूट

**quantum** प्रमात्रा; ~ merit गुणतानुसार ≈; ~ of damages क्षति की ≈; ~ valebat मूल्य के अनुसार ≈

**quarantine** संगरोध; ~ leave ≈ छुट्टी

**quarrel** कलह/ झगड़ा (करना)

**quarried** खदान से निकाला हुआ

**quarry** खदान (से निकालना); ~ lease ≈ पट्टा; ~ man ≈ कार

**quarter** I. *n.* 1. चौथाई खंड; ~ average pay ≈ औसत वेतन; 2. तिमाही; ~ session तिमाही सत्र; 3. मुहल्ला; 4. वासगृह; ~ master शिविर नायक; to ask for ~ शरण माँगना. II. *v.t.* टिका देना, आवसित करना

**quarterly** I. *n.* त्रैमासिकी, त्रैमासिक पत्रिका. II. *a.* तिमाही, त्रैमासिक; ~ earnings ≈ आय; ~ examination ≈ परीक्षा; ~ payment ≈ भुगतान; ~ promotion ≈ कक्षोन्नति; ~ report ≈ रिपोर्ट; ~ return ≈ विवरण; ~ statement ≈ विवरण

**quarto** चौपेजी; ~ paper ≈ काग़ज़

**quash** अभिखंडित करना, रद्द करना, मंसूख़ करना; ~ the commitment सुपुर्दगी ≈

**quasi-** आभासी, -कल्प, सदृश; ~ commercial वाणिज्यवत्, अर्ध वाणिज्यिक; ~ commodity पण्यवत्; ~ contract संविदाभास; ~ criminal group अपराधी ≈ समूह; ~ delicto अपकृत्य के समान कृत्य; ~ easement ≈ सुखाचार; ~ ex contractu संविदाकल्प; ~ family organization कुटुंब-कल्प संगठन; ~ independent ≈ स्वतन्त्रता; ~ judicial ≈ न्यायिक; ~ law ≈ विधि; ~ legal वैधवत्; ~ monopoly ≈ एकाधिकार; ~ marital विवाह सदृश; ~ money मुद्रात; ~ negotiable परक्राम्यवत्; ~-negotiable paper परक्राम्यवत् प्रपत्र; ~ normal प्रसामान्यवत्; ~ parental relationship पैतृक ≈ संबंध, पैतृकवत् सम्बन्ध; ~ partner साझेदारवत्; ~ permanent स्थायीवत्; ~ stationary स्थिरवत्; ~ substantive मूलवत्

**quay** घाट

**quayage** घाट की उतराई

**queen** रानी, राज्ञी; ~ bee ≈ रानी मक्खी; ~ consort राजपत्नी; ~ mother राजमाता; ~ regnant शासिका ≈

**que est eadem** एक ही प्रकार का

**quell** दमन करना, शान्त करना

**querulous** शिक़ायती; चिड़चिड़ा

**query** प्रश्न (करना); प्रश्नचिह्न

**quest** अन्वेषण, खोज

**question** I. *n.* 1. प्रश्न, सवाल; ~ does not arise ≈ नहीं उठता; ~ hour ≈ अवधि, ≈ काल; ~ in dispute विवादग्रस्त ≈; ~ in issue विवाद्य ≈; ~ of fact तथ्य का ≈; ~ of law विधि का ≈; ~ of policy नीति का ≈; ~ of priority प्राथमिकता का ≈; ~ of propriety औचित्य का ≈; ~ of title हक़ का ≈; ~ of usage प्रथा का ≈; 2. संदेह, आपत्ति; call in ~ विरोध करना; out of ~ असंदिग्ध; without ~ बिना पूछे. II. *v.t.* प्रश्न करना; संदेह/ आपत्ति करना

**questionable** आपत्तिजनक, संदिग्ध; ~ antecedents ≈ पूर्ववृत; ~ tactics ≈ चालें

**questionnaire** प्रश्नावली

**queue** पाँत, पंक्ति

**quibble** वाक्छल

**quick** तुरन्त, शीघ्र; ~ assets ≈ (विक्रेय) परिसंपत्ति; ~ lime अनबुझा चूना; ~ mail serivces (Q.M.S.) तुरन्त डाक सेवा; ~ silver पारा; ~ transit service द्रुत पारवहन सेवा; ~ with child गर्भवती; ~ yielding project ≈ फलदायी परियोजना

**quicquid** जो कुछ

**quid nune** गपोड़ा, जल्पक

**quid pro quo** बदले में दी गई वस्तु

**quiescent** आश्वस्त

**quiet** 1. शान्त; ~ market ≈ बाज़ार; ~ possession शान्तिपूर्ण क़ब्ज़ा; 2. अबाध; ~ enjoyment ≈ उपभोग

**quietus** विमुक्त

**quinque** पाँच; ~ partite ≈ भागों में

**quinquennial** पंचवर्षीय, पंचसाला; ~ assessment ≈ निर्धारण; ~ report ≈ विवरण; ~ settlement पंचवार्षिक व्यवस्था, पंचवार्षिक बन्दोबस्त

**quintuplicate** पाँच प्रतियाँ, पाँचवीं प्रति

**quire** (काग़ज़ का) दस्ता

**quisling** देशद्रोही, जयचंद

**quit** छोड़ना, त्यागना, ख़ाली करना; notice to ~ छोड़ देने की सूचना; ~ rate त्यजन दर; ~ rent मुक्ति लगान

**quitam** परिवाद

**quittance** उऋण-पत्र, भरपाई

**quiz** 1. कूट प्रश्न; 2. प्रश्नोत्तरी 3. प्रश्नोत्तर परीक्षा

**quo animo** किस आशय से

**quod** जो

**quorum** गणपूर्ति, कोरम; ~ for a meeting बैठक के लिए ≈

**quota** नियतांश, कोटा; ~ control ≈ नियन्त्रण; pro-rata ~ यथानुपात कोटा

**quotation** 1. अवतरण, उद्धरण; 2. दर, भाव; ~ list ≈ सूची; ~ received प्राप्त हुए भाव/ दर

**quote** 1. उद्धृत करना; 2. भाव बताना

**quoted** उद्धृत; ~ below नीचे ≈

**quotient** लब्धि; ~ scores ≈ प्राप्तांक; ~ verdict ≈ अधिमत

**quoting reference** निर्देश उद्धृत करते हुए

**quo warranto** अधिकार-पृच्छा

# R r

**rabble** जनसमूह, भीड़

**rabble rouser** भीड़-उत्तेजक

**rabid** 1. उग्र, कट्टर; 2. पागल; ~ dog ≈ कुत्ता

**rabies** जलभीति, अलर्क रोग

**race** I. *n.* 1. प्रजाति, नस्ल; ~ conflict ≈ द्वंद्व; ~ feeling ≈ भावना; ~ prejudice ≈ पूर्वाग्रह; ~ relation ≈ संबंध; ~ riots ≈ उपद्रव; ~

superiority ≈ श्रेष्ठता; ~ unity ≈ एकता; **2.** दौड़; horse ~ घुड़दौड़; ~ course घुड़दौड़ का मैदान; ~ rail धूम पटरी. **II.** *v.i.* & *t.* दौड़ना, दौड़ाना

**racial** प्रजातीय; ~ ability ≈ योग्यता; ~ affinity ≈ समतुल्यता; ~ antagonism ≈ विरोध; ~ discrimination ≈ 'भेदभाव; ~ diversity ≈ विभिन्नता; ~ factor ≈ कारक; ~ groups ≈ समूह; ~ intolerance ≈ असहिष्णुता; ~ legislation ≈ विधान, ≈ विधि निर्माण; ~ mentality ≈ मनोवृत्ति; ~ prejudice ≈ पूर्वग्रहण, ≈ धारणा; ~ segregation ≈ पृथक्करण; ~ supremacy ≈ सर्वोच्चता; ~ tension ≈ तनाव; ~ unity ≈ एकता

**racialism** प्रजातिवाद

**rack** यन्त्रणा, यातना (देना); ~ rent अतिशय किराया

**racket** धोखाधड़ी, ठग व्यापार

**racketeer** ठग व्यापारी

**racketeering** **1.** ठग-व्यापार; **2.** धोखा धड़ी का धन्धा

**radial** अरीय; ~ distance ≈ दूरी; ~ organisation ≈ संगठन

**radiate** किरणें फैलाना

**radiation** विकिरण

**radical** **I.** *n.* उग्र उन्मूलनवादी. **II.** *a.* **1.** उग्र; ~ party ≈ दल; ~ revolt ≈ विद्रोह; **2.** आमूल; ~ change ≈ परिवर्तन; ~ planning ≈ परिवर्तनवादी आयोजना; ~ reform ≈ सुधार; ~ transformation ≈ परिवर्तन, ≈ रूपान्तरण

**radicalism** उन्मूलनवाद, उत्कट परिवर्तनवाद

**radio** रेडियो; ~ active रेडियो धर्मी; ~ broadcast ≈ प्रसारण; ~ communication ≈ संचार; ~ engineer ≈ अभियन्ता; ~ frequency ≈ आवृत्ति; ~ message ≈ संदेश; ~ news ≈ समाचार; ~ script ≈ लेख; ~ set ≈ सेट; ~ station ≈ केन्द्र; ~ telephone ≈ टेलीफ़ोन; ~ therapist विकिरण चिकित्सक

**radiologist** विकिरण/ एक्सकिरण चिकित्सक

**radiology** विकिरण/ एक्सकिरण चिकित्सा (विज्ञान)

**radius** व्यासार्ध; घेरा

**raffle** लाटरी

**raft** बेड़ा

**rag** चिथड़ा; ~ man गुदड़िया, कबाड़िया

**rage** रोष

**raid** छापा (मारना), धावा (करना)

**raider** छापामार

**rail** **1.** जंगला; **2.** पटरी; ~ anchor ≈ रोक; **3.** रेल; ~ road रेलपथ; ~ traffic ≈ यातायात; ~ reservation ≈ आरक्षण

**railing** जंगला

**railed** वेष्ठित; वेदकायुक्त

**railway** **1.** रेलपथ; **2.** रेल; ~ accident ≈ दुर्घटना; ~ administration ≈ प्रशासन; ~ audit report ≈ लेखा-परीक्षा रिपोर्ट; ~ authority ≈ प्राधिकारी; ~ carriage ≈ यान; ~ dues ≈ को देयराशि; ~ fare ≈ भाड़ा; ~ fund ≈ निधि; ~ mail service ≈ डाक सेवा; ~ protection ≈ रक्षा; ~ receipt ≈ रसीद; ~ risk ≈ जोखिम; ~ users ≈ उपयोगकर्ता

**raiment** वस्त्र, कपड़ा

**raise** **1.** उठाना; ~ blockade नाकाबन्दी उठा लेना; ~ objection आपत्ति ≈/ करना; ~ public morale जनता का मनोबल बढ़ाना; ~ question प्रश्न उठाना; **2.** ~ defence प्रतिवाद करना; ~ loan उधार लेना; ~ report अफ़वाह फैलाना; ~ the wind हवा बाँधना, साख जमाना;

~ up ऊपर करना

**raised** 1. उठाया गया; 2. उभरा हुआ; 3. ~ cheque वर्धित राशि चेक, वर्धित रकम चेक

**raison d'etat** राज्यहित

**raison d'etre** अस्तित्व का कारण/ उद्देश्य

**raisonnement** यादृच्छिक तर्क

**rake** ढलान, ढाल

**raking** उखाड़ना

**ramage** वंशक्रम, वंशवृक्ष

**ramble** 1. भटकते फिरना; 2. गड़बड़ करना

**ramification** बहुशाखन

**ramified** बहुशाखित

**ramp wagon** ढाल वैगन, माल डिब्बा

**rampant** प्रचंड, उग्र; फैला हुआ; ~ corruption व्यापक भ्रष्टाचार

**rampart** प्राचीर, परकोटा

**rancid** बदबूदार

**rancorous** विद्वेषी

**rancour** विद्वेष, दारुण वैर

**random** 1. यादृच्छिक; ~ activity ≈ क्रियाकलाप; ~ articulation ≈ उच्चारण; ~ fluctuation ≈ उतार-चढ़ाव; ~ numbers ≈ संख्याएँ; ~ play ≈ क्रीड़ा; ~ sample ≈ नमूना; 2. अनियमित, अटकलपच्चू, यों ही; at ~ बेतरतीब

**range** 1. मार; ~ of a gun बंदूक/ तोप की ≈; 2. परास, सीमा; ~ finder परासदर्शी; ~ of observation प्रेक्षण-≈; 3. वनखंड; ~ officer ≈ अधिकारी; 4. ~ of mountains पर्वतमाला

**ranger** रेंजर, वनखंडपाल

**rank** I. *n.* 1. पदवी, दर्जा; ~ and file जनसाधारण; ~ difference स्थितिभेद, कोटि भेद; ~ of inspector निरीक्षक की ≈; ~ order स्थिति-क्रम, कोटि-क्रम; below the ~ ≈ से नीचे का; 2. (pl.) सामान्य सैनिक. II. *v.t.* क्रम/ स्थापित करना; to ~ equally एक समान होना

**ranking of claim** दावे की क्रम स्थापना

**ransom** I. *n.* मुक्ति-धन, फिरौती. II. *v.t.* धन देकर छुड़ाना

**rapacious** अतिलोभी, पेटू

**rap de femme** स्त्री पर बलात्कार

**rape** 1. बलात्कार, बलात्संग, ज़िना बिल ज़ब्र.; 2. राई

**rapid** द्रुत, शीघ्र

**rapine** लूट, लूटपाट

**rapport** सौहार्द-स्थापना

**rapproachment** पुनःसौहार्द-स्थापन, मेल

**rare** विरला, दुष्प्राप्य; ~ book ≈ पुस्तक

**rarefactive act** दुःसाहसपूर्ण कार्य

**rarefied** विरलित

**rarely** विरले ही, कदाचित्

**rarity** दुर्लभता, दुष्प्राप्यता; दुर्लभ वस्तु

**rareness** विरलता

**rascal** पाजी, धूर्त

**rash** I. *n.* ददोरा. II. *a.* उतावला, अंधाधुंध; ~ act दुस्साहसपूर्ण कार्य; ~ driving ≈ चलाना

**rashly** उतावली से, अंधाधुंध

**rashness** उतावलापन, उतावली, दुःसाहस

**rat** मुख़बिर

**ratable** 1. पौर कर के योग्य; ~ property ≈ संपत्ति; 2. आनुपातिक; ~ distribution ≈ वितरण; ~ payment ≈ भुगतान; 3. ~ value दर निर्धारण मूल्य

**ratably** अनुपात में, अनुपाततः; ~ distributed ≈ वितरित

**rate** I. *n.* 1. दर; ~ basis ≈-आधार; ~ charged लगाई गई ≈; differential ~ विभेदक ≈; ~ discrimination ≈-विभेद; ~ factors ≈-कारक; ~ list ≈ सूची; ~ of exchange विनिमय की ≈; ~ of interest ब्याज की ≈; ~ of postage डाक शुल्क ≈; ~ of progress प्रगति ≈; ~ of tax कर की ≈; ~ scale ≈ तालिका; ~ schedule ≈ अनुसूची; ~ structure ≈ विन्यास; at any ~ जो भी हो; **2.** पौर कर; ~ payer पौर-कर-दाता. **II.** *v.t.* योग्यता/ दर निर्धारित करना

**rated** निर्धारित; ~ capacity ≈ क्षमता

**rateable** = ratable

**rateably** = ratably

**ratee** योग्यता-निर्धारिती

**rater** योग्यता-निर्धारक

**ratification** अनुसमर्थन, संपुष्टि; ~ clause ≈ धारा; ~ of agreement क़रार का ≈; ~ of contract संविदा की संपुष्टि; ~ of treaty संधि का ≈

**ratified** अनुसमर्थित, संपुष्टीकृत

**ratify** अनुसमर्थन करना, संपुष्ट करना

**ratifying authority** अनुसमर्थन प्राधिकारी

**rating** दर-निर्धारण, निर्धारण; ~ up दर-वृद्धि

**rating chart** अनुपात चित्र

**ratio[1]** अनुपात

**ratio[2]** हेतु; ~ decidendi निर्णय का ≈; ~ essendi सत्तासार्थक ≈; ~ est legis anima ≈ विधि की आत्मा है; ~ legis विधि का ≈; ~ impertinents असंगत ≈; ~ pertinens संगत ≈

**ration** **1.** नियंत्रित वितरण; **2.** राशन, अन्न मात्रा, सीधा; ~ allowance राशनभत्ता

**rational** **1.** तर्कसंगत, युक्तिसंगत, तर्कमूलक; ~ action ≈ क्रिया, ≈ व्यवहार; ~ approach ≈/ सुव्यवस्थित दृष्टिकोण; ~ basis ≈ आधार; ~ conduct ≈ आचरण; ~ development सुव्यवस्थित विकास; ~ faculty ≈ शक्ति, तार्किक शक्ति; ~ judgment ≈ निर्णय; ~ solution ≈ समाधान; **2.** सविवेक, विवेकशील; ~ consumer ≈ उपभोक्ता; ~ selection ≈ वरण; ~ thinking सविवेक-चिंतन

**rationale** तर्काधार

**rationalist** तर्कबुद्धिपरक

**rationalistic revolution** बुद्धिवादी क्रान्ति

**rationalization** **1.** युक्तिसंगत बनाना; **2.** वैज्ञानिक पुनर्गठन; आधुनिकीकरण; ~ of industries उद्योगों का ≈

**ratione** के कारण; ~ impotentiae अयोग्यता ≈; ~ loci स्थान ≈; ~ materiae विषय ≈; ~ soli भूमि ≈; ~ tenurae धारणाधिकार ≈

**rationing** राशन-व्यवस्था; ~ officer राशन-अधिकारी

**ravage** विध्वंस (करना), मटियामेट (करना)

**ravish** बलात्कार करना, बलात्संग करना

**ravished** बलात्कृत

**ravisher** बलात्कारी

**ravishment** बलात्कार, बलात्संग

**raw** **1.** अनाड़ी; **2.** कच्चा; ~ cotton कच्ची रुई; ~ material ≈ माल; ~ paper ≈ काग़ज़; ~ produce ≈ माल

**raze** ढहाना, धराशायी करना

**re-acceptance** पुनःसकार, पुनःस्वीकृति

**reach** **1.** पहुँच; out of ~ ≈ के बाहर; **2.** परिधि

**re-acquired** पुनःअर्जित

**react** प्रतिक्रिया होना

**reaction** प्रतिक्रिया; ~ norm ≈ मानक

**reactionary** प्रतिक्रियावादी; ~ thinkers ≈ विचारक

**reactivation** पुनरुत्प्रेरण

**reactive** प्रतिक्रियात्मक; ~ hostility ≈ शत्रुता; ~ inhibition ≈ प्रावरोध

**reactivity** प्रतिक्रियात्मकता

**readability** सुपाठ्यता, सुवाच्यता

**readable** सुपाठ्य, सुवाच्य

**reader** 1. पेशकार; 2. (university) उपाचार्य, रीडर; 3. पाठक; 4. प्रूफ़-शोधक

**readership** उपाचार्य-पद

**readily** 1. तुरन्त, शीघ्रता से; 2. सुगमता से, आसानी से; ~ ascertainable ≈ अभिनिश्चेय; ~ available ≈ प्राप्त

**readiness** तत्परता; to be in ~ तैयार रहना

**reading** 1. वाचन; 2. पाठ; ~ ability पठन-योग्यता; ~ capacity पठन-क्षमता; ~ disability पठननिर्योग्यता; ~ knowledge पठनज्ञान; ~ retardation पठन-मंदन; ~ skill पठन-कौशल

**readjudge** पुनः न्यायनिर्णीत करना

**readjudication** पुनःन्यायनिर्णयन

**readjustment** पुनः समायोजन/ समंजन

**readmission** 1. पुनः ग्रहण; ~ of appeal अपील का ≈ किया जाना; 2. पुनः प्रवेश

**readmit** पुनः ग्रहण करना; ~ a suit वाद ≈

**ready** 1. तैयार; ~ assets ≈ आस्तियाँ; ~ cash ≈ रोकड़; 2. ~ delivery तुरन्त परिदान; ~ market प्रस्तुत बाज़ार; ~ marketability सुपण्यता; ~ money नक़द धन; ~ reckoner आशु परिकलक; ~ reference आशु निर्देश, शीघ्र हवाला, सुलभ निर्देश; ~ -witted प्रत्युपन्नमति

**reaffirm** पुनः अभिपुष्ट करना

**reafforestation** पुनर्वनरोपण

**real** 1. वास्तविक; ~ capital वस्तुरूप पूँजी, ≈ पूँजी; ~ cost ≈ लागत; ~ criminal ≈ अपराधी; ~ definition ≈ परिभाषा; ~ earning ≈ कमाई; ~ exchange ≈ विनिमय; ~ executive ≈ कार्यपालिका; ~ expenditure ≈ व्यय, असल ख़र्च; ~ ground ≈ आधार; ~ income ≈ आय; ~ injury ≈ क्षति; ~ investment ≈ निवेश; ~ issue ≈ विवाद्यक; ~ knowledge ≈ ज्ञान; ~ owner ≈ स्वामी; ~ power ≈ शक्ति; ~ purchaser ≈ क्रेता; ~ relation ≈ सम्बन्ध; ~ value ≈ मूल्य; ~ wage ≈ मज़दूरी; 2. स्थावर; ~ action भूमिगत दावा; ~ estate ≈ संपदा; ~ property ≈ संपत्ति; ~ servitude ≈ सुविधाभार; 3. ~ brother सगा भाई; ~ union एक शासन राज्य-संघ; ~ will आदर्श इच्छा

**realignment** पुनः सीध बाँधना

**realisable** प्रापणीय, उगाही योग्य; ~ assets ≈ आस्तियाँ; ~ value प्राप्य मूल्य, नकदीकरण मूल्य

**realisation** 1. बोध, समझ; 2. उपलब्धि, प्राप्ति, सिद्धि; 3. प्रापण, उगाही, वसूली; ~ account नकदीकरण लेखा, ≈ लेखा; ~ of damages हर्जाना ≈; ~ of property संपत्ति का प्रापण; ~ statement ≈ का विवरण

**realise** 1. समझना; पाना, उपलब्ध करना; 2. उगाहना, वसूल करना

**realised** 1. उपलब्ध, सिद्ध; 2. उगाहा हुआ; ~ bill वसूल बिल, वसूल हुंडी

**realising** प्रापण, वसूली; ~ officer उगाही अधिकारी

**realism** यथार्थवाद, वास्तववाद

**realist** यथार्थवादी, वस्तुवादी

**realistic** यथार्थवादी, वस्तुवादी; ~ approach ≈ उपागम; ~ treatment ≈ प्रतिपादन

**reality** वास्तविकता

**reallocation** पुनरावंटन

**really** वस्तुतः, वास्तव में, सचमुच में

**realm** राज्य

**reaping** कटाई; ~ season ≈ काल

**reappear** 1. पुनःउपस्थित होना; 2. पुनः प्रकट होना; 3. फिर से बैठना (परीक्षा में)

**reappointment** पुनर्नियुक्ति

**reappraisal** पुनर्मूल्यांकन

**reappropriation** पुनर्विनियोजन; ~ of

funds निधियों का ≈

**rear** I. *n.* पिछला. II. *v.t.* पालना-पोसना

**rearmament** पुनःशस्त्रीकरण; ~ programme ≈ कार्यक्रम

**rearrange** फिर से लगाना, पुनर्व्यवस्थित करना

**rearrangement** पुनर्विन्यास, पुनर्व्यवस्था

**rearrest** फिर से गिरफ़्तार करना

**reason** 1. हेतु, कारण; by ~ of age आयु के ≈; ~to suspect संदेह करने का कारण; without ~ अकारण; 2. तर्क

**reasonability** युक्तियुक्तता, औचित्य

**reasonable** युक्तियुक्त, समुचित, माकूल; ~ amount ≈ राशि; ~ appreciation ≈ सराहना; ~ bail ≈ ज़मानत; ~ belief ≈ विश्वास; ~ care ≈ सावधानी; ~ cause ≈ कारण; ~ charges ≈ प्रभार/ व्यय; ~ compensation ≈ प्रतिकर/ क्षतिपूर्ति; ~ cost ≈ लागत; ~ facility ≈ सुविधा; ~ ground ≈ आधार; ~ manner ≈ रीति; ~ notice ≈ सूचना; ~ opportunity ≈ अवसर; ~ precaution ≈ पूर्वोपाय; ~ provocation ≈ उत्तेजन; ~ rate ≈ दर; ~ remuneration ≈ पारिश्रमिक; ~ time ≈ समय

**reasonableness** युक्तियुक्तता, औचित्य; ~ of arms आयुधों का औचित्य

**reasonably** युक्तियुक्त/ यथोचित रूप से; ~ accurate ≈ यथार्थ; ~ practicable ≈ व्यवहार्य; ~ satisfied ≈ समाधान कर लिया है

**reasoned amendment** तर्कयुक्त संशोधन

**reasoner** तर्ककर्ता

**reasoning** तर्क, तर्कना

**reassemble** पुनः संवेत करना/होना, फिर से जोड़ना

**reassembling** पुनःसमुच्चयन

**reassess** पुनर्निर्धारण करना

**reassessment** पुनः निर्धारण; ~ of value मूल्य का ≈

**reassign** फिर सौंपना

**reassume** पुनर्ग्रहण करना

**re-assurance** पुनर्बीमा

**reattachment** पुनः कुर्क (करना)

**rebate** छूट, बट्टा; ~ on bill हुण्डी पर ≈; ~ on interest ब्याज की ≈

**rebel** I. *n.* विद्रोही. II. *v.i.* विद्रोह करना

**rebellion** विद्रोह, बग़ावत

**rebellious** विद्रोही, बाग़ी

**rebroadcast** पुनः प्रसारण (करना)

**rebuff** 1. दो-टूक जवाब (देना); 2. झिड़की

**rebuke** डाँट-फटकार (करना), भर्त्सना (करना)

**rebut** खंडन/तरदीद करना, काटना; ~ an inference अनुमान का खंडन करना

**rebuttable** खंडनीय

**rebuttal** खण्डन, काट; ~ evidence खंडनकारी साक्ष्य

**rebutter** खंडनोत्तर

**recalcitrant** अक्खड़, दुर्दम्य, अविधेय; ~ debtor विप्रतीप ऋणी, दुर्दम्य ऋणी; ~ government ≈ सरकार; ~ inmates ≈ सहनिवासी

**recalcitrate** आज्ञा की अवज्ञा करना

**recalculation** पुनर्गणना

**recall** वापस बुलाना/ मँगाना

**recalled advances** प्रत्याहूत अग्रिम, वापस मँगाये गये अग्रिम

**recapitalization** पुनः पूँजीकरण; ~ surplus ≈ अधिशेष

**recapitulate** संक्षेप में दोहरा देना

**recapitulation** सार-कथन, संक्षिप्त पुनरावृत्ति

**recapture** पुनः बन्दी बनाना; ~ clause पुनर्गहण धारा

**re-cast** पुनः बनाना; ~ ledger account बही लेखा ≈

**recede** प्रतिसरण करना, पीछे हटाना

**receipt** 1. पावती, प्राप्ति; ~ and disbursement ≈ तथा संवितरण; ~ and payment ≈ और अदायगी; ~ certificate प्राप्ति प्रमाणपत्र; ~ of money पैसे की प्राप्ति; ~ side ≈ पक्ष; ~ voucher ≈ वाउचर; 2. रसीद, भरपाई; ~ book ≈ बही

**receipts** प्राप्त काग़ज़ पत्र; प्राप्तियाँ ~ and issue प्राप्तियाँ तथा निर्गम

**receivable** प्राप्य; ~ in evidence साक्ष्य में लिये जाने योग्य

**receive** प्राप्त करना, पाना

**received** प्राप्त, पाया; ~ waste book चैक आदि की कच्ची बही

**receiver** 1. पाने वाला, प्रापक, प्राप्तकर्ता; 2. अदाता, रिसीवर; ~ pendente lite वादकालीन ≈; 3. रिसीवर; ~ off ≈ उठाया हुआ; ~ on ≈ रखा हुआ

**receiving** I. *n.* प्राप्ति; आदान, प्रापण; ~ centre ≈/ग्रहण केन्द्र; ~ end प्रापक, प्राप्ति-स्थल; ~ order ≈ आदेश. II. *a.* 1. अधिग्राही; ~ prison ≈ कारागार; ~ room ≈ कक्ष; ~ state ≈ राज्य; ~ station ≈ स्टेशन; ~ unit ≈ यूनिट; 2. ~ country शरणदाता देश

**recency effect** आसन्नता प्रभाव

**recent** अभिनव, नयी नयी, हाल की; ~ occurrence ≈ घटना

**receptacle** आधान, पात्र

**receptator** (अपराधी का) शरणदाता

**reception** 1. प्राप्ति, अभिग्रहण, लेना; ~ home ग्रहणालय; ~ line ≈ लाइन; 2. स्वागत; ~ clerk ≈ लिपिक; ~ of guests अतिथियों का ≈; ~ officer ≈ अधिकारी; ~ room ≈ कक्ष

**receptionist** स्वागतकर्ता

**receptive** ग्राही, अभिग्राही; ~ attitude ≈ अभिवृत्ति

**receptor** प्रापक, आदाता; ~ denariorum धनराशि का ≈

**recess** अवकाश, विश्रामकाल; ~ appointment विश्रांति-नियुक्ति

**recession** प्रत्यर्पण, वापसी

**recessive** अप्रभावी

**rechecking** पुनः जाँच

**recidivism** अपराध-व्यसन

**recidivist** अभ्यस्त अपराधी

**recipe** नुस्ख़ा

**recipient** ग्रहणकर्ता, प्राप्तिकर्ता, पानेवाला

**reciprocal** पारस्परिक, आपसी; ~ agreement अन्योन्य समझौता; ~ arrangement ≈ व्यवस्था; ~ basis ≈ आधार; ~ buying ≈ ख़रीदारी; ~ concessions ≈ रियायतें; ~ demand ≈ माँग; ~ demurrage ≈ डेमरेज; ~ duties ≈ कर्तव्य; ~ gift ≈ दान; ~ insurance ≈ बीमा, दोतरफ़ा बीमा, अन्योन्य बीमा; ~ modification ≈ सुपरिवर्तन; ~ promise ≈ वचन; ~ reinsurance ≈ पुनर्बीमा; ~ relation ≈ संबंध; ~ rights अन्योन्य अधिकार; ~ trade अन्योन्य व्यापार

**reciprocate** परस्पर आदान-प्रदान करना

**reciprocating** व्यतिकारी; ~ authority ≈ प्राधिकार; ~ territory ≈ राज्यक्षेत्र

**reciprocity** व्यतिकर, पारस्परिकता, अन्योन्यता; ~ clause ≈ खंड

**recission** विखंडन

**recital** 1. वचन, पाठ; ~ in public जनता में ≈; 2. आख्यान, परिवर्णन, कथन

**recitation** पाठ, पठन, सस्वर वाचन

**recite** 1. उल्लेख करना; 2. सुनाना

**reckless** 1. लापरवाह; 2. दुस्साहसी

**recklessly** बिना सोचे-समझे

**recklessness** 1. लापरवाही; 2. दुस्साहस
**reckon** संगणना करना, हिसाब लगाना
**reckonable** संगणनीय; ~ service ≈ सेवा
**reckoning of descent** वंशानुक्रम-संगणन
**reclaim** 1. सुधारना, उद्धार करना; 2. वापस माँगना
**reclamation** 1. पुनरुद्धार; ~ of land भूमि-सुधार; ~ officer भूमि सुधार अधिकारी; 2. प्रपत्र-संशोधन
**reclarified** पुनः स्पष्टीकृत
**reclassification** पुनर्वर्गीकरण
**recluse** एकान्तवासी, विरक्त
**reclusion** विराग
**recognise** मान्यता देना
**recognised** मान्यताप्राप्त; ~ agent ≈ अभिकर्ता; ~ by law विधि द्वारा मान्य; ~ college ≈ विद्यालय; ~ holiday ≈ छुट्टी; ~ institution ≈ संस्था; ~ school ≈ विद्यालय
**recognition** मान्यता; conditional ~ सप्रतिबन्ध ≈; de facto ~ तथ्यतः/ व्यवहारतः ≈; de jure ~ विधितः ≈; ~ of belligerency युद्धस्थिति की मान्यता, युद्धावस्था की ≈; ~ of insurgency विद्रोह-≈; ~ of opposition विपक्ष को ≈
**recognitor** अभिज्ञानकर्ता
**recognizable** मान्यता के योग्य
**recognizance** पहचान; मुचलका
**recognizing** मान्यतादायी; ~ state ≈ राज्य
**recoil** I. *v.i.* झिझकना. II. *n.* धक्का
**recoinage** पुनः ढलाई
**recollect** स्मरण करना, याद आना
**recollection** स्मरण, याददाश्त
**recommend** सिफ़ारिश/ संस्तुति करना
**recommendable** अनुशंस्य, संस्तुत्य
**recommendation** अनुशंसा, संस्तुति, सिफ़ारिश; ~ letter ≈ चिट्ठी, ≈ पत्र
**recommendatory** सिफ़ारिशी, संस्तुतिकारी; ~ certificate ≈ प्रमाणपत्र
**recommended** संस्तुत
**recommender** संस्तावक, संस्तुतिकर्ता
**recommending committee** संस्तुति समिति, संस्तावक समिति
**re-committal** पुनःप्रेषण
**recommitment** पुनः सुपुर्दगी
**recompensation** पुनः प्रतिपूर्ति, पुनः हानिपूर्ति
**recompute** पुनः संगणित करना
**recomputation** पुनः संगणना
**reconcilable** समाधेय; ~ discrepancy ≈ असंगति
**reconcile** 1. समाधान करना; 2. मिलाना; सुलह सफ़ाई करना, मेल-मिलाप करना/ कराना
**reconciliation** 1. समाधान; ~ of accounts लेखों का ≈; ~ of discrepancies विभेदों का ≈; ~ of figures आँकड़ों का ≈; ~ statement ≈ विवरण; 2. मेल-मिलाप, सुलह सफ़ाई; ~ officer सुलह अधिकारी
**recondite** दुर्बोध, गहन
**recondition** सुधार करना; पुनरनुकूल बनाना
**reconditioned** परिष्कृत
**reconduct** बलात् निकालना
**reconducted** बलात् निष्कासित
**reconduction** बलात् निष्कासन
**reconferment** पुनः प्रदान
**reconfirmation** पुनः पुष्टि
**reconnaissance** टोह, वीक्षण; ~ survey ≈ सर्वेक्षण
**re-connection** पुनः संयोजन
**reconsider** पुनर्विचार करना
**reconsideration** पुनर्विचार

**reconsigning charge** पुनःपरेषण प्रभार

**reconsignment** पुनःपरेषण

**reconstituted** पुनर्गठित

**reconstitution** पुनर्गठन

**reconstructed** पुनर्निमित, पुनर्नवीकृत; ~ culture ≈ संस्कृति

**reconstruction** पुनर्निमाण; ~ of belief विश्वास ≈; ~ of experience अनुभव ≈

**reconvert** 1. पुनः रूपान्तरित करना; 2. स्वधर्म में लौटाना

**reconvey** प्रतिहस्तांतरित करना

**reconveyance** प्रतिहस्तांतरण; ~ of mortgage बन्धक का ≈; ~ of property सम्पत्ति का ≈

**record** I. *n.* 1. अभिलेख, रिकार्ड, काग़ज़ात मुक़दमा; ~ as it stood विद्यमान ≈; ~ book वृत्त-पुस्तक, अभिलेख-ग्रंथ; बही-खाता; ~ date अभिलिखित तारीख़; ~ in writing लिखित ≈; ~ keeper ≈ पाल; ~ keeping ≈ रखना; ~ office ≈ कार्यालय; ~ of evidence साक्ष्य का ≈; ~ of proceedings कार्यवाही का ≈; ~ of right स्वत्व-अभिलेख का ≈; ~ of service सेवा का ≈; ~ room ≈ कक्ष; ~ slip ≈ पर्ची; 2. कीर्तिमान. II. *v.t.* 1. अभिलिखित/ दर्ज करना; 2. ध्वन्यंकन करना

**recorded** अभिलिखित, रिकार्ड किया हुआ; ~ tenant ≈ काश्तकार

**recorder** अभिलेखक, अभिलेखपाल

**recording** अभिलेखबद्ध करना, रिकार्ड करना; ~ reasons in writing कारणों का अभिलिखित करना; ~ sheets अभिलेखन पत्र

**recounting** पुनर्गणना

**recoup** प्रतिपूर्ति करना, भर देना

**recoupment** प्रतिपूर्ति; ~ indent आपूर्ति माँगपत्र; ~ of loan ऋण की ≈

**recourse** 1. उपाश्रय; to have ~ आश्रय लेना; 2. वसूली-अधिकार

**recover** 1. वसूल करना; 2. प्रत्युद्धरित/ बरामद करना; 3. अच्छा/ चंगा हो जाना

**recoverable** वसूली योग्य; ~ advance ≈ उधार, ≈ पेशगी; ~ payment ≈-अदायगी

**recovered** 1. बरामद, प्रत्युद्धरित; ~ materials प्रतिलब्ध सामान; ~ stores ≈ भंडार; 2. वसूल; 3. रोगमुक्त

**recovery** 1. बरामदगी, प्रत्युद्धार; ~ of stolen property चोरी के माल की ≈; 2. वसूली, पुनःप्राप्ति; ~ of advance उधार राशियों की ≈, पेशगियों की ≈; ~ of arrears बक़ाया की ≈; ~ of bearing charges बैरंग चार्ज की ≈; ~ of cost लागत की ≈; ~ of dues देय की ≈; ~ of loss नुकसान की ≈; ~ of postage डाक-शुल्क की ≈; ~ provisions ≈ व्यवस्था; ~ of tax कर की ≈; ~ officer ≈ अधिकारी; ~ proceedings ≈ की कार्यवाही; 3. स्वास्थ्य-लाभ

**recreation** मनोविनोद, मनोरंजन; ~ centre ≈ केन्द्र; ~ service ≈ सेवा; ~ value ≈ मूल्य

**recreational** मनोविनोदात्मक; ~ adjustment ≈ समायोजन; ~ assistance ≈ सहायता; ~ facilities ≈ सुविधाएँ

**recreative** मनोरंजन का

**recrimination** प्रत्याभियोजन, प्रत्यारोप

**recrudescence** पुनरावर्तन; फिर से उभड़ना

**recruit** I. *n.* रंगरूट. II. *v.t.* भर्ती करना

**recruiting roll** भर्ती की तालिका

**recruitment** भर्ती; ~ authority ≈ प्राधिकारी; ~ office ≈ दफ़्तर

**rectangular** आयताकार

**rectification** परिशोधन, दुरुस्ती, सुधार; ~ of boundaries सीमा-परिशोधन; ~ of errors भूल ≈; ~ of frontiers सीमांत-≈; ~ of instrument लिखत का सुधार; ~ of mistake भूल ≈

**rectified** परिशोधित, परिशुद्ध

**rectifier** दिष्टकारी

**rectify** परिशोधन/ सुधार करना

**rectifying** परिशोधक; ~ entry ≈ प्रविष्टि

**rectilinear** ऋजुरेखीय

**rectitude** ऋजुता, सिधाई

**rector** कुलाधिसचिव

**rectum** 1. अधिकार विधि; 2. गुदा

**recur** फिर होना, आवर्तित होना

**recurrence** आवर्तन

**recurrent** आवर्ती; ~ unemployment ≈ बेरोज़गारी

**recurring** आवर्ती; ~ bill ≈ विधेयक; ~ charge ≈ प्रभार; ~ cost ≈ लागत; ~ deposit ≈ जमा; ~ expenditure ≈ व्यय; ~ grant ≈ अनुदान; ~ period ≈ कालावधि; ~ value ≈ मूल्य

**recusancy** वैमत्य; अवज्ञा

**recusant** अवज्ञाकारी

**red** लाल; ~ hot priority demand अतिअग्रता माँग, अति प्राथमिकता माँग; ~ ink interest अग्रतिथि ब्याज; ~ scare साम्यवाद का भय; ~ tape लाल फ़ीता

**redeem** विमोचन करना, छुड़ाना; ~ the goods माल छुड़ाना

**redeemable** विमोच्य, प्रतिदेय, निष्क्रेय; ~ bond ≈ बंधपत्र, ≈ बांड; ~ debenture ≈ डिबेंचर; ~ share ≈ शेयर; ~ stock ≈ स्टाक

**redeemed** विमोचित, निष्क्रीत

**redeeming feature** क्षतिपूरक लक्षण

**redeliver** वापस देना, प्रतिपरिदान करना

**redemption** 1. विमोचन, छुड़ाना; ~ charges ≈-प्रभार; ~ date प्रतिदान मिति, शोधन-तिथि; ~ fund ≈ निधि; ~ of capital पूँजी का प्रतिदान; ~ of mortgage बंधक का ≈; ~ suit ≈ का वाद; ~ value ≈ का मूल्य; 2. प्रतिदान, निष्क्रयण, शोधन; ~ of debt ऋण का ≈; ~ yield प्रतिदान-प्राप्ति

**red-handed** रंगे-हाथ

**redirected** पुनः प्रेषित, पुनः निर्दिष्ट

**redirection** पुनः प्रेषण, पुनः निर्देशन

**rediscounting** पुनर्भाजन, पुनर्बट्टा

**redistribution** पुनर्वितरण; ~ of charge प्रभार का ≈; ~ of seats निर्वाचन-क्षेत्रों का ≈

**reditus** भाड़ा, किराया; ~ nigri धमकी से वसूला ≈; ~ siccus सूखा ≈

**redivision** पुनर्विभाजन

**red-letter day** मंगल दिवस

**redraft** पुनः प्रारूप बनाना

**redress** I. *n.* 1. निवारण; ~ of grievance शिकायत का ≈; II. *v.t.* 2. प्रतितोष, निष्क्रयण; निवारण करना;

**redressal** निवारण

**redressed** निवारित; निष्क्रीत

**redressible** निवार्य, निष्क्रेय

**red-tapism** लाल फ़ीताशाही

**reduce** 1. कम करना, घटाना; ~ in rank श्रेणीच्युत करना; 2. पदावनति करना; 3. ~ into writing लेखबद्ध करना; 4. प्रह्रासित, लघूकृत; ~ annuity ≈ वार्षिक वृत्ति; ~ price ≈ क़ीमत; ~ to nothing शून्यकृत; ~ to possession क़ब्ज़े में लाना

**reduced** घटा हुआ; ~ cue अल्पसंकेत; ~ in rank ग्रेड घटाया गया; ~ rate कम दर

**reducible** प्रह्रास्य, अल्पकरणीय

**reductio ab absurdum** असंगति सिद्ध करना

**reduction** 1. प्रह्रासन, कमी, घटी; ~ in emoluments उपलब्धियों में ≈; ~ in rank पंक्तिच्युत किया जाना; ~ of armament आयुध घटाना, आयुध न्यूनीकरण; 2. ~ to a lower post निम्न पद पर अवनति

**redundant** व्यतिरिक्त, फ़ालतू

**reduplication** द्विरावृत्ति; द्विरुक्ति

**reefer** प्रशीतन; ~ space ≈ स्थान

**re-election** पुनर्निर्वाचन

**re-employment** पुनर्नियुक्ति, फिर से रोज़गार

**re-enact** पुनरधिनियमित करना

**re-entry** पुनः प्रवेश, वापसी दाखिला

**re-establishment** पुनः स्थापन

**re-examination** पुनः परीक्षा

**re-examine** पुनः परीक्षा लेना

**re-export** पुनर्निर्यात

**re-extradition** पुनः प्रत्यर्पण

**refer** 1. निर्दिष्ट करना, हवाला देना; ~ for trial विचारण के लिए निर्देशित करना; ~ to arbitration मध्यस्थता के लिए निर्देशित करना; ~ to drawer चैककर्ता से पूछिए; 2. भेजना

**referee** निर्देशी, पंच

**reference** निर्देश, हवाला; ~ books ≈ पुस्तकें; ~ clerk ≈ लिपिक; ~ file संदर्भ-मिसिल, संदर्भ-संचिका; ~ group ≈ समूह, प्रमाण समूह, सन्दर्भ समूह; ~ is invited to को देखिए, को देखने का कष्ट करें; ~ library सन्दर्भ पुस्तकालय; cross-~ प्रति-≈; having ~ to के बारे में; in/with ~ to के सन्दर्भ में; make ~ निर्दिष्ट करना; under ~ निर्दिष्ट

**referendum** 1. परिपृच्छा, लोकपृच्छा; 2. लोकमत

**referred to as** के नाम से निर्दिष्ट

**refinance** पुनः वित्तपूर्ति करना; ~ corporation पुनर्वित्त निगम, पुनर्वित्त कंपनी

**refinancing** पुनः वित्तीयन; ~ schemes ≈ योजनाएँ

**refined** शोधित, परिष्कृत, साफ़

**refinement** परिष्कार, परिष्कृति

**refiner** परिष्कर्ता, परिष्करण-यन्त्र

**refinery** परिष्करणी, शोधन भट्ठी; ~ attendant ≈ परिचर

**re-fitting** पुनः आसंजन

**refixation** पुनर्निश्चयन, पुनर्निर्धारण; ~ of pay वेतन का ≈; ~ of quota कोटे का ≈

**reflate** संस्फीत

**reflation** संस्फीति; ~ of currency मुद्रा-≈

**reflationary** संस्फीतिवादी

**reflect** 1. प्रतिबिम्बित करना/होना; 2. मनन करना, विचारना

**reflected** परावर्तित, प्रतिबिम्बित

**reflection** 1. परावर्तन; प्रतिबिम्ब; 2. विचार, मनन, अनुचिंतन; 3. आक्षेप, दोषारोप

**reflective** विमर्शपूर्ण, सविमर्श; ~ action ≈ क्रिया; ~ thinking विमर्शी चिंतन

**reflector** परावर्तक

**reflex** प्रतिवर्त; ~ action ≈ क्रिया; ~ influence ≈ प्रभाव; ~ movement ≈ गति

**reforestation** पुनः वनरोपण

**reform** सुधार (करना)

**reformation** सुधार (आन्दोलन)

**reformative** सुधारार्थ; ~ punishment ≈ दण्ड

**reformatory** सुधारालय; ~ school सुधार विद्यालय; ~ settlement सुधार बस्ती

**reformer** सुधारक

**reformist** सुधारवादी

**refractive error** अपवर्तन दोष

**refractory** 1. दुर्दम्य, दुराग्रही; ~ state ≈

बाग़ी राज्य, ≈ राज्य; **2.** उच्चतापसह (द्रव्य)

**refrain** विरत/ बाज़ रहना, न करना

**refresh** नवीकरण, ताज़ा करना/होना; ~ the memory स्मृति ≈

**refresher** **1.** अतिविलंब शुल्क; **2.** नवीकरण; ~ charge ≈ चार्ज; **3.** ~ course पुनश्चर्या पाठ्यक्रम; ~ training पुनश्चर्या प्रशिक्षण

**refreshment** जलपान, उपाहार; ~ room ≈ गृह, जलपानघर

**refrigerate** प्रशीतन करना

**refrigeration** प्रशीतन

**refrigerator** प्रशीतक, फ्रिज

**refuge** आश्रय, शरण

**refugee** शरणार्थी; ~ colony ≈ बस्ती

**refund** **I.** *n.* प्रतिदाय, वापसी, फेरना; ~ of advance अग्रिम धन की ≈; ~ of deposits जमा की ≈; ~ of revenue राजस्व-≈; ~ order धन ≈ आदेश; ~ warrant ≈ अधिपत्र, ≈ वारन्ट. **II.** *v.t.* वापस करना, लौटाना, फेरना

**refunding** प्रतिदान, वापसी; ~ bond भुगतानी बंधपत्र, भुगतानी बांड; ~ mortgage ≈ बन्धक

**refusal** इन्कार; ground of ~ ≈ का आधार

**refuse** **I.** *n.* कूड़ा, कचरा. **II.** *v.t.* अस्वीकार करना, इन्कार करना, नामंज़ूर करना, नकारना; ~ to comply अनुपालन करने से इन्कार करना

**refused** अस्वीकृत, नामंज़ूर; ~ article ≈ वस्तु; ~ leave ≈ छुट्टी

**refutable** खंडनीय

**refutation** खण्डन, निराकरण

**refute** खण्डन करना, काटना, निराकरण करना

**regal** राजकीय, राजोचित; ~ ritual ≈ संस्कार

**regalia** राजाधिकार; राजचिह्न

**regard** **I.** *n.* **1.** आदर, सम्मान; **2.** ध्यान; having ~ to को ध्यान में रखते हुए; **3.** विषय, सम्बन्ध; ~s as के विषय में; in this ~ इस ≈ में. **II.** *v.t.* मानना, का ध्यान रखना

**regarding** के बारे/ विषय में

**regardless** बिना ध्यान दिये; लापरवाह

**regency** प्रतिशासन व्यवस्था, रीजेंसी

**regeneration** **1.** पुनर्जनन; **2.** पुनरुज्जीवन

**regenerative** **1.** पुनर्योजी; **2.** संपोषी

**regent** प्रतिशासक, रीजेन्ट

**regia via** राजपथ, राजमार्ग

**regicide** **1.** राजहत्या; **2.** राजहंता

**regime** शासन; शासनकाल; ~ of law विधि-≈

**regiment** टुकड़ी, रेजिमेंट

**regimental account** रेजिमेंट-लेखा

**regimentation** निबन्धन, व्यूहबन्धन; ~ of education शिक्षा का ≈; ~ of thoughts विचारों का ≈

**regimented instruction** एकरूप शिक्षा

**region** क्षेत्र, प्रदेश

**regional** क्षेत्रीय, प्रादेशिक; ~ administration ≈ प्रशासन; ~ agreement ≈ समझौता; ~ branches ≈ शाखाएँ; ~ council ≈ परिषद्; ~ directorate ≈ निदेशालय; ~ evaluation ≈ मूल्यांकन; ~ fund ≈ निधि; ~ office ≈ कार्यालय; ~ planning ≈ नियोजन; ~ policy ≈ नीति; ~ record ≈ अभिलेख; ~ survey ≈ सर्वेक्षण; ~ transport ≈ परिवहन

**register** **I.** *n.* रजिस्टर, पंजी; ~ ledger ≈ खाता; ~ of refunds dues रकम वापसी ≈; ~ of works निर्माण कार्य ≈. **II.** *v.t.* **1.** निबंधित/पंजीकृत करना, रजिस्टर में दर्ज कर लेना; ~ a case मामला दर्ज करना; **2.** रजिस्ट्री करना

**registered** 1. पंजीकृत; निबन्धित, रजिस्टीकृत; ~ debenture ≈ डिबेंचर; ~ document ≈ दस्तावेज़; ~ office ≈ कार्यालय; ~ parcel ≈ पार्सल; ~ security ≈ प्रतिभूति; 2. रजिस्ट्री; ~ abstract ≈ सार; ~ acknowledgement due ≈ रसीदी डाक, पावती सहित ≈ डाक; ~ bond ≈ बांड, ≈ बंधपत्र; ~ letter ≈ पत्र; ~ post ≈ डाक; ~ receipt ≈ रसीद

**registering** निबन्धक, रजिस्ट्री; ~ authority ≈ प्राधिकारी; ~ office ≈ कार्यालय; ~ officer रजिस्ट्रीकर्ता अधिकारी

**registrable** पंजीकरणीय, निबन्धनीय; ~ document ≈ दस्तावेज़

**registrar** 1. निबन्धक, पंजीकार, रजिस्ट्रार; ~ general महापंजीयक; 2. (universities) कुलसचिव

**registration** पंजीकरण, निबन्धन, रजिस्ट्री; ~ fee ≈ शुल्क; ~ form ≈ फ़ार्म; ~ of documents दस्तावेज़ों का ≈; ~ of union संघ-≈; ~ sorter ≈ छँटाईकार, ≈ सार्टर

**regnal** 1. राजवंशीय; 2. राज्यवर्गीय

**regnant dogma** शासी सिद्धान्त

**regress, regression** प्रतिगमन, प्रतिक्रमण, पीछे हटना

**regressive** 1. प्रतिगामी, पश्चगामी; 2. अवरोही; ~ expenditure ≈ व्यय; ~ tax ≈ कर

**regret** खेद (प्रकट करना); to express ~ ≈ प्रकट करना

**regrettable** खेदजनक, खेद का विषय

**regrouping** पुनः समूहन

**regular** नियमित, बाक़ायदा; ~ account ≈ लेखा; ~ allowance ≈ भत्ता; ~ appeal ≈ अपील; ~ army ≈ सेना; ~ cadre ≈ संवर्ग, ≈ काडर; ~ channel ≈ प्रणाली; ~ course ≈ अनुक्रम; ~ distribution ≈ वितरण; ~ establishment ≈ स्थापन; ~ session ≈ सत्र; ~ service ≈ सेवा; ~ suit ≈ वाद; ~ trial ≈ विचारण

**regularised conduct** नियमित आचरण

**regularity** नियमितता

**regularization** नियमित करना; ~ of excesses अतिव्यय का नियमानुकूलन, अतिव्यय को ≈

**regularize** नियमानुकूल बनाना

**regularly** नियमित रूप से; ~ maintained ≈ रखा गया; ~ performed ≈ निष्पादित (किया गया)

**regulate** विनियमित करना

**regulated** विनयमित; ~ area ≈ क्षेत्र

**regulating** I. *a.* विनियामक; ~ behaviour ≈ व्यवहार; ~ bill ≈ विधेयक हुंडी; ~ market ≈ बाज़ार. **II.** *n.* विनियमीकरण

**regulation** 1. विनियम; rules & ~s नियम और ≈; 2. विनियमन; ~ law ≈ विधि; ~ of armament शस्त्रीकरण का ≈

**regulative** विनियामक

**regulator** विनियामक

**regulatory taxation** नियामक कराधान

**rehabilitate** पुनः बसाना; पुनः स्थापित करना

**rehabilitated** पुनर्वासित; ~ employee ≈ कर्मचारी

**rehabilitation** 1. पुनर्वास; पुनः स्थापन; ~ grant पुनर्वासन अनुदान; ~ of sick units रुग्ण इकाइयों का पुनरुत्थान; ~ services ≈ सेवाएँ; 2. सुधार

**rehearing** पुनः श्रवण, फिर से सुनवाई; ~ of suit वाद की फिर से सुनवाई

**rehearsal** पूर्वाभ्यास, रिहर्सल

**rehearse** पूर्वाभ्यास करना

**reign** 1. राज्य (करना); ~ of law विधि-शासन; 2. राज्यकाल

**reigning family** शासी परिवार

**reimburse** प्रतिपूर्ति करना

**reimbursed** प्रतिपूरित

**reimbursement** प्रतिपूर्ति; ~ benefit ≈ हितलाभ; ~ of expenses व्यय का प्रतिशोधन; ~ of losses हानियों की ≈

**reimported goods** पुनरायातित माल

**reinfect** पुनः संक्रान्त करना

**reinforcement** 1. कुमुक; 2. प्रबलन ~ bar ≈ सरिया

**reinstallation fee** फिर से लगाने की फ़ीस, पुनःसंस्थापन फ़ीस

**reinstate** पुनःस्थापित/ बहाल करना, यथापूर्व कर देना

**reinstated in service** नौकरी बहाल की गई

**reinstatement** पुनः स्थापना, बहाली; ~ of lapsed policy व्यपगत पॉलिसी का ≈, गतावधि पॉलिसी का ≈

**reinstating** बहाली, यथापूर्वकरण

**reinsurance** पुनर्बीमा

**reinsured** पुनर्बीमित

**reinsurer** पुनर्बीमाकर्ता

**reinterview** पुनः साक्षात्कार

**reissue** पुनः निर्गमन/ जारी (करना); ~ of notice सूचना ≈

**reiterate** दुहराना, फिर कहना

**reiteration** पुनःकथन

**reject** अस्वीकार/ नामंज़ूर/ ख़ारिज करना; ~ an appeal अपील ≈

**rejectant parents** अस्वीकारी माता-पिता

**rejected** अस्वीकृत, नामंज़ूर, अगृहीत; ~ bid ≈ बोली; child ≈ बालक; ~ evidence ≈ साक्ष्य; ~ goods ≈ माल; ~ question ≈ प्रश्न

**rejectee** वंचित व्यक्ति, प्रत्याख्यात व्यक्ति

**rejection** अग्रहण, अस्वीकृति, नामंज़ूरी; ~ of a plaint वादपत्र का प्रतिक्षेपण

**rejoicing** हर्ष/ ख़ुशी मनाना

**rejoin** काम पर वापस आ जाना

**rejoinder** प्रत्युत्तर, जवाब दावा

**rejuvenate** कायाकल्प/ जीर्णोद्धार करना

**rejuvenation** कायाकल्प, जीर्णोद्धार

**rejuvenescence** पुनः यौवन प्राप्त करना

**relapse** पुनरावर्तन (होना), पलटाव (होना)

**relapsing** प्रत्यावर्ती; ~ fever ≈ ज्वर

**relate** 1. सम्बद्ध होना; 2. कहना, सुनाना

**related** 1. सम्बद्ध; ~ product संबंधित उत्पाद; 2. कथित, वर्णित

**relating** संबंधित; ~ to से सम्बद्ध, के बारे में; ~ thereto तत्सम्बन्धी

**relation** 1. सम्बन्ध; ~ of things वस्तुओं का ≈; ~ of persons व्यक्तियों का ≈; 2. सम्बन्ध, रिश्ता, नाता; 3. सम्बन्धी, रिश्तेदार

**relational** संबंधमूलक, संबंधात्मक

**relationship** 1. सम्बन्ध; agreement ~ ≈-समझौता; conjugal ~ दाम्पत्य ≈; functional ~ कृत्यिक ≈; matrimonial ~ वैवाहिक ≈; 2. रिश्तेदारी, नातेदारी; ~ by blood रक्त से ≈; ~ by marriage विवाह से ≈

**relative** I. *n.* सम्बन्धी, रिश्तेदार. II. *a.* सापेक्ष; ~ change ≈ परिवर्तन; ~ fact ≈ तथ्य; ~ importance ≈ महत्त्व; ~ prices ≈ क़ीमतें; ~ status ≈ प्रस्थिति; ~ surplus ≈ अधिक मूल्य; ~ valuation ≈ मूल्यांकन; ~ value ≈ मूल्य; ~ width ≈ आयाम; ~ rights अपने-अपने अधिकार

**relatively** अपेक्षया, अपेक्षाकृत

**relativity** सापेक्षता

**relax** शिथिल करना, ढील देना

**relaxation** 1. शिथिल, शैथिल्य, ढील; ~

of ban प्रतिबन्ध शिथिलन; ~ of rules नियमों में ≈; **2.** छूट, रियायत; **3.** विश्राम; ~ feeling ≈ भावना

**relaxed** शिथिल, ढीला

**relay** (broadcast) सहप्रसारण; ~ post बदली चौकी; ~ routes टपाल मार्ग, डाक-मार्ग

**relearning** पुनरधिगम, पुनः सीखना

**release** **I.** *n.* **1.** निर्मुक्ति, रिहाई; ~ of a debtor ऋणी की ≈; **2.** विमोचन; ~ of a book पुस्तक का ≈; ~ date निर्मोचन तिथि; ~ of capital पूँजी निर्मोचन; ~ period धर्म शिक्षा समय. **II.** *v.t.* छोड़ना, निर्मुक्त करना; ~ from attachment कुर्की से ≈; ~ on bail जमानत पर ≈; ~ on probation परिवीक्षा पर ≈

**released** निर्मुक्त, छूटा हुआ; ~ prisoner ≈ क़ैदी

**releaser** मोचक

**relegate** निकालना, पीछे करना, नीचे करना

**relevance,-cy** प्रासंगिकता; ~ of decree डिक्री की ≈; ~ of judgment निर्णय की ≈; ~ of order आदेश की ≈; legal ~ विधिक ≈

**relevant** प्रासंगिक, सुसंगत, संबद्ध; ~ document ≈ लेख्य/ दस्तावेज़; ~ evidence ≈ साक्ष्य; ~ extract ≈ सार; ~ facts ≈ तथ्य; ~ figures ≈ आँकड़े; ~ material ≈ सामग्री; ~ papers ≈ काग़ज़ात; ~ question ≈ प्रश्न

**reliability** विश्वस्तता

**reliable** विश्वसनीय, विश्वस्त; ~ data ≈ सामग्री; ~ evidence ≈ साक्ष्य; ~ source ≈ सूत्र

**reliance** भरोसा, निर्भरता

**relics** अवशेष, पुरावशेष

**relict** **1.** (जीव का) अवशेष; **2.** विधवा

**relief** **1.** राहत, सहायता; ~ activities ≈ कार्य, ≈ क्रियाकलाप; ~ against forfeiture समपहरण से राहत/ विमुक्ति; ~ allowance ≈ भत्ता; ~ from pain पीड़ा से राहत; ~ fund ≈-निधि; ~ measures ≈ उपाय/ कार्य; ~ shift ≈ पारी, ≈ शिफ्ट; ~ train सहायता/ राहत गाड़ी; ~ work ≈ कार्य; **2.** अनुतोष; consequential ~ परिणामी ≈; excessive ~ अत्यधिक ≈; preventive ~ निवारक ≈; specific ~ विशिष्ट ≈; **3.** उभार; ~ map उभरा मानचित्र; **4.** एवज़ी; ~ clerk ≈ लिपिक; **4.** छुट्टी, अवमुक्ति

**relieve** **1.** भारमुक्त करना; ~ from liability दायित्व से अवमुक्त करना; **2.** एवज़ी काम करना; **3.** सहायता/ राहत पहुँचाना

**relieved** भारावमुक्त; ~ officer ≈ अधिकारी; ~ in compensation प्रतिकर द्वारा अनुतुष्ट

**relieving** भारावमोचक, एवज़ी; ~ officer विरामदायी अधिकारी, भारग्राही अधिकारी; ~ staff ≈ कर्मचारीगण

**religion** धर्म, मज़हब

**religious** धार्मिक; ~ affiliation ≈ संबंधन; ~ antagonism ≈ विरोध; ~ assembly ≈ सभा; ~ cult ≈ पंथ; ~ denomination ≈ सम्प्रदाय; ~ discourse ≈ प्रवचन; ~ education ≈ शिक्षा; ~ humanitarianism ≈ मानवतावाद; ~ magnanimity ≈ महामनस्कता; ~ minority ≈ अल्पसंख्यक वर्ग; ~ myth ≈ काल्पनिक कथा; ~ observance ≈ आचार; ~ restriction ≈ प्रतिबन्ध, मज़हबी पाबंदी; ~ rites ≈ अनुष्ठान; ~ service पूजा-अर्चन; ~ susceptibilities ≈ भावनाएँ; ~ war ≈ युद्ध; ~ worship ≈ पूजा ~

**relinquish** अवत्याग करना, छोड़ देना; ~ office पद ≈; ~ occupancy अधिभोग छोड़ देना

**relinquished** अवत्यक्त

**relinquishment** अवत्याग, स्वत्त्व-त्याग; ~ of charge कार्यभार त्याग; ~ of claim दावे का ≈; ~ of land भूमि का ≈; ~ of right अधिकार का ≈; ~ of occupancy अधिभोग का ≈

**reluctance** अनिच्छा

**reluctant** अनिच्छुक; ~ to do करने को ≈

**reluctantly** अनिच्छा से

**rely** भरोसा रखना, निर्भर रहना; ~ in the alternative अनुकल्पतः ≈

**rem** सर्वबन्धी; action in ~ ≈ कार्य; judgment in ~ ≈ निर्णय

**remain** **1.** ठहरना, रहना; ~ due देय होना; ~ in force प्रवृत्त रहना; ~ operative सक्रिय/ कार्यशील रहना; **2.** पीछे/ शेष रहना, (बाक़ी) बचना

**remainder** शेष; ~ man ≈ भोगी; ~ of the period कालावधि का ≈ भाग

**remaining** शेष, बाक़ी; ~ interest ≈ हित; ~ members ≈ सदस्य; ~ partner ≈ साझेदार

**remains** अवशेष; ~ of the dead मृतकों के ≈

**remand** **I.** *n.* प्रतिप्रेषण, वापस सुपुर्दगी; ~ home ≈ गृह; ~ of suit वाद का ≈; ~ order ≈ आदेश. **II.** *v.t.* प्रतिप्रेषित करना, वापस सुपुर्द करना

**remark** टिप्पण (करना), कैफ़ियत (देना)

**remarkable** **1.** असाधारण, विचित्र; **2.** उल्लेखनीय

**remarriage** पुनर्विवाह

**remarry** पुनर्विवाह करना

**remediable** उपचार-योग्य

**remedial** उपचारी; ~ Act ≈ अधिनियम; ~ gymnastics ≈ व्यायाम; ~ institution ≈ संस्था; ~ justice सुधारक न्याय; ~ measures ≈ उपाय; ~ proceedings ≈ कार्यवाही; ~ right ≈ अधिकार; ~ training ≈ प्रशिक्षण

**remedy** **I.** *n.* उपचार, उपाय, चारा; ~ allowance ≈ छूट/ गुंजाइश; ~ies of mortgage बंधकग्राही के ≈. **II.** *v.t.* उपचार/ उपाय करना, सुधारना

**remembrance** स्मरण, याददाश्त

**remembrancer** परामर्शी; legal ~ विधि ≈

**rememorization** पुनः कंठस्थीकरण

**remilitarization** पुनः सैन्यीकरण

**remind** स्मरण/ याद दिलाना

**reminder** स्मरण-पत्र, अनुस्मारक; ~ slip ≈ पर्ची, याद पर्ची

**reminiscence** संस्मरण

**remise** दावा छोड़ देना

**remiss** असावधान, शिथिल

**remission** परिहार, उपशमन, छूट, माफ़ी; ~ of dues देय रक़मों की ≈, प्राप्य रक़मों की ≈; ~ of interest ब्याज की ≈; ~ of payment भुगतान की ≈; ~ of rent किराये की ≈, लगान की ≈; ~ of revenue राजस्व की ≈; ~ of tax कर की ≈

**remissness** असावधानी, शिथिलता

**remit** **1.** छूट/ माफ़ी देना/ छोड़ना; ~ fees फ़ीस ≈; ~ sentence दण्ड में ≈; **2.** विप्रेषण करना, (रुपया) भेजना; ~ an award पंचाट ≈; ~ money रुपया भेजना

**remittance** **1.** छूट, माफ़ी; **2.** विप्रेषण; ~ account प्रेषणा लेखा; ~ advice ≈-सूचना, प्रेषित धन की सूचना; ~ business प्रेषणा कार्य; ~ charges ≈ व्यय; ~ in transit मार्गस्थ प्रेषण; ~ item प्रेषण-मद; ~ transaction धन-प्रेषण व्यवहार, प्रेषणा लेनदेन; ~ transfer प्रेषणा-अंतरण; **3.** विप्रेषित धन

**remitted** विप्रेषित; ~ fees प्रेषित शुल्क

**remittee** विप्रेषिती, पानेवाला
**remitter** विप्रेषक, भेजनेवाला
**remnant** अवशेष
**remodelled** पुनः प्रतिरूपित
**remonetization** पुनर्मुद्रीकरण
**remonstrance** प्रतिवाद, विरोध; विरोधपत्र
**remonstration** आपत्ति, विरोध; उलाहना
**remorse** अनुताप, पछतावा
**remorseful** अनुतप्त
**remote** दूरस्थ, दूरवर्ती, परोक्ष; ~ advantage ≈ लाभ; ~ cause ≈ हेतुक; ~ control ≈ नियंत्रण
**remotely** दूरस्थतः
**remoteness** दूरवर्तिता, दूरस्थता
**remoter issue** दूर की सन्तान
**removal** 1. अपनयन, अपसारण, हटाया जाना; ~ from office पद से ≈; ~ from service नौकरी से ≈; ~ of member सदस्य का ≈; ~ of prisoners बन्दियों का ≈; ~ of restriction प्रतिबंध का ≈; 2. निवारण; ~ of disabilities निर्योग्यताओं का ≈; ~ of doubts शंकाओं का ≈
**remove** I. *n.* अपसारित करना, अपनयन करना; निवारण करना, हटाना. II. *n.* heirs of one ~ एक पीढ़ी दूर के वारिस
**remunerate** पारिश्रमिक/ उजरत देना
**remunerated** पारिश्रमिक-प्राप्त
**remuneration** पारिश्रमिक, उजरत
**remunerative** लाभप्रद; ~ business ≈ व्यवसाय; ~ capital ≈ पूँजी; ~ enterprises लाभकारी उद्यम; ~ return लाभदायक प्राप्ति
**renable** युक्तिसंगत, यथोचित, विवेकयुक्त
**renaissance** पुनर्जागरण, नवजागृति
**render** 1. प्रस्तुत करना, देना; ~ account हिसाब ≈; 2. बनाना, बना देना; ~ defective त्रुटिपूर्ण ≈; ~ ineffective प्रभावहीन ≈; ~ innocuous हानिरहित ≈; ~ merchantable वाणिज्यिक ≈; ~ onself liable to punishment दंड का भागी होना; 3. अनुवाद करना; 4. करना; ~ service सेवा ≈/ देना
**rendered account** प्रस्तुत हिसाब, प्रस्तुत लेखा
**rendezvous** संकेत-स्थल, मिलन-स्थल
**rendition** 1. देना; ~ of account हिसाब ≈; 2. प्रतिसमर्पण; 3. अनुवाद
**rendu price** आयात सुपुर्दगी क़ीमत
**renew** नया करना
**renewable** नवीकरणीय
**renewal** नवीकरण; ~ agreement ≈ समझौता या क़रार; ~ certificate ≈ प्रमाणपत्र; ~ of bill हुंडी का ≈; ~ of contract संविदा का ≈; ~ of demand माँग का ≈; ~ of licence लाइसेंस का ≈; ~ of registration रजिस्ट्री का ≈; ~ of track पथ-≈
**renewed** नवीकृत; ~ effort दोबारा कोशिश; ~ licence ≈ लाइसेंस
**renomination** पुनः नामनिर्देशन
**renounce** त्याग देना; ~ the world संसार से सन्यास लेना
**renouncement, renouncing** त्यजन, छोड़ना
**renovate** नया बना देना, नवीकरण करना
**renovation** नवीयन, नवीकरण, नया करना
**renown** कीर्ति, ख्याति
**renowned** कीर्तिमान्, प्रसिद्ध
**rent** 1. किराया, भाड़ा; ~ account ≈ लेखा; ~ collector ≈ समाहर्ता; ~ control ≈ नियंत्रण; ~ deduction ≈ कटौती; ~ due देय लगान/ ≈; ~ free भाटक-मुक्त; ~-free accommodation निःशुल्क आवास; ~-free grant माफ़ीदारी; ~-free grantee माफ़ीदार; ~-free land माफ़ी भूमि; ~ in kind

वस्तु रूप में ≈; ~ ledger ≈ खाता; ~ subsidy ≈ उपदान; **2.** लगान; ~ suit ≈ दावा; **3.** ~ of ability योग्यता अधिशेष

**rental** **1.** किराया, किराये की रक़म; ~ income भाड़े/ किराये की आय; **2.** लगान; ~ assessment ≈ निर्धारण; ~ value ≈ मूल्य

**rented** भाड़े पर लिया

**rentier** किरायाजीवी, लगान उपजीवी

**renumber** पुनः संख्यांकित करना

**renumbering** पुनरंकन, फिर से संख्या लगाना

**renunciation** त्याग, संन्यास; ~ of citizenship नागरिकता का ≈

**renvoi** पुनरीक्षण

**re-occupy** पुनः अधिकार करना

**reopen** पुनः आरम्भ करना; पुनर्विचार करना; ~ an account फिर से खाता खोलना; ~ agreement क़रार पुनर्जीवित करना

**reopened cases** पुनः चालित मामले

**reorganization** पुनर्गठन; ~ bond ≈ बंधपत्र, ≈ बांड; ~ of economy अर्थव्यवस्था का ≈; ~ of government शासन का ≈, सरकार का ≈; ~ of states राज्यों का ≈; ~ surplus ≈ अधिशेष

**reorganized** पुनर्गठित

**reorientation** पुनःस्थापन, पुनरभिविन्यास

**reoriented** पुनःस्थापित

**repaid** प्रतिदत्त, वापस अदा किया गया

**repair** जीर्णोद्धार (करना), मरम्मत (करना); ~ the damage क्षतिपूर्ति करना

**repaired** (have it) मरम्मत करा लो

**reparable** मरम्मत योग्य

**reparation** हानिपूर्ति, भरपाई; ~ claim ≈ दावा

**repartee** प्रत्युत्पन्न उत्तर

**repatriate** देश को लौटाना, संव्यावर्तित करना

**repatriation** संव्यावर्तन, देश-प्रत्यावर्तन, देश वापस भेजना; ~ of capital पूँजी-प्रत्यावर्तन; ~ of refugees शरणार्थियों का ≈; ~ of sterling debt स्टर्लिंग ऋण का प्रत्यावर्तन

**repay** चुकाना, शोधन करना, लौटाना, प्रतिसंदाय करना

**repayable** शोध्य, प्रतिदेय; ~ advance ≈ पेशगी या अग्रिम; ~ deposit ≈ जमा

**repaying capacity** चुकौती क्षमता

**repayment** शोधन, प्रतिदाय, वापसी; ~ of loans ऋणों की ≈

**repeal** **I.** *n.* निरसन, मंसूख़ी. **II.** *v.t.* निरस्त करना, मंसूख़ करना

**repealed** निरस्त, रद्द; ~ Act ≈ अधिनियम

**repeat** पुनरावृत्त करना, दोहराना; ~ registration अतिरिक्त रजिस्ट्री

**repeated** पुनरावृत्त

**repeater** पुनरावर्तक, रिपीटर

**repeating** आवर्तक; ~ rifle राइफ़ल; ~ coil विच्छेदक कुंडली; ~ signal प्रति-संकेतक

**repel** पीछे हटाना; खण्डन करना

**repent** पश्चाताप करना, पछताना

**repentance** पश्चाताप, पछतावा

**repercussion** (मानसिक) प्रतिघात, प्रतिक्रिया

**repertorial** प्रतिवेदनात्मक; ~ document ≈ अभिलेख

**repertory** सूची, सारणी

**repetition** पुनरावृत्ति, दोहराना; ~ of mistake भूल की ≈; ~ of self-assurance स्व-आश्वासन की ≈

**repetitive** पुनरावर्ती; ~ occupation ≈ व्यवसाय; ~ process ≈ आवर्ती प्रक्रम

**replace** प्रतिस्थापित करना, बदलना; के स्थान पर रखना

**replaceable** बदलने योग्य

**replacement** प्रतिस्थापन, बदलाव; ~

clause ≈ धारा; ~ cost ≈ लागत; ~ demand ≈ माँग; ~ fund ≈ निधि; ~ insurance ≈ बीमा; ~ sale ≈ बिक्री

**replacing of product** उत्पाद-प्रतिस्थापन

**repleader** अभिवचन, पुनरभ्युक्ति

**repledge** पुन: बन्धक रखना, गिरवी दर गिरवी करना

**replenish** पुन: पूर्ति करना

**replevin** प्रत्याप्ति

**replica** प्रतिकृति

**replication** 1. पुनरावृत्ति; 2. प्रत्युत्तर

**reply** उत्तर (देना), जवाब (देना); ~ paid telegram जवाबी तार; ~ post card जवाबी पोस्ट-कार्ड; ~ on evidence साक्ष्य पर ≈; ~ to calls बुलावों का अनुपालन करना

**report** I. *n.* 1. रिपोर्ट, रपट, प्रतिवेदन; ~ of decision विनिश्चय की रिपोर्ट; 2. संवाद. II. *v.* रिपोर्ट करना; ~ for duty कार्य पर उपस्थिति होने की सूचना देना

**reportable** रिपोर्ट-योग्य, प्रतिवेद्य

**reported** 1. प्रतिवेदित; ~ case ≈ केस; 2. ज्ञापित; ~ worth ≈ साख

**reporter** 1. प्रतिवेदक; 2. संवाददाता

**reporting** संवाद-लेखन; रिपोर्ट देना; ~ authority ≈ प्राधिकारी; ~ policy सूचनापेक्षी पॉलिसी; ~ time कार्यार्थ उपस्थिति-समय

**repose** I. *n.* 1. विश्राम; 2. आत्मसंयम. II. *v.t.* रखना; विश्राम देना

**reposed article** दुबारा डाक में डाली वस्तु, फिर से डाक में भेजी गई वस्तु

**repository** 1. भण्डार, संग्रह; 2. पात्र

**reprehend** फटकारना, भर्त्सना करना

**reprehensible** भर्त्सनीय, निंद्य

**reprehension** निंदा

**represent** 1. अभ्यावेदन करना, उपस्थित करना; ~ a case मामला ≈; 2. प्रतिनिधित्व करना; ~ a party पक्षकार का ≈

**representants plenipotentiaries** पूर्णाधिकारी प्रतिनिधि

**representation** 1. अभ्यावेदन, अर्ज़दाश्त; ~ in writing लिखित ≈; 2. चित्रण; 3. प्रतिनिधित्व; communal ~ साम्प्रदायिक ≈; ~ of minorities अल्पसंख्यकों का ≈

**representational** 1.विषयबोधक; 2. प्रतिरूपात्मक; 3. प्रतिनिधानात्मक; ~ duties ≈ कार्यभार

**representative** I. *n.* प्रतिनिधि; ~ capacity ≈ की हैसियत; ~ conference ≈ सम्मेलन; ~ consumer ≈ उपभोक्ता; ~ creditor ≈ ऋणदाता, ≈ लेनदार; ~ firm ≈ फ़र्म; ~ function ≈ कार्य; ~ in interest हित ≈; ~ regime ≈ शासन. II. *a.* प्रतिनिधिक; ~ character ≈ स्वरूप; ~ data ≈ आधार-सामग्री

**represented** 1. प्रतिनिहित; 2. अभ्यावेदित. 3. रूपित

**representing** निरूपक; ~ the value मूल्य को जतानेवाला

**repress** दमन करना, दबाना

**repressed** दमित; ~ desire ≈ इच्छा; ~ drive ≈ अंतर्नोद; ~ inflation ≈ स्फीति; ~ instincts ≈ मूलप्रवृत्ति; ~ wish ≈ अभिलाषा

**repression** दमन

**repressive** दमनकारी; ~ imprisonment ≈ कारावास; ~ motive ≈ हेतु; ~ tactics ≈ युक्तियाँ; ~ tax पीड़क कर

**reprieve** I. *n.* प्रतिलम्बन, दण्डस्थगन. II. *v.t.* दण्ड स्थगित करना

**reprimand** I. *n.* डाँट, फटकार; ~ for indifference लापरवाही के लिए फटकार.

II. *v.t.* डाँटना, फटकारना

**reprisal** प्रत्याघात, प्रतिहिंसा, प्रतिशोध, बदला

**reproach** भर्त्सना (करना), निंदा करना उलाहना (देना)

**reproachful** भर्त्सनात्मक, निंदापूर्ण, निंदामय

**reprobate** 1. धिक्कारना; 2. अनुमोदन न करना

**reprobation** 1.धिक्कार; 2. निरनुमोदन

**reproduce** 1. पुनः प्रस्तुत करना, उद्धृत करना; 2. फिर फिर जनना

**reproducibility** पुनः प्रस्तुति योग्यता, पुनः प्रस्तुतिकरण योग्यता

**reproducible** पुनरुत्पादनीय

**reproduction** 1. पुनः प्रस्तुतीकरण; 2. प्रतिकृति; 3. उद्धरण; 4. प्रजनन, पुनरुत्पादन; ~ cost ≈ लागत; ~ of capital पूँजी-≈

**reproductive** पुनरुत्पादी; ~ debt पुनरुत्पादक ऋण

**reproof** धिक्कार

**reprove** धिक्कारना

**republic** गणतन्त्र, गणराज्य; ~ day ≈ दिवस

**republican** गणतंत्रवादी, गणतंत्रीय

**republication** पुनः प्रकाशन

**repudiate** प्रत्याख्यान करना; निराकृत करना; ~ the suit वाद का निराकरण करना; treat as ~d निराकृत मानना

**repudiation** प्रत्याख्यान, निराकरण, त्याग; ~ of contract संविदा का निराकरण; ~ of the transaction संव्यवहार का निराकरण/ खंडन

**repudium** विवाह संविदा तोड़ना

**repugnance, -cy** प्रतिकूलता, विरोध

**repugnant** प्रतिकूल, विरुद्ध; ~ to the context प्रसंग के ≈

**repulsion** विकर्षण, घृणा

**repulsive** विकर्षक, घृणास्पद

**repurchase** पुनः क्रय (करना)

**reputation** ख्याति, कीर्ति

**repute** ख्याति; of ~ ≈ प्राप्त

**reputed** ख्यातिप्राप्त, विख्यात

**request** प्रार्थना, निवेदन

**require** अपेक्षा करना, तलब करना

**required** अपेक्षित; as ~ यथापेक्षित; it is ~ यह अपेक्षा है

**requirement** अपेक्षा, आवश्यकता; ~ of law विधि की ≈

**requiring** अपेक्षी; ~ proof प्रमाणापेक्षी

**requisite** I. *n.* अपेक्षित गुण. II. *a.* अपेक्षित, आवश्यक; ~ information ≈ जानकारी; ~ number ≈ संख्या; ~ qualification ≈ अर्हता

**requisition** I. *n.* 1. माँग, अध्यपेक्षा, अधियाचना; माँगपत्र; ~ form माँग-फ़ार्म, ≈ पत्रक; ~ in writing लिखित अधियाचना, लिखित रूप में अध्यपेक्षण; ~ of public record लोक अभिलेख की अपेक्षा करना, सार्वजनिक अभिलेख की ≈; ~ slip ≈-पर्ची; 2. अधिग्रहण; ~ of land भूमि का ≈. II. *v.* तलब करना, माँगना

**requisitioned** अधिगृहीत; ~ land ≈ भूमि

**requisitioning officer** अधिग्रहण अधिकारी

**requital** प्रतिपूर्ति, पलटा

**rerolled** पुनर्विलित

**rerum divinorum atque humanarum** सर्वविदित दैवी विधान

**res** 1. वस्तु; ~ accessoria सहायक ≈; ~ communes सामान्य ≈; ~ corporales शारीरिक≈; ~ fungibiles प्रतिमोच्य ≈; ~ furtivae चोरी की ≈; ~ gestae वास्तविक ≈; ~

immobiles अचल ≈; ~ integra पूरी ≈; ~ ipsa loquitur ≈ (घटनाएँ) स्वयं बोलती हैं; ~ judicata निर्णीत ≈; ~ mobiles चल ≈; ~ nullius स्वामीहीन ≈; ~ publica लोक ≈; ~ sacra पवित्र ≈; ~ universitatis सार्वजनिक ≈; 2. विषय; ~ adjudicata निर्णीत ≈; ~ controversa विवादास्पद ≈; ~ novo नया ≈; ~ quotidianae दैनिक ≈; ~ sub judice विचाराधीन ≈

**resale** पुनर्विक्रय; ~ notice ≈ की सूचना

**rescind** विखंडित/रद्द करना; ~ the contract संविदा ≈

**rescindable** विखंडनीय; ~ contract ≈ संविदा

**rescission** विखंडन, मंसूखी, निरसन

**rescue** I. *n.* बचाव, छुड़ाई, उद्धार; ~ house उद्धार-गृह; ~ operations ≈ सम्बन्धी कार्यवाहियाँ. II. *v.t.* उद्धार करना, बचाना, छुड़ाना

**rescued** बचा/ छुड़ा लिया गया

**research** शोध, गवेषणा, खोज, अनुसंधान; ~ fellow अध्येता; ~ fellowship ≈शिक्षावृत्ति; ~ institute ≈ संस्थान; ~ scholar ≈ छात्र

**researcher** शोधकर्ता, अनुसंधानकर्ता

**resemblance** साम्य, सादृश्य

**resemble** के सदृश होना

**reservation** 1. आरक्षण; ~ charge ≈ प्रभार; ~ clerk ≈ लिपिक, ≈ क्लर्क; ~ of posts पदों का ≈; ~ of seats स्थान का ≈; 2. संग्रहण; ~ demand ≈ माँग; 3. संकोच; without ~ बेरोक, निस्संकोच

**reserve** I. *n.* आरक्षित वस्तु/ धन/ व्यक्ति, रिज़र्व; ~ account ≈ निधि-लेखा; ~ bank deposits ≈ बैंक जमा; ~ force ≈ बल; ~ fund ≈ निधि; ~ liability ≈ देयता; ~ police ≈ पुलिस; ~ price ≈ क़ीमत; ~ stock ≈ माल; ~ value ≈ मूल्य, ≈ दाम; contingency ~ आकस्मिक रिज़र्व; depletion of ~ प्ररक्षित निधि का अवक्षय. II. *v.t.* आरक्षित करना, बचा रखना; ~ the right अधिकार ≈

**reserved** 1. संकोची; 2. आरक्षित; ~ accommodation ≈ स्थान; ~ berth ≈ शायिका; ~ bidding ≈ बोली; ~ compartment ≈ डिब्बा; ~ domain ≈ अधिकार-क्षेत्र; ~ powers ≈ शक्तियाँ, ≈ अधिकार; ~ seat ≈ स्थान; ~ subject ≈ विषय; ~ surplus ≈ अधिशेष

**reserving** आरक्षित करके

**reservist** रिज़र्व सैनिक

**reservoir** जलाशय, कुंड, हौज़

**resettlement** पुनः स्थापन, पुनर्वास; ~ activities ≈ कार्य

**re-shipment** पुनर्लदान

**reshuffling** पुनर्बटन, रद्दोबदल

**reside** निवास करना, रहना

**residence** 1. निवास; take up ~ रहने लगना; 2. निवास-स्थान, सकूनत

**resident** निवासी, बाशिंदा; ~ abroad विदेश का ≈; ~ account ≈ लेखा/ खाता; ~ agent ≈ अभिकर्ता; ~ audit ≈ लेखा-परीक्षा; ~ envoy ≈ राजदूत; ~ farm ≈ फ़ार्म; ~ magistrate स्थानिक मजिस्ट्रेट

**residential** 1. निवासार्थ, रिहाइशी; ~ accommodation ≈ स्थान; ~ house ≈ मकान; ~ purpose ≈ प्रयोजन; 2. आवासिक; ~ permit ≈ अनुज्ञापत्र; ~ premises ≈ परिसर; ~ propinquity ≈ सामीप्य; ~ status ≈ स्थिति; ~ university ≈ विश्वविद्यालय

**residing** निवास करने वाला

**residual** अवशिष्ट, बचा हुआ; ~ claimant अवशेषभागी; ~ liabilities

≈ देयताएँ; ~ soil ≈ मिट्टी; ~ value ≈ मूल्य; ~ work ≈ कार्य

**residuary** अवशिष्ट; ~ legatee ≈ वसीयतदार; ~ power ≈ शक्ति; ~ procedure ≈ प्रक्रिया

**residue** अवशेष; unused ~ अप्रयुक्त ≈; ~ of property अवशिष्ट संपदा

**residuum** अवशेष; ~ of qualities गुणों का ≈

**resign** त्यागपत्र/ इस्तीफ़ा देना; ~ office पद का त्याग करना, पद से इस्तीफ़ा देना

**resignation** 1. त्यागपत्र, इस्तीफ़ा; 2. आत्मसमर्पण; 3. त्याग; ~ of post पदत्याग

**resilience** लोच, लचक

**resilient** लोचदार, लचीला

**resist** प्रतिरोध करना, रोकना; अड़ना; ~ arrest गिरफ़्तारी का ≈

**resistance** प्रतिरोध; ~ movement ≈ आन्दोलन; ~ to smth का ≈

**resistant** प्रतिरोधी; ~ behaviour ≈ व्यवहार

**resisted** प्रतिरुद्ध

**resister** प्रतिरोधक

**resolute** कृतसंकल्प, दृढ़निश्चय

**resolution** 1. प्रस्ताव; 2. संकल्प, निश्चय. 3. सरलीकरण

**resolve** 1. संकल्प/ निश्चय (करना); 2. समाधान (करना)

**resort** I. *n.* 1. आश्रय, सहारा; place of public ~ लोक समागम का स्थान; 2. समागम, आना; 3. health ~ आरोग्यस्थान. II. *v.i.* आश्रय/ सहारा लेना; ~ to force बल-प्रयोग करना

**resource** संसाधन, उपाय; ~ adjustment ≈ समायोजन; ~ consultants ≈ परामर्शदाता; ~ mobilization ≈ जुटाव; ~ person ज्ञानसाधन-व्यक्ति, विशेषज्ञ; ~s and employment of budget funds बजट निधियों के ≈ और विनियोजन; ~ of power शक्ति-साधन, शक्ति के साधन

**respect** I. *n.* 1. आदर, सम्मान, श्रद्धा; ~-respect आत्म-≈; II. *v.t.* सम्मान/ आदर करना

**respectable** आदरणीय, सम्मान्य, प्रतिष्ठित; ~ inhabitant ≈ निवासी

**respectful** सम्मानपूर्ण

**respectfully** सादर; ~ beg to say सादर निवेदन है

**respecting** के सम्बन्ध/ बारे में

**respective** 1. क्रमश:; 2. अपना-अपना; ~ claim ≈ दावा; ~ liability ≈ दायित्व; ~ opinion ≈ मत; ~ terms ≈ शर्तें

**respectively** क्रमशः, यथाक्रम

**respiration** श्वसन, श्वासोच्छ्वास

**respiratory** श्वसन-(सम्बन्धी); ~ disease ≈ रोग; ~ passage ≈ मार्ग; ~ system ≈ तंत्र

**respite** अवकाश, विराम

**respond** 1. उत्तर देना; 2. अनुक्रिया दिखाना

**respondent** प्रत्यर्थी, उत्तरवादी, उत्तरदाता

**respondentia** पोत माल बन्धक; ~ bond ≈ पत्र

**responding** जवाबी; ~ adjustment ≈ समायोजन; ~ debit ≈ नामे; ~ entry ≈ इंदराज, ≈ प्रविष्टि

**response** 1. उत्तर, प्रत्युत्तर; 2. अनुक्रिया

**responsa predentum** विधिज्ञों की राय

**responsiblity** उत्तरदायित्व, ज़िम्मेदारी

**responsible** उत्तरदायी, ज़िम्मेदार; ~ parenthood ≈ पितृत्व, ≈ मातृत्व; ~ situation उत्तरदायित्वपूर्ण पद/ स्थिति

**responsive** अनुक्रियात्मक, अनुक्रियाशील; ~ government ≈ सरकार; ~ question ≈ प्रश्न

**rest** I. *n.* 1. विश्राम, आराम; ~ house

विश्रामगृह, डाक बंगला; ~ period ≈-काल या अवधि; ~ shelter विश्रामालय; set at ~ आश्वस्त करना; **2.** शेष, बक़ाया; ~ of India शेष भारत; ~ of the term अवधि का ≈. **II.** *v.i.* **1.** आराम/ विश्राम करना; **2.** सहारा रखना, टिकाना; **3.** सहारा लेना; **4.** के अधिकार/ हाथ में होना; it does not ~ with me यह मेरे हाथ में नहीं है; ~ on पर आलम्बित होना

**restaurant** उपहारगृह, रेस्तरां; ~ car भोजन यान

**resting with** पर आश्रित

**restitutio in integrum** मूल स्थिति में प्रत्यास्थापन

**restitution** प्रत्यास्थापन, प्रत्यार्पण, वापस देना/ दिलाना; ~ of conjugal rights दाम्पत्य अधिकारों का ≈; ~ of property संपत्ति का ≈; ~ proceeding ≈ की कार्यवाही

**restiveness** बेचैनी

**restlessness** बेचैनी, व्यग्रता

**restoration** **1.** पुनःस्थापन, फिर से चालू करना; ~ of suit वाद का ≈; ~ premium ≈ प्रीमियम; ~ work ≈ कार्य. **2.** प्रत्यावर्तन, वापस दिलाना; ~ of rights अधिकारों का ≈. **3.** पुनरुद्धार, जीर्णोद्धार; ~ of monuments स्मारकों का ≈

**restore** पुनः स्थापित करना; प्रत्यर्पित करना, बहाल करना, लौटा देना; ~ to use प्रयोग ≈

**restored** पुनःस्थापित

**restoring spring** यथा-स्थापन कमानी

**restrain** **1.** अवरुद्ध करना, रोकना; **2.** संयत करना

**restraining** अवरोधक; ~ injunction अवरोध-व्यादेश

**restraint** **1.** अवरोध, रोक; ~ of marriage विवाह का ≈; **2.** नियन्त्रण, निग्रह; ~ of trade व्यापार का ≈; **3.** संयम

**restrict** निर्बन्धित करना, प्रतिबन्ध/ रोक लगाना

**restricted** निर्बन्धित, प्रतिबन्धित; ~ article ≈ वस्तु; ~ asset ≈ परिसंपत्ति; ~ goods ≈ माल; ~ holiday ≈ छुट्टी; ~ leave ≈ छुट्टी; ~ record ≈ अभिलेख; ~ suffrage सीमित मताधिकार

**restriction** निर्बन्धन, प्रतिबन्ध, पाबंदी

**restrictive** **1.** प्रतिबन्धक; ~ clause ≈ खंड; ~ duty ≈ शुल्क; ~ endorsement ≈ पृष्ठांकन या बेचान; **2.** प्रतिबन्धात्मक; ~ conditions ≈ शर्तें; ~ practices ≈ व्यवहार

**result** परिणाम (होना), फल (निकलना), अंजाम; ~ demonstration ≈ निदर्शन

**resultant** परिणामी; ~ marriage ≈ विवाह

**resulting** परिमाणी; ~ balance ≈ शेष; ~ trust ≈ न्यास; ~ in में परिणित

**resume** **1.** पुनर्ग्रहण करना, फिर से सँभालना, पुनः प्राप्त करना; ~ charge पुनःभार ग्रहण करना; ~ possession फिर क़ब्जा करना;; **2.** पुनरारम्भ करना

**resume** सारवृत्त

**resummon** पुनः समन निकालना

**resumption** **1.** पुनर्ग्रहण; ~ of charge कार्यभार का ≈; ~ of duty पुनः कर्तव्य सँभालना, कार्यभार का ≈; ~ of office पद का ≈; **2.** पुनरारम्भ; ~ of cohabitation सहवास का ≈; ~ of negotiations संधिवार्ताओं का ≈; ~ of talk वार्ता का ≈; ~ of work कार्य का ≈

**resuscitation** पुनरुज्जीवन

**retabulation** पुनःसारणीयन

**retail** **I.** *a.* फुटकर, खुदरा; ~ clientele ≈

ग्राहक; ~ dealer ≈ व्यापारी; ~ price ≈ क़ीमत; ~ trade ≈ व्यापार; ~ turnover ≈ विक्रयावर्त. **II.** *v.t.* फुटकर/ खुदरा बेचना

**retailer** खुदरा/ फुटकर व्यापारी

**retain** प्रतिधारित करना, रखे रहना; ~ possession क़ब्ज़ा बनाये रखना

**retained** प्रतिधारित

**retainer** **1.** प्रतिधारण; **2.** प्रतिधारण-शुल्क; **3.** अनुजीवी

**retaining** प्रतिधारण; ~ allowance ≈ भत्ता; ~ fee ≈ शुल्क

**retaliate** प्रतिकार करना, बदला लेना

**retaliation** प्रतिकार, बदला

**retaliatory** प्रतिकारात्मक; ~ duty ≈ शुल्क; ~ killing ≈ हत्या; ~ measure ≈ उपाय

**retard** गति मंद करना, धीमा करना

**retarded** मंदित; ~ child ≈ बालक

**retention** प्रतिधारण; रोक; ~ money ≈ राशि; ~ of a bill विधेयक का ≈, विधेयक को रोक लेना; ~ of possession क़ब्ज़ा बनाये रखना; ~ policy ≈ पॉलिसी; ~ price ≈ क़ीमत

**retentive power** प्रतिधाराण शक्ति

**retentivity** प्रतिधारिता

**reticence** वाक्संयम, मौन

**reticent** वाक्संयमी

**retinal** दृष्टिपटलीय

**retinue** परिजन, अनुचर वर्ग

**retire** **1.** (सेवा से) निवृत्त होना, अवकाश ग्रहण करना; **2.** एकांत में जाना

**retired** (सेवा) निवृत्त, निवृत्तिप्राप्त

**retirement** (सेवा) निवृत्ति; ~ annuity ≈ वार्षिकी; ~ benefit ≈-लाभ; ~ by rotation चक्रानुक्रम से ≈; ~ of next friend वाद-मित्र की ≈; ~ pension ≈ पेन्शन; **2.** ~ of bill बिल/ हुंडी का शोधन/ पूर्वभुगतान, बिल छुड़ाना

**retiring** निवृत्ति; ~ age ≈ आयु; ~ gratuity ≈ उपदान; ~ pension ≈ पेंशन; ~ members निवर्ती सदस्य, निवर्तमान सदस्य; ~ room विश्राम-कक्ष

**retort** मुँह-तोड़ जवाब (देना)

**retortion** **1.** जवाबी कार्रवाई; **2.** प्रतिशोध

**retrace** पीछे हटना

**retract** **1.** प्रत्याहरण करना, वापस लेना; ~ a bid बोली ≈; **2.** मुकरना

**retracted confession** वापस लिया गया अपराध स्वीकरण; मुकरी संस्वीकृति

**retraction** प्रत्याहरण, वापस लेना

**retraining** पुनः प्रशिक्षण

**retransfer** प्रति-अन्तरित करना

**re-transmission** पुनः संचारण

**retraxit** वाद वापस लेना

**retreat** पीछे हटना, हटना, निवर्तन (करना)

**retrench** छँटनी करना

**retrenched** छँटनी किया हुआ; ~ personnel छँटनी किये गये कर्मचारी, छाँटे गये कर्मचारी

**retrenchment** छँटनी; ~ compensation ≈ प्रतिकर

**retrial** पुनर्विचारण

**retribution** प्रतिशोध, प्रतिकार, बदला

**retributive** प्रतिशोधात्मक; ~ justice प्रतिकारी न्याय; ~ punishment ≈ दंड

**retributory** प्रतिकारी; ~ damages ≈ क्षतिपूर्ति

**retrieve** **1.** सुधारना; **2.** पुनः प्राप्त करना

**retroact** प्रतिक्रिया दिखाना

**retroaction** पूर्वलक्षी क्रिया

**retroactive** प्रतिवर्ती; ~ effect ≈ प्रभाव; ~ law ≈ विधि

**retrograde** प्रतिगामी; ~ step पश्चगामी कदम/ कार्यवाही

**retrogression** पश्चगमन, प्रतीपगमन

**retrogressive** पश्चगामी, प्रतीपगामी; ~ population ह्रासमान जनसंख्या

**retrospective** पूर्वलक्षी, पूर्वव्यापी; ~ application ≈ उपयोजन; ~ association पूर्वलक्षी साहचर्य; ~ effect ≈ प्रभाव; ~ pay recognition पूर्वव्यापी वेतनमान्यता; ~ rating ≈ दर-निर्धारण; ~ sanction ≈ संस्वीकृति, ≈ मंज़ूरी

**retrospectively** पूर्वलक्षी रूप से

**retry** पुनः विचारण करना

**return** 1. प्रत्यर्पण, लौटाना, वापसी; ~ feeder ≈ प्रभरक; ~ journey ≈ यात्रा; ~ ticket ≈ टिकट; 2. प्रत्यावर्तन, लौटना; 3. प्रतिफल, प्रतिलाभ; 4. निर्वाचित करना; 5. विवरणी; ~ delivery विवरणी की सुपुर्दगी; incometax ~ आयकर ≈; furnish ~ ≈ देना; 6. ~ post वापसी/लौटती डाक; ~ a verdict अधिमत देना

**returnable** लौटाऊ

**returned** 1. निर्वाचित; ~ candidate ≈ उम्मीदवार; 2. तालिकांकित; 3. ~ cheque वापिस चैक, लौटा चेक; ~ letter office (R.L.O.) पुनःप्रेषण केन्द्र

**returning officer** निर्वाचनाधिकारी

**reunion** पुनर्मिलन

**reunite** फिर से मिल जाना

**reus** पक्षकार; ~ credendi लेनदार ≈; ~ debendi देनदार ≈; ~ promittendi वचन देने वाला ≈; ~ stipulendi अभिसंविदा करने वाला ≈

**revalidation** पुनर्वैधीकरण; ~ of bank draft बैंक ड्राफ़्ट का ≈

**revalorization** मूल्य पुनःस्थापना

**revaluation** पुनर्मूल्यांकन; ~ account ≈ लेखा; ~ of asset परिसम्पत्ति का पुनर्मूल्यन

**reveal** प्रकाश में लाना/ आना, प्रकट करना/ होना

**revealed** प्रकाशित, स्वयंप्रकाशित; ~ law इलहामी कानून, स्वप्रकाशित विधि

**revendication** चोरी की वस्तु वापस करना

**revenge** I. *n.* वैरशोधन, प्रतिशोध, बदला. II. *v.t.* प्रतिशोध/ बदला लेना

**revenue** 1. संप्राप्ति, आय; ~ and expenditure ≈ और व्यय; ~ transactions आय के संव्यवहार; 2. राजस्व; ~ account ≈ लेखा; ~ advances ≈ पेशगियाँ; ~ board ≈ बोर्ड, ≈ मंडल, ≈ परिषद; ~ case ≈ वाद; ~ collection ≈ समाहार; ~ court ≈ न्यायालय; ~ deficit ≈ घाटा; ~ duty ≈ शुल्क; ~ expenditure ≈ ख़र्च, संचालन व्यय; ~ free ≈ मुक्त; ~ officer ≈ अधिकारी; ~ process ≈ आदेशिका; ~ receipts ≈ प्राप्तियाँ; ~ record ≈ अभिलेख; ~ reserve ≈ आरक्षित निधि; ~ sale ≈ विक्रय; ~ stamp रसीदी टिकट; ~ surplus ≈ अधिशेष; ~ year ≈ वर्ष; ~ yield ≈ आय

**reverberate** प्रतिध्वनित होना

**reverberation** प्रतिध्वनन

**revered** श्रद्धेय, श्रद्धास्पद

**reverence** श्रद्धा

**reverie** मनोविलास

**reversal** विपर्यास, उलटाव, परावृत्ति; ~ of decision निर्णय-≈; ~ of order आदेश का ≈; ~ of sentence दंडादेश का ≈

**reverse** 1. उलटा (करना), विपर्यस्त (करना), उलटना, परावृत्त (करना), प्रतिलोम; 2. ~ charges प्रतिभार; on ~ पीठ पर; ~ veto विपरीत निषेधाधिकार

**reversed** विपर्यस्त, उत्क्रमित; ~ cues ≈ संकेत; ~ position ≈ स्थिति, प्रतिवर्ती स्थिति; ~ trunk call प्रतिभारित ट्रंक कॉल

**reversibility** परावर्त्यता, विपर्येयता

**reversible** प्रत्यावर्त्य, विपर्येय, उलटने योग्य; ~ bag दुतरफ़ा थैला

**reversing switch** विपर्यायी स्विच

**reversion** 1. प्रत्यावर्तन; ~ to orginal post मूलपद पर ≈; 2. पदावनति; 3. शेषभोग, उत्तरभोग

**reversionary** 1. प्रत्यावर्ती; ~ annuity ≈ वार्षिकी; ~ interest ≈ हित; ~ right ≈ अधिकार; 2. उत्तरभोगी; ~ bonus दावा प्राप्य बोनस

**reversioner** उत्तरभोगी; ~ in possession क़ब्ज़े वाला ≈; ~ in remainder शेष का ≈

**revert** 1. प्रत्यावर्तित होना, लौटाना; 2. पूर्व पद पर लौटना

**reverted** प्रत्यावर्तित

**review** 1. समीक्षा; ~ note ≈ टिप्पणी; ~ of a report रिपोर्ट की ≈; 2. पुनर्विलोकन; पुनरीक्षण; ~ application ≈ के लिए प्रार्थना-पत्र; ~ board पुनरीक्षण मण्डल; ~ of cases वादों का ≈; ~ of judgment निर्णय का ≈; ~ of orders आदेश पर पुनर्विचार; keep under ~ पुनर्विलोकन करते रहना; ~ order ≈ आदेश

**reviewer** समीक्षक; पुनरीक्षक

**reviewing** 1. पुनरीक्षण 2. समीक्षण; ~ officer ≈ अधिकारी

**revise** 1. दोहराना; 2. पुनरीक्षण करना, संशोधन करना

**revised** पुनरीक्षित, संशोधित; ~ budget ≈ आय-व्ययक; ~ edition ≈ संस्करण; ~ estimates ≈ प्राक्कलन, ≈ अनुमान; ~ return ≈ विवरणी; ~ tender ≈ निविदा; ~ treaty परिशोधित सन्धि

**reviser** पुनरीक्षक

**revising** पुनरीक्षण; ~ committee ≈ समिति; ~ authority ≈ प्राधिकारी

**revision** 1. संशोधन, पुनरीक्षण, निगरानी; ~ court ≈ न्यायालय; ~ jurisdiction ≈ क्षेत्राधिकार; ~ of pay scale वेतनमान का ≈; ~ petition पुनर्विचार याचिका; 2. पुनरावृत्ति

**revisional** पुनरीक्षण-; ~ order ≈ आदेश

**revival** 1. पुनरुज्जीवन; 2. पुनरुत्थान; 3. पुनःप्रवर्तन; ~ of easement सुखाचार का ≈; ~ of lapsed policy व्यपगत पॉलिसी का ≈; ~ of lien धारणाधिकार का ≈; ~ of policy पॉलिसी का ≈; ~ of trade व्यापार का ≈; ~ sanction ≈ मंज़ूरी

**revive** पुनरुज्जीवित/ पुनःप्रवर्तित करना

**reviving** पुनश्चेतन

**revocability** प्रतिसंहरणीयता, वापस लेने की योग्यता

**revocable** प्रतिसंहरणीय, वापस लेने योग्य; ~ credit विकल्पी/ प्रतिसंहरणीय उधार, ~ trust ≈ न्यास

**revocation** प्रतिसंहरण, निरसन; ~ of certificate प्रमाणपत्र का ≈; ~ of proposals प्रस्थापनाओं का ≈; ~ of trust न्यास का ≈; express ~ सुव्यक्त ≈; implied ~ उपलक्षित ≈

**revoke** प्रतिसंहृत/ निरस्त करना, वापस लेना; ~ transfer अन्तरण को ≈; ~ the detention order निरोध आदेश ≈

**revoked** प्रतिसंहृत, निरस्त

**revolt** विद्रोह, विप्लव (करना)

**revolution** क्रान्ति, इन्क़लाब

**revolutionary** क्रान्तिकारी, इन्क़लाबी; ~ change ≈ परिवर्तन; ~ enterprise ≈ उद्यम; ~ power ≈ शक्ति; ~ stage ≈ अवस्था; ~ union ≈ संघ

**revolutionist** क्रान्तिवादी

**revolve** परिक्रमा करना, घूमना, चक्कर लगाना

**revolver** रिवाल्वर

**revolving** 1. परिक्रामी; ~ credit ≈

उधार; ~ fund ≈ निधि; **2.** घूमता; ~ fan ≈ पंखा

**reward** प्रतिफल (देना), पारितोषिक (देना), इनाम (देना)

**re-weighment** पुनःतुलाई

**rewriting** पुनर्लेखन

**rex** अवनीश, राजा; ~ nun quam moritur ≈ कभी नहीं मरता

**rhetoric** वाक्पटुता, वाग्मिता; अलंकृत भाषा

**rheumatism** संधिवात, जोड़ों का दर्द, गठिया

**rhythm** लय; ~ in activities व्यावसायिक क्रियाओं की लयबद्धता, व्यावसायिक क्रियाओं का सामंजस्य

**rhythmic** लययुक्त

**riba** सूदख़ोरी

**ribbed** लहरिया

**richness 1.** धनाढ्यता; **2.** सम्पन्नता, समृद्धि

**riddle** पहेली, प्रहेलिका

**rider 1.** घुड़सवार; **2.** अनुवृद्धि. **3.** आरोहक; **4.** उपरिका

**ridge 1.** कूट, मेड़, टीला; **2.** (छत का) शिखर

**ridicule** उपहास (करना), खिल्ली (उड़ाना)

**ridiculous** हास्यास्पद

**rien** कुछ नहीं; ~ culp अपराधी नहीं

**rifleman** बन्दूकची, रायफ़ल मैन

**rigger 1.** सज्जक, रिगर **2.** सज्जक तूलिका

**right I.** *n.* अधिकार; ~ in good faith सदभावपूर्वक ≈; ~ in personam वैयक्तिक ≈; ~ in rem लोकलक्षी ≈; ~ of accession अधिमिलन का ≈, राज्यारोहण का ≈; ~ of amendment संशोधन का ≈; ~ of appeal अपील करने का ≈; ~ of approach निकट जाने का ≈; ~ of assembly सभा करने का ≈; ~ of association संघ बनाने का ≈; ~ of asylum शरण का ≈; ~ of audience सुनवाई का ≈; ~ of bequest उत्तरदान-अधिकार, वसीयत का ≈; ~ of correction संशोधन का ≈; ~ of disposal निपटान का ≈; ~ of dissolution विघटन का ≈, भंग करने का ≈; ~ of divorce विवाह-विच्छेद या तलाक़ का ≈; ~ of easement सुखाचार का ≈; ~ of employment आजीविका का ≈; ~ of entry प्रवेशाधिकार; ~ existence अस्तित्व का ≈; ~ of expatriation राष्ट्रीयता-त्याग का, ≈, देशत्याग का ≈; ~ of free speech स्वतंत्र भाषण का ≈; ~ of homeland मातृभूमि का ≈; ~ of inheritence दाय का ≈; ~ of intercourse संसर्ग-अधिकार; ~ of interpellation विप्रश्न-अधिकार; ~ of lease पट्टा-अधिकार; ~ of lien लियन-अधिकार; ग्रहणाधिकार, ~ of occupancy पुनर्ग्रहणाधिकार, अधिभोग-अधिकार; ~ of ownership स्वामित्व का ≈; ~ of passage मार्गाधिकार; ~ of pre-emption अग्रक्रय का ≈; ~ of privacy निजता का ≈; ~ of property संपत्ति का ≈; ~ of redemption मोचन का ≈; ~ of self-defence आत्मरक्षा का ≈; ~ of unilateral termination एकपक्षीय समाप्ति का ≈; ~ of user उपभोक्ता का ≈; ~ of veto निषेध ≈; ~ to assemble एकत्र होने का ≈; ~ to compensation क्षतिपूर्ति का ≈; ~ to employment रोज़गार पाने का ≈ ~. to equality before the law विधि के समक्ष समता का, कानून के सामने समता का ≈; ~ to fire सेवामोचन का ≈; ~ to hold an office पदग्रहण का ≈; ~ to live जीवन का ≈; ~ to move supreme court उच्चतम न्यायालय को समावेदन करने का ≈; ~ to property सम्पत्ति का ≈; ~ to social security सामाजिक सुरक्षा का ≈; ~ to state relief राज्य से राहत का ≈; ~ to strike हड़ताल का ≈; ~ to sue वाद लाने का

≈; ~ to vote मत देने का ≈; ~ to work रोज़ी का ≈; ~ to worship पूजा का ≈. **II.** *a.* **1.** दक्षिण, दाहिना; ~ hand ≈ हाथ; ~ hand margin दाहिना हाशिया; ~ handedness दक्षिणहस्तता; ~ side ≈ ओर; **2.** ठीक; ~ answer ≈ उत्तर; ~ time ≈ ठीक-समय; **3.** ~ honourable परममान्य; ~ share अधिभाराश्रित अंश

**righteous** नीति परायण; न्यायोचित; ~ struggle न्यायोचित संघर्ष, सत्याग्रह

**rightful 1.** अधिकारयुक्त; ~ claimant ≈ दावेदार; **2.** न्यायपूर्ण, वैध; ~ claim ≈ दावा; ~ owner ≈ स्वामी

**rightfully 1.** अधिकारपूर्वक; **2.** न्यायपूर्वक

**rigid** अनम्य, कड़ा; ~ constitution ≈ संविधान; ~ price ≈ क़ीमत

**rigidity** अनम्यता, कड़ाई

**rigmarole** अनर्गल कथन, अनाप-शनाप

**rigor** कड़ाई; ~ juris विधि की ≈

**rigorous** कठोर, कड़ा; ~ imprisonment ≈ कारावास; ~ punishment ≈ दण्ड

**rinderpest** पशुमहामारी

**ring** घंटी; ~ back उल्टी ≈ देना; ~ circuit ≈ परिपथ

**ring leader** गुट का सरदार

**ringworm** कजकर्ण, दाद

**riot** उपद्रव (करना), दंगा (करना), बलवा (करना)

**rioter** बलवाई, दंगेबाज़

**riotous** उपद्रवी, दंगाई, बलवाई; ~ behaviour ≈ व्यवहार; ~ manner ≈ ढंग

**riparian** तटवर्ती; ~ right ≈ अधिकार; ~ population ≈ जनसंख्या; ~ states ≈ राज्य, अनुनद राज्य

**rise I.** 5/ *n.* उत्कर्ष, उदय; **2.** वृद्धि, बढ़ोतरी; ~ and fall उतार चढ़ाव. **II.** *v.i.* उदय होना, बढ़ना, चढ़ना, उठना

**rising I.** *n.* उपद्रोह, विप्लव. **II.** *a.* चढ़ता, बढ़ता, उठता

**risk I.** *n.* **1.** जोखिम; ~ capital ≈ पूँजी; ~ investment जोखिमी निवेश, ~ purchase ≈ क्रय/ख़रीद; death ~ मृत्यु ≈; sale ~ बिक्री ≈; run the ~ ≈ में पड़ना; to take ~ ≈ उठाना; **2.** दायित्व; ~ note ≈ पत्र. **II.** *v.t.* जोखिम उठाना, जोखिम में डालना

**rite** रीति, रस्म, संस्कार

**ritual I.** *n.* कर्मकाण्ड, अनुष्ठान. **II.** *a.* औपचारिक; ~ behaviour कर्मकांडी व्यवहार; ~ union कल्प मैथुन

**rival I.** *n.* प्रतियोगी, प्रतिस्पर्धी. **II.** *a.* प्रतिस्पर्धी; प्रतियोगी, विरोधी; ~ claims ≈ दावे, ~ demand ≈ माँग; ~ interests स्पर्धी हित; ~ parties ≈ पक्षकार; ~ power प्रतिद्वंद्वी सत्ता

**rivalry** प्रतिस्पर्धा, प्रतिद्वंद्विता

**river** नदी; ~ bed ≈ तल; ~ side ≈ तीर; ~ valley ≈ दून

**road** सड़क, मार्ग; ~ cess ≈ उपकर; ~ metal गिट्टी; ~ mileage मील भत्ता; ~ service ≈ व्यवस्था, ≈ सेवा; ~-side station छोटा स्टेशन; ~ toll पथ-कर, राहदारी; ~ transport ≈ परिवहन; ~ways सड़कमार्ग, रोडवेज़

**rob** लूटना

**robber** लुटेरा, लुण्ठक

**robbery** लूटना, लुण्ठन

**robes** परिधान, पोशाक

**rocket** प्रक्षेपास्त्र; ~ warfare राकेट-युद्ध, ≈ युद्ध

**rocking** हिलना-डुलना

**rodent** कुतरने वाला, कृन्तक जीव, चूहे आदि

**rodenticide** कृन्तकनाशी

**rogue** दुष्ट, बदमाश, धूर्त

**role** भूमिका; ~ allocation ≈ आवंटन; ~ function ≈ प्रकार्य; ~ model ≈

प्रतिरूप; ~ playing ≈ निर्वाह

**roll** I. *n.* 1. पंजी, बही; character ~ आचरण ≈; 2. सूची, नामावली; ~ of honour सम्मान-≈; ~ of members सदस्य-≈; ~s of parliament संसद-सदस्य नामावली, सांसदिक नामावली; 3. उपस्थिति; ~ call ≈ लेना; 4. रोल; ~ of paper काग़ज़ का ≈. II. *v.t.* लपेटना

**roller** बेलन, रोलर; रूला

**rolling** पहियेदार; ~ stock चल स्टाक, चक्के

**romance** रोमांस, प्रेमलीला; प्रेमाख्यान; रोमांचकारी घटना

**room** 1. कमरा, कक्ष; 2. स्थान

**roomy** लम्बा-चौड़ा, विस्तृत

**root** I. *n.* जड़, मूल; ~ cause मूल कारण. II. *v.i.* ~ out उन्मूलन करना, उखाड़ना

**rooted** बद्धमल, दृढ़मूल

**ropeway** रज्जुपथ, रज्जुमार्ग

**roping** 1. शिकन पड़ना, सिलवट पड़ना 2. फाँसना

**roster** नामावली, सूची

**rostrum** भाषण-मंचिका, पीठिका

**rot** I. *n.* विगलन, सड़न. II. *v.i.* गलना, सड़ना

**rotary** घूर्ण; ~ converter घूर्णी परिवर्तित्र

**rotate** चक्रावर्तित होना, घूमना

**rotated group** क्रमावर्तित समूह

**rotating** आवर्ती

**rotation** चक्रावर्तन, क्रमावर्तन; ~ in office क्रमिक पदप्राप्ति; ~ of crops फ़सलों का हेर-फेर; by ~ चक्रानुक्रम से

**rote** (learning) रटना; ~ memory ≈ स्मृति

**rotten clause** बेकाम धारा

**rough** 1. कच्चा; ~ account ≈ लेखा; ~ copy कच्ची नक़ल/प्रति; ~ draft ≈ मसौदा; ~ estimate ≈ प्राक्कलन; ~ ledger कच्ची बही; 2. खुरदरा; ~ surface ≈ तल; 3. स्थूल, मोटा; ~ account ≈ हिसाब; ~ calculation ≈ गणना; ~ estimate मोटा-मोटा अनुमान; 4. क्षुब्ध; ~ sea ≈ समुद्र; 5. रूखा; ~ treatment ≈ व्यवहार; ~ work रुक्षकार्य; ~ handling लापरवाही/ असावधानी/ गलत ढंग से चढ़ाना/ उतारना

**roughly** मोटे तौर पर, लगभग

**round** I. *n.* 1. वृत्त, घेरा; 2. फेरा, चक्कर; 3. परिक्रमा; 4. गश्त, दौरा. II. *a.* गोल, गोलाकार; ~ sum पूर्ण रुपये. III. ~ off पूर्णांकित करना, शून्यांत करना; ~ up घेर लेना

**roundabout** चक्करदार, घुमावदार; ~ production परोक्ष उत्पादन, ≈ उत्पादन

**rounded** वर्तुल, गोलाकार

**rounding off** पूर्णांकन; ~ charges प्रभार का ≈

**rouse** 1. जगाना; सचेत करना; 2. उकसाना

**rout** I. *n.* भगदड़. II. *v.t.* भगाना, खदेड़ना

**route** मार्ग, रास्ता; ~ distance ≈ दूरी; ~ indicator ≈ सूचक; ~ mileage ≈ मील-दूरी, मील-भत्ता; ~ release ≈ रिहाई; en ~ के रास्ते

**routine** I. *n.* नित्यचर्या; ~ clerk ≈ लिपिक. II. *a.* नेमी, नैत्यिक; ~ case ≈ विषय; ~ checking ≈ जाँच; ~ duty ≈ कर्तव्य; ~ instructions ≈ अनुदेश; ~ note ≈ टिप्पण; ~ repetition ≈ पुनरावृत्ति; ~ test ≈ परीक्षण; ~ work ≈ कार्य

**routing** पथ-निर्धारण; ~ of traffic यातायात का ≈; ~ signal ≈ सिगनल, ≈ संकेत

**row** I. *n.* 1. कोलाहल, हुल्लड़; 2. पंक्ति; ~ crops विराल फ़सलें. II. *v.t.* (नाव) खेना

**rowdy** हुल्लड़बाज़, दंगाई

**rowdyism** हुल्लड़बाज़ी, दंगेबाज़ी

**royal** शाही, राजसी, राज-; ~ approbation ≈ अनुमोदन, राजानुमोदन; ~ authority ≈ प्राधिकार; ~ decree ≈ आज्ञा; ~ line ≈ वंश; ~ prerogative ≈ परमाधिकार

**royalty** 1. राजपद; राजसत्ता; 2. राजस्व, राज्यांश; 3. रायल्टी, स्वामित्व-शुल्क

**rubber stamp** रबड़ की मोहर

**rubbish** I. *n.* कचरा, कूड़ा करकट; ~ dump कूड़ा-खाना. II. *a.* रद्दी, निरर्थक

**rude** अशिष्ट, अपरिष्कृत, गँवार

**rudiment** जड़, मूलतत्त्व; अल्पविकसित अंग

**rudimentary** प्रारम्भिक; अल्पविकसित; ~ knowledge ≈ ज्ञान; ~ society ≈ समाज

**ruffian** गुण्डा, साहसिक

**rugged** विषम, ऊबड़ खाबड़

**ruin** I. *n.* विनाश, ध्वंस, बरबादी. II. *v.t.* नष्ट/विध्वस्त/बरबाद करना

**ruinous** जीर्ण-शीर्ण

**ruins** खण्डहर, ध्वंसावशेष

**rule** 1. नियम, क़ायदा; as a ~ सामान्यतया; ~ and regulations ≈ विनियम; ~ as to delivery परिदान विषयक ≈; ~ making ≈ निर्माण; ~ of business कार्य-संचालन ≈; ~ of comple- mentation पूरक ≈; ~ of order व्यवस्था ≈; ~ of pleading अभिवचन का ≈; ~ of precedence अग्रताक्रम के ≈, प्राथमिकताक्रम के ≈; ~ of procedure प्रक्रिया का ≈; ~ of unanimity एकमत ≈, मतैक्य ≈. 2. शासन; ~ of compulsion बाध्यकारी ≈; ~ of law विधि ≈; ~ of reason तर्क-शासन, विवेक-शासन; ~ out नियमबाह्य ठहराना

**ruled** रूलदार, लाइनदार

**ruler** शासक

**ruling** 1. विनिर्णय, व्यवस्था; 2. शासक; ~ chief ~ सरदार, राजा; ~ class ≈ वर्ग; ~ clique ≈-गुट; ~ nation ≈ राष्ट्र; ~ party ≈ दल या पक्ष

**rummage** तलाशी, छान-बीन (कस्टम द्वारा)

**rummaging inspector** तलाशी निरीक्षक

**rumour** जनश्रुति, अफ़वाह

**run** दौड़ना; दौड़ाना; ~ about दौड़-धूप करना; ~ accross संयोग से मिल जाना; ~ after के पीछे पड़ा रहना; ~ away भाग जाना; ~-away पलायक, भगोड़ा; ~away file पलायक छात्र मिसिल; ~-away inflation अति स्फीति; ~ away with चुरा/भगा ले जाना; ~ down कम पड़ जाना, जा पकड़ना; ~ in भिड़ जाना; ~ into टकराना; ~ into debt ऋण में पड़ जाना; ~ off भाग जाना, बहक जाना; ~ on जारी रखना; ~ out समाप्त हो जाना; ~ over ऊपर से निकल जाना; ~ short of कम पड़ना; ~ through भोंकना; सरसरी तौर पर देखा जाना; ~ up बढ़ना; ~-way धावन पट्टी

**runner** दौड़ने वाला; हरकारा

**running** 1. चालू; ~ account ≈ खाता; ~ contract ≈ ठेका; ~ line ≈ लाइन; ~ total ≈ जोड़; 2. चलता; ~ commentary ≈ विवरण; ~ policy ≈ पालिसी; 3. ~ administration प्रशासन चलाना; ~ allowance परिचालन भत्ता; ~ charges चालन व्यय; ~ cost परिचालन लागत; ~ of time समय का चलते रहना; ~ shed इंजन शेड; ~ staff चालक कर्मचारी वर्ग; ~ summary क्रमिक सार

**run-through train** अविरामी गाड़ी

**rupee security** रुपया प्रतिभूति

**rupture** I. *n.* 1. फटन; 2. विच्छेदन; ~ of relations सम्बन्ध ≈. II. *v.t.* & *i.* विदीर्ण करना/होना

**ruptured** विदीर्ण; विच्छिन्न

**rural** ग्रामीण, देहाती; ~ adult education ग्राम प्रौढ़ शिक्षा; ~ area ≈ ~ bank ≈ बैंक; ~ community ≈ समुदाय; ~ constituency ≈ निर्वाचन क्षेत्र; ~ cooperative society ग्राम सहकारी समिति ~ credit ≈ उधार/ऋण; ~ development ≈ विकास; ~ economy ≈ अर्थव्यवस्था; ~ education ≈ शिक्षा; ~ family ≈ परिवार; ~ farm population देहाती फ़ार्म आबादी, ग्राम कृषक संख्या; ~ folk ≈ जन; ~ heritage ग्राम विरासत; ~ indebtedness ≈ ऋणग्रस्तता; ~ industry ≈ उद्योग; ~ life ≈ जीवन; ~ planning ≈ आयोजन; ~ population ≈ आबादी; ~ progress ≈ उन्नति/प्रगति; ~ pursuits ≈ वृत्ति; ~ reconstruction ≈ पुनर्निर्माण; ~ rehabilitation ≈ पुनर्वास; ~ site ≈ स्थल; ~ social change ≈ सामाजिक परिवर्तन; ~ social organisation ≈ सामाजिक संगठन; ~ society ≈ समाज; ~ uplift ग्राम सुधार

**ruralisation** ग्रामीकरण

**ruse** छल, चाल

**rush** **I.** *n.* भीड़, रेलपेल; ~ of expenditure व्यय का आधिक्य; ~ of work कार्य का आधिक्य. **II.** *v.i.* पिल पड़ना, घुस पड़ना, तेज़ी से चलना

**rustic** देहाती, ग्राम्य, गँवारू; सीधा-सादा

**rusticate** अस्थायी रूप से निकाल देना

**rusticated** विनिष्कासित

**rustication** खुरदरी चिनाई, दंतुरण; विनिष्कासन

**rusticum judicum** रूखा निर्णय

**rusticum jus** रूखा कानून

**ruthless** निष्ठुर, निर्दय, बेरहम; ~ suppression क्रूर दमन, निर्दय दमन

**ryot** किसान

# S s

**sabotage** अन्तर्ध्वंस (करना), तोड़फोड़ (करना)

**saboteur** अन्तर्ध्वंसक, तोड़फोड़ करने वाला

**sack** **I.** *n.* **1.** लूट; **2.** बोरी. **II.** *v.t.* निकाल देना

**sacral offence** धर्मरूढ़ अपराध

**sacrament** संस्कार

**sacramental** सांस्कारिक, संस्कार के अनुसार; ~ marriage ≈ विवाह

**sacramentum** (पवित्र) शपथ; ~ decisionis निर्णय की ≈; ~ fidelitalis एकनिष्ठा की ≈

**sacred** पवित्र; ~ book ≈/ धर्म पुस्तक; ~ law धर्म-विधि; ~ thread जनेऊ, यज्ञोपवीत

**sacrifice** **1.** बलि (देना), भेंट (चढ़ाना).; **2.** यज्ञ (करना).; **3.** त्याग (करना); self-~ आत्म-≈

**sacrificial** यज्ञीय, बलि सम्बन्धी

**sacrilege** अपवित्रीकरण

**sacrosanct** **1.** अतिपवित्र; **2.** अलंघनीय; ~ privilege ≈ विशेषाधिकार

**saddle** लादना

**sadism** परपीड़न-रति

**sa el la** यहाँ और वहाँ safe **I. 1.** तिजोरी. **II.** *a.* सुरक्षित; ~ conduct ≈ लाना, यात्रा-सुरक्षण, अभयपत्र; ~ custody ≈ अभिरक्षा; ~ deposit vault ≈ जमाकक्ष; ~ keeping सुरक्षा से रखना; ~ transport ≈ परिवहन; **2.** निरापद; ~

condition ≈ दशा; ~ enjoyment ≈ उपभोग; ~ and sound सकुशल, सही-सलामत

**safeguard** **I.** *n.* सुरक्षण, सुरक्षोपाय. **II.** *v.t.* बचाव (करना), रक्षा करना; ~ the interests हितों की रक्षा करना

**safely** सुरक्षित रूप से

**safety** सुरक्षा, बचाव; ~ appliance ≈ साधन/ सामान; ~-belt ≈ पेटी; ~ campaign ≈-अभियान; ~ device ≈ युक्ति; ~ fund ≈ निधि; ~ lamp निरापद दीप; ~ laws ≈ क़ानून; ~ measures ≈ उपाय; ~ movement ≈ आन्दोलन; ~ of persons व्यक्तियों की ≈; ~ regulation ≈ विनिमय; to enforce ~ ≈ प्रवृत्त करना; ~ survey ≈ सर्वेक्षण; public ~ जन ≈; ~ zone निरापद क्षेत्र

**sages de lex** विधि के ऋषि, विधिज्ञ

**sagging** भाव गिराना, मूल्य घटाना

**said** कथित, उक्त; ~ /pretended marriage तथाकथित विवाह

**sailing** **1.** नौचालन; **2.** चलने को तैयार; ~ day रवानगी दिन; ~ ship पाल पोत

**sailor** नाविक, मल्लाह

**salaried** वैतनिक; वेतन भोगी, तनख़ाहदार; ~ employee ≈ कर्मचारी; ~ judge ≈ न्यायाधीश; ~ official ≈ पदधारी; ~ staff ≈ कर्मचारी वर्ग

**salary** वेतन, तनख़ाह; ~ audit ≈ लेखापरीक्षा; ~ earner वेतनजीवी

**sale** विक्रय, बिक्री; ~ account ≈ लेखा; ~ certificate ≈ प्रमाण-पत्र; ~ deed ≈ विलेख; ~ letter ≈ पत्र; ~ of territory भूभाग ≈; ~ proceeds ≈ प्राप्तियाँ/ आय; ~ transaction ≈ संव्यवहार; absolute ~ पूर्ण ≈; conditional ~ सशर्त ≈; forced ~ बलात् ≈; public ~ सार्वजनिक ≈; ~ by description वर्णन के अनुसार ≈; ~ by sample नमूने के अनुसार ≈. **[pl.]** ~s बिक्री, विक्रय; ~ branch ≈ शाखा; ~ ledger ≈ खाता/ बही; ~ manager ≈ प्रबन्धक; ~ officer ≈ अधिकारी; ~ potential विक्रय सम्भाव्यता; ~ promotion विक्रय संवर्धन; ~ schedule ≈ अनुसूची; ~ tax ≈ कर; ~ proclamation नीलाम घोषणा

**saleable** विक्रेय, बिक्री योग्य; ~ interests ≈ हित

**salesman** विक्रेता, विक्रयकर्ता

**salesmanship** विक्रयकला, बिक्रीकारी

**salience** प्रमुखता

**salient** प्रधान, प्रमुख; ~ features ≈ लक्षण

**saline** नमकीन, लवणयुक्त; ~ earth ≈ मिट्टी; ~ water ≈ पानी

**sally** टूट पड़ना

**salubrious** स्वास्थ्यकर, स्वास्थ्यवर्धक

**salutary** हितकर; ~ effect स्वस्थ प्रभाव

**salutation** अभिवादन, सलाम

**salvage** **1.** उद्धारण, निस्तारण, उबारना; ~ loss ≈ हानि; ~ service ≈ सेवा; **2.** निस्तार-शुल्क; **3.** कबाड़/ रद्दी

**salvation** मुक्ति, निस्तार; ~ army ≈ सेना

**salvaged value** निस्तारित सम्पत्ति मूल्य

**same** एक ही, वही; ~ amount उतना ही; ~ consequences ≈ परिणाम; ~ facts ≈ तथ्य; ~ offence ≈ अपराध; ~ work ≈ काम

**sameness** समानता

**sample** नमूना, प्रतिदर्श, सैंपल; ~ enquiry प्रतिदर्श जाँच; ~ order नमूने का आदेश; ~ reliability ≈ विश्वसनीयता, ≈ की विश्वसनीयता; ~ survey ≈ सर्वेक्षण

**sampler** प्रतिचयक

**sampling** नमूना, चयन, प्रतिदर्श-ग्रहण; ~

distribution ≈ वंटन, प्रतिचयन वंटन; ~ method ≈ प्रणाली, प्रतिचयन प्रणाली; ~ technique प्रतिचयन प्रविधि

**sanae mentis** स्वस्थ मन

**sanatorium** आरोग्य आश्रम

**sanctification** पवित्रीकरण

**sanction** I. *n.* 1. मंज़ूरी, संस्वीकृति; ~ to prosecute अभियोजन के लिए ≈; previous ~ पूर्व सम्मोदन, पूर्व संस्वीकृति; 2. अनुशास्ति; ~ of law विधि-≈; 3. economic ~ आर्थिक शास्ति. II. *v.t.* मंज़ूरी/ संस्वीकृति देना, मंज़ूर करना

**sanctioned** मंज़ूर, संस्वीकृत; ~ budget ≈ बजट; ~ pay ≈ वेतन

**sanctioning** 1. मंज़ूरी; ~ order ≈ आदेश; 2. संस्वीकृतिदाता; ~ authority ≈ प्राधिकारी

**sanctity** पवित्रता; ~ of treaty संधि की पवित्रता, संधि की पुनीतता

**sanctuary** 1. अभय-वन, अभयारण्य, पशु-विहार; 2. गर्भगृह; 3. आश्रय-स्थान

**sanctum sanctorum** पवित्रतम स्थान

**sane** 1. प्रकृतिस्थ; ~ memory ≈ स्मृति; 2. स्वस्थचित्त; ~ person ≈ व्यक्ति

**sanguinary** रक्त पिपासु; रक्तरंजित

**sanguine** 1. रक्तप्रकृति; 2. उत्साही

**sanitary** 1. स्वच्छता- (सम्बन्धी), सफ़ाई का; ~ administration ≈ प्रशासन; ~ inspector ≈ निरीक्षक; ~ pan मलपात्र; 2. स्वास्थ्य सम्बन्धी

**sanitation** 1. स्वच्छता, सफ़ाई; ~ clerk ≈ लिपिक; ~ diploma ≈ डिप्लोमा. 2. स्वास्थ्य-रक्षा

**sanity** स्वस्थचित्तता

**sans** बिना; ~ jour दिन के ≈; ~ nombre संख्या के ≈; ~ pluis अधिक (शब्दों) के ≈; ~ recourse दायित्व के ≈; ~ waste अपव्यय के ≈

**sapling** बाल वृक्ष

**sarcasm** कटाक्ष, व्यंग्य

**sarcastic** कटाक्षपूर्ण, व्यंग्यपूर्ण

**sash** 1. चौखटा; 2. दुपट्टा

**satellite** 1. उपग्रह; ~ exchange ≈ केन्द्र, उपकेन्द्र; ~ township उपनगरी; 2. उपाश्रित, अनुषंगी; ~ community ≈ समुदाय; ~ government उपाश्रित सरकार, अनुगामी सरकार

**satiability** तृप्यता

**satiable** तृप्य; ~ want ≈ आवश्यकता

**satiation** तृप्ति; ~ effect ≈ प्रभाव; ~ price ≈ क़ीमत

**satire** व्यंग्य, उपहास

**satiric** व्यंग्यात्मक, उपहासात्मक

**satisfaction** 1. तुष्टि, संतुष्टि, संतोष; ~ chart ≈ आरेख; in full ~ पूरा चुकता करते हुए; ~ of claim दावे की ≈; ~ of court न्यायालय की ≈; ~ of decree डिक्री की ≈; 2. समाधान; निस्तारण; objective ~ वस्तुपरक ≈

**satisfactory** 1. संतोषप्रद, संतोषजनक; ~ adjustment ≈ समायोजन; ~ inquiry ≈ जाँच; ~ proof ≈ प्रमाण; ~ trial ≈ विचारण; 2. समाधानकारी; ~ account ≈ वृत्तान्त; ~ reason ≈ कारण

**satisfied** संतुष्ट; the court is ~ न्यायालय का समाधान हो गया; ~ user तुष्ट उपभोक्ता

**satisfier** तोषक

**satisfy** 1. तुष्टि करना, संतुष्ट करना; ~ the justice न्याय की तुष्टि करना; 2. पूरा करना. ~ conditions शर्तें ≈; ~ costs ख़र्चे ≈. 3. चुकाना; ~ all costs सारे ख़र्चे ≈; 4. समाधान करना

**saturation** संतृप्ति; ~ point ≈ बिन्दु

**savage** जंगली, वन्य; ~ societies ≈ समाज

**savant** ज्ञानी, विद्वान्

**save** I. *v.t.* बचाना. II. *prep.* के अतिरिक्त,

को छोड़कर; ~ as prescribed यथाविहित ≈; ~ with the permission आज्ञा के बिना

**saving** 1. व्यावृत्ति, अपवाद; ~ clause ≈ खंड; ~ of provisions उपबन्धों की ≈; ~ of rights अधिकारों की ≈; 2. बचत; ~ bank ≈ बैंक; ~ certificate ≈ प्रमाणपत्र; ~ deposit ≈ जमा; ~ fund ≈ निधि; ~ potential ≈ संभाव्यता; 3. छोड़ कर; ~ some exceptions कुछ अपवादों को ≈

**savingly** बचत के साथ

**saw** आरा, आरी; ~ dust बुरादा; ~ mill आरा-घर, चिराई-यन्त्र

**scab** पिट्ठू, हड़ताल-भंजक

**scabbing** द्रोह, ग़द्दारी

**scaffold** I. *n.* 1. फाँसी का तख़्ता; 2. पाड़, मचान. II. *v.t.* बाँधना

**scale** I. *n.* 1. माप; मान; ~ audit मान लेखापरीक्षा; ~ discrimination अनुमाप विभेदन; ~ error अनुमाप त्रुटि; ~ of expenses व्यय-मान; ~ of fares किराया मान; ~ of fees फ़ीसों का माप/मान; ~ of pay वेतन-मान; 2. मापक्रम; ~ of benefit लाभ का ≈; 3. मापनी, पैमाना; ~ of assessment निर्धारण मापक्रम; 4. पलड़ा; II. *v.t.* 1. मापना; 2. चढ़ जाना; ~ down घटाना; ~ up बढ़ाना; to hold the ~s even न्याय करना

**scaling** 1. सीढ़ी लगाकर चढ़ना; 2. ~ technique मापक्रम प्रविधि

**scandal** निन्दा, परिवाद; public ~ लोकापवाद, लोकनिन्दा

**scandalize** निन्दा फैलाना, कलंकित करना

**scandalous** निन्दात्मक, परिवादजनक; ~ conduct ≈ आचरण

**scant** क्षीण; ~ flow ≈ बहाव

**scantiness** अपर्याप्तता, अल्पता, तंगी

**scantlings** टुकड़े

**scanty** अपर्याप्त, थोड़ा

**scapegoat** बलिपशु, बलि का बकरा; ~ minority बलिछाग अल्पसंख्यक वर्ग, मिथ्यादोषरोपित अल्पसंख्यक वर्ग

**scar** क्षति-चिह्न, दाग़

**scarce** दुर्लभ, दुष्प्राप्य; ~ currency ≈ मुद्रा

**scarcity** 1. दुर्लभता, दुष्प्राप्यता; ~ of resources संसाधनों की कमी; ~ rent ≈ किराया; ~ wages ≈ मज़दूरी; 2. अभाव, अकाल; ~ area ≈ क्षेत्र; ~ condition ≈ की स्थिति

**scarecrow** बिजूखा, डरावा

**scare-head(ing)** सनसनीदार शीर्षक

**scathing** अतिकटु

**scattered** विकीर्ण, छिटपुट; ~ farmstead ≈ फ़ार्म स्थान; ~ production ≈ उत्पादन; ~ settlement ≈ बस्ती

**scavenge** अपमार्जन करना, सफ़ाई करना

**scavenger** मेहतर, भंगी

**scavenging** अपमार्जन, सफ़ाई; ~ tax सफ़ाई कर

**scene** 1. दृश्य; 2. स्थल; ~ of action घटना-≈

**scenery** दृश्यावली

**scenic arrangement** दृश्य विन्यास

**scepticism** संशयवाद

**sceptre** राजदंड; राजसत्ता

**schedule** अनुसूची; ~ of creditors देनदारों की ≈; ~ of demands माँग ≈; ~ of payments शोधन ≈; ~ of rates दरों की ≈; ~ of receipts प्राप्ति ≈; ~ of trains गाड़ियों की सारणी

**scheduled** अनुसूचित; ~ area ≈ क्षेत्र; ~ article ≈ वस्तु; ~ caste ≈ जाति; ~ industry ≈ उद्योग; ~ rate ≈ दर; ~ time ≈ समय; ~ tribe ≈ जनजाति

**scheme** योजना, स्कीम (बनाना); ~ of

arrangement व्यवस्था-योजना; ~ of consolidation चकबन्दी की योजना

**scheming** षड्यन्त्रकारी; ~ behaviour ≈ व्यवहार

**schiltron** व्यूहबद्ध सेना

**schism** संघभेद; मतभेद, फूट

**scholar** 1. विद्वान; ~ of repute ख्यातिप्राप्त ≈; 2. छात्र; research ~ शोध-≈; 3. वृत्तिधारी

**scholarly** विद्वत्तापूर्ण

**scholarship** 1. विद्वता; 2. छात्रवृत्ति; ~ aid छात्रवृत्ति सहायता

**scholastic** 1. विद्यालयीय; 2. शैक्षिक; ~ aptitude test ≈ अभिक्षमता परीक्षा; ~ success ≈ सफलता

**school** 1. पाठशाला, विद्यालय, स्कूल; ~ age ≈ आयु; ~ aid ≈ सहायता; ~ development council ≈ विकास परिषद्; ~ discipline ≈ अनुशासन; ~ leaving certificate ≈ छोड़ने का प्रमाणपत्र; ~ management ≈ प्रबन्ध/ प्रबन्ध-समिति; ~ organization ≈ व्यवस्था, ≈ संगठन; ~ year ≈ वर्ष; 2. सम्प्रदाय; ~ of thought विचार-≈, विचार-धारा

**science** विज्ञान; ~ of education शिक्षा ≈; faculty of ~ ≈ संकाय

**scienter** अवबोध, जानकारी

**scientific** वैज्ञानिक; ~ analysis ≈ विश्लेषण; ~ approach ≈ अभिगम ~ attitude ≈ अभिवृत्ति; ~ cause ≈ कारण; ~ law ≈ नियम; ~ reasoning ≈ तर्क; ~ spirit ≈ मनोवृत्ति

**scientist** वैज्ञानिक, विज्ञानी

**scintilla** लवलेश; ~ of evidence स्वल्प साक्ष्य

**scire** जानना; ~ debes cum quo contralis जानो कि किस से संविदा कर रहे हो

**scoop news** सर्वाग्र समाचार

**scope** 1. विषयक्षेत्र; ~ of instruction अनुदेश का ≈; ~ of motion प्रस्ताव का ≈; 2. प्रसार, व्याप्ति, परिधि; ~ of audit लेखा-परीक्षण की ≈; ~ of authority प्राधिकार की ≈; ~ of inquiry जाँच की ≈; 3. गुंजाइश

**scorched earth policy** सर्वक्षार नीति

**score** 1. प्राप्तांक; ~ card ≈-कार्ड; 2. कोड़ी, बीस; 3. ~ out काट देना

**scorer** गणक

**scoundrel** दुष्ट, पाजी

**scourging** कशाघात

**scout** बालचर; ~ master ≈ स्काउट मास्टर

**scrap** I. *n.* 1. टुकड़ा; 2. रद्दी माल; ~ heap रद्दी का ढेर; ~ iron रद्दी लोहा; ~ value रद्दी का मूल्य. II. *v.t.* निकाल देना, बेकार ठहराना

**scrapping** खुरचन

**screen** I. *n.* परदा, आड़. II. *v.t.* 1. छानना. छाँटना; 2. छिपाना; ~ an offender अपराधी को ≈; ~ from punishment दंड से बचाना; 3. छानबीन करना

**screened** परदेवाला, प्रतिच्छादित

**screening** छँटाई; छानबीन; ~ committe छानबीन समिति, प्राक्चयन समिति

**scribal copy** लिपिक प्रति

**scribe** I. *n.* लेखक, लिपिक. II. *v.t.* लिखना

**scrip** प्रतिभूति-पत्र, पर्ची; dividend ~ लाभांश पत्रक

**script** 1. लिपि, 2. पांडुलिपि; ~ type ≈ टाइप, हस्तलिपि टाइप; 3. लेख; ~ writer आलेखक

**scriptum** लेख; ~ identatum प्रतिज्ञा ≈; ~ obligatorium मोहरबन्द ≈

**scripture** धर्मग्रन्थ

**scrivener** अर्ज़ी नवीस, लिपिकार

**scroll** पत्रावली, बेलबूटा

**scruple** क्षोभ, संकोच, हिचक

**scrupulosity** संकोचशीलता, धर्मभीरुता

**scrupulous** धर्मभीरु, संकोचशील

**scrupulously** ईमानदारी से

**scrutin publique** लोक-निर्वाचन

**scrutineer** संवीक्षक; ~ at poll मतांकन में ≈

**scrutinize** संवीक्षा करना; ~ the votes मतों की ≈

**scrutiny** संवीक्षा, छानबीन, जाँच; ~ of estimates अनुमानों की ≈; ~ of nominations नामन-पत्रों की ≈; ~ of votes मतों की ≈

**scuffle** हाथापाई

**sculptor** मूर्तिकार, शिल्पी

**sculpture** मूर्ति; मूर्तिकला

**scurrilous** बदज़बान; (भाषा) अश्लील

**sea** समुद्र; ~-borne समुद्री; ~-borne mail समुद्री डाक; ~-borne trade समुद्री व्यापार; ~ briefs समुद्री विवरण-पत्र; ~ customs समुद्री सीमा-शुल्क; ~ faring समुद्रगामी; ~ frontiers समुद्री सरहद, समुद्री सीमांत; ~ letter तटस्थ पोत विवरणपत्र; ~ piracy जलदस्युता; ~ power समुद्री शक्ति, समुद्री राष्ट्र; ~ raider समुद्री-दस्यु, जल-दस्यु; ~ route समुद्री मार्ग; ~-shore ≈ तट; ~ warfare समुद्री युद्ध; ~ worthiness तरणयोग्यता; high ~s खुला ≈

**seal** मुद्रा, मोहर (लगाना), मुद्रांकित करना; ~ holder मुद्राधारी, सील होल्डर; ~ of office पद-मुद्रा; intact ~ अक्षत ≈

**sealed** मोहरबंद, मुद्रांकित; ~ cover ≈ लिफ़ाफ़ा; ~ tender ≈ निविदा

**sealer** मुद्रांकक

**sealing wax** लाख

**seam** सीवन, जोड़

**seaman** नाविक, ख़लासी

**seamanship** नाविक कला, नौ-कौशल

**seamless** बिना जोड़ का

**seams** संस्तर

**seaport** समुद्र-पत्तन, बंदरगाह

**search** तलाश (करना), तलाशी (लेना), खोज (करना), ~ and seizure तलाशी और पकड़; ~ behaviour अन्वेषी व्यवहार; ~ light खोज-बत्ती; ~ party अन्वेषक दल; ~ warrant तलाशी वारंट; house ~ घर की तलाशी; ~ of person जामा तलाशी

**searching enquiry** सूक्ष्म जाँच

**season** मौसम, ऋतु

**seasonal** मौसमी; ~ adjustment ≈ समायोजन; ~ crowding नियतकालिक जनसंकुलता, ≈ भीड़भाड़; ~ employee ≈ कर्मचारी; ~ employment ≈ रोज़गार; ~ establishment ≈ स्थापना; ~ factory ≈ कारख़ाना; ~ fluctuation ≈ उतार-चढ़ाव, ≈ घटबढ़, ≈ उच्चावचन; ~ income ≈ आय; ~ industry ≈ उद्योग; ~ manufacturer ≈ विनिर्माता; ~ occupation ≈ धंधा; ~ operation कार्य; ~ post office ≈ डाकघर; ~ production ≈ उत्पादन; ~ tariff ≈ प्रशुल्क; ~ ticket सावधि टिकट; ~ unemployment ≈ बेरोज़गारी

**seasoned** 1. अभ्यस्त, घुटा हुआ; 2. अनुकूलित; 3. ~ security सुस्थिर प्रतिभूति

**seat** 1. स्थान; alloted ~s आवंटित ≈;. 2. आसन; ~ of justice न्यायासन; ~ of government राजधानी

**seating** बैठने का; ~ accommodation ≈ स्थान; ~ arrangement ≈ की व्यवस्था; ~ capacity ≈ की कुल जगह

**secede** पृथक्/ अलग हो जाना

**seceding state** विलग्नी राज्य

**secession** 1. संबंध विच्छेद, पृथक् हो जाना; 2. विलग्नता

**secessionist** 1. पृथकतावादी, 2. पक्षत्यागी

**seclude** अलग कर लेना

**secluded** एकान्त (स्थित)

**seclusion** एकान्तता; एकान्त वास

**second** I. *a.* 1. द्वितीय, दूसरी; ~ appeal ≈ अपील; ~ chamber ≈ सदन; ~ class ≈ श्रेणी; ~ language ≈ भाषा; ~ reading ≈ वाचन; ~ schedule ≈ अनुसूची; ~ secretary ≈ सचिव; 2. ~ half उत्तरार्ध; ~ hand पुराना; ~-hand evidence सुनी-सुनाई गवाही. II. *v.t.* अनुमोदन/ समर्थन करना; ~ of motion प्रस्ताव-समर्थन

**secondarily** गौण रूप से; ~ liable ≈ दायी

**secondary** 1. गौण; ~ capital ≈ पूँजी; ~ clue ≈ संकेत; ~ contact ≈ संपर्क; ~ document ≈ दस्तावेज़; ~ employment ≈ रोज़गार; ~ institutions ≈ संस्थाएँ; ~ kinship relations ≈ बन्धु-सम्बंध; ~ motivation ≈ अभिप्रेरण; ~ process ≈ प्रक्रम; ~ race ≈ प्रजाति; ~ right ≈ अधिकार; ~ sense ≈ अर्थ; ~ source ≈ स्रोत; ~ use ≈ प्रयोग; 2. द्वितीयक; ~ arbitration ≈/ निर्वचनकारी विवाचन; ~ bank reserve ≈ बैंक आरक्षित निधि; ~ burial ≈ शवाधान; ~ data ≈ आधार-सामग्री; ~ industry ≈ उद्योग; ~ marriage ≈ विवाह; ~ reserve ≈ आरक्षित निधि; ~ stricture ≈ निकोच; 3. माध्यमिक; ~ education ≈ शिक्षा; ~ school ≈ विद्यालय; 4. ~ partner गुप्त भागीदार

**seconder** अनुमोदक, समर्थक

**secrecy** गोपनीयता, छिपाव

**secret** I. *n.* रहस्य, भेद; top ~ परम गुप्त. II. *a.* गुप्त, छिपा, खुफ़िया; ~ agreement ≈ क़रार; ~ ballot ≈ मतदान; ~ clause ≈ धारा; ~ cover ≈ लिफ़ाफ़ा, ≈ आवरण; ~ department ≈ विभाग; ~ document ≈ दस्तावेज़; ~ funds ≈ धनराशि, ≈ निधि; ~ inquiry ≈ जाँच; ~ instruction ≈ अनुदेश; ~ language ≈ भाषा; ~ letter ≈ पत्र; ~ machinations ≈ युक्तियाँ, ≈ षड्यन्त्र; ~ number कूट अंक ~ police ≈ पुलिस; ~ protocol ≈ पूर्वसंधि; ~ service ≈ सेवा; ~ session ≈ अधिवेशन; ~ sitting ≈ बैठक; ~ vote ≈ मत

**secretarial** दफ़्तरी

**secretariat** सचिवालय; ~ service ≈ सेवा

**secretary** सचिव; ~ of state राज्य-≈; additional ~ अपर ≈; assistant ~ सहायक ≈; chief ~ मुख्य ≈; deputy ~ उप ≈; extra ~ अतिरिक्त ≈; joint ~ संयुक्त ≈; service ~ सेवा ≈; under ~ अवर ≈; ~ general महासचिव; ~ to government सरकार का ≈

**secretion** स्राव

**sect** पंथ, संप्रदाय

**sectarian** सांप्रदायिक, पंथवादी; ~ education ≈ शिक्षा

**sectarianism** साम्प्रदायिकता, पंथगत दलबंदी

**section** 1. अनुभाग; ~ head अनुभागाध्यक्ष; ~ mail list ≈ डाक सूची; ~ officer ≈ अधिकारी; 2. धारा, दफ़ा; 3. खंड, टुकड़ा

**sectional** 1. अनुभागीय; ~ balance ≈ संतुलन; ~ mailing bag ≈ डाक थैला; ~ strike ≈ हड़ताल; 2. खंड; ~

elevation ≈ उच्चता; ~ plan ≈ नक़्शा; ~ view ≈ दृश्य

**sector** खंड, सेक्टर

**sectoral** क्षेत्रीय; ~ advances ≈ अग्रिम; ~ flow of credit ≈ ऋण उपलब्धि

**secular** **1.** लौकिक; ~ activity ≈ क्रियाकलाप; ~ character ≈ स्वरूप; ~ life ऐहिक जीवन; ~ power ≈ शक्ति. **2.** असाम्प्रदायिक, धर्मनिरपेक्ष; ~ state ≈ राज्य; **3.** ~ instability सुदीर्घकालिक अस्थिरता

**secularism** धर्मनिर्पेक्षता, सर्वधर्म समभाव

**secundum** के अनुसार; ~ aequm et bonum न्याय और सत् ≈; ~ allegata et probata अभिकथन और प्रमाण ≈; ~ subjectum materiam विषय-वस्तु ≈

**secure** **I.** *a.* रक्षित, सुरक्षित; ~ custody ≈ अभिरक्षा; to render ~ ≈ बनाना. **II.** *v.t.* **1.** प्राप्त करना; ~ objects उद्देश्यों को ≈; **2.** प्रतिभूत करना; ~ compliance अनुपालन सुनिश्चित करना; **3.** बंद/ रुद्ध करना

**secured** **1.** प्रतिभूत; ~ creditor ≈ लेनदार; **2.** रक्षित; ~ loan ≈ कर्ज़/ ऋण; **3.** प्राप्त; ~ possession ≈ क़ब्ज़ा

**securely** सुरक्षित रूप से; ~ attached ≈ संलग्न

**security** **1.** प्रतिभूति, ज़मानत; ~ bond ≈ बंधपत्र; ~ capital ≈ पूँजी; ~ deposit निक्षेप/जमा; ~ for good behaviour सदाचरण की ≈; ~ for keeping peace शान्ति बनाये रखने के लिए ≈; approved ~ अनुमोदित ≈; bearer ~ वाहक ≈; collateral ~ सांपार्श्विक ≈; continuing ~ सतत ≈; corporate ~ कंपनी ≈; gilt-edged ~ श्रेष्ठ ≈; inscribed ~ अन्तर्लिखित ≈; listed ~ सूचीगत ≈; non-negotiable ~ अबेचनीय/ अपरक्राम्य ≈; substantial ~ ठोस ≈; tangible ~ गोचर ≈; unencumbered ~ भार रहित ≈; **2.** सुरक्षा; ~ arrangement ≈ व्यवस्था; ~ detention ≈ निरोध; ~ guarantee ≈ गारन्टी, ≈ प्रत्याभूति; ~ guard ≈ गारद, ≈ रक्षक; ~ measures ≈ उपाय; ~ zone सुरक्षा क्षेत्र

**sedentary occupation** आसनी/ बैठकी व्यवसाय

**sedition** राजद्रोह

**seditious** राजद्रोहात्मक; ~ matter ≈ बात; ~ speech ≈ भाषण; ~ works ≈ कृति

**seduce** विलुब्ध करना, फुसलाना

**seducer** विलोभक, फुसलानेवाला

**seducible** विलोभ्य, फुसलाने योग्य

**seduction** विलोभन, फुसलाहट

**seductive** विमोहक, प्रलोभक; ~ motive ≈ हेतु

**seductor** विलोभक, फुसला ले जानेवाला

**seductress** विलोभिका, फुसला ले जानेवाली

**seeding** बीज बोना

**seek** चाहना; ~ employment नौकरी ≈; ~ redress प्रतितोष माँगना

**seeming** आभासमान, लगने/ दीखने वाला

**seen** देख लिया

**seepage** रिसन

**'see saw' policy** डाँवाडोल नीति

**segment** खंड

**segmental** खंडात्मक; ~ society ≈ समाज

**segmentation** खंडीकरण

**segmented** खंडित

**segregate** पृथक्/ अलग करना

**segregated** पृथक्कृत

**segregation** पृथक्करण

**seigniorage** सिक्का ढलाई की रायल्टी

**seisin, seizin** परिभोग, क़ब्ज़ा, अभिग्रहण;

~ in fact वास्तविक ≈; ~ in law विधिक ≈

**seismologist** भूकंप-विज्ञानी

**seize** अभिग्रहण/ ज़ब्त करना, पकड़ना; ~ property संपत्ति ≈

**seized** अभिगृहीत

**seizure** अभिग्रहण, ज़ब्ती, पकड़; ~ memo ≈ पत्र; ~ of goods माल की ≈

**seldom** कभी-कभार, शायद कभी, यदाकदा

**select** **I.** *a.* **1.** चुना-चुना; **2.** प्रवर; ~ committee ≈ समिति; ~ grade ≈ क्रम; ~ list ≈ सूची. **II.** *v.t.* चुनना, चयन करना, प्रवरण करना

**selected** चुना हुआ, चयनित; ~ commodity सर्वोत्कृष्ट पदार्थ

**selection** प्रवरण, चयन; ~ committee ≈ समिति; ~ post ≈ पद; ~ grade प्रवरण श्रेणी; ~ interview वरण साक्षात्कार; ~ test वरण परीक्षण

**selective** चयनात्मक, वरणात्मक; ~ advantage ≈ लाभ; ~ promotion ≈ कक्षोन्नति; ~ recruitment ≈ भर्ती; ~ selling ≈ बिक्री

**selector** वरक, वरित्र, चयनकर्त्ता

**self** **1.** आत्म-; ~ abasement आत्मावज्ञा, आत्मदैन्य; ~-abnegation ≈ त्याग; ~ abuse ≈ दुरुपयोग; ~ accusation ≈ दोषारोपण; ~ adulation आत्मशंसा; ~ aggrandization ≈ अधिमूल्यन; ~-aggressiveness ≈-आक्रामकता; ~-awareness आत्म-जागरूकता; ~-centered आत्मकेन्द्रित; ~-complacency आत्मतुष्टि; ~-confidence ≈ विश्वास; ~ conscious ≈ चेतन; ~ correction स्वसुधार, आत्मसुधार; ~ control ≈ नियंत्रण/ संयम; ~ criticism ≈ आलोचना; ~-deception ≈ वंचना; ~ defence ≈ रक्षा; ~ denial ≈ त्याग; ~ destruction आत्मसंहार; ~ determi-nation ≈ निर्धारण; ~-discipline ≈ अनुशासन; ~ display ≈ प्रदर्शन; ~ enhancement ≈ वर्धन; ~ esteem ≈ सम्मान; ~ expression ≈ प्रकाशन, आत्माभिव्यक्ति; ~ evaluation ≈ मूल्यांकन; ~ glorification ≈ वर्धसम्मान, ≈ श्लाघा; ~ gratification ≈ तुष्टि, स्वतुष्टि; ~ guidance ≈ निर्देशन; ~ help ≈ निर्भरता, स्वावलंबन; ~ improvement ≈ सुधार; ~-insight ≈ अंतर्दृष्टि; ~ interest ≈ हित; ~ negation ≈ निषेध; ~ preservation ≈ परिरक्षण; ~ protection ≈ रक्षा; ~ punishment ≈ दंड; ~ purification ≈ शुद्धि; ~ recrimination ≈ दोषारोपण; ~-redress ≈-निवारण; ~ regard आत्ममान; ~ reliance आत्मनिर्भरता; ~-respect ≈-सम्मान, स्वाभिमान; ~-sufficiency आत्मनिर्भरता; ~-sufficient आत्मनिर्भर, स्वतः पर्याप्त. **2.** स्व-; ~ addressed स्वनामांकित; ~-appraisal ≈ मूल्यन; ~ consistent ≈ संगत; ~ dependence स्वावलंबन; ~ derogation ≈ अवमानना; ~ education स्वशिक्षा; ~ employed ≈ नियोजित; ~-employment स्वनियोजन; ~ government ≈ शासन; ~ insurance ≈ बीमा; ~ made person ≈ निर्मित व्यक्ति, कर्मठ व्यक्ति; ~ maintenance ≈ अनुरक्षण; ~ styled स्वघोषित; ~ supporting ≈ आश्रित; **3.** स्वतः, स्वयं; ~-activity अंतःप्रेरित क्रिया, ≈ स्फूर्त क्रिया; ~-administering test ≈ प्रयोजन परीक्षण; ~-blockade ≈ नाकेबंदी; ~ contained note ≈ पूर्ण टिप्पणी; ~ corrective ≈ सुधारक; ~ evident ≈ सिद्ध; ~ explanatory ≈

स्पष्ट, अपने-आप स्पष्ट; ~ governing ≈ शासी; ~ perpetuation स्वस्थायीकरण, ≈ शाश्वतता; ~ selection ≈ वरण; ~-service ≈ सेवा

**selfishness** स्वार्थसेविता, स्वार्थपरायणता

**selfless** निःस्वार्थ

**sell** बेचना, विक्रय करना; ~ back विक्रय द्वारा वापस करना; ~ by auction नीलाम द्वारा ≈

**seller** विक्रेता, बेचनेवाला; ~'s lien ≈ का धारणाधिकार; ~'s surplus ≈ की वेशी, ≈ अधिशेष

**selling** विक्रय, बिक्री; ~ agent ≈ एजेण्ट; ~ cost ≈ लागत; ~ point ≈ स्थल; ~ price क़ीमत; ~ out औने-पौने बेचना, अपविक्रय

**semantic** शब्दार्थ-विषयक

**semblance** आभास, झलक

**semble** प्रतीत होना, आभासित होना

**semen** वीर्य, शुक्र

**semester** अर्धवार्षिक पाठ्यक्रम; सत्र

**semi-** अर्ध-; ~ active ≈ सक्रिय; ~ automatic ≈ स्वचल; ~-annual ≈ वार्षिक; ~ autonomous ≈ स्वायत्त; ~ circle ≈ वृत्त; ~-conductor ≈-चालक; ~ conscious ≈-चेतन; ~-current ≈-प्रचलित; ~ finished goods ≈ निर्मित वस्तुएँ, अधबनी वस्तुएँ; ~ industrialized ≈ उद्योगीकृत; ~ lethal ≈ घातक; ~ luxury goods ≈ विलास वस्तुएं, विलासत् वस्तुएँ; ~ monopoly ≈ एकाधिकार; ~ nomadic ≈ यायावार; ~ official ≈ सरकारी; ~ permanent ≈ स्थायी; ~ permeable ≈ अतिवेध्य; ~-political ≈-राजनीतिक; ~-profe- ssional ≈ वृत्तिक; ~ skilled ≈ कुशल; ~ sophisticated ≈ परिष्कृत; ~ technical clerk ≈ तकनीकी क्लर्क, ≈ तकनीकी लिपिक; ~ weekly ≈ साप्ताहिक

**seminal** वीर्य-(संबंधी)

**seminar** संगोष्ठी, सेमिनार

**seminary** धर्मगोष्ठी; धर्मशिक्षालय

**semper** सदैव

**senate** अभिषद्, सीनेट

**senator** सीनेट-सदस्य

**sender** प्रेषक, भेजनेवाला; ~'s risk ≈ का जोखिम

**senicide** वृद्ध-हत्या

**senile** जराजन्य, बुढ़ापे का; ~ dementia ≈ मनोभ्रंश

**senility** जरा, बुढ़ापा

**senior** **1.** वरिष्ठ, ज्येष्ठ; ~ advocate ≈ अधिवक्ता; ~ branch ≈ शाखा; ~ officer ≈ अधिकारी; ~ superin- tendent ≈ अधीक्षक; ~ time-scale ≈ काल-मान, प्रवर समय मान; **2.** प्रवर; ~ administrative grade प्रवर प्रशासन ग्रेड या कोटि; ~ grade ≈ श्रेणी

**seniormost** वरिष्ठतम; ज्येष्ठतम; ~ in marriage सबसे पहले विवाहित

**seniority** **1.** वरिष्ठता; ~ list ≈ सूची; ~ of service सेवा की ज्येष्ठता; **2.** प्रवरता

**sensation** **1.** सनसनी, खलबली; **2.** संवेदन

**sensational** सनसनीदार

**sensationalist** सनसनीवादी

**sense** **1.** बोध; ~ and understanding सुधबुध, होश-हवास; ~ of belonging स्वीयत्व/ तादीयत्व ≈; ~ of proportion औचित्य ≈; common ~ साधारण ज्ञान, सहज बुद्धि; **2.** इन्द्रिय; ~ gratification ≈ तुष्टि. **3.** भावना; ~ of dependence आश्रित-≈; ~ of duty कर्तव्य ≈; ~ of guilt दोष- ≈; **4.** अर्थ, आशय; ~ of the House सदन का ≈

**senseless** बेसुध, संज्ञाहीन

**sensibility** 1. भावबोध; 2. संवेद्यता

**sensible** 1. संवेद्य; 2. समझदार; 3. अर्थसंगत

**sensitive** संवेदनशील; ~ market ≈ बाज़ार

**sensitiveness** संवेदनशीलता

**sensitivity** सुग्राहिता, सूक्ष्मग्राहिता

**sensory** 1. संवेदी; ~ development ≈ विकास; ~ fact ≈ तथ्य; ~ language ≈ भाषा; 2. इन्द्रिय-(संबंधी); ~ defect ≈ दोष

**sensual** 1. विषयाक्त; 2. वासनामय

**sentence** I. *n.* 1. दण्डादेश; deterrent ~ निरोधक ≈; ~ of imprisonment क़ैद का ≈; ~ of transportation निर्वासन का ≈; 2. वाक्य; ~ comprehension ≈ बोध; 3. दण्ड; ~ of death मृत्युदण्ड. II. *v.t.* दण्डादेश देना, दण्ड देना

**sentenced** दण्डादिष्ट, दण्डित; ~ on conviction दोष-सिद्धि पर ≈

**sentencing board** दंडादेश-बोर्ड

**sentiment** भाव, रस; भावुकता; ~ of self-regard आत्ममान-≈

**sentimental** भावुक, भावुकतापूर्ण

**sentimentality** भावुकता, भावावेश

**sentinel, sentry** संतरी, प्रहरी

**separate** पृथक् (करना), अलग (करना)

**separated** पृथक्कृत

**separately** अलग-अलग, पृथक्-पृथक्

**separation** 1. पृथक्करण, वियोजन; 2. वियोग; 3. पार्थक्य; ~ deed ≈ विलेख; ~ order ≈ आदेश; ~ of powers शक्ति ≈

**separatist** पृथकतावादी, अलहदगी-पसंद; ~ movement ≈ आन्दोलन, पार्थक्यवादी आन्दोलन

**sept** कुलशाखा, गोत्र

**septal** पटीय

**septennial** सप्तवर्षीय; ~ Act ≈ अधिनियम

**septic tank** मलाशय

**sepulchre** समाधि-स्थान, क़ब्रिस्तान

**sequel** 1. परिणाम, फल; 2. उत्तरांश

**sequence** अनुक्रम, सिलसिला; ~ of events घटना ≈, घटनाक्रम

**sequester** पृथक्/ अलग करना

**sequestrate** ज़ब्त करना

**sequestration** 1. परिबद्धकरण, ज़ब्ती; 2. पृथक्करण; ~ of revenue राजस्व का ≈

**serenity** प्रशान्ति

**serf** कृषिदास

**serfage** दासता, कृषिदासता, दासत्व

**serfdom** कृषिदासता, कृषिदास प्रथा

**serial** 1. क्रमिक; ~ bond ≈ बंधपत्र; ~ catalogue ≈ सूची; ~ record ≈ अभिलेख; ~ list क्रमसूची; ~ number क्रमांक, क्रमसंख्या, नम्बर शुमार; 2. धारावाहिक

**serialize** क्रमबद्ध करना

**serially** क्रमशः, यथाक्रम; ~ numbered ≈ संख्यांकित

**seriatim** I. *a.* क्रमबद्ध. II. *adv.* यथाक्रम

**sericulture** रेशम उत्पादन

**sericulturist** रेशम विज्ञानी

**series** श्रेणी, अवली; ~ of acts कार्यावली; ~ of occurrences घटनावली

**serious** गंभीर, भारी; ~ damage ≈ क्षति; ~ defect ≈ दोष; ~ error ≈ भूल; ~ injury ≈ चोट; ~ notice कड़ी निगाह; ~ offence घोर अपराध; ~ repercussions ≈ प्रतिक्रिया; ~ thought ≈ विचार

**seriously** गम्भीर रूप से

**sermon** प्रवचन, धर्मोपदेश

**serologist** सीरमविज्ञानी

**servant** नौकर, सेवक; maid ~ सेविका; ~ of the government सरकारी ≈

**serve** **1.** सेवा करना; **2.** ~ sentence दण्ड भुगतना; ~ the term of imprisonment कारावास की अवधि काटना; **3.** ~ summons सम्मन की तामील करना

**service** **1.** सेवा; ~ agencies ≈ अभिकरण, ≈ संस्थाएँ; ~ book ≈ पंजी; ~ charge ≈ प्रभार; ~ code ≈ संहिता; ~ conditions ≈ परिस्थितियाँ, ≈ की शर्तें; ~ cost ≈ लागत; ~ fund ≈ निधि; ~ hours ≈ घंटे, कार्य घंटे; ~ privileges ≈ विशेषाधिकार; ~ rating ≈ मूल्यांकन; ~ roll ≈ वृत्त; ~ rules ≈ नियम; ~ sheet ≈ पत्रक; ~ station सेवाई केन्द्र; ~ utility ≈ मूलक उपयोगिता या तुष्टिगुण; **2.** विभागीय; ~ bill ≈ बिल; ~ call ≈ कॉल; ~ enquiry ≈ जाँच; ~ instructions ≈ अनुदेश; ~ message ≈ संदेश; **3.** सरकारी; ~ article ≈ वस्तु; ~ envelope ≈ लिफ़ाफ़ा; ~ money-order ≈ मनीआर्डर; ~ paid article दत्त-शुल्क ≈ वस्तु; ~ stamp ≈ टिकट; ~ telegram ≈ तार; **4.** तामील; ~ of a notice of demand माँग की सूचना की ≈; ~ of summons समन की ≈; **5.** ~ personnel फ़ौजी कार्मिक; ~ tax व्यवस्था-कर, सर्विस टैक्स

**serviceability** उपयोज्यता

**serviceable** काम का, लाभदायक; ~ weapons उपयोगी हथियार

**servicing** **1.** सेवा कार्य; **2.** परिचर्या, सुधार; **3.** ~ of debts ऋण-संशोधन

**servient** अनुसेवी; ~ heritage ≈ रिक्थ; ~ tenant ≈ काश्तकार

**servile** सेवक; ~ class ≈ वर्ग

**servitia solita et consueta** प्रायिक और परम्परागत सेवाएँ

**servitium** सेवा; ~ forinsecum बाह्य/विदेश ≈; ~ intrinsecum अंगभूत/सामान्य ≈; ~ militare सैनिक ≈; ~ regale राज ≈

**servitude** **1.** अनुसेविता, अधिसेविता; **2.** सुविधाभार; affirmative ~ सकारात्मक ≈; negative ~ निषेधात्मक ≈; **3.** भोगाधिकार

**servitus** सुविधाभार; ~ altious non tollendi अधिक ऊँचा निमार्ण करने का ≈; ~ fumi immittendi धुँआ निकालने का ≈; ~ luminum प्रकाश का ≈; ~ pascendi गोचारण का ≈; ~ praediorum सम्पदा का ≈

**session** **1.** अधिवेशन; **2.** सत्र; ~ court ≈ न्यायालय; ~ judge ≈ न्यायाधीश; ~ of parliament संसद् ≈

**sessional committee** सत्रीय समिति

**set** **I.** *n.* कुलक, संवर्ग, सेट; ~ of instructions अनुदेशावली. **II.** *a.* **1.** जड़ा हुआ; **2.** नियत. **III.** *v.t.* रखना, लगाना; ~ adrift खोलकर छोड़ देना; ~ against लड़ाना; ~ an example उदाहरण उपस्थित करना; ~ apart अलग करना; ~ aside रद्द करना, अपास्त/ ख़ारिज करना; ~ at large छोड़ देना; ~ at liberty मुक्त/ आज़ाद करना; ~ at naught नीचा समझना; ~ back (in trade) व्यापार में धक्का; ~ down रख देना, लिखना; ~ fire आग लगाना; ~ forth बताना; चल पड़ना; ~ free मुक्त करना; ~ in आरम्भ होना; ~ off मुजरा करना; बढ़ाना; ~-off समंजन; मुजराई; ~ one's seal मोहर लगाना, पक्का करना; ~ on foot चल पड़ना; ~ out निर्दिष्ट करना; ~ out option राय उल्लिखित करना; ~ over उपरि-स्थापित करना; ~ right ठीक करना; ~ up प्रतिष्ठित करना, खड़ा करना; ~ up a committee समिति बनाना, समिति का निर्माण करना; ~ up cost

स्थापन लागत; ~ up lien धारणाधिकार जताना; ~ with stone रत्न जड़ना

**setting** 1. जड़ाई; 2. संस्थापन; 3. बैठाना; ~ a machine मशीन ≈ [see 'set']

**settle** 1. तय करना; चुकता करना, चुकाना; 2. निबटाना; ~ a debt ऋण ≈; 3. बस जाना, बसाना; 4. बन्दोबस्त करना

**settled** 1. तय, परिनिर्धारित, स्थिरीकृत; ~ account ≈ लेखा; ~ law व्यवस्थापित विधि; 2. स्थायी; ~ community ≈ समुदाय; ~ cultivation ≈ कृषि; 3. आवासित, बसाया हुआ; ~ labour ≈ श्रमिक

**settlement** 1. स्थिरीकरण, परिनिर्धारण; ~ of issues विवाद्यकों का ≈; 2. भू-व्यवस्था, व्यवस्थापन, बन्दोबस्त; ~ office ≈ कार्यालय; ~ officer ≈ अधिकारी; ~ of land revenue भू-राजस्व का ≈; 3. निस्तारण, परिशोधन; ~ of debt ऋण का ≈; ~ option भुगतान विकल्प; 4. समझौता, निबटारा; निपटान; ~ by compromise समझौते द्वारा निपटारा; ~ dues ≈ देय; ~ of insurance claim बीमा दावे का निपटान; amicable ~ मैत्रीपूर्ण ≈; pacific ≈ शांतिपूर्ण ≈; family ~ पारिवारिक ≈; 5. बस्ती

**settler** अधिवासी; व्यवस्थापक

**settling** 1. स्थिर करना, निर्धारण, तै करना; 2. परिशोधन; ~ carrier भुगतानी वाहक; 3. ~ of dispute विवाद का निबटारा; ~ differences of opinion मतभेद तय करना

**sever** अलग/ विच्छिन्न करना

**severable** पृथक्करणीय; ~ contract विच्छेदनीय संविदा

**several** 1. अनेक, भिन्न-भिन्न; ~ grounds कई आधार; 2. पृथक्-पृथक्, अलग-अलग

**severally** अलग-अलग, पृथक्-पृथक रूप से

**severance** 1. पृथक्करण; ~ of land भूमि का ≈; 2. विच्छेद; वियोजन

**severe** 1. कठोर; ~ action ≈ कार्यवाही; ~ punishment ≈ दण्ड; 2. गम्भीर

**severely** गम्भीर रूप से; कठोरतापूर्वक

**severity** कठोरता, तीव्रता, सख्ती

**sewage** मल, मैला; ~ disposal ≈ निकास

**sewer** मल-नाली, मोरी

**sewerage work** मलवाही संकार्य

**sex** 1. लिंग; 2. काम; ~ behaviour ≈ व्यवहार; ~ gratification ≈ तुष्टि; ~ offender ≈ अपराधी; ~ organ ≈ इन्द्रिय; ~ outlets ≈ तुष्टि-साधन; ~ promiscuity ≈ स्वैरिता; ~ urge कामेच्छा; ~ yearning कामोत्कंठा; 3. *(attrib.)* यौन, लैंगिक; ~ abnormality ≈ अपसामान्यता; ~ association ≈ साहचर्य; ~ criminal ≈ अपराधी; ~ education ≈ शिक्षा; ~ instinct ≈ प्रवृत्ति; ~ relation ≈ संबंध

**sexual** = sex 2. & 3. ~ advances 1. कामाभिगमन; 2. रिझाना, कामाकर्षण चेष्टा; ~ deviation काम विचलन; ~ intercourse/ union मैथुन, संभोग; ~ immorality लैंगिक दुराचार; ~ errancy व्याभिचार; ~ frigidity काम शैथल्य; ~ impotence नपुंसकता, लैंगिक अशक्तता; ~ inversion समलिंगीकामुकता; ~ maturity लैंगिक परिपक्वता; ~ preference काम अधिमान

**shackle** बेड़ी

**shadchan** विवाह-दलाल

**shaded** छायित; छायादार

**shadow** छाया; ~ cabinet छाया मंत्रिमण्डल; ~ money आभासी मुद्रा

**shake** 1. काँपना, हिलना; 2. हिलाना; ~ the credit साख को धक्का पहुँचाना

**shall** (भविष्य कालीन) गा, गी, गे; (misc. usages) ~ abate उपशमित हो जायगा; ~ affect प्रभाव डालेगा; ~ be annulled रद्द किया जायगा; ~ be assessed निर्धारित किया जायेगा; ~ be binding upon पर आबद्धकर होगा; ~ be constructed अर्थ किया जाएगा; ~ be deemed to mean से अभिप्रेत समझा जाएगा; ~ be determined का अवधारण किया जायेगा; ~ be forfeited समपहृत हो जायेगा; ~ be maintained चालू हालत में रखा जायेगा; ~ be omitted छोड़ दिया जायगा; ~ be renewable नवीकरण किया जा सकेगा; ~ be void निष्प्रभावी होगा, लागू न होगा; ~ come into force प्रवृत्त होगा; ~ have effect प्रभावी होगा; ~ hold good प्रभावी रहेगा; ~ not be नहीं होगा; ~ prevail मान्य होगा; ~ stand amended संशोधित हो जायेगा

**shallow** उथला

**sham** मिथ्या, झूठा, नक़ली; ~ transaction ≈ संव्यवहार

**shameful** लज्जाजनक, लज्जास्पद

**shamefully** लज्जा से

**share** I. *n.* अंश, भाग, शेयर, हिस्सा; ~ capital शेयर पूँजी; ~ certificate ≈ प्रमाण-पत्र; ~ cropper ≈ बटाईदार; ~ ledger ≈ खाता; ~ market ≈ बाज़ार; ~ transfer ≈ अंतरण; ~ transfer audit ≈ अंतरण लेखा परीक्षण; non-cumulative preference ~ असंचयी अधिमान ≈; ~ warrant ≈ अधिपत्र. II. *v.t.* आपस में बाँटना, हिस्सा लेना

**shared** विभाजित, बाँटा हुआ

**sharer** अंशभागी

**shareholder** अंशधारी, शेयरधारी

**sharing** हिस्सा बाँटना

**sharp** 1. तीक्ष्ण, तेज़; ~ -edged weapon ≈ धारवाला हथियार; 2. विविक्त, सुस्पष्ट; ~ line ≈ रेखा; 3. तीव्र; 4. ~ practice धोखाधड़ी

**sharper** ठग सौदेबाज़

**shed** I. *n.* छप्पर, शेड. II. *v.t.* बहाना; ~ tears आँसू ≈; ~ blood ख़ून ≈

**sheet** 1. चादर; 2. पन्ना, ताव, पत्र; ~ of music स्वरलिपि-पत्र; ~ roll नामावली पत्र

**shell** गोला

**shelter** I. *n.* शरण, आश्रय; ~ belt ≈-पट्टिका; ~ home ≈ गृह. II. *v.t.* आश्रय/ शरण देना

**sheltered** परिरक्षित; ~ employment ≈ रोज़गार

**shelve** ताक पर रखना; ठप्प कर देना

**shield** I. *n.* ढाल; ~ forces आवरक सेना, बचावकारी सेना. II. *v.t.* बचाव करना, रक्षा करना

**shift** I. *n.* पाली; ~ system ≈ पद्धति; ~ working पाली में काम. II. *v.i.* & *t.* स्थानान्तरण करना, अन्यत्र जाना/ भेजना

**shifting** I. *n.* स्थानान्तरण; ~ advice note ≈ सूचनापत्र; ~ charges ≈ प्रभार; ~ of connection कनेक्शन का ≈; ~ of tax करांतरण. II. *a.* अस्थिर; परिवर्ती; ~ alliance ≈ सहबंध; ~ trust ≈ न्यास

**shipment** पोत-लदान, पोत-भरण; ~ of goods माल का ≈

**ship-money** पोत-कर

**shipper** नौभार परेषक; माल भेजनेवाला

**shipping** नौ-वहन, जहाज़रानी; ~ bill पोतपरिवहन पत्र; ~ charge पोतपरिवहन प्रभार, नौवहन प्रभार; ~ freight जहाज़ का भाड़ा; ~ of goods माल का नौपरिवहन, जहाज़ द्वारा माल-वहन; ~ ring ≈ गुट; ~ subsidies ≈ सहायता, जहाज़रानी इमदाद

**shipside** पोत के समीप, पोत के साथ

**shipwreck** पोतभंग; नष्ट पोत

**shipyard** पोत-प्रांगण

**shirking** जी चुराना, टालना

**shock** आघात, धक्का, सदमा; ~ absorber ≈ अवशोषी; ~ proof धक्का रोधी; ~ tactics सहसाघात

**shocking** भयप्रद, दहलानेवाला

**shooting** 1. गोली चलाना; 2. चित्र लेना; 3. ~ pain शूल

**shopkeeper** दुकानदार

**shoplifting** उठाईगीरी

**shopping** ख़रीददारी, सौदा लेना; ~ hours कारोबार समय

**shore** तट; ~ delivery तटीय परिदान

**short** 1. लघु, छोटा; ~ circuit ≈ पथ; ~ course ≈ पाठ्यक्रम; ~ sentence ≈ वाक्य; ~ unit ≈ इकाई; ~ unit course ≈ इकाई पाठ्यक्रम; ~ wave ≈ तरंग; ~ wave communication ≈ तरंग संचार; 2. अल्प, कम; ~ ballot सवल्प निर्वाचन; ~ bill अल्पकालीन हुंडी; ~ loan fund अल्पकालिक/ अल्पावधि ऋण निधि; ~ notice ≈ सूचना; ~ period ≈ काल; ~ quantity ≈ मात्रा; ~ rate ≈ दर; ~ term ≈ अवधि; ~ term credit अल्पावधिक उधार; ~ of details बिना ब्योरा दिये; 3. संक्षिप्त; ~ title ≈ शीर्षक; 4. ~ covering प्रतिक्रय, जवाबी ख़रीद; ~ fall न्यूनता, कमी; ~ hand आशु लिपि; ~ money अल्पकालिक धन; ~-sighted अदूरदर्शी; ~ sightedness निकट दृष्टि; ~-shift अंशकालिक पारी; ~ supply प्रदाय में कमी; ~ term loan अल्पकालीन कर्ज़ा; in ~ संक्षेप में

**shortage** न्यूनता, कमी

**shortest distance** न्यूनतम दूरी

**shortly** थोड़े में, संक्षेप में; ~ stating ≈ कथन करते हुए

**shot** 1. गोली, छर्रा; 2. चित्र, फ़ोटो

**shotgun wedding** बाध्य विवाह

**shoulder badge** कन्धे का बिल्ला

**shovel** बेलचा

**show** I. *n.* 1. प्रदर्शन; दिखावा; ~ cause notice कारण निदर्शन नोटिस, कारण बताओ नोटिस; ~ of force बल का ≈; ~ room प्रेक्षागृह; on a ~ of hands हाथ उठाकर; 2. तमाशा, खेल. II. *v.i* प्रदर्शित करना, दिखाना; ~ off आडम्बर करना; ~ up पेश करना

**shrew** झगड़ैल

**shrewd** चालाक, चतुर

**shrine** चैत्य, देवालय

**shrinkage** संकुचन, सिकुड़न; ~ of validity वैधता संकुचन

**shroff** परखना

**shunt** पार्श्वथ, शंट; ~ path पार्श्ववाही पथ; ~ signal शंट सिगनल

**shut-down** कामबन्दी; ~ cost मूल लागत

**shunting** शंटिंग, शंटन, पार्श्व-पथन; ~ engine ≈ इंजन

**shuttering** कपाट निर्मुक्ति

**sibling** सहोदर भाई या बहिन; ~ rivalry ≈ स्पर्धा

**sic** एवमेव; यथामूल; ~ hic ऐसे ही यहाँ

**sick** बीमार, रुग्ण; ~ leave बीमारी की छुट्टी; ~ units रुग्ण इकाइयाँ

**sickness** बीमारी, रुग्णता; ~ benefits ≈ हितलाभ; ~ insurance अस्वस्थता बीमा

**side** पार्श्व, पक्ष, ओर; ~ band ≈ बैंड; ~ by ~ साथ-साथ; ~ collision बगली टक्कर; ~ door ≈ द्वार; ~ heading ≈ शीर्षक; ~ issue पार्श्विक विवाद्यक; ~ light ≈ बत्ती; ~ note पार्श्व-टिप्पणी; by the ~ पास ही; to take ~ पक्ष लेना

**siding** पार्श्व, साइडिंग, पथिका; ~ charge

पथिका/ साइडिंग प्रभार

**siege** घेरा, अवरोध

**sifting** छानबीन; ~ of evidence साक्ष्य परीक्षण

**sight** I. *n.* दृष्टि; 2. दृश्य; ~ seeing ≈ दर्शन; 3. दर्शन; ~ bill दर्शनी हुण्डी; ~ draft दर्शनी ड्राफ़्ट; after ~ दर्शनोपरान्त; at ~ देखते ही; out of ~ नज़र से दूर. II. *v.t.* देखना

**sigil, sigillum** मोहर, मुद्रा; ~ adulterinum कूट/ जाली ≈

**sign** I. *n.* 1. चिह्न; ~ test ≈ परीक्षण; 2. संकेत, इशारा; 3. लक्षण; ~ manual राजहस्ताक्षर; ~ board नाम पट्ट; ~ writer पट्टिका-लेखक. II. *v.t.* हस्ताक्षर करना

**signal** संकेत, सिगनल; ~ cabin ≈ गुमटी; ~ key ≈ कुंजी; ~ of battle रण का ≈; ~ of distress संकट का ≈; ~ wire ≈ तार

**signaller** संकेतक

**signalling** संकेतन; ~ operation ≈ प्रचालन

**signatory** हस्ताक्षरकर्ता; ~ of returns विवरणी का ≈; ~ powers ≈ राष्ट्र या शक्तियाँ

**signature** हस्ताक्षर; ~ attested अनुप्रमाणित/ साक्ष्यांकित ≈; authenticated ~ अधिप्रमाणित ≈; ~ pad ≈ पैड/ पत्रावली

**signed** हस्ताक्षरित; ~ undertaking ≈ वचनबद्धता

**signet** मुद्रा, मुहर

**significance** 1. सार्थकता, महत्ता; 2. अर्थ

**significant** सार्थक, अर्थपूर्ण

**signification** 1. संकेतन, संज्ञापन; 2. अर्थ, अभिप्राय

**signified** संज्ञापित

**signify** 1. संकेतित करना, संज्ञापित करना; ~ assent अनुमति ≈; 2. महत्व/ अर्थ रखना

**si in aere non habeat, in pelle luat** जो अर्थदण्ड नहीं भोग सकता उसे जेल भुगतनी पड़ेगी

**silence** मौन, चुप्पी

**silenced** निरुत्तर

**silencer** रव-शामक

**silent** 1. मौन, चुप, मूक; ~ partner मूक भागीदार; ~ reading मौन पठन; 2. ~ account निष्क्रिय खाता; ~ water शान्त जल

**silently** चुपचाप

**silhouette** छायाकृति

**silly** अल्पमति, मूढ़

**silver** चाँदी, रजत; ~ coin चाँदी का सिक्का; ~ jubilee रजत जयन्ती; ~ standard रजत मान; ~ ware चाँदी के बर्तन

**silviculture** वन-संवर्धन

**silviculturist** वनवृक्ष-विज्ञानी

**similar** वैसा ही, समरूप, सदृश; ~ association समरूप संगम

**similarity** समरूपता, समानता, सादृश्य

**similarly** उसी प्रकार, तथैव

**simple** 1. सरल; ~ quantity ≈ राशि; ~ reserve ≈ संचिति; ~ scale ≈ मान; 2. साधारण; ~ competition ≈ प्रतियोगिता; ~ contract ≈ संविदा; ~ debenture ≈ ऋणपत्र; ~ effect ≈ प्रभाव; ~ error ≈ त्रुटि; ~ interest ≈ ब्याज; ~ observation ≈ प्रेक्षण; ~ resolution ≈ संकल्प; ~ sign ≈ चिह्न; 3. सादा; ~ document ≈ दस्तावेज़; ~ hurt सादी चोट; ~ imprisonment सादी क़ैद; ~ larceny सादी चोरी; ~ family मूल कुटुंब

**simplex** साधारण; ~ justitiarius ≈ न्याय; ~ loquela ≈ वादपत्र; ~ obligatio(n) ≈ बाध्यता; 2. इकपथी; ~

central battery ≈ केंद्रीय बैटरी; ~ working ≈ कार्य-प्रणाली, सिंप्लेक्स कार्य-प्रणाली

**simplicity** सरलता, सादापन, सादगी

**simplification** सरलीकरण; ~ of rules नियमों का ≈

**simplified** सरलीकृत; ~ agreement ≈ समझौता

**simplify** सरल बनाना

**simulate** छल करना, नक़ल बनाना

**simulated** नक़ली; ~ papers ≈ काग़ज-पत्र; ~ test अनुरूप परीक्षण

**simulation** छद्म रूप; अनुकरण, अनुरूपण

**simultaneous** एक-साथ, साथ-साथ, सहकालिक; ~ appointment ≈ नियुक्ति; ~ conditioning ≈ अनुबंधन; ~ execution ≈ निष्पादन; ~ interpretation युगपद् भाषांतर, युगपद् भाषांतरण

**simultaneously** एक-साथ, साथ-साथ, युगपद्

**sin** पाप

**since** क्योंकि; ~ then तब से

**sincere** निश्छल, सच्चा

**sincerely** निश्छलतापूर्वक, सच्चे हृदय से; ~ yours आपका

**sincerity** निश्छलता, सच्चापन

**sine** बिना; ~ consideratione curiae न्यायालय के निर्णय के ≈; ~ decreto न्यायाधीश के प्राधिकार के ≈; ~ die ≈ दिन के, अनिश्चित काल तक; ~ dilatione ≈ बिलम्ब; ~ numere ≈ सीमा के; ~ qua non अपरिहार्य/ अनिवार्य शर्त

**sinecure** दायित्वहीन पद

**sinews of war** युद्ध के साधन

**single** 1. एकल, अकेला; ~ base ≈ आधार; ~ cost account ≈ लागत लेखा; ~ current ≈ धारा; ~ handed office ≈ कर्मचारी कार्यालय; ~ holder ≈ धारक; ~ judge ≈ न्यायाधीश; ~ option ≈ विकल्प; ~ phase supply ≈ फ़ेज़ प्रदाय; ~ tax ≈ कर; ~ throw ≈ प्रक्षेप; **2.** एक; ~ bond ≈ बन्ध; ~ employer ≈ मालिक; ~ entry ≈ प्रविष्टि; ~ interest group ≈ रुचि समूह; ~ member constituency ≈ सदस्य निर्वाचन-क्षेत्र; ~ shift ≈ पारी; **3.** इकहरा; ~ entry ≈ प्रविष्टि; ~ line ≈ लाइन; ~ post card ≈ पोस्टकार्ड; ~ quotation ≈ उद्धरण; ~ fare एकतरफ़ा किराया

**singly** एक-एक, अकेले, एकशः

**singular** 1. एकल, एक (मात्र); **2.** विशिष्ट; **3.** (gramm.) एकवचन

**sinkage** तार-बिछाई छूट

**sinking fund** निक्षेप/ ऋणपरिशोध निधि

**sir** श्रीमान्, जनाब

**siren** जलपरी, मायाविनी; भोंपू

**sister** बहिन, भगिनी; ~ concern संबंधित-संस्थान, सहयोगी प्रतिष्ठान; ~'s daughter (niece) भांजी; ~'s son (nephew) भांजा

**sisterhood** बहनापा, भगिनीत्व

**sister-in-law** साली; ननद; भाभी

**sit-down strike** धरना, बैठकी हड़ताल

**site** स्थल, मौक़ा; ~ buyer स्थल क्रेता; ~ plan ≈ नक्शा; ~ value (situation value) अवस्थिति मूल्य, स्थान मूल्य; ~ of accident दुर्घटनात्मक स्थल

**sit-on-the-fence opinion** निष्पक्ष अभिमत

**sitting** 1. बैठक; इजलास; ~ days ≈ के दिन; **2.** वर्तमान; ~ member ≈ सदस्य; **3.** ~ over the papers काग़ज दबाकर बैठना

**situate, situated** स्थित (होना)

**situation** स्थिति; मौक़ा; ~ rent ≈ अधिशेष, ≈ किराया; delicate ~ नाज़ुक ≈

**situational** स्थितिपरक; ~ criminal स्थितिक अपराधी; ~ withdrawal ≈ प्रत्यागमन

**situs** अवस्थान; ~ of property सम्पत्ति का ≈

**six-monthly** छमाही, अर्धवार्षिक (पत्रिका)

**size** क़द; आकार; माप; लम्बाई-चौड़ाई; ~ of policy बीमे की राशि

**sizing** सज्जीकरण

**skeleton** कंकाल, अस्थिपंजर; ~ copy ख़ाका प्रतिलिपि; ~ staff थोड़े से कर्मचारी

**sketch** **1.** रेखाचित्र (~ map); **2.** संक्षिप्त विवरण

**sketchy** संक्षिप्त, अपूर्ण, प्रारूपात्मक

**skilful** कुशल; ~ person ≈ व्यक्ति

**skill** कौशल, कारीगरी, प्रवीणता

**skilled** कुशल; ~ job ≈ कार्य; ~ labour ≈ श्रमिक; ~ technique ≈ प्रविधि; ~ witness ≈ साक्षी

**skimming** क्षिप्रगामी पठन

**skin** चमड़ा, चर्म

**skipping** कक्षांतर प्लुति

**skirting** हाशिया, प्रांत

**skulking** कामचोर, खिसकू

**skull** कपाल, खोपड़ी

**sky** आकाश, आसमान; ~ blue आसमानी; ~ light छत-रोशनदान, वातायन; ~ scraper गगनचुम्बी प्रासाद/ भवन

**slab** **1.** सिल्ली, पटिया; **2.** श्रेणी; ~ of income आय-खण्ड; ~ system of taxation कराधान की ≈ पद्धति

**slack** शिथिल, ढीला; ~ season ≈ काल

**slackness** शैथिल्य, ढिलाई

**slander** **I.** *n.* अपमान वचन, अपवचन; ~ of the title आगम-अपवचन. **II.** *v.t.* निंदा करना

**slanderous** निंदात्मक

**slang** अपभाषा; शिष्टेतर प्रयोग

**slant** **I.** *n.* भंगिमा, मोड़. **II.** *v.i.* & *t.* झुकना, झुकाना, मुड़ना, मोड़ना, तिरछा होना/ करना

**slap** तमाचा (मारना), थप्पड़ (मारना)

**slash** काट

**slaughter** वध; ~ house ≈ शाला

**slave** दास, गुलाम; ~ labour ≈ श्रम; ~ mentality ≈ मनोवृत्ति; ~ trade ≈ व्यापार

**slavery** दासता, गुलामी; दास-प्रथा

**slavish** दासवत्

**sleeper** **1.** शहतीर; **2.** स्लीपर, शयनयान; ~ berth शायिका; **3.** सोनेवाला

**sleeping** **I.** *n.* शयन; ~ accommodation सोने का स्थान; ~ car ≈ यान. **II.** *a.* सुप्त; ~ partner निष्क्रिय भागीदार; ~ room शयन-कक्ष, सोने का कमरा; ~ sickness निद्रालुता-रोग

**slender majority** स्वल्प बहुमत

**slide** **I.** *n.* **1.** स्लाइड; ~ projector ≈ प्रक्षेपित्र; **2.** ढालू नाली. **II.** *v.i.* सरकना

**sliding** विसर्पी; ~ scale ≈ मान

**slight** थोड़ा-सा; ~ harm ≈ नुक़सान

**slightly affected** किंचित प्रभावित

**slim** छरहरा

**slinging assembly** उद्धर्षी समुच्चयन

**slip** **I.** *n.* **1.** पर्ची, चिट; ~ day book ≈ रोज़नामचा; **2.** स्खलन, चूक; accidental ~ आकस्मिक ≈; ~ of hand हस्त ≈; ~ of pen लेखनी ≈; ~ of tongue जिह्वा स्खलन (की भूल); ~ of memory स्मृति दोष; **3.** चकमा. **II.** *v.i.* खिसकना; फिसलना; चूक जाना

**slit** रेखाछिद्र

**slitting machine** स्लिट मशीन

**slogan** नारा, प्रचार-वाक्य; ~ die ≈ ठप्पा; ~ stamp ≈ मोहर

**sloping** ढलवाँ; ~ land ≈ भूमि; ~ roof ≈ छत

**slotted** कटवाँ, खाँचेदार; ~ weight ≈ बाट

**slovenly** फूहड़, मैला-कुचैला

**slow** I. *a.* मंद; ~ motion ≈ गति. II. *v.i.* मंद होना; ~ -down काममंदी

**sluggish** मंद, मंथर, ढीला, सुस्त

**sluggishness** मंदता, मंथरता

**sluice (gate)** जलद्वार; जलमार्ग

**slum** गन्दी बस्ती; ~ area ≈ का क्षेत्र; ~ environment ≈ का परिवेश

**slump** मंदी (आना); ~ remission मंदी की छूट

**slur** I. *a.* कलंक, लांछन; 2. रगड़, दाग़

**small** 1. लघु, छोटा; ~ cause ≈ वाद; ~ coin ≈ सिक्का; ~ holding ≈ जोत; ~ scale industry ≈ उद्योग; ~ scale production लघुमात्रिक (छोटे पैमाने का) उत्पादन; 2. अल्प, थोड़ा; ~ majority ≈ बहुमत; ~ savings ≈ बचत. II. *n.* (~s) फुटकर

**smite** आघात/ प्रहार करना

**smithy** लोहकारी; लोहार की दुकान

**smoking** धूम्रपान

**smoky** धूमिल, धुँधुआता

**smooth** 1. चिकना; ~ surface ≈ तल; 2. शान्त

**smoothed** चिकना; ~ traffic सम यातायात

**smoothing** चिकनाना

**smother** गला/ दम घोटना

**smoulder** प्रधूमन करना, सुलगाना

**smudge** धब्बा (लगना, लगाना)

**smuggle** चोरी से लाना, तस्करी करना

**smuggler** तस्कर, तस्कर व्यापारी

**smuggling** तस्करी; ~ business ≈ कारोबार

**snap** I. *n.* 1. झपट्टा, तड़ाका; 2. तेज़ी, फुरती. II. *a.* तात्कालिक, आकस्मिक; ~ shot क्षणचित्र; ~ strike ≈ हड़ताल; ~ vote ≈ मतसंग्रह. III. *v.i. & t.* काटना; छीनना; तड़कना; तड़काना; फटकारना

**so** इसलिए; ऐसा; अतः; ~ and so अमुक, फ़लाना; ~ as to ताकि, के निमित्त; ~ as to ensure यह सुनिश्चित करने के लिए; ~ called तथाकथित; ~ circumstanced ऐसी परिस्थितियों में; ~ far अभी तक; ~ far as जहाँ तक; ~ far as may be यथासम्भव; ~ far as possible यथासंभव; ~ far as practicable यथासाध्य; ~ however किन्तु इस प्रकार कि; ~ long as जब तक; ~ much इतना; ~ often as जब जब; ~ that ताकि, जैसे कि

**soak pit** शोषक गर्त/ गड्ढा

**sober** 1. संयमी; 2. अमत्त; 3. गम्भीर, शांत

**sobriety** 1. संयम; 2. गम्भीरता, शान्त चित्तता

**sociability** सामाजिकता, मिलनसारी

**sociable** समाजशील, मिलनसार

**social** सामाजिक; ~ activities ≈ क्रियाकलाप; ~ affliation ≈ संबद्धता; ~ approach ≈ उपागम; ~ aspect ≈ पक्ष, ≈ पहलू; ~ behaviour ≈ व्यवहार; ~ benefits ≈ हितलाभ; ~ boycott ≈ बहिष्कार; ~ care ≈ देखभाल; ~ category ≈ संवर्ग; ~ cause ≈ हेतु; ~ change ≈ परिवर्तन; ~ clique ≈ गुट; ~ conduct ≈ आचार; ~ contract ≈ संविदा; ~ control ≈ नियन्त्रण; ~ correlation ≈ सहसम्बन्ध; ~ credit ≈ साख; ~ custom ≈ प्रथा; ~ degeneracy ≈ अवह्रासन; ~ democracy ≈ लोकतंत्र; ~ demoralisation ≈ अधःपतन, ≈ नैतिक पतन; ~ deterioration ≈ अपकर्ष; ~

deviation ≈ विचलन; ~ disintigration ≈ विघटन; ~ disparity ≈ विषमता; ~ emancipation ≈ उद्धार; ~ evil ≈ बुराई; ~ functionary ≈ कार्याधिकारी; ~ harmony ≈ सामंजस्य; ~ inertia ≈ जड़ता; ~ intercourse ≈ मिलन; ~ isolation ≈ एकाकीकरण; ~ legislation ≈ विधान, ≈ विधिनिर्माण; ~ maladjustment ≈ अपसमायोजन, ≈ कुसमायोजन; ~ monopoly ≈ एकाधिकार; ~ objective ≈ उद्देश्य; ~ order ≈ व्यवस्था; ~ ostracism ≈ बहिष्कार; ~ parity ≈ समानता; ~ phase ≈ प्रावस्था; ~ position ≈ स्थिति; ~ practice ≈ रूढ़ि; ~ purpose ≈ प्रयोजन; ~ reconstruction ≈ पुनर्निर्माण; ~ reform ≈ सुधार; ~ relation ≈ सम्बन्ध; ~ resources ≈ संसाधन; ~ retardation ≈ मंदन; ~ sanction ≈ अनुशास्ति; ~ science ≈ विज्ञान; ~ security ≈ सुरक्षा; ~ service ≈ सेवा; ~ setting ≈ परिवेश; ~ solidarity ≈ सुदृढ़ता; ~ statistics ≈ सांख्यिकी; ~ status ≈ प्रास्थिति; ~ stigma ≈ लांछन; ~ stratification theory ≈ स्तरीकरण सिद्धान्त; ~ structure ≈ संरचना; ~ suppression ≈ दमन; ~ survival ≈ उत्तरजीवन, ≈ अतिजीविता; ~ tension ≈ तनाव, ≈ कर्षण; ~ welfare समाज कल्याण; ~ work ≈ कार्य, समाज का कार्य, ≈ कार्य विज्ञान, समाजकार्यिकी; ~ worker ≈ कार्यकर्ता

**socialisation** समाजीकरण

**socialise** सामाजिक बनाना

**socialised** समाजीकृत; ~ child ≈ बालक; ~ industry ≈ उद्योग

**socialistic** समाजवादी; ~ society ≈ समाज

**socially** सामाजिक दृष्टि से

**societal** समाजीय; ~ complexity ≈ जटिलता; ~ forces ≈ शक्तियाँ

**society** समाज; समिति; संस्था

**socio-cultural** समाज-सांस्कृतिक

**socio-economic planning** समाज-आर्थिक योजना

**socio-ethical** सामाजिक-नैतिक

**sociography** समाजवृत्त

**socio-legal** समाज-विधिक

**sociological** समाजशास्त्रीय; ~ law समाजविज्ञानीय नियम, ≈ नियम; ~ trends समाजविज्ञानीय प्रवृत्तियाँ, ≈ प्रवृत्तियाँ

**sociologist** समाजशास्त्री

**sociology** समाजशास्त्र

**sociometry** समाजमिति

**socio-religious** सामाजिक-धार्मिक; ~ integration ≈ समाकलन

**sodality** भाई चारा, मैत्रीभाव

**sodomite** लौंडेबाज़, पुंमैथुनकर्ता

**sodomy** लौंडेबाज़ी, पुंमैथुन, गुदामैथुन

**soft** कोमल, नरम; ~ currency सुलभ मुद्रा; ~ goods अल्पस्थायी वस्तुएँ; ~ job सरल कार्य; ~ loan सुलभ कर्ज़; ~ market गिरता बाज़ार, मुलायम बाज़ार; ~ money काग़ज़ी मुद्रा; ~ water हलका पानी

**soil** भू, भूमि, मिट्टी; ~ characteristics ≈ गुण; ~ conservation ≈ संरक्षण; ~ erosion ≈ कटाव/ क्षरण; ~ preservation ≈ परिरक्षण

**soiled** गंदा, कलुषित

**sojourn** अल्पवास (करना), अवस्थान, विराम (लेना)

**sojourner** अल्पवासी

**sola bill** एक प्रति बिल, अपैंठ हुंडी

**solar** सौर; ~ eclipse सूर्य ग्रहण; ~

system सौर परिवार

**solatium** तोषण

**sold** विक्रीत; ~ ledger ≈ विक्रय खाता

**soldering** टँकाई, टाँका लगाना

**soldier** सैनिक, सिपाही, जवान

**sole** **I.** *n.* तला, तलवा. **II.** *a.* एकल, अकेला, एकमात्र; ~ agent ≈ अभिकर्ता; ~ arbitrator ≈ विवाचक/ मध्यस्थ; ~ bargaining ≈ सौदाकारी; ~ right ≈ अधिकार; ~ risk ≈ जोखिम; ~ trader ≈ व्यापारी; ~ trustee एकमात्र न्यासी

**solely** एकमात्र, अकेले; ~ responsible ≈ उत्तरदायी/ ज़िम्मेदारी

**solemn** **1.** सत्यनिष्ठ; ~ affirmation ≈ प्रतिज्ञान; ~ declaration ≈ घोषणा; **2.** गम्भीर

**solemnity** गम्भीरता, गाम्भीर्य

**solemnization** अनुष्ठान; सम्पादन; ~ of marriage विवाह-≈

**solemnize** सम्पन्न करना

**solemnized** अनुष्ठापित; सम्पन्न

**solemnly** सत्यनिष्ठा से, गम्भीरतापूर्वक

**solicit** याचना/ विनती करना; ~ votes मत के लिए ≈

**solicitation** याचना, विनती; ~ for money धन के लिए ≈

**solicitor** **1.** अभ्यर्थी; **2.** न्यायाभिकर्ता, सालिसिटर; ~ general महान्यायाभिकर्ता

**solid** ठोस; ~ matter ≈ सामग्री; ~ vote ≈ मत

**solidarity** एकता, एकात्मता; ~ of interests हितों का समेकन

**solidary** **1.** एक; **2.** परस्पर निर्भर; ~ obligation ≈ बाध्यता

**solitary** **1.** एकमात्र; ~ example ≈ उदाहरण; **2.** एकान्त; ~ cell ≈ कोठरी; ~ confinement ≈ परिरोध/ क़ैद

**solitude** एकांतवास

**solo** एकल, अकेला

**soluble** विलेय, विलयशील

**solubility** विलेयता

**solution** **1.** हल, समाधान; ~ by arbitration विवाचन द्वारा ≈; ~ by judicial settlement न्यायिक समझौते द्वारा ≈; **2.** घोल, विलयन

**solve** हल करना, समाधान करना

**solvency** (ऋण की) शोधन-क्षमता

**solvent** **1.** (ऋण) शोधन-क्षम; **2.** विलायक

**somatic** कायिक, दैहिक; ~ disorder ≈ विकार

**sonship** पुत्रत्व

**sophisticated** परिष्कृत, सुसंस्कृत

**sophistication** परिष्कार, सुसंस्कार, प्रमार्जन

**sophistry** वितंडा, कुतर्क

**sorcerer** ऐंद्रजालिक, अभिचारक

**sorcery** इंद्रजाल, अभिचार

**sore** व्रण, घाव

**sororicide** भगिनी-हत्या; भगिनी-हत्यारा

**sorority** भगनीत्व, बहनापा

**sorrow** शोक

**sort** **I.** *n.* प्रकार. **II.** *v.t.* छाँटना

**sorted** छँटा हुआ

**sorter** छँटाईकार

**sorting** छँटाई; ~ mail bag डाक ≈ थैला; ~ office ≈ दफ़्तर

**sought** ईप्सित, चाहा गया

**sound** **I.** *n.* ध्वनि; ~ box ≈ यंत्र; ~ omission उच्चारण लोप; ~ proof ≈ रोधी; ~ track ≈ पट्टी. **II.** *a.* **1.** गंभीर, गहरा; ~ knowledge ≈ ज्ञान; ~ sleep ≈ निद्रा; **2.** सुस्थ, प्रकृत; ~ memory ≈ स्मृति; ~ mind ≈ चित्त; ~ understanding ≈ बोध; **3.** ~ argument तर्कसंगत युक्ति; ~ business principles ठोस कारबारी-सिद्धान्त; ~ finance सुस्थित

वित्त; ~ practice ठीक/ स्वस्थ चलन; ~ proposal ठोस सुझाव

**source** 1. स्रोत; ~ of income आय का ≈; ~ of law विधि का ≈; ~ of profit लाभ का ≈; 2. आधार, मूल; ~ of law विधि का ≈; ~ of power शक्ति का ≈; 3. ~ book आधार ग्रंथ

**souteneur** वेश्यादलाल

**southern** दक्षिणी

**souvenir** स्मारिका

**sovereign** I. *n.* अधिराट् प्रभुसत्ताधारी. II. *a.* प्रभुत्व-संपन्न; ~ assembly ≈ सभा; ~ authority ≈ प्राधिकारी; ~ right ≈ अधिकार; ~ state ≈ राज्य

**sovereignty** प्रभुता, प्रभुत्वसंपन्नता, प्रभुसत्ता; ~ of the people जन-संप्रभुता, जन-सार्वभौमत्व, लोक-प्रभुता, लोक प्रभुसत्ता

**space** I. *n.* 1. स्थान; 2. अंतराल ; ~ bar अंतर छड़; ~ current ≈ धारा; ~ of time कालावधि; 3. अंतरिक्ष; ~ war ≈ युद्ध. II. *v.t.* अंतर देना/ छोड़ना

**spaced interview** अंतरालित साक्षात्कार

**spacing** अंतरालन

**spacious** विस्तीर्ण, लंबा-चौड़ा

**spade work** प्रारंभिक कार्य

**spar** बल्ली

**spare** I. *a.* फ़ालतू, अतिरिक्त; ~ copy ≈ प्रति; ~ parts ≈ पुर्ज़े; ~ time ≈ समय. II. *v.t.* बचा रखना; छोड़ना, देना

**sparing** अनुदार, मितव्ययी

**sparingly** थोड़ा; कभी-कभार

**sparking** जगमग

**spasm** आक्षेप; अंगग्रह

**spatial** स्थानिक, देशिक; ~ distance ≈ दूरी; ~ proximity ≈ सामीप्य

**speak** बात करें

**speaker** 1. वक्ता; 2. अध्यक्ष; ~ of the house of people लोकसभा का ≈; ~'s counsel ≈ का परामर्शदाता

**speakership** अध्यक्षपद

**speaking order** आख्यापक आदेश, सकारण आदेश

**special** I. *n.* विशेषांक. II. *a.* विशेष; ~ ability ≈ योग्यता; ~ Act ≈ अधिनियम; ~ agent ≈ अभिकर्ता; ~ allowance ≈ भत्ता; ~ appeal ≈ अपील; ~ aptitude ≈ अभिक्षमता; ~ assessment ≈ कर-निर्धारण; ~ authorization ≈ प्राधिकरण; ~ bench ≈ न्यायपीठ; ~ bill ≈ विधेयक; ~ care ≈ सावधानी; ~ casual leave ≈ आकस्मिक छुट्टी; ~ cause ≈ हेतुक; ~ charges ≈ प्रभार/ व्यय; ~ class ≈ कक्षा, ≈ दर्जा; ~ coach ≈ डिब्बा; ~ demurrer ≈ पूर्वापत्ति; ~ deposit ≈ जमा; ~ directions ≈ निदेश; ~ duty ≈ कार्य; ~ effect ≈ प्रभाव; ~ endorsement ≈ पृष्ठांकन; ~ grant ≈ अनुदान; ~ hazard ≈ ख़तरा; ~ injunction ≈ व्यादेश; ~ interest ≈ अभिरुचि; ~ jurisdiction ≈ क्षेत्राधिकार; ~ law ≈ विधि; ~ meeting ≈ बैठक; ~ messenger ≈ दूत; ~ offer ≈ प्रस्ताव; ~ officer ≈ अधिकारी; ~ pay ≈ वेतन; ~ permission ≈ अनुमति; ~ powers ≈ शक्तियाँ; ~ provision ≈ उपबंध; ~ rate ≈ दर; ~ service ≈ सेवा; ~ session ≈ अधिवेशन/ सत्र; ~ surcharge ≈ अधिभार

**specialisation** 1. विशेषज्ञता; 2. विशेषीकरण; ~ of labour श्रम-विशिष्टीकरण

**specialised** विशेषित, विशिष्ट; ~ capital ≈ पूँजी; ~ knowledge ≈ ज्ञान; ~ layout ≈ विन्यास; ~ skill ≈ कौशल

**specialist** विशेषज्ञ; ~ course ≈ पाठ्यक्रम

**speciality** विशिष्टता

**specially** विशेषतः, विशेष रूप से; ~ empowered ≈ सशक्त किया गया

**specie** सोना-चाँदी, सिक्के, नक़द

**species** वर्ग, प्रकार, जाति

**specific** विशिष्ट, विनिर्दिष्ट; ~ approval ≈ अनुमोदन; ~ captial ≈ पूंजी; ~ cargo ≈ नौभार; ~ denial ≈ प्रत्याख्यान; ~ enforcement action ≈ प्रवर्तन क्रिया, ≈ प्रवर्तन कार्य; ~ engagement ≈ आबंध; ~ entry ≈ प्रविष्टि; ~ execution ≈ निष्पादन; ~ fact ≈ तथ्य; ~ legatee ≈ वसीयतदार; ~ performance ≈ अनुपालन; ~ property ≈ संपत्ति; ~ proposals ≈ प्रस्ताव; ~ provision ≈ उपबंध; ~ purpose ≈ प्रयोजन; ~ relief ≈ सहायता; ~ remedies ≈ उपचार; ~ return ≈ प्रतिलाभ; ~ suit ≈ वाद; ~ wants ≈ आवश्यकताएँ

**specifically** विशिष्टतः, विनिर्दिष्टतः; ~ in question ≈ प्रश्नास्पद; ~ to perform ≈ अनुपालन करना

**specification** विशिष्टि, विनिर्दिष्टि, विनिर्देशन

**specified** विनिर्दिष्ट; ~ area ≈ क्षेत्र; ~ class ≈ वर्ग; ~ date ≈ तिथि; ~ points ≈ मुद्दे

**specify** विनिर्दिष्ट करना

**specimen** निदर्श, नमूना; ~ form फ़ार्म का ≈; ~ signature नमूने के हस्ताक्षर

**specious** सत्याभासी, बाहर से ठीक

**spectacle** 1. दृश्य-विधान; 2. (pl.) चश्मा

**spectacular** 1. दृश्यात्मक; ~ persentation ≈ प्रस्तुति; 2. दर्शनीय

**spectator** दर्शक, प्रेक्षक

**speculate** 1. सट्टा करना; 2. अटकल/ अंदाज़ लगाना, कल्पना करना

**speculation** 1. सट्टा; ~ business सट्टे का कारोबार; 2. अटकल, परिकल्पना

**speculative** 1. सट्टे का; ~ bargain ≈ सौदा; ~ dealing ≈ कारोबार; ~ investment ≈ निवेश, जोखमी निवेश; ~ purchasing ≈ क्रय; ~ transaction ≈ लेनदेन; 2. परिकल्पी, आनुमानिक; ~ demand ≈ माँग

**speculator** 1. सट्टेबाज़, सटोरिया; 2. परिकल्पक

**speech** 1. वाक्, वाणी; ~ therapist ≈-चिकित्सक; 2. भाषण; freedom of ~ ≈ स्वातंत्र्य

**speechless** अवाक्, चुप, मूक

**speed** 1. गति, वेग, रफ़्तार; ~ indicator चाल सूचक; ~ limit ≈ सीमा; 2. शीघ्रता, तेज़ी

**speeder** चुस्त मज़दूर

**speedometer** चालमापी

**speedy** शीघ्र, द्रुत; ~ disposal ≈ निपटान; ~ remedy ≈ उपचार

**spell** 1. क्षण; 2. टोना; 3. ~ of sickness बीमारी का दौरा

**spelling** वर्तनी

**spend** 1. व्यय/ ख़र्च करना; 2. बिताना

**spending power** व्यय-शक्ति

**spendthrift** अपव्ययी, उड़ाऊ

**spes** आशा; ~ accrescendi उत्तरजीवी होने की ≈; ~ successionis उत्तराधिकारी होने की ≈

**sphere** 1. गोला, वृत्त; 2. क्षेत्र; ~ of duty कर्तव्य-क्षेत्र; ~ of function कार्यक्षेत्र

**spherical** गोल, गोलाकार

**spillover schemes** अधिनीत योजनाएँ

**spinal** रीढ़ के, मेरु-; ~ cord ≈ रज्जु; ~ nerve ≈ तंत्रिका

**spine** 1. मेरुदंड, रीढ़; 2. पीठ, पुटठा

**spinster** वृद्ध कुमारी, अविवाहिता

**spiral** 1. *n.* चक्कर, कुंडली; ~ of prices

क़ीमतों का चक्कर. **II.** *a.* सर्पिल, कुंडलित, चक्करदार; ~ spring ≈ कमानी; ~ stairs ≈ सीढ़ियाँ

**spire** शिखर

**spirit** **1.** भावना; ~ of rules नियमों की ≈; **2.** भाव, अर्थ; **3.** मद्य, आसव, स्पिरिट; **4.** प्रेतात्मा

**spiritual** आध्यात्मिक; ~ censure ≈ परिनिंदा; ~ growth ≈ संवृद्धि; ~ heritage ≈ दाय; ~ purpose ≈ प्रयोजन; ~ values ≈ मूल्य

**spirituous** आसवीय; ~ liquor आसव मद्य

**spite** **1.** द्वेष; **2.** in ~ of के बावजूद

**spiteful** विद्वेषी, द्वेषयुक्त

**splendour** भव्यता, दीप्ति, चमक

**splenic fever** तिल्ली ज्वर

**split** **I.** *n.* फूट. **II.** *a.* **1.** पाटित, फटा हुआ; **2.** विभक्त, विभाजित; ~-ballot technique द्विविधि मतपत्र प्राविधि; ~ duty ≈ कर्तव्यकाल; ~ function ≈ प्रकार्य; ~ income ≈ आय; ~ personality खंडित व्यक्तित्व; ~ session विभाजित सत्र. **III.** *v.t.* चीरना, फाड़ना; **2.** विभक्त करना, खंडित करना

**spoil** **I.** *n.* लूट. (pl.) लूट का माल. **II.** *v.t.* दूषित करना, बिगाड़ना

**spoiled** दूषित, ख़राब हुआ, सिर चढ़ा

**spoken** **1.** बात कर ली है; **2.** बोला हुआ

**spokesman** प्रवक्ता

**sponsalia** विवाह-प्रतिज्ञा

**sponsio ludicra** तुच्छ वचनबंध

**sponsor** **I.** *n.* प्रवर्तक, प्रायोजक; **2.** समर्थक. **II.** *v.t.* प्रवर्तन करना, प्रायोजित करना; ~ investigation अन्वेषण ≈

**sponsored** प्रायोजित, समर्थित; ~ scheme ≈ योजना

**sponsoring** प्रायोजक; ~ authority पुरस्कर्ता/ प्रायोजक प्राधिकारी

**spontaneity** स्वतः स्फूर्ति, सहजता

**spontaneous** **1.** स्वतः; ~ heating ≈ तपन; **2.** स्वतः उत्पन्न; ~ action स्वतः स्फूर्त कार्यवाही; ~ attention स्वतः स्फूर्त अवधान; **3.** सहज; ~ utterance ≈ उद्‌गार

**spool** चर्ख़ी/ अन्तर्नली

**sporadic** **1.** विकीर्ण, छिटपुट; ~ enforcement ≈ प्रवर्तन; ~ occurrence ≈ घटना; **2.** आकस्मिक; ~ find ≈ प्राप्ति

**sporadically** कहीं-कहीं, छिटपुट

**sports** खेलकूद, क्रीड़ा; ~ authority ≈ प्राधिकरण; ~ council ≈ परिषद्; ~ officer ≈ अधिकारी; ~ organizer ≈ आयोजक

**spot** **1.** स्थान, स्थल; ~ delivery ≈ सौदा/ माल; ~ event ≈ घटना; ~ verification ≈ सत्यापन; **2.** धब्बा, लांछन; **3.** हाज़िर; ~ exchange ≈ विनिमय बाज़ार; ~ goods ≈ माल; ~ market ≈ बाज़ार; ~ price ≈ क़ीमत

**spouse** पति, पत्नी

**spray** **I.** *n.* फुहार; ~ dyeing ≈ रंगाई; ~ gun ≈ पिचकारी; ~ painting ≈ चित्रण. **II.** *v.t.* फुहारना

**spread** **I.** *n.* **1.** प्रसार, विस्तार; ~-over विस्तृति; **2.** चादर. **II.** *v.i.* & *t.* विस्तृत करना/ होना, फैलना, फैलाना

**spring** **I.** *n.* **1.** कमानी, स्प्रिंग; **2.** वसंत (ऋतु); **3.** निर्झर, झरना; **4.** उठान, उछाल. **II.** *v.i.* उछलना

**sprinkle** छिड़कना

**springing action** स्प्रिंग क्रिया, कमानी क्रिया

**spurious** मिथ्या, कूट, जाली, नक़ली; ~ document ≈ दस्तावेज़; ~ drugs दवाएँ

**spurt** प्रवेग, स्फुरण

**sputum** थूक

**spy** गुप्तचर, भेदिया

**spying** गुप्तचरी

**squad** दस्ता, दल

**squador** मलीनता

**square** I. *n.* 1. वर्ग; ~ meter ≈ मीटर; 2. चौक. II. *a.* चौकोर, वर्गाकार; ~ deal खरा सौदा. III. *v.t.* 1. चौरस/ चौकोर करना; 2. चुकता करना

**squash** 1. कुचलना, दबाना; 2. निराकरण करना, रद्द कर देना

**squat** 1. पालथी मारकर बैठना; 2. धरना देना

**squeezer** निष्पीड़क

**stab** (छुरा) भोंकना

**stability** स्थायित्व, स्थिरता

**stabilization** स्थिरीकरण; ~ effect ≈ प्रभाव; ~ of employment रोज़गार का ≈; ~ of prices ≈ क़ीमतों का ≈

**stabilize** स्थिर करना, स्थायी बनाना

**stabilizer** स्थिरक, स्थायीकारक

**stable** I. *a.* स्थिर, अचल, स्थायी; ~ coalition ≈ संघट्ट/ मेलजोल; ~ equilibrium स्थिर सन्तुलन; ~ growth ≈ संवृद्धि; ~ money ≈ मुद्रा/ द्रव्य; ~ price ≈ क़ीमत. II. *n.* अस्तबल, घुड़साल; ~ bedding ≈ का बिछावन

**stack** I. *n.* गंज, चट्टा, ढेर; ~ of fodder चारे का ≈. II. *v.t.* चट्टा/ ढेर लगाना

**stacking** चट्टा लगाना

**staff** 1. कर्मचारी-वृन्द, अमला; ~ association ≈ संगम; ~ member कर्मचारी वर्ग का सदस्य, स्टाफ़ सदस्य; ~ relationship कर्मचारी संबंध; 2. डंडा; 3. ~ nurse स्टाफ़ नर्स

**stage** I. *n.* 1. मंच; ~ entertainment रंगमंचीय मनोरंजन; 2. चरण, मंज़िल; 3. प्रक्रम, स्थिति; ~ by ~ क्रमशः; ~ of enquiry जाँच का प्रक्रम; ~ of time-scale कालमान का प्रक्रम; at this ~ इस अवस्था में; ~ carriage यात्री गाड़ी. II. *v.t.* रंगमंच पर लाना

**staggering** आगे पीछे करना; ~ of duty hours कार्य-घंटों को आगे पीछे करना; ~ shifts भिन्नकालिक पारियाँ

**stagging** लाभार्थ शेयर ख़रीद

**stagnant** रुद्ध, बँधा, रुका

**stagnate** निश्चेष्ट होना

**stagnation** गतिरोध, निश्चेष्टता

**stain** I. *n.* धब्बा, दाग़. II. *v.t.* 1. रँगना; 2. दाग़ लगना/ लगाना

**stained** अभिरंजित

**staircase** सोपान-मार्ग, ज़ीना

**stairs** सोपान, सीढ़ियाँ

**stake** I. *n.* 1. थूनी, स्थूणा; 2. पण, दाँव, बाज़ी. II. *v.t.* दाँव पर लगाना, बाज़ी लगाना

**stake-holder** पणधारी

**stale** 1. बासी; 2. अतिकालिक; ~ cheque ≈ चेक; ~ claim ≈ दावा

**stalemate** गत्यवरोध, ज़िच्च

**stall** 1. स्टाल, दुकान; 2. मण्डप

**stallage** तहबाज़ारी

**stamp** 1. स्टाम्प; ~ duty ≈ शुल्क; ~ paper ≈ काग़ज़; ~ vendor ≈ विक्रेता; 2. मुद्रांक, मोहर, मुद्रा; non-judicial ~ न्यायेतर ≈; postal ~ डाक ≈; 3. टिकट; ~ balance ≈ बक़ाया; ~ cancellation ≈ रद्द करना; ~ collection ≈-संकलन, ≈ आय; ~ vendor ≈ विक्रेता

**stamped** 1. मुद्रांकित; ~ document ≈ दस्तावेज़; 2. टिकट लगा; ~ envelope ≈ लिफ़ाफ़ा; 3. ~ bond विशेष शर्त बंधपत्र

**stampede** खलबली, भगदड़

**stamping** मोहर लगाना

**stand** I. *n.* आधार; पीठ, पीढ़ा; स्टैण्ड. 2.

अड्डा. II. *v.i.* 1. खड़ा होना; 2. सहन करना; 3. ~ bail ज़ामिन होना; ~ by साथ देना; ~-by उद्यत, आपाती; ~-by control उद्यत नियन्त्रण; ~-by credit उद्यत उधार; ~ committed वचनबद्ध होना; ~ for समर्थन करना, प्रतिनिधित्व करना; ~ over आस्थगित रहना

**standard** 1. प्रतिमान, मानक; ~ coin ≈ सिक्का; ~ copy ≈ प्रति; ~ dunnage ≈ निभार; ~ earning ≈ कमाई; ~ family यथामान परिवार; ~ flat rate नियत सामान्य दर; ~ heads ≈ शीर्ष; ~ hours ≈ घंटे; ~ money ≈ मुद्रा; ~ price ≈ क़ीमत; ~ of deferred payment आस्थगित भुगतान का मान; ~ rate ≈ दर; ~ route ≈ मार्ग; 2. स्तर; ~ of living रहन-सहन का ≈; ~ of qualification अर्हता-स्तर; 3. ध्वजदण्ड

**standardization** मानकीकरण, प्रतिमानीकरण; ~ of wages मज़दूरी ≈

**standardized** मानकीकृत, प्रतिमानित; ~ test ≈ परीक्षण

**standing** I. *a.* 1. स्थायी; ~ army ≈ सेना; ~ committee ≈ समिति; ~ counsel ≈ अभिवक्ता; ~ order ≈ आदेश; 2. खड़ी; ~ crop ≈ फ़सल; ~ timber ≈ लकड़ी; ~ position ≈ स्थिति; 3. ~ matter रखी सामग्री; ~ to one's credit किसी के खाते जमा रहना. II. *n.* 1. अवस्थिति; 2. प्रतिष्ठा; academic ~ शैक्षणिक ≈

**stand-point** दृष्टिकोण

**standstill** विराम-स्थिति; ~ agreement यथास्थिति क़रार

**staple** प्रमुख; ~ commodity ≈ पण्य; ~ exports ≈ निर्यात; ~ fibre ≈ रेशा/ तन्तु; ~ food ≈ खाद्य; ~ trade ≈ व्यापार

**stapling machine** तार सिलाई मशीन

**starch** माँड़, माँड़ी; ~ paper माँड़ीदार काग़ज़

**star** I. *n.* 1. तारक, तारा; 2. अभिनेता, अभिनेत्री. II. *v.i.* अभिनय करना, मुख्य भूमिका निभाना

**stare decisis** निर्णीत का अनुसरण

**starred question** तारांकित प्रश्न

**start with** आरम्भ से

**starter** आरंभक; ~ signal प्रस्थान सिगनल

**starting** आरम्भ का; ~ entry ≈ प्रविष्टि; ~ point ≈ बिन्दु

**startled** चकित

**starvation** भुखमरी

**starve** भूखों मरना

**stasis** संचाररोध, गतिहीनता

**state** I. *n.* 1. राज्य; ~ aid ≈ सहायता; ~ commission ≈ आयोग; ~ contribution ≈ अंशदान; ~ council ≈ परिषद्; ~ emblem राज्यांक; ~ fund ≈ निधि; ~ government ≈ सरकार; ~ institution ≈ संस्था; ~ interference ≈ हस्तक्षेप; ~ law ≈ क़ानून/ विधि; ~ legislature ≈ विधान-सभा; ~ list ≈ सूची; ~ monopoly ≈ एकाधिकार; ~ of refuge शरणदाता ≈; ~ policy ≈ नीति; ~ prisoner ≈ बन्दी; ~ service ≈ सेवा; ~ servitude ≈ भोगाधिकार; ~ treasury ≈ ख़ज़ाना; ~ trading ≈ व्यापार; ~ transport ≈ परिवहन; 2. दशा, स्थिति, अवस्था; ~ of affairs परिस्थिति; ~ of emergency आपात-स्थिति; ~ of health स्वास्थ्य की ≈; ~ of mind मन की ≈; ~ of peace शांति की ≈; ~ of rest विश्राम की ≈. II. *a.* राजकीय, सरकारी; ~ agency ≈ अभिकरण; ~ control ≈ नियन्त्रण; ~ document ≈ प्रलेख; ~

guest ≈ अतिथि; ~ industry ≈ उद्योग; ~ insurance ≈ बीमा; ~ ownership ≈ स्वामित्व; ~ planning ≈ आयोजना; ~ sector ≈ क्षेत्रक; ~ taxation ≈ कराधान

**stated** कथित, वर्णित; ~ instalment ≈ क़िस्त

**statehood** 1. राज्यपद; 2. राज्यत्व

**statelessness** राष्ट्रहीनता

**statement** 1. कथन, बयान; ~ of facts तथ्य ≈; ~ on oath सशपथ ≈; oral ~ मौखिक ≈; written ~ लिखित ≈; 2. विवरण; ~ of case मामले का ≈; ~ of charges प्रभार का ≈; ~ of objects उद्देश्यों का ≈; ~ of receipts and expenditure आय-व्यय ≈

**statesman** राजमर्मज्ञ

**statesmanship** राजमर्मज्ञता

**statewise** राज्यवार, राज्यानुसार

**static** स्थिर, स्थैतिक; ~ civilisation ≈ सभ्यता; ~ economy ≈ अर्थव्यवस्था; ~ law ≈ विधि; ~ society ≈ समाज; ~ worker ≈ कर्मी

**stating shortly** थोड़े में कहा जाये तो

**station** 1. स्टेशन; ~ master ≈ मास्टर. 2. स्थान; ~ of posting नियुक्ति का ≈; 3. केन्द्र; ~ director ≈ निदेशक; police ~ थाना; ~-wise केन्द्रवार

**stationary** अचल, स्थिर; ~ population ≈ जनसंख्या

**stationed** तैनात

**stationer** लेखन-सामग्री-विक्रेता

**stationery** लेखन-सामग्री; ~ clerk ≈ लिपिक

**statistical** सांख्यिकीय, आँकड़ों की; ~ data ≈ सामग्री; ~ errors ≈ त्रुटियाँ; ~ information ≈ जानकारी; ~ officer ≈ अधिकारी; ~ technique ≈ प्रविधि

**statistician** सांख्यिकीविद्, आँकड़ानवीस, सांख्यिक

**statistics** 1. सांख्यिकी; 2. आँकड़े, संख्या; ~ of births & deaths जन्म और मरण के आँकड़े

**statue** मूर्ति, बुत

**status** 1. प्रास्थिति, हैसियत; ~ disparity ≈ विषमता; ~ quo यथा (पूर्व) स्थिति; ~ quo ante bellum युद्ध-पूर्व प्रास्थिति; ~ quo post bellum युद्धोत्तर स्थिति; 2. अवस्था

**statute** संविधि, परिनियम; ~ book सांविधिक ग्रंथ; ~ law सांविधिक विधि; affirmative ~ सकारात्मक ≈; amendatory ~ संशोधी ≈; curative ~ उपचारात्मक ≈; ~ of limitation परिसीमा ≈

**statutory** क़ानूनी, सांविधिक, परिनियमित; ~ authority ≈ प्राधिकार; ~ body ≈ निकाय; ~ committee ≈ समिति; ~ deduction ≈ कटौती; ~ declaration ≈ घोषणा; ~ grade ≈ मान; ~ law ≈ विधि, ≈क़ानून; ~ liability ≈ दायित्व; ~ penalty ≈ शास्ति; ~ power ≈ शक्ति; ~ provision ≈ उपबन्ध; ~ recognition ≈ मान्यता; ~ responsibility ≈ उत्तरदायित्व; ~ rights ≈ अधिकार

**staunch** कट्टर; ~ opposition कड़ा/ दृढ़ विरोध ≈

**stay** I. *n.* रोक, रोधन. ~ of proceedings कार्यवाही का रोधन; ~ of suit वाद का रोधन; ~ order रोधनादेश. II. *v.t. & i.* रुकना, रोकना; ~ execution निष्पादन रोकना; ~-in strike कामरोक/ हाज़िर हड़ताल

**steal** चुराना, चोरी करना

**steam** भाप, वाष्प; ~ engine भाप का इंजन; ~ power वाष्प-शक्ति

**steamer** स्टीमर, वाष्प-जलयान

**steel** इस्पात, स्टील, फ़ौलाद; ~ casting ≈ की ढलाई; ~ inspector ≈ निरीक्षक; ~ rod ≈ छड़; ~ sheet ≈ चादर

**steep** सीधा, खड़ा; सीधी/ खड़ी ढाल; ~ gradient (stiff gradien) ≈ प्रवणता, ≈ ढाल; ~ slope ≈ ढाल

**steeping** अवमज्जन

**steering committee** 1. अभिचालन समिति; 2. (विषय) निर्वाचन समिति

**stem** 1. मूल; ~ family ≈ परिवार; 2. अंग; शाखा

**stemmed** 1. सनाल; 2. दण्डयुक्त

**stencil** स्टेंसिल

**stencilled** कटा हुआ

**steno, stenographer** आशुलिपिक, स्टेनो

**stenotypist** आशुटंकक, स्टेनोटाइपिस्ट

**step** I. *n.* 1. सोपान, ज़ीना; 2. क़दम, पग; ~ in aid सहायक ≈; ~ system of taxation कराधान की सोपान प्रणाली; ~ ladder संदली; 3. कार्यवाही, उपाय; take ~s ≈ करना; 4. सौतेला; ~ brother ≈ भाई; ~ child ≈ बच्चा; ~ father ≈ बाप; ~ daughter सौतेली बेटी; ~ mother सौतेली माँ; ~ sister सौतेली बहन. II. *v.i.* ~ up बढ़ाना, तीव्र करना

**stereoscopic view** सर्वांगीर्ण दृष्टि

**stereotyped** रूढ़; ~ personality ≈ व्यक्तित्व; ~ reply ≈ उत्तर

**sterile** 1. बाँझ, वंध्य; ~ period वंध्यकाल; 2. अनुर्वर; ~ ground बंजर ज़मीन

**sterilise** 1. जीवाणु/ रोगाणु नष्ट करना; 2. वंध्य/ बाँझ बनाना

**sterility** 1. बाँझपन, वंध्यता; 2. अनुर्वरता

**sterilization** 1. वंध्यकरण, अनुर्वरीकरण, ऊसर करना

**sterling** पौंड, स्टर्लिंग; ~ balance ≈ पावना; ~ transaction ≈ लेनदेन

**stern** पृष्ठ; ~ portion ≈ भाग

**stet** रहने दो; ~ processus आदेशिका स्थित रहे

**stevedor** नौभारक

**steward** उपस्थापक, कारिंदा

**sthenic emotion** प्रबल संवेग

**stick** I. *n.* छड़ी, डंडा. II. *v.t. & i.* क़ायम रहना; ~ price निश्चल क़ीमत; ~-up लूट

**stickness of wages** मज़दूरी-निश्चलता

**stiff** कड़ा

**stifle** I. *v.t.* 1. गला घोंटना; 2. रोकना, अवरुद्ध करना. II. *n.* खम्भा

**stigma** लांछन, कलंक, दाग़

**still** I. *conj.* तथापि, तो भी; अभी भी; ~ outstanding ≈ परादेय. II. *a.* अचल

**still-born** मृतजात; ~ child ≈ शिशु

**stilted style** अतिरंजित शैली

**stimulant** उद्दीपक, उत्तेजक, प्रेरक

**stimulate** उद्दीप्त/ उत्तेजित करना, बढ़ावा देना; ~ industrial output औद्योगिक उत्पादन को ≈

**stimulation** उत्तेजन, उद्दीपन

**stimulus** उद्दीपन; ~ induced maturation ≈-प्रेरित परिपक्वन

**stipend** वृत्तिका, वज़ीफ़ा

**stipendiary** वृत्तिकाग्राही; ~ judge ≈ न्यायाधीश; ~ magistrate वैतनिक मजिस्ट्रेट

**stipulate** अनुबन्ध/ शर्त करना

**stipulated** 1. अनुबन्धित, अनुबद्ध; ~ amount ≈ राशि; ~ damages ≈ हरजाना; ~ penalty ≈ शास्ति; ~ surrender ≈ अभ्यर्पण; 2. नियत; ~ date ≈ तिथि; ~ time ≈ समय

**stipulation** 1. अनुबन्ध, शर्त, ठहराव; 2. बन्धन; ~ as to time समय के बारे में ≈

**stir up disturbance** उपद्रव पैदा करना

**stirps** शाखा; वंशानुक्रम

**stitching** टाँका लगाना, सिलाई, सीवन

**stock** I. *n.* माल, स्टॉक; ~ account ≈ लेखा; ~ appreciation ≈ मूल्यवृद्धि, पूँजीपत्र की मूल्यवृद्धि; ~ article ≈ वस्तु; ~ book ≈ पंजी; ~ broker शेयर दलाल; ~ capital ≈ पूँजी; ~ certificate ≈ प्रमाणपत्र; ~ clerk ≈ क्लर्क; ~ holder ≈ धारी; ~ exchange शेयर बाज़ार; ~ in hand हस्ते ≈; ~-in-process प्रक्रियागत ≈; ~ in trade व्यापारी (बिक्री का) ≈; ~ inventory ≈ तालिका; ~ jobber ≈ आढ़तिया; ~ list ≈ सूची; ~ market ≈ बाज़ार; ~ position ≈ स्थिति; ~ receipts ≈ प्राप्तियाँ; ~ register ≈ पंजी; ~ taking ≈ मिलान; ~ valuation ≈ मूल्यन; ~ verification ≈ का सत्यापन; ~ verifier ≈ सत्यापक; closing ~ शेषमाल/ ≈; dead ~ निर्जीव/ जड़ वस्तु; to take ~ माल का हिसाब लेना; 2. पशुधन; ~ man पशुपाल; ~ owner ≈ स्वामी; ~ supervisor ≈ पर्यवेक्षक; ~ yard बाड़ा; 3. प्रजाति; of good ~ अच्छे खानदान का; 4. ~ bar धारण छड़. II. *v.t.* माल भरना, संचय/ संग्रह करना

**stockist** भण्डारी, स्टॉकिस्ट

**stolen property** चुराई हुई सम्पत्ति, माल मसरूक़ा

**stone-mason** संगतराश

**stone-setting** रत्न की जड़ाई

**stooge** पिट्ठू, कठपुतली

**stool examination** मल परीक्षा

**stop** I. *v.t.* & *i.* रोकना, रुकना, ठहराना, ठहरना; बंद करना/ होना; ~ dead अचानक रुक जाना. II. *n.* रोक, ठहराव; विराम; ~ notice रोक सूचना; come to a ~ बन्द हो जाना; put a ~ to बन्द करना; without a ~ लगातार; ~ and go production सांतराल उत्पादन; ~-gap अन्तःकालीन; ~ press छपते-छपते; ~ price हानिरोध क़ीमत; ~ watch method कालनिष्ठ रीति

**stoppage** रुकाव, ठहराव; ~ in transit मार्ग में रोकना; ~ of increment (वेतन) वृद्धि रोक देना; ~ of production उत्पादन का रुक जाना

**stopper** डाट

**stopping** रोधन, रोकना; ~ payment भुगतान ≈

**storage** 1. संग्रह, संचय; ~ capacity ≈ क्षमता; ~ officer ≈ अधिकारी; ~ reservoir ≈ हौज़; ~ space ≈ स्थान; ~ of crops फ़सलों का भण्डारण; 2. भण्डार, स्टोर, गोदाम; ~ charges ≈ ख़र्चा; ~ cost ≈ लागत; ~ fee गोदाम भाड़ा; 3. भण्डार का भाड़ा

**store** 1. संचय; 2. भण्डार, मालख़ाना [also ~ house]; ~ inspector ≈ निरीक्षक; ~ issuer भंडार जारीकर्ता; ~ keeper भण्डारी; ~ man भंडार-कर्मी; ~ register ≈ पंजी; ~ room ≈ कक्ष

**stored** संचित, संगृहीत

**stores** 1. सामान, सामग्री; ~ in transit मार्गस्थ ≈; ~ issued निर्गमित ≈; ~ requisition ≈ की माँग पर्ची; 2. भंडार; ~ imprest ≈ अग्रदाय; ~ outlay ≈ परिव्यय

**storey** तल, मंज़िल

**storing** भण्डारण

**storm** I. *n.* आँधी, तूफ़ान, झंझा. II. *v.t.* हल्ला/ धावा बोलना

**stormy** तूफ़ानी; ~ meeting ≈ बैठक; ~ weather ≈ मौसम

**stowage** भरण, भराई; ~ plan ≈ व्यवस्था

**stowing** (जहाज़) भरना, भरण; ~ operations ≈ संक्रियाएँ

**straddle** तेज़ी-मंदी विकल्प

**straight** 1. सीधा; ~ bill of lading ≈ लदान-पत्र; ~ fight ≈ संघर्ष; 2. सीधा, ऋजु; ~ shipment ≈ पोत-लदान; 3. सीधा-सादा; ~ report ≈ प्रतिवेदन; 4. ~ face गम्भीर मुद्रा; ~ mortgage मिती ब्याज बन्धक; ~ reading शुद्ध पाठ; ~ time नियत कार्यकाल

**straight-forward** निष्कपट, सीधा-सादा

**strain** खिंचाव; भार; ~ insulator विकृति-सहविद्युत-रोधी

**strained** अस्वाभाविक; ~ condition विकट दशा; ~ expression क्लिष्ट अभिव्यक्ति; ~ relations मनमुटाव, मनोमालिन्य

**straining screw** तनाव-पेच

**stranded** भटका हुआ, अटका हुआ, असहाय

**stranding** 1. पेंदा अवरोध; 2. स्थानीय अंतरपणन

**stranger** अजनबी, अपरिचित; ~ to a place किसी स्थान से अपरिचित

**strangle, strangulate** गला घोंटकर मारना, दम घोंटना

**strangulation** 1. गलफाँसी; 2. दमन; 3. अवरोधन

**strata** परत, स्तर

**strategem** छल, कूट युक्ति, कूट चाल

**strategic** सामरिक; ~ air command ≈ हवाई कमान; ~ blockade ≈ संरोध/ नाकाबन्दी; ~ decision ≈ निर्णय; ~ factor निर्णायक कारक, महत्वपूर्ण कारक; ~ intelligence ≈ गुप्त सूचना, ≈ गुप्तचर्या; ~ point महत्व का स्थल; ~ position महत्व की स्थिति

**strategy** 1. रचना-कौशल, दाँव-पेच, युक्ति, घात; ~ of plan आयोजना की व्यूह-रचना; 2. युद्धनैतिक विद्या

**stratification** स्तरण, स्तर-विन्यास

**stratified** स्तरित, स्तरीकृत; ~ sample स्तरबद्ध नमूना; ~ society ≈ समाज

**stratum** परत, स्तर

**straw-board** दफ़्ती, गत्ता

**straw vote** (public opinion poll) जनविचार संग्रह

**stray** I. *a.* 1. पथभ्रष्ट, भूला-भटका; ~ dog ≈ कुत्ता; 2. स्फुट, बिखरा; ~ document ≈ दस्तावेज़. II. *v.t.* पथभ्रष्ट/ गुमराह होना, भटकना

**stream** प्रवाह, धारा

**streamline** सुप्रवाही बनाना

**street** मार्ग, सड़क; गली; ~ corner society नुक्कड़ समाज; ~ crossing चौरस्ता, चौराहा; ~ delivery घर पहुँचाना/ सुपर्दगी; ~ walker रण्डी, वारांगना

**street-man** मालिक का एजेन्ट

**strength** 1. बल; on the ~ of के बल पर; 2. दृढ़ता, मज़बूती; 3. संख्या; ~ of Board परिषद् की सदस्य-≈

**strengthen** बल बढ़ाना, मज़बूत करना

**strengthening** दृढ़ीकरण; ~ of relationships संबंधों को दृढ बनाना

**stress** 1. सम्पत्ति आसेध, कुर्की; 2. आसेधित/ कुर्क सम्पत्ति; 3. बल, दबाव; 4. ~ of weather मौसम की कठिनाई

**stretch** I. *n.* खिंचाव, फैलाव; ~-out कार्यभार-वृद्धि. II. *v.t.* फैलाना, तानना, बढ़ाना; at a ~ एक बार

**strict** 1. कठोर, कड़ा, सख़्त; ~ action ≈ कार्यवाही; ~ liability ≈ दायित्व; ~ measures to take ≈ उपाय काम में लाना/ ≈ कार्यवाई करना; 2. ~ construction ठीक-ठीक अन्वय/ अर्थ

**strictly** 1. कड़ाई से; ~ justifiable सर्वथा न्यायनुमत; ~ prohibited सर्वथा प्रतिषिद्ध; 2. यथावत्; ~ relevant ≈ सुसंगत; ~ speaking यथार्थत:, वस्तुत:

**strictum jus** निष्ठुर विधि

**stricture** अवक्षेप, कटु आलोचना, भर्त्सना; to pass ~ ≈ करना

**strife** संघर्ष; झगड़ा, अनबन

**strike** I. *n.* हड़ताल; ~-bound हड़तालग्रस्त; ~ pay ≈ वेतन; ~ period ≈ अवधि; ~ vote (strike ballot) हड़ताल मत. II. *v.t.* 1. हड़ताल करना; 2. आघात करना, मारना; 3. निकालना, ख़ारिज करना; ~ balance शेष निकालना; ~ down अभिखण्डित करना; ~ off/out काट देना, निकाल देना; ~ a total योग ≈

**striker** हड़ताली

**striking** 1. आघात करना; ~ tool आघात औज़ार; 2. निकालना, काटना; 3. आकर्षी, प्रभावशाली; ~ statement ≈ कथन

**stringency** 1. तंगी, अभाव; 2. सख़्ती; ~ in money matters धन के बारे में ≈

**stringent** कड़ा

**stringer** संवादप्रेषक

**strip** I. *n.* पट्टी; ~ of territory राज्यक्षेत्र की ≈. II. *v.t.* आवरण हटाना, नंगा करना; खोलना

**striped** धारीदार

**strive** प्रयास करना, संघर्ष करना

**stroke** I. *n.* 1. आघात; ~ of illness बीमारी का दौरा; 2. धक्का, मार; 3. clever ~ चतुराई; ~ of luck सौभाग्य; on the ~ of इतने बजे. II. *v.t.* सहलाना, हाथ फेरना

**strong** 1. प्रबल; ~ evidence ≈ साक्ष्य. 2. सुदृढ़; ~ room ≈ कक्ष, कोष-कक्ष; 3. तेज़; ~ smell ≈ बू; 4. तीख़ा; ~ taste ≈ स्वाद; 5. ~ arm group डंडेबाज़, लठैत; ~ desire उत्कट इच्छा; ~ drink मदिरा, शराब; ~ language गाली; ~ measures कड़े उपाय

**stronghold** गढ़

**struck goods** हड़ताल-प्रभावित माल

**structural** संरचनात्मक; ~ alteration ≈ परिवर्तन; ~ condition ≈ दशा; ~ damage ≈ क्षति; ~ description ≈ वर्णन; ~ modification ≈ आशोधन; ~ planning ≈ नियोजन; ~ renewal ≈ नवीकरण; ~ system संरचना-व्यवस्था, ≈ पद्धति; ~ unemployment ≈ बेरोज़गारी

**structure** 1. संरचना; ~ of administration प्रशासन की ≈; ~ of taxation कराधान की ≈; 2. निर्मिति; 3. भवन; 4. ढाँचा

**structured** संरचित; ~ group ≈ समूह; ~ interview ≈ साक्षात्कार

**struggle** संघर्ष; गुत्थम-गुत्था; ~ for existence जीवन-≈; ~ for power शक्ति-≈

**stub shift** अल्पकार्यघंटा पाली

**stud** 1. घोड़ा; ~ bull साँड़; ~ farm पशुजनन-क्षेत्र; 2. जड़ाई; ~-work जड़ाऊ काम, कुन्दन का काम

**student** छात्र, विद्यार्थी; ~ aid ≈ सहायता; ~'s register छात्रपंजी; ~ union छात्रसंघ; female ~ छात्रा; ~ organization ≈ संगठन

**studentship** अध्ययन-वृत्ति

**studies** अध्ययन; board of ~ पाठ्यसमिति

**studio** स्टूडियो, कलामन्दिर

**study** I. *n.* 1. अध्ययन; ~ aid ≈ सहायता; ~ circle ≈ मण्डल; ~ group ≈ वर्ग; ~ leave ≈ छुट्टी; ~ project ≈ परियोजना; ~ schedule ≈ सारणी; centre of ~ ≈ केन्द्र; 2. अध्ययन कक्ष. II. *v.t.* अध्ययन करना

**stuff** 1. द्रव्य, सामग्री, वस्तु; 2. लुगदी

**stuffing** भराई

**stumbling** स्खलन

**stump** ठूँठ

**stunt** I. ढोंग, कलाबाज़ी. II. *v.t.* विकास रोकना

**stunted** रुद्धविकास; ~ growth रुद्ध वृद्धि

**stupefying** जड़िमाकारी, शून्यकारी; ~ drug ≈ औषधि

**stupid** जड़मति, बुद्धू, मूढ़

**stupidity** बुद्धूपन, मूढ़ता, जड़ता

**sturdy** हट्टाकट्टा, हृष्टपुष्ट

**style** 1. शैली, रीति, ढंग; ~ of writing लेखन ≈; 2. अभिधान, नाम

**stylistic test** शैली-परीक्षण

**stylized** रीतिबद्ध

**sub-** उप-, के अधीन

**sub-agent** उपाभिकर्ता

**subalternate** उपाश्रित

**sub assistant postmaster** नायब सहायक पोस्ट मास्टर

**sub-auditor** उपलेखापरीक्षक

**sub-basement** तलघर, तहख़ाना

**sub-caste** उपजाति

**sub-class** उपवर्ग

**sub-clause** उपखण्ड

**sub-committee** उपसमिति

**sub-conditione** प्रतिबन्ध के अधीन

**subconscious** अवचेतन

**sub-continent** उपमहाद्वीप

**sub-contract** उपसंविदा

**sub-cultural** उपसांस्कृतिक

**sub-deputy collector** अवर-उप-समाहर्ता

**sub-division** 1. उपमंडल, परगना; 2. उपखण्ड; 3. उपविभाजन; ~ of castes उपजातियाँ

**subdivisional** परगना, उपमंडल-; ~ officer ≈ अधिकारी

**subdue** अधीन करना, वश में करना

**sub-editor** उपसंपादक

**sub-group** उपसमूह

**sub-head** उपशीर्ष

**sub-human** अवमानव, अवमानवीय

**sub-inspector** उपनिरीक्षक; ~ of police थानेदार

**subjacent state** अधःस्थित राज्य

**sub-jail** उप-कारा

**subject** I. *n.* 1. विषय; ~ committee विषयनिर्धारिणी समिति; ~ entry ≈ प्रविष्टि; ~ matter ≈ वस्तु; ~ of dispute विवाद का ≈; ~ of inquiry जाँच का ≈; ~ of trust न्यास का ≈; 2. प्रजा. II. *a.* अधीन; ~ offer सशर्त प्रस्ताव; ~ people अधीन जन, पराधीन जन; ~ to के अधीन, के अध्यधीन; ~ to any order किसी आदेश के ≈; ~ to approval अनुमोदन प्राप्त होने की शर्त पर; ~ to confirmation पुष्टि होने पर; ~ to detention निरोध्य; ~ to jurisdiction क्षेत्राधिकार में; ~ to the condition इस शर्त पर; ~ to the rules नियमाधीन; ~ to the proviso परन्तुक के ≈; ~ to the terms अनुबंधनों के अधीन; ~ to verification सत्यापित हो जाने पर

**subjection** अधीनता

**subjective** व्यक्तिनिष्ठ, आत्मनिष्ठ; ~ aim ≈ लक्ष्य; ~ approach ≈ उपागम; ~ cost ≈ लागत; ~ data ≈ दत्तसामग्री; ~ experience ≈ अनुभव; ~ status स्वसापेक्ष-स्थिति; ~ test ≈ परीक्षण

**subjoin** पीछे जोड़ना, साथ लगाना

**subjudge** सब-जज, उपन्यायाधीश

**subjudice** न्यायाधीन, निर्णयाधीन

**subjugate** अधीन करना, वशीभूत करना

**subjugated** पराभूत, विजित

**subjugation** अधीनकरण, अभिभूत करना

**sub-lease** उपपट्टा, शिकमी पट्टा

**sublet** उपभाड़े पर देना

**subletting** उप/ शिकमी किरायेदारी

**sublimited** उदात्त

**sub-marginal** अवसीमांत

**submarine** I. *n.* पनडुब्बी. II. *a.* समुद्रगर्मीय

**submerge** जलमग्न होना, डूबना

**submission** 1. निवेदन; humble ~ नम्र ≈; 2. प्रस्तुतीकरण; ~ of papers काग़ज़ात प्रस्तुत/पेश करना; ~ of tender निविदा का ≈; ~ to arbitration विवाचनार्थ ≈; 3. समर्पण; ~ to custody अभिरक्षा में समर्पित होना; ~ to order आदेश मानना; ~ to requisition अपेक्षा मानना

**submit** 1. निवेदन करना; 2. प्रस्तुत/ पेश करना; ~ the case मामला ≈; 3. समर्पित करना, मानना; 4. भेजना; 5. ~ to test परीक्षण करना

**submitted** प्रस्तुत, निवेदित; ~ for approval अनुमोदनार्थ ≈; ~ for orders आदेशार्थ ≈

**sub modo** विशेषित रीति से

**sub-moral** अवनैतिक

**sub-mortgage** उपानुबन्धन

**sub nomine** के नाम से

**sub normal** अवसामान्य

**subnormality** अवसामान्यता

**subordinate** 1. अधीन(स्थ); ~ agency ≈ अभिकरण; ~ body ≈ निकाय; ~ court ≈ न्यायालय; ~ office ≈ कार्यालय; ~ officer ≈ अधिकारी; ~ service ≈ सेवा; ~ staff ≈ कर्मचारी वर्ग; 2. आश्रित; ~ clause ≈ खण्ड; 3. गौण; ~ part ≈ भाग

**subordination** अधीनता, आश्रितता; ~ of officers अधिकारियों का अधीनस्थ होना

**suborn** मिथ्या साक्ष्य दिलाना

**suborned witness** झूठा गवाह

**sub-overseer** नायब ओवरसियर

**sub-paragraph** उपपैरा

**sub pede sigilli** मोहर से

**subpoena** तलबी, सफ़ीना, आह्वान-पत्र

**sub-post master** नायब पोस्ट मास्टर

**sub post office** उपडाकघर

**sub potestate** अधिकार के अधीन; ~ parentis माता-पिता के ≈; ~ viri पति के ≈

**sub-propreitor** उप-स्वत्वधारी

**sub-purchaser** अनुक्रेता

**subregional** उपक्षेत्रीय

**sub-registrar** अवर-निबंधक

**subscriber line** उपभोक्ता लाइन

**subrogate** अनुस्थापित/ प्रस्थापित करना

**subrogated** प्रत्यासीन, प्रस्थापित; ~ to the rights अधिकारों में ≈

**subrogation** अनुस्थापन, प्रत्यासन, प्रस्थापन; ~ of rights अधिकारों का ≈

**sub-rule** उपनियम

**sub-sale** उपविक्रय

**subscribe** 1. ग्राहक बनना, चन्दा देना; 2. हस्ताक्षर करना; 3. समर्थन करना, सहमत होना

**subscribed capital** अभिदत्त पूँजी

**subscriber** 1. अभिदाता, चन्दा देने वाला (ग्राहक); 2. हस्ताक्षरी; ~ to memorandum ज्ञापन का हस्ताक्षरकर्ता; 3. उपभोक्ता; ~ line ≈ लाइन; ~'s trunk dialling ≈ ट्रंक डायलिंग

**subscription** 1. अभिदान, चन्दा; ~ list ≈ सूची; 2. सत्यापन

**sub-section** उपधारा

**subsequent** उत्तरवर्ती, बाद का, अनुवर्ती, पश्चाद्वर्ती; ~ action बाद की/ उत्तरवर्ती कार्यवाही; ~ change ≈ परिवर्तन; ~ conduct ≈ आचरण; ~ conviction ≈ दोषसिद्धि; ~ grant ≈ अनुदान; ~ inability ≈ असमर्थता; ~ mortgage

≈ बन्धक, ~ offence ≈ अपराध; ~ orders ≈ आदेश; ~ profit ≈ लाभ; ~ proposal ≈ प्रस्ताव; ~ reminder ≈ अनुस्मारक; ~ suit ≈ वाद

**subsequently** तत्पश्चात्, उसके बाद; ~ appropriated ≈ विनियोजित

**subserve** साधन करना; ~ the common good सामूहिक हित का ≈; ~ the interest to the general public जन साधारण का हित ≈

**subservience** अनुसेवा

**subservient** अनुसेवी, वशवर्ती

**subserving the common good** सामान्य कल्याण के निमित्त

**subsidence** अवतलन, धँसाव

**subside** शान्त होना, दब जाना

**subsidiary** 1. गौण; ~ agreement ≈ क़रार; ~ debate ≈ बहस; ~ motion ≈ प्रस्ताव; ~ right ≈ अधिकार; 2. सहायक; ~ alliance ≈ मैत्री; ~ bodies ≈ संस्थाएँ; ~ book ≈ बही; ~ coin ≈ सिक्का; ~ company ≈ कम्पनी, अनुषंगी कम्पनी; ~ industry ≈ उद्योग; ~ mandate ≈ अधिदेश; ~ occupation ≈ धंधा; ~ organ ≈ अंग; ~ register ≈ रजिस्टर; ~ rules ≈ नियम; ~ source ≈ स्रोत; 3. समनुषंगी; ~ bank ≈ बैंक; ~ employment ≈ व्यवसाय; ~ marriage ≈ विवाह; ~ report ≈ रिपोर्ट

**subsidised** आर्थिक सहायता प्राप्त, इमदादी; ~ company ≈ कम्पनी; ~ housing scheme उपदान प्राप्त/ इमदादी आवास योजना

**subsidy** अर्थसहायता, सहायक अनुदान, इमदाद

**sub sigillo** मोहरबन्द

**sub silentio** मौन (के अधीन)

**subsist** 1. अस्तित्व में रहना, बने रहना; 2. निर्वाह करना

**subsistence** निर्वाह, जीविका, गुज़ारा; ~ allowance ≈ भत्ता; ~ grant ≈ अनुदान; ~ wages ≈ मज़दूरी; ~ of contract संविदा का ≈

**subsisting** वर्तमान; ~ lease ≈ पट्टा; ~ right ≈ अधिकार

**sub-social** अवसामाजिक

**subsoil** अवभूमि; ~ water भूमिगत जल

**substance** 1. पदार्थ, वस्तु; 2. ख़ुलासा, सार, सारवस्तु; ~ of order आदेश का ≈

**substandard** अवमानक; ~ employee ≈ कर्मचारी; ~ performance ≈ निष्पादन

**substantial** 1. सारवान्, सारभूत; ~ argument ≈ युक्ति; ~ cause ≈ हेतुक; ~ damage भारी क्षति/ हानि, ≈ क्षति; ~ injury ≈ क्षति; ~ irregularity ≈ अनियमितता; ~ part ≈ भाग; ~ question ≈ प्रश्न; ~ security ≈ सुरक्षा; ~ value ≈ मूल्य. 2. पर्याप्त; ~ compensation ≈ प्रतिकार; ~ quantity ≈ मात्रा

**substantiality** सारवत्ता

**substantially** तत्वतः, सारतः, पर्याप्त रूप से

**substantiate** सिद्ध/ प्रमाणित करना; ~ by evidence साक्ष्य द्वारा ≈; to ~ charges आरोपों की अभिपुष्टि करना

**substantive** 1. मूल, प्रकृत; ~ appointment ≈ नियुक्ति; ~ copies (action copies) क्रियार्थ (मूल) प्रतिलिपियाँ; ~ pay ≈ वेतन; ~ post ≈ पद; ~ principles of justice न्याय का ≈ या तात्त्विक सिद्धान्त; ~ rights ≈ अधिकार; ~ scale ≈ वेतनमान; 2. मुख्य; ~ description ≈ वर्णन; ~ sentence ≈ दण्डादेश; 3. सारवान्; ~ grounds ≈ आधार; ~ provision ≈ उपबन्ध

**substation** उपकेन्द्र

**substitute** I. *a.* स्थानापन्न, प्रतिस्थानिक, एवज़ी. II. *v.t.* स्थानापन्न करना, के स्थान पर रखना

**substituted** एवज़ी, प्रतिस्थानी, प्रतिस्थापित; ~ day ≈ दिन; ~ expenses ख़र्चे; ~ service ≈ तामील

**substituting** प्रतिस्थानक; प्रतिस्थापित करते हुए

**substitution** प्रतिस्थापन, स्थानापत्ति, एवज़; ~ effect ≈ प्रभाव; in ~ of के स्थान पर; ~ test ≈ परीक्षण

**substratum** अधिष्ठान, अधःस्तर, आधार

**subsurface** अधस्तल

**sub-tenant** 1. उपभाड़ेदार; 2. उपकृषक

**subterfuge** 1. छल; 2. वाक्छल

**subterranean** भूमिगत; ~ water ≈ जल

**subtle** सूक्ष्म

**subtract** घटाना

**subtraction** घटाना, व्यवकलन

**sub-treasury** उपकोषागार

**suburb** उपनगर

**suburban** उपनगरीय; ~ railway ≈ रेल; ~ traffic ≈ यातायात; ~ train ≈ गाड़ी; ~ trend ≈ प्रवृत्ति

**subvention** आर्थिक सहायता, राजकीय प्रदान

**subversion** ध्वंसकार्य, विनाश; in ~ of के ध्वंसात्मक रूप से

**subversive** ध्वंसात्मक, व्यवस्थाभंजक; ~ activity ≈ क्रिया-कलाप; ~ agent ≈ अभिकर्ता; ~ elements ≈ तत्त्व; ~ propaganda ≈ प्रचार

**subvert** विध्वंस करना, तोड़फोड़ डालना

**sub vigilance inspector** नायब सतर्कता निरीक्षक

**sub-way** तल-मार्ग, सुरंग-मार्ग

**succeed** 1. उत्तराधिकारी होना; 2. उत्तरवर्ती होना, बाद में आना; ~ to the position पद पर ≈; 3. सफल होना

**succeeding** अनुवर्ती, उत्तरवर्ती; ~ officer ≈ अधिकारी; ~ paragraph ≈/ अगला पैरा; ~ period ≈ कालावधि; ~ year अगला/ अनुवर्ती वर्ष

**success** सफलता, कामयाबी

**successful** सफल, कामयाब, फलीभूत; ~ defence ≈ प्रतिरक्षा

**succession** 1. उत्तराधिकार; ~ by law वैध ≈; ~ certificate ≈ प्रमाणपत्र; ~ duty ≈ शुल्क; ~ states ≈ राज्य; ~ tax ≈ कर; 2. अनुक्रमण; in ~ क्रम से, लगातार

**successive** आनुक्रमिक, उत्तरोत्तर; ~ adoption ≈ दत्तकग्रहण; ~ age levels ≈ आयुस्तर; ~ claims ≈ दावे; ~ sessions ≈ सत्र; ~ variation ≈ परिवर्तन

**successively** अनुक्रमशः, एक के बाद एक

**successor** उत्तराधिकारी; ~ in interest हित-≈; ~ in office पद-≈

**succinct** संक्षिप्त, सारगर्भित

**succour** सहायता (देना)

**succumbed** मर गया; ~ to the injuries चोटों के कारण ≈

**succurritur minori** अवयस्क की सहायता होनी चाहिये

**such** ऐसा; ~ and such अमुक, फ़लाना; ~ as that यथा, जैसे; ~ number of उतने; ~ other ऐसे ही अन्य

**suckling** स्तन्यपायन

**sucrose** इक्षशर्करा

**sudden** अचानक, अकस्मात्, आकस्मिक; ~ attack ≈ आक्रमण; ~ death ≈ मृत्यु; ~ passion ≈ आवेश; ~ provocation ≈ प्रकोपन

**suddenly** अकस्मात्, अचानक

**suddenness** आकस्मिकता

**sue** वाद लाना/ चलाना, मुक़दमा करना; ~ for damages नुक़सानी का ≈

**suffer** **1.** भुगतना, झेलना, उठाना; ~ further damage और नुक़सान उठाना; ~ death sentence मृत्युदण्ड भोगना; **2.** कष्ट पाना, दु:ख भोगना; ~ from से पीड़ित होना; **3.** सहना; **4.** करने देना, होना; ~ disqualification निरर्हित होना

**sufferance** **1.** मौन सम्मति, समनुज्ञा; **2.** सहन

**suffered** सहन किया गया, भोगा गया

**suffering** कष्ट, यातना

**suffice** पर्याप्त होना

**sufficiency** पर्याप्तता; ~ in law विधि की दृष्टि में ≈

**sufficient** पर्याप्त; ~ amends ≈ अभितुष्टि; ~ cause ≈ हेतुक; ~ ground ≈ आधार; ~ notice ≈ सूचना

**suffix** पीछे जोड़ना

**suffocate** गला घोंटना, दम घुटना

**suffocation** घुटन, श्वासावरोध

**suffrage** मताधिकार; adult ~ वयस्क ≈

**suffragette** मतार्थिनी

**sugar** शर्करा, चीनी; ~ board गन्ना बोर्ड; ~ factory ≈ कारख़ाना; ~ mill ≈ मिल; ~ refiner ≈ परिष्कारक

**sugar candy** मिश्री

**sugarcane** गन्ना

**suggest** **1.** सुझाना, सुझाव देना; **2.** व्यंजित/ ध्वनित करना

**suggested** इंगित, सुझाया गया

**suggestio falsi** मिथ्या कथन, झूठा बयान

**suggestion** सुझाव, ध्वनि, व्यंजना; ~ book ≈-पुस्तक

**suggestive** संसूचक

**suicidal** आत्मघाती

**suicide** आत्महत्या, ख़ुदकुशी

**sui** स्व-; ~ generis अद्वितीय, अनन्य; ~ juris स्वाधीन

**suit** **I.** *n.* **1.** वाद, मुक़दमा, नालिश; ~ abates वाद का उपशमन हो जाता है; ~s clerk ≈ लिपिक; ~ for damages/ ejectment/ maintenance/ redemption नुक़सानी/ बेदख़ली/ निर्वाह/ (बन्धक) मोचन का ≈; ~ in question प्रश्नगत ≈; ~ shall be deemed to be contested वाद प्रतिवादित समझा जायेगा; collusive ~ कपटपूर्ण ≈; inter- pleader ~ अन्तराभिवाची ≈; original ~ मूल ≈; pending ~ वादांतगर्त ≈; **2.** सूट. **II.** *v.t.* अनुरूप होना

**suitability** यथौचित्य, उपयुक्तता

**suitable** यथोचित, उपयुक्त; ~ discipline ≈ अनुशासन; ~ person ≈ व्यक्ति; ~ provision ≈ उपबन्ध; ~ shelter ≈ आश्रय

**suite** **1.** अनुचर वर्ग; **2.** ~ of rooms कक्षावलि

**suitor** **1.** वादकर्ता, वादी; **2.** प्रार्थी; **3.** प्रेमी

**sullage** **1.** कूड़ा-कचरा; **2.** कच्ची खाद; **3.** मैला पानी

**sullenness** विक्षोभ, उदासी

**sum** **I.** *n.* **1.** राशि, रक़म; ~ charged प्रभारित ≈; ~ contributed अभिदत्त ≈; ~ due देय ≈; ~ of money धनराशि; ~ payable देय ≈; **2.** जोड़, योग; ~ and substance संक्षेप और सार; ~ total कुल जोड़. **II.** *v.t.* ~ up उपसंहार करना

**summarily** संक्षेपत:, संक्षिप्त प्रक्रिया से, सरसरी तौर पर; ~ dealt with ≈ निर्णीत

**summarise** संक्षेप करना

**summarised** संक्षिप्त

**summary** **I.** *n.* संक्षेप, सारांश; ~ chart ≈ चार्ट; ~ of the case प्रकरण का ≈ या संक्षिप्त विवरण. **II.** *a.* संक्षिप्त, सरसरी; ~

assessment ≈ निर्धारण; ~ calculation ≈ परिकलन; ~ conviction ≈ दोषसिद्धि; ~ decision ≈ निर्णय; ~ disposal ≈ निपटारा; ~ enquiry ≈ जाँच; ~ justice ≈ विधि, ≈ न्याय; ~ procedure ≈ प्रक्रिया; ~ suit ≈ वाद; ~ trial ≈ विचारण

**summation** आकलन, संकलन

**summit** शिखर; ~ conference ≈ सम्मेलन

**summitry** शिखर-सम्मेलन-रीति

**summon** I. *v.t.* बुलाना, तलब करना; ~ the witness साक्षी को ≈. II. *n.* (pl.) समन, तलबनामा, आह्वान-पत्र; ~s case समनी मुक़दमा

**summum bonum** परमार्थ, परम हित/ शुभ

**sumptuary** व्यय-सम्बन्धी; ~ allowance सत्कार/ आतिथ्य भत्ता; ~ laws व्ययनियामक विधि; ~ tax ≈ कर

**sundry** विविध, फुटकर; ~ assets ≈ संपत्तियाँ; ~ charges ≈ ख़र्चे; ~ creditor ≈ लेनदार; ~ debtor देनदार; ~ dues ≈ देय; ~ expenses ≈ व्यय; ~ heads ≈ शीर्ष; ~ payments ≈ भुगतान, ≈ अदायगियाँ; ~ receipts ≈ प्राप्तियाँ

**sunk capital** निमग्न/ डूबी हुई पूँजी

**sunshade** बरसाती, झाँप

**sunstroke** आतपाघात

**suo motu** स्वतः, स्वयमेव, आप से आप

**super-** अधि-, अति-

**super-abundance** अतिबाहुल्य

**superadded** अधियोजित

**superannuate** निवृत्त होना, अधिक वय होना

**superannuated** अधिवयस्क; निवृत्त

**superannuation** बुढ़ौती, अधिवयस्कता, अधिवार्षिकता, निवर्तन; age of ~ ≈ की आयु; ~ fund अधिवर्ष निधि; ~ gratuity अधिवार्षिक उपदाय; ~ allowance अधिवर्ष भत्ता; ~ payment अधिवर्ष अदायगी

**superb** अतिभव्य, शानदार

**superficial** सतही, ऊपरी, उपरिष्ठ; ~ contents ≈ वस्तुएँ; ~ criminality ≈ अपराधिता; ~ knowledge ≈ ज्ञान; ~ reference ≈ निर्देश

**superficies solo cedit** भूमि से संलग्न वस्तुएँ उसी का भाग मानी जाती हैं

**superfine** अत्युत्तम; अतिसूक्ष्म

**superfluity** अतिरेक, अतिरिक्तता

**superfluous** अतिरिक्त, फ़ालतू; ~ population ≈ जनसंख्या

**superhuman** अतिमानव; ~ cause प्राकृतिक कारण

**superimpose** अध्यारोपित करना

**super-imposed** अध्यारोपित

**superimposition** अध्यारोपण

**superintend** अधीक्षण करना, देखरेख करना

**superintendence** अधीक्षण, देखरेख

**superintendent** अधीक्षक; ~ of police पुलिस ≈; traffic ~ यातायात ≈

**superintending** अधीक्षण; ~ engineer ≈ अभियंता

**superior** उच्चतर, वरिष्ठ; ~ adult श्रेष्ठ प्रौढ़; ~ body प्रवर निकाय; ~ character शीर्षाक्षर, शिरोपरि अक्षर, शिरोपरि अंक; ~ court वरिष्ठ न्यायालय; ~ in rank पंक्ति में ≈; ~ intelligence श्रेष्ठ बुद्धि; ~ jurisdiction ≈ क्षेत्राधिकार; ~ officer ≈ अधिकारी; ~ proprietor ≈ स्वामी; ~ service ≈ सेवा

**superiority** वरिष्ठता, श्रेष्ठता

**superjacent** उपरिस्थ

**superlative** अतिशयोक्तिपूर्ण

**super-man** अधिमानव
**supermoral** अतिनैतिक
**super-national forces** अतिराष्ट्रीय शक्तियाँ
**supernatural** अतिप्राकृतिक, अतिलौकिक
**supernormal** अधिसामान्य
**supernumerary** अधिसंख्य, अतिरिक्त; ~ assistant ≈ सहायक; ~ member ≈ सदस्य; ~ post ≈ पद
**superordination** उच्चकोटिता
**super-organisation** अधिसंगठन
**superposed** उधिरोपित, आच्छादित
**super-profit** अधिलाभ
**superscribe** ऊपर लिखना
**superscript** अधिलेख
**superscription** उपरिलेख, पता, सरनामा
**supersede** अधिक्रमण करना, ऊपर हो जाना
**superseded** अतिष्ठित, अधिक्रांत; ~ wife अध्यूढ़ा पत्नी
**superseding** अधिक्रामी
**supersession** अधिक्रमण; in ~ of का ≈ करके
**superstition** अन्धविश्वास
**superstructure** अधिरचना
**super-tax** अधिकर
**super-time** अतिकाल; ~ post ≈ पद
**supervene** बीच में आ पड़ना
**supervise** पर्यवेक्षण करना, निगरानी करना
**supervised** पर्यवेक्षित
**superviser** पर्यवेक्षक
**supervising** पर्यवेक्षी; ~ establishment ≈ कर्मचारीगण; ~ officer पर्यवेक्षण अधिकारी
**supervision** पर्यवेक्षण, निगरानी; ~ charges ≈ व्यय
**supervisor** पर्यवेक्षक
**supervisory** पर्यवेक्षी, पर्यवेक्षकीय; ~ body ≈ निकाय; ~ charges ≈ कार्यभार; ~ control ≈ नियंत्रण; ~ observation ≈ प्रेक्षण
**supplanted** विस्थापित
**supplement** I. *n.* अनुपूरक; परिशिष्ट. II. *v.t.* अनुपूरित करना; ~ the law विधि को ≈
**supplemental** अनुपूरक; ~ agreement ≈ क़रार; ~ proceedings ≈ कार्यवाही; ~ provision ≈ उपबन्ध
**supplementary** 1. अनुपूरक; ~ agenda ≈ कार्यसूची; ~ audit ≈ लेखा परीक्षा; ~ benefits ≈ हितलाभ; ~ contract ≈ संविदा; ~ cost ≈ लागत; ~ debits ≈ नामे, ≈ डेबिट; ~ grant ≈ अनुदान; ~ industry ≈ उद्योग; ~ pay ≈ वेतन; ~ provision ≈ उपबन्ध; ~ query ≈ प्रश्न; ~ question ≈ प्रश्न; ~ trial ≈ विचारण; 2. अतिरिक्त
**supplicant** प्रार्थी
**supplicatio** प्रत्युत्तर, प्रत्युक्ति
**supplied** आपूर्त, पूरित; दिया गया
**supplier** पूर्तिकार, प्रदायक, संभरक; ~ consumer ≈ उपभोक्ता
**supply** I. *n.* पूर्ति, प्रदाय, संभरण; ~ grant ≈ अनुदान; ~ officer ≈ अधिकारी. II. *v.t.* पूर्ति करना, संभरण करना; ~ the vacancy रिक्ति की ≈
**support** I. *n.* 1. समर्थन; ~ price समर्थित मूल्य; in ~ of के ≈ में; 2. आलंब, सहारा. II. *v.t.* समर्थन करना, सहारा देना; ~ a suit वाद का ≈
**supporter** समर्थक
**supporting** 1. समर्थक; 2. सहायक; 3. आनुषंगिक; ~ document ≈ प्रलेख, ≈ दस्तावेज़
**supportive relationship** समर्थक संबंध
**suppose** कल्पना करना, अनुमान करना, मान लेना; it is supposed यह मान लिया गया है

**supposed** कल्पित, अनुमित; ~ right ≈ अधिकार; is ~ to be यह अनुमान है

**supposition** 1. अनुमान; 2. अन्वितार्थ

**suppress** दमन करना, दबाना; ~ a riot बलवे को ≈

**suppressant** दमनकारी; ~ dump ≈ भैषज

**suppression** दमन, निग्रह; ~ of civil liberties नागरिक स्वतन्त्रता का ≈; ~ of immoral traffic अनैतिक व्यापार का ≈; ~ of material facts तात्त्विक तथ्यों को छिपाना

**suppressio veri** सत्यगोपन

**suppressive** दमनकारी

**supra** 1. ऊपर; ~-jural अधिन्यायिक; ~ jus सर्वोपरि विधि; ~ logical अधितार्किक; ~-political राजनीतिकोपरि, पराराजनीतिक; 2. उपरान्त, पश्चात्; ~ protest प्रसाक्ष्य के ≈; 3. [also ~ dictus] उपर्युक्त, पूर्वोल्लिखित

**supremacy** 1. सर्वोच्चता, सर्वोपरिता; ~ of parliament संसद की ≈; 2. आधिपत्य, परमाधिकार

**supreme** सर्वोच्च; ~ authority ≈ प्राधिकारी/ सत्ता; ~ command ≈ समादेश; ~ court ≈ न्यायालय; ~ good ≈ हित; ~ government ≈ शासन; ~ law ≈ विधि; ~ legislator ≈ विधायक

**surcharge** I. *n.* अधिप्रभार. II. *v.t.* अधिभार डालना

**surcharged** अधिप्रभारित; ~ mail ≈ डाक

**surety** 1. प्रतिभू, ज़ामिन, ज़मानतदार; 2. प्रतिभूति, ज़मानत; ~ bond ज़मानतनामा

**suretyship** प्रतिभूतत्त्व

**surface** 1. धरातल, सतह; ~ conduit सतहवाहक-नली; ~ drain तल नाली; ~ mail ≈ डाक; ~ rent ≈ भाड़ा; ~ route ≈ मार्ग; ~ water ≈ जल; ~ soil सतही मिट्टी; 2. सतही, ऊपरी; ~ inspection ≈ निरीक्षण

**surgeon** शल्यचिकित्सक, सर्जन, शल्यज्ञ

**surgery** शल्यकर्म, शल्यचिकित्सा

**surgical** शल्य-; ~ means ≈ साधन

**surmise** अनुमान/ अन्दाज़ (करना)

**surname** कुलनाम, उपनाम

**surplus** I. *n.* 1. अधिशेष; 2. आधिक्य, बेशी. II. *a.* बेशी, अतिरिक्त, फ़ालतू; ~ amount ≈ राशि; ~ budget ≈ का बजट; ~ labour ≈ श्रमिक, ≈ मज़दूर; ~ product ≈ उत्पाद; ~ profits ≈ आस्तियाँ; ~ profits ≈ लाभ; ~ re-insurance ≈ पुनर्बीमा; ~ staff ≈ कर्मचारी; ~ stores ≈ स्टोर, ≈ सामान; ~ value ≈ मूल्य

**surplusage** अतिरेक, अतिशयता

**surprise** I. *n.* आश्चर्य. II. *a.* अचानक, आकस्मिक; ~ attack ≈ आक्रमण; ~ check ≈ जाँच; ~ visit ≈ निरीक्षण

**surprising** आश्चर्यजनक, विस्मयकारी

**surrealist** अतियथार्थवादी

**surrejoinder** प्रतिपुनरुत्तर

**surrender** I. *n.* अभ्यर्पण; voluntary ~ स्वेच्छया ≈; ~ amount अभ्यर्पित रक़म; ~ deed ≈ विलेख; ~ of lease पट्टे का ≈; ~ of savings बचत का ≈; ~ order ≈ आदेश; ~ value अभ्यर्पित मूल्य. II. *v.t.* अभ्यर्पित करना; ~ possession क़ब्ज़ा ≈

**surrendered** अभ्यर्पित

**surrenderee** अभ्यर्पिती

**surrenderer** अभ्यर्पक, अभ्यर्पयिता

**surreptitious** प्रच्छन्न

**surrepitiously** प्रच्छन्न रूप से, चोरी छिपे

**surrogate** 1. प्रतिनियुक्त; ~ parents ≈ माता-पिता. 2. धर्माध्यक्ष का प्रतिनिधि

**surround** घेरना, परिवेष्टित करना

**surrounding** परिवर्ती; ~ circumstances ≈ परिस्थितियाँ; ~ territory ≈ क्षेत्र

**surroundings** परिवेश, पास-पड़ोस

**surtax** अधिकर, अतिकर; ~ payable संदेय ≈

**surveillance** संनिरीक्षण, निगरानी; ~ controller ≈ नियन्त्रक

**surveillant** संनिरीक्षक, निगरानी करनेवाला

**survey** 1. सर्वेक्षण (करना); ~ agent (surveying agent) ≈ अभिकर्ता; ~ officer ≈ अधिकारी; ~ operation ≈ कार्य; ~ report ≈ रिपोर्ट; 2. नाप, माप; ~ mark ≈ चिह्न

**surveyor** सर्वेक्षक; (भू) मापक; ~ general महा-≈

**survival** 1. उत्तरजीविता; ~ of the fittest योग्यतम की ≈. 2. अवशिष्ट रूप

**survive** उत्तरजीवित रहना, बचे/ बने रहना

**surviving** 1. उत्तरजीवी; ~ partner ≈ साझेदार; ~ plaintiff ≈ वादी; 2. अवशिष्ट, बचा हुआ; ~ right ≈ अधिकार

**survivor** उत्तरजीवी

**survivorship** उत्तरजीविता; ~ annuity उत्तरजीवी वार्षिकी

**susceptibility** संवेद्यता, अतिप्रभाव्यता, ग्रहणशीलता

**susceptible** संवेद्य, अतिप्रभाव्य, ग्रहणशील; ~ to such a meaning ऐसा अर्थ हो सकता है

**suspect** I. *v.t.* संदेह/ शक करना. II. *a.* संदिग्ध (व्यक्ति)

**suspected** संदेहास्पद, संदिग्ध; ~ character ≈ चरित्र

**suspend** निलंबित करना; ~ the discharge उन्मोचन को ≈

**suspended** निलंबित; ~ credit ≈ उधार; ~ debit ≈ नामे; ~ interest ≈ ब्याज; ~ lien ≈ लियन/ ग्रहणाधिकार; ~ sentence ≈ दंड

**suspense** 1. असमंजस, दुविधा, अनिश्चय; keep in ~ दुविधा में रखना; 2. उचंत; ~ account ≈ खाता, निलम्बन खाता; ~ slip ≈ पर्ची

**suspension** निलम्बन; ~ of clearing समाशोधन स्थगन; ~ of firms फ़र्मों का ≈; ~ of hostilities युद्ध-≈; ~ of lien धारणाधिकार का ≈; ~ of limitation परिसीमा का ≈; ~ of military operations सैनिक कार्रवाई का ≈; ~ from duty कर्तव्य से ≈; ~ of fire गोलाबारी-बन्दी

**suspensive veto** निलंबन-निषेधाधिकार

**suspicion** संदेह, शक

**suspicious** 1. संदिग्ध, संदेहजनक; ~ circumstances ≈ परिस्थितियाँ; ~ grounds ≈ आधार; 2. शंकालु

**sustain** 1. बनाये रखना; 2. पोषण करना; 3. सँभालना; 4. सहना, उठाना; ~ loss हानि ≈; ~ injury क्षतिग्रस्त होना

**sustainable** धारणीय

**sustained** 1. धारित; ~ attention अविरत ध्यान; 2. उठाया हुआ; ~ damages ≈ नुक़सान

**sustenance** भरण-पोषण, जीविका

**suus** अपना, स्वीय; समीचीन; ~ haeris ≈ उत्तराधिकारी; ~ judex ≈ न्यायाधीश

**suzerain** अधिराज; ~ power ≈ सत्ता; ~ state अधिराज्य

**suzerainty** अधिराज्य, महाधिपत्य

**swamp** दलदल

**sway** झूलना

**swear** शपथ लेना/ क़सम खाना; ~ by God परमेश्वर की ≈

**swearer** शपथकर्ता

**swearing** शपथग्रहण; ~ ceremony ≈ समारोह

**sweated** 1. स्वेदयुक्त; 2. अतिशोषित

**sweating** 1. धातुहरण; 2. शोषण; 3. प्रस्वेदन, पसीना बहना

**sweep** बुहारना, झाड़ू देना; ~ the poll बहुत अधिक मत पाना

**sweeper** झाड़ू कश

**sweeping** अत्यधिक, अतिव्यापी

**sweet** I. *a.* मधुर, मीठा. II. *n.* (pl.) मिठाई

**swelling** सूजन

**swindle** ऐंठ लेना, ठग लेना

**swindler** झाँसिया, ठग

**swing** झूला; ~ bridge ≈ पुल

**switch** स्विच; ~ board ≈ बोर्ड; ~ over अंतरण

**switching in** चालू करना

**switching out** बंद करना

**sworn** शपथित; ~ enemy जानी दुश्मन

**syllabus** पाठ्यक्रम, पाठ्यविवरण; ~ of studies अध्ययन का ≈

**syllogism** न्यायवाक्य

**sylviculture** वनपालन, वनकृषि

**symbol** प्रतीक

**symbolic, -al** प्रतीकात्मक; ~ behaviour ≈ व्यवहार; ~ delivery परिदान/सुपुर्दगी; ~ device ≈ युक्ति; ~ example ≈ उदाहरण; ~ possession ≈ क़ब्ज़ा; ~ stimuli ≈ उद्दीपन

**symmetrical** सममित; ~ distribution सममितीय वितरण; ~ relation ≈ सम्बन्ध

**symmetry** सममिति, समरूपता

**sympathetic** सहानुभूतिपूर्ण, सहानुभूतिक; ~ consideration ≈ विचार; ~ insight ≈ अंतर्दृष्टि; ~ response सहानुवर्ती अनुक्रिया; ~ strike ≈ हड़ताल

**sympathise** सहानुभूति दिखाना/ रखना

**sympathiser** 1. सहानुभूति रखनेवाला; 2. साम्यवादी

**sympathy** सहानुभूति, संवेदना, हमदर्दी

**symposium** परिचर्चा, परिसंवाद

**symptom** लक्षण

**symptomatic** लक्षणात्मक; ~ murder ≈ हत्या

**synchronic** एककालिक

**syndicalism** श्रमिक संघवाद

**syndicate** अभिषद्, संघ, सिंडिकेट

**syndicated** संबद्ध; ~ operation ≈ कार्रवाई

**synonym** पर्याय, समानार्थ

**synonymous** पर्याय (वाची), समानार्थी

**synopsis** विषय-संक्षेप, सारांश

**synoptic** संक्षिप्त, सारभूत; ~ principle समन्वय सिद्धान्त; ~ statement ≈ विवरण, साररूप विवरण

**synthesis** संश्लेषण; समन्वय

**synthetic, -al** 1. संश्लिष्ट, संश्लेषात्मक; ~ approach संश्लेषी उपागम; ~ opinion ≈ मत; ~ thinking ≈ चिन्तन; 2. कृत्रिम, नक़ली; ~ fibre ≈ रेशा

**system** 1. पद्धति; ~ of cumulative voting संचयी मत ≈; ~ of ethical doctrine नैतिक सिद्धान्त की ≈; ~ of government शासन ≈; ~ of law विधि ≈; ~ of working कार्य-≈; 2. प्रणाली, रीति; ~ of account लेखा प्रणाली; 3. व्यवस्था, तन्त्र

**systematic, -al** (सु)व्यवस्थित; ~ ambiguity ≈ संदिग्धार्थता; ~ compilation ≈ संकलन; ~ inventory ≈ वस्तुसूची; ~ legislation ≈ विधि-निर्माण, ≈ विधि; ~ sign ≈ संकेत; ~ work ≈/ क्रमबद्ध कार्य

**systematization** व्यवस्थापन

**systematize** व्यवस्थित करना

# T t

**table** 1. सारणी, तालिका; ~ of contents विषय-सूची; ~ of fares किराया ≈; ~ of mortality मृत्यु ≈; ~ of precedence पूर्वगामिता ≈, अग्रता ≈; ~ of rates दर-≈; genealogical ~ वंशक्रम ≈; 2. पटल, फलक; ~ of the house सदन-≈; 3. मेज़; to turn the ~ हालात पलट जाना

**tableland** उच्चतम भूमि

**tablet** 1. टिकिया; 2. तख़्ती, फलक; 3. ~ check तार-विलंब जाँच

**taboo** निषेध, वर्जन; ~ word निषिद्ध शब्द

**tabular** सारणी-, सारणीबद्ध; ~ form ≈ रूप; ~ statement ≈ विवरण; ~ standard सूचक की मान

**tabularization** सारणीकरण

**tabularize** सारणीबद्ध बनाना

**tabulate** सारणीबद्ध करना

**tabulated** सारणीबद्ध; ~ statement ≈ विवरण

**tabulating machine** सारणित्र

**tabulation** सारणीयन, सारणीकरण; ~ of information सूचना की सारणी बनाना

**tabulator** सारणीयक, सारणीकार

**tacit** 1. मौन; ~ acceptance ≈ स्वीकृति; ~ admission स्वीकरण; ~ consent ≈ सम्मति; ~ recognition ≈ मान्यता; 2. निहित

**tacitly** मौन रूप से

**tack** I. *n.* चिपचिपाहट. II. *v.t.* आबद्ध करना

**tacking** भारवृद्धि, आबन्धन; ~ of prohibition प्रतिषेध का ≈

**tackle** I. *n.* 1. कील-काँटा, सामान, औज़ार; 2. धर-पकड़, भिड़न्त. II. *v.t.* साधना, हल करना; पकड़ना; भिड़ना; ~ a problem समस्या को हल करना

**tact** चातुरी, चाल

**tactful** व्यवहार-कुशल, चतुर; ~ handling युक्ति कौशल से काम लेना

**tactical** व्यूह-सम्बन्धी, सामरिक; ~ air command समरतंत्रीय हवाई कमान; ~ consideration व्यूहनापेक्षा, ≈ तत्त्व

**tactician** व्यूहतन्त्री, सामरिक

**tactics** 1. सामरिकी, व्यूहकौशल; 2. युक्ति, चाल, तिकड़म, दाँव-पेच

**tactless** अभद्र, अव्यावहारिक

**tag** I. *n.* 1. नत्थी; 2. उपसंहार-वचन. II. *v.t.* नत्थी लगाना

**tail** 1. सीमित स्वामित्व; 2. तल, निचला सिरा; ~ edge निचला किनारा; 3. पुच्छ; ~ end पिछला सिरा; ~ lamp पिछली बत्ती; ~ of paper काग़ज का सिरा

**tailed** पुच्छित, दुमादार

**tailing** अवशिष्ट

**taint** कलुषित/ कलंकित करना, बिगाड़ना

**take** 1. लेना; ~ away ले जाना, अपहरण करना; ~ control के अधीन ≈; ~ charge of अपनी सुपुर्दगी में ≈; ~ for granted मान ≈, मानकर चलना; ~ home pay निबल/ शुद्ध वेतन; ~ in adoption दत्तक/ गोद ≈; ~ into account हिसाब में लिया जाना/ विचार में ≈; ~ into custody हिरासत में ≈; ~ leave आज्ञा ≈; ~ oath शपथ ≈; ~ part भाग ≈; ~ possession क़ब्ज़े में ≈; ~ precedence पूर्वता लेना/ पाना; ~ recourse का सहारा ≈, का आश्रय लेना; 2. *(misc. meanings)* ~ action कार्रवाई करना; ~ advantage लाभ उठाना; ~ at one's word बात पकड़ना; ~ care सावधानी बरतना, ध्यान रखना; ~ care of देखभाल करना; ~ cognizance

संज्ञान लेना, हस्तक्षेप करना; ~ effect प्रभावी/ लागू होना; ~ exception आपत्ति उठाना; ~ holds of ग्रहण करना, पकड़ना; ~ hostage बन्धक बनाना; ~ issue विरोध करना; ~ measures उपाय करना; ~ notice ध्यान में रखना; ~ off उठाना, हटाना; take-off उड़ान; ~ off stage उत्कृष अवस्था; ~ one by surpise को चकित करना; ~ over हस्तगत करना; ~ over charge कार्यभार सँभालना; ~ place घटित होना; ~ root जड़ पकड़ना; ~ step कार्यवाही/ उपाय करना; ~ stock of समझ ≈; ~ the chair सभापतित्व करना; ~ the initiative पहल करना, सूत्रपात करना; ~ to task ख़बर लेना; ~ up ग्रहण करना; ~ up a case मुक़दमे की सुनवाई करना; ~ up residence निवास करने लगना

**taken aback** हक्का-बक्का, चकित; taken down लिखा गया; taken together एक-साथ लेने पर

**talent** प्रतिभा; गुण

**tales juror** पूरक न्यायसभ्य

**talion** प्रतिशोध की विधि; प्रतिकार

**talisman** गंडा, कवच, तावीज़

**talk out** विवाद में ही समाप्त कर देना

**talkative** बातूनी, वाचाल

**talker** वार्ताकार

**talkie** **1.** बोलपट; ~ operator टॉकी आपरेटर, ≈ प्रचालक; **2.** (pl.) बोलपट गृह

**talking** बोलता; ~ book बोलती पुस्तक; ~ picture ≈ चित्र

**tallied** अनुमेलित, मिलान किया हुआ

**tally** मिलान करना, मेल खाना/ मिलाना; ~ card मिलान कार्ड; ~ clerk मिलान लिपिक; ~ goods माल का ≈; ~ roll मिलान पत्र

**tamper** **1.** विकृत करना, बिगाड़ना; ~ with हस्तक्षेप करना; बिगड़ना; **2.** छेड़ना; हेरफेर करना; **3.** साक्षी को तोड़ना

**tangible** मूर्त, ठोस; ~ assets ≈ परिसम्पत्ति; ~ chattels ≈ चलसम्पत्ति; ~ goods ≈ वस्तुएँ; ~ result मूर्तफल/ परिणाम; ~ security ≈ ऋणाधार, ≈ प्रत्याभूति

**tangle** उलझन, झंझट

**tank** जलाशय, तालाब; ~ wagon टंकी (माल) डिब्बा

**tanner** चर्मशोधक

**tannery** चर्मशोधक कारख़ाना

**tantamount to** के तुल्य/ समान होना

**tape** फ़ीता, टेप; ~ record ≈ रिकार्ड

**tapered** गोपुच्छाकार

**tapering** शुण्डाकार

**tardiness** शिथिलता; विलम्ब; ~ rate ≈ दर

**tardy** शिथिल; ~ proceedings ≈ कार्यवाही

**tare** धड़ा, बारदाना; खाली गाड़ी का भाड़ा

**target** लक्ष्य, निशाना; ~ practice निशाना लगाने का अभ्यास

**tariff** प्रशुल्क, टैरिफ़; ~ agreement ≈ क़रार; ~ barrier ≈ रोध; ~ board ≈ बोर्ड; ~ commission ≈ आयोग; टैरिफ़ आयोग; ~ duty प्रशुल्क; ~ rate ≈ दर; ~ schedule ≈ अनुसूची; ~ value ≈ मूल्य

**tarred** डामर वाली; ~ road ≈ सड़क

**task** कृत्यक, नियत कार्य; ~ force ≈ बल; ~ function कृत्यकोपयोगी कार्य; ~ time ≈ समय; ~ wage ≈ मज़दूरी; ~ work उजरती कार्य

**taste** रुचि; public ~ लोक ≈

**tattling** बकवास

**tattoo** गोदना

**taunt** उपालम्भ/ ताना (देना)

**tautology** पुनरुक्ति

**tavern** पान्थशाला

**tax** **I.** *n.* कर; ~ abatement ≈ उपशमन; ~ administration ≈ प्रशासन; ~ amortization ≈ परिशोधन; ~ assessment ≈ निर्धारण; ~ assessor ≈ निर्धारक; ~ avoidance ≈ परिहार; ~ burden ≈ भार; ~ clearance ≈ बेबाकी; ~ clearance certificate ≈ समाशोधन प्रमाणपत्र; ~ collection ≈ समाहरण/संग्रहण; ~ collector ≈ समाहर्ता; ~ consciousness ≈ बोध/ ≈ चेतना; ~ credit ≈ समंजन; ~ deducted at source स्रोत पर काटा गया ≈; ~ delinquency ≈ विलंबिता; ~ delinquent विलंबी ≈ दाता; ~ evasion ≈ वंचन, ≈ छिपाना; ~ exemption ≈ मुक्ति, ≈-छूट; ~ free ≈ मुक्त; ~ immunity ≈ विमुक्ति; ~ in kind जिंस रूप ≈; ~ jurisdiction ≈ अमलदारी, कराधिकार क्षेत्र; ~ liability ≈ देयता; ~ limit ≈ सीमा; ~ payer ≈ दाता; ~ rebate ≈ कटौती; ~ recovery ≈ वसूली; ~ relief ≈ अनुतोष, ≈ में राहत; ~ revenue ≈ राजस्व, ≈ आय; ~ structure ≈ संरचना; ~ superintendent ≈ अधीक्षक; ~ system ≈ प्रणाली; ad valorem ~ यथामूल्य ≈; apportioned ~ ≈ परिहार; callings ~ वृत्ति ≈; captitation ~ प्रतिव्यक्ति ≈; corporation ~ निगम ≈; direct ~ प्रत्यक्ष ≈; employment ~ नियोजन ≈; entertainment ~ मनोरंजन ≈; export ~ निर्यात ≈; income ~ आय ≈; indirect ~ अप्रत्यक्ष ≈; multipoint ~ बहुस्तर ≈; profession ~ व्यवसाय ≈; progressive ~ वर्धमान ≈/ आरोही ≈; regressive ~ ह्रासमान/ अवरोही ≈; sales ~ विक्रय ≈; super ~ अधि ≈; terminal ~ सीमा ≈; trades ~ व्यापार ≈. **II.** *v.t.* ~ the costs ख़र्चों का निर्धारण करना

**taxable** कराधेय, करयोग्य; ~ capacity ≈ क्षमता; ~ income ≈ आय; ~ profits ≈ लाभ; ~ quantum ≈ न्यूनतम राशि

**taxation** कराधान, विनिर्धारण, कर लगाना

**taxed** करारोपित; ~ commodity ≈ जिंस, ≈ पण्य; ~ income ≈ आय

**taxing** कराधान-; ~ officer ≈ अधिकारी; ~ power ≈ अधिकार/ शक्ति

**T.B.** यक्ष्मा, क्षय रोग

**tea** चाय; ~ estate ≈ बाग़ान; ~ runner चाय देने वाला

**teacher** अध्यापक, शिक्षक; ~-in-charge प्रभारी ≈, इंचार्ज ≈; ~ placement ≈ स्थानन; ~s' hand book ≈ पुस्तिका; ~ manual ≈ दीपिका; ~s' constituency ≈ निर्वाचन क्षेत्र

**teaching** अध्यापन; ~ devices ≈ साधन; ~ method ≈ प्रणाली; ~ staff अध्यापक वर्ग; ~ university ≈ विश्वविद्यालय

**team** टीम, दल; ~ spirit ≈-निष्ठा; ~ work सामूहिक कार्य

**teargas** आँसू गैस, अश्रुगैस

**technical** **1.** पारिभाषिक; ~ meaning ≈ अर्थ; ~ term ≈ शब्द; to prepare ~ terminology ≈ शब्दावली तैयार करना; **2.** तकनीकी, प्राविधिक; ~ advice ≈ सलाह; ~ adviser ≈ सलाहकार; ~ aid ≈ सहायता; ~ assistant ≈ सहायक; ~ data ≈ आधार सामग्री; ~ error ≈ भूल; ~ examiner ≈ परीक्षक; ~ expert ≈ विशेषज्ञ; ~ installation ≈ संस्थान; ~ know-how ≈ जानकारी; ~ objection ≈ आपत्ति; ~ organiser ≈ आयोजक; ~ personnel ≈ कार्मिक; ~ qualification ≈ योग्यता; ~ school ≈ विद्यालय; ~ skill ≈ कौशल; ~

training ≈ प्रशिक्षण; ~ work ≈ कार्य

**technician** तकनीकी, प्रविधिज्ञ

**technique** तकनीक, प्रविधि; ~ of production उत्पादन-≈; ~ of reconciliation समाधान-≈

**technocracy** प्रौद्योगिक तन्त्र

**technocrat** तकनीकतंत्री, प्रविधितंत्री

**technological** प्रौद्योगिकीय, प्रौद्योगिक; ~ ability ≈ योग्यता

**technologist** प्रविधिविद्

**technology** प्रौद्योगिकी

**tedious** थकाऊ, उबाऊ

**teen-age (teens)** कुमार अवस्था, किशोर अवस्था

**telecast** दूरदर्शित करना

**telecommunication** दूर संचार; ~ building ≈ भवन; ~ inspector ≈ निरीक्षक; ~ mechanic ≈ मेकैनिक; ~ message ≈ संदेश

**telegram** तार, दूरलेख

**telegraph** तार; ~ authority ≈ प्राधिकारी; ~ cover ≈ लिफ़ाफ़ा; ~ equipment ≈ उपस्कर; ~ master ≈ बाबू; ~ message ≈ संदेश; ~ office ≈ घर; ~ pole ≈ का खंभा; ~ signaller ≈ सिगनलर, ≈ बाबू; ~ sub-post office उपडाक-तारघर; ~ traffic ≈ यातायात

**telegraphic** तार का; ~ address ≈ पता; ~ message ≈-संदेश; ~ money-order (T.M.O.) ≈ मनीआर्डर

**telegraphist** तार संकेतक

**telegraphy** तार संचार, टेलीग्राफ़ी

**teleological** सप्रयोजन, परिणामसापेक्ष; ~ argument ≈ युक्ति; ~ explanation ≈ व्याख्या

**telepathy** परचित्तज्ञान

**telephone** टेलीफ़ोन, दूरभाष; ~ attendant ≈ परिचर; ~ call ≈ कॉल; ~ connection ≈ संयोजन; ~ directory ≈ निर्देशिका; ~ enquiry ≈ पूछताछ; ~ equipment ≈ उपस्कर; ~ exchange ≈ केन्द्र; ~ operator ≈ प्रचालक; ~ receiver ≈ का चोंगा; ~ service ≈ व्यवस्था, ≈ सेवा; ~ subscriber ≈ उपभोक्ता

**telephoto** टेलीफ़ोटो, दूरचित्र

**telephotography** टेलीफ़ोटोग्राफ़ी

**teleprinter** टेलीप्रिंटर, दूरमुद्रक; ~ operator ≈ प्रचालक, तारलेखी ऑपरेटर

**telescope** दूरबीन, टेलीस्कोप

**telescoped** अन्तर्विद्ध

**telescopic** दूरदर्शी, टेलीस्कोपी

**teletypewriter operator** दूर-टंकण-यंत्र प्रचालक, टेलीटाइपराइटर ऑपरेटर

**television** दूरदर्शन; ~ centre ≈ केन्द्र

**telic** प्रयोजनपरक; ~ aspect ≈ पक्ष; ~ change ≈ परिवर्तन; ~ process ≈ प्रक्रिया; ~ progress ≈ प्रगति

**telics** प्रयोजनपरकता

**teller** गणक

**telltale** अपवाद, परचर्चा

**temper** I. *n.* मनोदशा, मिज़ाज. II. *v.t.* पानी चढ़ाना

**temperament** स्वभाव, प्रकृति; चित्त-प्रकृति

**temperance** 1. मद्यनिषेध; ~ movement ≈ आन्दोलन; 2. मिताचार

**temperate** 1. मिताचारी, संयत; ~ habits ≈ आदतें; ~ language ≈ भाषा; 2. मंदताप; ~ climate ≈ जलवायु

**temperately** संयत ढंग से; ~ worded संयत शब्दों में

**temperature** तापमान; ताप; ~ chart ≈ चार्ट

**tempestuous** तूफ़ानी

**temple** 1. मंदिर, देवालय; ~ entry ≈ में प्रवेश; 2. कनपटी

**tempo** गति; प्रवेग

**temporal** **1.** कालिक; ~ conditioning ≈ प्रतिबंधन; ~ conflict ≈ अन्तर्विरोध; ~ proximity ≈ सान्निध्य; ~ relation ≈ सम्बन्ध; **2.** लौकिक, ऐहिक; ~ affairs ≈ मामले; ~ law ≈ विधि; ~ power ≈ शक्ति; ~ punishment ≈ दण्ड

**temporality** ऐहिककता, लौकिकता

**temporarily** अस्थायी रूप से

**temporary** अस्थायी, आरज़ी; ~ accident ≈ दुर्घटना; ~ alimony ≈ निर्वाहिका; ~ alliance ≈ सहबंध; ~ annuity ≈ वार्षिक वृत्ति; ~ appointment ≈ नियुक्ति; ~ cession ≈ अर्पण; ~ commission ≈ आयोग; ~ connection ≈ संयोजन; ~ disablement ≈ अपंगता; ~ disability ≈ अपंगता; ~ hand ≈ कार्यकर्ता; ~ lease ≈ पट्टा; ~ post ≈ पद; to obtain ~ order ≈ व्यादेश प्राप्त करना; ~ restriction ≈ पाबंदी; ~ service ≈ सेवा; ~ settlement ≈ बन्दोबस्त; ~ vacancy ≈ रिक्ति

**tempt** प्रलोभित करना, ललचाना, बहकाना

**temptation** प्रलोभन, लालच

**tenable** धार्य, मान्य, तर्कसंगत

**tenacious** दृढ़; हठी, चीमड़; लगनवाला

**tenacity** दृढ़ता, हठ, चीमड़पन; लगन

**tenancy** **1.** काश्तकारी; ~ laws ≈ क़ानून, भूधारण-विधि; **2.** किरायेदारी; **3.** अधिधृत, आभोगाधिकार [also ~ right]

**tenant** **1.** काश्तकार; ~ at sufference रियायती ≈; ~ at will यथेच्छ ≈; ~ farmer शिकमी ≈; ~ for life आजीवन ≈; **2.** किरायेदार; ~ in capite मुख्य ≈; **3.** आभोगी, अभिधारी; ~ for life आजीवन ≈; ~ in common सह-≈; ~ of immovable property स्थावर सम्पत्ति का ≈

**tend** **1.** प्रवृत्त होना; **2.** देखभाल करना; ~ to criminate अपराध में फँसाना; ~ to prejudice प्रतिकूल प्रभाव डालने वाला होना

**tendency** प्रवृत्ति, रुझान, झुकाव

**tender** **I.** *n.* निविदा, टेंडर; ~ clerk ≈ क्लर्क, ≈ लिपिक; ~ for conveyances of mails डाक वहन ≈; ~ form ≈ फ़ॉर्म, ≈ प्रपत्र. **II.** *a.* सुकुमार; ~ age/years ≈ अवस्था. **III.** *v.t.* प्रस्तुत/ पेश करना, देना; ~ advice सलाह ≈; ~ evidence साक्ष्य देना; ~ pardon क्षमा प्रदान करना; ~ resignation त्यागपत्र देना

**tendered** निविदत्त; ~ for cash नक़दी में भुनाने के लिए प्रस्तुत

**tenderer** निविदादाता, निविदाकार

**tending** देखभाल; ~ to उन्मुख, प्रवृत्त

**tenement** किराये का घर, वासगृह, कोठरी

**tenet** सिद्धान्त, मत

**tenor** **1.** परिपक्वता काल/ अवधि; ~ of bill हुण्डी की ≈; **2.** तात्पर्य; **3.** प्रकट शब्द

**tense** **I.** *n.* काल. **II.** *a.* दृढ़; तनावपूर्ण; ~ situation ≈ स्थिति

**tensile test** तनाव परीक्षण

**tension** तनाव

**tentamount, does not...** की कोटि में नहीं आता

**tentative** **1.** अस्थायी, अल्पकालिक; ~ conclusions ≈ निष्कर्ष; ~ draft ≈ मसौदा; ~ plan ≈ आयोजना; **2.** परीक्षात्मक, प्रयोगात्मक; ~ standard ≈ मानक; ~ proposal वीक्षात्मक प्रस्ताव, परीक्षात्मक प्रस्ताव; ~ decision आज़माइशी निर्णय; ~ argument परीक्षापेक्ष युकति

**tentatively** प्रयोग के रूप में; तत्काल के लिए; ~ परीक्षण के तौर पर

**tenure** **1.** कार्यकाल, अवधि; ~ of

appointment नियुक्ति ≈ या ≈; ~ of office/ post पदावधि; ~ of service सेवावधि; ~ of work ठेका ≈; ~ system सावधिक व्यवस्था, ≈ पद्धति; **2.** धृति, धारणाधिकार; ~ holder भूधारी; ~ of land भूधृति, पट्टेदारी

**term** **1.** शर्त, निबन्धन; ~ of reference विचारार्थ विषय, निर्देश-निबंधन; ~ of trade आयात-निर्यात स्थिति, व्यापार स्थिति; ~ of contract संविदा की ≈; ~ of delivery सुपुर्दगी की ≈, परिदान की ≈; ~ of settlement समझौते की ≈; ~ of service सेवा की ≈; **2.** कालावधि; ~ loan आवधिक कर्ज़, मियादी कर्ज़; ~ marraige सावधि विवाह; ~ of office पदावधि; ~ office सावधि पद; ~ post मियादी पद; ~ of sentence दण्ड की ≈; **3.** शब्द

**terminable** पर्यवसेय, समाप्य; ~ annuity ≈ वार्षिकी; ~ debt ≈ ऋण; ~ lease समापनीय पट्टा

**terminal** **I.** *n.* **1.** सीमांत; ~ charges प्रभार; ~ tax ≈ कर/ चुंगी; **2.** अन्तिम स्टेशन. **II.** *a.* **1.** सावधिक, मियादी; ~ course ≈ पाठ्यक्रम; ~ examination ≈ परीक्षा; **2.** अंत्य, अन्तिम; ~ arbitration ≈ विवाचन; ~ office कार्यालय; ~ post छोर खम्भा/ अन्तस्थ खम्भा; ~ station अंतिम स्टेशन; ~ block छोर ब्लाक, टर्मिनल ब्लाक; ~ call टर्मिनल कॉल; ~ cost एकशः लागत, जॉब लागत; ~ leave सेवांत छुट्टी; ~ benefits सेवांत प्रसुविधाएँ

**terminate** समस्त करना/ होना, पर्यवसान करना/ होना

**terminated** समाप्त किया गया, पर्यवसित

**terminating** अंत्य, अंतिम; ~ station ≈ स्टेशन; ~ traffic ≈ यातायात, विरामी यातायात

**termination** समाप्ति, पर्यवसान; ~ notice ≈ सूचना; ~ of agreement क़रार की ≈; ~ of appointment नियुक्ति की ≈; ~ of authority प्राधिकार की ≈; ~ of lien ग्रहणाधिकार की ≈; ~ of post पदावसान, पद की ≈; ~ of restrictions प्रतिबन्धों की ≈; ~ of service सेवा की ≈

**terminis a quo** आरम्भ बिन्दु

**terminological** शब्दावलिजनित

**terminology** (पारिभाषिक) शब्दावली

**terminus** अन्तिम स्टेशन, मार्गान्त; ~ aquo आरंभ स्थल/ बिन्दु

**terra** **1.** भूमि, भूसंपत्ति; ~ culta कृष्ट भूमि; ~ excultabilis कृषियोग्य भूमि; ~ incognita अज्ञात प्रदेश; ~ nova नयी ≈; ~ nullius अनधिकृत प्रदेश; ~ testamentalis लेख द्वारा प्रदत्त ≈; **2.** आधार; ~ firma दृढ़ आधार

**terrestrial** भू-, स्थलीय; ~ sphere ≈ क्षेत्र; ~ war ≈ युद्ध

**terrify** आतंकित/ भयभीत करना

**territorial** **1.** भूभागीय; ~ acquisition ≈ अभिग्रहण; ~ adjustment ≈ समायोजन; ~ aggrandizement ≈ विवर्धन, ≈ विस्तार; ~ ambitions ≈ महत्त्वाकांक्षाएँ; ~ arrangements ≈ व्यवस्था; ~ change ≈ परिवर्तन; ~ compensation ≈ क्षतिपूर्ति; ~ controversies ≈ विवाद; ~ decentralization ≈ विकेन्द्रीकरण; ~ defence ≈ रक्षा; ~ demand ≈ माँग; ~ independence ≈ स्वतन्त्रता, ≈ स्वाधीनता; ~ integrity ≈ अखंडता; ~ jurisdiction ≈ अधिकारक्षेत्र; ~ propinquity ≈ सान्निध्य, ≈ सामीप्य; ~ security ≈ सुरक्षा; ~ stability ≈ स्थिरता; ~ state ≈ राज्य; ~ supremacy ≈ सर्वोच्चता; **2.** प्रादेशिक, क्षेत्रीय; ~ army ≈ सेना; ~ asylum ≈ शरण; ~ constituency ≈ निर्वाचन-क्षेत्र;

~ council ≈ परिषद्; ~ division ≈ खंड; ~ extent of laws विधियों का ≈ विस्तार; ~ limits ≈ क्षेत्राधिकार, ≈ सीमाएँ; ~ property ≈ संपत्ति; ~ rights ≈ अधिकार; ~ sovereignty ≈ संप्रभुता; ~ waters राज्यक्षेत्रीय जल

**territoriality** प्रादेशिकता, आंचलिकता

**territory** 1. भूभाग, प्रदेश, क्षेत्र; 2. राज्यक्षेत्र, अधिकारक्षेत्र

**terror** संत्रास, हौआ, आंतक

**terrorize** आतंकित/ संत्रस्त करना

**terrorism** आतंकवाद, संत्रासवाद, आंतकवादी कार्यवाही

**terrorist** आतंकवादी, आतंककारी; ~ activity आंतकपूर्ण कार्यकलाप

**tertiary** तृतीय(क); ~ contact ≈ संपर्क; ~ kinship ≈ बन्धुता; ~ relative ≈ पीढ़ी का सम्बन्धी

**test** परीक्षण, परख, जाँच (करना); ~ audit नमूना लेखापरीक्षा; ~ checking नमूना जाँच; ~ cord ≈ डोरी; ~ hand ≈ कर्मी; ~ house परीक्षालय; ~ message ≈ संदेश; ~ object ≈ वस्तु; reliability ~ विश्वास्यता ≈, विश्वसनीयता-≈; ~ relief work प्रायोगिक सहायता कार्य; ~ report ≈ रिपोर्ट; ~ room ≈ कक्ष

**testability** परीक्षणीयता

**testament** वसीयत, इच्छापत्र, रिक्थपत्र

**testamentary** वसीयती; ~ disposition ≈ निपटारा; ~ document ≈ दस्तावेज़; ~ guardian ≈ संरक्षक; ~ inventory ≈ तालिका; ~ succession ≈ उत्तराधिकार

**testamentum omne morte consummatum** प्रत्येक रिक्थपत्र मृत्यु से पूरा होता है

**testate** वसीयती, रिक्थपत्रयुक्त; ~ estate ≈ संपदा

**testator** वसीयतकर्ता

**testatum** प्रवर्तनशील खण्ड

**tested** परीक्षित, जाँचा हुआ

**tester** 1. परीक्षक, परखकर्ता; 2. चंदोबा; 3. पारखी

**testatrix** वसीयतकर्त्री

**testify** अभिसाक्ष्य देना; शपथपूर्वक कहना

**testimonial** शंसापत्र; ~ evidence लिखित प्रमाण/ साक्ष्य

**testimonium, testimony** परिसाक्ष्य, मौखिक साक्ष्य, शब्द प्रमाण

**testis** साक्षी; ~ corruptos भ्रष्ट ≈; ~ incertus संदिग्ध ≈; ~ inimicus अमित्र ≈; ~ juratus शपथित ≈

**tetra** चार

**text** पाठ; ~ book पाठ्य पुस्तक; authoritative ~ प्राधिकृत ≈

**textile** वस्त्र; ~ commissioner ≈ आयुक्त; ~ expert ≈ विशेषज्ञ; ~ industry ≈ उद्योग; ~ mill ≈ मिल; ~ undertaking ≈ उपक्रम

**textual** पाठीय, पाठ-; ~ amendment ≈ संशोधन; ~ law ≈ विधि

**texture** 1. बुनावट; 2. गठन, बनावट

**thankless** 1. अकृतज्ञ, कृतघ्न; 2. असमादृत, बेकार; ~ task ≈ काम

**thanks** धन्यवाद; ~-giving कृतज्ञता-प्रकाशन; ~ to के कारण

**that** वह, जो, कि; ~ far वहाँ तक; ~ is (to say) अर्थात्

**thaumaturgy** इन्द्रजाल विद्या

**theatre** नाट्यशाला, रंगशाला; ~ building रंगभवन; ~ of war रणस्थल

**theatrical** नाटकीय, नाटक-

**theft** चोरी

**their excellencies** महामहिम

**their majesties** महागरिमामय

**theistic** ईश्वरवादी

**thematic collecting** विषयगत संकलन

**then** तब, उस समय; ~ and there वहीं तत्काल, तभी और वहीं; ~ existing ≈ विद्यमान; ~ in force ≈ प्रवृत; the ~ officer तत्कालीन अधिकारी

**theology** धर्मविद्या

**theoretical** सैद्धान्तिक; ~ definition ≈ परिभाषा; ~ knowledge ≈ ज्ञान; ~ problem ≈ समस्या

**theorist** सिद्धान्तकार

**theoretically** सिद्धान्ततः, सैद्धान्तिक दृष्टि से

**theorizing** 1. सिद्धान्तीकरण; 2. तत्त्वान्वेषण

**theory** सिद्धान्तवाद, सिद्धान्त; ~ of consumer's choice उपभोक्ता-वरण ≈; ~ of interpretation निर्वचन का ≈; ~ of natural consequences सहज-परिणाम-≈; ~ of production उत्पादन ≈; ~ of profit लाभ का ≈; ~ of relativity आपेक्षिकता का ≈; ~ of taxation कराधान का ≈

**therapeutic** चिकित्सात्मक; ~ treatment ≈ उपचार

**therapeutics** चिकित्सा-शास्त्र

**therapeutist** चिकित्सा विज्ञानी

**therapist** चिकित्सक

**therapy** चिकित्सा

**there** वहाँ; ~-about वहीं कहीं, आस-पास; ~ after तदुपरान्त, तत्पश्चात्; ~ at इस पर, तब; ~ by उससे, तद्द्वारा; ~ for उसके लिए, तदर्थ; ~ fore इसलिए, अतः; ~ from उससे, वहाँ से; ~ in उसमें, तदन्तर्गत; ~ of उसका, इसका; ~ on उस पर, उसके आधार पर; ~ to उसमें, उस बारे में; ~ to fore उससे पहले, तत्पूर्व; ~ under तदधीन, तदन्तर्गत; ~ upon इस पर, तब, तुरन्त; ~ with उसके साथ; ~ withal उसी के साथ

**thermal** ताप-, तापीय; ~ capacity ≈ धारिता; ~ effect ≈ प्रभाव; ~ power ≈ शक्ति

**thermionic current** तापायनिक धारा

**thermo-** ताप-; ~ electricity ≈ विद्युत; ~ meter तापमापी; ~ scope तापदर्शी

**thesaurus** कोष; ~ absconditus गड़ा/छिपा ≈; ~ inventus खोजा हुआ ≈

**thesis** 1. शोध-प्रबन्ध; 2. स्थापना

**thick weather** कुहरे का मौसम

**thief** चोर

**thievery** चोरी

**thin** पतला, विरल; ~ majority स्वल्प बहुमत

**thing** 1. वस्तु; ~ of historical interest ऐतिहासिक महत्त्व की ≈/ चीज़; personal ~s निजी ≈; 2. मामला; बात

**thinking** विचार, चिन्तन

**third** तृतीय, तीसरा; ~ account ≈ पक्ष लेखा; ~ class ≈ श्रेणी, ≈ दर्जा; ~ estate साधारण वर्ग, ≈ वर्ग, जनता; ~ force ≈ शक्ति; ~ party अन्य पक्ष, तृतीयक पक्षकार; ~ party insurance ≈ पक्ष बीमा; ~ person अन्य व्यक्ति; ~ state इतर राज्य; ~ world पिछड़े देश, तीसरी दुनिया

**this is to certify** प्रमाणित किया जाता है

**thorough** पूरा; पक्का; ~-bred कुलीन, अभिजात; ~ fare आम रास्ता; ~ going पक्का

**though** यद्यपि; even ~ चाहे, यद्यपि

**thought** 1. विचार; 2. विचारधारा

**thoughtless** विचारहीन; ~ control ≈-नियन्त्रण

**threat** धमकी (देना); आशंका

**threaten** धमकी देना

**threatened** ख़तरे में, आशंकित; ~ strike ≈ हड़ताल

**threatening** धमकी-भरा; ~

announcement ≈ ऐलान, तर्जनापूर्ण घोषणा

**three** तीन; ~ cheers जय ! जय !; ~-colour तिरंगा; ~-quarter तीन-चौथाई; ~ -wire system ≈-तार प्रणाली

**threshing floor** खलिहान

**threshold** देहली, सीमा

**thrift** मितव्यय, किफ़ायतशारी

**thrifty** मितव्ययी

**throbbing** धड़कन, फड़कन, स्पन्दन

**through** 1. के माध्यम से, की मार्फ़त; ~ proper channel उचित माध्यम/ मार्ग से; ~ the court न्यायालय ≈; 2. में से; 3. से; ~ oversight नज़र चूक जाने से; 4. सीधा; ~ bill of lading सीधा लदान-पत्र, आद्यंत लदान-पत्र; ~ bogie सीधी बोगी; ~ booking सीधी बुकिंग; ~ call सीधी कॉल; ~ carriage ≈ डिब्बा; ~ circuit ≈ परिपथ; ~ journey सीधी यात्रा; ~ mail service सीधी डाक व्यवस्था; ~ passage ≈ मार्ग; ~ service ≈ व्यवस्था; ~ traffic ≈ यातायात, अंतःरेल यातायात

**throughout** साद्यन्त, पूरे; ~ the year वर्ष भर

**throw** फेंकना; ~ light प्रकाश डालना; ~ open खोल डालना; ~ overboard बाहर ≈

**thumb** अँगूठा; ~ impression निशान ≈

**thumping majority** भारी बहुमत, प्रचंड बहुमत

**thunderbolt** गाज, वज्र

**ticket** टिकट; ~ account resister ≈ लेखा रजिस्टर; ~ checker ≈ परीक्षक; ~ collector ≈ संग्राहक, ≈ क्लक्टर; ~ seller ≈ विक्रेता; ~ window ≈ खिड़की

**tidal** वेला-; ~ river ≈ नदी; ~ wave ≈ तरंग

**tide** वेला, ज्वारभाटा

**tie** बन्धन

**tied** बँधा हुआ, निबद्ध; ~ loan सर्शत ऋण; ~ relations अन्तर्बद्ध सम्बन्ध

**tier** सोपान, सोपानिका

**tight** कसा हुआ, तंग; ~ corner कठिनाई; ~ market चढ़ा बाज़ार; ~ money महँगी मुद्रा, दुर्लभ मुद्रा; ~ money market महँगा मुद्रा बाज़ार

**till** I. *prep.* तक; ~ further orders अगला आदेश होने ≈. **II.** *v.t.* जोतना. **III.** *n.* ~ money साई; रोकड़

**tillage** जुताई; जोत

**tiller** कृषक, किसान, जोतने वाला

**time** समय, काल, वक़्त; ~ bargain वादे का सौदा; ~-barred कालबाधित, मियाद बाहर; ~ barred claim कालातीत दावा; ~ bill मुद्दती हुण्डी; ~ bound समयबद्ध; ~ deposit मियादी जमा, आवधिक निक्षेप; ~ fixed नियत ≈; ~-honoured परम्परा-सम्मानित; ~ keeper ≈ पाल, टाइमकीपर; ~ limit कालावधि; ~ limited कालसीमित; ~ policy आवधिक पालिसी; ~ rate कालानुपाती दर; ~ recording machine समयलेखित्र, समयलेखी; ~ requisite अपेक्षित समय; ~ scale कालमान; ~ scale of pay वेतन का कालमान; ~ schedule समय अनुसूची; ~ table समय सारणी; ~ wage कालपरक मज़दूरी, अमानी; ~ table working ≈ सारणी के अनुसार काम; ~-to-time ≈-≈ पर; ~ work समयानुसार कार्य

**timely** यथासमय, समय पर/ से; ~ compliance ≈ के अन्दर पूरा करना; ~ information यथा ≈ सूचना

**timer** समयांकक

**timid** भीरु, डरपोक

**timidity** भीरुता, डरपोकपन

**tinge** छटा, झलक

**tinker** टाँके वाला

**tin-smith** टीनकार

**tint** छटा, आभा, आभारंग

**tinted paper** रंगीन काग़ज़

**tip** I. *n.* 1. संकेत; 2. अग्र (भाग). II. *v.t.* उलटना, तिरछा करना

**tirade** निंदात्मक भाषण, विष-वमन

**tissue** ऊतक

**titbit** चुटकुला

**tithe** दशमांश (कर)

**title** 1. हक़, स्वत्व; ~ deed हक़नामा, स्वत्वविलेख; ~ of occupation कब्ज़े का ≈, अधिग्रहण ≈; ~ of goods माल पर ≈; ~ suit ≈ का वाद; ~ to the goods माल पर ≈; 2. शीर्षक, नाम; short ~ संक्षिप्त ≈; 3. उपाधि; ~ of courtesy मानार्थ ≈; ~ of honour सम्मानोपाधि; 4. ~ page मुख पृष्ठ; ~ section आख्या परिच्छेद

**titular** 1. नाममात्र; ~ head ≈ अध्यक्ष; 2. स्वत्व-; ~ right ≈ अधिकार

**to** को, तक; ~ all intents and purposes सभी आशयों और प्रयोजनों के निमित्त; ~ and fro इधर-उधर; ~ be followed अनुसरणीय; ~ be paid off संदेय; ~ date अब तक; ~ that effect उस आशय का, तदर्थक; ~ such extent इस हद/ सीमा तक; ~ the contrary इसके विपरीत; ~ the best of his power अपनी शक्ति भर; to the best of my ability/ belief, judgment अपनी पूर्ण योग्यता/ अपने उत्तम विश्वास/ अपने श्रेष्ठ निर्णय के अनुसार; ~ the best of my knowledge जहाँ तक मेरी जानकारी है; ~ the contrary के विपरीत; ~ the extent of इस विस्तार/ हद तक; ~ the prejudice of के हितों के प्रतिकूल; ~ the satisfaction of के संतुष्ट होने तक; ~ wit अर्थात्

**together** इकट्ठा, एक-साथ; ~ with के साथ

**toilet** 1. प्रसाधन, शृंगार; ~ goods ≈ सामग्री; 2. शौचालय; ~ room शौच का कमरा

**token** I. *n.* 1. टोकन; 2. प्रतीक; ~ coin ≈ सिक्का; ~ damages नाम मात्र नुक़सानी; ~ money ≈ मुद्रा; ~ provision ≈ व्यवस्था. II. *a.* सांकेतिक, प्रतीकात्मक; ~ allegiance ≈ निष्ठा; ~ grant अनुदान; ~ strike ≈ हड़ताल; ~ support ≈ समर्थन

**tolerable** सहनीय, सह्य

**tolerance** 1. सहनशीलता, सहिष्णुता; 2. छूट; ~ limits ≈ की सीमाएँ

**tolerant** सहनशील, सहिष्णु; ~ attitude उदार अभिवृत्ति

**tolerate** सहना, सहन करना

**toleration** सहिष्णुता, सहनशीलता

**toll** पथकर, राहदारी, टोल [also ~ tax]; ~ clerk ≈ लिपिक; ~ collector ≈ संग्राहक; ~ inspector ≈ निरीक्षक

**tomb** मक़बरा, समाधि

**tone** I. *n.* 1. ध्वनि, आवाज़; 2. ध्वनिगुण; ~ control स्वर नियंत्रक; ~ deafness स्वर-बधिरता; 3. छाया; 4. तान. II. *v.i.* & *t.* ~ down नरम पड़ना, हलका करना

**tonnage** टन-भार; पोत-भार; ~ capacity टनीय क्षमता; ~ rating टनीय दर निर्धारण; ~ tax ≈ कर

**tonsure** मुंडन

**too** अत्यंत; ~ indulgent security अति निरति सुरक्षा; ~ late बहुत देर

**tool** औज़ार, उपकरण; ~ cabinet ≈-बक्स; ~ fitter ≈ फ़िटर; ~ maintenace time ≈ अनुरक्षण समय; ~ making ≈ निर्माण; ~s of artisan शिल्पी के ≈; ~-down strike ≈ रोक हड़ताल

**top** चोटी, सिरा, शीर्ष; ~ cases शीर्षस्थ मामले; ~ dress ऊपरी वेष; ~ margin ऊपरी हाशिया; ~ mast शीर्ष मस्तूल; ~ priority परम पूर्वता; ~ ranking officer शीर्षस्थ अधिकारी; ~ secret अतिगुप्त रहस्य

**'to-pay' consignment** भाड़ादेय परेषण

**topaz** पुखराज

**topic** विषय, प्रकरण, प्रसंग

**topical** सामयिक, प्रासंगिक

**topmost** सर्वोच्च

**topography** स्थल-विवरण, स्थान-विवरण, स्थान-वृत्त; स्थलाकृति

**topsy-turvy** उलट-पलट, अस्त-व्यस्त

**torment** यातना देना

**tort** अपकृत्य, दुष्कृति; ~ feasor अपकर्ता, दुष्कर्ता

**tortuous** अपराधमूलक, अपकृत्यपूर्ण; ~ action दुष्कर्म, अपकृत्य, ≈ कार्य

**torture** यातना (देना), यंत्रणा (देना)

**tota curia** पूर्ण न्यायालय

**total** I. *n.* योग, जोड़. II. *a.* 1. कुल; ~ asset-turnover ≈ संपत्ति-आवर्त; ~ benefit ≈ हितलाभ; ~ cost ≈ लागत; ~ creditor's account ≈ लेनदार लेखा; ~ debtor's account ≈ देनदार लेखा; ~ income ≈ आय; ~ number ≈ संख्या; ~ sum ≈ राशि; ~ utility ≈ उपयोगिता; ~ wealth कुल/ संपूर्ण धन; 2. पूर्ण; ~ destruction ≈ विनाश; ~ disablement ≈ अपंगता; ~ enrolment सकल नामांकन; ~ loss ≈ हानि; ~ war ≈ युद्ध, समग्र युद्ध

**totalitarian** सर्वाधिकारी; ~ society ≈ समाज; ~ state सर्वसत्तात्मक राज्य

**totality** समग्रता

**totally** पूर्णतः

**totem** कुलचिह्न, गणचिह्न

**touch method** स्पर्शज्ञान प्रणाली

**touching the matters** विषयों से संबंधित

**tour** दौरा (करना); ~ diary ≈ डायरी; ~ programme दौरे का कार्यक्रम

**tourism** पर्यटन

**tourist** पर्यटक; ~ agent पर्यटन एजेंट; ~ bureau ≈ कार्यालय; ~ car ≈ कार; ~ fare ≈ किराया; ~ guide ≈ परिदर्शक; ~ lodge ≈ वासा; ~ officer पर्यटन अधिकारी

**tournament** खेल-प्रतियोगिता

**tout** दलाल, टाउट

**towage** नौकर्षण, अनुकर्षण

**town** नगर, शहर; ~ area ≈ क्षेत्र; ~ branch post-office ≈ शाखा डाकघर; ~ delivery post-office ≈ वितरण डाकघर; ~ gate ≈ द्वार; ~ hall ≈ भवन; ~ improvement ≈ सुधार; ~ planning ≈ नियोजन

**toxic** विषैला, वैषिक; ~ inoculation ≈ टीका

**toxicologist** विषविज्ञानी

**toxicomania** विषोन्माद

**trace** I. *n.* चिह्न; 2. अवशेष; 3. खोज; 4. लेश (मात्र). II. *v.t.* 1. पता लगाना; 2. उतारना, अनुरेखन करना

**tracer** अनुरेखक

**tracing** अनुरेखण; ~ cloth ≈ पट; ~ paper ≈ काग़ज़

**track** I. *n.* लीक, पगडंडी, राह; ~ mileage पथ मील-दूरी, पथ मील भत्ता. II. *v.t.* पता लगाना, खोजना; ~ down पकड़ निकालना

**trackage** पटरी प्रभार

**tract** 1. भूभाग, ज़मीन का टुकड़ा; 2. पुस्तिका

**tractable** विनेय

**traction** संकर्षण; ~ power कर्षण शक्ति; ~ system ≈ पद्धति

**trade** व्यापार (करना); ~ agency ≈

अभिकरण; ~ agreement ≈ समझौता; ~ barrier ≈ चौकी; ~ blockade ≈ नाकेबंदी; ~ capital ≈ पूँजी; ~ centre ≈ केन्द्र; ~ commissioner ≈ आयुक्त, ≈ कमिश्नर; ~ council ≈ परिषद्; ~ creditor ≈ लेनदार; ~ crisis ≈ संकट; ~ depression ≈ मन्दी; ~ discount ≈ दस्तूरी/ बट्टा; ~ dispute श्रम-विवाद; ~ expenses account ≈ ख़र्च लेखा; ~ ledger ≈ खाता; ~ mark ≈ चिह्न (मार्का); ~ name (also brand name) व्यापारिक नाम; ~ practice ≈ प्रथा; ~ promotion ≈ संवर्धन; ~ relations ≈ सम्बन्ध; ~ restraint ≈ संयमन; ~ risk ≈ जोखिम; ~ route ≈ पथ; ~ sanctions ≈ शास्तियाँ; ~ secret ≈ रहस्य; ~ tax ≈ कर; ~ union व्यवसाय संघ, व्यापार-संघ, श्रमिक/ मज़दूर संघ

**trader, tradesman** व्यापारी

**trading** 1. व्यापार करना; 2. व्यापारिक; ~ account ≈ लेखा; ~ bloc ≈ गुट; ~ business ≈ कारोबार; ~ capital ≈ पूँजी, व्यवसायगत पूँजी; ~ profit ≈ लाभ; ~ privileges ≈ विशेषाधिकार; ~ rights ≈ अधिकार; ~ security ≈ प्रतिभूति

**tradition** परम्परा, रवायत

**traditional** पारम्परिक, परम्परागत; ~ authority ≈ प्रभुता; ~ law ≈ विधि; ~ occupation ≈ व्यवसाय; ~ practice ≈ व्यवहार, रिवाज़

**traffic** 1. यातायात, आमद रफ़्त; ~ check ≈ जाँच; ~ earning ≈ अर्जन; ~ police ≈ पुलिस; ~ receipts ≈ प्राप्तियाँ; ~ return ≈ विवरणी; ~ superintendent ≈ अधीक्षक; ~ survey ≈ सर्वेक्षण; 2. अवैध व्यापार; ~ in women स्त्रियों का ≈

**tragedy** त्रासदी; दुःखांत घटना; दुःखांत नाटक

**tragic** दुःखद, दुःखांतक

**trail** अनुचिह्न

**trailer** 1. विज्ञापन चलचित्र; 2. अनुयान

**trailing movement** पीछे संचलन

**train** I. *n.* रेलगाड़ी, गाड़ी; ~ controller ≈ नियंत्रक; ~ engine examiner ≈ इंजन परीक्षक; ~ inspector ≈ निरीक्षक; ~ lighting inspector ≈ प्रकाश निरीक्षक; ~ schedule ≈ अनुसूची; ~ shunt ≈ बाध्यपथ; ~ staff ≈ कर्मचारी-वर्ग II. v.t. प्रशिक्षित करना, प्रशिक्षण देना

**trained** प्रशिक्षित; ~ hand ≈ व्यक्ति

**trainee** प्रशिक्षणार्थी

**trainer** प्रशिक्षक

**training** प्रशिक्षण; ~ aids ≈ साधन; ~ division ≈ प्रभाग; ~ institute ≈ संस्थान; ~ period ≈-काल

**trait** विशेषक, विशेष लक्षण

**traitor** देशद्रोही, ग़द्दार

**traitorous** विद्रोहयुक्त; ~ practice ≈ आचार

**tram car** ट्राम (गाड़ी)

**trample** कुचलना, रौंदना

**tranquility** प्रशांति, अमन-चैन

**tranquilizing** शांतिप्रद, चैन देने वाला

**transact** (संव्यवहार, लेनदेन) करना; ~ business व्यापार करना

**transaction** 1. संव्यवहार, लेनदेन; ~ motive ≈ मंतव्य; 2. संपादन, संचालन; ~ of business कारोबार का ≈; 3. (pl.) कार्य-विवरण

**transcribe** अनुलिपित करना, लिप्यन्तर करना

**transcribed** लिप्यन्तरित, अनुलिपिकृत

**transcriber** प्रतिलेखक, लिप्यंतरकार

**transcribing machine** प्रतिलेखन मशीन, प्रतिलेखित्र

**transcript** अनुलिपि, प्रतिलेख

**transcription** लिप्यन्तरण, प्रतिलेखन, नक़ल

**transfer** I. *n.* अन्तरण; ~ agent ≈ अभिकर्ता; ~ allowance बदली भत्ता; ~ book ≈ बही; ~ by ostensible owner दृश्यमान स्वामी द्वारा ≈; ~ certificate ≈ प्रमाणपत्र; ~ cheque ≈ चेक; ~ contingent on a condition किसी शर्त पर समाश्रित ≈; ~ credit ≈ जमा; ~ debit ≈ नामे; ~ deed ≈ अभिलेख, बयनामा; ~ earnings ≈ आय; ~ entry ≈ प्रविष्टि; ~ fee हस्तांतरण शुल्क; ~ for consideration प्रतिफलार्थ ≈; ~ in perpetuity शाश्वतिक ≈; ~ inter vivos जीते जी ≈; ~ of cash रोकड़-≈; ~ of property संपत्ति-≈; ~ payment ≈ अदायगी; ~ report स्थानांतरण विवरण; ~ to a person हस्तान्तरण; ~ to a place स्थानान्तरण; ~ order स्थानान्तरण आदेश; ~ transactions ≈ लेन-देन. II. *v.t.* अन्तरित करना

**transferable** अन्तरणीय; ~ account ≈ लेखा; ~ goods ≈ माल; ~ interest ≈ हित; ~ property ≈ संपत्ति

**transferee** अन्तरिती, हस्तान्तरिती; ~ for value मूल्यार्थ ≈; ~ pendente lite वादकालीन ≈; ~ with notice सूचना सहित ≈

**transferer, or** अन्तरक, हस्तान्तरक

**transferred** अन्तरित, हस्तान्तरित; स्थानान्तरित; ~ article ≈ वस्तु; ~ vote ≈ मत

**transferring partner** अन्तरक भागीदार

**transform** रूपान्तरित करना, परिवर्तित करना

**transformation** रूपान्तरण, (रूप-) परिवर्तन

**transformer** रूपांतरक, परिवर्तक; ट्रांसफ़ार्मर

**transfrontier** सीमा पार

**transgress** उत्क्रमण करना, उल्लंघन करना

**transgression** उत्क्रमण, उल्लंघन

**transgressive trust** उत्क्रामी न्यास

**tranship** यानान्तरण करना

**transhipment** यानान्तरण, वाहनान्तरण; ~ inspector ≈ निरीक्षक; ~ point ≈ स्थल

**transhipped article** यानान्तरित वस्तु

**transiency** अचिरस्थायित्व

**transient** क्षणिक, अल्पकालिक, अस्थायी; ~ cause ≈ कारण; ~ goods असंचेय वस्तुएँ

**transilient** असम्बद्ध

**transistor** ट्रांज़िस्टर

**transit** पारवहन, अभिवहन, पारगमन; ~ charges ≈ प्रभार; ~ duty ≈ शुल्क; ~ inspector ≈ निरीक्षक; ~ losses ≈ हानि; ~ mail office ≈ डाक कार्यालय, संक्रमण डाक कार्यालय; ~ memo ≈ ज्ञापन, संक्रमण ज्ञापन; ~ pass ≈ पत्र, रवन्ना; ~ passanger ≈ यात्री; ~ period संक्रमण-काल; ~ permit ≈ परमिट, संक्रमण परमिट, संक्रमण अनुज्ञापत्र; ~ section पारप्रेक्षण अनुभाग; ~ traffic संक्रमण यातायात; goods in ~ अभिवहमान वस्तुएँ

**transition** संक्रमण; ~ camp ≈ शिविर

**transitional** 1. संक्रमणकालीन; ~ arrangement ≈ प्रबन्ध/ व्यवस्था; ~ period ≈ काल; ~ wage ≈ मज़दूरी; 2. अन्तरवर्ती; ~ provisions ≈ उपबन्ध

**transitory** अस्थायी; ~ provision ≈ प्रावधान; ~ value ≈ मूल्य

**translate** अनुवाद करना, अनूदित करना

**translation** अनुवाद; ~ rights ≈ अधिकार

**translator** अनुवादक

**transliterate** लिप्यंतरित करना, लिप्यंतर करना

**transliteration** लिप्यंतरण
**transmissibility** पारेषणीयता
**transmissible** पारेषणीय
**transmission** 1. पारेषण; ~ of property संपत्ति का ≈; 2. संचरण; ~ line ≈ लाइन
**transmit** 1. पारेषित करना, भेजना, पहुँचाना. 2. संचारित करना
**transmitter** पारेषक; संचारक
**transmitting station** पारेषण/ संचारण केन्द्र
**transmutation** प्रकार्य-परिवर्तन; अन्तरण
**transmutative power** परिवर्तनकारी शक्ति
**transparent** पारदर्शी; ~ colour ≈ रंग
**transpire** 1. खुल जाना, प्रकट हो जाना; 2. घटित होना, हो जाना; ~s to be false मिथ्या निकलता है
**transplant** 1. पौध लगाना; 2. प्रतिरोपित करना
**transplanation** प्रतिरोपण; पौध
**transport** I. *n.* 1. परिवहन; ~ animal भारवाही पशु; ~ charges ≈ प्रभार; ~ commissioner ≈ आयुक्त; ~ facilities ≈ सुविधाएँ; ~ vehicle ≈ गाड़ी; 2. भावावेग. II. *v.t.* 1. परिवहन करना, ढोना; 2. निर्वासित/ पारवासित करना
**transportable** परिवहनीय
**transporting agent** परिवहन अभिकर्ता, ≈ एजेंट
**transportation** 1. निर्वासन, देशनिकाला; ~ for life आजीवन ≈; 2. परिवहन; ~ apprentice ≈ शिक्षु; ~ cost ≈ प्रभार; ~ facilities ≈ सुविधाएँ; ~ schedule ≈ तालिका; ~ superintendent ≈ अधीक्षक
**transporter** परिवाहक
**transpose** पक्षान्तर/ स्थानान्तर करना, पलटना
**transposition** पक्षान्तरण, स्थानान्तरण
**trans-sexualism** लिंगपरिवर्तन इच्छा
**transvaluation** मूल्यान्तरण
**trans-value** भिन्न मूल्यन
**transverse** अनुप्रस्थ, आड़ा; ~ compartment ≈ कक्ष
**trap** I. *n.* 1. जाल, फंदा; 2. [~ door भी] चोर द्वार; ~ point लँगड़ा काँटा; ~ siding लँगड़ी साइडिंग. II. *v.t.* फँसाना
**trauma** अभिघात
**traumatic** अभिघातज
**travel** I. *n.* यात्रा; ~ concession ≈ रियायत. II. *v.t.* यात्रा करना; ~ incognito गुप्त रूप से यात्रा करना, छद्मवेश में यात्रा करना
**traveller** यात्री
**travelling** 1. यात्रा; ~ allowance ≈ भत्ता; ~ cash safe सफ़री तिजोरी; ~ concession ≈ संबंधी रियायत; ~ expenses ≈ व्यय; 2. चल; ~ dispensary ≈ दवाख़ाना; ~ library ≈ पुस्तकालय; ~ ticket examiner (TTE) ≈ टिकट परीक्षक
**traverse** I. *n.* गलियारा. II. *v.t.* 1. पार करना; 2. अस्वीकार/ इन्कार करना. III. *a.* आड़ी; ~ lines ≈ रेखाएँ
**traverser** पारगामी
**tray** ट्रे
**treacherous** विश्वासघाती; विश्वासघातक
**treacherously** विश्वासघातपूर्वक; ~ hold correspondence ≈ पत्राचार करना
**treachery** विश्वासघात
**treason** राजद्रोह; देशद्रोह; high ~ घोर ≈
**treasonable** राजद्रोहात्मक, देशद्रोहात्मक
**treasonous** = treasonable
**treasure** कोष, ख़ज़ाना; ~ hunting कोषखनन; ~ trove भूमिगत निधि, निखात निधि

**treasurer** कोषपाल, ख़ज़ांची, कोषाध्यक्ष; ~'s cash book ≈ की रोकड़ बही

**treasury** 1. (राज) कोष, कोषागार, ख़ज़ाना; ~ accounts ≈ लेखे; ~ agency ≈ अभिकरण, ≈ एजेंसी; ~ bill ≈ बिल; ~ contract system ≈ ठेका पद्धति; ~ deposit ≈ जमा; ~ officer ≈ अधिकारी; ~ receipt ≈ रसीद; ~ stamp ≈ मोहर; 2. ~ benches मंत्रि-मंच; ~ notes सरकारी नोट

**treat** 1. निरूपित करना; 2. व्यवहार करना; 3. समझना; ~ as repudiated निराकृत मानना; 4. उपचार/ चिकित्सा करना; 5. सत्कार करना, खिलाना-पिलाना

**treatise** प्रबन्ध

**treatment** 1. निरूपण; ~ of a subject विषय का प्रतिपादन; 2. व्यवहार; 3. उपचार, चिकित्सा; medical ~ चिकित्सीय उपचार

**treaty** सन्धि; सन्धिपत्र; ~ of amity मैत्री-≈; ~ for renunciation of war युद्ध-परित्यागार्थ ≈; ~ obligation ≈-बन्धन; ~ of neutrality तटस्थता ≈; ~ of protection संरक्षण ≈; ~ of sale बिक्री की बातचीत; ~ rights संधिगत अधिकार, ≈-अधिकार; ~ state संधिबद्ध राज्य

**treble** तिहरा, तिगुना

**tremendous** भीषण, भारी; ~ speed ≈ वेग

**trenchant** मर्मभेदी; ~ criticism तीव्र आलोचना

**trend** प्रवृत्ति, रुख़, झुकाव; ~s in money market मुद्रा बाज़ार की ≈; ~ of thinking विचार-प्रवृत्ति; ~ reversal ≈ का उलटाव

**trespass** I. *n.* अतिचार, मदाख़लत-बेजा; criminal ~ आपराधिक ≈; house ~ गृह ≈; ~ to goods माल में ≈; ~ in land भूमि में ≈. II. *v.i.* अतिचार/ मदाख़लत-बेजा करना

**trespasser** अतिचारी

**triable** विचारणीय

**triad** त्रिक

**trial** 1. विचारण; ~ by jury जूरी द्वारा ≈; ~ de novo नये सिरे से ≈; ~ judge ≈ न्यायाधीश; to bring to ~ ≈ के लिए प्रस्तुत करना; 2. परीक्षण; ~ balance शेष ≈ पत्र/तलपट; ~ of strength शक्ति-≈; ~ period ≈ काल; ~ run of factory कारख़ाने को चलाना

**triangular** तिकोना

**tribal** जनजातीय; ~ area ≈ क्षेत्र; ~ community जनजाति-समुदाय; ~ exogamy ≈ बहिर्विवाह; ~ law ≈ विधि; ~ welfare ≈ कल्याण

**tribe** जनजाति, आदिम जाति, क़बीला

**tribulation** पीड़ा

**tribunal** (न्याय) अधिकरण; ~ of arbitration विवाचन ≈; industrial ~ उद्योगाधिकरण

**tribune** जनाधिकारी

**tributary** I. *n.* उपनदी, सहायक नदी. II. *a.* करद; ~ state ≈ राज्य

**tribute** 1. कर, ख़िराज; 2. प्रशस्ति, श्रद्धांजलि; as a ~ सम्मान'स्वरूप

**trichotomy** त्रिविभाजन

**trickery** कपट, प्रवंचना

**trickster** छलिया

**tricolour** तिरंगा; ~ flag ≈ झंडा

**tried** 1. विचारित; 2. परीक्षित

**triennial** त्रैवार्षिक, तिनसाला

**trifle** तुच्छ विषय

**trifling** तुच्छ, नगण्य; ~ act ≈ कार्य

**trijunction** त्रिसंगम

**trilingual** त्रिभाषी

**trimmed** 1. कटा-छँटा; 2. सुव्यवस्थित

**trimmer** 1. समकर्तक, ट्रिमर; 2. समकोण कड़ी

**trip** 1. फेरा, चक्कर; 2. विहार

**tripartite** त्रिपक्षीय; त्रिदलीय; ~ agreement ≈ क़रार; ~ body ≈ निकाय; ~ conference ≈ सम्मेलन; ~ consultation ≈ परामर्श; ~ pact ≈ समझौता

**triple** तिगुना (करना), तिहरा; ~ agreement त्रिराष्ट्रीय समझौता, त्रिपक्षीय समझौता; ~ benefit scheme त्रिहितलाभ योजना; ~ shift तीन-पारी

**triplicate** 1. त्रिप्रतिक; 2. तीन प्रतियाँ (निकालना); 3. तीसरी प्रति; ~ of a bill बिल की ≈

**triumph** I. *n.* विजय. II. *v.i.* जीतना

**triumphal** विजयसूचक

**triumphant** विजयी

**trivial** तुच्छ, नगण्य; ~ offence ≈ दोष; ~ offender ≈ दोषी

**trolley** ट्राली, ठेला; ~ driver ≈ ड्राइवर

**troop** 1. दल; 2. (pl.) सैनिक़ दल, सेना

**trophy** विजयोपहार, वैजयंती

**tropical** उष्णकटिबंधीय, उष्णदेशीय

**tropics** उष्णकटिबंध

**trouble** कष्ट, तकलीफ़ (देना)

**troublesome** कष्टकारी, कष्टदायक

**trough** अवसाद काल, अपकर्ष

**troupe** मंडली

**trover** क्षतिपूर्ति का वाद/ मुक़दमा

**truancy** पलायनशीलता

**truant** 1. पलायनशील; '~ officer' पलायन अधिकारी; 2. कामचोर

**truce** विराम (सन्धि); युद्ध-विराम; ~ agreement ≈ समझौता, अस्थायी शान्ति सन्धि/ समझौता; ~ delegation ≈ प्रतिनिधिमण्डल, अस्थायी शान्ति-सन्धि प्रतिनिधिमंडल; ~ offer ≈ प्रस्ताव, अस्थायी शांति-सन्धि प्रस्ताव

**truck** 1. ट्रक, ठेला; 2. जिन्स मज़दूरी

**true** सच्चा, सही, ठीक; ~ construction ≈ अर्थान्वय; ~ copy ≈ प्रति; ~ discount असल बट्टा; ~ interpretation ≈ निर्वचन; ~ owner वास्तविक स्वामी; ~ statement ≈ कथन

**truism** सामान्योक्ति

**truly** सचाई से; सही तौर पर; ~ yours आपका सत्यैषी

**truncated** खंडित, छिन्न

**trunk** ट्रंक; ~ booking ≈ (कॉल) बुक करना; ~ call ≈ कॉल; ~ exchange ≈ (टेलीफ़ोन) केन्द्र; ~ line ≈ लाइन, मुख्य मार्ग; ~ load ≈ भार, ≈ लोड; ~ ticket ≈ टिकट

**trust** 1. न्यास; ~ account ≈ लेखा; ~ deposit ≈ जमा; ~ money ≈ धन; ~ property ≈ संपत्ति; ~ receipt ≈ रसीद; acceptance of ~ ≈ प्रतिग्रहण; breach of ~ ≈ भंग; disclaimer of ~ ≈ अस्वीकरण; express ~ अभिव्यक्त ≈; implied ~ विवक्षित ≈; passive ~ निष्क्रिय ≈; private ~ निजी ≈; ~s created सृष्ट न्यास; 2. भरोसा, विश्वास (करना)

**trustee** न्यासी, न्यासधारी; ~ de son tort स्वनियुक्त ≈

**trusteeship** न्यासिता, न्यासधारिता; ~ agreement ≈ क़रार

**trustification** न्यासीकरण

**trusworthy** विश्वसनीय, विश्वास-योग्य

**truth** सत्य, सत्यता, सचाई

**truthful** सच्चा, सत्यशील

**truthfully** सच-सच; interpret ~ ठीक-ठीक भाषान्तर करना

**truthfulness** सत्यशीलता, सत्यवादिता

**try** 1. विचारण करना; ~ summarily संक्षिप्त ≈; 2. प्रयत्न/ कोशिश करना; 3. परीक्षण करना; ~out course पूर्व-परीक्षणात्मक पाठ्यक्रम

**tuberculosis** यक्ष्मा, टी. बी.

**tubewell** नलकूप

**tubular** नलिकाकार; ~ pole ≈ बल्ली; ~ post ≈ स्तंभ

**tug** खींचना; ~ of war तनाव; रस्साकशी

**tuition** 1. अनुशिक्षण; 2. [~ fee भी] शिक्षा-शुल्क

**tumour** अर्बुद

**tumult** कोलाहल, ऊधम

**tuning circuit** नियतकालिक परिपथ

**tunnel** टनल, सुरंग

**turbulent** प्रक्षुब्ध, कलहकारी, फ़सादी; ~ agitation ≈ आन्दोलन, कलहकारी आन्दोलन; ~ assembly ≈ जमाव

**turn** I. *n.* 1. बारी; 2. घुमाव, मोड़; ~ coat पक्षत्यागी, परपक्षग्राही, दलत्यागी; 3. ~ of the market बाज़ार का झुकाव. II. *v.i.* & *t.* घूमना, घुमाना, मुड़ना, मोड़ना; ~ about फिरना, पलटना; ~ against विरोधी हो जाना; ~ away from मुँह फेर लेना; ~ down अस्वीकृत करना; ~ out निकालना; ~-out निकास, उत्पादन; ~ over अन्तरण करना; ~-over कुल बिक्री, पण्यावर्त; ~ the scale एकतरफ़ा निर्णय करना; ~ the tables हारती बाज़ी जीत जाना; ~ up आ जाना

**turned** 1. फिरा हुआ; 2. उलटा

**turner** खरादी

**turpis** अनैतिक, भ्रष्ट; ~ causa ≈ वाद; ~ contractus ≈ संविदा; ~ persona ≈ व्यक्ति

**turpitude** अधमता; moral ~ नैतिक ≈

**tutela** संरक्षकता; ~ legitima वैध ≈; ~ testamentatia इच्छापत्र द्वारा मिली ≈

**tutelage** अभिभावकता, संरक्षण, सरपरस्ती

**tutor** अनुशिक्षक

**tutorial** 1. अनुशिक्षण; 2. अनुशैक्षिक

**twelve wheeler** बारह-पहिया (डिब्बा)

**twice** द्विगुण, दोहरा, दोबारा

**twin** जुड़वाँ, यमज; ~ brothers ≈ भाई

**twist** तोड़ना-मरोड़ना

**two-berth compartment** द्विशायिका डिब्बा

**twofold** दोहरा, दुगुना

**two-way** द्विमार्गी; ~ connector ≈ योजक; ~ switch ≈ स्विच

**type** I. *n.* 1. प्ररूप; 2. प्रकार; ~ of government शासन के प्रकार; 3. टाइप, मुद्रा, मुद्राक्षर. II. *v.t.* टाइप करना, टंकित करना

**typed** टंकित; ~ copy ≈ प्रति

**typescript** टाइप-प्रति, टंकित प्रति

**typewriter** टाइपराइटर, टाइप मशीन; ~ eraser ≈ रबड़

**typewriting** टंकण, टाइप करना; ~ paper टंकण/ टाइप काग़ज़

**type-written** टंकित, टाइप की हुई

**typhoon** बवंडर

**typhus** तन्द्रिल ज्वर

**typical** 1. प्रारूपिक; ~ average ≈ माध्य; 2. आदर्शभूत, ठेठ; ~ child सामान्य बालक

**typing** 1. टाइपकारी, टंकण; 2. प्ररूपण, प्ररूप-निर्धारण 3. प्ररूप-छाप

**typist** टंकक, टाइपिस्ट

**typographed** टंक-मुद्रित

**typographic(al)** 1. टाइप का; 2. मुद्रण-संबंधी

**typography** टाइप-विद्या, टाइप-विन्यास, मुद्रण-कला

**typological** प्ररूपात्मक, प्रकारात्मक

**tyranic rule** अत्याचारी शासन

**tyrannicide** 1. अत्याचारी-वध; 2. अत्याचारी-घाती

**tyrannous** आततायी, निरंकुश, ज़ालिम

**tyranny** अत्याचार, निरंकुशता, ज़ुल्म

**tyrant** निरंकुश/ अत्याचारी शासक

# U u

**uberous** उर्वर, फलदार

**uberrima fides** परम विश्वास/ सद्‌भाव

**ubiquitous** सर्वव्यापी

**ugly** कुत्सित, कुरूप

**ulcer** पूतिव्रण

**ulcerous** पूतिव्रणी

**ullage** **1.** धारिता; **2.** हीनता

**ulterior** **1.** परतर, परला; ~ disposition ≈ निबेड़ा; ~ transfer ≈ अन्तरण; **2.** परोक्ष, अन्तरस्थ; ~ motive ≈ अभिप्राय/ हेतु

**ulterious concilium** पुनर्विचार

**ultima** अन्तिम; ~ voluntas ≈ इच्छापत्र

**ultimate** **1.** अन्तिम; ~ aim ≈ लक्ष्य; ~ cause ≈ कारण; ~ consignee ≈ परेषिती; ~ consumer ≈ उपभोगता; ~ (of final) consumption ≈ उपभोग; ~ cost ≈ लागत; ~ destination ≈ गंतव्य स्थान; ~ goal ≈ लक्ष्य; ~ objective ≈ उद्देश्य; **2.** परम; ~ authority ≈ प्राधिकारी/ सत्ता; ~ sovereignty ≈ प्रभुसत्ता; ~ truth ≈ सत्य

**ultimately** अन्ततः; अन्ततोगत्वा

**ultimatum** अंतिम चेतावनी

**ultimo** गत (मास) का

**ultimum supplicium** चरम/ मृत्यु दंड

**ultra-** **1.** परा-, अति-; ~-conservative अतिरूढ़िवादी; ~ mundane लोकेतर, पारलौकिक; ~ national पराराष्ट्रीय; ~ reactionary अतिप्रतिक्रियावादी; ~ religious अत्यधिक धार्मिक; ~-violet पराबैंगनी; **2.** परे, बाह्य; ~ petitia अधियाचना से परे; ~ valorem मूल्य से परे; ~ vires शक्ति से परे, शक्तिबाह्य

**umpire** पंच, अधिनिर्णायक, मध्यस्थ

**un-** अ- negates a Hindi word beginning with a consonant, अन्- negates a Hindi word beginning with a vowel. ग़ैर- or ना- negates an Arabo-Persian word. (**Note:**—Words that can be easily formed with this prefix are given in compact paras. Only words having positive, specific or special meanings have been given as separate entries. Of course, there is no end to words formed with **un-**. Words beginning with **un-** have been arranged alphabetically in several paragraphs. Full stops separate such words. See any big para.

**unable** अयोग्य, असमर्थ

**unabsolved** दोषयुक्त, दोषी

**unabsorbed** अनामेलित, अनवशोषित; ~ depreciation ≈ मूल्य ह्रास; ~ profit ≈ उपरिव्यय. unacceptable अग्राह्य, अस्वीकार्य. unaccountable अनुत्तरदायी; अव्याख्येय. unaccustomed अनभ्यस्त. unacknowledged अनभिस्वीकृत. unacquainted अपरिचित. unadjusted असमायोजित; ~ claim ≈ दावा; ~ money remaining अनुपयुक्त/ अनुप्रयोग किया हुआ रह गया धन. unaffected अप्रभावित. unagitated अक्षुब्ध. unaided असहायता-प्राप्त. unalienable अनन्यसंक्रमणीय. unallotted अनावंटित. unalterable goodwill अपरिवर्तनीय सद्‌भावना. unambiguous असंदिग्ध

**unanimity** ऐकमत्य, मतैक्य, सर्वसम्मति; absolute ~ पूर्ण ≈; qualified ~ सीमित ≈

**unanimous** सर्वसम्मत; ~ approval ≈ अनुमोदन; ~ consent सर्वसम्मति; ~ decision ≈ विनिश्चय, एकमत विनिश्चय; ~ election ≈ निर्वाचन; ~ opinion ≈ राय/ मत; ~ verdict ≈ अधिमत

**unanimously** सर्वसम्मति से, एक मत से/ होकर

**unapparent** अप्रत्यक्ष

**unappealable** अपील के अयोग्य

**unapplied** अनुपयोजित

**unapprehended criminal** न पकड़ा गया अपराधी

**unappropriated** अविनियोजित; ~ goods ≈ वस्तुएँ unapproved अननुमोदित. unargued अतर्कित

**unarmed** निरस्त्र, निहत्था; ~ frontier निरस्त्रीकृत सीमान्त. unascertained अनभिनिश्चित. unattached असंलग्न, अबद्ध. unattainable अप्राप्य. unattested असाक्ष्यांकित, अननुप्रमाणित. unauthentic अनधिप्रमाणित. unauthoritative अप्रामाणिक

**unathorized** अनधिकृत, अप्राधिकृत; ~ absence ≈ अनुपस्थिति; ~ expenditure ≈ व्यय; ~ strike ≈ हड़ताल; ~ use ≈ प्रयोग. unavailed leave अनुपयुक्त अवकाश. unavoidable अपरिहार्य, अनिवार्य; ~ delay अपरिहार्य विलंब. unavoidably अपरिहार्यत:, अनिवार्यत:

**unaware** अनभिज्ञ

**unawares** एकाएक, अकस्मात्

**unbailable** अज़मानती. unbalanced असंतुलित; ~ budget ≈ बजट; ~ growth ≈ संवृद्धि; ~ views ≈ विचार. unbecoming अशोभनीय. unbeliever अविश्वासी, नास्तिक

**unbiased** पक्षपात-रहित; ~ estimate अनभिमत आकलन; ~ opinion निष्पक्ष सम्मति. unbooked goods बिना बुक माल, अबुक माल. unborn अजात, अजन्मा. unbounded असीम. unbroken अखण्ड; ~ family ≈ परिवार

**uncalled** अनाहूत; ~ capital अनमाँगी पूँजी; ~ for अयाचित; अनुचित. unceasing अविरामी. uncertainty अनिश्चितता. uncertified अप्रमाणित. unchallengeable अप्रतिशोधनीय. unchanged अपरिवर्तित. uncharged for नि:शुल्क. uncharitable अननुदार. unchaste शीलभ्रष्ट

**unchastity** असतीत्व, शीलभ्रष्टता

**uncivil** अशिष्ट

**unclaimed** बेदावा, लावारिस; ~ articles ≈ वस्तुएँ; ~ balance ≈ इतिशेष; ~ consignment बेवारिसी माल, अ-दावी माल; ~ document ≈ दस्तावेज़; ~ property ≈ सम्पत्ति; ~ security अ-दावी प्रतिभूति, लावारिस प्रतिभूति

**unclassified** अवर्गीकृत, अवर्गित; ~ item ≈ मद

**uncle** चाचा; ताया; मामा; फूफा; मौसा

**uncompleted contract** अपूर्ण ठेका

**uncommitted** अवचनबद्ध

**uncompromising** कड़ा, दृढ़, हठी; ~ opposition ≈ विरोध; ~ tenacity अटल दृढ़ता. unconditional अप्रतिबद्ध, बिला शर्त; ~ apology ≈ क्षमा; ~ assurances ≈ आश्वासन; ~ obedience ≈ आज्ञापालन; ~ surrender ≈ समर्पण; ~ undertaking बिना शर्त उपक्रम

**unconfirmed** अपुष्ट. uncongenial अयुक्तिसंगत, अमर्यादित. unconscionable अन्तःकरण-विरुद्ध. unconscious अचेतन. unconstitutional असंवैधानिक. uncontested अविरोध, निर्विरोध; ~ election निर्विरोध निर्वाचन. uncontrollable अनियन्त्रणीय. uncontroverted अविवादित. unconventional अपरम्परागत. uncorroborated असंपुष्ट

**uncouth** अपरिष्कृत; ~ personality ≈ व्यक्तित्व

**uncovenanted** प्रसंविदामुक्त

**uncovered demand** अपूरित माँग

**undated** बिना तारीख़ का, दिनांक रहित; ~ cheque ≈-चेक

**undecided** अनिर्णीत. undeciphered अनुद्वाचित.; ~ record ≈ अभिलेख. undefaced अविरूपित. undeclared war अघोषित युद्ध. undefended अरक्षित, असमर्थित. undefined अपरिभाषित, अनिर्धारित. undeliverable अवितरणीय. undependable निर्भर न रहने योग्य

**under** **1.** अधीन, तहत; ~ consideration विचाराधीन; ~ discussion चर्चाधीन; ~ examination परीक्षाधीन; ~ investigation जाँच के ≈; ~ law विधि के ≈; ~ obligation बाध्यताधीन; ~ reference निर्देशाधीन, निर्दिष्ट; ~ rule नियम के ≈; ~ study वीक्षाधीन; ~ the same title इसी हक़ के ≈; ~ the supervision of के पर्यवेक्षणाधीन; ~ the suzeruinty महाधिपत्य के अधीन; ~ this Act इस अधिनियम के ≈; **2.** नीचे; **3.** अन्तर्गत; ~ the heads इन शीर्षों के ≈; **4.** *[misc. uses]* ~ a mistake भूल से; ~ arrest गिरफ़्तार; ~ certificate of posting डाक प्रमाणित; ~ control नियन्त्रण में; ~ dispute विवादग्रस्त; ~ influence प्रभाव में; ~ intimation to this office इस कार्यालय को सूचना देते हुए; ~ my hand मेरे हस्ताक्षर से; ~ postal certificate डाक प्रमाण-पत्र के साथ; ~ protest अभ्यापत्तिपूर्वक; ~ receipt रसीद लेकर; ~ seal मुद्रायुक्त, मोहर सहित; ~ suspension निलंबित; ~ the auspicies of के तत्वावधान में; ~ the authority of के प्राधिकार से; ~ the signature के हस्ताक्षर से; ~ the style of के अभिनाम से; ~ the supervision के पर्यवेक्षण में

**underage** अल्पवय, कम-उम्र.

**underassessed** अवनिर्धारित

**underassessment** अवनिर्धारण

**underbid** कम बोली देना

**underboard** गुप्त, चोरी छिपे

**under-capitalization** अवपूँजीकरण

**undercharged** न्यून प्रभारित, अवप्रभारित

**under compensation** अल्प क्षतिपूर्ति

**undercurrent** प्रच्छन्न (प्रवाह)

**underdeveloped** अल्पविकसित; ~ nation ≈ राष्ट्र

**underestimate** अवप्राक्कलन, कम कूतना

**undergo** भुगतना, सहना

**undergraduate** पूर्वस्नातक

**underground** भूमिगत; गुप्त, गोपनीयः ~ conspiracy ≈ षड्यंत्र; ~ movement ≈ आन्दोलन; ~ railway ≈ रेलः ~ worker खदान कामगार

**underhand** गुप्त, प्रच्छन्न; ~ dealing कपट व्यवहार; ~ policy कपट नीति

**under-insurance** न्यूनमूल्य बीमा

**underlease** उपपट्टा

**underlesee** उप-पट्टेदार

**underletting** उप-पट्टाकरण

**underlined** रेखांकित

**underlying** अन्तर्निहित, मूलाधार; ~ idea ≈ विचार

**undermentioned** निम्नोल्लिखित

**undermine** जड़ काटना, दुर्बल करना

**undernourishment** न्यूनपोषण, अल्पपोषण

**underpaid worker** अववैतनिक श्रमिक

**underprivileged** अल्पाधिकारप्राप्त,

अल्पसुविधाप्राप्त

**under-production** न्यूनोत्पादन

**underrate** अवमूल्यन करना

**under-sale** कटान-बिक्री

**under secretary** अवर सचिव

**undersigned** अधोहस्ताक्षरित

**understanding** समझ; समझौता

**under-subscribed** न्यूनाभिदत्त

**undertake** उपक्रम करना, ज़िम्मे लेना

**undertaking** 1. उपक्रम; 2. वचनबन्ध; ~ in writing लिखित ≈; 3. धन्धा, कारोबार

**under-taxation** अवकराधान

**undertenant** उपभोगी/ शिकमी काश्तकार

**undertenure** उपधृति, शिकमी पट्टेदारी

**undervaluation** अधोमूल्यांकन

**undervalue** न्यून मूल्यांकन करना

**underworld** 1. अधोलोक, पाताल; 2. अपराध-लोक

**underwrite** हामीदारी देना

**underwriter** बीमाकर्ता; हामीदार, निम्नांकक

**underwriting** निम्नांकन; जोखिम-अंकन, बीमाकार्य; ~ contract हामीदारी क़रार; ~ liabilities ≈ के दायित्व

**undesirable** अवांछनीय. undetermined अनवधारित. undifferentiated अविभेदित. undignified अशोभन, अभद्र. undisbursed असंवितरित. undischarged अनुन्मुक्त. undisclosed अप्रकटित. undisposed अप्रदत्त, असमाप्त

**undisputed** निर्विवाद; ~ claims ≈ दावे; ~ profit ≈ लाभ

**undivided** अविभक्त; ~ estate ≈ संपदा; ~ family सम्मिलित/ ≈ परिवार, ≈ कुटुंब; ~ loyalty ≈ निष्ठा

**undo** शून्य करना; निरस्त करना

**undoubtedly** निःसंदेह. undue अनुचित; अदेय. unduly अनावश्यक रूप से. undutiful कर्तव्यविमुख

**unearned** अनर्जित; ~ income ≈ आय; ~ increment ≈ वृद्धि; ~ leave ≈ छुट्टी

**uneasy relations** आकुल संबंध

**uneconomic** अलाभकर; ~ cultivation ≈ कृषि; ~ holding ≈ जोत

**unemployability** अनियोज्यता. unemployed बेरोज़गार, बेकार. unemployment बेरोज़गारी, बेकारी. unencumbered अभारग्रस्त. unequal असमान. unequalled अनुपम. unequitable साम्यारहित, न्यायविरुद्ध. unequivocal असंदिग्ध. uneroded owned funds अह्रासित निजी निधियाँ. uneven number विषम संख्या

**unexcused absence** अक्षम्य अनुपस्थिति, अक्षम्य ग़ैरहाज़िरी

**unexecuted** अनिष्पादित. unexhausted अनिःशेषित. unexpected अप्रत्याशित; ~ delay ≈ विलंब. unexpired असमाप्त. unexplained अस्पष्टीकृत

**unfair** अनुचित; ~ advantage ≈ लाभ; ~ competition ≈ प्रतियोगिता; ~ employer ≈ मालिक, ≈ नियोक्ता; ~ means ≈ साधन; ~ wage ≈ मज़दूरी

**unfasten** खोलना

**unfavourable** प्रतिकूल, अननुकूल. unfettered निरंकुश, अबाधित. unfinished असमाप्त, अधूरा. unfit अयोग्य, अनुपयुक्त

**unfold** उन्मीलित करना; प्रकट/ व्यक्त करना

**unforeseen** अदृष्ट, अनवेक्षित; ~ circumstances ≈ परिस्थितियाँ; ~ expenditure ≈ व्यय

**unfortunate** अभागा. unfounded निराधार

**unfriendly act** अमैत्रीपूर्ण कार्य

**unfunded** अनिधिक; ~ debt ≈ ऋण; ~ income ≈ आय

**ungentlemanly** अभद्र. ungrateful अकृतज्ञ. unguided अनिर्देशित. unhampered अबाधित

**unhealthy** 1. अस्वास्थ्यकर; 2. दूषित

**unhindered** निर्बाध

**unicameral** एकसदनी; ~ legislature ≈ विधान-मण्डल

**unidentified** अनभिज्ञात, बिना पहचान

**uniethnic community** एकनृजाति-समुदाय

**unification** एकीकरण; ~ of rates दरों का ≈

**unified** एकीकृत; ~ control ≈ नियंत्रण; ~ rates ≈ दरें

**uniform** I. *n.* वर्दी; ~ allowance ≈ भत्ता. II. *a.* एकसमान, एकरूप, एकसा; ~ balance एक समान तुलन; ~ increase एक रूप वृद्धि/ एकतार वृद्धि; ~ margin समान उपरिराशि; ~ procedure ≈ प्रक्रिया; ~ process एकरूपात्मक प्रक्रिया; ~ size ≈ आकार

**uniformally** समान रूप से

**uniformity** एकरूपता, समानता; ~ in procedure प्रक्रिया में ≈

**unify** एक करना

**unifying factor** एकताकारी कारक

**unilateral** एकपक्षीय, एकतरफ़ा; ~ act ≈ कार्य; ~ action ≈/ ≈ कार्यवाही; ~ claim ≈ दावा; ~ transfer ≈ अन्तरण

**unilocal** एकस्थानिक; ~ lineage ≈ वंश; ~ residence ≈ आवास

**unimpaired** अविकल; ~ use ≈ उपयोग

**unimpeachable** अनभिशंसनीय

**unimpeded** अनवरोधित

**unimportant** महत्त्वहीन

**unimprovable** असुधार्य. uninhabitable अनिवास्य, निवास के अयोग्य

**unincorporate** अशरीरी

**uninsured** अ-बीमाकृत

**unintelligible** दुर्बोध

**unintended** अनभिप्रेत

**unintentional** अनभिप्रेत. uninterrupted अव्यवहित; ~ service ≈ सेवा

**union** 1. संघ; ~ commission ≈ आयोग; ~ duty ≈ शुल्क; ~ government ≈ शासन; ~ insignia ≈ चिह्न; ~ jurisdiction ≈ अधिकारक्षेत्र; ~ list ≈ सूची; ~ minister संघीय मंत्री; ~ of India भारतीय ≈; ~ of states राज्य-संघ, राज्यों का ≈; ~ public service संघ-लोक-सेवा; ~ security ≈-सुरक्षा; ~ services ≈-सेवाएँ; ~ territory ≈ राज्य-क्षेत्र; 2. ऐक्य, एकता

**unique** 1. एकमात्र, एकल; 2. अद्वितीय

**uniqueness** 1. अद्वितीयता; 2. अनन्यता

**unit** 1. एकक, इकाई; ~ of output निर्गत ≈; ~ trust यूनिट ट्रस्ट, ≈ न्यास; 2. (milit.) यूनिट, दस्ता

**unitary** एकात्मक, एक-, ऐकिक; ~ body ≈ निकाय; ~ government ≈ शासन; ~ university ≈ विश्वविद्यालय

**unite** संयोजित करना, मिलाना, मिलना

**united** संयुक्त, एकताबद्ध; ~ administrative tribunal ≈ प्रशासकीय अधिकरण; ~ front ≈ मोर्चा; ~ Nations' Armed Forces संयुक्त राष्ट्र सशस्त्र सेना; ~ States of America संयुक्त राज्य अमरीका

**unity** ऐक्य, एकता; ~ of mankind मानवजाति की एकता

**universal** सार्वत्रिक, विश्वव्यापी; ~ agent पूर्णाधिकारी अभिकर्ता; ~ alliance ≈ सहबंध; ~ application ≈ प्रयोग; ~ binding force ≈ बाध्यकारी शक्ति; ~ blockade ≈ नाकाबदी/ संरोध; ~ brotherhood विश्व-बंधुत्व, ≈ भ्रातृत्व;

~ catastrophe ≈ महासंकट; ~ demand ≈ माँग; ~ devastation ≈ विध्वंस; ~ disarmament ≈ निरस्त्रीकरण, सर्वदेशीय निरस्त्रीकरण; ~ donee सर्वस्व आदाता; ~ obligation (of human rights) सार्वत्रिक दायित्व, (मानव अधिकारों का) सार्वत्रिक पालन; ~ respect सार्वत्रिक आदर; ~ suffrage व्यापक मताधिकार

**universalisation** 1. सार्विकीकरण, सर्वीकरण; 2. सर्वव्यापकता

**universally** सर्वत्र

**universe** विश्व

**university** विश्वविद्यालय

**univocal** एकार्थक

**unjust** अन्यायपूर्ण; unknown अज्ञात, लापता

**unlawful** अवैध, खिलाफ़ क़ानून; ~ act अवैध क्रिया; ~ assembly ≈ सभा, ग़ैर क़ानूनी सभा; ~ consideration विधि-विरुद्ध प्रतिफल; ~ detaining विधि विरुद्ध निरोध; ~ strike ≈ हड़ताल

**unlearned** अनधिगत

**unless** जब तक न; ~ otherwise agreed जब तक अन्यथा क़रार न हो

**unlicensed** अननुज्ञप्त. unlikely असंभाव्य

**unlimited** असीमित, अपार; ~ liability ≈ देयता; ~ power असीम शक्ति/अधिकार. unlisted असूचीगत

**unloading** उतराई; ~ charges ≈ ख़र्च/प्रभार

**unlocated loss** अज्ञात हानि

**unlock** खोलना

**unmanned** कर्मचारी रहित

**unmanufactured** कच्चा. unmarketable अविक्रेय. unmarried अविवाहित; unmarried motherhood अविवाहित मातृत्व. unmerchantable अवाणिज्यिक, अविक्रेय

**unmet need** अपूरित आवश्यकता

**unmetalled road** कच्ची सड़क

**unmistakable** सुस्पष्ट; ~ conduct ≈ आचरण

**unmoral** निर्नैतिक

**unnatural** अप्राकृतिक; अस्वाभाविक. unnecessary अनावश्यक. un-neutral अतटस्थ. unobstructed अप्रतिबद्ध, अबाधित. unoccupied अनध्यासित, अनधिभुक्त. unofficial अशासकीय; अनौपचारिक. unofficial strike अनधिकृत हड़ताल. unopposed अविरोध, निर्विरोध, बिना रोक-टोक. unorganized अगठित. unowned अस्वामिक. unpaid असंदत्त, निर्वेतन. unpaid wages अदत्त मज़दूरी. unparliamentary असंसदीय, अशिष्ट. unperformed अपालित. unplanned अयोजनाबद्ध. unpolled vote अप्रदत्त मत. unpopular अलोकप्रिय. unpracticable अव्यावहारिक. unprecedented अदृष्टपूर्व, अपूर्व. unpredictable अननुमेय, अपूर्वानुमेय

**unprejudiced** पूर्वग्रह-रहित, निष्पक्ष

**unproductive** अनुत्पादक; ~ works ≈ निर्माण-कार्य. unprofitable अलाभकारी. unprotected असंरक्षित. unprovided अप्रावधानित. unpublished अप्रकाशित. unqualified अनर्हित, अयोग्य; अप्रतिबद्ध, बिना शर्त, अविशेषित; ~ apology बिना शर्त क्षमायाचना. unquestionable प्रश्नातीत. unquestioned असंदिग्ध. unreal अवास्तविक. unrealisable अप्राप्य. unrealised अप्राप्त. unreasonable अयुक्तियुक्त. unreasonably अनुचित रूप से. unrebutted अखण्डित

**unrecognised** मान्यतारहित. unrecorded अनभिलिखित. unrecoverable अप्राप्य

**unredeemable** अमोच्य, अनिष्क्रेय; ~

pledge ≈ बंधक. unreformable offender सुधारातीत अपराधी. unregistered अपंजीकृत, अपंजीयित. unregulated अनियमित

**unrelenting** क्रूर, निर्दय; निरंतर. unremunerative अलाभकारी. unrepealed अनिरसित

**unrequited export** भुगतान-एवज़ निर्यात

**unrest** अशान्ति. unrestrained असंयत. unrestricted अप्रतिबंधित, अनियंत्रित; ~ speed बेरोक चाल

**unruly** उपद्रवी, उद्दण्ड. unsafe असुरक्षित. unsatiated अपरितुष्ट. unsatisfactory असमाधानप्रद, असंतोषजनक. unsatisfied अतुष्ट

**unscrupulous** विवेकहीन; असंकोची

**unseaworthy** समुद्र-यात्रा के अयोग्य

**unsecured** अप्रतिभूत, अरक्षित. unseemly अनुचित; अशिष्ट. unseen अदृष्ट. unserved असेवित; अननुपालित. unserviceable अनुपयोगी, बेकार. unsettled अपरिनिर्धारित. unshaken अडिग, अटल. unshipment उतराई. unsignalled line सिगनलहीन लाइन. unskilled अकुशल. unsociable असामाजिक. unsocial असामाजिक. unsold अविक्रीत. unsolicited अप्रार्थित. unsophisticated अपरिष्कृत, सीधा-सादा. unsound विकृत, अस्वस्थ; ~ mind ≈ चित्त. unspecified अविनिर्दिष्ट. unspent अव्ययित. unstable अस्थिर. unstamped बिना-मोहर का, अमुद्रांकित

**unsteadiness** चंचलता

**unsubstantial** सारहीन. unsuitable अनुपयुक्त. unsurmountable अलंघनीय. unstarred अतारांकित. unsustainable न टिकने वाला. untenable असमर्थनीय, अपुष्ट

**until** जब तक न; ~ further order जब तक और आदेश न हो, अगले आदेश तक

**untimely** अकाल, बेवक़्त

**untouchability** अस्पृश्यता

**untraceable** लापता. untransferable अनन्तरणीय, अहस्तान्तरणीय. unsuited निरनुकूल. unused अप्रयुक्त. unusual अप्रायिक; असाधारण

**unveil** अनावरण करना. unvouched अप्रमाणित. unwanted अवांछित. unwarranted अनधिकृत. unwary अनभिज्ञ. unwholesome अस्वास्थ्यकर. unwieldly दुर्वह. unwilling अनिच्छुक. unwillingness अनिच्छा. unworthy अयोग्य. unwritten अलिखित. unwrought अनगढ़

**up** 1. अप; 2. उपरि, ऊपर; ~ and out promotion बिन बारी प्रोन्नति; ~ line ≈ लाइन

**upgrade** ग्रेड बढ़ाना

**upgrading** कोटि-उन्नयन, ग्रेड बढ़ाना

**upheaval** 1. महापरिवर्तन; 2. विप्लव

**uphold** 1. पुष्ट करना, समर्थन करना; 2. मर्यादा बनाये रखना

**uplift** उद्धार (करना), ऊपर उठाना

**upkeep** रख-रखाव (करना); ~ fee ≈ फ़ीस

**upper** 1. उच्च; ~ chamber ≈ सदन; ~ class ≈ वर्ग/श्रेणी; ~ division clerk ≈ श्रेणी लिपिक; ~ occupational strata ≈ व्यावसायिक स्तर; 2. ~ hand श्रेष्ठता, प्रामुख्य; ~ most सर्वोपरि

**upright** ऋजु, सीधा; ~ character ≈ रेखा; ~ writing ≈ लेखन

**uproot** उन्मूलन करना, उखाड़ फेंकना

**upset** I. *v.t.* उलटना; 2. अशान्त करना. II. *a.* ~ price न्यूनतम क़ीमत, सरकारी बोली, प्रदर्शित क़ीमत

**upstart** नवधनी

**upto** तक

**up-to-date** अद्यतन, अद्यावधिक, आज तक का; ~ seniority list ≈ ज्येष्ठता सूची

**upward** उपर्युन्मुख; ~ limit ऊपरी सीमा; ~ trend ऊर्ध्वमुखी प्रवृत्ति

**urban** नगरीय, शहरी; ~ areas नगर क्षेत्र, ≈ इलाके; ~ constituency ≈ निर्वाचन क्षेत्र, ≈ निर्वाचन क्षेत्र; ~ development ≈ विकास; ~ ecology ≈ पारिस्थितिकी, ≈ परिस्थिति-विज्ञान; ~ environment ≈ पर्यावरण; ~ growth ≈ संवृद्धि; ~ population ≈ जनसंख्या; ~ proletariat ≈ श्रमजीवी; ~ unemployment ≈ बेकारी, ≈ बेरोज़गारी

**urbane** भद्र, सुसंस्कृत

**urbanised** नगरीकृत; ~ society ≈ समाज

**urbanite** शहरी

**urbanity** भद्रता, सौजन्य

**urbanization** नगरीकरण

**urge** अन्तःप्रेरणा

**urgency** अत्यावश्यकता

**urgent** अविलम्ब, तुरन्त, अत्यावश्यक; ~ call ≈ कॉल; ~ necessity अत्यन्त आवश्यकता; ~ official duty ≈ पदीय कर्तव्य; ~ telegram ≈ तार

**urgently** अविलंब, तुरंत

**usability** उपयोगिता

**usage** 1. प्रथा, रिवाज; customary ~ रूढ़िगत ≈; family ~ पारिवारिक ≈; judicial ~ न्यायिक ≈; local ~ स्थानीय ≈; ~ having force of law विधि का बल रखने वाली ≈; ~ of trade व्यापार की प्रथा; 2. प्रयोग, चलन

**usance** व्यवहारी अवधि, मियाद; ~ bill मियादी बिल; ~ promissory note मुद्दती रुक्क़ा

**use** 1. प्रयोग (करना); ~ force बल प्रयोग करना; 2. उपयोग (करना); ~ inheritance उपयोग आनुवंशिकता; ~ value ≈ मूल्य

**useful** उपयोगी

**usefulness** उपयोगिता

**user** 1. उपयोक्ता; 2. उपयोग; ~ cost ≈ लागत; right of ~ ≈ का अधिकार

**usual** प्रायिक, सामान्य; ~ action ≈ कार्रवाई; ~ order ≈ क्रम; ~ place ≈ स्थान

**usually** प्रायः, बहुधा

**usucapio** भोगजनित अधिकार

**usufruct** फलोपभोग; भोगाधिकार

**usufructuary** फलोपभोक्ता, फलोपभोगी; ~ mortgage भोगबन्धक

**usurer** कुसीदिक, सूदख़ोर

**usurious** सूदख़ोर, ब्याजू, कुसीदी; ~ loan अतिब्याज उधार

**usurp** हड़पना, अपहरण करना

**usurpation** अपहरण

**usurpatory** अपहरणमूलक

**usurper** अपहारक

**usury** कुसीद, सूदख़ोरी; ~ laws ≈ विधियाँ

**usus bellici** युद्धकालीन उपयोग/ परंपरा

**usus immediatus** तात्कालिक उपयोग

**uterine** सहोदर, एकोदर; ~ blood एकोदर रक्त; ~ brother ≈ भाई; ~ descent मातृक वंशानुक्रम; ~ sister ≈ बहन

**uterus** गर्भाशय

**utilisation** उपयोग; ~ certificate ≈ प्रमाणपत्र; ~ of fund निधि का ≈; ~ of material सामग्री का ≈

**utilise** उपयोग करना, काम में लाना

**utilitarian** उपयोगितावादी

**utilitarianism** उपयोगितावाद

**utility** उपयोगिता; ~ thinking उपयोगितापरक विचार

**utmost** परम, भरसक, अधिकाधिक; ~ care

≈ सावधानी; ~ endeavour अधिकतम प्रयास; ~ secrecy ≈ गोपनीयता

**utopian** कल्पनालोकी; अव्यवहार्य, काल्पनिक

**utter** I. *a.* परम, पूर्ण, क़तई. II. *v.t.* 1. व्यक्त करना, बोलना; 2. चलाना

**utterance** 1. उक्ति; 2. उच्चार

**utterer of coin** सिक्का चलाने वाला

**utterly** पूर्णतः, बिलकुल

**uxor** भार्या, पत्नी

**uxorial** भार्या-सम्बन्धी, पत्नी का

**uxoricide** भार्यावध, पत्नीहत्या

**uxorilocal** पत्नी स्थानिक

**uxorious** भार्यासक्त

# V v

**vacancy** 1. रिक्ति; 2. रिक्त स्थान; ~ in office पद ख़ाली होना

**vacant** 1. रिक्त, ख़ाली; ~ post ≈ पद; 2. शून्य

**vacate** रिक्त/ ख़ाली करना, छोड़ देना; ~ the office पद ≈; ~ the order आदेश रद्द करना

**vàcatia bona** अस्वामिक वस्तुएँ

**vacation** 1. रिक्ति, रिक्तीकरण, ख़ाली करना; ~ of estate सम्पदा ≈; ~ of office पद ख़ाली करना; ~ of seat स्थान ख़ाली करना; 2. अवकाश, छुट्टी, विश्रामकाल; ~ judge ≈ न्यायाधीश; ~ pay ≈ वेतन

**vaccinate** टीका लगाना

**vaccination** टीका, टीका लगाना

**vaccinator** टीका लगाने वाला

**vacillating** दोलायमान; अस्थिर, ढुलमुल; ~ policy ≈ नीति

**vacillation** अनिश्चय, हिचकिचाना

**vacuity** 1. रिक्ति; 2. हीनता

**vaccum** शून्य, निर्वात, ख़ाली स्थान

**vade mecum** पुस्तिका, गुटका

**vadiare legem** विधि की शपथ लेना

**vadiatio legis** विधि की शपथ लेने वाला

**vadium** आधि, आड; ~ mortuum मृत ≈/ बन्धक; ~ vivum जीवित ≈

**vagabond** आवारा

**vagina** भग

**vagrancy** आवारागर्दी, आहिण्डन

**vagrant** आवारागर्द, आहिण्डक

**vague** अस्पष्ट, अनिश्चित; ~ objections ≈ आपत्तियाँ; ~ thought ≈ विचार

**vagueness** अस्पष्टता, अनिश्चितता

**valedictory** प्रस्थानकालिक; अन्तिम

**valid** विधिमान्य; ~ acknowledgment ≈ अभिस्वीकृति; ~ argument युक्तिसंगत तर्क, मान्यतर्क; ~ cession ≈ अध्यर्पण; ~ charge ≈ आरोप; ~ claim ≈ दावा; ~ discharge ≈ उन्मोचन/ कार्यमुक्ति; ~ marriage ≈ विवाह; ~ ratification ≈ अनुसमर्थन; ~ reason ≈ कारण, उचित/ वैध कारण; ~ service ≈ तामील; ~ votes ≈ मत; ~ in law विधितः मान्य

**validate** विधिमान्य बनाना, मान्यता देना; ~ the acquisition अर्जन को ≈; ~ the title हक़ को ≈

**validated** वैधकृत, विधिमान्यकृत

**validating Act** मान्यकारी अधिनियम

**validation** 1. विधिमान्यकरण, वैधीकरण; 2. प्रमाणीकरण

**validity** विधिमान्यता, वैधता; ~ date मान्यता तिथि; ~ of Act अधिनियम की ≈; ~ of conviction दोष-सिद्धि की ≈; ~ of objection आपत्ति की ≈; ~ of passport पारपत्र की ≈

**validly** विधिमान्य/ वैध रूप से

**valorisation scheme** क़ीमतरक्षी योजना

**valour** शौर्य, पराक्रम

**valuable** मूल्यवान्; ~ consideration ≈ प्रतिफल; ~ lease ≈ पट्टा; ~ security ≈ प्रतिभूति

**valuables** मूल्यवान् वस्तुएँ

**valuation** मूल्यन, मूल्यांकन; ~ charges ≈ शुल्क; ~ clause ≈ धारा; ~ constant ≈ स्थिरांक; ~ consultant ≈ परामर्शदाता; ~ date ≈ तिथि; ~ officer ≈ अधिकारी; ~ of suits वादों का ≈; actuarial ~ बीमांकिक ≈

**value** मूल्य (आँकना); admissible ~ अनुज्ञेय ≈; ~ assessment ≈ निर्धारण; ~ balance ≈ शेष; ~ determination ≈-निर्धारण; ~-in-account लेखा ≈; market ~ बाज़ार ≈; ~ of money द्रव्य का ≈, मुद्रा का ≈; ~ payable (V.P.) article ≈ देय वस्तु, वी. पी. वस्तु; ~ return ≈ आय विवरणी; calculated ~ परिगणित ≈; discounted ~ बट्टागत ≈; right for ~ मूल्य देकर अधिकार; ~ scarcity दुर्लभता ≈; surplus ~ अधिशेष ≈;

**valuer** मूल्यांकक

**van** वाहन, यान, वैन

**vandalism** कलाविध्वंस, कलाध्वंस

**vanishing point** लोपी बिन्दु

**vanquished** परास्त

**variability** परिवर्तनशीलता, परिवर्तिता; ~ of investment निवेश-≈

**variable** परिवर्तनशील, परिवर्ती, चल; ~ annuity ≈ वार्षिकी; ~ capital ≈ पूँजी; ~ cost ≈ लागत; ~ grant ≈ अनुदान; ~ reserve ratio ≈ प्रारक्षित निधि-अनुपात

**variance** प्रसरण; अनबन; at ~ विसंवादी, भिन्न, असंगत

**variant value** चर मूल्य

**variation** 1. परिवर्तन, फेर-फार; घटबढ़; ~ of rates दरों में ≈; 2. विभिन्नता, रूपभेद; ~ in figures अंकों में ≈; ~ in qualities गुण-वैभिन्य; grammatical ~ व्याकरणिक रूपभेद

**varied** 1. घटता-बढ़ता, परिवर्तित किया गया; ~ margin घटती-बढ़ती उपराशि; ~ to disadvantage अहितकर रूप में परिवर्तित किया जाना; 2. विविधि, विभिन्न; ~ response ≈ अनुक्रिया

**variety** 1. विविधता, विभिन्नता; ~ of subjects विषय ≈; ~ programme विविध कार्यक्रम; ~ store विविध वस्तु भंडार; 2. प्रकार, भेद, विभेद; ~ entertainment रंगारंग मनोरंजन

**various** विभिन्न, बहुविध

**vary** 1. फेरफार करना, बदलना; ~ order आदेश में ≈; 2. घटना-बढ़ना, विभिन्न होना

**varying** परिवर्ती; ~ in degrees न्यूनाधिक मात्रा में ≈

**vassal** **I.** *n.* जागीरदार. **II.** *a.* वशवर्ती, अधीन; ~ state अवराज्य, सामंती राज्य

**vassalage** जागीरदारी

**vault** 1. तहख़ाना; 2. गुंबद, महराबदार छत

**vaulting** फलाँगना

**vaunt** दंभ करना, डींग मारना/ हाँकना

**vegetable** साग-सब्ज़ी; ~ oil वनस्पति तेल

**vegetarian** शाकाहारी

**vegetation** वनस्पति, पेड़-पौध

**vegetative stake** जड़ता, निष्क्रियता

**vehement** तीव्र, प्रचंड, प्रबल

**vehicle** 1. वाहन, यान, सवारी; 2. बन्धक

द्रव्य; 3. माध्यम

**vein** शिरा, नस

**velocity** वेग, तेज़ी; ~ of currency मुद्रा संचलन-≈

**vend** बेचना, विक्रय करना

**vendee** क्रेता

**vendetta** कुल वैर

**vending contract** खोमचे का ठेका

**vendor** विक्रेता

**veneration** समादर

**venereal disease** रतिज/ मैथुन रोग

**venerealogist** रतिरोग-विज्ञानी

**vengeance** प्रतिहिंसा, प्रतिशोध; with ~ अत्यधिक ≈

**venom** दंश-विष

**venomous** विषैला

**vent** निकास; ~ shaft चिमनी

**ventilated** संवातित, हवादार

**ventilation** संवातन, हवादारी

**ventilator** संवातायन, रोशनदान

**venture** साहस (करना)

**venue** स्थल, स्थान; ~ of meeting बैठक का ≈

**veracious** सत्यशील, सत्यवादी

**veracity** सत्यशीलता, सत्यवादिता, सत्यता

**verba** शब्द-समूह; ~ accipienda sunt secundum subjectam materiem शब्दों का निर्वचन विषयवस्तु के अनुसार होना चाहिए; ~ pecaria प्रार्थनात्मक शब्द

**verbal** 1. मौखिक, ज़बानी; ~ agreement ≈ क़रार; ~ exchange कहा-सुनी; ~ order ≈ आदेश; ~ problem ≈ प्रश्न; ~ propaganda ≈ प्रचार; ~ propagation ≈ प्रचार; ~ recognition ≈ मान्यता; ~ statement ≈ कथन; 2. शाब्दिक; ~ alteration ≈ परिवर्तन; ~ consistency ≈ संगति; ~ oddities ≈ खिलवाड़; ~ test ≈ परीक्षण

**verbally** मुँह से, मौखिक रूप से, ज़बानी, अक्षरशः

**verbatim** शब्दशः, अक्षरशः; ~ memory ≈ स्मृति; ~ report यथावचित रिपोर्ट, ≈ प्रतिवेदन

**verdict** अधिमत, संनिश्चय

**verifiable** सत्यापनीय

**verification** सत्यापन; ~ note ≈ नोट; ~ of accounts लेखा-≈; ~ of antecedent पूर्ववृत का ≈; ~ of cash balance रोकड़-शेष का ≈; ~ officer ≈ अधिकारी; ~ of plaint वादपत्र का ≈; ~ of service सेवा का ≈; ~ of stores माल का ≈; ~ of credentials प्रत्ययपत्र-≈

**verified** सत्यापित; ~ by oath शपथ द्वारा ≈; ~ copy ≈ प्रति

**verify** सत्यापित करना; ~ the accuracy शुद्धता को ≈

**verily** सचमुच, वाक़ई

**veritas** सत्यता; ~ a quocunque dictur a Deo est सत्य ईश्वर का वचन है, बोलनेवाला कोई हो

**vermin** पीड़क जन्तु

**vernacular** देशी भाषा

**versatile** बहुमुखी

**versatility** बहुमुखता, वैविध्य; ~ production वैविध्यपूर्ण उत्पादन

**version** 1. पाठ, कथन; 2. भाषान्तर; ~ of the work कृति का ≈

**versus** बनाम

**vertical** उदग्र, उर्ध्वस्थित; ~ growth उदग्राभिवृद्धि; ~ height खड़ी चढ़ाई; ~ mobility ≈ गतिशीलता, विषमस्तरीय गतिशीलता; ~ scale ऊर्ध्वमान

**verus dominus** सच्चा स्वामी

**vest** निहित करना/ होना; ~ absolutely आत्यंतिक रूप से ≈

**vested** निहित; ~ bonus ≈ बोनस; ~ in trust न्यास-निहित; ~ interest ≈ हित/ स्वार्थ; ~ remainder ≈ शेष; ~ right ≈ अधिकार

**vestibule** गलियारा

**vesting order** विधायी आदेश

**vet** विवीक्षा करना, पुनरीक्षण करना

**veterinary** पशुचिकित्सा, शालिहोत्री; ~ doctor पशुचिकित्सक

**veto** [also ~ power] निषेधाधिकार, निषेध (करना); to exercise ~ ≈ का प्रयोग करना

**vex** तंग/ परेशान करना

**vexata questio** प्रबाधित प्रश्न

**vexation** परेशानी, बेचैनी, उद्वेग

**vexatious** उद्वेगकारी, परेशान/ तंग करनेवाला; ~ charge ≈ आरोप; ~ claim ≈ दावा, कष्टकर दावा; ~ conduct ≈ आचरण

**vexatiously** तंग करने की दृष्टि से

**vexed question** जटिल प्रश्न

**via** 1. मार्ग; ~ amicabili मैत्री से; ~ main line मुख्य लाइन से होकर; ~ media मध्य ≈; ~ publica लोकपथ; ~ regalia राजपथ; 2. द्वारा, बरास्ता; ~ main line मुख्य लाइन से

**viable** 1. जीवनक्षम; ~ cultivators स्वयं समर्थ कृषक; 2. व्यवहार्य

**vibrating** कंपमान, स्पंदनशील

**vicarious** प्रतिनिधिक; ~ liability ≈ दायित्व; ~ reinforcement प्रतिस्थानिक पुनर्बलन; ~ responsibility प्रतिनिधायी उत्तरदायित्व

**vicariously** प्रतिनिधि रूप में

**vice** 1. दुर्गुण, व्यसन; ~ of the goods माल में खोट/ खराबी; ~ spot दुर्व्यसन स्थल; 2. उप-; ~ chairman ≈ सभापति; ~-chancellor कुलपति; ~ president ≈ राष्ट्रपति, ≈ प्रधान

**vice versa** विलोमतः, उलटकर

**vicinage, vicinity** पड़ोस, सान्निध्य

**vicious** दुष्ट, भ्रष्ट; ~ circle दुश्चक्र; ~ propaganda कुप्रचार

**viciousness** दुराचारिता, दुष्टता

**vicissitude** चढ़ाव-उतार, उलट-पलट

**victim** बलि, शिकार; पीड़ित; ~ of accident दुर्घटनाग्रस्त

**victimization** बलीकरण

**victimize** बलि देना, शिकार बनाना; सताना

**victor** विजेता

**victorious** विजयी

**victory** विजय, जीत

**victuals** आहार, भोजन

**vide** देखिए; ~ supra ऊपर देखिए

**videlicet** अर्थात्

**view** I. *n.* 1. दृष्टि; with a ~ to की ≈ से; ~-point दृष्टिकोण; 2. विचार, मत, राय. II. v. देखना

**vigilance** सतर्कता, चौकसी; ~ machinery ≈ व्यवस्था; ~ officer ≈ अधिकारी

**vigilant** सतर्क, चौकन्ना; ~ control ≈ नियन्त्रण

**vigorous** ओजस्वी, ज़ोरदार; ~ campaign प्रबल अभियान

**vilification** मिथ्यारोपण, बदनामी

**village** गाँव, ग्राम; ~ account ≈ लेखा; ~ accountant ≈ लेखपाल ~ council ≈ परिषद्; ~ headman ≈ प्रमुख/ मुखिया; ~ industry ग्रामोद्योग; ~ link ≈ संपर्क

**villager** ग्रामवासी, ग्रामीण

**villain** खलनायक

**vinculum matrimonii** विवाह का बन्धन

**vindicate** 1. निर्दोष सिद्ध करना; ~ position स्थिति ≈; 2. सत्य सिद्ध करना;

3. समर्थन करना, पुष्ट करना

**vindication** 1. दोष-प्रक्षालन; 2. पुष्टीकरण

**vindictive** प्रतिहिंसात्मक, प्रतिशोधी

**viniculture** द्राक्षोत्पादन, अंगूर की खेती

**violate** अतिक्रमण करना; भंग करना; ~ a condition शर्त का ≈

**violated** अतिक्रमित

**violation** अतिक्रमण, उल्लंघन; ~ of chastity सतीत्व भंग करना; ~ of law विधि का ≈

**violative** उल्लंघनकारी

**violence** हिंसा; बलप्रयोग

**violent** 1. हिंसात्मक; ~ behaviour ≈ व्यवहार; ~ means ≈ साधन; 2. उग्र; ~ criminal ≈ अपराधी

**vir et uxor** पति और पत्नी

**virgin** कुमारी; मूलरूप

**virginity** कौमार्य

**virility** पौरुष

**virilocal** पतिस्थानिक; ~ marriage ≈ विवाह; ~ residence ≈ निवास

**virtual** वास्तविक

**virtue** 1. धर्म, सद्गुण; 2. आधार; in ~ of के ≈ पर; by ~ of office पद के ≈ पर

**virulent** उग्र; ~ epidemic प्रचण्ड महामारी

**vis** बल; ~ ablative हिंसात्मक ≈; ~ armata सशस्त्र ≈; ~ clandestiner प्रच्छन्न ≈; ~ injuriosa सदोष ≈; ~ lycita विधिसम्मत ≈; ~ majeur दैवी ≈; ~ simplex साधारण ≈

**visa** वीज़ा

**vis-a-vis** आमने-सामने, की तुलना में

**visibility** दृश्यता

**visible** दृश्य; ~ capacity ज्ञात क्षमता; ~ representation ≈ रूपण; ~ unemployment प्रत्यक्ष बेकारी, प्रत्यक्ष बेरोज़गारी

**vision** दृष्टि, दर्शन

**visionary** I. *n.* कल्पनाविहारी, दार्शनिक. II. *a.* काल्पनिक, ख़याली

**visit** I. *n.* 1. निरीक्षण; 2. आगमन; 3. भेंट, मुलाक़ात. II. *v.i.* & *t.* आना; निरीक्षण करना; भेंट करना

**visitation** दैवकोप

**visiting** मुलाक़ात; ~ hours भेंट/मुलाक़ात का समय; ~ party निरीक्षण दल; ~ professor अभ्यागत आचार्य

**visitor** 1. आगंतुक; ~'s book ≈ पंजी; ~'s ledger ≈ खाता; 2. दर्शक; ~'s gallery ≈ दीर्घा; 3. मुलाक़ाती; 4. ~ (of a university) कुलाध्यक्ष

**visual** चाक्षुष, दृश्य; ~ comprehension दृष्टि अवगाहन-शक्ति; ~ defect दृष्टि-दोष; ~ discrimination ≈ भेदबोध, ≈ विवेक; ~ education ≈ शिक्षा; ~ image ≈ बिम्ब; ~ publicity ≈ प्रचार; ~ representation ≈ रूपण

**visualize** कल्पना करना, प्रत्यक्ष करना

**vital** 1. जीवन-सम्बन्धी; ~ food प्राणरक्षक भोजन; ~ needs ≈ आवश्यकताएँ; ~ statistics ≈ आँकड़े, जन्म-मरण के आँकड़े; 2. मार्मिक; ~ interest ≈ हित; ~ part मर्मस्थल; 3. महत्त्वपूर्ण; ~ industries ≈ उद्योग; ~ question ≈ प्रश्न

**vitality** जीवनशक्ति, ओज

**vitiate** 1. दूषित करना; 2. प्रभावहीन करना

**vitiating atmosphere** दूषित वातावरण

**vivacious** सजीव, ज़ोरदार

**vivacity** सजीवत्व, उल्लास, जीवंतता

**viva voce** मौखिक; ~ examination ≈ परीक्षा; ~ negotiation ≈ संधि-वार्ता

**vivid** विशद, स्पष्ट; सजीव; ~ account ≈ विवरण

**viz.** अर्थात्

**vocabulary** शब्द-भंडार, शब्दावली

**vocal** 1. उच्चारणात्मक; 2. वाणी संबंधी; ~ organ वागिंद्रिय, वागावयव

**vocation** धन्धा, व्यवसाय

**vocational** व्यावसायिक; ~ adjustment ≈ समायोजन; ~ aptitude ≈ अभिक्षमता; ~ director ≈ निदेशक; ~ guidance ≈ मार्गदर्शन; ~ institution ≈-संस्था; ~ training ≈ प्रशिक्षण

**vogue** प्रचलन, रिवाज

**voice** I. *n.* वाणी, आवाज़; ~ vote मौखिक मत, ध्वनि मत, मौखिक मतदान. II. *v.t.* व्यक्त करना

**void** शून्य; ~ ab initio आरम्भ से ≈; ~ agreement ≈ क़रार; ~ for uncertainty अनिश्चितता के कारण ≈; ~ marriage ≈ विवाह; ~ money order असिद्ध मनीआर्डर

**voidability** शून्यकरणीयता

**voidable** शून्यकरणीय; ~ agreement ≈ क़रार; ~ contract ≈ संविदा; ~ in point of law विधि की दृष्टि से ≈; ~ marriage ≈ विवाह

**voidance** शून्यकरण

**volatile** वाष्पशील; ~ oil ≈ तेल

**volition** 1. संकल्प; 2. मर्ज़ी, इच्छा; ~ of the parties पक्षकारों की ≈

**volte face** परावर्तन

**volume** 1. मात्रा, परिमाण; ~ of business व्यवसाय की ≈; ~ of money मुद्रा की ≈; ~ of production उत्पादन की ≈; ~ of trade व्यापार की ≈; 2. जिल्द, खंड; 3. ~ control घनत्व नियंत्रण

**voluminous** भारी, बड़ा, विशालकाय; ~ enclosures भारी संलग्नक

**voluntarily** स्वेच्छया, स्वेच्छा से

**voluntary** ऐच्छिक, स्वैच्छिक; ~ absenteeism ≈ अनुपस्थितता; ~ activity ≈ क्रियाकलाप; ~ amalgamation ≈ समामेलन; ~ arbitration ≈ विवाचन; ~ association ≈ साहचर्य; ~ award ≈ पंचाट; ~ contribution ≈ चन्दा, ≈ योगदान; ~ effort ≈ प्रयत्न; ~ execution ≈ निष्पादन; ~ law ≈ क़ानून/ विधि; ~ liquidation ≈ परिसमापन; ~ merger ≈ विलयन; ~ monopoly ≈ एकाधिकार; ~ participation ≈ सहभागिता; ~ retirement ≈ निवृत्ति; ~ settlement ≈ निपटारा; ~ surrender ≈ अभ्यर्पण; ~ winding up ≈ समापन

**volunteer** I. *n.* स्वयंसेवक; ~ aid society ≈ सहायता समिति; ~ corps ≈ दल; ~ force ≈ सेना/ बल. II. *v.t.* स्वेच्छया करना

**voluptuous** कामुक, विषयी, भोगासक्त

**votable** मतदेय; ~ item मत-योग्य मद, मतदेय मद

**vote** I. *n.* मत, वोट; ~ by ballot पर्ची द्वारा मतदान; ~ by proxy प्रतिपुरुष मतदान; ~ by voice (voice vote) मौखिक मत, ध्वनि मत; ~ of censure निन्दा-प्रस्ताव; ~ of confidence विश्वास-प्रस्ताव; ~ of majority बहुमत; ~ of no confidence अविश्वास-प्रस्ताव; ~ of thanks धन्यवाद प्रस्ताव; ~ on account लेखानुदान; casting ~ निर्णायक ≈; cumulative ~ समुच्चित ≈; negative ~ नकारात्मक ≈; secret ~ गुप्त ≈. II. *v.t. & i.* वोट/मत देना

**voted** दत्तमत; ~ expenditure ≈ अनुदान

**voter** मतदाता

**voting** मतदान; ~ by division विभाजन द्वारा ≈; ~ paper मतपत्र; ~ power मतशक्ति; ~ right मताधिकार; ~ strength मतशक्ति, मत संख्या

**votive** चढ़ावे का, मनौती का; ~ inscription संकल्पित लेख

**vouch** साक्ष्य देना, साक्षी होना; ~ for दायी होना

**vouched** साक्ष्यित

**vouchment** साक्ष्य

**vouchsafe** 1. साक्ष्य देना; 2. अनुग्रह करना

**vow** प्रण, प्रतिज्ञा; religious ~ व्रत

**vox populi, vox Dei** जनता की आवाज़, ईश्वर की आवाज़, जन-वाणी, प्रभु-वाणी

**voyage** समुद्रयात्रा, जलयात्रा (करना)

**vulgar** गँवार, अशिष्ट

**vulgaris** 1. सामान्य; ~ opinis ≈ मत; ~ purgatis ≈ दोषमोचन; 2. ~ concepti जारज सन्तान

**vulgarism** अश्लील/ गँवारू प्रयोग, ग्राम्यता

**vulgarity** गँवारूपन, अशिष्टता, ग्राम्यत्व

**vulnerability** सुभेद्यता

**vulnerable** सुभेद्य; ~ fort ≈ गढ़; ~ point आक्राम्य स्थान, दुर्बल स्थल

**vulnerary** घाव भरने वाली (औषधि)

# W w

**wage** I. *n.* मज़दूरी; ~ adjustment ≈ समायोजन; ~ award ≈ पंचाट; ~ contract ≈ संविदा; ~ cut ≈ कटौती; ~ dispute ≈ विवाद; ~ earner श्रमजीवी; ~ fixation ≈ नियतन; ~ fluctuation ≈ में उतार-चढ़ाव, ≈ घट-बढ़; ~ incentive ≈ प्रेरणा; ~ increase ≈ वृद्धि; ~ level ≈ स्तर; ~ rate ≈ दर; ~ scale ≈ मान; ~ system ≈ प्रणाली; living ~ जीविकायोग्य ≈; standardisation of ~ ≈ मानकीकरण. II. *v.t.* (युद्ध) छेड़ना

**wager** पण, बाज़ी (लगाना)

**wagering contract** पण-संविदा

**wagon** माल डिब्बा, वैगन; ~ load वैगन भर

**waif** 1. अस्वामिक पशु; 2. बेघर बच्चा; 3. लावारिस माल

**waiting** प्रतीक्षा; ~ list ≈ सूची; ~ period ≈ काल; ~ rooms प्रतीक्षालय

**waive** अधित्याग करना, छोड़ देना; ~ claim दावा ≈; ~ lien धारणाधिकार ≈; ~ off माफ़ करना; ~ recovery वसूली छोड़ देना; ~ right of appeal अपील के अधिकार का अधित्यजन

**waived** अधित्यक्त

**waiver** अधित्याग; ~ clause अधित्यजन खंड; ~ of premium प्रीमियम अधित्यजन; ~ of privilege विशेषाधिकार का ≈

**waiving** छूट

**walk-out** वाक आउट, सदन-त्याग

**wall** दीवार, भित्ति; ~ of a fort परकोटा, प्राचीर; ~ painting भित्ति-चित्र (कारी)

**wander** आवारा फिरना

**wandering** भ्रमणशील, घूमती-फिरती; ~ gang ≈ टोली; ~ tribes ≈ जनजातियाँ; ~ at large स्वच्छन्द विचरण

**want** I. *n.* 1. आवश्यकता; 2. अभाव; ~ of confidence विश्वास का ≈; ~ of due execution सम्यक निष्पादन का ≈; ~ of funds निधि का ≈; ~ of title हक़ का ≈. II. *v.t.* 1. चाहना; 2. अभावग्रस्त होना

**wanton** अनियन्त्रित, उच्छृंखल; ~ woman छिनाल, कुलटा; ~ destruction स्वैर/ मनमाना विनाश

**wantonly** स्वैरिता से

**wantonness** उच्छृंखलता, स्वैरिता

**war** युद्ध; ~ atrocities ≈-नृशंसताएँ,

≈-क्रूरताएँ; ~ casualties ≈-हताहत; ~ crimes ≈-अपराध; ~ establishment ≈-स्थापना, युद्धकालीन संगठन; ~ guilt युद्धारम्भ-दोष; ~ indemnity ≈-क्षतिपूर्ति; ~ lord ≈-सामंत, योद्धा-सामंत; ~ monger ≈ भड़कानेवाला, जंगख़ोर, युद्ध लोलुप, युद्ध-प्रेरक; ~ of liberation मुक्ति संग्राम; ~ of words शाब्दिक युद्ध, तर्क-≈; ~ passion ≈-आवेश; ~ prisoner ≈ बन्दी; ~ risk insurance ≈ जोख़िम बीमा; ~ stratagem ≈-कूटचाल, ≈ छल; ~ victim ≈ पीड़ित

**ward** 1. वार्ड, उपविभाग; 2. प्रतिपाल्य

**warden** अभिरक्षक; आवासपाल; वार्डन

**warder** प्रहरी, पहरेदार, वार्डर

**ware** माल (भरना), सामग्री

**warehouse** भाण्डागार, कोठार, गोदाम; ~ keeper भाण्डागारिक

**warehoused** भाण्डागारित

**warehousing** भाण्डागारण, गोदाम में रखना; ~ charges corporation भाण्डागार/ गोदाम प्रभार; ~ corporation ≈ निगम; ~ loand मालगोदामी कर्ज़; ~ of arms आयुधों का ≈

**warfare** युद्ध

**warlike** 1. सामरिक; ~ acts यौद्धिक कार्य; 2. युद्धप्रिय, लड़ाकू; 3. युद्धसदृश; ~ operations ≈ संक्रियाएँ

**warming up** गरमाना, जोश दिलाना

**warn** चेतावनी देना, चिताना, आगाह करना

**warner** चेतावनी सिगनल

**warning** चेतावनी; ~ notice ≈ सूचना

**warping** विकुंचन

**warrant** I. *n.* अधिपत्र, वारंट, परवाना; ~ case वारंट का मामला; ~ of arrest वारंट गिरफ़्तारी; ~ of detention निरोध-अधिपत्र; ~ officer ≈ अधिकारी; ~ of payment अदायगी ≈; ~ of precedence अग्रता/ पूर्वता अधिपत्र; ~ of recovery वसूली का ≈; ~ of search ≈ तलाशी; ~ of surrender अभ्यर्पण का ≈. II. *v.t.* समर्थित करना; समाश्वस्त करना

**warrantable** उचित

**warranted** 1. समर्थित; ~ by information जानकारी से ≈; ~ growth rate अभीष्ट संवृद्धि-दर, ≈ वृद्धि दर; 2. अधिदिष्ट; 3. आवश्यक

**warrantee** समाश्वसिती, प्रतिभूत व्यक्ति

**warrantor** समाश्वासक

**warranty** वारंटी, आश्वस्ति, प्रतिभूति

**warring** 1. युद्धरत; 2. विरोधी; ~ camps परस्पर ≈ शिविर, ≈ विचार धाराएँ; ~ nations ≈ राष्ट्र

**wartime** युद्धकाल; ~ surplus युद्धकालीन अधिशेष

**wash-basin** चिलमची

**washing allowance** धुलाई भत्ता

**wastage** 1. अपव्यय, अपचय; ~ of resources संसाधन ≈; 2. टूटफूट, क्षय, नाश, छीजन, बरबादी; 3. रद्दी

**waste** I. *n.* अपव्यय; कूड़ाकरकट. II. *a.* 1. बेकार, रद्दी; ~ paper ≈ काग़ज़; ~ product अपशेष, रद्दी पदार्थ; 2. ~ book कच्ची बही; ~ food भुक्तशेष खाद्य; ~ land उजाड़ ज़मीन; ~ product अवशिष्ट उपज. III. *v.t.* अपव्यय करना, नष्ट करना

**wasteful** अपचयकारक; ~ expenditure ≈ व्यय

**wasting** क्षयशील; ~ assets ≈ परिसम्पत्ति; ~ nature ≈ प्रकृति

**watch** I. *n.* 1. घड़ी; 2. पहरा; ~ and ward चौकी-पहरा, पहरा और रक्षा. II. *v.t.* पहरा देना, देखभाल/ निगरानी करना, ख़बरदारी करना

**watchdog** हित प्रहरी

**watcher, watchman** प्रहरी, पहरेदार, चौकीदार

**watching of actuals** वास्तविक आँकड़ों पर निगरानी

**watchword** संकेत शब्द

**water** पानी, जल; ~ apportionment सिंचाई-जल-विभाजन; ~ boundary जलसीमा; ~ borne समुद्र पर; ~ burial जलसमाधि; ~-carrier भिश्ती, जल-वाहक; ~ cess जलकर; ~ closet नाबदान; ~ conservation ≈-संरक्षण; ~ course जलसरणी, नाली; ~ diviner जलद्रष्टा; ~ fall जलप्रपात; ~-logged जलक्रान्त; ~man पानीवाला; ~-mark जलांक, वाटरमार्क; ~ power ≈-शक्ति; ~proof जलसह; ~shed ≈ विभाजक; ~ supply जलपूर्ति; ~ tank पानी की टंकी; ~ tax जलकर; ~ tight जलरोधी, जलरुद्ध; ~-ways जलमार्ग, जलपथ; ~ works जलकल विभाग

**watered capital** स्फीत पूँजी

**watering** 1. सिंचाई; 2. ~ of capital पूँजी की कृत्रिम वृद्धि; ~ station पानी लेने का स्टेशन

**waters** जलक्षेत्र, समुद्र

**watery** जलीय

**wattmeter** वाटमापी

**wave** तरंग, लहर; ~ length ≈-दैर्घ्य

**wavy** तरंगित, लहरिया, लहरदार

**waxing and waning** बढ़ना-घटना

**way** 1. मार्ग, राह; ~ bill मार्गपत्रक, रवन्ना; 2. उपाय; ways & means उपाय और साधन; 3. रीति, पद्धति; ~ of life जीवन-≈; by the ~ प्रसंगवश; in usual ~ प्रायिक रीति से; by ~ of penalty शास्ति-स्वरूप

**wayfarer** पर्यटक

**waylay** घात लगाना, राह मारना

**wayside station** छोटा स्टेशन

**wayward** हठी

**weaker** दुर्बलतर; ~ section ≈ वर्ग; ~ sex अबला

**weakness** दुर्बलता, कमज़ोरी

**wealth** धन; ~ distribution ≈ वितरण, संपत्ति वितरण; ~ tax धनकर

**wealthy** धनाढ्य

**weapon** आयुध, शस्त्र, हथियार; ~ of offence आक्रामक ≈; of propaganda प्रचार का साधन; blunt ~ कुंठित ≈; deadly ~ घातक ≈; lethal ~ प्राणनाशक ≈; sharp-edged ~ धारदार ≈

**wear and tear** टूट-फूट, घिसाई-पिटाई

**wearing apparel** परिधान, पहनने के कपड़े

**weather** मौसम; ~ proof ऋतु सह; ~ shade बरसाती

**weathering** अपक्षयण, क्षरण

**weaving** बुनाई, वयन

**wedded** विवाहित

**wedding** विवाह; ~ ceremony ≈ संस्कार

**wedlock** परिणय, विवाह बन्धन; outside ~ विवाह किये बिना

**weeding** छँटाई; ~ of records अभिलेखों की ≈; ~ operation ≈ कार्य; ~ rules छँटाई नियम

**week-end** सप्ताहांत

**weekly** साप्ताहिक; ~ arrear statement बचे हुए काम का ≈ विवरण; ~ holiday ≈ अवकाश; ~ hours ≈ कार्य-घण्टे; ~ market ≈ हाट; ~ premium ≈ किस्त; ~ progress ≈ प्रगति; ~ rest-day ≈ विश्रांति दिवस; ~ return ≈ विवरणी; ~ statement of balance ≈ बकाया विवरण

**weigh** 1. विचारना; 2. तौलना; ~ bridge तौल चौकी/ काँटा

**weigher** तोलक, तौलकर्ता

**weighing scale** तराज़ू, तुला

**weighman** तोलक

**weighment** तुलाई; ~ advice तौल सूचना; ~ charges तौल ख़र्च; ~ inspector ≈ निरीक्षक

**weight** 1. भार, वज़न; ~ certificate ≈ प्रमाणपत्र; ~ limit ≈ सीमा; 2. बाट, तौल; ~ cargo तोलगत जहाज़ी माल; 3. बल, महत्त्व

**weightage** 1. भारिता, अधिमान, वरीयता; 2. अधिप्रतिनिधित्व

**weighted** भारित; ~ benefit formula ≈ सुविधा सूत्र; ~ contribution ≈ अंशदान

**weightless** भारहीन

**weighty** भारी, वज़नी

**welcome** स्वागत, अभिनन्दन (करना); ~ address अभिनन्दन-पत्र

**welder** झलाईगर

**welding** झलाई

**welfare** कल्याण; ~ activities ≈-कार्य; ~ amenities ≈-सुखसाधन; ~ commissioner ≈ आयुक्त; ~ management ≈ प्रबंध; ~ of labour श्रम/ श्रमिक ≈; ~ officer ≈ अधिकारी; ~ personnel ≈ कार्मिक; ~ plan ≈ योजना; ~ service ≈ सेवा; ~ state कल्याणकारी राज्य; ~ work ≈ कार्य ≈

**well-** सु; ~-balanced सुसंतुलित; ~-behaved सुचरित, शिष्ट; ~-being सुस्थिति, कल्याण, भलाई; ~-born सुजात, कुलीन; ~-bred सुशील; ~-developed सुविकसित; ~-established सुप्रतिष्ठित; ~-formed सुरचित; ~-founded सुआधारित; ~ in time समय से पूर्व; ~-knit सुग्रथित; ~-known सुविख्यात; ~-meaning सदभिप्राय, सदाशय; ~-read सुशिक्षित; ~-substantiated सुप्रमाणित; ~-to-do समृद्ध; ~-wisher हितैषी

**wergeld** हत्या-क्षतिपूर्ति, वैरदेय

**western** पश्चिमी; ~ circle ≈ मण्डल; ~ range ≈ क्षेत्र

**wet** 1. आर्द्र, गीला; ~ spot ≈ धब्बा; 2. सजल; ~ goods तरल वस्तुएँ; 3. ~ area मद्य क्षेत्र; 4. ~ nurse धाय; 5. ~ time pay वर्षा नष्ट समय वेतन

**wharf** घाट; ~ supervisor ≈ पर्यवेक्षक

**wharfage** घाट-भाड़ा; ~ authority ≈ प्राधिकारी; ~ charge ≈ चढ़ाई-उतराई

**wharfinger** घाटवाल, घाटपाल

**whatever** जो कुछ, किसी प्रकार

**whatsoever** जो कुछ भी

**wheat** गेहूँ; ~ complexion गेहुँआ रंग

**wheel** चक्र, पहिया; ~ of law धर्मचक्र; ~ tax गाड़ी का कर

**wheeled** पहियेदार; ~ carriage ≈ गाड़ी ~ conveyance ≈ वाहन/ सवारी; ~ traffic ≈ यातायात

**when** 1. जब; ~ called upon अपेक्षि किये जाने पर; ~ required जब अपेक्षि हो, तलब किये जाने पर; 2. कब

**whenever** जब कभी

**whereabouts** ठौर-ठिकाना

**whereas** जबकि, चूँकि

**whereby** जिससे

**wherefore** जिससे, जिस लिए

**wherein** जिसमें

**whereof** जिसका

**where-so-ever** कहीं भी

**wherever** जहाँ कहीं

**whereupon** जिसके बाद, तदनन्तर; जिस

**wherewith** जिसके साथ

**whether** या, चाहे

**whichever** जो भी, जो कुछ

**while** जब, जब तक कि

**whim** उमंग, सनक

**whip** I. *n.* सचेतक. II. *v.t.* कोड़े लगाना

**whipping** कोड़े लगाना, कशाघात; ~ post ≈ स्तंभ

**whisper** I. *n.* फुसफुसाहट, कानाफूसी. II. *v.i.* फुसफुसाना, कानाफूसी करना

**white** सफ़ेद, श्वेत; ~ collar सफ़ेदपोश; ~ paper श्वेतपत्र; ~ wash सफ़ेदी (करना)

**whoever** जो कोई

**whole** संपूर्ण; as a ~ कुल मिलाकर; ~ blood सहोदर, सगा; ~ coverage अव्यवकलनीय बीमा, पूर्ण संरक्षण; ~ life आजीवन; ~ life policy आजीवन बीमा पॉलिसी; ~ number पूर्णांक; ~ sale थोक; ~ saler थोक व्यापारी; ~-some स्वास्थ्यप्रद; ~ time पूर्णकालिक; ~ time-work पूर्णकालीन कार्य; ~ time employment पूर्णकालिक रोज़गार

**wholly** पूर्णतः, पूरी तरह; ~ dependent ≈ आश्रित; ~ illegal ≈ अवैध

**wicked** दुष्ट, दुर्जन

**wide** व्यापक; ~ fluctuation ≈ उतार-चढ़ाव; ~ franchise ≈ मताधिकार

**wider** व्यापक

**widow** विधवा; ~ marriage ≈ विवाह; ~s' home ≈ आश्रम

**widowed mother** विधवा माता

**widower** विधुर, रंडुवा

**widowhood** वैधव्य

**wife** पत्नी; ~ capture अपहरण विवाह; ~ hospitality ≈ प्रदाय आतिथ्य; ~ purchase क्रय-विवाह; ~'s property स्त्री-धन

**wild** वन्य, जंगली; ~ cat money अनधिकृत मुद्रा, ऐंठू धन; ~ life ≈ जीव; ~ tribe ≈ जाति

**wilful** जानबूझकर किया गया; ~ concealment जानबूझकर छिपाना; ~ contempt ≈ अवमान; ~ default ≈ चूक; ~ defaulter जानबूझकर ऋण न चुकानेवाला; ~ defiance of authority प्राधिकारी का ≈ तिरस्कार; ~ negligence ≈ उपेक्षा; ~ omission ≈ चूक; ~ wrong ≈ दोष

**wilfully** जानबूझकर; ~ absent ≈ अनुपस्थित; ~ neglect ≈ उपेक्षा करना

**will** 1. इच्छा, संकल्प; ~ power ≈ शक्ति; ~ in action क्रियान्वित ≈; ~ of gods दैव ≈; ~ of the people लोक-≈; 2. वसीयत, विल; actual ~ वास्तविक ≈; joint ~ संयुक्त ≈; non-cupative ~ अलिखित ≈

**willing** इच्छुक, रज़ामन्द

**willingness** इच्छा, रज़ामन्दी

**will o' the wisp** बालू की भीत, मृगतृष्णा

**windfall** अप्रत्याशित लाभ/ प्राप्ति; ~ income अप्रत्याशित प्राप्ति, छप्पड़-फाड़ प्राप्ति, अचानकी आय

**winding up** समापन, समेटना; ~ of a company कम्पनी का ≈; ~ of banks बैंको का समापन करना

**windmill** पवन-चक्की

**window** खिड़की; ~ delivery ≈ वितरण; ~ envelope पारदर्शी लिफ़ाफ़ा; ~ ledger पटल खाता; ~ dressing ऊपरी सजावट

**wing** 1. पक्ष; ~ commander पक्षाधिपति, पक्ष-नायक; ~ rail ≈ पटरी; 2. पार्श्वक; 3. खण्ड

**winner** विजेता, विजयी

**wiper** स्पर्शक, पोंछक, वाइपर

**wiping** 1. (केबिल में जोड़) सँवारना; 2. पोंछना

**wire** तार; ~ alignment ≈ रेखण; ~ bridge ≈ सेतु, ≈ ब्रिज; ~ tapping चोरी से सुनना

**wireless** बेतार; ~ apparatus ≈ उपकरण; ~ circuit ≈ परिपथ; ~ communication ≈ संचार; ~

licence ≈ लाइसेंस; ~ mechanic ≈ मेकैनिक; ~ message ≈ संदेश; ~ operator ≈ प्रचालक; ~ station ≈ केन्द्र; ~ telegraphy ≈ तार-संचार; ~ transmission ≈ संचारण

**wireman** तार-मिस्त्री

**wiring** तार स्थापन, वायरिंग

**wisdom** प्रज्ञान

**wisely** बुद्धिमानी से

**wish** अभिलाषा, कामनां; best ~es शुभकामनाएँ

**wit** नर्मोक्ति

**witchcraft** अभिचार, जादू-टोना

**witchery** जादू-टोना, अभिचार

**with** साथ, सहित, से; ~ a view to की दृष्टि से; ~ care सावधानी से; ~ compliments शुभकामनाओं के साथ, अभिवादन सहित; ~ cost परिव्यय सहित; ~ disgrace सकलंक; ~ due diligence सम्यक् तत्परता से; ~ due regard समुचित ध्यान रखते हुए; ~ effect from अमुक तारीख़ से (प्रभावी); ~ hard labour कठोर श्रम के साथ; ~ immediate effect तत्काल; ~ kind regards सादर, सस्नेह; ~ material irregularity तात्विक अनियमितता से; ~ reference to के सन्दर्भ में, के हवाले से; ~ regard/ respect to के सम्बन्ध में; ~ regads सादर; ~ retrospective effect पूर्व व्याप्ति से; ~ strong hand कड़ाई से; ~ the concurrence of की सहमति से; ~ the like power वैसी शक्ति रखते हुए; ~ the result परिणामस्वरूप

**withdraw** 1. प्रत्याहृत करना, वापस लेना, उठा लेना, हटा लेना; ~ a case मामला ≈; 2. हटना, लौटना; ~ from suit वाद से ≈

**withdrawable** प्रत्याहरणीय

**withdrawal** 1. प्रत्याहरण, वापस लेना; ~ of application आवेदन-पत्र ≈; ~ of motion प्रस्ताव ≈, प्रस्ताव का प्रत्याहरण; ~ of recognition मान्यता ≈; 2. निकाला जाना; ~ of money पैसा ≈; 3. निकाल लेना; ~ form निकासी फ़ार्म; ~ from the fund निधि से पैसा ≈

**withdrawer** प्रत्याहर्ता

**withdrawn** प्रत्याहृत; ~ amount आहारित राशि, निकाली गई रकम

**withheld** विधारित, रोक रखा हुआ

**withhold** विधारित करना, रोक रखना; ~ assent अनुमति ≈; ~ consent सम्मति न देना

**withholding** विधारण, रोकना; ~ of increment वेतनवृद्धि रोकना

**within** में, के भीतर/ अन्दर; ~ a reasonable time यथोचित समय में; ~ stipulated period नियत कालावधि ≈; ~ such time इतने समय ≈; ~ the discretion of के विवेकाधीन; ~ the meaning of के अर्थ के अन्तर्गत; ~ the purview क्षेत्रांर्गत; ~ the scope विस्तार के भीतर

**without** बिना; ~ affecting the substance सार पर प्रभाव डाले ≈; ~ any reference ≈ किसी निर्देश के; ~ avoidable delay ≈ परिहार्य बिलंब; ~ charge मुफ़्त; ~ consideration प्रतिफल के ≈; ~ delay अविलंब; ~ distinction ≈ भेदभाव के; ~ due care सम्यक् सतर्कता के बिना; ~ fail ≈ चूक, निश्चित रूप से; ~ intervention मध्यक्षेप मदाख़लत क़े ≈; ~ let or hindrance बिना रोक-टोक; ~ prejudice प्रतिकूल प्रभाव डाले ≈; ~ recourse to का आश्रय लिये ≈

**withstand** सहन करना, सहना

**witness** I. *n.* साक्षी, गवाह; ~ box ≈ का कटहरा; ~ in attendance हाज़िर ≈;

circumstantial ~ पारिस्थितिक ≈; competent ~ सक्षम ≈; defence ~ सफ़ाई गवाह; interested ~ हितबद्ध ≈; partisan ~ पक्षपाती ≈; prosecution ~ अभियोग ≈. **II.** *v.t.* साक्षी होना

**woman** स्त्री, नारी; ~ delivered of a child प्रसूता स्त्री, ज़च्चा; ~ searcher तलाशी-महिला; ~'s estate स्त्री-सम्पदा, स्त्रीधन; ~ with a child गर्भवती ≈

**womb** गर्भाशय, बच्चेदानी

**wood** **1.** काष्ठ, लकड़ी; ~ craft काष्ठशिल्प; ~ cutter लकड़हारा; ~ turner ≈ ख़रादिया; **2.** वन, जंगल; ~ land वन भूमि

**wooden** लकड़ी का, काष्ठ; ~ dresser थापी, मुंगरी; ~ plug ≈ की गिट्टी, ≈ की डाट

**word** **1.** शब्द; by ~ of mouth मौखिक रूप से; ~ by ~ reading शब्दशः पठन; ~ for word शब्दशः; ~s spoken मौखिक/ कथित ≈; '~s and figures differ' (W. & F.D.) 'शब्द-अंक भिन्न'; to eat one's ~s बात फेरना; **2.** वचन; ~ or action ≈ अथवा कर्म; as good as one's ~ ≈ का धनी

**wordage** शब्द-संख्या

**wording** शब्द-विन्यास, शब्द-योजना

**wordy** शब्दबहुल; ~ duel वाग्युद्ध

**work** **I.** *n.* कार्य, काम; ~ area ≈-क्षेत्र; ~ contract ≈ संविदा; ~ day ≈ दिवस; ~ equipment ≈ उपस्कर; ~ experience कार्यानुभव; ~ force (labour force) श्रमिक संख्या, श्रमबल; ~ house ≈ गृह; ~ in hand हस्तगत कार्य; ~ load ≈ भार; ~ of art कलाकृति; ~ order ≈ आदेश; ~ in-progress चालू ≈, क्रियात्मक ≈, क्रियमाण ≈; ~ paper ≈-पत्र; ~ process ≈ प्रक्रिया; ~ relief कार्यरूपी सहायता; ~ role ≈ भूमिका; ~ room ≈ का कमरा, ≈ कक्ष; ~ rules ≈ नियम; ~ schedule ≈ अनुसूची; ~-shy ≈ संकोची; ~ team ≈ टोली; '~ to rule' attitude 'नियमानुसार कार्य' अभिवृत्ति; **2.** निर्माण (कार्य); ~ charged post ≈ प्रभारित पद; public ~s सार्वजनिक ≈; ~s advances ≈-कार्य-पेशगियां; ~s committee मालिक-मज़दूर समिति, निर्माण समिति; ~ outlay ≈-कार्य परिव्यय; **3.** कृति; literary ~ साहित्यिक ≈; ~ of art कलाकृति. **II.** *v.i.* काम करना; ~ mine खान खुदवाना; ~ out समाधान/हल निकालना, बनाना; ~ to rule strike नियमानुसार कार्य हड़ताल

**workable** व्यावहारिक; ~ competition साध्य प्रतियोगिता, व्यवहार्य स्पर्धा

**worked into** बनाया गया; ~ lines अभिचालित लाइनें

**worker** कर्मी, कामगार; ~ mobility ≈ गतिशीलता; ~s' participation (in management) ≈ सहभागिता; ~s' union श्रमिक संघ

**working** **I. 1.** *n.* कार्य, कामकाज; ~ arrangement कार्य-व्यवस्था; ~ balance ≈ का अतिशेष; ~ conditions काम की परिस्थितियाँ, कार्य दशाएँ; ~ days कार्यदिवस; ~ hours काम के घंटे, ≈-समय; ~ paper ≈-पत्र; ~ plan ≈ योजना; ~ result ≈-परिणाम; ~ rules ≈-नियम; **2.** कार्यचालन; ~ cost ≈ लागत; ~ expenses ≈ ख़र्च. **II.** *a.* **1.** कार्यकारी; ~ committee कार्यकारिणी समिति; ~ organization ≈ संगठन; **2.** ~ assets चालू परिसम्पत्ति; ~ capital कार्यशील पूँजी; ~ class श्रमिक वर्ग; ~ employer कर्मी मालिक, ≈ नियोक्ता; ~ journalist श्रमजीवी पत्रकार; ~ knowledge व्यावहारिक ज्ञान; ~ order चालू हालत;

~ partner सक्रिय साझेदार; ~ party कर्मीदल; ~ population श्रमजीवी जनसंख्या

**workman** कर्मकार; workmen's compensation ≈ प्रतिकर

**workmanship** कर्म कौशल, कारीगरी

**works** 1. निर्माण, निर्माण-कार्य, संकार्य; public ~ लोक ≈; **2.** कर्मशाला, निर्माणशाला, कारख़ाना; ~ manager ≈ प्रबन्धक

**world** विश्व; ~ authority ≈ प्राधिकारी; ~ citizen ≈ नागरिक; ~ income ≈ आय; ~ organisation ≈ संगठन; ~ war ≈ युद्ध

**worldly affairs** सांसारिक धन्धे/ कामकाज

**worldwide** विश्वव्यापी; ~ market ≈ बाज़ार

**worry** आकुलता, चिंता

**worship** पूजा; place of ~ ≈ स्थान

**worth** मूल्य, गुण; ~ of testimony साक्ष्य की विश्वसनीयता

**worthy** योग्य, उपयुक्त, गुणसम्पन्न; ~ of preservation रखने योग्य; ~ pursuit उपयुंक्त कर्म, योग्यकर्म

**wound** I. *n.* घाव, क्षत; incised ~ कटा हुआ ≈; lacerated ~ फूला हुआ ≈; mortal ~ घातक ≈; punctured ~ भेदित ≈; suicidal ~ आत्मघाती ≈. **II.** *v.t.* घायल करना; ~ the feelings भावनाओं को ठेस पहुँचाना

**wounded** घायल

**wrapper** वेष्टन, बेठन

**wreck** ध्वंस (करना), नाश (करना); ~ of a ship पोत का ध्वंस/ ध्वंसावशेष

**wrestling** पहलवानी, मल्लयुद्ध

**writ** याचिका, रिट, न्यायप्रार्थना; समादेश; ~ of attachment कुर्की की/ का ≈; ~ of certiorari उत्प्रेषण की/ का ≈; ~ of execution निष्पादन की/ का ≈; ~ of habeas corpus बन्दी-प्रत्यक्षीकरण की/ का ≈; ~ of mandamus परम ≈; ~ of quo warranto अधिकार-पृच्छा ≈; ~ petition समादेश याचिका

**write** लिखना; ~ off बट्टे खाते में डालना

**writer** लेखक

**writing** **1.** लेखन, लिखावट; in ~ लिखित (रूप में); ~ down ह्रासित करना; **2.** लेख; ~ style ≈-शैली; ~ under his hand स्वहस्ताक्षरित ≈

**written** लिखित; ~ acknowledgment ≈ अभिस्वीकृति; ~ apology ≈ क्षमा-याचना; ~ authority ≈ प्राधिकार; ~ communication ≈ पत्र-व्यवहार; ~ down value ह्रासित ≈ मूल्य; ~ evidence ≈ साक्ष्य; ~ instructions ≈ अनुदेश; ~ law ≈ क़ानून, ≈ विधि; ~ order ≈ आदेश; ~ reply ≈ उत्तर; ~ statement ≈ कथन

**wrong** I. *n.* **1.** दोष; actionable ~ अनुयोज्य ≈; illegal ~ अवैध ≈; material ~ तात्विक ≈; potential ~ संभावित ≈; ~ to property सम्पत्ति की हानि; ~-doer दोषकर्ता; **2.** अपकार. **II.** *a.* दोषपूर्ण, ग़लत. **III.** *v.t.* बुरा करना, अपकार करना

**wronged** अन्याय किया गया; ~ party अपकृत पक्ष

**wrongful** सदोष; ~ act ≈ कार्य; ~ arrest ≈ गिरफ़्तारी; ~ confinement ≈ परिरोध/ क़ैद; ~ dismissal ≈ कार्यच्युति; ~ dispossession ≈ बेदख़ली; ~ execution ≈ निष्पादन; ~ gain ≈ अभिलाभ; ~ loss ≈ हानि; ~ occupation ≈ अध्यासन; ~ possession ≈ क़ब्ज़ा; ~ restraint ≈ अवरोध; ~ retention ≈ प्रतिधारण; ~ seizure ≈ अधिग्रहण

**wrongfully** सदोष, दोषतः, ग़लत तौर पर; ~ conceal ≈ छिपाना; ~ deprive ≈

वंचित करना; ~ obtain ≈ प्राप्त करना; ~ discharged ≈ सेवोन्मुक्त; ~ diverted ≈ मोड़ा हुआ; ~ fouled and polluted ≈ कलुषित और प्रदूषित; ~ rejected ≈ अस्वीकृत; ~ strike ≈ अपघात करना

**wrongly** ग़लती से, भूल से; ~ determined ग़लत अवधारित किया गया; ~ posted article ग़लत डाली हुई डाक

**wrought up** बने हुए

# X x

**xenophobia** अज्ञातजन-भीति

**X-ray** ऐक्स किरण, ऐक्स-रे; ~ assistant एक्स-किरण सहायक; ~ examination ≈ परीक्षा; ~ photograph ≈ फ़ोटो/चित्र; ~ room ≈ कक्ष; ~ technician ऐक्स-किरण प्रविधिज्ञ, ≈ तकनीशियन

**xylography** काष्ठोत्कीर्णन-कला

# Y y

**Yankee** अमरीकी

**yard** **1.** गज़; **2.** आँगन, प्रांगण; prison ~ कारावास का ≈; **3.** (रेलवे) यार्ड; **4.** पालदण्ड

**yarn** सूत; ~ waste सूत की छीजन

**year** वर्ष, साल; ~ after ~ प्रतिवर्ष; ~ book अब्दकोश; ~ ending on को समाप्त होने वाला ≈; ~ of discretion विवेक-वय; ~ of harvest फ़सल वर्ष; ~ to ~ वर्षानुवर्ष, साल दर साल; ~ under report आलोच्य ≈; tender ~s सुकुमारवय

**yearly** वार्षिक; ~ arrivals ≈ आमद; ~ renewable term-insurance अनुवर्ष नवीकरण सावधि बीमा; ~ return वार्षिक विवरण

**yellow** पीला; ~ journalism सनसनीखेज़ पत्रकारिता; ~ union पोषित संघ

**yeoman** **1.** सामान्य जन; **2.** कृषक

**yesman** जीहजूरिया

**yet** तो भी, तथापि

**yield** **I.** *n.* उपज, पैदावार; उत्पादन; ~ statistics ≈ के आँकड़े; ~ tax ≈ कर; **2.** आय, प्राप्ति; flat ~ एक समान ≈; marginal ~ सीमांत ≈; **3.** प्रतिफल. **II.** *v.t.* **1.** समर्पण करना, सौंपना; **2.** पैदा करना, देना; ~ income आय ≈; **3.** झुक जाना; मान लेना; ~ interest ब्याज या हित छोड़ देना

**yielding income** आय देने वाला

**young** **I.** *n.* **1.** बच्चा; ~ of a cow गाय का ≈; **2.** तरुण, बाल; ~ and old बाल और वृद्ध, छोटे-बड़े. **II.** *a.* [कई अर्थ] ~ economy नवोदित-अर्थव्यवस्था; ~ person तरुण/ अल्पवय व्यक्ति; ~ seed तरुण बीज; ~ stock बाल पशु; younger brother छोटा भाई

**Your Excellency** महामहिम

**Your Holiness** भगवन्

**Your Honour** माननीय

**Your Lordship** श्रीमन्

**Your Majesty** महागरिमामय

**Yours faithfully,** yours sincerely, yours truly भवदीय, आपका

**youth** 1. युवा, युवक; ~ agency ≈ अभिकरण; ~ camp ≈ शिविर; ~ conference ≈ सम्मेलन; ~ festival ≈ समारोह; ~ hostel ≈ छात्रावास, युवकावास; ~ welfare ≈ कल्याण; 2. यौवन, किशोरावस्था

**youthful** किशोर; ~ offender ≈ अपराधी

# Z z

**zamindari abolition** ज़मीदारी उन्मूलन

**zeal** उत्साह, जोश

**zealous** उत्साही, जोशीला

**zealously** उत्साहपूर्वक

**zenith** शिरोबिन्दु

**zero** शून्य; ~ acceleration ≈ त्वरण; ~ cost ≈ लागत; ~ hour ≈ काल; ~ rate of interest ब्याज की शून्यदर; ~ tax-paying capacity ≈ करदान-क्षमता

**zigzag** लहरिया; ~ form ≈ रूप

**zonal** क्षेत्रीय, आंचलिक; ~ council ≈ परिषद्; ~ delivery ≈ वितरण; ~ office ≈ कार्यालय; ~ railway ≈ रेल

**zone** अंचल, मण्डल, परिक्षेत्र; ~ freight rate क्षेत्रशः भाड़ा दर; ~ of occupation अध्यासित क्षेत्र, अभिगृहीत क्षेत्र; ~ of peace शांति ≈; ~ officer ≈ अधिकारी; ~ price क्षेत्रशः कीमत; ~ pricing क्षेत्रशः कीमत/ मूल्य निर्धारण

**zoo** चिड़ियाघर [also zoological garden]; ~ superviser ≈ पर्यवेक्षक

**zoological** प्राणिवैज्ञानिक; ~ garden चिड़ियाघर; ~ survey ≈ सर्वेक्षण

**zoology** प्राणिविज्ञान